PC-II-401

Stadtentwicklungen in West- und Osteuropa
herausgegeben von Jürgen Friedrichs

Stadtentwicklungen in West- und Osteuropa

herausgegeben von

Jürgen Friedrichs

Walter de Gruyter · Berlin · New York 1985

Dr. Jürgen Friedrichs
Professor für Soziologie an der Universität Hamburg
und Leiter der Forschungsstelle
Vergleichende Stadtforschung Hamburg

CIP-Kurztitelaufnahme

Stadtentwicklungen in West- und Osteuropa / hrsg. von Jürgen Friedrichs. –
Berlin ; New York : de Gruyter, 1985.
  ISBN 3-11-010320-6
NE: Friedrichs, Jürgen [Hrsg.]

© Copyright 1985 by Walter de Gruyter & Co., Berlin 30. Alle Rechte, insbesondere das Recht der Vervielfältigung und Verbreitung sowie der Übersetzung, vorbehalten. Kein Teil des Werkes darf in irgendeiner Form (durch Fotokopie, Mikrofilm oder ein anderes Verfahren) ohne schriftliche Genehmigung des Verlages reproduziert oder unter Verwendung elektronischer Systeme verarbeitet, vervielfältigt oder verbreitet werden. Printed in Germany. – Satz und Druck: Gerike GmbH, Berlin. – Bindung: Dieter Mikolai, Berlin.

Vorwort

Mit diesem Band legen wir die Ergebnisse einer mehrjährigen Forschung über den Vergleich von Stadtentwicklungen in kapitalistischen und sozialistischen Ländern vor. Eine erste Publikation hierzu erschien 1978; sie ist inzwischen vergriffen. Diese zweite beruht auf einem wesentlich umfangreicheren Material, richtet sich zum Teil auf andere Städte und bezieht auch die Entwicklungen in den jeweiligen Ländern ein.

Das Ziel auch des neuen Bandes ist es, die Gemeinsamkeiten und Unterschiede in den Entwicklungen, Problemen und Planungen von Großstädten in Ländern mit kapitalistischer und sozialistischer Verfassung zu untersuchen. Hierfür wurden die Städte London, Hamburg, Paris, Wien, Budapest, Warschau und Moskau ausgewählt.

Im ersten Teil werden Aspekte der Entwicklungen in den jeweiligen Ländern mit denen in den genannten Großstädten systematisch verglichen. Die Basis hierfür ist ein von uns entwickeltes Phasenmodell, das auf Theorien des demographischen und ökonomischen Übergangs beruht.

Die dann folgenden Darstellungen der Städte London, Hamburg, Wien, Budapest und Warschau sind einheitlich gegliedert und nehmen die Frage nach der Fruchtbarkeit der Phasenabgrenzungen auf. Auch wird untersucht, inwieweit es - trotz ungleicher Gesellschaftsordnungen - Regelhaftigkeiten in der Stadtentwicklung gibt.

Die Studien beruhen auf einer sehr umfangreichen Sammlung von Daten, Plänen, Publikationen und grauer Literatur aus den jeweiligen Städten. Dies wäre nicht möglich gewesen, hätten uns nicht bei unseren Reisen in die untersuchten Städte zahlreiche Kollegen vor Ort unterstützt. Unserer besonder Dank gilt:

Arthur J. Bryant, Dept. of Transport, Greater London Council,
Dr. Erhard Hruschka und zahlreichen Mitarbeitern des Statistischen
  Landesamtes Hamburg,
Dr. Jean-Louis Husson, IAURIF, Paris,
Jean-Francois Royer, INSEE, Paris,
André Massot, IAURIF, Paris,
Michel Meran, IAURIF, Paris,
Philipe Billot, APUR, Paris,

Dipl.-Soz. Hans-Jörg Hansely, Magistrat der Stadt Wien,
Dr. Albert Kaufmann, Institut für Stadtforschung, Wien,
Prof. Dr. János Brenner, BUVÁTI, Budapest,
Dr. Gábor Csanádi, Institut für Soziologie, Eötvös Loránd Universität, Budapest,
Dr. János Ládanyi, Karl-Marx-Universität, Budapest,
Prof. Dr. Béla Sárfalvi, Institut für Geographie, Eötvös Loránd Universität, Budapest,
Dr. István Szücs, BUVÁTI, Budapest,
Dr. Maria Ciechocińska, Institut für Geographie, Polnische Akademie der Wissenschaften, Warschau,
Prof. Dr. Kasimierz Dziewonski, Institut für Geographie, Polnische Akademie der Wissenschaften, Warschau,
Dr. Doc. Wlodzimierz Mirowski, Institut für Soziologie und Philosophie, Polnische Akademie der Wisenschaften, Warschau,
Maria Niemczyk, M. Sc. Arch., Stadtplanungsbüro Warschau,
Dr. Grzegorz Węcławowicz, Institut für Geographie, Polnische Akademie der Wissenschaften, Warschau.

Zudem haben uns A. J. Bryant, H.-J. Hansely, Prof. J. Brenner und Dr. M. Ciechocińska, sowie Dr. Holger Fischer, Finnisch-Ugrisches Seminar der Universität Hamburg, mit zahlreichen Kommentaren zu früheren Fassungen der Monographien sehr geholfen. Ferner danken wir Prof. Dr. Gerhard Braun, Prof. Dr. Bernd Hamm und Prof. Dr. Hartmut Lüdtke für ihre Kommentare zu einer früheren Fassung des Teils I.

Für die finanzielle Förderung des Projektes sind wir der Stiftung Volkswagenwerk sehr zu Dank verpflichtet; stellvertretend sei Dr. N. Marahrens für seine Geduld und Unterstützung des Projektes gedankt. Die BAT-Stiftung, Hamburg, hat uns über die Laufzeit des Projektes hinaus ermöglicht, zwei der Mitarbeiter für drei Monate weiter zu beschäftigen. Schließlich hat die FAZIT-Stiftung den Ankauf von Datenbändern finanziert.

Die Zeitreihenanalysen wurden von Dr. Volker Mariak, Institut für Soziologie der Universität Hamburg, durchgeführt. Dipl.-Soz. Kay Ehlers hat uns über viele Monate bei der Sammlung, Abstimmung und Dokumentation statistischer Daten unterstützt.

Das Manuskript haben Margrit Menck und Volker Englich geschrieben, er hat auch den Text montiert. Auch ihnen gilt unser herzlicher Dank.

Wir haben den Titel "Stadtentwicklungen in West- und Osteuropa" um der Knappheit willen gewählt, obgleich die Volksrepublik Ungarn nach geographischen Abgrenzungen zu Südosteuropa gerechnet wird.

Die Forschungsgruppe plant weitere Veröffentlichungen. Es werden systematisch-vergleichende Studien zu Teilproblemen wie Segregation und Wohnungspolitik sein; zusätzlich zu den bislang behandelten Städten wird die Hauptstadt der CSSR, Prag, einbezogen.

Jens Dangschat, Jürgen Friedrichs,
Klaus Kiehl, Klaus Schubert   April 1985

Universität Hamburg
Forschungsstelle Vergleichende Stadtforschung
Troplowitzstr. 7, D-2000 Hamburg 54

Inhaltsverzeichnis

VORWORT

TEIL I

PHASEN DER LANDES- UND STADTENTWICKLUNG   1
Jens Dangschat, Jürgen Friedrichs, Klaus Kiehl und Klaus Schubert

TEIL II

LONDON   149
Michael Brenner

HAMBURG   255
Annemarie Haack und Manfred Zirwes

WIEN   347
Klaus Schubert

BUDAPEST   575
Klaus Kiehl

WARSCHAU   763
Jens Dangschat

Teil I

Phasen der Landes- und Stadtentwicklung

Jens Dangschat, Jürgen Friedrichs, Klaus Kiehl, Klaus Schubert

1. PHASEN DER STADTENTWICKLUNG	3
1.1 Probleme der Phasenabgrenzung	3
1.2 Vorgehensweise und Methode	10
2. DIE THEORIE DES DOPPELTEN ÜBERGANGS	12
2.1 Teilmodell Bevölkerung	13
2.1.1 Veränderungen der Bevölkerungsgröße	14
2.1.2 Veränderungen der Bevölkerungsverteilung	18
2.2 Teilmodell Wirtschaft	23
2.2.1 Wirtschaftliches Wachstum	24
2.2.2 Strukturwandel der Wirtschaft	27
2.3 Teilmodell Technologie	31
2.3.1 Messung des technologischen Wandels	32
2.3.2 Auswirkungen des technologischen Wandels	34
3. DAS EMPIRISCHE MODELL	35
3.1 Bevölkerung	35
3.1.1 Zeitreihenanalyse	37
3.2 Wirtschaft	40
3.2.1 Wirtschaftliche Entwicklung von Städten	42
3.3 Orientierendes Modell	47
3.4 Typen des doppelten Übergangs	48
4. LÄNDER	53
4.1 Demographische Entwicklung	53
4.1.1 Resultate der Zeitreihenanalyse	53
4.1.2 Vergleich der Länder	68
4.2 Ökonomische Entwicklung	73
4.3 Vergleich der Länder	82
4.4 Phasen der Landesentwicklung	87

5. STÄDTE 93

    5.1 Demographische Entwicklung 93

    5.2 Ökonomische Entwicklung 106

    5.3 Vergleich der Städte 115

    5.4 Phasen der Stadtentwicklung 116

6. SOZIALER WANDEL UND STADTENTWICKLUNG 126

    6.1 Teilmodell Bevölkerung: Länder und Städte 126

    6.2 Teilmodell Wirtschaft: Länder und Städte 128

    7.3 Phasen der Landes- und der Stadtentwicklung 129

LITERATURVERZEICHNIS 134

1. PHASEN DER STADTENTWICKLUNG

1.1 Probleme der Phasenabgrenzung

Die Frage, ob der Wandel von Gesellschaften oder Städten einem Muster folgt, hat zahlreiche Forscher beschäftigt. Ließe sich eine regelhafte Abfolge von definierten Strukturen (Phasen) nachweisen, so hätte die Forschung, speziell die vergleichende (Stadt-) Forschung, ein wichtiges Instrument, Länder und Städte zu unterschiedlichen Zeitpunkten zu vergleichen. Historische Entwicklungen ließen sich dann gruppieren, im gleichen Stadium der Entwicklung vergleichen und auch vorhersagen.

Überlegungen zu einem phasenhaften Verlauf der Entwicklung von Gesellschaften gehören zum Bestand sozialwissenschaftlichen Denkens, so die Theorie des Wandels der Produktionsverhältnisse und des Klassenkampfes von Marx, das Drei-Stadien-Gesetz von Comte, die Theorie gesellschaftlicher Entwicklungen bis zur postindustriellen Gesellschaft von BELL, oder beispielsweise in der Ökonomie die Theorie der Konjunkturzyklen von Schumpeter.

Auch für den Wandel von Städten liegen zahlreiche mehr oder minder explizite Theorien vor. Sie weisen oft einen impliziten Zusammenhang mit Indikatoren des Wandels der Gesellschaft auf. Die prominenteste verwendet drei Phasen: vorindustrielle, industrielle und postindustrielle Stadt (ABU-LUGHOD 1968, SJØBERG 1960). Andere Autoren haben sich stärker an einem zyklischen Verlauf von Aufstieg und Verfall von Städten orientiert (z.B. MUMFORD 1938, QUEEN & THOMAS 1939: Kap. 12). Derartige Theorien haben Mitte der 70er Jahre erneute Aktualität erhalten, was sich am besten an den Sammelbänden von STERNLIEB & HUGHES (1975) und GORHAM & GLAZER (1976) belegen läßt. Der entscheidende Grund hierfür dürfte die zunehmende Bedeutung des tertiären Sektors sein. Dies führte zu einer ökonomischen Krise der alten Industriestädte und -regionen. In seiner empirischen Untersuchung dieser Strukturkrise für nordamerikanische Städte greift NORTON (1979) sogar ausdrücklich auf das Konzept des "Lebenszyklus von Städten" zurück.

Bei aller Verschiedenartigkeit gleichen sich die Phasenmodelle in Tab. 1.1 darin, daß ihnen ein induktives Vorgehen zugrundeliegt: Aus einer

Tabelle 1.1: **Klassifikationen von Phasen der Stadtentwicklung**

AUTOR, GEOGR. BEZUG	MERKMALE	PHASEN
SJOBERG 1960 Städte in der Welt	u.a. Technologie; Bevölkerungswachstum; Organisation der Produktion; Familienorganisation; Soziale Schichtung; Erziehungssystem; Organisation der Verwaltung; Politische Verfassung; Bedeutung der Religion; Sozial-räumliche Gliederung	1. Vorindustrielle Stadt Langsames Bevölkerungswachstum; geringe Entwicklung der ökonomischen Aktivitäten; geringe Arbeitsteilung; starres System sozialer Klassen; Elite kontrolliert Politik, Verwaltung und Religion; hohe Zentralisierung politischer Entscheidungen; geringe Standardisierung der Waren und Preise; sozialer Status durch Familienzugehörigkeit bestimmt; geringer sozialer Aufstieg; hoher Einfluß der Religion; Großfamilien; mündl. Kommunikation; Stadtmitte enthält alle Aktivitäten; zunftspezifische Quartiere; wenig Kapital zur Expansion der Wirtschaft. 2. Industrielle Stadt Rasches Bevölkerungswachstum; Urbanisierung; Industrialisierung; hohe Standardisierung von Produkten und Preisen; hohe Arbeitsteilung; geringer Einfluß von Familien auf Politik und Verwaltung; hohe Durchlässigkeit des Schichtsystems; Massenerziehung locker organisierte Familien; große Unternehmen; permissive Religion; offene Machtstrukturen; Verwaltung nach formalen Regeln und durch Experten.
ABU-LUGHOD 1968 Städte in der Welt	Funktion der Stadt; räumliche Ausdehnung; Art der Kontakte; Sozial-räumliche Gliederung	1. Mittelalterliche und vorindustrielle Stadt. (-19. Jh.) Wallmauern; Verteidigung, Handel und Religion sind wichtigste Aufgaben der Stadt; Primärkontakte; sozial-räumliche Gliederung in Zellen gemeinsamer Berufe, Herkunft oder Kultur. 2. Industrielle Stadt. (Beginn des 19. Jh.) Steigende Bevölkerungskonzentration; neue Technologien; Industrie; nationale Ökonomien; Gegensatz von Stadt und Land wird größer; gemeinsame Kultur in Städten; höhere soziale Mobilität; weniger ausgeprägte soziale Zellen in der Stadt; Sekundär-Kontakte. 3. Post-industrielle Stadt (USA: gegenwärtig). Stadtregionen; Konzentration der Bevölkerung in wenigen Regionen; Dezentralisierung; Verringerung der Dichte; breites Transport- und Kommunikationssystem; Tertiärkontakte (z.B. Börse)
THOMPSON Städte in USA	Zahl der verschiedenen Industrien; Anteil der Exporte aus der Stadt	1. Export Specialization Eine Industrie, evtl. ein Unternehmen dominiert die Stadt, vollständiger Export. 2. Export Complex Mehrere Industrien, meist verbunden mit der ursprünglich einzigen; lokaler Markt. 3. Economic Maturity Neue Industrien, die für den lokalen Markt produzieren. Dadurch werden weitere Industrien und Arbeitsplätze angezogen. Dadurch Steigerung des lokalen Marktes. (Steigen des non-basis-Sektors.) 4. Regional Metropolis Ausdehnung der bestehenden und neue Industrien; Diversifikation des Exports; Anziehen von neuen Industrien und Kapital.

AUTOR, GEOGR. BEZUG	MERKMALE	PHASEN
ADAMS 1970 Städte in USA	Transporttechnologie	1. Walking/Horsecar Era (-1880) 2. Electric Streetcar Era (1880-1919) 3. Recreational Auto Era (1920-1941) 4. Freeway Era (1945 -)
ZELINSKY 1971 sich modernisierende Gesellschaften	Fruchtbarkeitsrate Sterberate Migration Zirkulation (Aktivitäten, Berufspendeln, Reisen)	1. Premodern traditional Society 2. Early Transitional Society 3. Late Transitional Society 4. Advanced Society 5. Future Superadvanced Society (Erläuterungen s. Abschn. 2.1.)
DUNN 1980 Städte in USA	a) Wandel: Technolog. Wandel in Produktion und Transport Struktur des Netzwerkes der Aktivitäten in der Stadt b) Entwicklung: Funktionale Spezialisierung Steigende Bedeutung für die Versorgung von Endverbrauchern	1. Vor 1780 Merkantile Zentren an der Ostküste; Handelsposten für ein unterentwickeltes Hinterland; Wachstum beruhte auf Schiffahrt und Handelsgesellschaften. 2. 1780 - 1840 Zunahme der Bevölkerung; Kommerzialisierung der Landwirtschaft; Handel mit dem Landesinneren; Flußschiffahrt als wichtigstes Transportmittel. 3. 1840 - 1870 Eisenbahn als Transportmittel; sinkende Transportkosten; Stahlindustrie; Hierarchie von Zentren; interregionale Verbindungen. 4. 1870 - 1910 Neue Industrien: Textil (elektr. Nähmaschine), kommerzielle Nahrungsmittelproduktion (Konservendosen). Telegraph, Telefon. Enorme Zunahme von Bevölkerung in Städten mit Wasser- und Eisenbahnanschluß, Absinken reiner Hafenstädte. Ausweitung der Märkte; Anlagerung neuer Produktionsstätten. 5. 1910 - 1940 Starke Zuwanderung aus dem Hinterland in die Städte, radiale Ausdehnung der Städte durch Pendler-Eisenbahn- und Straßenbahnstrecken. Verbreitung des Automobils und des Lastwagens, Entstehen von Suburbs. Wechsel von Kohle zu Erdöl verstärkte die Vorherrschaft des "industrial belt". 6. 1940 - 1970 7. 1970 - 2000 5. Technical and Professional Virtuosity Nationale oder internationale Vorherrschaft in der Produktion einiger Güter oder Dienstleistungen.
KLAASEN 1982 Städte in Europa	Bevölkerungssalden Migrationssalden	1. Urbanisierung (- 1960) Kernstadt wächst zu Lasten des Umlandes. 2. Suburbanisierung (1960 - 1970) Umland wächst stärker als Kernstadt. 3. Desurbanisierung (ab 1970) Verluste der Kernstadt und Gewinne des Umlandes. 4. Reurbanisierung (nach 1970) Verluste Kernstadt und Verluste Umland.

vergleichenden Analyse einzelner Gesellschaften bzw. Städte (hierbei zumeist Großstädte) werden wenige Gemeinsamkeiten der Entwicklung herausgearbeitet und dann zu einem "Modell" verallgemeinert. Die Klassifikationsmerkmale müssen zudem häufig erst expliziert werden. Die meisten Autoren verwenden viele und zudem für die einzelnen Phasen unterschiedliche Merkmale; Schwellenwerte oder gar Übergangswahrscheinlichkeiten werden selten aufgeführt. Es bleibt zu untersuchen, ob wir überhaupt zu Modellen gelangen können, die auf mehr als nur wenige reale Städte zutreffen, wie KOLARS & NYSTUEN (1974: 32) skeptisch vermuten. Ungeklärt ist auch, in welchem Maße wir historische Besonderheiten und Zufälligkeiten vernachlässigen können.

Anhand der Phasenmodelle lassen sich auch die methodologischen Probleme erläutern, die solche Phasenabgrenzungen aufwerfen:

1. Jede einzelne Phase muß durch die jeweils gleichen Mermale bestimmt werden. Welche Merkmale sind dazu geeignet? Wieviele Merkmale sind erforderlich?

2. Die Phasen müssen gegeneinander abgegrenzt werden. Welches sind die Schwellenwerte?

3. Die Zahl der Phasen ist nicht nur von den Merkmalen und ihren Ausprägungen, sondern auch von dem insgesamt betrachteten Zeitraum abhängig. Über welchen Zeitraum sollen Aussagen gemacht werden?

4. Es wird eine regelhafte Abfolge der Phasen unterstellt. Lassen sich die Wahrscheinlichkeiten des Übergangs der einen Phase zur nächsten bestimmen?

Auswahl der Merkmale. Die Phasenabgrenzung erfordert, eine Menge von Merkmalen auszuwählen, deren Werte (Ausprägungen) über einen langen Zeitraum beobachtet werden können. Die Menge dieser Merkmale darf sich nicht von Phase zu Phase ändern. Ebenso sollten die Skalierungen der Merkmale, z. B. Größenklassen, sich nicht ändern bzw. im zugänglichen Datenmaterial möglichst gleich sein. Ein Blick in Tab. 1.1 zeigt sowohl die Vielfalt der verwendeten Merkmale als auch deren unsystematische Anwendung bei der Klassifikation. Es werden auch unterschiedliche Aspekte des Stadtwandels klassifiziert.

Strenggenommen gilt: Jede Phase ist die Beschreibung der Struktur eines Landes oder einer Stadt während eines Zeitraumes durch eine spezifische Kombination von Merkmalsausprägungen. Aus der Kombination der gewählten

Merkmale und deren Ausprägungen erhält man eine Matrix. Aus einer solchen Matrix werden dann mehrere Zellen zu einem Typ zusammengefaßt, jeder "Typ" definiert eine Phase. Abb. 1.1 veranschaulicht das Vorgehen am Beispiel von drei Merkmalen mit nur zwei bzw. drei Ausprägungen.

Abbildung 1.1: <u>Matrix hypothetischer Merkmale und Typen</u>

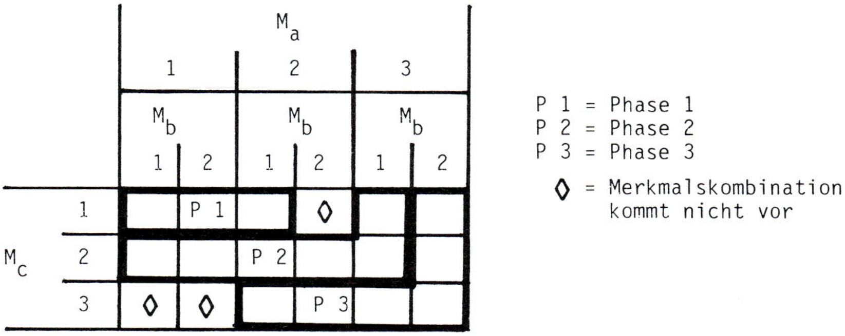

	M_a						
	1		2		3		
	M_b		M_b		M_b		
	1	2	1	2	1	2	
M_c 1		P 1		◊			
2			P 2				
3	◊	◊		P 3			

P 1 = Phase 1
P 2 = Phase 2
P 3 = Phase 3
◊ = Merkmalskombination kommt nicht vor

Diese Matrix hat bereits 18 Zellen. Hieran wird erkennbar, daß jede Phasenabbildung mit wenigen Merkmalen und jeweils wenigen Ausprägungen arbeiten sollte, da sonst kaum eine Regel gefunden werden kann, Zellen zu Typen (= Phasen) zusammenfassen und eine Abfolge der Phasen zu generalisieren. Ferner spricht für die Sparsamkeit auch, daß für nur wenige Merkmale Daten über lange Zeiträume verfügbar sind. Schließlich sprechen hierfür auch theoretische Argumente: In jeder Phase kann untersucht werden, welche anderen Variablen mit ihr variieren. Man sollte sich nicht die Möglichkeiten solcher Analysen nehmen, weil man bereits zuviele Merkmale für die Phasenbildung verwendet hat.

Nun verfügen wir über zunehmend mehr Daten, je näher wir in die Gegenwart kommen. Wir können also zahlreiche Merkmale einbeziehen, die innerhalb der letzten 30 Jahre eine sehr differenzierte Analyse der Städte vor allem in hochindustrialisierten Ländern ermöglichen. Merkmale wie PKW-Besitz (pro Einwohner oder pro Haushalt) oder Büroflächen mögen hierfür sinnvoll sein, sind jedoch für Zeitpunkte wie 1700 oder 1850 nicht zu erhalten. Diese Merkmale (z.B. Fernschreiber) erhalten für frühere

Zeitpunkte den Wert "0", andere hingegen (z. B. Pferdebahn) für spätere Zeitpunkte. Wenn wir andererseits auf diese Merkmale verzichten und nur solche nehmen, die auch historisch - und nicht nur in den letzten 50 Jahren - eine Variation der Merkmalausprägungen aufweisen, so schränken wir vermutlich die Differenzierung in Phasen in den letzten 50 oder 30 Jahren ein.

Wie kann man dieses Dilemma lösen? Will man das Ziel, Abfolgen in der Stadtentwicklung zu ermitteln, nicht aufgeben, so bleibt nur, theoriegeleitet wenige Merkmale zu wählen, die die Struktur von Städten zu allen Zeitpunkten gut beschreiben. Diese Beschreibung der Struktur ist notwendig unvollständig; dafür wird sie in der Analyse durch andere Merkmale ergänzt, die zeitspezifisch sein können.

Einige der vorgeschlagenen Merkmale sind theoretische Begriffe (Konstrukte), z.B. "Transporttechnologie" (Adams), "Migration" (Zelinsky). Solchen Konstrukten lassen sich jeweils mehrere Indikatoren zuordnen. Diese müssen dann nicht für jeden Zeitpunkt verfügbar sein, wenn man sie begründet als weitgehend äquivalent betrachten kann. Dieser zweite Teil der Lösung des Dilemmas erfordert, hinreichend empirisch bewährte Hypothesen über die Beziehungen zwischen den Indikatoren eines Konstruktes zu haben, da sonst die Äquivalenz der Indikatoren nur als plausibel unterstellt wird. Derartige Hypothesen lassen sich vermutlich aber nur an neueren Daten prüfen, so daß die Generalisierbarkeit auf ähnliche Zusammenhänge zu früheren Zeitpunkten nur postuliert werden kann.

Schwellenwerte. Bestimmt man die Phasen aufgrund der Kombination von Merkmalausprägungen, so müssen auch Schwellenwerte festgelegt werden. Dies kann durch Angabe eines Wertes oder Wertebereichs eines Merkmals oder Merkmalen des Kurvenverlaufs geschehen. (Beispiele hierfür geben wir weiter unten.)

Leider haben nur sehr wenige Autoren derartige Schwellenwerte festgelegt. So bestimmt FRIEDLANDER (1974) die Grenzen der Phasen aufgrund des Ausmaßes der Bevölkerungskonzentration in der Stadt (London) und des Ausmaßes der Bevölkerungsdispersion in das Umland. Zelinsky wählt eine Kombination von natürlichem Bevölkerungswachstum und Migration, ordnet diesen Phasen jedoch keine historischen Zeitpunkte zu. Adams geht von den

Veränderungen in der Transporttechnologie aus; z.B. mit der Einführung der Pferdebahn, der U-Bahn oder dem Bau von Autobahnen.

<u>Zahl der Phasen</u>. Die Zahl der Phasen ist abhängig von der Art und Zahl der gewählten Merkmale, den Schwellenwerten und dem historischen Zeitraum, der untersucht wird.

Sjøberg und Abu-Lughod betrachten den sehr langen Zeitraum der letzten 2000 Jahre und kommen zu zwei bzw. drei Phasen: die vorindustrielle Stadt (bis 1820), die industrielle Stadt (1820 - 1920) und die post-industrielle Stadt (ab 1920). Derart entstehen sehr lange Phasen, was HOFMEISTER (1979: 14) zu der Kritik an der Publikation von FRIEDRICHS (1978) geführt hat, daß "wir zum Beispiel für Berlin genau auf die Jahrhundertwende kommen, oder, anders ausgedrückt, leben wir bereits seit 80 Jahren in der nachindustriellen Stadt!", - was er für wenig informativ hält.

Adams'Abgrenzung aufgrund der Transporttechnologie führt zu vier Phasen, Zelinskys demographisch-soziale Merkmale lassen ihn zu fünf Phasen kommen. Ebenfalls mit demographischen Daten arbeitend, gelangt Friedlander zu fünf Phasen der Londoner Entwicklung. In den meisten Modellen wird erst die Zeit seit der Industrialisierung betrachtet; im Extremfall erst ab 1960 (Klaasen).

<u>Abfolge der Phasen</u>. Nach den bisher vorgetragenen Überlegungen ist jede Phase eine Beschreibung des Zustandes (der Struktur) der Stadt durch wenige Merkmale zu einem Zeitpunkt oder Zeitraum. Weil die Beschreibung nur durch wenige Merkmale erfolgt, ist sie unvollständig. Wenn wir von Phasen der Stadtentwicklung sprechen, so meinen wir eine gerichtete Abfolge von Zuständen. Kein beliebiger Zustand folgt auf den vorangegangenen, sondern ein bestimmter anderer.

Allerdings gibt es gravierende Einwände, so schreibt ELSNER (1975:251f) zu dieser Theorie: "Die Begrenztheit der Aussagen der Stufentheorie ist offensichtlich . ... Der trendmäßige Determinismus des Modells läßt die kausalen Beziehungen des Zustandekommens der jeweils nächsten Phase aus dem Zustand der vorangegangenen unerklärt. ... Es ist nicht widerlegbar, daß eine Volkswirtschaft in einer frühen Stufe mehr oder weniger lange "steckenbleiben" kann."

Wir nehmen jedoch an, für jedes Merkmal M gäbe es eine hohe Wahrscheinlichkeit, von der Ausprägung Ma zum Zeitpunkt t_1 z.B. zur Ausprägung Mc zum Zeitpunkt t_2 zu wechseln. Diese Wahrscheinlichkeit sei größer als des Wechsels zu irgendeiner anderen Ausprägung, z.B. Mb, Md oder auch Ma. Wir formulieren also Aussagen über bedingte Wahrscheinlichkeiten:

$$p\ (Mat_1 \rightarrow Mct_2) > p\ (Mat_1 \rightarrow Mat_2, Mbt_2 \rightarrow Mdt_2).$$

Da stets mehrere Merkmale verwendet werden, ist es erforderlich, für jedes Merkmal, das zur Phasenbildung verwendet wurde, eine derartige Hypothese zu formulieren. Von Phasen zu sprechen heißt daher, eine Menge von Übergangswahrscheinlichkeiten zu bestimmen. In exakter Form ist dies in der Studie von HUNTER (1971) über die Veränderung von Ortsteilen Chikagos mit Hilfe eines faktorialökologischen Verfahrens geschehen. Ein zweites Beispiel ist die Studie von OTTENSMAN (1975), der für Milwaukee die Veränderungen der Bevölkerungsverteilung und der Dichte im Zeitraum von 1927 bis 1963 untersuchte.

In den folgenden Abschnitten entwickeln wir ein Modell; mit ihm sollen sowohl Phasen der Entwicklung eines Landes als auch von Städten empirisch bestimmt werden.

1.2 Vorgehensweise und Methode

Untersucht werden sieben europäische Länder und deren größte Städte. Diese Städte sind - bis auf Hamburg - auch jeweils die Hauptstädte der Länder. Es sind Großbritannien (London), Frankreich (Paris), Bundesrepublik Deutschland (Hamburg), VR Ungarn (Budapest), VR Polen (Warschau) und UdSSR (Moskau).

Die Hauptstadt bzw. die größte Stadt eines Landes ist für eine Analyse besonders gut geeignet, weil damit auch allen vorliegenden Forschungsergebnissen nach weitere Eigenschaften verbunden sind, z.B. eine hohe Konzentration von Betrieben, sowie von kulturellen und administrativen Einrichtungen eines Landes.

Der Untersuchungszeitraum erstreckt sich von etwa 1800 bis 1981. Die Daten- und Materialsammlung war aufwendig und umfangreich, da wir auf Urmaterial in den Städten zurückgegriffen haben.

Der soziale Wandel wird in unserem Fall auf der Ebene von Ländern und Hauptstädten untersucht; wir formulieren demnach Makroaussagen. Unterscheidet man zwischen Veränderungen im Volumen (z.B. Einwohnerzahl) und Veränderungen in der Verteilung (z.B. Wohnstandorte der Einwohner), so beziehen sich die Aussagen über Zusammenhänge von Landes- und Stadtentwicklung zunächst nur auf das Volumen. Erst durch zusätzlich auf der Ebene "Stadt" eingeführte Bedingungen können räumliche Aussagen gemacht werden. Es sind dies Bedingungen, die die Verteilung im Raum beeinflussen. Daher erscheinen uns auch die Unterschiede in der politischen Verfassung der Länder erst dann von Bedeutung, wenn es um die räumliche Allokation und Verteilung von Ressourcen in der Stadt geht.

Wenn wir den Wandel in einem Land und in deren Hauptstadt untersuchen, so ist unsere grundlegende Annahme, daß hier ein Zusammenhang besteht. Wir gehen nicht davon aus, die Landesentwicklung laufe der der Hauptstadt voraus, sondern unterstellen umgekehrt, die größte Stadt eines Landes wandle sich rascher, ginge also den Strukturveränderungen im Land voran. Demnach müßte die größte Stadt früher und in stärkerem Maße jene Struktur aufweisen, die mit der Zeitverzögerung auch das Land aufweisen wird.

Ein gutes Beispiel für ein solches Vorgehen ist die Studie von LA PORTE & ABRAMS (1976) über "Kalifornien als postindustrielle Gesellschaft". Die Autoren untersuchen, ob Kalifornien a) die Struktur einer postindustriellen Gesellschaft aufweise und b) eine im Vergleich zur gesamten USA fortgeschrittenere Struktur habe. Hypothesen und Indikatoren entstammen Bells Beschreibung der postindustriellen Gesellschaft: Arbeitszeit, Arbeitsproduktivität, Anteil der Erwerbstätigen im tertiären Sektor und dessen Wirtschaftsabteilungen, Pro-Kopf-Einkommen, Wandel der Werte (BELL 1975). Induziert werden die Veränderungen durch die Bundesregierung der USA in fünf Wellen der "Entwicklungshilfe" für Kalifornien, ausgelöst durch u.a. den Koreakrieg und den Krieg in Vietnam. "In allen fünf Fällen bedeutete diese Entwicklungshilfe die Einführung der fortgeschrittensten Technologien der jeweiligen Periode und bewirkte eine starke Konzentration von Kapital, beruflichen Möglichkeiten und technischen Erfahrungen" (LA PORTE & ABRAMS 1976:97). Die Ergebnisse zeigen, daß Kalifornien in der Tat in allen Indikatoren den USA "vorausläuft". Auch die Folgerungen der Autoren über zunehmende soziale Krisen aufgrund enttäuschter Erwartungen in staatliche und private Planungen scheinen seit 1973 (dem Jahr der Erstfassung des Aufsatzes) für alle Bundesstaaten der USA zuzutreffen.

2. DIE THEORIE DES DOPPELTEN ÜBERGANGS

Angesichts der Schwierigkeiten, ein Modell der Abfolge von Phasen zu entwickeln, erscheint es uns sinnvoll, Aspekte des sozialen Wandels durch nur wenige Dimensionen mit jeweils wenigen Variablen zu beschreiben, um zudem präzise Modelle formulieren zu können. Unser Ziel ist es, mit einem solchen Modell sowohl Phasen des Wandels von Ländern als auch von Städten abzugrenzen.

Um solche Dimensionen zu bestimmen, erscheint es uns sinnvoll, bei den zentralen Problemen anzusetzen, die jede Gesellschaft lösen muß, um zu überleben. Hierzu sind zahlreiche Vorschläge gemacht worden, z.B. von ABERLE et al. (1950) in ihrem Aufsatz "The Functional Prerequisites of a Society". Von den insgesamt neun "funktionalen Erfordernissen", die die Autoren anführen, erscheinen wiederum drei besonders wichtig; sie sind bei den Autoren als "provision for adequate relationship to environment and for sexual recruitment" zusammengefaßt:

- Die Art, wie in einer Gesellschaft die biologische <u>Reproduktion</u> geregelt ist, also Geburt, Heirat, Verwandtschaft;
- die Art, wie die Mitglieder der Gesellschaft ihren Lebensunterhalt und und die Produktion organisieren, also Subsistenzaktivitäten und Arbeitszwang;
- welche <u>Mittel</u> der Naturbeherrschung und der Anpassung an die Umwelt bestehen, also Wissen, Techniken, Geräte.

Die drei Probleme lassen sich drei Dimensionen zuordnen: Bevölkerung, Wirtschaft und Technologie. Der Ansatz, mit diesen drei Dimensionen die soziale und räumliche Organisation einer Gesellschaft zu beschreiben, ist in einer früheren Publikation von FRIEDRICHS (1977:48-97) entwickelt worden.

<u>Bevölkerung</u>: Verfügbare Nahrungsmittel, Beschäftigungschancen, hygienische Standards und soziale Normen (z.B. Heiratsregeln, Geburtenregelung) bestimmen die biologische Reproduktion, d.h. die natürliche Bevölkerungsbewegung und den Altersaufbau einer Gesellschaft und auch die Wanderungen. Die wichtigsten Merkmale dieser Dimension sind die Geburten- und die Sterberate.

Wirtschaft: In der Tradition von Durkheim wird angenommen, eine steigende Arbeitsteilung führe zu einer steigenden Differenzierung der Gesellschaft. Diese Differenzierung bezieht sich auf der Ebene der Subsistenzaktivitäten auf eine Positions- und damit Berufsdifferenzierung, deren ungleiche Bewertung auf der Ebene der Individuen zu ungleichen sozialen Rängen führt; schließlich entsteht durch die Verhaltensdifferenzierung eine Differenzierung der Nutzungen und Gelegenheiten (öffentliche und private Einrichtungen). Die wichtigsten Merkmale dieser Dimension sind der soziale Rang einer Person, die Beschäftigtenstruktur und die räumliche Verteilung von Nutzungen und Gelegenheiten.

Technologie: Technischer Fortschritt beeinflußt sowohl die Struktur der Produktion als auch die der einzelnen Arbeitsplätze. Ebenso können technologische Innovationen eine stärkere Beherrschung der Natur beeinflussen, z.B. hygienische und pharmazeutische Mittel die Geburten- und Sterberate. Schließlich haben die Transport- und Kommunikationstechnologien entscheidenden Einfluß auf die Überwindung des Raumes und damit auf die Ausdehnung der Stadt oder die Standortwahl von Betrieben und Haushalten.

Der Ansatz weist Ähnlichkeiten mit dem des "ökologischen Komplexes" auf (DUNCAN 1961, 1964, 1966; DUNCAN & SCHNORE 1959; GIBS & MARTIN 1973; SCHNORE 1958, 1965). Die Autoren verwenden vier Dimensionen: "population", "organization", "environment" und "technology". Duncan und Schnore nehmen an, alle Dimensionen hingen mit allen zusammen, so daß sie Art und Richtung des Einflusses der Dimension aufeinander nur an einzelnen Beispielen spezifizieren können. Damit bleibt der Ansatz recht uninformativ zur generellen Erklärung von Sachverhalten. Zu dieser Unklarheit trägt auch die mangelhafte Abgrenzung der Dimensionen gegeneinander bei. (Vgl. die Kritik bei FRIEDRICHS 1977:40ff; JURECKA 1980.) So bleibt vor allem offen, was genau unter "Organisation" zu verstehen sei, zumal hierunter sowohl die politische als auch die ökonomische Organisation subsumiert werden. Offen bleibt auch, ob diese Dimension die abhängige ist, wie es einige Textstellen vermuten lassen (z.B. SCHNORE 1965:383). Auch neuere Arbeiten weisen auf diese Probleme hin (u.a. JURECKA 1980, SLY 1972). Abzuwarten bleibt, ob dieser Ansatz sich präzisieren läßt (vgl. HAMM, JURECKA & SIMON 1981).

2.1 Teilmodell Bevölkerung

Die Bevölkerung einer Gesellschaft kann durch folgende Merkmale beschrieben werden:

- <u>Bevölkerungsgröße</u>: Anzahl der Mitglieder,

- Bevölkerungszusammensetzung: Zusammensetzung nach den Merkmalen Alter und Geschlecht (qualitative Struktur),
- Bevölkerungsverteilung: Verteilung über den Raum nach Wohnort (quantitative Struktur).

Wenn wir im folgenden von "Bevölkerungsentwicklung eines Landes" sprechen, dann meinen wir damit Veränderungen in diesen Merkmalen. Alle Faktoren, die auf die Größe, Verteilung oder Zusammensetzung einer Bevölkerung wirken, können nur über eine oder mehrere der drei sogenannten "demographischen Grundvariablen" wirksam werden:

- Fruchtbarkeit, gemessen durch die Geburtenrate (Anzahl der Lebendgeborenen/1000 Einwohner)
- Sterblichkeit, gemessen durch die Sterberate (Anzahl der Todesfälle/1000 Einwohner)
- Wanderungen, gemessen durch den Wanderungssaldo (Einwanderungen minus Auswanderungen).

Für unsere Analyse betrachten wir nur die Veränderungen in der Bevölkerungsgröße und -verteilung.

2.1.1 Veränderungen der Bevölkerungsgröße

Ob eine Bevölkerung sich vermehrt oder vermindert, wird jeweils von den Vorzeichen sowie der Kombination der Salden abhängen. Betrachten wir zunächst nur den natürlichen Bevölkerungssaldo. Wie noch zu zeigen sein wird, eignet sich insbesondere die Theorie des demographischen Übergangs dazu, den langfristigen Verlauf natürlicher Bevölkerungsentwicklung als eine Folge sozialen Wandels zu beschreiben.

Das Bevölkerungswachstum in den von uns betrachteten Ländern zeigt für die letzten 200 Jahre überall einen ähnlichen Verlauf (vgl. Abb. 2.1). Eine solche Regelhaftigkeit des Verlaufs der Geburten- und Sterberate wurde zuerst 1835 von Quetelets und Verhulst (SCHMID 1976:46) beschrieben, von PEARL & REED (1920) wiederentdeckt und an mehreren europäischen Ländern überprüft und bestätigt. Diese "Theorie des demographischen Übergangs" wurde in den 30er Jahren entwickelt und erhielt im Zusammenhang mit der Überbevölkerungsproblematik in den Entwicklungsländern in den 50er Jahren neue Impulse (CARR-SAUNDERS 1936, NOTESTEIN 1945, SPENGLER

1952, THOMPSON 1948, WILLCOX 1931).

Die Theorie des demographischen Übergangs bezieht sich vor allem auf den Übergang von einer Gesellschaft deren Geburten- und Sterberaten sich auf einem hohen Niveau im Gleichgewicht befinden ("traditionale Gesellschaften" mit niedrigem Industrialisierungsgrad) zu einer Gesellschaft, deren Geburten- und Sterberaten sich auf einem niedrigen Niveau im Gleichgewicht befinden ("moderne Gesellschaften" mit hohem Industrialisierungs- und Urbanisierungsgrad). Dieser Übergang ist dadurch gekennzeichnet, daß die Sterberate eher zu sinken beginnt als die Geburtenrate. Diese zeitliche Verzögerung zwischen dem Sinken der Sterberate und dem der Geburtenrate wird damit erklärt, daß die sich verbessernden Lebensbedingungen, z.B. durch technologischen Fortschritt, zwar sehr schnell die Sterblichkeit senken können, daß aber Veränderungen im generativen Verhalten, als Voraussetzung zur Senkung der Geburtenrate, erst allmählich eintreten.

In dieser Phase des Ungleichgewichts, die OGBURN (1957:336f) auch im Sinne seiner Theorie des "cultural lag" interpretiert, bewirkt die hohe Fruchtbarkeit bei bereits abgesunkener Sterblichkeit ein rasches Anwachsen der Bevölkerungszahl.

Die Theorie verwendet zur Erklärung des Bevölkerungswachstums den Kurvenverlauf von Sterbe- und Geburtenraten. Sie geht dabei von folgenden Annahmen aus (BOGUE 1969:51f):

> "Every society tends to keep its vital processes in a state of balance such that population will replenish losses from death and grow to an extent deemed desirable by collective norms. These norms are flexible and readjust rather promptly to changes in the ability of the economy to support population."

Die Theorie geht von einem Gleichgewicht zwischen Sterbe- und Geburtsraten in jeder Gesellschaft aus. Ist in einer Gesellschaft die Sterberate hoch - sterben z.B. viele Kinder noch vor dem Erreichen des Erwachsenenalters -, dann wird die Geburtenrate ebenfalls hoch sein: Um die Todesfälle auszugleichen, werden die Familien viele Kinder haben müssen. Ist die Sterblichkeit niedrig, genügt eine geringe Kinderzahl.

Die verschiedenen Kombinationen von Sterbe- und Geburtenrate (hoch/hoch, sinkend/sinkend mit zeitlicher Verzögerung, niedrig/niedrig) wurden zuerst von NOTESTEIN (1945) und THOMPSON (1948) als Merkmale dreier unterschiedlicher generativer Strukturen interpretiert.

Dieses Drei-Phasen-Schema wurde durch die "Population Division" der Vereinten Nationen zur besseren Beurteilung der sehr unterschiedlichen demographischen Situation in den verschiedenen Ländern der Erde auf ein Fünf-Phasen-Schema erweitert, in dem man der Übergangsphase nicht eine sondern drei Phasen zuordnete (Abb.2.1). Benutzt man drei Phasen, so lassen sich ihnen Kovariationen von Ausprägungen demographischer Merkmale zuordnen (Tab. 2.1).

Abbildung 2.1: <u>Übersicht über die Veränderung einiger demographischer Merkmale</u>

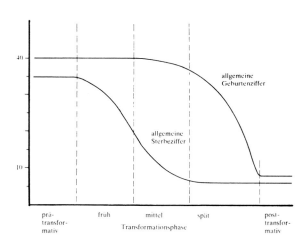

Quelle: HAUSER 1974: 131

Die Theorie des demographischen Übergangs bedarf der Präzisierung, wie bereits die Einwände zahlreicher Autoren (HATT, FARR & WEINSTEIN 1955, HAUSER & DUNCAN 1959a, THOMPSON 1959, WRONG 1961) zeigen, da bisher weder die erklärenden Variablen für den Verlauf der Geburten- und Sterberate noch die wechselseitigen Beziehungen zwischen ihnen ausreichend bestimmt sind. Erst die Explikation der Theorie erlaubt es, unterschiedliche Kurvenverläufe zu erklären und Länder hinsichtlich des demographischen Übergangs miteinander zu vergleichen.

Tabelle 2.1: Übersicht über die Veränderung einiger demographischer Merkmale

Merkmal	Phase I traditionale Gesellschaft	Phase II - IV Übergangsgesellschaft	Phase V moderne Gesellschaft
Lebenserwartung	niedrig	steigend	hoch
Sterblichkeit	hoch	sinkend, besonders die Säuglingssterblichkeit	niedrig
Fruchtbarkeit	hoch	sinkend, jedoch später als Sterblichkeit	niedrig
Anzahl der Generationen pro Haushalt	fast vier	sinkende Anzahl	zwei
Familienorganisation	Großfamilie (Mehrgenerationenfamilie)	alte, traditionale Familienformen werden unter dem Druck wirtschaftlicher, sozialer und demographischer Faktoren grundlegend verändert	Klein- und Kernfamilien (Eltern + Kinder)
Gebärzeit	lang		kurz
Ehedauer	niedrig		hoch
Heiratsalter	hoch		niedrig
Zeitdauer des "Mutterseins"	lang		kurz
Familienplanung	nein	-	ja
Alterszusammensetzung der Bevölkerung (Alterspyramide)	stationäre Bevölkerung	wachsende Bevölkerung	schrumpfende Bevölkerung

Das Sinken der <u>Sterberate</u> wird im allgemeinen durch eine Verbesserung des Lebensstandards erklärt. Diese Verbesserung wurde möglich durch medizinische und hygienische Fortschritte (z.B. Impfstoffe, Abwasser- und Müllentsorgung), sowie durch größere Arbeitsproduktivität, Ausdehnung des Handels, Ausbau des Transport- und Verkehrswesens und Verbesserung der staatlichen und wirtschaftlichen Organisation.

Das Sinken der <u>Geburtenrate</u> wird vor allem durch "Industrialisierung", "Urbanisierung" und "Säkularisierung" erklärt. Steigender Lebensstandard durch gesicherte Arbeitsverhältnisse und höheres Arbeitsplatzangebot sowie technologischer Fortschritt beeinflussen das generative Verhalten (vgl. VANCE 1959:300).Veränderungen in der Gesellschaft werden demnach mit Veränderungen im generativen Verhalten der Familien verknüpft.

Hieraus wird deutlich, daß die erklärenden Variablen für die Sterberate eher einem technologischen Bereich zuzuordnen sind, während die erklärenden Variablen für die Geburtenrate eher dem ökonomischen sowie dem normativen Bereich angehören. Es ist jedoch nicht sinnvoll, die erklärenden Variablen für die Geburten- und Sterberaten getrennt zu spezifizieren, sondern es müssen sich auch Verknüpfungen zwischen den erklärenden Bedingungen der beiden Raten herstellen lassen.

Damit ist die Theorie des demographischen Übergangs - unter Berücksichtigung der Einwände - gut geeignet, den Anteil der "Bevölkerungsexplosion" in Europa der letzten 200 Jahre zu beschreiben und zu erklären, der auf natürlichem Bevölkerungswachstum beruht (vgl. MACKENSEN 1973: 34). Sie eignet sich daher, Phasen der Landes- und Stadtentwicklung abzugrenzen.

2.1.2 Veränderungen in der Bevölkerungsverteilung

Das sehr starke Bevölkerungswachstum hatte - zumindest in Europa - die Entstehung industrieller Ballungsgebiete und Metropolen zur Folge. Vermittelndes Glied zwischen dem Bevölkerungswachstum und der Herausbildung von Bevölkerungskonzentrationen als Merkmal der Bevölkerungsverteilung sind die Wanderungen.

Wanderungen werden immer dann auftreten, wenn

a) ein (hinreichend) großes Gefälle hinsichtlich der ökonomischen und sozialen Lebensbedingungen und Aufstiegschancen zwischen Regionen und
b) ein Informationsaustausch über diesen Sachverhalt zwischen den Regionen besteht.

Diese Überlegungen sind die Grundlage beispielsweise der Wanderungstheorie von HOFFMANN-NOWOTNY (1970). Von ähnlichen Annahmen geht auch ZELINSKY (1971) aus, der Mobilitätsvorgänge jedoch nicht nur mit Veränderungen im ökonomischen Gefälle zwischen Regionen erklärt, sondern auch Veränderungen in der Geburten- und Sterberate und damit auch in der Bevölkerungsgröße als Elemente des Wandels versteht (Abb. 2.2).

ZELINSKYs Hypothesen lassen sich wie folgt zusammenfassen:

- Wenn ein Land die Phasen des demographischen Übergangs durchläuft, dann steigen die Mobilitätsraten.

- Wenn sich ein Land in der ersten Phase des demographischen Übergangs befindet (Sterberate sinkt, Geburtenrate bleibt konstant hoch; Folge: starkes Bevölkerungswachstum), dann steigen die Wanderungen aus ländlichen Gebieten sprunghaft an ("Landflucht"). Wanderungsziele sind vor allem die Städte des eigenen Landes, aber auch Städte im Ausland mit expandierender Wirtschaft, neu zu besiedelnde Gebiete im eigenen Land (soweit vorhanden) sowie Pioniergebiete in gastfreundlichen ausländischen Staaten.

- Wanderungen setzen zuerst in den ökonomisch und demographisch entwickelten Regionen eines Landes ein: Je entwickelter eine Region ist, desto mobiler sind deren Bewohner. Begründung: Je unterentwickelter eine Region ist, desto geringer ist der Informationsfluß hinsichtlich alternativer Lebensmöglichkeiten und desto größer sind die Schwierigkeiten (aufgrund enger sozialer Bindungen, niedriger Transporttechnologie usw.) zu wandern. Zelinsky spricht in diesem Zusammenhang von einem "migrational gradient": An höher entwickelte Regionen mit hoher Mobilität schließen sich Ringe von weniger entwickelten Regionen mit abnehmenden Mobilitätsraten an (ebd.:239).

- Wenn sich ein Land in der zweiten Phase des demographischen Übergangs befindet (sowohl die Sterberate als auch die Geburtenrate sinken, das Bevölkerungswachstum sich verlangsamt), dann haben die Wanderungen vom Land in die Städte ihr Maximum; Wanderungen ins Ausland sowie in neue Agrargebiete nehmen dagegen bereits wieder ab. In dieser Phase beginnt die Wanderung zwischen den Städten stark anzusteigen.

- Wenn der demographische Übergang in einem Land vollzogen ist (Sterbe- und Geburtenrate auf niedrigem Niveau), dann sinken die Wanderungsraten aus den ländlichen Gebieten. Dagegen steigen die städtischen Wanderungen noch weiter an. Ist der demographische Übergang vollzogen, dann sind alle Mobilitätsformen stark ansteigend, die ohne Wohnortwechsel erfolgen ("circulation").

Zelinskys Versuch, Mobilitätsvorgänge während des Modernisierungsprozesses einer Gesellschaft zeitlich und räumlich zu differenzieren, indem er diese mit der Theorie des demographischen Übergangs verknüpft, erscheint

Abbildung 2.2: Demographischer Übergang und "Mobility Transition"

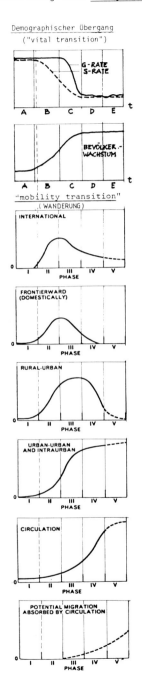

	Vital Transition	Mobility Transition
premodern traditional society	A und frühe B	I
early transitional society	mittel und späte B	II
late transitional society	C	III
advanced society	D	IV
future superadvanced society	E	V

Zuordnung der Phasen des demographischen Übergangs zu den Phasen der Mobilität nach ZELINSKY

Quelle: ZELINSKY 1971: 228, 230f, 233

uns als ein fruchtbarer theoretischer Hintergrund für die Aspekte des Konzentrationsprozesses und der damit verbundenen Veränderungen im Urbanisierungsgrad, in der Konkurrenz und Dominanz der Städte sowie in der internen Differenzierung und Expansion der Städte.

Parallel zum Bevölkerungswachstum der letzten 200 Jahre verlaufen Prozesse, die in den einzelnen Ländern zu einer Veränderung der räumlichen Bevölkerungsverteilung führen. Bei gleichzeitig steigender Wachstumsrate der Gesamtbevölkerung löst sich die relativ disperse (agrarische) Bevölkerungsverteilung auf zugunsten einer konzentrierten (städtischen) Bevölkerungsverteilung (vgl. Abb. 2.3).

Abbildung 2.3: <u>Anteil der in Städten lebenden Bevölkerung in ausgewählten Ländern 1800 bis 1980</u>

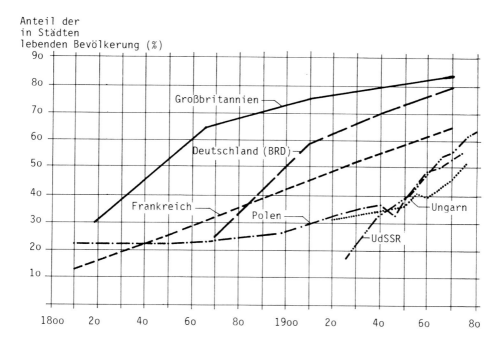

Quellen: KÖLLMANN 1965 und UNITED NATIONS DEMOGRAPHIC YEARBOOK ab 1948 ff. (Großbritannien, Deutschland, Frankreich); DZIEMONSKI 1976: 4o (Polen); SHOUP 1981: Table H-17 (Ungarn) und Table H-2o (UdSSR)

Zwar können regionale Unterschiede im Bevölkerungszuwachs auch verursacht werden durch einen unterschiedlichen Altersaufbau der Bevölkerung mit entsprechend unterschiedlichen Sterbe- und Geburtenwerten; der unterschiedliche Altersaufbau in den Regionen eines Landes jedoch ist in der Regel selbst eine Folge von Wanderungsprozessen: Die jüngeren Personen wandern in die Städte ab und gründen dort Familien, während die älteren Personen auf dem Lande zurückbleiben.

Der Konzentrationsprozeß beinhaltet zwei Aspekte: die Zunahme der Bevölkerungszahl in den einzelnen Siedlungsschwerpunkten (Urbanisierungsgrad) und - abhängig von der statistischen Definition - auch die Zunahme der Anzahl der Städte.

Der Aspekt der Bevölkerungskonzentration bezieht sich auf:

a) Konkurrenz zwischen den Städten eines Landes und Dominanz einer Stadt:

- Je schneller die größte Stadt eines Landes im Verhältnis zu den übrigen Städten wächst, desto mehr dominiert die größte Stadt die kleineren Städte und den Rest des Landes in ökonomischer, politischer und sozialer Hinsicht. Sie wird schließlich zur "primate city" des Landes (vgl. PALEN 1975:331).

- Je mehr sich die Größen der Städte eines Landes einander angleichen, desto größer ist die Konkurrenz unter und die Interdependenz zwischen ihnen. Steigende Konkurrenz und Interdependenz führen zu einer Arbeitsteilung zwischen den Städten und zu einer Spezialisierung. Es bilden sich funktionale Stadttypen mit jeweils speziellen Aufgaben innerhalb der nationalen Ökonomie (FRIEDRICHS 1977:124).
Dies wird jüngst durch die Studie der PRESIDENT'S COMMISSION (1980) über die nordamerikanischen Städte in den 80er Jahren belegt.

b) Interne Differenzierung und Expansion einer Stadt:

- Reorganisation der Verteilung von Nutzungen und Bevölkerung aufgrund der Zuwanderung auf der Ebene Stadt/Teilgebiete;

- Suburbanisierung als "Verlagerung von Nutzungen und Bevölkerung aus der Kernstadt, dem ländlichen Raum oder anderen metropolitanen Gebieten in das städtische Umland" (FRIEDRICHS 1977:170).

c) Finanzausstattung der Städte:

- Bildung finanzstarker und verschuldungsfähiger Gemeinden aufgrund des Bevölkerungs- und Wirtschaftswachstums (Steueraufkommen).

d) "Stadtmanagement":

- Notwendigkeit von öffentlicher Investition und Planung aufgrund von Stadtentwicklungsproblemen, die im Zusammenhang mit der hohen Bevölkerungskonzentration in den Agglomerationen entstehen (Verkehrsprobleme, Konkurrenz um gut erreichbare, teure Grundstücke; hohe Bodenpreise, hohe Mieten; Versorgung der Wirtschaft und Bevölkerung; Umlandzersiedelung; Umweltbelastung).

e) Werte und Verhaltensmuster

- Mit Veränderungen in der räumlichen Bevölkerungskonzentration eines Landes gehen auch Veränderungen in den Wertvorstellungen und Verhaltensmustern einher, z.B. Veränderungen des Heiratsalters, der Ledigenquote, im generativen Verhalten, der Erwerbsbeteiligung der Frauen, aber auch im Grad der Arbeitsteilung. Diese führt zu einer Differenzierung der Einkommen und der Lebensstile.

2.2 Teilmodell Wirtschaft

Neben der Bevölkerungsentwicklung ist die wirtschaftliche Entwicklung für jede Gesellschaft und jede Stadt von entscheidender Bedeutung. HEUER (1977:40) bezeichnet Stadtentwicklung als das sichtbare Ergebnis eines sozio-ökonomischen Wachstums- oder Schrumpfungsprozesses einer Stadt, oder - mit den Worten des Stadtplaners HILLEBRECHT (1962b:42): "Man ist versucht zu sagen: Die Stadtentwicklung wurde von der Wirtschaft betrieben und der Städtebau befand sich in ihrem Schlepptau".

Um den ökonomischen Wandel in unser Modell aufzunehmen, sind wir nicht nur an dem hoch aggregierten Merkmal "wirtschaftliches Wachstum", sondern auch an dem Strukturwandel der Wirtschaft interessiert, gemessen über die "Anzahl der Erwerbstätigen" in den Wirtschaftssektoren.

2.2.1 Wirtschaftliches Wachstum

In der Literatur werden allgemein zwei Typen des wirtschaftlichen Wachstums unterschieden: der Wandel einer unterentwickelten zu einer entwickelten Volkswirtschaft und das Wachstum innerhalb einer entwickelten Volkswirtschaft.

Für den ersten Typ können Autoren wie Marx, Aron und Rostow herangezogen werden. ROSTOW (1966) entwickelte eine Stufentheorie wirtschaftlichen Wachstums, ausgehend von einer traditionellen Gesellschaft: die Anlaufperiode, es folgt der wirtschaftliche Aufstieg, sodann das Reifestadium und schließlich das Zeitalter des Massenkonsums. Er vertritt die These, es gäbe ein sich selbst erhaltendes Wirtschaftswachstum, einen kumulativen Prozeß, der irgendwann einmal seinen Anfang genommen hat. Rostow sieht diesen "take-off", die Phase des wirtschaftlichen Aufstiegs, fast immer in der Zeit, die traditionell als Beginn der Industrialisierung bezeichnet wird. In England war dies zwischen 1793 und 1802, in Frankreich zwischen 1830 und 1860, im Deutschen Reich zwischen 1850 und 1873, in Rußland zwischen 1890 und 1914. Wichtig daran ist, daß Rostow die Phasen des wirtschaftlichen Aufstiegs nicht als Folge von Erfindungen und Entdeckungen ansieht, sondern daß es in jeder dieser Volkswirtschaften einen oder mehrere "leading sectors" gegeben hat, die den Prozeß auslösten und ihn in andere Sektoren getragen haben. In England waren dies die Eisen- und Textilindustrie, in Rußland der Staatsbedarf.

Als eine weitere Stufentheorie, die ihrem Anspruch nach eine Gesellschaftstheorie ist, können die Stadien gesellschaftlicher Entwicklung nach MARX (1867) angesehen werden: paradiesischer Urzustand, Sklavenhaltergesellschaft, Feudalismus, Kapitalismus, Sozialismus, Kommunismus. Nach Marx ist das Grundproblem die Verwendung des Mehrwerts. Er wächst derjenigen Klasse zu, die die Kontrolle über die Produktionsmittel aufrechterhält. Mögen zu Beginn einer solchen Klassengesellschaft die Produktionsverhältnisse noch vorteilhaft für die wirtschaftliche Entwicklung der Produktivkräfte sein, so schlagen diese Verhältnisse allmählich in "Fesseln der Produktivkräfte" um. Es kommt zu einer sozialen Revolution; durch die Veränderung der Produktionsverhältnisse verändern sich nicht nur die ökonomischen Grundlagen, sondern gleichzeitig der "Überbau": die sozialen, politischen, kulturellen und rechtlichen Bedingungen. Was sich verändert, ist die Art und Weise, wie die produktiven und die distributiven Tätigkeiten organisiert und ausgeführt werden.

Der dritte Ansatz, den Wandel von einer unterentwickelten zu einer entwickelten Volkswirtschaft zu beschreiben, besteht in der Annahme, es habe sowohl für die kapitalistischen als auch für die sozialistischen Länder gemeinsame Voraussetzungen für den Wandel gegeben. Diese lassen sich als "industrielle Revolution" bezeichnen. Sie ist ein Sammelbegriff für den Wandel in einer Vielzahl von Dimensionen, die den Übergang von der Agrargesellschaft zur Industriegesellschaft bestimmt haben.

Wo immer ein rasches und anhaltendes Wachstum auftritt, unterliegt die Wirtschaft drei großen Wandlungen:

- Die vorhandenen Ressourcen werden leistungsfähiger eingesetzt, z.B. durch eine höhere Qualifizierung von Arbeitskräften (wobei auch Dequalifikationsprozesse auftreten), durch bessere Produktionsmethoden, durch stärkere Kapitalinvestitionen oder eine leistungsfähigere Verwaltung.
- Ein wachsendes Volkseinkommen ist mit deutlichen Veränderungen in seiner Zusammensetzung und in der an seiner Erstellung beteiligten Ressourcen verknüpft. So ist z.B. der Rückgang des Beitrages der Landwirtschaft zum Volkseinkommen wie auch die schrumpfende Bedeutung der in der Landwirtschaft Beschäftigten von großer Wichtigkeit.
- Strukturveränderungen in der Wirtschaft haben räumliche Folgen; so ist die Entstehung oder der Wandel von Wirtschaftszweigen begleitet von größeren Investitionen in (Fabrikanlagen, Wohngebäude), Standortveränderungen und Bodenwerten.

Bei dem Vergleich des Wandels von kapitalistischen und sozialistischen Gesellschaften wird unterstellt, unabhängig vom historischen Ursprung und den ordnungspolitischen Strukturen entwickeln sich ähnliche Strukturen. Auf der Basis solcher Annahmen über wirtschaftliche Entwicklungsphasen sind eine Reihe von Konvergenztheorien entstanden. Sie beziehen sich hauptsächlich auf die Konvergenz der USA und der UdSSR.

So nimmt ROSTOW (1957) an, das System des Sozialismus werde sich dem System des Kapitalismus annähern, TINBERGEN (1963) vermutet, Sozialismus und Kapitalismus würden sich zu einer Art "gemischtem System" entwickeln, während WILES (1968) sowohl von Konvergenz in einigen Bereichen als auch von gravierenden Unterschieden in anderen Bereichen spricht. Gegen die Gültigkeit der Konvergenzthese im engeren Sinne haben sich vor allem Wisenschaftlicher aus der Sowjetunion und der DDR gewandt (u.a. ROSE 1965, 1966, 1967; SEMENOV 1965). Es sind im wesentlichen vier Kritikpunkte, die angeführt werden:

1. Mit Aufzählung von Analogien und äußerlichen Ähnlichkeiten des technischen Fortschritts würden die Haupttriebkräfte der gesellschaftlichen Entwicklung, wie z.B. der Klassenkampf, übergangen.

2. Die weitere Entwicklung der sozialistischen Gesellschaft sei von objektiv gegebenen historischen Gesetzmäßigkeiten abhängig und verliefe in Richtung auf den Kommunismus. Sie werde also nicht von nachgeordneten Faktoren, wie dem Stand der Produktionstechnik, dem Konsumentenverhalten oder der Massenproduktion bestimmt.

3. Die gesellschaftliche Entwicklung der Produktivkräfte werde durch die führende Rolle der Arbeiterklasse bzw. der Kommunistischen Partei gewährleistet. Die Entwicklung von Wissenschaft und Technik in den sozialistischen Ländern sei abhängig von gesamtgesellschaftlichen Planungen.

4. Das Privateigentum an Produktionsmitteln ist aus marxistischer Sicht für den Klassencharakter der kapitalistischen Gesellschaft ebenso kennzeichnend wie das Profitinteresse privatwirtschaftlich organisierter Monopole. Diese Grundstruktur der kapitalistischen Wirtschaft und Gesellschaft würde durch die Ähnlichkeiten des technologischen Fortschritts und der Massenproduktion nicht aufgehoben.

Der zweite Typ von Theorien bezieht sich auf das Wachstum in bereits entwickelten Volkswirtschaften. Hierzu besteht eine umfangreiche Literatur, auf die wir nur kurz eingehen, weil sie sich nur auf eine späte Phase der Entwicklungen von Gesellschaften bezieht. Für HARROD (1943) und HICKS (1932) sind die Investitionen bei einsetzendem Wachstumsprozeß eindeutig nachfrageorientiert. Harrod bedient sich dabei des "Akzelerationsprinzips": Demzufolge induziert eine Schwankung der Nachfrage nach Konsumgütern eine prozentual größere Schwankung der Nachfrage nach Investitionsgütern. Für DOMAR (1957) ist durch eine angebotsorientierte Entscheidung bei Invesitionen wirtschaftliches Wachstum möglich. KALDOR (1957) schließlich vertritt die Auffassung, wirtschaftliches Wachstum werde hauptsächlich durch technischen Fortschritt ausgelöst.

Nun ist wirtschaftliches Wachstum kein Prozeß, der auf diesem hohen Aggregationsniveau hinreichend gut beschrieben werden kann. Es ist zusätzlich erforderlich, langfristige Änderungen der Produktionsstruktur, des Kapitalstocks oder der in der Produktion angewendeten Technologie zu analysieren. Eine historische Analyse zeigt zusätzlich, daß die Beiträge der einzelnen Wirtschaftssektoren zum Sozialprodukt und die Anzahl der Erwerbstätigen in ihnen sich sehr unterschiedlich verändert haben.

2.2.2 Strukturwandel der Wirtschaft

Aufgrund des vorliegenden historischen Materials können wir lediglich die Veränderungen in der Verteilung der Erwerbstätigen auf die Wirtschaftssektoren beschreiben und vergleichend messen. Sie dienen als Indikator für den strukturellen Wandel der Wirtschaft. Um Wirtschaftseinheiten oder die in ihnen Erwerbstätigen zu klassifizieren, bieten sich sektorale Klassifikationen an, wie sie vor allem von CLARK (1940) und FOURASTIE (1954) entwickelt wurden. Da FISHER (1939) sich hauptsächlich auf die Nachfrageseite konzentriert, soll auf seine Einteilung hier nicht weiter eingegangen werden.

Die Klassifikation von CLARK (1940) beruht auf einer Dreiteilung der Wirtschaft nach der Art der Produkte, er unterscheidet zwischen "primary industry", "manufacturing industry" und "service industry". Der primäre Sektor umfaßt Land- und Forstwirtschaft, Viehzucht und Fischerei; der sekundäre Sektor Bergbau, Industrie, Energieversorgung, Baugewerbe und Handwerk; zum tertiären Sektor werden Freie Berufe, Handel, Banken, Verkehr, Nachrichtenwesen, sowie öffentliche und private Dienstleistungen gerechnet (CLARK 1940:80).

Die Klassifikation von Fourastié unterscheidet sich nicht erheblich von der Clarks; allerdings rechnet Clark beispielsweise kaufmännische Angestellte eines Industriebetriebes zum sekundären Sektor, während Fourastié sie dem tertiären Sektor zurechnet. Das Kriterium zur Abgrenzung der Sektoren ist bei Fourastié der Grad der Arbeitsproduktivität und des technischen Fortschritts. "Mittelmäßiger" technischer Fortschritt definiert den primären Sektor, "starker" technischer Fortschritt den sekundären Sektor und "geringer" den tertiären.

Diese Klassifikation würde erfordern, die einzelnen Wirtschaftszweige je nach dem Ausmaß des inzwischen eingetretenen technischen Fortschritts den Sektoren ständig neu zuzuordnen. Fourastié gibt hierfür Beispiele, doch geschieht dies nicht mit der Konsequenz, die sein dynamisches Klassifikationsverfahren erfordert. Zudem hat Fourastié nicht vorhersehen können, daß der tertiäre Sektor seit der Publikation des Buches im Jahre 1949 in erheblichem Maße technischen Fortschritt aufweist. Letzlich wird von ihm die einmal vorgenommene - historische - Klassifikation beibehalten, um Aussagen über die langfristige Entwicklung der Sektoren bei konstanter Abgrenzung zu machen.

Seit Beginn des 19. Jahrhunderts - in England ab Mitte des 18. Jh. - vollziehen sich diese Veränderungen in allen Industrieländern. Dieser Zeitabschnitt, von Fourastié als "Übergangsperiode" bezeichnet, kann folgendermaßen beschrieben werden: Zu Beginn der Übergangsperiode hat sich die Masse der Erwerbstätigen (über 80%) im primären Sektor befunden, nur 8 bis 10% im sekundären und 10 bis 12% im tertiären Sektor. Als Folge des technischen Fortschritts ist dann im Laufe des 19. Jh. der sekundäre Sektor auf Kosten des primären rasch angewachsen und hat mit 40% bis 50% aller Beschäftigten seinen Kulminationspunkt erreicht. Dieser Anteil nimmt dann stetig ab, dafür nimmt der Anteil der im tertiären Sektor Beschäftigten stetig zu. Der Abschluß der Übergangsperiode ist dann erreicht, wenn 80% der Beschäftigten im tertiären Sektor - nach unserer Explikation der uneinheitlichen Modelle von Fourastié - tätig sind. Dieser Zustand werde am Ende dieses Jahrhunderts eintreten: Die tertiäre Zivilisation. Die modellhafte Darstellung dieser Entwicklungen zeigt Abb. 2.4.

Dieses Modell des "ökonomischen Übergangs", wie wir es in Analogie zum demographischen Modell bezeichnen werden, beruht auf einer Vielzahl von Annahmen. Ausgangspunkt ist der technische Fortschritt: "Der wissenschaftliche Fortschritt bringt den technischen Fortschritt hervor, den man am Fortschritt der Produktivität mißt; der wissenschaftliche Fortschritt macht den sozialen Fortschritt möglich" (FOURASTIE 1967a:251). Gradmesser des technischen Fortschritts ist die Produktivität der menschlichen Arbeit. Die grundlegende Wirkung des technischen Fortschritts ist also der Anstieg der Arbeitsproduktivität. Parallel dazu erhöht sich das Gesamtvolumen der Produktion. Die Folge davon ist eine relative und partielle Sättigung des Verbrauchs.

Abbildung 2.4: Phasen der wirtschaftlichen Entwicklung nach FOURASTIE

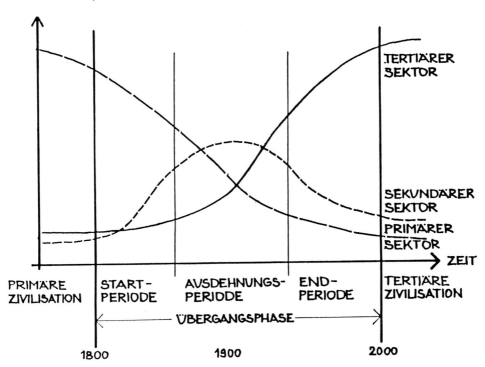

Quelle: FOURASTIE 1954:135; 1967a:33

Die Wirkung des technischen Fortschritts auf Produktion und Konsum ist aber in den Bereichen der Wirtschaft nicht gleich stark. Fourastié nimmt an, der Lebensstandard werde stetig steigen, gleichzeitig würden aber auch durch die höhere Arbeitsproduktivität die Preise für Güter des primären und dann des sekundären Sektors sinken. Die Nachfrage der Haushalte, wie sich ergänzen läßt, kann sich demnach auf andere oder neue Güter und vor allem Dienstleistungen richten. Die Nachfrage wird nun zur Bedingung einer Veränderung der Produktion: "Der wachsende Verbrauch ließ sich hingegen nicht die Struktur der wachsenden Produktion aufzwingen. ... Daraus ergab sich Schritt für Schritt eine grundlegende Veränderung der gesamten Wirtschaftsstruktur" (FOURASTIE 1954:117).

Unter diesen Bedingungen verändert sich auch die Nachfrage nach Arbeitskräften: Die Erwerbstätigen sind gezwungen, in Wirtschaftszweige eines anderen Sektors zu wechseln. "Die Beschäftigten müssen also ständig aus den 'gesättigten' in neue Wirtschaftszweige wechseln; ihr natürlicher Widerstand, ihre geringe Mobilität, schaffen Verzögerungen, Gleichgewichtsstörungen, Zusammenbrüche und Krisen" (FOURASTIE 1954:216). Fourastié sieht zwar diese Krisen - die immerhin auch Auswanderung erzeugt haben - geht aber letztlich davon aus, die freigesetzten Erwerbstätigen würden aufgrund der Dynamik der Nachfrage auch wieder einen neuen Arbeitsplatz finden, "da der Bedarf des Verbrauchers gleichzeitig mit seinem Lebensstandard steigt und sich daher die Nachfrage von einem Gut auf ein anderes verlagert..." (FOURASTIE 1954:219).

Die von Fourastié unterstellte Proportionalität von freiwerdenden Arbeitskräften und neu geschaffenen Arbeitsplätzen dürfte nur unter spezifischen Bedingungen gelten. Die Arbeitskräfte müssen bereit sein und die Möglichkeit haben, mobil zu sein und/oder sich umschulen zu lassen. Weiter wird unterstellt, es gäbe keine dauerhafte strukturelle Arbeitslosigkeit. (Das Modell enthält keine Angaben über die Variationen der Arbeitslosenquote.) Wie sich gegenwärtig zeigt, hat der technische Fortschritt gerade im tertiären Sektor zu einer beträchtlichen Steigerung der Arbeitslosenquote geführt. Dienstleistungen werden durch Geräte ersetzt, z.B. Waschmaschinen, Computer. Zum anderen werden Dienstleistungen auf die Kunden zurückverlagert, z.B. in einem Selbstbedienungsladen oder durch einen Fahrkartenautomaten. Weitaus gravierender ist, daß durch die Mikroelektronik in weiteren Bereichen des sekundären und des tertiären Sektors Arbeitskräfte freigesetzt werden, die keineswegs in gleichzeitig und in gleicher Zahl entstehenden Arbeitsplätzen, z.B. in der Informationsindustrie, aufgefangen werden. Daher stellt sich die Frage, ob wir es gegenwärtig in den westlichen hochindustrialisierten Ländern mit einer Krise im Sinne Fourastiés oder aber einer dauerhaften Arbeitslosigkeit zu tun haben.

In empirischen Analysen hat sich das Modell für Deustchland bzw. die Bundesrepublik bewährt (FELS,SCHATZ & WOLTER 1971, FELS & SCHMIDT 1981. Neue Daten für die Jahre 1976/77 zeigen aber auch, daß Wechsel zwischen allen drei Sektoren gleichzeitig stattfinden (FELS & SCHMIDT 1981:199).

Bei der empirischen Anwendung der Theorie des ökonomischen Übergangs ergeben sich allerdings nochmals Probleme der Klassifikation der Sektoren, insbesondere bei einer international vergleichenden Forschung. Eine weitere Schwierigkeit besteht in der Definition der Personen, die als arbeitslos bzw. arbeitsuchend gelten sollen. Hier gibt es bislang keine international verbindliche Definition. Die nächste Schwierigkeit besteht darin, den tertiären Sektor abzugrenzen. Hierzu werden z.B. Handel, Banken, Erholung einschließlich Hotel- und Gaststättengewerbe und öffentliche Verwaltung gerechnet. Es ist bei Clark wie bei Fourastié eine Restkategorie mit sehr heterogenen Wirtschaftszweigen. Eben diese Tatsache erschwert den internationalen Vergleich, der oft Neugruppierungen der Angaben verlangt. So wird in sozialistischen Ländern oft nur zwischen dem Bereich der materiellen und dem der immateriellen Produktion unterschieden, wobei die Dienstleistungen nur einen Teil der immateriellen Produktion ausmachen. Schließlich besteht noch immer das Problem, auf das FOURASTIE (1954:81) hinwies: Industriebetriebe können einen sehr hohen Anteil von nicht in der Produktion Beschäftigten haben, werden aber dennoch insgesamt dem sekundären Sektor zugerechnet.

Die Heterogenität der Wirtschaftszweige im tertiären Sektor hat zahlreiche Autoren dazu veranlaßt, eine Differenzierung des Sektors in "tertiär" und "quartär" oder gar "quintär" vorzunehmen (z.B. ABLER 1977, ARON 1964, BELL 1968, 1975; KAHN & WIENER 1968). Die Tätigkeiten werden dann zu den hinzugenommenen Sektoren gerechnet. Da die Kriterien nicht sehr trennscharf sind und Daten für einzelne Wirtschaftszweige international nicht - oder im Falle der sozialistischen Länder nicht einheitlich - verfügbar sind, nehmen wir keine Differenzierung des tertiären Sektors vor.

2.3 Teilmodell Technologie

Um die Struktur und den sozialen Wandel einer Gesellschaft zu untersuchen, führen wir als dritte Dimension "Technologie" ein. Wir folgen damit einer Tradition sozialwissenschaftlichen Denkens, in der die tiefgreifenden Effekte technologischen Wandels auf die soziale (u.a OGBURN 1922) und die wirtschaftliche Entwicklung (u.a. SCHUMPETER 1912) empirisch belegt worden sind.

In der Literatur sind zahlreiche Definitionen für "Technik" und "Technologie" vorgeschlagen worden. Wir machen keinen Unterschied zwischen beiden und folgen der Definition von DUNCAN (1966:682): "a set of techniques employed by a population to gain sustenance from its environment and to facilitate the organization of sustenance-producing activity."

Auch ist es sinnvoll, einzubeziehen, was BELL (1968:157f.) als "intellectual technology" bezeichnet: "such varied techniques as linear programming, systems analysis, information theory, games, and simulation which, when linked to the computer, allow us to accumulate and manipulate large aggregates of data of a different kind so as to have more complete knowledge of social and economic matters."

2.3.1 Messung des technologischen Wandels

Die allgemeinste Ursache technologischen Wandels und der Innovationen ist in steigenden gesellschaftlichen Bedürfnissen zu sehen, einer größeren Beherrschung der Natur mit dem Ziel der Bedürfnisbefriedigung. Hierin stimmen "bürgerliche" und marxistische Theoretiker überein (vgl. OGBURN 1922, BANSE & STRIEBING 1978:910). Auch die Definition von DUNCAN zielt auf diesen Sachverhalt. Präziser ist dies in den volkswirtschaftlichen Wachstumstheorien formuliert. "Technischer Fortschritt" wird hier als "Steigerung des Sozialproduktes bei konstantem Einsatz der Faktoren Arbeit und Kapital verstanden (u.a. ANDRE 1971:6, BLAUG 1963, BROWN 1966, WALTER 1977:569).

Der so definierte technische Fortschritt bezieht sich auf die Anwendung von Innovationen (oder: Patenten) auf den Produktionsprozeß und auf neue Produkte. Hiermit kann eine Substitution einer der beiden Produktionsfaktoren verbunden sein. Obgleich umstritten ist, ob der technische Fortschritt neutral auf die Faktoren "Kapital" und "Arbeit" wirke, ist in den letzten Jahrzehnten erkennbar, daß eher der Faktor Arbeit durch neue Technologie ersetzt wird (vgl. hierzu BLAUG 1963).

Eben diese Veränderung in der wirtschaftlichen Organisation liegt den Theorien von Clark und Fourastié zugrunde. Es ist der technologische Wandel, der zu Verschiebungen in den drei Sektoren führt. Selbst Kritiker der Theorien, wie im Abschn. 2.2 ausgeführt, verwenden gerade den zunehmenden Einfluß der Technologie auf die Berufe des tertiären Sektors als Argument dafür, diesen Sektor um einen quartären zu ergänzen, der sich allein mit der Produktion und Verteilung von Informationen beschäftigt (BELL 1975). Es gibt wohl keinen Zweifel, daß sich diese von Fourastié (noch) nicht für möglich gehaltenen Veränderungen im tertiären Sektor gegenwärtig in allen hochindustrialisierten Ländern vollziehen. Während zuvor die in einem Sektor freigesetzten Arbeitskräfte in einem anderen Arbeit fanden, scheint nun der technologische Wandel zu einer strukturellen Arbeitslosigkeit zu führen, weil die im sekundären und tertiären Sektor freigesetzten Arbeitskräfte nicht durch eine Expansion in Wirtschaftsabteilungen innerhalb des tertiären Sektors hinreichend aufgefangen werden.

Dem Konzept "technologischer Wandel" können zahlreiche Indikatoren zugeordnet werden. Drei Zugänge für das Meßproblem lassen sich unterscheiden:

1. Zeitpunkt der Erfindung (z.B. Dampflokomotive im Jahre 1825) oder Zeitpunkt eines bestimmten Verbreitungsgrades.
2. Ausmaß der innovativen Tätigkeit, z.B. Zahl der Patente, Zahl der Ingenieure und Naturwissenschaftler bzw. deren Anteil an allen Studierenden, Ausgaben für Forschung und Entwicklung.
3. Maße für das Betreiben der Technologie, z.B. Energiekosten (Steinkohle, Elektrizität).

Das gegenwärtig wohl komplexeste Maß für den Stand der Technologie in einem Land haben FRISBIE & CLARKE (1979) entwickelt. Aufgrund einer Explikation der Definitionen von Technologie bei verschiedenen Autoren gelangten sie zu sechs Dimensionen, denen jeweils mehrere Indikatoren zugeordnet wurden (jeweils in Klammern): Energieverbrauch (6), Landwirtschaft (2), Industrie (2), Wissenschaft (3), Transport (4) und Kommunikation (7). Dabei wies die Dimension "Energieverbrauch" die höchsten Korrelationen mit allen anderen Dimensionen auf. Aus einer Linearkombination der standardisierten Werte dieser Dimensionen wurde ein Index der Technologie entwickelt. Die von uns untersuchten Länder erhielten die folgenden Rangplätze in einem weltweiten Vergleich:

8. BRD	(12,00)	17. VR Polen	(9,64)
12. Frankreich	(11,30)	19. Österreich	(9,12)
13. Großbritannien	(11,05)	20. VR Ungarn	(8,82)
14. UdSSR	(10,74)		

Zusammenfassend zeigt sich, daß zahlreiche Indikatoren geeignet sind, den technologischen Wandel zu messen. Aufgrund der komplexen Effekte der Innovationen in Produkten und Verfahren ist es nicht möglich, eine Theorie des technologischen Wandels zu formulieren.

2.3.2 Auswirkungen technologischen Wandels

Die Auswirkungen technologischen Wandels lassen sich für zahlreiche Bereiche nachweisen. Vergröbert sind es vier Bereiche: : Wirtschaft, Bevölkerung, Transport/Kommunikation und Militär. Zwischen ihnen bestehen zudem Interdependenzen, z.B. der Transporttechnologie auf die Verflechtung von Unternehmen, der elektronischen Kommunikationsmittel auf die innerbetriebliche Organisation oder das Freizeitverhalten der Bevölkerung.

Wir vermuten, daß sich der technologische Wandel nur indirekt auf die Dimension "Bevölkerung" auswirkt, nämlich administrative Eingriffe und die Produktion einer Innovation voraussetzt. Ein gutes Beispiel hierfür sind die empfängnisverhütenden Mittel.

Um die Antibaby-Pille weiter zu entwickeln und durchzusetzen, bedurfte es eines Normenwandels innerhalb der Kirchen, Stellungnahmen von Ärzteverbänden, Genehmigungen der Regierung, Wandel der Normen in der Bevölkerung. Es erscheint deshalb sinnvoll, keinen direkten Einfluß der Technologie auf die Entwicklung der Geburten- und Sterberate anzunehmen, sondern einen indirekten. Die Produktion der Innovation wird abhängig von einem Wandel des normativen Konsensus in einer Gesellschaft und von deren ökonomischen Bedigungen. Unter letzten haben wir hier zu verstehen: Die Bereitschaft, in die Produktion der Innovation zu investieren und - als Voraussetzung dafür - eine Abnahme des Produktes zu erwarten, was einen Wandel in den sozialen Normen voraussetzt. Die Maßnahmen zur Geburtenkontrolle in den Ländern der Dritten Welt beruhen ja nicht auf der mangelnden Technologie, sondern auf der Bereitschaft der Bevölkerung, diese zu akzeptieren. Wenn ein Land über keine institutionalisierte Versorgung der alten Menschen verfügt, wird ein individueller Generationenvertrag geschlossen: mindestens ein Sohn versorgt die elterliche Familie. Unter den herrschenden Gesundheitsbedingungen wird aber nur eins von zwei Kindern überleben. Außerdem wird nur ein Sohn die Versorgung übernehmen können. Da die Wahrscheinlichkeit, einen Sohn zu gebären 0,5 ist, braucht die Familie vier Kinder, um eben jene Altersversorgung individuell zu gewährleisten. Erst nach dem zweiten Sohn kann eine Geburtenplanung einsetzen.

Das Beispiel soll zeigen, daß nicht die vorhandene Innovation, sondern ihre wirtschaftliche Verwertung die Voraussetzung dafür ist, daß sich die Innovation durchsetzt. Um dies zu erreichen, ist es erforderlich, empfängnisverhütende Mittel herzustellen - dieses wird aber nur dann erfolgen, wenn auch eine Absatzchance gegeben ist, sich also die Normen geändert haben. Diese ändern sich aber nur dann, wenn ein anderes System der Altersversorgung institutionalisiert ist.

3. DAS EMPIRISCHE MODELL

Unser Modell ist eine Kombination aus den Indikatoren des demographischen Übergangs und der Drei-Sektoren-Theorie; es bezieht also nur Indikatoren der Dimension "Bevölkerung" und "Wirtschaft" ein. Die Dimension "Technologie" wurde aufgrund eines fehlenden Teilmodells nicht in die Phasenabgrenzung einbezogen.

3.1 Bevölkerung

In das empirische Modell gehen für die Dimension "Bevölkerung" nur die Geburten- und Sterberate ein. Aufgrund der Ausführungen im Abschn. 2.1.1 ist jedoch erkennbar, daß auch die Wanderungen einbezogen werden sollten. Da wir die Entwicklungen auf der Länder- und der Städte-Ebene vergleichen und daher mit den gleichen Variablen untersuchen, haben wir die Wanderungen noch ausgeklammert, denn für die Ländern in ihren wechselnden Abbgrenzungen lagen uns nicht hinreichend Daten vor. Die Wanderungen werden jedoch in den Monographien der einzelnen Städte ausführlich behandelt. Aufbauend hierauf, bleibt es einer späteren Arbeit vorbehalten, die Phasenabgrenzung mithilfe der Wanderungen zu verfeinern.

Die Theorie des demographischen Übergangs unterstellt in ihrem Modell einen regelhaften Verlauf von Geburten- und Sterberate. Wir entschieden uns, innerhalb der Übergangsphase auf die Abgrenzung einer früh-, mittel- und posttransformativen Phase zu verzichten, da eine solche Differenzierung zu sehr kurzen Phasen geführt hätte. Das wiederum hätte einen Grad an Genauigkeit vorgetäuscht, der der tatsächlichen Datensituation wenig angemessen schien. Damit werden nur die prätransformative, die transformative und die posttransformative Phase verwendet.

Abbildung 3.1: <u>Das Modell des demographischen Übergangs</u>

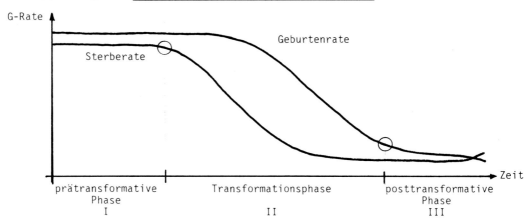

Die Phasen werden folgendermaßen festgelegt:

Die prätransformative Phase endet dort, wo die <u>Sterberate</u> langfristig zu sinken beginnt. In der Übergangsphase beginnt, mit zeitlicher Verzögerung gegenüber der Sterberate, auch die Geburtenrate zu sinken. Diese Übergangsphase dauert an, bis <u>beide Kurven</u> auf einem unteren Niveau in die Waagerechte übergehen. In der Regel ist dies zuerst die Sterberate, ihr folgt die Geburtenrate. Damit gibt der Punkt, an dem die Geburtenrate langfristig ihr unteres Niveau erreicht, das Ende des Übergangs und den Beginn der posttransformativen Phase an.

Die Erklärungen des demographischen Übergangs sind, wie wir mehrfach betont haben, sehr unterschiedlich hinsichtlich der dafür verwendeten Variablen. Dem (graphischen) Modell hingegen liegen mehrere Annahmen zugrunde, die sich als die Kernaussagen des Modells bezeichnen lassen:

1. Die <u>Mittelwerte der Geburten- und Sterberate</u> sind in den drei Phasen des Übergangs signifikant verschieden: Der Mittelwert der prätransformativen Phase ist größer als der Mittelwert der Transformationsphase, dieser wiederum ist größer als der Mittelwert der posttransformativen Phase.

2. Es gibt sowohl für die Geburten- als auch für die Sterbrate jeweils zwei Zeitpunkte, zu denen Veränderungen der Richtung der Kurven eintreten.

3. Es bestehen im Verlauf der Kurven signifikante Unterschiede in der Differenz Geburtenrate minus Sterberate. Eine einfache (a) und eine strengere (b) Interpretation ist möglich:
   a) Die Differenz Geburtenrate minus Sterberate in der prätransformativen Phase entspricht ungefähr der Differenz in der posttransformativen Phase, die Differenzen der prä- und der posttransformativen Phase sind zudem geringer als die Differenz in der Transformationsphase.
   b) Die Differenz Geburtenrate minus Sterberate in der posttransformativen Phase ist kleiner als die Differenz in der prätransformativen Phase, sie kann sogar längerfristig negativ werden.

So präzisiert, können die Annahmen des Modells auch empirisch überprüft werden. Dieses ist erforderlich, wenn das Modell des demographischen Übergangs als Analyseinstrument verwendet werden soll. Unsere Absicht, ex post den einzelnen Ländern und Städten Phasen der Entwicklung zuzuordnen, setzt ja voraus, daß der tatsächliche Kurvenverlauf mit dem des Modells weitgehend übereinstimmt.

3.1.1 Zeitreihenanalyse

Um die unterstellten Trendverschiebungen bzw. Strukturbrüche in den Kurven der Geburten- und Sterberaten empirisch zu untersuchen, haben wir das Verfahren der Zeitreihenanalyse angewendet. Das Problem, das Modell des demographischen Übergangs zu testen, besteht vor allem darin, daß die Ursachen für Veränderungen in der Geburten- und Sterberate sowohl zahlreich als auch in ihren Auswirkungen zeitlich nicht genau bestimmbar sind. Mit welcher zeitlichen Verzögerung oder ab welcher Intensität haben beispielsweise hygienische Maßnahmen einen Einfluß auf die Sterberate? Wir haben es ja hier nicht mit einem genau spezifizierten Effekt zu tun, wie er sich z.B. nachweisen ließe, wenn infolge eines Zuzugsstopps auch die Bevölkerungszahl stagniert oder zurückgeht. Wie komplex eine derartige Theorie beschaffen sein dürfte, zeigt das Modell von HAUSER (1982:24f.).

Das Modell des demographischen Übergangs impliziert jedoch, daß sich die vielfältigen Ursachen auch zu einem empirisch bestimmbaren Zeitpunkt auswirken, - ohne daß die Theorien hierzu Aussagen enthalten.

Daher wurden von uns die Zeiträume, in denen die Kurven der Geburten- und Sterberate ihre Steigung ändern (waagerecht/fallend/waagerecht), im ersten Schritt anhand des Kurvenverlaufs heuristisch bestimmt. Im zweiten Schritt wurde mittels der Zeitreihenanalyse der genaue Zeitpunkt der Trendveränderung ermittelt.

Wir interpretieren Beginn und Ende der vermuteten Entwicklungsphasen als Zeitpunkte einer signifikanten Zäsur oder Trendwende im jeweiligen Prozeß. Demnach müßten sich in den Zeitreihen der ausgewählten Indikatoren "Sterberate" und "Geburtenrate" entsprechende Effekte nachweisen lassen. Die Grenzen der demographischen Entwicklungsphasen in den Zeitreihen können durch zwei zentrale Komponenten der Veränderung markiert sein:

- Veränderung der Steigung in einer Zeitreihe,
- Veränderung des Niveaus einer Zeitreihe.

Die Messung dieser Effekte geschieht durch eine gesonderte Erhebung von Zeitreihendaten für die Phasen vor und nach dem postulierten Strukturbruch. Durch einen Vergleich der genannten Zeitreihenabschnitte kann dann in der Folge der Effekt des vermuteten Strukturbruches überprüft werden. Hierbei sollte man sich allerdings der eingangs erwähnten Schwierigkeiten erinnern, für demographische Prozesse exakte Zeitpunkte des Strukturbruches anzugeben.

Anhand der gewählten Zeitreihen der demographischen Entwicklung für das Deutsche Reich und die Bundesrepublik sei die Vorgehensweise nachstehend erläutert.

Zur Verfügung standen die Zeitreihen der Sterberate und der Geburtenrate in z.T. jährlichen Werten von 1800 bis 1981. Die vermuteten demographischen Strukturbrüche in diesen beiden langen Zeitreihen liegen zwischen den folgenden Jahren:

Zeitreihe Geburtenrate	Zeitreihe Sterberate
1902/3	1870/71
1945/46	1930/31

Somit ist sowohl im Falle der Geburtenraten als auch hinsichtlich der Zeitreihe der Sterberaten von drei demographischen Entwicklungsphasen auszugehen.

Die Analyse der einzelnen Strukturbrüche zwischen diesen Phasen stützt sich auf folgende Zeitreihen-Segmente:

a) Zeitreihe Geburtenraten

Einzelanalyse	Zeitreihen-Segment	Strukturbruch
1. Analyse	1800 bis 1945	1902/03
2. Analyse	1903 bis 1981	1945/46

b) Zeitreihe Sterberaten

Einzelanalyse	Zeitreihen-Segment	Strukturbruch
1. Analyse	1800 bis 1930	1870/71
2. Analyse	1871 bis 1981	1930/31

Die Resultate der Überprüfung des vermuteten Strukturbruches in der Zeitreihe zum Jahreswechsel 1902/03 lauten:

Trendverlauf vor der Zäsur $\hat{\mu}$	Zäsureffekt im Niveau $\hat{\delta}$	Zäsureffekt im Trend $\hat{\Delta}$
- 0.05	- 0.86	- 0.49[+]

+ = signifikant bei p= 0.05, df. = 142.

Die vorstehende Tabelle zeigt, daß mit einer Irrtumswahrscheinlichkeit von p= 0.05 und unter Berücksichtigung von 142 Freiheitsgraden für das gewählte Zeitreihenmodell ein signifikanter Zäsureffekt nur im Trend vorliegt.

Da entsprechend der Theorie des demographischen Übergangs die Hypothese des Strukturbruches in eine präzise spezifizierte Richtung zielt, sind die Testwerte unter dem Aspekt der einseitigen Fragestellung zu interpretieren. So wird zum Beispiel erwartet, daß ein waagerechter Trend der Sterberaten am Beginn des demographischen Übergangs in aller Regel in einen Abwärtstrend übergeht und nicht etwa ansteigt.

Im Falle der hier vorliegenden Zeitreihe zeigt der Parameter einen leicht sinkenden Trendverlauf an. Der Zäsureffekt im Niveau weist auf das Absinken der Werte nach dem Strukturbruch hin, und der Zäsureffekt im Trend bezeichnet einen fallenden Verlauf der Zeitreihendaten seit dem Jahre 1903.

Von entscheidender Bedeutung ist jedoch das Ergebnis der Signifikanzprüfung durch den t-Test. Wie bereits erwähnt, darf nur der Zäsureffekt im Trend als signifikant angesehen werden. Somit kann die Hypothese der Trendwende als vorläufig bestätigt gelten. Das Vorliegen dieses Effektes zum Zeitpunkt des vermuteten Strukturbruches erhärtet die Annahme, daß mit dem Jahreswechsel 1902/03 eine Phasengrenze der demographischen Entwicklung gegeben ist.

Der Abfall des Zeitreihenniveaus läßt sich nicht zur Stützung der Zäsurannahme anführen. Die Insignifikanz der entsprechenden Parameterwerte zeigt, daß der Sachverhalt der abrupten Niveauverschiebung in der Dynamik des Zeitreihenprozesses begründet liegt und nicht den Auswirkungen des Strukturbruches zugeschrieben werden darf.

3.2 Wirtschaft

Aufgrund der Überlegungen im Abschn. 2.4 und analog zu 4.1 verzichten wir beim Modell des ökonomischen Übergangs ebenfalls auf eine Einteilung in fünf Phasen und arbeiten nur mit drei Phasen: prätransformative Phase, transformative Phase und posttransformative Phase.

Danach ergeben sich folgende Phasenabgrenzungen für das Modell des ökonomischen Übergangs:

Phase I: prätransformativ
   primärer Sektor $\geq$ 50%, sekundärer und tertiärer Sektor steigend.

Phase II: transformativ
   primärer Sektor fallend, sekundärer Sektor: Maximum, tertiärer Sektor steigend.

Phase III: posttransformativ
   primärer und sekundärer Sektor: fallend, tertiärer Sektor $\geq$ 50%, steigend.

Bei den gewählten Abgrenzungen entsteht das Problem, jeweils alle drei Kriterien gleich zu gewichten oder unterschiedliche Gewichte zu vergeben. Aufgrund der Datenlage haben wir uns für folgendes Vorgehen entschieden: Die Grenze zwischen der prätransformativen und der transformativen Phase liegt dort, wo der primäre Sektor einen Anteil der Erwerbstätigen von 50% und weniger aufweist. Die Grenze zwischen der transformativen und der posttransformativen Phase haben wir dort gelegt, wo der tertiäre Sektor einen Anteil der Erwerbstätigen von 50% und mehr erreicht. Die beiden jeweils anderen Kriterien werden von uns bei der Phasenabgrenzung geringer bewertet.

In Abschn. 2.2 haben wir bereits darauf hingewiesen, daß wir daran interessiert sind, langfristige Strukturveränderungen in der Dimension Wirtschaft zu beschreiben. Aus diesem Grunde werden kurzfristige Veränderungen in den Anteilen der Erwerbstätigen in den drei Sektoren vernachlässigt. Solche kurzfristigen Abweichungen sind z.B. Veränderungen während der Kriegsvorbereitung, der Kriegszeit und der Nachkriegszeit oder während der Weltwirtschaftskrise.

Im Vergleich zum Modell des demographischen Übergangs ist es schwieriger, das Modell des ökonomischen Übergangs empirisch zu überpüfen. Beides sind Modelle langfristigen Wandels; der demographische Übergang ist in allen Ländern vollzogen, der ökonomische hingegen nicht. Wenn sich eine posttransformative Phase in dem von uns untersuchten Zeitraum (noch) nicht nachweisen läßt, so kann das entweder als noch zu erwartende Entwicklung oder als Falsifikation des Modells interpretiert werden.

Wir haben folgende Entscheidung getroffen: Das Modell des ökonomischen Übergangs gilt als bewährt, wenn a) die empirischen Verläufe der Kurven für die Erwerbstätigenanteile mit den postulierten Verläufen übereinstimmen, b) sich Phasen abgrenzen lassen, c) bei fehlenden Daten (vor allem der künftigen Entwicklung) die Trends in der postulierten Form verlaufen. Diese Überprüfung nehmen wir unten vor. In Abschn. 2.2.2 haben wir auf die Schwierigkeiten hingewiesen, Erwerbstätige zu definieren. Dieses Problem stellt sich besonders in den sozialistischen Ländern. Aus diesem Grund wird bei der länderweisen Darstellung auf die sozialistischen Länder ausführlicher eingegangen als auf die kapitalistischen. In Abschn. 4.2 vergleichen wir die Maßnahmen des ökonomischen Übergangs zwischen den Ländern.

3.2.1 Wirtschaftliche Entwicklung von Städten

Das Modell des ökonomischen Übergangs auf Städte anzuwenden, bereitet aus einem naheliegenden Grund zunächst Schwierigkeiten: Der Anteil der im primären Sektor Erwerbstätigen ist in den Städten sehr niedrig, z.B. erreichte er in Hamburg im Jahre 1882 mit 4,7% seinen höchsten Wert unter allen untersuchten Städten und Zeiträumen.

Daher ist es für die Städte nicht möglich, die prätransformative Phase von der transformativen durch den Anteil der Erwerbstätigen im primären Sektor abzugrenzen, schon gar nicht mit Hilfe unseres Kriteriums "Unterschreiten des Wertes von 50%". Das bedeutet jedoch keineswegs, Modell und Theorie des ökonomischen Übergangs ließen sich nicht auf Städte anwenden, um den Wandel von Strukturen in der Stadt zu erklären. Wir müssen vielmehr die Theorie von Fourastié in der von uns explizierten Form dazu benutzen, auch für die Abgrenzung von Phasen der Stadtentwicklung geeignete Kriterien abzuleiten. Fourastié selbst gibt dazu in seinen Arbeiten nur wenige Hinweise, z.B. wenn er von der "sekundären" und der "tertiären Stadt" spricht (FOURASTIE 1954:246f., 1967b).

Die Theorie des ökonomischen Übergangs beschreibt einen langfristigen Wandel. Da der primäre Sektor in dem von uns untersuchten Zeitraum für die Anteile der Erwerbstätigen unbedeutend ist, verringert sich das Modell auf die Anteile im sekundären und tertiären Sektor. Weil beide sich zu fast 100% ergänzen, sind die Verläufe der Anteilskurven nahezu symmetrisch. Die langfristige Entwicklung der Stadt entspricht der der

Länder: Abnahme des sekundären Sektors und Zunahme des tertiären. Das entsprechend vereinfachte Modell zeigt Abb. 3.2.

Abbildung 3.2: Modell des ökonomischen Übergangs für Städte

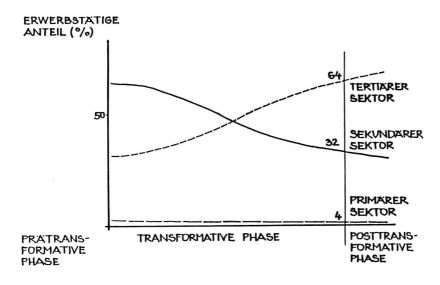

Quelle: Eigener Entwurf

Auch hier können drei Phasen unterschieden werden: prätransformativ, transformativ und posttransformativ. Aufgrund fehlender Daten für zurückliegende Zeiträume können wir den Beginn der transformativen Phase nicht bestimmen. Für die von uns betrachteten Städte und Zeiträume kann nur angenommen werden, alle Städte hätten sich zu Beginn unserer Zeitreihe bereits in der transformativen Phase der ökonomischen Entwicklung befunden.

Hingegen kann ein Schwellenwert für den Beginn der transformativen Phase des ökonomischen Übergangs - vorbehaltlich der Ergebnisse vergleichender historischer Forschungen - aufgrund des Modells in Abb. 3.2 formuliert werden. Fourastié nimmt ja an, die Anteile der Erwerbstätigen in den drei Sektoren würden sich von der prätransformativen Phase zur posttransformativen Phase umkehren. Wendet man diese Überlegung auf die Stadt an, so ergibt die Umkehrung der Schwellenwerte für die posttransformative

Phase den gesuchten Schwellenwert für den Beginn der transformativen Phase: Anteil im sekundären Sektor 64%, Anteil im tertiären Sektor 32%. Leider können wir in den Analysen der einzelnen Städte diesen Schwellenwert nicht anwenden, weil unsere Zeitreihen nicht weit genug in die Vergangenheit zurückreichen.

Da die Erwerbstätigen im primären Sektor in den Städten für deren wirtschaftliche Entwicklung unbedeutend sind, benutzen wir ihn nicht zur Phasenabgrenzung. Daher haben wir die Schwellenwerte für die Anteile der Erwerbstätigen so gewählt, daß der primäre Sektor nur maximal 4% ausmacht, sich die Anteile im sekundären und im tertiären Sektor zu 96% ergänzen (siehe unten).

Wir entwickeln die Theorie des ökonomischen Übergangs für Städte schrittweise. Sie ist eine Erweiterung des Modells von Fourastié. Bei der Analyse verwenden wir drei Kriterien:

- die Richtungen der Kurven (Trends),
- die Differenz der Anteile von sekundärem und tertiärem Sektor (Ausmaß, Vorzeichen),
- das Niveau der beiden Anteile zu Beginn unserer Datenreihe: Ist der Anteil im sekundären Sektor höher als der im tertiären oder umgekehrt?

Die implizite Annahme des Modells von Fourastié, die Kurvenverläufe seien irreversibel, hat sich auf Landesebene bewährt. Für Städte hingegen gilt dies nicht; hier kommt es über lange Zeit zu einem mehrfachen Wechsel von stärker durch Industrie (bzw. Manufaktur) oder stärker durch den tertiären Sektor geprägten Verläufen. Die Werte für die Differenz der Anteile "tertiärer Sektor minus sekundärer Sektor" variieren sowohl absolut als auch im Vorzeichen. Dieser Sachverhalt läßt sich bei den meisten der von uns untersuchten Städte beobachten; er gilt für die transformative Phase der ökonomischen Entwicklung. Die Städte erweisen sich demnach in ihrer ökonomischen Basis als wandlungsfähiger als die Länder.

Eben diesen Befund des Wechsels können wir uns zunutze machen, um innerhalb der transformativen Phase Differenzierungen vorzunehmen. Um sprachliche Verwirrungen mit den Phasen zu vermeiden, sprechen wir von wirtschaftlichen "Prozessen". Drei solcher Prozesse lassen sich beobachten (vgl. Abb. 3.3):

- ein fast paralleler Verlauf beider Kurven ("stationärer Prozeß"),

- ein Anstieg der Kurve des sekundären Sektors ("Industrialisierung"),

- ein Anstieg der Kurve des tertiären Sektors ("Tertiärisierung")

Die Industrialisierung (I) und die Tertiärisierung (T) lassen sich als Perioden interpretieren, die einen starken Strukturwandel der städtischen Wirtschaft auslösen. Hingegen ist nicht ohne zusätzliche Information zu entscheiden, ob eine Periode der Stationarität (S) starken oder sehr geringen Strukturwandel bewirkt.

Abbildung 3.3: <u>Drei Arten wirtschaftlicher Prozesse innerhalb der transformativen Phase</u>

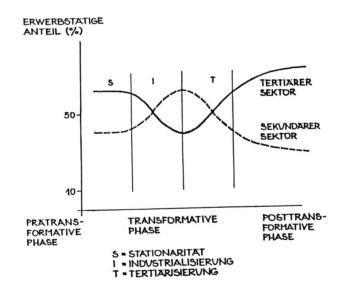

Quelle: Eigener Entwurf

Stationarität der Anteile in den beiden Sektoren kann durch drei sehr unterschiedliche Entwicklungen zustandekommen. 1. Die Zahl der Erwerbstätigen steigt insgesamt, es ändert sich aber nicht deren Verteilung auf die beiden Sektoren. 2. Die Zahl der Erwerbstätigen ändert sich nicht, aber es treten Umschichtungen <u>innerhalb</u> der beiden Sektoren ein, z.B. im sekundären Sektor von der Werftindustrie in den Flugzeugbau. 3. die Zahl der Erwerbstätigen sinkt, dafür erhöht sich die Zahl der Arbeitslosen. Es werden aus beiden Sektoren proportional Arbeitskräfte freigesetzt. Dieser Fall der gleichzeitigen Freisetzung von Arbeitskräften in zwei Sektoren widerspricht der Annahme von Fourastié, der unterstellt, die in einem Sektor Freigesetzten fänden in der Mehrzahl in dem "folgenden" Sektor einen neuen Arbeitsplatz. Wir haben bereits im Abschn. 2.2 darauf hingewiesen, daß diese Annahme empirisch nicht (mehr) haltbar sein dürfte.

In der als posttransformativ abgegrenzten Phase liegt der Anteil der Erwerbstätigen im tertiären Sektor doppelt so hoch wie jener im sekundären Sektor. Gelten dann die unter Punkt 2 und 3 formulierten Annahmen, es gäbe wechselnde Prozesse der Industrialisierung und Tertiärisierung, nicht mehr? Wir vermuten, daß die Städte in der Tat in eine lang andauernde Phase hoher Tertiärisierung eingetreten sind, die entsprechend der Hypothese über den langfristigen Verlauf auch ein stationärer Prozeß sein kann.

Insbesondere unter dieser Annahme ist es erforderlich, für weitere Analysen eine feinere Einteilung des tertiären Sektors vorzunehmen, also dessen Wirtschaftsabteilungen zu gruppieren. Damit ließe sich, ebenso wie auf Landesebene, auch die posttransformative Phase weiter aufgliedern. Dies muß jedoch einer späteren Arbeit vorbehalten bleiben.

Bei den nachfolgenden Analysen der Städte verwenden wir folgende Schwellenwerte, um Phasen und Prozesse zu bestimmen:

1. Prätransformative Phase zu transformativer Phase: keine Abgrenzung aufgrund der fehlenden Daten.
2. Transformative zu posttransformativer Phase: Anteil im sekundären Sektor $\leq 32\%$, Anteil im tertiären Sektor $\geq 64\%$.
3. Stationärer Prozeß: Differenz der Anteile in einem Sektor zu Anfang und Ende einer Zeitspanne/Dauer der Zeitspanne. Das Maß wird als "Intensität" bezeichnet; der kritische Schwellenwert ist $I \leq |0,1|$.

4. Industrialisierungsprozeß: Intensität im sekundären Sektor $> 0,1$ und positives Vorzeichen.
   Tertiärisierungsprozeß: Intensität im sekundären Sektor $> 0,1$ und negatives Vorzeichen.

Das Ende der transformativen Phase liegt immer innerhalb eines Prozesses der Tertiärisierung, die transformative Phase ist durch das Überschreiten des 64%-Wertes definiert. Daher sind das Ende der transformativen Phase und das Ende des letzten Tertiärisierungsprozesses nicht immer identisch, sondern zeitlich gegeneinander verschoben.

3.3 Orientierendes Modell

Wie in den vorangegangenen Abschnitten angedeutet, bestehen zwischen den drei betrachteten Dimensionen Wechselbeziehungen. Wir gehen hier aber nicht davon aus, daß technologische Veränderungen einen direkten Einfluß auf das natürliche Bevölkerungswachstum bzw. auf Wanderungen haben. Innovationen z.B. innerhalb der chemischen Industrie tragen sicherlich zu einem Sinken der Sterberate bei, doch wird deren Anwendung erst aufgrund administrativer Entscheidungen und wirtschaftlicher Profite durchgesetzt werden.

Umgekehrt machte das enorme Bevölkerungswachstum im 19. Jahrhundert in den betrachteten Ländern sicherlich eine zunehmende Technisierung der Landwirtschaft erforderlich, um die zunehmende Bevölkerung zu ernähren. Doch der Einsatz von Kapital zur Investition in den technischen Wandel wird nur dort vorgenommen werden, wo aufgrund gestiegener Nachfrage wirtschaftliche Profite vermutet werden. Gleiches gilt für die regional unterschiedlichen Bedürfnisse aufgrund von Wanderungen. Die von Zuwanderungen bedrängten Städte waren weder in der Lage, ausreichenden Wohnraum zur Verfügung zu stellen, noch den Transport innerhalb der Stadt zu gewährleisten. Ein Interesse, die jeweiligen Zuwanderer in der Stadt zu halten, hatten alle diejenigen, die von der wachsenden Nachfrage profitierten. Neben dem Einzelhandel und dem Handwerk waren dieses vor allem die Boden- und Wohnungsspekulanten.

Mit zunehmender Ausdehnung der Städte wurde eine zunehmende Fläche bebauungsfähig. Die zuströmende Bevölkerung benötigte dringend Wohnraum; die

Nachfrage stieg trotz beengter Wohnverhältnisse und sehr hoher Ausnutzung schneller als das Angebot, was die Preise und damit die Gewinnmöglichkeiten in die Höhe trieb. Kommunen und Privatleute profitierten von dieser Knappheit; ein zusätzliches Interesse hatte die aufstrebende Gruppe der Fabrikherren: Da die Industrie die Arbeitskräfte brauchte und zumindest anlernte, waren die entstehenden Konzerne gezwungen, deren Aufenthalt in der Nähe des Arbeitsplatzes zu ermöglichen (z.B. der Arbeiterwohnungsbau der Firma Krupp).

Aus diesen Beispielen soll die zentrale Bedeutung des wirtschaftlichen Bereiches verdeutlicht werden. Er stellt nicht nur während der Industrialisierung einen entscheidenden Wachstumsfaktor dar (vgl. ROSTOW 1966), sondern ist vermittelndes Bindeglied für die Bereiche der Demographie und Technologie. Daraus läßt sich das folgende orientierende Modell bilden:

$$\text{TECHNOLOGIE} \Longleftrightarrow \text{WIRTSCHAFT} \Longleftrightarrow \text{BEVÖLKERUNG}$$

3.4 Typen des doppelten Übergangs

Die Theorie des doppelten Übergangs richtet sich darauf, langfristigen Strukturwandel aus der Kombination von demographischem und ökonomischem Übergang zu erklären. Dabei unterstellen wir, der technologische Wandel nähme stetig zu.

Um die beiden Modelle des Übergangs zu kombinieren, gehen wir von der Annahme aus, der historische Verlauf der Kurven in beiden Dimensionen könne in jeweils drei Phasen gegliedert werden: prätransformativ, transformativ und posttransformativ. Hieraus ergibt sich die Klassifikation in Abb. 3.4. Jede Zelle in der Matrix entspricht einem Typ sozialen Wandels, mit dem sich Veränderungen in der sozialen Struktur erklären lassen. Die schraffierten Zellen zeigen Kombinationen an, die empirisch nicht vorkommen.

Die Klassifikation ermöglicht nun, den "Zustand" eines Landes oder einer Stadt für einen gegebenen Zeitpunkt einem Typ zuzuordnen. Für den so bestimmten Typ des Übergangs können Annahmen über dessen Wandel, d.h. die

Struktur zum Zeitpunkt t+1 formuliert werden.

Abbildung 3.4: Typen des doppelten Übergangs

	BEVÖLKERUNG		
WIRTSCHAFT	prä-trans= formativ	trans- formativ	post-trans= formativ
prä-trans= formativ	Typ 1	Typ 2	////
trans- formativ	Typ 3	Typ 4	Typ 5
post-trans= formativ	////	Typ 6	Typ 7

Typ 1 ist durch ein geringes Bevölkerungswachstum bei hohen Geburten- und Sterberaten und eine überwiegend agrarische Wirtschaft gekennzeichnet. Dies entspricht den Verhältnissen in den westeuropäischen Ländern, vereinfacht formuliert, vor 1800.

Typ 2 ist durch den Beginn des demographischen Übergangs gekennzeichnet, ohne daß bereits eine Industrialisierung in nennenswertem Umfang eingesetzt hätte. Die Folgen sind ein starkes Bevölkerungswachstum, eine nicht ausreichende Zahl von Arbeitsplätzen und eine nicht ausreichende Ernährung. Weitere Folgen sind zumeist großräumige Wanderungen, sei es vom Land in die Städte, in landwirtschaftlich noch zu erschließende Regionen oder Auswanderung.

Typ 3 dürfte empirisch sehr selten auftreten, am ehesten lassen sich Entwicklungsländer daraufhin prüfen, ob der importierte ökonomische Übergang noch bei einem prä-transformativen Stadium der demographischen Entwicklung eintritt.

Typ 4 ist durch die doppelte Dynamik des demographischen und des ökonomischen Übergangs gekennzeichnet. Die meisten europäischen Länder in der Mitte des 19. Jh. lassen sich diesem Typ zuordnen.

Typ 5 bedeutet eine Industrialisierung bei stagnierender oder schrumpfender Bevölkerung. Auch die "zweiten Industrialisierungen" nach dem Zweiten Weltkrieg lassen sich diesem Typ zuordnen.

Typ 6 ist wiederum empirisch möglich, aber dürfte selten sein. Er kennzeichnet einen Zustand hohen Bevölkerungswachstums bei gleichzeitig hohen Erwerbstätigenanteilen im tertiären Sektor. Ein derartiger Zustand dürfte ebenfalls, wie schon bei Typ 3, nur durch starke externe Einflüsse auf ein Land auftreten.

Typ 7 tritt in sehr fortgeschrittenen Industriegesellschaften auf, zumindest der Beginn eines derartigen Zustands: stagnierende oder schrumpfende Bevölkerungszahl und Überwiegen des tertiären Sektors.

Ein Land oder eine Stadt kann nun daraufhin untersucht werden, welcher Typ zu einem Zeitpunkt vorliegt. Dabei beschränken wir uns auf die Zeitspanne von etwa 1800 bis heute. Die Anzahl und die Abfolge der Typen des doppelten Übergangs ist abhängig von dem Beginn der Übergänge (der transformativen Phase) und der Dauer des Übergangs. Demnach lassen sich Länder und Städte in ihrer Entwicklung durch die Abfolge der Typen beschreiben. Abb. 3.5 zeigt die möglichen Muster solcher Abfolgen. Ein Land oder eine Stadt kann bei gegebenen demographischen und ökonomischen Übergang nie alle Typen durchlaufen. Daher unterscheiden sich die Abfolgen (Muster) auch in der Zahl der Typen: Muster C weist nur drei, Muster B, D und G dagegen jeweils fünf Typen auf.

Abbildung 3.5: <u>Typenfolgen aus der Variation der transformativen Phasen nach Zeitpunkt und Dauer</u>

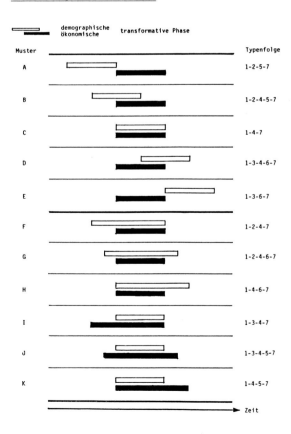

Wir können mit Hilfe der Muster, die in Abb. 3.5 dargestellt sind, in der späteren empirischen Analyse auch die Häufigkeiten ermitteln, mit der in unserer kleinen Stichprobe die einzelnen Muster und auch die Typen selbst vorkommen. Eine umfangreichere Stichprobe von Städten würde es gestatten, auch die Übergangswahrscheinlichkeiten zu berechnen.

Abschließend gehen wir nochmals auf die Klassifikation in Abb. 3.4 zurück. Betrachten wir die Klassifikation unter methodologischen Aspekten, so entspricht unser Vorgehen dem der Konstruktion eines Index: Wir kombinieren aus zwei Dimensionen (Bevölkerung und Wirtschaft) die Merkmale und deren Ausprägungen, bilden diese auf einer neuen Dimension ab. Damit stellen sich zwei Fragen: Welches ist die neue Dimension, die der Index mißt? Welche Skalenqualität hat der Index - nur nominale oder zumindest ordinale? Inhaltlich formuliert heißt dies, ob sich aus der "bloßen" Kombination der Phasen beider Übergänge eine neue Phaseneinteilung des gesamten Wandels - eben des doppelten Übergangs - ergibt, die sich auch inhaltlich interpretieren läßt.

Eine sinnvolle Interpretation erscheint uns durchaus möglich. Um sie zu begründen, formulieren wir folgende Annahmen:

1. Die neue Dimension kann als "Ausmaß der Dynamik sozialen Wandels" bezeichnet werden. Strukturveränderungen unterschiedlichster Art werden demnach mit dem Typ (=Phase des doppelten Übergangs) in der Stärke variieren.

2. Auf den Wandel einer Gesellschaft hat die ökonomische Dimension einen größeren Einfluß als die demographische. Der ökonomische Übergang erhält demnach ein größeres Gewicht als der demographische Übergang.

3. Die Dynamik ist in Phasen des Übergangs, den transformativen, am stärksten. Daher erhalten die transformativen Phasen ein größeres Gewicht. Ob sich die Dynamik von prä- und posttransformativen Phasen unterscheidet, können wir ohne empirische Analysen nicht entscheiden. Sie erhalten daher das gleiche Gewicht.

4. Der Index der Dynamik hat ordinale Skalenqualität.

Um diese Überlegungen zu veranschaulichen, vergeben wir Gewichte für die Dimensionen und die Phasen:

Bevölkerung prätransformativ: 1   Wirtschaft prätransformativ: 2
             transformativ: 2   transformativ: 4
             posttransformativ: 1   posttransformativ: 2

Die Relationen der Gewichte ergeben sich aus unseren Annahmen, die Höhe der Gewichte ist relativ willkürlich und nur als Beispiel gedacht. Die Typen aus der Klassifikation in Abb. 3.4 lassen sich nun gewichten; die resultierende Klassifikation ist in Abb. 3.6 dargestellt.

Abbildung 3.6: <u>Gewichtete Typen des doppelten Übergangs (Index der Dynamik sozialen Wandels)</u>

		BEVÖLKERUNG		
		prä-trans= formativ (1)	trans- formativ (2)	post-trans= formativ (1)
WIRTSCHAFT	prä-trans= formativ (2)	Typ 1 (2)	Typ 2 (4)	
	trans- formativ (4)	Typ 3 (4)	Typ 4 (8)	Typ 5 (4)
	post-trans= formativ (2)		Typ 6 (4)	Typ 7 (2)

(Die Ziffern in Klammern sind die Gewichte.)

Trägt man nun die gewichteten Typen auf der Achse der Dynamik ein, so ergibt sich folgende Einteilung:

```
              Typ 2
              Typ 3
      Typ 1   Typ 5   Typ 4
      ─────────────────────────────►  Dynamik des sozialen Wandels
      gering  mittel  hoch
```

Wir gehen auf diese Überlegungen bei der Diskussion der empirischen Ergebnisse in den Kapiteln 4 und 5 ein.

4. LÄNDER

Die offiziellen Bezeichnungen und die Territorien der von uns untersuchten Länder und Städte haben sich im Verlauf der letzten 180 Jahre zum Teil mehrfach verändert. Wir haben mit Daten für jeweils gleiche Territorien gearbeitet; hierauf wird in den Monographien näher eingegangen. Bei den Namen haben wir - bis auf die historischen Beispiele - darauf verzichtet, alle zutreffenden Namen zu verwenden, z.B. "Rußland"/"UdSSR", sondern benutzen nur die heutige Bezeichnung. Im Falle der Bundesrepublik Deutschland verwenden wir abkürzend "Deutschland".

Generell haben wir versucht, mit Daten aus den jeweiligen Zensuserhebungen zu arbeiten. Lagen voneinander abweichende Daten vor, so haben wir diejenige Quelle gewählt, deren Angaben mit anderen am besten übereinstimmten. Um vollständige Zeitreihen zu erhalten, wurde für Zeitpunkte, für die kein empirisches Material verfügbar war, linear interpoliert. Da wir nur an lanfristigen Verläufen interessiert sind und Interpolation nicht häufig erforderlich waren, dürfte dieses Vorgehen gerechtfertigt sein.

4.1 Demographische Entwicklung

4.1.1 Resultate der Zeitreihenanalyse

Die nachstehenden Übersichten zeigen die Resultate der Wahl der Zeitreihenmodelle und der Zäsuranalyse für die gegebenen Datenfolgen der Länder.[*]

In Tab. 4.1 findet sich eine Auflistung der <u>signifikanten</u> Strukturbrüche. Interessant ist hierbei, daß von den postulierten 50 Strukturbrüchen genau 21 durch die Zäsuranalyse vorläufig bestätigt werden konnten. Somit führte die intuitive Festlegung der Phasengrenzen vor dem Testverfahren in 42% der Fälle zu einem haltbaren Ergebnis. Es muß jedoch gefragt werden, in welchem Maße die rigide Zäsuranalyse auf die Aussagen der Theorie des demographischen Überganges anwendbar ist. Der strenge

-----
[*] Die Berechnungen erfolgten anhand der FORTRAN IV-Programme TMS und SPSS (BOX-JENKINS-Routine). TMS Autoren: C.P. BOWER et al., Laboratory of Educational Research, University of Colorado, Version: Oktobe 1974. Das Programm wurde angepaßt und modifiziert für die IBM 370/168 durch M. WESSEL und B. DAHME, Universität Hamburg.

Test der vermuteten Phasengrenzen stellt auf Zäsuren in der Zeitreihe ab und macht diese an Niveauverschiebungen und Trendwenden fest. Für weniger markante, eventuell fließende Übergänge zwischen den Phasen der demographischen Entwicklung bleibt hier kein Spielraum. Berücksichtigt man diese Überlegungen, so ist es durchaus möglich, daß weitere vermutete Phasengrenzen von dem Test nicht erfaßt werden.

Tabelle 4.1: Signifikante Strukturbrüche (Zäsureffekte im Trend) in den analysierten Zeitreihen

Land/Stadt	Zäsureffekte Geburtenrate	Zäsureffekte Sterberate
England und Wales	1876/77	1924/25
Frankreich	-	-
Deutsches Reich und BRD	1902/03	1870/71 1930/31
Österreich	1902/03	1873/74 1930/31
Ungarn		1955/56
Polen	-	-
Rußland/UdSSR	-	-
London	1876/77 1930/31	1930/31
Paris		1946/47
Hamburg	1892/93	
Wien	1876/77 1936/37	1930/31
Budapest		1948/49
Warschau	1966/67	1881/82 1955/56
Moskau	-	-

Nun kann man statt des strengen Kriteriums der Analyse von Strukturbrüchen mit Hilfe der Zeitreihenanalyse ein weniger strenges wählen, das aber dennoch die Modellannahmen prüft. Eine der insgesamt drei Modellannahmen (vgl. Abschn. 3.1) ist, es solle in jeder der beiden Phasen in den Modellen eine Veränderung in der Richtung auftreten, nämlich zu Beginn und am Ende der transformativen Phase. Wir können daher empirisch prüfen, ob die Werte der Trendänderung (drift change) das entsprechende Vorzeichen aufweisen: bei der ersten Trendänderung ein negatives (Fallen der Kurve), bei der zweiten ein positives (waagerechter Verlauf der Kurve). Wendet man dieses Kriterium an, so ist zu beachten, daß zahlreiche Zeitpunkte in der jeweiligen Phase liegen müssen, da sonst der Fehler auftreten kann, in jeder Kurve ohnehin vorhandene Schwankungen als Trendänderung zu interpretieren.

Diesem gelockerten Kriterium nach liegen von den 50 Tests immerhin 46 Trendänderungen in der postulierten Richtung. Da drei Abweichungen allein auf die Verläufe in Frankreich entfallen, kann man folgern, daß für die restlichen Länder und alle Städte sich das Modell des demographischen Übergangs bewährt hat. In fast allen Fällen entsprechen die Vorzeichen jeder der vier Trendänderungen den Annahmen. Dieses Ergebnis erscheint uns ausreichend, das Modell des demographischen Übergangs beizubehalten.

Unabhängig vom langfristigen Wandel der generativen Struktur, wie dies in der Theorie des demographischen Übergangs zum Ausdruck kommt, gibt es in allen von uns untersuchten Ländern Ereignisse, die die Geburten- und Sterberate kurzfristig verändern. Solche Ereignisse sind vor allem die beiden Weltkriege und die Weltwirtschaftskrise. Für alle Länder gilt, daß die deutlich verringerte Geburtenrate während der beiden Weltkriege in der jeweiligen Nachkriegszeit durch einen "Kompensationseffekt" ausgeglichen wird: Die Geburtenrate steigt nach Kriegsende sprunghaft an und gleicht sich schließlich der Vorkriegsentwicklung wieder an. MACKENROTH (1953:129) spricht in diesem Zusammenhang von "Wellenbewegungen in den demographischen Daten". In der UdSSR erreicht die Geburtenrate nach dem Ersten Weltkrieg aufgrund der gesellschaftlichen und ökonomischen Neuorganisation später als in den übrigen Ländern, nämlich erst 1925, ihren Nachkriegshöhepunkt.

Weniger einheitlich wirkt sich die Weltwirtschaftskrise von 1929 bis 1932 in den untersuchten Ländern auf die Geburtenrate aus. In Deutschland sind deren Effekte erheblich: 1933 sinkt die Geburtenrate auf 14,7 Promille. Dieser Wert wird in Deutschland, sieht man von den Jahren 1944 und 1945 ab, erst wieder 1969 unterschritten. In Österreich zeichnet sich der Einfluß der Wirtschaftskrise ebenfalls relativ deutlich ab, hingegen in England und Frankreich weniger stark, da hier die Geburtenrate aus der langfristigen Entwicklung bereits ein niedriges Niveau erreicht hat. In Ungarn und Polen bleibt die Weltwirtschaftskrise weitgehend ohne Einfluß, während in der UdSSR die Geburtenrate von 38,8 Promille im Jahre 1929 auf 25,0 im Jahre 1934 absinkt.

Die durch Kriege und Wirtschaftskrisen verursachten kurzfristigen Veränderungen in der Geburtenrate überlagern den langfristigen Verlauf der Kurve. Diese Überlagerungen können sowohl zu einer Verlängerung als auch zu einer Verkürzung der Dauer des demographischen Übergangs führen, wenn das Ende des Übergangs mit einem der oben angeführten Ereignisse zusammenfällt. In England z.B. nähert sich die Kurve der Geburtenrate durch die Weltwirtschaftskrise schneller der unteren Waagerechten, als es ohne Weltwirtschaftskrise wahrscheinlich gewesen wäre. In Polen dagegen führt die Überlagerung des Endes vom demographischen Übergang mit der Kompensationsphase nach dem Zweiten Weltkrieg zu einer Verzögerung der Abwärtsbewegung: Erst 1959 (= 24,7 Promille), nach Abklingen der Wellenbewegung, erreicht die Geburtenrate annähernd wieder den Vorkriegsstand von 1939 (= 24,2 Promille).

Für das weitere Vorgehen entsteht damit das Problem, in welcher Weise die Einflüsse der Weltkriege und der Wirtschaftskrise auf die Geburtenrate berücksichtigt werden sollen. Wir haben uns für folgendes Vorgehen entschieden:

1. Bei der Überprüfung der Frage, ob das Modell des demographischen Übergangs den tatsächlichen Kurvenverläufen angemessen ist, werden die Einflüsse aus Krieg und Wirtschaftskrise geglättet und nur der langfristige Kurvenverlauf betrachtet, da die Modellannahmen solche Ereignisse ja nicht einbeziehen.

2. Bei der Festlegung des Beginns und Endes der Übergangsphase (zur Bestimmung über Länge und zeitliche Lage) werden die Einflüsse aus Krieg und Wirtschaftskrise nicht geglättet, da die damit verursachten Abweichungen im Verlauf der Geburtenrate, neben dem langfristigen Verlauf, durchaus ebenfalls als Indikator sozialen Wandels

interpretiert werden können:

a) Hauptmerkmal der Zeit vor und während der Weltwirtschaftskrise war eine intensive Rationalisierung der Industrie. Der damit verbundene ökonomische Wandel hatte starke Effekte auch auf die sozialen Normen, z.B. das schnellere Absinken der Geburtenrate.

b) Der intensive Wiederanstieg der Geburtenrate in den Jahren nach den Kriegen ist zwar einerseits eine demographische Kompensation der Kriegsentwicklung (überdurchschnittliche Heiratsziffern, höhere Fruchtbarkeit usw.); andererseits ist diese Kompensation nur wahrscheinlich, wenn es eine parallel dazu verlaufende wirtschaftliche Aufwärtsentwicklung gibt. Diese wirtschaftliche Entwicklung war in der Zeit unmittelbar nach den Kriegen insbesondere durch die Industrie getragen. Der Wiederanstieg der Geburtenrate verläuft damit parallel zu einer neuerlichen Industrialisierungsphase, die das Ende des demographischen Übergangs hinauszögert.

England

Für England und Wales wurde der Beginn des demographischen Übergangs auf das Jahr 1730 festgelegt. Dieses Datum wurde von MACKENROTH (1953:124f.) übernommen, da die eigenen Daten nur bis 1838 zurückreichen. Nach Mackenroth beginnt die Sterberate von 1730 an langfristig zu fallen, allerdings mit zwei zwischenzeitlichen Perioden des Wiederanstiegs (1760-1780 und 1810-1848). Das frühe Absinken der Sterberate wird zurückgeführt auf die frühe Verbesserung der landwirtschaftlichen Produktivität durch fortschrittliche Methoden im Feldanbau, in der Düngung und in der Viehzucht in England. Damit wurden große Schwankungen in den Erntebeträgen seltener und die Ernährungsmöglichkeiten entscheidend verbessert. Die letzte große Hungersnot erlebte England 1709/10 (ARMENGAUD 1971:140).

Sehr viel später als die Sterberate beginnt die Geburtenrate zu sinken (Abb. 4.1). Für 1876 zeigt die Zeitreihenanalyse ein signifikantes Absinken an. Zu diesem Zeitpunkt hat sich die Schere zwischen Geburten- und Sterberate am weitesten geöffnet, das natürliche Bevölkerungswachstum erreicht 1877 ein Maximum mit 15,7 Promille, wobei ein ähnliches Maximum um 1810 bestanden hat (MACKENROTH 1953:124). Für 1924 läßt sich eine signifikante Trendänderung im Verlauf der Sterberate nachweisen, für die Geburtenrate für das Jahr 1940.

Der Verlauf der demographischen Entwicklung in England entspricht den Modellannahmen des demographischen Übergangs. Es lassen sich sowohl die

Abbildung 4.1: <u>Demographischer Übergang in England und Wales</u>

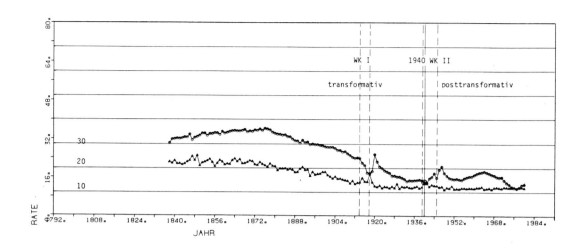

Resultate der Zeitreihenanalyse

Datenfolge des Indikators	Zeitraum	Zäsur	Trendverlauf vor der Zäsur μ	Zäsureffekt im Niveau δ	Zäsureffekt im Trend Δ
Sterberate	1851-1980	1924/25	-0.14**	-0.16	0.14**
Geburtenrate	1838-1940	1876/77	0.16	0.04	-0.50**
	1877-1980	1940/41	-0.34**	-0.67	0.31

* = signifikant bei α = 0.05
** = signifikant bei α = 0.01

Aufgrund der spezifizierten Richtung der Hypothesen gilt eine einseitige Fragestellung. Die Freiheitsgrade der analysierten Modelle liegen über dem Wert 82.

Grenzen des Übergangs als auch die zeitliche Verschiebung von Sterbe- und Geburtenrate eindeutig nachweisen.

Frankreich

Die demographische Entwicklung in Frankreich stellt einen Sonderfall dar: Weder läßt sich eindeutig ein Zeitpunkt angeben, von dem an die Geburtenrate oder die Sterberate ihren Verlauf langfristig ändert, noch kommt es zu dem im Modell postulierten Anstieg des Geburtenüberschusses, die Schere zwischen den Raten öffnet sich nicht. Seit Beginn des 19. Jh. erreicht der natürliche Bevölkerungssaldo niemals 9,0 Promille. Erst nach dem Zweiten Weltkrieg bis 1972 schwankt der Saldo mit Ausnahme einiger Jahre zwischen 6,0 und 7,0 Promille. Damit trifft eine wesentliche Annahme des Modells, nämlich der phasenverschobene Verlauf von Sterbe- und Geburtenrate, für die demographische Entwicklung in Frankreich nicht zu.

Die Sonderstellung Frankreichs in Nordwesteuropa in demographischer Hinsicht, d.h. das frühe und allmähliche Absinken der Geburtenrate, begründet MACKENROTH (1953:130ff.) im wesentlichen wie folgt:

- Die Beziehungen zwischen Grundherren und Bauern waren, verglichen mit anderen west- und mitteleuropäischen Ländern, schon sehr früh zugunsten der Bauern geregelt. Damit sei ein Bauern- bzw. Pächter- und Verpächterstand mit starkem Willen zur Besitzsicherung entstanden, der zur Verringerung der Kinderzahl geführt habe.
- Die frühe Gewerbefreiheit seit der französischen Revolution habe außerdem die handwerklichen Kleinbürger begünstigt; Frankreich sei dadurch zum mittelständischen Handwerkerland geworden, dem es an großen Unternehmen gefehlt habe.
- Da in Frankreich die Agrarbevölkerung nicht in großem Maße freigesetzt worden sei, sei auch die industrielle Entwicklung in Frankreich sehr langsam verlaufen. Eine industrielle Reservearmee habe es nie gegeben, zudem seien schon sehr früh die sozial minder geachteten Arbeiten von Ausländern verrichtet worden.

Obgleich sich die Geburtenrate niemals weit von der Sterberate entfernte, ist doch ein Niveauwechsel festzustellen: Beide Raten fallen mindestens seit Beginn des 19. Jh. Dies war für uns der Anlaß, trotz der oben angeführten Schwierigkeiten bei der Bestimmung des Zeitpunktes eines

Abbildung 4.2: <u>Demographischer Übergang in Frankreich</u>

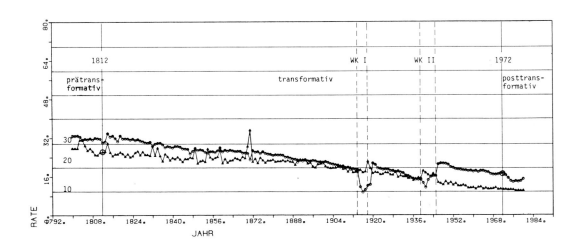

Resultate der Zeitreihenanalyse

Datenfolge des Indikators	Zeitraum	Zäsur	Trendverlauf vor der Zäsur $\hat{\mu}$	Zäsureffekt im Niveau $\hat{\delta}$	Zäsureffekt im Trend $\hat{\Delta}$
Sterberate	1800-1960	1812/13	-0.30*	1.12	0.19
	1813-1980	1960/61	-0.05	-1.26	-0.06
Geburtenrate	1800-1972	1816/17	-0.03	0.50	-0.08
	1817-1980	1972/73	-0.09	0.06	-0.17

* = signifikant bei α = 0.05
** = signifikant bei α = 0.01

Aufgrund der spezifizierten Richtung der Hypothesen gilt eine einseitige Fragestellung. Die Freiheitsgrade der analysierten Modelle liegen über dem Wert 156.

Strukturbruchs eine Festlegung von Beginn und Ende des Fallens der Raten zu versuchen (Abb. 4.2). Allerdings konnten mit der Zeitreihenanalyse keine signifikanten Trendänderungen nachgewiesen werden.

Deutschland

Für das Deutsche Reich und die Bundesrepublik Deutschland lassen sich der Beginn (1870) und das Ende (1954) des demographischen Übergangs eindeutig angeben. Die angenommenen Zeitpunkte der Trendänderung in der Kurve der Sterberate werden durch die Ergebnisse der Zeitreihenanalyse bestätigt.

Zu Beginn des demographischen Übergangs liegen die Kurven der Geburten- und Sterberate allerdings weiter auseinander als im Modell postuliert: 1870 beträgt das Fünfjahresmittel des natürlichen Bevölkerungssaldos bereits 9,5 Promille. Damit unterscheidet sich die Situation im Deutschen Reich zu Beginn des demographischen Übergangs auch von derjenigen in den übrigen untersuchten westeuropäischen Ländern (Tab. 4.2). Dennoch läßt sich ein phasenverschobenes Absinken der Raten gut nachweisen. Kurz vor der Jahrhundertwende erreicht das natürliche Bevölkerungswachstum seinen Höhepunkt mit 15,6 Promille. Erst 1902 schwenkt auch die Geburtenrate in einen langfristigen Abwärtstrend ein.

Damit ist das Modell des demographischen Übergangs für die demographische Entwicklung im Deutschen Reich und der Bundesrepublik Deutschland angemessen.

Österreich

Auch für Österreich ist das Modell des demographischen Übergangs angemessen. Sowohl die Zeitpunkte des Beginns und Endes als auch das phasenverschobene Absinken der Raten lassen sich eindeutig nachweisen. Die Zeitreihenanalyse läßt signifikante Zäsureffekte im Trend für die Sterberate erkennen.

Im ersten Jahrfünft nach der Jahrhundertwende liegen Geburten- und Ster-

Abbildung 4.3: Demographischer Übergang Deutsches Reich und BRD

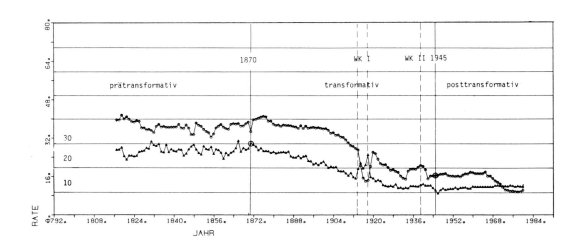

Resultate der Zeitreihenanalyse

Datenfolge des Indikators	Zeitraum	Zäsur	Trendverlauf vor der Zäsur $\hat{\mu}$	Zäsureffekt im Niveau $\hat{\delta}$	Zäsureffekt im Trend $\hat{\Delta}$
Sterberate	1818-1930	1870/71	0.00	2.11	-0.31*
	1871-1981	1930/31	-0.28**	0.28	0.26*
Geburtenrate	1818-1945	1902/03	-0.05	-0.86	-0.49*
	1903-1981	1945/46	-0.56	5.79**	0.42

* = signifikant bei α = 0.05
** = signifikant bei α = 0.01

Aufgrund der spezifizierten Richtung der Hypothesen gilt eine einseitige Fragestellung. Die Freiheitsgrade der analysierten Modelle liegen über dem Wert 55.

Abbildung 4.4: <u>Demographischer Übergang in Österreich</u>

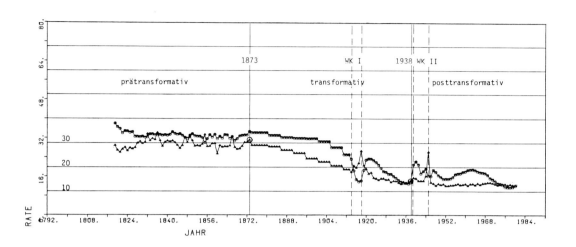

Resultate der Zeitreihenanalyse

Datenfolge des Indikators	Zeitraum	Zäsur	Trendverlauf vor der Zäsur $\hat{\mu}$	Zäsureffekt im Niveau $\hat{\delta}$	Zäsureffekt im Trend $\hat{\Delta}$
Sterberate	1818-1930	1873/74	0.03	-0.96	-0.30**
	1874-1981	1930/31	-0.28**	-0.08	0.26*
Geburtenrate	1818-1938	1902/03	-0.06	0.32	-0.42*
	1903-1981	1938/39	-0.49	-0.32	0.45

* = signifikant bei α = 0.05
** = signifikant bei α = 0.01

Aufgrund der spezifizierten Richtung der Hypothesen gilt eine einseitige Fragestellung. Die Freiheitsgrade der analysierten Modelle liegen über dem Wert 74.

berate am weitesten auseinander. Allerdings beträgt das Fünfjahresmittel des natürlichen Bevölkerungssaldos von 1901 bis 1905 nur 8,4 Promille. Damit entfernen sich die Kurven der Geburten- und Sterberate zwar nicht sehr weit voneinander, aber dennoch ist das gegenüber der Geburtenrate frühere Absinken der Sterberate eindeutig zu erkennen. Insofern unterscheidet sich der Kurvenverlauf Österreichs von dem in Frankreich trotz relativ ähnlich niedriger Werte der Salden. In Österreich erstreckt sich der Übergang über eine relativ kurze Phase. Zudem liegen Geburten- und Sterberate erst spät und auf ihrem unteren Niveau wieder dicht beisammen, während in Frankreich bereits früh und auf hohem Niveau negative natürliche Bevölkerungssalden auftreten.

Ungarn

Zu Beginn des demographischen Übergangs, der auf 1892 festgelegt wurde, liegen die Geburten- und Sterberaten bereits weit auseinander. Der natürliche Bevölkerungssaldo beträgt zu diesem Zeitpunkt 9,2 Promille. Dabei sind beide Raten auf hohem Niveau (Geburtenrate 41,4, Sterberate 32,3; jeweils Fünfjahresmittel).

Bereits ein Jahrzehnt nach dem angenommenen Beginn des demographischen Übergangs liegen die Geburten- und Sterberate am weitesten auseinander. Für 1901 beträgt das Elfjahresmittel des natürlichen Bevölkerungssaldos 11,6 Promille. Der höchste Wert in dieser Periode beträgt 12,5 Promille, dieser Wert wird nur 1912 noch einmal überschritten. Innerhalb des 70 Jahre andauernden demographischen Übergangs in Ungarn verringern sich beide Raten stark: die Geburtenrate um 27,8 und die Sterberate um 22,1 Promille. Am Ende des Übergangs (1962) liegen beide Raten dicht beieinander. Die Trendänderungen in der Geburten- und Sterberate konnten für den Beginn des demographischen Übergangs durch die Zeitreihenanalyse bestätigt werden, für das Ende des demographischen Übergangs nur für die Sterberate (Abb. 4.5).

Das Modell des demographischen Übergangs ist für die demographische Entwicklung in Ungarn angemessen: Es lassen sich dessen Beginn und Ende festlegen, und innerhalb des Übergangs liegt ein maximaler Bevölkerungssaldo, der größer ist als der Saldo zu Beginn und erst recht zum Ende

Abbildung 4.5: <u>Demographischer Übergang in Ungarn</u>

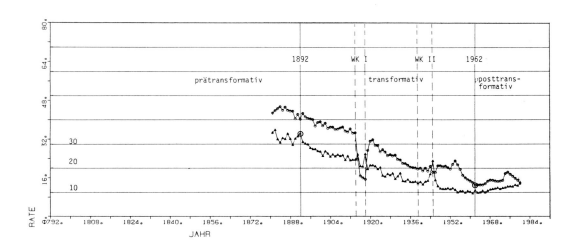

o GEBURTENRATE
△ STERBERATE

Resultate der Zeitreihenanalyse

Datenfolge des Indikators	Zeitraum	Zäsur	Trendverlauf vor der Zäsur μ	Zäsureffekt im Niveau $\hat{\delta}$	Zäsureffekt im Trend $\hat{\Delta}$
Sterberate	1881-1955	1892/93	-0.08	-2.55	-0.25
	1893-1980	1955/56	-0.32**	-0.44	0.45**
Geburtenrate	1881-1962[1]	1886/87	0.52	-1.04	-0.94
	1887-1980	1962/63	-0.42	0.27	0.45

* = signifikant bei α = 0.05
** = signifikant bei α = 0.01

Aufgrund der spezifizierten Richtung der Hypothesen gilt eine einseitige Fragestellung. Die Freiheitsgrade der analysierten Modelle liegen über dem Wert 70.

[1] Keine ausreichende Anzahl von Werten vor der vermuteten Zäsur vorhanden

des Übergangs. Die Frage, ob die von uns getroffene Entscheidung angemessen ist, in Ungarn habe zu Beginn des Übergangs zuerst die Geburtenrate und dann erst die Sterberate ihren Verlauf geändert, kann heute bei gegebener Datenlage noch nicht abschließend beantwortet werden. Insofern wurde diese Abweichung vom Modell als nicht schwerwiegend beurteilt.

Polen

Die Geburten- und Sterberate liegen in Polen zu Beginn des demographischen Übergangs weiter auseinander als in allen anderen untersuchten Ländern: 1890 beträgt das Fünfjahresmittel des natürlichen Bevölkerungssaldos 15,0 Promille. Dabei beginnen beide Raten auf ähnlich hohem Niveau wie in Ungarn und der UdSSR.

Da in Polen beide Weltkriege in die Zeit des demographischen Übergangs fallen, haben diese starke Effekte auf den Verlauf der Raten, wodurch sich für die Dauer des Übergangs drei Perioden maximalen natürlichen Bevölkerungswachstums abzeichnen: 1890 bis zum Beginn des Ersten Weltkrieges, die Zwischenkriegszeit und die Zeit nach dem Zweiten Weltkrieg bis zum Ende des demographschen Übergangs im Jahre 1967. In der jeweiligen Nachkriegsperiode steigt die Geburtenrate kräftig an, die Sterberate dagegen sinkt.

Das stärkste natürliche Bevölkerungswachstum ist im Zeitraum 1897-1907 (im Elfjahresmittel 17,7 Promille). Daher erschien diese Dekade als Zeitraum der intensivsten demographischen Entwicklung angemessen, obwohl dieser Wert in der Periode nach dem Zweiten Weltkrieg noch einmal überschritten wird (18,6 Promille). Dieser Wert kann aber vor allem auf die Kriegseinwirkungen zurückgeführt werden. Zweifellos ist das Ende des demographischen Übergangs durch die Entwicklung nach dem Zweiten Weltkrieg hinausgezögert worden. Erst 1967 erreicht die Geburtenrate ihr unteres Niveau.

Insgesamt ist das Modell des demographischen Übergangs für Polen angemessen, obwohl die Zeitreihenanalyse keine signifikanten Ergebnisse für die angenommenen Zeitpunkte der Trendänderung erbrachte.

Abbildung 4.6: <u>Demographischer Übergang in Polen</u>

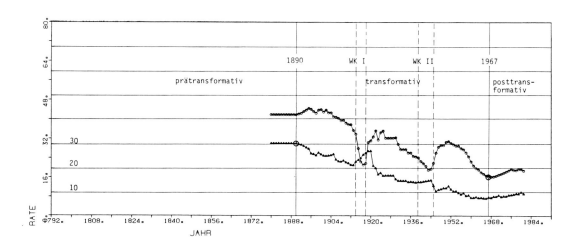

Resultate der Zeitreihenanalyse

Datenfolge des Indikators	Zeitraum	Zäsur	Trendverlauf vor der Zäsur $\hat{\mu}$	Zäsureffekt im Niveau $\hat{\delta}$	Zäsureffekt im Trend $\hat{\Delta}$
Sterberate	1880-1960	1890/91	0.00	0.31	-0.31
	1891-1981	1960/61	-0.32**	0.14	0.38
Geburtenrate	1880-1967	1904/05	0.02	1.06	-0.53
	1905-1981	1967/68	-0.29	-0.14	0.37

* = signifikant bei α = 0.05
** = signifikant bei α = 0.01

Aufgrund der spezifizierten Richtung der Hypothesen gilt eine einseitige Fragestellung. Die Freiheitsgrade der analysierten Modelle liegen über dem Wert 42.

UdSSR

Die demographische Entwicklung in Rußland/der UdSSR ähnelt stark derjenigen in Polen. Die sehr hohen Geburtenraten, die ab 1860 über vierzig Jahre lang um das 50-Promille-Niveau schwankten, sind das Ergebnis der 1861 einsetzenden russischen Agrarreformen und Bauernbefreiungen.

Noch deutlicher als in Polen sind die Effekte der beiden Kriege auf die Geburten- und Sterberate. Verstärkt durch die Ereignisse nach 1917 steigt die Sterberate am Ende des Ersten Weltkrieges auf über 50 Promille an. Infolge der politischen und wirtschaftlichen Desorganisation hat die Geburtenrate erst in der Mitte der zwanziger Jahre den Nachkriegshöhepunkt errreicht, der allerdings mit rund 44 Promille sehr hoch liegt und an das Vorkriegsniveau anschließt (Abb. 4.7).

Diese Entwicklung bricht aber am Ende der zwanziger Jahre bereits wieder ab. Die gewaltsam vorangetriebene Industrialisierung - ein dramatischer Abfall der im primären Sektor Beschäftigten bei gleichzeitigem Anstieg der im sekundären Sektor Beschäftigten - läßt die Sterberate rasch steigen und die Geburtenrate rasch sinken. Diese Entwicklung hält bis 1934 an. Vor Ausbruch des Zweiten Weltkrieges ist die Sterberate bereits wieder fallend, die Geburtenrate dagegen steigt wieder an.

1926 ist zwar das Jahr mit dem maximalen Bevölkerungssaldo, aber da diese Entwicklung in starkem Maße von der Nachkriegssituation geprägt wurde, entschieden wir uns, ähnlich wie im Falle Polens, die Dekade, in deren Mitte das Jahr 1907 liegt, als den Zeitraum maximalen natürlichen Bevölkerungswachstums anzunehmen.

4.1.2 Vergleich der Länder

Die vorangegangene Untersuchung zeigt, daß mit Ausnahme von Frankreich das Modell des demographischen Übergangs dem tatsächlichen Verlauf von Geburten- und Sterberate in den untersuchten Ländern entspricht. Damit ist das Modell für diese Länder angemessen. Der länderweise Vergleich zeigt aber auch Unterschiede in der Dauer und der zeitlichen Lage des Übergangs, in der Intensität sowie im Ausmaß und in der zeitlichen Lage

Abbildung 4.7: <u>Demographischer Übergang in der UdSSR</u>

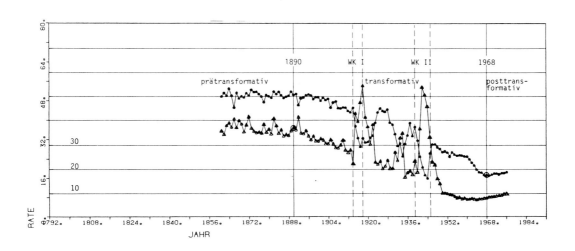

Resultate der Zeitreihenanalyse

Datenfolge des Indikators	Zeitraum	Zäsur	Trendverlauf vor der Zäsur $\hat{\mu}$	Zäsureffekt im Niveau $\hat{\delta}$	Zäsureffekt im Trend $\hat{\Delta}$
Sterberate	1861-1950	1890/91	-0.02	2.49	-0.41
	1891-1976	1950/51	-0.39	-4.95	0.37
Geburtenrate	1861-1968	1890/91	0.02	0.74	-0.46
	1891-1976	1968/69	-0.42	-1.00	0.51

* = signifikant bei α = 0.05
** = signifikant bei α = 0.01

Aufgrund der spezifizierten Richtung der Hypothesen gilt eine einseitige Fragestellung. Die Freiheitsgrade der analysierten Modelle liegen über dem Wert 81.

des maximalen natürlichen Bevölkerungssaldos.

Um eine bessere Vergleichbarkeit zwischen den Ländern zu ermöglichen, wurde erstens die Differenz zwischen oberem und unterem Niveau der Geburten- bzw. Sterberate gebildet, und zweitens ein Intensitätsmaß aus dieser Differenz zwischen oberem und unterem Niveau und der Dauer des Übergangs errechnet.

Tabelle 4.2: <u>Zeitliche Lage und Intensität des demographischen Übergangs nach Ländern</u>

Land	Rate	Beginn[1]		Saldo$_{max}$[2]		Ende[1]		Dauer	Differenz Beginn-Ende	Intensität Diff./Dauer
		Jahr	Rate	Jahr	Rate	Jahr	Rate	Jahre		
England	G	1730*)	32,0	1877	35,2	1940	14,7	210	17,3	0,08
	S		32,0		20,8		12,8		19,2	0,09
	Saldo		0,0		14,4		1,9			
Frankreich	G	1812	31,6	1820	31,8	1972	16,5	160	15,1	0,09
	S		26,7		25,1		10,7		16,0	0,10
	Saldo		4,9		6,7		5,8			
Deutschland	G	1870	37,6	1898	35,7	1945[3]	16,6	75	21,0	0,28
	S		28,1		21,4		10,1		18,0	0,24
	Saldo		9,5		14,3		6,5			
Österreich	G	1873	33,8[4]	1903	30,3[5]	1938	16,5	65	17,3	0,27
	S		29,9[4]		21,9		14,2		15,7	0,24
	Saldo		3,9[4]		8,4		2,3			
Ungarn	G	1892	41,4	1901	38,1	1962	13,6	70	27,8	0,40
	S		32,2		26,5		10,1		22,1	0,32
	Saldo		9,2		11,6		3,5			
Polen	G	1890	43,6	1902	42,6	1967	16,7	77	26,9	0,35
	S		28,6		24,9		7,7		20,9	0,27
	Saldo		15,0		17,7		9,0			
UdSSR	G	1890	49,7	1908	46,2	1968	17,4	78	32,3	0,41
	S		36,5		29,5		7,8		28,7	0,37
	Saldo		13,2		16,7		9,6			

*) Jahreszahl und Werte nach MACKENROTH 1953: 124 ff
1) jeweils das Fünfjahresmittel
2) jeweils das Elfjahresmittel; die angegebene Jahreszahl kenzeichnet das Jahr mit dem höchsten Geburtenüberschuß und bildet gleichzeitig die Mitte des Mittels
3) berechnet wurde das Fünfjahresmittel 1946-1950
4) Dreijahresmittel
5) Fünfjahresmittel

Nach der Intensität des Übergangs beurteilt, lassen sich eindeutig drei Ländergruppen voneinander unterscheiden. Sowohl der Geburten- als auch der Sterberate nach verlief der demographische Übergang am intensivsten in der UdSSR, Ungarn und Polen. Es folgen das Deutsche Reich/die BRD und Österreich, schließlich Frankreich und England (Tab. 4.2).

Demzufolge gilt für die von uns untersuchten Länder die Hypothese:

> Je später der demographische Übergang in einem Land erfolgt, desto intensiver verläuft dieser.

Allerdings sollte berücksichtigt werden, daß der Industrialisierungs- und Modernisierungsprozeß in England und Wales durch seinen als "Prototyp" länger dauern mußte als in einem Land, das bereits von der industriellen Entwicklung eines anderen Landes profitieren kann. Dieses trifft z.B. für Deutschland zu. Läßt man die Dauer der Transformationsphase außer acht und betrachtet nur die Differenz aus dem oberen und dem unteren Niveau der Raten, dann ergibt sich zumindest für das absolute Absinken der Geburtenrate eine sehr ähnliche Rangordnung und Ländergruppierung. Die höchste Differenz bestand in der UdSSR (32,2 Promille), vor Ungarn und Polen, Deutschland, Österreich, England und schließlich Frankreich (15,1 Promille).

Da sich die Geburtenraten am Ende der Transformationsphase in allen Ländern stark angeglichen haben - nur in England (14,7 Promille) und Ungarn (13,6 Promille) sind die Raten etwas niedriger als in den übrigen Ländern, entstehen die Unterschiede in den Differenzen der Geburtenrate vor allem durch das sehr unterschiedliche Ausgangsniveau am Beginn der Transformationsphase: Ungarn, Polen und die UdSSR haben wesentlich höhere Raten (von 41,4 bis 49,7 Promille) als die westeuropäischen Länder (von 31,6 bis 37,6 Promille). Innerhalb der westeuropäischen Ländergruppe ist das Ausgangsniveau der Geburtenrate in Deutschland mit 37,6 Promille deutlich am höchsten.

Durch die Weltkriege gibt es in allen drei Ländern jeweils drei Perioden starken natürlichen Bevölkerungswachstums: Vor dem Ersten Weltkrieg, zwischen den Weltkriegen und nach dem Zweiten Weltkrieg. In der UdSSR wird die Zwischenkriegsperiode noch einmal unterteilt durch die Folgen der wirtschaftlichen Probleme in den 30er Jahren.

Abbildung 4.8: Demographischer Übergang der Länder

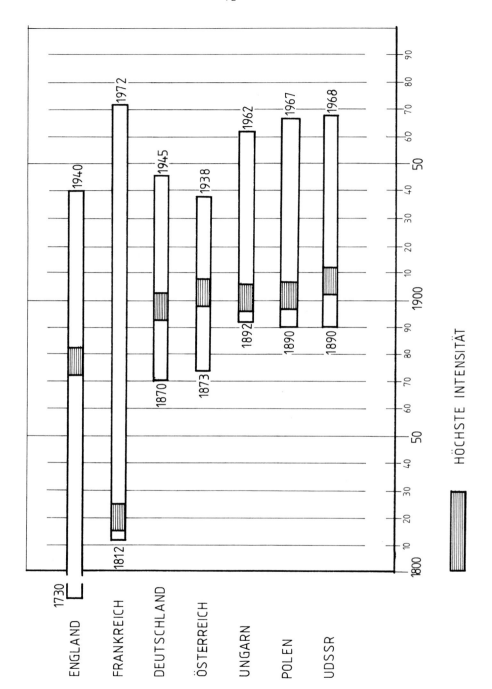

Eine weitere Gemeinsamkeit teilen die drei osteuropäischen Länder, womit sie sich gleichzeitig gegenüber England, Deutschland und Österreich abgrenzen: Der natürliche Bevölkerungssaldo bleibt in Ungarn, Polen und in der UdSSR nach dem Zweiten Weltkrieg positiv. In den westeuropäischen Ländern cagegen fällt die Geburtenrate unter das Niveau der Sterberate. In Deutschland geschieht das im Jahre 1972, in Österreich im Jahre 1975 und in England im Jahre 1976. Eine Ausnahme innerhalb der westeuropäischen Länder bildet wiederum Frankreich: Während der gesamten Zeit nach dem Zweiten Weltkrieg bis in die Gegenwart hinein hat Frankreich, gemessen an den dortigen Verhältnissen, hohe Zuwächse aus der natürlichen Bevölkerungsbewegung.

4.2 Ökonomische Entwicklung

England

Die sektorale Verteilung der Erwerbstätigen in England läßt sich im Zeitverlauf von 1841 bis 1980 nur begrenzt beschreiben. Der Anteil der Erwerbstätigen im sekundären Sektor ist fast 80 Jahre in der Phase II konstant hoch und erreicht mit 52,2% sein Maximum. Der tertiäre Sektor erreicht 1932 erstmals 50,5%, d.h. zu diesem Zeitpunkt beginnt die III. Phase. Bis 1980 erhöht sich der Anteil des tertiären Sektors auf 59,4%, der sekundäre Sektor vermindert sich auf 38,9% und der primäre auf 1,6%.

Die in England frühzeitig eingesetzte Industrialisierung läßt die Agrarwirtschaft schon im vorigen Jahrhundert an Bedeutung verlieren. Außerdem lassen die klimatischen Bedingungen keine so intensive Nutzung zu, wie sie auf dem Kontinent möglich ist. Günstige Bezugsmöglichkeiten für landwirtschaftliche Produkte aller Art aus dem Kolonialreich unterstützten diese Entwicklung, die zur Beseitigung der Zollschranken für agrarische Erzeugnisse führte.

Während der gesamten betrachteten Zeitspanne von 1841 bis 1980 sind nie mehr als ein Viertel aller Erwerbstätigen im primären Sektor (Abb. 4.9). Die Erwerbsquote lag 1980 bei 42%. Der Anteil der erwerbstätigen Frauen ist auf etwa auf zwei Fünftel zurückgegangen. Die absolute Zahl der Erwerbstätigen hat sich in England nach 1945 von 26,0 Mio. auf 22,5 Mio.

(1980) vermindert.

Abbildung 4.9: Ökonomischer Übergang in England und Wales

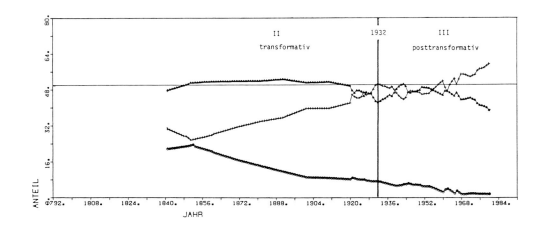

Frankreich

Die Zeitreihe unserer Daten (1843-1980) erlaubt für Frankreich, das Modell vollständig zu testen. Danach beurteilt, dauert die Phase I bis 1869, die Phase II bis 1974; seitdem befindet sich Frankreich in der posttransformativen Phase (Abb. 4.10).

1869, zu Beginn der Phase II, arbeiten 50,4% aller Erwerbstätigen noch im primären Sektor. 105 Jahre später - 1974 - zum Endpunkt der Phase II, sind es noch 10,7%. Die Landwirtschaft hat bis zum Ende des II. Weltkrieges in Frankreich noch etwa ein Drittel aller Menschen beschäftigt, wobei berücksichtigt werden muß, daß die durchschnittliche Betriebsgröße lange Zeit sehr klein gewesen ist.

Der Anteil der Erwerbstätigen im sekundären Sektor steigt von 27,1% im Jahre 1869 auf das Maximum von 40,6% im Jahre 1970. Der tertiäre Sektor nahm von 22,5% der Erwerbstätigen im Jahre 1869 auf 49,8% im Jahre 1974 zu, da der sekundäre Sektor bis 1965 etwa konstant geblieben ist. Die absolute Zahl der Erwerbstätigen hat in Frankreich nach dem II. Weltkrieg zugenommen: von 19,1 Mio. 1950 auf 21,5 Mio. 1980, bei gleichzeitiger Abnahme der Zahl der ausländischen Arbeitskräfte. Die Erwerbsquote betrug 1980 39%. Dabei ist der Anteil der Erwerbstätigen im sekundären Sektor bis 1965 etwa konstant geblieben.

Abbildung 4.10: <u>Ökonomischer Übergang in Frankreich</u>

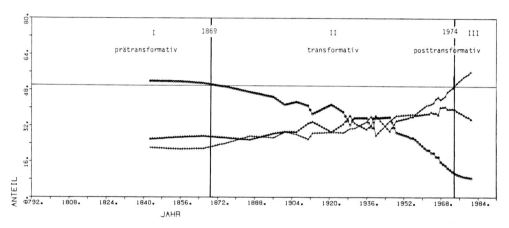

Deutschland

Die sektorale Verteilung der Erwerbstätigen in Deutschland läßt sich von 1849 bis 1981 durch das Modell des ökonomischen Übergangs ebenfalls gut beschreiben. Die Phase I dauert bis 1876, hier unterschreitet der primäre Sektor die 50%-Marke. Die Phase II dauert bis 1981 (Abb. 4.11).

Die Anteile der Erwerbstätigen in der Landwirtschaft sind in den letzten 100 Jahren stetig zurückgegangen, ohne daß sich die Produktivität verringert hätte. Während die Landwirtschaft in der Mitte des 19. Jahrhunderts mehr als die Hälfte aller Erwerbstätigen beschäftigte, waren es 1920 nur noch ein Drittel, 1966 10% und 1981, am Ende der II. Phase, 5,8%. Demgegenüber hat das verarbeitende Gewerbe (Industrie und Handwerk), in dem um 1850 erst ein Viertel aller Erwerbstätigen tätig waren, seinen Anteil bis 1913 auf über ein Drittel und bis 1971 auf 49% erhöhen können. Danach nahm der Anteil langsam wieder ab; 1981 betrug er 44,2%.

Während der Phase II ist - wie in allen Industrieländern - die Zahl der Erwerbstätigen im tertiären Sektor stark gestiegen; in Deutschland von 19,5% im Jahre 1876 auf 49,9% im Jahre 1981. Die absolute Zahl der Erwerbstätigen ist von 20,0 Mio. im Jahre 1950 auf 25,7 Mio. im Jahre 1980 gestiegen. Neben der Eingliederung von Arbeitskräften aus den ehemaligen Ostgebieten und der DDR sind die Zuwächse in den letzten 20 Jahren vor allem durch ausländische Arbeitskräfte zu erklären. Die Erwerbsquote betrug 40% im Jahre 1981.

Abbildung 4.11: <u>Ökonomischer Übergang im Deutschen Reich und in der BRD</u>

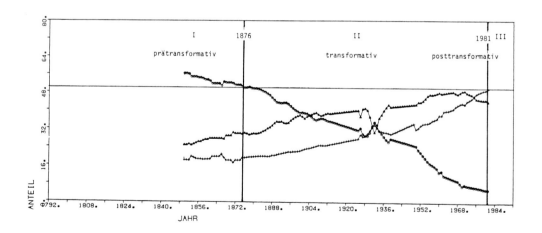

Österreich

Die sektorale Verteilung der Erwerbstätigen in Österreich in den Jahren 1869 bis 1979 entspricht dem postulierten Verlauf. Zum Ende der Zeitreihe hat - bei steigender Tendenz - der Anteil der Erwerbstätigen im tertiären Sektor bereits fast 49% erreicht (Abb. 4.12).

Im Jahr 1884 arbeiteten 50,2% der Erwerbstätigen in der Landwirtschaft; im verarbeitenden Gewerbe waren es 29,2% und im Dienstleistungsbereich 20,6%. 1980 war der Anteil der Erwerbstätigen im tertiären Sektor auf 48,6% gestiegen, während der Anteil der Landwirtschaft auf 10,6% fiel. Die Steigerungen des tertiären Sektors nach dem Zweiten Weltkrieg sind vor allem durch die günstige Entwicklung des Fremdenverkehrs in Österreich zu erklären. Die Zahl der Erwerbstätigen ist von 1950 mit 3,3 Mio. auf 3,1 Mio. im Jahre 1981 zurückgegangen. Die Erwerbsquote betrug 1981 41%, davon waren knapp 30% Frauen. In Österreich arbeiteten 1980 rund 250.000 Gastarbeiter.

Abbildung 4.12: Ökonomischer Übergang in Österreich

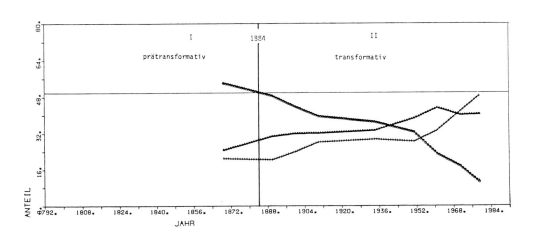

Ungarn

Die sektorale Verteilung der Erwerbstätigen in Ungarn läßt sich im Zeitraum von 1900 bis 1980 untersuchen. Den von uns formulierten Kriterien zufolge liegt die Abgrenzung zwischen der I. und II. Phase bei 1951. Allerdings zeigen die Kurvenverläufe in der Phase II in die postulierte Richtung, ohne daß sich abschätzen ließe, wann Ungarn in die posttransformative Phase eintreten wird (Abb. 4.13).

Im Jahre 1951 - die Volksrepublik Ungarn ist gerade zwei Jahre alt - arbeiten immerhin noch 49,6% aller Erwerbstätigen in der Landwirtschaft, 23,8% im verarbeitenden Gewerbe und 26,6% im Dienstleistungsbereich. Bis zu diesem Zeitpunkt ist, vom Beginn der Zeitreihe im Jahre 1900 an, die sektorale Verteilung der Erwerbstätigen in den drei Sektoren relativ konstant geblieben. Erst mit der der sozialistischen Gesellschaftsverfassung beginnen sich die Anteile der Erwerbstätigen in den drei Sektoren zu verschieben. Ungarns Wirtschaft wandelt sich von einem Agrarland zu einer Industrienation. Die Zahl der Erwerbspersonen liegt bei 6,6 Mio.

Abbildung 4.13: <u>Ökonomischer Übergang in Ungarn</u>

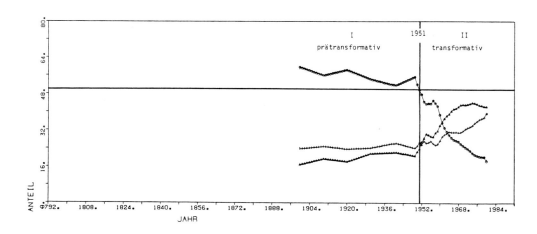

o   PRIMAERER   SEKTOR
▲   SEKUNDAERER SEKTOR
+   TERTIAERER SEKTOR

Polen

Die Daten über die sektorale Verteilung der Erwerbstätigen in Polen von 1897 bis 1980 gestatten nur einen begrenzten Test des Modells des ökonomischen Übergangs. Allerdings zeigen genau wie in Ungarn die Trendverläufe der Phase II in die vermutete Richtung (Abb. 4.14).

Der Beginn der II. Phase liegt bei 1957. In diesem Jahr arbeiteten 50,2% aller Erwerbstätigen in der Landwirtschaft, 28,8% im verarbeitenden Sektor und 20,8% im Dienstleistungsbereich. Mit 70,3% erreicht der primäre Sektor 1931 sein Maximum. Dies zeigt deutlich, daß Polen bis weit nach dem Zweiten Weltkrieg ein überwiegend agrarisch geprägtes Land war. In Polen ist fast ein Drittel der Erwerbstätigen im nichtsozialistischen Bereich beschäftigt. Der Hauptanteil liegt in der Landwirtschaft und hier besonders bei den privaten Bauernwirtschaften. Ein nur geringer Rest entfällt auf private Handwerker und sonstige private Wirtschaftsbetriebe.

Abbildung 4.14: <u>Ökonomischer Übergang in Polen</u>

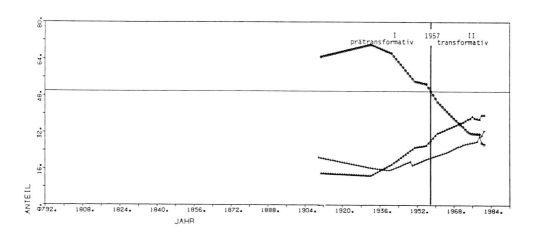

In der privaten Landwirtschaft ist die Anzahl der Erwerbstätigen mit etwa 5 Mio. von 1950 bis 1970 etwa gleich geblieben. Der abnehmende Anteil in diesem Bereich resultiert aus der anhaltenden Zunahme der Beschäftigtenzahlen im verarbeitenden Gewerbe (von 2,1 Mio. 1949 auf 4,8 Mio. 1970). Die Anzahl der privaten Handwerker blieb in diesem Zeitraum fast gleich (200.000). Im Ergebnis dieser Entwicklung stieg zwischen 1950 und 1969 die Erwerbsquote von 41,5% auf 49%. Der Anteil der in der privaten Landwirtschaft Erwerbstätigen sank von 49% auf 30%.

Die relativ niedrige Erwerbsquote nach dem Zweiten Weltkrieg war der Ausdruck von landwirtschaftlicher Überbevölkerung einerseits und eines geringen Industrialisierungsgrades andererseits. So konnte der wachsende Arbeitskräftebedarf in der Industrie vollständig durch die Aktivierung bislang ungenutzter Reserven und durch Beschäftigung der vom Land in die Stadt abgewanderten Bevölkerungsteile gedeckt werden.

Industrialisierung, Urbanisierung und die Entwicklung von nichtlandwirtschaftlichen Erwerbsmöglichkeiten auf dem Lande haben dazu geführt, daß ein Teil der Bevölkerung den Lebensunterhalt aus verschiedenen Unterhaltsquellen gleichzeitig bezieht. Die Entwicklung dieser Gruppe wurde dadurch gefördert, daß die Industrie zunehmend Arbeitskräfte benötigte; die in den bäuerlichen Kleinbetrieben vorhandenen Arbeitskräftereserven waren durch den Wohnungsmangel in den Städten gezwungen, nun auf ihren Halberwerbsstellen zu bleiben.

Bei der Bevölkerung mit Hauptunterhaltsquelle in der Landwirtschaft ist deutlich eine Abnahme des Anteils der jüngeren Jahrgänge und eine entsprechende Zunahme bei den älteren Jahrgängen zu erkennen. Das beruht auf Abwanderungen vor allem junger Menschen in die Stadt, abnehmender Erwerbsbeteiligung jüngerer Jahrgänge infolge verlängerten Schulbesuchs, sowie einer verlängerten Teilnahme der älteren Jahrgänge am Erwerbsleben. Insgesamt sank der Anteil der in der Landwirtschaft Beschäftigten von 56,8% (1950) über 35,9% (1970) auf 26,7% (1980). (Vgl. Abb. 4.14).

Zwischen den beiden Weltkriegen gab es eine starke strukturelle Arbeitslosigkeit, die zu überwinden nach dem Zweiten Weltkrieg ein großes Problem war. Disproportionalitäten in der Regional- oder Branchenentwicklung führten zu offenen Stellen einerseits und Arbeitssuchenden andererseits. Seit 1951 überstieg die Anzahl der offenen Stellen - bezogen auf alle Erwerbstätigen außerhalb der Landwirtschaft - nie 1%. Als jedoch 1969 stark besetzte Jahrgänge in das Erwerbsleben eintraten, wurde die Zahl der Arbeitssuchenden sprunghaft größer als die der offenen Stellen.

Die Industrialisierung führt zu einem anhaltenden Bedarf an zusätzlichen Arbeitskräften. So hat sich seit 1950 die Anzahl der Erwerbstätigen in der sozialistischen Wirtschaft von 4,75 Mio. auf 9,68 Mio. mehr als verdoppelt. Der Anteil der weiblichen Erwerbstätigen stieg ebenfalls und hat 1970 fast 40% erreicht.

UdSSR

Ebenso wie in Ungarn und Polen zeigen die Trendverläufe in die vermutete Richtung. Auch in der UdSSR ist nur eine Abgrenzung zwischen der I. und II. Phase möglich; sie liegt im Jahr 1946. Zu diesem Zeitpunkt arbeiten noch 50,4% aller Erwerbstätigen im primären, 25,4% im sekundären und 24,2% im tertiären Sektor (Abb. 4.15).

Vor dem Ersten Weltkrieg (1913) waren im zaristischen Rußland über 85% der wirtschaftlich aktiven Bevölkerung in der Landwirtschaft tätig und nur etwa 11% in Industrie, Verkehr und Nachrichtenwesen. Noch im Jahre 1926 waren 85,6% der Erwerbstätigen im primären Sektor beschäftigt; dies entspricht 42,5 Mio. Personen. Durch eine rigide Industrialisierungspolitik wurde es möglich, bis 1964 den Anteil der im primären Sektor Erwerbstätigen auf etwa ein Drittel aller Erwerbstätigen zu senken.

Der Arbeitseinsatz in der sowjetischen Wirtschaft von 1928 bis 1937 hat mit einer durchschnittlichen Jahresrate von 3,6 zugenommen. Die Wachstumsrate des Arbeitseinsatzes übertraf das Bevölkerungswachstum um das Dreifache. Zum Teil läßt sich diese Besonderheit aus dem Anstieg der Frauenarbeit erklären. Von 1929 bis 1965 ist der Anteil der erwerbstätigen Frauen von 27% auf 49% gestiegen (SCHUBNELL 1968:641), 1980 betrug er rund 51%. Ohne die Erwerbsbeteiligung der Frauen wäre die Industrialisierung in dem erreichten Ausmaß und Tempo nicht möglich gewesen. Die Erwerbstätigkeit der Frau ist bis heute eine wichtige Ursache für die Verminderung der Geburtenhäufigkeit.

Abbildung 4.15: Ökonomischer Übergang in der UdSSR

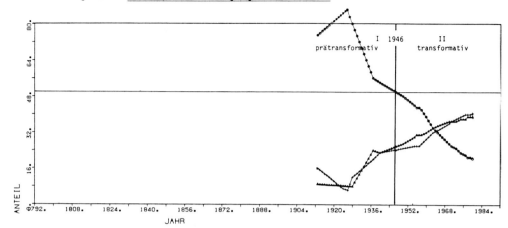

1980 waren in der sowjetischen Volkswirtschaft 20% der Erwerbstätigen in der Landwirtschaft, 39% in Industrie und Bauwirtschaft, 40,5% im tertiären Sektor beschäftigt. Der Anteil der Erwerbspersonen an der Gesamtbevölkerung betrug 1979 rund 51%. Von den 1979 durchschnittlich 110,6 Mio. abhängig Beschäftigten waren 39% im produzierenden Gewerbe (einschl. Bausektor), 21% in der Land- und Forstwirtschaft und der Rest im Bergbau sowie im Dienstleistungsbereich i.w.S. tätig. Es war geplant, die in den nächsten Jahren neu in die Wirtschaft aufgenommenen Arbeitskräfte zu etwa zwei Drittel in den Dienstleistungssektor einzugliedern.

4.3 Vergleich der Länder

Vergleichen wir die sieben Länder anhand des Modells des ökonomischen Übergangs, so bieten sich folgende Fragen bzw. Formen des Vergleichs an:

1. Ist das Modell aufgrund der benannten Kriterien angemessen?
2. Für welche historischen Zeiträume und Zeitspannen gilt das Modell?

3. Wie intensiv ist der sektorale ökonomische Übergang gewesen?
4. Welche Länder weisen vergleichbare ökonomische Übergänge auf?

In Frankreich, Deutschland und wahrscheinlich auch in Österreich ist das Modell des ökonomischen Übergangs angemessen, um die transformative Phase durch die sektorale Verteilung der Erwerbstätigen abzugrenzen. Die empirischen Verläufe der Kurven stimmen mit den postulierten überein. In England, Ungarn, Polen und der UdSSR ist das Modell des ökonomischen Übergangs aufgrund eines zeitlich abweichenden Strukturwandels zum gegenwärtigen Zeitpunkt nicht in der Lage, die transformative Phase abzugrenzen. Die empirischen Verläufe der Kurven stimmen in der transformativen Phase nur im Trend mit den postulierten überein.

Hierfür gibt es mehrere Gründe: In England läßt sich keine prätransformative Phase bestimmen, d.h. das Muster der sektoralen Verteilung entspricht zu Beginn der Zeitreihe schon der transformativen Phase. In Ungarn, Polen und der UdSSR entspricht das Muster der sektoralen Verteilung zum Ende der Zeitreihe noch der transformativen Phase, eine posttransformative Phase liegt noch nicht vor.

Wendet man strenge Maßstäbe an, so ist ein Vergleich der Maßzahlen nur zwischen jenen Ländern möglich, bei denen die Modellkriterien erfüllt sind. Wenn wir sie trotzdem in die weitere vergleichende Betrachtung aller Länder einbeziehen, so deshalb, weil wir einerseits annehmen, in naher Zukunft werde auch in den sozialistischen Ländern aufgrund des vermuteten Strukturwandels in der Wirtschaft eine Abgrenzung zwischen der transformativen und posttransformativen Phase möglich sein. Andererseits haben wir schon mehrfach auf die Vorreiterrolle Englands während der Industrialisierung hingewiesen. Trotzdem haben die Maßzahlen in den Fällen nur begrenzten Aussagewert, in denen die Zeitreihen nicht durch die jeweiligen Phasengrenzen geschlossen sind. Tab. 4.3 zeigt die zeitliche Lage, Dauer und Intensität des ökonomischen Übergangs in allen untersuchten Ländern.

Werden die zeitliche Lage und Dauer des ökonomischen Übergangs zwischen den sieben Ländern verglichen, so lassen sich bei Vernachlässigung des Sonderfalles England die restlichen sechs Länder in zwei Gruppen einteilen: In Frankreich, Deutschland und Österreich beginnt der ökonomische

Tabelle 4.3: Zeitliche Lage, Dauer und Intensität der transformativen Phase des ökonomischen Übergangs

Land	Sektor	Beginn Jahr	Sektoren Anteil	Maximum des sek. Sektors Jahr	Maximum des sek. Sektors Anteil	Ende Jahr	Sektoren Anteil	Dauer Jahre	Dauer (Max./Ende) Jahre	Differenz Beginn/Ende %	Differenz Max./Ende %	Intensität ($\frac{\text{Differenz}}{\text{Dauer}}$)
England	Primär	1841*	21.7 %			1932	7.2 %	91*		- 14.5 %		0.16*
	Sekundär	1841*	47.8 %	1880	52.5 %	1932	42.3 %	91*	39*		4.7 %	0.12*
	Tertiär	1841*	30.5 %			1932	50.5 %	91*		20.0 %		0.22*
Frankreich	Primär	1869	50.4 %			1974	10.7 %	105		- 39.7 %		0.38
	Sekundär	1869	27.1 %	1970	40.6 %	1974	39.5 %	105	101		13.5 %	0.13
	Tertiär	1869	22.5 %			1974	49.8 %	105		27.3 %		0.26
Deutschland	Primär	1876	50.1 %			1981	5.8 %	105		- 44.3 %		0.42
	Sekundär	1876	30.4 %	1971	49.0 %	1981	44.2 %	105	95		18.6 %	0.16
	Tertiär	1876	19.5 %			1981	49.9 %	105		30.4 %		0.29
Österreich	Primär	1884	50.2 %			1980*	10.6 %	96*		- 39.6 %		0.42*
	Sekundär	1884	29.2 %	1961	43.5 %	1980*	40.8 %	96*	77		14.3 %	0.19
	Tertiär	1884	20.6 %			1980*	48.6 %	96*		28.0 %		0.29*
Ungarn	Primär	1951	49.6 %			1980*	18.5 %	29*		- 31.1 %		1.07*
	Sekundär	1951	23.8 %	1974	44.0 %	1980*	42.2 %	29*	23		20.2 %	0.88
	Tertiär	1951	26.6 %			1980*	39.3 %	29*		12.7 %		0.44*
Polen	Primär	1957	50.2 %			1980*	27.1 %	23*		- 23.1 %		1.00*
	Sekundär	1957	28.8 %	1980*	39.9 %	1980*	39.9 %	23*	23*		11.1 %	0.48*
	Tertiär	1957	20.8 %			1980*	30.9 %	23*		10.1 %		0.44*
UdSSR	Primär	1946	50.4 %			1980*	20.5 %	34*		- 29.9 %		0.88*
	Sekundär	1946	25.4 %	1980*	39.0 %	1980*	39.0 %	34*	34*		13.6 %	0.40*
	Tertiär	1946	24.2 %			1980*	40.5 %	34*		16.3 %		0.48*

* Zeitreihe ist nicht geschlossen

Übergang zwischen 1869 und 1884 und endet zwischen 1974 und 1980. Die Zeitdauer liegt zwischen 105 und 96 Jahren. In der UdSSR, in Ungarn und in Polen beginnt der ökonomische Übergang erst nach dem Zweiten Weltkrieg und ist zum Ende der Zeitreihen noch nicht abgeschlossen. Von daher ergibt sich eine Zeitdauer, die nur zwischen 23 und 34 Jahren liegt.

Um die Intensität des ökonomischen Übergangs zwischen den Ländern zu vergleichen, sind drei Maße gebildet worden:

1. Das Maß der Intensität für den Übergang des primären Sektors, definiert als Differenz der Anteile zum Anfang und zum Ende der transformativen Phase, dividiert durch die Zeitdauer.

2. Das Maß der Intensität für den Übergang des tertiären Sektors, definiert analog zum primären Sektor.

3. Als Maß der Intensität des Übergangs des sekundären Sektors ist die Differenz zwischen der maximalen Ausprägung und dem Ende der transformativen Phase dividiert durch die entsprechende Zeitdauer berechnet worden.

Im primären Sektor hat England mit 0,16 die niedrigste Intensität des ökonomischen Übergangs. Frankreich, Deutschland und Österreich folgen mit einer mittleren Intensität zwischen 0,38 und 0,42. Die Gruppe der Länder Ungarn, Polen und UdSSR weist die höchste Intensität zwischen 0,88 und 1,07 auf. Dabei überrascht, daß nicht, wie vermutet, die UdSSR, sondern Ungarn das stärkste Intensitätsmaß in der Landwirtschaft aufweist. Innerhalb von nur 29 Jahren hat sich in Ungarn der Anteil der Erwerbstätigen im primären Sektor um 31,1% verringert. In der UdSSR war es eine Verringerung von 29,9% in 34 Jahren und in Polen von 23,1% in 23 Jahren. Auf die Gründe dieser erheblichen Umschichtungsprozesse ist in der Länderdarstellung eingegangen worden.

Im sekundären Sektor zeichnet sich beim Vergleich der Intensitätsmaße ein ähnliches Bild wie im primären Sektor ab. Allerdings liegen hier die Extremwerte (England mit 0,12 und Ungarn mit 0,88) nicht so weit auseinander wie im primären Sektor. Auch hier lassen sich die UdSSR, Polen und Ungarn zusammenfassen. Allerdings ist die Intensität des ökonomischen Übergangs im sekundären Sektor in Ungarn mit 0,88 doppelt so groß wie in Polen oder der UdSSR. In der zweiten Gruppe mit England, Frankreich,

Abbildung 4.16: <u>Ökonomischer Übergang der Länder</u>

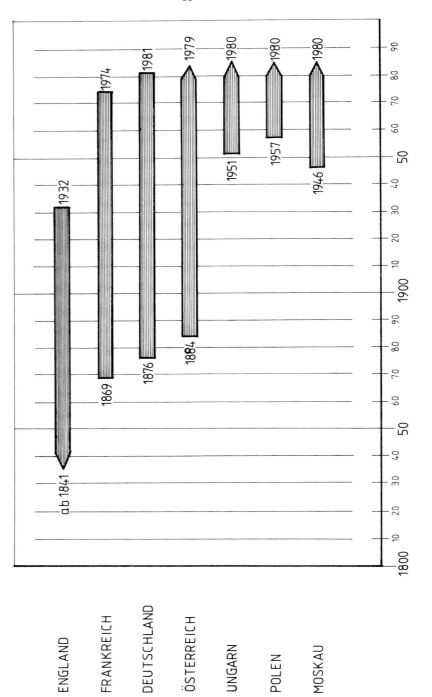

Deutschland und Österreich liegt die Intensität zwischen 0,13 und 0,19.

Am geringsten ist die Streuuung der Intensitätsmaße im tertiären Sektor, sie liegt zwischen 0,22 und 0,48. Auch hier läßt sich die schon bekannte Gruppierung vornehmen. Die UdSSR, Polen und Ungarn weisen eine höhere Intensität des ökonomischen Übergangs im tertiären Sektor auf als England, Frankreich, Deutschland und Österreich.

Vergibt man aufgrund der Intensitätsmaße Rangplätze innerhalb der drei Sektoren unter den sieben Ländern, so entsteht folgendes Bild: Die Länder, Ungarn, Polen und die UdSSR bilden eine Gruppe, sie weisen in den drei Sektoren jeweils die höchsten Intensitätsmaße auf. Dann folgt eine weitere Gruppe aus Österreich und Deutschland; hier haben die Intensitätsmaße eine mittlere Ausprägung. In Frankreich und England schließlich ist die Intensität des ökonomischen Übergangs am geringsten gewesen.

Der Industrialisierungsprozeß hat sich, von England ausgehend, langsam über den Kontinent ausgebreitet, bis er nach Osteuropa vorgedrungen ist. Hier ist es allerdings gelungen, einen wirtschaftlichen Strukturwandel in sehr kurzer Zeit zu vollziehen, für den die anderen Länder ein Jahrhundert und mehr gebraucht haben.

4.4. Phasen der Landesentwicklung

Im folgenden werden die Bevölkerungsentwicklung und die wirtschaftliche Entwicklung aller sieben Länder jeweils entsprechend dem Modell des doppelten Übergangs zusammengeführt. Dazu werden für jedes Land die zeitliche Lage und Dauer jedes durchlaufenen Entwicklungstyps (Abb. 3.4) sowie deren Abfolge oder "Muster" (Abb. 3.5) dargestellt und miteinander verglichen.

Faßt man die als je dreiphasig definierte Wirtschafts- und Bevölkerungsentwicklung zusammen, so ergeben sich, je nach Dauer und Beginn der beiden transformativen Phasen, drei bis fünf Phasen der Landesentwicklung. (Vgl. hierzu die Muster C bzw. B, D, G und J in Abb. 3.5.) Entsprechend sind die Phasen der Landesentwicklung folgendermaßen definiert:

Phase L I =	Bevölkerung prätransformativ, Wirtschaft prätransformativ	(Typ 1)
Phase L II =	Bevölkerung transformativ, Wirtschaft prätransformativ	(Typ 2)
	oder	
	Bevölkerung prätransformativ, Wirtschaft transformativ	(Typ 3)
Phase L III =	Bevölkerung transformativ, Wirtschaft transformativ	(Typ 4)
Phase L IV =	Bevölkerung posttransformativ, Wirtschaft transformativ	(Typ 5)
	oder	
	Bevölkerung transformativ, Wirtschaft posttransformativ	(Typ 6)
Phase L V =	Bevölkerung posttransformativ, Wirtschaft posttransformativ	(Typ 7)

Für die Phasen L II und L IV gibt es jeweils zwei Möglichkeiten, je nachdem, welcher der beiden Übergänge eher begonnen hat bzw. beendet war. Eine Übersicht über die Phasen, deren Dauer und den Typ der Entwicklung gibt Tab. 4.4.

In England entspricht die Typenfolge dem Muster G in Abb. 3.5. Die Phasen des intensivsten Übergangs - zwischen 1872 und 1882 für den demographischen und um 1880 für den ökonomischen Übergang - liegen eng beieinander. In dieser Zeit wirkten zwei Einflußfaktoren auf Strukturveränderungen im Land besonders stark ein: der höchste natürliche positive Bevölkerungssaldo und das Maximum der in der Industrie Erwerbstätigen.

In Frankreich ist die transformative Phase des demographischen Übergangs - bei aller Schwierigkeit der Abgrenzung - von 1812 bis 1972 festgelegt worden. Die wirtschaftliche Übergangsphase setzt später ein, im Jahre 1869, und endet fast zum gleichen Zeitpunkt, im Jahre 1974 (Tab. 4.3 und Abb. 4.10). Diese Typenfolge entspricht dem Muster B in Abb. 3.5. Auffallend ist die lange Phase des gemeinsamen Übergangs und die extrem kurze Phase, in der der demographische Übergang bereits abgeschlossen, der des wirtschaftlichen Übergangs hingegen noch nicht abgeschlossen ist. Trotz der formell fünfphasigen Abgrenzung kann man hier eher von einer vierphasigen sprechen, dies entspräche dem Muster F.

Die lange Dauer der beiden Übergänge (160 und 105 Jahre) begünstigt jeweils geringe Übergangsintensitäten (vgl. Abschn. 4.1 und 4.2). Zusätzlich wird die Intensität der gesamten Landesentwicklung dadurch verringert, daß die intensivsten Zeitpunkte der jeweiligen Übergänge am Rande der transformativen Phasen liegen, - in einem Abstand von 150 Jahren. Daher liegt das stärkste natürliche Bevölkerungswachstum vor der gemeinsamen transformativen Phase. Die Folge ist, daß Strukturveränderungen und der soziale Wandel insgesamt sehr langsam verlaufen sind.

Tabelle 4.4: <u>Zeitliche Lage und Dauer der Phasen der Landesentwicklung</u>

Land	L I	L II	Jahre	L III	Jahre	L IV	Jahre	L V
England	bis 1730	1730 bis 1841	111	1841 bis 1932	91	1932 bis 1940	8	1940 bis heute
Frankreich	bis 1812	1812 bis 1869	57	1869 bis 1972	103	1972 bis 1974	2	1974 bis heute
Deutschland/ BRD	bis 1870	1870 bis 1876	6	1876 bis 1945	69	1945 bis 1981	36	1981 bis heute
Österreich	bis 1870	1873 bis 1884	11	1884 bis 1938	54	1938 bis 1984	46	1984 bis heute
Ungarn	bis 1892	1892 bis 1951	59	1951 bis 1962	11	1962 bis heute		
Polen	bis 1890	1890 bis 1957	69	1957 bis 1967	10	1967 bis heute		
Rußland/ UdSSR	bis 1890	1890 bis 1946	56	1946 bis 1968	22	1968 bis heute		

In Deutschland entspricht die Abfolge der Typen dem Muster B. Betrachtet man die Dauer der einzelnen Phasen, so fällt die kurze Phase L II auf. Die beiden Übergänge setzen praktisch gleichzeitig ein; lediglich aufgrund des deutlich längeren wirtschaftlichen Übergangs ist die Phase L IV dann deutlich länger. Auch hier ist zu fragen, ob nicht wegen der Kürze der Phase L II diese vernachlässigt werden sollte; die Landesentwicklung hätte dann das Muster K.

Wir schließen aus diesen Befunden, daß Strukturveränderungen zu Beginn dieses Jahrhunderts und Ende der 60er Jahre besonders stark waren. Dies dürfte sich auch für zahlreiche Bereiche nachweisen lasen, z.B. das Ende der Wiederaufbauphase der BRD Mitte der 60er Jahre und den folgenden starken wirtschaftlichen Aufschwung, mit denen beträchtliche soziale Veränderungen verbunden waren.

Die Entwicklung in Österreich ist in vieler Hinsicht ähnlich der Deutschlands. Der demographische Übergang ist um zehn Jahre kürzer: von 1873 bis 1938 (vgl. Tab. 4.2 und Abb. 4.4). Nimmt man an, in Österreich überschreite der Anteil der Erwerbstätigen im tertiären Sektor etwa 1984 die 50%-Marke, so wird zu diesem Zeitpunkt die Entwicklung des Landes von der Phase L IV in die Phase L V übergehen. Eine solche Typenfolge entspricht dem Muster B in Abb. 3.5.

Da der demographische Übergang länger ist als der ökonomische, ist die Phase L II kürzer als die Phase L IV. Diese Phase ist allerdings mit einer Dauer von elf Jahren - trotz ihrer gegenüber Deutschland doppelt so langen Dauer für einen Einfluß auf eine Landesentwicklung relativ kurz. Hier ist eine Entscheidung für ein fünf- und vierphasiges Entwicklungsmuster daher nicht einfach.

Der demographische Übergng setzt in Ungarn ca. 20 Jahre später als in Österreich ein. Es hat im damaligen Österreich-Ungarn ein deutliches Gefälle der Geburtenraten von Ost nach West gegeben, was auch die Raten in Tab. 4.2 zeigen. Der Übergang dauerte aber länger als in Österreich, weil die posttransformative Phase zwischen den Weltkriegen noch nicht erreicht wurde. Der ökonomische Übergang setzt erst mit der zweiten Industrialisierung im Jahre 1951 ein und ist daher noch nicht abgeschlossen (Tab. 4.3 und Abb. 4.13).

Hier sind - im Gegensatz zu Österreich - keine Annahmen möglich, wann in Ungarn der Anteil der im tertiären Sektor Beschäftigten die 50%-Marke überschritten haben wird. Eine solche Typenabfolge (ohne Erreichen des Typs 7) ist in der Abb. 3.5 nicht vorgesehen. Da aber dem Typ 5 nach der Definition der Phasen kein anderer als der Typ 7 folgen kann, wird sich Ungarn - unter der Annahme, daß der Typ 7 irgendwann erreicht wird - nach dem Muster B entwickeln. Wir nennen diesen vorläufigen Entwicklungsablauf daher B*. Auffällig ist die kurze Dauer des gemeinsamen Übergangs (Phase L III) - ein Phänomen, das in den anderen sozialistischen Ländern dieser Stichprobe ebenfalls zu finden sein wird. Dafür ist die Phase L II sehr lang.

Lage und Dauer der transformativen Phasen sind in Polen ähnlich denen in Ungarn (Abb. 4.6 und 4.14 und Tab. 4.2 und 4.3). Die Phaseneinteilung ist ebenfalls unvollständig. Es ist zudem aus den bisher vorliegenden Zeitreihen nicht zu beurteilen, wann der Anteil der Erwerbstätigen im sekundären Sektor seinen Höchststand erreicht haben wird. Unter den krisenhaften Entwicklungen mit seinen Folgen für die Produktivität der Volkswirtschaft sind auch kurze Rückgänge kaum als langfristiges Sinken der Beschäftigtenanteile zu interpretieren. Dennoch vermuten wir, daß das Maximum zu Beginn dieses Jahrzehnts liegen wird. Die Typenabfolge der Landesentwicklung entspricht der Ungarns, also in Richtung auf das Muster B; die bisherige Entwicklung entspricht dem Muster B*.

Die Überschneidungen der Übergangsphasen (Relation L III zu L II und L IV) sind in Polen geringer als in Ungarn. Die sozialen Veränderungen aufgrund der relativ wenig intensiven Bevölkerungsübergänge (der Geburtenüberschuß bleibt nach wie vor relativ hoch) werden durch Kriegseinflüsse verstärkt. Stärker noch ist der Einfluß aufgrund der intensiveren wirtschaftlichen Veränderungen. Die Phase höchster Industrialisierung, gemessen an den Anteilen der Erwerbstätigen, fällt zeitlich mit den größten volkswirtschaftlichen Produktions- und Verteilungsschwierigkeiten und den daraus entstehenden sozialen und politischen Unruhen zusammen.

In der UdSSR ist der demographische Übergang nahezu identisch mit dem der anderen sozialistischen Länder, hingegen weicht der ökonomische Übergang deutlich ab: Er beginnt schon zum Kriegsende (1946) und ist bisher nicht abgeschlossen. Der maximale Anteil von Beschäftigten im sekundären Sektor ist jedoch nicht eindeutig festzulegen (wie in Polen) - der neueste Wert (für 1980) wurde jedoch bereits schon einmal 1920 (also noch vor dem Übergang) erreicht.

Wie für Polen und Ungarn kann auch hier das Ende der Phase 4 nicht bestimmt werden. Die Typenfolge ist daher entsprechend dem Muster B*, wird sich aber wahrscheinlich analog zum Muster B entwickeln.

Die Überschneidungsphase ist mit 22 Jahren doppelt so hoch wie in Ungarn oder Polen, dies dürfte auf das frühere Einsetzen des ökonomischen Übergangs zurückzuführen sein. Die Intensität der demographischen Entwicklung, insbesondere der Rückgang der Sterbequote, ist die stärkste unter den von uns untersuchten Ländern. Ebenso ist die Zuwachs-Intensität der im tertiären Sektor Beschäftigten die höchste, sie ist bis zu doppelt so hoch wie in allen anderen Ländern außer Ungarn.

5. STÄDTE

Die Analyse der demographischen und der ökonomischen Entwicklung der Städte folgt weitgehend dem Muster der Analyse der Länder. Wir verzichten daher darauf, die Verläufe für die einzelnen Städte eingehend zu kommentieren; zudem wird hierauf nochmals - mit Ausnahme von Paris und Moskau - in den jeweiligen Monographien eingegangen.

5.1 Demographische Entwicklung

Für die Städte gilt zunächst das gleiche wie für die Länder: Unabhängig vom langfristigen Wandel der generativen Struktur gibt es durch Kriege und Krisen Ereignisse, die die Geburten- und Sterberate kurzfristig verändern.

Allerdings konnten wir für einige Städte nur Daten verwenden, in denen insbesondere die Kriegseinflüsse nicht enthalten waren; es sind: London (beide Weltkriege), Budapest, Warschau und Moskau (jeweils Zweiter Weltkrieg). Für die übrigen Städte finden sich die typischen Verläufe der Raten: Die Kurve der Geburtenrate sinkt während des Krieges rapide ab und steigt in der Nachkriegszeit wieder stark an und erreicht ein Niveau, das höher ist als das Vorkriegsniveau. Die Kurve der Sterberate dagegen steigt während des Krieges an und erreicht nach Kriegsende wieder ihr Vorkriegsniveau. Diese Effekte sind am stärksten in Wien (insbesondere Zweiter Weltkrieg; vgl. Abb. 5.4), Warschau (Erster Weltkrieg; vgl. Abb. 5.6) und Moskau (Erster Weltkrieg; vgl. Abb. 5.7). In Budapest, Hamburg und Paris sind die Kriegseinflüsse geringer.

Für die Bevölkerungsvorgänge in den Städten sind die Geburten- und Sterberaten weniger gute Indikatoren als auf Landesebene, da in den Städten Bevölkerungszahl und -aufbau in starkem Maße durch Wanderungsvorgänge beeinflußt werden, - insbesondere die Veränderung der Einwohnerzahl und der Altersstruktur. Auch die Geburten- und Sterberate werden durch solche Wanderungsvorgänge verändert, etwa dann, wenn ganz überwiegend jüngere Personen zu- oder abwandern. Die Analyse dieser Wanderungsvorgänge muß jedoch einer späteren Studie vorbehalten bleiben.

London. Alle Annahmen des Modells treffen für die demographische Entwicklung in London zu (Abb. 5.1). Mit Ausnahme der ersten Trendänderung in der Sterberate, deren Zeitpunkt aufgrund fehlender Daten nicht angegeben werden konnte, sind alle angenommenen Zeitpunkte und Richtungen der Trendänderungen in den Raten mit der Zeitreihenanalyse signifikant bestätigt worden.

Paris. Für Paris können die Annahmen des demographischen Modells über eine vergrößerte Differenz aus Geburten- und Sterberate während der Transformationsphase nicht bestätigt werden. Es lassen sich aber Zeitpunkte der Trendänderungen in den Kurven angeben (Abb. 5.2). Schwierigkeiten bereitete die Bestimmung eines Zeitpunktes für die erste Trendänderung in der Sterberate, da die hohe Krisensterblichkeit in der prätransformativen Phase starke Ausschläge bei bereits fallender Tendenz der Sterberate bewirkt. Aufgrund der dadurch erzwungenen willkürlichen Festlegung eines Zeitpunktes der Trendänderung verzichteten wir darauf, für diesen Zeitpunkt eine Zeitreihenanalyse zu rechnen.

Hamburg. Sehr intensiv und innerhalb eines sehr kurzen Zeitraumes von nur 54 Jahren verläuft in Hamburg der demographische Übergang, für den alle Modellannahmen zutreffen (Abb. 5.3). Die Sterberate steigt infolge der letzten großen Epidemien nach 1878 noch zweimal an, insbesondere im Jahre 1892 nach der Choleraepidemie in Hamburg, aber 1878 kann als das Jahr angesehen werden, von dem an die Kurve der Sterberate langfristig zu sinken beginnt. Für die Kurve der Geburtenrate wurde dieser Punkt für das Jahr 1892 angenommen; die Ergebnisse sind signifikant.

Wien. Auch für Wien lassen sich die Modellannahmen bestätigen. Eine Besonderheit stellt Wien hinsichtlich des sehr frühen negativen Bevölkerungssaldos dar (Abb. 5.4). Bereits 1914 sinkt die Kurve der Geburtenrate unter die der Sterberate. Bis auf die Trendänderung der Geburtenrate 1867 lassen sich mit der Zeitreihenanalyse für alle angenommenen Zeitpunkte der Trendänderung in den Kurven signifikante Werte nachweisen.

Budapest. Ebenso wie für London liegen für Budapest keine Daten vor, die weit genug zurückliegen, um den Zeitpunkt des Beginns des demographischen Übergangs festgelegen zu können. Deshalb wurde für die Berechung der Differenz und der Intensität wie im Falle Londons das frühest mögliche Fünf-

Abbildung 5.1: Demographischer Übergang in London

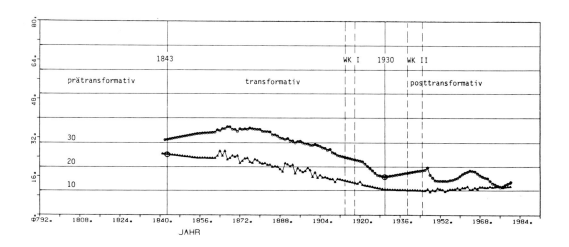

Resultate der Zeitreihenanalyse

Datenfolge des Indikators	Zeitraum	Zäsur	Trendverlauf vor der Zäsur $\hat{\mu}$	Zäsureffekt im Niveau $\hat{\delta}$	Zäsureffekt im Trend $\hat{\Delta}$
Sterberate	1841-1980	1930/31	-0.17**	-0.26	0.19**
Geburtenrate	1841-1930	1876/77	0.15*	-0.03	-0.52**
	1877-1980	1930/31	-0.37**	0.17	0.32*

* = signifikant bei α = 0.05
** = signifikant bei α = 0.01

Aufgrund der spezifizierten Richtung der Hypothesen gilt eine einseitige Fragestellung. Die Freiheitsgrade der analysierten Modelle liegen über dem Wert 67.

Abbildung 5.2: <u>Demographischer Übergang in Paris</u>

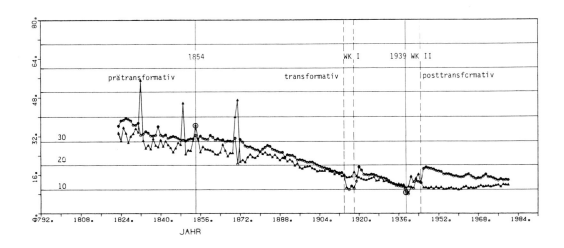

o GEBURTENRATE
▲ STERBERATE

Resultate der Zeitreihenanalyse

Datenfolge des Indikators	Zeitraum	Zäsur	Trendverlauf vor der Zäsur $\hat{\mu}$	Zäsureffekt im Niveau $\hat{\delta}$	Zäsureffekt im Trend $\hat{\Delta}$
Sterberate	1823-1980	1946/47	-0.19**	-0.87	0.24**
Geburtenrate	1823-1939	1854/55	-0.16**	3.81**	-0.10
	1855-1980	1939/40	-0.25*	-2.21	0.38

* = signifikant bei α = 0.05
** = signifikant bei α = 0.01

Aufgrund der spezifizierten Richtung der Hypothesen gilt eine einseitige Fragestellung. Die Freiheitsgrade der analysierten Modelle liegen über dem Wert 111.

Abbildung 5.3: <u>Demographischer Übergang in Hamburg</u>

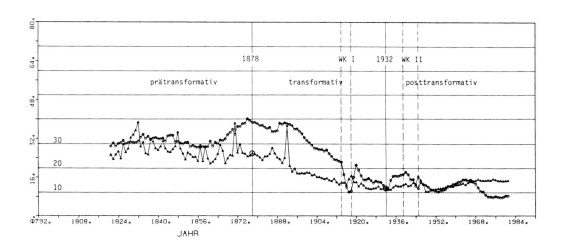

○ GEBURTENRATE
△ STERBERATE

Resultate der Zeitreihenanalyse

Datenfolge des Indikators	Zeitraum	Zäsur	Trendverlauf vor der Zäsur $\hat{\mu}$	Zäsureffekt im Niveau $\hat{\delta}$	Zäsureffekt im Trend $\hat{\Delta}$
Sterberate	1821-1924	1878/79	0.00	-0.11	-0.30
	1879-1981	1924/25	-0.30	-0.82	0.35
Geburtenrate	1821-1932	1892/93	0.13	0.48	-0.81**
	1893-1981	1932/33	-0.67*	-1.99*	0.64

* = signifikant bei α = 0.05
** = signifikant bei α = 0.01

Aufgrund der spezifizierten Richtung der Hypothesen gilt eine einseitige Fragestellung. Die Freiheitsgrade der analysierten Modelle liegen über dem Wert 84.

Abbildung 5.4: <u>Demographischer Übergang in Wien</u>

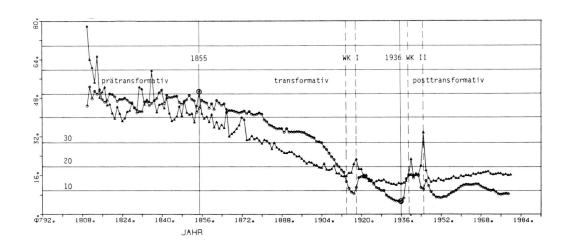

○ GEBURTENRATE
△ STERBERATE

Resultate der Zeitreihenanalyse

Datenfolge des Indikators	Zeitraum	Zäsur	Trendverlauf vor der Zäsur $\nearrow \mu$	Zäsureffekt im Niveau $\hat{\delta}$	Zäsureffekt im Trend $\hat{\Delta}$
Sterberate	1856-1980	1930/31	-0.17**	-0.26	0.19**
Geburtenrate	1841-1936	1876/77	0.15*	-0.03	-0.52**
	1877-1980	1936/37	-0.37**	0.17	0.32*

* = signifikant bei α = 0.05
** = signifikant bei α = 0.01

Aufgrund der spezifizierten Richtung der Hypothesen gilt eine einseitige Fragestellung. Die Freiheitsgrade der analysierten Modelle liegen über dem Wert 81.

jahresmittel gewählt: 1874-78. Dennoch kann das Modell des demographischen Übergangs auch für Budapest bestätigt werden: Die Raten verändern sehr rasch ihr Niveau, wobei sich die Sterberate früher verringert als die Geburtenrate (Abb. 5.5). Das Ende des demographischen Übergangs durch die Trendänderung der Kurve der Geburtenrate konnte durch die Zeitreihenanalyse nicht bestätigt werden.

Warschau. Auch für die demographische Entwicklung in Warschau haben sich alle Annahmen des Modells bestätigt (Abb. 5.6). Die Zeitpunkte der Trendänderungen in den Kurven und damit die Phasengrenzen des demographischen Übergangs lassen sich eindeutig festlegen. Die Zeitreihenanalyse konnte allerdings für keinen der angenommen Zeitpunkte signifikante Zäsureffekte im Trend bestätigen.

Moskau. Obgleich der demographische Übergang in Moskau später als in allen anderen untersuchten Städten beginnt, entsprechen die Kurvenverläufe den Modellannahmen (Abb. 5.7). Auch die Phasengrenzen des demographischen Übergangs lassen sich für die vorliegenden Daten bestimmen, allerdings ohne daß die angenommenen Zeitpunkte der Trendänderung durch die Zeitreihenanalyse auf ausreichendem Signifikanzniveau bestätigt werden konnten.

Vergleich der Städte

Ebenso wie für die untersuchten Länder ist für die untersuchten Städte das Modell des demographischen Übergangs angemessen. In Paris verläuft der Übergang allerdings - ähnlich wie in Frankreich - mit nur sehr geringen Zunahmen im natürlichen Bevölkerungssaldo.

Eine Übersicht über die wichtigsten Daten der demographischen Übergänge in den Städten gibt die Tab. 5.1, sie informiert auch über die Unterschiede in der Dauer und der zeitlichen Lage des Übergangs, in der Intensität sowie über das Ausmaß und die zeitliche Lage des maximalen natürlichen Bevölkerungssaldos. Sie entspricht damit Tab. 4.2 für den Ländervergleich.

Ein Vergleich der Intensität der Übergänge in den Städten zeigt, daß sowohl an der Sterberate als auch an der Geburtenrate gemessen die Städte Paris und London die niedrigsten Intensitätswerte aufweisen, Wien hinge-

Abbildung 5.5: <u>Demographischer Übergang in Budapest</u>

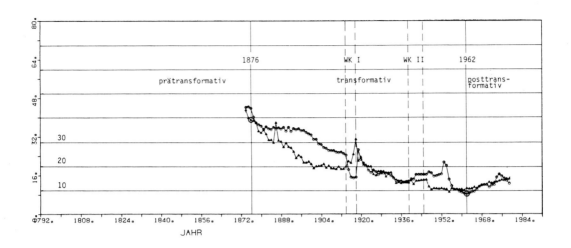

Resultate der Zeitreihenanalyse

Datenfolge des Indikators	Zeitraum	Zäsur	Trendverlauf vor der Zäsur $\hat{\mu}$	Zäsureffekt im Niveau $\hat{\delta}$	Zäsureffekt im Trend $\hat{\Delta}$
Sterberate	1874-1979	1948/49	-0.34**	-4.70	0.49*
Geburtenrate	1874-1979	1962/63	-0.41	0.26	0.65

* = signifikant bei α = 0.05
** = signifikant bei α = 0.01

Aufgrund der spezifizierten Richtung der Hypothesen gilt eine einseitige Fragestellung. Die Freiheitsgrade der analysierten Modelle liegen über dem Wert 101.

Abbildung 5.6: <u>Demographischer Übergang in Warschau</u>

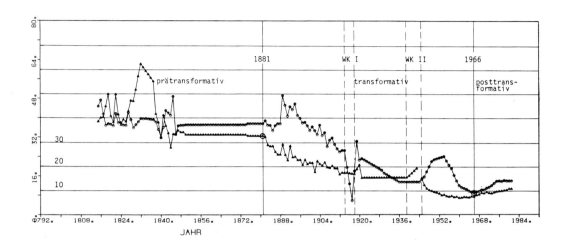

○ GEBURTENRATE
▲ STERBERATE

Resultate der Zeitreihenanalyse

Datenfolge des Indikators	Zeitraum	Zäsur	Trendverlauf vor der Zäsur $\hat{\mu}$	Zäsureffekt im Niveau $\hat{\delta}$	Zäsureffekt im Trend $\hat{\Delta}$
Sterberate	1853-1955	1881/82	6.80*	-0.12	-7.24**
	1882-1980	1955/56	-0.39**	-0.04	0.44**
Geburtenrate	1853-1966	1894/95	-0.39	-1.34	-0.16
	1895-1980	1966/67	-0.54*	-0.03	0.60*

* = signifikant bei α = 0.05
** = signifikant bei α = 0.01

Aufgrund der spezifizierten Richtung der Hypothesen gilt eine einseitige Fragestellung. Die Freiheitsgrade der analysierten Modelle liegen über dem Wert 68.

Abbildung 5.7: <u>Demographischer Übergang in Moskau</u>

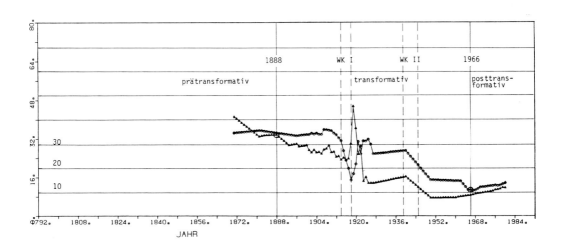

o GEBURTENRATE
△ STERBERATE

Resultate der Zeitreihenanalyse

Datenfolge des Indikators	Zeitraum	Zäsur	Trendverlauf vor der Zäsur $\hat{\mu}$	Zäsureffekt im Niveau $\hat{\delta}$	Zäsureffekt im Trend $\hat{\Delta}$
Sterberate	1871-1960	1888/89	-0.27	- 7.24	0.30
	1889-1980	1960/61	0.03	-18.18	0.16
Geburtenrate	1871-1966	1907/08	0.01	- 4.12	-0.46
	1908-1980	1966/67	-0.45	0.06	0.79

* = signifikant bei α = 0.05
** = signifikant bei α = 0.01

Aufgrund der spezifizierten Richtung der Hypothesen gilt eine einseitige Fragestellung. Die Freiheitsgrade der analysierten Modelle liegen über dem Wert 81.

Tabelle 5.1: Zeitliche Lage, Dauer und Intensität des demographischen Übergangs

Stadt	Rate	Beginn[1] Jahr	Beginn[1] Rate	Saldo$_{max}$[2] Jahr	Saldo$_{max}$[2] Rate	Ende[1] Jahr	Ende[1] Rate	Dauer Jahre	Differenz Beginn-Ende	Intensität Diff./Dauer
London	G S Saldo	1843[3]	31,2 25,2 6,0	1877	35,4 22,2 13,2	1930	16,2 10,7 5,4	87	15,1 14,5	0,17 0,17
Paris	G S Saldo	1854	31,4 29,9 1,5	1863	30,7 25,7 5,0	1939	9,9 12,1 -2,2	85	21,5 17,8	0,25 0,21
Hamburg	G S Saldo	1878	38,8 25,1 13,7	1896[4]	35,3 18,3 17,0	1932	12,7 11,1 1,6	54	26,1 14,0	0,48 0,26
Wien	G S Saldo	1855	45,4 42,8 2,6	1898	32,9 21,9 11,0	1936	5,8 12,9 -7,1	81	39,6 29,9	0,49 0,37
Budapest	G S Saldo	1876[5]	42,0 39,6 2,4	1897	32,5 20,7 11,8	1962	8,6 10,2 -1,6	86	33,4 29,4	0,39 0,34
Warschau	G S Saldo	1881[6]	37,5 32,5 5,0	1894	41,9 23,7 18,2	1966	9,5 7,6 1,9	85	28,0 24,9	0,33 0,29
Moskau	G S Saldo	1888	34,3 33,4 0,9	1925[7]	29,8 14,3 15,5	1966	10,9 8,7 2,2	78	23,4 24,7	0,30 0,32

1) jeweils das Fünfjahresmittel
2) jeweils das Elfjahresmittel
3) Fünfjahresmittel der frühest verfügbaren Daten, nicht identisch mit Beginn des demographischen Übergangs; Daten für 1841-1845
4) Siebenjahresmittel
5) wie Fußnote 3, Daten 1874-1878
6) Siebenjahresmittel 1875-1881
7) Fünfjahresmittel

gen die höchsten. Paris hat zu Beginn der Transformationsphase, London für die frühest verfügbaren Daten bereits niedrige Geburten- und Sterberaten, Wien dagegen sehr hohe (Geburtenrate 45,4 Promille, Sterberate 42,8 Promille).

Ein Vergleich der Differenz aus dem oberen und dem unteren Niveau der Geburtenrate ergibt eine ähnliche Rangfolge wie beim Vergleich der Intensität (vgl. Tab. 6.4): Wien weist mit 39,6 die höchsten, Paris (21,5) und London (15,1) die niedrigsten Differenzen auf, zwischen den Extremwerten liegen die Städte Budapest (33,4), Warschau (28,0), Hamburg (26,1) und Moskau (23,4). In Wien fällt die Differenz durch die niedrige Geburtenrate am Ende der Transformationsphase - eine Folge des hohen Anteils alter Menschen in Wien - besonders hoch aus.

Als Indikatoren der Bevökerungsdynamik in den Städten können die Salden allerdings nur eingeschränkt verwendet werden, da, wie bereits oben ausgeführt, die Wanderungsprozesse auf die Bevölkerungsdynamik einen größeren Einfluß haben als das natürliche Bevölkerungwachstum.

Die zeitliche Lage der Transformationsphase und der Dekade des maximalen natürlichen Bevölkerungssaldos zeigt Abb. 5.8. Hierbei ist zu berücksichtigen, daß der natürliche Bevölkerungssaldo für die Städte weniger Aussagekraft hat als für die Länder, da für die Städte die Zuwanderung bedeutsamer sein dürfte.

Für die Städte gilt hinsichtlich des Beginns und des Endes der transformativen Phase eine ähnliche West-Ost-Tendenz wie für die Länder: Je östlicher die Stadt liegt, desto später beginnt und endet die Transformationsphase. Auffällig ist die relativ ähnliche Dauer des Übergangs in Paris, Wien, Warschau und Moskau.

Abbildung 5.8: Demographischer Übergang der Städte

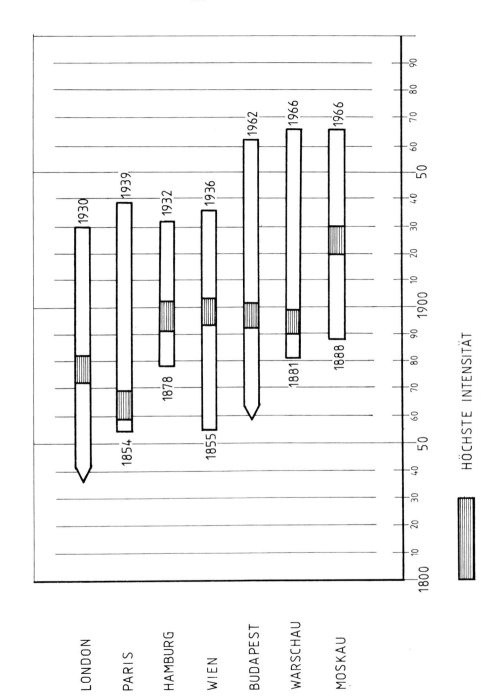

5.2 Ökonomische Entwicklung

London. Für London beginnt die Zeitreihe über die sektorale Verteilung der Erwerbstätigen im Jahre 1951 mit 0,5% im primären, 39,8% im sekundären und 59,7% im tertiären Sektor (Abb. 5.9). Aufgrund der kurzen Zeitreihe läßt sich für London innerhalb der transformativen Phase nur ein Prozeß der Tertiärisierung feststellen, der die gesamte vorliegende Zeitreihe prägt: Von 1951 bis 1978 nimmt der tertiäre Sektor um 13,2% zu. Für die 27 Jahre bedeutet dieses eine Intensität von 0,49 (Tab. 5.2).

Paris. Im Jahre 1866 sind in Paris 36,0% aller Erwerbstätigen im tertiären Sektor beschäftigt. Nach den gewählten Abgrenzungskriterien von 32% müßte die Stadt vermutlich einige Jahre vorher die Grenze von prätransformativer zur transformativen Phase überschritten haben (Abb. 5.10). Über 70 Jahre, von 1866 bis 1936, findet in Paris eine starke Tertiärisierung statt, danach eine Zunahme des sekundären Sektors. Ab 1954 läßt sich ein zweiter Tertiärisierungsprozeß beschreiben; innerhalb von 21 Jahren nimmt der Anteil der Erwerbstätigen in diesem Sektor um 10,7% zu. Dies bedeutet eine Intensität von 0,51. (Tab. 5.3).

Hamburg. Im Jahre 1970 überschreitet der Anteil der Erwerbstätigen im tertiären Sektor den Wert von 64%; es beginnt die posttransformative Phase. In den zwanziger Jahren hatte der tertiäre Sektor bereits fast diesen Punkt erreicht, fiel dann aber unter 60% ab (Abb. 5.11). Auffällig ist der Wechsel mehrerer Industrialisierungs- und Tertiärisierungsprozesse in der transformativen Phase und deren sehr unterschiedliche Intensitäten (Tab. 5.4).

Wien. Im Jahre 1870 waren im primären Sektor 1,1%, im sekundären 46,7% und im tertiären Sektor 52,2% aller Erwerbstätigen beschäftigt. Innerhalb der transformativen Phase lassen sich insgesamt fünf wirtschaftliche Prozesse feststellen (Abb. 5.12 und Tab. 5.5). Ein erster Industrialisierungsprozeß hielt bis 1890 an und dauerte 20 Jahre. Er wurde von einem ebenfalls 20 Jahre dauernden Tertiärisierungsprozeß abgelöst. Die Jahre 1910 bis 1952 kennzeichnet ein stationärer Prozeß. 1952 setzte der zweite und sehr intensive Industrialisierungsprozeß ein, abgelöst von einem zweiten Tertiärisierungsprozeß.

Abbildung 5.9: Ökonomischer Übergang in London

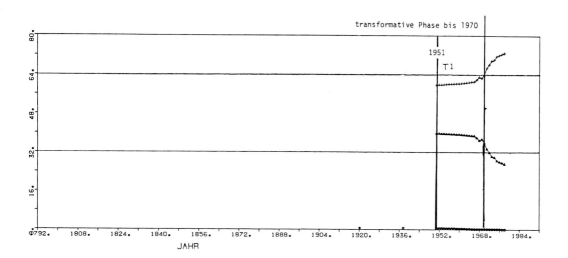

Tabelle 5.2: Maße der wirtschaftlichen Prozesse in London

Prozeß	Sektor	Beginn Jahr	Niveau	Ende Jahr	Niveau	Dauer	Diff.	Intensität (Diff./Dauer)
T 1	S	1951	39,8%	1978	27,1%	27	-12,7%	-0,47
	T	1951	59,7%	1978	72,9%	27	13,2%	0,49

Abbildung 5.10: Ökonomischer Übergang in Paris

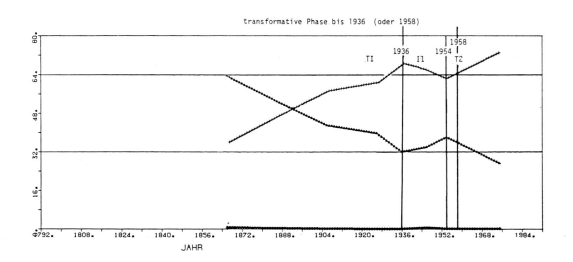

	PRIMAERER SEKTOR	I Industrialisierungsprozeß
	SEKUNDAERER SEKTOR	T Tertiärisierungsprozeß
	TERTIAERER SEKTOR	

Tabelle 5.3: Maße der wirtschaftlichen Prozesse in Paris

Prozeß	Sektor	Beginn Jahr	Niveau	Ende Jahr	Niveau	Dauer	Diff.	Intensität (Diff./Dauer)
T 1	S	1866	63,3%	1936	31,8%	70	-31,5%	-0,45
	T	1866	36,0%	1936	68,2%	70	32,2%	0,46
I 1	S	1936	31,8%	1954	37,9%	18	6,1%	0,34
	T	1936	68,2%	1954	62,0%	18	-6,2%	-0,34
T 2	S	1954	37,9%	1975	27,2%	21	-10,7%	-0,51
	T	1954	62,0%	1975	72,7%	21	10,7%	0,51

Abbildung 5.11: Ökonomischer Übergang in Hamburg

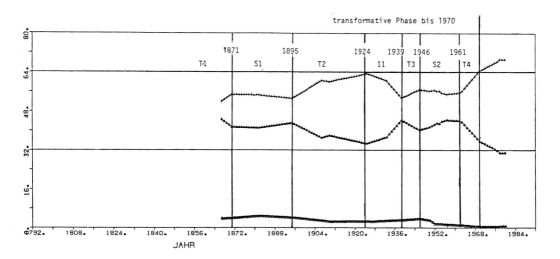

○ PRIMAERER SEKTOR
▲ SEKUNDAERER SEKTOR
+ TERTIAERER SEKTOR

I Industrialisierungsprozeß
T Tertiärisierungsprozeß
S Stationärer Prozeß

Tabelle 5.4: Maße der wirtschaftlichen Prozesse in Hamburg

Prozeß	Sektor	Beginn Jahr	Beginn Niveau	Ende Jahr	Ende Niveau	Dauer	Diff.	Intensität (Diff./Dauer)
T 1	S	1867	44,4%	1871	41,4%	4	-3,0%	-0,75
	T	1867	51,9%	1871	54,6%	4	2,7%	0,68
S 1	S	1871	41,4%	1895	43,0%	24	1,6%	0,07
	T	1871	54,6%	1895	52,9%	24	-1,7%	-0,07
T 2	S	1895	43,0%	1924	34,7%	29	-8,3%	-0,29
	T	1895	52,9%	1924	62,8%	29	9,9%	0,34
I 1	S	1924	34,7%	1939	44,0%	15	9,3%	0,62
	T	1924	62,8%	1939	53,0%	15	-9,8%	-0,65
T 3	S	1939	44,0%	1946	40,0%	7	-4,0%	-0,57
	T	1939	53,0%	1946	56,4%	7	3,4%	0,49
S 2	S	1946	40,0%	1961	43,9%	15	3,9%	0,26
	T	1946	56,4%	1961	55,0%	15	-1,4%	-0,09
T 4	S	1961	44,2%	1980	30,0%	19	-14,3%	-0,75
	T	1961	54,6%	1980	68,8%	19	14,2%	0,75

Abbildung 5.12: Ökonomischer Übergang in Wien

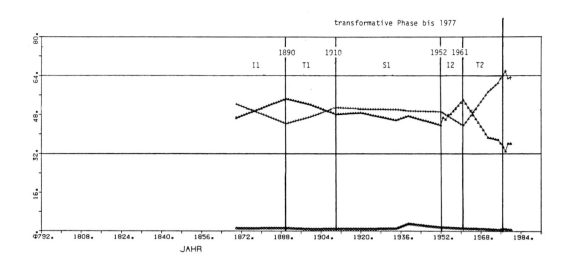

○ PRIMAERER SEKTOR
▲ SEKUNDAERER SEKTOR
+ TERTIAERER SEKTOR

I Industrialisierungsprozeß
T Tertiärisierungsprozeß
S Stationärer Prozeß

Tabelle 5.5: Maße der wirtschaftlichen Prozesse in Wien

Prozeß	Sektor	Beginn Jahr	Niveau	Ende Jahr	Niveau	Dauer	Diff.	Intensität (Diff./Dauer)
I 1	S	1870	46,7%	1890	54,5%	20	7,8%	0,39
	T	1870	52,2%	1890	44,3%	20	-7,8%	-0,39
T 1	S	1890	54,5%	1910	48,2%	20	-6,3%	-0,32
	T	1890	44,3%	1910	50,9%	20	6,6%	0,33
S 1	S	1910	48,2%	1952	43,7%	42	-4,5%	-0,10
	T	1910	50,9%	1952	49,2%	42	-1,7%	0,40
I 2	S	1952	43,7%	1961	54,0%	9	10,3%	1,10
	T	1952	49,2%	1961	43,5%	9	-5,7%	-0,63
T 2	S	1961	54,0%	1980	36,2%	19	-17,8%	-0,94
	T	1961	43,5%	1980	63,3%	19	19,8%	1,04

Budapest. Im Untersuchungszeitraum 1869 bis 1980 überschreitet der tertiäre Sektor niemals die 64%-Marke und unterschreitet auch nicht die 32%; d.h. es liegt ein transformativer Prozeß vor, dessen Anfang und Ende sich nicht bestimmen lassen (Abb. 5.13 und Tab. 5.6). Ähnlich wie in Wien weist auch die ökonomische Entwicklung von Budapest fünf wirtschaftliche Prozesse in der transformativen Phase auf. Ob es gerechtfertigt ist, die Zeit von 1920 bis 1963 durch einen zweiten Industrialisierungsprozeß zu beschreiben, muß eine genauere Analyse zeigen. Unter Umständen läßt sich die Zwischenkriegszeit besser durch einen stationären Prozeß beschreiben. Im Jahre 1963 beginnt ein dritter Tertiärisierungsprozeß, der bis zum Jahre 1980 anhält.

Warschau. Für die Stadt Warschau liegen zwar seit 1827 Daten über die sektorale Verteilung der Erwerbstätigen vor. Nach genauer Prüfung sind wir jedoch zu dem Ergebnis gekommen, daß erst vom Jahre 1921 an die Daten unseren Anforderungen an eine Differenzierung der Erwerbstätigenstatistik genügen. Unsere Analyse beschränkt sich daher auf den Zeitraum seit 1921. Der Anteil der Erwerbstätigen im tertiären Sektor erreicht von diesem Zeitpunkt bis zum Jahre 1972 nicht 64%. Warschau befindet sich demnach noch in der transformativen Phase. Innerhalb der transformativen Phase lassen sich zwei Prozesse bestimmen: ein Industrialisierungsprozeß (1921-1959) und ein Tertiärisierungsprozeß, der bis heute andauert (Abb. 5.14 und Tab. 5.7).

Moskau. Da für Moskau nur Daten vom Jahre 1965 bis zum Jahre 1980 vorliegen, lassen sich nur sehr begrenzte Aussagen treffen. Im Jahre 1971 überschreitet der Anteil der im tertiären Sektor Beschäftigten 64%. Seither ist Moskau in der posttransformativen Phase. Der Kurvenverlauf (Abb. 5.15) entspricht einem Tertiärisierungsprozeß; die entsprechenden Maße enthält Tab. 5.8.

Abbildung 5.13: <u>Ökonomischer Übergang in Budapest</u>

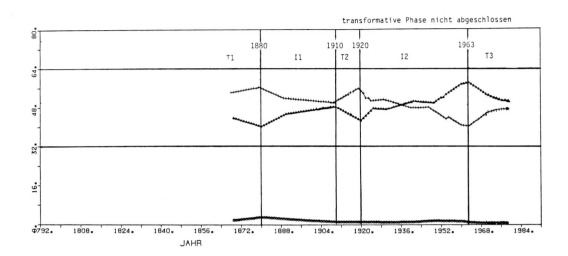

		PRIMAERER SEKTOR	I	Industrialisierungsprozeß
		SEKUNDAERER SEKTOR	T	Tertiärisierungsprozeß
		TERTIAERER SEKTOR	S	Stationärer Prozeß

Tabelle 5.6: <u>Maße der wirtschaftlichen Prozesse in Budapest</u>

Prozeß	Sektor	Beginn Jahr	Niveau	Ende Jahr	Niveau	Dauer	Diff.	Intensität (Diff./Dauer)
T 1	S	(1869)	43,9%	1880	40,4%	11	-3,5%	-0,32
	T	(1869)	54,3%	1880	56,5%	11	2,2%	0,20
I 1	S	1880	40,4%	1910	48,6%	30	8,2%	0,27
	T	1880	56,5%	1910	50,2%	30	-6,3%	-0,21
T 2	S	1910	48,6%	1920	42,8%	10	-5,8%	-0,58
	T	1910	50,2%	1920	56,0%	10	5,8%	0,58
I 2	S	1920	42,8%	1963	58,5%	43	15,7%	0,37
	T	1920	56,0%	1963	40,4%	43	-15,6%	-0,36
T 3	S	1963	58,5%	1980	50,4%	17	-8,1%	-0,40
	T	1963	40,4%	1980	46,9%	17	5,5%	0,32

Abbildung 5.14: <u>Ökonomischer Übergang in Warschau</u>

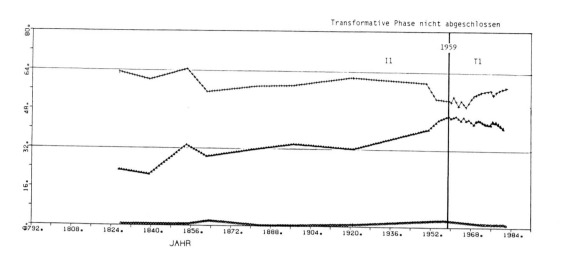

	PRIMAERER SEKTOR	I Industrialisierungsprozeß
	SEKUNDAERER SEKTOR	T Tertiärisierungsprozeß
	TERTIAERER SEKTOR	

Tabelle 5.7: <u>Maße der wirtschaftlichen Prozesse in Warschau</u>

Prozeß	Sektor	Beginn Jahr	Niveau	Ende Jahr	Niveau	Dauer	Diff.	Intensität (Diff./Dauer)
I 1	S	1921	32,2%	1959	46,1%	38	13,9%	0,37
	T	1921	61,7%	1959	52,5%	38	-9,2%	-0,24
T 1	S	1959	46,1%	(1970)	44,0%	11	-2,1%	-0,19
	T	1959	52,5%	(1970)	54,5%	11	2,0%	0,18

Abbildung 5.15: <u>Ökonomischer Übergang in Moskau</u>

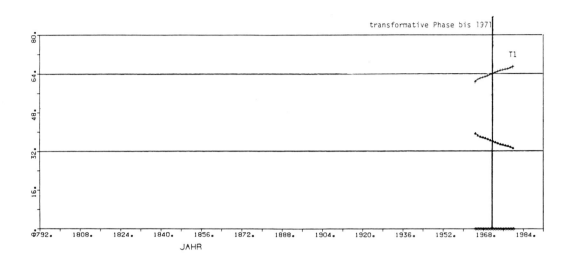

Tabelle 5.8: <u>Maße der wirtschaftlichen Prozesse in Moskau</u>

Prozeß	Sektor	Beginn Jahr	Niveau	Ende Jahr	Niveau	Dauer	Diff.	Intensität (Diff./Dauer)
T 1	S	(1965)	39,3%	(1980)	33,2%	15	-6,1%	-0,41
	T	(1965)	60,7%	(1980)	66,8%	15	6,1%	0,41

5.3 Vergleich der Städte

Vergleichen wir die sieben Städte anhand des Modells des ökonomischen Übergangs, so können wir feststellen, daß die Zeitreihen, die uns vorliegen, nicht ausreichen, um die prätransformative Phase von der transformativen Phase abzugrenzen. (Lediglich in Paris kommt der Anteil von 36% Erwerbstätigen im tertiären Sektor einem möglichen Abgrenzungskriterium von 32% nahe.) Hingegen können wir mit den vorliegenden Zeitreihen gut die transformative gegen die posttransformative Phase abgrenzen. Bis auf Budapest und Warschau befinden sich alle Städte in der posttransformativen Phase: Paris seit 1931 und erneut im Jahre 1957, London seit 1970, Hamburg seit dem Jahre 1970, Moskau seit dem Jahre 1971 und Wien seit 1977. Wird im Sonderfall Paris die Grenze auf das Jahr 1957 gelegt, so können wir als Gemeinsamkeit feststellen, daß innerhalb von 20 Jahren in fünf Städten der Übergang von der transformativen Phase zur posttransformativen Phase stattgefunden hat. Unter den fünf Städten ist mit Moskau nur eine aus einem sozialistischen Land.

Auch ohne exakten Schwellenwert für den Beginn der transformativen Phase können wir vermuten, daß durch den frühen Beginn der transformativen Phase in den Städten diese Phase länger dauert als in den Ländern: die Städte sind durch Handwerk, Manufakturen und später Industriebetriebe bereits zu einem sehr frühen Zeitpunkt im Sinne unserer Definition im ökonomischen Übergang. Die Zeitreihe für Paris ergibt einen Hinweis auf die mögliche Länge dieser Phase: es sind mindestens 100 Jahre.

Die transformative Phase ist in den meisten Städten durch kürzere Prozesse gekennzeichnet, die sich als stationäre, Industrialisierungs- oder Tertiärisierungsprozesse bezeichnen lassen. Sie können mehrfach auftreten; am Ende der transformativen Phase liegt - aufgrund der Logik unserer Klassifikation - immer eine Phase der Tertiärisierung.

Insgesamt durchlaufen die sieben Städte in der transformativen Phase erheblich mehr Tertiärisierungs- als Industrialisierungsprozesse. Bis auf Paris dauerten die Tertiärisierungsprozesse zwischen 4 und 29 Jahren. Hingegen sind die Industrialisierungsprozesse im Mittel erheblich länger als die Tertiärisierungsprozesse (24,7 gegenüber 16,2 Jahren).

Tabelle 5.9: Dauer der transformativen Phase des ökonomischen Übergangs in den Städten

Stadt	Beginn	Vorhande Daten-Stützpunkte		Ende
		Erster S.	Letzter S.	
London	?	1950	1978*	1970
Paris	?	1866	1975*	1958
Hamburg	?	1867	1979*	1970
Wien	?	1870	1980*	1977
Budapest	?	1869	1980	?
Warschau	?	1921	1970	?
Moskau	?	1960	1980*	1971

* Daten-Stützpunkt liegt bereits in der posttransformativen Phase

Bei der Abfolge der wirtschaftlichen Prozesse können wir außerdem beobachten, daß in fünf der untersuchten Städte während der Zwischenkriegszeit ein Wechsel der Prozesse stattgefunden hat: ein Tertiärisierungsprozeß wird durch eine Industrialisierung abgelöst. Vermutlich lassen sich hieran die Kriegsvorbereitungen ablesen.

Stationäre Prozesse sind relativ selten; sie treten lediglich in Hamburg und Wien auf. In Hamburg gibt es zwei derartige Abschnitte: von 1871-1895 und von 1946-1961. In Wien dauert der stationäre Prozeß 42 Jahre von 1910 -1952.

Eine Zusammenfassung der Lage der Phasen und Abfolge der Prozesses ist Abb. 5.16 zu entnehmen. Sie entspricht der Abb. 5.8 für die demographische Entwicklung.

5.4 Phasen der Stadtentwicklung

Bislang wurden die Ergebnisse des Theorietests für Städte getrennt nach den Dimensionen "Bevölkerung" und "Wirtschaft" behandelt; sie sollen nun zusammengefaßt werden. Die Darstellung entspricht der im analogen Kap. 4.

Abbildung 5.16: <u>Ökonomischer Übergang der Städte</u>

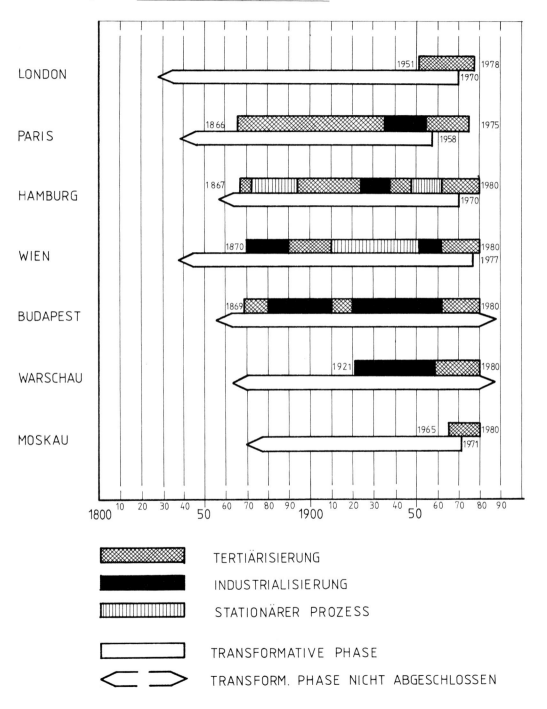

Für jede Stadt werden die zeitliche Lage und Dauer der demographischen und der ökonomischen Phasen aufeinander bezogen, die so entstehende Abfolge der Typen in Abb. 3.4 wird nach den Mustern des Verlaufs in Abb. 3.5 klassifiziert. Bei fehlenden Daten für den Beginn einer Phase werden die ersten bzw. letzten Stützpunkte der Zeitreihen eingesetzt.

In den demographischen und ökonomischen Teilmodellen sind <u>jeweils</u> drei Phasen unterstellt: prätransformative, transformative und posttransformative. Entsprechend unserem Vorgehen bei den Ländern führen wir beide Phasenmodelle zu Phasen der Stadtentwicklung zusammen. Es sind:

Phase S I	= Bevölkerung prätransformativ, Wirtschaft prätransformativ	(Typ 1)
Phase S II	= Bevölkerung transformativ, Wirtschaft prätransformativ	(Typ 2)
	oder	
	Bevölkerung prätransformativ, Wirtschaft transformativ	(Typ 3)
Phase S III	= Bevölkerung transformativ, Wirtschaft transformativ	(Typ 4)
Phase S IV	= Bevölkerung posttransformativ, Wirtschaft transformativ	(Typ 5)
	oder	
	Bevölkerung transformativ, Wirtschaft posttransformativ	(Typ 6)
Phase S V	= Bevölkerung posttransformativ, Wirtschaft posttransformativ	(Typ 7)

Für die Phasen S II und S IV gibt es jeweils zwei Möglichkeiten, je nachdem, in welcher Dimension der Übergang von einer zu anderen Phase <u>zuerst</u> beginnt. Die <u>Typen</u> 1 und 2 können wir bislang für die Städte nicht anwenden, weil unsere Daten nicht weit genug zurückreichen. Daher fällt auch die <u>Phase</u> S I aus der Untersuchung heraus.

Um zu bestimmen, wann eine Stadt in Phase S II oder S III war, müssen wir wissen, ob die von uns untersuchten Städte eine <u>ökonomische</u> transformative Phase aufweisen. Hierzu benutzen wir den im Abschn. 5.2 vorgeschlagenen Schwellenwert für den Beginn der transformativen ökonomischen Phase: mindestens 32% der Erwerbstätigen sind im tertiären Sektor beschäftigt.

Dieser Wert wird von allen Städten in dem Zeitraum, für den wir Daten haben, überschritten. Wir können demnach nicht den Beginn, wohl aber Auftreten und Ende der transformativen ökonomischen Phase festlegen. Außerdem führen wir folgende Annahme ein:

- Die transformative ökonomische Phase beginnt in den Städten früher als die transformative demographische Phase. Anders formuliert: Noch vor dem Beginn der transformativen demographischen Phase lag der Anteil der Erwerbstätigen im tertiären Sektor über 32%.

Unter dieser Annahme lassen sich S II und S III bestimmen, auch ohne den Beginn der transformativen ökonomischen Phase zu kennen. Demnach sind unsere Zeiträume für die Phasen S II und S III vorläufig. Es bedarf genauerer historischer Daten und Analysen, um die obige Annahme für jede Stadt zu prüfen. Dies müssen wir künftigen Arbeiten überlassen. Demgegenüber unproblematisch ist es, den Übergang von Phase S III zu Phase S IV und von dieser zur Phase S V zu bestimmen. Aufgrund des fehlenden Anfangszeitpunkts der transformativen Phase des ökonomischen Übergangs konnten die Intensitäten des Übergangs nicht berechnet werden.

London

Der Beginn der transformativen Phase des demographischen und des ökonomischen Übergangs ist anhand der vorliegenden Daten nicht bestimmbar. Wir gehen jedoch von der Annahme aus, daß der ökonomische Übergang eine gewisse Zeitspanne parallel und sogar vor (vgl. die Annahme oben) dem demographischen Übergang stattgefunden hat. Zumindest für den parallelen Verlauf spricht ein Hinweis von DONNISON & EVERSLEY (1973:210). Ihnen zufolge betrug 1921 der Anteil der Erwerbstätigen im primären Sektor 1,4%, im sekundären Sektor 27,0% und im tertiären Sektor 71,7%. Wir gehen davon aus, ihre Angaben seien dem Trend nach richtig und verwenden sie als Hilfsmittel zur Phasenabgrenzung. Anhand unserer Daten konnten wir das Ende der transformativen Phase des ökonomischen Übergangs auf 1970, das der transformativen Phase des demographischen Übergangs auf 1930 datieren. Aus diesen Angaben lassen sich folgende Phasen für London bilden:

$$\text{Typ 3 - Typ 4 - Typ 5 - Typ 7.}$$

Diese Typenabfolge ist in Abb. 3.5 als Muster J bezeichnet worden.

Paris

Den Beginn der transformativen Phase des demographischen Übergangs haben wir für Paris auf das Jahr 1854 gelegt. Sie dauert 85 Jahre, war aber vermutlich länger; hierfür fehlen jedoch die Daten. Der Beginn der transformativen Phase des ökonomischen Übergangs ist durch die uns vorliegenden Daten nicht bestimmbar; ihr Endpunkt liegt im Jahr 1958. Werden diese Entwicklungen übereinander gelegt, so ergibt sich eine Typenabfolge, die in Abb. 3.5 als Muster J bezeichnet worden ist.

Hamburg

Die transformative Phase des demographischen Übergangs beginnt in Hamburg im Jahre 1878 und dauert bis zum Jahr 1932. Auch in Hamburg läßt sich feststellen, daß die transformative Phase des demographischen Übergangs früher beendet ist als die des ökonomischen Übergangs. 1932 beginnt die posttransformative Phase des demographischen Übergangs, 1970 beginnt die posttransformative Phase des ökonomischen Übergangs. Die Typenabfolge entspricht dem Muster J.

Wien

In Wien beginnt die tansformative Phase des demographischen Übergangs im Jahr 1885 und dauert bis zum Jahr 1936. Die transformative Phase des ökonomischen Übergangs hat auch in Wien keinen exakten Beginn. Wien bietet ein vergleichbares Bild wie die anderen westeuropäischen Städte. Die Phase S II wird in ihrer Zeitdauer dadurch überschätzt, daß kein genauer Anfangszeitpunkt der transformativen Phase des ökonomischen Übergangs vorhanden ist. Die transformative Phase des demographischen Übergangs endet 41 Jahre vor der transformativen Phase des ökonomischen Übergangs. Die Typenfolge kann als Muster J bezeichnet werden.

Budapest

In Budapest läßt sich sowohl der Anfangszeitpunkt als auch der Endzeitpunkt der transformativen Phase des ökonomischen Übergangs nicht feststellen. Die transformative Phase des demographischen Übergangs läßt sich für Budapest bestimmen. Aus den genannten Gründen ist die Abgrenzung zwischen Phase S II und S III einerseits und zwischen Phase S III und S IV andererseits problematisch. Allerdings ist die transformative Phase des demographischen Übergangs sehr spät beendet, nämlich 27 Jahre nach dem Zweiten Weltkrieg, ferner ist das Ende der transformativen Phase des ökonomischen Übergangs nicht absehbar. Da die Stadt den Typ 7 (noch) nicht aufweist, kann diese Typenfolge als Muster J* bezeichnet werden.

Warschau

Für Warschau gilt dieselbe Aussage wir für Budapest: Aufgrund der fehlenden Beginn- und Endpunkte der transformativen Phase des ökonomischen Übergangs kann die Abgrenzung zwischen den Phasen S II und S III einerseits und S III und S IV andererseits nur vorläufig sein. In Warschau wiederholt sich das schon von Budapest bekannte Muster, daß die transformative Phase des demographischen Übergangs 31 Jahre nach dem Zweiten Weltkrieg beendet ist, während der ökonomische Übergang in die posttransformative Phase noch nicht vollzogen ist. Diese Typenabfolge kann nach Abb. 3.5 als Muster J* bezeichnet werden. Wie im Falle von Budapest unterstellen wir, daß die künftige Entwicklung auf den Typ 7 geht.

Moskau

Die transformative Phase des demographischen Übergangs beginnt im Jahr 1888 und endet im Jahr 1966. Die transformative Phase des ökonomischen Übergangs weist, wie bei den anderen Städten auch, keinen Beginnpunkt auf; der Endpunkt läßt sich auf das Jahr 1971 legen. Die Hauptstadt der UdSSR ist demnach die einzige der drei Hauptstädte sozialistischer Länder, in der nicht nur der demographische, sondern auch der ökonomische Übergang abgeschlossen ist. Sie befindet sich daher wie die vier Städte in kapitalistischen Ländern in der Stadtphase S V. Moskaus Entwicklung kann daher durch das Muster J beschrieben werden.

In Abschn. 4.4, dem Vergleich der Landesentwicklungen, sind die Länder anhand von vier Kriterien verglichen worden:

- der Anzahl der Phasen,
- der zeitlichen Lage der Phasen,
- dem Grad der Überschneidungen der Phasen,
- der Abfolge der Phasen (Muster).

Wir verwenden in diesem Abschnitt drei der vier Kriterien, um die Ergebnisse zur Entwicklung der Städte mit denen für die Länder vergleichen zu können. Der Grad der Überschneidungen der Übergänge ist bei den Stadtphasen unbedeutend.

Anzahl der Phasen. Vergleichen wir die Anzahl der Phasen miteinander, so befinden sich bis auf Budapest und Warschau alle Städte in der Stadtphase S V. In den fünf Städten London, Paris, Hamburg, Wien und Moskau beginnt die Stadtphase V zwischen den Jahren 1958 und 1977, wobei Moskau mit dem Jahr 1971 zwischen Hamburg (1970) und Wien (1977) liegt (Tab. 5.10). Vergleichen wir die Anzahl der Stadtphasen miteinander, so weist Moskau also im Gegensatz zu Budapest und Warschau die gleiche Differenzierung in der Phasenanzahl auf wie die Städte in den kapitalistischen Ländern.

Zeitliche Lage der Phasen. In den Städten London, Paris, Hamburg und Wien beginnt die Phase S IV der Stadtentwicklung zwischen den Jahren 1930 und 1936. In den Städten Budapest und Warschau beginnt die Phase IV der Stadtentwicklung hingegen später: zwischen 1962 und 1966.

In Abschn. 5.2 hatten wir als Beispiel für den Typ 5 eine Industrialisierung bei stagnierender oder schrumpfender Bevölkerung angeführt. Diese "zweite Industrialisierung" hatten wir dort nach dem Zweiten Weltkrieg beobachten können. Aufgrund der empirischen Befunde differenziert sich das Bild: Die angedeutete "zweite Industrialisierung" hat in den Städten mit heute kapitalistischer Gesellschaftsverfassung schon vor dem Zweiten Weltkrieg begonnen.

Auf den Wechsel der wirtschaftlichen Prozesse zum Anfang der Phase S IV von einer tertiären zu einer industriellen Periode ist schon hingewiesen worden. Wir knüpfen an diesen Befund die Vermutung, hieran sei eine Umstellung der Wirtschaft auf eine Kriegswirtschaft abzulesen.

In den untersuchten Ländern und Städten mit heutiger sozialistischer Gesellschaftsverfassung beginnt die Phase S IV in den 60er Jahren des 20. Jahrhunderts und ist mit Ausnahme von Moskau bis zum Ende der vorliegenden Zeitreihe noch nicht abgeschlossen. In Moskau endet die Phase S IV schon fünf Jahre nach ihrem Beginn (1966 bis 1971). Dieses Ergebnis dürfte kein Artefakt unserer Klassifikation sein, denn die Entwicklung von Moskau weist ab 1971 strukturelle und planerische Veränderungen auf.

Die Phase S III dauert in den untersuchten Städten zwischen 54 und 87 Jahren. Der Typ 4 definiert diese Phase durch die zeitliche Überschneidung sowohl der transformativen ökonomischen als auch der demographischen Phase. In Abschn. 5.2 hatten wir vermutet, Typ 4 sei in der Mitte des 19. Jahrhunderts vorherrschend. Die uns vorliegenden Daten lassen eine Präzisierung zu: Die Phase S III liegt in den untersuchten Städten zwischen 1834 und 1966. Es ist jedoch darauf hinzuweisen, daß die Anfangszeitpunkte der Phase S III zeitlich früher anzusetzen sind.

Tabelle 5.10: <u>Zeitliche Lage und Dauer der Phasen der Stadtentwicklung</u>

Stadt	S II	S III	Jahre	S IV	Jahre	S V
London	bis 1843	1843 bis 1930	87	1930 bis 1970	40	1970 bis heute
Paris	bis 1854	1854 bis 1939	85	1939 bis 1958	19	1958 bis heute
Hamburg	bis 1878	1878 bis 1932	54	1932 bis 1970	38	1970 bis heute
Wien	bis 1855	1885 bis 1936	81	1936 bis 1977	41	1977 bis heute
Budapest	bis 1876	1876 bis 1962	86	1962 bis heute		
Warschau	bis 1881	1881 bis 1966	85	1966 bis heute		
Moskau	bis 1888	1888 bis 1966	78	1966 bis 1971	5	1971 bis heute

Abfolge der Phasen. Unsere Annahme war, die Anfangszeitpunkte der transformativen Phase des ökonomischen Modells lägen stets vor dem Anfangszeitpunkt der gleichen Phase des demographischen Modells. Diese Annahme können wir mit unseren Daten nicht testen. Unsere empirischen Tests haben allerdings ergeben, daß die Endzeitpunkte der transformativen Phase des ökonomischen Modells in allen untersuchten Fällen zeitlich hinter den Endzeitpunkten der transformativen Phase des demographischen Modells liegen.

Da wir unsere Annahme nicht empirisch testen, d.h. ob die Typen 1 und 3 vorliegen, erhalten wir für alle untersuchten Städte für die vorliegenden Zeitreihen zunächst die erste Typenabfolge 4 ⟶ 5. Diese erste Typenfolge 4 ⟶ 5 ist so zu interpretieren, daß sowohl in Städten kapitalistischer als auch in denen sozialistischer Länder die transformative Phase des demographischen Übergangs vor der transformativen Phase des ökonomischen Übergangs abgeschlossen ist.

Die zweite Typenfolge enthält den Übergang von 5 ⟶ 7. (Für die Städte Budapest und Warschau reichen die vorhandenen Zeitreihen nicht aus, um die Endpunkte der Phase S IV zu bestimmen.) Inhaltlich interpretieren wir die zweite Typenfolge so: Der natürliche Bevölkerungssaldo in den Städten stagniert oder nimmt ab, gleichzeitig überwiegt der Anteil der Erwerbstätigen im tertiären Sektor.

Versuchen wir nun, die Städte in eine Rangfolge zu bringen, so kann dies analog zu dem Vorgehen bei den Ländern in Abschn. 4.4 anhand des Beginns der Phase III erfolgen:

London	(1843)	Hamburg	(1878)
Paris	(1854)	Warschau	(1881)
Wien	(1855)	Moskau	(1888)
Budapest	(1876)		

Die Reihenfolge wird angeführt von jenen Städten, die zu dem jeweiligen Zeitpunkt auch "primate cities" waren und es bis heute sind. Moskau war noch keine "primate city", weil sich die Regierung in St. Petersburg, dem heutigen Leningrad, befand. Hamburg kann dies nicht sein, weil zum einen Berlin die Hauptstadt war und zum anderen Deutschland aufgrund seiner föderalistischen Struktur zu keinem Zeitpunkt die Kriterien einer primate city erfüllt hat. - Auffällig ist die Stellung von Budapest, das nur vier Jahre nach dem Zusammenschluß von Buda und Pest im Jahre 1872 in die Pha-

Abbildung 5.17: Phasen der Stadtentwicklung

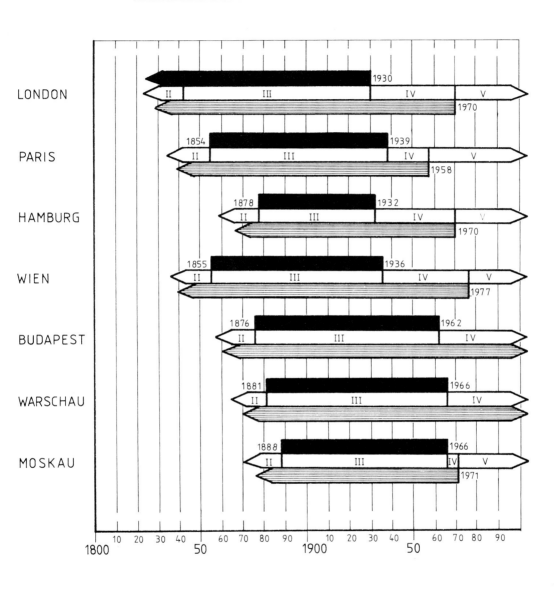

se S III eintritt. Eine zusammenfassende Übersicht über die Phasen der Entwicklung in den einzelnen Städten gibt Abb. 5.17.

6. SOZIALER WANDEL UND STADTENTWICKLUNG

Wir führen in diesem abschließenden Kapitel die Phasen der Landesentwicklung (Kap. 4) mit denen der Stadtentwicklung (Kap. 5) zusammen. Unsere allgemeine Annahme war, es bestehe ein Zusammenhang zwischen der Landes- und der Stadtentwicklung: Der Wandel der (Haupt-) Stadt gehe dem Wandel des jeweiligen Landes voran.

Die Art des Zusammenhangs wird im folgenden zunächst getrennt nach Bevölkerungsentwicklung und ökonomischer Entwicklung untersucht. In einem zusammenfassenden Teil stellen wir dann die Phasen der Landesentwicklung denen der Stadtentwicklung gegenüber. An dieser Stelle werden die Annahmen unserer Theorie des doppelten Übergangs auch nochmals erörtert.

6.1 Teilmodell Bevölkerung: Länder und Städte

Dieser Vergleich soll folgende Fragen beantworten:

1. Beginnt und endet die Transformationsphase in der Stadt früher als im Land? Ist also die Dauer der Transformationsphase in der Stadt kürzer und sind die Transformationsphasen von Stadt und Land zeitverschoben?

2. Verläuft die Transformationsphase in der Stadt intensiver als im Land?

3. Ist der maximale natürliche Bevölkerungssaldo in der Stadt höher als im Land?

4. Sind die Geburten- und Sterberaten zu Beginn und zum Ende der Transformationsphasen in der Stadt höher als im Land?

Die Grundlagen dieses Vergleichs sind - neben den Kurven der Raten - die Abb. 4.8 und 5.7 sowie die Tab. 4.2 und 5.1.

1. <u>Beginn und Ende der Transformationsphase</u>. Die Transformationsphase ist <u>kürzer</u> in der Stadt als im Land in London, Paris und Hamburg; sie ist

länger in der Stadt als im Land in Wien, Budapest und Warschau. Im Falle der UdSSR und der Stadt Moskau ist die Transformationsphase gleich lang.

Zeitverschobenheit: Die Transformationsphase beginnt früher in der Stadt als im Land in Wien, Budapest, Warschau und Moskau; sie beginnt gleichzeitig oder später in der Stadt als im Land in Paris, Hamburg und London. Die Transformationsphase endet früher in der Stadt als im Land in London, Paris, Hamburg, Wien, Warschau und Moskau. In Budapest endet sie gleichzeitig mit Ungarn.

Damit kann die Hypothese für die untersuchten Städte und Länder bestätigt werden, daß die Stadtentwicklung in demographischer Hinsicht der Landesentwicklung vorausgeht.

2. Intensität der Transformationsphase. Um die Intensitätsunterschiede der Transformationsphase von Ländern und Städten zu bestimmen, wählen wir als Maß die Differenz der Intensität Stadt minus Land.

Hinsichtlich der Intensität nach der Geburtenrate verläuft die Transformationsphase intensiver in der Stadt als im jeweiligen Land in London, Paris, Hamburg und Wien, weniger intensiv in der Stadt als im Land in Budapest, Warschau, Moskau.

In den westeuropäischen Städten verläuft also die Transformationsphase intensiver als im jeweiligen Land, in den osteuropäischen Städten weniger intensiv als im Land.

3. Maximaler natürlicher Bevölkerungssaldo. Auch hier wird als Maß die Differenz Stadt minus Land verwendet. Der maximale natürliche Bevölkerungssaldo während der Transformationsphase ist in der Stadt höher als im jeweiligen Land in Hamburg, Wien, Budapest und Warschau. Der maximale natürliche Bevölkerungssaldo ist in der Stadt niedriger als im Land in London, Paris und Moskau.

In den Städten mit relativ niedriger Einwohnerzahl wie Hamburg, Wien, Budapest und Warschau, ist der maximale natürliche Bevölkerungssaldo der Übergangsphase höher als im Land, in relativ großen Städten dagegen niedriger als im Land.

4. <u>Niveau der Geburten- und Sterberate</u>. Um die Unterschiede im Niveau der Geburten- bzw. Sterberate zwischen Land und Stadt zu bestimmen, wird wiederum als Maß die Differenz Stadt minus Land berechnet.

Zu <u>Beginn der Transformationsphase</u> ist die Geburtenrate <u>höher</u> als im Land in den Städten Hamburg, Wien und Budapest. Die Geburtenrate ist in der Stadt <u>niedriger</u> als im Land in Paris, Warschau und Moskau. Die Sterberate ist in der Stadt <u>höher</u> als im Land in Hamburg und Moskau. (London konnte aufgrund fehlender Daten nicht in diesen Vergleich einbezogen werden.)

Für den Beginn der Transformationsphase läßt sich demnach keine eindeutige Tendenz des Niveauunterschieds in den Raten zwischen Stadt und Land feststellen. Am Ende der Transformationsphase ist die Geburtenrate in der Stadt <u>höher</u> als im Land in London, hingegen <u>niedriger</u> als im Land in Paris, Hamburg, Wien, Budapest, Warschau und Moskau.

Mit Ausnahme von London gilt damit für alle Städte und Länder: Am Ende der Transformationsphase ist die Geburtenrate in den Städten <u>niedriger</u> als im jeweiligen Land.

Die <u>Sterberate</u> ist in den Städten <u>höher</u> als im Land in Paris, Hamburg, Budapest und Moskau, <u>niedriger</u> als im Land in London, Wien und Warschau.

Damit zeigt sich für die Sterberate auch am Ende der Transformationsphase keine eindeutige Tendenz im Stadt-Land-Vergleich.

6.2 Teilmodell Wirtschaft: Länder und Städte

Durch das Teilmodell Wirtschaft wird die zeitliche Lage der transformativen Phase zwischen den jeweiligen Ländern und ihren Hauptstädten verglichen. Bei diesem Vergleich liegt jedoch für die Städte nur der Meßzeitpunkt für das Ende der Phase vor. Es ist jedoch möglich, die Endpunkte der transformativen Phase auf der Stadtebene mit denen auf der Landesebene zu vergleichen (vgl. Abb. 4.16 und 5.5).

Für Budapest und Warschau lassen sich die Endzeitpunkte der Transformationsphase durch das vorliegende Datenmaterial nicht bestimmen. In Frankreich, Deutschland, Österreich und der UdSSR ist in den jeweiligen Hauptstädten die Transformationsphase vor der der jeweiligen Länder beendet. In diesen Fällen läßt sich die Hypothese aufrechterhalten, daß die Stadtentwicklung in wirtschaftlicher Hinsicht in der transformativen Phase der Landesentwicklung vorausgeht. Im Falle Londons endet die Transformationsphase 32 Jahre nach der von England, d.h. die Hypothese ist in diesem Fall falsifiziert. Der späte Beginn der poststransformativen Phase (S V) von London dürfte auf die Auswirkungen der Verlagerung der Industrie zurückzuführen sein. Industriebetriebe wurden aus London in die New Towns verlagert, so daß London einen Prozeß zunehmender Tertiärisierung durchlief. Wenngleich die ersten New Towns bereits in den 20er Jahren gegründet wurden, so haben doch erst die Gründungen in der zweiten Bauphase nach 1961 zu einer starken Verringerung des Anteils der im sekundären Sektor Beschäftigten beigetragen. Die Verlagerung des Hafens nach Tilbury dürfte diesen Prozeß verstärkt haben.

6.3 Phasen der Landes- und der Stadtentwicklung

Die aus den demographischen und den ökonomischen Entwicklungen gebildeten Phasen der Landes- und der Stadtentwicklung sind in Abb. 6.1 gemeinsam dargestellt. Es sei erwähnt, daß beide Phasenabgrenzungen auf mehreren Arbeitsschritten beruhen. Dabei können uns zum einen theoretische Fehler in der Herleitung unterlaufen sein, - was wir jedoch nicht annehmen. Zum anderen sind die Zeitpunkte, die wir als Grenzen einer Phase bestimmt haben - ungeachtet der quantifizierten Schwellenwerte - niemals ganz exakt. Die "wahren" Phasengrenzen können demnach um die jeweils festgelegten schwanken. Es ist leider nicht möglich, verläßliche Daten für <u>jedes</u> Jahr der Zeitreihe zu erhalten, also ohne Interpolationen auszukommen. Aber auch ein quantitativ exakt bestimmter Zeitpunkt ist nicht frei von willkürlichen Elementen.

Derartige Unschärfen sind vermutlich der Preis einer exakteren Formulierung, Prüfung und Anwendung einer Theorie. Wir meinen aber, der Erkenntnisgewinn präziser Aussagen für die empirische Prüfung und Anwendung (hier: zur Phasenabgrenzung) sei sehr viel größer als der vage formulierter Theorien bzw. Phasenmodellen, wie sie in der Literatur überwiegen.

Abbildung 6.1: Phasen der Landes- und Stadtentwicklung

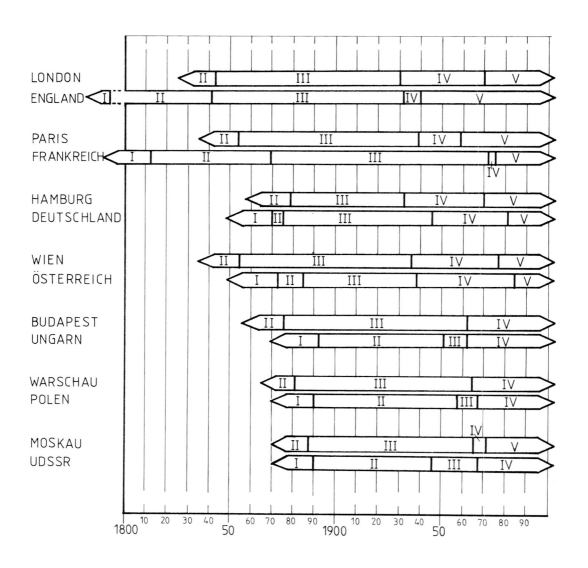

1. Die Entwicklung der Städte geht der Entwicklung der Länder voraus. Betrachtet man die Abfolge der Phasen der Landes- und der Stadtentwicklung, so läßt sich deutlich erkennen, daß die Entwicklungsphasen in der Stadt vor denen im Land einsetzen. Das gilt insbesondere für die Phasen S IV und S V, deren Beginn ja im Falle der Städte aufgrund der Datenlage am meisten gesichert ist. Unsere generelle Hypothese hat sich damit bewährt. Wir können außerdem sagen, daß sowohl die Entwicklung der Bevölkerung als auch die Entwicklung der Wirtschaft in der Stadt im allgemeinen der des Landes vorausgeht.

2. <u>Demographische Entwicklung</u>. Ordnet man die Städte nach ihrer geographischen Lage von Westen nach Osten, so zeigt sich, daß je östlicher die Stadt liegt, desto später auch die transformative Phase des demographischen Übergangs beginnt und endet. Bereits hieran zeigt sich der Zusammenhang mit der ökonomischen Entwicklung, nämlich dem Zeitpunkt der lIndustriaisierung.

Außerdem verlief die transformative Phase des demographischen Übergangs in den Städten kapitalistischer Länder intensiver als im jeweiligen Land, in den Städten sozialistischer Länder hingegen weniger intensiv.

In den Städten mit geringer Einwohnerzahl ist der maximale natürliche Bevölkerungssaldo in der Phase des demographischen Übergangs höher als im jeweiligen Land; in den Städten mit demgegenüber hoher Einwohnerzahl ist er niedriger als im Land. Wir müssen es hier offen lassen, ob dieser Sachverhalt auf die Ernährungsbedingungen und/oder eine höhere Sterblichkeit aufgrund schlechter hygienischer Bedingungen in den Städten mit hoher Einwohnerzahl zurückzuführen ist. - Am Ende der transformativen Phase ist die Geburtenrate in den Städten niedriger als die im jeweiligen Land.

3. <u>Die Entwicklungsmuster von Ländern und Städten gleichen sich</u>. Die Entwicklungen der Länder lassen sich fast alle durch das Muster B beschreiben, vernachlässigt man einmal die möglichen Differenzierungen, die vorgeschlagen wurden. Soweit erkennbar, folgen alle Städte dem Muster J; es stimmt in der Abfolge der letzten drei Typen mit dem Muster B überein. Wir haben damit den erstaunlichen Befund, von den elf möglichen Mustern sowohl bei den Ländern als auch bei den Städten im wesentlichen ein ge-

meinsames vorzufinden. Selbstverständlich können weitere Forschungen über die frühen Phasen der Stadtentwicklungen Daten beibringen, die es erlauben, Abweichungen vom Muster J festzustellen. Aber auch dann kämen nur die Muster B, J und K in Frage. Es bleibt zu prüfen, ob wir hier ein typisch europäisches Muster der Stadtentwicklung beschrieben haben. Wir wissen nicht, ob sich Städte in einer anderen Region, z.B. Asien, oder allgemein von Städten in Entwicklungsländern, durch eine andere Abfolge der Typen in ihrer Entwicklung beschreiben lassen.

4. Die Phasen L III und S III verlaufen weitgehend parallel. Je später in einem Land die Phase L III einsetzt, desto kürzer ist sie. Dies hängt vermutlich mit der Möglichkeit zusammen, bereits entwickelte Technologien zu übernehmen. Gerade dieser Sachverhalt dürfte sich als sehr nützlich erweisen, um die Entwicklungen in Ländern der Dritten Welt zu untersuchen.

Vergleicht man die Verläufe, so ist eine starke Parallelität der Landes- und Stadtentwicklung für die Phase III zu beobachten. Diese Phase ist durch den Typ 4 gekennzeichnet: demographischer und ökonomischer Übergang fallen zusammen. Es ist die Phase, von der wir vermutet haben, in ihr träte die größte soziale Dynamik auf. Ist diese Annahme richtig, so kennzeichnet sie den schwierigen und krisenhaften Strukturwandel in zahlreichen Bereichen in den Ländern und Städten.

Die Phase S III ist in vier Städten länger als in ihren jeweiligen Ländern die Phase L III: in Wien, Budapest, Warschau und Moskau. Sie ist kürzer in London, Paris und Hamburg. Dieser Unterschied läßt sich durch die Industrialisierung des jeweiligen Landes erklären, je früher diese einsetzte, desto kürzer waren diese Phasen in den betrachteten Städten. Nehmen wir die Annahme hinzu, die (Haupt-) Stadtentwicklung gehe der Landesentwicklung voran, so dürfte auch die Industrialisierung in diesen Städten früher begonnen und die Landesentwicklung beeinflußt haben.

5. Die Entwicklung in den Städten sozialistischer Länder ist gegenüber der in Städten kapitalistischer Länder "verspätet". Dieser Sachverhalt gilt, wenn man den Beginn der Phase L III oder den Beginn der Phasen S IV und S V heranzieht. Die Phase S III ist im übrigen auf der Ebene der Städte nicht immer die längste Phase, wohl aber auf der Ebene der Länder. Sie beginnt in dem Zeitraum, der häufig als "Gründerjahre" bezeichnet wird,

und dauert dann 50 bis 60 Jahre. Sie reicht also weit bis in das 20. Jahrhundert hinein. In den Städten sozialistischer Länder geht sie sogar bis in die 50er Jahre. Eine mögliche Folgerung ist, daß ungeachtet der starken politischen, sozialen und ökonomischen Veränderungen in den sozialistischen Ländern sich die Auswirkungen auf die Städte erst relativ spät zeigen. Als Beispiel hierfür kann nur Moskau herangezogen werden.

6. <u>In den Städten dauert die transformative ökonomische Phase länger als die transformative demographische Phase</u>. Nachdem der demographische Übergang vollzogen ist, dauert der ökonomische noch an. Auf das Ende der transformativen Phase der demographischen Entwicklung folgte in den Städten kapitalistischer Länder eine Periode der Industrialisierung, in den Städten sozialistischer Länder hingegen eine der Tertiärisierung. Es ist zu fragen, ob auch dieser Unterschied auf die Übernahme bereits vorhandener Technologien zurückgeht, so daß in diesen Städten früher eine Tertiärisierung möglich war. Es wäre außerdem zu prüfen, inwieweit diese Veränderung durch einen größeren Verwaltungsapparat bzw. allgemeiner: eine Bürokratisierung, erklärbar ist. - Wir können schließlich beobachten, daß auf die intensivste Phase des demographischen Übergangs in fünf Städten eine Periode der Tertiärisierung folgt; für London und Moskau fehlen die entsprechenden Daten. Auch der Erklärung dieses Sachverhalts bleibt nachzugehen.

Was wir hier nicht untersuchen können, sind die Folgen der demographischen und ökonomischen Entwicklungen sowie die Arten des Strukturwandels in einzelnen Phasen in den Ländern. (Wir haben die Theorie ja mit der Annahme entwickelt, Strukturwandel auf beiden Ebenen erklären zu können.) Hingegen werden solche Veränderungen in den nachfolgenden Analysen von London, Hamburg, Wien, Budapest und Warschau dargestellt.

LITERATURVERZEICHNIS

ABERLE, D.F., COHEN, A.K., DAVIES, A.K., LEVY, M.J. & SUTTON, F.X., 1950: The Functional Prerequisites of a Society. Ethics 60, 100-111.

ABLER, R., 1977: The Telephone and the Evolution of the American Metropolitan System. In: I. de SOLA POOL (ed.): The Social Impact of the Telephone. Cambridge Mass. - London.

ABU-LUGHOD, J., 1968: The City is Dead - Long Live the City. Some Thoughts about Urbanity. In: S.F. FAVA (ed.): Urbanism in World Perspective. New York.

ADAMS, J.S., 1970: Residential Structure of Midwestern Cities. Annals Am. Ass. Geogr. 60, 37-6.

ADEMANN, J., 1961: Theories of Economic Growth and Development. Stanford.

ANDERSON, O.D., 1977: Time Series Analysis and Forecasting. The BOX-JENKINS Approach. London-Boston.

ANDRE, D., 1971: Indikatoren des technischen Fortschritts. Eine Analyse der Wirtschaftsentwicklung in Deutschland von 1850 bis 1913. Göttingen (Weltwirtschaftliche Studien Bd. 16).

ARMENGAUD, A., 1971: Die Bevölkerung Europas von 1700 - 1914. In: C.M. CIPOLLA & K. BORCHARDT (Hg.): Bevölkerungsgeschichte Europas. München.

ARON, R., 1964: Die industrielle Gesellschaft. Frankfurt-Paris.

AUBIN, H. & ZORN, W. (Hg.), 1976: Handwörterbuch der Deutschen Wirtschafts- und Sozialgeschichte. 2 Bde. Stuttgart.

BAHRDT, H.P., 1952: Wie leben die Bewohner neuer Stadtteile, und wie wollen sie eigentlich leben. Baukunst und Werkform 5, Nr. 6/7.

BAHRENBERG, G., 1976: Ein sozial gerechtes Optimierungsmodell für die Standortwahl von öffentlichen Einrichtungen. 40. Dt. Geographentag, Tagungsbericht und Wiss. Abh. Wiesbaden.

BANSE, G. & STRIEBING, L., 1978: Artikel "Technik". In: H. HÖRZ, R. LÖTHER & S. WOLLGAST (Hg.): Philosophie und Naturwissenschaften. Wörterbuch zu den philosophischen Fragen der Naturwissenschaften. Berlin (Ost).

BELL, D., 1968: The Measurement of Knowledge and Technology. In: SHELDON & MOORE 1968.

BELL, D., 1975: Die nachindustrielle Gesellschaft, Frankfurt-New York. Auszüge in: KERN 1976.

BLAUG, M., 1963: A Survey of the Theory of Process-Innovation. Economica, 13-32; und in: ROSENBERG 1971.

BMFG (Bundesminister für Jugend, Familie und Gesundheit)(Hg.), 1979: Ursachen des Geburtenrückgangs - Aussagen, Theorien und Forschungsansätze zum generativen Verhalten. Dokumentation von der Jahrestagung 1978 der Deutschen Gesellschaft für Bevölkerungswissenschaft e.V. Stuttgart (Schriftenreihe des BMJFG, Bd. 63).

BOGUE, D.J., 1959: Internal Migration. In: HAUSER & DUNCAN 1959.

BOGUE, D.J., 1969: Principles of Demography. New York.

BOHM, J., 1982: Stand und Entwicklung der Datenübertragung im Bereich der Deutschen Bundespost. In: D. ELIAS (Hg.): Telekommunikation in der Bundesrepublik Deutschland. Heidelberg-Hamburg.

BORCHARDT, N., 1976: Wirtschaftliches Wachstum. Wechsellagen 1800-1914. In: H. AUBIN & W. ZORN (Hg.): Handbuch der Deutschen Wirtschafts- und Sozialgeschichte. Bd. I. Stuttgart.

BORRIES, H.W. von, 1965: Suburbanisierung in amerikanischen Stadtregionen. Stadtbauwelt, 364-368.

BOUSTEDT, O., 1967: Gedanken über den künftigen Verstädterungsprozeß und die Rolle der Städte. In: Polis und Regio: Von der Stadt- zur Regionalplanung. In: Frankfurter Gespräche der List-Gesellschaft, 8.-10. Mai 1967.

BOUSTEDT, O., 1975: Grundriß der empirischen Regionalforschung, 4 Bde. Hannover.

BOWER, C.P., PADIA, W.L., GLASS, G.V., 1974: TMS = Two Fortran IV Programs for the Analysis of Time-Series Experiments. Version: Oct. 1974. Laboratory of Educational Research, University of Colorado, Boulder, Colorado.

BOX, G.E.P. & JENKINS, G.M., 1976: Time Series Analysis, Forecasting and Control. San Francisco.

BOX, G.E.P. & TIAO, G.C., 1965: A Change in Level of a Non-Stationary Time Series. Biometrika 52, 181-192.

BROWN, M., 1966: On the Theory and Measurement of Technological Change. Cambridge, Mass.

CAMPBELL, D.T., 1969: Reforms as Experiments. American Psychologist 52, 181-192.

CAMPBELL, D.T., 1967: From Description to Experimentation: Interpreting Trends as Quasi-Experiments. In: C.W. HARRIS (ed.): Problems in Measuring Change. Madison, Wisconsin.

CAMPBELL, D.T. & ROSS, H.L., 1968: The Connecticut Crackdown on Speeding: Time Series Data in Quasi-Experimental Analysis. Law and Society Review 3, 33-53.

CAMPBELL, D.T. & STANLEY, J.C., 1963: Experimental and Quasi-Experimental Designs for Research on Teaching. In: L. GAGE (ed.): Handbook of Research on Teaching. Chicago.

CARR-SAUNDERS, A.M., 1936: World Population. Oxford.

CARTER, H., 1980: Einführung in die Stadtgeographie. Berlin-Stuttgart.

CASTELLS, M., 1977: Die kapitalistische Stadt. Hamburg.

CHATFIELD, C. & PROTHERO, D.L., 1973: Box-Jenkins Seasonal Forecasting: Problems in a Case Study. J. Royal Statistical Society, Series A, No. 136, 295-314.

CLAPP, J.A., 1980: The Intrametropolitan Location of Office Activities. J. Reg. Sci. 20, 387-399.

CLARK, C., 1940: The Conditions of Economic Progress. London.

CLARK, C., 1946: The Economic Functions of a City in Relation to its Size. Econometrica 13 (2).

CLARK, C., 1951: Urban Population Densities. J. Royal Statistical Society, Series A., No. 114, 490-496.

COLBY, Ch.C., 1933: Centrifugal and Centripetal Forces in Urban Geography. Annals of the Association of American Geographers 23, 1-20.

COOK, T.D. & CAMPBELL, D.T., 1976: The Design and Conduct of Quasi-Experiments in Field Settings. In: M.D. DUNETTE & J.P. CAMPBELL (eds.): Handbook of Industrial and Organizational Research. Chicago.

CORVINA, 1980: The Capitals of Europe. A Guide to the Sources for the History of Their Architecture and Construction. München-New York.

COWGILL, D.O., 1949: The Theory of Population Growth Cycles. Am. J. Soc. 55, 163-70.

DAHME, B., 1977: Zeitreihenanalyse und psychotherapeutischer Prozeß. In: F. PETERMANN (Hg.): Methodische Grundlagen klinischer Psychologie. Weinheim-Basel.

DAVIES, J.C., 1962: Toward a Theory of Revolution. Am. Soc. Rev. 6, 5-19, und in: ZAPF 1979a.

DECKER, F., 1974: Dienstleistungsbetriebe.In: E. GROCHLAZ & W. WITTMANN, (Hg.): Handwörterbuch der Betriebswirtschaft. Bd. 7. Stuttgart.

DEUTSCH, S.J., 1979: Lies, Damm Lies, and Statistics. A Rejoinder to the Comment by HAY and McCLEARY. Evaluation Quarterly 3, 315-328.

DEUTSCH, S.J. & ALT, F.B., 1977, The Effect of Gun Control Law on Gun-Related Crimes in the City of Boston. Evaluation Quarterly 1, 543-568.

DEUTSCHES INSITUT FÜR WIRTSCHAFTSFORSCHUNG, 1973: Sozialproduktsberechnung in Ost und West. Vierteljahreshefte zur Wirtschaftsforschung, Heft 4, 71-92.

DOMAR, E.D., 1957: Essays in the Theory of Economic Growth. New York.

DONNISON,D.& EVERSLEY,D., 1973: London: urban patterns, problems and policies. London

DUNCAN, O.D., 1961: From Social Systems to Ecosystem. Sociol. Inquiry 31, 140-149.

DUNCAN, O.D., 1964: Social Organization and Ecosystem. In: R.E.L. FARIS (ed.): Handbook of Modern Sociology. Chicago.

DUNCAN, O.D., 1966: Human Ecology and Population Studies. In: HAUSER & DUNCAN 1966.

DUNCAN, O.D. & SCHNORE, L.F., 1959: Cultural, Behavioral and Ecological Perspectives in the Study of Social Organization. Am. J. Soc. 65, 132-153.

DUNETTE, M.D. & CAMPBELL, J.P. (eds.), 1976: Handbook of Industrial and Organizational Research. Chicago.

DUNN, E.S., 1980: The Development of the U.S. Urban System. Vol. I. Baltimore-London.

DURBIN, J., 1970: Testing for Serial Correlation in Least-Sqares Regression When Some of the Regressor are Lagged Dependent Variables. Econometrica 38, 410-421.

DURBIN, J. & WATSON, G.S., 1951: Testing for Serial Correlation in Least-Sqares Regression. Part II. Biometrika 38, 159-178.

DZIEWONSKI, K., 1976: Changes in the Processes of Industrialization and Urbanization. Geographia Polonica 33/1, 39-58.

EICK, J., 1965: Dienstleistungen. In: HdWSS, Bd. 10. Tübingen.

ELIAS, D., 1982: Telekommunikation in der Bundesrepublik Deutschland. Heidelberg-Hamburg.

ELSNER, N., 1975: Wachstums- und Konjunkturtheorie. In: Kompenium der Volkswirtschaftslehre. Göttingen.

FELS, G. & SCHMIDT, K.-D., 1981: Die deutsche Wirtschaft im Strukturwandel. Tübingen.

FELS, G., SCHATZ, K.-D. & WOLTER, F., 1971: Der Zusammenhang zwischen Produktionsstruktur und Entwicklungsniveau. Weltwirtschaftliches Archiv 106, 240-278.

FISCHER, M.M. & FOLMER, H., 1981: Measurement of the Effects of Regional Policy by Means of Time Series Analysis. Paper, presented at the XXI. European Congress of the Regional Science Association. Barcelona.

FISCHER, W., 1968: Ökonomische und soziologische Aspekte der frühen Industrialisierung. In: W. FISCHER (Hg.): Wirtschaftliche und sozialgeschichtliche Probleme der frühen Industrialisierung. Berlin.

FISHER, A.G.B., 1939: Production, Primary, Secondary and Tertiary. The Economic Record 15, 24-38.

FLIERL., B., 1973: Industriegesellschaftstheorie im Städtebau. Berlin (Ost).

FLORA, P., 1974: Modernisierungsforschung. Opladen.

FOURASTIE, J., 1954: Die größte Hoffnung des Zwanzigsten Jahrhunderts. Nach: Le grand espoir du XXe siecle, Progres technique - Progres economique - Progres social. Paris (1949).

FOURASTIE, J., 1966: Die 40.000 Stunden, Aufgaben und Chancen der sozialen Evolution. Düsseldorf - Wien.

FOURASTIE, J., 1967a: Gesetze der Wirtschaft von morgen. Drei grundlegende Essays. o.O.

FOURASTIE, J., 1967b: Die Zukunft der Stadt in demographischer und wirtschaftlicher Hinsiht. In: Constructa II, Fachtagung Philosophie und Realität des Wohnungs- und Städtebaus. Hannover.

FRIEDLÄNDER, D., 1974: London's Urban Transition 1851-1951. Urban Studies 11, 127-141.

FRIEDRICHS, J., 1977: Stadtanalyse. Soziale und räumliche Organisation der Gesellschaft. Reinbek. 3.A. 1983 Opladen.

FRIEDRICHS, J. (Hg.), 1978: Stadtentwicklungen in kapitalistischen und sozialistischen Ländern. Reinbek bei Hamburg.

FRISBIE, W.P. & CLARKE, C.J., 1979: Technology in Evolutionary Perspective: Theory and Measurement at the Societal Level. Social Forces 58, 591-613.

FRISBIE, W.P. & CLARKE, C.J., 1980: Further Notes on the Conceptualization of Technology: Response to Perry. Social Forces 59, 529-534.

GIBBS, J.P. & MARTIN, W.T., 1962: Urbanization, Technology and the Division of Labor: International Patterns. Am. Soc. Rev. 27, 667-677.

GIBBS, J.P. & MARTIN, W.T., 1973: Toward a Theoratical System of Human Ecology. In: M. MICKLIN (ed.): Population, Environment, and Social Organization. Hinsdale, Ill.

GLASS, G.V., 1968: Analysis of Data on the Connecticut Speeding Breakdown as a Time-Series Quasi-Experiment. Law and Society Review 3, 55-76.

GLASS, G.V., TIAO, G.C. & MAGUIRE, T.O., 1971: Analysis of Data on the 1900 Revision of German Divorce Laws as a Time-Series Quasi-Experiment. Law and Society Review 4, 539-562.

GLASS, G.V., WILLSON, V.L. & GOTTMAN, J.M., 1975: Design and Analysis of Time-Series Experiments. Boulder, Colorado.

GORHAM, W. & GLAZER, N. (eds.), 1976: The Urban Predicament. Washington, D.C.: The Urban Institute.

GOTTMAN, J.M. & GLASS, G.V., 1978: Analysis of Interrupted Time-Series Experiments. In: T.R. KRATOCHWILL (ed.): Single Subject Research, Strategies for Evaluating Change. New York-San Francisco-London.

GRADOW, G.A., 1971: Stadt und Lebensweise. Berlin (Ost).

GROCHLAZ, E & WITTMANN, W. (Hg.), 1974: Handwörterbuch der Betriebswirtschaft. 12 Bde. Stuttgart.

GRUEN, V., 1974: Das Überleben der Städte. Wien 1973.

GRUNDMANN, S., 1984: Die Stadt. Berlin (Ost).

GUDAT, U. & REVENSTORF, D., 1976: Interventionseffekte in klinischen Zeitreihen. Archiv für Psychologie 128, 16-44.

HALL, P., 1966: Weltstädte. München.

HAMM, B., JURECKA, P. & SIMON, K.-H., 1981: Stadtentwicklung im internationalen Vergleich (Comparative Urban Structure). Zwischenbericht. Trier: Universität, Fachbereich Soziologie.

HAMPKE, T., 1909: Die Entwicklung der Hamburger Industrie, des Handwerks und des Kunstgewerbes. In: Hamburger Handel und Verkehr, 7. Ausgabe 1909/11.

HANTSCHEL, R., 1982: Der Einbezug sozialphilosophischer Überlegungen in die anthropogeographische Forschung und Theoriebildung. In: Aufgaben und Methoden der Sozialgeographie.

HANTSCHEL, R., 1980: Räumliche Aspekte sozialphilosophischer Ansätze und Theorien.

HARRIS, G.W. (ed.), 1967: Problems in Measuring Change. Madison, Wisconsin.

HARROD, R.J., 1943: Towards a Dynamic Economics. London.

HATT, P.K., FARR, N.L. & WEINSTEIN, E., 1955: Types of Population Balance. Am. Soc. Rev. 20, 14-21.

HAUSER, J.A., 1974: Bevölkerungsprobleme der Dritten Welt. Ein Vademecum mit Tatsachen, Beziehungen und Prognosen. Bern-Stuttgart.

HAUSER, J.A., 1982: Bevölkerungslehre. Bern-Stuttgart.

HAUSER, P.M. & DUNCAN, O.D. (eds.), 1959: The Study of Population. Chicago-London.

HAUSER, P.M. & DUNCAN, O.D., 1959a: Demography as a Body of Knowledge. In: HAUSER & DUNCAN 1959.

HEIDEGGER, M., 1959: Bauen - Wohnen - Denken. In: Vorträge und Aufsätze. Pfullingen.

HEILBRONNER, R.L., 1976: Wirtschaftliche Probleme einer "postindustriellen" Gesellschaft. In: KERN 1976.

HEINTZ, P., 1958: Sozialer Wandel. In: R. KÖNIG (Hg.): Fischer Lexikon der Soziologie. Frankfurt/M.

HEINTZ, P., 1969: Ein soziologisches Paradigma der Entwicklung. Stuttgart.

HEINZMANN, J., 1969: On the Development of the Industrial Structure of Large Cities. Geographica Polonica 30, 85-93.

HENNING, F.-W., 1973: Die Industrialisierung in Deutschland 1800 bis 1914. Paderborn.

HEUER, H., 1977: Sozio-ökonomische Bestimmungsfaktoren der Stadtentwicklung. Berlin.

HIBBS, D.A., Jr., 1974: Problems of Statistical Estimation and Causal Inference in Time-Series Regression Models. In: H.L. COSTNER (ed.): Sociological Methodology 1974. San Francisco.

HIBBS, D.A., Jr., 1977: Political Parties and Macro-Economic Policy. Am. Polit. Sci. Rev. 71, 1467-1487.

HICKS, J., 1932: The Theory of Wages. London.

HILDEBRANDT, K. & DALTON, R.J., 1977: Die neue Politik. Politischer Wandel oder Schönwetterpolitik? Polit. Vierteljahresschrift 18, 230-256.

HILLEBRECHT, R., 1962a: Die Stadtregion - Großstadt und Städtebau. Vortrag in Köln. Göttingen (Schriften des Instituts für Wohnungsrecht und Wohnungswirtschaft an der Universität Köln, Bd. 25).

HILLEBRECHT, R., 1962b: Städtebau und Stadtentwicklung. Archiv f. Kommunalwiss. 1, 41-64.

HILLEBRECHT, R. & MÜLLER-IBOLD, K., 1962: Sädte verändern ihr Gesicht, Strukturwandel einer Großstadt und ihrer Region, dargestellt am Beispiel Hannover. In: neues bauen - neues wohnen 2, Schriftenreihe des Bundesministeriums für Wohnungswesen, Städtebau und Raumordnung. Stuttgart.

HOFFMANN, W.G., 1931: Stadien und Typen der Industrialisierung. Gera.

HOFFMANN, W.G., 1965: Das Wachstum der deutschen Wirtschaft seit der Mitte des 19. Jahrhunderts. Berlin.

HOFFMANN, W.G. & MÜLLER, J.H., 1959: Das deutsche Volkseinkommen 1851-1957. Tübingen.

HOFFMANN-NOWOTNY, H.-J., 1970: Migration. Ein Beitrag zu einer soziologischen Erklärung. Stuttgart.

HOFMEISTER, B., 1979: Der interkulturelle Vergleich und die historische Dimension in der Humangeographie. Wirtschaftsgeogr. Studien 3, 5-19.

HOFMEISTER, B., 1980a: Die Stadtstruktur. Darmstadt.

HOFMEISTER, B., 1980b: Stadtgeographie. Braunschweig.

HOFMEISTER, B., 1982: Die Stadtstrukturen im interkulturellen Vergleich. Geogr. Rundschau 34, 482-488.

HOLTZMAN, W.H., 1977: Statistische Modelle zur Untersuchung von Veränderungen im Einzelfall. In: F. PETERMANN (Hg.): Methodische Grundlagen klinischer Psychologie. Weinheim-Basel.

HOMANS, G.C., 1979: Funktionalismus, Verhaltenstheorie und sozialer Wandel. In: ZAPF 1979a.

HUTH, M.J., 1978: The Urban Habitat: Past, Present, and Future. Chicago.

INGLEHART, R., 1971: The Silent Revolution in Europe: Intergenerational Change in Post-Industrial Societes. Am. Pol. Sci. Rev. 65, 991-1017.

INGLEHART, R., 1979: Wertwandel in den westlichen Gesellschaften: Politische Konsequenzen von materialistischen und post-materialistischen Prioritäten. In: KLAGES & KMIECIAK 1979.

IPSEN, G. (Hg.), 1959: Daseinsformen der Großstadt. Tübingen.

JENNET, R.J., 1979: Spatial time Series Analysis. Forecasting-Control. London.

JOHNSTON, R.J., 1973: Spatial Structures. New York.

JURECKA, P., 1980: Darstellung des Modells des "Ökologischen Komplexes" als theoretische Grundlage des Projekts "Comparative Urban Structure" und Versuch einer Operationalisierung. CUS-Report No. 3. Trier: Universität, Fachbereich Soziologie.

KAHN, H. & WIENER, A.J., 1968: Die nächsten 33 Jahre - Rahmen für Spekulationen. In: Der Weg ins Jahr 2000. Berichte der Kommission für das Jahr 2000. München-Wien-Basel.

KALBA, K., 1974: Urban Telecommunications: A New Planning Context. Socio-Economic Planning Science 8, 37-45.

KALDOR, V., 1957: A Model of Economic Growth. Economic Journal 67.

KANT, E., 1962: Zur Frage der inneren Gliederung der Stadt, insbesondere der Abgrenzung des Stadtkerns mit Hilfe der bevölkerungskartographischen Methode. In: Lund Studies in Geography, Ser. B, No. 24, 321-381.

KAUFMANN, K. & SCHMIDT, P., 1976: Theoretische Integration der Hypothesen zur Erklärung der Diffusion von Innovationen durch Anwendung einer allgemeinen kognitiv-hedonistischen Verhaltenstheorie. In: P. SCHMIDT (Hg.): Innovation. Hamburg.

KERN, L. (Hg.), 1976: Probleme der postindustriellen Gesellschaft. Köln.

KLAASEN, L.H., 1982: Wachstum und Niedergang im städtischen Europa. Referat auf dem Seminar "Die Stadtentwicklung und die Stadtpolitik in den europäischen Ländern". Zürich: ETH.

KLAGES, H. & KMIECIAK, P. (Hg.), 1979: Wertwandel und gesellschaftlicher Wandel. Frankfurt/M., New York.

KÖLLMANN, W., 1965: Raum und Bevölkerung in der Weltgeschichte, Bd. 4. Bevölkerung und Raum in Neuerer und Neuester Zeit ("Bevölkerungs-Ploetz"). Würzburg.

KÖLLMANN, W., 1974: Bevölkerung in der industriellen Revolution. Kritische Studien zur Geschichtswissenschaft. Bd. 12. Göttingen.

KÖLLMANN, W., 1980: Von der Bürger- zur Regional-Stadt. In: J. REULECKE (Hg.): Die deutsche Stadt im Industriezeitalter. Wuppertal.

KOLARS, J.F. & NYSTUEN, J.D., 1974: Geography. The Study of Location, Culture and Environment. New York.

KUZNETS, E., 1965: Selected Essays. New York.

LA PORTE, T.R. & ABRAMS, C. 1976: Kalifornien als "postindustrielle Gesellschaft". In: KERN 1976.

LEFEBRE, H., 1975: Die Stadt im marxistischen Denken. Ravensburg.

LEONTIEF, W.W., 1952: Die Methoden der Input-Output-Analyse. Allgemeines Statistisches Organ 36, 42-63.

LEVEN, C.L., 1978: The Mature Metropolis. Lexington, Mass.

LEVEN, C.L., 1979: Economic Maturity and the Metropolis´ Evolving Physical Form. In: G.A. TOBIN (ed.): The Changing Structure of the City. Beverly Hills-London.

LIBBY, W.L., 1969: La fin du trajèt quotidien? Analyse et Prévision 7, 235-258.

LICHTENBERGER, E., 1972: Die europäische Stadt - Wesen, Modelle, Probleme. Berichte zur Raumforschung und Raumplanung 16, 3-25.

LICHTER, D.R. & FUGUITT, G.W., 1980: Demographic Response to Transportation Innovation: The Case of the Interstate Highway. Social Forces 59, 492-512.

LJUNG, G.M. & BOX, G.E.P., 1978: On a Measure of Lack of Fit in Time Series Models. Biometrika 65, 297-303.

LOYKINE, J., 1973: Über die Planung der Region Paris. Baumeister, Nr. 11, 1436-1445.

LUDZ, P.Ch., 1969: Konvergenz, Konvergenztheorie. In: Sowjetsystem und Demokratische Gesellschaft. Bd. 3. Freiburg-Basel-Wien.

MACAULEY, M., 1981: An Empirical Test of Determinants of Interurban Agglomeration. Paper. Baltimore: The Johns Hopkins University, Metro Center.

MACKENROTH, G., 1953: Bevölkerungslehre. Theorie, Soziologie und Statistik der Bevölkerung. Berlin-Göttingen-Heidelberg.

MACKENSEN, R., 1973: Entwicklung und Situation der Erdbevölkerung. In: MACKENSEN & WEWER 1973.

MACKENSEN, R. & WEWER, H., 1973: Dynamik der Bevölkerungsentwicklung. Strukturen - Bedingungen - Folgen. München.

MALTHUS, R., 1803: An Essay on the Principle of Population or: A View of its Past and Present Effects on Human Happiness. With an Inquiry Into Our Prospects Respecting the Future Removal or Mitigation of the Evils which it Occasions.

MANTOUX, P., 1961: The Industrial Revolution in the 18th Century. London.

MARSCHALCK, P., 1979: Zur Theorie des demographischen Übergangs. In: BMJFG 1979.

MARX, K., 1867: Kritik der politischen Ökonomie, Bd. 3. Hamburg.

McCLEARY, R. & HAY, R.A., Jr., 1980: Applied Time Series Analysis for the Socal Sciences. Beverly Hills-London.

MECKSEPER, G., 1974: Stadtgeschichte und Stadtentwicklung. Die alte Stadt 1, 242-260.

MEHRENS, K., 1974: Standortwahl und Flächenbedarf des tertiären Sektors in der Stadtmitte. Bonn (Schriftenreihe des BMBau 04024).

MENSCH, G.O., 1971: Zur Dynamik des Technischen Fortschritts. Z. f. Betriebswirtschaft 41, 295-314.

MIKUS, W., 1978: Industriegeographie. Darmstadt.

MITTELSTRASS, J., 1974: Die Möglichkeit von Wissenschaft. Frankfurt/M.

MOHR, W., 1976: Bemerkungen über univariate ARIMA-Modelle und ihre Anwendung in der Zeitreihenanalyse. In: K.-A. SCHÄFER (Hg.): Beiträge zur Zeitreihenanalyse. Göttingen.

MOTTEK, H., BECKER, W. & SCHRÖTER, A., 1974: Wirtschaftsgeschichte Deutschlands, Bd. 3. Berlin (Ost).

MUMFORD, L., 1938: The Culture of Cities. New York.

NASCHOLD, F., 1979: Alternative Raumpolitik. Kronenburg.

NIE, N.H. et al., 1975: SPSS. Statistical Package for the Social Sciences. New York.

NORTON, R.D., 1979: City-Life-Cycles and American Urban Policy. New York.

NOTESTEIN, F., 1945: Population: The Long View. In: T.W. SCHULTZ (ed.): Food for the World. Chicago.

OGBURN, W.F., 1922: Social Change. New York.

OGBURN, W.F., 1946: Inventions of Local Transportation and the Pattern of Cities. Social Forces 25, 373-379.

OGBURN, W.F., 1957: Cultural Lag as Theory. Sociology and Social Research 41, 167-174; dt. in: H.P. DREITZEL (Hg.): Sozialer Wandel. Neuwied-Berlin.

OTT, A.E., 1959: Technischer Fortschritt. In: Handwörterbuch der Sozialwissenschaften Bd. 10. Stuttgart.

PACIONE, M. (ed.), 1981: Urban Problems and Planning in the Developed World. London.

PALEN, J.J., 1975: The Urban World. New York.

PARSONS, T., 1951: The Social System. Glencoe, Ill.

PARSONS, T., 1966: Societies. Englewood Cliffs, N.J.

PEARL, R., 1925: The Biology of Population Growth. New York.

PEARL, R., 1939: The Natural History of Population. New York.

PEARL, R. & REED, L.J., 1920: On the Rate of Growth of Population of the United States Since 1790 and its Mathematical Representation. In: Proceedings of the National Academy of Sciences, No. 6.

PERRY, C.S., 1980: Technology in Evolutionary and Comparative Perspective: Comment on FRISBIE and CLARKE. Social Forces 59, 521-528.

PIERCE, J.R., 1977: The Telephone and Society in the Past 100 Years. In: I. de SOLA POOL (ed.): The Social Impact of the Telephone. Cambridge, Mass.-London.

PRED, A.R., 1975: Large-City Interdependence and the Pre-Electronic Diffusion of Innovations in the United States. in: L.F. SCHNORE (ed.): The New Urban History. Princetown, N.J.

PRESIDENT'S COMMISSION FOR A NATIONAL AGENDA FOR THE EIGHTIES, 1980: Urban America in the Eighties. Perspectives and Prospects. Reports of the Panel on Policies and Prospects for Metropolitan and Non-metropolitan America. Washington.

QUEEN, S.A. & THOMAS, L.F., 1939: The City: The Study of Urbanization in the United States. New York.

RAPP, F., JOKISCH, R. & LINDNER, H., 1980: Determinanten der technischen Entwicklung. Berlin.

RASMUSSEN, Th., 1977: Entwicklungslinien des Dienstleistungssektors. In: Wirtschaftspolitische Studien, Heft 49. Hamburg: Institut für Europäische Wirtschaftspolitik.

RELLSTAB, U., 1974: Grigny la Grande borne. Eine Etappe auf dem Weg zur wohnlichen Stadt? Garten und Landschaft 84, 258-262.

RENN, H., 1979: Sparpolitik und Hochschulausbau. Eine Anwendung von Box-Jenkins-Modellen zur Bewertung der Effekte politischer Interventionen. Vortrag vor der Methodensektion der Deutschen Gesellschaft für Soziologie auf dem 19. Deutschen Soziologentag in Berlin 1979.

RENN, H. & MARIAK, V., 1982: Krise und kompensatorische Politik. Eine Interventionsanalyse von Indikatoren der Arbeitswelt. Vortrag im Rahmen der Sektion "Soziale Indikatoren" der Deutschen Gesellschaft für Soziologie auf dem 21. Deutschen Soziologentag 1982 in Bamberg. Arbeitspapier zum Vortrag.

RENN, H. & MARIAK, V., 1982: Interventionsanalyse kriminologischer Zeitreihen. In: H. KURY (Hg.): Methodische Probleme sozialwissenschaftlich-kriminologischer Forschung. Köln.

REVENSTORF, D., 1979: Zeitreihenanalyse für klinische Daten. Methodik und Anwendungen. Weinheim-Basel.

REVENSTORF, D. & KEESER, W., 1978: Zeitreihenanalyse von Therapieverläufen - ein Überblick. In: F. PETERMANN & F. HEHL (Hg.): Einzelfallanalyse. München.

ROGERS, E.M., 1962: Diffusion of Innovations. New York-London.

ROHR, H.-G. von, 1972: Die Tertiärisierung citynaher Gewerbegebiete. Berichte zur deutschen Landeskunde 46, 29-48.

ROSE, G., 1965: Die "Theorie der Industriegesellschaft" in der Ideologie und Politik des Imperialismus. Wissenschaftliche Zeitschrift der Humboldt Universität, R. 14, 103-121.

ROSE, G., 1966: Der Ursprung der Legende von der Angleichung des Sozialismus an den Kapitalismus. Deutsche Außenpolitik 11/12, 1497-1506.

ROSE, G., 1967: Zur Genesis und Funktion der Industriegesellschaft. Z. f. Geschichtswissenschaften 15, 20-45.

ROSE, G., 1974: "Industriegesellschaft" und Konvergenztheorie. Berlin (Ost).

ROSENBERG, N. (ed.), 1971: The Economics of Technological Change. Harmondsworth.

ROSTOW, W.W., 1966: The Stages of Economic Growth. A Non-Communist-Manifesto. Cambridge.

RUPPERT, H., 1975: Bevölkerungsentwicklung und Mobilität. Braunschweig.

RUSSET, B.M., ALKER, H.R., DEUTSCH, K.W. & LASSWELL, H.D., 1964: World Handbook of Political and Social Indicators. New Haven-London.

RUTTAN, V., 1959: Usher and Schumpeter on Invention, Innovation and Technological Change. Quart. J. Econ. 73, 596-606; und in: ROSENBERG 1971.

SAITZ, H., o.J.: Stadt und Verkehr. Leipzig: Transport VEB.

SAMETZ, A.W., 1968: The Measurement of Economic Growth. In: SHELDON & MOORE 1968.

SARGENT, C.s., 1972: Towards a Dynamic Model of Urban Morphology. Econ. Geogr. 48, 357-374.

SARGENT, C.S., 1976: Land Speculation and Urban Morphology. In: J.S. ADAMS (ed.): Urban Policymaking and Metropolitan Dynamics. Cambridge, Mass.

SCHMID, J., 1976: Einführung in die Bevölkerungssoziologie. Reinbek.

SCHMID, J., 1979: Zur Konzeption menschlicher Fruchtbarkeit. In: BMJFG 1979.

SCHMID, J., 1982: Theorie Sozialen Wandels. Opladen.

SCHMOOKLER, J., 1962: Economic Sources of Inventive Activity. J. Econ. History, 1-20; und in: ROSENBERG 1971.

SCHNORE, L.F., 1958: Components of Population Change in Large Metropolitan Suburbs. Am. Soc. Rev. 23, 570-573.

SCHNORE, L.F., 1965: On the Spatial Structure of Cities in the Two Americas. In: P.M. HAUSER & L.F. SCHNORE (eds.): The Study of Urbanization. New York.

SCHÖLLER, P. (Hg.), 1969: Allgemeine Stadtgeographie. Darmstadt.

SCHUBNELL, H., 1968: Erwerbsstruktur. In: Sowjetsystem und Demokratische Gesellschaft, Bd. 2. Freiburg -Basel-Wien.

SCHUMPETER, J.A., 1912: Theorie der wirtschaftlichen Entwicklung. Leipzig.

SCHUMPETER, J.A., 1939: Business Cycles. 2 vols. New York.

SEDLACEK, P., 1980: Industrialisierung und Raumentwicklung. Braunschweig.

SEMENOV, U.S., 1965: Der Weg der Menschheit zum Kommunismus und die bürgerliche Konzeption von der einheitlichen Industriegesellschaft. Sowjetwissenschaft - geistig-wissenschaftliche Beiträge 9, 897-910.

SHELDON, E.B. & MOORE, W.E. (eds.), 1968: Indicators of Social Change. New York.

SHYROCK, S. & SIEGEL, H.S., 1973: The Methods and Materials of Demography. 2 vols. Washington: U.S. Bureau of Census.

SHOUP, P.S., 1981: The East European and Soviet Data Handbook. New York.

SJØBERG, G., 1960: The Preindustrial City. Glencoe, Ill.

SOMBART, W., 1907: Der Begriff der Stadt und das Wesen der Städtebildung. Archiv f. Sozialwiss. u. Sozialpolitik 25, 1-9.

SOMBART, W., 1931: Städtische Siedlungen, Stadt. In: A. VIERKANDT (Hg.): Handwörterbuch der Soziologie. Tübingen.

SPENGLER, J.J., 1952: Population Theory. In: B.F. HALEY (ed.): A Survey of Contemporary Economics. Vol. II. Homewood, Ill.

STATISTISCHES BUNDESAMT, 1979: Statistisches Jahrbuch für die Bundesrepublik Deutschland 1979. Vorbemerkung zu der volkswirtschaftlichen Gesamtrechnung der Deutschen Demokratischen Republik. Stuttgart-Mainz.

STATISTISCHES BUNDESAMT, 1980: Statistisches Jahrbuch 1980 für die Bundesrepublik Deutschland. Stuttgart-Mainz.

STERNLIEB, G. & HUGHES, J.W. (eds.), 1975: Post-Industrial America: Metropolitan Decline and Inter-Regional Job Shifts. New Brunswick.

TANTER, R. & MIDLARSKI, M., 1967: A Theory of Revolution. J. Conflict Resolution 11, 264-280; dt. in: ZAPF 1979a.

TANK, H. & KLEMM, U., 1980: Standorttendenzen in Branchen des Dienstleistungssektors und ihre Bedeutung für die Stadtentwicklungsplanung. Opladen.

TEMLITZ, K., 1981: Stadt und Stadtregion. Braunschweig.

THOMPSON, W.S., 1948: Plenty of People: The World's Population Pressures, Problems and Policies and How They Concern Us. New York.

THOMPSON, W.S., 1959: Population Progress in the Far East. Chicago.

THOMPSON, W.R., 1965: A Preface to Urban Economics. Baltimore.

TINBERGEN, J., 1963: Kommt es zu einer Annäherung zwischen kommunistischen und den freiheitlichen Wirtschaftsordnungen? In: Hamburger Jahrbuch Wirtschafts- und Gesellschaftspolitik. Hamburg.

ULLMANN, G., 1974: Die künstliche Stadt. La Grande Borne - Eine glückliche Fortsetzung der Wirklichkeit? Werk und Zeit 23, Nr. 8/9, S. 3.

UNITED NATIONS (ed.), 1971: Basic Principles of the Systems of Balances of the National Economy. Studies in Methods. Series F No. 17. New York.

UNITED NATIONS (ed.), 1977: Comparisons of the System of National Accounts and the System of Balances of the National Economy. Part One Conceptual Relationships. Studies in Methods. Series F No. 20. New York.

UNITED NATIONS: Demographic Yearbook, div. Jg.

URBANISME EN FRANCE, 1974 (Stadtplanung in Frankreich). Habiter, Nr. 37, 16-31.

USHER, A.P., 1955: Technical Change and Capital Formation. In: National Bureau of Economic Research (ed.): Capital Formation and Economic Growth. Washington; und in: Rosenberg 1971.

VANCE, R.P., 1959: The Development and Status of American Demography. In: HAUSER & DUNCAN 1959.

VANCE, J.E., 1962: Emerging Patterns of Commercial Structure in American Cities. Lund Studies in Geography. Series B, 24, 485-518.

WALTER, H., 1977: Technischer Fortschritt, I: In der Volkswirtschaft. In: Handwörterbuch der Wirtschaftswissenschaft. Bd. 7. Stuttgart-Tübingen-Göttingen.

WEBER, E. & BENTHIEN, B., 1980: Einführung in die Bevölkerungs- und Siedlungsgeographie. Gotha-Leipzig.

WILES, P., 1968: Zur Frage der Konvergenz östlicher und westlicher Wirtschaftssysteme. Tübingen.

WILLCOX, F., 1931: Internal Migration. 2 vols. New York.

WILLER, D. & OLLSCHAN, G.K., 1964: Prolegomenon to a Theory of Revolutions. In: ZOLLSCHAN & HIRSCH 1964.

WINSBOROUGH, H.H., 1961: A Comparative Study of Urban Population Densities. University of Chicago. Ph.D. Thesis.

WIRTH, E., 1979: Theoretische Geographie. Stuttgart.

WRONG, D.H., 1961: Population and Society. New York.

ZAPF, W. (Hg.), 1979a: Theorien des sozialen Wandels. Meisenheim.

ZAPF, W., 1979b: Einleitung. In: ZAPF 1979a.

ZELINSKY, W., 1971: The Hypothesis of the Mobility Transition. Geogr. Rev. 61, 219-249.

ZOLLSCHAN, G.K. & HIRSCH, W. (eds.), 1964: Explorations in Social Change. New York.

Teil II

London

Michael Brenner

INHALT	149
1. EINLEITUNG	150
2. HISTORISCHE VORAUSSETZUNGEN	154
3. 1900 - 1940: WACHSTUM UND EXPANSION	161
3.1 Planverfahren und Ordnungsvorstellungen	161
3.2 Bevölkerung und Wohnungen	163
3.3 Beschäftigte und Arbeitsstätten	173
3.4 Infrastruktur	175
4. 1940 - 1965: DEZENTRALISIERUNG	177
4.1 Planverfahren und Ordnungsvorstellungen	177
Exkurs: New Towns	181
4.2 Bevölkerung und Wohnungen	184
4.3 Beschäftigte und Arbeitsstätten	196
4.4 Infrastruktur	200
5. 1965 BIS HEUTE: DIE ENTWICKLUNG VON GREATER LONDON	205
5.1 Planverfahren und Ordnungsvorstellungen	205
5.2 Bevölkerung und Wohnungen	207
5.3 Beschäftigte und Arbeitsstätten	231
5.4 Infrastruktur	236
6. ZUSAMMENFASSUNG: STADTENTWICKLUNG	244
LITERATURVERZEICHNIS	247

LONDON

1. EINLEITUNG

Die Stadt London liegt im Südosten Englands an der Themse, rd. 70 km westlich der Mündung, im Zentrum des Londoner Beckens, das im Norden und Süden durch Hügelketten begrenzt wird.

Abb. 1.1 zeigt Inner London, Outer London, die Outer Metropolitan Area sowie das Outer South East Gebiet. Inner London entspricht dabei dem administrativen Stadtgebiet von 1888 bis 1965 (Administrative County of London) und bildet zusammen mit Outer London das heutige Stadtgebiet, Greater London.

Die Londoner Region, definiert als Stadtgebiet Greater London mit der umgebenden Outer Metropolitan Area, mit einem Durchmesser von rd. 60 km, reicht im Osten bis an das Mündungsgebiet der Themse. Auf einer Fläche von 10.621 qkm leben 1981 12,1 Mio. Einwohner. Damit ist die Londoner Region eines der größten und bevölkerungsreichsten Ballungsgebiete der Erde.

Die Londoner Region bildet schließlich zusammen mit dem umgebenden Outer South East Gebiet die Südost- Region.

London ist Sitz der Landesregierung, zahlreicher staatlicher und halbstaatlicher Verwaltungsbehörden und gleichzeitig der wirtschaftiche und kulturelle Mittelpunkt Großbritanniens. Der zentrale Geschäftsbezirk (CBD) ist das Handels- und Finanzzentrum sowie das Nachrichten- und Medienzentrum (Presse, Funk, Film, Fernsehen) des Landes. London ist eine internationale Kultur- und Einkaufsmetropole.

Nach einer weitreichenden Reform der Stadtverwaltung und einer umfangreichen Eingemeindung im Jahre 1965 umfaßt das heutige administrative Stadtgebiet London (Greater London) eine Fläche von 1580 qkm, die im Jahre 1981 von 6,7 Mio. Menschen bewohnt wird. Verwaltet wird das Gebiet vom Greater London Council (GLC), dem Stadtrat. Greater London gliedert sich in die City of London, den historischen Stadtkern, mit einer Fläche von 2,7 qkm, sowie in 32 einzelne Bezirke (Boroughs), die zu statistischen Zwecken in inneres (Inner London) und äußeres Stadtgebiet (Outer London)

LONDON

Abbildung 1.1: <u>Die Lage Londons im Südosten Englands</u>

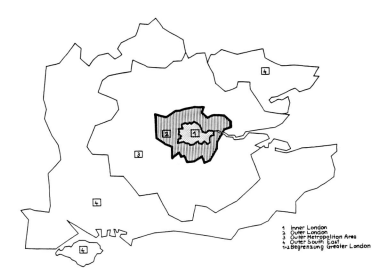

Abbildung 1.2: <u>Die Bezirke Greater Londons</u>

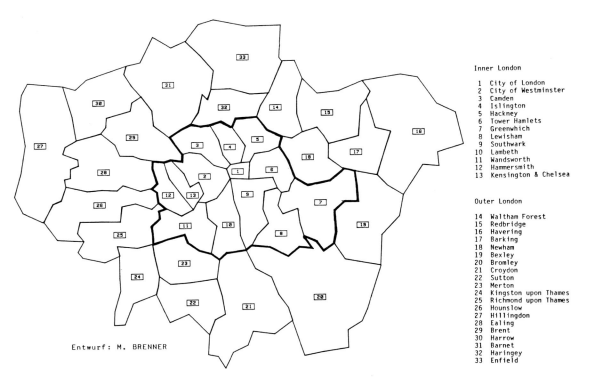

Entwurf: M. BRENNER

Inner London

1 City of London
2 City of Westminster
3 Camden
4 Islington
5 Hackney
6 Tower Hamlets
7 Greenwich
8 Lewisham
9 Southwark
10 Lambeth
11 Wandsworth
12 Hammersmith
13 Kensington & Chelsea

Outer London

14 Waltham Forest
15 Redbridge
16 Havering
17 Barking
18 Newham
19 Bexley
20 Bromley
21 Croydon
22 Sutton
23 Merton
24 Kingston upon Thames
25 Richmond upon Thames
26 Hounslow
27 Hillingdon
28 Ealing
29 Brent
30 Harrow
31 Barnet
32 Haringey
33 Enfield

unterschieden werden (vgl. Abb. 1.2).

Die Monographie über London gliedert sich in zeitliche Phasen. Diese Phasen werden durch die Abschnitte "Planverfahren und Ordnungsvorstellungen", "Bevölkerung und Wohnungen", "Beschäftigte und Arbeitsstätten" sowie "Infrastruktur" gegliedert.

Nach einem in die historische Stadtentwicklung einführenden Abschnitt ("Historische Voraussetzungen") setzt die Untersuchung mit der ersten Phase gegen 1900 ein und schildert die Entwicklung bis 1940. Bestimmendes Merkmal dieser Phase sind eine anhaltende Bevölkerungszunahme, hauptsächlich durch Zuwanderung und zu einem geringeren Teil durch Geburtenüberschuß und eine erhebliche räumliche Expansion der bebauten Stadtfläche Londons. Zwar gilt dieses Merkmal auch schon im 19. Jahrhundert, vor allem im letzten Drittel, aber erst mit Beginn des 20. Jahrhunderts erlauben die verfügbaren Daten eine differenzierte Untersuchung der Stadtentwicklung.

In der zweiten Phase wird die Entwicklung von 1940 bis 1965 geschildert. Bestimmendes Merkmal ist hier die umfangreiche Dezentralisierung von Bevölkerung, die mit der Beseitigung der Kriegsschäden in der Stadt und großen Slumsanierungsprojekten einhergeht.

Vergleicht man die Phaseneinteilung dieser Monographie mit derjenigen, die sich aus der Theorie des doppelten Übergangs ergibt, so sind die Abgrenzungen um zehn bzw. fünf Jahre verschoben. Gegen den Zeitpunkt 1930 als Beginn der Phase S IV, der sich aus dem Teilmodell des demographischen Übergangs ergibt, sprach, daß er keine größere Bedeutung für die Entwicklung Londons besitzt. Die Stadtentwicklung wird bereits seit dem 19. Jh., vor allem aber in den 20er und 30er Jahren dieses Jahrhunderts, durch eine anhaltende Zuwanderung nach London bestimmt. Gerade in der Zeit zwischen den Weltkriegen befinden sich in London Wachstumsbranchen, während die veralteten Industriezentren im übrigen Land wenig konkurrenzfähig sind. Daher ist das relativ große Arbeitsplatzangebot in London - zudem bei auch in Krisenzeiten deutlich unter dem Landesdurchschnitt liegender Arbeitslosigkeit - der Motor dieser starken Zuwanderung. (Hieran zeigt sich, wie bereits im Kap. I ausgeführt, daß es für die Abgrenzung von Phasen der Stadtentwicklung vielfach notwendig sein dürfte, die Wanderungsbewegungen als zusätzlichen Indikator der Dimension "Bevölkerung" aufzunehmen).

Hingegen trifft die Abgrenzung der Phase S V mit dem Jahr 1970 als Beginn recht genau den demographischen und ökonomischen Wandel der Stadt. Jedoch wurde das Jahr 1965 gewählt, da sich in diesem Jahr mit der Gründung des Greater London Council die administrative Stadtfläche um über 500 Prozent von 303 auf 1580 qkm erweitert. Gleichzeitig untersuchen zahlreiche Studien einzelne Aspekte der Entwicklung Londons, die zu einem grundlegend neuen Stadtentwicklungsplan führen. Damit wird eine neue Phase begründet: 1965 bis heute, die Entwicklung von Greater London.

2. HISTORISCHE VORAUSSETZUNGEN

London nimmt durch seine lange historische Entwicklung eine besondere Stellung unter den Großstädten der Welt ein. Die Stadt wird als Keltensiedlung an der Stelle gegründet, wo sich die Themsemündung so weit verengt hat, daß der Fluß durch eine Brücke überquert werden kann. Die Römer erobern die Stadt 47 v. Chr. und bauen im Jahre 43 n. Chr. die erste Brücke über die Themse. Da London von Schiffen erreicht werden kann, wird die Stadt ein wichtiges Zentrum im Römischen Imperium und ist schon zu dieser Zeit Hafenstadt, Handelsplatz, Verwaltungszentrum und Garnisonsstadt zugleich. London wächst zu einer großen und bedeutenden Stadt an. Westlich der Stadt dient Westminster seit 1015 als Sitz der Königsfamilie und der nationalen Regierung. London entwickelt sich durch das Zusammenwachsen von Stadtgemeinden rings um die beiden wichtigen Handels- und Regierungsplätze London und Westminster, wobei jede Stadtgemeinde ihre eigene kommunale Verwaltung hat. Mehrere große Güter teilen sich den Grundbesitz, und innerhalb dieser Güter entstehen ohne zentrale Koordination planlos Wohngebiete (DIXON 1981:7).

London wird die wichtigste Hafenstadt der Seemacht England, die Metropole des britischen Empires und eine der ersten Industriestädte der Erde. Durch Zuwanderung wächst die Einwohnerzahl zwischen 1560 und 1600 von 90.000 auf 200.000 an. Zusätzlich zum Bevölkerungswachstum der am nördlichen Themseufer gelegenen City of London beginnen auch einzelne Zuwanderergruppen sich am südlichen Themseufer in Southwark und Lambeth (vgl. Abb. 1.2) niederzulassen (SHEPHERD, WESTAWAY & LEE 1974:14).

Ende des 18. Jahrhunderts lassen sich in Londons räumlicher Struktur vier Gebiete unterscheiden: Handel und Geschäfte dominieren in der City, im Schatten des Regierungssitzes Westminster ist ein wohlhabendes Wohngebiet (West End) entstanden, während die Wohngebiete der ärmeren Bevölkerungsteile im Osten der Stadt, dem East End, überfüllt sind und das südliche Themseufer zunehmend besiedelt wird.

Bereits seit dem 16. Jahrhundert entwickeln sich entlang des Themseufers neuartige Handwerks- und Industriezweige: Da die größer werdenden Schiffe London Bridge nicht mehr passieren können, ankern und entladen sie stromabwärts der City an den Ufern und verhelfen einer "waterside industry" zum Entstehen, die vor allem Farben, Gewürze, Wachs u.ä. herstellt. Um 1800 ankern jährlich etwa 10.000 Schiffe auf der Themse (SCHÜTZ & WEIS 1982: 48).

Zwischen 1799 und 1886 werden fünf durch Schleusen vor der Tide geschützte Hafenanlagen (Docks) gebaut, so daß ein ungestörter Hafenbetrieb möglich ist. Werften und andere Betriebe der Schiffsindustrie breiten sich entlang der Themse und ihrer Nebenflüsse aus. Im Osten der Stadt enstehen umfangreiche Industrieanlagen (Fahrzeuge, Konsumgüter) mit ausgedehnten Eisenbahnanschlüssen. Bereits Ende des 19. Jahrhunderts werden einige Fabriken (Nahrungsmittel, Chemie, Seifen) umgesiedelt und entstehen an neuen Standorten östlich und südlich im Umland an den Flüssen Lee und Wandle (SHEPHERD, WESTAWAY & LEE 1974:13f).

Im Jahre 1801 ist London mit 1,1 Mio. Einwohnern die mit Abstand bevölkerungsreichste Stadt Großbritanniens vor Birmingham, Manchester und Sheffield, die im Verlauf des 19. Jahrhunderts ein ähnlich schnelles Bevölkerungswachstum wie London zu verzeichnen haben (YOUNG & GARSIDE 1982:3).

Bis 1851 wächst die Einwohnerzahl auf 2,7 Mio. E an. Dennoch bleibt London räumlich relativ klein, während sich vor allem die Einwohnerdichte erhöht, die 1851 mit 46.714 E pro qkm in der City of London ihren Höchstwert erreicht (vgl. Tab.3.2). Die weiteste Ausdehnung der bebauten Fläche erstreckt sich bis max. 6 km vom Zentrum und ist von Fußgängern in einer Stunde oder in einer halbstündigen Fahrt mit dem Pferdewagen zu erreichen (vgl. Abb.2.1).

In der Mitte des 19. Jahrhunderts, ermöglicht durch die Entwicklung von Verkehrsmitteln wie Pferdebahnen, Dampfeisenbahnen und Untergrundbahnen, beginnt die Stadt weit in die umliegenden Grafschaften zu expandieren. Nach dem Bau der ersten Eisenbahnlinie (1836) werden in der Folgezeit weitere Linien gebaut, die sich von verschiedenen Bahnhöfen am Rande des zentralen Geschäftsbereichs radial in das Land erstrecken. 1863 wird in London mit der Metropolitan-Linie die erste, zunächst dampfgetriebene, später elektrische Untergrundbahnlinie in Betrieb genommen. Sie erstreckt sich vom Nordwesten durch das Zentrum in den Ostteil der Stadt. Die District-Line unterquert 1868 in Nord-Süd-Richtung die Themse und verbindet die Bezirke Westminster und Wandsworth. Nach der Circle - Line

Abbildung 2.1: <u>Die Expansion der Bebauung in London, 1800-1955</u>

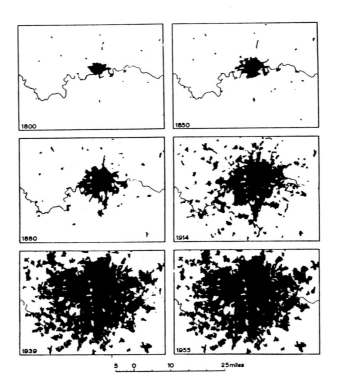

schwarz = bebaute Fläche

Quelle: JOHNSON 1972:130

(1884), die in der Form eines länglichen Rechtecks um den zentralen Geschäftsbezirk auf dem nördlichen Themseufer herumführt, werden zwischen 1890 und 1904 vier weitere Untergrundbahnlinien gebaut, die das Zentrum radial mit den Vororten verbinden. Lange vor dem Aufkommen des Autos als privatem Verkehrsmittel stoßen die Schienenwege von Eisenbahn und Untergrundbahn zwischen 1860 und 1914 zu allen Seiten weit ins offene Land vor und ermöglichen die räumliche Expansion von London und den Aufbau von Vororten und Pendlerstädten. Abb. 2.2 zeigt den schnellen Ausbau des

LONDON 157

Abbildung 2.2: <u>Die Entwicklung von Eisenbahn und Untergrundbahn, 1855 - 1895</u>

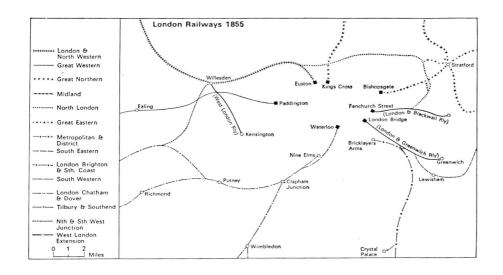

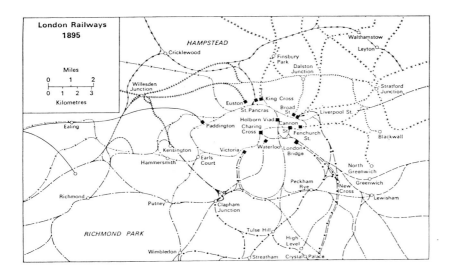

Quelle: OLSEN 1976: 310f

Schienennetzes zwischen 1855 und 1895. Da es keine wirkliche Konkurrenz durch andere Verkehrsmittel gibt, bestimmt die Erreichbarkeit von Nahverkehrsstationen Bodenwert und Bebauungsdichte. So werden räumliches Wachstum und Struktur der Stadt London durch die Schienenwege ganz wesentlich bestimmt.

1881 ist die Einwohnerzahl Londons auf 4,8 Mio. angewachsen. Während sich die Einwohnerdichte in der City im Verlaufe der räumlichen Expansion der Stadt drastisch auf 18.600 E/qkm verringert hat, steigt sie in Inner London auf 12.700 E/qkm an (Tab. 3.2).

Im 19. Jahrhundert gibt es zunächst noch keine zentrale Verwaltung der für die damalige Zeit riesigen "Metropolis London", sondern nur die Verwaltung der City of London (City Corporation) sowie Vertreter der umgebenden "parish vestries" (Kirchengemeinden). Funktionen, die ganz London betreffen, werden von etwa 300 einzelnen Körperschaften wahrgenommen, von denen die wichtigste, der "Metropolitan Board of Works", seit 1855 für Straßenbau und Kanalisation zuständig ist. In dieser wenig zentralisierten administrativen Struktur können die Nutzer der City durch ökonomische Macht am stärksten ihre Interessen durchsetzen (YOUNG & GARSIDE 1982:21).

Im Jahre 1888 wird London in den Rang eines "County" gehoben und erhält in Ergänzung zu den örtlichen Verwaltungen der einzelnen Bezirke mit dem "London County Council" (LCC) eine zentrale Verwaltung für die "Administrative County of London", die mit einer Fläche von 303 qkm im wesentlichen dem heutigen Inner London entspricht. Sie gliedert sich in 29 Bezirke, die 28 "Metropolitan Boroughs" sowie die City of London (vgl. Abb. 3.3).

Als der London County Council gerade kurze Zeit im Amt ist, zeigen die Daten des Bevölkerungszensus von 1891 einen anhaltenden Prozeß der Urbanisierung. Essex und Surrey, zwei an London grenzende Counties, in die die Stadt hineinwächst, haben mit 36,3% und 20,5% den stärksten Bevölkerungszuwachs seit der vorhergehenden Zählung von 1881 (YOUNG & GARSIDE 1982:107).

Aus der City Londons beginnt die wohlhabendere Bevölkerung als Reaktion auf städtische Lebensbedingungen mit verstopften Straßen, Lärm, ungesunder Luft, unzureichender Wasserversorgung und hohen Mieten in die Vororte des Umlandes abzuwandern. Zwischen 1881 und 1891 beträgt der Bevölkerungsverlust der City etwa 25%, während die überfüllten Elendsquartiere im East End ihre Bevölkerung behalten.

Das Stadtbild Londons ist entscheidend durch das spezifisch englische Wohnideal, das Einfamilienhaus in Reihenbauweise, geprägt worden. Diese Wohnvorstellung leitet seit dem 18. Jahrhundert eine Tradition von Vorstädten mit geringer Bevölkerungsdichte ein. Während in anderen europäischen Städten große Mietskasernen zur Unterbringung des ungeheuren Bevölkerungszustroms im 19. Jahrhundert gebaut werden, geschieht gerade dieses in London zunächst nicht. Hier bauen die einzelnen Londoner Bezirke als Träger des "öffentlichen Wohnungsbaus" genau wie private Bauherren im "Einfamilienhausstil". Trotzdem entstehen durch Geburtenüberschuß und anhaltend starken Bevölkerungszuzug in der Stadt Slumgebiete und Elendsquartiere, vorwiegend im East End, wo dicht aneinander gebaute kleine Einfamilienhäuser ohne Gärten mit zugebauten Höfen in engen Gassen, meist mit mehreren Familien überbelegt, ganze Viertel bilden.

Die Verwaltungsbehörden reagieren ab Mitte des Jahrhunderts zunächst mit Sanierungsmaßnahmen, die völlig unzureichend sind. Erst ab 1890 setzt verstärkte Wohnungsbautätigkeit und einzelne Umsiedlungsmaßnahmen ein. Als Folge mehrerer Choleraepidemien in London zwischen 1832 und 1866 befassen sich erste planerische Überlegungen mit den sich verschlechternden Wohn- und Lebensbedingungen und hierbei hauptsächlich mit Problemen der Wohnungsüberbelegung und den hygienischen Bedingungen in den städtischen Wohnhäusern. Zur Verbesserung der Verhältnisse in den Elendsgebieten leiten die Gesundheitsbehörden ab 1844 die folgenden Maßnahmen ein (BENEVOLO 1971:98ff):

- Einsetzen einer nationalen Gesundheitsbehörde (General Board of Health) zur Kontrolle und Koordination der Wasserversorgung, Entwässerung, Kanalisation, Müllabfuhr und Straßenpflasterungsarbeiten;

- Erstellung eines Katalogs von hygienischen Minimalanforderungen an Wohnraum;

- Erteilung von Lizenzen für die Vermietung von Wohnraum, um Besitzer zu veranlassen, unzureichende Häuser instand zu setzen.

LONDON

Die Durchführung von Maßnahmen scheitert jedoch meistens an der direkten Abhängigkeit der Behörden von den Steuerzahlern. So kann beispielsweise die Gesundheitsbehörde erst auf Antrag von mindestens 10% der Steuerzahler eines Bezirks eingreifen oder wenn die Todesrate 23/1000 übersteigt, also eine Epidemie bereits ausgebrochen ist (SCHÜTZ & WEIS 1982:6).

Nachdem es in London schon zwischen 1860 und 1870 zu verschiedenen Hungeraufständen gekommen ist, stellt BOOTH (1902) in einer klassischen Felduntersuchung über die Lebens- und Arbeitsbedingungen um 1890 fest, daß mit 1,4 Mio. Einwohnern fast ein Drittel der Londoner Bevölkerung in großer Armut lebt.

Als Reaktion auf die sich verschlechternden Lebensbedingungen in der Metropolis London und den anderen britischen Städten entstehen im 19. Jahrhundert in England mehrere Versuche der Gründung neuer Städte und Gemeinden. Dies geschieht aus idealistischen Gründen wie Robert Owen's "New Lanark" (1800), Titus Salt's "Saltaire" (1853), Ebenezar Howard's Garden City "Letchworth" (1903) und von Industriellen gegründete Städte wie "Bournville" (1879) und "Port Sunlight" (1888).

Abbildung 2.3: <u>Bevölkerungsentwicklung in London, 1801-1981</u>

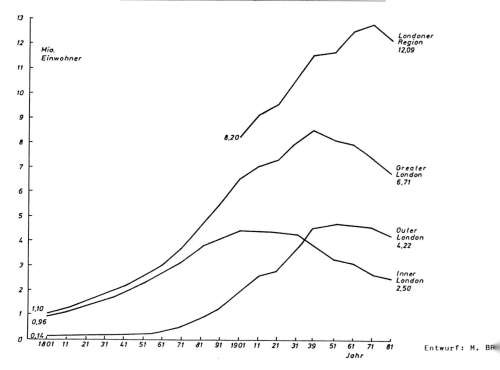

3. 1900 - 1940: WACHSTUM UND EXPANSION

3.1 Planverfahren und Ordnungsvorstellungen

1909 wird ein Gesetz erlassen (Housing and Town Planning Act), das zum ersten Mal in der Geschichte Großbritanniens den Begriff "Planung" verwendet. Stadtwachstum wird von nun an nicht mehr als "Naturphänomen" betrachtet, sondern es soll zum Nutzen der Bevölkerung kontrolliert und gesteuert werden (UNWIN 1921: 177). Dieses Gesetz ermächtigt die örtlichen Behörden, Stadtentwicklungsschemata für ihr Gebiet zu entwerfen. Zentraler Gesichtspunkt ist, einzelne Wohnkomplexe nicht isoliert, sondern im Zusammenhang der jeweiligen nachbarschaftlichen Beziehungen zu sehen, um damit vor allem Wohngebiete gegen die Errichtung von weiteren Fabriken zu schützen. Planungsverfahren und -durchführung erweisen sich allerdings als so schwerfällig, daß es 1919 zu Gesetzmodifikationen kommt. Es gibt keine oder nur mangelhafte Koordination einzelner örtlich aufgestellter Pläne. Eine in den Planungsmodalitäten vorgesehene Ausgleichszahlung für Beschränkungen der Bodennutzung und Enteignungen verhindert eine effektive Planung, da die lokalen Behörden ohne weitere staatliche finanzielle Unterstützung mit diesem Verfahren überfordert sind.

Ebenfalls 1919 wird durch ein Landesgesetz (Ministry of Health Act) die Kontrolle aller Planungsangelegenheiten in ganz Großbritannien dem "Gesundheitsministerium" unterstellt: Die Verbesserung von schlechten Wohnbedingungen, insbesondere die Verbesserung der sanitären und hygienischen Ausstattungen von Wohnraum und eine Verminderung der Umweltbelastungen in den überfüllten Slumgebieten der Städte Englands mit dem Ziel der Prävention von Krankheitsepidemien stellen die Anfänge britischer Stadtplanung dar.

1921 legt das "UNHEALTHY AREAS COMMITTEE" unter Leitung von N. Chamberlain einen Bericht über Sanierungsgebiete vor. Darin wird zum ersten Mal die Erstellung eines gesetzlichen Plans zur Umgestaltung der ganzen Stadt London einschließlich der angrenzenden Counties gefordert, - jedoch kommt es dazu nicht (SCHNEIDER 1947:10).

Durch einen weiteren erheblichen Bevölkerungszuwachs und eine anhaltende

Ausdehnung der Stadt in die Vororte verschlechtern sich die Lebens- und Umweltbedingungen in den zwanziger Jahren weiter, besonders im überfüllten East End. Dies führt zu einer verstärkten Planungstätigkeit. Im Housing Act (1923) wird den örtlichen Behörden erlaubt, auch bisher nicht erschlossene Gebiete in ihre Planung einzubeziehen. Im Town Planning Act (1925) wird Stadtplanung erstmals als eine eigenständige gestalterische Aufgabe verstanden und nicht mehr allein als Mittel zur Lösung von Wohnungsproblemen.

1929 setzt der Gesundheitsminister mit dem "Greater London Regional Planning Committee" eine Untersuchungskommission zur Analyse der Situation ein. Ihr Bericht spricht sich dafür aus, Arbeitsstätten und Bevölkerung in umfangreichem Maße zu dezentralisieren und Freiflächen in der Stadt zu schaffen. Er wendet sich gegen die zu beobachtende bandartige Entwicklung entlang den Verkehrswegen zugunsten einer punktuellen Bebauung der Landschaft. Gleichzeitig werden Forderungen nach einer zentralen Planungsbehörde für ganz London und der Aufstellung eines gesamtstädtischen Bebauungsplans in Übereinstimmung mit den örtlichen Plänen gestellt. 1932 wird die Arbeit dieses Gremiums jedoch wieder eingestellt, ohne daß alle geforderten Maßnahmen ergriffen werden.

Ebenfalls 1932 erlaubt der Town and Country Planning Act _allen_ lokalen Behörden, für ihre Gebiete Pläne aufzustellen. Dieses Gesetzt erweitert den Planungsbegriff erheblich, da nun auch alle ländlichen Gebiete einbezogen sind und die Planung nicht mehr nur bebaute Flächen (Industriebauten, Wohngebäude) betrifft, sondern auch unbebaute Flächen einschließt (HANCOCK 1980:18). Für das Gebiet Londons wird mit diesem Gesetz der London County Council zur Planungsinstanz für die Administrative County erklärt.

Die seit Mitte der zwanziger Jahre andauernde Diskussion um die Schaffung eines Grüngürtels (Green Belt), der die räumliche Ausdehnung Londons begrenzen soll, wird 1938 erfolgreich abgeschlossen. Die Diskussion geht auf Freiflächenpläne von R. UNWIN aus den Jahren 1925 und 1931 zurück, deren Inhalt es ist, diesen Grüngürtel zu schaffen. Er ist als ein wenig bebauter Ring in einer Entfernung von rund 40 km zur City mit einer Fläche von etwa 2.400 qkm und 8 km Breite vorgesehen. Der Green Belt soll frei von weiterer Bebauung bleiben, um die zunehmende Zersiedlung des Londoner Umlandes zu unterbinden. Der Plan wird 1938 als Gesetz (Green Belt Act) verabschiedet. Die Maßnahmen zu seiner Verwirklichung beinhalten u.a. die Zustimmungspflicht der Behörden bei der Neuerrichtung von Wohngebäuden auf Privatgrundstücken (ROSNER 1962:26f).

Insgesamt betrachtet bleiben die beschriebenen Planungen in der Zeit vor dem zweiten Weltkrieg im wesentlichen auf der Ebene von Kommissionen, Berichten und Absichtserklärungen stehen, ohne die Stadtentwicklung entscheidend beeinflussen zu können. Ende der dreißiger Jahre ist die Situation der Region Londons durch das Fortbestehen erheblicher innerstädtischer Slumgebiete, zunehmender Entfernung zwischen dicht besiedelter Innerer Stadt und den Naherholungsmöglichkeiten, immer stärkere Verdrängung der Landwirtschaft und durch ein wachsendes Verkehrschaos als Symptome des gleichzeitigen technischen und wirtschaftlichen Umstrukturierungsprozesses gekennzeichnet, der einerseits in London wirtschaftliche Konzentration und Bevölkerungswachstum bedeutet und andererseits zum wirtschaftlichen Niedergang ganzer Landstriche in Nordengland, Schottland und Wales führt, weil die Arbeitsstätten und Bevölkerung abwandern (SCHÜTZ & WEIS 1982:110).

Um Maßnahmen zur Lösung dieser Wachstumsprobleme durch effektiver arbeitende Planungsbehörden vorzubereiten, untersuchen ab 1937 verschiedene staatliche Untersuchungskommissionen einzelne Problemfelder wie z.B. Begrenzung der Bevölkerungskonzentration oder Verkehrssituation (vgl. Abschnitt 4.1). Die Bestandsaufnahmen und Empfehlungen dieser Untersuchungen, die nach jahrelanger Tätigkeit Anfang der vierziger Jahre vorgelegt werden, werden dann gegen Ende des Zweiten Weltkrieges und in der Nachkriegszeit die Grundlage der weiteren Planungstätigkeit.

3.2 Bevölkerung und Wohnungen

Das erste Drittel des 20. Jahrhunderts ist in Großbritannien durch eine anhaltende Bevölkerungswanderung in die großen Städte gekennzeichnet. Der prozentuale Anteil der Stadtbewohner an der Gesamtbevölkerung von England und Wales beträgt bereits 1921 79,3% und ist damit wesentlich höher als in anderen vergleichbaren Industrieländern (HALL 1966:18).

LONDON

Neben anderen industriellen Zentren des Landes ist die Hauptstadt London das bevorzugte Ziel dieser Zuwanderung. In Greater London hält damit das Bevölkerungswachstum unvermindert an. Von 6,5 Mio. im Jahr 1901 steigt die Zahl der Einwohner bis 1939 auf 8,6 Mio. an, verteilt sich aber dabei räumlich ungleich. Innerhalb der administrativen Stadtgrenzen, dem heutigen Inner London, stagniert nach 1901 der Bevölkerungszuwachs und wird nach 1921 deutlich rückläufig, während im Umland, dem heutigen Outer London, die Einwohnerzahl von 2,6 Mio. (1911) auf 4,6 Mio. (1939) weiter ansteigt (Tab.3.1). Entsprechend verändern sich auch die Bevölkerungsdichten (Tab. 3.2).

Tabelle 3.1: <u>Bevölkerungsentwicklung im Südosten Englands, 1801-1939</u>

	1801	1811	1821	1831	1841	1851	1861	1871	1881	1891	1901	1911	1921	1931	1939
City of London	128	120	124	122	124	128	112	75	51	38	27	20	14	11	9
Inner London	957	1139	1380	1656	1949	2363	2608	3261	3830	4228	4533	4517	4481	4393	4010
Outer London	160	188	220	251	290	322	419	629	940	1410	1976	2663	2906	3717	4604
Greater London	1117	1327	1600	1907	2239	2685	3227	3890	4770	5638	6510	7180	7387	8110	8615
Outer Metropolitan Area											1691	1967	2174	2511	2916
Londoner Region											8204	9147	9561	10620	11530
Südost-Region	2493	2879	3398	3915	4457	5094	5850	6805	7939	9148	10497	11743	12322	13539	14603

<u>Anmerkungen</u>: 1. Alle Angaben in Tausend Einwohnern
2. Alle Zahlenangaben sind Annäherungen aufgrund geringer Differenzen in der historischen Abgrenzung von Gebieten, vgl. YOUNG & GARSIDE 1982:342.
3. Als Londoner Region wird hier das Gebiet von Greater London und der umgebenden Outer Metropolitan Area zusammengefaßt.
4. Bei den Angaben für 1939 handelt es sich kriegsbedingt um Schätzungen.

<u>Quellen</u>: GLC 1968a:14; HALL 1969:35; GLC 1972a; GLC 1973h; GLC 1975a:16;GLC 1980a; YOUNG & GARSIDE 1982:342; Persönliche Informationen von Mr. A.J. BRYANT und Mr. J.HOLLIS, Greater London Council, London

Tabelle 3.2: <u>Entwicklung der Einwohnerdichte im Südosten Englands, 1801-1939</u>

	1801	1811	1821	1831	1841	1851	1861	1871	1881	1891	1901	1911	1921	1931	1939
City of London	46715	43796	45255	44526	45255	46715	40876	27372	18613	13869	9854	7299	5109	4015	3285
Inner London	3175	3779	4579	5494	6466	7840	9317	10820	12707	14028	15040	14987	14867	14575	13305
Outer London	125	147	172	196	227	252	328	492	735	1103	1545	2083	2273	2907	3601
Greater London	707	840	1013	1208	1418	1700	2044	2464	3021	3571	4123	4547	4678	5136	5456
Outer Metropolitan Area											172	200	221	255	296
Londoner Region											718	800	837	929	1009
Südost-Region	91	105	124	142	162	185	213	248	289	333	382	427	448	493	531

<u>Anmerkungen</u>: 1. Bevölkerungsdichte in Einwohner pro qkm
2. Eigene Berechnungen nach Tabelle 3.1

Beeinflußt wird die Bevölkerungsentwicklung im Südosten Großbritanniens vor allem durch wirtschaftliche Prozesse. In den wirtschaftlichen Krisenjahren nach dem Ersten Weltkrieg dokumentieren Generalstreiks, Abbau von Sozialleistungen und Hungermärsche der Arbeitslosen, daß die technisch veralteten Industriezentren Englands nicht mehr mit der internationalen Konkurrenz mithalten können. Einge Gebiete im Norden und Nordwesten Englands (z.B. Tyneside, Teeside, Sunderland, Südwales), "depressed areas" genannt, werden von dieser Entwicklung besonders betroffen. Bedingt durch den wirtschaftlich ungünstigen Standort, kommt hier die industrielle Tätigkeit (Kohlebergbau, Schiffbau, Schwerindustrie) weitgehend zum Erliegen. Als Folge vergrößern sich in der Bevölkerung der hohe Arbeitslosenanteil und eine erschreckende Armut (vgl. FAIRBROTHER 1972:107ff). Dieser wirtschaftliche Prozeß beeinflußt die Bevölkerungsentwicklung erheblich. Die Londoner Region und die angrenzenden Grafschaften ziehen eine Vielzahl von Arbeitslosen speziell aus den "depressed areas" an, da die relativ modern eingerichteten Industriebetriebe Londons Arbeitsplätze anbieten. Dadurch erhöht sich die Einwohnerzahl dieser Städte ständig.

Abb. 3.1 zeigt, daß das Gebiet Inner Londons zwischen 1901 und 1939 deutlich Bevölkerung verliert, während Outer London, Outer Metropolitan Area und Outer South East erhebliche Zunahmen zu verzeichnen haben. Obwohl das stärkste Bevölkerungswachstum in Outer London zu finden ist, kann bereits in dieser frühen Phase die gesamte Südost- Region als Wachstumsgebiet Londons angesehen werden.

Bedingt durch zunehmenden Flächenbedarf von Handel und Gewerbe bei gleichzeitig steigenden Bodenpreisen in Inner London, anhaltend schlechten Wohnbedingungen in der Stadt sowie durch einen steigenden Lebensstandard, hält die Abwanderung der Mittelschicht in das Umland an. Nach dem Ersten Weltkrieg beginnt, begünstigt durch Wohnungsbaumaßnahmen des LCC am Stadtrand und im Umland, auch die Unterschicht abzuwandern. An der Peripherie des administrativen Stadtgebiets treffen die Abwanderer aus London mit den Zuwanderern aus den "depressed areas" zusammen und tragen - verstärkt durch einen hohen Geburtenüberschuß zwischen 1921 und 1931 - dazu bei, daß durch unstrukturierte Zersiedlung der Landschaft das intensiv genutzte Ackerland im Umland immer stärker abnimmt. Das Ergebnis ist eine enorme räumliche Expansion der Stadt, in der die bebaute Fläche

Abbildung 3.1: Bevölkerungsentwicklung in der Südost-Region, 1901-1939

sich zwischen 1921 und 1939 konzentrisch etwa um das Dreifache vergrössert (Abb. 2.1). Im Jahre 1939 ist eine ringförmige Fläche, die etwa 8 km vom Stadtkern entfernt beginnt und etwa 25 km entfernt endet, nahezu einheitlich mit ungefähr 20 bis 30 Häusern pro Hektar bebaut.

Wohnungsbau. Vor Einführung der ersten gesetzlichen Mietkontrollen (1915) ist der private Sektor durch den Bau von Mietwohnungen mit einem Anteil von 90% am Wohnungsmarkt noch der wesentliche Träger der Wohnungsversorgung Londons, aber mit zunehmender Verbreitung des Eigenheimbaus und des öfentlich geförderten Wohnungsbaus (Public Housing) geht die Bedeutung privater Mietwohnungen im 20. Jahrhundert kontinuierlich zurück.

Der Housing Act 1919 verpflichtet die Gemeinden zum öffentlichen Wohnungsbau, um die Arbeiter vor allem in den Sanierungsgebieten aus der größten Wohnungsnot zu befreien und für sie Wohnungen mit höherem Ausstattungsstandard zu erstellen (PORATH & SCHUHMACHER 1980:144f).

Der LCC legt nach seiner Gründung 1888 das Schwergewicht seiner Wohnungspolitik zunächst auf Slumsanierung, beginnt aber schon im Jahre 1900, sich in größerem Umfang mit dem Bau von 1.229 Häusern am aufkommenden öffentlichen Wohnungsbau zu beteiligen. Dabei ist es dem LCC gesetzlich erlaubt, auch außerhalb des administrativen Gebiets der Stadt, der "Administrative County", in den benachbarten Counties Wohnanlagen zu errichten. Durch Bau der Wohnsiedlung White Hart Lane macht der LCC 1904 erstmals von diesem Recht Gebrauch. Gebaut werden 2.230 Wohnungen für Arbeiter auf 5,2 ha in kleinen, einfach ausgestatteten Siedlungshäusern in Reihenhausbauweise bei einer Dichte von 165 Personen pro ha (PORATH & SCHUMACHER 1980:119).

Gut funktioniert in diesen ersten Großsiedlungen am Standrand Londons, z.B. "White Hart Lane" und "Totterdown Fields", die Verkehrsanbindung an die Arbeitsplätze in der Stadt durch Straßenbahn und Eisenbahn als sogenannte "Twopenny Trains" mit billigen Fahrpreisen für Arbeiter (SHEPHERD, WESTAWAY & LEE 1974:24).

Abbildung 3.2 zeigt die Orte der Wohnungsbautätigkeit des LCC vor 1919, gegliedert nach Reihenhäusern und Geschoßwohnungen. Sie verteilen sich vor allem innerhalb eines Kreises mit 8 km Radius um den zentralen Bahn-

LONDON

Abbildung 3.2: <u>Entwicklung des LCC-Wohnungsbaus, 1900-1939</u>

LCC-Wohnungsbau vor 1919

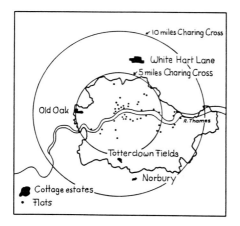

LCC-Wohnungsbau 1919-1928

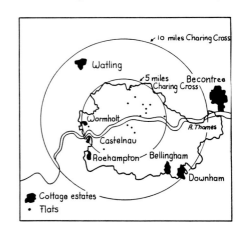

LCC-Wohnungsbau 1929-1939

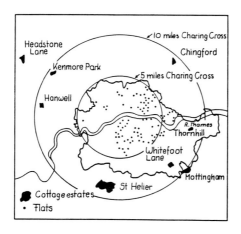

■ Wohnsiedlungen

• Etagenwohnungen

<u>Quelle</u>: YOUNG & GARSIDE 1982:164f

hof Charing Cross und befinden sich noch überwiegend auf dem administrativen Gebiet der Stadt.

Im Bereich des privaten Mietwohnungsbaus wird schon seit Anfang des 19. Jahrhunderts versucht, die Wohnsituation von Arbeitern zu verbessern. Hervorzuheben sind besonders die philantropischen "5%-Gesellschaften", die ab 1830 Modellsiedlungen mit gut ausgestatteten Wohnungen in meist 4-5-geschossigen Blocks mit hoher Dichte bauen und dabei ihre Profitrate auf "nur" 5% beschränken. Bis zum Jahre 1900 haben die vier größten Gesellschaften in London zusammen Wohnungen für 96.000 Personen gebaut (PORATH & SCHUHMACHER 1980:127f). Durch strenge Regulierung der Lebensbedingungen in diesen Blocks bleiben aber die ärmeren und meist auch unstetig beschäftigen Arbeiterschichten von diesen Wohnungen ausgeschlossen.

Nach dem Ersten Weltkrieg beginnt unter dem Slogan "Homes for heroes", der auf die Kriegsteilnehmer zielt, in ganz Großbritannien eine verstärkte Wohnungsbautätigkeit. In London dezentralisiert dabei ab 1919 der LCC weiter Bevölkerung aus den inneren Stadtgebieten durch den Bau großer Wohnsiedlungen für Arbeiter in den Vororten. Diese liegen entweder peripher innerhalb der Administrative County oder bereits in den umliegenden Counties. Als Vorbild dienen dabei die einfachen Häusertypen der ersten Siedlungen von 1900. Abb. 3.2 zeigt hierzu die relativ geringe Bautätigkeit in den inneren Bezirken zwischen 1919 und 1928 sowie die weiter aussen liegenden größeren LCC-Siedlungen. Die größte Siedlung ist Becontree mit 1.215 ha. Sie ist ursprünglich für 130.000 Einwohner geplant, von denen Ende der dreißiger Jahre 116.000 in ca. 25.000 Wohnungen und Reihenhäusern leben (SCHÜTZ & WEIS 1982:103f).

Die Wohnungsbautätigkeit des LCC verteilt sich dabei sehr ungleich auf die London umgebenden Counties: Bis zum Ende der zwanziger Jahre gibt es in Hertfordshire, Kent und Surrey kaum öffentlichen Wohngsbau. In Middlesex entstehen zwar von 1919 bis 1929 ca. 15.000 Wohnungseinheiten, aber der LCC ist daran nur mit ca. 3.000 Einheiten beteiligt, während der LCC in Essex fast 80% des gesamten öffentlichen Wohnungsbaus dieser Grafschaft erstellt (YOUNG & GARSIDE 1982:161).

Nach 1928 konzentriert sich die Wohnungsbautätigkeit des LCC wieder stärker auf das administrative Stadtgebiet. Die Absicht, auch weiterhin grössere Wohnanlagen außerhalb der administrativen Grenzen zu bauen, scheitert aus mehreren Gründen: Es läßt sich kaum noch geeignetes Baugelände ausweisen, da häufig Spekulanten dem LCC beim Grundstückskauf zuvorkommen und einzelne größere Grundbesitzer und ganze Gemeinden sich gegen die Ansiedlung von Arbeiterbevölkerung wehren, von denen sie als Mittelschichtsangehörige getrennt bleiben wollen, da sie ihre Idylle des "ländlichen Lebens im Vorort" gestört sehen. Auch ab 1930 mögliche Ausgleichszahlungen an betroffene Gemeinden verringern diese Schwierigkeiten nicht.

Gleichzeitig steht der LCC in starker Konkurrenz mit der Bautätigkeit des privaten Sektors, der insbesondere durch Spekulanten eine große Zahl von Häusern für die untere Mittelschicht im Umland, hauptsächlich mit billigen Baumaterialien und Arbeitskräften während der wirtschaftlichen Depression 1929-1934, erstellt.

In den zwanziger Jahren beginnt sich auch das Wohnen im Eigenheim zu verbreiten. Begünstigt durch Bausparkassen (Building Societies) mit günstigen Hypotheken, preisgünstiges Bauland am Stadtrand, niedrige Baupreise und staatliche Zuschüsse wird der Eigenheimbesitz für breite Bevölkerungskreise erreichbar.

1927 werden nur etwa 37% aller Wohnungsneubauten in London vom öffentlichen Sektor erstellt, während dieser Anteil in anderen großen britischen Städten deutich höher liegt wie z.B. in Birmingham (70%), Manchester (60%) und Liverpool (80%) (YOUNG & GARSIDE 1982:142).

Aus den aufgeführten Gründen geht nach 1930 die Wohnungsbautätigkeit des LCC deutlich zurück. Wohnungen werden jetzt vor allem wieder im inneren Stadtgebiet erstellt (Abb.3.2). Nach der Wahl einer Labour-Mehrheit im Jahre 1934 im LCC werden in London verstärkt mehrgeschossige Mietshäuser gebaut. Dadurch verschiebt sich das Verhältnis von Reihenhäusern (Cottages) und Geschoßwohnungsbau (Flats) in der Wohnungsbautätigkeit des LCC: Der prozentuale Anteil von Etagenwohnungen an der jährlichen Bautätigkeit des LCC erhöht sich von unter 20% im Jahre 1920 auf fast 80% im Jahre 1939 drastisch. Im privaten Wohnungsbau dominiert dagegen unverändert das traditionelle zweigeschossige Doppel- und Reihenhaus.

Trotz der nach 1900 durchgeführten umfangreichen Wohnungsbau- und Sanierungsmaßnahmen kann der Bedarf an Wohnraum in London insgesamt nicht gedeckt werden. Im Gegenteil, die Wohnsituation der ärmeren Bevölkerungsschichten verschlechtert sich weiterhin. Zunehmend werden die schon ohnehin kleinen Reihenhäuser in überbelegte Etagenwohnungen umgewandelt. Immer mehr Arbeiterfamilien müssen sich eine Wohnung teilen. 1931 ergibt eine Zählung etwa 1,2 Mio. Haushalte in der Administrative County mit einem Anspruch auf eine eigene Wohnung. Zu diesem Zeitpunkt müssen aber 64% dieser Haushalte ihre Wohnung mit einem anderen Haushalt teilen (SCHNEIDER 1947:5).

Abbildung 3.3: Überbevölkerte Bezirke und Bezirke mit hoher Kindersterblichkeit (LCC), 1931

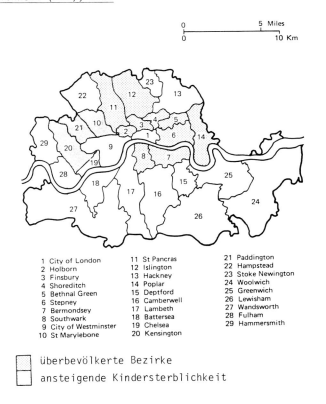

Quelle: YOUNG & GARSIDE 1982:195

Abb. 3.3 hebt diejenigen Bezirke heraus, die vom Census 1931 als "überbevölkert" klassifiziert werden oder aufgrund schlechter Lebensbedingungen eine ansteigende Kindersterblichkeit aufweisen. Kriterium für "Überbevölkerung" ist hier ein Überschreiten des Londoner Belegungsdurchschnitts um mindestens zwei Personen pro Raum, ohne daß Kinder dabei mitgezählt werden. Es zeigt sich, daß die Elendsgebiete Londons noch immer hauptsächlich im East End liegen.

In der gesamten Zeit zwischen 1900 und dem Ausbruch des 2. Weltkriegs besteht in London eine anhaltende Wohnungsknappheit, die sich in der Kluft zwischen der Anzahl der vorhandenen Wohnungen und der deutlich höheren Zahl der nachfragenden Haushalte zeigt (vgl. Abb. 3.4).

Abbildung 3.4: <u>Wohnungen und Haushalte in London, 1901-1978</u>

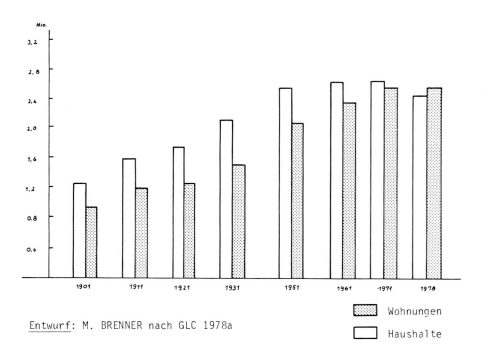

Entwurf: M. BRENNER nach GLC 1978a

3.3 Beschäftigte und Arbeitstätten

Anfang des 20. Jahrhunderts gibt es in Großbritannien eine zahlenmäßig kleine aber wohlhabende und gut lebende Ober- und Mittelschicht, eine eher arme untere Mittelschicht; - die breite Masse des Volkes gehört zur Arbeiterklasse und lebt nach wie vor in Armut. Erst im Verlauf des 20. Jahrhunderts kann sie ihre wirtschaftliche Situation verbessern und als Konsumenten an Bedeutung gewinnen. Diese Beschreibung von HOBSBAWM (1969a:169ff) trifft besonders auf die sozialen Verhältnisse in London zu.

Anfang des 20. Jahrhunderts ist London das wirtschaftliche Zentrum des Landes. Internationale Bedeutung erhält die Stadt als Handelsplatz durch ihren Hafen sowie durch Banken, Versicherungen, Kapital- und Handelsgesellschaften, die sich im Zentrum angesiedelt haben. Nationale Bedeutung haben Londons Zeitungs-, Bekleidungs- und Präzisionsinstrumentenindustrie.

Die große Anziehungskraft des Londoner Marktes als Standort wird durch gute Verkehrsverbindungen zum übrigen Großbritannien, zum Kontinent und nach Übersee noch verstärkt. Die Verkehrslage erlaubt eine schnelle und ausreichende Versorgung der Londoner Industriebetriebe und ermöglicht einen schnellen Umschlag der produzierten Güter.

Nach dem 1. Weltkrieg kommt es in den traditionellen exportorientierten Grundindustrien Großbritanniens wie Baumwoll-, Stahl- und Roheisenindustrie sowie Bergbau und Schiffbau zu einer wirtschaftlichen Depression, während andere, vorwiegend für den heimischen Markt produzierende Industrien, von Kostensenkungen für Rohstoffe und Nahrungsmittel durch die Ausbeutung der kolonialen und halbkolonialen Welt profitieren. Ihre besondere Härte gewinnt diese Wirtschaftskrise durch ihre regional ungleichen Auswirkungen. Besonders betroffen sind: Nordostengland, Cumberland, Teile von Lancashire, Südwales und Zentralschottland. Landesweit gibt es zwischen 1-3 Mio. Arbeitslose, wobei die offiziellen Statistiken eher noch zur Untertreibung neigen (HOBSBAWM 1969a:43ff).

1936 betragen die Arbeitslosenquoten in den Industriezentren des 19. - Jahrhunderts in Nordengland 16%, in Schottland 18% und in Wales 28,5%.

Die Londoner Region wird von dieser Wirtschaftskrise nur wenig betroffen, was sich auch in der verhältnismäßig geringen Arbeitslosenquote von "nur" 6,5% (1936) zeigt (SCHÜTZ & WEIS 1982: 109). Die geringe Spezialisierung der vorhandenen und zuwandernden Arbeiterschaft ermöglicht eine rasche Anpassung der Betriebe an sich ändernde Produktionsverfahren (SCHNEIDER 1947:8).

In ihrer Analyse der regional ungleichen wirtschaftlichen Entwicklung in der Zeit zwischen dem 1. und 2. Weltkrieg in Großbritannien schätzt die Barlow-Kommission (vgl. Abschnitt 3.1), daß zwischen 1923 und 1937 die Zahl der Beschäftigten in England und Wales um 22,3% zugenommen hat, in London und Umland dagegen um 43% (HALL 1974:94).

Zwischen 1918 und 1939 siedeln sich planlos eine Vielzahl von wirtschaftlich erfolgreichen Betrieben in den Randgebieten Londons an, die hauptsächlich zur Konsumgüterindustrie (Tabak, Süßwein, Elektro- und Haushaltswaren) oder zur Motorenindustrie gehören. Ihr Geschäftsinteresse ist nicht auf den Export, sondern auf den heimischen Markt gerichtet. Daher liegen Standorte fast ausschließlich im Westen und Norden Londons entlang der großen Ausfallstraßen, von wo sowohl die Versorgung Londons als größtem nationalen Markt als auch die des übrigen Landes durch gute Verkehrsverbindungen sichergestellt werden kann. Im Süden oder Osten der Stadt hätten die Verkehrsbedingungen dies verhindert (SCHÜTZ & WEIS 1981:109).

Von größerer Bedeutung als Anbieter von Arbeitsplätzen ist die Ford-Automobilfabrik, die 1931 in Dagenham an der Themse im Osten der Stadt eröffnet wird.

Im Verlauf der anhaltenden Bevölkerungskonzentration zwischen 1918 und 1939 und der damit verbundenen Expansion der bebauten Fläche werden viele der vorhandenen und entstehenden Industriebetriebe sowie der Hafen durch Wohngebiete und städtische Bebauung eingeschlossen. Dieses trifft nicht nur für den East End, wo es am augenscheinlichsten ist, sondern gleichermaßen auch die übrigen peripheren Stadtgebiete zu.

Nachdem bereits im 19. Jahrhundert die ersten Bürobauten von der Regierung und den Banken errichtet worden sind, ist London traditionsgemäß das Bürozentrum Großbritanniens. Im zentralen Geschäftsbezirk (CBD), der sich von der City aus vor allem westlich in die Bezirke Islington, Camden, Westminster Lambeth und Southwark entwickelt, gibt es seitdem eine stetige Zunahme von Bürofläche und Beschäftigten im tertiären Sektor. Insbesondere nach dem Ersten Weltkrieg wählen viele in anderen Landesteilen Güter und Dienstleistungen produzierende Firmen London als Sitz ihrer zentralen Geschäftsleitung (DUNNING & MORGAN 1971:37). Bis zum Jahr 1939 sind in London 8,1 Mio. qm Büroraum entstanden (HALL 1966:33).

Gleichzeitig geht der Anteil der Beschäftigten im sekundären Sektor zurück: in der City of London gibt es 1907 noch 1.058 Fabriken mit rund 40.000 Beschäftigten. Dominierend sind die Fabriken der Zeitungs- und Druckindustrie mit rund 26.000 Arbeitern. Bis zum Jahr 1954 sinkt die Zahl der Industriebeschäftigten in der City auf rund 20.000 (DUNNING & MORGAN 1971: 38, 49).

3.4 Infrastruktur

Verkehr. In der Zeit vor dem zweiten Weltkrieg genügt das öffentliche Nahverkehrssystem trotz verschiedener einzelner Mängel insgesamt den Erfordernissen der Stadt.

Das bereits zu Anfang des 20. Jahrhunderts umfangreiche Untergrund- und Eisenbahnnetz wird weiter ausgebaut. Ab 1900 werden mit anhaltendem technischen Fortschritt schrittweise zuerst die Untergrundlinien und dann auch Eisenbahnlinien elektrifiziert und automatische Signalanlagen eingeführt. Dadurch verkürzen sich die Fahrzeiten deutlich und die Zugfolge wird häufiger. Zusätzlich werden ab 1908 "Non-Stop-Züge" auf einzelnen Strecken eingeführt. Das Streckennetz wird bis zum zweiten Weltkrieg fortlaufend durch Streckenverlängerungen und Querverbindungen ausgebaut und erreicht zu diesem Zeitpunkt eine Länge von 235 km. Die Zahl der jährlich beförderten Passagiere steigt dabei von ca. 350 Mio. (1910) auf 488 Mio. (1938) (BARKER & ROBBINS 1976:149,294).

1901 wird in London die erste elektrische Straßenbahnlinie eröffnet. In den folgenden Jahren wird das Stadtgebiet mit einer Vielzahl von Strecken überzogen. Das Streckennetz erreicht 1923 mit 590 km Länge seine größte Ausdehnung. In diesem Jahr werden 1.001 Mio. Passagiere befördert. Bis 1939 verringert sich das Netz zugunsten von Buslinien auf ca. 220 km. Die Passagierzahl sinkt bis 1938 auf 701 Mio. jährlich (BARKER & ROBBINS 1976: 234,302).

Ergänzend zu den schienengebundenen Verkehrsmitteln entsteht seit 1899 ein umfangreiches Buslinnennetz und wird zu einem wichtigen Sektor der öffentlichen Personennahverkehrsversorgung. Ab 1905, dem Jahr des "Motorbus-Booms" in London, werden die Pferdebusse durch die erheblich leistungsfähigeren Motorbusse, meist als Doppeldeckerbusse, abgelöst, die später zu einem bekannten Wahrzeichen der Stadt werden. Die Anzahl der Motorbusse steigt von 1.205 Fahrzeugen (1907) schnell auf 2.908 (1912) an. Die Passagierzahl im Busverkehr erhöht sich in der Zeit vor dem zweiten Weltkrieg von 377 Mio. (1910) auf 1958 Mio. (1930) jährlich (BARKER & ROBBINS 1976:99,214).

Eine wichtige Verbesserung des gesamten öffentlichen Nahverkehrs bringt 1933 der Zusammenschluß verschiedener Eisenbahngesellschaften, der Untergrundlinien und der Busgesellschaften zum "London Transportation Board", einer einheitlichen Betriebsgesellschaft für alle öffentlichen Nahverkehrsmittel.

Trotz der schnellen Entwicklung des privaten Autoverkehrs vor dem zweiten Weltkrieg werden seit 1910 nach der Erstellung des "King's Way" in der City keine umfangreichen Straßenbauarbeiten in London mehr durchgeführt. Die Zahl der zugelassenen Privatfahrzeuge beträgt 292.000 im Jahr 1932 in der London Transportation Area (vergleichbar dem Gebiet des heutigen Greater London) und steigt bis 1938 auf 475.000 Pkw an (BARKER & ROBBINS 1976:12). Als Folge dieser Entwicklung lassen sich Ende der dreißiger Jahre erhebliche Mängel im Straßennetz der Stadt feststellen: Es gibt keine Klassifizierung der Straßen nach örtlichem Verkehr und Durchgangsverkehr. Die Straßen sind zu eng und durch eine Vielzahl von Kreuzungen und Abbiegungen unübersichtlich geworden. Dieses Problem wird an vielen Stellen durch kurvenreiche Straßenführung durch alte Ortskerne und durch einen erheblichen Mangel an Parkgelegenheiten noch vergrößert. Ein weiterer Nachteil ist, daß das Straßennetz fast nur über Radialstrassen und nicht über ausreichend Querverbindungen zur Aufnahme des zunehmenden Verkehrs in den Bezirken (SCHNEIDER 1947:22f) verfügt.

LONDON

4. 1940 - 1965: DEZENTRALISIERUNG

4.1 Planverfahren und Ordnungsvorstellungen

Seit 1937 untersuchen verschiedene von der Regierung beauftragte Kommissionen nationale, regionale und fachplanerische Aspekte der städtischen Wachstumsprobleme (vgl. Abschnitt 3.1). Als wichtigste Arbeitsgruppe behandelt die "Royal Commission on the Distribution of the Industrial Population" unter dem Vorsitz von M. Barlow die Verteilung der industriellen Bevölkerung in Großbritannien sowie die Ursachen und Nachteile der Konzentration von Industrie und Bevölkerung in bestimmten Gebieten (MUGGLI 1968:37). 1940 werden die Ergebnisse als Barlow-Report veröffentlicht, der in der Planungsgeschichte Londons bis heute eine zentrale Stellung einnimmt.

Ergänzend dazu untersuchen andere Kommissionen die finanziellen Probleme einer planmäßigen Nutzung von Grund und Boden (Uthwatt-Report), die Probleme der Bodennutzung (Scott-Report) sowie die Situation des Straßenverkehrs (Highway-Report) und veröffentlichen ihre Berichte 1941 und 1942. Die Ergebnisse und Empfehlungen dieser Kommissionen bilden die Grundlage für die zu schaffenden Planungsgesetze und -instanzen und bestimmen die gesamte Nachkriegsplanung bis zur Gegenwart (vgl. Abb. 4.1)

Die Untersuchungskommissionen stellen in ihrer Analyse fest, das expandierende London tendiere Anfang der vierziger Jahre zur Bildung konzentrischer Ringe mit unterschiedlichen Strukturen, die den historischen Wachstumsphasen Londons entsprechen und deren Ist-Zustand folgendermaßen beschrieben werden kann (ABERCROMBIE 1945:6f):

Inner Urban Ring: Der innere Ring deckt sich etwa mit dem Gebiet der Administrative County. Mit einem Durchmeser von rund 27 km stellt er das Gebiet dar, auf dem sich die Stadt bis 1914 ausgedehnt hat. Dieser Ring ist ein dichtbebautes, übervölkertes Gebiet, das durch eine starke Mischung von Wohngebäuden und Industriebetrieben gekennzeichnet ist. Es fehlen vor allem Freiflächen, deren Anteil in Teilgebieten bei nur 0,2 ha/1000 Einwohnern liegt (SCHÜTZ & WEIS 1982:125).

Suburban Ring: Nach außen geht der innere Ring in den Suburban Ring mit einer Entfernung zum Zentrum von 14-40 km über. Dieser Ring stellt die Erweiterung der bebauten Fläche nach 1918 dar und ist als der eigentliche Wachstumsring Londons anzusehen. Dieses Gebiet hat eine geringere Dichte, auch sind in größerem Maß Freiflächen vorhanden.

LONDON   178

Green Belt Ring: Der Grüngürtelring in einer Entfernung zum Zentrum von 40-70 km ist eine kaum bebaute Zone, die von der Vorortentwicklung noch nicht erfaßt ist. Sie erfüllt die Aufgaben eines Naherholungsgebiets und wird teilweise landwirtschaftlich genutzt, um die Nahversorgung der Londoner Bevölkerung mit landwirtschaftlichen Produkten zu sichern.

Outer Country Ring: An den Grüngürtel schließt sich in ca. 70 km Entfernung vom Stadtzentrum eine ländliche, dünn besiedelte Zone an.

Abbildung 4.1: Greater London Plan 1944

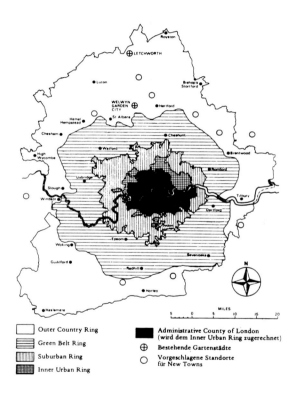

Quelle: SCHAFFER 1972:19

Die allgemeinsten Vorschläge der Untersuchungskommissionen besagen, daß Wachstum und Expansion der großen Städte in Großbritannien begrenzt werden sollen. Für die Region London gibt die Barlow-Kommission 1940 folgende Ziele vor:

- Dezentralisierung von nicht standortgebundenen Gewerbe- und Industriebetrieben in neu zu gründende Städte (New Towns) oder in zu erweiternde bereits existierende Städte (Expanded Towns) (vgl. Exkurs New Towns) im Outer Country Ring;
- Dezentralisierung von Bevölkerung, speziell aus Slumgebieten und Elendsquartieren;
- Verhinderung der Zuwanderung von Industriearbeitern in die Londoner Region;
- die Ansiedlung von Industrie soll in London nur noch in begründeten Ausnahmefällen zugelassen werden.

Wenn auch diese Vorschläge nicht von allen politischen Gruppierungen für richtig befunden werden, werden sie dennoch von der regierenden Koalition ohne Verzögerungen in Pläne und ergänzende gesetzliche Maßnahmen umgesetzt (ROSNER 1962:26f).

Um diese Ordnungsvorstellungen zu verwirklichen, werden drei Pläne erarbeitet und gesetzlich verabschiedet:

Reconstruction in the City of London von Holden und Holford, 1943. Dieser Plan wird im Auftrag der Bezirksverwaltung der City of London erstellt und betrifft den Wiederaufbau zerstörter Gebiete im Stadtzentrum.

County of London Plan von Abercrombie und Forshaw, 1943. Dieser Plan bezieht sich auf das Gebiet innerhalb der bestehenden administrativen Grenzen Londons (Administrative County).

Greater London Plan von Abercrombie 1944. Dieser Plan erstreckt sich auf ein Gebiet bis zu einer Entfernung von rund 50 km zum Stadtzentrum.

Die Konzepte aller drei Pläne stehen in engem Bezug und ergänzen sich. Zusammenfassend lassen sich folgende Ziele angeben (ABERCROMBIE 1945: 6f).

Der innere Ring ist während des Krieges am stärksten geschädigt worden und erfordert bauliche Sofortmaßnahmen. Begünstigt wird diese Absicht durch einen ökonomischen Aufschwung in der Nachkriegszeit und die kriegsbedingte Evakuierung von Bevölkerung und Betrieben. Um die Dichte auf einen angestrebten Wert von 250 E/ha Wohngebiet zu senken, sollen aus dem inneren Ring etwa 415.000 Menschen ausgesiedelt werden. Dazu sollen Fabriken und Industriebetriebe, die isoliert in Wohngebieten liegen und die Wohnnutzung beeinträchtigen ("non conforming industries"), ausgelagert werden.

Der suburbane Ring soll keine weitere Bevölkerung und Industrie aufnehmen (statische Zone). Es wird eine maximale Dichte von 125 E/ha Wohngebiet angestrebt. Größere Umsiedlungen sind hier nicht vorgesehen.

Der Green Belt Ring soll in seiner ursprünglichen Form erhalten bleiben. Eine Dezimierung durch Bebauung bzw. durch Erweiterung auch der wenigen vorhandenen Bebauung sowie die Vermischung von Erholungsgebieten mit landwirtschaftlichen Flächen soll unbedingt verhindert werden.

Der Outer Country Ring wir für die Ansiedlung der zu dezentralisierenden Bevölkerung und Industrie vorgesehen. In diesem Ring sollen auch die vorgesehenen New Towns und Expanded Towns gebaut werden.

Um das Ziel der Dezentralisierung zu erreichen, werden in den folgenden Jahren eine Reihe von Gesetzen verabschiedet, die Anreize zur Standortverlagerung geben und eine Kontrolle der Erweiterungen bereits vorhandener Industriebetriebe sowie eine Verhinderung des Zuzugs von neuen Betrieben ermöglichen. Gleichzeitig nimmt in ganz Großbritannien die staatliche Planungstätigkeit zu. Insbesondere werden Gesetze erlassen, die die Möglichkeiten und Bedingungen von Enteignungen sowie den staatlichen Bodenerwerb regeln. Der Town and Country Planning Act von 1944 ermöglicht Enteignungen; für Schadensersatzzahlungen wird dabei das Preisniveau von 1939 zugrunde gelegt.

Der Town and Country Planning Act von 1947 verringert landesweit die Zahl der Planungsbehörden von 1.440 auf 145 und schreibt vor, flächendeckend für das Land mit der Aufstellung von Flächennutzungsplänen (Development Plan) als Grundlage für Art und Maß der baulichen Nutzung sowie von Bebauungsplänen (Master Plan) für Gebiete mit einem hohen Anteil an Nutzungsveränderungen oder Neubauten zu beginnen (ZWIRNER 1982:455). Außerdem wird die Stellung der Planungsbehörden gestärkt: Sie können jetzt kurzfristig Boden aufkaufen und für eigene Zwecke verwenden, verpachten oder weiterverkaufen. Erforderliche Enteignungsverfahren können in dringenden Fällen innerhalb von zehn Wochen durchgeführt werden. Als Entschädigung wird der Nutzwert eines Grundstücks zugrunde gelegt, ohne Berücksichtigung spekulativer Wertsteigerungen.

Der Housing Act von 1949 erweitert die Pflicht der Bezirke, Wohnraum zu erstellen, erheblich: Sie sollen von nun an Wohnraum für alle sozialen Schichten bereitstellen und nicht mehr nur für die Arbeiterklasse bauen. Hinter dieser Wohnungspolitik steht die sozialpolitische Zielvorstellung des "social mix" der in Großbritannien regierenden Labour-Partei, der Mischung unterschiedlicher sozialer Schichten in gemeinsamen Wohnquartieren (PORATH & SCHUHMACHER 1980:135).

Nach dem Regierungswechsel 1953 zugunsten der konservativen Partei werden die durchgreifenden Enteignungsgesetze der unmittelbaren Nachkriegszeit schrittweise wieder abgebaut. Nach 1959 werden Entschädigungen für Enteignungen wieder auf der Grundlage von Marktpreisen reguliert (ROSNER 1962:28ff).

Nach Abschluß der Nachkriegsplanungen beschäftigen sich mehrere Kommissionen mit der zukünftigen Verwaltung des Großraums London. Ihre Empfehlungen werden aber erst 1963 gesetzlich verabschiedet und führen 1965 zu einer Erweiterung des administrativen Stadtgebiets und zur Schaffung des Greater London Councils (GLC) als Stadtverwaltung (Abschnitt 5.1).

Exkurs: New Towns

Nachdem die Barlow-Kommission das Ziel der Dezentralisierung von Bevölkerung und Arbeitsstätten aus London vorgegeben hat, sieht der Greater London Plan 1944 die Gründung von neuen Städten (New Towns) sowie den Ausbau größerer, bereits bestehender Orte (Expanded Towns) im Outer Country Ring vor. Nach Ansicht ihrer Planer sollen diese Maßnahmen eine universelle Lösung der Wachstums- und Expansionsprobleme ermöglichen.

Das Konzept der New Towns geht auf die in England verbreitete Idee der Gartenstädte (HOWARD 1898) zurück, die mit dem Bau der Städte "Letchworth" (1903), "Hampstead Garden Suburb" (1907) und "Welwyn Garden City" (1920) (vgl. Abb. 4.1) bereits zu Anfang des Jahrhunderts verwirklicht wird. Auf dieser Tradition bauen die New Towns auf und übernehmen insbesondere die Konzeption einer Sozialisierung des Bodens, so daß Wohnungen und Häuser nur gemietet und nicht, wie es vor allem die Mittel- und Oberschicht anstrebt, gekauft werden können.

Zusammengefaßt weist die Planung den New Towns folgende Aufgaben zu:

- Aufnahme der aus dem inneren Ring zu dezentralisierenden Bevölkerung, um eine Umsetzung der Slumbevölkerung und eine Verminderung der Bevölkerungsdichte im innerstädtischen Bereich zu erreichen;

- Schaffung neuer Standorte außerhalb Londons für die auszusiedelnde Industrie und für diejenigen Industriebetriebe, die nach London zuziehen wollen;

- Verringerung des Verkehrsaufkommens durch ein ausgewogenes Verhältnis zwischen Wohnen, Arbeiten und erforderlichen Dienstleistungen in den New Towns, so daß das Pendeln in die Innenstadt und andere Bereiche Londons unnötig wird (vgl. WEYL o.J.:46);

- Angebot an Wohnraum, um die Zersiedlung am Stadtrand zu unterbinden und die Erhaltung des Green Belt zu fördern.

Um die Entwicklung der New Towns in dem vorgesehenen Rahmen realisieren zu können, werden restriktive Planungsmaßnahmen ergriffen. Die Planungsbehörden werden autorisiert, Land aufzukaufen und, falls mit dem Besitzer keine Einigung erzielt werden kann, das Land zu enteignen. Für die Errichtung von Gebäuden auf unbebautem Land braucht der Eigentümer oder Pächter eine Bewilligung der Behörden. Der Neubau von Fabriken und Erweiterungen industrieller Betriebe innerhalb Londons benötigen ab einem Flächenbedarf von 465 qm eine behördliche Genehmigung (ROSNER 1962:29).

In einer ersten Bauphase zwischen 1946 und 1950 werden acht New Towns im Outer Country Ring Londons gebaut. In einer zweiten Bauphase nach 1961, in der New Towns vorwiegend als Mittel der Regionalplanung verstanden werden, werden vor allem in anderen Teilen Großbritanniens neue Städte gebaut, während in der Londoner Region mit Milton Keynes (1967) nur noch eine weitere neue Stadt gegründet wird. Bis zum Ende des Jahres 1977 sind in den ersten acht New Towns des Londoner Umlands (ohne Milton Keynes) 513.920 Menschen angesiedelt. Ihnen stehen insgesamt 272.531 Arbeitsplätze zur Verfügung, davon 109.470 industrielle (HANCOCK 1980:59).

Die von der Planung initiierte Entwicklung scheint in der ersten Phase ein großer Erfolg zu werden. Durch Vergünstigungen (Steuererleichterungen, Bereitstellung von Infrastruktur) ziehen die New Towns in der gewünschten Weise Industriebetriebe aus London an. Die Bevölkerung aus Inner London siedelt aufgrund der angebotenen besseren Wohnverhältnisse und des Arbeitsplatzangebots bereitwillig in neue Städte um. Die Attraktivität der New Towns in der Region London besteht aber auch für die Bevölkerung des übrigen Großbritannien in starkem Maße, so daß sich zwei Bevölkerungswanderungen ergeben: eine aus den übervölkerten Teilen Londons und eine aus dem übrigen England und Wales. Beide treffen sich in den äußeren Gebieten der Region in den New Towns, die dadurch ständig wachsen (MUGGLI 1968:31). Die für 20.000 bis 60.000 Einwohner geplanten Größen der Städte werden daher in vielen Fällen schon sehr früh erreicht und erheblich überschritten. So leben beispielsweise Anfang 1978 in Basildon 91.000 und in Harlow 80.000 Einwohner (HANCOCK 1980:56).

Doch gerade aus diesem scheinbaren Erfolg der New Towns ergibt sich, daß die 1944 von ABERCROMBIE in den Londoner Plänen vorgesehenen Maßnahmen im Endeffekt nicht zu dem erhofften Erfolg führen. Das Problem des Wachstums von London, das mit Hilfe der New Towns endgültig bewältigt werden sollte, hat sich nur räumlich ins Umland verschoben.

Zusätzlich verläuft die Entwicklung in weiteren Punkten nicht in der von den Planern vorgesehenen Weise. Bei der Umsiedlung der Industrie stellt sich das Problem der Beschaffung qualifizierter Arbeitskräfte, da durch den Vorrang der Aussiedlung von Slumbewohnern, die vorwiegend ungelernte Arbeiter sind, ein Mangel an Facharbeitskräften entsteht. Daher nehmen die aussiedlungsbereiten Firmen 80 bis 90 % ihrer Angestellten mit sich in die New Towns, und diese siedeln sich dort an. Das Bestreben, Personen aus schlechten innerstädtischen Wohnverhältnissen in bessere Wohnungen in den New Towns umzuquartieren, kann daher nicht in dem erhofften Ausmaß erreicht werden. Insgesamt bleibt zudem die in den Konzepten für die Entballung der Londoner Region schwergewichtig enthaltene Umsiedlung von Industriebetrieben ungenügend.

Die Entwicklung im CBD zeigt, daß der tertiäre Sektor in seiner Bedeutung für die Stadtentwicklung unterschätzt wurde (vgl. Abschnitt 4.3). Bemühungen, auch Betriebe des tertiären Sektors in die New Towns umzusiedeln, erweisen sich als wenig erfolgreich, da die meisten Firmen ihren zentralen Standort nicht aufgeben wollen. Die geringe Vielfalt der Arbeitsplätze führt dazu, daß noch 1968 auf 10 in den New Towns Wohnende und Arbeitende 7,3 Ein- und Auspendler kommen (ALONSO 1970:45). Je geringer die Entfernung einer New Town zur Stadtmitte Londons, desto geringer ist auch ihre Autonomie, gemessen durch den Anteil der in einer New Town beschäftigten Einwohner an der Summe aus Aus- und Einpendlern (EVANS 1972:75). Die geplante funktionale Autonomie, zu der auch die Vorstellung eines lokal weitgehend geschlossenen Arbeitsmarktes gehörte, hat sich nicht ergeben.

Die Sozialstruktur ist durch die einseitige Ansiedlung von Industriebetrieben in den meisten New Towns wenig differenziert. Es überwiegen Einwohner mit unteren und mittleren Einkommen (einfache Angestellte, Facharbeiter); Angehörige der freien Berufe und höhere Angestellte sind unterproportional vertreten. Es fehlen aber auch Einwohner ganz niedriger Einkommensgruppen (WEYL o.J.:55), weil auch für sie die entsprechenden Arbeitsplätze fehlen. Zudem konnte HERAUD (1968) eine selektive Abwanderung, nämlich Angehörige der höheren Einkommensgruppen, feststellen. Auch die Altersstruktur der New Towns ist nicht ausgeglichen, sie ist der von Neubausiedlungen an der Peripherie von Kernstädten ähnlich: Es ziehen vorwiegend jüngere Ehepaare mit kleinen Kindern zu. Daher ist die Geburtenrate doppelt so hoch wie im Landesdurchschnitt (ROSNER 1962:91).

Das Konzept des Ausbaus vorhandener größerer Ortskerne (Expanded New Towns) ist wenig erfolgreich. Es kommt zu Interessenkonflikten zwischen den bestehenden örtlichen Behörden und Bewohnern, die zum Teil mit der Entwicklung überfordert sind, und den überlokalen Planungsinstanzen, so daß im Ergebnis nur wenige Neubaugebiete erstellt werden und nur verhältnismäßig wenig Menschen in Expanded Towns umsiedeln.

4.2 Bevölkerung und Wohnungen

Bevölkerung. Seit 1940 läßt sich für Greater London eine stetige Abnahme der Bevölkerung feststellen, und zwar von 8,6 Mio. (1939) auf 7,95 Mio. (1965); dies entspricht einem Bevölkerungsverlust von 8% (Tab. 4.1).

Tabelle 4.1: Bevölkerungsentwicklung im Südosten Englands, 1939-1971

	1939	1951	1961	1966	1971
City of London	9	5	4	4	4
Inner London	4010	3346	3198	3073	2772
Outer London	4604	4851	4794	4763	4680
Greater London	8615	8197	7992	7836	7452
Outer Metropolitan Area	2916	3458	4457	4741	5307
Londoner Region	11530	11655	12449	12577	12759
Südost-Region	14603	15046	16271	17000	17230

Anmerkungen: 1. Alle Angaben in Tausend Einwohnern
2. Alle Zahlenangaben sind Annäherungen aufgrund geringer Differenzen in der historischen Abgrenzung von Gebieten, vgl. YOUNG & GARSIDE 1982:342.
3. Als Londoner Region wird hier das Gebiet von Greater London und der umgebenden Outer Metropolitan Area zusammengefaßt.
4. Bei den Angaben für 1939 handelt es sich kriegsbedingt um Schätzungen.

Quellen: GLC 1968a:14; HALL 1969:35; GLC 1972a; GLC 1973h; GLC 1975a:16; GLC 1980a; YOUNG & GARSIDE 1982:342; persönliche Informationen von Mr. A.J. BRYANT und Mr. J. HOLLIS, Greater London Council, London.

Tabelle 4.2: Entwicklung der Einwohnerdichte im Südosten Englands, 1939-1971

	1939	1951	1961	1966	1971
City of London	3285	1825	1460	1460	1460
Inner London	13305	11102	10610	10196	9197
Outer London	3601	3794	3749	3725	3660
Greater London	5456	5191	5061	4963	4719
Outer Metropolitan Area	296	351	453	481	539
Londoner Region	1009	1020	1089	1100	1117
Südost-Region	531	548	592	619	627

Anmerkungen: 1. Bevölkerungsdichte in Einwohner pro qkm
2. Eigene Berechnungen nach Tabelle 4.1

Diese Entwicklung verläuft in einzelnen Teilgebieten der Stadt unterschiedlich: Die City of London verliert weiterhin Wohnbevölkerung, um sich ab 1951 bei 5.000 Einwohnern zu stabilisieren. Inner London hat zwischen 1940 und 1966 erhebliche Bevölkerungsverluste in Höhe von 25% der Bevölkerung. Outer London hat bis 1951 noch einen leichten Bevölkerungsanstieg zu verzeichnen; nach diesem Zeitpunkt setzt eine leichte Abnahme ein. Abb. 4.2 und 4.3 zeigen die Einwohnerdichte in den Bezirken Greater Londons 1951 und 1961.

Gleichzeitig kommt es zu einem deutlichen Suburbanisierungsprozeß. Während Greater London an Bevölkerung verliert, besteht ein erhebliches Bevölkerungswachstum im Umland. Greater London verliert zwischen 1951 und 1961 rd. 205.000 Einwohner, während die Outer Metropolitan Area um 1 Mio. Einwohner anwächst. Diese Entwicklung setzt sich auch in den sechziger Jahren fort. Greater London verliert 540.000, das Umland gewinnt 849.000 Einwohner (1961-1971). Abb. 4.4 stellt die Migration für Greater London und Umland zwischen 1951 und 1971 dar.

Der seit 1940 zu beobachtende Rückgang der Bevölkerung in Greater London kann aus dem Zusammenwirken mehrerer Faktoren erklärt werden. In Inner London gibt es, bedingt durch den Zweiten Weltkrieg, eine erhebliche Wohnraumzerstörung und Bevölkerungsevakuierungen. In der Nachkriegszeit kommt es zu einem Verdrängungsprozeß von Wohnbevölkerung durch kommerzielle Nutzungen, vor allem des tertiären Sektors. Die Sanierungs- und Wiederaufbaumaßnahmen sind mit erheblicher Umsiedlung von Bevölkerung und entsprechender Verringerung der Dichte verbunden. Am Stadtrand hat der Green Belt verhindert, daß weiteres Bauland innerhalb Greater Londons ausgewiesen wurde. Bei anhaltender schichtspezifischer Abwanderung - vor allem der Mittelschicht - in das Umland hat dies wiederum zu einer stetigen Zunahme der Bevölkerung im Londoner Umland geführt. In der Kriegs- und Nachkriegszeit werden die Abwanderer aus London durch den Grüngürtel daran gehindert, sich in der Nähe der bebauten städtischen Fläche niederzulassen; sie sind gezwungen, sich in einer größeren Entfernung außerhalb der von Bebauung freizuhaltenden Zone anzusiedeln.

Die Zahl der Abwanderer aus London liegt dabei noch wesentlich höher als es die genannten Bevölkerungsverluste ausdrücken, da die Fortzüge durch einen bis Ende der sechziger Jahre anhaltenden hohen Geburtenüberschuß teilweise ausgeglichen werden (Tab. 4.3 und Abb. 5.1).

Abbildung 4.2: Einwohnerdichte in den Bezirken Greater Londons, 1951

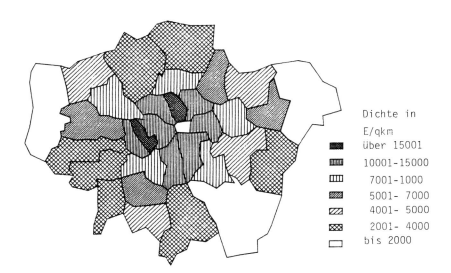

Dichte in E/qkm
- über 15001
- 10001-15000
- 7001-1000
- 5001- 7000
- 4001- 5000
- 2001- 4000
- bis 2000

Abbildung 4.3: Einwohnerdichte in den Bezirken Greater Londons, 1961

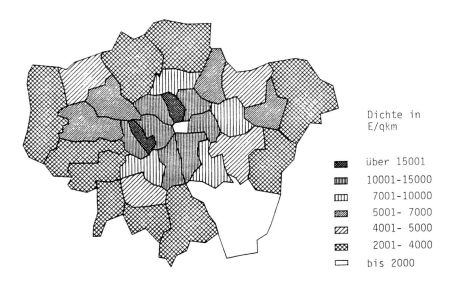

Dichte in E/qkm
- über 15001
- 10001-15000
- 7001-10000
- 5001- 7000
- 4001- 5000
- 2001- 4000
- bis 2000

Abbildung 4.4: <u>Migration 1951-1961 und 1961-1971</u>

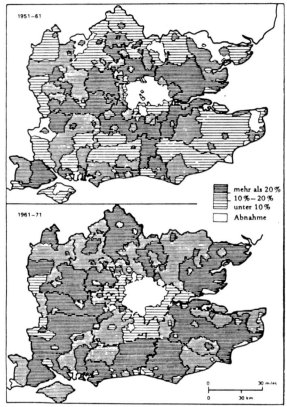

Quelle: HALL 1977:32

Greater London hat damit zwar entsprechend dem Ziel der Dezentralisierung erheblich an Bevölkerung verloren, jedoch sind die Verluste größer geworden als vorhergesehen. Gleichzeitig kommt es aber, begünstigt durch das Konzept der New Towns und eine allgemein hohe Geburtenrate, zu einer starken Ballung von Bevölkerung im Umland und im gesamten Südosten Englands, die von den Planern der Nachkriegszeit nicht vorhergesehen war.

Tabelle 4.3: <u>Bevölkerungsverluste in London, 1951-1971</u>

	Greater London		Inner London		Outer London	
	1951-1961	1961-1971	1951-1961	1961-1971	1951-1961	1961-1971
Geburten	1.200.000	1.340.000	530.000	560.000	570.000	780.000
Todesfälle	870.000	890.000	380.000	360.000	490.000	530.000
Saldo natürliche Bevölkerungsentwicklung	330.000	450.000	50.000	200.000	180.000	250.000
Fortzüge (Saldo)	560.000	1.010.000	320.000	640.000	240.000	370.000
Bevölkerungsverluste insgesamt	230.000	560.000	170.000	440.000	60.000	120.000

<u>Quelle</u>: Zusammengestellt nach GLC 1973f: Fig. 6

Durch diese Entwicklung ist auf nationaler Ebene das Problem eines erheblichen wirtschaftlichen Ungleichgewichts zwischen der Südostregion und den übrigen ökonomischen Regionen Großbritanniens bestehen geblieben.

Trotz des Bevölkerungsrückgangs in Greater London steigt die Zahl der Haushalte von 1,57 Mio. (1931) auf 2,66 Mio. (1961) an, da sich in diesem Zeitabschnitt die durchschnittliche Haushaltsgröße deutlich verringert und die Anzahl von Einpersonenhaushalten zunimmt. Abb. 4.5 zeigt die Verteilung der Haushaltsgrößen im Vergleich zwischen 1961 und 1976.

In der Alters- und Geschlechtsstruktur der Stadt zeigt sich, bedingt durch Kriegsereignisse, in den Altersgruppen der Erwachsenen ein deutlicher Frauenüberschuß (Tab.4.4).

<u>Wohnungen</u>. Im 2. Weltkrieg kommt die Bauwirtschaft in Großbritannien zum Stillstand. Durch die Kriegsereignisse ergeben sich in London im Wohnungsbestand erhebliche Schäden. Am stärksten betroffen sind die City, wo auf ca 30% der Fläche Schäden festgestellt werden, und die dichtbevölkerten Bezirke des East Ends, vor allem Stepney und Southwark. In Gebieten

LONDON   190

außerhalb der City und des East Ends gibt es nur relativ geringfügige Schäden. Bei Kriegsende stellt der LCC ca. 80.000 total zerstörte Wohnungen und ca. 700.000 teilzerstörte Wohnungen fest. Es sind damit zwar 80% aller Wohnungen in der Administrative County of London beschädigt, aber nur 20% des gesamten Wohnungsbestands sind unbewohnbar (YOUNG & GARSIDE 1982:222ff).

Abbildung 4.5: <u>Haushaltsgrößenverteilung in Greater London, 1961 u. 1976</u>

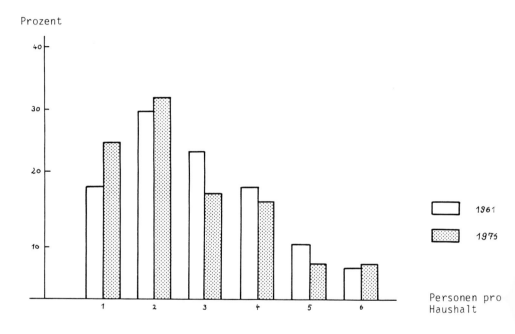

Entwurf: M. BRENNER nach GLC 1975b, GLC 1978a

Tabelle 4.4: Alters- und Geschlechtsstruktur der Bevölkerung Londons, 1950-1961

	1950		1961	
	Männer	Frauen	Männer	Frauen
0 - 4	354	337	281	268
5 - 14	518	502	543	520
15 - 24	479	567	538	568
25 - 34	649	677	532	516
35 - 44	700	722	538	565
45 - 54	551	620	589	629
55 - 64	386	487	455	524
65 - 74	241	343	229	359
75 und älter	101	183	109	234

Quelle: Eigene Zusammenstellung nach den Daten des Zensus 1961 und Informationen von Mr. J. HOLLIS, GLC, London.
Angaben in Tausend Einwohner.

Damit gibt es in der direkten Nachkriegszeit eine akute Wohnungsnot in London, die zu einer umfangreichen Wohnungsbautätigkeit führt. Unter der nach dem Krieg regierenden Labour-Partei liegt das Schwergewicht bis zum Regierungswechsel 1953 auf der Förderung des öffentlichen Wohnungsbaus.

Wegen der zunehmenden Verknappung von städtischem Bauland und einer trotz Wiederaufbau- und Sanierungsmaßnahmen immer noch großen Zahl von fehlenden Wohnungen wird in den fünfziger und verstärkt in den sechziger Jahren in London nach dem Konzept der gemischten Bauweise ("mixed development") gleichermaßen in innerstädtischen Gebieten und am Stadtrand öffentlicher Wohnungsbau betrieben. Durch industriell vorgefertigte Bauteile werden Wohnungen in Blocks mit acht und mehr Geschossen, oft auch als Bau von 11-geschossigen Scheiben- und Punkthochhäusern in Kombination mit zwei- und viergeschossigen Reihenhäusern oder gestapelten Maisonetten erstellt. Der Bau von Wohnhochhäusern wird besonders gefördert: Ab

1956 werden doppelt so hohe staatliche Zuschüsse für Hochhäuser vergeben wie für Wohngebäude mit weniger als vier Stockwerken.

Die wohl schönste Wohnsiedlung in der mixed-development Bauweise "Roehampton Estate" wird zwischen 1952 und 1959 im Bezirk Wandsworth erstellt. Auf 52 ha werden Wohnungen in Hochhäusern (53,5%), in viergeschossigen Maisonettehäusern (31%) und 1-3-geschossigen Reihenhäusern (15,5%) für insgesamt 13.000 Einwohner gebaut. Allerdings sind hier auch durch eine große zusammenhängende Baufläche, eine einheitliche Kompetenz in Planung und Durchführung und eine bereits entwickelte Landschaft sehr günstige Voraussetzungen für die Bauweise der "mixed-development" gegeben (SCHÜTZ & WEIS 1982:134,141).

Neben dem Bau der New Towns im Londoner Umland finden die wesentlichen Wiederaufbaumaßnahmen in den kriegszerstörten Gebieten Inner Londons, vor allem im East End statt. Sie dauern bis in die sechziger Jahre an. Das größte zusammenhängende Sanierungsgebiet, das sich aus Stepney und Poplar zusammensetzt (Abb.3.3), hat eine Fläche von ca. 800 ha und liegt im East End. Es ist stark kriegszerstört und hat eine starke Durchmischung von Wohnen und Gewerbe, hohe Baudichte, Überbelegung, Mangel an Freifläche und schlechte Bausubstanz. Die Verwirklichung der neuen sozialen, hygienischen und räumlichen Standards - Nachbarschaftseinheiten, gemischte Bauweise, Durchgrünung, verkehrsberuhigte Wohnzonen - kommt dabei fast einer totalen Neuplanung dieses Gebiets gleich (SCHÜTZ & WEIS: 1982:131).

Nach 1954 werden die Sanierungsmaßnahmen auch in den nicht kriegsgeschädigten Gebieten des gesamten East End fortgeführt. Dabei geht die Bevölkerung im inneren East End, dem heutigen Bezirk Tower Hamlets, von 419.000 Einwohnern bei Ausbruch des Zweiten Weltkriegs 1939 auf 231.000 im Jahre 1951 und auf 159.000 im Jahr 1972 zurück (GLC 1972:20).

Im East End, in Stepney-Poplar, wo die Voraussetzungen für die "mixed development"-Bauweise wesentlich ungünstiger sind als in der erwähnten Siedlung "Roehampton-Estate", wird diese Bauweise einer völlig fremden Raum- und Baustruktur übergestülpt, die schon aufgrund ihrer Größe nicht zusammenhängend bebaut werden kann. Anstelle einer entwickelten Parklandschaft besteht die Wohnumwelt im East End aus alten, teilweise schon zerfallenen und geräumten Häusern, aus Wohnungs- und Straßenbaustellen und einer Vielzahl von Bombentrichtern. Entsprechend skeptisch stehen die Bewohner des East End daher der Neubautätigkeit gegenüber. 1956 sind von den insgesamt 800 ha des Stepney-Poplar-Gebiets 120 ha enteignet und im Wiederaufbau begriffen, bis 1960 kommen weitere 70 ha hinzu (SCHÜTZ & WEIS 1982:131ff).

Weitere größere Sanierungsprojekte der Nachkriegszeit befinden sich südlich des Flusses im Bermondsey-Gebiet, das zum Bezirk Southwark gehört.

Steigende Bodenpreise führen dazu, daß in den sechziger Jahren in London auf zentraler liegenden Grundstücken immer höhere Wohnblocks gebaut werden, besonders als "tower blocks" von 21 und mehr Geschossen.

In der zweiten Hälfte der sechziger Jahre kommt es dann aus mehreren Gründen zu einem radikalen Stopp im Wohnhochhausbau (PORATH & SCHUHMACHER 1980:142):

- Die Kosten einer Wohnung im Hochbau erweisen sich als bis zu 50% teurer als in der traditionellen zweigeschossigen Reihenhausbauweise.

- Mit dem "cost yardstick" wird 1967 ein Kostenrichtsatz für öffentlichen Wohnungsbau festgelegt, an dessen Einhaltung die Bewilligung staatlicher Förderung gebunden ist. Dadurch wird der Bau von Hochhäusern ökonomisch unrentabel.

- Es zeigt sich, daß Hochhäuser mit ihrem extensiven Flächenbedarf für Erschließung, Service und Pkw-Stellplätze doch nicht den ursprünglich gewünschten Effekt an Freiflächen erbringen.

- Der Einsturz von großen Teilen des 20-geschossigen "Ronan Point" Hochhauses in London nach einer Gasexplosion wird zu einem Ereignis von nationaler Bedeutung, das in der öffentlichen Meinung das Image von Hochhäusern und Fertigteilbauweise drastisch verschlechtert.

Tabelle 4.5 zeigt den Wohnungsneubau in London von 1945 bis 1978 nach Bauträgern. Die unterschiedliche Entwicklung für Inner und Outer London geht aus der graphischen Darstellung für die Jahre 1961-1972 hervor: In der inneren Stadt überwiegt der öffentliche Wohnungsbau durch den GLC (bis 1965: LCC) und durch die Bezirke, in der äußeren Stadt liegt der Anteil des privaten Wohnungsbaus deutlich höher. Der Wohnungsbau von gemeinnützigen Gesellschaften, die vorwiegend für spezielle Zielgruppen wie z.B. Studenten, Krankenpflegepersonal usw. bauen und von der Landesregierung, die für ihre Beschäftigten baut, spielt nur eine geringe Rol-

LONDON 194

le (Abb.4.6).

Tabelle 4.5: Wohnungsneubau in London, 1945-1978

JAHR	Bauträger			Total
	Öffentlicher Sektor (Bezirke und GLC)	Wohnungsbaugesellschaften und sonstige staatliche Stellen	privater Sektor	
1945-1960	275.339	9.028	107.436	391.803
1961	13.177	310	9.557	23.044
1962	13.895	497	9.133	23.525
1963	14.314	488	39.564	24.366
1964	14.475	559	11.482	26.516
1965	17.782	473	10.802	29.057
1966	19.859	1.012	10.770	31.641
1967	22.332	751	9.943	33.026
1968	22.645	944	10.273	33.862
1969	22.448	2.092	8.198	32.738
1970	26.304	1.151	8.794	36.416
1971	22.382	1.961	8.337	32.832
1972	18.200	2.000	7.600	27.800
1973	14.900	1.300	7.400	23.600
1974				24.226
1975	20.072	2.593	5.497	28.196
1976				27.968
1977				22.635
1978	13.489	1.427	4.829	19.745
1979				
1980				

Quellen: zusammengestellt nach GLC 1968:180; GLC 1973a; GLC 1978a; GLC 1980a; GLC 1975a:183; GLC 1972a:221.

Abbildung 4.6: Wohnungsneubau 1961-1972

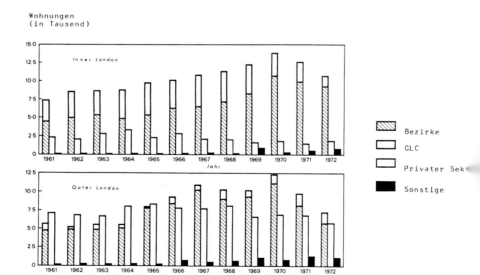

Quelle: GLC 1973a: Fig. 2

Durch die beschriebenen Baumaßnahmen erhöht sich der Wohnungsbestand Londons von 1,6 Mio. (1931) auf 2,1 Mio. (1951) und 2,4 Mio (1961) Einheiten. Dennoch besteht bis zum Anfang der sechziger Jahre eine anhaltende Wohnungsknappheit. Die Zahl der eine separate Wohnung beanspruchenden Haushalte übertrifft immer noch deutlich den vorhandenen Wohnungsbestand (Abb. 3.4). Aber es kann festgestellt werden, daß sich die von 1921 bis 1951 über mehr als 30 Jahre fast gleichbleibend große Differenz von Zahl der Haushalte und Wohnungsbestand bis 1961 deutlich verringert hat und sich im Verlauf der sechziger Jahre weiter vermindert.

Der Erstellung des Stadtentwicklungsplans für Greater London gehen 1965-1967 umfangreiche Felduntersuchungen auch über die Wohnsituation voraus. Ihre Ergebnisse beschreiben den physischen Zustand des Londoner Wohnungsbestands und die sozialen Wohnungsprobleme der ersten Hälfte der sechziger Jahre. Der Greater London Development Plan lokalisiert Gebiete mit den größten Wohnungsproblemen als "Housing Problem Areas". Sie liegen fast ringförmig in Inner London.

<u>Nördliche Gebiete:</u> Hauptsächlich im Bezirk Islington gelegen, von dort westlich nach Camden, nördlich nach Haringey und östlich nach Hackney.
<u>Südliche Gebiete:</u> Nördliche und mittlere Teile von Lambeth und Southwark.
<u>Östliche Gebiete:</u> Große Teile von Tower Hamlets und Newham.
<u>Westliche Gebiete:</u> Ausgehend von südlichen Teilen Brents hinein in nördliche Teile von Westminster, Kensington und Chelsea, sowie Teile von Hammersmith.

Alle Gebiete weisen eine hohe Bevölkerungsdichte auf. Viele der insgesamt 340.000 Wohnungen sind stark überaltert: 16% der Wohnungen wurden vor 1875 und 69% vor 1920 gebaut. 1967 müssen in den Problemgebieten 16% aller Wohnungen als schlecht bzw. unzureichend eingestuft werden, im Vergleich zu einem Anteil von 5% in ganz Greater London (GLDP 1969a:24ff).

In den östlichen Gebieten des East End liegt das Problem in der überalterten und schlechten Bausubstanz, im Norden in sehr starker Überbelegung und in der gemeinsamen Nutzung von Wohnungen durch mehrere Haushalte. Im Westen besteht ebenfalls eine hohe Überbelegung, aber es gibt auch Teilgebiete mit schlechter Bausubstanz. In den südlichen Gebieten schließlich treffen beide Problembereiche zu: die Bausubstanz ist alt und schlecht und die Quartiere sind überbevölkert. In diesen Gebieten mit "Housing Stress" erreichen insgesamt 9% der Haushalte eine Wohndichte von mehr als 1,5 Personen pro Wohnraum, während der Londoner Durchschnitt bei 4% liegt (GLDP 1969a:28).

4.3 Beschäftigte und Arbeitsstätten

Nach dem 2. Weltkrieg behält die Stadt London ihre führende ökonomische Stellung in Großbritannien. 1951 arbeiten hier 19,5% aller Beschäftigten des Landes (BUTLER & SLOMAN 1980:329). Trotz der begonnenen Dezentralisierungsmaßnahmen von Arbeitsplätzen in die Region steigt die Zahl der Beschäftigten in London bis 1961 noch deutlich an, um dann bis 1966 geringfügig rückläufig zu werden.

Die Anzahl der im primären Sektor Beschäftigten betrifft nur noch wenige zehntausend Arbeitsplätze in der Landwirtschaft innerhab des Grüngürtels und ist in der Wirtschaftsstruktur der Stadt praktisch bedeutungslos.

Die Anzahl der Beschäftigten im sekundären Sektor ist schon Ende der dreißiger Jahre geringer als im Dienstleistungsbereich. Durch die planmäßige Dezentralisierung von industriellen Arbeitsplätzen (vgl. Abschnitt 4.1) und durch einen auch in den fünfziger und sechziger Jahren anhaltenden Rückgang in den traditionellen exportorientierten Schlüsselindustrien kommt es in London zwischen 1951 und 1966 zu einem deutlichen absoluten und prozentualen Rückgang des sekundären Sektors. Verstärkt wird dieser Prozeß auch durch einzelne Betriebsschließungen in der Stadt.

Die Dezentralisierung ist so effektiv, weil der Bedarf der Industrie an Flächen für Produktionserweiterungen stark ansteigt und dieser Flächenbedarf in der Stadt nicht mehr befriedigt werden kann. Gleichzeitig greifen die gesetzlichen Kontrollen für Industrieerweiterungen, die in den Plänen von 1943 und 1944 vorgesehen waren sowie Maßnahmen der Smog-Kontrolle und des späteren Umweltschutzes. Als Ergebnis dieser Entwicklung ist London für Industriebetriebe zu einem wenig attraktiven Standort geworden.

Der Bezirk Barking hat 1966 mit 67% den höchsten Anteil an industriellen Arbeitsplätzen in London. Das ist vor allem eine Folge der hier angesiedelten Ford-Automobil-Fabrik. Weitere Bezirke mit einem relativ hohen Anteil an industriellen Arbeitsplätzen sind Enfield und Hackney im Norden, Brent und Ealing im Westen, Merton, Croydon und Kingston im Süden (SHEPHERD, WESTAWAY & LEE 1974:70f).

Die Zahl der Arbeitsplätze im Dienstleistungsbereich steigt bis 1966 deutlich an (Tab.4.6). Dieses ist bedingt durch die gleichbleibend große Bedeutung des kommerziellen und Finanzsektors in der City, durch die Zunahme von Verwaltung im Rahmen einer massiven Ausweitung wohlfahrtsstaatlicher Planung in Großbritannien nach dem Krieg (z.B. Einführung einer allgemeinen Sozialversicherung und des nationalen Gesundheitsdienstes) und durch das Anwachsen des Einzelhandels. Eine wichtige Rolle spielt auch das Aufkommen neuer Massenproduktionsindustrien, die mit Konsumgütern vor allem auf den Binnenmarkt orientiert sind und häufig London als Standort ihrer zentralen Verwaltung wählen.

Tabelle 4.6: <u>Beschäftigte in London, 1951-1966</u>

JAHR	Insgesamt	Primärer Sektor	Sekundärer Sektor	Tertiärer Sektor
1951	4.283.000	20.000	1.805.000	2.458.000
	(100 %)	(0.5 %)	(42.0 %)	(57.5 %)
1961	4.469.000	15.000	1.740.000	2.714.000
	(100 %)	(0.4 %)	(38.9 %)	(60.7 %)
1966	4.301.000	11.000	1.578.000	2.712.000
	(100 %)	(0.3 %)	(36.7 %)	(63.0 %)

<u>Quelle</u>: Persönliche Informationen Mr. A.J. BRYANT, Dep. of Planning and Transportation, GLC, 1981.
Die Angaben von 1951 und 1961 sind dem Census entnommen, die von 1966 entstammen den Daten einer 10 %-Stichprobe.

Damit tritt zwar die gewünschte Verringerung industrieller Arbeitsplätze in London entsprechend den Empfehlungen der Barlow-Kommission und den Zielen der Stadtentwicklungspläne der Nachkriegszeit ein. Aber die sich abzeichnende Ausweitung des Dienstleistungsbereichs im Stadtkern wird von den Planern vernachlässigt. Die wesentlichen Ursachen für die geringe Dezentralisierung des tertiären Sektors in den fünfziger und beginnenden sechziger Jahren sind in dem höheren Prestigewert der City als traditioneller Standort und der günstigeren Erreichbarkeit, d.h. allgemein in den Fühlungsvorteilen der City begründet. Forciert wird dieser Zustand durch das Versäumnis der Planer, den tertiären Sektor durch dirigistische Maßnahmen auf andere Standorte zu verweisen bzw. durch Verbote das Anwachsen des Dienstleistungsbereichs in der City zu unterbinden und damit möglicherweise eine Auslagerung oder ein Ausweichen in den äußeren Ring zu erreichen. Verstärkt wird das Anwachsen des tertiären Sektors noch durch die Tatsache, daß er in die frei gewordenen Flächen der Industrie nachrücken kann.

Die Entwicklung des tertiären Sektors findet zunächst im zentralen Geschäftsbezirk statt. Unmittelbar nach dem Zweiten Weltkrieg sinkt die vorhandene Bürofläche durch Bombenschäden und Zweckentfremdung kurzzeitig ab, steigt danach aber wieder kontinuierlich an.

Tabelle 4.7: <u>Bürofläche im zentralen Geschäftsbezirk, 1939-1966</u>

1939	8.100.000 qm	1961	15.620.000 qm
1957	13.620.000 qm	1966	16.690.000 qm

<u>Quelle</u>: HALL 1977:27

Der CBD wird in den amtlichen Statistiken des GLC als ein abgegrenztes Gebiet mit rund 27 qkm Fläche ausgewiesen. 1971 leben in diesem Gebiet etwa 230.000 Einwohner, aber täglich arbeiten hier 1,2 Mio. Menschen. Zwischen 1951 und 1961 hatte der CBD noch eine Zunahme von ungefähr 100.000 Beschäftigten zu verzeichnen, zwischen 1961 und 1971 nimmt die Beschäftigtenzahl um 173.000 ab. Diese Entwicklung wird auch durch die Beobachtung der Pendlerströme in den Verkehrsspitzenzeiten (Berufsverkehr) bestätigt: Die Zahl der Pendler sinkt zwischen 1962 und 1975 um rund 175.000 (HALL 1977:25f).

Die Entwicklung des tertiären Sektors verändert deutlich das Stadtbild im Stadtkern: Nach der Änderung von Bauvorschriften im Jahre 1950 dürfen höhere Bürohäuser erstellt werden; heute dominieren sie die Silhouette Londons. Traditionelle Standorte des tertiären Sektors liegen in Westminster (Regierung und Verwaltung) und in der City (Handel, Banken und Versicherungen).

Im Verlauf seiner Expansion beginnt der tertiäre Sektor, sich vom CBD aus in die angrenzende transitorische Zone auszudehnen: Hauptsächlich im West End und nördlich nach Camden und Islington. In den sechziger Jahren läßt sich dann eine rasche Zunahme von Arbeitsplätzen im tertiären Sektor auch in einigen äußeren Gebieten (Bromley, Outer North East) feststellen. Als größte einzelne Subzentren, die eine erhebliche Zunahme zu verzeichnen haben, sind vor allem Croydon und Kingston im Süden zu nennen. Die Stadt Croydon ist vor der Eingemeindung 1965 Sitz der Verwaltung des Counties Surrey und baut bereits Ende der fünfziger Jahre größere Bürozentren im Ortskern. Damit gelingt es Croydon, einen Standortvorteil aus den guten Verkehrsverbindungen sowohl zum Zentrum Londons als auch zu den umgebenden Wohngebieten zu ziehen. Auch die kostengünstigen Mieten tragen dazu bei, daß sich Firmen ansiedeln, die sich sonst wahrscheinlich in der City oder im West End niedergelassen hätten. In der Folgezeit übernehmen andere suburbane Zentren diese Strategie, allerdings nicht so erfolgreich wie in Croydon (SHEPHERD, WESTAWAY & LEE 1974:14).

Diese Entwicklung des tertiären Sektors, verbunden mit einer Dezentralisierung der Arbeitsplätze in der Industrie, führt dazu, daß sich die räumliche Verteilung der Beschäftigten verändert. Im Vergleich zu der Entwicklung Greater Londons gibt es einen Rückgang von Beschäftigten in Inner London und eine Zunahme in Outer London.

Auf Landesebene wird die mit den Empfehlungen der Barlow-Kommission verbundene Zielsetzung einer Verringerung des ökonomischen Gefälles zwischen der Südost-Region mit der Hauptstadt London und den übrigen Regionen des Landes nicht erreicht. Auch in der lange anhaltenden Konjunktur der fünfziger und frühen sechziger Jahre, die in Großbritannien zu stei-

gendem Lebensstandard und einer breiten Versorgung der Bevölkerung mit Konsumgütern führt, bleiben die regionalen Unterschiede bestehen und werden nicht durch den wachsenen Wohlstand nivelliert (HOBSBAWN 1969b:101).

Die Südost-Region dominiert Mitte der sechziger Jahre immer noch in der britischen Wirtschaft. Hier arbeitet 1966 ein Drittel der 24,5 Mio. Beschäftigten Großbritanniens. Bedingt durch die Entwicklung der New Towns und die Dezentralisierung von Arbeitsplätzen nimmt in den fünfziger und sechziger Jahren die Zahl der Beschäftigten im Londoner Umland deutlich zu. Tab. 4.8 zeigt die Beschäftigtenzahlen in verschiedenen Teilgebieten der Südostregion. Die Wachstums- und Konzentrationsprobleme, die die britischen Planer nach dem zweiten Weltkrieg endgültig durch die Dezentralisierungsmaßnahmen von Arbeitsplätzen aus London lösen wollten, bleiben damit bestehen, allerdings mit dem Unterschied, daß sie jetzt in der Region und nicht mehr im Stadtgebiet liegen.

Tabelle 4.8: Beschäftigtenzahlen in der Südostregion, 1966

	1966
Greater London	4.450.000
Outer Metropolitan Area	2.060.000
Londoner Region	6.510.000
Südost-Region	8.219.000

4.4 Infrastruktur

Verkehr. Nach dem 2. Weltkrieg hat das Verkehrsvolumen in London erheblich zugenommen. Ein wichtiger Grund dafür ist in einer Veränderung der Lebensgewohnheiten zu sehen: Neben dem etwa konstant bleibenden Anteil des Berufsverkehrs ist der Anteil des Freizeitverkehrs erheblich angestiegen. Dieser Verkehr führt in der Regel nicht in das zentrale Geschäftsgebiet und findet überwiegend außerhalb der Verkehrsspitzenzeiten

(Berufsverkehr) statt. Dabei wird vor allem der private Pkw als Verkehrsmittel benutzt. Als Folge hat sich eine allgemeine Verkehrsverdichtung und eine starke Zunahme von nicht auf die City bezogenem Querverkehr ergeben (GLDP 1976:36). Die öffentlichen Verkehrsmitel genügen den Anforderungen des Freizeitverkehrs nicht, da die Bahnen und Busse das Zentrum überwiegend radial mit dem Umland verbinden.

Mit sinkender Bevölkerungszahl in Greater London geht auch die Zahl der vom öffenlichen Nahverkehrssystem beförderten Fahrgäste deutlich zurück. Tabelle 4.9 zeigt diese Entwicklung von 1948-1967 für verschiedene Nahverkehrsmittel.

Tabelle 4.9: <u>Jährliche Fahrgastzahlen im ÖPNV, 1948-1962</u>

Jahr	Straßenbahn	Trolleybusse	Innerstädtische Busse	Sonstige Busse	Untergrundu.Eisenbahnen	Insgesamt
1948	302	909	2.430	314	720	4.675
1950	266	857	2.412	305	695	4.537
1951	145	814	2.594	317	694	4.564
1952	29	764	2.591	327	670	4.381
1953		747	2.583	329	672	4.330
1954		718	2.483	330	671	4.202
1955		683	2.405	332	676	4.095
1956		630	2.288	318	678	3.914
1957		607	2.234	317	666	3.825
1958		477	1.759	248	692	3.176
1959		475	1.995	286	669	3.425
1960		312	1.995	286	674	3.267
1961		145	2.098	278	675	3.197
1962		-	2.215	270	668	3.153

<u>Anmerkungen</u>: 1. Es werden nur Fahrgäste von London Transport erfaßt.
2. Alle Angaben in Mio. Fahrgäste.
3. Besonders niedrige Fahrgastzahlen für Busse 1958 durch einen einmonatigen Streik.
4. Straßenbahnverkehr wird 1952 eingestellt; Trolleybusse 1962.
5. Die Zahl der Trolleybusfahrgäste 1962 ist in den innerstädtischen Busfahrgästen enthalten.

<u>Quelle</u>: BARKER & ROBBINS 1976:350

Von diesem Rückgang ist hauptsächlich der Oberflächenverkehr betroffen, während der Untergrund- und Eisenbahnverkehr sich nach anfänglichem Rückgang bei etwa 670 Mio. Fahrgästen jährlich stabilisiert.

Nachdem die Kriegsschäden beseitigt waren, werden Untergrund- und Eisenbahn in kleinen Teilstrecken aus- und umgebaut, einzelne Bahnhöfe modernisiert und die Elektrifizierungsarbeiten fortgesetzt. 1961 fahren die letzten Dampf- und Oberleitungslokomotiven im Londoner Streckennetz. 1952 fährt die letzte elektrische Straßenbahn, 1962 der letzte Trolleybus in London. Als Ersatz wird das Streckennetz der Omnibusse ausgebaut und der Busverkehr durch die Einführung moderner Doppeldeckerbusse im Dieselbetrieb mit wenigen Standardtypen leistungsfähiger gemacht. Trotzdem gehen die Fahrgastzahlen für dieses Verkehrsmittel zurück, da die Fahrtzeiten - besonders im Berufsverkehr - durch das Verkehrschaos auf Londons Straßen ständig länger werden.

Für das Erreichen des Arbeitsplatzes im CBD spielen die öffentlichen Verkehrsmittel die wesentliche Rolle, während dem privaten Pkw nur eine geringere Bedeutung zukommt. Abb. 4.7 zeigt die Entwicklung der Anteile einzelner Verkehrsmittel im morgentlichen Berufsverkehr ab 1961.

Abbildung 4.7: <u>Verkehrsmittel zur Erreichung des CBD in der morgendlichen Verkehrsspitzenzeit (7-10 Uhr), 1961-1979</u>

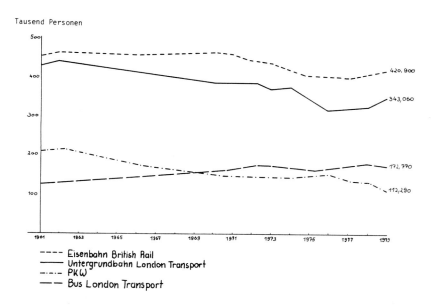

Quelle: GLC 1980b, Fig. 14

Nach dem 2. Weltkrieg bleiben die genannten Mängel im Straßensystem der Stadt bestehen (vgl. Abschnitt 3.4). Die Stadt unternimmt kaum Anstrengungen, der zunehmenden Motorisierung der Bevölkerung durch umfangreiche Straßenbaumaßnahmen gerecht zu werden. Daher sinkt die Verkehrsgeschwindigkeit und es kommt regelmäßig in den Verkehrsspitzenzeiten zu großen Stauungen.

Besonders stark sind die Verkehrsprobleme im CBD. Mit zunehmendem Verkehrsaufkommen beginnen Ende der fünfziger Jahre Durchschnittsgeschwindigkeit und Zuwachsrate des Kfz-Verkehrs zu sinken. 1962 erreicht die Durchschnittsgeschwindigkeit ihren Tiefpunkt und der Verkehrszuwachs stoppt ganz. Strikte Kontrollen des parkenden Verkehrs und eine Verringerung der zur Verfügung stehenden Straßenparkplätze im CBD von 63.500 (1961) auf 30.000 (1971) ermöglichen eine Erhöhung der Durchschnittsgeschwindigkeit, ohne dabei weiteren Verkehrszuwachs anzuregen. Da sich diese Maßnahmen als erfolgreich erweisen, wird 1966 das Gebiet, in dem drastische Park-Restriktionen bestehen (Inner London Parking Area), auf ca. 100 qkm erweitert (THOMSON 1977:277ff).

Dienstleistungen und Versorgung. In London gibt es keine Zentrenhierarchie, die durch planerische Maßnahmen gefördert wird. Allerdings haben sich aus vielen früheren Ortszentren durch Ausweitung des Geschäfts- und Arbeitsplatzangebots bedeutende Subzentren entwickelt. 1961 haben sich 12 Zentren herausgebildet, die jährlich jeweils für mehr als 10 Mio. Pfund Sterling Waren und Dienstleistungen umsetzen. 43 weitere Zentren erzielen einen Jahresumsatz zwischen 3,5 Mio. und 10 Mio. (GLDP 1976: 80).

Freiflächen und Grünanlagen. Nach dem 2. Weltkrieg hat sich die Versorgung der Bevölkerung mit Freiflächen und Grünanlagen verbessert, so daß London neben den großen Parkanlagen in der inneren Stadt insgesamt das Bild einer gut durchgrünten Metropole bietet. 1969 sind 3% der Fläche Greater Londons Freiflächen. Von diesen insgesamt 555,2 qkm sind rund 160 qkm der Öffentlichkeit zugänglich. Ungefähr 50% aller Freiflächen liegen im Green Belt am Rande der Stadt (GLDP 1969a:199ff). Innerhalb des bebauten städtischen Gebiets wird eine bessere Versorgung der Bevölkerung mit Freiflächen durch die Errichtung eines über die ganze Stadt verteilten Systems unterschiedlich großer Parkanlagen (Metropolitan

Park, District Park, Local Park, Small Local Park) verwirklicht. Jede Parkgröße liegt innerhalb einer bestimmten Erreichbarkeit für die Bevölkerung. Damit wird der Tatsache Rechnung getragen, daß im britischen Alltag der Aufenthalt in Parks und Grünanlagen ein wichtiges Element darstellt.

5. 1965 BIS HEUTE: DIE ENTWICKLUNG VON GREATER LONDON

5.1 Planverfahren und Ordnungsvorstellungen

Da das administrative Gebiet Londons (Administrative County of London) noch immer wesentlich kleiner ist als die tatsächliche bebaute Stadtfläche, wird 1957 mit der Herbert-Commission ein Ausschuß eingesetzt, um Möglichkeiten zur Verbesserung der Verwaltungs- und Planungssituation zu erarbeiten. Ihre Vorschläge führen 1965 nach langwierigen Vorarbeiten zu einer umfassenden Verwaltungsreform: Das administrative Gebiet wird von 303 qkm auf 1.580 qkm vergrößert und mit dem offiziellen Namen "Greater London" versehen. Als Verwaltungsbehörde für dieses Gebiet wird der "Greater London Council" (GLC) eingesetzt. Damit kommt es zu einem neuen Entwicklungsabschnitt in der Stadtgeschichte Londons.

Im Rahmen dieser Verwaltungsreform gibt es eine Aufteilung des Stadtgebiets von Greater London in die City of London und in 32 London-Boroughs, also in insgesamt 33 Bezirke, deren Grenzen sich im inneren Teil der Stadt weitgehend an den vorher bestehenden Metropolitan-Boroughs orientieren. In den Statistiken der Stadtverwaltung ist eine Unterscheidung zwischen "Inner London" und "Outer London" üblich, wobei Inner London mit 301 qkm faktisch der Stadtfläche des von 1888-1964 bestehenden "Administrative County of London" entspricht (Abb. 1.2 und 3.3)

Die wesentliche Aufgabe des GLC ist es, die strategische Rahmenplanung für Greater London zu leisten. 1969 legt der GLC dazu einen neuen Entwicklungsplan für Greater London vor. Ihm sind umfangreiche Untersuchungen über Bodennutzung, Wohnungs- und Beschäftigungssituation vorangegangen. Der Plan baut in seiner Konzeption auf den Ordnungsvorstellungen der Nachkriegspläne auf und versteht sich als deren Fortschreibung. Er ist ein strategischer Rahmenplan für die Entwicklung Greater Londons, der Richtlinien für die ergänzenden Bezirkspläne vorgibt, die von den Bezirksverwaltungen nachfolgend aufzustellen sind.

Nach langer und kontrovers geführter Diskussion zwischen Labour-Partei und der Konservativen Partei, bei der vor allem das Ausmaß an lokaler Selbstverwaltung, der Bau von Ringstraßen und der Umfang an Sanierungsmaßnahmen und öffentlichem Wohnungsbau umstritten ist, wird der "Greater London Development Plan" schließlich 1976 gesetzlich verabschiedet.

Entsprechend dem Town and Country Planning Act 1968 verfügen die lokalen Verwaltungsbehörden der einzelnen Bezirke (Borough Councils) als lokale Selbstverwaltung ("Local Government") mit eigener Verwaltungs-, Planungs- und Finanzhoheit über erhebliche Mitwirkungsmöglichkeiten an Stadtplanung und Stadtentwicklung (vgl. BYRNE 1981). Als politisch gewählte örtliche Verwaltungsinstanz gibt es für die Borough-Councils dabei einen hohen Grad an Mitwirkungsmöglichkeiten der örtlichen Bevölkerung. Durch diese große Autonomie der Bezirksbehörden scheint sich die Londoner Bevölkerung in den Entscheidungen der Bezirksverwaltungen stärker repräsentiert zu fühlen als es z.B. in den Bezirksparlamenten in Hamburg der Fall ist.

Die Bezirksverwaltungen haben die Aufgabe, eigene Bezirksentwicklungspläne (Borough Plan) aufzustellen. Nach eigenem Ermessen können sie darüberhinaus noch detailliertere Bebauungspläne (District Plan) und für Gebiete mit starken baulichen Veränderungen detailliertere "Action Area Plans" anfertigen. Gleichzeitig verfügen die Bezirke über Steuerungsinstrumente wie bezirkseigenen Wohnungs- und Bodenbesitz, Befugnis zur Vergabe von Baugenehmigungen und Sicherung der baulichen Nutzung und Ordnung sowie erhebliche finanzielle Eingriffsmöglichkeiten.

Entwicklungspläne für eine Laufzeit von 10 bis 25 Jahren sind für alle Londoner Bezirke zu erstellen. Bedingt aber durch die fast 10 Jahre andauernde Verzögerung in der gesetzlichen Verabschiedung des Greater London Development Plan und die daher bestehende Unklarheit über die zu berücksichtigenden Rahmenbedingungen sind Ende 1982 erst in ca. einem Drittel der Bezirke Bezirksentwicklungspläne verabschiedet worden.

In dieses Planungsgefüge eingebaut gibt es in Greater London 55 sogenannte "Action Areas", Gebiete, die grundlegend zusammenhängend umgestaltet werden sollen. Es handelt sich hauptsächlich um Ortskerne in den Bezirken oder um sonstige Verkehrsschwerpunkte. Die "Action Areas" sind für London im GLDP (1976) vorgegeben, für die Planung und Durchführung sind jedoch die betroffenen Bezirke verantwortlich (Ausnahmen: Covent Garden und die Verkehrssituation des Doppelbahnhofs Kings Cross/St. Pancras, die vom GLC direkt verantwortet werden).

1975 und 1976 untersucht eine Forschungsgruppe die Arbeitsweisen und Organisationsformen in den 33 Planungsämtern Greater Londons. Sie formuliert die Ergebnisse ihrer Studie, der "London Borough Survey", drastisch: "10 Jahre nach der kommunalen Gebietsreform in London herrscht in vielen Behörden immer noch Verwirrung über das Spektrum ihrer Verantwortlichkeit und über die bezirksorientierten Planungsstrategien" (ZWIRNER 1982: 456).

Seitdem die konservative Landesregierung unter M.Thatcher seit ihrer Wahl 1976 in erheblichem Umfang Sparmaßnahmen im sozialen und kommunalen Bereich durchsetzt, ist das Ausmaß an "Local Government" zwischen den beiden großen politischen Strömungen "Conservatives" und "Labour" noch stärker umstritten, wie sich aktuell 1981 am Beispiel der Fahrpreissenkungen für London Transport gezeigt hat. Durch das zunehmende Aufbrechen dieses Konflikts wird der Wirrwar um Planungs- und Finanzzuständigkeiten verschiedener Behörden noch zusätzlich verstärkt.

Auf regionaler und nationaler Ebene sind die Planungen des GLC in ein System regionaler und nationaler Planungsinstanzen unter Leitung eines nationalen Ministeriums eingebunden, das 1943 als "Ministry of Town and Country Planning" gegründet wurde und heute als "Ministry of Environment" (Umweltministerium) bezeichnet wird. Als freiwilliges regionales Planungsgremium existiert die "Standing Conference" mit Vertretern aller Institutionen der Südost-Region. Weiterhin gibt es, wie für jede andere britische Region auch, einen Rahmenplan für die ökonomische Entwicklung der South East Region, vorgelegt von der Zentralregierung.

5.2 Bevölkerung und Wohnungen

Bevölkerung. Nach der Gründung des Greater London Councils halten die Bevölkerungsverluste an. Greater London verliert zwischen 1966 und 1981 weitere 1,1 Mio. Einwohner, das sind etwa 14%.

Abb. 5.3 und 5.4 zeigen die sich verringernden Einwohnerdichten in den Bezirken 1971 und 1980. In Inner London verlangsamt sich der Bevölkerungsrückgang, um sich Ende der siebziger Jahre bei etwa 2,5 Mio. Einwohnern zu stabilisieren. Dagegen halten die Bevölkerungsverluste in Outer London an (Tab.5.1).

Tabelle 5.1: Bevölkerungsentwicklung im Südosten Englands, 1961-1981

	1961	1966	1968	1971	1972	1976	1979	1980	1981
City of London	4	4	4	4	5	7	5	5	5
Inner London	3.198	3.073	3.020	2.772	2.693	2.500	2.458	2.448	2.498
Outer London	4.794	4.763	4.770	4.680	4.652	4.527	4.486	4.470	4.215
Greater London	7.992	7.836	7.764	7.452	7.345	7.028	6.940	6.918	6.713
Outer Metropolitan Area	4.457	4.741		5.307	5.403	5.292	5.336	5.362	5.379
Londoner Region	12.449	12.577		12.759	12.748	12.319	12.276	12.281	12.092
Südost-Region	16.271	17.000		17.230	17.318	16.894	16.859		16.713

Anmerkungen: 1. Alle Angaben in Tausend Einwohnern.
2. Alle Zahlenangaben sind Annäherungen aufgrund geringer Differenzen in der historischen Abgrenzung von Gebieten, vgl. YOUNG & GARSIDE 1982:342.
3. Als Londoner Region wird hier das Gebiet von Greater London und der umgebenden Metropolitan Area zusammengefaßt.
4. Bei den Angaben für 1939 handelt es sich kriegsbedingt um Schätzungen.

Quellen: GLC 1968a:14; HALL 1969:35; GLC 1972a; GLC 1973h; GLC 1975a:16; GLC 1980a; YOUNG & GARSIDE 1982:342;
persönliche Informationen von Mr. A.J. BRYANT und Mr. J. HOLLIS, Greater London Council, London

Tabelle 5.2: Entwicklung der Einwohnerdichte im Südosten Englands, 1961-1981

	1961	1966	1968	1971	1972	1976	1979	1980	1981
City of London	1.460	1.460	1.460	1.460	1.825		1.825	1.825	1.825
Inner London	10.610	10.196	10.020	9.197	8.935	8.295	8.155	8.122	8.288
Outer London	3.749	3.725	3.731	3.660	3.638	3.541	3.509	3.496	3.297
Greater London	5.061	4.963	4.917	4.719	4.652	4.451	4.395	4.381	4.251
Outer Metropolitan Area	453			539	549	585	590	593	595
Londoner Region	1.089			1.117	1.116	1.160	1.156	1.156	1.139
Südost-Region	592	619		627	630	615	614		609

Anmerkungen: 1. Eigene Berechnungen nach Tabelle 5.1
2. Bevölkerungsdichte in Einwohner pro qkm

Damit ist der Rückgang der Einwohnerzahl Greater Londons erheblich höher ausgefallen, als im Greater London Development Plan Ende der sechziger Jahre prognostiziert wurde; in ihm hatte man für 1981 eine Bevölkerung von 7,3 Mio. erwartet (GLDP 1969a:31).

Dieser Einwohnerrückgang hat zwei Ursachen: die anhaltend hohe Zahl von Fortzügen und das drastische Abfallen des Geburtenüberschusses, der Mitte der sechziger Jahre mit jährlich 55.000 Neugeborenen noch sehr hoch war (Abb.5.1).

Abbildung 5.1: <u>Natürliches Bevölkerungswachstum in London, 1946-1980</u>

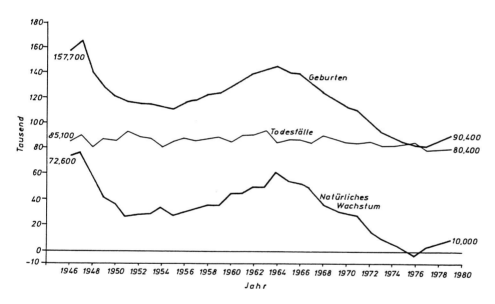

Entwurf: M. BRENNER

Auch im Umland und in der Region verläuft die Bevölkerungsentwicklung anders, als es von den Planern prognostiziert wurde. Entgegen den Erwartungen von anhaltendem Bevölkerungswachstum im "Strategic Plan of the South East" (1970) nimmt die Bevölkerung nach 1971 auch in der Outer Metropolitan Area und in der Südost-Region nicht mehr zu (Tab.5.3).

Vergleicht man die Alters- und die Gechlechtsstruktur der Bevölkerung

LONDON

Greater Londons mit der von England und Wales, so zeigt sich, daß die Altersgruppe der zwischen 20 und 35-jährigen in London stärker als im Landesdurchschnitt vertreten ist, während Kinder und Jugendliche unter 20 Jahren deutlich unterrepräsentiert sind (Abb.5.2).

Tabelle 5.3: Geschätzte und tatsächliche Bevölkerungsentwicklung in der Südost-Region, 1970

	Einwohner	geschätzte Entwicklung			tatsächliche Entwicklung	
	1966	1981	1991	2001	1971	1981
Greater London	7,8	7,3	7,0	7,0	7,4	6,7
Outer Metropolitan Area	4,7	6,4	7,4	8,2	5,3	5,4
Londoner Region	12,6	13,7	14,4	15,2	12,8	12,1
Südost-Region	17,0	18,7	20,1	21,6	17,2	16,8

Anmerkung: 1. Angaben in Mio. Einwohner

Quellen: Strategic Plan 1970, Tab. 5.1

Abbildung 5.2: Alters- und Geschlechtsstruktur der Bevölkerung, 1976

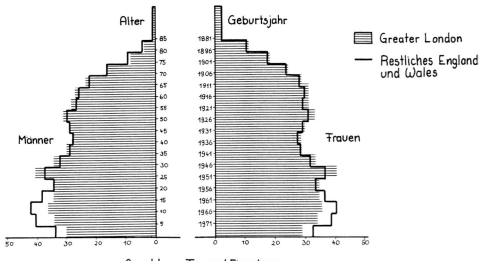

Entwurf: M: BRENNER nach GLC 1978a: Fig. 7

LONDON 211

Abbildung 5.3: Einwohnerdichte in den Bezirken Greater Londons, 1971

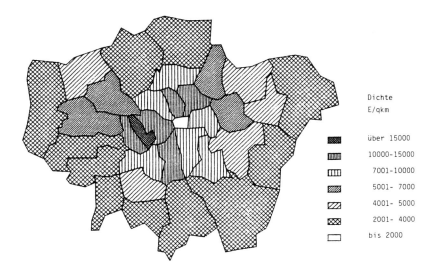

Abbildung 5.4: Einwohnerdichte in den Bezirken Greater Londons, 1980

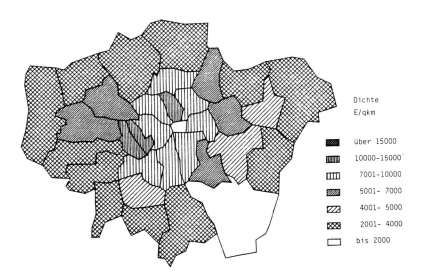

Die Anzahl der Haushalte in Greater London erhöht sich trotz des Bevölkerungsrückgangs zunächst bis 1971 weiter, um erst danach ebenfalls abzufallen. Die geburtenstarken Nachkriegsjahrgänge verlassen mit der Verringerung des familiären Einflusses zunehmend früher ihr Elternhaus, um in verschiedenen Formen selbständig zu leben oder eine eigene Familie zu gründen. Gleichzeitig hat auch die Zunahme des Anteils der älteren Bevölkerung dazu beigetragen, daß sich die durchschnittliche Haushaltsgröße weiter verringert und der Anteil an Ein- und Zweipersonenhaushalten deutlich zunimmt (GLC 1980f:10; Abb.4.5; Tab.5.4; Tab.5.5).

Die Veränderungen in der Zahl der Haushalte fallen allerdings in den einzelnen Stadtgebieten extrem unterschiedlich aus. Die Gebiete mit prozentualen Zu- und Abnahmen verteilen sich zwischen 1961 und 1971 fast ringförmig ungleich über die Stadt: In den citynahen Gebieten sind die prozentualen Abnahmen bis auf den Bezirk Westminster am stärksten, besonders in Camden, Islington, Tower Hamlets und Southwark. Daran schließt sich eine Zone gemischt aus Gebieten mit leichter Ab- und Zunahme an. In den äußeren Teilen der peripheren Stadtbezirke sind dann teilweise wieder erhebliche Zunahmen zu verzeichnen, besonders westlich in Hillingdon, nördlich in Enfield, östlich im südlichen Teil von Havering und südöstlich in Bromley und Croydon.

Im Umland, in der Outer Metropolitan Area, lasen sich in der Haushaltsentwicklung dieselben Trends wie im Stadtgebiet feststellen, allerdings mit geringeren absoluten Werten. Hier sinkt die durchschnittliche Haushaltsgröße von 3,02 (1971) auf 2,72 (1981) Personen ab, während der Anteil von Einpersonenhaushalten von 14,5% (1971) auf 20,0% (1981) steigt.

Immigranten. Bedingt durch das Britische Empire und Londons lange Geschichte als Hafen- und Handelsplatz mit liberalem Klima sind schon immer rassische, religiöse und/oder nationalistische Minderheiten zugewandert, beispielsweise emigrierte Juden vom Kontinent oder Iren.

Nach dem 2. Weltkrieg und verstärkt seit Anfang der sechziger Jahre nimmt die Zahl der Immigranten aus Asien, der Karibik und anderen Teilen des britischen Commonwealth zu. Zwischen 1961 und 1971 hat sich der Anteil farbiger Einwanderer in Greater London von 2,3% auf 5,5% erhöht. Bedeutsam daran ist weniger die Erhöhung des absoluten Wertes, sondern die damit verbundene räumliche Tendenz zur Ghettobildung (SHEPHERD, WESTAWAY & LEE 1974: 55ff).

Die Immigranten lassen sich bevorzugt gehäuft in Gebieten mit schlechten und eher billigen Wohnungen in der transitorischen Zone der inneren Stadt nieder. Die starke Konzentration erfolgt durch die geringen Verdienstmöglichkeiten der Einwanderer auf dem Arbeitsmarkt, die es ökonomisch verhindern, daß sie Zugang zu besseren Wohnvierteln finden. Gleichzeitig bietet das Leben im Immigranten-Quartier einerseits kulturellen Schutz und Geborgenheit, während es andererseits eine weitergehende Integration verhindert. Es fördert eher rassistische Vorurteile und Diskriminierungen und führt zu offenen Konflikten mit der andersartigen Umwelt.

Die Einwanderergruppe mit den größten Zuwanderungsraten sind die "Westindies", also farbige Einwanderer aus der Karibik, deren Anteil an der Bevölkerung Greater Londons zwischen 1961 und 1971 um 73% zugenommen hat. 1961 liegt der Anteil der Westindies an der Gesamtbevölkerung in <u>allen</u> Bezirken von Inner London außer der City und Greenwhich deutlich höher als in Greater London. Eine besonders hohe Konzentration gibt es 1961 in den Bezirken Brent und Haringey, die direkt an die inneren Bezirke anschließen. Bis 1971 treten starke Veränderungen auf: Nur in Lewisham, Wandsworth, Brent und Haringey steigt die Konzentration, während in den zentralen Bezirken Camden, Westminster, Kensington & Chelsea und Tower Hamlets die Konzentration absolut zurückgeht und diese Bezirke 1971 unter den Durchschnitt Greater Londons fallen. Dieser Prozeß der Verdrängung der farbigen Bevölkerung ist hauptsächlich aus der wieder steigenden Attraktivität des innerstädtischen Wohnens für wohlhabendere Bevölkerungskreise zu erklären.

Der Prozeß des Eindringens einer Minorität (Invasion-Sukzessions-Zyklus) zeigt sich vor allem in den Bezirken des West End. Dort stehen mehrstöckige Einfamilienhäuser der victorianischen Ära, die vor dem Einsetzen des Prozesses von der wohlhabenden Oberschicht und ihrer Dienerschaft bewohnt wurden. Mit den steigenden Bodenpreisen wichen viele der ursprünglichen Bewohner des West End in die Vororte aus. Um eine möglichst hohe Rendite aus den Mieten dieser Häuser zu erzielen, wurden sie in Appartements aufgeteilt. Nun zogen Ledige und junge Paare mit höheren Einkommen oder farbige Einwanderer ein, die durch eine hohe Überbelegung die hohen

Mieten zahlen konnten. In manchen Fällen wurden die Häuser auch zu verwahrlosten, mietpreisgebundenen Wohnungen für Arbeiter. Im Verlauf der Entwicklung der fünfziger und frühen sechziger Jahre hat sich ein erheblicher Anteil an Farbigen aus Westindien und anderen Teilen des Commonwealth im West End angesiedelt.

Nach der neueren Entwicklung im West End in der zweiten Hälfte der sechziger und in den siebziger Jahren werden die farbigen Einwanderer aus den genannten zentralen Bezirken wieder in andere, schlechtere Wohngebiete verdrängt. Dafür ziehen einkommensstärkere Personen, die sich größere Häuser leisten können und wieder citynah in der Stadt wohnen wollen, zurück. Dabei nimmt im Bezirk Newham der Anteil an Westindies stark zu, sodaß er 1971 zu den Bezirken mit der höchsten Konzentration gehört. Abb. 5.5 zeigt die Verteilung der Wohngebiete der Westindies 1971 auf Ortsteilebene (ward).

Ende der siebziger Jahre nimmt die Ghettobildung zu, vor allem in den Vierteln Kilburn, Nottinghill Gate, Shepherds Bush und im Stadtteil Brixton, dem Sitz der Bezirksverwaltung von Lambeth. Hier kommt es auch 1981 zu mehrtägigen bürgerkriegsähnlichen Krawallen zwischen der farbigen Bevölkerung und der Polizei.

Bei der in Asien geborenen Bevölkerung gibt es zunächst bis 1961 die höchste Konzentration ebenfalls in Inner London, um sich bis 1971 auch stärker in den äußeren Bezirken angesiedelt zu haben. Sie konzentriert sich jetzt in den westlichen Bezirken Hounslow, Ealing und Brent und im Osten in Newham und Waltham Forest. Die relativ starke Konzentration im Westen, besonders auffällig im Stadtteil Southhall, der 1982 fast ausschließlich von Indern bewohnt wird, läßt sich vor allem aus der räumlichen Nähe zum Flughafen Heathrow erklären. Niedere Tätigkeiten werden hier fast ausschließlich von Indern ausgeführt.

Auch nach der sozialen Schichtzugehörigkeit ist die Londoner Bevölkerung nicht gleichförmig über das Stadtgebiet verteilt. In der aktuellen Phase hat sich die nachfolgend beschriebene Verteilung herausgebildet (SHEPHERD, WESTAWAY & LEE 1974:51ff).

Der sozioökonomische Status wird in Großbritannien bei Zensuszählungen

Abbildung 5.5: Wohngebiete der Westindies nach Ortsteilen, 1971

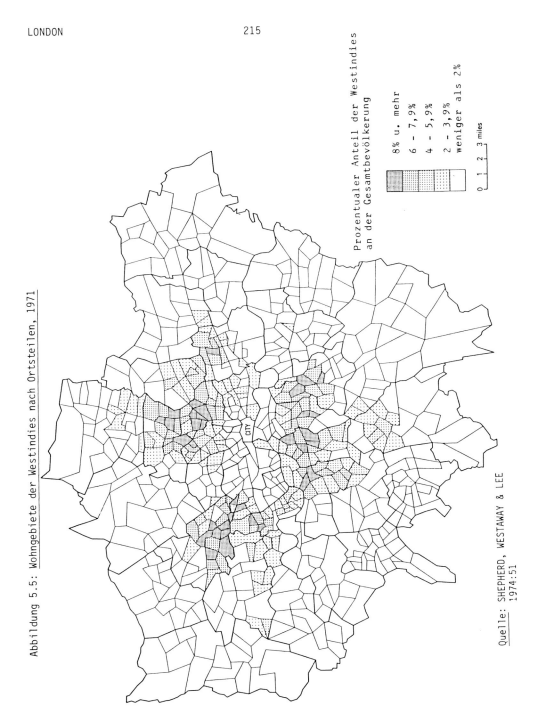

Prozentualer Anteil der Westindies an der Gesamtbevölkerung

8% u. mehr
6 - 7,9%
4 - 5,9%
2 - 3,9%
weniger als 2%

Quelle: SHEPHERD, WESTAWAY & LEE 1974:51

allein durch die berufliche Stellung gemessen. Die über 20.000 vorhandenen verschiedenen Berufe werden auf der Basis von Ansehen, Einkommen und erforderlicher Ausbildung auf 17 Gruppen reduziert, die wiederum in eine Hierarchie von vier Gruppen umgewandelt werden, die im weiteren Sinne sozialen Schichten entsprechen sollen. Die vier Gruppen sind: "professional and managerial", "intermediate and junior non-manual", "skilled manual" und "semiskilled and unskilled manual".

Die erste soziale Gruppe "professional and managerial" entspricht der Oberschicht und der oberen Mittelschicht. Ihre Tätigkeiten erfordern üblicherweise ein Universitätsstudium oder eine andere hoch spezialisierte Ausbildung. Hierzu gehören leitende und verantwortliche Tätigkeiten wie beispielsweise mittleres und höheres Management, Architekten, Ingenieure, Anwälte usw..

Der Anteil dieser Bevölkerungsgruppe liegt in ganz London bei etwa 14%. Generell ist sie deutlich stärker in den Bezirken Outer Londons vertreten, vor allem im Westen und Süden in Richmond, Kingston, Merton, Sutton, Croydon und Bromley, aber auch im Nordwesten im nördlichen Teil von Hillingdon, in Harrow, Brent, Barnet und im Westteil von Enfield. In den Bezirken Inner Londons gibt es einige exklusive kleinere städtische Teilgebiete mit hoher Konzentration als "Gold Coasts" im südlichen Teil von Kensington und Chelsea und in Westminster mit den Ortsteilen Hyde Park, Knightsbridge, Maida Vale und Maifair.

Die zweite Beschäftigungsgruppe umfaßt die "white collar"-Beschäftigten der mittleren und unteren Mittelschicht. Sie ist ähnlich wie die erste Gruppe stärker in Outer London vertreten, vor allem südlich in den äußeren Bezirken Richmond, Kingston, Merton, Sutton, Croydon, Bromley und Bexley. Die mittlere und untere Mittelschicht ist auch in einigen Ortsteilen westlich und nordwestlich in Inner London stark vertreten: Die höchste Konzentration gibt es südlich im Bezirk Kensington und Chelsea, aber auch in kleineren Teilen von Hammersmith und Camden. In den 70er Jahren läßt sich ein verstärkter Zuzug in neuere suburbane Eigenheimgebiete östlich in die Bezirke Havering und Bexley und südlich in die Bezirke Bromley und Croydon feststellen.

Die dritte Beschäftigungsgruppe, manuelle Arbeiter mit abgeschlossener

Berufsausbildung, entspricht den oberen und mittleren Arbeiterschichten. Wohnungseigentum ist hier kaum vertreten, es dominiert das Leben im öffentlichen Wohnungsbau und in privat vermieteten Wohnungen. Es gibt zwei Hauptgebiete mit großer Konzentration dieser Bevölkerungsgruppe: Der größere Bereich liegt östlich und nordöstlich in Inner London, der kleinere am westlichen Rand Greater Londons in den Bezirken Hillingdon, Hounslow und Ealing. die Verteilung dieser Bevölkerungsgruppen entspricht damit weitgehend der Verteilung von industriellen Arbeitsplätzen in London: Im nördlichen und östlichen Teil Inner Londons dem Industriewachstum des 19. Jahrhunderts, im Westen dem Industriewachstum des 20. Jahrhunderts entlang den Ausfallstraßen und in der Nähe des Flughafens Heathrow.

"Anomalien" dieser Verteilung gibt es allerdings mit den großen Wohnanlagen, die vom London County Council vor dem 2. Weltkrieg für die Arbeiterklasse außerhalb der damaligen administrativen Stadtgrenzen gebaut wurden (vgl. Abschnitt 3.2) und auch heute noch von dieser Bevölkerungsgruppe bewohnt werden.

Die niedrigste Gruppe dieser Beschäftigtenhierarchie besteht aus an- und ungelernten Arbeitern. Sie haben die ökonomisch schwächste Stellung auf dem Wohnungsmarkt, da Wohnungseigentum für diese Gruppe nicht erreichbar ist und sie vollständig auf öffentlichen Wohnungsbau und schlechte, privat vermietete Unterkünfte angewiesen sind. Diese Gruppe lebt überwiegend in Inner London, vor allem im East End, aber auch südlich der Themse in Gebieten mit hohen Anteilen von Immigranten in den Bezirken Lambeth, Southwark, Lewisham und Greenwhich. Ihre Wohngebiete liegen damit nahe den älteren Industriegebieten und dem Hafen. Mit anhaltendem Rückgang an Arbeitsplätzen in Industrie und Hafen nach dem 2. Weltkrieg ist ein erheblicher Teil dieser Arbeiter gezwungen, schlecht bezahlte Arbeitsplätze im Dienstleistungsbereich zu suchen oder sich arbeitslos zu melden.

Wohnungen. Die nach dem 2. Weltkrieg begonnene kontinuierliche Erweiterung des Wohnungsbestands kommt in den siebziger Jahren fast zum Stillstand. Die Zahl aller Wohnungen Greater Londons erhöht sich nur geringfügig von 2,6 Mio (1971) auf 2,7 Mio. (1978) (Abb.3.5).

Damit übertrifft zum ersten Mal in der Geschichte Londons die Anzahl der vorhandenen Wohnungen die Zahl der Haushalte. Damit könnte zwar rechnerisch jedem Haushalt eine eigene Wohnung angeboten werden, aber durch einen erheblichen Mangel an Wohnungen zu Mietpreisen, die für breite Bevölkerungskreise noch bezahlbar sind, gleichzeitige Grundstücksspekulation und eine Überrepräsentation von ärmeren Bevölkerungsschichten in der Stadt besteht eine anhaltende Wohnungsnot. In Greater London gibt es 1980 allein ca. 200.000 Wohnungssuchende auf den Wartelisten für öffentlichen Wohnungsbau, die jeweils von den Bezirksverwaltungen zu führen sind. Trotz eines strengen Auswahlverfahrens sind 16.000 Personen als "obdachlos" anerkannt, die auf Bezirkskosten untergebracht werden müssen.

Etwa 30.000 Wohnungen werden 1982 von Hausbesetzern (Squatters) bewohnt. Diese können in Großbritannien - anders als in Deutschland - nicht strafrechtlich verfolgt werden, außer bei der Anwendung von Gewalt gegen Personen und Sachen (SCHÜTZ & WEIS 1982:139). Da vor allem die Bezirke in Inner London aus Geldmangel einen Teil ihres kommunalen Wohnungsbestands ohnehin nicht renovieren können, gehen insbesondere von der Labour-Partei verwaltete Bezirke in der Inneren Stadt dazu über, im Fall von Hausbesetzungen den Besetzern Zwischennutzungsverträge zu geben und diese ebenso wie andere kommunale Selbsthilfegruppen (Mieterinitiativen, Bürgerrechtsgruppen usw.) zu fördern.

Über 50% der Bevölkerung Englands wohnten Anfang der achtziger Jahre im eigenen Haus (Owner Occupation), meist einem Einfamilienreihenhaus. Die Verbreitung des Eigenheims beginnt in den zwanziger Jahren (vgl. Abschnitt 3.2) und hat sich heute zur dominierenden Wohnform entwickelt. Hausbesitz bedeutet dabei allerdings nicht, am einmal erworbenen Haus festzuhalten, sondern der Umzug von einem Eigenheim in ein anderes ist in London genau so üblich, wie etwa in der Bundesrepublik Mietwohnungen gewechselt werden. Ein Hauswechsel bedeutet meist auch den sozialen Aufstieg in ein angeseheneres Wohnviertel. Durch sinkende Einkommenszuwächse bei steigenden Hauspreisen und Hypothekenzinsen ist der Zugang zum Wohnen im eigenen Haus seit Anfang der siebziger Jahre erheblich erschwert. Während 1971 noch 10% des durchschnittlichen Hauspreises als Anzahlung genügten, mußten 1979 bereits 40% an Eigenkapital aufgebracht werden, um mit der an die Einkommenshöhe gebundenen Hypothek den Durchschnittspreis eines Hauses zu erreichen (PORATH & SCHUHMACHER 1980: 144f).

Der Markt der privat vermieteten Wohnungen hat heute in Großbritannien nur noch eine geringe Bedeutung. War der private Mietwohnungsbau vor 1915 mit ca. 90% noch der dominierende Träger der Wohnungsversorgung, so hat sich sein Anteil danach durch Mietgesetze und -kontrollen, die Investitionen zunehmend unattraktiver machten, fortlaufend verringert; von über 52% im Jahre 1951 auf 15% im Jahre 1980 (MCKAY & COX 1979:127).

Die meisten privat vermieteten Wohnungen werden in London von Kleinvermietern in Inner London angeboten. Es handelt sich oft um Häuser, die der Besitzer beim Fortzug nicht verkauft, sondern weiter vermietet. Die Häuser sind meistens in einem schlechten Zustand, nur die allernotwendigsten Reparaturen können ausgeführt werden, Überbelegung ist häufig und eine gemeinsame Benutzung von Bad, Küche und Toiletten durch mehrere Haushalte ist oft erforderlich.

Dennoch gibt es wegen des geringen Angebots eine große Nachfrage nach privat vermieteten Wohnungen durch in der Regel eher mobile Bevölkerungsgruppen wie junge Menschen oder farbige Immigranten, die die Zugangsbedingungen zu öffentlich geförderten Wohnungen nicht erfüllen können. Daher bietet der private Wohnungsmarkt vor allem Wohnmöglichkeiten für untere soziale Gruppen zu schlechten Wohnbedingungen.

Daneben gibt es in London einen kleinen Bereich des privaten Mietwohnungsmarktes, der luxuriöse Wohnungen in zentraler Lage wie hauptsächlich dem West End anbietet. Der Bau derartiger Mietwohnungen kann auch heute noch als rentabel angesehen werden.

Der öffentliche Wohnungsbau hat sich in Großbritannien vor allem nach dem 1. Weltkrieg entwickelt. Die zunehmende Bedeutung dieses Bereichs für die Wohnungsversorgung läßt sich aus dem kontinuierlichen Rückgang des privaten Mietwohnungsbaus erklären. Trotz der Versuche der Labour Regierung nach dem zweiten Weltkrieg, das Wohnen im "Council Flat" für alle Bevölkerungsgruppen attraktiv zu machen, ist der öffentliche Wohnungssektor bis heute die Wohnform der unteren sozialen Schichten geblieben, die sich Wohnungseigentum nicht leisten können. Da es keine zentrale Vergabe von öffentlich geförderten Wohnungen gibt, sondern Anträge auf oft jahrelang dauernde Anwartschaft in den weitgehend unabhängig voneinander arbeitenden Gemeindeverwaltungen gestellt werden müssen, ist diese Wohnform wesentlich unmobiler als privates Wohnungseigentum.

Öffentlicher Wohnungsbau wird in London bereits seit Anfang des 20. Jahrhunderts von der Stadtverwaltung, LCC und später GLC und von den einzelnen Bezirksverwaltungen betrieben. Ende der siebziger Jahre beginnt die von der Konservativen Partei gestellte GLC-Stadtverwaltung, ihren Wohnungsbestand an die Bezirke zu verkaufen, in denen die Wohnungen jeweils liegen. Der wesentliche Grund ist, die Befugnisse des GLC wieder auf seine eigentliche Aufgabe einer strategischen Rahmenplanung zu beschränken. Die Stadtverwaltung der Labour-Partei hätte diese Maßnahme nach der Amtsübernahme 1980 zwar gern rückgängig gemacht, konnte sich aber dabei gegen die nunmehr konservative Landesregierung nicht durchsetzen. 1982 sind die Wohnungsverkäufe an die Bezirke bis auf das Sanierungsgebiet Stepney/Poplar im East End abgeschlossen. Ob eine Übergabe der Wohnungen dieses Gebiets noch stattfinden wird, erscheint unklar, da auch die Landesregierung beginnt, einzusehen, daß die finanziell "armen" Bezirke des East End mit der Unterhaltung und Verwaltung dieses umfangreichen Wohnungsbestandes finanziell und personell überfordert sind.

Im Gegensatz zur Bundesrepublik spielen <u>gemeinnützige Wohnungsbaugesellschaften</u> (Housing Associations) bei der Wohnungsversorgung nur eine geringe Rolle. Sie gehen in London auf die philantrophischen Gesellschaften des 19. Jahrhunderts zurück und sichern die Wohnungsversorgung spezieller bedürftiger Gruppen (z.B. alte Menschen, ledige Mütter, Studenten).

1979 ist mit der "Greater London House Condition Survey" (GLHCS) zum ersten Mal nach den Untersuchungen für Erstellung des Greater London Development Plans 1965 wieder eine umfangreiche Untersuchung über den baulichen Zustand der Londoner Wohnungen durchgeführt worden, deren Ergebnisse 1981 vorgelegt werden (GLC 1981j).

Tabelle 5.4 : Entwicklung der Haushaltsgröße in London, 1951 - 1978

Jahr	durchschnittliche Haushaltsgröße
1951	3.17
1961	2.95
1971	2.67
1976	2.55
1978	2.53

Anmerkung: Angaben in Personen pro Haushalt

Quellen: GLC 1978a:2; GLC 1980e:177;
persönliche Informationen Mr. A.J. BRYANT, GLC

Tabelle 5.5 : Zahl der Haushalte in London, 1931 - 1978

Jahr	Haushalte
1931	1.57 Mio.
1951	2.62 Mio.
1961	2.66 Mio.
1971	2.72 Mio.
1978	2.66 Mio.

Quellen: GLC 1980e; GLC 1978a; persönliche Informationen Mr. A.J. BRYANT, GLC.

Tabelle 5.6: Entwicklung des öffentlichen Wohnungsbaus in England und Wales, 1919-1980

Jahr	Anteil an der Wohnungsversorgung
vor 1919	5 %
1938	10 %
1951	17 %
1961	25 %
1966	27 %
1971	29 %
1980	31 %

Quelle: Zusammengestellt nach MCKAY & COX 1979:127; PORATH & SCHUHMACHER 1980:148.

1979 gliedert sich der Wohnungbestand Greater Londons nach folgenden Rechtsformen auf: 46,5% Wohnungseigentum, 15,9% privat vermietete Wohnungen, 30,2% öffentlicher Wohnungssektor, 2,6% gemeinnützige Wohnungsbaugesellschaften und 4,8% zur Zeit leerstehend (GLC 1981j:165).

Tabelle 5.7 zeigt die Verteilung des Wohnungsbestandes nach verschiedenen zeitlichen Bauperioden. Er ist erheblich überaltert, dies gilt vor allem für den privaten Sektor. Insgesamt wird bei 635.000 Wohnungen, dies entspricht 25% aller Londoner Wohnungen, der Zustand nach den Kriterien des Umweltministeriums als "unbefriedigend" eingestuft.

478.000 Wohnungen, d.h. 18% des Wohnungsbestandes erfordern dringend Renovierungsarbeiten im Umfang von über 12.000 DM pro Wohnung. Davon ist der Sektor der privat vermieteten Wohnungen mit 37% und der Sektor Wohnungseigentum mit 17% seines Bestandes betroffen. Die renovierungsbedürftigen Wohnungen verteilen sich gleichermaßen auf Inner und Outer London.

241.000 Wohnungen, d.h. 9% des Bestandes werden als unzureichend für Wohnzwecke eingestuft. Hierbei handelt es sich vor allem um privat vermietete Wohnungen, die vor 1919 gebaut wurden und in Inner London liegen.

Tabelle 5.7: Wohnungsbestand in London nach Bauperioden, 1979

Bauperiode	Wohnungs-eigentum (Owner Occupation)	privat vermietete Wohnungen	öffentliche Wohnungen	Wohnungs-baugesellschaften	zur Zeit unbewohnt	Wohnungs-bestand insgesamt
vor 1919	34.7	66.4	11.7	59.1	64.4	34.8
1919 - 1939	46.2	22.8	22.5	10.0	23.7	33.3
1940 - 1954	4.6	2.3	16.8	2.7	4.8	7.9
1955 - 1964	6.1	3.9	16.8	3.3	3.0	8.8
nach 1964	8.4	4.6	32.2	24.9	4.1	15.2
	100	100	100	100	100	100

Anmerkungen: Angaben in Prozent nach Sektoren
Quelle: GLC 1981j:165

239.000 Wohnungen (9% des Bestandes) sind unzureichend mit den als notwendig angesehenen sanitären Einrichtungen wie Badewanne oder Dusche, Spülbecken in der Küche, Handwaschbecken, Warm- und Kaltwasser und einer Toilette in der Wohnung ausgestattet. Wiederum ist vor allem der Sektor der privat vermieteten Wohnungen betroffen, während vom Eigentümer bewohnte Wohnungen und Wohnungen im öffentlichen Sektor deutlich besser ausgestattet sind. Unzureichend ausgestattete Wohnungen liegen wiederum hauptsächlich in Inner London und sind vor 1919 gebaut.

Obwohl auf nationaler Ebene deutliche Verbesserungen der Wohnsituation eingetreten sind, muß die zukünftige Entwicklung der Londoner Verhältnisse deutlich pessimistischer beurteilt werden. Der überraschend hohe Anteil schlechter Wohnungen, der jetzt festgestellt wird, entspricht dennoch den Prognosen in den Untersuchungen der sechziger Jahre: Bei einem gleichbleibenden Anteil von Instandhaltungsarbeiten wird sich bis 1993 der Anteil derjenigen Wohnungen dramatisch erhöhen, die das Ende ihrer "Lebensdauer" erreicht haben. Gleichzeitig hat sich aber nach 1967 der Umfang des Wohnungsneubaus verringert und die Zahl der Abrisse ist stark zurückgegangen. Unter Beibehaltung des Tempos und des Umfangs der Sanierungsarbeiten der sechziger Jahre wäre der Bestand in 170 Jahren einmal gänzlich erneuert worden, bei dem heutigen verlangsamten Abriß- und Neubautempo wird es mehrere Jahrhunderte dauern. Dieses deutet jedoch bei dem schon jetzt festgestellten großen Nachholbedarf an Renovierungs- und Instandsetzungsarbeiten auf große zukünftige Probleme hin. Unzureichende Wohnungen konzentrieren sich jetzt nicht mehr, wie noch 1967, in abgrenzbaren Gebieten überwiegend in Inner London, sondern verteilen sich zunehmend stärker gleichmäßig über die gesamte Stadt.

Tabelle 5.8 gibt das Anwachsen des Londoner Wohnungsbestandes von 1931 bis 1978 wieder. Die nachfolgende Abbildung 5.6 zeigt die Verteilung für 1978 auf die Bezirke, aufgegliedert nach öffentlichem und privatem Sektor, wobei im öffentlichen Bereich zwischen GLC und Bezirksverwaltungen als Träger unterschieden wird, während im privaten Bereich Eigenheime und Mietwohnungen zusammengefaßt sind.

Tabelle 5.8: <u>Die Entwicklung des Wohnungsbestands in London, 1931-1978</u>

Jahr	Wohnungsbestand
1931	1.6
1951	2.1
1961	2.4
1967	2.46
1968	2.48
1969	2.50
1970	2.52
1971	2.57
1972	2.59
1973	2.61
1974	2.63
1975	2.65
1978	2.71

<u>Anmerkungen</u>: Angaben in Mio. Wohnungseinheiten
<u>Quellen</u>: GLC 1975a:177; GLC 1978a

LONDON

Abbildung 5.6: Wohnungsbestand in den Bezirken Greater Londons, 1.1.1978

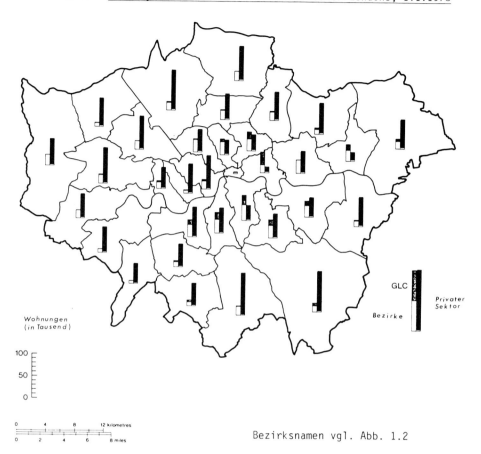

Bezirksnamen vgl. Abb. 1.2

Quelle: GLC 1978a: Fig. 23

Der öffentliche Sektor dominiert nur im East End, nämlich in Hackney, Tower Hamlets, Newham und Southwark; in allen anderen Bezirken überwiegt deutlich der private Sektor. In den Bezirken Inner Londons gibt es die höchsten Anteile an öffentlichem Wohnungsbau, hier liegen auch die Hauptteile des GLC-Wohnungsbestandes.

Abbildung 5.7 zeigt den Wohnungsneubau für die Jahre 1970 bis 1977 in Greater London, Inner und Outer London, aufgeteilt nach Sektoren und zu-

LONDON

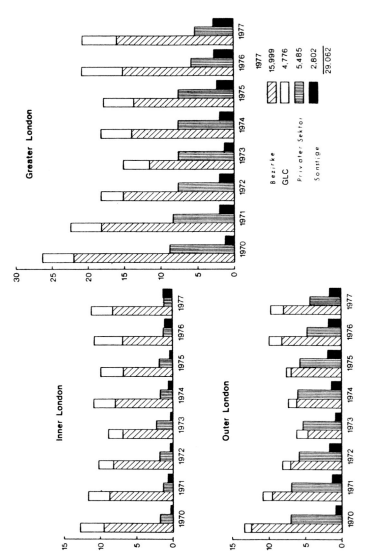

Abbildung 5.7: Wohnungsneubau in London 1970 - 1977

Darstellung in Tausend Wohnungen

Quelle: GLC 1978a: Fig. 24

sätzlich die Wohnungen, die durch gemeinnützige Wohnungsbaugesellschaften und Regierungsbehörden für ihre Beschäftigten erstellt wurden. Es überwiegt dabei deutlich der öffentliche Sektor, in der Inneren Stadt stärker als in der Äußeren. Gemessen an den fünfziger und sechziger Jahren wird das Ausmaß des Wohnungsbaus in den siebziger Jahren langsam geringer.

Ende der sechziger Jahre wird mit dem Stopp im Bau von Wohnhochhäusern auch das Bebauungskonzept der "mixed development" aufgegeben und durch das Konzept "low rise - high density", niedrige aber dichte Bebauung, abgelöst. Gebaut werden Siedlungen mit maximal vier Geschossen, mit mittleren bis hohen Dichten mit 250 bis über 500 Einwohnern pro Hektar. In der Sanierungspolitik gibt es gleichzeitig eine Abkehr von großflächigen Sanierungsprojekten: Unter der Beibehaltung von bestehenden Straßenzügen, mit verstärkten Restaurierungsmaßnahmen und kleinen sorgfältigen Ergänzungsprojekten wird heute versucht, gewachsene Nachbarschaftsgebiete zu erhalten (PORATH & SCHUHMACHER 1980:143).

Größere Wohnungsneubau- und Sanierungsprojekte gibt es in den siebziger Jahren mit der Siedlung Thamesmead sowie den Stadtteilen Barbican, Covent Garden und in den Docklands. Diese Projekte werden nachfolgend skizziert.

Um die Wohnungsknappheit in Greater London zu verringern und um auch in der Kernstadt neue größere Wohngebiete zur Verfügung stellen zu können, ist seit 1963 der Bau der Siedlung Thamesmead in den Bezirken Bexley und Greenwhich geplant worden. Das Neubaugebiet Thamesmead ist dabei durch seine Lage im flachen, teilweise sumpfigen Marschland an der Themse dem in Hamburg ursprünglich geplanten Wohnungsbauprojekt Billwerder-Allermöhe vergleichbar. 1967 wurde mit den Baumaßnahmen begonnen, die ursprünglich 17.000 Wohnungen für ca. 60.000 Einwohner bis zum Jahr 1981 vorsehen. Der Anteil an Wohnungseigentum sollte bei Fertigstellung ein Drittel aller Wohnungen betragen. Die Siedlung wird auf einer Gesamtfläche von 530 ha in einzelnen Abschnitten erbaut, die durch eine ebenfalls abschnittsweise Erstellung von Folgeeinrichtungen jeweils als Teilgebiete bewohnbar sind.

Nach einer größeren Neuplanung der Siedlung Ende der siebziger Jahre wird die Bauzeit bis 1988 gestreckt und der Umfang auf 14.000 Wohnungen und 50.000 Einwohner gesenkt. Gleichzeitig wird der Anteil von Wohnungseigentum auf 40% erhöht. Diesem Ziel wird durch vermehrte Einbeziehung von Straßenzügen in dichter Bebauung mit traditionellen ein- und zweistöckigen Einfamilienhäusern Rechnung getragen.

In der Anfangsphase der Besiedlung bis 1974 treten erhebliche Probleme auf: Durch mangelhafte Bauausführung (Fertigbauweise) bedingt sind in vielen Wohnhäusern z.T. erhebliche Regenschäden entstanden, die umfangreiche Reparaturarbeiten notwendig machen. Die Gemeinschaftseinrichtungen (Zentralheizung, Lifte, Waschmaschinen) sind häufig defekt. Es kommt zu erheblichen Zerstörungen in dem Neubaugebiet durch Jugendliche, die z.T. in Thamesmead leben, aber auch von außerhalb kommen. Schlecht ist gegenwärtig auch die verkehrliche Anbindung des Gebietes, da ein westlich der Siedlung geplanter Straßentunnel unter der Themse, der zum geplanten Straßenring 2 gehört, nicht erstellt worden ist (vgl. Abschnitt 5.4).

Durch erhebliche Verzögerungen in der Bebauung sieht es 1982 so aus, als ob die gesteckten Planungsziele nicht erreicht werden können: Es leben bisher 19.000 Einwohner in 6.600 Wohnungen und der Anteil an Wohnungseigentum liegt deutlich unter 30%.

Das Gebiet <u>Barbican</u> mit einer Gesamtfläche von 26,5 ha liegt in der City an der London Wall, einem letzten erhaltenen Stück der alten römischen Stadtmauer. Schwere Bombardierungen hatten im 2. Weltkrieg das Gebiet weitgehend zerstört. In den fünfziger Jahren werden zunächst auf einer Fläche von 11,3 ha Bürohochhäuser erstellt. Auf den verbleibenden 15,2 ha entstehen dann in hoher Dichte 2.000 Wohnungen für ca. 6.000 Bewohner, ein Wohnheim für 200 Studenten, eine Mädchenschule, das Barbican Arts Centre, das London Museum. Dazu wird eine entsprechende Infrastruktur wie Geschäfte, Restaurants und - in der City von besonderer Bedeutung - 2.000 Parkplätze erstellt.

Die Bebauung von Barbican ist im Herbst 1982 mit der Einweihung des Barbican Arts Centres abgeschlossen; es enthält neben Kino, Konzert-, Bibliotheks- und Ausstellungsräumen auch ein Theater mit 1.200 Sitzen als feste Spielstätte der "Royal Shakespeare Company".

Architektonisch auffällig ist die dichte zusammenhängende Bebauung, die auch drei Wohntürme mit 43 und 44 Stockwerken umfaßt und die strikte Trennung zwischen Fußgänger- und Pkw-Verkehr, die auf verschiedenen Ebenen geführt werden. Die Konzeption dieses Gebiets geht dabei auf die Vorstellungen des schweizer Architekten Le Corbusier zurück (TAYLOR & LLOYD 1980:3ff).

Während in der Siedlung Thamesmead die Angehörigen unterer sozialer Schichten überwiegen und es Schwierigkeiten macht - wie von den Planern beabsichtigt - eine ausgewogene Verteilung nach Schichtzugehörigkeit zu erreichen, ist Barbican vor allem für Angehörige der oberen Mittelschicht ein begehrtes Wohngebiet. Sie können hier ein Ein- oder Zweizimmer-Appartement erwerben, das oft als Zweitwohnung mit großer Nähe zum Arbeitsplatz genutzt wird, um dann am Wochenende zur Familie in die Vororten zurückzukehren.

Das ebenfalls zentral im Bezirk Westminster nahe dem Theater- und Vergnügungsgebiet des West End gelegene Quartier Covent Garden umfaßt 39 ha Fläche. Nach Aufgabe des zentral im Gebiet liegenden Großmarktes sollte hier zunächst ein Kongreß- und Hotelzentrum von privaten Investoren mit Verkehrsanbindung durch neue Durchgangsstraßen entstehen. Dieser Plan scheiterte jedoch 1973 unter dem Eindruck der wirtschaftlichen Rezession und einer allgemeinen Ernüchterung über Neubaumaßnahmen am Widerstand der Bevölkerung. Daraufhin übernimmt der GLC die Planung dieses Gebietes als "Action Area" mit dem Ziel, die historischen Marktgebäude zu erhalten und die Wohnsituation im Gebiet zu verbessern, ohne die gewachsene Nachbarschaft zu zerstören und die örtliche Bevölkerung zu vertreiben.

Bis 1981 sind die Hauptgebäude der Covent Garden Markthallen sorgfältig entsprechend dem Zustand von 1889 restauriert worden. Erfolgreich sind hier viele kleine Läden, Restaurants und Pubs neben dem Gebäude der Covent Garden Oper und dem London Transport Museum eröffnet worden. Als Mischung aus Bazar und Bar mit kulturellen Anziehungspunkten ist dieses Gebiet für breite Bevölkerungskreise attraktiv geworden, ohne zu einem reinen "Schickeria-Anziehungspunkt" zu degenerieren. Der Covent Garden erscheint damit als erfolgreicheres Beispiel für Sanierungsmaßnahmen als vergleichbare Maßnahmen in Paris, wo die historischen Markthallen 1971 abgerissen und durch ein eher steriles Einkaufszentrum, das "Forum des

Halles" ersetzt wurden.

Probleme hinsichtlich der Bewohner- und Baustruktur dieses Gebiets bestehen allerdings weiterhin. Die Wohnbevölkerung ist überaltert, fast ein Viertel der Einwohner sind über 65 Jahre alt und es gibt einen ungewöhnlich hohen Anteil von Einpersonenhaushalten. Die Bausubstanz ist in schlechtem Zustand und in vielen Wohnungen fehlt eine ausreichende sanitäre Ausstattung. Die Anfang der achtziger Jahre begonnenen Sanierungsmaßnahmen haben die innere und äußere Restaurierung der vorhandenen Bausubstanz zum Ziel, die Alters- und Haushaltsstruktur des Viertels soll ausgeglichen werden. Dazu werden Baulücken mit Wohnungen für größere Familien gefüllt. Gleichzeitig werden kleinere Läden für den Alltagsbedarf angeworben und das Gebiet für jeden Durchgangsverkehr gesperrt (TAYLOR & LLOYD 1980:10ff).

Die Wohnungssituation in Greater London soll auch durch umfangreiche Sanierung und Wohnungsneubau in den Docklands verbessert werden. Die Docklands sind ein Gebiet an der Themse, das sich etwa 12 km in westöstlicher und rund 5 km in nordsüdlicher Richtung erstreckt. Die Nutzung dieses Gebiets besteht bis 1968 aus Docks, Hafen- und Industriebetrieben sowie einzelnen Wohngebieten. Zu diesem Zeitpunkt leben 55.000 Einwohner in den Docklands, und es gibt hier rund 60.000 Beschäftigte, die etwa zur Hälfte außerhalb der Docklands leben (LONDON DOCKLANDS STUDY TEAM 1973a: 2ff). Nach 1968 werden zuerst einzelne Docks geschlossen und dann der gesamte Hafen flußabwärts nach Tilbury verlagert. 1973 liegen fünf verschiedene Alternativpläne zur Sanierung und Neuordnung der gesamten Docklands vor. In ihnen wird vorrangig eine Verbesserung der Wohnsituation betont, während das Arbeitsplatzangebot durch Neuansiedlung von Betrieben in dem bisherigen Ausmaß verbessert werden soll.

1982 ist erst das citynah an der historischen Tower Bridge gelegene St. Katharine Dock mit einer Fläche von 12 ha völlig neu gestaltet worden. Hier sind ein großes Hotel, das "London World Trade Center", ein Yachthafen sowie 300 Wohnungen des öffentlichen Sekors entstanden. Über die Zukunft der Docklands ist bisher weder hinsichtlich der angestrebten Wohnbebauung noch der geplanten Betriebsansiedlungen endgültig entschieden.

Abbildung 5.8 zeigt die Lage der beschriebenen aktuellen Wohnungsneubaugebiete Barbican, Thamesmead und Dockland sowie das Sanierungsgebiet Covent Garden.

Abbildung 5.8: Aktuelle Wohnungsneubaugebiete 1984 sowie Sanierungsgebiet Covent Garden

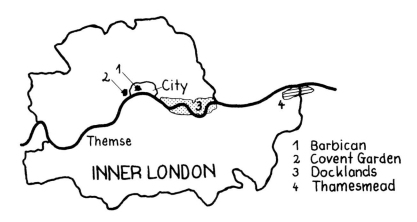

Entwurf: M. BRENNER

5.3 Beschäftigte und Arbeitsstätten

Bis heute ist London das dominierende wirtschaftliche Zentrum des Landes: Zwar umfaßt die Fläche Greater Londons weniger als ein Prozent der Gesamtfläche Großbritanniens, doch leben hier 13% der Landesbevölkerung, die etwa 15% des Bruttoinlandsproduktes erwirtschaften (GLC 1981d:4).

Seit Anfang der sechziger Jahre ist die Zahl der Beschäftigten in Greater London allerdings rückläufig. Im Jahre 1978 gab es 636.000 Beschäftigte weniger als 1966. Von dieser Entwicklung ist - wie schon in der vorhergehenden Phase - vor allem der sekundäre Sektor betroffen: Er verliert im gleichen Zeitraum mit ca. 630.000 fast 60% seiner Arbeitsplätze (Tab. 5.9).

Tabelle 5.9: <u>Beschäftigte in London, 1966 - 1978</u>

Jahr	Insgesamt	Primärer Sektor	Sekundärer Sektor	Tertiärer Sektor
1966	4.301.000	11.000	1.578.000	2.712.000
	(100 %)	(0.3 %)	(36.7 %)	(63.0 %)
1971	4.027.000	10.000	1.342.000	2.675.000
	(100 %)	(0.3 %)	(33.0 %)	(66.4 %)
1978	3.665.000	7.000	946.000	2.712.000
	(100 %)	(0.2 %)	(25.8 %)	(74.0 %)

<u>Quelle</u>: Persönliche Information Mr. A.J. BRYANT, Dept. of Planning and Transportation, GLC, 1981

Die Gründe für den anhaltenden Rückgang liegen nicht mehr hauptsächlich in Firmenverlagerungen, sondern in Firmenschließungen, Stilllegungen einzelner Abteilungen und - verbunden mit der anhaltenden wirtschaftlichen Rezession in den siebziger Jahren und gleichzeitiger starker Automatisierung von Arbeitsabläufen - einer generellen Verminderung der Zahl der Arbeitsplätze in den Betrieben. Zwischen 1966 und 1974 sind nur 27% der verlorengegangenen Arbeitsplätze aus Greater London heraus verlagert worden; alle übrigen sind ersatzlos weggefallen (GLC 1981d:Tab.2.6). Zwar gibt es in ganz Großbritannien durch zunehmende internationale Konkurrenz und steigende Produktivität durch Automatisierungen und Rationalisierungen einen Rückgang der Beschäftigten im sekundären Sektor, aber dieser nationale Trend wird in London durch das fast völlige Fehlen von Betriebsneuansiedlungen verstärkt. Greater London ist immer noch ein unattraktiver Standort für industrielle Unternehmungen: Es gibt trotz der Docklands wenige geeignete Ansiedlungsflächen, das Kostenniveau ist deutlich höher als im Landesdurchschnitt, die Gesetze zur Smogkontrolle und zum Umweltschutz gelten weiter und Industrieansiedlungen in wirtschaftlichen Krisengebieten Großbritanniens werden von der Landesregierung hoch subventioniert.

Der Rückgang des sekundären Sektors wird auch durch die oben bereits erwähnte Schließung der Hafenanlagen (1973) verstärkt. Da nach Ansicht des GLC der Rückgang an Arbeitsplätzen in Greater London langfristig die do-

minierende wirtschaftliche Stellung der Stadt gefährdet, bemühen sich
die Planungsbehörden, industrielle Arbeitsplätze mit geringer Umweltbelastung, z.B. Elektroindustrie, nach London zurückzuziehen bzw. neu heranzuholen. Als hauptsächlicher Standort werden die Docklands angeboten
(vgl. Abschnitt 5.2). Trotz intensiver Bemühungen konnte der Rückgang
des sekundären Sektors bisher nicht nachhaltig gestoppt werden.

In der Struktur der in London produzierenden Firmen des sekundären Sektors überwiegen die Druckindustrie (Zeitungen, Zeitschriften, Bücher) sowie hochspezialisierte Firmen aus den Bereichen Elektrotechnik, Elektronik und chemische Industrie, die hauptsächlich pharmazeutische Produkte
herstellt.

Anders als im sekundären Sektor nimmt die Zahl der Beschäftigten im tertiären Sektor in London stark zu. Bereits 1964 leitet die britische Regierung Maßnahmen ein, um das anhaltende Wachstum des tertiären Sektors
in London zu bremsen und um eine weitere Expansion in die transitorische
Zone, vor allem West End, zu unterbinden. Eine erste Maßnahme besteht in
der Lizenzierung des Zuwachses an Büroarbeitsplätzen. Zusätzlich wird
mit dem "Location of Offices Bureau" (LOB) eine Behörde geschaffen, die
eine Dezentralisierung der Arbeitsplätze in Greater London fördern soll.
Das LOB hat dabei ausschließlich beratende Funktion: Es soll den Unternehmen bei der Suche nach einem neuen, geeigneten Standort helfen. Dazu
registriert das LOB den verfügbaren und geplanten Büroraum in ganz Großbritannien (GODDARD 1975:37f).

Einer Schätzung der zwischen 1963 und 1969 erfolgten Firmenverlagerungen
zufolge sind in diesem Zeitraum zwischen 119.000 und 162.000 Arbeitsplätze des tertiären Sektors aus dem CBD dezentralisiert worden (HELLBERG
1975:139). Insbesondere Versicherungsgesellschaften sowie Betriebe der
Maschinen-, Elektro- und chemischen Industrie sind bereit, ihre Verwaltung zu teilen oder vollständig aus dem CBD zu verlagern. Als Folge dieser Maßnahmen geht die Anzahl der weniger qualifizierten Arbeitsplätze
im CBD zurück. Dagegen läßt sich eine deutliche Zunahme im Bereich der
höher qualifizierten Bürotätigkeiten und im Bereich spezieller Dienstleistungen feststellen. Insgesamt sind 1971 im CBD etwa 80% aller Arbeitsplätze dem tertiären Sektor und davon etwa 60% direkt Bürotätigkeiten zuzuordnen (HALL 1977:27). Diese Entwicklung kann zusammenfassend als zu-

nehmende Konzentration des tertiären Sektors bei gleichzeitiger Spezialisierung bezeichnet werden.

Durch diese planerischen Eingriffe stagniert der Zuwachs an Arbeitsplätzen des tertiären Sektors und wird bis 1971 sogar leicht rückläufig. Als die restrikiven Maßnahmen aufgehoben werden, erreicht die Zahl der Arbeitsplätze im tertiären Sektor im Jahre 1978 wieder den Stand von 1968, obgleich sich das Wirtschaftswachstum verringerte, die Rezession Ende der siebziger Jahre andauert und umfangreiche Rationalisierungen im Bürosektor beginnen. Damit ist der relative Anteil des tertiären Sektors auf fast drei Viertel des Londoner Arbeitsplatzangebots angewachsen.

Seit Anfang der sechziger Jahre nehmen innerhalb des tertiären Sektors Arbeitsplätze in den Wirtschaftsabteilungen Banken, Versicherungen, Finanzwesen, öffentliche Verwaltung und spezielle Dienstleistungen zu, während in den Bereichen Transport, Kommunikation, Gas, Wasser, Strom und Einzelhandel die Anzahl der Beschäftigten rückläufig ist.

Auch im Bereich der mittleren Einkommenslagen ist das Arbeitsplatzangebot des tertiären Sektors rückläufig, während niedrig bezahlte Positionen in den Dienstleistungsberufen, vor allem im Hotel- und Gaststättenbereich, bedingt durch die Zunahme der nach London reisenden Toristen, ein deutliches Anwachsen verzeichnen.

Durch den dargestellten Rückgang an Arbeitsplätzen beginnt auch der Anteil der Stadt am Bruttoinlandsprodukt von 17,1% (1971) auf 15,4% (1979) zu sinken. Der Anteil Londons am Bruttoinlandsprodukt des sekundären und primären Sektors allein ist auf 8,5% (1979) gesunken (GLC 1981d:Tab.2.1 u. 2.2).

In London als Landeshauptstadt bestehen überdurchschnittlich viele Arbeitsplätze im privaten Bürobereich und im öffentlichen Dienst, die zu einem größeren Teil direkt oder indirekt von staatlichen Ausgaben beeinflußt werden. Damit wird die ohnehin wirtschaftlich rückläufige Situation der Stadt durch die gegenwärtige konservative Landesregierung noch verschärft. Seit ihrer Wahl 1979 verfolgt sie als wichtigstes politisches Ziel, die öffentlichen Ausgaben zu kürzen, indem sie vor allem im öffentlichen Dienst die Zahl der Beschäftigten verringert und deren Einkommen begrenzt.

Die einzelnen Stadtteile verlieren weiter in sehr ungleichem Ausmaß an Arbeitsplätzen: Zwischen 1961 und 1971 verlieren der CBD 152.000 und der übrige Teil Inner Londons 200.000 Arbeitsplätze, während in den Bezirken Outer Londons 50.000 neue hinzukommen (GLC 1981d:Table 2.9). Diese Entwicklung setzt sich verlangsamt auch in den siebziger Jahren fort. Die südwestlich liegende Achse zwischen dem Subzentrum Croydon und dem Flughafen Heathrow wird zu einem bevorzugten Standort von Firmen und hat eine deutliche Zunahme an Beschäftigten zu verzeichnen.

Die Arbeitslosenzahl Londons liegt bis 1965 deutlich unter der Zahl der bei den Arbeitsämtern als frei gemeldeten Arbeitsplätze und stellt kein Problem dar. 1966 übersteigt sie erstmals die Zahl der freien Stellen, um bis 1974 auf einem relativ niedrigen Niveau von unter 90.000 zu bleiben. Mit der 1975 beginnenden Rezession steigt die Arbeitslosenzahl schnell an. Mitte 1978 kommen auf 58.000 freie Arbeitsplätze bereits 151.000 Arbeitslose. Ende 1982 kann man an einer am Londoner Rathaus angebrachten Tafel entnehmen, daß 346.000 Arbeitslose (etwa 10% der Londoner Arbeitskräfte) keine Arbeit mehr finden. Von der Arbeitslosigkeit ist hauptsächlich die Bevölkerung der Bezirke Inner Londons betroffen, besonders in den CBD-nahen Teilen von Camden und Islington, in Tower Hamlets und im nördlichen Teil von Greenwhich (GLC 1978a:Fig.15,16). Besonders hoch ist der Anteil unter den Jugendlichen, und hier speziell der farbigen Jugendlichen.

Seit Mitte der sechziger Jahre bekommt der Tourismus eine steigende Bedeutung für die Wirtschaft Londons. Bedingt durch den Ruf der Stadt als "Swinging London", als Mekka der Jugendkultur, als internationales Kultur-, Unterhaltungs- und Einkaufszentrum, steigt die Zahl der jährlichen Besucher auf 6 Mio. zu Beginn der siebziger Jahre und schließlich auf 8 Mio. gegen Ende des Jahrzehnts an. Besonders in der Mitte der siebziger Jahre erlebt London einen Einkaufsboom durch Touristen vorwiegend aus Frankreich, den Benelux-Ländern und der Bundesrepublik Deutschland, die - angelockt durch günstige Wechselkurse der schwachen englischen Wirtschaft - zu Einkaufstouren in die Stadt kommen.

Da die Touristikindustrie mit ihren Bettenkapazitäten auf diese Entwicklung nicht vorbereitet ist, wird durch planerische Eingriffe der Hotelbau gefördert: Nachdem das "Tourismusentwicklungsgesetz" (1969) einen Zuschuß von 100 Pfund für jedes bis 1973 in Übereinstimmung mit den Bebauungsplänen erstellte Hotelzimmer gibt, kommt es in London zu einem Boom im Hotelbau. Bevorzugte Standorte sind dabei die Bezirke des West Ends und Camden. Hinzu kommen die Bezirke Hillingdon, wo der zentrale Flughafen Heathrow liegt und begünstigt durch die Lage zwischen Flugplatz Hammersmith und West End (GLC 1978a:Fig.17).

1980 haben ausländische Besucher etwa 1,85 Mio. Pfund in London ausgegeben. Das sind etwa 60% aller Fremdenverkehrseinnahmen Großbritanniens (GLC 1981d:4).

5.4 Infrastruktur

Durch den Aufbau eines öffentlichen Nahverkehrssystems vor Beginn einer allgemeinen Motorisierung hat in der Londoner Verkehrsplanung der öffentliche Nahverkehr immer vor der Planung für den Individualverkehr Vorrang gehabt.

Für den Berufsverkehr und die Erreichbarkeit der inneren Stadt hat der öffentliche Nahverkehr weiterhin Priorität vor dem privaten Kfz. In der Regel wird der Bus für kurze Strecken, die Untergrundbahn und die Eisenbahn (British Rail) für mittellange und lange Verkehrsstrecken benutzt.

Der CBD wird 1979 in der morgendlichen Verkehrsspitzenzeit (7 bis 10 Uhr) von etwa 420.000 Personen mit der Eisenbahn (British Rail), von etwa 343.000 Personen mit der Untergrundbahn (London Transport Rail), von etwa 173.000 Personen mit privaten Kfz und von etwa 112.000 Personen mit Bussen von London Transport erreicht (GLC 1980b:Fig.14).

Mit der Gründung des GLC 1965 wird diese Behörde für die gesamte Verkehrsplanung in Greater London verantwortlich. 1970 übernimmt der GLC die Verwaltung des London Transport vom nationalen Verkehrsministerium. London Transport ist die Betriebsgesellschaft der U-Bahnlinien sowie der Buslinie und wird vom GLC und der nationalen Regierung gemeinsam bezuschußt. Die Eisenbahnlinien in London werden von der Nationalen Britischen Eisenbahn (British Rail) betrieben.

Trotz einzelner Schwierigkeiten im Busverkehr gelingt den öffentlichen Verkehrsmitteln insgesamt eine befriedigende Versorgung der Stadt. Die Stadtgebiete südlich der Themse sind vor allem durch Eisenbahnlinien erschlossen, während in den Stadtgebieten nördlich der Themse die Untergrundbahn dominiert. Erhebliche Verbesserungen ergeben die zwischen 1960 und 1970 durchgeführten Elektrifizierungen einiger Bahnlinien von British Rail. Nach der Eröffnung der "Victoria Line" (1971), der Erweiterung der "Picadilly Line" zum Flughafen Heathrow (1977) und der Eröffnung der "Jubilee Line" (1979) erreicht das Streckennetz der Untergrundbahn eine Länge von 388 km. Anfang der achtziger Jahre leben damit etwa 90% der Bevölkerung weniger als 1,6 km, das entspricht einem Fußweg von ca. 20 Minuten, von einer Untergrund- oder Eisenbahnstation entfernt.

Mit 1.434 Bussen und 5.100 Doppeldeckerbussen (1974) bei einem Streckennetz von etwa 2.820 km im Jahre 1980 (GLC 1980b:1) verfügt London über eines der größten Bussysteme der Welt (THOMSON 1977:275ff). Durch unzuverlässigen Service und sinkende Geschwindigkeit nimmt die Zahl der Fahrgäste allerdings bereits seit den frühen fünfziger Jahren ab.

Daher unternehmen ab 1970 GLC und London Transport erhebliche Anstrengungen zur Verbesserung des Busverkehrs durch Ausweisung gesonderter Busspuren, Gegenverkehrsbusspuren und Bus-Vorfahrtsstraßen sowie der Einführung gesonderter Verkehrsregeln für Busse, ohne allerdings damit bisher den Rückgang der Passagierzahlen stoppen zu können.

Die Busverbindungen sind in Inner London am dichtesten und erstrecken sich in Korridoren mit guten Verkehrsverbindungen in die äußeren Bezirke.

Die meisten öffentlichen Nahverkehrsverbindungen führen von einem äußeren Bezirk durch das Zentrum in einen anderen äußeren Bezirk, so daß der innere Bereich insgesamt sehr gut versorgt ist, während zwischen den äußeren Bezirken eine schlechtere Verkehrsverbindung besteht. Auch einzelne Gebiete im Osten Inner Londons sowie Gebiete nördlich und südlich der Themse, vor allem traditionelle Arbeiter-Wohngebiete, sind unzureichend mit Nahverkehrsmitteln versorgt.

Als Problem für die Attraktivität des Londoner öffentlichen Nahverkehrs hat sich erwiesen, daß es keine einheitlichen Fahrkarten für alle Verkehrsmittel gibt, d.h. jedes Verkehrsmittel gesondert bezahlt werden muß und die Fahrpreise insgesamt gemessen an den Einkommenssteigerungen der Bevölkerung stark gestiegen sind.

Die erwähnte politische Kontroverse um die Finanzierung kommunaler Dienstleistungen (vgl. Abschnitt 5.1) zeigt sich besonders kraß im Bereich des öffentlichen Personennahverkehrs. Im Frühjahr 1981 wird der konservative Londoner Stadtrat durch die Labour-Partei abgelöst, die die Wahlen deutlich mit den beiden Hauptforderungen nach drastischen Fahrpreissenkungen (25%) im öffentlichen Personennahverkehr und ausreichendem Wohnraum zu niedrigen Mieten gewinnen. Im Oktober 1981 werden die Fahrpreise für Untergrundbahnen und Busse deutlich gesenkt, in den Außenbezirken dabei stärker als in den inneren Bezirken. British Rail allerdings ist nicht bereit, sich an den Preissenkungen zu beteiligen.

Nachdem die konservative Landesregierung daraufhin dem GLC 500 Mio. DM für den Etat des Jahres 1981 streicht, sichert der GLC seine Finanzierung durch eine drastische Erhöhung der kommunalen Grundstücksbesteuerung. Zwischenzeitlich klagt der "wohlhabende" Bezirk Bromley, in dem es den höchsten Anteil an Pkw-Besitzern gibt, gegen die Steuererhöhung mit dem Argument, es sei verfassungswidrig, eine derart weitreichende Subventionierung des ÖPNV vorzunehmen.

Der oberste Gerichtshof verurteilt schließlich im Dezember 1981 den GLC, das öffentliche Nahverkehrssystem nun völlig ohne öffentliche Subventionen zu betreiben und daher die Fahrpreise drastisch anzuheben.

Nach mehreren Fahrpreiserhöhungen 1982 kommt es zu deutlich sinkenden Fahrgastzahlen sowie Streik- und Boykottmaßnahmen von Beschäftigten und Fahrgästen. Bei gleichzeitigen Entlassungen, Serviceverschlechterungen und fehlenden Geldern für Instandhaltungsarbeiten ist ein allgemeiner Niedergang des bisher befriedigend funktionierenden London Transport zu befürchten.

In London ist eine generelle Zunahme des Autobesitzes bei gleichzeitig starker Konzentration in den äußeren Bezirken feststellbar. Die Zahl der zugelassenen Privat-Pkw erhöht sich von 1,4 Mio. Fahrzeugen im Jahr 1966 (GLC 1965:Fig.21) auf 1,88 Mio. im Jahre 1979 (GLC 1980b:1). Eine Schätzung besagt, daß täglich in Greater London etwa 70 Mio. Fahrzeugkilometer zurückgelegt werden (GLC 1980b:1).

Es hat sich eine deutliche Beziehung zwischen Wohngebiet und Pkw-Besitz herausgebildet: 1966 gibt es in Inner London 35% Haushalte mit einem Pkw, während in den äußeren Bezirken mit 40 bis über 70% ein wesentlich höherer Anteil anzutreffen ist. Neben der wahrscheinlich größeren Entfernung zum Arbeitsplatz ist der hauptsächliche Grund für die höheren Pkw-Zahlen darin zu sehen, daß überwiegend Personen mit höherem Einkommen in Outer London angesiedelt sind (GLDP 1972:25). An dieser Struktur hat sich bisher nichts Grundlegendes geändert. Zusätzlich sind in Inner London die Restriktionen für Auto-Besitzer größer, vor allem durch fehlende Parkplätze, und das öffentliche Nahverkehrssystem ist hier wesentlich dichter ausgebaut.

Entsprechend der Zielvorstellung einer Begrenzung des Kraftfahrzeugverkehrs gibt es 1971 im zentralen Geschäftsbezirk insgsamt nur 130.000 Parkplätze (einschl. Privatparkplätze) bei etwa 1,2 Mio. Beschäftigten und etwa 200.000 Einwohnern (THOMSON 1977:56ff).

Die bereits in der Nachkriegsplanung festgestellten Mängel des Londoner Straßennetzes (vgl. Abschnitt 4.4) konnten nicht grundsätzlich beseitigt werden (GLDP 1976:49). Durch die beschriebenen Park-Restriktionen und komplexe Ampelsysteme, die 1973 auf Computersteuerung umgestellt werden, sowie durch die Errichtung eines Systems aus Einbahnstraßen und Halteverbotszonen kann der Verkehr bisher flüssig gehalten werden.

Auffällig für eine Stadt der Größenordnung Londons ist, daß es so gut wie kein Autobahnnetz in der Stadt gibt. Nur der Westway (M4) erstreckt sich bis nach Inner London hinein, alle anderen Autobahnen erreichen nur die äußeren Stadtbezirke. 1979 gibt es 1.625 km weitere Hauptverkehrsstraßen (GLC 1980b:1), was für eine Stadt der Größenordnung Londons relativ wenig ist. Verkehrszählungen, die in den morgendlichen Verkehrsspitzenzeiten durchgeführt werden (1979), ergeben, daß nur ein geringer Teil von etwa 16% der Einpendler in den zentralen Geschäftsbezirk einen Privat-Pkw benutzt. Wie beabsichtigt können damit die Privat-Pkw der Pendler weitgehend aus dem CBD herausgehalten werden, und der vorhandene Autoverkehr findet hauptsächlich aus kommerziellen Gründen statt (GLC 1980b:Fig.14).

Außerdem geht die Zahl der Pendler auch mit dem Rückgang der Zahl der Arbeitsplätze zurück. In der Struktur der Pendler läßt sich dabei eine wichtige Veränderung feststellen: Während die Zahl der Pendler über eine kurze Distanz deutlich abnimmt, zeichnet sich eine starke Zunahme der Fernpendler von außerhalb des Green Belt (Minimalentfernung 30 km) ab. Vor allem die Angehörigen höherer sozialer Schichten sind bereit, einen längeren Anfahrtsweg zur Arbeit (oder zu ihrem Eigenheim) in Kauf zu nehmen. Da das Hauptstraßennetz, ähnlich wie das Netz der ÖPNV, im wesentlichen radial auf das Zentrum ausgerichtet ist, bekommt der Bau von Ringstraßen eine große Bedeutung, um den veränderten Verkehrsgewohnheiten gerecht zu werden und das radiale Straßensystem der Stadt zu entlasten. Der erste Entwurf des GLDP (1969) sieht die Erstellung von drei Ringstraßen in Greater London und einen vierten Ring außerhalb der administrativen Stadtgrenzen im Umland vor, wobei der äußere Ring nicht den Planungen des GLC unterliegt.

Ring 1 mit einer Länge von ca. 49 km verläuft etwa 4 bis 5 km entfernt vom Stadtzentrum, Ring 2 berührt etwa die Grenzen von Inner London unter Einbeziehung der bestehenden Ringstraßen "North Circular Road" und "South Circular Road", während Ring 3 in den Vororten in Outer London verläuft.

Es entsteht allerdings eine starke öffentliche Opposition gegen die begonnenen Baumaßnahmen, die sich gegen die erforderliche Zerstörung von Wohnraum und die hohen Umweltbelastungen durch Lärm und Abgase wehrt. Nach der Wahl zum Greater London Council 1973 beschließt der siegreiche Labour-Stadtrat die inneren drei Ringe offiziell nicht zuende zu bauen, während an Teilstücken dennoch Ausbauarbeiten durchgeführt werden. Gegenwärtig (1982) existiert von Ring 1 ein Teilstück (A 102), Ring 2 ist als North und South Circular Road ausgewiesen, dabei aber nur in Teilstücken ausgebaut. Ring 3 wird nicht gebaut, während von dem äußeren Ring 4 bereits Teilstücke (M 25) erstellt wurden (Abb.5.8.). Bauliche Verbesserungen werden in erheblichem Umfang an der North und South Circular Road vorgenommen, ohne diese Baumaßnahmen allerdings offiziell als Ausbau von Ringstraßen auszuweisen.

Da Greater London nicht nur für den öffentlichen Personennahverkehr, sondern auch für den Neubau von Straßen auf finanzielle Zuschüsse der Landesregierung angewiesen ist, jedoch Greater London Council und Landesregierung seit 1966 von politisch unterschiedlichen Gruppierungen gestellt werden, ist das Verhältnis zwischen Londoner Verkehrsplanung und den Ordnungsvorstellungen der Landesregierung meist kontrovers. Hierunter hat die Verwirklichung vieler Planungen gelitten.

Abbildung 5.9: <u>Straßennetz in der Londoner Region, 1976</u>

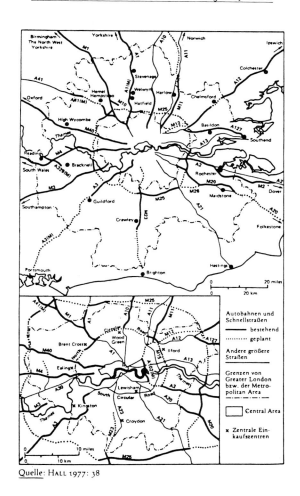

Quelle: HALL 1977: 38

Dienstleistungen und Versorgung. Die Central Area Londons nimmt die Stellung eines nationalen Einkaufszentrums ein. 1961 werden etwa 20% des Umsatzes durch Käufer getätigt, die außerhalb der Kernstadt leben (GLDP 1969a:93). Die Attraktivität der Central Area basiert auf einem breitgefächerten Angebot an Konsumartikeln. Neben einer Vielzahl von großen Kaufhäusern mit unterschiedlichem Preisniveau haben sich viele Geschäfte zusätzlich auf gehobenen Bedarf und Luxusartikel spezialisiert. Sie sind meist in bestimmten "Quarters" zu finden (z.B. Bond Street: Kunst und Antiquitäten).

Die Einkaufszentren Greater Londons lassen sich nach Größe und Qualität in zwei Gruppen unterscheiden: Haupteinkaufszentren verfügen über größere Flächen und ein reichhaltiges Angebot an verschiedenen Geschäften (Kaufhäuser, Supermärkte, Filialen bestimmter Branchen), kleinere "suburbane Zentren" umfassen weniger Geschäfte auf einer deutlich geringeren Fläche.

Allgemein läßt sich für Greater London die folgende Verteilung von Einkaufszentren angeben: Im Norden und Nordwesten besteht ein Mangel an großen Einkaufszentren. Dieser wird aber durch sehr gute Verbindungen zur Central Area ausgeglichen. Anders verhält es sich in den östlichen Teilen, in den Arbeiterwohngebieten Tower Hamlets und Barking. Hier gibt es einen Mangel an Subzentren. Durch die sich ändernde Einwohnerstruktur und die abnehmende Dichte verschlechtert sich hier die Versorgung der Bevölkerung mit Einzelhandelsgeschäften.

SHEPHERD, WESTAWAY & LEE (1974:72) erklären zusammenfassend die Entwicklung der Einkaufsmöglichkeiten: Durch die Abwanderung von Bevölkerung (vorwiegend mit höherem Einkommen) aus den inneren Stadtbezirken ist dort der Einzelhandel entsprechend zurückgegangen. Dafür ist die Zahl der suburbanen Einkaufszentren angewachsen. Die Gründe für diese Entwicklung sind zusätzlich in den veränderten Konsumgewohnheiten der Bevölkerung, vor allem bei den einkommensstärkeren Mittelschichten, zu sehen. Den höheren Einkommensschichten ist es aufgrund von steigendem Pkw-Besitz eher möglich geworden - im Gegensatz zu den Beziehern kleinerer Einkommen -, größere Distanzen bis zur nächsten Einkaufsmöglichkeit zurückzulegen. Dazu machen Eisschränke und Gefriertruhen in den Haushalten der Mittelschicht eine längere und umfassendere Vorratshaltung möglich und reduzieren dadurch die Einkaufshäufigkeit.

Auf Kosten der kleineren Einzelhändler haben sich größere "Hypermarkets" ausgebreitet, da diese ihre Waren preisgünstiger anbieten können. Durch größere Einzugsbereiche der Einkaufszentren hat sich der Trend zur Konzentration von vielen Geschäften weiter verstärkt. Diese Tendenzen der dezentralen Zentralisierung haben die Einkaufsmöglichkeiten für Bezieher kleiner Einkommen (geringe Mobilität) und für Einwohner von Gebieten mit abnehmender Dichte in Inner London deutlich verschlechtert.

In seinen Planungen verzichtet der GLC auf die Ausweisung einer detaillierten Hierarchie von Subzentren nach ihren Funktionen. Aus allen Stadtteilzentren werden jedoch 28 bedeutendere sogenannte "Strategic Centres" herausgehoben, die aus einer Mischung von Einkaufsstätten, Arbeitsplätzen vorwiegend im tertiären Sektor und einem größere Angebot an Erholungs- und Unterhaltungsmöglichkeiten bestehen. Die wichtigsten Zentren, beurteilt nach der Anzahl der Arbeitsplätze und dem erzielten Umsatz, sind Croydon und Kingston Upon Thames (vgl. Abb. 5.10).

Anfang der achtziger Jahre haben fünf der 28 Zentren Probleme mit zurückgehenden Umsätzen. Es handelt sich mit Brixton, Holloway, Peckam, Kilburn und Kingsland bei allen um innere Zentren. Als Ursachen können die große Nähe zum CBD, erhebliche Anteile von wirtschaftlich schwacher farbiger Bevölkerung und veränderte Verkehrsgewohnheiten gesehen werden.

Abbildung 5.10: <u>Zentren in Greater London, 1969</u>

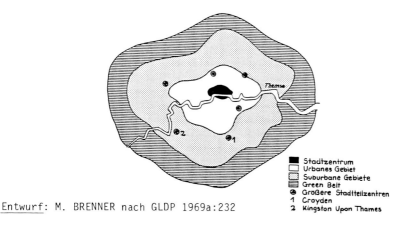

Entwurf: M. BRENNER nach GLDP 1969a:232

6. ZUSAMMENFASSUNG: STADTENTWICKLUNG

Von den Anfängen der Besiedlung am nördlichen Themseufer bis zum 2. Weltkrieg ist London an Bevölkerung und bebauter Fläche stets gewachsen. Das größte Bevölkerungswachstum findet dabei im 19. Jahrhundert statt. Durch den frühzeitigen Beginn der Industrialisierung in der Stadt bietet London ein größeres Angebot an Arbeitsplätzen in der Industrie als das übrige England und Wales, und es kommt zu einer starken Land-Stadt-Wanderung. Als Folge versechsfacht sich die Einwohnerzahl zwischen 1800 und 1900. Bis zur Mitte des 19. Jahrhunderts dehnt sich die Stadt dabei räumlich nur wenig aus, während sich die Dichte erhöht und die Konzentration in der City zunimmt.

Durch den Aufbau eines öffentlichen Nahverkehrssystems mit Eisenbahnen und später Untergrundbahnen beginnt London ab 1850 zunehmend zu expandieren. Die Expansion verläuft zunächst entlang der radialen Verkehrswege, nimmt dann aber durch rasche Auffüllung der Achsenzwischenräume konzentrische Form an.

Die starke Konzentration und die dabei erfolgende Vermischung von Wohngebieten mit der sich ausdehnenden Industrie verschlechtern die Lebensbedingungen in der Stadt. Durch die frühkapitalistischen Arbeitsbedingungen mit kaum zum Weiterleben ausreichenden Löhnen, Kinderarbeit und dem Fehlen sozialer Sicherungen herrscht für einen erheblichen Anteil der unteren sozialen Schichten große Armut.

Es setzen zunehmend Prozesse der Dispersion und Segregation ein. Die wohlhabende Bevölkerung wandert an die Peripherie und in die Vororte ab. Gleichzeitig beginnt in der City ab 1850 aufgrund des zunehmenden Flächenbedarfs von wirtschaftlichen Unternehmungen und steigenden Bodenpreisen ein Prozeß des Bevölkerungsrückgangs, dem ein allgemeiner Verfall der angrenzenden innerstädtischen Wohngebiete folgt. Diese Entwicklung zeigt sich zuerst im East End und später auch im West End.

Stadtplanerische Maßnahmen beschränken sich seit Mitte des 19. Jahrhunderts bis zum 1. Weltkrieg auf Versuche, die hygienischen Verhältnisse in den Elendsgebieten zu verbessern. Diese führen zwar zu einer Senkung der Sterberate, können aber die Situation im East End zunächst nicht umfassend verändern.

Mit dem "London County Council" erhält die Stadt 1888 eine erste zentrale Verwaltung. Nach dem 1. Weltkrieg wachsen die bebauten Stadtflächen weit über das administrative Gebiet hinaus und beziehen die Vororte in die Stadt ein. Diese Expansion wird 1938 durch die Ausweisung eines Grüngürtels gebremst.

In der City beginnt bereits seit dem Ende des 19. Jahrhunderts eine Dezentralisierung von Industriebetrieben bei gleichzeitiger Zunahme des tertiären Sektors und Expansion des zentralen Geschäftsbezirks. Seit 1901 nimmt die Bevölkerung in Inner London ab, und die Prozesse der Dispersion und Segregation verstärken sich.

Vom 19. Jahrhundert an ist die Wohnungssituation durch einen großen Mangel an Wohnungen gekennzeichnet, der sich in einem hohen Grad an Mehrfachbelegungen und bis heute bestehenden langen Wartelisten für Wohnungen zeigt.

Zwischen dem ersten und zweiten Weltkrieg nehmen Wohnungs-, Umwelt- und Verkehrsprobleme deutlich zu. Gleichzeitig vertieft sich das ökonomische Ungleichgewicht zwischen der prosperierenden Wirtschaft in der Londoner Region und den übrigen Landesteilen.

Um diese Probleme der Ballungsgebiete und das bestehende nationale Ungleichgewicht an Bevölkerung, Arbeitsstätten und Wohlstand angehen zu können, betreiben ab 1937 verschiedene Kommissionen umfangreiche Forschung. Die Umsetzung ihrer wesentlichen Empfehlung für das Londoner Ballungsgebiet, nämlich der Dezentralisierung von Bevölkerung und industriellen Arbeitsstätten, wird durch den 2. Weltkrieg zunächst verzögert, dann aber erfolgreich durchgeführt. Insgesamt werden nach 1942 etwa 100.000 Arbeitsplätze und 500.000 Menschen in das Umland verlagert. Durch die Verwirklichung dieser Planung kommt es zu einer teilweisen Zuordnung von Wohnungen zu den Arbeitsstätten.

Von der Planung zunächst unbeachtet bleibt im CBD der tertiäre Sektor zurück, der sich gleichzeitig in die umliegenden Bezirke der transitorischen Zone ausdehnt. Eine Folge dieser Entwicklung sind steigende Bodenpreise, die weiterhin zur Abwanderung von Bevölkerung nach Outer London und in das Umland führen. Diese Konzentration des tertiären Sektors mit seiner hohen Arbeitsplatzdichte bewirkt eine starke Erhöhung des Verkehrsaufkommens, vor allem Pendler.

Seit den sechziger Jahren beginnt auch der tertiäre Sektor sich alternativ zur City in Subzentren anzusiedeln. Dabei erfolgen in der City eine zunehmende Spezialisierung und ein Rückgang der Einpendlerzahlen.

Mit anhaltendem Bevölkerungsrückgang in Greater London verringert sich auch die Zahl der Arbeitsplätze. Diese Entwicklung nach dem 2. Weltkrieg war zwar von den Planern beabsichtigt, ist aber stärker erfolgt, als ursprünglich angenommen und erwünscht: Zwischen 1971 und 1981 sank die Zahl der Arbeitsplätze um 17% von 5,94 Mio. auf 5,31 Mio., allein im Produzierenden Gewerbe um 42%, auch im tertiären Sektor erhöhte sich die Zahl der Arbeitsplätze nicht, sondern blieb konstant. Zusammen mit einer Arbeitslosenquote, die sich auf 10% einpendelt, gefährdet diese Entwicklung langfristig die dominierende wirtschaftliche Stellung der Stadt. Daher versuchen die Planer bereits seit Mitte der siebziger Jahre, neue Arbeitsplätze für London zu gewinnen, jedoch bisher ohne größeren Erfolg.

Die weitere Entwicklung Londons wird deshalb weitgehend davon abhängen, inwieweit Großbritannien in der Lage ist, seine Probleme des ökonomischen Strukturwandels zu lösen.

LITERATURVERZEICHNIS

a) Allgemeine Literatur

ABERCROMBIE, P., 1945: Greater London Plan 1944. In der deutschen Übersetzung von J. Petersen, Baubehörde Hamburg 1946-1948 (Auszüge). Hamburg.

ADERMANN, K., 1980: The Streets of London. London.

ALONSO, W., 1970: What are New Towns for? Urban Studies 7,37-55.

ASH, M., 1973: A Guide to the Structure of London. Bath.

BALCHIN, P., 1981: Housing Policy and Housing Needs. London.

BARKER, T.C. & ROBBINS, M., 1976: A History of London Transport. Vol. Two, the Twentieth Century to 1970. London.

BAUVERWALTUNG DER STADT STUTTGART (Hg.), 1970: London. Stuttgart.

BDB (Bund Deutscher Baumeister), 1974: Thamesmead. Mitteilungsblatt 3.

BENEVOLO, L., 1971: Die sozialen Ursprünge des modernen Städtebaus. Gütersloh.

BELL, C. & BELL, R., 1972: City Fathers. The Early History of Town Planning in Britain. Harmondsworth.

BESANT, W., 1912: East London. London.

BOOTH, C., 1902: Life and Labour of the People of London, 1889-1891.

BRENNER, M., 1985: Wohnen in London. Eine Analyse der Wohnungsversorgung 1900-1980 (In Vorbereitung). Hamburg.

BRUCKMANN, H. & LEWIS, D.L., 1960: Neuer Wohnbau in England. Stuttgart.

BUCHANAN, C., 1972: The State of Britain. London.

BURKE, G., 1976: Townscapes. Harmondsworth.

BUTLER, D. & SLOMAN, A., 1980: British Political Facts 1900-1979. London. Fifth Edition.

BUTTERWORTH, E. & WEIR, D., (Eds.), 1979: Social Problems of Modern Britain. Bungay.

BYRNE, T., 1981: Local Government in Britain. Harmondsworth.

CHERRY, G.E., 1972: The Evolution of British Town Planning. Plymouth.

CLOUT, H., (Ed.), 1978: Changing London. London.

COCKBURN, C., 1977: The Local State. Management of Cities and People. Southampton.

CRE (COMMISSION FOR RACIAL EQUALITY), 1978: Ethnic Minorities in Britain. Statistical Background. London.

CRE, 1980: Racial Equality and Social Policies in London. A Discussion Paper Presented by the CRE to the London Borough Association. London.

CRYTZELL, K.G., 1969: County of London. Population Changes 1801-1901. Lund.

CULLINGWORTH, J.B., 1979: Essays on Housing Policy, the British Scene. London.

DANIELS, P., 1977: Office Policy Problems in Greater London. The Planner 63, 102-105.

DIAMOND, D., 1972: New Towns in their Regional Context. In: EVANS 1972.

DIXON, J., 1981: London als Wohngebiet. Architektur + Wettbewerbe 108.

DJC (DOCKLANDS JOINT COMMITTEE) 1976: London Docklands Stategic Plan. London.

DJC 1979: London Docklands. The Years of Growth, Operational Programme 1979-83. London.

DUNNING, J.H., & MORGAN; E.V., (Eds.), 1971: An Economic Study of the City of London.

EGLI, E., 1967: Geschichte des Städtebaues. Band III: Die Neue Zeit. Erlenbach-Zürich.

EVANS, H., (Ed.), 1972: New Towns. The British Experience. London.

FAIRBROTHER, N., 1972: New Lives, New Landscapes. Harmondsworth.

FLAGGE, O., 1973: Thamesmead, Programme in der Veränderung. Bauwelt 28.

FRANKENBERG, R., 1969: Communities in Britain. Social Life in Town and Country. Harmondsworth.

GARDINER, G., 1973: The Changing Life of London. London.

GENT, J.B., (Ed.), 1970: Croydon. The Story of a Hundred Years. Croydon Natural History & Scientific Society Limited. Croydon.

GLDP (Greater London Development Plan), 1969a: Greater London Development Plan. Report of Studies. London.

GLDP, 1969b: Greater London Development Plan. Statement. London.

GLDP, 1972: Greater London Development Plan. Statement Revisions. London.

GLDP, 1976: Greater London Development Plan. London.

GODDARD, J.B., 1973: Office Linkages and Location. A Study of Communications and Spatial Patterns in Central London. Progress in Planning 1/2.

GODDARD, J.B., 1975: Office Location in Urban and Regional Development. Oxford.

GSS (GOVERNMENT STATISTICAL SERVICE), 1978a: National Dwelling and Housing Survey. London.

GSS, 1978b: National Dwelling and Housing Survey. Phases II and III. London.

HALL, J.M., 1976: London: Metropolis and Region. Oxford.

HALL, P., 1966: Weltstädte. München.

HALL, P., 1969: London 2000. London, 2. erw. A.

HALL, P., 1974: Urban and Regional Planning. Harmondsworth.

HALL, P., 1977: The World Cities. London, 2. erw. A.

HALL, R.K., 1972: The Movement of Officies from Central London. Regional Studies No. 6. London.

HANCOCK, J., (Ed.), 1980: Urban Development and Planning. London.

HART, D.A., 1976: The Rise and Fall of the Primary Road Network. Oxford.

HEAP, D., 1955: An Outline of Planning Law. London, 2.A.

HELLBERG, H., 1975: Der suburbane Raum als Standort von privaten Dienstleistungseinrichtungen. In: AKADEMIE FÜR RAUMFORSCHUNG UND LANDESPLANUNG (Hg.): Beiträge zum Problem der Suburbanisierung.

HIGGS, L., 1977: New Town. Social Involvement in Livingstone. Glasgow.

HILLMAN, J., (Ed.), 1971: Planning for London. Harmondsworth.

HOBHOUSE, H., 1971: Lost London: A Century of Demolition and Decay. London.

HOBSBAWN, E.J., 1969a: Industrie und Empire 1. Britische Wirtschaftsgeschichte seit 1750. Frankfurt a. M.

HOBSBAWN, E.J., 1969b: Industrie und Empire 2. Britische Wirtschaftsgeschichte seit 1750. Frankfut a. M.

HÖFLE, G., 1977: Das Londoner Stadthaus. Heidelberg.

HOSKINS, W.G., 1979: The Making of the English Landscape. Harmondsworth.

HOWARD, E., 1898: Tomorrow - A Peaceful Path to Real Reform. Institute of Landscape Architects.

JACKSON, A.A., 1973: Semi-detached London. Suburban Development, Life and Transport, 1900-1939. London.

JANNASCH, A., 1979: Regionalplanung und Bauleitplanung in England. Frankfurt a. M.

JOHNSON, J.H., 1972: Urban Geography. Oxford/New York, 2.A.

JOHNSTON, R.J., 1980: City and Society. An Outline in Urban Geography. Harmondsworth.

JONES, E. & SINCLAIR, D.J., (Eds.), 1968: Atlas of London and the London Region. Oxford.

KIDSON, P., MURRAY, P. & THOMSON, P., 1969: A History of English Architecture. Harmondsworth.

KIRBY, D.A., 1979: Slum Housing and Residential Renewal. The Case in Urban Britain.

KIRSCHENMANN, J.C. & MUSCHALK, C., 1977: Quartiere zum Wohnen. Stuttgart.

KOHL, N., 1979: London. Frankfurt a. M.

LAMBERT, C. & WEIR, D., (Eds.), 1975: Cities in Modern Britain. Glasgow.

LONDON DOCKLAND STUDY TEAM, 1973a: Rebuilding Docklands. London.

LONDON DOCKLAND STUDY TEAM, 1973b: Docklands. Vol. 1 - Main Report. London.

LONDON TRANSPORT PUBLICITY OFFICE (Ed.), 1973: What is London Transport. London.

MCKAY, D.H., & COX, A.W., 1979: The Politics of Urban Chance. London.

MERLIN, P., 1971: New Towns. London.

MINISTRY OF HOUSING AND LOCAL GOVERNMENT, 1964: The South East Study 1961- 1981. London.

MOGRIDGE, M.J.H., 1980: A Comparative Analysis of Travel Patterns and their Relation to Urban Structure in London and Paris. London.

MORRIS, R.N. & MOGEY, J., 1965: The Sociology of Housing. London.

MUGGLI, H.W., 1968: Greater London und seine New Towns. Basel.

OLSON, D.J., 1976: The Growth of Victorian London. Harmondsworth.

ORWELL, G., 1978: Erledigt in Paris und London. Zürich.

OPCS (OFFICE OF POPOLATION CENSUSES AND SURVEYS), 1979: General Household Survey 1977. London: Her Majesty`s Stationary Office.

PALMER, T., 1977: All You Need is Love. Aylesbury.

PORATH, Y. & SCHUHMACHER, F., 1980: Ein Führer durch den sozialen Wohnungsbau Londons. Kassel.

ROBERTS, R., 1973: The Classic Slum. Harmondsworth.

ROSNER, R., 1962: Neue Städte in England. München.

SCHAFFER, F., 1972: The New Town Movement. In: EVANS 1972.

SCHNEIDER, K., 1947: London. Planungen für die Umgestaltung der britischen Hauptstadt. Hamburg.

SCHÜTZ, P. & WEIS, U., 1982: Die Wohnungsfrage , London 1840-1970. Karlsruhe.

SHANKLAND, G., WILLMOTT, P. & JORDAN, D., 1977: Inner London: Policies for Disposersal and Balance. London: Department of the Enviroment.

SHEPHERD, L., WESTAWAY, J. & LEE, T., 1974: A Social Atlas of London. Oxford.

SHORT, J.R., 1980: Urban Data Sources. London.

TAYLOR, P. & LLOYD, M., 1980: A Field Work Day in London. Cambridge.

TETLOW, J. & GOSS, A., 1965: Homes, Towns & Traffic. London.

THOMSON, J., 1981: Street-life in London. Dortmund.

THOMSON, J.M., 1977: Great Cities and their Traffic. Harmondsworth.

UNWIN, R., 1921: Some Thoughts on the Development of London. In: WEBB 1921.

VIERNEISEL, C., 1976: Wohnungsbau in England - Entwicklung und Stadard. Bauwelt 1976, Heft 4.

WAFFENDER, M., & WALTERS, J., 1980: Anders Reisen: London. Reinbek.

WEBB, A., (Ed.), 1921: London of the Future. London.

WEYL, H., o.J.: Stadtsanierung und neue Städte in England. Essen.

WHITE, D., 1980: A Portrait of London. New Society 54, No. 18.

WILLMOTT, P., & YOUNG, M., 1962: Family and Kinship in East London. Harmondsworth.

WITTICH, J., 1979: Discovering London Villages. Halverfordwest.

YOUNG, K. & GARSIDE, P.L., 1982: Metropolitan London. Politics and Urban Change 1837-1981. London.

ZWIRNER, W.G., 1982: Zur Entwicklung von Planungsmethodik und Planungspraxis in England.

b) Veröffentlichungen des Greater London Council (GLC)

GLC 1968a: Annual Abstract of Greater London Statistics, Vol. 3.

GLC 1969a: Quarterly Bulletin of the Research and Intelligence Unit, No. 6.

GLC 1969b: Quarterly Bulletin of the Research and Intelligence Unit, No. 8.

GLC 1970a: The Future of London Transport. A Paper for Discussion.

GLC 1970b: Tomorrow's London. A Background to the Greater London Development Plan.

GLC 1971a: Research Report No. 14. Standard Statistical Sectors for Greater London.

GLC 1971b: Research Report No. 9. Classification of the London Boroughs.

GLC 1972a: Annual Abstract of Greater London Statistics, Vol. 7.

GLC 1972b: Research Report No. 15. Demographic, Social and Economic Indices for Wards in London.

GLC 1972c: Research Report No. 8. The Land Use Survey.

GLC 1972d: Comparative Planning Data and Transport Characteristics of Major Cities. Research Memorandum by S. KENDALL.

GLC 1972e: Innerborough Migration. Research Memorandum by C. GIBBINS.

GLC 1972f: Surveys of Personal Income in London. Research Memorandum by R.U. REDPATH, M.G. POWELL & S. KINGABY.

GLC 1973a: Housing Facts and Figures.

GLC 1973b: Transport Facts and Figures.

GLC 1973c: Bus Priority Policy Review.

GLC 1973d: London: The Future and You. Population and Employment.

GLC 1973e: The Future and You.

GLC 1973f: London Facts and Figures. No. 2.

GLC 1973g: Revised Demographic Projections for Greater London and the London Boroughs. Research Memorandum by E. GILJE & W. ARMSTRONG.

GLC 1973h: 1971 Census County Report for Greater London: Selected Topics and Historical Comparison 1. Research Memorandum.

GLC 1974a: Tourism in London.

GLC 1974b: Census Data for London.

GLC 1974c: Traffic and Environment in North East London.

GLC 1974d: 1971 Census Data on London's Overseas-born Population and their Children.

GLC 1975a: Annual Abstract of Greater London Statistics, Vol. 10.

GLC 1975b: London Facts and Figures, No. 3.

GLC 1978a: London Facts and Figures, No. 5.

GLC 1978b: The Changing Population of the London Boroughs. Research Memorandum by C.R. MORREY.

GLC 1978c: London. A Capital Investment.

GLC 1978d: Thames Flood Defences.

GLC 1979a: Thamesmead. A Town for Tomorrow.

GLC 1979b: Housing Strategy and Investment Programme 1980-84.

GLC 1980a: 1978 & 1979 Annual Abstract of Greater London Statistics. Vol. 13/14.

GLC 1980b: Transport Facts and Figures.

GLC 1980c: Transport Politics and Programme 1981-84.

GLC 1980d: The 1980 Round of Demographic Projections for Greater London. Part 1: Population.

GLC 1980e: The 1980 Round of Demographic Projections for Greater London. Part 2: Economicallly Active Population and Households.

GLC 1980f: Housing Strategy Appraisal 1981-83.

GLC 1980g: Inner City Industry: A Literatur Review.

GLC 1980h: Greater London House Condition Survey.

GLC 1980i: Employment in London - Improved Information.

GLC 1980j: Enterprise Zones: A Literatur Review.

GLC 1980k: Lewisham Town Centre, Road Proposals.

GLC : Transport Politics and Programme 1982-84.

London: Economic Trends and Issues 1981. Review and Studies

Series No. 10.

GLC 1981c: Housing Strategy and Investment Programme.

GLC 1981d: The Current Situation: London and the National Economy. (Draft).

GLC 1981e: The GLC`s Approach to Planning.

GLC 1981f: Review of Office Policy in Central London.

GLC 1981g: GLC Annual Buget Diagrammes 1981-82.

GLC 1981h: The National Dwelling and Housing Survey: 1977-78.

GLC 1981i: The Greater London Road Network.

GLC 1981k: Who Cares for London? Londoners and their Environment.

GLC 1981l: Housing Strategy and Investment Programme 1982 - 83.

GLC 1982a: Transport in London. The Medium Term Plan and Transport Policies and Progamme 1983 - 85.

GLC 1982b: Alteration of the GLDP. Planning Commitee Report (26.10.1982).

GLC 1982c: Alteration of the GLDP. Planning Commitee Report (25.2.1982).

GLC o.J.: 85 Years of Housing by LCC & GLC Architects.

Hamburg

Annemarie Haack und Manfred Zirwes

INHALT	255
1. EINLEITUNG	256
2. HISTORISCHE VORAUSSETZUNGEN	263
2.1 Räumliche Entwicklung	264
2.2 Bevölkerungs- und Wirtschaftswachstum	267
2.3 Wohnverhältnisse	269
2.4 Die Trennung der Arbeits- und Wohnstandorte	273
2.5 Entwicklung der rechtlichen Grundlagen und der politischen Verhältnisse	277
3. 1932 BIS 1964: KRIEG/WIEDERAUFBAU UND STABILISIERUNG	280
3.1 Planverfahren und Ordnungsvorstellungen	280
3.2 Bevölkerung und Wohnungen	287
3.3 Beschäftigte und Arbeitsstätten	292
3.4 Infrastruktur	296
4. 1965 BIS HEUTE: SUBURBANISIERUNG UND REGIONALE STAGNATION	298
4.1 Planverfahren und Ordnungsvorstellungen	298
4.2 Bevölkerung und Wohnungen	309
4.3 Beschäftigte und Arbeitsstätten	320
4.4 Infrastruktur	324
4.5 Zusammenfassung: Stadtentwicklung	328
LITERATURVERZEICHNIS	331

HAMBURG

1. EINLEITUNG

Die Freie und Hansestadt Hamburg ist selbständiges Bundesland (Stadtstaat) der 1949 gegründeten Bundesrepublik Deutschland. Mit 1.62 Mio. Einwohnern auf 754,7 qkm ist Hamburg die größte Stadt des Bundesgebiets

Abbildung 1.1: Hamburgs Lage im norddeutschen Raum

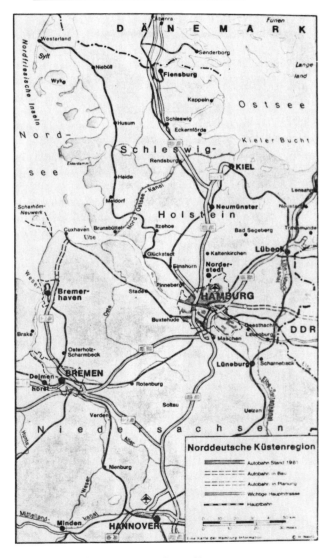

Quelle: MEYER-MARWITZ 1981: 3. Umschlagseite

HAMBURG

(Stand: Oktober 1983). Zudem stellt die Region Hamburg 1980 mit 2.8 Mio. Einwohnern den größten monozentrischen Verdichtungsraum innerhalb der Bundesrepublik dar. Regiert wird der Stadtstaat Hamburg von einem Senat; das Landesparlament heißt "Bürgerschaft".

Hamburg liegt im Norddeutschen Tiefland an der Elbe, die rund 100 km weiter nordwestlich in die Nordsee mündet (Abb. 1.1). Da die Elbe bis Hamburg seeschifftief gehalten wird und Hamburg über den Nordostseekanal - einen der meistbefahrenen Kanäle der Welt - auch mit der Ostsee verbunden ist, ist Hamburgs Hafen von weltweiter Bedeutung und liegt an 4. Stelle der europäischen Häfen.

Als Sitz ausländischer Vertretungen ist Hamburg nach New York der größte Konsularplatz der Welt; als Sitz von Verwaltungen europäischer Großunternehmen steht Hamburg nach London, Paris und Stockholm an vierter Stelle. Entsprechend der Bedeutung Hamburgs als wichtigster Außenhandelsplatz der Bundesrepublik sind 1980 über 72 % der Beschäftigten im tertiären Wirtschaftssektor tätig.

Mit der höchsten Beschäftigtenzahl der bundesdeutschen Großstädte (einschließlich Berlin (West)) und der zweithöchsten Beschäftigtenzahl in der Industrie (Tab. 1.1) zählt Hamburg auch zu den größten Industriezentren Europas, zumal alle Industriezweige vertreten sind.

Mit 2.7 % der bundesdeutschen Bevölkerung erwirtschaftet Hamburg 1978 4.6 % des bundesrepublikanischen Bruttoinlandsproduktes (Tab. 1.2).

Die Beschäftigtenstruktur in Hamburg zeigt Tab. 1.3. Hieraus wird ersichtlich, daß ein deutlicher Trend der Beschäftigtenabnahme im sekundären Wirtschaftssektor zu erkennen ist, der als typisch für die Suburbanisierung von Wirtschaft und Bevölkerung in Verdichtungsräumen der siebziger Jahre bezeichnet werden kann.

Die steigende Beschäftigtenzahl im Primären Wirtschaftssektor geht auf die Intensivanbaugebiete für Gemüse und Obst in den Elbmarschen Hamburgs zurück sowie auf die positive Entwicklung der Energieversorgung.

HAMBURG

Das Produzierende Gewerbe weist durchgängig eine erhebliche Beschäftigtenabnahme auf, lediglich die Bereiche Eisen und Fahrzeug-/Maschinenbau haben noch an Bedeutung gewonnen. Bezogen auf den Gesamtumsatz des sekundären Sektors nehmen die Bereiche Mineralöl und Verarbeitung mit 54% eine hervorragende Stellung ein.

Tabelle 1.1 Beschäftigtenzahlen der westdeutschen Großstädte

	Beschäftigte 1970 insgesamt*	davon im sekundären Sektor**	Beschäftigte 1980 im sekundären Sektor***	Veränderung 1970 - 1980 in %
Berlin	-	264.946	182.311	- 31,2
Hamburg	944.522	211.394	108.174	- 2,1
München	803.894	199.874	191.202	- 3,0
Köln	471.392	141.629	123.826	- 1,3
Essen	288.125	86.042	57.695	- 32,9
Frankfurt/M.	516.284	136.394	109.197	- 19,9
Dortmund	268.919	97.267	78.178	- 19,6
Düsseldorf	410.364	121.949	91.144	- 25,3
Stuttgart	447.442	159.556	132.555	- 16,9
Duisburg	214.803	93.146	99.653	+ 7,0
Hannover	366.498	123.603	100.058	- 19,0
Bremen	296.848	86.135	75.232	- 12,7

Quellen: * Statistisches Jahrbuch Deutscher Gemeinden, 60. Jg., 1973:45.
         ** Statistisches Jahrbuch Deutscher Gemeinden, 59. Jg., 1972:79-81.
        *** Statistisches Jahrbuch Deutscher Gemeinden, 68. Jg., 1981:

Im tertiären Wirtschaftssektor nehmen die Beschäftigten mit 28% allein in den Bereichen Handel und Verkehr eine Spitzenstellung unter den deutschen Großstädten ein. Eindeutig zeigt sich der aufsteigende Trend der Beschäftigtenzahl in den übrigen tertiären Wirtschaftsbereichen. Insgesamt läßt sich in den siebziger Jahren für Hamburg eine durchgreifende Umstrukturierung der Beschäftigten erkennen. Allerdings wird die negative Entwicklung der Gesamtbeschäftigtenzahl innerhalb Hamburgs im Umland teilweise wieder aufgefangen (Tab. 1.4).

HAMBURG

Tabelle 1.2: Das Bruttoinlandsprodukt (BIP) in der Region Hamburg und in
der Bundesrepublik Deutschland

1978	Hamburg	+ Randkreise	= Region	zum Vergleich BR Deutschld.
Beschäftigte in 1000	890	340	1 230	25 160
BIP zu Marktpreisen, Mrd. DM	59,9	17,2	77,1	1 289,3
BIP/Wirtschaftsbevölkerung, DM	31 450	18 630	27 270	21 060
desgl. BR Deutschland = 100 %	149 %	89 %	130 %	100 %

Quelle: Unterlagen der Statistischen Landesämter
(entnommen aus PIEPENBRINK, K.H. & v. ROHR, H.-G., 1981)

Tabelle 1.3: Die Struktur der Hamburger Beschäftigten nach Wirtschaftsbereichen 1970 und 1978

Wirtschaftssektor u. Wirtschaftsbereiche	1970 abs.	%	1978 abs.	%
Primärer Sektor 1 und 2	20 000	2.0	22 000	2.4
Sekundärer Sektor 3 bis 13	332 000	34.8	247 000	27.8
Tertiärer Sektor * 14 bis 16	276 550	28.9	264 120	29.6
17 bis 22	327 450	34.3	357 880	40.2
SUMME	956 000	100.0	891 000	100.0

Quelle: PROGNOS 1980; entnommen aus Piepenbrink & v. Rohr,1981

* Anmerkung: Die Wirtschaftsbereiche des Tertiären Sektors wurden unterteilt
in
14 bis 16 ≙ Großhandel, Einzelhandel und Verkehr
17 bis 22 ≙ Nachrichten, Kredit- und Versicherungsgewerbe,
sonstige Dienstleistungen, Organisationen ohne
Erwerbscharakter und Gebietskörperschaften, Sozialversicherung.

Tabelle 1.4: Die Beschäftigungsentwicklung in der Hamburger Region und in der BR Deutschland

Beschäftigte in 1000	1970	1978	Veränderung absolut	%
Hamburg	956.0	891.0	- 65.0	- 6.8
Region	1 282.8	1 230.3	- 52.0	- 4.1
Norddeutschland	5 281.2	4 994.4	- 286.8	- 5.4
BR Deutschland	26 572.0	25 160.0	- 1 400.0	- 5.3

Quelle: PROGNOS 1980 (entnommen aus: Piepenbrink & v. ROHR, 1981)

Die Vielfalt der Wirtschaftsstruktur Hamburgs und der Region bewahrt Hamburg offenbar noch vor größeren wirtschaftlichen Problemen und läßt die Beschäftigtenentwicklung im Vergleich zur Bundesrepublik etwas günstiger verlaufen. Dies ist um so erstaunlicher, als Hamburg bezogen auf die Metropolen der Europäischen Gemeinschaft eindeutig eine räumliche Randlage einnimmt.

Die flächenmäßige Abgrenzung der Region Hamburg wird unterschiedlich gehandhabt (Abb. 2). Aufgrund der wirtschaftlichen Verflechtung Hamburgs mit seinem Umland wird für statistische Angaben und längerfristige Stadtentwicklungsaussagen, wie sie 1969 im Entwicklungsmodell gemacht werden (Abschn. 4.1), die Region Hamburg/Umland mit einem Radius von 40 km um das Hamburger Rathaus zugrunde gelegt. Sie umfaßt außer dem administrativen Gebiet der Stadt Hamburg (Kernstadt) Teile der sechs benachbarten Landkreise.

Die jüngsten Entwicklungsvorstellungen für die Kernstadt sind im noch gültigen Flächennutzungsplan von 1973 und im Stadtentwicklungskonzept von 1980 niedergelegt (Abschn. 4.1). Dabei wird neben der administrativen Gliederung des Stadtgebiets in sieben Bezirke und 104 Stadtteile (Abb. 1.3) von einer konzentrischen Gliederung in innere und äußere Stadt ausgegangen (Abb. 1.2).

Die topographischen Gegebenheiten im Hamburger Raum, die durch das Zusammentreffen von Marsch und Geest bestimmt sind, haben zu einigen Besonder-

Abbildung 1.2: Die großräumige Gliederung der Region Hamburg/Umland

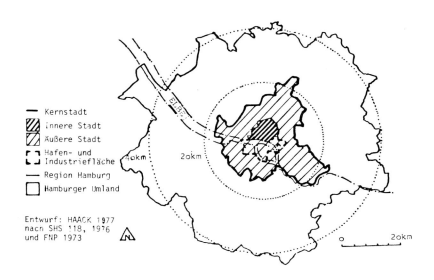

Quelle: HAACK & ZIRWES 1978:86

heiten der Flächennutzungsverteilung geführt, die die Stadtentwicklung beeinflußt haben. So dehnt sich in der inneren Stadt der zu einem 1,84 qkm großen See aufgestaute Fluß Alster aus. Dieses Alsterbecken wird nur zweimal überbrückt: im Süden, angrenzend an die Alt- und Neustadt, und zweieinhalb Kilometer weiter nördlich zwischen Winterhude und Harvestehude. Dazwischen erreicht die Außenalster eine Breite bis zu einem Kilometer und dient der Hamburger Bevölkerung als zentrales Erholungsgebiet.

Die Alster mündet von Norden in die Elbe, in deren Marschen sich ein fast 100 qkm umfassendes Hafen- und Industriegebiet (einschließlich der Wasserflächen) entwickelt hat. Diese räumliche Konzentration des Arbeitsgebiets südlich der Elbe in den Marschen und des Wohngebiets auf dem nördlichen Geestrücken hat dazu beigetragen, daß 1981 in den Bezirken Altona, Eimsbüttel, Hamburg-Nord, Wandsbek und Hamburg-Mitte (ohne die Insel Neuwerk und die Stadtteile südlich der Elbe, vgl. Abb.1.3) 82% der Hamburger Bevölkerung auf 51% der Stadtfläche leben (StB 1982, Reihe A; Lfd.Nr. 11).

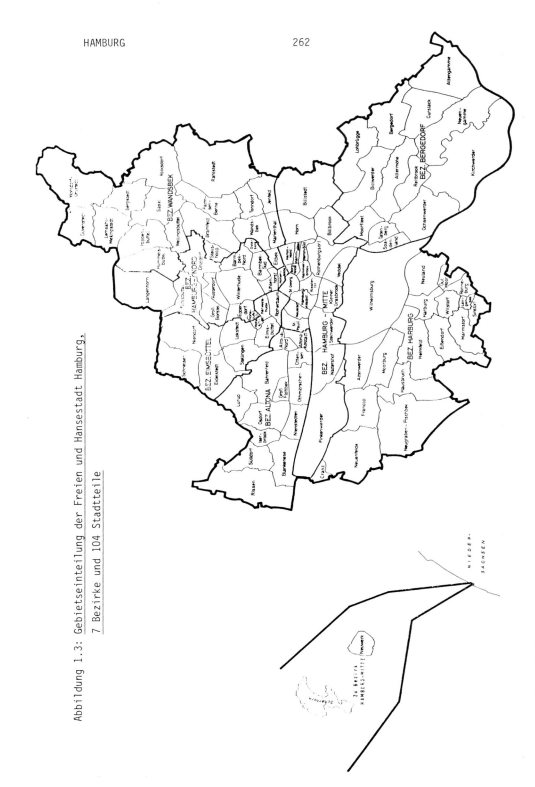

Abbildung 1.3: Gebietseinteilung der Freien und Hansestadt Hamburg, 7 Bezirke und 104 Stadtteile

Quelle: STATISTISCHES LANDESAMT HAMBURG

2. HISTORISCHE VORAUSSETZUNGEN

Hamburg wird im 9. Jahrhundert als erzbischöflicher Sitz am nördlichen Geestrand des hier 8 bis 15 km breiten Urstromtals der Elbe gegründet, und zwar oberhalb der Einmündung der Alster in die Norderelbe (im Zentrum der heutigen Altstadt, vgl. Abb. 1.3). Zunächst dehnt sich die Ansiedlung nach Südwesten aus, wo seit 1188 die gräfliche Neustadt einschließlich eines Hafens in der Alsterniederung entsteht. Bereits ein Jahr später erhält Hamburg durch einen Freibrief Kaiser Friedrichs I. das Recht, Menschen und Waren vom Meer bis zur Stadt zoll- und abgabenfrei zu transportieren. Das Jahr 1189 gilt heute als Gründungsjahr des Hamburger Hafens.

Die 1216 aus beiden Teilen vereinigte Ansiedlung erhält das Stadtrecht und nach der Befreiung von der dänischen Herrschaft 1227 weitgehende Selbstverwaltung. Die neuen Mauern umfassen um 1250 ungefähr das Gebiet der heutigen Altstadt.

Begünstigt durch den kaiserlichen Freibrief blühen Handel und Gewerbe auf; die ersten Kaufmannsgilden und auswärtigen Handelshäuser werden gegründet. Durch den Beitritt zur Hanse erreicht die wirtschaftliche Entwicklung Hamburgs in der Mitte des 14. Jahrhunderts ihren Höhepunkt. Als "Nordseehafen Lübecks" ist Hamburg auf der Handelsroute Nowgorod-Lübeck-Brügge-London wichtigster Umschlagplatz für die westlichen Länder und das Binnenland an der Elbe. Hauptexportgut ist Bier, mit einem Drittel am Gesamtexport.

Zur Sicherung der Handelswege erwirbt Hamburg zahlreiche Ländereien im Nordwesten an der Elbmündung (heutiges Cuxhaven), entlang der Alster im Norden sowie die Marsch- und Vierlande mit den Ansiedlungen Bergedorf und Geesthacht im Osten. "Damit hatte das Hamburger Gebiet bereits im 15. Jahrhundert fast den Umfang erreicht, den es bis 1937 hat" (BAEDEKER 1962: 31).

Trotz der Verlagerung des Handels nach Westen nach der Entdeckung Amerikas und dem Niedergang der Hanse kann Hamburg seine Position als wichtiger europäischer Handelsplatz behaupten. Die seit 1510 reichsunmittelbare Stadt erlaubt in der zweiten Hälfte des 16. Jahrhunderts Handelsniederlassungen ausländischer Kaufleute, vor allem Engländern und Niederländern. Die 1585 gegründete Börse wird zweisprachig abgehalten.

Zu Beginn des 17. Jahrhunderts ist Hamburg mit 40.000 E zur größten deutschen Stadt aufgestiegen. Da rund ein Viertel der Bevölkerung nichtdeutscher Herkunft ist, gibt der Rat von nun an jedem das Bürgerrecht, der die Steuern bezahlen kann und lutherischen Glaubens ist. Demgegenüber gilt in der benachbarten Stadt Altona Glaubens- und Zunftfreiheit (vgl. VERG 1977:71).

Im Dreißigjährigen Krieg wird das Gebiet der heutigen Alt- und Neustadt zur stärksten Festung Europas ausgebaut und bleibt unzerstört. Ebenso widersteht Hamburg den wiederholten dänischen Belagerungen und erreicht 1768, daß auch Dänemark die Landeshoheit Hamburgs endgültig anerkennt. Seit 1806 trägt das jetzt über 100.000 E zählende Hamburg den offiziellen Namen "Freie und Hansestadt" (v.HESS 1810:3).

Während der Besetzung durch die Franzosen von 1806 bis 1814 werden alle aus der Stadt verwiesen, die zu arm sind, sich für eine Belagerungszeit von sechs Monaten mit den notwendigen Vorräten zu versorgen. Das ist rund ein Viertel der Hamburger Bevölkerung. Die Zwangsevakuierten finden Asyl in Altona.

Nach der Besatzungszeit werden die Festungsmauern geschleift und in Wallanlagen umgewandelt. Ab 1837 beginnt die Planung umfangreicher Hafenerweiterungsmaßnahmen. Ein Tidehafen wird angelegt. Seit 1839 werden die ersten regelmäßig verkehrenden Pferdeomnibusse (von Pferden gezogene Kutschen) eingerichtet.

2.1 Räumliche Entwicklung

Schon 1842 beginnt der Prozeß der Verdrängung der Wohnbevölkerung aus der Stadtmitte: Ein Großbrand vernichtet ein Drittel der Altstadtbebauung und macht ein Sechstel der Bevölkerung obdachlos.

Zur Schaffung neuer hafennaher Wohnsiedlungsflächen wird nach 1842 östlich der Altstadt das Marschgebiet des Hammerbrooks mit den Brandtrümmern aufgeschüttet, durch Kanäle entwässert und zur Bebauung freigegeben. Infolge der günstigen Lage und des Wasseranschlusses siedeln sich hier zunehmend auch Fabriken an (vgl. FAULWASSER 1892). Der Brand von 1842 hatte den Weg für eine grundsätzliche Neuordnung der Nutzungsflächen in der Hamburger Altstadt freigemacht. Hierzu gehörte auch die Einführung eines Stadtentwässerungssystems für die Gesamtstadt. Diese Planungen wurden von dem englischen Ingenieur LINDLEY durchgeführt. Sie bildeten die Grundlage für die Entstehung einer modernen Großstadt (vgl. GERD & KOSSAK 1982).

Die jetzt einsetzende "Vorortwanderung" hat noch freiwilligen Charakter; es sind die reichen Kaufleute, die aufgrund der Wasserspiegelsenkung der Alster die nun überflutungsfreien Gebiete nördlich der Stadt mit Villen bebauen und zu ihrem ständigen Wohnsitz machen. Der größte Teil der Bevölkerung bleibt dagegen auf die räumliche Nähe von Wohnung und Arbeitsplatz (Hafen) angewiesen. Zwar verkehren seit 1839 Pferdeomnibusse von Hamburg nach Altona, Horn und Wandsbek u.a. (HEYDEN 1962:369), doch sind die Fahrtkosten der noch überwiegend privaten Beförderungsmittel zu hoch, so daß der Fußweg bei einem 12- bis 14-stündigen Arbeitstag kurz bleiben muß.

Nach Aufhebung der Torsperre 1861 verstärkt sich die Erschließung und Besiedlung vor den Toren der Stadt: So werden ab 1866 bis 1895 44 Straßenbahnlinien eingerichtet, die ab 1894 elektrisch betrieben werden (vgl. MELHOP 1895:458); ein "Consortium Hamburger Bürger" kauft das Gut Harvestehude westlich der Alster und erschließt es durch planvolle Parzellierung (WOLFRAM 1974:25). Auf der anderen Alsterseite in Winterhude bieten kapitalkräftige Kaufleute die privat erworbenen und erschlossenen Grundstücke ebenfalls zum Verkauf an (NÖRNBERG & SCHUBERT 1975:70). Damit beginnt die Umwandlung der noch weitgehend ländlich strukturierten Gebiete mit ihren Land- und Sommerhäusern in mit Villen bebaute städtische Wohngebiete, deren Anschluß an die Arbeitsgebiete des Hafens und der Alt- und Neustadt durch den Ausbau von Massentransportmitteln gewährleistet ist.

Offizielle Gebietserweiterungen beginnen 1868 mit der Eingemeindung der Vorstadt St. Georg (Abb. 2.1). Die Nachbarschaft der drei preußischen

HAMBURG

Städte Altona im Westen, Wandsbek im Osten und Harburg-Wilhelmsburg im Süden verhindert eine Ausdehnung in diese Richtungen, so daß sich das Hamburger Stadtgebiet nach Norden beiderseits der Alster erstreckt. Allerdings bilden die drei Stadtkerne nördlich der Elbe bereis um 1880 "ein geschlossenes städtisches Gebilde, dessen Bebauung entlang der großen Ausfallstraßen in die Landschaft hinauszuwachsen" beginnt (KINDER & PAUSE 1949 o. S.).

Abbildung 2.1: <u>Die Hamburger Stadtteile nach dem Zeitpunkt der Angliederung bzw. Eingemeindung innerhalb der flächenmäßigen Abgrenzung nach dem Groß-Hamburg-Gesetz</u>

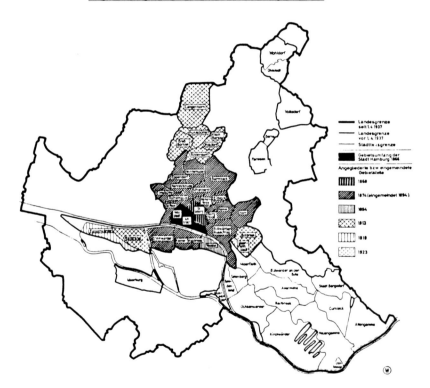

Quelle: WINKLER 1966:64 und 65; SPECKTER 1968:21

2.2 Bevölkerungs- und Wirtschaftswachstum

Das starke Bevölkerungswachstum der Stadt seit Mitte des 19.Jahrhunderts ist vor allem durch den wirtschaftlichen Aufschwung begünstigt. Dieser gründet sich zum einen auf die traditionellen Handelsbeziehungen zu Ländern in Übersee; die regelmäßigen Schiffsverbindungen dorthin (Gründung der Hapag 1847) werden sowohl von den Auswandernden nach Übersee als auch für den Transport von Waren aus Übersee genutzt (vgl. DROEGE 1972: 160).

Zum anderen revolutioniert die Industrialisierung neben den Produktionstechniken auch das Verkehrswesen: Eisenbahnbau und Dampfschiffahrt nehmen seit Mitte des 19. Jahrhunderts einen ungeheuren Aufschwung. So besteht seit 1842 eine Eisenbahnstrecke von Hamburg nach Bergedorf, die 1846 bis Berlin fertiggestellt ist; 1866 wird Hamburg über Altona an die seit 1844 bestehende Strecke nach Kiel angeschlossen, und 1872 wird durch die Elbüberbrückung die Eisenbahnverbindung über Harburg nach Hannover erreicht. Das erste hamburgische Dampfschiff verkehrt 1840.

Die gleichzeitig einsetzenden sozialen Umwälzungen, die ihren Ausdruck in der Aufhebung der Leibeigenschaft und der Einführung der Gewerbefreiheit finden, verstärken die zentralisierende Wirkung der Eisenbahn, die die arbeitsuchenden Massen vom Land in die wachsenden Städte bringt.

Die Gründung des Deutschen Reichs 1871, dem auch Hamburg zugehört, beseitigt bestehende Ansiedlungsbeschränkungen insofern, als nach der Verfassung jeder Deutsche in allen Bundesstaaten die gleichen Rechte hat (RV vom 16.4.1871, Art. 3). Damit vergrößern sich offiziell der Einzugsbereich der Städte für die Arbeitsuchenden vom Land und der Absatzmarkt für den Handel.

Zu Beginn des 20. Jahrhunderts erreicht die Einwohnerzahl die Millionengrenze; dabei hat sie sich innerhalb von nur 30 Jahren verdoppelt (Tab. 2.1).

Der Güterumschlag im Hamburger Hafen wächst zwischen 1866 und 1910 um das Fünffache (HI 1977:62), Hamburg steigt zum drittgrößten europäischen

Tabelle 2.1: Bevölkerungsverteilung 1880 und 1910 in Hamburg und in den Nachbarstädten

	Stadt Hamburg (1)	Stadt Altona	Stadt Wandsbek	Stadt Harburg	zusammen	Groß-Hamburg (2)
1880	443.830	120.961	18.183	28.576	611.550	634.205
1910	984.038	206.059	36.595	95.287	1.321.979	1.377.983

(1) einschl. der hamburgischen Landgebiete bis 1937 (Abb. 2.1)
(2) in den Grenzen nach 1937 (Abb. 2.1)

Quelle: eigene Berechnungen nach SJB 1952:14ff

Hafen auf. Da das ganze Stadtgebiet noch bis 1888 Zollausland bleibt, kann sich der allgemeine Aufschwung der Industrie hier erst spürbar auswirken, als das Zollgebiet auf einen Teil des Hafens (Freihafen) beschränkt wird, so daß für die Industrien auf dem übrigen Hamburger Gebiet die Reichszölle für den deutschen Inlandsmarkt entfallen.

Da es auf Hamburger Gebiet an bebaubaren Flächen fehlt, siedeln die neu hinzukommenden Industriebetriebe auf den Restflächen der schon bebauten Gebiete in Hafennähe. Es entstehen hochverdichtete Mischgebiete (v. ROHR 1971:13). Insgesamt aber bleibt für die Hamburger Wirtschaft der Handel vorherrschend, während sich die preußischen Nachbarstädte Altona, Wandsbek und Harburg-Wilhelmsburg verstärkt um die Ansiedlung von Industrien bemühen (NÜRNBERG & SCHUBERT 1974:131)

Eine Übersicht über das wirtschaftliche Wachstum Hamburgs gibt VOIGT
(1968:59). Danach sind in Hamburg

1885	685	Betriebe mit	18.405	Beschäftigten,
1902	2.065	Betriebe mit	48.714	Beschäftigten,
1913	6.715	Betriebe mit	109.203	Beschäftigten ansässig.

Der Anteil der Industrie- und Gewerbebeschäftigten beträgt dabei 1900
nur 37% (Berlin 52%) und ist überwiegend auf den Schiffbau konzentriert
(NÜRNBERG & SCHUBERT 1974:90).

2.3 Wohnverhältnisse

Neben der wirtschaftlichen Entwicklung Hamburgs ist auch die räumliche
Entwicklung der Stadt vom Ausbau des Freihafens zwischen 1882 und 1888
betroffen. So müssen in dieser Zeit rund 20.000 Einwohner das zukünftige
Freihafengelände räumen und sich in den schon besiedelten Gebieten der
Alt- und Neustadt oder in den neu entstehenden Mietshäusern der Vorortgebiete, wie z.B. in Rothenburgsort, aber auch in Eimsbüttel und Barmbek
eine neue Unterkunft suchen.

Wie katastrophal die Wohnsituation der Hamburger Bevölkerung bis zur
Jahrhundertwende ist, wird durch die Choleraepidemie von 1892 deutlich.
Vor allem die Bevölkerung in den am dichtesten bebauten Gebieten der
Alt- und Neustadt (Gängeviertel) fällt der Seuche zum Opfer.

Erst dieses Ereignis führt zu einigen staatlichen Maßnahmen wie der Einführung eines Wohnungspflegegesetzes 1898 (WPfG) und einer dazugehörigen
Aufsichtsbehörde sowie zum Sanierungsbeschluß für 12.000 Wohnungen der
Neu- und Altstadt, in denen 70.000 bis 80.000 Menschen leben, d.h. sechs
bis sieben Personen je Wohnung (SPECKTER 1967:263). Da nach dem WPfG
1898 in einem 16-qm-Raum mit 2,90 m Höhe zwei Kinder im schulpflichtigen
Alter und zwei Erwachsene wohnen dürfen (berechnet nach CLASEN 1914:93),
muß die Wohnfläche für die Mehrheit der Bevölkerung noch unter 4 qm/Per-
son gelegen haben.

HAMBURG

Abbildung 2.2: Einwohnerzahl und Einwohnerdichte der Stadtteile Hamburgs und einzelner Vororte, 1912

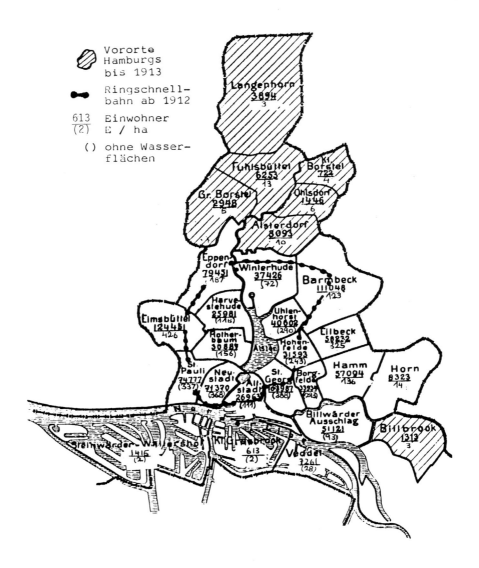

Quelle: CLASEN 1914:24 und 26, sowie eigene Berechnungen

Einen Überblick über die Bevölkerungsdichte in den einzelnen Stadtteilen gibt die Abbildung 2.2; allerdings muß bei den Werten bedacht werden, daß diese in einzelnen Teilgebieten der Stadtteile wesentlich höher liegen, da die Flächen nicht gleichmäßig bebaut sind.

Die Gründe für die mangelnde Wohnungsversorgung der Hamburger Bevölkerung sind vielfältig: Die räumliche Einheit von Arbeits- und Wohnort, wie sie für die Lohnabhängigen im Handwerkshaus der vorindustriellen Stadt oder auf dem Bauernhof bestand, löst sich mit der Konzentration der industriellen Arbeitsplätze auf. Der Unternehmer sorgt nur noch vereinzelt und für bestimmte Arbeiter (Facharbeitskräfte) für die Wohnunterkünfte (z.B. Stockmannsche Arbeitersiedlungen). Da aber in Hamburg für die meisten Hafenarbeiten keine Facharbeiter benötigt werden, stehen durch die hohe Zuwanderung genügend Arbeitskräfte zur Verfügung, ohne daß Werkswohnungen in größerem Umfang errichtet werden müßten.

Die Bauaktivitäten des Staates konzentrieren sich in Hamburg auf Hafenerweiterungsbauten (seit 1853) und auf die Bereitstellung von Infrastruktureinrichtungen wie Abwassersielsystem, Trinkwasserversorgung und Strassenbeleuchtung (ab 1842).

Erste Versuche der Gründung von Baugenossenschaften scheitern swohl an dem Sozialistengesetz, das zwischen 1878 und 1890 jegliche politische Betätigung der Arbeiter verbietet, als auch daran, daß die hohen Kapitaleinlagen von den Genossen kaum aufgebracht werden können und - selbst wenn - nur unzureichend abgesichert sind (NÖRNBERG & SCHUBERT 1975:99). Letzteres wird erst 1889 mit der Begrenzung der Haftung auf ein Mehrfaches des Einlagekapitals und der Bestimmung erreicht, daß die Landesversicherungsanstalten einen Teil ihres Vermögens in Grundstücken anlegen können (vgl. WÄCHTER 1971:67). Die Zahl der Baugenossenschaften in Deutschland steigt danach von 2 im Jahre 1888 auf 1.402 im Jahre 1914 (BAUMGARTEN 1930:50).

Der Wohnungsbau in Hamburg ist weitestgehend auf Privatinitiativen angewiesen und daher weder in Umfang und Ausstattung noch in seinem Standort

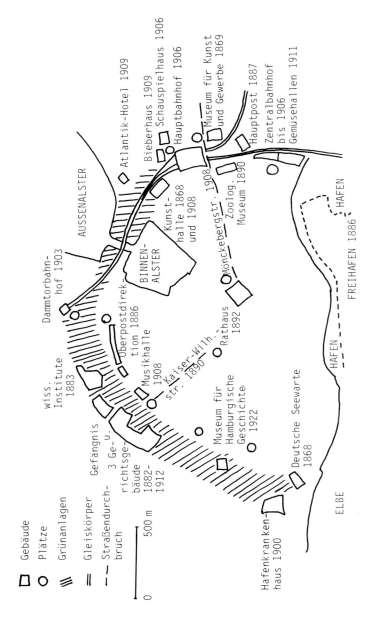

Abbildung 2.3: Die Bebauung der Wallanlagen in Hamburg seit der Aufhebung der Torsperre von 1861 bis 1918

Entwurf: A. HAACK 1977, nach SCHIFFNER 1962

wesentlich steuerbar. Das ursprüngliche Ziel der Stadtkernsanierung, die Wiederansiedlung der Wohnbevölkerung, wird nur in der Neustadt teilweise erreicht. In der Altstadt wird die Chance der Sanierung zugunsten des Durchbruchs einer Hauptgeschäftsstraße mit Kontorhäusern genutzt, die das 1892 fertiggestellte Rathaus mit dem seit 1906 betriebsbereiten Hauptbahnhof verbindet (Mönckebergstraße). Der Hauptbahnhof liegt östlich der Alster in dem ehemaligen Wallring, der die Alt- und Neustadt mit einem Radius von rund einem Kilometer um das Hamburger Rathaus begrenzt. Hier sind seit Aufhebung der Torsperre 1861 breite Straßen, Eisenbahntrassen und eine Anzahl staatlicher und öffentlicher Gebäude sowie Grünanlagen entstanden (Abb. 2.3). Somit wird statt der ursprünglich geplanten Verbesserung von Wohnraum die Verkehrssituation saniert.

Der Erste Weltkrieg und die nachfolgende Inflation verhindern eine zügige Durchführung aller Sanierungsmaßnahmen, so daß nun auch die in der südlichen Altstadt vorgesehene Wohnbebauung zugunsten der Expansion des neu errichteten Geschäftszentrums in der Stadtmitte aufgegeben wird.

2.4 Die Trennung der Arbeits- und Wohnstandorte

Die umfangreichen Umgestaltungsmaßnahmen und der starke Bevölkerungszuwachs sind nicht ohne Auswirkungen auf die Verteilung der Bevölkerung in der Stadt (in den Grenzen nach 1894 ohne Landgemeinden, vgl. Abb. 2.1) und auf die Entfernung von Arbeits- und Wohnstätten der erwerbstätigen Bevölkerung geblieben. Während 1880 noch 41% der 412.314 E in der Alt- und Neustadt wohnen, leben hier 1910 nur noch 11% der jetzt 931.035 E. Die Bevölkerungszahl ist hier also innerhalb der 30 Jahre, in denen sich die Gesamteinwohnerzahl Hamburgs um 126% erhöht hat, um 40% gesunken. "Der Kern der Großstadt ist immer mehr zu einer Geschäfts-, Behörden- und Vergnügungsstadt geworden, die Befriedigung des Wohnbedürfnisses in zunehmendem Maße auf die angrenzenden und besonders auf die äußeren Stadtteile angewiesen" (SKÖLLIN 1919, Vorwort). Für die 441.000 in der Stadt Hamburg wohnenden Erwerbstätigen (1910) bedeutet diese Verlagerung der Nutzungen, daß 70% ihr Wohngrundstück zur Arbeit verlassen müssen und 54% auch ihren Wohnstadtteil (SHS 30). Fast ein Drittel der Erwerbstätigen arbeitet noch auf ihrem Grundstück oder in ihrer Wohnung. Hierzu gehören nach der Stellung im Beruf vor allem die Selbständigen mit 59%

und die Arbeiter mit 26%, während nur 3% aller Angestellten in ihrer Wohnung bzw. auf dem Wohngrundstück arbeiten (SHS 30).

Um die Wohnorte der erwerbstätigen Bevölkerung besser an die Hauptarbeitsgebiete im Hafen und in der City anzubinden, wird zwischen 1906 und 1912 eine elektrifizierte Hoch- und Untergrundbahn ringförmig mit einem 5-km-Radius um das Hamburger Rathaus geführt. Die hierdurch gleichzeitig begünstigte konzentrische Ausdehnung der dichteren Bebauung führt dazu, daß sich wiederum die reichere Bevölkerung noch weiter draußen ihre neuen Wohnstandorte sucht. Dies geschieht vor allem in den preußischen Elbvororten westlich des Stadtkerns am Nordufer der Elbe, da bebaubare Flächen in landschaftlich schöner Lage auf hamburgischem Gebiet fehlen.

Zur (Wieder-)Ansiedlung der steuerkräftigen Bevölkerung auf Hamburger Stadtgebiet leitet der Senat Anfang des 20. Jahrhunderts mehrere Maßnahmen gleichzeitig ein: Der Alsterlauf wird ab 1911 nördlich von Winterhude kanalisiert; die so gewonnenen überflutungsfreien Grundstücke werden zur Einzelhausbebauung freigegeben; dem Eingemeindungsgesetz von 1912 werden baupolizeiliche Bestimmungen zur Verhinderung einer weiteren Ausdehnung der dichten Bebauung beigefügt; die Ringschnellbahn wird ab 1912 durch radial verlaufende Strecken in die Vororte und Exklaven erweitert; der Hamburger Staat übernimmt ab 1918 die Aktienmehrheit der Hamburger Hochbahn AG (HHA), um so auch die unrentablen Strecken in die Vorortgebiete und Exklaven aufrechterhalten zu können (vgl. SCHUMACHER 1919:42 und UGVP 1976, Bd. I:99).

Das Ausmaß der Bebauungstätigkeit in den ehemaligen Vorortgebieten wird u.a. aus der Tatsache ersichtlich, daß die räumliche Ausdehnung des Geltungsbereichs der seit 1866 erlassenen Baupolizeigesetze jeweils Gebiete betrifft, die erst später in die Stadt eingemeindet werden. Allerdings haben die seit 1892 in den inneren Stadtteilen geltenden Bebauungspläne kaum noch Steuerungskraft, da die in den Stadtteilen schon vorhandenen Bebauungsstrukturen nur durch Enteignung, d.h. hohe Entschädigungszahlungen an die privaten Eigentümer, revidiert werden können.

Einen Eindruck von der Ausdehnung der mehrgeschossigen Bebauung auf dem Hamburger Stadtgebiet geben Abb. 2.4a und b.

HAMBURG

Abbildung 2.4 a: Hamburg als Stadt von 500.000 Einwohnern (1884)

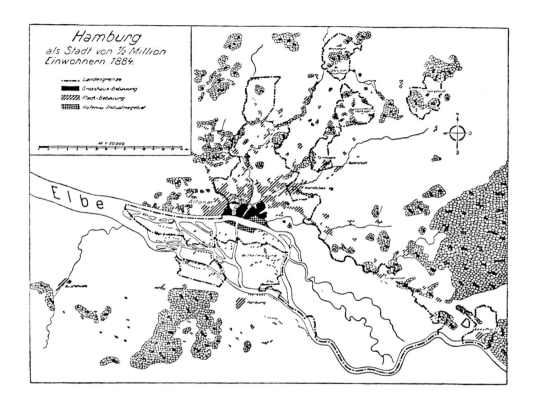

Quelle: SCHUMACHER 1927: Zukunftsfragen an der Unterelbe, Jena

HAMBURG

Abbildung 2.4 b: Hamburg als Stadt von 1.000.000 Einwohnern (1926)

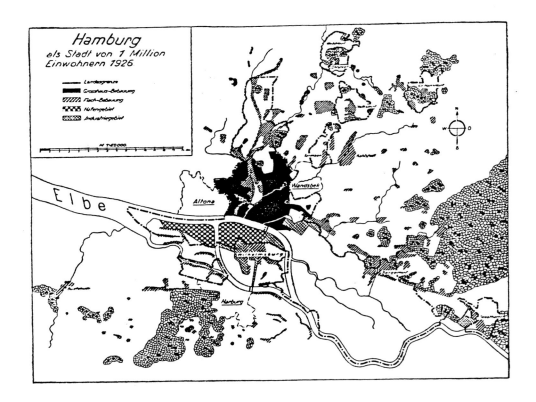

Quelle: SCHUMACHER 1927: Zukunftsfragen an der Unterelbe, Jena

2.5 Entwicklung der rechtlichen Grundlagen und der politischen Verhältnisse

Gesetzliche Bestimmungen, die u.a. auf eine Verringerung der Bebauungsdichte abzielen, werden zunehmend durch staatliche Maßnahmen zur Beseitigung des Wohnungsmangels unterlaufen. Dies geschieht mit dem 1902 erlassenen Gesetz zur Förderung des Baus kleiner Wohnungen für die minderbemittelte Bevölkerung; es gewährt außer einer Befreiung von einzelnen baupolizeilichen Vorschriften auch zinsgünstige Darlehen (vgl. WULFF 1928/29:563ff). In der Folgezeit werden weitere umfangreiche Maßnahmen zur Errichtung von Wohnraum eingeleitet und damit die Grundlagen einer staatlichen Wohnungsversorgung geschaffen. Dazu gehören u.a.:

- Das 1908 in Hamburg erstmalig und 1911 auf Reichsebene erlassene Wertzuwachssteuergesetz (vgl. WULFF 1928/29:132ff), durch das - entsprechend der seit 1898 erhobenen Forderung der Bodenreformer - die hohen Gewinne der Bodenspekulation zugunsten der Allgemeinheit abgeschöpft werden sollen. Eine Bestimmung vergleichbaren Inhalts findet 1919 sogar Eingang in die Reichsverfassung (WRV vom 11.8.1919, Art. 155).

- Das 1915 in Kraft tretende Kriegerheimstättengesetz, das mit der kriegsbedingten Begründung erlassen wird, durch Schaffung von Eigentum an Grund und Boden die Wehrkraft des Volkes zu erhöhen (JANSSEN 1971: 77). Es findet nach dem Krieg seine Fortführung im Reichsheimstättengesetz von 1920 (RGBl. I:962), das die Errichtung von Einfamilienhäusern mit Nutzgärten fördern soll, indem es die Bildung gemeinnütziger Träger unterstützt und baupolizeiliche und finanzielle Erleichterungen gewährt.

- Die Errichtung von Mieteinigungsämtern 1917, die Einführung eines amtlichen Wohnungsnachweises 1919, wonach leerstehender Wohnraum am 2. Tag anzuzeigen ist, und die Verordnung über Maßnahmen gegen Wohnungsmangel von 1920 (ab 1923 Reichsgesetz), die u.a. Zwangseinquartierung und Umnutzungsverbot von Wohnraum vorsieht (Wohnungszwangswirtschaft, vgl. WULFF 1930.85ff).

- Die Bereitstellung öffentlicher Gelder für den Wohnungsbau über die Hamburgische Beleihungskasse für Hypotheken ab 1918, die 1914 zunächst für die Kredite des Handels und Gewerbes zur Ankurbelung der Wirtschaft eingerichtet worden ist (vgl. WULFF 1982/29:559ff).

- Die Einführung der Hauszinssteuer 1924 (RGBl. I:74), die die Inflationsgewinne bebauter Grundstücke abschöpft und zur Deckung des Finanzbedarfs der Länder und Gemeinden für den Wohnungsbau genutzt wird (BREUER 1970:3836).

Der umfangreiche staatliche Maßnahmenkatalog zur Beseitigung des Wohnungsmangels nach dem Ersten Weltkrieg, der hier nur z.T. wiedergegeben werden kann, führt in Hamburg vor allem zur massiven Förderung des Kleinwohnungsbaus in Mietshäusern. Diese entstehen zwischen 1926 und 1930 vornehmlich als größere Einheiten in den Stadtteilen Barmbek, Hamm, Winterhude, Eppendorf und Eimsbüttel (StJB FHH 1930/31:119). Demgegenüber ist der Anteil der Einzelhausbebauung im Rahmen der Heimstättenbewegung aufgrund ungünstigerer Finanzierungsmöglichkeiten und mangelnder Bauflächen auf Hamburger Stadtgebiet relativ gering (vgl. NÖRNBERG & SCHUBERT 1975: 180).

Die Anzahl der jährlich fertiggestellten Wohnungen in Hamburg entwickelt sich nach dem Ersten Weltkrieg bis 1937 folgendermaßen (Tab. 2.2):

Tabelle 2.2: <u>Fertiggestellte Wohnungen in Hamburg 1919-1937</u>

1919	124	1928	8.960	1931	9.325	1934	682
1920	435	1929	10.769	1932	2.151	1935	2.574
1925	2.895	1930	11.075	1933	678	1937	3.831

<u>Quelle</u>: SJB 1925 bis 1937/38

Das sinkende Wohnungsbauvolumen nach 1930 ist auf die wirtschaftliche und politische Lage Deutschlands zurückzuführen: Die hohe Kriegsverschuldung nach dem Krieg und die nachfolgende Inflation machen die Wirtschaft in hohem Maße von ausländischem Kapital abhängig. Durch die Weltwirtschaftskrise von 1929 steigt die Arbeitslosenquote von 9.7% (1928) auf 44.4% (1932) (KUCZYNSKI 1973, Bd. 5:197). Mit der Notverordnung des Reichspräsidenten zur Sicherung von Wirtschaft und Finanzen 1930 (RGBl. I:517) wird den Ländern nun auch die Steuerhoheit über die Grund- und Gewerbesteuern genommen, nachdem sie bereits 1920 ihre Haupteinnahmequellen - die Einkommens-, Körperschafts- und Umsatzsteuern - an das Reich abtreten mußten. Mit der Aufhebung der Hauszinssteuer 1932 fällt die letzte ländereigene Steuer, und der Anteil der öffentlichen Mittel im Wohnungsbau sinkt entsprechend. Die Länder werden finanziell gänzlich vom Reich abhängig (SCHMÖLDERS 1965:147).

3. 1932 BIS 1964: KRIEG/WIEDERAUFBAU UND STABILISIERUNG

Nach der Machtübernahme durch die Nationalsozialisten und der Gleichschaltung der Länder am 7.4.1933 (RGBl. I:173) wird auch die politische Macht zentralisiert. Die demokratisch gewählten Landesregierungen werden durch reichsunmittelbare Statthalter ersetzt.

3.1 Planverfahren und Ordnungsvorstellungen

In Hamburg wird die erste und einzige Gebietsreform gößeren Ausmaßes nach den 1936 formulierten Vorstellungen der neugegründeten Reichsstelle für Raumordnung durchgeführt (KAUFMANN 1937:33). Damit wird der Schlußpunkt unter die seit 1919 laufenden Bemühungen gesetzt, Hamburgs Stadtgebiet zu erweitern. Durch das Gesetz über Groß-Hamburg und andere Gebietsbereinigungen vom 26.1.1937 (RGBl. I:91) wird die Landeshoheit Hamburgs auf die drei preußischen Nachbarstädte Altona, Wandsbek und Harburg-Wilhelmsburg sowie 26 weitere preußische Landgemeinden ausgedehnt (vgl. Abb. 2.1). So hat Hamburg seinen Status als freie Stadt behalten, während die ebenfalls freie Stadt Lübeck in Schleswig-Holstein aufgeht.

Mit der Vergrößerung der Fläche Hamburgs von 416 qkm auf 747 qkm und dem Anstieg der Bevölkerungszahl von 1.21 Mio. auf 1.67 Mio. im Jahre 1937 ist für die Ordnungsprobleme im Hamburger Raum keine weitreichende Lösung geschaffen worden. Es kommen im wesentlichen die bereits besiedelten Flächen der Nachbarstädte und das für eine großstädtische Bebauung ungeeignete landwirtschaftliche Nutzgebiet (Marschen) der Landgemeinden hinzu. Aus dieser administrativen Vereinigung zahlreicher Stadt- und Dorfkerne resultiert die polyzentrische Stadtstruktur, die die räumliche Entwicklung Hamburgs auch zukünftig prägt.

Bereits 1919 hat Fritz Schumacher als Oberbaudirektor der Stadt Hamburg die Eingemeindung preußischer Gebiete bis zu 30 km um das Hamburger Rathaus gefordert. Sein damals vorgelegter Strukturierungsvorschlag für die Entwicklungstendenzen dieses Siedlungsraumes ist noch heute für die Stadtentwicklung von Bedeutung (Abb. 3.1).

Abbildung 3.1: Der Strukturierungsvorschlag zur Hamburger Stadtentwicklung von SCHUMACHER 1919

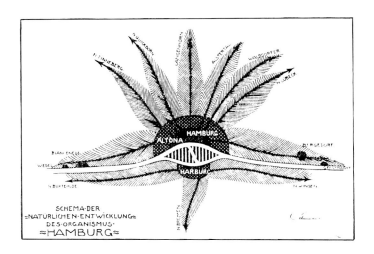

Quelle: KALLMORGEN 1969:161

Das mit der Eingemeindung von 1937 erfaßte Gebiet mit einem Radius von 15 bis 20 km um das Hamburger Rathaus ist nicht viel mehr als eine Anpassung an schon vorhandene Zustände und läßt nur wenig Raum für eine zukünftige Entwicklungsplanung. Dies zeigen folgende Sachverhalte:

- Der ab 1928 arbeitende Hamburgisch-Preußische Landesplanungsausschuß (HPLA) bestätigt mit seinen Untersuchungen im Hamburger Raum einen bestehenden wirtschaftlichen Verflechtungsradius von 30 km um das Hamburger Rathaus (Veröffentlichungen des HPLA 1930 und 1931).

- Bereits bis 1931 hat die steigende Arbeitslosigkeit in einem solchen Ausmaß zur wilden Besiedlung der preußischen Nahbargemeinden mit Behelfsbauten durch Hamburger Erwerbslose geführt, daß sich Hamburg bereit erklärt, die Kosten der Ordnungsmaßnahmen zur Ansiedlung hamburgischer Einwohner auf preußischem Gebiet zu tragen (RGBl. I:790 und 1934 II:372). Eine detaillierte Darstellung dieser spezifischen Wanderung in das Hamburger Umland gibt KNUTZEN 1933.

- Selbst die Generalbebauungsplanung der Jahre 1940/41 und 1944 geht von einem wesentlich größeren Planungsgebiet aus, obwohl die Planungshoheit Hamburgs ausdrücklich auf das 1937 abgegrenzte Gebiet beschränkt wird.

Nach dem Zweiten Weltkrieg werden die Planungen von 1940 bis 1944 als utopisch bezeichnet und aus ideologischen Gründen zunächst generell verworfen (GBP 47:8; OSTERMEYER 1953:39). Der allgemeine Wiederaufbau der Stadt wird mit dem Generalbebauungsplan von 1947 (GBP 47) eingeleitet und mit dem Aufbauplan von 1950 (ABP 50) offiziell fortgeführt (HGVBl. I:151). Die Ziele dieser Pläne sind im wesentlichen darauf beschränkt, einen geordneten Wiederaufbau der Wohnungen zu gewährleisten. Nach KINDER und PAUSE (1949) betrifft das rund 270.000 völlig zerstörte und rund 60 000 teilweise zerstörte Wohnungen von ehemals rund 560 000 Wohnungen.

Die Neugliederung der Bundesländer im Westen Deutschlands ändert an der flächenmäßigen Ausdehnung Hamburg nichts mehr. Die Stadtteile werden administrativ zu sieben Bezirken von jeweils über 100 000 E (außer in Bergedorf) mit eigenständiger Verwaltung zusammengefaßt. Die räumliche Abgrenzung ist sektoral, so daß jeder Bezirk ein verkleinertes Abbild der Gesamtstadt mit großstädtischen, vorstädtischen und ländlichen Gebieten darstellt (Abb. 1.3).

In Anlehnung an die Charta von Athen (vgl. LE CORBUSIER 1962) soll die Stadtstruktur durch ein geordnetes Nebeneinander der Nutzungen und die Schaffung selbständiger und überschaubarer Stadtteileinheiten von jeweils 30 000 bis 50 000 E aufgelockert werden. Den gemeinsamen Bezugspunkt bildet der Bezirk Mitte mit der City und dem Hafen als den Hauptarbeitsgebieten der Stadt. Diesen zentralen Arbeitsgebieten sollen nach Vorstellung der Wiederaufbauplanung (GBP 47 und ABP 50) die Wohngebiete unmittelbar zugeordnet werden, um so die nur zu einem Drittel zerstörten Ver- und Entsorgungsleitungen der inneren Stadtgebiete zu nutzen, zumal die Gelder zur Erschließung der durch die Kriegseinwirkungen verstärkt besiedelten Stadtrandgebiete fehlen. Dementsprechend weist das Dichtekonzept der Wiederaufbauplanung eine Bevölkerungskonzentration von 450 bis 500 E/ha Nettobauland in der inneren Stadt (ohne Altstadt) aus (ABP 50). Der GBP 47 ist sogar von 700 E/ha ausgegangen.

Einer Verwirklichung dieser Konzeption stehen sowohl die tatsächliche Bevölkerungsverteilung (Abschn. 3.2) als auch die nur unzureichend koordinierten staatlichen Maßnahmen zum Wiederaufbau nach dem Krieg entgegen: So sind der GBP 47 als auch der ABP 50 Rahmenpläne ohne rechtliche Wirkung. Detailliertere und rechtlich bindende Angaben über die Bebauung einzelner Teilgebiete der Stadt erfolgen in den Durchführungsplänen, die jedoch zunächst nur für Gebiete mit einer Zerstörung von über 50% der zusammenhängenden Bausubstanz aufgestellt werden (STROHMEYER 1953:50). Da diese Pläne meist nur mehrere Baublöcke erfassen und sich ausschließlich auf Gebiete in der inneren Stadt beschränken, während in den äußeren Stadtgebieten zahlreiche private Behelfsbauten ohne behördliche Genehmigung entstehen, wird ein aufeinander abgestimmter Wiederaufbau unmöglich. Schließlich gibt der Staat angesichts der Wohnungsnot Gelder zur Winterfestmachung dieser Behelfsbauten, so daß sich die spätere Planung verstärkt an den vorhandenen Flächennutzungen ausrichten muß (SILL & STROHMEYER 1953:42).

Nach der Währungsreform 1948, der Gründung der Bundesrepublik 1949 und dem Inkrafttreten des Ersten Wohnungsbaugesetzes (I. WoBauG) am 27.4. 1950 (BGBl. 1950:83) sind die Grundlagen für eine verstärkte Eigentumspolitik geschaffen, die sich auch im Wohnungsbau niederschlägt und schon 1956 mit dem Zweiten Wohnungsbaugesetz (II. WoBauG) (BGBl. 1956: 523) ihre rechtskräftige Unterstützung erfährt (Abschn.3.2). Die Folge ist ein sprunghaft ansteigender Bedarf an Wohnbauland, der nur noch in den Randgebieten der großen Städte zu befriedigen ist.

Sowohl diese Entwicklungen als auch der anhaltend starke Flüchtlingszustrom aus den ehemaligen Ostgebieten führen ab Mitte der fünfziger Jahre zu einer Neukonzeption der Siedlungsstruktur im Hamburger Raum, die im Aufbauplan von 1960 (ABP 60) (HGVBl. I:463) niedergelegt ist. Sind die Ordnungsvorstellungen des Wiederaufbaus ausschließlich auf das hamburgische Stadtgebiet beschränkt, so wird jetzt wieder, anknüpfend an die Entwicklung der zwanziger und dreißiger Jahre, ein wirtschaftlicher Einflußbereich Hamburgs von 25 bis 30 km angenommen. Die Zielvorstellungen für die bauliche und wirtschaftliche Entwicklung im Hamburger Raum werden daher gemeinsam mit den benachbarten Bundesländern Schleswig-Holstein (seit 1955) und Niedersachsen (seit 1957) erarbeitet (vgl. SPECKTER

1968:26). Ziel der regionalen Ordnungsvorstellungen ist es nun wieder, eine weitere konzentrische Expansion der Stadt zu verhindern und die Ausstrahlungstendenzen statt dessen entlang vorhandener Verkehrswege radial ins Umland zu fördern (vgl. SCHUMACHER 1919).

Da aufgrund des Siedlungsschwerpunktes im Hamburger Stadtgebiet nördlich der Elbe eine stärkere Verflechtung mit dem schleswig-holsteinischen Umland angenommen wird, sind zunächst nur hier vier Entwicklungsräume abgegrenzt. Die Gemeinden sollen dabei zu sog. Aufbauachsen zusammengefaßt werden, deren Endpunkte in schon vorhandenen Siedlungsschwerpunkten im Umland liegen (Abb.3.2). Im südlichen Umland Hamburgs (Niedersachsen) werden zunächst nur drei Aufbauorte (Trabantenstädte) ohne Achsenräume ausgewiesen.

Abbildung 3.2: <u>Hamburger Umlandplanung um 1960</u>

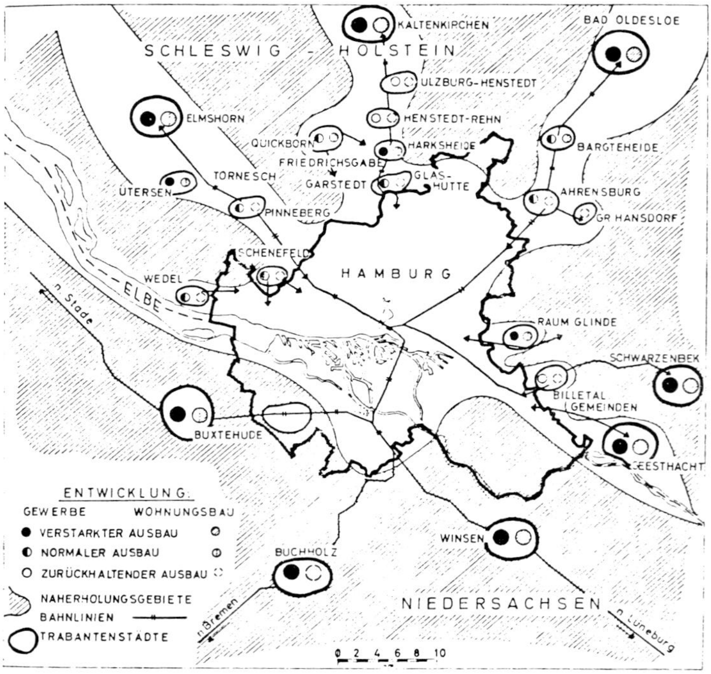

Quelle: SPECKTER 1968:27

HAMBURG

Zur Steigerung der Attraktivität der Hamburger Region werden 1960 und 1961 Aufbaufonds gegründet und von den drei Bundesländern gemeinsam getragen. Hieraus werden Maßnahmen im Umland finanziert, die überwiegend von der Hamburger Bevölkerung in Anspruch genommen werden, wie z.B. Naherholungseinrichtungen.

Auf Hamburger Gebiet sind in das Konzept der Förderung wirtschaftlicher Kräftezentren außerhalb des eigentlichen Stadtkerns nun auch historisch gewachsene Stadtteilzentren und Dorfkerne einbezogen. Sie sollen zu multifunktionalen Subzentren (vgl. Abschn. 4.1) ausgebaut werden, um so die Anziehungskraft der City zu mindern und Verkehrsengpässe zu beseitigen (ABP60). Dementsprechend wird das Dichtkonzept modifiziert und eine Verdichtung der Bebauung in den äußeren Stadtgebieten zugunsten einer Auflockerung der inneren Stadtgebiete angestrebt (Abb. 3.3). Diese Planungsvorstellung entspricht der tatsächlichen Entwicklung, wie Abbildung 3.4 zeigt.

Abbildung 3.3: <u>Dichtemodell</u>

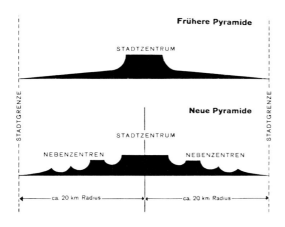

Quelle: HAMBURG JOURNAL Oktober/November 1962:13

HAMBURG

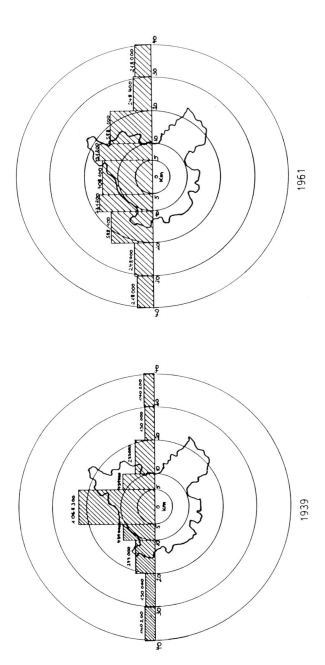

Abb. 3.4: Wohnbevölkerung in der Region Hamburg, nach Entfernungszonen, 1939, 1961

3.2 Bevölkerung und Wohnungen

Der seit der Jahrhundertwende zu beobachtende Fortzug der Wohnbevölkerung aus der City und den cityangrenzenden Gebieten (vgl. Abschn. 2) wird durch die Kriegseinwirkungen verstärkt und betrifft nun auch andere Stadtteile der inneren Stadt. Von den 1.70 Mio. E Hamburgs im Jahre 1942 leben 1944 nur noch 1.07 Mio. im Stadtgebiet, 1946 bereits wieder 1.37 Mio. Allerdings haben fast ausschließlich die äußeren Stadtteile eine Bevölkerungszunahme zu verzeichnen (WINKLER 1966:87). Auch die Ergebnisse der Volkszählung von 1950 entsprechen in etwa der Bevölkerungsverteilung, wie sie nach der Vorkriegsentwicklung zu erwarten ist. Bereits 1951 veröffentlicht IKLÉ eine Untersuchung über die Auswirkungen der Kriegszerstörungen auf die Städte und zeigt am Beispiel Hamburg, daß sich die Dispersion der Hamburger Bevölkerung fortsetzt. Damit ist die noch 1949 vom Hamburger Landesplanungsamt gemachte Annahme, daß die starke Bevölkerungszunahme beiderseits des Stadtrandes nur eine vorübergehende Erscheinung sei, "die mit dem Wiederaufbau der zerstörten Gebiete stark abklingen dürfte" (KINDER & PAUSE 1949, o.S.), in Zweifel gezogen.

Die Tabelle 3.1 gibt einen Überblick über das Ausmaß der Verdrängung der Bevölkerung in die äußeren Gebiete, die durch den Krieg verursacht wurde und später kaum rückgängig gemacht werden kann.

Der ABP50 legt eine Höchsteinwohnerzahl auf Hamburger Gebiet von 1.8 Mio. E fest. Als diese bereits 1958 überschritten wird, begrenzt der ABP60 das Fassungsvermögen der Hamburger Wohnbauflächen auf 2 Mio. E, benutzt aber in der politischen Argumentation eine Zielbevölkerungszahl von 2.2 Mio. E (SCHMIDT-EICHBERG 1972:4). Das tatsächliche Bevölkerungswachstum jedoch verlangsamt sich. Schon 1962 beruht der positive Saldo nur noch auf der Zuwanderung von Ausländern, und bereits 1964 ist mit knapp 1.86 Mio. E. der bisherige Bevölkerungshöchststand für Hamburg erreicht (vgl. Abschn. 4.2).

Das Gesetz über die Aufschließung von Wohnsiedlungsgebieten vom 22. September 1933 (RGBl I:659) gibt den Landesbehörden die Möglichkeit, für

Tabelle 3.1: Die Einwohnerzahl und Einwohnerdichte der Region Hamburg/Umland nach Entfernungszonen um das Rathaus, 1939-1982

Zone (km)	1939 Tsd.	1939 E/ha	1950 Tsd.	1950 E/ha	1961 Tsd.	1961 E/ha	1970 Tsd.	1970 E/ha	1975 Tsd.	1975 E/ha	1979 Tsd.	1979 E/ha	1982 Tsd.	1982 E/ha
0- 5	1 068	110	661	68	709	73	564	58	502	52	469	48	456	47
5-10	439	17	599	23	731	28	735	28	716	28	691	27	676	26
10-20	278	3	515	5	590	6	767	8	812	8	820	8	825	8
20-30	130	0.8	256	1.6	248	1.6	297	1.9	338	2.1	360	2.3	374	2.4
30-40	139	0.6	250	1.2	217	1.0	242	1.1	266	1.2	277	1.3	283	1.3
insg.	2 054	4.0	2 281	4.5	2 495	4.9	2 605	5.1	2 634	5.1	2 617	5.1		

Quelle: Eigene Berechnung, nach SHS 118:22, SJB 1981:359, StB Reihe Z 1-j/82 vom 18.11.1983:4

"Gebiete, in denen eine starke Siedlungstätigkeit besteht oder zu erwarten ist" (§1.1), die räumliche Entwicklung durch Pläne zur geordneten Nutzung des Bodens (Wirtschaftspläne) zu regeln. Sie sind die direkten Vorläufer der heutigen Flächennutzungspläne (SCHMIDT-ASSMANN 1972:142).

Das Interesse am Wohnungsbau richtet sich in Hamburg während dieser Zeit vor allem auf den Bau von Kleinsiedlungen in der Nähe dezentralisierter Arbeitsstätten. Insgesamt jedoch nimmt der Wohnungsbau merklich ab und findet nach 1937 zugunsten der Rüstungsindustrie kaum noch in nennenswertem Umfang statt (BACK, PAHL & RABENSCHLAG 1977:129f).

Nach dem Zweiten Weltkrieg soll die Unterbringung der Bevölkerung im Stadtzentrum nach den Aussagen des GBP 47 durch den Bau von Kleinstwohnungen geschehen, die bei einer späteren Auflockerung der Besiedlungsdichte zu Großwohnungen zusammengelegt werden könnten. Doch der Mangel an Baustoffen und Geld läßt den offiziellen Wohnungsbau bis zur Währungsreform 1948 nur in geringem Umfang zu. So werden zwischen 1945 und 1948 nur 14% der 17 429 erstellten Wohnungen öffentlich gefördert (vgl. NÖRNBERG & SCHUBERT 1975:243). Erst nach der Währungsreform und verstärkt nach Inkrafttreten des I. WoBauG 1950, das den Bund, die Länder und die Gemeinden zur Förderung des sozialen Wohnungsbaus verpflichtet (§1), um gesellschaftlichen Fehlentwicklungen vorzubeugen, kommt es zu einem raschen Anstieg des Wohnungsbauvolumens. In der Zeit von 1951 bis 1956 sollen im Bundesgebiet 2 Mio. Wohnungen erstellt werden. Tatsächlich werden in dieser Zeit über 3 Mio. erstellt (MARONDEL 1977:9). Auch in Hamburg steigt die Zahl der jährlich fertiggestellten Wohnungen rasch an (Tab. 3.2).

Das offizielle Ende der Wohnungsnot wird bundesweit durch das Zweite WoBauG von 1956 signalisiert, indem dieses verstärkt den Eigenheimbau fördert, um so "für weite Kreise der Bevölkerung breitgestreutes Eigentum zu schaffen" (§1). Auch in Hamburg wird mit den zur gleichen Zeit in Angriff genommenen Arbeiten zum ABP60 auf diese Entwicklung reagiert. Während die Beseitigung der Wohnraumnot die bestimmende Zielvorstellung der Wiederaufbauphase ist (ABP50), werden mit der Stabilisierung der wirtschaftlichen Verhältnisse im ABP60 weitere Ziele aufgenommen, die der Verbesserung des Wohnstandards dienen (u.a. Abbau der Überbelegung

Tabelle 3.2: Die Entwicklung des Wohnungsbaus in Hamburg 1945 bis 1979

Jahr	Wohnungs-fertigstllg.[1]	Anteil öff. gef.	Anteil in Mehrfam.hs.	Wohnungsbestand[2]	Einwohner
1945	293	–		267.553	1.369.639
1948	6.506	14 %		280.785	1.473.200
1950	25.460	73 %		311.479	1.583.466
1956	26.358	77 %	79 %	465.893	1.760.098
1957	22.993	82 %	73 %	488.185	1.786.775
1960	20.900	72 %	71 %	545.437	1.836.958
1964	16.746	73 %	83 %	620.217	1.857.431
1970	12.087	36 %	87 %	698.888	1.793.640
1975	9.104		86 %	757.458	1.717.383
1979	4.091		55 %	780.079	1.653.043

1) ohne Notbau
2) ohne Wohnungen in Behelfsheimen

Quellen: SHS 108:18; StJBFHH 1981:283,316

und Beseitigung der Behelfsbauten durch Schaffung neuer Wohngebiete). Die hierfür erforderlichen Flächen werden nun verstärkt in der 6-8-km-Zone um das Hamburger Rathaus ausgewiesen. Diese Zone ist bisher durch eine niedrige Bebauung und Behelfsheimgebiete gekennzeichnet und wird nun in einen Ring von Neubaugebieten mit mehrgeschossigen Mietwohnhäusern verwandelt (Abb. 3.5). Die durchschnittliche Belegungsdichte verringert sich von 4.3 Personen pro Wohnung 1950 auf 3.0 (1961) und 2.5 (1968) (MARX 1973:384).

1960 schließlich scheint dem Gesetzgeber der Zeitpunkt gekommen, auch den Wohnungsmarkt schrittweise der "sozialen" Marktwirtschaft zu überlassen. Er verabschiedet ein Gesetz über den Abbau der Wohnungszwangswirtschaft und über ein soziales Miet- und Wohnrecht (BGBl.I:389). Danach können in Gebieten mit einem geringeren Wohnungsdefizit als 3% die seit den zwanziger Jahren bestehende Wohnraumbewirtschaftung und der Kündigungsschutz der Mieter aufgehoben werden. Gleiches gilt für den nach dem

HAMBURG

Abbildung 3.5: Ausgewählte Neubaugebiete in Hamburg

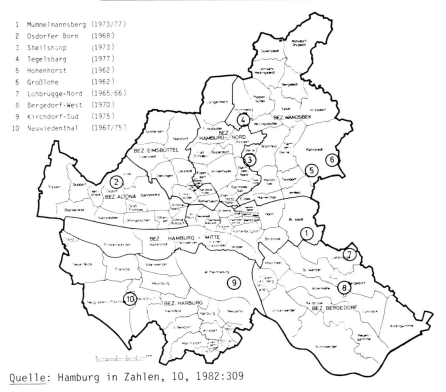

Quelle: Hamburg in Zahlen, 10, 1982:309

Zweiten Weltkrieg erlassenen Mietpreisstopp und den Preisstopp für unbebaute Grundstücke. Um die nun rasant steigenden Mietpreisbelastungen der privaten Haushalte auszugleichen, muß 1963 ein Gesetz über Wohnbeihilfen (BGBl.I:508) in Kraft treten. Mit dieser Subjektförderung (Mieter) soll eine bessere Überprüfung der Förderungswirkung erreicht werden. Dies geschieht durch eine fortwährende Kontrolle der Einkommensverhältnisse der Antragsteller. Demgegenüber bleiben die finanziellen Verhältnisse der Mieter in objektgeförderten Wohnungen nach dem Einzug unüberprüft, so daß das Problem der Fehlbelegung weiterhin besteht (vgl. BREUER 1970: 3843).

Daß sich die mit der Eigenheimförderung verbundenen politischen Implikationen seit dem Ersten Weltkrieg kaum geändert haben, zeigt die Äußerung des Wohnungsbauministers Paul Lücke: "...nur breite Streuung des Eigentums gewährleistet auf die Dauer freie Entfaltungsmöglichkeit und die

Würde der ... Menschen und sichert zugleich unsere innere Abwehrbereitschaft gegenüber den politischen Bedrohungen durch die kollektiven Mächte des Ostens" (LÜCKE 1962:572).

3.3 Beschäftigte und Arbeitsstätten

Die wirtschaftliche Entwicklung Hamburgs nach dem Zweiten Weltkrieg geht zunächst nur sehr langsam voran. Der Verlust des östlichen Hinterlandes, die zu 40% zerstörten Industrie- und zu 75% zerstörten Hafenanlagen sowie die fast vollständige Vernichtung der deutschen Handelsflotte lassen eine Prognose der Richtung und Stärke der zukünftigen Wirtschaftskraft Hamburgs nicht zu. Daher kann auch keine zielgerichtete Ansiedlungspolitik für Gewerbe und Industrie betrieben werden. Hinzu kommt, daß die Industrie nicht zuletzt aufgrund der fehlenden Facharbeitskräfte in Hamburg wenig Interesse zeigt, zu investieren.

Nach SCHMIDT-EICHBERG (1972:3) ist im Bereich des Hafens und der City 1960 fast ein Drittel aller Beschäftigten tätig. An dieser starken Konzentration von Arbeitsstätten ist die Wiederaufbauplanung nicht unbeteiligt. Sowohl der GBP47 wie auch der ABP50 haben die City und den Hafen als die Hauptarbeitsgebiete der Stadt bezeichnet und nur kleinere Arbeitsstättenflächen in einem lockeren Halbkreis nördlich der Elbe von Altona bis Wandsbek vorgesehen.

Diese - unter Berufung auf die Charta von Athen - allzu rigide Trennung von Arbeitsstätten und Wohnstätten hat die zentralisierende Wirkung der Hauptarbeitsgebiete im Stadtkern in einem solchen Ausmaß verstärkt, daß die gleichzeitig stattfindende Dispersion der Wohnbevölkerung - einhergehend mit dem zunehmenden Pkw-Besitz - zu einem enormen Verkehrsaufkommen führt und die Standortattraktivität der Stadtmitte sinkt.

Außerdem werden die ursprünglich der Wohnnutzung vorbehaltenen Flächen beiderseits der Alster immer mehr von Citynutzungen unterwandert. Um eine weitere Verdrängung der Wohnbevölkerung durch den tertiären Sektor - vor allem westlich der Alster in den Stadtteilen Rotherbaum und Harvestehude - zu verhindern, wird ein sog. Cityentlastungszentrum in Winterhude für Beschäftigte im nicht publikumsorientierten Dienstleistungsbereich ausgewiesen (vgl. Abschn. 4.1). Diese Konzeption entspricht der schon Anfang der vierziger Jahre geplanten City- und Cityrandentlastung durch den Bau einer Nebencity in Altona; allerdings war die Entlastung damals für eher publikumsorientierte Dienstleistungen (Behörden) und kulturelle Einrichtungen geplant.

Insgesamt werden im ABP60 gegenüber dem ABP50 zusätzlich 18qkm (ohne Hafenerweiterungsgebiete) für Arbeitsstätten ausgewiesen, die überwiegend in der Mittel- und Randzone der Stadt liegen. Sie sind den vorgesehenen Wohnbauflächen zugeordnet, um so das Verkehrsaufkommen in die Stadtmitte zu verringern (vgl. SCHMIDT-EICHBERG 1972).

Ein Vergleich der Berufspendlerströme zwischen der City, der Inneren und der Äußeren Stadt zeigt, daß die Berufseinpendler von der Inneren Stadt in die City um 36% zwischen 1939 und 1950 und nochmal um 32% zwischen 1950 und 1961 abgenommen haben, während die Einpendlerströme aus der Äußeren Stadt in die City als Hauptarbeitsgebiet vn 1939 auf 1950 um 66% und von 1950 auf 1961 nochmal um weitere 7% zugenommen haben (HAACK 1981:131).

Eine Studie des Statistischen Landesamtes zur Bestimmung von zentralen Standorten in Hamburg für 1961 zeigt, daß in drei der insgesamt 40 abgegrenzten Zentralen Standorte - das sind die Stadtteile Alt- und Neustadt und St. Georg - ein Viertel aller in Arbeitsstätten mit Publikumsverkehr Beschäftigten tätig ist. Bezogen auf die Arbeitsstätten mit Publikumsverkehr in den Zentrale Standorten sind es sogar 41% (LELLAU 1970:37). Unterscheidet man die Beschäftigten in den Arbeitsstätten mit Publikumsverkehr nach ihren Tätigkeitsbereichen, so sind 38.3% der in der Altstadt Beschäftigten bei Banken und Versicherungen tätig, während in St. Georg 32.6% im Gastgewerbe tätig sind (vgl. ebd.:38).

Einen Überblick über die Lage und die räumliche Abgrenzung der Zentralen Standorte für 1961 gibt Abb. 3.6. Sie macht deutlich, daß sich die Mehrzahl der so abgegrenzten Zentren im Bereich der inneren Stadt konzentriert.

Tabelle 3.3: Die Beschäftigten Hamburgs nach Wirtschaftsabteilungen, 1939 bis 1980

Jahr	Beschäftigte	davon ...% in den Wirtschaftsabteilungen							Verän-derung Besch.
		Land-wirt-schaft u. Ener-gie	Ver-arbei-tendes Gewerbe	Bau-ge-werbe	Han-del	Ver-kehr u. Nachr.-über-mittl.	übrige Dienst-leistun-gen	Wirt-schafts-abtei-lungen	
		0 u. 1	2	3	4	5	6 - 9	4 - 9	insges.
1939	777 188	1.4	34.0	8.5	20.0	15.4	20.8	56.2	
1950	684 452	1.7	32.2	9.0	20.3	12.7	24.2	57.2	- 12 %
1961	1 007 721	1.3	31.6	7.8	19.7	13.7	25.9	59.3	+ 47 %
1970	970 721	1.2	27.7	6.9	20.6	12.8	30.8	64.2	- 4 %
1980	936 600	1.1	22.7	5.3	18.5	12.9	39.5	70.9	- 4 %

Quelle: SHS 108:24f, BÖHM 1981:341

Abbildung 3.6: Lage der Zentralen Standorte in Hamburg

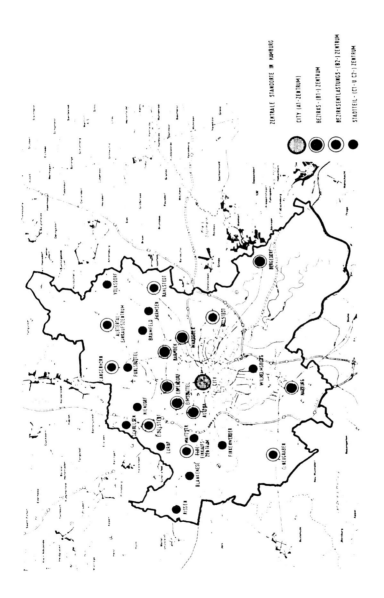

Quelle: DANGSCHAT et al. 1982: 206

3.4 Infrastruktur

Verkehr: Der GBP47 geht auf eine Verkehrsplanung nur insoweit ein, als er empfiehlt, bei der Bebauung mögliche Verbreiterungen und Neuschaffungen von Straßenzügen vorsorglich zu berücksichtigen. Die Durchführung des Straßenbaus wird zeitlich nicht festgelegt. Mit dem ABP50 wird dann ein Generalverkehrsplan entworfen, der eigentlich für zehn Jahre gelten soll, aber schon 1954 von der tatsächlichen Entwicklung des Privatverkehrs überholt wird: mit über 120 000 Kfz hat sich der Bestand am Jahresanfang 1954 gegenüber 1950 in Hamburg verdoppelt (SILL 1968:16). Bereits 1955 tritt ein neuer Generalverkehrsplan in Kraft. Danach ist ein Strassennetz mit schnellen Verbindungsstraßen entlang der Wohnviertel geplant, in die die örtlichen Zubringerstraßen kreuzungsfrei einmünden sollen.

Zur Eindämmung der Privatmotorisierung wird die Ausweitung des schienengebundenen Schnellbahnnetzes empfohlen, das 1945 eine Streckenlänge von 68 km aufweist. Nach Fertigstellung der Planungen der fünfziger Jahre soll das Netz auf 180 km erweitert sein. Der ABP60 schließlich sieht einen Ausbau auf insgesamt 300 km vor (SILL 1968:22 und 25).

Entsprechend der im ABP60 vorgesehenen verstärkten Besiedlung der Trabantenstädte im Hamburger Umland sollen zur direkten Anbindung dieser Siedlungsschwerpunkte an das Hamburger Zentrum sowohl die Ausfallstraßen als auch der schienengebundene Nahverkehr radial bis an den innerstädtischen Schnellbahnring herangeführt werden. Der ÖPNV zwischen den Achsen soll durch den Einsatz von Bussen gewährleistet werden. Daß der damit beginnende Ausbau der Straßen in den noch ländlichen Gebieten der Achsenzwischenräume die konzentrische Expansion der Stadt fördert, wird in der späteren Entwicklung deutlich.

Innerhalb Hamburgs fehlen im Straßenverkehr vor allem Tangential- und Querverbindungen, die das Nadelöhr City entlasten könnten. Zwar wird eine Alsteruntertunnelung geplant, doch ist diese bis heute nicht realisiert und erscheint an der vorgesehenen Stelle wenig realistisch.

Die bedeutendste Straßenbaumaßnahme dieser Zeit ist die Verwirklichung des lang geplanten West-Ost-Durchbruchs in der südlichen City (vgl. GBP

40/41, GBP44 und GBP47). Diese Straße verbindet den Westen der Stadt direkt mit den Elbbrücken und schließt den Durchgangsverkehr an die Nord-Süd-Autobahnen an.

Hinsichtlich der Verkehrsplanung kann dem ABP60 das Bemühen um eine autogerechte Stadt nicht abgesprochen werden. Allerdings wurde dieses Bemühen bereits 1964 durch die Gründung einer unabhängigen, interdisziplinären Kommission als sinnvoller städtebaulicher Leitgedanke in Zweifel gezogen. Aufgabe der unabhängige Kommission war die Überprüfung der städtebaulichen Grundsätze des ABP60.

Freiflächen. Die Grünflächenplanung der Wiederaufbauphase sieht eine netzartige Verbindung vorhandener und neu zu schaffender Wald-, Wasser- und Parkflächen vor. Dabei sollen die Grüngürtel die einzenen Stadtteile trennen und z.T. die örtlichen Bildungs- und Freizeiteinrichtungen aufnehmen. Geplant und weitgehend vorhanden ist eine radial vom Wallring und dem Alsterbecken ausstrahlende Grünflächenstruktur. Allerdings werden die freien Flächen im ABP60 gegenüber dem ABP50 um 21% verringert. Außerdem werden Teile der Außengebiete durch größere öffentliche Gemeinbedarfseinrichtungen (z.B. Krankenhäuser) beansprucht.

Der Grüngürtel um die innere Stadt, der in der Wiederaufbauphase schon die Behelfsbauten aufnimmt, soll nun endgültig mit Großsiedlungen bebaut werden. Damit stehen als Naherholungsgebiete in den dichtbesiedelten Gebieten der fünf Bezirke nördlich der Elbe im wesentlichen die Alster mit ihren Kanälen und dem Begleitgrün sowie die großen älteren Parkanlagen wie der Stadtpark, der Ohlsdorfer Friedhof und die Elbparks zur Verfügung.

4. 1965 BIS HEUTE: SUBURBANISIERUNG UND REGIONALE STAGNATION

4.1 Planverfahren und Ordnungsvorstellungen

Die Anfänge der städtebaulichen Planung im ausgehenden 19. Jahrhundert sind überwiegend von technischen und hygienischen Gesichtspunkten und in der ersten Hälfte des 20. Jahrhunderts von dem Bemühen bestimmt, die schlimmsten räumlichen Auswirkungen der weitgehend liberalistischen Wirtschaftspolitik zu verhindern (Anpassungsplanung). Demgegenüber richten sich die Interessen im Zuge der Stabilisierung der wirtschaftlichen und politischen Verhältnisse nach dem 2. Weltkrieg und mit dem Auslaufen der Wiederaufbauphase zunehmend auf die Qualität räumlicher Strukturen und damit auch auf die Steuerbarkeit räumlicher Entwicklungen. Eine Verbesserung der staatlichen bzw. kommunalen Steuerungskapazität wird durch eine "raum-, zeit- und finanzbezogene Entwicklungsplanung der öffentlichen Hand" (WAGENER 1972:25) angestrebt (vgl. HESSE 1972; LUTZKY 1976).

Als letzter auslösender Faktor für diese Umorientierung der Planung auf eine "Globalsteuerung" ist die Wirtschaftskrise 1966/67 zu nennen. So verabschiedet die Ende 1966 gebildete Große Koalition aus CDU/CSU und SPD 1967 das Gesetz zur Förderung der Stabilität und des Wachstums der Wirtschaft (BGBl. I:582) und führt damit u.a. eine mittelfristige Finanzplanung ein. Außerdem ersucht der Bundestag die Bundesregierung, in ihrem nächsten Raumordnungsbericht "besonderes Gewicht auf die Darstellung der zukünftigen Entwicklungstendenzen in einem überschaubaren Zeitraum ... und (die) zur Erreichung der Entwicklungsziele notwendigen Planungen und Maßnahmen zu legen" (MICHEL 1970:2482). Die alle zwei Jahre vorzulegenden Bundesraumordnungsberichte sind Bestandteil der seit Inkrafttreten des Raumordnungsgesetzes des Bundes 1965 (BGBl. I:306) angestrebten Koordination der öffentlichen Planungsverfahren. Als oberstes Ziel gilt dabei, in allen Teilen des Bundesgebietes "ausgewogene wirtschaftliche, soziale und kulturelle Verhältnisse" zu schaffen (§ 2 Abs. 1 Satz 1).

In Hamburg findet die Unzufriedenheit über die negativen Auswirkungen der Planungen der Wiederaufbauphase, die u.a. zu einer "Verödung der Innenstadt" am Abend, zu "Monotonie des Lebens in Wohnsiedlungen am Stadt-

HAMBURG

Abbildung 4.1: Entwicklungsmodell Hamburg und Umland:
Entwicklungsachsen und Zentrale Standorte

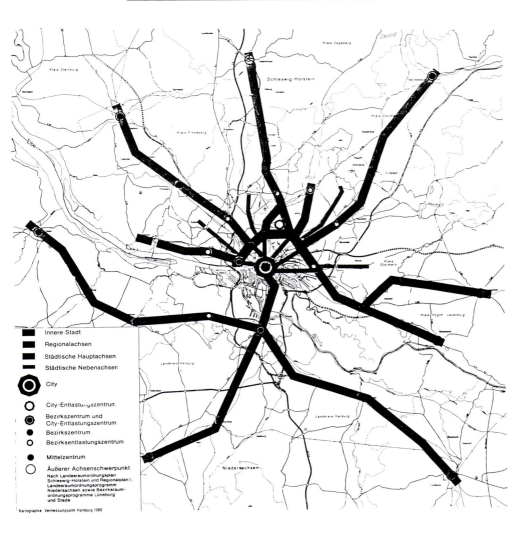

Quelle: Freie und Hansestadt Hamburg: Stadtentwicklungskonzept. Hamburg 1980:26

rand" und hohen innerstädtischen Verkehrsdichten geführt haben (vgl. UK 1967:11), Ausdruck in dem Beschluß der Bürgerschaft von 1964, den ABP 60 hinsichtlich seiner städtebaulichen Ziele überprüfen zu lassen. Der Senat beruft daher 1965 zahlreiche Wissenschaftler verschiedener Disziplinen zu Mitgliedern einer unabhängigen Kommission (UK). Diese haben bis Ende 1967 insgesamt 19 Einzelgutachten erstellt und eine abschließende Stellungnahme zum ABP 60 veröffentlicht (UK 1967). Diese Empfehlungen bilden die Grundlage für das "Entwicklungsmodell für Hamburg und sein Umland" von 1969 (EM 69), das die langfristigen Entwicklungsvorstellungen für die Kernstadt und das Umland im Umkreis von ca. 40 km enthält, aber keine Gesetzeskraft hat. Die Realisierungschancen bleiben daher sowohl von den Interessen der Nachbarländer und deren Gemeinden abhängig, die im Umland Entscheidungen über Maßnahmen wie z.B. die Ausweisung von Wohn- und Gewerbegebieten treffen, als auch von der Durchsetzungsfähigkeit öffentlicher Interessen gegenüber privaten Standortentscheidungen.

Der Interessenkonflikt zwischen Hamburg und seinen Nachbargemeinden (vgl. KRÄMER 1971) wird noch verstärkt durch das Gesetz zur Neuordnung der Gemeindefinanzen von 1969 (BGBl. I:1567), wonach die Gemeinden ab 1970 mit etwa 14% am Lohn- und Einkommensteueraufkommen der Länder beteiligt werden und dafür rund 40% des Gewerbesteueraufkommens abführen müssen. Außerdem steht die Lohnsteuer jetzt dem Bundesland zu, in dem der Arbeitnehmer seinen Wohnsitz hat (früher: Standort des Betriebes). Die Konkurrenz zwischen Hamburg und den Umlandgemeinden bei der Gewerbeansiedlung wird zunehmend abgelöst durch die Konkurrenz um Einwohner. Da aber Gewerbeansiedlungen über die damit bereitgestellten Arbeitsplätze Wohnbevölkerung nach sich ziehen, verhärten sich insgesamt die Fronten in der Region, was die Realisierungschancen der Hamburger Strukturierungsvorschläge für das Umland erheblich schmälert.

Erst 1973 wird der ABP 60 durch einen neuen Flächennutzungsplan (FNP 73) abgelöst, der die im EM 69 formulierten Vorstellungen zur Stadtstrukturentwicklung für die Kernstadt konkretisiert. Sein zeitlicher Bezug ist auf 10 bis 15 Jahre festgesetzt und liegt damit im Bereich der langfristigen Investitionsplanung, während die mittelfristige Finanzplanung auf der Stadtteilebene über Programmpläne einbezogen wird (vgl. LP 1972).

Als wesentliche Ordnungselemente in der Region Hamburg gelten nach den Aussagen des EM 69 (S. 18) sowohl die bestehenden Strukturen, die sich aus der Topographie und dem Nutzungsbestand ergeben haben, als auch planerische Konzeptionen wie das Achsenmodell und das Zentrensystem, die die vorhandenen polyzentrischen Strukturen der Kernstadt und die radiale Erschließung des Umlands aufnehmen und verstärkt weiterführen sollen (vgl. UK 1967:62ff). Hierzu gehört die Beibehaltung der seit dem ABP 60 ausgwiesenen Entwicklungsachsen im südlichen Umland (Abb. 4.1).

Im Vordergrund dieses Modells achsenbezogener Verdichtung in der gesamten Region, das auf dem Strukturierungsvorschlag von Schumacher (vgl. Abb. 3.1) basiert, stehen eine kostengünstige Bündelung des gemeindlichen Infrastrukturangebots und dessen effiziente Zuordnung zu Wohngebieten (vgl. FNP 73:11). Durch eine solche radiale Anbindung der Gemeinden des Umlandes an die Kernstadt soll das konzentrische Wachstum mit seinen Zersiedlungserscheinungen verhindert werden. Die Achsen selbst sind im Umland nicht als geschlossene Siedlungsbänder gedacht, sondern als in sich gegliederte, auf einzelne Kerne ausgerichtete Siedlungsschwerpunkte (Zentrale Orte) entlang der Hauptverkehrslinien, wobei die Achsenendpunkte in ca. 30 bis 40 km Entfernung vom Stadtzentrum bevorzugt ausgebaut werden sollen. Hiervon erhofft man sich eine Entwicklung in die Tiefe des Raumes und damit ein Gegengewicht zur Anziehungskraft der City.

In der Realität wird die Unterscheidung zwischen Achsen und von Bebauung möglichst freizuhaltenden Achsenzwischenräumen allerdings immer schwieriger, und zwar mit zunehmender Nähe der Gebiete zur City. Die Innere Stadt ist bereits völlig bebaut und die wenigen vorhandenen Freiflächen in der Äußeren Stadt nördlich der Elbe werden entgegen der Zielsetzung dadurch verringert, daß dort zwischen die Regional- bzw. Hauptachsen städtische Nebenachsen gelegt werden, für die in erster Linie Wohnbebauung vorgesehen ist. Die Freiflächen in den Elbmarschen werden durch Großprojekte reduziert. So fällt aus der Sicht Hamburgs im wesentlichen dem Umland die Aufgabe zu, für Achsenzwischenräume und größere Naherholungsgebiete der Großstädter zu sorgen (vgl. SENAT 1975:9). Aufgrund der finanziellen Interessen der zuständigen Gebietskörperschaften und der daraus resultierenden Auffangplanung bezüglich der konzentrischen Stadtexpansion im Umland sind die regionalen Achsenzwischenräume ebenfalls gefährdet bzw. schon besiedelt und weisen seit 1960 sogar ein stärkeres Bevölkerungswachstum als die Achsen auf.

Tabelle 4.1: Bevölkerungswachstum nach Entfernungszonen und Achsen/Achsenzwischenräumen im schleswig-holsteinischen Umland, in Prozent (A: 1961-1970, B: 1970-1978, C: 1970-1982)

	Zonen											
	insgesamt			10-20 km			20-30 km			30-40 km		
	A	B	C	A	B	C	A	B	C	A	B	C
Achsen	11,5	12,1	17,8	12,9	12,5	18,8	11,8	13,5	20,1	8,7	8,9	12,0
Achsenzwischenräume	14,3	18,4	26,3	21,6	28,3	36,6	15,3	19,1	27,2	10,0	14,8	21,1

Quellen: FRIEDRICHS 1978 nach Regionaldatei Hamburg, SHS 128, StB Reihe Z 1-j/ 82 vom 18.11.1983:6,10

Das konzentrische Wachstum im unmittelbar angrenzenden schleswig-holsteinischen Umland hat bereits dazu geführt, "daß mehrere Gemeinden heute nicht mehr zum Achsenzwischenraum gerechnet werden können, sondern zu sogenannten 'besonderen Wirtschaftsräumen' erklärt worden sind" (SENAT 1975:6). Die wesentliche Problematik der Region Hamburg/Umland besteht darin, daß der Hamburger Senat die Entwicklung zur Vermeidung weiterer Zersiedelung schwerpunktmäßig auf die Achsenendpunkte lenken möchte und hier Mittelzentren vorsieht, während die dafür zuständigen Nachbargemeinden und -länder die konzentrische Stadtexpansion und die Dispersion im Hamburger Raum eher fördern, indem sie mehr und z.T. größere Zentren in unmittelbarer Nähe der Kernstadt sowie zwischen den Achsen ausweisen (vgl. RP 1 1975; ROB S-H 1977; RR Stade 1976; RR Lüneburg 1977), um vom konzentrischen Wachstum der Metropole zu profitieren.

Eine Besonderheit der hamburgischen Zentrenkonzeption stellen die Zentralen Standorte der Kernstadt dar (vgl. Abb. 3.5 und Abb. 4.1). Sie liegen mit zwei unwesentlichen Ausnahmen im Bereich der Achsen, und ihr Ausbau dient ebenfalls der Verhinderung weiterer Zersiedlung durch dezentrale Zentralisierung auf den Achsen. Dieses hierarchische Modell von Versorgungsschwerpunkten baut auf die vorhandene polyzentrische Stadtstruktur auf, indem es u.a. die fünf halbkreisförmig um die City gelegenen, historisch gewachsenen Bezirkszentren am Rand der Inneren Stadt, die den größten Anteil an der Versorgung der Hamburger Bevölkerung haben, als B1-Zentren ausweist. Das Konzept differenziert das regionale Oberzentrum Hamburg in das eigentliche Zentrum (A1), nämlich die City als Standort größter Erreichbarkeit, und 33 Subzentren (A2 bis C2, vgl. Tab. 4.2).

Die Ausweisung bzw. der Ausbau von sieben Bezirksentlastungszentren (B2) in der Äußeren Stadt (vgl. Abb. 4.1) geschieht zwar auch, um die wachsende Anzahl von Verbrauchergroßmärkten "auf der grünen Wiese" mit ihrer Dispersionswirkung zu stoppen (vgl. INGESTA 1976:242ff), doch in erster Linie handelt es sich um eine Anpassung an die Versorgungsbedürfnisse der zunehmenden Bevölkerung in cityfernen Stadtteilen (vgl. EM 69:24), wodurch erneut weitere Bevölkerung nach draußen gezogen wird.

Gegenüber dem ABP 60 werden neben der City-Nord zwei weitere A2-Zentren ausgewiesen, die Wirtschaftsverwaltungen vorbehalten sein sollen. Diese "Bürostädte" sollen vor allem den steigenden Flächenansprüchen der Konzernverwaltungen entsprechen und zur Entlastung der City (A1) von Verwaltungen ohne starken Publikumsverkehr und zur Vermeidung weiterer Unterwanderung der citynahen Wohngebiete durch expandierende Büroflächen beitragen. Von den drei vorgesehenen A2-Zentren ist bislang lediglich die City-Nord in 8 km Entfernung vom Hamburger Rathaus zwischen Stadtzentrum und Flughafen realisiert worden. Auf dieser Fläche von ca. 1,2 qkm in direkter Nachbarschaft zum Hamburger Stadtpark wird den ansässigen Konzernen in einer zweiten Planungsphase eine bauliche Erweiterung bzw. Verdichtung ermöglicht, auch um die angestrebten 35.000 tertiären Arbeitsplätze in Zeiten großer Arbeitslosigkeit zu realisieren. Generell ist die Büroflächennachfrage nicht in dem zunächst erwarteten Ausmaß gestiegen, so daß bislang keine weitere "Bürostadt" entstanden ist.

Tabelle 4.2: __Hierarchie der Zentralen Standorte in Hamburg__

Zentralität		Verbale Definition	Aufgaben-bereiche	Einwohner im Einzugsbereich	Anzahl
A	1	City	MSV	überregional	1
	2	Cityentlastungs-zentrum	M	überregional	1 (+2 geplant)
B	1	Bezirkszentrum	MSV	ca. 200.000	7
	2	Bezirksentlastungs-zentrum	S	ca. 150.000	7
C	1	Stadtteilzentrum mit Ortsamt	SV	20.000-70.000	16
	2	Stadtteilzentrum ohne Ortsamt	S	20.000-70.000	

M = Management (Wirtschaftsverwaltung); S = Service (Dienstleistungen für die Wohnbevölkerung); V = Öffentliche Verwaltung.

__Quelle__: FNP 73:22,26.

Während sich dieses Konzept der "Nebencity" innerhalb der Kernstadt in bezug auf die Eindämmung der Unterwanderung citynaher Wohngebiete, wie z.B. Rotherbaum und Harvestehude, durch Büros zunächst bewährt (vgl. BUSSE 1972, DREIER 1973, RHODE 1977), haben sich die Erwartungen hinsichtlich der Verkürzung innerstädtischer Arbeitswege durch die räumliche Zuordnung monofunktionaler Teilgebiete für Arbeiten und Wohnen nicht erfüllt. So arbeiten die in der nur knapp 2 km entfernten Großwohnsiedlung Steilshoop lebenden Erwerbstätigen kaum in der City-Nord. Dieser Sachverhalt läßt sich nur damit erklären, daß mit der City-Nord ein hochspezialisiertes Arbeitsgebiet für Angestellte geschaffen worden ist, während

Steilshoop einen beträchtlichen Anteil öffentlich geförderter und genossenschaftlicher Wohnungen aufweist, die Personen mit geringem Einkommen zur Verfügung stehen, u.a. den 4.300 ehemaligen Behelfsheimbewohnern dieses Gebietes. Allerdings würde auch ein verhältnismäßig hoher Anteil von Wohnungen für Personen mit höherem Einkommen und damit größeren Wahlmöglichkeiten des Wohnstandortes nicht gewährleisten, daß die individuelle Entscheidung über die Zuordnung von Arbeits- und Wohnstandort allein nach dem Kriterium des minimalen Arbeitsweges getroffen wird. Die Wohnlage bzw. -umgebung spielt hierbei sowohl in sozialer als auch in physischer Hinsicht eine erhebliche Rolle, und zwar umso mehr, je höher das Einkommen ist.

Statt dieser in den 60er Jahren mehrfach vorgenommenen "übertriebenen Entmischung" (UK 1967 k:8) soll mit dem Konzept der Zentralen Standorte die von der UK empfohlene "planvolle Verzahnung und Verflechtung verschiedener Nutzungsbereiche" erreicht werden. Daher weist der FNP 73 im Gegensatz zum ABP 60 gemischte Bauflächen aus, die sich nach ihrer Lage weitgehend mit den Zentralen Standorten des EM 69 decken (FNP 73:22).

Eine Besonderheit der Hamburger Siedlungsplanung stellt das Konzept der Wohndichteverteilung im Einzugsbereich von Schnellbahnhaltestellen dar. Geplant ist ein konzentrischer Aufbau der Siedlungsschwerpunkte um geeignete Haltepunkte der Schnellbahn, wobei eine Kern-, Mittel- und Randzone durch die Bebauungsdichte, Nutzungsart und die fußläufige Entfernung von 5 Minuten (entsprechend 300 m) festgelegt wird (vgl. EM 69, Anlage 3, FNP 73:17f, KRÜGER, RATHMANN & UTECH 1972, FHH 1982e).

Zusammenfassend muß zu den Planungs- und Ordnungsvorstellungen, wie sie im EM 69 und FNP 73 niedergelegt sind, zuerst gesagt werden, daß sie von unterschiedlichen Zielvorstellungen bezüglich der zukünftigen Bevölkerungszahl Hamburgs ausgehen. Während im EM 69 noch mit einer möglichen Zahl von 2,134 Mio. Einwohnern auf dem Hamburger Gebiet gerechnet wird (S. 29), reagiert der FNP auf den sich seit 1964 abzeichnenden Einwohnerrückgang in der Kernstadt und nimmt für 1985 noch 1,694 Mio. Einwohner in Hamburg an (S. 13). Dieser Wert wird indessen bereits 1977 unterschritten. Außerdem wird von einem weiteren Wirtschaftswachstum ausgegangen, das für Hamburg durch die Neuausweisung und vorsorgliche Erschliessung umfangreicher Flächen für den sekundären Sektor, also durch Erhöhung der spezifischen Standortattraktivität, nutzbar gemacht werden soll (UK 1967 k:7).

Die "veränderten wirtschaftlichen, finanziellen und demographischen Wachstumserwartungen" (SENAT 1975:5), d.h. die hinter den gesteckten Erwartungen zurückgebliebenen Entwicklungen, veranlassen den Senat jedoch Ende 1975 erneut zur Überprüfung der bisherigen Stadtentwicklungsplanung. Ergebnis ist unter anderem, daß sich das Wachstum im Umland zwar überwiegend auf den Achsen, aber nicht in ihren Endpunkten, sondern in den Achsenwurzeln und damit im unmittelbaren Randraum der Kernstadt und teilweise sogar weiterhin in den Achsenzwischenräumen vollzogen hat (vgl. Tab. 4.1). Dennoch wird am Achsenkonzept von Hamburger Seite festgehalten, allerdings mit dem Ziel, die Gemeinden der Achsenzwischenräume finanziell so zu stellen, "daß sie neben einer hinreichenden Infrastruktur für die eigene Bevölkerung die ihnen obliegende Versorgungsfunktion für die Region erfüllen können, ohne daß sie sich veranlaßt sehen, sich durch Ansiedlung und die damit verbundenen steuerlichen Vorteile die erforderlichen Finanzmittel zu beschaffen" (SENAT 1975:9).

Auch für die Kernstadt haben die veränderten Wachstumserwartungen zu neuen Stadtentwicklungskonzeptionen geführt. So sind es nicht mehr die spektakulären Großprojekte in der Äußeren Stadt, die die Maßstäbe zukünftigen Wohnens setzen sollen, sondern favorisiert wird die Stadtteilentwicklungsplanung (STEP) und die Stadterneuerung in kleinen Schritten (vgl. KLOSE 1975a, BUSSE 1976), die vor allem kleinräumliche Programme für die Innere Stadt mit dem Ziel entwickelt, durch die Verbesserung innerstädtischen Wohnens die Abwanderung zu verringern. Zu diesem gewandelten Planungsverständnis trägt auch die im 1980 vorgelegten Stadtentwicklungskonzept niedergelegte Erkenntnis vom "wachsende(n) Gewicht immaterieller Bedürfnisse" bei: "Insgesamt ist absehbar, daß bei dieser Entwicklungsrichtung das geistige, kulturelle und soziale Klima immer stärker den Lebenswert einer Stadt bestimmen wird" (FHH 1980b: 17).

Für die Stadtplanung herauszustellen sind hierbei insbesondere folgende Erkenntnisse: Bei wirtschaftlicher Stagnation und Bevölkerungsprognosen von ca. 1,4 Mio. Einwohner für die Kernstadt im Jahr 1995 gewinnt die "innere Entwicklung" an Bedeutung. Es geht weniger um "neue Pläne für Hamburg" (KOSSAK 1982) als um einen "behutsamen Städtebau", der schonend mit den natürlichen Ressourcen umgeht, landschaftliche Bezüge berücksichtigt und auch gestalterische Aspekte verstärkt in den Vordergrund stellt. Schließlich wird vor dem Hintergrund des 1976 novellierten BBauG auch eine stärkere Beteiligung von Betroffenen an Planungsprozessen postuliert (FHH 1980) und zumindest in einigen Stadterneuerungsgebieten auch realisiert.

Diese Neuorientierung der Planung führt im Verkehrssektor zu Konzepten der Verkehrsberuhigung und stellt den Hintergrund für die Einrichtung einer Behörde für Bezirksangelegenheiten, Naturschutz und Umweltgestaltung in den Jahren 1978/79 dar, die 1980 ein "Umweltpolitisches Konzept für Hamburg" vorlegt (FHH 1980a). Stadtökologisch und stadtgestalterisch orientierte Erneuerungs- und Teilerweiterungskonzepte unter Beteiligung von Planungsbetroffenen prägen die Vorstellungen in weitaus stärkerem Maße (vgl. ZIRWES 1983) als die nunmehr geschmähten Großsiedlungsprojekte.

Hinzu kommt einerseits die ebenfalls ökologisch geprägte regionale Neuorientierung weg vom "Industriekanal Elbe" zu einem "Umweltkonzept Niederelbe" (KIRCHNER 1980; vgl. ÖKOLOGISCHE DARSTELLUNG 1977, AUN 1981). Andererseits beschränkt sich die innere Revitalisierung nicht auf Wohnungsmodernisierungen und Wohnumfeldgestaltung, sondern bezieht Umnutzungen sowie entsprechende, mehr punktuelle Neubauvorhaben ein. So werden neben Maßnahmen des Lückenwohnungsbaus vor allem in den innerstädtischen Prioritätsgebieten der Stadterneuerung auch systematisch z.B. Altgewerbe- ud Industrieflächen reaktiviert für Wohn- und Wohnfolgemaßnahmen (vgl. KIRCHNER 1982).

Auch wird versucht, dem Bedeutungsverlust der City bei regionaler Bevölkerungsstagnation und weiterer Dispersion entgegenzusteuern. Dies geschieht mit einigem Erfolg über eine weitere Konzentration des Facheinzelhandels in Form von Geschäftspassagen (vgl. EBERT 1981, BEHN 1983) in Verbindung mit gastronomischen und zum Teil auch kulturellen Angeboten. Hiermit in Zusammenhang stehten außerdem die Entwicklung eines Programmplans für die City, die Neugestaltung des Rathausmarktes als zentralem Platzbereich (vgl. FHH 1977a, SEGGERN & OHRT 1982), der Umbau der Mönckebergstraße als Haupteinkaufsstraße sowie die Konzipierung eines Parkleitsystems.

HAMBURG

Abbildung 4.2: Lageplan der Passagen in der westlichen City

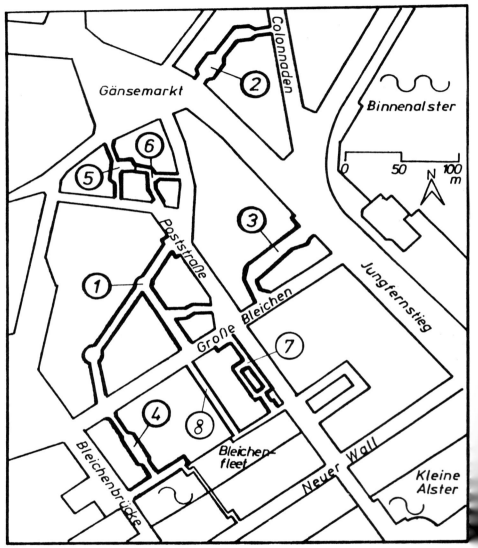

① *Hanseviertel*
② *Gänsemarkt*
③ *Hamburger Hof*
④ *Kaufmannshaus*
⑤ *Neuer Gänsemarkt*
⑥ *Gerhof*
⑦ *Alte Post*
⑧ *Galleria*

Quelle: BEHN 1983:26

4.2 Bevölkerung und Wohnungen

Hamburg hat seine bislang größte Bevölkerungszahl von 1,857 Mio. Einwohner 1964 erreicht und verzeichnet seitdem einen Bevölkerungsrückgang, der sowohl auf Wanderungsverlusten als auch auf einem seit 1968 negativen Saldo der natürlichen Bevölkerungsbewegung beruht. Die Prognosen weisen für 1995 etwa 1,4 Mio. Einwohner (FHH 1980b:17) und für das Jahr 2000 gar nur noch 1,33 Mio. Einwohner aus (vgl. JENKEL 1982).

Analysen der Wanderungsziele der aus Hamburg fortziehenden Personen ergeben, daß sich rund 40% im Umland angesiedelt haben (LOHMANN 1977, HRUSCHKA 1978, LOHMANN & SCHMIDT 1981). Da die Bevölkerungszunahme im Umland zunächst stärker ist als der Rückgang in der Kernstadt, steigt die Einwohnerzahl in der Region noch bis 1975 auf 2,82 Mio. Einwohner an, um dann bei einem zwischenzeitlichen leichten Rückgang bis heute in etwa auf diesem Niveau zu verharren (regionale Stagnation). Der Anteil der Umlandbevölkerung an der Region erhöht sich auf 37,6% 1981.

Im Zeitraum seit 1939 hat sich die Einwohnerzahl bis heute in der Inneren Stadt mehr als halbiert, während sie sich in der Äußeren Stadt fast verdoppelt und im Umland nahezu verdreifacht hat. Zwei Drittel des bis Mitte der 70er Jahre noch erheblichen Binnenwanderungsgewinns der Kernstadt entfallen zwischen 1961 und 1975 auf die neun Stadtteile der Äußeren Stadt, die durch eine starke Neubautätigkeit sowie ihre Lage an der Kernstadtgrenze gekennzeichnet sind (vgl. Abb. 3.4 und LOHMANN 1977). In eben dieser Randzone (bis zu 20 km vom Zentrum entfernt) wählt auch fast die Hälfte der Umlandwanderer aus Hamburg den neuen Wohnstandort.

Es sind vor allem Familien in der Gründungsphase, die ihre steigenden Ansprüche an die Wohnumgebung (Wohnen "im Grünen" mit Spielmöglichkeiten für Kinder im sicheren und ruhigen Wohnumfeld und in reinerer Luft) und an die Wohnung (Eigentum, größere Wohnfläche etc.) am Rande bzw. außerhalb der großstädtischen Bebauung zu verwirklichen suchen, während in den inneren Stadtgebieten ältere Menschen und Alleinstehende zurückblei-

Tabelle 4.3 : __Einwohner in der Region mit 40-km-Radius und ihre Veränderung 1939-1981__

GEBIET	Einwohner in Tsd.					Veränderung in %				
	17.5. 1939	13.9. 1950	6.6. 1961	27.5. 1970	31.12. 1975	31.12. 1981	1939 -1950	1950 -1961	1961 -1970	1970 -1975	1975 -1981
Innere Stadt	1077	719	760	630	556	512	-33,2	5,7	-17,1	-11,7	-7,8
Äußere Stadt	621	886	1072	1164	1161	1125	42,7	21,0	8,6	- 0,3	-3,2
Kernstadt	1698	1606	1832	1794	1717	1637	- 5,5	14,1	-2,1	- 4,3	-4,7
Umland	355	674	662	811	917	986	89,8	-1,9	22,5	13,1	7,5
Region	2054	2280	2494	2604	2634	2623	11,0	9,4	4,4	1,1	-0,4

Quellen: Eigene Berechnungen nach SHS 101,118, Regionaldatei.

Tabelle 4.4: Einwohnerverteilung in der Region, 1939-1981, in Prozent

	1939	1950	1961	1970	1975	1981
City[1]	4,9	2,6	1,8	1,2	0,9	0,9
Innere Stadt[2]	52,4	31,5	30,5	24,2	21,1	19,5
Äußere Stadt	30,2	38,9	43,0	44,7	44,1	42,9
Umland	17,3	29,6	26,6	31,1	34,8	37,6

1) Stadtteile: Altstadt, Neustadt und St. Georg
2) einschließlich City

Quellen: s. Tab. 4.3.

ben. Hier ist fast jeder zweite Einwohner erwerbstätig, während weiter draußen besonders die geringe Erwerbstätigkeit der Frauen auffällt.

Die Auszehrung der Inneren Stadt durch den Wegzug von Familien mit Kindern wird zu einem Teil durch den Zuzug ausländischer Erwerbstätiger mit ihren Familien aufgehalten, die in die relativ preisgünstigen Mietwohnungen des Altbaubestandes nachziehen. So liegen die weitaus meisten Ortsteile mit überdurchschnittlichem Ausländeranteil in der City und den angrenzenden Bereichen (vgl. GERHARDT 1977, 1983, PREUSS 1982). Der Ausländeranteil ist in der Kernstadt auf 10% gestiegen, wobei die Türken als stärkste Gruppe rund ein Drittel aller Ausländer stellen. Im Vergleich zu anderen Großstädten mag ein Ausländeranteil von 10% zwar als verschwindend gering angesehen werden; jedoch gibt es starke, vor allem kleinräumliche Konzentrationen in der "zone in transition", die z.B. zu einer Überzahl von ausländischen Schülern gegenüber ihren deutschen Klassenkameraden vor allem in den Eingangsklassen mehrerer Schulen geführt haben. Seitdem werden "Leitlinien für die hamburgische Ausländerpolitik" diskutiert (LEITLINIEN 1976, vgl. FHH 1982a), was u.a. zu einer restriktiven Handhabung bei der Vergabe von Aufenthaltsgenehmigungen und bei der Vergabe von öffentlich geförderten Wohnungen in Gebieten mit überdurchschnittlichem Ausländeranteil geführt hat.

Abbildung 4.3: Anteil der Ausländer an den Einwohnern in den Ortsteilen Hamburgs am 20.9.1979

Quelle: Nach LOLL 1982:286

In den meisten dieser Gebiete konzentrieren sich auch die Bevölkerungsgruppen, die noch in der Berufsausbildung und damit meist noch in der Phase vor der Familiengründung stehen, ebenso wie Erwerbstätige mit geringem Einkommen und unterdurchschnittlichem Schulbildungsniveau, wie Untersuchungen citynaher Gebiete belegen (vgl. HAACK & JACOBS 1977:52 und 55ff). Es handelt sich also um die von Burgess zur Kennzeichnung der transitorischen Zone verwendeten Merkmale (vgl. FRIEDRICHS 1982a).

Die Konsequenzen dieser soziodemographischen Segregation der Bevölkerung spiegeln sich auch in den Einkommensverhältnissen wider. Diese zeigen eine zunehmende relative Verarmung der Einwohner der City und angrenzender Gebiete gegenüber der Gesamtstadt (vgl. HOHMANN 1971, VILLALAZ 1977, 1981). Solche Prozesse der Slumbildung unter Kumulation benachteiligender Merkmale (vgl. DANGSCHAT 1978) haben in den letzten Jahren zu entsprechenden sozialwissenschaftlichen Studien geführt (vgl. BONACKER 1979, MARTWICH 1980). Auch wird versucht, diesem Prozeß entgegenzusteuern, indem z.B. ein Modellversuch zur Verbesserung der Situation der Kinder in einem Gebiet der Inneren Stadt durchgeführt wird (vgl. PGMK 1983).

Das von Regionalwissenschaftlern wie ALONSO (1970) und EVERSLEY (1976) beschriebene "hole in the middle", unter anderem in bezug auf die schwindende Kaufkraft der in den zentralen Großstadtgebieten wohnenden Bevölkerung gegenüber peripheren Großstadtgebieten, gilt auch für Hamburg. Auch hier tritt das Paradoxon (nach Alonso) auf, daß die ökonomisch schwächsten Bevölkerungsgruppen am nächsten zu den hochspezialisierten Angeboten, versorgt von den aufwendigsten Infrastruktureinrichtungen und auf den teuersten Grundstücken leben.

Zahlreiche Analysen der Wohnbevölkerung nach ihrem sozioökonomischen Status bestätigen ebenfalls, daß der Anteil der bessergestellten Bevölkerungsgruppen vom Zentrum zur Peripherie zunimmt (vgl. BACH 1977, BRAUN 1968, BRAUN & SOLTAU 1976, FRIEDRICHS 1977: Kap. 5.2, 1982a, MANHART 1977, MÜLLER 1976, WOLLENHAUPT 1973). Dabei haben sich immer wieder die gleichen Besonderheiten der Verteilung für Hamburg ergeben:

- Eine eher sektorale Verteilung der einkommensstärkeren Gruppen entlang der landschaftlich reizvollen Gebiete, wie z.B. am nördlichen Elbufer westlich der der Inneren Stadt und entlang des Alsterlaufs nach Norden.

- Eine ebenfalls eher sektorale Konzentration der Gebiete mit den höchsten Arbeiteranteilen in der Nähe der Industriegebiete, die sich, ausgehend vom zentralen Hafen- und Industriegebiet südlich der City, nach Osten entlang der Bille bis Billstedt und nach Westen über Altona entlang der Eisenbahnlinie nach Pinneberg und Kiel und nach Süden bis Harburg ebenfalls entlang der Eisenbahnlinie erstrecken.

Das für Hamburg charakteristische Verteilungsmuster bestätigt die hohe Resistenz einzelner historisch vorgegebener räumlicher Strukturen topographischer, sozialer und infrastruktureller Art gegenüber dem allgemeinen Stadtentwicklungsprozeß, wie u.a. ZORBAUGH (1929) dies für die sogenannte "gold coast" beschreibt. In Hamburg gehören dazu die Stadtteile Rotherbaum, Harvestehude und Uhlenhorst.

Eng verbunden mit der Verteilung der Bevölkerung auf der Stadtfläche sind die zur Verfügung stehende Gebäudestruktur und das Wohnraumangebot. Diese können als der materialisierte Ausdruck bestehender und gewesener Nutzungen angesehen werden und bestimmen durch ihre geringere räumliche Mobilität auch längerfristig nachfolgende Nutzungen.

Da die Ausdehnung einer Nutzungsart nicht irgendwo im Stadtgebiet, sondern angrenzend an den schon vorhandenen Standort geschieht, wobei der Ausdehnungsdruck von der ökonomisch stärksten Nutzung aus der Stadtmitte heraus erfolgt, expandiert die Nutzung einer Zone in die jeweils angrenzende äußere Zone. Hierfür gibt die von der Hamburger Baubehörde vorgenommene Gliederung der Kernstadtfläche nach Art des Baulandes ein anschauliches Beispiel (Abb. 4.4). Eine spätere Untersuchung nach Art und Maß der Bebauung für 1968 bestätigt die Abgrenzung des zentralen Geschäftsgebiets und der angrenzenden gemischten Gebiete recht gut (vgl. SCHNURR 1974:55). Mit fast 40% haben die Wohngebiete den größten Anteil an der Katasterfläche des Hamburger Staatsgebiets (Geschäftsgebiet 1,2%;

Mischgebiet 19,7%; Industrie- und Hafengebiet 6,6%; Dorfgebiet 32,2%). Auf sie entfiel zwischen 1961 und 1973 über die Hälfte aller verkauften Baulandflächen. Dies ist nach SCHMIDT & SCHNURR (1974:211) auch zu erwarten gewesen, da das meiste Bauland in dieser Lage immer noch zum Wohnungsbau genutzt werden dürfte.

Tabelle 4.5: Ausgewählte demographische Merkmale für die Region Hamburg/ Umland mit 40-km-Radius, 1950-1970, in Prozent

Merkmal	Innere Stadt			Äußere Stadt			Umland		
	1950	1961	1970	1950	1961	1970	1950	1961	1970
0-6jährige	6,1	5,7	5,9	7,1	7,7	8,8	-	9,4	10,7
über 65jährige	11,7	15,4	20,8	10,3	12,9	14,8	-	12,4	13,2
Geschiedene u. Verwitwete	13,7	15,3	18,0	10,7	11,7	12,2	-	-	-
Erwerbspersonen (1)	49,1	51,8	48,2	44,4	46,5	45,0	-	45,7	43,0
davon Frauen	36,1	40,9	42,4	22,0	35,9	37,2	-	35,3	34,1
Einpersonenhaushalte	39,9	35,4	42,9	16,6	23,7	30,9	-	-	20,9

1) Für 1970 und für das Umland liegen der Berechnung die Erwerbstätigen (= Erwerbspersonen minus Erwerbslose) zugrunde.

Quellen: Eigene Berechnungen nach SHS 36, 71, 72, 101, 108, 118.

Anmerkung: Da die letzte Totalerhebung 1970 stattgefunden hat, liegen für den Zeitraum danach keine zuverlässigen demographischen Daten in der erforderlichen kleinräumlichen Gliederung vor.

Obwohl die Bevölkerung zurückgeht und 17 qkm der im ABP 60 vorgesehenen Wohnbaufläche noch nicht bebaut sind, werden im FNP 73 13 qkm Wohnbaufläche mehr ausgewiesen als im ABP 60. Das geschieht aus folgenden Gründen (vgl. FNP 73:14):

- Die Entwicklung weist eine Zunahme der Wohnfläche je Einwohner bei gleichzeitiger Abnahme der Wohnungsbelegung auf. Diese beiden Faktoren führen zu einer steigenden Bruttogeschoßfläche pro Einwohner (BGF/E). Die Wohnfläche je Einwohner beträgt 1960 18 qm, 1968 24 qm, 1974 29 qm und 1977 30 qm. Für 1995 werden 36,3 bis 41,7 qm prognostiziert (FHH 1980b:13). Die Wohnungsbelegung beträgt 1950 4,3 Personen je Wohnung, 1961 3,0, 1968 2,5, 1977 2,2 und 1982 2,0; die Prognose des FNP 73 für 1985 lautete 2,3. Die BGF/E beträgt 1950 22 qm, 1960 25 qm, 1968 32 qm, 1974 39 qm; die Prognose des FNP 73 für 1985 lautet 37-39 qm, die des BERICHT 1975 42,5 qm (SHS 99, 108, HiZ 1977, H.12)). Legt man für 1985 lediglich eine BGF/E von 39 qm zugrunde, so ergibt sich gegenüber 1968 bereits ein Flächenmehrbedarf, der 350.000 neuen Einwohnern bei konstanten 32 qm BGF/E entspricht.

- Es wird davon ausgegangen, daß der Bau von Wohnungen für rund 80.000 Einwohner notwendig ist, deren Wohnungen anderen Nutzungen zum Opfer fallen werden.

Abbildung 4.4: <u>Gliederung der Hamburger Fläche nach Art des Baulandes seit 1961</u>

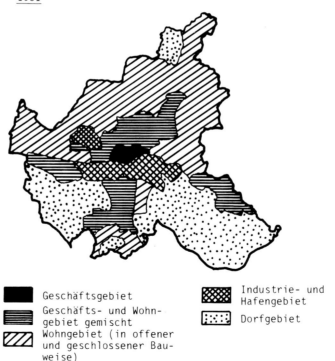

Quelle: Darstellung nach SCHMIDT & SCHNURR 1974:210

- Auch sollen Wohnungen für rund 50.000 Einwohner gebaut werden, die unzureichend untergebracht sind (Behelfsheime, Notwohnungen usw.).

Schon aus der mittlerweile überholten Rechnung des FNP 73 ergibt sich von 1968 bis 1985 ein Mehrbedarf an Wohnbauflächen, der einem Bevölkerungswachstum mittlerweile überholten Rechnung des FNP 73 ergibt sich von 1968 bis 1985 ein Mehrbedarf an Wohnbauflächen, der einem Bevölkerung Einwohner zunimmt. Die Wohnungsbaumaßnahmen sollen also allein der Wohnqualität zugute kommen, da nicht mehr von einer wachsenden Einwohnerzahl ausgegangen wird.

Sämtliche im FNP neu ausgewiesenen Wohnbauflächen liegen in der Äußeren Stadt. Dabei fällt besonders auf, daß über 90% dieser Flächen etwa zu gleichen Teilen im südöstlichen Bezirk Bergedorf und im südlichen Bezirk Harburg vorgesehen sind. Über zwei Drittel aller Flächen sollen allein durch zwei Großprojekte realisiert werden: Billwerder-Allermöhe im Bezirk Bergedorf und Hausbruch/Neugraben-Fischbek im Bezirk Harburg. Zehn Jahre nach der Flächenausweisung ist das Harburger Projekt zu einem erheblichen Teil realisiert, während das ursprünglich auf 75.000 Einwohner ausgerichtete Mammutprojekt in der Bergedorfer Elbmarsch nunmehr in ganz kleinen Schritten entsprechend der stagnierenden Entwicklung in Angriff genommen wird (vgl. BUFF 1982).

Hierbei hatte der Senat offensichtlich seine finanziellen Möglichkeiten und damit seine Steuerungskapazität der Stadtentwicklung - vor allem bezüglich der Verminderung weiterer Abwanderung ins Umland - überschätzt. Es bleibt auch grundsätzlich zweifelhaft, ob ein solches Großprojekt die selektive Abwanderung hätte bremsen können. Die Zielgruppe dieses Projekts, nämlich junge, einkommensstarke Familien, wandert nach wie vor ins Umland ab und bereitet der Stadt damit große finanzielle Einbußen. Der für Hamburg seit 1959 negative Wanderungssaldo mit den Nachbarkreisen führt allein 1972 (-16.163 Einwohner) zu einem Einnahmeverlust - nach Länderfinanzausgleich - von 29,6 Mio. DM. Generell wird mit einem Einnahmeverlust zwischen 1.300 DM und 1.800 DM pro Abwanderer gerechnet (vgl. BERICHT 1975:56ff). Dabei stehen diesen Einbußen auf der Ausgabenseite kaum Entlastungen gegenüber, da die Bevölkerung im Umland weiterhin die städtische Infrastruktur nutzt (vgl. TESCH 1976:157), so daß Hamburg aufgrund der sich zuspitzenden Finanzlage zunehmend das Umland zur

Mitfinanzierung jener öffenlichen Einrichtungen heranziehen will, die von der Bevölkerung der Nachbargemeinden genutzt werden, wie z.B. Krankenhäuser (vgl. SENAT 1975:12).

Mit den schrumpfenden finanziellen Mitteln für die Wohnungspolitik soll primär der Wohnungsbestand erhalten und verbessert werden. So wird unter dem Eindruck eines wachsenden Zuschußbedarfs (Wohnungsbauförderung und Wohngeld) bei gleichzeitig überproportional steigenden Mieten im öffentlich geförderten Wohnungsbau und einem Mangel an preiswertem Wohnraum eine Verbesserung der mangelhaften Wohnverhältnisse in verdichteten Altbauquartieren mit zentraler Lage bei größtmöglichem Wohnraumerhalt angestrebt. Gerade in diesen Gebieten ist die notwendige Instandhaltung der alten Gebäude von den Eigentümern vielfach vernachlässigt worden. Dies geschieht ebenso wie Überbelegungen vor allem mit Ausländern im wesentlichen aus Renditeüberlegungen. Aufgrund der zentralen Lage steigt der Grundstückswert überproportional zum Wert der alten, auch steuerlich abgeschriebenen Bebauung. Somit stehen Bodenpreissteigerungen für die Eigentümer im Vordergrund. Hinzu kommt oft die Erwartung einer Abrißgenehmigung für die zum Teil bewußt heruntergewirtschafteten Gebäude, denn durch Neubaumaßnahmen und eventuell sogar tertiäre Nutzung sind in der Regel höhere Gewinne zu erzielen.

Der Gesetzgeber kennt diese Marktmechanismen und möchte den Gemeinden mit dem Städtebauförderungsgesetz von 1971 (StBauFG) u.a. Enteignungsmaßnahmen erleichtern. Solche bodenrechtlichen Erwägungen waren in Hamburg allerdings schon vor über 60 Jahren aktuell (vgl. Abschn. 2.5). So werden bei Entschädigungszahlungen "Werterhöhungen, die lediglich durch die Aussicht auf die Sanierung, durch ihre Vorbereitung oder ihre Durchführung eingetreten sind, nur insoweit berücksichtigt, als der Betroffene diese Werterhöhungen durch eigene Aufwendungen zulässigerweise bewirkt hat" (StBauFG § 23 Abs. 2). Trotz dieser Variante eines Planungswertausgleichs werden in Hamburg kaum größere Sanierungen nach dem StBauFG vorgenommen (vgl. BUSSE 1977; POHLANDT 1981).

Der Senat legt den Schwerpunkt seiner Wohnungspolitik auf die Beeinflussung der Hausbesitzer durch finanzielle Anreize auf freiwilliger Basis. Er stellt Darlehen und Zinszuschüsse für Modernisierungsmaßnahmen bereit (Objektförderung), um damit den Verfall zentraler Altbauwohngebiete zu bremsen (vgl. Hamburgisches Programm zur Wohnungsmodernisierung 1973,

EPLINIUS & BUNZEL 1981). Die Eigentümer nutzen diese Finanzhilfen, zumal sie die jährliche Miete bis zu 14% der Modernisierungskosten erhöhen können. Damit kommen sie nicht nur in den Genuß der Objektförderung, sondern die öffentliche Hand stellt zusätzlich eine Erhöhung ihrer Gewinne über Wohngeldzahlungen an ärmere Mieter (Subjektförderung) sicher. Was nicht sichergestellt wird, ist die Instandsetzung und -haltung der modernisierten Wohnungen, obwohl der Senat den Eigentümern sogar erlaubt, 25% des Modernisierungsdarlehens für Instandsetzungen zu verwenden. Somit werden bei zum Teil erheblichen Mietsteigerungen zwar viele Altbauwohnungen mit dem zeitgemäßen Komfort ausgestattet (vor allem Bad, WC und Sammelheizung), doch oft bleiben gleichzeitig defekte Mauern, Dächer, Rohrleitungen, Fenster, Türen usw. bestehen, so daß der Verfall dieser Häuser durch das Modernisierungsprogramm nur bedingt gebremst wird (vgl. die Kritik bei ARENDT, JOCHEM & TROMMER 1977).

Die Modernisierungsmaßnahmen betreffen vor allem die in den jeweiligen Gebieten wohnenden, meist einkommensschwächeren Bevölkerungsgruppen. Solange diese Maßnahmen mit öffentlichen Mitteln gefördert werden, bleibt die Entwicklung der Mieten zumindest begrenzt und kontrollierbar. Mietpreissprünge von nicht selten 100% sind allerdings dort zu verzeichnen, wo privat finanzierte "Luxusmodernisierungen" durchgeführt werden, die mit einem Verdrängungsprozeß der oft alteingesessenen Wohnbevölkerung einhergehen. Auch werden öffentlich finanzierte Maßnahmen der Wohnumfeldverbesserung z.B. in Straßen- und Hofräumen (Verkehrsberuhigung, Begrünung etc.) zum Anlaß für private Mietsteigerungen genommen (Aufwertung der Wohnlage). Dieses sind die wesentlichen widrigen Umstände, mit denen sich die Stadterneuerungspolitik konfrontiert sieht.

Auf der anderen Seite möchte der Senat die finanziellen Verluste aufgrund der Abwanderung einkommensstarker Familien nicht tatenlos hinnehmen. Da bei den Wanderungsmotiven der Wunsch nach einem Eigenheim eine große Rolle spielt (vgl. PROGNOS 1975), werden in den letzten Jahren vermehrt Freiflächen insbesondere in der Äußeren Stadt für eine Eigenheimbebauung freigegeben (vgl. Konzeption 1977, FHH 1978). Hier zeigt sich erneut die untergeordnete Rolle der raumbezogenen Planung: Solange die Nachbargemeinden relativ preisgünstige Bauplätze für flächenextensive, individuelle Wohnbebauung ausweisen, ist Hamburg in der Konkurrenz um die Einkommensteuerzahler benachteiligt. Bevor sich jedoch der Stadtstaat bei diesem Wettstreit aufgrund der größeren Flächenreserven seiner

Nachbarn geschlagen gibt, mobilisiert er entgegen seinen eigenen Ordnungsvorstellungen etliche Freiflächen, woran er allerdings in letzter Zeit durch massiven Protest der Umweltschützer gehindert wird. So werden alte Vorstellungen von einem verdichteten Flachbau wieder aktuell ("Stadthaus") (vgl. RUDHARD 1975), die zudem in Zeiten steigender Bau- und Bodenpreise bei stagnierenden Einkommen der Entwicklung zu kosten- und flächensparendem Bauen entgegenkommen.

4.3 Beschäftigte und Arbeitsstätten

Während der primäre Sektor für die Kernstadt unbedeutend ist (1970:1,1% aller tätigen Personen) und der sekundäre Sektor seit 1960 nicht mehr so hohe Wachstumsraten aufzuweisen hat, tritt die Expansion des tertiären Sektors immer mehr in den Vordergrund. Innerhalb des tertiären Sektors sind es besonders die sonstigen Dienstleistungen, die seit Mitte der 60er Jahre ein überdurchschnittliches Wachstum aufzuweisen haben, während der für Hamburg traditionell starke Bereich Handel und Verkehr sich durchschnittlich entwickelt und ab 1970 sogar rückläufig ist. 1970 ergeben sich für die Kernstadt - gemessen an der Zahl der Beschäftigten - drei fast gleichwertige Bereiche. Danach werden die sonstigen Dienstleistungen zum dominierenden Wirtschaftsbereich - eine Entwicklung, die auch bis 1985 erwartet wird (vgl. BERICHT 1975:43ff) und zumindest 1980 auch noch anhält.

Tabelle 4.6: <u>Beschäftigte in Hamburg nach Wirtschaftsbereichen 1961-1980, in Prozent</u>

	sekundärer Sektor	tertiärer Sektor	
		Handel, Verkehr	sonst. Dienstl.
1961	40,0	33,1	25,6
1970	35,2	33,1	30,6
1974	34,1	29,8	35,3
1980	28,0	31,5	39,5

<u>Quellen</u>: FNP 73:11, WOLLENHAUPT 1975:274, BÖHM 1981:341.

Damit hat Hamburg im Großstädtevergleich der BRD 1970 den größten Anteil im Bereich Handel und Verkehr und für die Großstädte mit über 275.000 Einwohner den geringsten Anteil im sekundären Sektor (vgl. HEUER 1975: 387ff).

Um die fortschreitende Unterindustrialisierung der Kernstadt zu stoppen, weist der FNP 73 gegenüber dem ABP 60 35 qkm gewerbliche Bau- und Hafenflächen mehr aus, nachdem die UK beim Standortfaktor Boden ausdrücklich auf die Engpaßlage in Hamburg - besonders für wachstumsstarke Industriezweige - hingewiesen hat. Hinzu kommen noch 12,5 qkm für den geplanten Industriehafen Neuwerk/Scharhörn in der Nordsee vor der Elbmündung, der im Zusammenhang mit anderen Großprojekten steht, die die Industrialisierung des Unterelberaums zwischen Hamburg und der Elbmündung vorantreiben - vor allem durch die Ansiedlung von Kernkraftwerken und Betrieben der Grundstoffindustrie (vgl. KERN 1973, ÖKOLOGISCHE DARSTELLUNG 1977).

Die Ausweisung der Gewerbe- und Hafenflächen hängt eng zusammen mit den neuen Wohnbauflächen. So sind 20% dieser Flächen dem Projekt Billwerder-Allermöhe zugeordnet, und fast zwei Drittel - nämlich alle Hafenflächen - stehen im Zusammenhang mit den Wohnbauflächen in Hausbruch/Neugraben-Fischbek. Somit haben wir es bei den vorgesehenen Arbeitsstätten auch mit zwei Großprojekten zu tun, die zusammen 84% der Neuausweisungen an Gewerbeflächen ausmachen. Nimmt man die fünf Flächen hinzu, die ebenfalls in den Elbmarschen liegen, so ergibt sich, daß 95% aller gewerblichen Neuausweisungen in diesem traditionellen Hafen- und Industriegebiet liegen (FNP 73).

Durch die Lokalisierung der neuen Gewerbe- und Hafenflächen wird die Ausrichtung der Hamburger Stadtentwicklungsplanung auf den Süden (Bezirk Harburg: 42% aller neuausgewiesenen Wohnbauflächen, 73% der Gewerbe- und Hafenflächen) und den Südosten (Bezirk Bergedorf: 49% bzw. 21%) deutlich (FNP 73). Aufgrund des weitgehenden Scheiterns des Großprojekts im Südosten (vgl. LÜHRING 1982) verschiebt sich das Schwergewicht noch weiter auf das südliche Elbufer.

Insgesamt betrachtet ergeben sich seit 1961 folgende Umstrukturierungen in der Region: Die Kernstadt verliert Arbeitsplätze im sekundären Sektor, während diese im Umland zunächst noch zunehmen. Im tertiären Sektor weist das Umland höhere Gewinne als die Kernstadt auf. Insgesamt handelt es sich um eine Dezentralisierung von Arbeitsplätzen mit Schwerpunkt in der Industrie (vgl.ROHR 1971, HAUSHERR & STEGEN 1977). "Im Umland hatten dabei den höchsten Zuwachs die Gemeinden und Städte an den Achsenwurzeln, wie sich am Beispiel der Industriebeschäftigten zeigt. Ihre Zahl stieg (von 1961 bis 1971, d.V.) in den Achsenwurzeln insgesamt um 10.432 = 192%, in den Achsenendpunkten dagegen um 4.393 = 35%" (SENAT 1975:6). Somit vollzieht sich das Wachstum nicht, wie von Hamburg gewünscht, in erster Linie in den Achsenendpunkten, sondern in der unmittelbar an die Kernstadt angrenzenden Zone.

Innerhalb der Kernstadt bleibt die City als zentrales Arbeitsstättengebiet erhalten. So arbeiten 1970 24,0% (1961 23,6%) aller in der Kernstadt Beschäftigten in der City, also auf weniger als 1% der Fläche Hamburgs. Davon sind 84,8% (1961 84,4%) im tertiären Sektor beschäftigt (SHS 73, 103). Die Tatsache, daß die Citydominanz nicht weiter zunimmt, ist vor allem auf die bereits 1961 erfolgte Ausweisung der City-Nord als alternativer Standort für Wirtschaftsverwaltungen zurückzuführen.

In der City dominiert immer mehr der Einzelhandel mit seinem teilweise hochspezialisierten Angebot am Ort größter Erreichbarkeit für die 2,8 Mio. Einwohner der Region. Es wird hier ebenso wie in den B1- und den in jüngster Zeit ausgebauten B2-Einkaufszentren vorwiegend der aperiodische Bedarf gedeckt, während sich der periodische Bedarf zunehmend im Zusammenhang mit der Suburbanisierung der Bevölkerung auf diejenigen Subzentren richtet, die vom jeweiligen Wohnort aus schneller erreichbar sind (vgl. BAHR & MELDAU 1973; INGESTA 1976; SAS 1978, FHH 1981b).

Während in den 70er Jahren bereits etwa die Hälfte aller Bruttogeschoß-Ladenflächen in den zentralen Standorten liegt (City 1974 17%; B-Zentren 28%; C-Zentren 5%), wird bis 1985 eine weitere räumliche Konzentration des zunehmenden Einzelhandelsangebots auf diese Zentren erwartet. Dabei handelt es sich neben der City vor allem um einige expandierende B2-Zentren (vgl. INGESTA 1976, Tabellenteil:98). Die bis 1985 errechneten Ansiedlungsspielräume für Bruttogeschoß-Ladenflächen in der Kernstadt werden bereits 1981 durch seit 1975 realisierte, genehmigte oder konkrete Projekte mehr als ausgeschöpft (FHH 1981b: 1ff). Insofern sind im Bereich des Einzelhandels bei weiterhin abnehmenden Einwohnerzahlen und stagnierender Einkommensentwicklung deutliche Sättigungstendenzen erkennbar. Verteilung und Entwicklungschancen der Einzelhandelsflächen in den zentralen Standorten zeigt Tabelle 4.7.

Tabelle 4.7: Einzelhandelsflächen

Bereich		Einwohner		Bruttogeschoß – Ladenflächen		
Bezeichnung		1975	1985	Bestand 1975 [qm]	Ansiedlungs- spielraum bis 1985 [qm]	seit 1975 realisierte, genehmigte oder konkrete Projekte [qm]
0	Citynaher Einzugsbereich	135 000	115 000 – 120 000	830 000	15 000 – 40 000	45 000
1	Altona	245 000	210 000 – 225 000	360 000	geringer Spielraum	25 000
2	Eimsbüttel	222 000	195 000 – 210 000	300 000	– 30 000	10 000
3	Eppendorf	135 000	115 000 – 125 000	200 000	geringer Spielraum	5 000
4	Barmbek	300 000	285 000 – 305 000	450 000	– 20 000	20 000
5	Wandsbek	270 000	235 000 – 250 000	310 000	30 000 – 65 000	90 000
6	Bergedorf	200 000	185 000 – 195 000	240 000	25 000 – 40 000	45 000
7	Harburg	210 000	190 000 – 200 000	280 000	40 000 – 65 000	60 000
	Hamburg insgesamt	1 717 000	1 530 000 – 1 630 000	2 970 000	110 000 – 290 000	300 000

Quelle: MELDAU 1984:20

Einhergehend mit einem nicht absehbaren Rückgang der Arbeitslosigkeit sowie der andauernden Wachstumsschwäche der Hamburger Wirtschaft setzt der Senat in jüngster Zeit auf eine verstärkte Förderung des schon traditionell in Hamburg stark vertretenen Mediensektors, nun allerdings unter dem Vorzeichen neuer Medien bzw. Technologien. So soll nach dem technologischen Vorsprung süddeutscher Städte zumindest für den norddeutschen Raum ein prägendes Zentrum mit einem entsprechenden Gegengewicht geschaffen werden. In diesem Zusammenhang ist auch die Gründung der Technischen Universität in Hamburg-Harburg mit einer Schwerpunktsetzung im Bereich der Umwelttechnologie (z.B. Entsorgung und Recycling) zu sehen. Da mit den allgemeinen ökonomischen Rezessionstendenzen seit etwa Mitte der 70er Jahre auch die Nachfrage nach Gewerbe- und Industrieflächen zurückgeht, gewinnt die Bestandspflege für die Stadt zunehmend an Bedeutung (vgl. ZIRWES 1983a). Mit der Werftenkrise, stagnierenden Umschlagszahlen im Hafen und zunehmendem Umweltbewußtsein werden die ehrgeizigen Hafenerweiterungspläne des FNP 73 schrittweise zurückgenommen. Allerdings wird der dörflich geprägte Stadtteil Altenwerder bereits weitgehend für die Hafenerweiterung in Anspruch genommen (vgl. FHH 1982g, RALOFF 1982).

4.4 Infrastruktur

Verkehr. Die Anzahl der jährlich im ÖPNV beförderten Personen weist im Gegensatz zum Kfz-Bestand weder einen eindeutigen Trend noch größere jährliche Veränderungsraten auf. So nimmt sie zwischen 1956 und 1966 um 17,8% ab, um dann wieder um 10,1% bis 1972 anzusteigen. Nach zwischenzeitlichem Rückgang ist in den letzten Jahren wiederum eine Steigerung zu verzeichnen, wodurch der Stand der frühen 60er Jahre fast wieder erreicht wird. Bezieht man die Beförderungsfälle auf die Einwohnerzahl, so ist das hohe Niveau von 1950 wieder erreicht. Derweil weist der Kfz-Bestand bis in die frühen 60er Jahre jährliche Steigerungsraten von über 10% auf. Danach setzt sich die Motorisierung mit geringen Steigerungsraten kontinuierlich fort.

Da z.B. die Anzahl der Pendler ständig zunimmt - so pendeln 1961 85% der Erwerbspersonen und 1970 88% der Erwerbstätigen über die Ortsteilgrenzen innerhalb Hamburgs (GERHARDT 1975:51) -, die öffentlichen Nahverkehrsmittel aber erst seit 1966 wieder stärker benutzt werden, ergeben sich prekäre Verkehrsprobleme vor allem in der City und in citynahen Bereichen. Der Anteil der Pkw-Benutzer an den innerstädtischen Berufspendlern steigt von 1956 (7,1%) bis 1970 (35,7%) um über 400% (UGVP 1976, Bd.1: 179), ohne daß in größerem Ausmaß neue Straßen gebaut werden. Dadurch ergibt sich eine starke Überlastung des Straßennetzes vor allem zu den Hauptverkehrszeiten (vgl. HAACK 1981).

Dem Senat stehen kaum Instrumente zur Verfügung, die individuelle Motorisierung zu bremsen. So geht er von einem gemischten Konzept aus, das be-

Tabelle 4.8: <u>Verkehr in Hamburg, 1938-1982</u>

	ÖPNV-Beförderte (in 1.000)	davon (%): Schnellb.	Busse	Beförderungsfälle je E	Kfz	Kfz auf 1.000 E
1938	377.044	47,1	4,0	223	82.080	48
1950	614.690	45,5	5,4	388	59.244	38
1956	665.439	44,6	10,4	378	155.946	88
1961	637.322	47,1	20,0	346	265.771	145
1966	546.972	51,2	27,3	296	402.174	217
1972	602.456	55,0	34,4	341	524.648	294
1977	581.152	53,3	42,5	346	574.935	338
1978	590.247	53,1	43,9	355	592.834	353
1979	601.172	53,4	45,1	364	620.087	373
1980	602.905	54,0	44,5	366	629.083	381
1981	622.524	54,5	44,1	380	634.900	388
1982	619.774	54,9	43,9	382	639.800	394

<u>Quellen</u>: SHS 108, SJB 1981, ST 1983

sagt, "daß der Einsatz der verschiedenen Schienen- und Straßenverkehrsmittel möglichst jeweils dort gefördert und erleichtert werden soll, wo diese Verkehrsmittel ihre besonderen Vorteile entfalten können" (FNP 73: 36; vgl. LEITLINIEN 1970:27ff). Zu diesem Zweck wird der Wirkungsraum des 1965 gegründeten Hamburger Verkehrsverbundes (HVV), der etwa der Region entspricht, im wesentlichen in zwei Zonen eingeteilt:

- Innere Zone (entspricht etwa der Inneren Stadt): Hier werden Schnellbahnen bevorzugt, wobei das Planungsziel darin besteht, daß von jedem Standort eine Haltestelle innerhalb von fünf Minuten Fußweg erreichbar ist. Der Pkw-Berufsverkehr soll durch weiteren Ausbau von Schnellbahnen, Stopp des Straßenbaus und ein bewußt klein gehaltenes Angebot an Parkplätzen von dieser dichtbebauten Zone ferngehalten werden. Es sind vor allem mangelnde Dauerparkmöglichkeiten in Arbeitsplatznähe, die den Individualverkehr zwischen Wohnung und Arbeitsplatz beschränken (vgl. UGVP 1976, Bd. 1:561). Die vorhandenen Straßen sollen dem reibungslosen Ablauf des zunehmenden Wirtschaftsverkehrs sowie den Anwohnern dienen.

- Äußere Zone (entspricht etwa der äußeren Stadt plus Umland): Hier wird dem Individualverkehr die größere Bedeutung beigemessen. Die radial verlaufenden Schnellbahnlinien bedienen lediglich die dichter besiedelten Achsenräume und werden durch Omnibus-Zubringer ergänzt (vgl. KRÜGER, RATHMANN & UTECH 1972). Die City soll auch von den Endstationen im Umland (Achsenendpunkte) in maximal 45 Minuten Fahrzeit erreichbar sein. Um die in der äußeren Zone wohnenden Autofahrer davon abzuhalten, ihren Arbeitsplatz, der in der Mehrzahl der Fälle in der Inneren Stadt liegt, mit dem Auto anzusteuern, sollen ihnen in einer Übergangszone ausreichende Parkplätze an Schnellbahnhaltestellen zur Verfügung gestellt werden. Es handelt sich also um ein Konzept mit "gebrochenem Verkehr", das vor allem mittels Park-and-ride-Plätzen verwirklicht werden soll. Hiervon bestehen 1972 5.498 Stellplätze an 39 Stationen (UGVP 1976, Bd. 1:282).

Das Hamburger Verkehrskonzept für den Berufsverkehr basiert somit auf dem weiter auszubauenden Schnellbahnsystem und weist Bussen sowie privaten Pkw vor allem Zubringerdienste in der äußeren Zone zu. Sämtliche Straßenbahnlinien werden eingestellt. 1973 sind noch sieben Linien im Verkehr gewesen, und 1950 lag der Anteil der Straßenbahnen an den ÖPNV-Beförderten mit 46% über dem der Schnellbahnen (SHS 108:51). Es sind in erster Linie Busse, die den Dienst der Straßenbahnen übernehmen. So liegt ihr Anteil an den ÖPNV-Beförderten 1982 bei 44%, während er 1950 noch bei 5% lag.

Das Verkehrsaufkommen in den Teilgebieten der äußeren Zone nimmt ständig zu. Es handelt sich hauptsächlich um Wirtschaftsverkehr, der sich auf die dort gelegene Industrie richtet, und um Privatverkehr (Einkauf, Freizeit). Dem stehen kaum die entsprechenden öffentlichen Verkehrsmittel zur Verfügung. Ein Ausbau in diesem Bereich würde unter den gegebenen ökonomischen Bedingungen die Finanzierung des Schnellbahnkonzeptes zumindest in der inneren Zone unmöglich machen - doch dieses besitzt Priorität. Außerdem dürfte es zum einen kaum möglich sein, die Vorrangstellung des Pkw für die Fahrtzwecke "Besuch" und "Naherholung" rückgängig zu machen, zumal dann nicht, wenn er über die Hälfte aller Haushalte einen Pkw besitzt. Der Privatverkehr hat bereits einen Anteil von 28% am Individualverkehr zwischen 6 und 19 Uhr (TEICHGRÄBER 1975:7). Zum anderen dürfte es nicht gelingen, den Kfz-Wirtschaftsverkehr auf öffentliche Verkehrsmittel zu verlagern; er macht über 40% des Individualverkehrs am Tage aus (ebd.). Hinzu kämen auch Pressionen der Automobilindustrie.

Um dieser steigenden Verkehrsnachfrage zu entsprechen, sollen Ring- und Tangentialstraßen außerhalb der von Autos freizuhaltenden inneren Zone zur Verfügung gestellt werden. So ist z.B. die Autobahn Flensburg/Kiel (BAB A7) durch den Bau des Teiltücks "Westliche Umgehung Hamburg" mit dem dazugehörigen Elbtunnel an das südliche Autobahnnetz angeschlossen worden. Diese Maßnahme ist im Zusammenhang mit dem Bau der Köhlbrandbrücke für die Hamburger Stadtentwicklung von besonderer Bedeutung, da sie eine bessere Erschließung des südlichen Entwicklungsschwerpunktes ermöglicht. Hierzu gehört auch die 1983 freigegebene Autobahn-Eckverbindung von der BAB A7 zur Autobahn nach Bremen (BAB A1) in Verbindung mit der Verbreiterung der BAB A7 auf sechs Spuren im Bereich der Harburger Berge sowie die zusätzlich im Süderelbebereich vorgesehene Anschlußstelle Moorburg der BAB A7.

Der Bau von neuen autobahnähnlichen Straßen in der Inneren Stadt oder an ihrem Rand ist vor allem wegen der unvermeidlichen Durchschneidung dichtbebauter Wohngebiete problematisch. Außerdem organisieren sich die Bewohner dieser Gebiete in Bürgerinitiativen gegen den Bau solcher "Stadtautobahnen". So baut die Straßenplanung in jüngster Zeit stärker auf dem vorhandenen Straßennetz auf und schafft z.B. durch Verbreiterungen, Begradigungen, verkehrsabhängige Signalsteuerung usw. leistungsfähige "Ringe". Es existiert jeweils ein Ring am Rand der City, am Rand der Inneren Stadt und in der Äußeren Stadt.

Freiflächen. Durch die Zunahme der bebauten Flächen sowie der Verkehrsflächen wird der Anteil der Freiflächen immer geringer. Der dennoch für Großstädte vergleichsweise hohe Freiflächenanteil in Hamburg ist dadurch zu erklären, daß hierin auch land- und forstwirtschaftlich genutzte Flächen enthalten sind. Diese haben 1973 im Bezirk Bergedorf noch einen Anteil von 61% (einschl. der Grünflächen) und im Bezirk Harburg von 41% an der Gesamtfläche (FNP 73, Anhang). Allerdings droht ihre Verringerung durch die umfangreichen Hafenerweiterungsmaßnahmen (z.B. in Altenwerder) ebenso wie durch die Ausweisung weiterer Wohnbauflächen in der Äußeren Stadt. So weist der FNP 73 gegenüber dem ABP 60 schon 38,1 qkm weniger Freiflächen aus, wodurch die Kernstadtbevölkerung immer stärker auf die Naherholungsgebiete im Umland orientiert wird.

4.5 Zusammenfassung: Stadtentwicklung

Hamburgs Wachstum und Stadtentwicklung ist von Beginn an bestimmt durch den Handel und den Status als Stadtstaat. Im 19. Jahrhundert füllt sich der historische Stadtkern noch bis 1875 (Altstadt) bzw. 1890 (Neustadt) auf; die Vorstädte verzeichnen noch bis 1900 bzw. 1910 ein Bevölkerungswachstum auf gleichbleibender Fläche. Dennoch läßt sich seit Mitte des 19. Jahrhunderts ein der Suburbanisierung vergleichbarer Prozeß nachweisen.

Es sind zunächst die wohlhabenden Bevölkerungsgruppen (Kaufleute), die dem hochverdichteten historischen Stadtkern nach dem Brand von 1842 den Rücken kehren, indem sie die Nutzungseinheit von Arbeiten und Wohnen in ihrem Kaufmannshaus (Wohnung, Speicher, Kontor) aufgeben. Sie können es sich leisten, ihren Land- oder Sommersitz in landschaftlich reizvoller Lage vor den Toren der Stadt (der späteren "gold coast" an der Alster) zum ständigen Wohnsitz zu machen und somit nur ihren Arbeitsplatz in der Stadt zurückzulassen. Eine spezifische Arbeitsteilung, nämlich die Trennung der Bürotätigkeiten (Verwaltung) von der Warenlagerung, führt zur Konzentration der Geschäftstätigkeit in den Kontorhäusern, die in unmittelbarer Nähe des Hafens und der Börse, aber doch getrennt von den Speichern entstehen.

Hinzu kommen das rasante Bevölkerungswachstum sowie die umfangreichen Eingemeindungen von 1894, was u.a. zur Ausdehnung der öffentlichen Dienste und zur Erstellung von Kultur- und Wissenschaftsbauten in der Millionenstadt führt. Die Lokalisierung dieser Einrichtungen im Bereich des Wallrings führt im Zusammenhang mit einer weiteren Arbeitsteilung (Entstehung des Dienstleistungsbereichs) und der Herausbildung eines Verkehrsknotenpunkts (Hauptbahnhof 1906) zur Bildung der City.

Gleichzeitig hat sich die Dispersion der Bevölkerung nach Aufhebung der Torsperre 1861 und dem Ausbau der Transportmittel (1866 erste Straßenbahn) auf die Arbeiter ausgeweitet, die u.a. durch innerstädtische Sanierungen vertrieben werden. Vor allem der Mietwohnungsbau ab 1890 führt in Verbindung mit der Schnellbahnerschließung ab 1906 zur weiteren Ausdehnung der besiedelten Stadtfläche und schafft Wohnmöglichkeiten für Zuwanderer und die aus der City verdrängte Bevölkerung.

Die Topographie des Hamburger Raums hat zu einer relativ starken räumlichen Trennung des Arbeitsgebiets südlich entlang der Elbe von dem Wohngebiet nördlich der Elbe geführt. Die bis 1937 gültigen politischen Grenzen haben in der Besiedlungsweise dieses überwiegend durch Wohnen genutzten Gebiets eine polyzentrische Struktur entstehen lassen. Diese historisch gewachsene Siedlungsstruktur mit einzelnen Versorgungsschwerpunkten außerhalb der Hamburger City hat sich trotz weitgehender Zerstörung der Stadt während des Zweiten Weltkriegs erhalten und verstärkt.

Die planerischen Versuche, die Dispersion und die damit einhergehende konzentrische Expansion der städtisch besiedelten Fläche durch die Konzentration der Wohnnutzung und der Infrastruktureinrichtungen entlang der strahlenförmig ins Umland führenden Hauptverkehrswege zu strukturieren, sind - trotz fast sechzigjähriger Bemühungen - relativ erfolglos geblieben.

Auch eine kleinräumige Betrachtung auf der Ebene der Stadtteile bestätigt einen hohen Grad an Persistenz der seit der Jahrhundertwende sich abzeichnenden Nutzungsstrukturen. Diese hält auch unter veränderten Bedingungen, wie stagnierende und schließlich rückläufige Einwohnerzahl der Kernstadt, an.

So lassen sich z.B. für die bereits bebauten cityangrenzenden Gebiete vergleichbare Entwicklungen trotz z.T. unterschiedlicher Voraussetzungen beobachten: Die ehemaligen Vorstädte St. Georg und St. Pauli sind stark gemischte Gebiete mit einem hohen Anteil an Beherbergungs- und Unterhaltungsgewerbe; demgegenüber weist Rotherbaum mit seiner Villenbebauung noch eine relativ homogene Sozialstruktur auf. Die Unterwanderung durch Citynutzungen trifft allerdings die Gebiete beiderseits der Alster (Rotherbaum und St. Georg) gleich stark. Außerdem sind in diesen Stadtteilen die Ausbildungsinstitutionen mit überregionalem Einzugsbereich (Fach- und Hochschulen) konzentriert.

Untersuchungen der Verteilung der Bevölkerung nach ihrem sozioökonomischen Status, die für Hamburg seit 1939 vorliegen, zeigen ebenfalls nur sehr langsame Änderungen der Struktur. Dies gilt vor allem für die Wohngebiete der höheren Einkommensgruppen, zumal dann, wenn sie in landschaftlich schöner Lage wie im Alstertal und auf dem nördlichen Geestrücken entlang der Elbe im Westen der Stadt gelegen sind. Die älteren hafennahen Arbeitergebiete werden im Zuge der Umnutzung in Verkehrs- und Arbeitsstättenflächen reduziert. Hier finden sich heute vor allem die Wohnstandorte der ausländischen Arbeitnehmer.

Die im ausgehenden 19. Jahrhundert entstandenen Arbeiterwohngebiete der Inneren Stadt wie Eimsbüttel und Barmbek weisen noch heute einen hohen Anteil Angehöriger unterer Einkommensschichten und älterer, minderwertiger Bausubstanz auf. Gleichzeitig findet jedoch in jüngster Zeit durch die verstärkte Modernisierung und die Ausweitung der öffentlichen Verkehrsmittel, hier vor allem der Buslinien, sowie die Errichtung zahlreicher Neubausiedlungen in der Äußeren Stadt eine gewisse Umsiedlung dieser Bevölkerungsgruppe statt.

Aufgrund der bis 1964 zunehmenden Bevölkerungszahl, der mit steigendem Wohlstand zunehmenden Ansprüche an die Wohnfläche und die Wohnumgebung sowie einer steigenden individuellen Motorisierung verstärkt sich die Zersiedlung der Region. Es sind vor allem Familien in der Gründungsphase, Angehörige der mittleren und höheren Einkommensgruppen, die dem dichtbebauten Siedlungsgebiet den Rücken kehren. Nach der Phase des Großsiedlungsbaus fallen auch in Stagnationszeiten der Gewerbeansiedlungs- und der Eigenheimpolitik Freiflächen in den Achsenzwischenräumen zum Opfer, so daß eine Verwirklichung des Achsenkonzepts immer schwieriger und für die Kernstadt nahezu unmöglich wird.

Zusammenfassend kann davon ausgegangen werden, daß die Suburbanisierung im Hamburger Raum ein seit Mitte des vorigen Jahrhunderts andauernder Prozeß ist, der die Struktur Hamburgs als eines Zentrums mit überörtlichen Funktionen bestimmt. Die damit verbundene Reorganisation der städtischen Teilgebiete unterliegt dabei nicht allein ökonomischen Bestimmungsfaktoren im Sinne einer privatwirtschaftlichen Gewinnmaximierung, sondern auch traditionellen Mustern und zu einem vergleichsweise geringen Teil dem Gestaltungswillen der Stadtplanung. Inwieweit sich letzterer in rezessiven Zeiten stärkere Geltung bei der angestrebten "inneren Entwicklung" verschaffen kann, wird sich in den nächsten Jahren erweisen.

LITERATURVERZEICHNIS

ABKÜRZUNGEN:

BGBl.	Bundesgesetzblatt
HGVBl.	Hamburgisches Gesetz- und Verordnungsblatt
HI	Hamburg Information
HiZ	Hamburg in Zahlen. Monatsschrift des Statist. Landesamtes
RGBl.	Reichsgesetzblatt

a) Statistische Quellen

STATISTISCHES LANDESAMT DER FREIEN UND HANSESTADT HAMBURG (Hg.):

- HVW (Aus Hamburgs Verwaltung und Wirtschaft) 1941, Sondernummer 6.

- SHS (Statistik des Hamburgischen Staates), Hefte 30ff.

- ST (Statistisches Taschenbuch) 1975ff.

- StB (Statistische Berichte).

- SJB (Statistisches Jahrbuch) 1925ff.

DEUTSCHER STÄDTETAG (Hg.): SJBDG (Statistisches Jahrbuch Deutscher Gemeinden) 1978ff.

b) Sonstige Literatur

ABP 50 (Gesetz über den Aufbauplan der Hansestadt Hamburg vom 20. Juli 1950), HGVBl.I:151.

ABP 60 (Gesetz über den Aufbauplan der Freien und Hansestadt Hamburg vom 16. Dezember 1960), HGVBl. I:463.

AIV (Architekten- und Ingenieurverein Hamburg e.V. und Hamburgische Gesellschaft zur Beförderung der Künste und nützlichen Gewerbe Patriotische Gesellschaft von 1785) (Hg.) 1984: Hamburg und seine Bauten 1969-1984. Hamburg.

AKADEMIE (Akademie für Raumforschung und Landesplanung) (Hg.), 1968: Die Gliederung des Stadtgebietes. Hannover.

AKADEMIE (Hg.), 1970: Handwörterbuch der Raumforschung und Raumordnung. Hannover. 2. Auflage.

AKADEMIE (Deutsche Akademie für Städtebau und Landesplanung, Landesgruppe Hamburg und Schleswig-Holstein) (Hg.), 1977: Städtebauliche Konzepte als Entwicklungsrahmen. Fallstudien aus Hamburg, Kiel und Bad Segeberg. Hamburg.

AKADEMIE (Akademie für Raumforschung und Landesplanung) 1978: Beiträge zur Suburbanisierung. 2. Teil. Hannover.

ALONSO, W., 1970: The Economics of Consumption, Daily Life, and Urban Form. Working Paper No 139. University of California. Berkeley.

ARCHITEKTEN- UND INGENIEURVEREIN ZU HAMBURG (Hg.): Hamburg und seine Bauten, Jg. 1890, 1914 (Bd. 1, Bd. 2), 1918-1929, 1929-1953, 1954-1968. Hamburg.

ARENDT, M., JOCHEM, E., & TROMMER, G., 1977: Fallstudie zur öffentlich geförderten Wohnungsmodernisierung in Hamburg. Analyse der Entwicklung seit 1974 und der möglichen Auswirkungen auf das Mietpreisgefüge und die Sozialstruktur. Diplomarbeit an der Hochschule für bildende Künste, FB Architektur. Hamburg.

ASTENGO, G., 1962: Hamburg, plan 60. Sonderabdruck aus: Urbanistica, H.36/37.

AUN (Arbeitsgemeinschaft Umweltplanung Niederelbe) 1973: Die Industrialisierung der Niederelberegion - Planung und Fehlplanung. Bonn.

AUN 1981: Die ökologisch-ökonomische Konfliktsituation im Unterelberaum. Lösungsvorschläge der AUN an die Umweltministerkonferenz. Hamburg. Unveröff. Manuskript.

BACH, H.J., 1977: Zur Messung der Wohnqualität von Stadtteilen. HiZ, H.1, 5-10.

BACK, S., PAHL, E., & RABENSCHLAG, A., 1977: Wohnungsbau, Wohnungsversorgung und Wohnungspolitik im 3. Reich in Hamburg. Hamburg: Diplomarbeit an der Hochschule für bildende Künste, FB Architektur.

BAEDEKER's HAMBURG UND DIE NIEDERELBE (1951) 1962, Freiburg.

BAHR, G., 1976: Die landesplanerische Zusammenarbeit mit den Nachbarländern. Deutscher Planungsatlas, Bd. VII. Hamburg. Hannover.

BAHR, G., & MELDAU, H.-J., 1973: Zentrale Standorte - Flächen des Einzelhandels. Deutscher Planungsatlas. Bd. VIII. Hamburg. Hannover.

BAHR, G., & MÖLLER, H., 1970: Hamburg. AKADEMIE 1970, Sp. 1147.

BAUMANN, F., 1919: Die Bevölkerung Hamburgs. Hamburg.

BAUMGARTEN, W., 1930: Baugenossenschaften. Jena.

BBauG (Bundesbaugesetz) vom 23.6.1960. BGBl. 1, 341.

BECKMANN, P., 1982: Verkehrspolitik in Hamburg - Planungshintergründe am Beispiel der "Untersuchungen zum Generalverkehrsplan - Region Hamburg". Diplomarbeit im Fach Politologie. Universität Hamburg.

BEHN, O., 1983: Passagen in der Hamburger City. Eine empirische Untersuchung ihrer Benutzer. Institut für Soziologie. Hamburg.

BERICHT (Bericht an die Bürgerschaft, erstattet von der Enquete-Kommission gemäß § 79 a der Geschäftsordnung der Hamburgischen Bürgerschaft zur Analyse der gegenwärtigen und zukünftigen wirtschaftlichen Lage und Bevölkerungsstruktur Hamburgs), 1975. Bürgerschaftsdrucksache

8/681 vom 30.4.1975. Hamburg.

BERICHT (Bericht der Baubehörde über die Einwohnerbefragung der "Hamburg Bau ´78") 1980: Das Wohnen im großstadttypischen Einfamilienhaus findet ein überwiegend positives Echo. Berichte und Dokumente aus der Freien und Hansestadt Hamburg, Nr. 623 vom 29.10.1980. Hamburg.

BÖHM, E., 1981: Beschäftigte und Erwerbstätige in Hamburg. HiZ, H.12, 340-345.

BONACKER, M., 1979: Soziale Beziehungen in einem Slum-Gebiet. Eine Studie über Ausländer in Hamburg-Wilhelmsburg. Diplomarbeit im Fach Soziologie, Universität Hamburg.

BOUSTEDT, O., 1967: Siedlung und Wirtschaft im Raum Hamburg und Umland. Eine ökologische Studie HiZ, Sonderheft 1.

BOUSTEDT, O., 1968: Analyse und Gliederung des Stadtgebietes nach sozioökonomischen Merkmalen. In: AKADEMIE.

BOUSTEDT, O., 1970a: Stadtregionen. HRR, Sp. 3207.

BOUSTEDT, O., 1973: Die bauliche und soziographische Struktur der großen Neubaugebiete in Hamburg. HiZ, H.9, 293-303.

BRAUN, P., 1968: Die sozialräumliche Gliederung Hamburgs. Göttingen.

BRAUN, P., SOLTAU, D., 1976: Sozialräumliche Gliederung des Hamburger Raumes. Deutscher Planungsatlas, Bd. VIII. Hamburg. Hannover.

BREMER, D., FUHRIG, M., PFADT, A., REINIG, J., SACHS, M., & STAEMMLER, G., 1981: Hamburger Stadterneuerungspolitik - eine kritische Analyse. Deutsches Architektenblatt, H. 12, HS 205-208.

BREUER, H., 1970: Wohnungswesen. HRR, Sp. 3822.

BUCH, D., u.a., 1975: Struktur und Tendenzen der Wanderungen in und um Hamburg. HiZ, H.3, 67-76.

BÜRSTENBINDER, M., 1926: Bauordnung für die Stadt Hamburg vom 19. Juli 1918 mit den bisherigen Ergänzungen und Änderungen und den im Zusammenhang mit der Bauordnung stehenden Gesetzen und Verordnungen. Hamburg.

BÜTTNER., U., 1982: Hamburg in der Staats- und Wirtschaftskrise 1928-1931. Hamburg.

BUFF, R., 1982: Der neue Anfang für ein fast aufgegebenes Stadtentwicklungsprojekt. Allermöhe in der Billwerder Marsch. Stadt, H.9, 44-49.

BUSSE, C.-H., 1972: Strukturwandel in den citynahen Hamburger Wohngebieten Rotherbaum und Harvestehude. Blätter zur deutschen Landeskunde 46, 171-198.

BUSSE, C.-H., 1976: Stadtteilentwicklungsplanung in Hamburg. Stadtbauwelt 50, 99-102.

BUSSE, C.-H., 1977: Handlungskonzepte zur stadtteilentwicklung. Berichte und Dokumente aus der Freien und Hansestadt Hamburg. Nr. 498. Hamburg.

CLASEN, J., 1914: Statistische Zusammenstellungen über Bevölkerungsstand, Wohnungsverhältnisse und Gesundheitsverhältnisse. In: Hamburg und seine Bauten 1914, 23-26. Hamburg.

CLASEN, J., 1914a: Baugesetzgebung. In: Hamburg und seine Bauten 1914, 87-93. Hamburg.

CLASSEN, J., OLSHAUSEN, H., 1909: Baupolizeigesetz der Stadt Hamburg vom 23. Juni 1882. Hamburg.

DANGSCHAT, J., 1978: Messung sozialer Benachteiligung in städtischen Teilgebieten über Soziale Indikatoren. Hamburg: Diplomarbeit im Fach Soziologie.

DANGSCHAT, J., DROTH, W., FRIEDRICHS, J., KIEHL, K., 1982: Aktionsräume von Stadtbewohnern. Eine empirische Untersuchung in der Region Hamburg. Opladen.

DASL (Deutsche Akademie für Städtebau und Landesplanung, Landesgruppe Hamburg und Schleswig-Holstein) 1979: Gesprächsabende zur Stadtentwicklung in Hamburg. Hamburg.

DENKSCHRIFT DES HAMBURGER SENATS zur Groß-Hamburg-Frage 1921. Hamburg.

DREIER, G., 1973: Die City Nord in Hamburg. Ein Erfahrungsbericht. Stadtbauwelt 38, 133-136.

DROEGE, G., 1972: Deutsche Wirtschafts- und Sozialgeschichte. Frankfurt.

EBERT, K.-D., 1981: Die Hamburger City und ihre Passagen. NEUE HEIMAT MONATSHEFTE, H.9, 60-69.

ECKEY, H.F., 1978: Das Suburbanisierungsphänomen in Hamburg und seinem Umland. In: AKADEMIE.

EM 69 (Das Entwicklungsmodell für Hamburg und sein Umland), 1969. Hamburg.

EPLINIUS, I.; BUNZEL, G., 1981: Modernisierung in Hamburg. Neue Heimat Monatshefte, H.9, 12-21 und 70-75.

EVERSLEY, D., 1976: The Flight from the Inner City: Measurement of the Social and Economic Consequences. Vortrag auf dem X. Treffen der International Association for Regional and Urban Statistics. Hamburg.

FAULWASSER, J., 1892: Der große Brand und der Wiederaufbau von Hamburg. Hamburg.

FHH (Freie und Hansestadt Hamburg) 1977: Neugestaltung des Rathausmarktes. Hamburg: Baubehörde.

FHH 1978: Städtebauliche Dokumentation Hamburg Bau'78. Hamburg: Baubehörde.

FHH 1980: Der Bürger plant mit. Erläuterungen zum Bebauungsplanverfahren. Hamburg: Baubehörde.

FHH 1980a: Umweltpolitisches Konzept für Hamburg. Hamburg: Staatliche Pressestelle.

FHH 1980b: Stadtentwicklungskonzept. Hamburg: Senatskanzlei, Planungsstab.

FHH 1980c: Verkehrsberuhigung als Bestandteil der Stadtentwicklungsplanung. Bericht der Baubehörde Hamburg. Staatliche Pressestelle, Berichte und Dokumente aus der Freien und Hansestadt Hamburg, Nr. 608, 23.1.1980.

FHH 1981: Ordnungsplan Zentrale Standorte - Flächen des Einzelhandels. Fortschreibung 1977/1981. Erläuterungsbericht. Hamburg: Landesplanungsamt.

FHH 1982: Entwicklung der Verkehrsinfrastruktur in Hamburg. Berichte und Dokumente aus der Freien und Hansestadt Hamburg, Nr. 675 vom 14.5.1982. Hamburg.

FHH 1982a: Ausländerpolitik in Hamburg. Berichte und Dokumente aus der Freien und Hansestadt Hamburg, Nr. 676 vom 19.5.1982. Hamburg.

FHH 1982b: Dichtemodell 1980. Hamburg: Landesplanungsamt.

FHH 1982c: Forstlicher Rahmenplan - Waldfunktionen in Hamburg. Erläuterungen zur Karte der Waldfunktionen in Hamburg. Hamburg: Landesforstverwaltung.

FHH 1982d: Altenwerder. Hamburg: Bezirksamt Harburg und Denkmalschutzamt.

FHH 1983: Die Harburger S-Bahn. Hamburg: Baubehörde.

FNP 73 (Flächennutzungsplan der Freien und Hansestadt Hamburg mit Erläuterungsbericht), 1973. Hamburg.

FRIEDRICHS, J., 1977: Stadtanalyse. Soziale und räumliche Organisation der Gesellschaft. Reinbek. 3. A. Opladen 1983.

FRIEDRICHS, J., 1978: Suburbanisierung in der Region Hamburg. (Unveröff. Ms.).

FRIEDRICHS, J., 1978a: Stadtentwicklungen in kapitalistischen und sozialistischen Ländern. Reinbek.

FRIEDRICHS, J., (Hg.) 1982: Spatial Disparities and Social Behaviour. A Reader in Urban Research. Hamburg.

FRIEDRICHS, J., 1982a: Socio-Spatial Differentiation in Hamburg. In: FRIEDRICHS 1982.

FRIEDRICHS, J.; GROSSMANN-HENSEL, B., 1982: Suburbanisation in the Hamburg Region. In: FRIEDRICHS 1982.

GAEDECHENS, C.F., 1880: Historische Topographie der Freien und Hansestadt Hamburg und ihrer nächsten Umgebung von der Entstehung bis zur

Gegenwart. Hamburg.

GBP 40/41 (Generalbebauungsplan - Erläuterungsbericht 1940 und Plan 1941). Staatsarchiv. Hamburg.

GBP 44 (Erste Skizze zum Generalbebauungsplan - Erläuterungsbericht und Plan 1944), Staatsarchiv. Hamburg.

GBP 47 (Skizzen zum Generalbebauungsplan 1947), 1948. Hamburg.

GERHARDT, J., 1973: Regionaldatei. Konzeption und Anwendungsmöglichkeiten der Datenbank für Hamburg und das Hamburger Umland. HiZ, H.2, 49-55.

GERHARDT, J., 1975: Die Pendelbewegung in der Region Hamburg/Umland (IV). Die Hamburgischen Binnenpendler. HiZ, H.2, 46-51.

GERHARDT, J., 1977: Weniger Ausländer in Hamburg 1976. HiZ, H.11, 245-248.

GERHARDT, J., 1982: Bevölkerungsstand und -bewegung in den Großstadtregionen 1981. HiZ, H.12, 394-399.

GERHARDT, J., 1983: Ausländer in Hamburg 1982. HiZ, H. 10, 293-295.

GERHARDT, J., 1983a: Bautätigkeit in ausgewählten Großstadtregionen 1981 und 1982. HiZ, H. 10, 298-303.

GERO, P.; KOSSAK, E., 1982: Pläne für Hamburg. Phasen der Stadtentwicklung zwischen 1840 und 1970. STADT, H.9, 7-11 und 56.

GESETZ ZUR FÖRDERUNG DER STABILITÄT UND DES WACHSTUMS DER WIRTSCHAFT 1967. BGBl.I, S. 582.

GESETZ ZUR NEUORDNUNG DER GEMEINDEFINANZEN 1969. BGBl.I, S. 1567.

GESETZ ZUR ERHALTUNG UND PFLEGE VON WOHNRAUM 1982. HGVBl., Teil I, Nr. 10 vom 12.3.1982, 47-51.

GEWOS 1982: Auswirkungen des Verkehrswegebaus auf die Wanderungsbewegungen zwischen Hamburg und dem Umland. Dargestellt am Beispiel der A7. Hamburg: Unveröff. Forschungsbericht.

GIBBINS, O.,; BRANDT, T.-M., 1981: Am Hafen wohnen müssen ... Das Hamburger Pilotprojekt für die Erneuerung der Arbeiterwohnstadt Veddel. Neue Heimat Monatshefte, H. 10, 54-59.

GÖDERITZ, J. (Hg.), 1950: Fritz Schumacher - sein Schaffen als Städtebauer und Landesplaner. Tübingen.

GÖDERITZ, J.; RAINER, R.; HOFFMANN, H., 1957: Die gegliederte und aufgelockerte Stadt. Tübingen.

GROSSMANN-HENSEL, B., 1980: Stadt-Umland-Wanderung als Folge des innerregionalen Angebots an Wohnraum? Hamburg: Diplomarbeit im Fach Soziologie.

GRÜTTNER, M., 1976: Wem die Stadt gehört. Stadtplanung und Stadtentwicklung in Hamburg 1965-1975. Hamburg

GÜNZEL, R., 1972: Freizeitzentren. Teil einer Hamburger Freiflächenkonzeption. Stadtbauwelt 34, 114-117.

HAACK, A., 1981: Die Trennung von Arbeiten und Wohnen. Eine Analyse der Berufspendlerströme in Hamburg 1939 bis 1970. Hamburg.

HAACK, A.,; JACOBS, B., 1977: Hamburg-St. Georg: Strukturanalyse und Strukturplanung eines citynahen Gebiets, Hamburg: Projektarbeit an der Hochschule für bildende Künste, FB Architektur.

HAACK, A.; ZIRWES, M., 1978: Hamburg. In: FRIEDRICHS 1978a.

HAARMANN, W., 1968: Die Hamburg-Rand-Planung aus der Sicht der schleswig-holsteinischen Kreise. Neumünster.

HAMBURGER JOURNAL 10 (1962), H.5.

HAMBURGISCHES PROGRAMM ZUR WOHNUNGSMODERNISIERUNG, 1973: Bürgerschaftsdrucksache VII/3176 vom 4.9.1973. Hamburg.

HANSESTADT HAMBURG, 1949: Hamburgs Bautätigkeit 1948/49. In: Schriften zum Bau-, Wohnungs- und Siedlungswesen Ausgabe 1, Juni 1949.

HAUSHERR, J.-U., 1982: Handwerk in Hamburg seit 1976. HiZ, H.1, 4-10.

HAUSHERR, J.-U.; STEGEN, H.E., 1977: Standortverlagerungen Hamburger Industriebetriebe seit 1965. HiZ, H.4, 95-99.

HEMPEL, W., 1977: Zeitbudgets, Aktivitäten und Aktionsräume der Bewohner zentral und nicht zentral gelegener Neubau-Siedlungen Hamburgs. Diplomarbeit im Fach Soziologie, Universität Hamburg.

HENNE, W., 1979: Die Bedeutung von Infrastruktureffekten im Rahmen urbaner Dezentralisierung dargestellt am Beispiel der Region Hamburg. Dissertation. Hamburg

HESS, J.C.v., 1810: Hamburg topographisch, politisch und historisch. Hamburg. 2.Aufl.

HESSE, J.J., 1972: Stadtentwicklungsplanung. Stuttgart, 2.Aufl.

HEUER, H., 1975: Sozioökonomische Bestimmungsfaktoren der Stadtentwicklung. Stuttgart.

HEUER, H.; SCHÄFER, R., 1978: Stadtflucht. Stuttgart.

HEYDEN, R., 1962: Die Entwicklung des öffentlichen Verkehrs in Hamburg von den Anfängen bis 1894. Hamburg.

HI (Hamburg Information) (Hg.) 1971: Hamburg. Daten und Fakten 1: Industrieflächen, Energie, Verkehr. Hamburg.

HI (Hamburg Information) (Hg.) 1977: Kleiner Hamburg Spiegel 1976/77. Hamburg.

HIPP, H., 1982: Wohnstadt Hamburg. Mietshäuser der Zwanziger Jahre zwischen Inflation und Weltwirtschaftskrise. Hamburg.

HOHMANNN, G., 1971: Die Einkommensverhältnisse der erwerbstätigen Bevölkerung Hamburgs. Regionalanalyse für das Stadtgebiet nach der Lohnsteuerstatistik 1968. HiZ, H.3, 79-91.

HPLA (Hamburgisch-Preußischer Landesplanungsausschuß) (Hg.), 1930/31: Allgemeine STATISTIK; H.1 u. 2. Hamburg.

HPLA 1931: Darstellungen des soziologischen Zustandes im Hamburgisch-Preußischen Planungsgebiet, H.3, Hamburg.

HRUSCHKA, E., 1978: Wanderungen über die Hamburgische Landesgrenze von 1967-1977. Berichte und Dokumente us der Freien und Hansestadt Hamburg, Nr. 532 vom 26.1.1978. Hamburg.

HRUSCHKA, E., 1980: Wanderungen im großstädtischen Raum - dargestellt am Beispiel Hamburg. HiZ, H.11, 281-285.

IKLE, F.CH., 1951: The Effect of War Destruction upon the Ecology of Cities. Social Forces 24, 383-391.

INGESTA (Institut für Gebietsplanung und Stadtentwicklung) 1968: Gutachten zur Gewerbeplanung für die Freie und Hansestadt Hamburg. Köln.

ISRAEL (Israel Institute of Urban Studies) 1970: Hamburg-Analyse. 3 Bde. o.O.

JACOBS, B., 1977: Hamburg - Wohnen in der Inneren Stadt. Diplomarbeit an der Hochschule für bildende Künste Fachbereich Architektur. Hamburg.

JANSSEN, J., 1971: Sozialismus, Sozialpolitik und Wohnungsnot. In H.G. HELMS & J. JANSSEN (Hg.): Kapitalistischer Städtebau. Neuwied/Berlin 1971.

JENKEL, R., 1982: Im Jahr 2000 nur noch 1,33 Millionen Einwohner? Prognos-Report Nr. 11 mit neuen Perspektiven auch für Hamburg. HAMBURGER WIRTSCHAFT, H.11, 18-19.

JÜRGENSEN,H.; VOIGT,H.-G., 1965: Produktivitätsorientierte Regionalpolitik als Wachstumsstrategie Hamburgs. Göttingen.

KALLMORGEN, W., 1969: Schumacher und Hamburg. Hamburg.

KAUFMANN, K., 1937: Rede vom 1.2.1937 zum Groß-Hamburg-Gesetz vom 26.1.1937. Staatsarchiv. Hamburg.

KERN, H., 1973: Ein Modell für die wirtschaftliche Entwicklung der Region Unterelbe. Schriftenreihe der Behörde für Wirtschaft und Verkehr der Freien und Hansestadt Hamburg, H.9. Hamburg. 3.Aufl.

KERN, H., 1976: Sicherung der Arbeitsplätze, Leitlinie 75 der Hamburger

Wirtschaftspolitik. Hamburg Dokumente 2, 76. Hamburg.

KINDER, H., 1953: Die Generalbebauungspläne 1941 und 1944. In: Hamburg und seine Bauten 1929-1953. Hamburg.

KINDER, H.; PAUSE, G., 1949: Soziographische Untersuchung im Raum Hamburg. In: Schriften zum Bau-, Wohnungs- und Siedlungswesen, Ausg. 2. Hamburg.

KIRCHNER, M., 1980: Hamburgs Apathie im Elbraum. Von der "natürlichen Entwicklung des Organismus Hamburg" über das "Entwicklungsmodell" zu einem "Umweltkonzept Niederelbe". DER ARCHITEKT, H.12, 578.

KIRCHNER, M., 1982: Nutzung von Altgewerbe- und Industrieflächen für den innerstädtischen Wohnungsbau. Das Beispiel Ottensen. STADT, H.9, 34-43.

KLOSE, H.-U., 1975a: Hamburgs Zukunft sichern. Regierungserklärung vom Bürgermeister Hans-Ulrich Klose am 29. Januar 1975 vor der Hamburgischen Bürgerschaft. Hamburg Dokumente 1, 75. Hamburg.

KLOSE, H.-U., 1975b: Die Unregierbarkeit der Städte. Berichte und Dokumente aus der Freien und Hansestadt Hamburg, Nr. 450 vom 15.7.1975. Hamburg.

KNUTZEN, 1933: Denkschrift - Wanderungs- und Siedlungsvorgänge im Unterelbegebiet. Wandsbek.

KONZEPTION (Konzeption zur Planung von Einfamilienhausgebieten in Hamburg), 1977. Bürgerschaftsdrucksache (/2639 vom 7.6.1977. Hamburg.

KOSSAK, E., 1981: Wohnquartiere in Hamburg. Zur Entwicklung, Struktur und Gestalt von Gebäudetypen und Quartierseinheiten des Inneren Stadtgebietes. NEUE HEIMAT MONATSHEFTE, H.9, 22-43.

KOSSAK, E., 1982: Neue Pläne für Hamburg? STADT, H.9, 12-27.

KRÄMER, J., 1971: Die Stadt-Umland-Beziehungen Hamburgs zu seinen Nachbarländern. Ansätze zu Kooperation und gemeinsamer Planung im norddeutschen Raum. Diss. Berlin (West).

KRÜGER, T.; RATHMANN, P., 1973: Noch einmal: Das Hamburger Dichtemodell. Stadtbauwelt 38, 166.

KRÜGER, T.; RATHMANN, P.; UTECH, J., 1972: Das Hamburger Dichtemodell, Stadtbauwelt 36, 293-298.

KUCZYNSKI, J., 1973: Die Geschichte der Lage der Arbeiter unter dem Kapitalismus. Reprint-Ausgabe 1964, Bd. 5. Frankfurt.

LANGE, V., 1981: Stadtstaat in Wohnungsnöten. Neue Heimat Monatshefte, H.6, 48-51.

LANGE, V., 1982: Bauen in Hamburg. Berichte und Dokumente aus der Freien und Hansestadt Hamburg, Nr. 673 vom 12.5.1982. Hamburg.

LAPPENBERG'S Neue Sammlung Hamburgischer Verordnungen. Jg. 1842/43 und 1865. Staatsarchiv. Hamburg.

LE CORBUSIER, 1962: Die Charta von Athen. Reinbek.

LEITGEDANKEN (Leitgedanken für Stadtteile der inneren Stadt in Hamburg), 1977. Hamburg.

LEITLINIEN (Leitlinien für den Nahverkehr in Hamburg), 1970. Schriftenreihe der Behörde für Wirtschaft und Verkehr der Freien und Hansestadt Hamburg. H.7. Hamburg.

LEITLINIEN (Leitlinien für die Hamburgische Ausländerpolitik) 1976. Bürgerschaftsdrucksache 8/1990 vom 2.11.1976. Hamburg.

LELLAU, W., 1970: Eine Studie zur empirischen Bestimmung zentraler Standorte mit Hilfe der Statistik. HiZ, Sonderheft 1, 11-31.

LOHMANN, H., 1977: Cityferne Gebiete als Wanderungsziel. HiZ, H.10, 229-232.

LOHMANN, H., SCHMIDT, D., 1981: Bevölkerungsentwicklung in den Teilräumen der Region Hamburg 1980. HiZ, H.9, 240-241.

LOLL, B. 1982: Zur Assimilation von Ausländern in Hamburg und Stuttgart. HiZ, H. 9, 281-291.

LP (Landesplanungsamt der Baubehörde, Freie und Hansestadt Hamburg), 1972: Leitfaden für Referendare und Anwärter. Hamburg.

LP (Landesplanungsamt der Baubehörde, Freie und Hansestadt Hamburg), 1972: Leitfaden für Referendare und Anwärter. Hamburg.

LÜCKE, P., 1962: Raumordnung als politisches Leitbild. Bundesbaublatt 11, Nr. 1, 572.

LÜHRING, A., 1982: Schwerpunkt Bergedorf. Gute Chancen für Industrie und Gewerbe. HAMBURGER WIRTSCHAFT, H.4, 22-23.

LUTZKY, N., 1976: Finanzplanung und kommunale Entwicklungsplanung. Zur Überprüfung des finanzpolitischen Planungsinstrumentariums bei reduziertem ökonomischem Wachstum. Stadtbauwelt 51, 184-188.

MANHART, M., 1977: Die Abgrenzung homogener städtischer Teilgebiete. Eine Clusteranalyse der Baublöcke Hamburgs. Hamburg.

MARONDEL, W., 1977: Wohnungbaugesetze. München.

MARTWICH, B., 1980: Randgruppen im Getto. Ausländische Arbeitnehmer in Hamburg-Wilhelmsburg. STADTBAUWELT 68, 402-405.

MARX, J., 1973: Wohnungsbau und Bevölkerungsentwicklung in Hamburg seit 1950. HiZ, H.11, 373-385.

MELDAU, H.-J., 1984: Ordnungsplanung. In: AIV.

MELHOP, W, 1895: Historische Topographie der Freien und Hansestadt Hamburg von 1880-1895. Hamburg.

MELHOP, W., 1925: Historische Topographie der Freien und Hansestadt Hamburg von 1895-1920. 2 Bde. Hamburg.

MERL, H.-J., 1983: Problembereiche entschärft. Ausbau des Verkehrsnetzes im Süden Hamburgs kommt ein gutes Stück voran. HAMBURGER WIRTSCHAFT, H. 11, 22-23.

MEYER-MARWITZ, B., 1981: Das Hamburg Buch. Hamburg.

MICHEL, D., 1970: Raumordnungsberichte. In: AKADEMIE, Sp. 2479.

MICHELIS, P., 1981: Stadterneuerung als Prozeß, dargestellt am Beispiel der Stadtteilentwicklung von Hamburg-St.Georg. Hamburg.

ModEnG (Modernisierungs- und Energieeinsparungsgesetz) vom 12.7.1978. BGBl.I, 993.

MÖLLER, P., 1968: Einzugsgebiete innerstädtischer Arbeitszentren, dargestellt am Beispiel Hamburg. In: AKADEMIE.

MORGHEN, M., 1982: Mobilität und Verkehrsmittelwahl der Hamburger Bevölkerung. Berlin (West).

MOTTEK, H., 1973: Wirtschaftsgeschichte Deutschlands. Bd. II, Berlin.

MÜLLER, J., 1976: Mobilität der Bevölkerung und Stadtteilstrukturen in Hamburg. HiZ, H. 1, 3-22.

MÜLLER-IBOLD, K., 1977: Stadtentwicklung in Hamburg. Berichte und Dokumente aus der Freien und Hansestadt Hamburg, Nr. 516 vom 23.9.77. Hamburg.

MÜLLER-IBOLD, K.; HERR, M.-W., 1976: Aufbauplan für eine Großstadt. STADTBAUWELT 50, 722-724.

NÖRNBERG, H.J.; SCHUBERT, D., 1975: Massenwohnungsbau in Hamburg. Berlin (West).

OCKERT, E., 1954: Der Hamburgisch-Preußische Landesplanungsausschuß. In: Hamburg und seine Bauten 1929-1953. Hamburg.

ÖKOLOGISCHE DARSTELLUNG (Ökologische Darstellung Unterelbe-/Küstenregion, Konzept. Erarbeitet i.A. der Umwelt-Ministerkonferenz Norddeutschland, Herbst 1976), 1977. Hamburg.

OSTERMEYER, F.R., 1953: Der Generalbebauungsplan 1947. In: Hamburg und seine Bauten 1929-1953. Hamburg.

PFEIFFER, B., 1981: Probleme der Stadtentwicklung und Problembewußtsein von Planern in der Verwaltung (Hamburg-Frankfurt-München). In: SCHUBERT.

PGMK (Planungsgruppe Martin Kirchner), 1983: Modellversuch zur Verbesserung der Situation der Kinder in Altona-Altstadt. Abschlußbericht der wissenschaftlichen Begleitung. Hamburg: Amt für Stadterneuerung.

PIEPENBRINK, K.-H.; ROHR, H.-G.v., 1981: Hamburg und seine Region. Einige ausgewählte aktuelle Entwicklungstrends. GEOGRAPHISCHE RUNDSCHAU, H.10, 414-420.

PODLOUCKY, R., 1980 (1976): Der Niederelberaum - Industrie kontra Natur.

Eine Bestandsaufnahme zur Situation an der Unterelbe. Stand September 1980. o.O. 2. Aufl.

POHLANDT, E., 1981: Stadterneuerung in Hamburg. NEUE HEIMAT MONATSHEFTE, H. 9, 46-59.

POTTMANN, U., 1981: Im Sanierungsgebiet - Städtebauliche Mißstände und soziales Gefüge. Eine Aufforderung zur Kurskorrektur in der Stadterneuerung. NEUE HEIMAT MONATSHEFTE, H.10, 63-68.

PREUSS, M., 1982: Die innerstädtische Migration von Ausländern und Deutschen in Hamburg 1977-1979; statistische Analyse der räumlichen Verflechtung und Intensität auf der Basis von Ortsteilen. Fach Geographie. Universität Hamburg.

PROGNOS 1975: Qualitativer und quantitativer Wohnungsbedarf und Wanderungen in der Freien und Hansestadt Hamburg. Wohnwertanalyse und Analyse der Wanderungsströme. Basel.

RALOFF, H., 1982: Altenwerder und die Hafenerweiterung. In: FHH 1982m.

REINIG, K.J., 1981: Sanierungspolitik in der Sackgasse. Probleme der Freien und Hansestadt Hamburg im Umgang mit Mietern und Mieterinitiativen. NEUE HEIMAT MONATSHEFTE, H.9, 76-82.

RHODE, B., 1977: Die Verdrängung der Wohnbevölkerung durch den tertiären Sektor. Strukturwandlungen in citynahen Stadtgebieten in Hamburg und Frankfurt/M. 1961-1970. Hamburg.

ROB S-H (Raumordnungsbericht 1977 der Landesregierung Schleswig-Holstein), 1977. Landesplanung in Schleswig-Holstein, H.14. Kiel.

ROG (Raumordnungsgesetz) vom 8.4.1965. BGBl.I, S. 306.

ROHR, H.-G.,v., 1971: Industriestandortverlagerungen im Hamburger Raum. Hamburg.

ROHR, H.-G. v., 1972: Die Tertiärisierung citynaher Gewerbegebiete. Verdrängung sekundärer Fluktuationen aus der inneren Stadt Hamburgs. BERICHTE ZUR DEUTSCHEN LANDESKUNDE 46. 29-48.

RP 1 (Regionalplan für den Planungsraum I), 1975. Landesplanung in Schleswig-Holstein, H.11. Kiel.

RR LÜNEBURG (Regionales Raumordnungsprogramm für den Regierungsbezirk Lüneburg 1976), 1977. Lüneburg.

RR LÜNEBURG (Regionales Raumordnungsprogramm für den Landkreis Lüneburg) 1982: Lüneburg.

RR STADE (Regionales Raumordnungsprogramm für den Regierungsbezirk Stade 1976), 1976. Stade.

RV (Reichsverfassung) vom 16.4.1871.

RUDHARD, W., 1975: Das Bürgerhaus in Hamburg. Tübingen.

SAS (Sozialwissenschaftliche Arbeitsgruppe Stadtforschung), 1979: Zeitbudget und Aktionsräume von Stadtbewohnern. Eine empirische Untersuchung in drei Stadtteilen Hamburgs. Hamburg.

SCHÄFER, G., 1981: Zur Interdependenz von Arbeitsmarkt und Wohnungsmarkt in Hamburg. In: SCHUBERT.

SCHMIDT, D., 1983: Regionale Kennziffern für die Kreise Harburg und Stade. HiZ, H.10, 304-305.

SCHMIDT, D.; SCHNURR, H.E., 1974: Grundeigentumswechsel und Baulandpreise in Hamburg 1961 bis 1973. HiZ, H.7, 205-219.

SCHMIDT-ASSMANN, E., 1972: Gesetzliche Maßnahmen zur Regelung einer praktikablen Stadtentwicklungsplanung - Gesetzgebungskompetenzen und Regelungsintensität. In: AKADEMIE FÜR RAUMFORSCHUNG UND LANDESPLANUNG (Hg.): Raumplanung - Entwicklungsplanung. Hannover.

SCHMIDT-EICHBERG, E., 1972: Aufbauplan 1960. In: Deutscher Planungsatlas VIII: Hamburg. Hannover.

SCHMIDT-EICHBERG, E.; SCHÜLER, TH., 1969: Der Aufbauplan 1960. In: Hamburg und seine Bauten 1954-1968. Hamburg.

SCHMÖLDERS, G., 1965: Finanzpolitik. Berlin/Heidelberg/New York.

SCHMUDE, E., 1982: Einpersonenhaushalte in Hamburg. HiZ, H.4, 108-111.

SCHNURR, H.E., 1974: Die bauliche Nutzung in den Hamburger Ortsteilen. HiZ, H.3, 55-63.

SCHUBERT, D. (Hg.), 1981: Krise der Stadt. Fallstudie zur Verschlechterung von Lebensbedingungen in Hamburg, Frankfurt, München. Berlin (West).

SCHUMACHER, F., 1919: Hamburgs Wohnungspolitik von 1818-1919. Hamburg.

SCHUMACHER, F., (1919) 1921: Groß-Hamburg als Wohnungspolitische Frage. Schmollers Jahrbuch 1919 (Aprilheft). Nachdruck in: Denkschrift des Hamburger Senats zur Groß-Hamburg-Frage 1921. Hamburg.

SCHUMACHER, F., 1921: Die Marsch als Wohnland. In: Denkschrift des Hamburger Senats zur Groß-Hamburg-Frage. Hamburg.

SCHUMACHER, F., 1927: Zukunftsfragen an der Unterelbe, Gedanken zum Groß-Hamburg-Thema. Jena, 2.A.

SCHÜTZ, M.W., 1982: Residential Segregation of Age Groups in Hamburg 1961, 1970, 1977. In: FRIEDRICHS 1982.

SEGGERN, H.v.; OHRT, T., 1982: Drehscheibe für das Leben in der inneren Stadt. Der neue Hamburger Rathausmarkt. STADT, H.9, 28-33.

SENAT (Senat der Freien und Hansestadt Hamburg), 1975: Zusammenarbeit Hamburgs mit den Nachbarländern in der Region und in Norddeutschland.

Mitteilungen des Senats an die Bürgerschaft. Drucksache 8/1089 vom 28.10.1975. Hamburg.

SILL, O.: Die Entwicklung des Verkehrs. In: Hamburg und seine Bauten. 1954-1968. Hamburg.

SILL, O.; STROHMEYER, H., 1953: Der Aufbauplan von 1950. In: Hamburg und seine Bauten 1929-1953. Hamburg.

SKÖLLIN, 1919: Wohnort und Arbeitsstätte der erwerbstätigen Hamburgischen Bevölkerung nach der Volkszählung vom 1.12.1910. SHS 30, Vorwort. Hamburg.

SPECKTER, H., 1967: Die großen Sanierungsmaßnahmen Hamburgs seit der 2. Hälfte des 19. Jahrhunderts. Raumforschung und Raumordnung 25, 257-268.

SPECKTER, H., 1968: 40 Jahre Landesplanung im Niederelbegebiet. In: Gemeinsamer Landesplanungsrat Hamburg/Schleswig-Holstein und Gemeinsame Landesplanungsarbeit Hamburg/Niedersachsen (Hg.): Raumordnung an der Niederelbe, Methoden und Ziele. Hamburg.

SPÖRHASE, R., 1940: Bau-Verein zu Hamburg AG. Entstehung und Geschichte im Werden des gemeinnützigen Wohnungswesens in Hamburg seit 1842. Hamburg.

STATISTISCHES BUREAU DER STEUER-DEPUTATION (Hg.), 1885: Statistisches Handbuch für den Hamburgischen Staat. Hamburg. 3.A.

StBauFG (Gesetz über städtebauliche Sanierungs- und Entwicklungsmaßnahmen in den Gemeinden = Städtebauförderungsgesetz) vom 27.7.1971. BGBl.I, S. 1125.

STEGEN, H.-E., 1983b: Regionale Verteilung der Arbeitsstätten im Großhandel. HiZ, H.5, 140-143.

STROHMEYER, H., 1953: Die Programm- und Durchführungspläne. In: Hamburg und seine Bauten 1929-1953. Hamburg.

TEICHGRÄBER, W.,1975 Untersuchungen zum neuen Generalverkehrsplan für die Region Hamburg. Sonderdruck aus: Straße und Autobahn 26, Nr. 5, 159-166.

TEICHGRÄBER, W., 1978: Verkehrsberuhigte Zonen in Hamburg. Teil 1: Grundlagen für Planung und Entwurf. Bochum.

TESCH, H., 1976: Öffentliche Finanzwirtschaft in Ballungsräumen, dargestellt am Ballungsraum Hamburg. Hamburg.

TÖNNIES, G., 1979: Die Entwicklung von Bevölkerung und Wirtschaft in den - nordwestdeutschen Stadtregionen. Hamburg.

UGVP (Untersuchungen zum Generalverkehrsplan Region Hamburg), 1976. 2 Bde. Baubehörde. Hamburg.

UK (Unabhängige Kommission für den Aufbauplan der Freien und Hansestadt

Hamburg), 1967: Hamburg, Stellungnahme zum Aufbauplan 1960. Hamburg.

UK, 1967k: Hamburg, Stellungnahme der Unabhängigen Kommission zum Aufbauplan 1960 (Kurzfassung). Hamburg.

VERG, E., 1982: Das Abenteuer das Hamburg heißt. Hamburg.

VILLALAZ, F., 1977: Lohnsteuerpflichtige Einkommen und Abgaben der Lohnsteuerpflichtigen in Hamburg 1974. HiZ, H.11, 249-277.

VILLALAZ, F., 1981: Verdienstniveau der Hamburger Arbeitnehmer. Eine überregionale und innerstädtische Vergleichsstudie. HiZ, H.10, 268-291.

VOIGT, F., 1968: Arbeitsstätte, Wohnstätte, Nahverkehr. Hamburg.

WÄCHTER, K., 1971: Wohnen in der städtischen Agglomeration des 20. Jahrhunderts. Stuttgart/Bern.

WALTER, E., 1981: Zweiradfahrzeuge im Straßenverkehr. HiZ, H.11, 316-319.

WALTER, E., 1982: Entwicklung des Kraftfahrzeugbestandes in Hamburg 1970-1981. HiZ, H.8, 254-257.

WALTER, E., 1983: Zur Attraktivität des Einzelhandels in den größten Städten der Bundesrepublik. HiZ, H.2, 44-46.

WALTER, E., 1983a: Flächennutzung in Hamburg. HiZ, H. 11, 328-331.

WAGENER, F., 1972: Für ein neues Instrumentarium der öffentlichen Planung. In: AKADEMIE FÜR RAUMFORSCHUNG UND LANDESPLANUNG (Hg.): Raumplanung - Entwicklungsplanung. Hannover.

WEISSKER, J., 1977: Entwicklung von Bevölkerung und Industriebeschäftigten von 1965 bis 1974 in Hamburg und in der Region Hamburg/Umland. HZ, H.1, 3-5.

WIEMANN, U., 1983: Stuktur und regionale Verteilung der Arbeitsstätten im Einzelhandel. HiZ, H.1, 4-17.

WINKLER, B., 1966: Die Bevölkerungsentwicklung der Stadt Hamburg in den letzten hundert Jahren unter besonderer Berücksichtigung der Stadtteile. HiZ, Sonderheft: 100 Jahre Statistisches Amt Hamburg. 1866-1966.

WOLFRAM, U., 1974: Citynahes Wohnen in Harvestehude und Rotherbaum. Wissenschaftsberichte aus der Universität Hamburg, V. Hamburg.

WOLLENHAUPT, H.G., 1973: Die Hamburger Privathaushalte nach Art und Größe sowie ihre Haushaltsvorstände nach Stellung im Beruf und überwiegendem Lebensunterhalt. Ergebnisse der Volkszählung 1970. HiZ, H.9, 304-329.

WOLLENHAUPT, H.G., 1975: Die erwerbstätigen Hamburger 1972-1974. Ergebnisse des Mikrozensus. HiZ, 10, 272-275.

WRV (Weimarer Reichsverfassung) vom 11.8.1919.

WULFF, A. (Hg.), 1928/29: Hamburgische Gesetze und Verordnungen, Bd. 2. Hamburg.

WULFF, A., 1930: Hamburgische Gesetze und Verordnungen, Bd. 3. Hamburg.

ZIRWES, M., 1983: Stadtökologische Modelluntersuchung Hamburg. Vorstudie. Hamburg: Amt für Umweltschutz.

ZIRWES, M., 1983a: Gewerbe in Bestandsgebieten. Fallstudie Jenfeld-Tonndorf. Hamburg: Technische Universität Hamburg-Harburg.

Wien

Klaus Schubert

INHALT	347
1. EINLEITUNG	349
1.1 Übersicht	349
1.2 Abgrenzung der Stadtentwicklungsphasen	358
2. HISTORISCHE VORAUSSETZUNGEN	362
3. PHASE III DER STADTENTWICKLUNG (1855 - 1936): WACHSTUM, EXPANSION, POLITISCHER UMBRUCH UND STAGNATION	372
3.1 PHASE IIIa (1855-1914): "DIE GRÜNDERZEIT". "WACHSTUM UND EXPANSION"	372
3.1.1 Planverfahren und Ordnungsvorstellungen	375
3.1.2 Bevölkerung und Wohnungen	389
3.1.3 Beschäftigte und Arbeitsstätten	400
3.1.4 Infrastruktur	403
3.2 PHASE IIIb (1918-1936) "ROTES WIEN" - "SCHWARZES ÖSTERREICH" - KOMMUNALER WOHNUNGSBAU	412
3.2.1 Planverfahren und Ordnungsvorstellungen	419
3.2.2 Bevölkerung und Wohnungen	433
3.2.3 Beschäftigte und Arbeitsstätten	454
3.2.4 Infrastruktur	457

4. PHASE IV DER STADTENTWICKLUNG (1936-1977): EXPANSION UND RANDWANDE-
   RUNG   458

   4.1 Planverfahren und Ordnungsvorstellungen   458
   4.2 Bevölkerung und Wohnungen   473
   4.3 Beschäftigte und Arbeitsstätten   488
   4.4 Infrastruktur   521

5. PHASE V DER STADTENTWICKLUNG (1977 BIS HEUTE): TERTIÄRISIERUNG,
   DEZENTRALISIERUNG UND RANDWANDERUNG   526

   5.1 Planverfahren und Ordnungsvorstellungen   526
   5.2 Bevölkerung und Wohnungen   537
   5.3 Beschäftigte und Arbeitsstätten   549
   5.4 Infrastruktur   556

6. PHASEN DER STADTENTWICKLUNG UND STADTPLANUNG   559

LITERATURVERZEICHNIS   566

WIEN

1. EINLEITUNG

1.1 Übersicht

Wien ist Bundeshauptstadt der 1918 gegründeten Republik Österreich und seit 1922 zugleich auch eigenes Bundesland. Es ist damit sowohl Sitz der Bundes- als auch der Landesregierung sowie der zentralen Verwaltungsstellen für die Bundes- und Landesaufgaben. Gleichzeitig befinden sich hier zahlreiche Hauptverwaltungen der Wirtschaft sowie eine Vielzahl von Niederlassungen internationaler Organisationen und Konzerne.

Obwohl sich die Bevölkerungszahl Wiens bereits seit dem Ende des 1. Weltkrieges - mit kurzfristigen Ausnahmen - verringert, ist Wien mit 1.531.346 Mio. Einwohnern (1981) auf einer Fläche von 414,54 qkm nicht nur die weitaus größte Stadt des Landes, sondern auch das einwohnerstärkste Bundesland (vgl. Tab. 1.1 und 1.2). Innerhalb der Grenzen Wiens lebt rund ein Fünftel der Bevölkerung Österreichs.

Tabelle 1.1: Die Einwohnerzahlen der sechs größten Städte Österreichs 1981 (Einwohnerzahl Österreich: 7.555.338 = 100%)

Stadt	Wohnbevölkerung abs.	in % der Landesbevölkerung
Wien	1.531.346	20,3
Graz (Stadt)	243.166	3,2
Linz (Stadt)	199.910	2,6
Salzburg (Stadt)	139.426	1,8
Innsbruck (Stadt)	117.287	1,6
Klagenfurt (Stadt)	87.321	1,1

Quelle: VZ 1981

Tabelle 1.2: <u>Wohnbevölkerung nach Bundesländern 1981</u>

Bundesland	Wohnbevölkerung abs.	in % der Landesbevölkerung
Wien	1.531.346	20,3
Niederösterreich	1.427.849	18,9
Oberösterreich	1.269.540	16,8
Steiermark	1.186.525	15,7
Tirol	586.663	7,7
Kärnten	536.179	7,1
Salzburg	442.301	5,9
Vorarlberg	305.164	4,0
Burgenland	269.771	3,6
Österreich	7.555.338	100,0

Quelle: VZ 1981

Abbildung 1.1: <u>Bundesländer und Länderregionen in Österreich</u>

Quelle: ÖROK 15/1978: 11

Auch in wirtschaftlicher Hinsicht nimmt Wien innerhalb Österreichs eine herausragende Stellung ein. Rund ein Fünftel der im Sekundären Sektor und fast ein Drittel der im Tertiären Sektor unselbständig Beschäftigten Österreichs arbeiten in Wien (vgl. Tab. 1.3). Die Betriebsstruktur ist vornehmlich durch kleine und mittlere Betriebe geprägt.

Die traditionellen Bindungen Österreichs mit den osteuropäischen Ländern - bisher wird jährlich ein bedeutender Außenhandelsüberschuß mit Osteuropa erzielt - ist besonders in Wien spürbar. Von hier aus wickeln viele Unternehmen ihre Ost-Geschäfte ab.

Tabelle 1.3: Unselbständig Beschäftigte nach Wirtschaftssektoren in Wien und Österreich 1983

Wirtschaftssektor	Wien absolut	in %	Österreich absolut	in %
Primärer Sektor	2.590	0,4	38.132	1,4
Sekundärer Sektor	230.101	31,2	1.147.141	41,7
Tertiärer Sektor	505.100	68,5	1.565.709	56,9
Insgesamt	737.791	100,0	2.750.982	100,0

Quelle: Hauptverband der österreichischen Sozialversicherungsträger

Zu den wichtigsten Wirtschaftszweigen im Tertiären Sektor, der insgesamt den höchsten Beschäftigtenanteil hat und den Verwaltungscharakter der Hauptstadt verdeutlicht, zählen der Handel (der größte Teil des österreichischen Handels wird über Wien abgewickelt), die Vermögensverwaltung und der öffentliche Dienst. Nach der letzten Arbeitsstättenzählung im Oktober 1973 waren 38,9% der rund 67.000 Wiener Arbeitsstätten Betriebe des Handels und der Lagerung.

Besondere Bedeutung hat der Handel. Die starke überregionale Bedeutung Wiens als Großhandelszentrum zeigt sich darin, daß 1971 in Wien 36% der österreichischen Großhandelsbetriebe ansässig waren. Der Einzelhandel ist gekennzeichnet durch einen hohen Anteil von Klein- und Kleinstbetrieben sowie andererseits durch eine Umsatzkonzentration auf einige wenige Großbetriebe.

Die dominante Stellung Wiens zeigt sich auch daran, daß 88% aller Versicherungen und 47% aller Bankzentralen ihren Sitz in Wien haben. Diese haben ihren Sitz zum größten Teil in der City. Schließlich zeigt sich die Hauptfunktion und Stellung Wiens als höchstrangiges Zentrum Österreichs auch am hohen Anteil der im öffentlichen Dienst Beschäftigten.

Tabelle 1.4: Beschäftigte und Bruttoproduktionswerte im Handel 1976

Wirtschaftsgruppe	Beschäftigte		Bruttoproduktionswerte	
	abs.	in % der im Handel Beschäftigten	in 1.000 Schilling abs.	in %
Großhandel	72.615	53,3	168.582.995	76,0
Einzelhandel	63.547	46,7	53.221.667	24,0
Handel insgesamt	136.162	100,0	221.804.662	100,0

Quelle: StJbW 2979: 201

Im Sekundären Sektor ist die Industrie der wichtigste Wirtschaftszweig.

Die wichtigsten Industriebranchen sind die Elektroindustrie, die Maschinen -und Stahlbauindustrie, die Nahrungs- und Genußmittelindustrie sowie die Chemische Industrie. Die eigentlichen Zentren der Schwerindustrie des Landes liegen jedoch nicht in Wien, sondern in anderen Landesteilen, z.B. in Niederösterreich.

Das Ausmaß der Dominanz gegenüber den übrigen Städten des Landes ist vor allem eine Folge der politischen Ereignisse des Jahres 1918.

Tabelle 1.5: Anteile am Bruttoregionalprodukt der wichtigsten Wirtschaftszweige in Wien 1977

Wirtschaftszweig	Anteil am BRP (nominell) abs. [1]	in %
Industrie	39.607,3	20,5
Handel	44.219,8	22,9
Vermögensverwaltung	36.678,7	19,0
öffentlicher Dienst	29.741,0	15,4
Andere	43.215,1	22,2
BRP insgesamt	193.461,9	100,0

[1] in Millionen Schilling zu laufenden Preisen

Quelle: StJbW 1979: 173 (Anteil am BRP, abs.), 174

Vor 1918 ist Wien die "K.u.k. Reichshaupt- und Residenzstadt" eines Großreiches, zentral gelegen sowohl innerhalb des Donaureiches als auch innerhalb Europas. Der rasche Aufstieg Wiens zur Weltmetropole - 1918 zählt Wien rd. 2,1 Mio. Einwohner und ist damit nach London und Paris die drittgrößte Stadt Europas - ist mit dem Zerfall der Donaumonarchie jäh beendet. Aus der zentral gelegenen Hauptstadt eines Großreiches mit 52 Mio. Einwohnern wird eine peripher gelegene Hauptstadt eines Kleinstaates mit nur noch knapp sechseinhalb Mio. Einwohnern. Wien verliert den größten Teil seines östlichen Einflußgebietes.

Tabelle 1.6: Beschäftigte und Produktionswerte der wichtigsten Industriebranchen in Wien 1979

Branche	Beschäftigte abs.	in % der Industriebeschäftigten	Produktionswerte in 1.000 Schilling
Elektroindustrie	38.692	27,3	14.796.545
Maschinen-, Stahl- und Eisenindustrie	19.009	13,4	10.278.539
Nahrungs- und Genußmittelindustrie	18.139	12,8	17.351.995
Chemische Industrie	14.953	10,6	11.055.457
sonst. Industriebranchen	50.705	35,8	
Industrie insgesamt	141.498	100,0	

Quelle: StJbW 1979: 175, 176

Nach dem Zweiten Weltkrieg kommt zu der Randlage innerhalb der Republik Österreich eine europäische Randlage hinzu. Wien, früher so begünstigt durch seine Lage am Kreuzungspunkt der naturgegebenen Verkehrslinie längs der Donau von Süddeutschland nach Ungarn und dem Orient sowie der Verkehrslinie längs des Ostrandes der Alpen von der Ostsee bis zur Adria, wird, von seinen traditionellen östlichen Wirtschaftsräumen vollends abgeschnitten, zur östlichsten Hauptstadt Westeuropas. Wien liegt in einer Region, die einerseits im Norden, Osten und Süden von den drei Staaten Tschechoslowakei, Ungarn und Jugoslawien eingeschlossen wird, zu denen, gemessen an früher, nur geringe Kontakte und Austauschbeziehungen bestehen, andererseits in einer Region, deren Verkehrsanbindung an die großen westeuropäischen Wirtschaftsräume Süddeutschlands, der Schweiz und Norditaliens durch den Gebirgscharakter Österreichs starke natürliche Grenzen gesetzt sind (vgl. Abb. 1.2).

Abbildung 1.2: <u>Lage Österreichs und Wiens in Europa</u>

Quelle: PLANUNGSATLAS 1983: Internationale, nationale und regionale Bedeutung Wiens

Wien ist zwar eindeutig eine "primate city", aber durch die doppelte Randlage seit dem Ende des 2. Weltkrieges ist Wien benachteiligt gegenüber den Städten der westlichen Bundesländer, denen die Nähe zu den westeuropäischen Wirtschaftsräumen zugute kommt.

Gleichzeitig werden die Landeshauptstädte der Westregion (Salzburg, Linz, Innsbruck), von denen heute die stärksten Wachstumsimpulse ausgehen, wirtschaftlich und kulturell von der Bundeshauptstadt Wien unabhängiger und übernehmen selbst Hauptstadtfunktionen.

Sowohl vom Nord-Süd-Verkehr als auch vom Ost-West-Verkehr kann Wien kaum profitieren, da in beiden Richtungen Wien umfahren wird. Dagegen besteht die für Wien bedeutende Diagonalverbindung der E5 über Frankfurt/Main-Nürnberg-Passau-Linz-Wien-Budapest, die die Stadt mit Nordwest-Europa verbindet. Zudem besteht über die Südautobahn (über Graz-Klagenfurt-Villach) eine Verbindung zum oberitalienischen Autobahnnetz (vgl. Abb. 1.2).

Die Umfahrungstendenz für Wien gilt auch für den Eisenbahnverkehr, da es nur Kopfbahnhöfe und weder einen zentralen Fernbahnhof noch einen zentralen Verschiebebahnhof gibt.

Außer der für Wien ungünstigen internationalen Lage ergeben sich für Wien insbesondere Probleme der Überalterung der Bevölkerung sowie aus dem Alter der Bausubstanz und der Stadtstruktur, die weitgehend noch die der Gründerzeit ist. Nur in den Randbezirken, auf freien Flächen, entstehen große Neubausiedlungen nach dem Zweiten Weltkrieg. Ende der Siebziger Jahre wird ein umfassender Stadtentwicklungsplan durch die Magistratsabteilung 18 vorgelegt, der die bestehenden Probleme analysiert, Ziele formuliert und Lösungsvorschläge vorlegt für das nächste Jahrzehnt. Inhaltlich reicht die Thematik von der "Internationalen Bedeutung Wiens" bis hin zur "Stadterneuerung". In zunehmendem Maße wichtig wird auch die überörtliche Raumordnung, die versucht, das Ost-West-Gefälle auf Landesebene auszugleichen (Regionsabgrenzung s. Abb. 1.1). Für Wien wird im Zeichen der Suburbanisierung und der zunehmenden Pendlerverflechtung ein Ausgleich mit den Nachbarländern Niederösterreich und Burgenland, die zusammen mit Wien die Ostregion bilden, immer dringlicher, ohne daß eine koordinierte Raumplanung bisher möglich war.

Die naturräumliche Lage hat auf die räumliche Entwicklung Wiens erheblichen Einfluß gehabt: im Westen und Nordwesten bilden die Ausläufer des Wiener Waldes eine deutliche Grenze (höchster Punkt: Hermanskogel, 542 m), im Osten stellt die Donau seit jeher eine erhebliche Grenze dar. Anders als in Budapest, fließt die Donau, die inzwischen längst reguliert und kanalisiert ist und nur noch in ihrem südöstlichen Lauf im Augelände der Lobau (tiefster Punkt: 151 m) einen Teil ihres ursprünglichen Charakters erhalten hat, nicht "durch die Stadt". Die "eigentliche Stadt", d.h. das gründerzeitliche Wien mit seinem barocken Stadtkern (Höhe am Stephansplatz 171 m), das bis heute seinen Charakter erhalten hat, liegt in einem offenen Dreieck, das gebildet wird durch die Hänge des Wiener Waldes einerseits und die Donau andererseits. Offen ist dieses Dreieck zum Süden hin, wo sich inzwischen die von Wien ausgehende und in das industrialisierte Wiener Becken hineinverlaufende Südachse kräftig entwickelt. Die beiden Bezirke "jenseits" der Donau, Floridsdorf (21. Bezirk) und Donaustadt (22. Bezirk) hatten bis hinein in die Zeit nach dem Zweiten Weltkrieg nur sehr geringen Anteil am Stadtwachstum. Erst in den letzten drei Jahrzehnten hat sich das geändert.

Die heutige Bezirkseinteilung gibt im wesentlichen die Etappen des Stadtwachstums und die gründerzeitliche Struktur wieder (vgl. Abb. 1.3):

- Die <u>Altstadt</u>, die "Keimzelle" Wiens und heutige City (1. Bezirk), liegt innerhalb des "Rings", eine gründerzeitliche, auf dem ehemaligen Glacis (und 1. Befestigungsring) errichtete Prachtstraße mit zahlreichen öffentlichen Bauten. Die Ringstraße umschließt den 1. Bezirk zu vier Fünfteln und stößt im Nordosten an den Donau-Kanal. Der Durchmesser der City beträgt ca. 1,5 bis 2 km. Vor der Ringstraße liegt der Kranz der

- <u>ehemaligen Vorstädte</u> (Bezirke 2 bis 9), der bis an die Gürtelstraße, die ehemalige 2. Befestigungslinie (Linienwall) heranreicht. Diese ringförmige Zone der Vorstädte ist zwischen 1 und 2,5 km breit. Vor der Gürtelstraße liegen die

Abbildung 1.3: <u>Bezirkseinteilung in Wien</u>

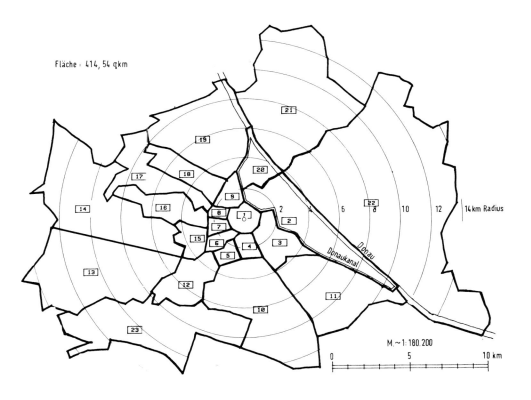

1	Innere Stadt (City)	13	Hietzing
2	Leopoldstadt	14	Penzing
3	Landstraße	15	Rudolfsheim-Fünfhaus
4	Wieden	16	Ottakring
5	Margareten	17	Hernals
6	Mariahilf	18	Währing
7	Neubau	19	Döbling
8	Josefstadt	20	Brigittenau
9	Alsergrund	21	Floridsdorf
10	Favoriten	22	Donaustadt
11	Simmering	23	Liesing
12	Meidling		

- ehemaligen Vororte, ein weiterer Kranz gründerzeitlicher Bebauung, der von der Gürtelstraße bis an die Ausläufer des Wiener Waldes reicht. Diese ringförmige Zone der Vororte ist ebenfalls ca. 1 bis 2,5 km breit. Zu ihr gehören die Bezirke 10 bis 20 bzw. die der City zugewandten Teile davon. Auf diese Zonen wird im folgenden häufig Bezug genommen werden.

Abbildung 1.3 zeigt die heutige Bezirkseinteilung sowie zur Veranschaulichung der Dimensionen Km-Kreise.

1.2 Abgrenzung der Stadtentwicklungsphasen

Nach den in Band 1 entwickelten Kriterien (FRIEDRICHS u.a. 1983:243ff) beginnt die Phase III der Stadtentwicklung in Wien im Jahre 1855 und endet 1936.

Die Phasenabgrenzung nach dem demographisch-ökonomischen Modell ergibt in Wien für die Phase III damit nicht nur einen sehr langen Zeitraum (81 Jahre), sondern umfaßt auch zwei sehr unterschiedliche Entwicklungsphasen der Stadt:

- die sogenannte "Gründerzeit" (1850-1914), in der Wien der Mittelpunkt eines Großreiches von 52 Mio. Einwohner ist und in der auf allen Ebenen die Zeichen auf Wachstum stehen,
- und die Zwischenkriegszeit (1918-1939), in der ein "rotes Wien" in einem stark geschrumpften "schwarzen Österreich" seine neue Rolle sucht und mit Stagnation und Schrumpfungsprozessen - wiederum auf allen Ebenen - zu kämpfen hat.

Der 1. Weltkrieg grenzt die beiden Entwicklungsphasen voneinander ab. Dies wird, bei genauerer Betrachtung der demographischen und ökonomischen Zeitreihen, durch den Kurvenverlauf bestätigt. Der demographische Übergang zieht sich zwar nach den in Bd. 1 entwickelten Kriterien bis 1936 hin, aber sehr deutlich zeigt sich die Zäsur des 1. Weltkrieges: die Sterberate stagniert ab diesem Zeitpunkt, und bereits 1914 ist der natürliche Bevölkerungssaldo negativ. Ebenso deutlich zeigen die Kurven des ökonomischen Übergangs die Zäsur: ab 1910 beginnt für die Wirtschaftssektoren ein stationärer Prozeß, d.h. die ökonomische Entwicklung stagniert bzw. ist rückläufig (vgl. Abb. 1.4).

Wir haben uns aus diesen Gründen entschlossen, die Phase III (1855-1936) "Wachstum, Expansion, politischer Umbruch und Stagnation" nach dem demographisch-ökonomischen Modell in zwei zeitliche Unterabschnitte zu gliedern:

Phase IIIa: 1855-1914 "Wachstum und Expansion"
Phase IIIb: 1918-1936 "Rotes Wien" - "Schwarzes Österreich" - Kommunaler Wohnungsbau.

In jeder dieser beiden "Unterphasen" wird das Gliederungsschema der vier inhaltlichen Abschnitte (Planverfahren und Ordnungsvorstellungen, Bevölkerung und Wohnungen, Beschäftigte und Arbeitsstätten, Infrastruktur) beibehalten.

Die Phase IV (1936-1977) "Expansion und Randwanderung" dagegen wird in der in Band 1 entwickelten Abgrenzung belassen. Zwar stellt auch hier der Zweite Weltkrieg eine Zäsur dar, aber die Unterteilung dieser Phase ist insofern nicht sinnvoll, da die ehrgeizigen Pläne für das "Groß-Wien" unter nationalsozialistischer Herrschaft quasi mit Kriegsausbruch zu den Akten gelegt werden und für die Stadtentwicklung unwirksam bleiben.

Die Phase V, die nach den im Band 1 (FRIEDRICHS u.a. 1983:223) getroffenen Entscheidungen als "posttransformative" innerhalb des demographisch-ökonomischen Modells bezeichnet wird, da der Anteil der im Tertiären Sektor Beschäftigten doppelt so hoch wie der im Sekundären Sektor Beschäftigten ist, beginnt in Wien 1977 (vgl. Abb. 1.4). Aufgrund der Datenlage, deren Basis vor allem die Ergebnisse der Volkszählung und der Häuser- und Wohnungszählung von 1971 und 1981 sowie die Arbeitsstättenzählung von 1973 und 1981 sind, kann hier nur die Entwicklung _dieses_ Zeitraumes beschrieben werden, so daß genaugenommen von einer Beschreibung der letzten Phase, die ja 1977 beginnt, nicht gesprochen werden

WIEN

Abbildung 1.4 : Demographischer und Ökonomischer Übergang in Wien

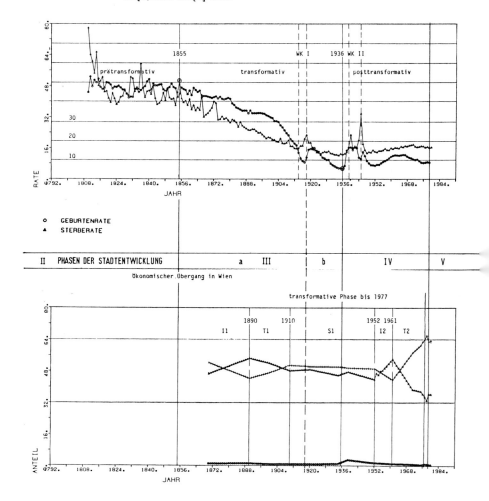

kann. Dennoch sollte auf eine Untersuchung der jüngsten Entwicklungstendenzen sowie auf deren Abgrenzung von den vorangegangenen Entwicklungen nicht verzichtet werden, um so wenigstens ansatzweise die Entwicklungen im Bereich der Planung, der Bevölkerung, der Arbeitssttätten und der Infrastruktur in dieser letzten Phase zu erfassen.

Den drei Kapiteln, die die Stadtentwicklung der drei Phasen beschreiben und - soweit möglich in diesem Rahmen - analysieren, ist ein Kapitel vorangestellt, der die historischen Voraussetzungen bis zur Mitte des vorigen Jahrhunderts beschreibt.

2. HISTORISCHE VORAUSSETZUNGEN

Die Vorgeschichte Wiens reicht wahrscheinlich bis in die Bronzezeit zurück. Vermutlich gibt es zu dieser Zeit südöstlich des heutigen Stadtzentrums, am Rennweg im 3. Bezirk, bereits eine indogermanische Siedlung, die später von Illyrern (ca. 800 bis 500 v.Chr.) und von Westen her einwandernden Kelten (um 400 v.Chr.) bewohnt wird (GRIEBEN 1970:22).

Die eigentliche Geschichte Wiens beginnt aber als Grenzbefestigung der Römer, die am Ende des letzten Jahrhunderts v.Chr. bis an die Donau vordringen und dort im 1. Jahrhundert n.Chr. Grenzbefestigungen anlegen, darunter das Militärlager Vindobona, das seit etwa 100 n.Chr. besteht. Die Grenzen des rechteckig angelegten Lagers sind im heutigen Straßensystem des 1. Bezirks noch gut zu erkennen: im NO grenzt die Donau (heute Donaukanal) an das Lager, die übrigen Grenzen bzw. Wälle verlaufen entlang der heutigen Straßenzüge Tiefer Graben (NW), Kramergasse und Rotgasse (SO) und Naglergasse und Graben.

Etwa zur gleichen Zeit entwickelt sich eine römische Zivilstadt am Ort der alten Keltensiedlung am heutigen Rennweg, die 213 n.Chr. zur freien Stadt (Municipium) erhoben wird (CZEIKE et al 1980:319).

Der Ansturm der nordischen Völker auf das römische Reich seit Beginn der Völkerwanderungen bleibt auch für Vindobona als Teil der römischen Grenzbefestigung nach Norden nicht ohne Folgen: in den Markomannenkriegen wird es um 170 n.Ch. zerstört, wiederaufgebaut und schließlich wieder zerstört von den Goten. Um 400 n.Chr. verlassen die Römer das Lager endgültig.

Den germanischen Völkern, die aus der ungarischen Tiefebene kommen, ist der Zugang nach Westen nur durch das Donautal möglich, das im SW durch die Alpen und im NO durch die Karpaten begrenzt wird. Das Wiener Becken wird Hauptdurchzugsgebiet der germanischen Wanderungen (Ostgoten, Sueven, Vandalen, Rugier, Heruler, Langobarden). Wahrscheinlich gibt es innerhalb des ehemaligen römischen Militärlagers auch zu dieser Zeit eine germanische Siedlung (ebd.:319). Germanische Siedler jedenfalls stellen im größeren Gebiet für die folgenden Jahrhunderte die Grundbevölkerung, trotz gelegentlicher Fremdherrschaft durch Hunnen (433-454), Slawen (7.Jh.), Awaren (660-791) und Magyaren (907-991) (GRIEBEN 1970:23).

Für diese Jahrhunderte der großen Völkerwanderungen gibt es nur wenige Dokumente und Funde. Im Jahre 550 taucht die Stadt noch einmal als Vindomina in den Urkunden auf. Erst 881 wird die Stadt wieder erwähnt: in den Salzburger Annalen heißt sie nun Wenia - als Ort einer Schlacht der Bayern gegen die Ungarn. Eineinhalb Jahrhunderte später sind es wiederum Kriegsberichte, die die Existenz einer Stadt bezeugen: in der Nähe von Vienni, so berichten die Niederaltaich Annalen im Jahre 1030, hätten die Ungarn die Armeen Conrad des Eroberers geschlagen (CZEIKE et al 1980:319f). 1042 berichtet die Kaiserchronik von einem in Wien abgehaltenen Hoftag. Zu dieser Zeit ist die slawisch-awarische und ungarische Bevölkerung der Gegend bereits im germanischen Königreich aufgegangen. Die Stadt hat vermutlich einige Wichtigkeit als Verteidigungsposition sowie als Zentrum der Regierung und des Handels (CZEIKE et al 1980:319).

Zur Zeit der Kreuzzüge beginnt Wiens Aufstieg zur Grenzstadt des heiligen römischen Reiches. Der Handel, insbesondere der Donauhandel, belebt sich; nordwärts reichen die Beziehungen bis nach Mähren, Polen und der Ukraine (KREBS 1928:409).

Innerhalb der City des heutigen Wien lassen sich für die Besiedlung in der Zeit vom 7. bis zum 12. Jh. drei Entwicklungsphasen nachzeichnen (CZEIKE et al 1980:319):
- innerhalb der Wälle des römischen Lagers entwickeln sich Siedlungskerne systematisch im 7. bis 9. Jh.,
- außerhalb des römischen Lagers, an Straßenkreuzungen und entlang der Hauptstraßen entwickeln sich weitere Siedlungen im 10. und 11. Jh. unabhängig von der alten Stadt,
- ebenfalls außerhalb des römischen Lagers, jedoch im direkten Kontakt mit der alten Stadt, entstehen im 11. und 12. Jh. Vororte außerhalb der Stadtmauern.

Die Siedlungen, die innerhalb des römischen Lagers entstehen, beeinflussen die Stadtentwicklung am stärksten. Der älteste Kern ist der Berghof am Hohen Markt, wahrscheinlich noch vor den Babenbergern Sitz und Festung der Fürsten und von einiger wirtschaftlicher Bedeutung. Der Berghof wird der Keim der frühen mittelalterlichen Stadt (vgl. Abb. 2.1).

Abbildung 2.1: Stadt und Vorstädte im 12. Jahrhundert

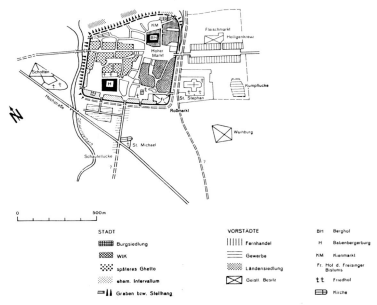

Quelle: LICHTENBERGER 1977a: 18

Ältester Markt ist der Kienmarkt. Innerhalb des römischen Lagers haben sich zwei weitere Siedlungen gebildet: im SO um die Peterskirche und im NW um die Kirche Maria am Gestade herum. Im 11. Jh. expandiert die Siedlung um die Peterskirche herum in Richtung Tuchlauben. Die drei unterschiedlichen Siedlungen wachsen zusammen und werden durch neue Wälle befestigt. Das Gebiet zwischen der neuen Befestigung und dem alten Wall am Tiefen Graben bleibt leer und wird erst in der Mitte des 12. Jh. erworben.

Die Siedlungen außerhalb der Wälle sind zumeist Handelssiedlungen. Im Osten, hinter der Kärtnerstraße, die zum Süden führt, gibt es die befestigte Handelssiedlung Wihpurc oder Weihburg, die als geschützter Hafen des Handelsweges nach Venedig eingerichtet ist. Im Nordosten gibt es den Vorort Kumpflucke. Im frühen 11. Jh. verschmilzt das Lugeck mit der alten Stadt. Das Lugeck, ebenfalls eine Handelssiedlung, die direkt am Wall (SO) liegt, ist Ausgangspunkt des wichtigen Handelsweges nach Ungarn. Im Norden wird das Lugeck durch den Fleischmarkt, im Süden durch die Wollzeile begrenzt(CZEIKE et al 1980:320).

Um 1130 kommt Wien in die Hände der Babenberger. Die Garantie einer Vielzahl von Privilegien für das Haus Babenberg gibt den Anstoß für die rasche Entwicklung Österreichs als Herzogtum. Im Jahre 1156 wird Wien <u>Residenzstadt der Babenberger</u>, und im Vertrag von Mautern wird Wien zum erstenmal als Stadt eingeordnet (ebd.:320). Mehrmals finden nun in kurzer Abfolge Stadterweiterungen statt.

In der ersten Hälfte des 12. Jh. reicht die Stadt im Süden bis zum heutigen Graben, im Westen werden durch den Babenberger Hof und das angrenzende Judenviertel die letzten freien Flächen innerhalb des alten römischen Lagers besetzt. Westlich des Hofes reicht die Stadt bis zum Tiefen Graben (EGLI 1962/2:137). In der Bürgerstadt im Osten ist nicht mehr genug Platz, neue Gebäude für die wachsende Bevölkerung aufzunehmen. Zudem bieten die alten Stadtwälle nur mehr unzureichende Verteidigungsmöglichkeiten. 1190 wird der Festungsgraben am heutigen Graben zugeschüttet für einen Platz. Die Stadt erweitert sich nach Osten entlang der Wollzeile, der Singerstraße, der Bäckerstraße und des alten Fleischmarktes (ebd.: 137). Unter Leopold V wird die Stadt von einer ca. 3,5 km langen Ringmauer umgeben (vgl. Abb. 2.1).

In der ersten Hälfte des 13. Jh. wächst die Stadt nach Süden. Sie wird jetzt begrenzt vom Heidenschuß, der Herrengasse, Stallburggasse und der Himmelpfortgasse. Hier ist ein Handelszentrum entstanden mit zahlreichen Werkstätten und Gaststätten, das wichtige Effekte auf Handel und Transport hat (CZEIKE et al 1980:320).

In dieser Zeit entwickeln sich nahe den Stadttoren auch Klöster (u.a. Convent des Zisterzienserordens, Ansiedlung von Mitgliedern des Magdalenenordens, Einsegnung des Heiligengeistspitals und der Ulrichskapelle). Ab 1257 gibt es ein bürgerliches Spital (ebd.:320).

Die erweiterte mittelalterliche Stadt ist Handelszentrum, Grenzstadt - also Verteidigungsposten - und herzoglicher Sitz. Herzog Leopold VI. (1198-1230) erweist sich als Förderer Wiens. Unter ihm ist Wien bereits auch eine hochentwickelte Gemeinde: im Jahre 1221 erhält sie die Stadt- und Stapelrechte, die Grundlage für den sich entwickelnden Reichtum der Wiener Bürger, die auch sonst in den Genuß wirtschaftlicher Privilegien kommen. Das Stapelrecht ermöglicht den Wienern, allen ausländischen Kaufleuten die Verpflichtung aufzuerlegen, Waren auf dem Weg nach Ungarn zunächst in Wien anzubieten. Für die Stadt bedeutet das "einen risikolosen und einträglichen Zwischenhandelsgewinn und damit für fast drei Jahrhunderte wirtschaftliche Blüte" (CZEIKE&BRAUNEIS 1977:17). Die Bürger haben zudem jetzt eine eigene Administration (Stadtmagistrat und Rat) (ebd.: 320).

Die Stadt wächst schnell über die neuen Wälle hinaus. In der zweiten Hälfte des 13. Jh. erweitert sie sich abermals bis zu dem Umfang, der im wesentlichen bis ins 19. Jh. unverändert bleibt, sieht man von den Vorstädten ab (vgl. Abb. 2.2).

Das Gebiet zwischen Schottentor (W), Ungertor (O), Rotenturmtor (N) und Widmer Tor bzw. Kärtnertor (S) entspricht ungefähr dem heutigen 1. Bezirk und umfaßt die gesamte Terrassenfläche zwischen dem Wienfluß und der Donau. EGLI (1962/2:138) schreibt, "daß das mittelalterliche Wien vernünftig angeordnete Stadterweiterungen vornahm, wobei jeweils die bestehenden Verkehrswege folgerichtig verlängert und langgestreckte, ziemlich regelmäßige Baublöcke geschaffen wurden. Es ist aber offensichtlich, daß weder vom Anfang an noch später ein Gesamtplan bestand".

Zwar erweitert sich die Stadt bis ins 19. Jahrhndert hinein nicht mehr, aber die innere Organisation - sowohl räumlich als auch politisch, wirtschaftlich und sozial gesehen - erfährt natürlich zahlreiche Wandlungen.

WIEN

Abbildung 2.2: <u>Mittelalterliche Stadterweiterungen</u>

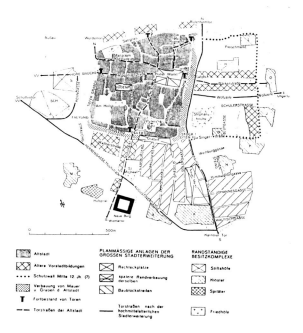

Quelle: LICHTENBERGER 1977a: 28

An dieser Stelle soll eine stichwortartige Aufzählung der wichtigsten Veränderungen genügen:

- Blüte der mittelalterlichen Bürgerstadt.
- Bereits im Mittelalter: Großstadt im deutschen Sprachraum.
- hohe Segregation: Bürgerstadt-Adelsstadt (LICHTENBERGER 1977a:13).
  Soziale Gruppen: Bürger - Unterschicht - Hof und Adel - Geistlichkeit
  - Universität (1365 gegründet).
- Ab 1276 Sitz der Habsburger; Auseinandersetzung zwischen diesen und den Bürgern, Einschränkung der Bürgerrechte (CZEIKE&BRAUNEIS 1977:21).
- 15. Jh.: Kulmination der Auseinandersetzung zwischen Bürgerschaft und Landesherren, Hinrichtung des Bürgermeisters Holer (1463), Zerrüttung der städtischen Finanzen, Rückgang der gewerblichen Produktion. Beset-

zung Wiens durch die Ungarn in den 80er Jahren: "Wien besaß nicht mehr die Vermittlerposition zwischen West und Ost, sondern war, seiner Wirtschaftsverbindungen beraubt, zu einer Stadt jenseits der ungarischen Grenze degradiert" (ebd..51).

- Wien verliert seine wirtschaftliche Position im Fernhandel an die süddeutschen Kaufleute und wird zu einer Stadt der "Krämer und des Kleingewerbes" (LICHTENBERGER 1962:237). Keine Entwicklung des Verlagssystems, frühe (bis heute nachwirkende) Spezialisierung auf Luxusartikel für Hof und Adel (LICHTENBERGER 1977a:37).
- 1439 Holzbrücken über Donau bei Wien.
- Um 1500 ca. 60.000 Einwohner, wahrscheinlich bereits zahlreiche Vororte (KREBS 1928:109)
- 1522 "Blutgericht": Schlußstrich unter die Kämpfe zwischen Bürgerschaft und der stärker werdenden Macht der Landesfürsten
- 1525 neue Stadtverfassung: vollkommener Verlust der bürgerlichen Autonomie; Gegenreformation: zahlreiche Neuansiedlungen von Kirchen, Klöstern und Stiftskirchen ("Klosteroffensive"), Stadt ist "wirtschaftlich verarmt und politisch gebrochen" (LICHTENBERGER 1962:237).
- 1535 Habsburger Residenz (nach fast hundertjähriger Abwesenheit): "Prunkvoll sich entfaltende Hofhaltung in Wien zieht Adelige aus allen Teilen des Reiches an (ebd.:237). Klöster und Adel die neuen Bauherren.
- Zwischen 1529 (erste Türkenbelagerung) und 1683 (zweite und letzte Türkenbelagerung) Umwandlung von mittelalterlicher Bürgerstadt zur barocken Residenz. Perspektivansicht von Huefnagel (1609): noch überwiegend schmale gotische Giebelhäuser. Dazwischen aber schon "breit zur Straße gestellte Vierseithöfe der Renaissance" (ebd.:237).

1683, nach erfolgreicher Abwehr der Türken, Ende der Grenzlage Wiens, Mittelpunkt eines mächtigen, aufstrebenden Großstaates. Durchgreifende Umgestaltung der Stadt (alles innerhalb des heutigen 1. Bezirks).

1683-1770 im Barock Glanzzeit Wiens: "hochbarocke Bauperiode" (BOBEK & LICHTENBERGER 1966:2), Konzentration der Staatsgewalt, dadurch führende Stellung in Österreich; Herrscher gleichzeitig im Besitz der deutschen Kaiserkrone. Italienische und deutsche Handelsstädte büßen an Bedeutung ein, Wien dagegen gewinnt an Bedeutung: größte deutsche Stadt.

Tabelle 2.1: Einwohnerzahlen in Wien 1683-1840

Jahr	Einwohner
um 1680	80.000
um 1770	160.000
1779	192.000 [1]
1840	440.000 [2]

[1] Zählung, [2] Agglomeration: Altstadt, Vorstädte und noch nicht eingemeindete Vororte

Quelle: BOBEK & LICHTENBERGER 1966: 24 f

- Durchgreifende Umwandlung der Altstadt (Zusammenlegung von Parzellen, stattliche barocke Mietshäuser, Adelspaläste, Klöster).
- Gewerbetreibende und Zuwanderer kommen in die Vorortstädte (Türkenbedrohung beendet), die sich bis zur Gürtellinie, dem zweiten Befestigungsring, ausdehnen (BOBEK & LICHTENBERGER 1966:25). Erste mehrgeschossige Mietobjekte.

- 1740-1848: Stadt des Manufakturwesens.
  Starkes Bevölkerungswachstum (vgl. Tabelle 2.1): Zunahme pro Jahrzehnt rd. 40.000. Anstelle des Adels, die ihr Vermögen "überbeanspruchen", sind nun "reichgewordene Unternehmer der Manufakturen und "Fabriken", Bankiers, Großhändler und die Spitzen der Bürokratie" die neuen Bauherren (ebd.:25f). Insbesondere in den Vorstädten weiter starkes Wachstum: nüchterne staatliche Barockbauten, einfache bürgerliche Wohn- und Miethäuser. Ursprung des modernen Massenmiethauses mit schematischen Grundrissen. Das Wachstum reicht jedoch noch nicht bis in die Vororte vor dem Linienwall (vgl. Abb. 2.3).

WIEN

Abbildung 2.3: <u>Sozial- und wirtschaftsräumliche Gliederung Wiens um 1770</u>

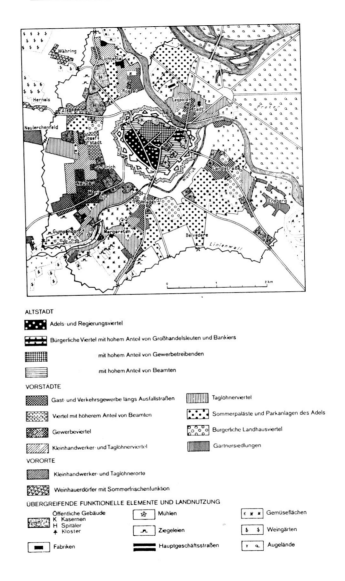

Quelle: LICHTENBERGER 1977a:138f

Mit dem Gemeindestatut von 1850, ein unmittelbarer Erfolg der bürgerlichen Revolution von 1848 erringt die Gemeinde erstmals seit dem Mittelalter wieder eine kommunale Autonomie. Damit werden gleichzeitig Stadtgrenzen festgelegt (vgl. Abschn. 3.1.1: "Planverfahren und Ordnungsvorstellungen"), die für alle Angelegenheiten der öffentlichen Verwaltung gültig sind. Bis zu diesem Zeitpunkt gibt es für unterschiedliche Verwaltungsaufgaben unterschiedliche Verwaltungsgebiete (vgl. KAINRATH 1982: 107):

- die Altstadt, das "eigentliche" Wien, innerhalb des Glacis (heute das Gebiet innerhalb der Ringstraße, der 1. Bezirk),

- das Gebiet innerhalb des Linienwalls (heute die Gürtelstraße) seit 1704, das die Altstadt und die Vorstädte umfaßt (ungfähr heutiger 1. Bezirk sowie die Bezirke 3-9) und

- das Gebiet des "Burgfriedens", 1698 festgelegt und nicht deckungsgleich mit dem Gebiet innerhalb des Linienwalls (vgl. Abb. 2.4).

Abbildung 2.4: <u>Wien und die Vorstädte bis 1850</u>

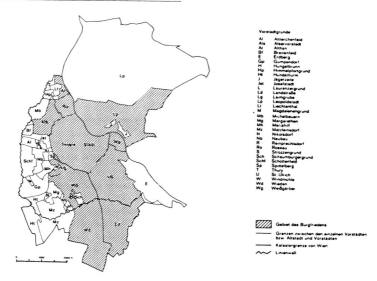

Quelle: Wiener Geschichtsblätter, Heft 1/1980, in: KAINRATH 1982:107.

3. PHASE III DER STADTENTWICKLUNG (1855-1936): WACHSTUM, EXPANSION, POLITISCHER UMBRUCH UND STAGNATION

Wie bereits angeführt (vgl. Abschn. 1.2), lassen die politischen Ereignisse, die von erheblicher Bedeutung für die Stadtentwicklung Wiens sind, es zweckmäßig erscheinen, diese Phase III noch einmal in eine Phase IIIa vor dem Ersten Weltkrieg, in der Wien die "K.u.K. Reichshaupt- und Residenzstadt" eines Großreiches von annähernd 60 Mio. Einwohnern ist, und in eine Phase nach dem Ersten Weltkrieg zu unterteilen, in der "das rote Wien" nur mehr die Hauptstadt eines Kleinstaates von annähernd 7 Mio. Einwohnern ist.

3.1 Phase IIIa: Die "Gründerzeit" (1855-1914): Wachstum und Expansion

Die politische Entwicklung der Gründerzeit

Für BOBEK & LICHTENBERGER steht in Wien die gesamte Gründerzeit "im Zeichen der uneingeschränkten Entfaltung liberalistisch-kapitalistischer Ideen" (1966:26), deren zunehmende Durchsetzung "in allen Bereichen des menschlichen Zusammenlebens und der menschlichen Tätigkeit" die bauliche Entwicklung der Stadt "mit ihrem alle bisherigen Grenzen sprengenden Ausmaß" (ebd.:30) stark beeinflußt. Die Autoren betonen, daß die Ablösung "der alten sozialen Organisationsformen und Wirtschaftsweisen" des Absolutismus und des Manufakturwesens von schweren Krisen begleitet wird, besonders in der Übergangsphase der Frühgründerzeit von 1840 bis 1870, "in der sich die neue innenpolitische Linie des Liberalismus nach den blutigen Revolutionskämpfen von 1848 und der darauf folgenden Reaktionsperiode endgültig erst 1859 durchsetzte" (ebd.:30). Erst in der Hochgründerzeit (1870-1890), so BOBEK & LICHTENBERGER, sei die "klassische Form des liberalen Systems" erreicht worden, während sich in der Spätgründerzeit (1890-1918) dann "bereits unverkennbar Reformbestrebungen abzeichneten" (ebd.:30).

Für CZEIKE findet die "neoabsolutistische Ära" in Wien ihr Ende mit dem

"Februarpatent" von 1861; geschwächt durch militärische und außenpolitische Niederlagen, kann sich der monarchistische Staat nicht länger gegen eine Neuerung der kommunalen Verhältnisse sperren (CZEIKE 1978:250). Mit dem "Februarpatent", das CZEIKE als Voraussetzung für Wahlen und eine kommunale Selbstverwaltung wertet, haben die Vertreter des reichen Bürgertums ihre Gleichberechtigung gegenüber Adel und Klerus durchgesetzt. Ein Wahlrecht, nach dem nur 3% der männlichen Bevölkerung das Stimmrecht besitzen und das die Wähler nach der Höhe ihrer direkten Steuerleistung oder dem Grad ihrer Bildung in drei Wahlkörper aufteilt, wovon jeder Wahlkörper je 40 Gemeinderäte bestellte (ebd.:250), sichert dem liberalen Großbürgertum einen übergroßen Einfluß auf die Kommunalpolitik der Stadt. Bis in die neunziger Jahre hinein behalten die Liberalen, unter ihnen besonders die bald als "Bürgermeisterpartei" bezeichnete rechtskonservative Mittelpartei, die Verwaltung Wiens in der Hand. Politisch vertreten die Wiener Liberalen ein konstitutionelles Regime, das die Macht des Herrschers durch eine gewählte Volksvertretung beschränken soll; wirtschaftlich wird die Verpflichtung jedes einzelnen betont, seine Lage aus eigener Kraft zu verbessern.

Der Liberalismus steht damit im Gegensatz zu der sich entwickelnden Sozialdemokratie, die "im Sinne LASALLEs die Staatshilfe forderte und das Einzelindividuum von der alleinigen Verantwortung für sein Dasein befreien wollte" (ebd.:251). Allerdings konnten die Sozialdemokraten sich gegenüber den Liberalen und auch später gegenüber den Christlichsozialen aufgrund des bestehenden Wahlrechts nicht durchsetzen, obwohl durch die Zunahme der proletarischen Bevölkerung das sozialdemokratische Wählerpotential anwuchs. Die Wahlrechtsänderungen von 1885 und 1900 waren nach CZEIKE "pseudodemokratischer Natur"; erst das allgemeine Wahlrecht von 1919, das nach dem Zusammenbruch der Monarchie von 1918 durchgesetzt werden konnte, brachte die Mehrheit für die Sozialdemokratische Partei.

Während sich für BOBEK & LICHTENBERGER in der Hochgründerzeit (1870-1890) "die klassische Form des liberalen Systems" durchsetzt (1966:30), findet bei CZEIKE "die Blütezeit der liberalen Wirtschaftspolitik" mit dem Börsenkrach von 1873 ihr Ende (1978:253). Das auf den großbürgerlichen Industrialismus und Kapitalismus abgestimmte liberale Wirtschaftskonzept sowie der Mangel an sozialpolitischen Maßnahmen führt zwar dazu, daß die Opposition innerhalb kleinbürgerlicher und proletarischer Bevölkerungsgruppen ständig anwächst gegenüber dem liberalen Gemeinderat (ebd..253), aber erst 1895 können sich, mit der Erringung der absoluten Mehrheit durch die Christlichsozialen unter Führung von Karl LUEGER, Bestrebungen durchsetzen, denen eine bewußte Infrastruktur zugrunde liegt. 1897 erfolgt "nach dreimaliger Verweigerung die kaiserliche Bestätigung der gemeinderätlichen Wahl LUEGERS zum Bürgermeister; damit beginnt die Ära des sogenannten "Munizipalsozialismus".

Die finanzielle Situation der Gemeinde in der Gründerzeit

Die Zeit des Liberalismus in Wien ist eine Zeit ständiger Finanzkrisen. Bereits seit den Fünfziger Jahren sind die Budgetdefizite der Gemeinde durch nicht zu umgehende Infrastrukturmaßnahmen ständig angewachsen, und die Versuche in der Hochgründerzeit, durch die Aufnahme von "Anlehen" einen Finanzierungsweg zu finden, sind nur sehr bedingt erfolgreich: die Emission von Inlandsanleihen von 1866 erfolgt während des Krieges mit Preußen, die von 1873 im Jahr des Börsenkrachs, dem die Wirtschaftskrise folgt; so können von den jeweils angestrebten 63 Mio. Gulden nur 25 Mio. bzw. 40 Mio. aufgebracht werden. CZEIKE (ebd..253) kommt zu dem Ergebnis: "Die siebziger Jahre standen dauernd unter dem Druck von Finanzkrisen, die immer schwieriger überwunden werden konnten". Die angespannte finanzielle Situation der Stadt, die auch in den geringen Infrastrukturmaßnahmen der achtziger Jahre zum Ausdruck kommt, bessert sich erst gegen Ende des Jahrzehnts, als sich die Gemeinde zusammen mit dem Land Niederösterreich und dem Staat an dem Großvorhaben des Gürtelstrassenbaus auf dem Gelände des Linienwalls beteiligen kann (LICHTENBERGER 1978: 213). Eine deutliche Wende in der Finanzpolitik und -situation der Stadt zeichnet sich erst nach 1895 ab. Nach LICHTENBERGER (ebd.:214) basieren die Maßnahmen des christlichsozialen Munizipalsozialismus auf der "Grundüberlegung ..., daß eine ambitionierte Kommunalpolitik nur auf dem Wege über eine Steigerung der städtischen Einnahmen möglich ist. Derartige Intentionen stehen auch hinter der Kommunalisierung der Versorgungseinrichtungen (Gas, elektrischer Strom) und der Verkehrsmittel" sowie hinter der Begründung einer stadteigenen Sparkassen- und Versicherungsanstalt. Immerhin ist die Stadtgemeinde mit der neuen LUEGERschen Kommunalpolitik der Steigerung der Einnahmen durch und für die Kommunalisierung so erfolgreich, daß sie "alles in allem ... damit bereits vor dem 1. Weltkrieg zur Großunternehmerin und zum bedeutendsten Arbeitgeber nach dem Staat wird" (ebd.:214).

3.1.1 Planverfahren und Ordnungsvorstellungen (1855-1914)

Zu Beginn der Gründerzeit kann noch nicht von bewußten, systematischen Planverfahren und Ordnungsvorstellungen die Rede sein. Das liegt zum einen an den neuen, vorher völlig unbekannten Problemen, mit denen die Stadt zu kämpfen hat, zum anderen aber auch an der liberalistischen Grundhaltung der politischen Führung. Oftmals müssen sich die Probleme erst bedrohlich zuspitzen, ehe die Gemeindeverwaltung oder die Zentralregierung eingreift. Das gilt sowohl für die immensen Hygieneprobleme als auch für die anstehenden Verkehrs- und Verwaltungsprobleme.

Da aber auch solche Notmaßnahmen in der Regel die Stadtentwicklung bereits beeinflussen, erscheint es lohnenswert, die erfolgten Maßnahmen aufzulisten und in einem zweiten Schritt zu bewerten hinsichtlich ihres "bewußten" Gehalts. Dabei zeigt sich zum einen ein allmählicher Übergang von einer bloß passiven Haltung der Gemeinde zu einer aktiven und bewußten Infrastrukturpolitik, zum anderen eine allmähliche Emanzipation der Gemeinde Wien von der Bevormundung der Zentralregierung.

Wie bereits oben angedeutet bleibt während der gesamten Gründerzeit die Wohnungsversorgung der Bevölkerung, d.h. das direkte Eingreifen in den Wohnungsmarkt, so gut wie außerhalb des Gesichtskreises und wohl auch außerhalb der Möglichkeiten der Gemeindevertretung. Maßnahmen kommen in aller Regel vor allem der Industrie und dem Gewerbe zugute.

Für die Beurteilung in Tabelle 3.1, wann und wodurch die Gemeinde sich "passiv" oder "aktiv" verhält, bzw. wann und wodurch sie eine "bewußte Infrastrukturpolitik" betreibt, sollen folgende Definitionen gelten (MARSCHALCK 1978:57ff):

- "passiv" verhält sich die Gemeinde Wien gegenüber dem Industrialisierungsprozeß dann, wenn die Stadt "den industriellen Unternehmungen weitgehend Freiräume und Entwicklungsmöglichkeiten" (ebd.:63) lediglich aufgrund der naturräumlichen und historischen Struktur und Funktion bietet. Unternehmen ergreifen also Besitz von Flächen und Ressourcen der Stadt, ohne daß die damit verbundenen Folgen von der Stadtverwaltung antizipiert und reglementiert werden;

- "aktiv" beschreibt die "Gesamtheit der von den städtischen Verwaltungen erbrachten Leistungen, soweit sie direkt oder auch nur indirekt industriellen Unternehmungen zugutekommen" (ebd.:59) und soweit sie "Reaktionen auf die im Zuge des wirtschaftlichen und sozialen Wandels sich abzeichnenden Unzulänglichkeiten städtischer Verhältnisse" (ebd.:62) sind;
- "bewußte Infrastrukturpolitik" bezeichnet "das aktive Angebot von Standortvorteilen als bewußte und gewollte Steuerung der städtischen Entwicklung" (ebd.:61).

Zur weiteren Unterscheidung sollen folgende Definitionen gelten:

- "direkt" kommen den Unternehmen solche Maßnahmen zugute, die der Verbesserung des Personen- und Güterverkehrs (Erhöhung des Arbeitskräftepotentials, Beschleunigung und Verbilligung des Güterumschlags) und der Verbesserung der Energieversorgung (potentielle Möglichkeiten vermehrten Maschineneinsatzes) dienen sowie Maßnahmen zur Flächenbeschaffung und -organisation für die Industriebetriebe;

- "indirekt" kommen den Unternehmen solche Maßnahmen zugute, die der Verbesserung der Stadthygiene und der Seuchenbekämpfung (kontinuierlichere Produktion und Absatzmöglichkeiten), der Verbesserung der Wohnbedingungen und der Flächenbeschaffung und -organisation für Wohnbauten dienen.

In der Spalte "Beschreibung" der nachfolgenden Tabelle 3.1 werden alle in der angegebenen Literatur aufgefundenen städtischen und staatlichen Maßnahmen zeitlich geordnet.

Tabelle 3.1: Sozialpolitische und infrastrukturelle Maßnahmen in Wien (1831 - 1912)

Quelle	Beschreibung			Bewertung				
	Maßnahme	Jahr	Träger d. Maßn.	nach Marschalck			direkt	indir.
				passiv	aktiv	bewußte Infrastrukturpolitik		
a:240	Bau von Wienfluß-Sammelkanälen zur Einleitung der Straßen- u. Hauskanäle	1831/1834	Gemeinde, gem. kaiserl. Auftrag		● Reaktion auf Choleraepidemie von 1830-32			
a:240	Bau der Kaiser-Ferdinand-Wasserleitung	1835	Gemeinde, auf Initiative d. Kaisers		● Reaktion auf Choleraepidemie von 1830-32			
a:242	Bau von städt. Schlachthäusern, Einrichtung eines Marktamtes	1839	Gemeinde		● Reaktion auf stark ansteigende Lebensm.preise			
b: 42	Eröffnung der Nordbahn Eröffnung der Südbahn Eröffnung der Ostbahn Eröffnung der Westbahn	1837 1841 1845 1856/57	Staat Staat Staat Staat	●				
a:241f	Ausdehnung der Rechtshoheit auf die meisten Vorstädte durch Ankauf von Grundherrschaften; Voraussetzung für spätere Eingemeindungen	1842	Gemeinde		● Reaktion auf das Anwachsen der Vorstädte			
c:203 a:246	Erste Stadterweiterung durch Eingemeindung der Vorstädte innerhalb des Linienwalls	1850	Gemeinde, auf Vorschlag des Innenministers	● aufgrund der zu erwartenden hohen Kosten und sozialen Probleme	● Reaktion auf Bevölkerungsentwicklung: in den Vorstädten wohnen 7x mehr Menschen als in Altstadt			
b: 42f a:253	Schleifung der Bastein, Bau der Ringstraße Aufschließung der Ringstraßenzonen	1857-1865	Staat Gemeinde, vom Staat aufoktroyiert		●	●	●	
b: 45 c:210	Erlass einer neuen Bauordnung, auch für Vorstädte verbindl.	1859	Gemeinde und Staat (?)	● lediglich Festlegung von Mindeststraßenbreiten und max. Gebäudehöhen			●	
	"Februarpatent" von 1861 (a:250), Beginn der liberalen Ära							
a:259 b: 45	"Regulierungen" in der Altstadt: Ankauf und Demolierung verkehrsbehindernder Häuser zur Straßenverbreiterung; Voraussetzung: BO von 1859	1860-65	Gemeinde		●	●	●	
a:260	Bau einer Zentralmarkthalle	1865	Gemeinde (?)		●			
a:260	Bau von Kopfbahnhöfen mit großen Rangieranlagen und Lagerhallen	~1865	Staat (?)		●	●		
a:259 b: 43f	Donauregulierung und Bau von Kaianlagen	1870-79	Staat mit finanzieller Beteiligung der Gemeinde (1/3) und Niederösterreich (1/3)	●	● Reaktion auf ständige Überschwemmungs- u. Seuchengefahr; letzte Überschwemmung 1862	● durch damit verbundene städtebaul. Maßnahmen; Schaffung von Industrieflächen	●	●
a:257	Bau einer Hochquellenwasserleitung	1870-73	Gemeinde, begünstigt durch fürstl. Schenkungen		● Reaktion auf Choleraepidemie von 1855		●	
a:260	Planung eines Systems von Radial-, Entlastungs- und Verbindungsstraßen sowie einer Hochbahn; kommt jedoch aus Kostengründen nicht zur Ausf.	~1870	Gemeinde			●		
a:258	Bau eines Epidemiespitals	1872-73	Gemeinde		● Reaktion auf Blatternepidemie von 1872			●
	Börsenkrach von 1873 und anschl. Wirtschaftskrise (a:253f)							
a:258	Anlage eines Zentralfriedhofs	1873-74	Gemeinde, aus Anleihen finanziert		● Überfüllung der Friedhöfe, auch durch Choleraepidemie von 1873			
a:259 b: 45	"Regulierungen" in der Altstadt zur Sanierung überalterter Wohnviertel	1875	Gemeinde		●	●	●	
a:259	Bau eines städt. Lagerhauses	1876	Gemeinde		●			
a:260	Einrichtung eines Zentralviehmarktes	1881	Gemeinde (?)		●			

WIEN

(Fortsetzung Tab. 3.1)

Quelle	Maßnahme	Jahr	Träger d. Maßn.	nach Marschalck passiv	nach Marschalck aktiv	bewußte Infrastrukturpolitik	direkt	indir.	
a:258	Bau eines neuen Rathauses	1883	Gemeinde		● Reaktion auf starke räuml. und personelle Erweiterung des zentral aufgebauten Verwaltungsapparates				
a:271	Erlass einer neuen Bauordnung, de facto Legalisierung des spekulativen Wohnungsbaus	1883	Gemeinde und Staat (?)		●				
c:203	Zweite Stadterweiterung durch Eingemeindung von 21 Vororten außerhalb des Linienwalls	1890	Gemeinde, jed. Billigung durch Kaiser erforderlich		● Reaktion auf Bevölkerungsentwicklung: durch Eingemeindung Zuwachs von 500.000 Einw.	zur Flächenvorsorge	●	●	
c:213	Bau der Gürtelstraße auf ehemaligem Linienwall	n.1890	Gemeinde mit finanzieller Beteiligung des Staates und Niederöstern.		●		●	●	
a:271	Gründung einer Kommission für Verkehrsanlagen	1892	Gemeinde				●	●	
d:214	Aufstellung eines Generalregulierungsplans für die Stadt	1893	Gemeinde				●	●	
a:271	Novellierung der Bauordnung von 1883: nun grobe funktionale Gliederung der Stadt in Gebiete mit vorwiegender Wohn- bzw. Industrienutzung; außerdem Zonierung der Stadt nach Gebäudehöhen. Ausdehnung der BO auch auf die Vororte	1893	Gemeinde (?)				●	●	
	Mehrheit der Christlichsozialen unter Lueger 1895 (a:271)								
a:271	Kommunalisierung der Pferdestraßenbahn; deren Elektrifizierung	1897 1902	Gemeinde Gemeinde		● Reaktion auf unzureichende Verkehrsbedienung durch Privatunternehmen		●	●	
c:214	Generalregulierungsplan aufgrund eines Wachstumsmodell; Prognose für 1950: 4 Mill. E.	1898	Gemeinde				●	●	Spätgründerzeit (1890-1918)
a:271	Kommunalisierung der Gasversorgung; Betriebsaufnahme der städtischen Gaswerke	1899	Gemeinde				●	●	
a:271	Kommunalisierung der Elektrizitätsversorgung; Betriebsaufnahme der städt. Elt.-werke	1902	Gemeinde				●	●	
c:214	Wienflußregulierung, Bau eines Hauptsammelkanals	1904	Gemeinde		●		●	●	
c:214	Bau der Stadtbahn	1904	Gemeinde		●		●	●	
c:203 a:270	Dritte Stadterweiterung durch Eingemeindung von Floridsdorf sowie großer agrar. Gebiete auf dem linken Donauufer	1904	Gemeinde				●	●	
a:271	Beschluß, einen "Wald- und Wiesengürtel" als Naherholungsgebiet und Wachstumsbegrenzung der Stadt zu schaffen	1905	Gemeinde				●	●	
c:214	Bau von 80 Volksschulen sowie Bau von Großspitälern im Rahmen einer Standortpolitik gem. Wachstumsmodell	1895-1910	Gemeinde				●	●	
a:271	Bau einer zweiten Hochquellenwasserleitung	1900-1910	Gemeinde		● Reaktion auf die Unterversorgung der Vororte			●	
c:214	Werkswohnungsbau f. Angestellte der städt. Betriebe	1912	Gemeinde		● Reaktion auf die allgemeine Wohnungsnot				
c:214	Begründung einer eigenen Sparkasse und Versicherungsanstalt	n.1900	Gemeinde						

Quellen:
a: Felix Czeike, Wachstumsprobleme in Wien im 19. Jahrhundert, in: H. Jäger (Hrsg.), Probleme des Städtewesens im industriellen Zeitalter (Städteforschung, Reihe A, Bd. 5), Köln und Wien 1978, S. 229-272
b: H. Bobek und E. Lichtenberger, Wien. Bauliche Gestalt und Entwicklung seit der Mitte des 19. Jahrhunderts, Graz und Köln 1966
c: E. Lichtenberger, Wachstumsprobleme und Planungsstrategien von europäischen Millionenstädten in der zweiten Hälfte des 19. Jahrhunderts. Das Wiener Beispiel, in: H. Jäger (Hrsg.), a.a.O., S. 195-219
d: E. Lichtenberger, Die Wiener Altstadt. Von der mittelalterlichen Bürgerstadt zur City, Wien 1977

Für die passive Rolle der Gemeinde sind die Maßnahmen des Staates in der Frühgründerzeit von großer Bedeutung für den Industrialisierungsprozeß. Aufgrund ihrer historischen Struktur und Funktion als Fürstensitz und Zentrum des Reiches bietet die Stadt Wien für die Industriebetriebe nicht nur als Handels- und Gewerbezentrum "Freiräume und Entwicklungsmöglichkeiten". Die politische Funktion führt zu einer Reihe staatlicher Infrastrukturmaßnahmen, unter denen besonders der ab 1837 einsetzende, zentral auf die Haupt- und Residenzstadt ausgerichtete Eisenbahnbau hervorzuheben ist, der Wien "erst wahrhaft zum Zentrum der Monarchie macht" (BOBEK & LICHTENBERGER 1966:42). Der Eisenbahnbau beeinflußt ganz wesentlich den schlagartig einsetzenden Bevölkerungsstrom nach Wien (s. "Bevölkerung und Wohnungen") sowie die Entwicklung der Großindustrien in der Stadt (ebd.:42).

Ebenfalls von Wichtigkeit für den Industrialisierungsprozeß sind der Ringstraßenbau sowie die Donauregulierung. Der Ringstraßenbau von 1857 bis 1865 ist die Voraussetzung für die territoriale Vereinigung und funktionale Verbindung der Altstadt mit den Vorstädten (CZEIKE 1978:247ff) und damit der eigentliche Vollzug der ersten Stadterweiterung von 1850, da diese Eingemeindungen, die gegen den partiellen Widerstand sowohl der Altstadt- als auch der Vorstadtbewohner durchgesetzt werden (LICHTENBERGER 1978c:202f), zunächst lediglich eine verwaltungsmäßige Ausdehnung der Stadt bedeutete (CZEIKE 1978:247). Die Donauregulierung von 1870 bis 1879 fördert zunächst die Industrialisierung des linken Donauufers im Zusammenhang mit der vorhandenen Anlage der Nordbahn und der Schaffung großer, ebener Flächen zu niedrigen Grundstückspreisen; die mit der Donauregulierung ermöglichte 11 km lange Kaianlage begünstigt die Donauschiffahrt, und 1879 schließlich wird auch an den Kaianlagen die Errichtung von Fabriken gestattet. (BOBEK & LICHTENBERGER 1966:43).

Diese staatlichen Maßnahmen können, fragt man nach der Rolle des Staates, durchaus bereits als "aktiv" bzw. als "bewußte Infrastrukurpolitik" bezeichnet werden. Da sich die passive Rolle der Gemeinde während der Frühgünderzeit auch aus ihrem Verhältnis zum Staat erklärt - für LICHTENBERGER (1978c:213) besteht bis in die Spätgründerzeit (1870-90) hinein eine "Subordination der städtischen Behörden unter die des Staates" - wäre eine Analyse dieses Verhältnisses zwischen staatlicher Zentralgewalt und der Gemeindeverwaltung aufschlußreich, um neben den angeführten Gründen ("ökonomischer Liberalismus") weitere Erklärungsansätze für die passive Rolle der Gemeinde zu erhalten. Da das über den Rahmen dieser Arbeit hinausgehen würde, soll ein Beispiel genügen: Als im Zusammenhang mit dem Ringstraßenprojekt die Gemeindevertretung gegenüber der Zentralregierung die Flächen der ehemaligen Glacisanlagen als Gemeindeeigentum beansprucht, kann sie sich ebensowenig durchsetzen wie bei ihren Bemühungen um die Überlassung einer selbständigen, von der Zentralregierung unabhängigen Ausführung der Stadterweiterung. Andererseits muß die Gemeinde es hinnehmen, daß die Zentralregierung sie mit der Erstellung der gesamten Infrastruktur im Zusammenhang mit der ersten Stadterweiterung belastet (CZEIKE 1978:248f.).

Dennoch beginnt in Wien die aktive Rolle der Gemeinde auch bereits in den vierziger Jahren des vorigen Jahrhunderts. Der Ankauf von Grundherrschaften geschieht unter dem Druck der Ereignisse: Epidemien und immense Verkehrsprobleme vor dem Hintergrund einer sprunghaft ansteigenden Bevölkerungszahl (s. "Bevölkerung und Wohnungen") und der zunehmenden Industrialisierung erfordern sozialpolitische und infrastrukturelle Maßnahmen. In den sechziger und siebziger Jahren des vorigen Jahrhunderts zwingen die Ereignisse wie die Überschwemmung von 1862, die Epidemien von 1855, 1872 und 1873 bei sprunghaft ansteigender Bevölkerung in den Vorstädten und Vororten und das stetig wachsende Verkehrsaufkommen die Gemeinde zu Maßnahmen, die direkt und indirekt den Industrieunternehmen zugute kommen: die Aufschließung der Ringstraßenzone (1857 - 1865), die "Regulierungen" zur Straßenverbreiterung (1860-1865) und zur Demolierung alter Wohnviertel (1875), die Verbesserung der technischen Infrastruktur (Wasserversorgung und Abwasserbeseitigung 1870-1973, 1870-1879) und die Seuchenbekämpfung (Epidemiespital 1872-1873, Zentralfriedhof 1873-1874).

Gegenüber Maßnahmen zur Verbesserung der Energieversorgung oder des Nahverkehrs nimmt der liberale Gemeinderat allerdings "eine offen passive, wenn nicht ausgesprochen ablehnende Haltung ein" (CZEIKE 1978:251). Ebenso wird ein kommunaler Wohnungsbau trotz katastrophaler Wohnungsbedingungen hinsichtlich Miethöhe, Größe, Belegungsdichte und sanitärer Ausstattung, woran auch die Verfasser der Bauordnung von 1859 sowie die gewährten Steuerbefreiungen zur Ankurbelung des Wohnungsbaus nicht schuldlos sind, "prinzipiell abgelehnt" (ebd.:251f).

Während der gesamten liberalen Ära, also bis 1895, ist keine der aktiven Maßnahmen des Gemeinderats getragen oder beeinflußt von einem "sozialen Protektionismus", der "das individuelle Problem des Armseins ... zu einem strukturellen Problem, der Arbeiterfrage" (MARSCHALCK 1978:63) umgedeutet hätte. "Für die Rücksichtnahme auf soziale oder wirtschaftliche Bedürfnisse der Bevölkerung war weder in der Ideologie oder im Kommunalkonzept noch im Budget Platz. Alle Planungen unterlagen den Grundsätzen der kapitalistischen Marktordnung ("Manchesterliberalismus"), dem Zusammenspiel von Angebot und Nachfrage und dem Prinzip der Selbsthilfe des einzelnen Bürgers" (CZEIKE 1978:251). Ausnahmen von diesen Prinzipien werden lediglich für die Armenversorgung, Waisenbetreuung und für das Schulwesen gemacht (ebd.:251).

Allerdings können einige Maßnahmen des liberalen Gemeinderats bereits als Ansätze einer <u>bewußten Infrastrukturpolitik</u> gewertet werden, so z.B. die "Regulierungen" von 1860-1865 und 1875, die Planungen für ein neues Straßensystem um 1870, die jedoch nicht verwirklicht werden, und vor allem in den neunziger Jahren dann die mit der zweiten Stadterweiterung verbundenen Maßnahmen: der Bau der Gürtelstraße 1890, der Generalregulierungsplan 1893 und die Bauordnung von 1893, die zum erstenmal eine funktionale Gliederung und Dichtezonierung der Stadt vorsieht.

Der <u>Generalregulierungsplan</u> (vgl. Abb. 3.1) wird über einen Wettbewerb in Angriff genommen. Er wird jedoch nur teilweise in Form von Detailplänen beschlossen (CZEIKE 1978:271). Seine Bedeutung liegt vor allem in der Durchführung zahlreicher Straßendurchbrüche innerhalb der Vorstädte, während sich gegen ähnliche Vorhaben in der Altstadt bereits der Denkmalsschutz etabliert (BOBEK & LICHTENBERGER 1966:47). Durch fehlende Enteignungsgesetze und vor allem durch den 1. Weltkrieg kommt der Umbau aber ins Stocken.

Die Bauordnung (BO) von 1859, gültig für die Altstadt und die 1850 eingemeindeten Vorstädte, begnügt sich noch mit der Festlegung der Mindeststraßenbreite und der maximalen Gebäudehöhe. Das ständig steigende Verkehrsaufkommen erfordert eine Verbreiterung und Begradigung des Straßen-

WIEN   382

Abbildung 3.1: General-Regulierungsplan von E. Fassbender 1893. Projektierte und durchgeführte Durchbrüche.

Quelle: LICHTENBERGER 1977a:213.

Abbildung 3.2: Wiener Ringstraßenbebauung zwischen 1857 und der Jahrhundertwende

Quelle: BINDER & KAINRATH 1982:73

Abbildung 3.3: Ringstraßenbebauung (1. Bezirk im Bereich Rathaus - Universität)

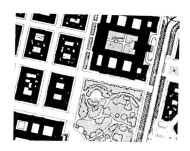

Quelle: SCHOPPER 1982:51

Abbildung 3.4: E: Fassbender: Wettbewerbsprojekt zum Generalregulierungsplan für Wien, Projekt Nr. 10, 1893, Skizze des Verkehrsnetzes

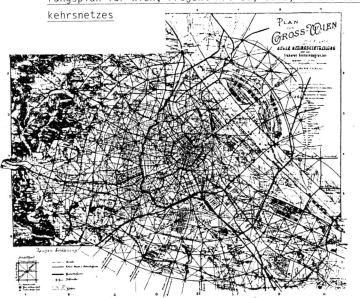

Quelle: Magistratsabteilung 8 - Wiener Stadt- und Landesarchiv, nach: BINDER & KAINRATH 1982:73

netzes. Die Straßenprojektierung für Favoriten und Brigittenau erfolgt nach dem Rasterprinzip, das auch für andere Gebiete von den planenden Privatarchitekten angewendet wird. 1877 reagiert der Österreichische Ingenieur- und Architektenverein mit einer Denkschrift, in der eine differenzierte Flächenwidmung in Geschäftsviertel, Arbeitsstättenviertel und sozial differenzierte Wohnviertel vorgeschlagen wird (LICHTENBERGER 1978c:211).

Die 1883 beschlossene Bauordnung, die die Hausbesitzer stark begünstigt und faktisch den spekulativen Wohnungsbau legalisiert (CZEIKE 1978:271), wird 1893 novelliert. Damit wird zum erstenmal ein Bauzonenplan verwirklicht, der bis in die Gegenwart hinein wirksam bleibt. Es wird eine grobe funktionale Gliederung der Stadt vorgenommen in a) Gebiete mit vorherrschender Wohnnutzung und in b) Gebiete mit vorherrschender Industrienutzung (im Süden: Südbahntrasse bis Donaukanal, im Norden beiderseits des Donaukanals). Gleichzeitig wird damit eine Industrialisierung der westlichen Stadtrandgebiete verhindert (BOBEK&LICHTENBERGER 1966:46). Mit dieser funktionellen Gliederung erfolgt eine Zonierung der Stadt nach Gebäudehöhen:
- 5 Geschosse in der Innenstadt, den Vorstädten und in einem Teil von Favoriten,
- 4 Geschosse in den westlichen Vororten bis knapp über die Vorortelinie hinaus,
- max. 3 Geschosse bzw. offene Bauweise außerhalb der o.a. Gebiete, vor allem im Nordwesten (ebd.: 46; vgl. Abb. 3.5).

Die Eingemeindungen der zweiten Stadterweiterungen in den Jahren 1890/92 sind bereits zum Teil auf Wachstum und Flächenvorsorge ausgerichtet. Insgesamt fällt die eigentliche Bewältigung der zweiten Stadterweiterung jedoch schon nicht mehr in die liberale, sondern bereits in die christlichsoziale Verwaltungsära (CZEIKE 1978:271). Wie bereits angedeutet, beginnt 1895, mit der absoluten Mehrheit für die Christlichsozialen unter Lueger, eine "ambitionierte Kommunalpolitik" (LICHTENBERGER 1978c: 214). Maßnahmen wie der Bau von Großspitälern zwischen 1895 und 1910 und der Bau von Versorgungsheimen zeugen von einem veränderten städtischen Selbstverständnis, das zumindest ansatzweise soziale Verantwortung für

Abbildung 3.5: Bauzonenplan von 1893

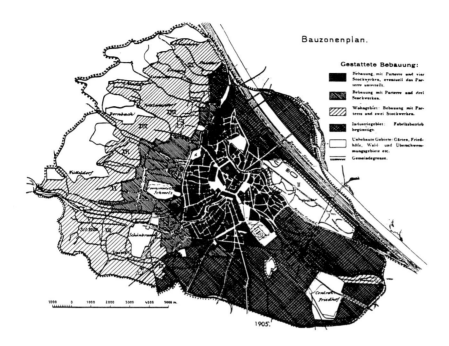

Quelle: KORTZ 1905, aus: BANIK-SCHWEITZER 1982:27

die Bewohner mit einschließt. Die Kommunalisierungspolitik der Christlichsozialen in den folgenden Jahren wird aber nicht nur aus einem neuen Selbstverständnis und Selbstbewußtsein der städtischen Verwaltungen getragen, sondern ist auch das Resultat der schlechten Erfahrungen mit privaten Versorgungsunternehmen. Sowohl für den innerstädtischen Personenverkehr als auch für die städtische Gasversorgung hatte sich bereits in der liberalen Ära gezeigt, daß die privaten Versorgungsunternehmen nicht bereit oder in der Lage zu Investitionen sind, die für die dringend erforderliche Anpassung ihrer Einrichtungen an die veränderten städtischen Bedingungen und das Bevölkerungswachstum erforderlich sind (CZEIKE 1978:254). Zudem führt die Monopolstellung der englischen "Imperial-Continental-Association" in der Gasversorgung und der Genfer Firma Carl

Schaeck-Jaquet & Co. im Nahverkehr (mit der "Wiener Tramway-Gesellschaft A.G." von 1868 und der "Neuen Wiener Tramway-Gesellschaft" von 1872 für die Vororte) zu einer "kaum transparenten Preisgestaltung" und, gemessen an den Leistungen, zu stark überhöhten Tarifen (ebd.:254f; vgl. auch "Infrastruktur").

Dennoch ist die Gemeindepolitik unter Lueger nicht nur Reaktion auf die schlechten Erfahrungen mit den privaten Versorgungsunternehmen. Die Kommunalisierung und der anschließende Ausbau des innerstädtischen Personenverkehrs, der Gas- schließlich auch der Elektrizitätsversorgung, ist auch bereits Bestandteil einer auf weiteres Wachstum ausgerichteten Infrastrukturpolitik.

Die meisten Maßnahmen unter Lueger kommen der Industrie direkt oder indirekt zugute (siehe Tab. 3.1). Die Frage, ob in Wien mit der Luegerschen Kommunalpolitik "die Übereinstimmung kommunaler mit industriellen Interessen ... gegenüber einem städtischen Selbstverständnis, das auf der sozialen Verantwortung für die Bewohner...beruhte" (MARSCHALCK 1978:65), zurückgetreten ist, kann hier nicht beantwortet werden. Voraussetzung dafür wäre zunächst eine Differenzierung des Begriffs "industrielle Interessen" in Wien, da anzunehmen ist, daß die städtischen Maßnahmen in ganz unterschiedlicher Weise für die Industriebtriebe, die sich ja nach Betriebsart, -größe und -lage unterscheiden, wirkt. Die "soziale Verantwortung für die Bewohner" unter Lueger findet, nimmt man den Werkswohnungsbau für die Angestellten der städtischen Betriebe von 1912 aus, ihre Grenzen in der Wohnungsfürsorge: einem vielfältigen Engagement zur Verbesserung der technischen Infrastruktur steht, ebenso wie unter der liberalen Vorherrschaft, ein Desinteresse in der Wohnungspolitik und Wohnungswirtschaft gegenüber, obwohl die Wohnungsnot weiterhin groß ist.

Die dritte Stadterweiterung von 1904 dient ausschließlich der Flächenvorsorge. Im Zusammenhang mit einem weit in die Zukunft gerichteten Wachstumsmodell, dessen Prognose mit einer Gesamtbevölkerung von 4 Mio. Menschen für das Jahr 1950 rechnet, ist der Ausgriff auf das linke Donauufer geplant. Dieser soll die Errichtung von Industriegebieten und Arbeiterwohnungen für 1 Mio. Menschen um Floridsdorf herum ermöglichen und fördern, gemäß dem 1898 beschlossenen Generalregulierungsplan (LICHTENBERGER 1978c:214).

Ebenfalls auf dem Wachstumsmodell basierend entstehen Konzepte für die Anlage eines "Volksringes", der 1904 in einem Plan des Wald- und Wiesengürtels festgelegt und 1905 vom Gemeinderat beschlossen wird. Dieser soll vor den Vororten liegen und vom Wienerwald über die Höhen des Laaer- und Wienerberges bis zum Augelände der Donau reichen und der Naherholung und Wachstumsbegrenzung dienen (CZEIKE 1978: 271).

Stadterweiterungen:

Bis zur Mitte des vorigen Jahrhunderts reicht das administrative Gebiet mit einheitlichen Verwaltungsaufgaben für die Gemeinde Wien nicht über die Altstadt hinaus (vgl. Abb. 2.4), die ungefähr dem heutigen 1. Bezirk entspricht, obwohl die Agglomeration bereits wesentlich größer ist: ringförmig um die Altstadt hat sich bereits ein breiter Ring von 34 Vorstädten gebildet, der vom Glacis der Altstadt - der heutigen Ringstraße - bis zu den äußeren Befestigungsanlagen des Linienwalls - dem heutigen Gürtel - reicht. Außerhalb des Linienwalls liegen schließlich weitere 29 Vororte.

1850 erweitert sich das administrative Gebiet Wiens, innerhalb dessen einheitliche Verwaltungsaufgaben festgelegt sind. Die 34 Vorstädte vor dem Glacis innerhalb des Linienwalls werden eingemeindet und zu acht neuen Bezirken zusammengefaßt. Die neue Grenze verläuft entlang des Linienwalls im Westen, der (heutigen) Alten Donau im Nordosten und im Süden entang der alten Burgfriedengrenze (vgl. Abb. 2.4). Bestrebungen Wiens, die Stadt nicht nur zum Osten und Süden hin auszudehnen, sondern auch die westlich vor dem Linienwall gelegenen Vororte, die zu diesem Zeitpunkt längst vom Wiener Stadtwachstum erfaßt sind, einzugemeinden, scheitern an den Autonomiebestrebungen der dortigen Gemeindepolitiker (KAINRATH 1982:107). Im weiteren Verlauf kommt es innerhalb der neuen Stadtgrenzen zu Bezirksveränderungen: 1861 wird der 4. Bezirk in den 4. und

5. Bezirk geteilt, 1874 entsteht der 10. Bezirk aus Teilen des 3., 4. und 5. Bezirkes.

1890 erfolgt die zweite Stadterweiterung im Zusammenhang mit dem Ausbau der Gürtelstraße, die nur eine der vielen Maßnahmen zum infrastrukturellen Ausbau ist (vgl. Tab. 3.1). Was 1850 scheiterte, gelingt nun: die 21 westlichen Vororte vor dem Linienwall - nun Gürtelstraße -, die zum Teil selbst Stadtgemeinden sind, werden eingemeindet. Im Südosten gehört nun auch das Gebiet des Zentralfriedhofs und von Kaiser-Ebersdorf zur Gemeinde Wien. Die zweite Stadterweiterung stellt damit einerseits einen Nachvollzug bereits abgelaufener Entwicklungen dar - zu diesem Zeitpunkt ist die Stadt längst über den Linienwall hinausgewachsen -, zum anderen ist sie bereits auf weiteres zukünftiges Wachstum und entsprechende Flächenvorsorge ausgerichtet. 1900 wird der 2. Bezirk in den 2. und 20. Bezirk geteilt.

1904/05 schließlich ist die dritte Stadterweiterung vor allem Flächenvorsorge im Zusammenhang mit dem o.a. Wachstumsmodell.

Die Stadterweiterung von 1890 hatte die Gebiete östlich der Donau unberührt gelassen, aber nach dem rasanten Bevölkerungswachstum Wiens, das zu optimistischsten Prognosen führt sowie nach der ebenso rasanten Entwicklung Floridsdorfs auf dem östlichen Ufer, das zwar keine wirkliche Konkurrenz für Wien darstellt, aber immerhin als Hauptstadt von Niederösterreich ins Gespräch kommt, wird die Eingemeindung von Floridsdorf sowie der umgebenden großen landwirtschaftlichen Gebiete rasch beschlossen (ebd.:107).

1910 kommt es noch zu kleineren Gebietserweiterungen bei Strebersdorf, Auhof und Mauer, bis der Erste Weltkrieg das Wachstum Wiens jäh abbricht.

WIEN

3.1.2 Bevölkerung und Wohnungen

Der gesamte Zeitraum der Gründerjahre ist gekennzeichnet durch eine sprunghaft ansteigende Bevölkerungszahl. Jeweils in drei Jahrzehnten (1840 bis 1870 und 1870 bis 1900) verdoppelt sich die Bevölkerungszahl (vgl. Tab. 3.2) und erreicht 1918 ein Maximum mit 2,239 Mio. Einwohnern (BOBEK & LICHTENBERGER 1966:31).

Tabelle 3.2: Das Bevölkerungswachstum in Wien von 1830 - 1910 (Stadtgebiet in den Grenzen von heute)

Jahr	Einwohner[1]
1830	4o1.2oo
184o	469.4oo[2]
185o	551.3oo
1857	683.000
1869	898.855
188o	1.162.966
189o	1.43o.o89
19oo	1.769.o28
191o	2.o83.497

[1] bis 1857 anwesende Zivilbevölkerung; 1869 - 1981 Volkszählungsergebnisse
[2] Aufteilung Wien-Niederösterreich geschätzt

Quelle: StHbÖ 1981: 13

Dieses rasche Bevölkerungswachstum bis zum Beginn des Ersten Weltkrieges ist - undifferenziert über die gesamte Gründerzeit gesehen - im Durchschnitt etwa zu gleichen Teilen auf den Geburtenüberschuß und den Wanderungsüberschuß zurückzuführen (HORAK 1962:61; vgl. Abb. 3.6).

Abbildung 3.6: Natürliche Bevölkerungsentwicklung, Wanderungsbilanz, Entwicklung der Einwohner, Haushalte und Wohnungen, Wohnungszu- und -abgänge in der Gründerzeit

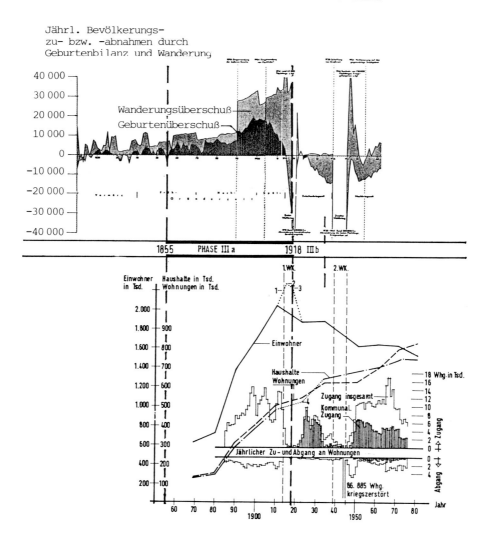

Quelle: Volkszählungsergebnisse 1869-1971, StJbW 1980:22; KAINRATH 1978:2f; VZ 1981, HWZ 1981

1) Schätzung, übern. v. BAUBÖCK 1979:17
2) u. 3) Schätzungen, übern. v. BOBEK & LICHTENBERGER 1966:31, 129
4) Schätzung, übern. v. BAUBÖCK 1979:19

Bei zeitlich differenzierter Betrachtung ist jedoch das Verhältnis zwischen Wanderungssaldo und Geburtenüberschuß nicht konstant: Vor allem in der ersten Hälfte des 19. Jahrhunderts, aber auch noch bis in die siebziger Jahre hinein, hat die Zuwanderung einen viel größeren Anteil am Bevölkerungswachstum als das natürliche Bevölkerungswachstum (vgl. Abb. 3.6).

Noch vor Beginn des demographischen Übergangs, in der das phasenverschobene Sinken von Sterbe- und Geburtenrate zu einem hohen Geburtenüberschuß führt, verdoppelt sich die Bevölkerung Wiens von 1820 bis 1860 vor allem durch hohe Zuwanderungsraten. Für diese Zeit ist nur etwa ein Fünftel des Bevölkerungszuwachses aus dem Geburtenüberschuß zu erklären, vier Fünftel dagegen sind auf einen positiven Wanderungssaldo zurückzuführen (HORAK 1962:59).

Der hohe Anteil an Zugereisten wird bei einer Zählung 1856 deutlich: von den 469.221 Einwohnern Wiens des damaligen Stadtgebietes sind nur 207.817 (44%) in Wien geboren (ebd.:59).

Tabelle 3.3: <u>Anteil der in Wien geborenen Männer und Frauen in %
(bezogen auf das jeweilige Stadtgebiet)</u>

Jahr	%
1856	44
1890	45
1910	49

<u>Quelle</u>: HORAK 1962:59f

Gegen Ende des 18. Jh. sind es vor allem Deutsche, die es nach Wien zieht. Mit der beginnenden Erschließung des Staatsgebiets durch den Eisenbahnbau und der Herausbildung eines deutschen Nationalstaates gegen Mitte des 19. Jh. werden die Sudetenländer die Hauptzuzugsgebiete. Die

Zuwanderer aus den übervölkerten Agrargebieten in Südböhmen und Mähren suchen in Wien vor allem als Arbeiter und Dienstboten eine Anstellung oder versuchen sich als Kleingewerbetreibende, während die aus Böhmen stammenden Deutschen als gewerblich-industrielle Unternehmer, Kaufleute, Beamte und Intellektuelle größtenteils der Mittel- und Oberschicht angehören. Insgesamt wächst auch der jüdische Anteil an der Bevölkerung. Beträgt dieser zu Beginn des 19. Jh. noch 0,3%, so ist er 1890 auf 10% angewachsen (FELDBAUER 1977:42).

Abbildung 3.7: <u>Herkunftsgebiete der nach Wien zuständigen und fremden Bevölkerung 1856.</u>

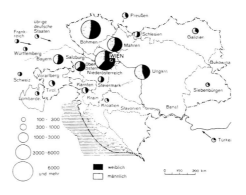

<u>Quelle:</u> LICHTENBERGER 1977 a: 169

Wie stark das Gefälle der wirtschaftlichen Verhältnisse und die sich daraus ergebenden Unterschiede in den Erwerbsmöglichkeiten zwischen Wien und den Herkunftsgebieten für den Zustrom von Bevölkerung nach Wien ausschlaggebend sind, wird deutlich, als sich dieses Gefälle nach dem großen Börsenkrach von 1873 und der nachfolgenden Wirtschaftskrise zu nivellieren beginnt: von 1864 bis 1873 beträgt der jährliche Wanderungsüberschuß durchschnittlich 6.300 Personen, von 1874 bis 1883 jedoch nur noch 2.500. Dennoch bleibt der Wanderungssaldo bis 1917 positiv (HORAK

1962:61) und erreicht in den neunziger Jahren schließlich sogar ein absolutes Maximum.

Anders dagegen verläuft der Zuwachs aus dem natürlichen Bevölkerungssaldo. Nach Jahrzehnten negativer Geburtenbilanzen, in denen das geringe Bevölkerungswachstum ausschließlich auf Wanderungen zurückzuführen ist, beginnt ab 1840 eine Periode zunehmender Geburtenüberschüsse. Zwar schwankt die Sterberate infolge immer wieder auftretender Cholera-, Ruhr- und Typhusepidemien noch bis in die siebziger Jahre hinein ganz erheblich, aber in der Tendenz fällt die Sterberate, und zwar bevor die Geburtenrate zu sinken beginnt. Damit steigt der Geburtenüberschuß stetig an. Von 1874 bis 1907 liegt der durchschnittliche jährliche Saldo der natürlichen Bevölkerungsbewegung bei über 10 Promille, wobei innerhalb dieser langen Wachstumsperiode die größten Wachstumsraten nach der zweiten Stadterweiterung von 1890/92 liegen: von 1891 bis 1904 beträgt der durchschnittliche Geburtenüberschuß 11 Promille.

Das enorme Bevölkerungswachstum in den Gründerjahren wird zum eigentlichen Motor der Stadtentwicklung, deren Hauptkennzeichen der Stadtumbau und die Stadterweiterung sind.

Die Gründerzeit wird zur bedeutendsten Bauperiode der Stadt: nicht weniger als 75% des vor 1840 errichteten Wohnhausbestands in der Innenstadt und in den Vorstädten wird abgerissen und neu aufgebaut (BOBEK & LICHTENBERGER 1966:26).

Als 1850 die erste Stadterweiterung erfolgt, die die 34 Vorstädte vor dem Glacis innerhalb des Linienwalls und des Burgfriedens erfaßt (vgl. Abschn. 3.1.1), wohnen bereits siebenmal mehr Menschen in den Vorstädten als in der Altstadt.

Die 1890 erfolgte zweite Stadterweiterung, durch die 21 Vororte vor dem Linienwall eingemeindet werden, bringt einen Zuwachs für die Kernstadt von 500.000 Einwohnern. An dem äußeren Rand der bereits bestehenden geschlossenen Bebauung der ehemaligen Vororte entstehen nun Fabriken und Massenmietshäuser mit Klein- und Kleinstwohnungen (BOBEK & LICHTENBERGER 1966:26).

WIEN   394

Abbildung 3.8: <u>Sozial- und wirtschaftsräumliche Gliederung Wiens um 1850</u>

Quelle: LICHTENBERGER 1977a: 204 f

Der Wohnungsbau bleibt auch nach 1890 im wesentlichen ohne kommunale Beteiligung. Ebenso wie unter der liberalen Vorherrschaft besteht in der christlichsozialen Ära unter Lueger trotz großer Wohnungsnot ein Desinteresse bezüglich der Wohnungspolitik und der Wohnungswirtschaft.

Anzahl der Wohnungen: Im 1850 erweiterten Stadtgebiet mit nun 9 Bezirken durch die Eingemeindung der Vorstädte innerhalb des Linienwalls gibt es rund 9.000 bewohnte Häuser, die im Durchschnitt von je rund 50 Personen in etwa 10 Haushalten bewohnt werden (BECK 1962:70). Eine rege Bautätigkeit für Wohnhäuser setzt ein, die in den siebziger sowie in den neunziger Jahren bis zum Beginn des Ersten Weltkrieges Spitzenwerte erreicht (vgl. Tab. 3.4).

Tabelle 3.4: Entwicklung des Wohnungsbestandes in Wien 1854 - 1920

Periode	Fertiggestellte Neu-, Zu- und Umbauten	Zuwachs an Wohnungen	Abbrüche	Abfall an Wohnungen
1854-1860	289	.	.	.
1861-1865	461	.	.	.
1866-1870	415	.	.	.
1871-1875	854	.	.	.
1876-1880	440	.	.	.
1881-1885	586	.	.	.
1886-1890	672	5.487	109	926
1891-1895	896	8.035	228	1.517
1896-1900	1.127	12.304	286	1.945
1901-1905	1.027	11.396	252	1.930
1906-1910	885	8.784	201	1.459
1911-1915	939	10.694	167	1.392
1916-1920	118	381	20	49

Quelle: BECK 1962:71

Um die Jahrhundertwende hat die Stadt, die nun 19 Bezirke umfaßt, einen Bestand von rund 33.000 Häusern mit etwas weniger als 370.000 Wohnungen für mehr als 1,6 Mio. Menschen (BECK 1962:70).

Eine zonale Verschiebung der Bevölkerung von der Altstadt in die Vorstädte und schließlich in die 1890 eingemeindeten, außerhalb des Linienwalls gelegenen Vororte zeichnet sich ab, denn bereits in der Hochgründerzeit konzentriert sich das Wachstum nicht mehr auf die Vorstädte, sondern auf die Vororte. 1917 wohnen von den rd. 2,2 Mio. Einwohnern nur noch ca. 1,5% innerhalb des Rings (LICHTENBERGER 1977a:319; vgl. Tab. 3.5).

Tabelle 3.5: Die zonale Verschiebung der Bevölkerung während der Gründerzeit

	Altstadt		Vorstädte		Vororte	
	Einwohner	%	Einwohner	%	Einwohner	%
1870	64.000	7,6	537.000	63,7	242.000	28,7
1890	67.000	5,0	723.000	53,8	552.000	41,2
1910	53.000	2,6	941.000	47,0	1.011.000	50,4

Quelle: BOBEK & LICHTENBERGER 1966:31.

Nach BANIK-SCHWEITZER (1982:23ff) stellt sich der Zuwachs an Wohnungsbestandteilen folgendermaßen dar:

Von 1870 bis 1880 findet das größte Wachstum im nordwestlichen Teil des heutigen 2. Bezirks zwischen Donau und Donaukanal statt, einem Gebiet, das unmittelbar nordöstlich an die heutige City anschließt (+10% und mehr). Ebenfalls hohe Zuwächse finden im heutigen 1. Bezirk sowie in den der City zugewandten Teilen des heutigen 16. Bezirks statt (+8,0 bis +9,9%). Ebenfalls hoch sind die Zuwächse im heutigen 3. und 17. Bezirk (+7,0 bis +7,9%) sowie in den Vorstädten (4. bis 9. Bezirk; bis +6,9%).

Im Jahrzehnt zwischen 1880 und 1890 hat sich der Zuwachs an Wohnungsbestandteilen im heutigen 3. und 16. Bezirk verstärkt (+10% und mehr); hohe Zuwächse gibt es auch in den der Stadtmitte zugewandten Teilen der Vororte im heutigen 10. und 18. Bezirk (+8,0 bis +9,9%). Gegenüber dem Vorjahrzehnt hat sich das Wachstum an den Stadtrand verlagert.

Diese Tendenz hält auch im Jahrzehnt zwischen 1900 und 1910 an. Jetzt hat der heutige 13. Bezirk, der bis in die Ausläufer des Wiener Waldes hineinreicht, die größten Zuwächse (+10% und mehr). Weiterhin hoch sind die Zuwächse aber auch im 3. und 16. Bezirk (+8,0 bis +9,9) sowie im heutigen 2. und 20. Bezirk (+7,0 bis +7,9%).

Während des gesamten Zeitraums von 1870 bis 1910 weisen aber auch die Vorstädte ein Wachstum von bis zu +6,9% auf.

Innerhalb der Altstadt nimmt der Anteil der feudalen Oberschichtsangehörigen ab; die Altstadt bleibt jedoch das beste Wohngebiet. Um die Mitte des vorigen Jahrhunderts haben die Haushalte der Altstadt zu 70% ein höheres Einkommen als die Bewohner der Vorstädte und Vororte (LICHTENBERGER 1977:314). Die ursprüngliche Kleinwohnungsstruktur der Altstadt verändert sich, es dominiert schließlich eine Mittelwohnungsstruktur mit einem hohen Anteil an Großwohnungen (ebd.:305). In den peripheren Vorortbereichen entstehen dagegen überwiegend Kleinstwohnungen für die Arbeiter.

Wohnbedingungen, Wohnungsausstattung: Infolge der Wohnungsnot der Gründerzeit werden immer mehr Räume als Wohnungen vermietet, die - selbst an den damaligen Wohnungsstandards gemessen - völlig unzureichend hinsichtlich hygienischer Bedingungen und sanitärer Ausstattung sind. Es steigt die Zahl der Kellerbewohner: in den Bezirken 1 bis 10 wohnen 1880 rund 3 Promille der Bewohner im Keller, im Jahre 1890 sind es bereits 9 Promille (BECK 1962:72).

Die Gründerzeit erlebt Höhepunkte des spekulativen Wohnungsbaus; juristische Personen werden in stärkerem Maße Hausbesitzer. Kapitalstarke Baugesellschaften schrauben den Bebauungsgrad hinauf. Die öffentliche Hand reagiert mit der Festlegung von Fluchtlinien, Bauhöhen und Straßenbreiten in Anpassung an die Entwicklung (LICHTENBERGER 1977a:303f). Insgesamt ist die Ausprägung und die Verteilungsstruktur des Wohnraums das Ergebnis "einer ungehinderten Durchsetzung von Kapitalverwertungsinteressen" (BAUBÖCK 1979.107).

Wohndichte: 1890 haben 44% aller bewohnten Wohnungen nicht mehr als zwei Wohnräume, wobei sich die Größe der Wohnungen zu den äußeren Bezirken hin verkleinert. Je kleiner die Wohnungen sind, desto dichter sind sie belegt: die einräumigen Wohnungen werden durchschnittlich von fast drei Personen bewohnt, während sich in den zweiräumigen Wohnungen zwei Personen einen Raum teilen müssen. In den drei- bis fünfräumigen Wohnungen beträgt die Dichte ein bis zwei Personen pro Raum und in den noch größeren Wohnungen höchstens eine Person pro Raum (BECK 1962:72). Dabei steigt die Wohndichte zu den äußeren Bezirken hin an (vgl. Tab. 3.6).

Tabelle 3.6: Wohndichte für je zwei Bezirke mit den niedrigsten und den höchsten durchschnittlichen Wohndichten im Jahre 1910

Bezirk	Wohndichte	In Wohnungen mit			
		1	2	3	4
		Wohnräumen entfallen auf einen Wohnraum ... Bewohner			
I	0,73	1,86	1,64	1,35	1,07
IV	0,82	1,86	1,52	1,23	0,88
X	1,87	2,74	2,03	1,75	1,24
XX	1,90	2,63	2,14	1,92	1,38

Quelle: BECK 1962:73

Tabelle 3.7: Anzahl der Personen pro Wohnung 1856-1910

Jahr	Bewohner in einer Wohnung
1856	5,3
1869	4,7
1890	4,6
1900	4,4
1910	4,1

Quelle: BECK 1962:73

WIEN   399

Abbildung 3.9: Die sozialräumliche Gliederung Wiens 1914

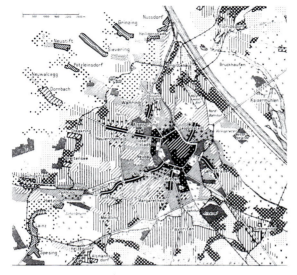

Quelle: LICHTENBERGER 1977a: 249

Abbildung 3.10: Bebauungsstruktur der Gründerzeit außerhalb des Gürtels
                (Rasterbebauung im 10. Bezirk)

Quelle: SCHOPPER 1982:51

Abbildung 3.11: <u>Wiener Zinshaus der Gründerzeit</u>

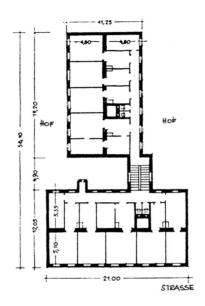

Quelle: HARTOG 1962:40.

3.1.3 Beschäftigte und Arbeitsstätten (1855-1914)

Für die hohen Zuwanderungsraten bis zum Börsenkrach 1873 ist weniger die einsetzende Industrialisierung in Wien bedeutsam. Eine größere Rolle spielt die politische Funktion als Reichshaupt- und Residenzstadt und der Ausbau Wiens zum Finanz- und Organisationszentrum der Donaumonarchie. Bis weit ins 19. Jh. hinein dominiert eindeutig die Residenzfunktion, Adelige und Beamte stellen einen ungewöhnlich hohen Bevölkerungsanteil. "Insbesondere der Ausbau der Zentralbehörden im Zeitalter Joseph

II. bewirkte eine sprunghafte Ausweitung der Bürokratie sowie die Umwandlung des Hofadels zum Beamten- und Offiziersadel, der immer stärker durch bürgerliche Aufsteiger ausgeweitet wurde. Die Zunahme von Aristokratie und Beamtenschaft bewirkte einerseits den Zuzug von vielen Bediensteten, andererseits bedingte sie eine räumliche Konzentration des Konsums von Grundrente und Steuern" (FELDBAUER 1977:30).

Zwar nimmt die Bedeutung Wiens als Handels- und Produktionsstandort seit dem 18. Jh. zu, aber die Industrialisierung bleibt in gewerblichen Traditionen verhaftet. Gegenüber Berlin und Paris verzögert sich die industrielle Entwicklung um 20 Jahre, entsprechend langsam vollzieht sich der Ausbau der modernen Verkehrstechnologie (LICHTENBERGER 1978c:200). Die Produktion beschränkt sich im wesentlichen auf den Eigenkonsum der Stadt, der Handel bleibt abhängig vom ausländischen Handelskapital (HOFFMANN 1978:225). 1850 werden in Wien 20.000 Gewerbetreibende und Fabriken ausgewiesen, die zum größten Teil Mode- und Luxusartikel herstellen (BOBEK & LICHTENBERGER 1966:39). Insgesamt fehlt ein kapitalkräftiges Bürgertum. Die industrielle Basis ist schwach ausgebildet, es gibt keine ausgeprägte unternehmerische Tradition. Es gelingt nicht, eine gewichtige Exportindustrie aufzubauen, auch ein Kolonialhandel bleibt der Stadt verschlossen. Bis weit in die Gründerzeit hinein dominiert ein stark agrarisch geprägtes Wirtschaftsleben (FELDBAUER 1977:30).

Ab 1850 setzt eine Neuorganisation des Bankenwesens ein. Zwar hatte sich bereits im 18. Jh. ein Finanzwesen herausgebildet, das in der Lage war, Kapital anzusammeln, aber es diente kaum der Finanzierung von Industrieunternehmungen, sondern vor allem der Finanzierung des Staates. So betrug z.B. der Schuldenstand des Staates bei der 1816 gegründeten Nationalbank im Jahre 1848 insgesamt 180 Mill. fl., dagegen der des Handels und der Industrie insgesamt nur 18 Mill. fl. (CHALOUPEK 1978:38). Im Bankenwesen kommt es ab den fünfziger Jahren zu einem Auftrieb: 1860 gibt es 37 Aktiengesellschaften, 1872 bereits 275, darunter 175 für Kredit und Industrie (BOBEK & LICHTENBERGER 1966:40). Zwischen 1851 und 1871 verdoppelt sich die Anzahl sämtlicher Gewerbe- und Handelsbetriebe von rd. 22.000 auf 47.200 (ebd.:40).

Es findet ein intensiver gewerblicher und industrieller Strukturwandel gegenüber der Zeit vor 1850 statt, der in einem drastischen Rückgang der Textil- und Seidenindustrie und einer Expansion der Maschinen- und Chemieindustrie besteht. Wachstum findet auch bei der Metall-, Galanterie- und Kurzwarenerzeugung statt (CHALOUPEK 1978:34f).

Ab 1850 bildet sich eine Regierungscity heraus: Adelspaläste werden in Regierungsbauten umgenutzt; die Stadtpolitik beginnt ihre Emanzipation von der des Staates.

Viertelsbildung: zwischen Regierungsviertel und Textilviertel entsteht ein Beamtenviertel, neben der Universität bildet sich ein Zeitungsviertel heraus. Mit dem Bau der Ringstraße lösen sich diese Viertel allerdings, mit Ausnahme des Zeitungsviertels, z.T. wieder auf (LICHTENBERGER 1977a:318).

Gewerbe: um 1850 sind bereits sämtliche gewerbliche Erzeugungsbetriebe mit wenigen Ausnahmen in der Altstadt unterdurchschnittlich vertreten. Ausnahme: Bekleidung und Graphik (ebd.:316).

Läden: Im Zusammenhang mit der Bezirks- und Viertelsbildung in den Vorstädten und Vororten kommt es zur Dezentralisierung vor allem der Läden des täglichen Bedarfs. Die Umbautätigkeit im Altstadtbereich geschieht entlang der intensivsten Verkehrslinien, an denen auch die Standorte des Einzelhandels liegen. Mit dem Bau der Ringstraße (nach Schleifung der Basteien 1857) entstehen hier öffentliche Bauten der Stadt und Verwaltungsbauten des Staates; für die Oberschichtangehörigen wird die Ringstraße zum bevorzugten Wohngebiet. Die Ringstraße (1865 offiziell eröffnet) wird zum City-Schwerpunkt, die Altstadt zum City-Teilbereich.

Ab 1893 beginnt eine Abgrenzung von Schwerindustrie- und Lagerplatzzonen an den Rändern des geschlossenen Wohngürtels (BOBEK & LICHTENBERGER 1966:27).

Die meisten der insgesamt 66.958 Arbeitsstätten befinden sich jedoch im Stadtkern (55.386).

Nach BANIK-SCHWEITZER (1982:23ff) sind 1880 die meisten Großbetriebe des Produktionssektors im heutigen 1. und 7. Bezirk konzentriert, wobei die Großbetriebe des 1. Bezirks zur Hälfte Verlagsbetriebe des Bekleidungsgewerbes sind. Ebenfalls hoch ist die Konzentration der Großbetriebe in den heutigen Bezirken 3 und 6, die südlich an den 1. Bezirk anschließen. Entsprechend hoch ist die Konzentration der Arbeiter in Groß- und Mittelbetrieben des Produktionssektors noch 1890 im 1., 6. und 7. Bezirk, etwas geringer in den Bezirken 2, 3, 5 und 10. Deutlich zeigt sich bereits die Industrialisierung der südlichen und südwestlichen Anschlußgebiete an den 1. Bezirk.

Im Jahre 1910 sind die größten Betriebe (Produktionsbetriebe mit mehr als 100 Beschäftigten) im heutigen 7. Bezirk konzentriert sowie in Teilen des 10., 20. und 21. Bezirks (um Floridsdorf).

3.1.4 Infrastruktur

Das schnelle Bevölkerungswachstum und die rasche Industrialisierung im vorigen Jahrhundert bringen Wien vielfältige und schwerwiegende Probleme. Die damit verbundenen wirtschaftlichen, politischen und sozialen Krisen erfordern Maßnahmen des Staates und der Stadtverwaltungen, die einerseits den Industrialisierungsprozeß beeinflussen, andererseits die politische Funktion Wiens als Haupt- und Residenzstadt stärken (vgl. Abschn. 3.1.1: "Planverfahren und Ordnungsvorstellungen").

Hervorzuheben ist vor allem der ab 1837 einsetzende, zentralistisch auf die Haupt- und Residenzstadt ausgerichtete Eisenbahnbau, eine staatliche Infrastrukturmaßnahme, die Wien "erst wahrhaft zum Zentrum der Monarchie machte" (BOBEK & LICHTENBERGER 1966:42). Der Eisenbahnbau beeinflußt ganz wesentlich den schlagartig einsetzenden Bevölkerungsstrom sowie die Entwicklung der Großindustrien in Wien (ebd.:42).

Die Anlage der Bahnhöfe und Trassen im Stadtgebiet gibt richtungsweisende Impulse für das Wachstum der Stadt. Die Kopfbahnhöfe werden an den Linienwall herangeführt, der die Grenze des geschlossen bebauten Stadtgebiets darstellt. Die Bahnlinien trennen in der Folgezeit aber auch gewachsene Vorstadtregionen: die Wohnbebauung wird zurückgedrängt, dagegen werden Industrieanlagen häufig angezogen. Dies gilt insbesondere für die Süd- und Ostbahn. Im Bereich der Vorstädte gewinnen durch den Bau der Bahnhöfe die Zufahrtsstraßen an Bedeutung und es kommt zu einer stärkeren Ansammlung von Kleinhandelsbetrieben - so heute noch erkennbar in der Praterstraße zum Nordbahnhof und der Favoritenstraße zum Südbahnhof hin (CZEIKE 1978:239).

Die längs des Wientals parallel zur Bahn geführte Westbahnstraße (erbaut 1856/57) forciert den Ausbau der in diesem Gebiet bereits vorhandenen Industrieanlagen; gleiches gilt für die 1866 begonnene Franz-Josefs-Bahn, die neben dem Donaukanal parallel zur nördlichen Ausfallstraße Wiens führt. Die bereits 1837 eingerichtete Nordbahn verbindet Deutsch-Wagram mit Floridsdorf und wird später bis zum Praterstern verlängert. Durch diese Linie wird größtenteils noch unbebautes Gelände erschlossen; sie wird zum Hauptträger der industriellen Entwicklung auf dem linken Donauufer in Floridsdorf (BOBEK & LICHTENBERGER 1966:42).

Gleichzeitig mit dem Eisenbahnbau entstehen große Kasernen neben den Anlagen der Bahnhöfe, eine Folge der Erfahrungen des Regimes aus dem Jahre 1848. Neben der einfacheren Versorgung der Soldaten dient diese Maßnahme auch dazu, im Falle von Unruhen Soldaten rasch aus den Provinzen heranziehen zu können. Neben dem Süd- und Ostbahnhof entsteht das Arsenal, in der Nähe des Franz-Josef-Bahnhofs die Roßauer-Kaserne und an der Verbindungsbahn zwischen Nord- und Südbahnhof die Rudolfskaserne (BOBEK & LICHTENBERGER 1966:42). Bis 1873 sind alle wesentlichen Linien und Bahnhöfe errichtet.

Neben dem Eisenbahnbau sind der Ringstraßenbau sowie die Donauregulierung von Wichtigkeit für den Stadtentwicklungs- und Industrialisierungsprozeß. Der <u>Ringstraßenbau von 1857 bis 1865</u> ist die Voraussetzung für die territoriale Vereinigung und funktionale Verbindung der Altstadt mit den Vorstädten (CZEIKE 1978:42f) und damit der eigentliche Vollzug der ersten Stadterweiterung. Die Eingemeindungen von 1850, die gegen den partiellen Widerstand sowohl der Altstadt- als auch der Vorstadtbewohner durchgesetzt worden waren (LICHTENBERGER 1978:202f), bedeuteten bis zum Ringstraßenbau lediglich eine verwaltungsmäßige Ausdehnung der Stadt.

Die ersten Voraussetzungen für den Bau der Ringstraße werden bereits während der Besatzungszeit durch Napoleon geschaffen. Als Napoleon 1809 Teile der Burgbastei vor seinem Abzug sprengen läßt, stellt sich die Frage, ob die Befestigungen, die sich als nutzlos erwiesen hatten, aus Prestigegründen wieder hergerichtet oder aber beseitigt werden sollten. Es wird beschlossen, die Basteireste abzutragen, das Terrain vor der Hofburg zu planieren, und so eine "kleine Stadterweiterung" (CZEIKE 1978:232) vorzunehmen. 1817 wird der Basteigürtel den Bürgern zur Promenade freigegeben. Hierdurch verliert Wien endgültig seinen mittelalterlichen Festungscharakter.

Die Diskussionen um eine großzügigere Stadterweiterung reißen von da an nicht ab. Das Projekt Ringstraße kommt jedoch erst durch eingreifende Planung des Staates und nicht durch die Gemeinde Wien zur Realisierung. Mit Schreiben vom 20.12.1857 verfügt Kaiser Franz Joseph I., die Erweiterung der inneren Stadt "mit Rücksicht auf eine entsprechende Verbindung derselben mit den Vorstädten ehemöglichst in Angriff" zu nehmen (CZEIKE 1978:248). Zu diesem Zweck sollen die Umwallung und die Gräben um die innere Stadt aufgelassen werden.

Mit der Ringstraße sollen in direkter Verbindung mit dem Altstadtkern, der überwiegend von Angehörigen des Adels bewohnt wird, Wohnungen gehobenen Standards und in angemessener Größe für das Großbürgertum entstehen. Das Repräsentationsbedürfnis des Großreichs und des regierenden Herrscherhauses spielt dabei eine unübersehbare Rolle (LICHTENBERGER 1977a: 212). Hierzu dient auch die Ausschreibung eines internationalen Architektenwettbewerbs, an dem 85 europäische Architekten teilnehmen. Der aufgrund dieses Wettbewerbs erstellte Stadterweiterungsplan wird 1859 vom Kaiser genehmigt. Er sieht zum einen den Bau der Ringstraße und einer parallel dazu verlaufenden Lastenstraße vor, die die Altstadt, also den heutigen 1. Bezirk, umschließen. Gleichzeitig wird auf dem Linienwall, der die Vororte von den Vorstädten trennt, ein zweiter Ring, die Gürtelstraße, geplant.

Der doppelte Straßenzug der Ringstraße und Lastenstraße bewirkt baulich und verkehrsmäßig gleichermaßen eine Trennung sowie eine Verklammerung zwischen Innenstadt und den Vorstädten (vgl. Abb. 3.12). Eine starke Bautätigkeit wird in den Vorstädten ausgelöst (BOBEK & LICHTENBERGER 1966:43).

WIEN 406

Ebenfalls von weittragender Bedeutung für die strukturelle Entwicklung Wiens wird die Donauregulierung (vgl. Abb. ....), die aus mehreren Gründen dringend erforderlich wird.

Abbildung 3.12: Die städtebauliche Situation nach Fertigstellung der Ringstraße

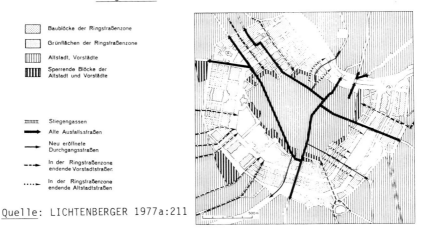

Quelle: LICHTENBERGER 1977a:211

Abbildung. 3.13: Monumentalbauten an der Ringstraße (heutiger Zustand)

Quelle: CZEIKE & BRAUNEIS 1977:183.

Das bis zur Regulierung weitgefächerte Flußbett bedeutete für die angrenzenden Siedlungen eine ständige Überschwemmungsgefahr. Da die Abwässer der Stadt in den Fluß eingeleitet werden, bergen Überschwemmungen für die Bewohner dieser Siedlungen und auch der Stadt Wien jedesmal die Gefahr tödlicher Epidemien.

Schließlich verspricht man sich von der Donauregulierung auch, daß die Stadt näher an die Donau rückt, etwa in der Art einer glanzvollen "Donaustadt" nach Budapester Vorbild. Die periodischen Überschwemmungen hatten über Jahrhunderte hinweg verhindert, daß die Stadt auf den Fluß hin zuwuchs, und starke, entwicklungsfähige Siedlungen auf dem linken, jenseitigen Donauufer, auf die die Stadt sich hätte hinentwickeln können, gab es nicht aus gleichem Grunde. Durch die Inangriffnahme der Donauregulierung scheint sich diese Situation schlagartig zu verändern: bereits 1873 unterbreiten 13 Baugesellschaften Kaufangebote für ein beträchtliches Areal entlang der Donau. Diese werden jedoch anläßlich des Börsenkrachs 1873 zurückgezogen. Die Erwartungen, in der oberen Donaustadt zwischen Reichsbrücke und Floridsdorfer Brücke und der unteren Donaustadt längs des Prater-Viertels Wohnungen für den Mittelstand zu errichten, erfüllen sich nicht. Dennoch bewirkt die Donauregulierung eine Industrialisierung des linken Donauufers im Zusammenhang mit der vorhandenen Anlage der Nordbahn und der Schaffung großer, ebener Flächen zu niedrigen Grundstückspreisen; die mit der Donauregulierung ermöglichte 11 km lange Kaianlage begünstigt die Donauschiffahrt, und 1879 schließlich wird auch an den Kaianlagen die Errichtung von Fabriken gestattet.

Die Finanzierung des Großprojekts der Donauregulierung erfolgt zu jeweils einem Drittel durch die Gemeinde Wien, das Land Niederösterreich und den Staat. Zur Aufbringung der Mittel - veranschlagt werden zunächst 24,6 Mio. Gulden, die tatsächlichen Kosten sind um rund ein Viertel höher - wird 1870 eigens eine sogenannte "Donauregulierungsanleihe" aufgenommen.

Die räumliche Erweiterung Wiens durch die Zunahme an Bevölkerung und Industriebetrieben sowie die ständige Bedrohung durch Epidemien erfordert neben der Ringstraßenaufschließung und der Donauregulierung bereits vor

1860 aktive städtische Maßnahmen. In den sechziger und siebziger Jahren zwingen die Ereignisse wie die Überschwemmung von 1862, die Epidemien von 1855, 1862 und 1873 bei sprunghaft ansteigender Bevölkerung in den Vorstädten und Vororten sowie das stetig wachsende Verkehrsaufkommen die Gemeinde zu "Regulierungen" im Straßennetz, d.h. zu Straßenverbreiterung (1860-1865) und zur Demolierung alter Wohnviertel (1875), zur Verbesserung der technischen Infrastruktur, insbesondere der Wasserversorgung und Abwasserbeseitigung (1870-1873, 1870-1879) und zur Seuchenbekämpfung durch den Bau des Epidemiespitals (1872-1873) und des Zentralfriedhofs (1873-1874) (vgl. Auflistung Tab. 3.1).

Vor allem die Wasserversorgung wird immer wieder zu einem Problem. Noch vor 1804 wird aufgrund einer Initiative aus dem Haus des Herzogs Albert von Sachsen-Teschen die sog. "Albertinische Wasserleitung" installiert, die frisches Wasser aus der Gegend von Hütteldorf in das Stadtzentrum sowie in die westlichen Vorstädte Gumpendorf, Mariahilf, Schottenfeld und Josefstadt leitet. Die Albertinische Wasserleitung, die 1808 der Administration der Stadthauptmannschaft unterstellt wird und 1851 in das Eigentum der Stadt Wien übergeht, ist jedoch nicht in der Lage, die Stadt ausreichend zu versorgen. Allerdings gibt es bis in die dreißiger Jahre kein unmittelbares kommunales Engagement in der Wasserversorgungsfrage. Die Bewohner der Stadt Wien bleiben darauf angewiesen, sich ihr Wasser aus oftmals verseuchten Hausbrunnen zu schöpfen. Das trifft insbesondere für die Bewohner der Gebiete entlang des Wienflusses zu, deren Abwasserkanäle alle in den Wienfluß einmünden. Durch das Eindringen der Abwässer in das Grundwasser werden die Hausbrunnen ständig verseucht.

1830 kommt es zu einer der größten Donauüberschwemmungen der vergangenen Jahrzehnte; im Jahr 1831 bricht eine verheerende Choleraepidemie aus, die bis 1832 anhält. Noch während der Epidemie beginnt man unter dem Druck der Ereignisse mit dem Bau des rechten Wienflußsammelkanals, der 1834 fertiggestellt ist. Unmittelbar im Anschluß wird aufgrund kaiserlicher Order mit dem Bau des linken Sammelkanals begonnen.

1835 wird mit dem Bau der "Kaiser-Ferdinands-Wasserleitung" begonnen. Diese Leitung wird aus Donaukanalgrundwasser gespeist, das in riesigen

Saugkanälen gefiltert und aufbereitet wird. 1841 ist der Bau fertiggestellt. Bereits nach wenigen Jahren erweist sich die Leitung allerdings als unzureichend. 1855 kommt es zu einer neuen Choleraepidemie, die über 20.000 Tote fordert und zudem die Anzahl der Typhuserkrankungen ansteigen läßt.

Nach Vorbereitung einer 1862 eingesetzten Kommission faßt im Jahre 1864 der Gemeinderat den Beschluß, eine neue Wasserversorgungsleitung einzurichten, die aus den Hochgebirgsquellen des Rax-Schneeberg-Gebiets gespeist werden soll. Im gleichen Jahre erhält die Gemeinde die Quelle Stixenstein, und 1865 schenkt Kaiser Franz Joseph I. - anläßlich der Ringstraßeneröffnung - die Quelle Kaiserbrunn der Stadt. 1866 werden die zwischenzeitlich erarbeiteten Baupläne für die Hochquellenwasserleitung genehmigt und in der Zeit von 1870 bis 1873 schließlich errichtet. Der Plan einer Erweiterung dieser Leitung, durch die die Versorgung auch der Vororte gewährleistet werden soll, fällt in den darauffolgenden Jahren einer Budgetkürzung zum Opfer.

Gegenüber Maßnahmen zur Verbesserung der Energieversorgung oder des Nahverkehrs nimmt der liberale Gemeinderat allerdings eine offen passive, wenn nicht ausgesprochen ablehnende Haltung ein. Ebenso wird ein kommunaler Wohnungsbau trotz katastrophaler Wohnungsbedingungen hinsichtlich Miethöhe, Größe, Belegungsdichte und sanitärer Ausstattung, woran auch die Verfasser der Bauordnung von 1859 sowie die gewährten Steuerbefreiungen zur Ankurbelung des Wohnungsbaus nicht schuldlos sind, prinzipiell abgelehnt. "Für die Rücksichtnahme auf soziale oder wirtschaftliche Bedürfnisse der Bevölkerung war weder in der Ideologie oder im Kommunalkonzept noch im Budget Platz. Alle Planungen unterlagen den Grundsätzen der kapitalistischen Marktordnung ("Manchesterliberalismus"), dem Zusammenspiel von Angebot und Nachfrage und dem Prinzip der Selbsthilfe des einzelnen Bürgers" (CZEIKE 1978:251). Ausnahmen von diesen Prinzipien werden lediglich für die Armenversorgung, Waisenbetreuung und für das Schulwesen gemacht.

Allerdings können einige Maßnahmen des liberalen Gemeinderats bereits als Ansätze einer bewußten Infrastrukturpolitik gewertet werden, so z.B.

die "Regulierungen" von 1860-1865 und 1875, die Planungen für ein neues Straßensystem um 1870, die jedoch nicht verwirklicht werden, und vor allem in den neunziger Jahren dann die mit der zweiten Stadterweiterung verbundenen Maßnahmen: der Bau der Gürtelstraße 1890, der Generalregulierungsplan von 1893 und die Bauordnung von 1893, die zum erstenmal eine funktionale Gliederung und Dichtezonierung der Stadt vorsieht (vgl. Abschnitt "Planverfahren und Ordnungsvorstellungen").

Die Öffentliche Bautätigkeit wird bis 1890 ohnehin allein vom Staat und nicht von der Gemeinde getragen. Der offizielle Titel Wiens als "Reichshaupt- und Residenzstadt" kennzeichnet die Bedeutung der Stadt für die Repräsentation der gesamten Monarchie und des modernen Großstaates und die damit verbundene Unterordnung der Gemeinde unter die "Bedürfnisse" des Staates (HOFFMANN 1978:221). Ab 1890 tritt mit dem Projekt der Gürtelstraße aber auch die Gemeinde als Bauherr auf. Ein neues Gemeindestatut sowie die Ausweitung ihrer Finanzhoheit sind die Voraussetzungen dafür.

Insgesamt fällt die Bewältigung der zweiten Stadterweiterung von 1890/92 bereits in die christlichsoziale Verwaltungsära. Mit der absoluten Mehrheit für die Christlichsozialen unter Lueger beginnt 1895 der "Wiener Munizipalsozialismus".

Durch die Kommunalisierung der Versorgungseinrichtungen und der Verkehrsmittel (vgl. Abb. 3.15) wird eine neue städtische Einnahmequelle erschlossen und eine ambitionierte Kommunalpolitik eingeleitet. Die Wienflußregulierung, der Bau eines Hauptsammelkanals sowie der Bau der Stadtbahn bilden den Auftakt (LICHTENBERGER 1978:214). Am Westrand von Wien entstehen Spitäler. Für den Bau von 80 Volksschulen zwischen 1895 und 1910 wählt man aus einem Wachstumsmodell der Stadt abgeleitete Standorte im Weichbild der Stadt, "der Wohnbebauung weit vorauseilend" (ebd.). Ein Wald- und Wiesengürtel (1905) wird festgelegt als Naherholungsgebiet (vgl. Abschn. 3.1.1 "Planverfahren und Ordnungsvorstellungen").

Abbildung 3.14: Liniennetz der Stadtbahn um 1910

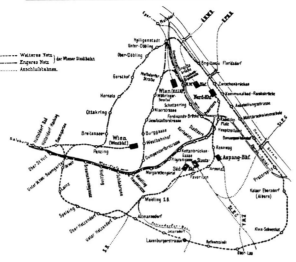

Liniennetz der in den Stadtbahnverkehr einbezogenen Strecken um 1910. Wagner besorgte die architektonische Ausgestaltung der folgenden Linien, die sich im wesentlichen mit den als »Engeres Netz« bezeichneten decken: Vorortelinie (Heiligenstadt–Penzing), Gürtellinie (Heiligenstadt–Meidling-Hauptstraße via Westbahnhof), Wiental-Donaukanallinie (Hütteldorf–Heiligenstadt via Hauptzollamt), Linie in den II. Bezirk (Hauptzollamt–Praterstern).

Quelle: GERETSEGGER & PEINTNER 1980:69.

Die Kommunalisierung der Energieversorgung und des innerstädtischen Personenverkehrs mag sicher auch zu einem neuen Selbstverständnis und Selbstbewußtsein der städtischen Verwaltungen geführt haben, es ist aber auch das Resultat der Erfahrungen mit den privaten Versorgungsunternehmen. Es hatte sich bereits in der liberalen Ära gezeigt, daß die privaten Versorgungsunternehmen nicht bereit waren, durch eine ausreichende Investitionstätigkeit für die dringend erforderliche Anpassung ihrer Einrichtungen an die neuen städtischen Bedingungen zu sorgen (CZEIKE 1978: 254f). Außerdem führte die Monopolstellung der englischen "Imperial-Continental-Association" in der Gasversorgung und der Genfer Firma Carl Schaeck-Jaquet & Co. mit der "Wiener Tramway-Gesellschaft A.G." von 1868 und der "Neuen Wiener Tramway-Gesellschaft" von 1872 für die Vororte, zu einer "kaum transparenten Preisgestaltung" und, gemessen an den Leistungen, zu überhöhten Tarifen (ebd.:254).

Dennoch: die Gemeindepolitik unter Lueger, die u.a. die Verbesserung und den Aufbau des innerstädtischen Personenverkehrs, der Gasversorgung sowie schließlich auch die Elektrizitätsversorgung durch die Kommunalisierung zum Ziel hat, ist nicht nur Reaktion auf die schlechten Erfahrungen mit den privaten Versorgungsunternehmen, sie ist auch bereits Bestandteil einer auf weiteres Wachstum ausgerichteten Infrastrukturpolitik. Im Rahmen eines Wachstumsmodells wird für die Mitte des 20. Jahrhunderts für Wien eine Gesamtbevölkerung von 4 Mio. Menschen prognostiziert (LICHTENBERGER 1978:214). Vor diesem Hintergrund sind auch der Generalisierungsplan von 1898, die dritte Stadterweiterung, die Maßnahmen im Schul- und Spitalwesen sowie der Beschluß zur Schaffung des "Wald- und Wiesengürtels" rund um die Stadt, im Anschluß an die Vororte, zu sehen (vgl. Abschn. 3.1.1 "Planverfahren und Ordnungsvorstellungen").

3.2 Phase IIIb (1918-1936): "Rotes Wien" - "Schwarzes Österreich" - Kommunaler Wohnungsbau

Die politische Entwicklung

Mit dem militärischen Zusammenbruch im September 1918 beginnt der Zerfall der Donaumonarchie. Am 31.10.1918 trennt sich Ungarn von Österreich. Die Auflösung der Donaumonarchie, bestätigt in den Verträgen von Saint-Germain-en-Laye (1919) und Trianon (1920), führt zur Konstituierung Österreichs, der Tschechoslowakei und Ungarns als Nachfolgestaaten; andere Teile der ehemaligen Donaumonarchie fallen an Italien, Polen, Rumänien und Serbien. Der deutsche Reststaat, die Republik Österreich, umfaßt nur noch ein Achtel des einstigen Gebiets der Gesamtmonarchie mit weniger als einem Siebtel der einstigen Bevölkerung.

Die territorialen und politischen Veränderungen haben für Wien weitreichende Folgen: ehemals zentral gelegene "K.K. Reichshaupt- und Residenzstadt" eines Großreichs mit 52 Mio. Einwohnern, wird die Stadt nun zur peripher gelegenen, überdimensionierten Hauptstadt eines Kleinstaates.

Von den jetzt nur noch 6,5 Mio. Einwohnern des Landes (vgl. Abb. 3.14) leben rund 2 Mio. Einwohner, also fast ein Drittel der gesamten Landesbevölkerung, allein in Wien. Die Stadt wird damit zur "primate city" des Landes (vgl. Abb. 3.15), deren Einwohnerzahl und deren Umfang an Regierungs-, Verwaltungs-, Finanz- und Wirtschaftseinrichtungen aber einer vergangenen Epoche angehören. Ein Anpassungsprozeß, oder genauer: ein Schrumpfungsprozeß, an die völlig veränderten Rahmenbedingungen wird unvermeidlich.

Abbildung 3.15: Einwohnerzahlen der Republik Österreich und der vier größten Städte des Landes zum Zeitpunkt der Volkszählung 1923 (damaliger Gebietsstand)

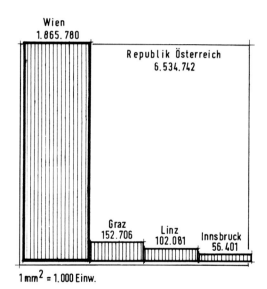

Quelle: StHbö 1981:13; StJböSt 1955:66f.

Abbildung 3.16: _Zerfall der Donaumonarchie 1918_

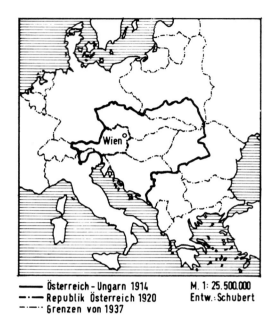

Aber nicht nur ein Schrumpfungsprozeß wird unvermeidlich. Wien gerät zudem gegenüber den übrigen Landesteilen, der "Provinz", in die Isolation. Heftige politische Auseinandersetzungen, an deren vorläufigem Ende die Erlangung eines Bundesland-Status für Wien steht, womit weitreichende Kompetenzen für die Stadtverwaltung verbunden sind, bestimmten die ersten Nachkriegsjahre.

Die Trennung Wiens vom größten Teil seines östlichen Einflußgebiets verschärft zunächst die ohnehin durch die Nachkriegssituation angespannte Nahrungsmittelversorgung der Stadt. Von den agrarischen Gebieten in Ungarn, Böhmen und Mähren abgeschnitten, ist Wien auf die Versorgung aus den westlichen Agrargebieten innerhalb der neuen Landesgrenzen angewiesen.

Die durch den Krieg hervorgerufene landesweite Notlage verstärkt in der Provinz eine Anti-Wien-Stimmung. Große Teile der ländlichen Bevölkerung weigern sich, den "riesigen Wasserkopf zu ernähren" (HAUTMANN & HAUTMANN 1980:33). Selbst Niederösterreich, das zu diesem Zeitpunkt zusammen mit Wien noch eine gemeinsame Landesregierung stellt, sowie Teile der sozialdemokratisch geführten Arbeiterrätebewegung in den Ländern unterstützen die regionale Bauernschaft in ihrer Absicht, keine Nahrungsmittel an Wien zu liefern (ebd.:33).

Wirtschaftsgeographisch zerfällt Österreich innerhalb der neuen Grenzen nun in zwei bevölkerungsmäßig gleichgroße Hälften: im Osten konzentrieren sich die Industriezentren, während der Westen überwiegend agrarisch strukturiert ist. Die Zweiteilung verstärkt die separatistischen Bestrebungen in den Ländern.

Die Erfolge der Sozialdemokratischen Partei im Osten, insbesondere in Wien, lassen der ländlichen Bevölkerung und ihren Landesregierungen die alte Hauptstadt nicht nur als "lebensunfähigen Wasserkopf" und überlebte Machtzentrale erscheinen, sondern auch als "Zentrum der sozialistischen Arbeiterbewegung, als Verkörperung der 'bolschewistischen Rebellion' schlechthin" (HAUTMANN & HAUTMANN 1980:33).

Bei den Wahlen zur Nationalversammlung am 16. Februar 1919 erringen die Sozialdemokraten 72 Mandate und werden stärkste Partei im Land, die Christlichsoziale Partei erhält 69 Mandate. Insbesondere in Wien sind die Erfolge der Sozialdemokraten groß: hier können sie weit mehr als die doppelte Anzahl der Stimmen der Christlichsozialen, die das bürgerliche Lager anführen, erringen.

Allerdings scheitern die Pläne der in den Industriegebieten so starken Sozialdemokraten für ein demokratisch-zentralistisches Österreich. Die am 1. Oktober 1920 in Kraft getretene, auf der Basis der provisorischen Verfassung von 1918 ausgearbeitete Verfassung für den österreichischen Bundesstaat wird ein zentralistisch-föderalistischer Kompromiß. Die Konzeption eines Zweikammersystems (Nationalrat und Bundesrat), die

Belassung der alten österreichischen Erblande als Bundesländer sowie die Teilung der Legislative und Exekutive zwischen Bund und Ländern bedeutet die Durchsetzung des föderalistischen Prinzips, das von den bürgerlichen Parteien in den Agrargebieten vertreten wird.

Schließlich verändert der Sieg der bürgerlichen Parteien bei den Neuwahlen vom 17. Oktober 1920 die innenpolitische Situation der Ersten Republik nachhaltig. Die Sozialdemokraten, die während der kurzen Zeitspanne ihrer Regierungsbeteiligung zahlreiche Sozialreformen durchsetzen können, und die die eigentliche staatserhaltende Kraft sind, indem sie einerseits die noch tief in der Monarchie befangenen bürgerlichen Parteien auf den Boden der neuen Republik zwingen andererseits durch eben diese Sozialreformen besänftigend auf die Forderungen der sich organisierenden Arbeiter- und Soldatenräte einwirken können (BAUBÖCk 1979:32f), werden in die Opposition gedrängt und müssen sich zur Verwirklichung ihrer Sozialpolitik nun auf das "rote Wien" beschränken.

In Wien haben die Sozialdemokraten bei den Gemeinderats- und Landtagswahlen am 4. Mai mit 54,2% die absolute Mehrheit erreicht, die sie, mit Ausnahme der Jahre des Faschismus von 1934-45, während derer keine Wahlen stattfinden können, bis in die Gegenwart behalten werden.

Das Wahlergebnis wird vor allem für die Abgeordneten der Christlichdemokratischen Partei in Niederösterreich zum Anlaß, die Trennung Wiens von Niederösterreich zu betreiben, denn aufgrund der großen Erfolge in Wien sind die Sozialdemokraten in der Lage, im niederösterreichischen Landtag, der sich aus Abgeordneten von Wien-Stadt und Niederösterreich-Land zusammensetzt, die Regierung zu stellen. Dies ist möglich trotz Stimmenmehrheit der Christlichsozialen im Land Niederösterreich, da der Verteilungsmodus der Landtagsmandate die größere Einwohnerzahl Wiens gegenüber Niederösterreich berücksichtigt. Das Übergewicht Wiens hat gleichzeitig bundesweite Bedeutung. Im Bundesrat, der Länderkammer, wird eine Majorisierung des übrigen Österreichs durch das mit Wien verbundene Niederösterreich, die zusammen fast die Hälfte der Landesbevölkerung stellen, befürchtet (HAUTMANN & HAUTMANN 1980:35).

Nach gut einjähriger Übergangszeit setzen sich die Befürworter der Trennung Wiens von Niederösterreich, die sich schließlich sowohl bei den Sozialdemokraten als auch bei den Christlichsozialen finden, durch. Am 1. Januar 1922 treten die diesbezüglich neuen Verfassungsgesetze in Kraft, Wien ist von nun an eigenes Bundesland.

Damit ist die wichtigste Voraussetzung für eine gegenüber den anderen Bundesländern und der konservativen Landesregierung relativ autonom betriebene Kommunalpolitik in Wien gegeben. Insbesondere die Erringung der <u>Steuerhoheit</u> wird von großer Wichtigkeit für die Finanzierung der sozialdemokratischen Pläne, darunter vor allem das umfangreiche kommunale Wohnungsbauprogramm. Der Wiener Landtag, der personell identisch ist mit dem Wiener Gemeinderat, aber institutionell neben diesem besteht, kann jetzt Steuergesetze beschließen und so die Kassen der Stadt füllen. Zudem erhält Wien die Abgabenertragsteile, die den Ländern und Gemeinden an den mit dem Bund gemeinsamen Steuern zustehen, und zwar als Land <u>und</u> als Gemeinde.

Neben der Steuerhoheit bekommt der Wiener Landtag Gesetzgebungskompetenz auch in anderen Bereichen, und zwar
- die <u>ausschließliche Gesetzgebungskompetenz</u> u.a. bei öffentlichen Bauten, die aus Landesmitteln bestritten werden, sowie in weiteren Fragen der Landesfinanzen, sowie in der
- <u>Ausführungsgesetzgebung</u> innerhalb staatlicher Rahmengesetze u.a. bei Gemeinde- und Schulangelegenheiten.

In organisatorischer Hinsicht werden den bereits bestehenden Institutionen der Gemeinde zusätzlich solche eines Landes hinzugefügt, wobei allerdings weitgehend personelle Identität in den Institutionen der Gemeinde und des Landes besteht: der Wiener Gemeinderat ist gleichzeitig auch Landtag, der Bürgermeister auch Landeshauptmann (Landeshauptmann: Regierungschef eines Landes), der Stadtsenat auch Landesregierung, der Magistrat auch Amt der Landesregierung (HAUTMANN & HAUTMANN 1980:36f).

Die Stärke des linken Flügels innerhalb des Sozialdemokratischen Lagers, anders als in Deutschland spaltete sich dieser nicht von der Partei ab

(BAUBÖCK 1979:33), die Konzentration der Partei auf die Hauptstadt, die ihre neue Rolle im stark verkleinerten und wirtschaftlich geschwächten Staat erst finden muß, sowie nicht zuletzt der Rückhalt der Sozialdemokraten bei den Wählern (vgl. Tab. 3.8) schaffen in der Zwischenkriegszeit eine einmalige Situation: Wien ist nicht Hauptstadt eines sozialistischen Landes, sondern eine sozialistisch regierte Hauptstadt eines konservativ regierten Landes: "Ein 'Rotes Wien' als 'sozialistische Insel' im konservativen Sumpf, das war die Parole des neuen reformerischen Enthusiasmus" (KAINRATH 1982:1732).

Tabelle 3.8: Ergebnisse der Wiener Gemeinderatswahlen 1919-1932

	1919	1923	1927	1932
Wahlbeteiligung	60,7	91,2	92,1	89,5
Stimmenanteil in %:				
Sozialdemokratische Partei	54,2	55,5	60,3	59,0
Christl. soziale Partei	27,1	32,8	36,5[1]	20,1
andere Parteien	18,7	11,7	3,2	20,9

1) "Einheitsliste" aus Christlichsozialen, Deutschnationalen und bürgerlichen Splittergruppen.

Quelle: HAUTMANN & HAUTMANN 1980:30 ff.

Der neue Status Wiens ermöglicht es den Sozialdemokraten, nicht nur den "legendären kommunalen Wohnungsbau" (KAINRATH 1982:1732) zu betreiben, sondern, soweit dies möglich war im "Dauerkonflikt zwischen schwarzer Bundesregierung und der sozialistischen Gemeinde, (der) viele unbefriedigende 'Halblösungen' zur Folge hatte" (NOVY 1979:21), auch ein umfassendes gesellschaftspolitisches Programm zu verwirklichen. Dazu gehörten u.a.
- der dezentrale Bau von Sozial- und Gesundheitseinrichtungen,

- der Ausbau des Bildungswesens,
- die Förderung eines breit gefächerten Kultur- und Vereinslebens (KAINRATH 1982:1732).

3.2.1 Planverfahren und Ordnungsvorstellungen

Im Frühjahr 1919 gewinnen die Sozialdemokraten die Kommunalwahlen in einer Stadt, in der große Probleme bestehen. Nahrungsmittelknappheit, Arbeitslosigkeit und Wohnungsnot sind viel stärker als in allen anderen Landesteilen zu spüren. Bereits in den letzten Kriegsjahren werden Notverordnungen unerläßlich. Insbesondere der Mieterschutz spielt in der unmittelbaren Nachkriegszeit eine herausragende Rolle, der auch in den nachfolgenden Jahren zum "Dauerbrenner" der innenpolitischen Auseinandersetzungen zwischen Sozialdemokraten und Christlichsozialen wird (vgl. Abschnitt "Bevölkerung und Wohnungen").

Angesichts der anstehenden Probleme werden die geplanten, großzügigen Projekte der Vorkriegszeit, etwa der U-Bahn-Bau oder der Hochwasserschutz- und Hafenausbau, bedeutungslos (SCHOPPER 1982:48). Mit dem Zusammenbruch der Monarchie 1918 bricht die rasche Stadtentwicklung der Gründerzeit schlagartig ab: weder findet eine Vergrößerung der City noch der suburbanen Geschäftsstraßen der inneren und äußeren Bezirke statt, auch der Industriegürtel erweitert sich nicht, und ebenso kommt der Ausbau öffentlicher Einrichtungen zum Erliegen. Damit verharrt die Stadt bis in die fünfziger Jahre hinein in ihrer spätgründerzeitlichen Struktur (BOBEK & LICHTENBERGER 1966:142).

Einzig der kommunale Soziale Wohnungsbau, von den ab 1918 regierenden Sozialdemokraten zum "Programmpunkt Nr. 1" erklärt, führt zu einer Bebauung der Lücken am Rande des dichtbebauten Stadtrandes. Von insgesamt 91.000 neuen Wohnungen baut die Gemeinde allein 63.754 Wohnungen; das entspricht 70% des gesamten Bauvolumens (ebd.).

Drei Beispiele des kommunalen Wohnungsbaus der Zwischenkriegszeit, deren programmatischer Charakter in der Literatur (BOBEK & LICHTENBERGER

1966:145f, NOVY 1979:10, HAUTMANN & HAUTMANN 1980) sowie in einer späteren Selbstdarstellung der Gemeinde Wien (vgl. NOVY:ebd.) herausgestellt werden, sollen hier zur Charakterisierung des kommunalen Wohnungsbaus angeführt werden, ohne daß damit dessen gesamte Bandbreite aufgezeigt werden kann.

Um 1923 überwiegt eine Bebauung, die an die Straßenhöfe der Spätgründerzeit erinnert, gleichzeitig aber die ehemals geschlossenen Höfe aufzulösen und neuen, gemeinschaftlichen Nutzungen zuzuführen versucht. Am Beispiel des Sandleitenhofes (vgl. Abb. 3.18), mit 1587 Wohnungen die größte Anlage der Zwischenkriegszeit, in mehreren Bauabschnitten und von mehreren Architekten 1924 fertiggestellt, wird der programmatische Gehalt des kommunalen Wohnungsbaus im Wien der Zwischenkriegszeit deutlich: "Die spannungsgeladene Architektur setzt sich in der differenzierten Behandlung der Außenräume (mit Brunnen, Terrassen und Pergolen) fort. Der riesige Komplex enthält zahlreiche Geschäftslokale und Gemeinschaftseinrichtungen (Zentralwäscherei, Bäder, Kindergarten, Bücherei, Apotheke, Versammlungssaal, Ateliers, Werkstätten, Café, Postamt u.a.), die seinen Charakter einer 'Stadt in der Stadt' betonen" (HAUTMANN & HAUTMANN 1980:398). Der Bebauungsgrad (Geschoßflächenzahl) reicht bis 0,6.

1927 wird mit dem Karl-Marx-Hof (1325 Wohnungen) am östlichen Rand des 19. Bezirkes an der Heiligenstädter Straße eine weitere programmatische Wohnanlage fertiggestellt, oder, wie HAUTMANN & HAUTMANN (1980:423) schreiben, die "wichtigste Gemeindebauanlage Wiens" schlechthin.

Als Musterbeispiel des monumental angelegten 'Superblocks' bildet der sechs- bis siebengeschossige, mit Türmen und Fahnenmasten geschmückte Mitteltrakt den Hauptbau, an den sich nördlich und südlich zwei langgestreckte Hofanlagen anschließen. Die Häuser, die die beiden großen Höfe bilden, verringern ihre Höhe nach außen hin, sind geschlossen und wirken wesentlich ruhiger als der Mitteltrakt, der durch seine großen, wuchtigen Bögen einerseits die Monumentalität unterstreicht, andererseits die parallel mit dem Baukörper verlaufende Heiligenstädter Straße über den vorgelagerten Heiligenstädter Platz mit der ebenfalls parallel verlaufenden östlichen Boschstraße verbindet (vgl. Abb. 3.19 und 3.20).

Abbildung 3.18: Der Sandleitenhof in Ottakring (Lageplan)

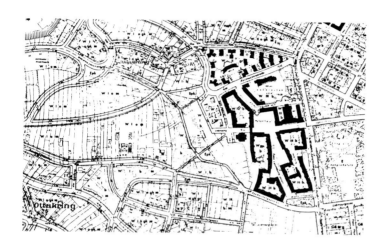

Quelle: HAUTMANN & HAUTMANN 1980: Anhang V-3.

Der Karl-Marx-Hof ist fast 1 Kilometer lang und enthält, ähnlich wie der Sandleitenhof, zahlreiche Läden und Gemeinschaftseinrichtungen, darüber hinaus eine Mutterberatungsstelle, ein Jugendheim, Zahnklinik, mehrere Arztpraxen, Krankenkassenstelle u.a. Der Bebauungsgrad (GFZ) beträgt beim Karl-Marx-Hof nur noch 0,3. Wie sehr die Monumentalität der Anlage (streng genommen: des Mitteltraktes) ihren sozialen Gehalt überdeckt, aber auch, wieviel Spielraum den Gemeindebauarchitekten in der Formfindung bleibt, soll folgendes Zitat andeuten:

"Die Monumentalität der Anlage entspricht jedoch mehr dem ... Begriff 'Superblock' als dem 'Volkswohnpalast'-Konzept, wie es Gessner entwickelt hat. Ein Vergleich mit dem Reumann-Hof und dem Seitz-Hof ... zeigt, daß Ehn zwar ein vorzüglicher und auch durchaus eigenständiger

WIEN   422

Gemeindebauarchitekt war, dem aber doch die unbedingte politische Vision der Wohnpalastidee letztlich fehlte." (HAUTMANN & HAUTMANN 1980:423).

Abbildung 3.19: Der Karl-Marx-Hof in Döbling-Heiligen-Stadt (Lageplan)

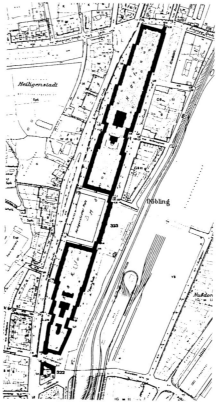

Quelle: HAUTMANN & HAUTMANN 1980: Anhang III-6.

Abbildung 3.20: Ansicht vom Mitteltrakt des Karl-Marx-Hofes

Quelle: HAUTMANN & HAUTMANN 1980:253.

Hier deutet sich der Spannungsbogen an zwischen einer aus sozialer Verantwortung und politischer Programmatik entwickelten Formfindung einerseits und einer Formgebung anderereits, die dem zunehmenden Selbstbewußtsein einer Gemeinderegierung entgegenkommt, einem Selbstbewußtsein, das sich auch aus einem erfolgreichen und verwirklichten und sogar im Ausland vielbeachteten Wohnungsbauprogramm nährt.

Für das Verständnis der Wohnanlagen, ihrer Grundrisse und Baukörper, wären die Ausleuchtung dieses Spannungsbogens, in dem sowohl die beteiligten Architekten und Stadtplaner als auch die Fachleute und Politiker in den Ämtern eingebunden sind, lohnend. Dieses kann an dieser Stelle jedoch nicht geleistet werden.

Abbildung 3.21: Der George-Washington-Hof in Favoriten (Lageplan)

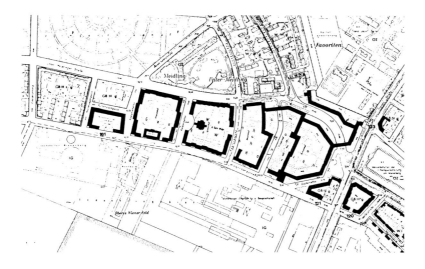

Quelle: HAUTMANN & HAUTMANN 1980: Anhang IX-5

Der George-Washington-Hof im Süden der Stadt (Favoriten), westlich der Triesterstraße entlang der Wienerbergstraße erbaut, gehört mit seinen

1084 Wohnungen ebenfalls zu den großen Wohnbauanlagen (vgl. Abb. 3.21). Anders als beim Karl-Marx-Hof öffnen sich hier die Höfe schrittweise, die Baudichte und die Bauhöhe sind reduziert (durchschnittlich vier Geschosse), der Bebauungsgrad (GFZ) der Grundstücke beträgt nur noch 0,24. Der Wohnanlage liegt ein "Gartenstadtkonzept zugrunde, spätere Entwicklungen des Gemeindewohnungsbaus werden hier vorweggenommen.

Wie bereits oben angeführt, können diese Beispiele nur exemplarisch den kommunalen Wohnungsbau der Zwischenkriegszeit abbilden, ohne die gesamte Palette der Kommunalbauten aufzuzeigen, zu der auch wesentlich kleinere Wohnanlagen gehören (vgl. Tab. 3.8a).

Tabelle 3.8a: Anzahl der Wohnungen und Zahl der kommunalen Wohnungsbauten 1919-1938

Zahl der Wohnungen je Objekt	Zahl der Bauobjekte
bis 50 Wohnungen	121
51 - 100 Wohnungen	78
101 - 200 Wohnungen	93
201 - 500 Wohnungen	59
501 - 1000 Wohnungen	13
1001 und mehr	7
	371

Quelle: BOBEK & LICHTENBERGER 1966:145.

Allen Gemeindebauten gemeinsam ist jedoch die geringe Größe der Wohnungen. Angesichts des bedrohlichen Wohnungsmangels ist es wichtiger, kleine Wohnungen für viele anstatt größere Wohnungen für wenige zu bauen.

Bis zum Jahre 1926 werden meist nur zwei Wohnungstypen gebaut, die meist als Vierspänner (vier Wohnungen an einem Treppenhaus je Geschoss) angeordnet sind (vgl. Abb. 3.22): die kleinere hat 38 qm Bodennutzfläche (ein Zimmer, Wohnküche, Flur und WC), die größere 48 qm (zwei Zimmer - eines davon als "Kabinett" mit ca 10-12 qm -, Wohnküche, Flur, WC). Fast 75% der bis 1926 gebauten Wohnungen bestehen aus dem kleineren Typ.

Abbildung 3.22: <u>Grundriß eines Wohnhauses der Gemeinde vor 1926</u>

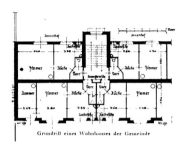

<u>Quelle:</u> NOVY 1977:11.

Ab 1927 werden die Wohnungstypen differenzierter und größer, nicht zuletzt auch aufgrund heftiger Kritk der Opposition im Rathaus und von ausländischen Architekten und Wohnungsexperten, insbesondere anläßlich des Internationalen Städtebaukongresses 1926 in Wien. Die vier Wohnungstypen nach 1926, nun auch als als Dreispänner gebaut, sind (vgl. Abb. 3.23):

- 21 qm-Ledigenwohnräume mit einem Zimmer, Flur und WC,

- 40 qm-Wohnungen mit einem größeren Wohnzimmer, einem kleinen (halben) Zimmer, Küche, Flur und WC,

- 49 qm-Wohnungen mit einem größeren Wohnzimmer, zwei kleineren (halben) Zimmern, Flur und WC,

- 57 qm-Wohnungen mit zwei größeren Zimmern, einer Küche, Vorraum und WC (HAUTMANN & HAUTMANN 1980:142).

Abbildung 3.23: Grundriß eines Wohnhauses der Gemeinde nach 1926

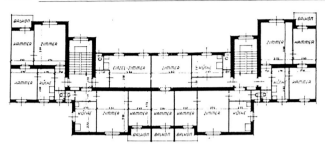

Quelle: HAUTMANN & HAUTMANN 1980:141.

Die Kritiker des Gemeindewohnungsbaus vermeiden wohlweislich den Blick zurück auf die Wohnbedingungen der unmittelbar zurückliegenden Zeit vor und nach dem Kriege (vgl. Abschn. 3.1.2 und 3.2.2: "Bevölkerung und Wohnungen").

Die gegenüber der Spätgründerzeit sehr niedrige Miete für eine Gemeindewohnung relativiert zudem die Kritik: nur etwa 3% des Lohnes eines Facharbeiters und etwa 5% des Lohnes eines Hilfsarbeiters in der Metallindustrie entfallen auf die Wohnungskosten einer Neubauwohnung, wohingegen in der Vorkriegszeit für eine schlechtere Wohnung noch 20-25% des Arbeitslohnes aufzuwenden waren. Die monatlichen Kosten einer Gemeindewohnung (einschließlich Wohnbausteuer, aber ohne die Kosten für Wasser, Heizung, Gas und elektrische Energie) betragen für den kleineren Wohnungstyp 7,60 Schilling und für den größeren Typ 9,60 Schilling (HAUTMANN & HAUTMANN 1980:140).

Die Grundrisse, insbesondere die der Vierspänner, zeigen die geringe Größe und deren einseitige Orientierung, wodurch der Besonnung und der Durchlüftung relativ enge Grenzen gesetzt sind. Gegenüber den Vorkriegsbauten hat aber jede Wohnung einen direkten Zugang vom Treppenhaus, was beim alten "Gangsystem" (vgl. Abb. 3.11) nicht der Fall war, ebenso hatte längst nicht jede Wohnung der Vorkriegszeit ein eigenes WC und eine

Küche, und längst nicht alle Zimmer hatten direkten Lichtzutritt. In den Gemeindewohnungen hat aber sogar auch die Küche ein unmittelbar ins Freie führendes Fenster. Zudem hat jede Wohnung einen Boden- und Kellerraum.

Abbildung 3.24: Gemeinschaftseinrichtungen im Sandleiten-Hof (Ausschnitt)

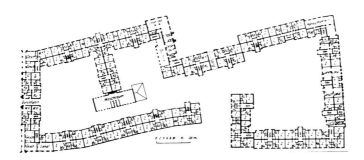

Quelle: NOVY 1979:11.

Die geringe Größe der Wohnungen und deren einseitige Ausrichtung sollen durch geräumige, weite Höfe, die gärtnerisch angelegt sind und Kinderspielplätze, Planschbecken und Ruhe- und Sitzgelegenheiten für Erwachsene enthalten, sowie durch zahlreiche Gemeinschaftseinrichtungen kompensiert werden (vgl. Abb. 3.24). Insgesamt werden mit den Wohnbauten gebaut:

- 33 maschinelle Zentralwäschereien mit 830 Waschständen
- 62 Badeanlagen (Wannen- und Brausezellen)
- 55 Kindergärten sowie mehrere Jugendämter und städtische Horte
- 17 Krankenkassenambulatorien
- 5 Tuberkulosefürsorgestellen
- 14 Mütterberatungsstellen
- 8 Schulzahnkliniken

- 66 Büchereien bzw. Vortragssäle
- 4 Turnhallen
- 74 Zweigstellen von Konsumgenossenschaften

(HAUTMANN & HAUTMANN 1980:140).

Daß die Wohnungsbaupolitik so erfolgreich wird, liegt zum einen an dem Finanzierungssystem - die Wohnungsbauprogramme werden ohne Anleihen, also ohne Verschuldung der Gemeindekasse, aus der Wohnbausteuer und aus allgemeinen Steuermitteln finanziert -, zum anderen an der Möglichkeit, durch die kommunalisierten Bauunternehmungen die Angebote privater Bauunternehmen zu kontrollieren, so daß Preisabsprachen und Preiskartelle weitgehend unterbunden werden können. Ein weiterer wichtiger Punkt sind die umfangreichen Grundstücksankäufe durch die Gemeinde (s.u.).

Nur so ist es möglich, daß die Miete nicht nach der vollen Verzinsung der Baukosten, sondern nach sozialen Gesichtspunkten berechnet wird. Die Miete ist die Summe, die zur Instandhaltung der Häuser und Pflege der Gartenhöfe sowie für die Betriebs- und Verwaltungskosten erforderlich ist. Rechtlich wäre die Gemeinde durchaus imstande, eine höhere Miete festzulegen, da die Gemeindebauten als Neubauten nicht dem Mieterschutz unterliegen (vgl. Abschn. 3.2.2: "Bevölkerung und Wohnungen").

Daß die Wiener Gemeindeverwaltung unter Führung der Sozialdemokraten zu Beginn der Zwanziger Jahre unter erheblichem Erfolgszwang steht, belegt NOVY (1981:26ff).

Zum einen bewirkt die "passive Wohnungspolitik" (Mietstopp, Kündigungsschutz, Wohnraumbewirtschaftung; vgl. Abschn. 3.2.2: "Bevölkerung und Wohnungen"), die aufgrund der steigenden Anzahl der Haushalte bei gleichzeitigem fast völligem Rückzug privater Investoren auf dem Wohnungssektor die Wohnungsnot administrativ zu regulieren versucht, selbst eine erhöhte Nachfrage nach Wohnraum, da nun die fixierten Mieten auch für untersten Einkommensschichten erschwinglich werden, zum anderen zwingt die Wohnungsnot und die katastrophale Ernährungslage einen großen Teil der Bevölkerung, "wild" zu siedeln am Rande der Stadt:

"Die Arbeiter begannen den Boden rings um die Städte und Industrieorte urbar zu machen, auf ihm Gemüse zu bauen und Kleintiere zu züchten. Der Achtstundentag gab dieser Bewegung neuen Anstoß; Tausende benützten die eroberten Mußestunden zur Arbeit im Schrebergarten. So wurde Wien allmählich von 60.000 Kleingärtnern umgürtet. Die Wohnungsnot drängte weiter: Die Kleingärtner begannen, in ihren Gärten auch Wohnhütten zu bauen. Aus solchen vereinzelten Versuchen ging schließlich die Siedlerbewegung hervor ... Allmählich wuchs aus der Initiative der Massen selbst ein ganzes System gemeinnütziger Bautätigkeit hervor. Die Siedlergenossenschaften bauten Häusergruppen von Einfamilienhäusern. Die Bauarbeit wird teils von den Siedlern selbst neben ihrer Berufsarbeit geleistet, teils vom 'Grundstein', der vom Bauarbeiterverband gegründeten Produktivgenossenschaft der Bauarbeiter. Das Baubüro der 'Siedlungs-, Wohnungs- und Baugilde', in der sich die Siedlergenossenschaften mit den Bauarbeitern vereinigten, stellt die Baupläne bei und leitet den Bau. Die vom Staat, der Gemeinde Wien und dem Hauptverband der Siedlungsgenossenschaften gegründete 'Gemeinwirtschaftliche Siedlungs- und Baustoffanstalt' liefert die Baustoffe. Staat und Gemeinde decken den verlorenen Bauaufwand. Diese ganze Bewegung ist in vielerlei Hinsicht bemerkenswert." (BAUER 1923:736f, und NOVY 1981:27).

Aus der erhöhten Nachfrage nach Wohnraum einerseits und dem zunehmenden politischen Druck der sich seit dem Ende des Ersten Weltkrieges organisierenden (und handelnden) Siedlerbewegung andererseits ergibt sich für die Gemeinde ein unmittelbarer Zwang zu einer aktiven Wohnungspolitik, d.h. einer Politik, die nicht nur die Not administrativ reguliert, sondern durch den Neubau von Wohnungen auch verringert. Das erste große Wohnungsbauprogramm, eingeleitet durch den Gemeinderatsbeschluß vom September 1923, das den Bau von 25.000 Wohnungen innerhalb der nächsten fünf Jahre vorsieht, nimmt auf die Siedlerbewegung noch deutlich Rücksicht. Jedoch wird aus den nachfolgenden Zahlen deutlich, daß der Anteil des Siedlungsbaus ständig zugunsten des Volkswohnpalastes und des Superblocks zurückgeht: 1921 beträgt der Anteil der Siedlerhäuser am gesamten Wohnungsbauprogramm noch 55%, 1922 beträgt dieser noch 29% und 1923 immerhin noch 28%. 1924 beträgt der Anteil bereits nur noch 14% und 1925 sind es noch ganze 4% (POSCH 1980:11, NOVY 1981:37).

WIEN   430

Als Beispiel einer Wohnanlage, die teils Gemeindesiedlung, teils Genossenschaftssiedlung ist, und die dem Siedlerwesen stark verpflichtet ist, sei die Siedlung Kagran-Freihof auf dem jenseitigen Donauufer in Donaustadt (22. Bezirk) angeführt (vgl. Abb. 3.25).

Abbildung 3.25: <u>Siedlung Kagran-Freihof (Donaustadt)</u>

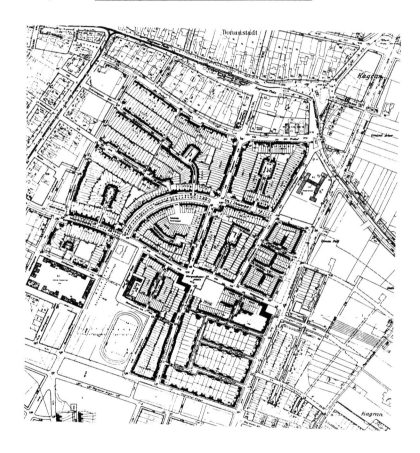

<u>Quelle:</u> HAUTMANN & HAUTMANN 1980: Anhang III-9 und IV-9.

Die Siedlung Kagran (99 Wohnungen, 1923 erbaut) ist eine der ersten Gemeindesiedlungen im Sinne der "Gartenstadt"-Bewegung. Große Gärten sind den einfachen zweigeschossigen Reihenhäusern zugeordnet. Die Freihof-Siedlung ist die größte Genossenschaftssiedlung Wiens (1014 Wohnungen, 1924 erbaut) und enthält zahlreiche Gemeinschaftseinrichtungen und Geschäftslokale. Diese Siedlung entspricht im wesentlichen einer autarken Kleinstadt im Sinne der Gartenstadt-Bewegung.

NOVY (1981:36f), der den Selbsthilfecharakter der Siedlungsbewegung hervorhebt, sieht die Wiener Siedlerbewegung zunächst als "Notprojekt von unten", dessen Kennzeichen "die wilde Siedelei 1919/1920" ist. In einer zweiten Phase von 1921-23 entwickelte sich die Siedlerbewegung zu einem Großsystem organisierter Selbsthilfe". Dies sei die "Phase der erfolgreichen und offensiven Institutionalisierung der Siedlerinteressen" gewesen. In diese Zeit fallen auch die bereits 1923 begonnene Freihof-Siedlung im Anschluß an die Kagran-Siedlung. In einer dritten Phase jedoch begänne der Übergang "von der Selbstverwaltung 'am Staat vorbei' zur Verstaatlichung der Selbsthilfe", der "die kommunale Aneignung der Siedleridee" beinhaltete und zur "Stillstellung der Bewegung durch Gemeindesiedlungen 1924-1929" geführt habe. In einer vierten Phase schließlich sei die Siedlerbewegung in ein "Notprojekt von oben" gemündet in Form der Stadtrandsiedlungen als Erwerbslosensiedlung ab 1930.

Die Weltwirtschaftskrise und die erbitterten Widerstände der sich zunehmend ständestaatlich-autoritär gebärdenden Zentralregierung gegen das "rote Wien" haben für Wien weitreichende finanzielle Konsequenzen, das riesige Wohnungsbauprogramm bricht stückweise zusammen und schafft zusätzliche Arbeitslose zu der ohnehin schon riesigen Zahl von Arbeitslosen. Siedlerprojekte werden nun im Rahmen eines Arbeitsbeschaffungsprogramms verwirklicht.

Die Rolle der Siedlerbewegung bei der Entstehung der kommunalen Wohnungsbauprogramme sowie die Übernahme ihrer Organisationsformen durch die Sozialdemokraten kann hier nur angedeutet werden. Sie scheint aber, soviel sollte hier deutlich werden, insbesondere zu Beginn der Zwanziger Jahre erheblichen politischen Druck auf die Gemeinde Wien ausgeübt zu haben.

Die überaus erfolgreiche Wohnungsbaupolitik der Gemeinde ab 1923 wird unterstützt durch eine Bodenpolitik, für die bereits 1912 durch das Baurechtsgesetz die Grundlage geschaffen worden war. Durch die Verpachtung von Gemeindegrundstücken an Privatpersonen wird es der Gemeinde möglich, aus den Erträgen der Pachtverträge neue Grundstückskäufe zu tätigen. Vor allem während der Inflationszeit zu Beginn der Zwanziger Jahre kommt es zu umfangreichen Grundstückskäufen vor allem in den Arbeiterbezirken. Insgesamt werden die Grundstückskäufe aber weniger durch das Enteignungsrecht ermöglicht als vielmehr durch eine radikale Mieterschutzpolitik, die einen Bodenpreissturz bis auf 20% des Vorkriegswertes und darunter bewirkt (NOVY 1981:30). 1926 besitzt die Gemeinde rund ein Viertel der Gemeindefläche von Wien (BOBEK & LICHTENBERGER 1966:136).

Die neuen Tendenzen des Sozialen Wohnungsbaus schlagen sich in der Bauordnung von 1929 nieder, die die Bauordnung von 1893 ablöst, die seit 1918 ohnehin kaum noch beachtet wurde. Die wichtigsten Neuregelungen sind (BOBEK & LICHTENBERGER 1966:136):
- ein Enteignungsgsetz ermöglicht es der Gemeinde, Eingriffe in die Bebauung zur Sanierung alter Wohngebiete sowie zur Verkehrsregulierung vorzunehmen; das Gesetz kommt allerdings erst nach dem 2. Weltkrieg zur Wirkung;
- zur Verbesserung der Wohnhygiene wird für alle Wohnräume eine direkte Belüftung und Belichtung vorgeschrieben. Die Hauptfenster benötigen einen freien Lichteinfall von mindestens $45^°$. Dies hat einen erheblichen Einfluß auf die Abstandsflächen: das Nachbargebäude muß mindestens eine Gebäudehöhe entfernt sein;
- ein mit der Bauordnung verbundener Flächenwidmungsplan schreibt die Herabzonung ausgedehnter peripherer Flächen vor.

3.2.2 Bevölkerung und Wohnungen

Ein erster Überblick über die gesamte Zwischenkriegszeit ergibt folgendes Bild (vgl. Abb. 3.26):

- die Bevölkerung nimmt von 1918 bis 1923 stark ab, dann stagniert sie,
- die Anzahl der Haushalte nimmt stark zu, insbesondere zwischen 1923 und 1934,
- zum erstenmal in der Geschichte der Stadt werden Mietwohnungen nicht von privaten Investoren, sondern von der Gemeinde gebaut,
- der Wohnungsabgang ist sehr gering (vgl. Tab. 3.9 und 3.10).

Tabelle 3.9: <u>Entwicklung des Wohnungsbestandes in Wien 1916-1940</u>

Periode	Fertiggestellte Neu-, Zu- und Umbauten	Zuwachs an Wohnungen	Abbrüche	Abfall an Wohnungen
1916-1920	118	381	20	49
1921-1925		2.785	49	58
1926-1930	1.831	7.363	101[1]	181
1931-1935	1.062	4.929	39	250
1936-1940	992	2.295	26	446

1) Durchschnitt aus 4 Jahren (ohne 1929)

<u>Quelle:</u> BECK 1962:71.

Die starke Zunahme der Haushalte wird zur wichtigsten Voraussetzung der Bautätigkeit der Gemeinde. Aber noch andere Bedingungen, wie der fast völlige Rückzug privater Investoren aus dem Wohnungsmarkt, ein früh einsetzender Mieterschutz, Maßnahmen der Wohnraumbewirtschaftung sowie politischer Druck von mächtiger werdenden Siedlerorganisationen, Bedingungen, auf die schon eingegangen wurde, müssen noch hinzukommen, ehe die Gemeinde zu einer aktiven Wohnungspolitik findet, die dann in einen umfangreichen und vielbeachteten kommunalen Wohnungsbau mündet.

Tabelle 3.10: Das Bevölkerungswachstum in Wien 1923-1939 (Stadtgebiet v. 1.9.1954)

Jahr	Einwohner
1910	2.083.497
1923	1.918.600
1934	1.935.610
1939	1.770.938

Quelle: StHbÖ 1981:13 (VZ-Ergebnisse).

Zunächst zu der zunehmenden Anzahl der Haushalte. Diese Entwicklung steht auf den ersten Blick im Widerspruch zu der stark abnehmenden Bevölkerungszahl, die ja für eine Abnahme der Haushalte und somit auch für eine Entlastung in der Wohnungsversorgung zu sprechen scheint.

BOBEK & LICHTENBERGER (1966:129ff) und BAUBÖCK (1979:17ff) führen folgende Ursachen für die Zunahme der Haushalte bei gleichzeitiger Abnahme der Gesamtbevölkerung an:

- Am Ende des Ersten Weltkriegs steigt die Zahl der Eheschließungen stark an (vgl. Tab. 3.11).

- Durch die Kriegstoten und Gefallenen sowie durch das kriegsbedingte starke Absinken der Geburtenrate (FRIEDRICHS u.a. 1983:201) findet eine bedeutende Verschiebung im Altersaufbau der Bevölkerung zugunsten der 30- bis 60-jährigen statt, die häufiger als Wohnungssuchende auftreten als Angehörige anderer Altersgruppen.

Abbildung 3.26: Entwicklung der Einwohner, Haushalte und Wohnungen sowie der Wohnungszu- und -abgänge 1869-1981

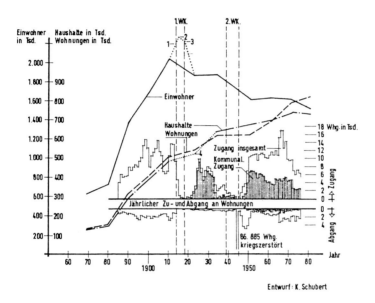

Quelle: Volkszählungsergebnisse 1869-1971, StJbW 1980:22; KAINRATH 1978:2f; VZ 1981, HWZ 1981

1) Schätzung, übern. v. BAUBÖCK 1979:17
2) u. 3) Schätzungen, übern. v. BOBEK & LICHTENBERGER 1966:31, 129
4) Schätzung, übern. v. BAUBÖCK 1979:19

Tabelle 3.11 <u>Anzahl der Eheschließungen 1914-1922</u>

Jahr	Eheschließungen
1914	22.294
1915	14.648
1916	13.583
1917	13.431
1918	16.389
1919	26.182
1920	31.164
1921	29.247
1922	26.586

<u>Quelle:</u> BAUBÖCK 1979:17.

- die Zahl der Abwanderer übersteigt mit rund 340.000 Personen zwar bei weitem die Zahl der Zuwanderer, aber die beiden Gruppen unterscheiden sich hinsichtlich ihres sozioökonomischen Status. Die Abwanderer, meist Tschechen, sind größtenteils Angehörige der Unterschicht und hinterlassen bei ihrem Fortzug keine freie Wohnung. Entweder konnten diese sich gar keine eigene Wohnung leisten und wohnten als Untermieter und Bettgeher, was insbesondere für die Ledigen zutraf, oder aber die Abwanderer lassen zunächst ihre Familien in Wien zurück, um erst einmal allein am neuen Wohnort Fuß zu fassen. Die Zuwanderer dagegen sind Beamte, also Angehörige der Mittelschicht, die aus den unabhängig gewordenen Nachfolgestaaten mit ihren Familien nach Wien zurückkehren und für sich angemessenen Wohnraum beanspruchen.

- Die wirtschaftliche Verschlechterung in wohlhabenden Familien führt zu Kündigungen von Dienst- und Hauspersonal. Sofern das Personal zum Haushalt gehört, bedeuten solche Kündigungen gleichzeitig auch eine erhöhte Nachfrage nach Wohnungen; ebenso erfordert die Auflösung der Wohn- und Konsumgemeinschaft von Meistern, Gesellen und Lehrlingen in den gewerblichen Betrieben zusätzlichen Wohnraum.

Der Zunahme der Haushalte (vgl. Tab. 3.12) steht eine rapide <u>Abnahme der privaten Wohnungsbautätigkeit</u> gegenüber, die bereits in den Kriegsjahren beginnt (vgl. Tab. 3.13), aber nicht auf diese beschränkt bleibt: bis 1934 findet keine Wiederbelebung des für die Gründerzeit so typischen privaten Massenwohnungsbaus statt (vgl. Abb. 3.26).

Tabelle 3.12: <u>Entwicklung der Einwohner- und Haushaltszahlen von 1910 bis 1934 (jeweiliges Stadtgebiet zum Zählungszeitpunkt)</u>

Jahr	Einwohner	Zu-/Abnahme	Haushalte	Zu-/Abnahme	Einw./Haushalte
1910	2.031.498		479.339		4,24
		- 165.718		+ 40.000[1]	
1923	1.865.780		519.339[1]		3,59
		+ 8.350		+ 114.154[1]	
1934	1.874.130		633.493		2,96
1910-1934 insges.:		- 157.368		+ 154.154[1]	

Quelle: StJböSt 1955:66f (Volkszählungsergebnisse);
KAINRATH 1978:3;
1) BAUBÖCK (1979:19) schätzt die Zunahme der Haushalte von 1910 bis 1923 auf rund 40.000.

Tabelle 3.13 Zu- und Abgang an Wohnungen von 1913 bis 1918

Wien Jahr	Zuwachs an Wohnungen	abgefallene Wohnungen (durch Demolierung, Abtragung etc.)
1913	13.988	860
1914	9.586	920
1915	4.794	68
1916	962	127
1917	342	28
1918	85	49

Quelle: BAUBÖCK 1979:23.

Die Ursachen für diesen fast völligen Stillstand der privaten Wohnungsproduktion sehen einige Autoren in den ab 1917 einsetzenden Mieterschutzverordnungen, die 1922 in das Mieterschutzgesetz umgewandelt werden: "Die erste und wesentlichste Folge bestand darin, daß durch das Niedrighalten der Mieten und die dadurch gegebene Unmöglichkeit, das Baukapital zu amortisieren und eine selbst noch so bescheidene Rente zu erlangen, jeder private Miethausbau absolut unrentabel wurde und aufhörte" (BOBEK & LICHTENBERGER 1966:134; Hervorhebungen im Original).

Plausibler erscheinen allerdings Erklärungsansätze von Autoren, die den Mieterschutz zunächst einmal als Folge der wirtschaftlichen Entwicklung des stark geschrumpften und strukturschwachen Nachfolgestaates zu erklären versuchen: "Die wirtschaftliche Entwicklung Österreichs in der Zwischenkriegszeit stellt sich als Kombination der allgemeinen Wirtschaftszyklen dieser Periode mit verschärfenden Prolemen im Land selbst dar. Das Ergebnis war eine mehr oder weniger permanente Krisensituation, eine zusätzliche Abschwächung der Konjunkturphasen und zusätzliche Vertiefung der Depression" (BAUBÖCK 1979:22).

Die Strukturschwäche der österreichischen Wirtschaft, einerseits Erbe der sowohl technisch als auch organisatorisch rückständigen Wirtschaft der Donaumonarchie, andererseits eine Folge der territorialen Veränderungen, die den vorher weitgehend autarken Wirtschaftsraum zerreißen, und die die Industrie der Ersten Republik durch den Verlust des inneren Marktes in hohem Maße exportabhängig machen, hat ein sehr geringes Lohnniveau, hohe Arbeitslosenraten und eine hohe Inflation zur Folge (BAUBÖCK 1979:22ff, FELDBAUER 1979:335). Das Realeinkommen aus Löhnen ist 1924 um duchschnittlich 25% niedriger als es 1914 war. Der Mietzahlungsfähigkeit der Bevölkerung sind damit enge Grenzen gesetzt. Dies wird insbesondere in Wien spürbar, wo der rasche Abbau der Handels-, Finanz- und Verwaltungsfunktionen nicht durch einen ebenso raschen Aufbau der Industrie ausgeglichen werden kann (vgl. Abschn. 3.2.3 "Beschäftigte und Arbeitsstätten"). Für den Wohnungsbau eingesetztes Kapital, sofern es überhaupt in einer Situation permanenter Kapitalknappheit vorhanden ist, kann sich nicht mehr rentieren: "Mieten, aus denen eine durchschnittliche Verzinsung des Kapitals, die Rückzahlung der Kredite und Abdeckung der gestiegenen Baukosten realisiert werden hätten können, überstiegen das Einkommen der arbeitenden Bevölkerung bei weitem" (ebd.:24).

Das geringe Volumen der privaten Bautätigkeit liegt also nicht im Mieterschutz begründet, jedenfalls soweit es den Mietwohnungs-Neubau in der Zwischenkriegszeit betrifft, sondern im niedrigen Lohnniveau einerseits und in den hohen Bau- und Finanzierungskosten andererseits, beides durch die besondere wirtschaftliche Lage Österreichs diktiert. Zudem ist der Mieterschutz begrenzt auf Häuser, deren Bau vor dem 27. Januar 1917 bewilligt worden war. Neubauten waren vom Mieterschutz also gar nicht betroffen (BAUBÖCK 1979:30).

Das <u>Mietengesetz vom 7. Dezember 1922</u> ("Bundesgesetz über die Miete von Wohnungen und Geschäftsräumlichkeiten (Mietengesetz)"), das am 1. Februar 1923 in Kraft tritt und das trotz vieler Veränderungen und Ergänzungen bis heute die Grundlage des Mieterschutzes ist, hat seine Vorläufer in drei kurz hintereinander erlassenen Mieterschutzverordnungen, allesamt kriegsbedingte Notstandsmaßnahmen. In den letzten Kriegsjahren hatte das Wohnungsproblem im Zusammenhang mit der Rationierung anderer lebenswichtiger Güter eine zunehmende politische Brisanz erhalten, insbesondere durch die Tatsache, daß Familien von Soldaten gezwungen waren, ihre Wohnungen aufzugeben, da sie die Miete nicht mehr bezahlen konnten (BAUBÖCK 1979:20, 30; HAUTMANN & HAUTMANN 1980:23f).

Bereits Ende 1916 verschärft sich, zusammen mit anderen Problemen der Versorgung, das Wohnungsproblem in Wien und in anderen Städten der Donaumonarchie derart, daß das kaiserliche Regime gezwungen ist, am 26. Januar 1917 die erste Mieterschutzverordnung ("Verordnung über den Schutz der Mieter") zu erlassen, die auf den 31. Dezember 1918 befristet wird. Sie gilt für 300 Orte des Gesamtgebiets der Monarchie. In Wien betrifft sie Wohnungen mit einer Jahresmiete bis zu 3000 Goldkronen, bei Geschäftslokalen bis 2000 Goldkronen. Die Maßnahmen betreffen

a. die Miethöhe: eine Mieterhöhung ist nur zulässig in der Höhe, wie die Betriebs- und Instandhaltungskosten, die Steuern, die das Haus betreffen und der Zinsfuß der Hypotheken steigen. Damit wird faktisch der vor der Verordnung bestehende Gewinn des Hausbesitzers zwar nicht abgebaut, aber eingefroren;

b. die Beschränkung der Kündigungsmöglichkeiten seitens des Vermieters, ohne die eine Beschränkung der Miethöhe wirkungslos geblieben wäre. Eine Kündigungsmöglichkeit ist nur gegeben bei Nichtzahlung der Miete, andauernder Übertretung der Hausordnung und bei Eigenbedarf des Vermieters. Der letzte Punkt ist sehr weit gefaßt durch die Formulierung: "... wenn der Vermieter den Gegenstand selbst benötigt" (BAUBÖCK 1979:30).

Die zweite Mieterschutzverordnung wird am 22. Januar 1918 erlassen, unmittelbar nach den großen Generalstreikbewegungen vom 14. bis 21. Januar 1918 in Wien, Niederösterreich und Teilen der Steiermark. Sie bedeutet eine erhebliche Erweiterung des Mieterschutzes, da sie für alle Orte der Donaumonarchie gilt und weder hinsichtlich der Begrenzung der Miethöhe noch hinsichtlich des Kündigungsschutzes eine Mietobergrenze hat. Der Anspruch des Eigenbedarfs des Vermieters wird gegenüber der ersten Verordnung eingeschränkt. Allerdings ist auch diese Verordnung auf den 31. Dezember 1918 befristet.

Die dritte Mieterschutzverordnung vom 26. Oktober 1918 fällt bereits in die Zeit der Auflösung des Staatsapparates der Monarchie und ist eher

ein Nebenprodukt "einer historischen Situation, die weitergehende Perspektiven eröffnete" als nur den Mieterschutz (BAUBÖCK 1979:32). Gegenüber der zweiten Verordnung treten folgende Änderungen ein:
- der Sonderschutz für Soldaten und ihre Familien wird ausgedehnt,
- Ablösen werden - Anzeichen für einen bestehenden grauen Markt - verboten,
- die Verordnung gilt unbefristet.
Der letzte Punkt ist die wichtigste Änderung und hat für die weitere Entwicklung des Mieterschutzes weitreichende Bedeutung.

Zu diesem Zeitpunkt ist der Mieterschutz als kriegsbedingte Notstandsmaßnahme kein spezifisch österreichisches Phänomen. In allen kriegführenden sowie in einigen neutralen Ländern gibt es Mieterschutzmaßnahmen, u.a. in Großbritannien, Frankreich und Rußland (ab 1915), in Ungarn (ab 1916) und in Deutschland (ab 1917) (HAUTMANN & HAUTMANN 1980:26). Die Besonderheit Österreichs besteht jedoch am Festhalten des Mieterschutzes auch nach dem Kriege und dessen bundesgesetzlicher Verankerung am 7. Dezember 1922.

In der Zeit zwischen 1918 und 1922 erfährt die Wirkung des Mieterschutzes in Österreich eine bedeutende Wandlung. Infolge der bald nach Kriegsende einsetzenden Inflation, die im September 1922 ihren Höhepunkt erreicht (Indexwert 1 Goldkrone = 15.200 gegenüber einem Indexwert im Jahre 1914: 1 Goldkrone = 1; HAUTMANN & HAUTMANN 1980:111f), wird durch das Festhalten am Mieterschutz zum einen das Nettoeinkommen der Hausbesitzer völlig reduziert, zum anderen droht der Verfall bestehender Wohnhäuser, da aus der verbleibenden sehr geringen Miete keine Instandhaltungs- und Reparaturarbeiten bezahlt werden können.

Andererseits bewirkt der Mieterschutz aber durch die fixierten Mieten eine starke Steigerung der Zahlungskraft der Wohnungsnachfrage. Durch die Begrenzung der Miethöhe können nun einerseits die Hauptmieter auf einen Mietzuschuß durch Untermieter und Bettgeher verzichten, andererseits werden die Untermieter in die Lage versetzt, die Miete für eine eigene Wohnung zu bezahlen. Neben den bereits angeführten demographischen und sozialen Faktoren führt auch dieser Sachverhalt zu einer Zunahme der Haushalte.

Die Zunahme der Haushalte bei gleichzeitigem Stillstand der Wohnungsproduktion erfordert die unbedingte Erhaltung des bestehenden Wohnraums. Das setzt jedoch voraus, daß die Mieten wenigstens um den Betrag angehoben werden können, der erforderlich ist, den drohenden Verfall vieler Wohnhäuser zu stoppen. Dies wird einer der Hauptpunkte des als Bundesgesetz praktisch einstimmig, also mit den Stimmen der Christlichsozialen Partei, beschlossenen Mietengesetzes vom 7. Dezember 1922 (DANNEBERG 1928:4). HAUTMANN & HAUTMANN (1980:112) fassen zusammen: "Die wichtigsten Bestimmungen des ... Mietengesetzes´waren:
1. Beibehaltung (eher sogar Verschärfung) des weitgehenden Kündigungsschutzes,
2. Gründung von "Mietkommissionen" an jedem Bezirksgericht, die über Streitfragen zwischen Vermieter und Mieter entscheiden,
3. Möglichkeit der Einsichtnahme in die Bücher durch den Mieter (Kontrollrecht, ob z.B. die für die Instandhaltung bewilligten Beträge vom Hausherrn auch widmungsgemäß verwendet werden) und
4. die Miete ist nicht mehr wie in Vorkriegszeiten eine fixe Summe, sondern setzt sich aus vier Komponenten zusammen."

Die Splittung der Miete in vier Komponenten im Zusammenhang mit dem Kontrollrecht der Mieter soll gewährleisten, daß Mieterhöhungen für Instandhaltungsarbeiten zwar möglich sind, diese aber nur in dem Maße erfolgen können, wie dies zur Instandhaltung - und für die Deckung der laufenden Betriebskosten - unbedingt erforderlich ist. Die vier Komponenten sind:

Der _Grundmietzins_ ist das Einkommen des Hausbesitzers und wird festgesetzt auf 50% des Friedenszinses von 1914. Das bedeutet praktisch eine Verringerung auf 1/28.000 des Friedenszinses und kommt damit einer Beseitigung des Hausbesitzer-Einkommens gleich. Diese Regelung läßt sich verständlicherweise nur gegen den erbitterten Widerstand der Hausbesitzer durchsetzen, denen man entgegenhält, daß dies erstens nur einer Gleichstellung mit anderen Rentnern, etwa Besitzern von Staatsobligationen aus der Vorkriegszeit, entspräche, zweitens, daß die Inflation faktisch eine Entschuldung der Hausbesitzer bewirkt habe (ebd.:112f), und drittens, daß das Hausbesitzereinkommen durch das Gesetz zwar gleich Null geworden, gleichzeitig der Anspruch auf ein Einkommen aber prinzipiell anerkannt sei (ebd.:112f). Der Widerstand der Hausbesitzer führt zu der grotesken Situation eines Hausbesitzer-"Streiks", in dessen Verlauf die Hausbesitzer die Wasser- und Energieversorgung der Mieter absperren, sogar Telefon- und Straßenbahnkabel werden demontiert (BAUBÖCK 1979:38).

Der Instandhaltungszins. Er beinhaltet die eigentliche und wesentliche Veränderung gegenüber den Mieterschutzverordnungen. Dieser wird auf mindestens das 150-fache des Friedenszinses festgelegt. Das entspricht praktisch 1% der Friedensmiete. Werden die tatsächlich anfallenden Instandhaltungskosten durch diesen Betrag nicht gedeckt, so ist eine Erhöhung des Instandhaltungszinses um den erforderlichen Betrag zulässig. Eine Erhöhung bedarf jedoch der Einigung zwischen Hausherr und Mieter. Kommt keine Einigung zustande, können "Landesmietkommissionen" als Schlichtungsstellen angerufen werden, die sich paritätisch aus Vertretern der Hausherrenverbände, der Mieterorganisationen sowie der Handels- und Arbeiterkammern zusammensetzen.

Die Betriebskosten. Sie sind der verhältnismäßige Anteil an Wasser-, Kanalisations-, Schornsteinfeger- und Müllabfuhrgebühren, an Hausbeleuchtung, Feuerversicherung und Reinigungsgeld.

Die vierte Komponente der Miete sind die anteilsmäßigen Steuern, die auf dem Haus lasten (ebd.:113).

Aufgeschlüsselt nach den vier Komponenten ergibt sich für eine Wiener Arbeiterwohnung, deren Jahresfriedenszins im Jahre 1914 noch 360 Kronen betrug, folgende sehr niedrige jährliche Miete:

Grundzins (der dem Hausherrn verbleibt: 0,18
Instandhaltungszins   : 5,40
Betriebskosten und Steuern   : 15,00
                                        20,58 Schilling

(GULICK 1950/2:118, zitiert nach HAUTMANN & HAUTMANN 1980:113f).

Die zur Erhaltung der Häuser dringend notwendige Erhöhung des Instandhaltungszinses bewirkt eine Anhebung der Mieten, die sich bereits unmittelbar nach Einführung des neuen Gesetzes im Februar 1923 bemerkbar macht: gegenüber dem Vormonat steigt der Index der Wohnungskosten von 166 auf 346 (Bezugsjahr: 1914=1), aber auch diese neue Miethöhe ist, gemessen am Lebenshaltungskostenindex (=9601) sowie als Anteil am Einkommen, sehr gering (ebd.: 114ff, vgl. Tab. 3.14 und 3.15).

Allerdings sind nicht alle Mieter von den neuen Regelungen in gleicher Weise betroffen, denn die Mieterhöhungen für die Instandhaltung belasten die Bewohner am höchsten, deren Häuser schlecht gebaut oder in einem schlechten Zustand sind: "Am ärgsten waren...die Bewohner der Zinskasernen in den Wiener Proletarierbezirken betroffen, während die Mieten in den solide gebauten Häusern der besseren Viertel nicht nur relativ, sondern auch absolut niedrig blieben" (ebd.:114).

Tabelle 3.14: <u>Preisindex lebenswichtiger Güter</u>
(1 Goldkrone = 14.400 Papierkronen)

	August 1924
Ernährung	15.652
Bekleidung	20.525
Beleuchtung, Beheizung	14.986
Wohnung	1.024
durchschnittliche Lebenshaltungskosten	13.142

<u>Quelle:</u> BAUBÖCK 1979:64

Tabelle 3.15: Anteil des Mietzinses am Einkommen einer Arbeiterfamilie

1912	13,70 %
1925	2,65 %
1926	3,71 %
1927	3,72 %
1928	3,40 %
1934	7,70 %

Quelle: BAUBÖCK 1979:64.

Die Sozialdemokraten sind bestrebt, diesen Mißstand zu beenden. Bemühungen, einen zentralen Ausgleichsfond einzurichten, der alle Mieter in gleicher Weise belastet hätte, scheitern aber im Parlament nicht zuletzt deshalb, weil die Einrichtung eines solchen Ausgleichsfonds das Recht der Hausbesitzer, die Beträge aus dem Instandhaltungszins allein zu verwalten, aufgehoben hätte. Auch in dieser Hinsicht bleiben die Hausbesitzerrechte also prinzipiell unangetastet, so daß, wie auch BAUBÖCK (1979:105) betont, von einer "Sozialisierung des Hausbesitzes" keine Rede sein kann. Das Recht der Hausbesitzer auf Verwaltung des Instandhaltungszinses wirkt für den Hausbesitzer überall dort als versteckte Einnahmequelle, wo die Kontrolle durch die Mieter über die Verwendung des Instandhaltungszinses lückenhaft bleibt. Erst 1929, unter veränderten Bedingungen des Mieterschutzes, worauf noch einzugehen sein wird, kann der Wiener Gemeinderat einen solchen Ausgleichsfond einrichten.

Ein Ausgleichsfond, der dem Zugriff der Hausbesitzer entzogen gewesen wäre, hätte nicht nur eine gerechtere Verteilung der Belastung der Mieter durch den Instandhaltungszins ermöglicht, sondern auch mehr Mittel bereitgestellt, um den "allmählichen Verfall der Häuser" (BOBEK & LICHTENBERGER 1966:133) zu stoppen. Die Gemeindeverwaltung ist genötigt, auf andere Weise in die Durchführung der Reparaturarbeiten einzugreifen. Zum einen geschieht dies durch Kreditförderung, zum anderen durch baupolizeiliche Anordnungen, dringend erforderliche Reparaturarbeiten durchzuführen, die notfalls auch "auf Gefahr und Kosten des Verpflichteten" von der Gemeinde durchgeführt werden können (BAUBÖCK 1979:106).

Durch den Mieterschutz mit seiner Begrenzung der Miethöhen und deren Absicherung durch den Kündigungsschutz wird zwar erreicht, daß das Mietenniveau dem durch die wirtschaftlichen Umstände vorgegebenen und nicht ohne weiteres veränderbaren niedrigen Lohnniveau entspricht. Aber das eigentliche Problem, der Wohnraummangel, bleibt trotz Mieterschutz bestehen bzw. dieser wird, wie oben bereits ausgeführt, durch den Mieterschutz sogar noch verstärkt, indem durch diesen eine zusätzliche Nachfrage entsteht. Allerdings verläuft die Trennungslinie zwischen Wohnungsbesitzenden und -besitzlosen nun, da der Mietpreis durch eine starke Begrenzung als "natürliches Selektionsinstrument" ausscheidet, entlang der Generationslinie und nicht mehr wie bei freiem Mietpreis gemäß sozialer Schichtung: "Es handelt sich vor allem um das Problem der nachrückenden Generation, der neuen Familien und Haushalte, für die auf dem (durch den Mieterschutz, K.S.) erstarrten Wohnungsmarkt kein Neuangebot zur Verfügung stand" (BAUBÖCK 1979:89). Rationierungsmaßnahmen, die sowohl die Verteilung des noch freien bzw. freiwerdenden Wohnraums als auch die Belegung bereits bewohnter Wohnungen regeln können, werden notwendig.

Noch vor Beginn der Zwanziger Jahre wird eine private Wohnbautätigkeit immer unwahrscheinlicher. Am 30. Juni 1919 erläßt die niederösterreichische Landesregierung, der Wien zu diesem Zeitpunkt noch untersteht, und am 31. März 1921 der Wiener Bürgermeister als Landeshauptmann eine entsprechende Verordnung, die am 7. November 1923 als Wohnungsanforderungsgesetz vom österreichischen Nationalrat zum Bundesgesetz erhoben wird. Das Gesetz berechtigt die Gemeinde, Wohnbedürftige in leerstehende oder unterbelegte Wohnungen einzuweisen.

Die Bedürftigkeit wird nach einem Punktesystem ermittelt, das u.a. die

Dauer der Ortsansässigkeit, den Familienstand, die Ehedauer, die Anzahl der Kinder, Invalidität und die Wohnverhältnisse berücksichtigt. Ein Wohnungsbewerber, der sich z.B. schon vor dem 1. August 1914 in Wien aufhielt, über ein Jahr verheiratet ist und dem die Wohnung gekündigt wurde, wird bereits in die höchste Dringlichkeitsklasse eingestuft. Darüberhinaus gibt es eine Notstandsliste, "in die vor allem Ansucher aufgenommen wurden, die ohne eigenes Verschulden obdachlos geworden waren oder wegen Unbewohnbarkeit der Wohnung aus dieser entfernt worden waren" (ebd.:92).

Angefordert werden können Wohnungen, die leerstehen, ungenutzt oder - bei Doppelwohnungen - unzulänglich genutzt werden oder gänzlich untervermietet sind. Räume einer Wohnung können dann angefordert werden, wenn zu dieser mehr als drei Wohnräume gehören und die Zahl der Räume die der Bewohner um mehr als einen übersteigt (ebd.:93). Außerdem unterliegen alle freiwerdenden Wohnungen und Wohnräume der Anforderung.

Die "Anforderung" einer Wohnung oder von Teilen davon durch die Gemeinde bedeutet, daß die Gemeinde Mieterin der Wohnung wird, d.h. sie zahlt dem Hausbesitzer die Miete. Gegenüber dem eigentlichen Mieter tritt die Gemeinde als Vermieterin auf. BAUBÖCK stellt fest: "Die Gemeinde sicherte sich also als 'Generalmieterin' weitgehende Rechte über die angeforderten Wohnungen" (ebd.:93). Von 1919 bis zum 31. Dezember 1925 werden insgesamt 44.838 Wohnungen rechtskräftig angefordert und Wohnungslosen zugewiesen (vgl. Tab. 3.16). Zum Vergleich: von 1919 bis 1934 werden 63.211 gemeindeeigene Wohnungen errichtet.

Wie stark die Nachfrage nach Wohnraum wächst, verdeutlichen auch folgende Zahlen: trotz der Aktivitäten der Gemeinde sind 1924 rund 20.800 Personen in der höchsten Dringlichkeitsklasse der Wohnungsbedürftigkeit gemeldet, davon 927 in der Notstandsklasse. 1925, im Jahr des Auslaufens des Wohnungsanforderungsgesetzes, sind es noch immer 16.448 bzw. 211 (BAUBÖCK 1979:94).

Die Befristung des Gesetzes auf den 31. Dezember 1925 liegt im Interesse der Wiener Hausbesitzer. Von nun ab werden freiwerdende Wohnungen nur gegen Ablösegelder an entsprechend zahlungskräftige Mieter vergeben (HAUT-MANN & HAUTMANN 1980:106f). Eine der Folgen der Befristung ist ein Wiederanstieg der Obdachlosigkeit (vgl. Tab. 3.17)

Tabelle 3.16: Angeforderte Wohnungen in Wien 1919-1925

Jahr	angeforderte Wohnungen
1919	4.914
1920	5.975
1921	9.385
1922	9.692
1923	6.014
1924	5.068
1925	3.790
insgesamt	44.838

Quelle: GULICK 1948:102, zit.n. BAUBÖCK 1979:94.

Neben den bereits beschriebenen - beabsichtigten und unbeabsichtigten - Effekten des Mieterschutzes und der Wohnungsanforderung (niedrige Mieten, Niedrighaltung des Lohnniveaus, zusätzliche Wohnungsnachfrage, Instandhaltungsprobleme u.a.) wird von einigen Autoren die Verringerung der Mobilität hervorgehoben und betont, daß "die Ausschaltung der freien Preisbildung" eine "Versteinerung des Wohnungsmarktes" verursacht habe, die die notwendige Mobilität der Arbeitskräfte behindere und dadurch das Transportsystem belaste (BOBEK & LICHTENBERGER 1966:134). Die Autoren führen dazu an, daß in den Jahren von 1926 bis 1930 jährlich nur durchschnittlich 2% des Altbauwohnungsbestandes (vor 1917 erbaut) den Besitzer gewechselt hätten, während es in der Gründerzeit noch bis zu einem Drittel gewesen sei. Zweifellos hat der Mieterschutz eine Abschwächung der Mobilität bewirkt und zu einer gewissen "Erstarrung" geführt, denn der Mieterschutz gewährleistet, daß kein Wohnungsbesitzer gezwungen ist, aufgrund von Mieterhöhungen seine Wohnung aufzugeben, wie das in der

Gründerzeit noch sehr häufig der Fall war. Wer jetzt in Wien eine Wohnung besitzt, bezahlt eine sehr geringe Miete, und ein strenger Kündigungsschutz garantiert, daß diese nicht unter der Hand erhöht werden kann.

Tabelle 3.17: Zahl der Nächtigungen in den Wiener Obdachlosenasylen 1913-1934

Jahr	Gesamtzahl der Nächtigungen eines Jahres
1913	657.691
1924	302.735
1925	338.689
1926	368.513
1927	427.515
1928	492.861
1929	662.449
1930	731.413
1931	810.912
1932	811.495
1933	901.850
1934	929.062

Quelle: BAUBÖCK 1979:154.

Aber das Wohnungsanforderungsgesetz bietet durchaus die Möglichkeit, die Mobilität zu beeinflussen. Neben der beschriebenen Anforderung freiwerdender und unterbelegter Wohnungen war es der Gemeinde möglich, den Wohnungstausch zu fördern: "Hatten sich die Mieter geeinigt, so waren die Hausherren verpflichtet, zuzustimmen, anderenfalls wären die Wohnungen angefordert und der Tausch durch die Gemeinde durchgeführt worden" (GULICK 1948:103). Das Ausmaß der Beeinflussung der Mobilität durch das Wohnungsanforderungsgesetz zeigt Tabelle 3.18: mit dem Jahr 1925 endet die Geltungsdauer des Gesetzes.

WIEN

Tabelle 3.18: Bewegungen am Wiener Wohnungsmarkt 1925-1929

	1925	1926	1927	1928	1929
Gemietet	9.313	8.379	6.562	5.680	5.737
Getauscht	11.089	4.091	2.186	1.489	540
eine andere Person im selben Haus wird Hauptmieter	2.774	2.012	690	403	348
Gesamtbewegung	23.176	14.482	9.438	7.572	6.625

Quelle: GULICK 1948:167.

Daneben gewährt die Gemeinde auch Übersiedlungshilfen (BAUBÖCK 1979:96).

Tabelle 3.19: Anteil der Wohnungen mit Untermietern nach Wohnungsgröße

	1910	1919
Wohnungen mit 1 Wohnraum, die Untermieter beherbergen	22,0 %	6,93 %
Wohnungen mit 6 - 10 Zimmern	13,7 %	
mit 5 Zimmern und mehr, die Untermieter beherbergen		35,26 %

Quelle: BAUBÖCK 1979:102

Bei den Untermietern findet eine Verschiebung von den äußeren Arbeiterbezirken in die inneren Bezirke statt (vgl. Tab. 3.19). Die Arbeiterhaushalte sind nun durch den Mieterschutz in der Lage, zugunsten der Verbesserung ihrer Wohnverhältnisse auf einen Mietzuschuß durch Untermieter und Bettgeher zu verzichten, während Angehörige der teilweise verarmten Mittel- und Oberschicht in den Mittel- und Großwohnungen der inneren Bezirke durch Untermieter ihr Einkommen zu verbessern suchen: "Damit trat hinsichtlich des Untermieterwesens eine völlige Umkehr gegenüber der Gründerzeit ein, denn nun beherbergten in erster Linie die Groß- und Mittelwohnungen der inneren Bezirke und nicht - wie vor dem Kriege - die Kleinwohnungen des äußeren Wohngürtels den Großteil der Untermieter. Die alleinstehenden Generals- und Hofratswitwen, die leerstehende Zimmer ihrer großen Wohnungen teuer an Untermieter vergaben, wurden für manche Stadtteile recht bezeichnend" (BOBEK & LICHTENBERGER 1966:135). Die "teure Vergabe an Untermieter" ist möglich, da der Mieterschutz Untermieter unberücksichtigt läßt.

Noch einen anderen Effekt hat die teilweise Verarmung der alten feudalen und wirtschaftlichen Oberschicht sowie des Bürgertums: deren Großwohnungen in den inneren Bezirken und vor allem in der City werden über Wohnungsteilungen von Staatsbeamten, Angestellten und sogenannten Pensionisten, also Angehörigen der Mittelschicht, übernommen. Damit verringert sich die noch vor dem 1. Weltkrieg so ausgeprägte Segregation der Oberschicht, die sich in der City konzentrierte (LICHTENBERGER 1977a:252).

Insgesamt wird durch den Schrumpfungsprozeß der Wirtschafts-, Finanz- und Verwaltungsfunktionen sowie durch die - von Mieterschutz und Wohnungsanforderung regulierte - anhaltende Wohnungsknappheit die Wohnfunktion in der City während der Zwischenkriegszeit verstärkt. Auch fallen durch die mehr oder weniger andauernde Wirtschaftskrise und durch die Mietbegrenzungen des Mieterschutzes die Haus- und Grundstückswerte in so starkem Maße, daß Wohnungen in ehemaligen Betriebsstätten eingerichtet werden können. Dies geschieht, ohne daß bauliche Veränderungen erfolgen: "Der kennzeichnende Schrumpfungsprozeß der City vollzog sich ... mehr oder minder in einem gleichbleibenden baulichen Substrat" (ebd.:255).

Bis 1923 bleibt der Soziale Wohnungsbau der Gemeinde ein Provisorium, setzt dann aber, mit der Konsolidierung der Währung nach der Inflation und im Zusammenhang mit der neuerhobenen Wohnbausteuer, organisiert ein. Der Gemeinderat beschließt ein fünfjähriges Wohnungsbauprogramm mit 25.000 Volkswohnungen. Die Architekten des Stadtbauamtes fertigen Wohnungsbauprojekte (BOBEK & LICHTENBERGER 1966:138). Bis 1934 ensteht der größte Teil der Wohnungen mit 63.071 Einheiten. 1934 beträgt die durchschnittliche Anzahl der Bewohner einer Wohnung nur noch 3,0. Die starke Verbesserung gegenüber 1910 (4,1 Bewohner/Wohnung; vgl. BECK 1962:73) zeigt den Erfolg der Wiener Wohnungsbaupolitik. Alle anderen öffentlichen Bauvorhaben sind gering, was die Gemeindeverwaltung angesichts der LUEGERschen Vorsorge vertreten kann. Für die Sozialdemokraten wird der Wohnungsbau zum Mittel des sozialen Ausgleichs. Indem dieser aus Steuern finanziert wird mit einem gleichzeitigen Verzicht auf eine entsprechende Verzinsung des eingesetzten Kapitals, kann der Mietaufwand der Mieter verringert werden. Diese Verringerung entspricht einer 10-20 %-igen Einkommenserhöhung (BOBEK & LICHTENBERGER 1966:339). Wie groß der Wohnraummangel trotzdem während der Zwischenkriegszeit bleibt, läßt sich aus der Wohnungsnachfrage von 150.000 Wohnungen ersehen, eine Folge vor allem der generationsbedingten Vermehrung der Haushalte.

Parallel zur Wohnungsbaupolitik zielt eine erfolgreiche Bodenpolitik darauf ab, den städtischen Boden zu vermehren (vgl. Abschn. 3.2.1: "Planverfahren und Ordnungsvorstellungen"), was durch die Inflationszeit zu Beginn der Zwanziger Jahre begünstigt wird. Im Jahre 1926 ist rund ein Viertel der Gemeindefläche im Gemeindeeigentum (BOBEK & LICHTENBERGER 1966:137).

Im Rahmen des kommunalen Wohnungsbaus konzentriert sich die Bautätigkeit in der Zwischenkriegszeit auf solche Gebiete, die sich in der Übergangszone zwischen dichtbebautem Stadtgebiet (überwiegend geschlossene Blockbebauung) und locker bebautem Stadtrand (offene Bebauung) befinden. Die neuen Wohngebäude am lückenhaften Rand des geschlossenen Stadtkerns bilden einen relativ gleichmäßig ausgebildeten Ring um die älteren gründerzeitlichen Wohngebiete, wobei allerdings Schwerpunkte zu erkennen sind.

WIEN

Dieser Ring liegt noch vor dem Gürtel. Er beginnt in ca. 3 km Entfernung (Luftlinie) vom Stadtmittelpunkt und hat eine Breite von ca. 2 km. Nur in einigen Ausnahmen werden kommunale Wohnungsbauten außerhalb dieses Ringes erbaut, so z.B.

- im Westen am Rande des Wiener Waldes, ca. 6,5 km von der Stadtmitte entfernt, entlang der radialen Hauptstraßen Hüttelsdorfer Straße/Linzer Straße im östlichen Teil des 14. Bezirkes, sozusagen in Verlängerung der kommunalen Bautätigkeit innerhalb des beschriebenen Ringes im 15. und 16. Bezirk,

- südwestlich der Stadt in Hietzing (13. Bezirk) nördlich der Verbindungsbahn (ca. 8 km entfernt),

- südlich der Stadt in Favoriten (10. Bezirk) an der Laxenburger Straße und an der Laaer-Berg-Straße (ca. 6,5 km entfernt),

- nordöstlich der Stadt auf dem jenseitigen Donauufer in Donaustadt (22. Bezirk), östlich der Wagramer Straße (ca. 6,5 km),

- und im Norden der Stadt am Rande des alten Ortskerns von Floridsdorf (21. Bezirk), ebenfalls ca. 6,5 km Luftlinie von der Stadtmitte entfernt auf dem jenseitigen Donauufer (vgl. KAINRATH 1978:Plan 7 im Anhang).

Die ganz überwiegende Mehrzahl der kommunalen Wohnbauten entsteht jedoch innerhalb des beschriebenen Ringes mit den Schwerpunkten

- im Südosten: nördlich der Simmeringer Hauptstraße im 3. Bezirk (Landstraße),

- im Süden: westlich und östlich der Triester Hauptstraße z.B. der Washingtoner Hof (vgl. Abschn. 3.2.1: "Planverfahren und Ordnungsvorstellungen"), beginnend im 5. Bezirk (Margareten) und sich fortsetzend in den nördlichen Teilen des 10. und 12. Bezirkes (Favoriten und Meidling),

- im Westen: im Gebiet, das im Norden durch die Thaliastraße begrenzt wird und im Süden durch die Hüttelsdorfer Straße (nördliches Gebiet des 15. Bezirkes sowie die anschließenden östlichen Teile des 14. und 16. Bezirkes) sowie südlich der Hernalser Hauptstraße im 16. und 17. Bezirk (Ottakring und Hernals); z.B. der Sandleitenhof (vgl. Abschn. 3.2.1: "Planverfahren und Ordnungsvorstellungen"),

- im Norden: zwischen der Dresdner Straße und der Donau im 20. Bezirk (Brigittenau) sowie westlich des Donaukanals am östlichen Rand des 19. Bezirkes (Döbling); z.B. der Karl-Marx-Hof (vgl. Abschn. 3.2.1).

Diese Schwerpunkte entstehen im Anschluß an Arbeiterwohngebiete. Der Ring der Neubauten ist dort unterbrochen, wo die Gebiete der oberen Mittelschicht beginnen, nämlich im Südwesten (Hietzing, 13. Bezirk) und vor allem im Nordwesten (Währing und Döbling, 18. und 19. Bezirk).

3.2.3 Beschäftigte und Arbeitsstätten (1918-1936)

Die fast aussichtslose politische und gesamtwirtschaftliche Ausgangssituation auf Landesebene nach dem Zusammenbruch der Monarchie 1918 hat für Wien weitreichende Folgen. Die wirtschaftliche Entwicklung in der Ersten Republik stagniert. Bis in die Dreißiger Jahre hinein bleiben die Beschäftigtenanteile in den Wirtschaftssektoren auf dem Vorkriegsniveau (vgl. FRIEDRICHS u.a. 1983:151, Abb. 4.22). Die Situation in Wien gleicht der des Landes. Hier bleiben die Beschäftigtenanteile sogar bis in die Fünfziger Jahre hinein nahezu konstant (vgl. Abb. 3.27).

In wirtschaftlicher Hinsicht wirken insbesondere in Wien die hohen Reparationsleistungen lähmend, die der Ersten Republik als Nachfolgestaat der Donaumonarchie auferlegt werden.

Die Auswirkungen der totalen Inflation in den Jahren 1921-23 und die Veränderung der Position Wiens hinsichtlich der Funktion als Finanz-, Organisations- und Handelszentrum lassen sich an der Entwicklung des

WIEN   455

Geldwesens erkennen: die Zahl der Geldinstitute verringert sich, die Bilanzsumme der Wiener Banken sinkt von über 10 Milliarden Kronen im Jahre 1913 auf ein Zwanzigstel in der Nachkriegsinflation. Zwar erfolgt eine gewisse Erholung in den späten Zwanziger Jahren, aber dennoch erreicht die Bilanzsumme nur rd. ein Drittel des Werts der Spätgründerzeit (BOBEK & LICHTENBERGER 1966:127).

Abbildung 3.27: <u>Ökonomischer Übergang in Wien</u>

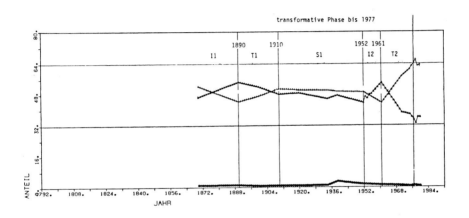

Stark betroffen von der Teilung des Landes sind auch die Industrie und das Gewerbe. Die Schwerindustrie muß nun, durch die Abtrennung des mährisch-schlesischen Reviers, die Kohle teuer einführen, die Textilindustrie leidet unter der Abtrennung von den Sudetenländern, in denen die Produktionsstätten liegen, während in Wien die kaufmännischen Zentralen der Textilindustrie funktionslos zurückbleiben. Im Konsumgüter- und

Luxusgewerbe, traditionell stark vertreten in Wien, verringert sich die Absatzbasis rapide durch Verarmung des Adels und beträchtlicher Teile des Bürgertums.

Ansätze einer wirtschaftlichen Besserung in den späten Zwanziger Jahren werden mit der 1929 einsetzenden Weltwirtschaftskrise wieder zunichte gemacht: 1934 sind in Wien mit 261.650 Personen über 25% der Beschäftigten arbeitslos; insbesondere trifft die Arbeitslosigkeit die Arbeiter, von denen 37,7% arbeitslos sind (ebd.).

Insgesamt erlebt der "Wasserkopf" Wien einen Stagnations- und Schrumpfungsprozeß auf nahezu allen Gebieten. Mit dem Zusammenbruch der Monarchie 1918 bricht die rasche Stadtentwicklung der Gründerzeit schlagartig ab: es findet weder eine Vergrößerung der City noch der suburbanen Geschäftsstraßen der inneren und äußeren Bezirke statt, der Industriegürtel erweitert sich nicht, und der Ausbau öffentlicher Einrichtungen kommt zum Erliegen. Damit verharrt die Stadt bis in die Fünfziger Jahre hinein in ihrer spätgründerzeitlichen Struktur (ebd.).

Es kommt zur Auflösung der ausgeprägten Viertelsbildung der Altstadt:
- das Textilviertel verliert den Zusammenhang mit den Produktionsstätten, die sudetenländischen Textilfabriken verlagern ihre Zentralen von Wien nach Prag,
- das Zeitungsviertel löst sich auf,
- das Bankenviertel zerfällt im Zusammenhang mit dem Zusammenbruch des Bankenwesens während der Inflation der frühen Zwanziger Jahre (LICHTENBERGER 1977:253).

- Läden: Im Einzelhandel kommt es in der Altstadt zu einer "Versteinerung von Branchengliederung und Betriebsgrößen", so daß die dortige Einzelhandelsstruktur weitgehend derjenigen der Gründerzeit entspricht. In den Vorstädten und Vororten dagegen kommt es zum Teil zu Neugründungen von Ladengeschäften (LICHTENBERGER 1977:316).

3.2.4 Infrastruktur (1918-1936)

Da über 70% der kommunalen Investitionsmittel für Kommunalen Wohnungsbau verwendet werden (vgl. Abschn. 3.2.2: "Bevölkerung und Wohnungen"), sind nicht gleichzeitig umfangreichere Erweiterungen der technischen und privaten Infrastruktur möglich. Die Ansiedlung der Wohnbauprojekte, auch der größeren (Sandleitenhof, Karl-Marx-Hof), geschieht daher auch nicht "auf der grünen Wiese", sondern am lückenhaften Rand des bereits dicht bebauten Stadtgebiets in Bereichen, die bereits aufgeschlossen sind (SCHOPPER 1982:49).

Die geringen Investitionen für die städtische Infrastruktur in der Zwischenkriegszeit scheinen auch deshalb vertretbar, da bereits in der Gründerzeit praktisch das ganze Verkehrsnetz, die meisten Versorgungseinrichtungen und ein Großteil der Wohlfahrtsanlagen in einem Umfang geschaffen worden waren (vgl. Abschn. 3.1.4: "Infrastruktur"), der für die folgenden Jahrzehnte ausreicht. In der Zwischenkriegszeit wird zum Ausbau der Wiener Verkehrseinrichtungen nichts Wesentliches beigesteuert. Erst mit der Annahme eines neuen Verkehrsgrundkonzepts durch den Gemeinderat im Jahre 1962 wird ein neuer Anfang gemacht (BOBEK & LICHTENBERGER 1966:352f).

4. PHASE IV DER STADTENTWICKLUNG (1936-1977): EXPANSION UND RANDWANDERUNG

4.1 Planverfahren und Ordnungsvorstellungen (1936-1977)

Übersicht: Während der Nachkriegsjahre bleibt die kommunale Planung zunächst den Konzepten des Sozialen Wohnungsbaus der Zwischenkriegszeit verpflichtet, unterstützt von einer Bodenpolitik, die es der Gemeinde weiterhin ermöglicht, umfangreiche Grundstückskäufe an den Stadträndern zu tätigen. Bereits 1953 taucht ein Programm des "Sozialen Städtebaus" auf, das sich nicht mehr, wie noch das Konzept des Sozialen Wohnungsbaus, ausschließlich auf die Wohnfunktion beschränkt. Die Planung der Stadt beginnt auch andere Lebensbereiche zu berücksichtigen. Aber erst, als sich am Ende der Fünfziger Jahre eine erste echte Konjunktur anzeigt, in deren Verlauf sich zum erstenmal seit dem Zusammenbruch der Monarchie 1918 die City und die suburbanen Zentren auszudehnen beginnen und eine Verlagerung von Fabriken an die Peripherie stattfindet (BOBEK 1966: 184), wird 1962 vom Gemeinderat R. RAINERs "Grundkonzept für Wien" angenommen. Organisatorische und personelle Schwierigkeiten behindern allerdings weitgehend eine Umsetzung in die Praxis. Bis zum Ende der Sechziger Jahre konzentrieren sich die Intentionen und Investitionen auf Gebiete am Stadtrand (LICHTENBERGER 1977:291). Unter dem Einfluß optimistischer Wachstumsprognosen, die sich ab 1975 jedoch als unrealistisch erweisen, werden in der Folgezeit für die Innenstadt Denkmalschutz- und Verkehrskonzepte wichtig. Die zunehmende regionale Verflechtung mit dem Umland führt seit Beginn der siebziger Jahre zu Stadtentwicklungs- und überörtlichen Raumordnungskonzepten.

Mit dem politischen Umsturz von 1938 werden praktisch über Nacht 97 niederösterreichische Gemeinden der Stadt Wien angegliedert. Wien ist jetzt nicht mehr Bundesland, sondern hat nur mehr den Status einer freien Stadt. Die Gebietserweiterung - "Groß-Wien" wird zur "flächenmäßig größten Stadt im Deutschen Reich" - wird mit Argumenten begründet, die bereits in den Zwanziger Jahren in der Auseinandersetzung zwischen den Sozialdemokraten und den Christlichsozialen eine Rolle spielten. Die in

WIEN

Wien politisch starken Sozialdemokraten hatten, bevor Wien 1922 eigenes Bundesland wurde, für Wien ein ausreichendes ländliches Umland und die Zusammenführung der traditionellen Industrie im südlichen Wiener Becken gefordert (vgl. Abb. 4.1), konnten sich aber gegenüber den Christlichsozialen nicht durchsetzen (KAINRATH 1982:108).

Abbildung 4.1: Vorschläge der Parteien für die Stadterweiterung Wiens 1920

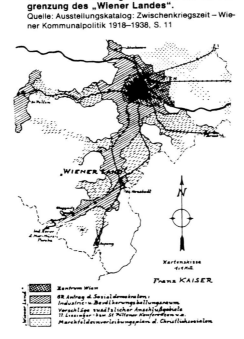

Quelle: KAINRATH 1982:108.

Die Argumente für die große Gebietserweiterung von 1938 (vgl. Abb. 4.2) (Zusammenführung des Industriebandes bis Gloggnitz, Schaffung ausreichender eigener Landwirtschaftsräume für Wien) finden in den ehrgeizigen Plänen der Nationalsozialisten ihren Niederschlag, die eine expansive Besiedelung der neuen Gebiete vorsehen.

Abbildung 4.2: Territoriale Veränderungen im Raum Wien 1938-1954

Quelle: KAINRATH 1982:109.

Die Abgrenzungsbestrebungen der Nachkriegsregierung gegenüber der nationalsozialistischen Vergangenheit führen 1946 zur Wiederherstellung des Verfassungszustandes von 1929 (in der Fassung von 1937) und zu einem Gesetz, daß die Eingemeindungen von 1938 nahezu wieder rückgängig macht. Bevor dieses Gesetz im Jahre 1954 rechtsgültig wird, spricht sich der Wiener Landtag mit Hinweis auf die dann wieder bestehenden Wachstumsbeschränkungen gegen eine Rücknahme der Eingemeindungen aus. Da das Gesetz auch bei den Besatzungsmächten auf Widerstand stößt, bestehen 1946 durchaus noch Möglichkeiten, die Grenzen der Stadt von 1938 beizubehalten. Gegen die Beibehaltung von "Groß-Wien" sprechen sich die Zentralverwaltung, die zu hohe Investitionen fürchtet, sowie die politischen Mandatsträger der eingegliederten Gemeinden aus. Als 1954 insgesamt 80 der 97 verein-

Tabelle 4.1: Fläche des Stadtbietes in qkm nach Bezirken: Gebietsstand 1939, 1954[1], 1955[2] und 1980

Bezirke	1939	Bezirke	1954	1955	1980
1. Innere Stadt	2,88	1. Innere Stadt	2,88	2,88	2,85
2. Leopoldstadt	19,15	2. Leopoldstadt	21,10	18,51	19,13
3. Landstraße	7,70	3. Landstraße	7,39	7,39	7,33
4. Wieden	1,83	4. Wieden	1,83	1,83	1,83
5. Margareten	2,01	5. Margareten	2,01	2,01	2,02
6. Maria Hilf	1,46	6. Maria Hilf	1,46	1,46	1,44
7. Neubau	1,60	7. Neubau	1,60	1,60	1,64
8. Josefstadt	1,09	8. Josefstadt	1,09	1,09	1,11
9. Alsergrund	2,95	9. Alsergrund	2,95	2,95	2,95
10. Favoriten	21,56	10. Favoriten	31,81	31,81	31,63
11. Simmering	20,62	11. Simmering	20,45	23,04	23,15
12. Meidling	7,89	12. Meidling	8,25	8,25	8,13
13. Hietzing	14,91	13. Hietzing	14,15	37,65	37,56
14. Penzing	64,03	14. Penzing	12,02	34,22	33,94
15. Fünfhaus	3,72	15. Rudolfsheim-Fünfhaus	3,74	3,74	3,73
16. Ottakring	8,54	16. Ottakring	8,58	8,58	8,66
17. Hernals	10,00	17. Hernals	9,98	11,06	11,46
18. Währing	6,28	18. Währing	6,31	6,31	6,30
19. Döbling	24,54	19. Döbling	23,65	24,27	24,98
20. Brigittenau	5,78	20. Brigittenau	5,78	5,78	5,72
21. Floridsdorf	142,47	21. Floridsdorf	45,97	45,35	44,44
22. Groß-Enzersdorf	214,66	22. Donaustadt	102,66	102,66	102,45
23. Schwechat	219,01	23. Liesing	78,43	31,65	32,09
24. Mödling	199,38				
25. Liesing	133,15				
26. Klosterneuburg	78,20				
Wien zusammen	1.215,41		414,09	414,09	414,54

Quelle: für 1939: StJbW 1954:337; für 1954: StJbW 1955:301; für 1955:StJbW 1956:302; für 1980: StJbW 1980:21

1) Gebietsstand nach dem Bezirkseinteilungsgesetz 1954
2) Gebietsstand nach der Bezirkseinteilungsnovelle 1955

nahmten Gemeinden wieder ausgegliedert werden, ist die Möglichkeit einer Ausdehnung innerhalb der eigenen Grenzen für Wien vertan.

In der Nachkriegszeit wird die bereits in der Zwischenkriegszeit betriebene Bodenpolitik der Vermehrung städtischen Grundbesitzes verstärkt fortgesetzt (vgl. Tab. 4.1a):

1962 besitzt die Gemeinde 39.139 ha, davon 18.129 ha innerhalb und rd. 21.000 ha außerhalb des Stadtgebietes. Damit befinden sich 43,8% der Stadtfläche im Gemeindeeigentum (BOBEK & LICHTENBERGER 1966:181).

Tabelle 4.1a: <u>Grunderwerb der Kommunalverwaltung 1956-1962 (in ha)</u>

Jahr	ha
1956	397,0
1957	297,2
1958	350,9
1959	125,5
1960	406,5
1961	267,6
1962	728,7
1956-1962	2.573,4

<u>Quelle:</u> BOBEK & LICHTENBERGER 1966:181.

Die von der Gemeinde angestrebte Verbindung von Neubau- und Sanierungstätigkeit läßt sich nur in einem einzigen Vorhaben, in Erdberg, durchsetzen. Die <u>Sanierung</u> der Altbauviertel mit der Absicht der <u>Regulierung und des Durchbruchs von Straßen gemäß dem Generalstadtplan von 1912</u> und auf der Grundlage eines Sanierungsprogramms (BOBEK & LICHTENBERGER 1966: 186) kommt bereits in Altottakring ins Stocken durch Schwierigkeiten mit dem Denkmalschutzamt. Fehlende Sanierungs- und Enteignungsgesetze erschweren überdies die Sanierungsvorhaben, so daß die Rufe der Politiker und Planer nach "Auflockerung", "Durchgrünung" und "Entkernung" der Innenstadtbereiche (BOBEK & LICHTENBERGER 1966:187) unwirksam bleiben. Das geringe Wiener Wirtschaftswachstum erlaubt es zudem der Gemeinde noch nicht, kostspielige und politisch schwer vertretbare Sanierungen in Angriff zu nehmen.

Der Wohnungsbau der Gemeinde konzentriert sich nach dem Kriege hauptsächlich auf die äußeren Gebiete, die Neubau- und Wiederaufbautätigkeit im Stadtinnern bleibt im wesentlichen der privaten Hand überlassen (s. Tab. 4.6). Da immer noch die Regelung der Bauzonen von 1893 und 1929 gilt, werden in allen Gebieten die möglichen Gebäudehöhen nun voll ausgeschöpft. Aufgrund der niedrigeren Geschoßhöhen gegenüber früheren Bauperioden wird es möglich, bei gleicher Gebäudehöhe eine größere Anzahl von Geschossen unterzubringen. Damit kommt es zu einer Nettovermehrung der GFZ. Außerdem werden immer häufiger Ausnahmen genehmigt, es beginnt ein Kampf um Sondergenehmigungen, in dem allein der vorgeschriebene Lichteinfallswinkel von 45° der Bauordnung von 1929 feststeht (BOBEK & LICHTENBERGER 1966:188). Auch die Bauordnungsnovelle von 1956 behält die Bauklassen bei, regelt jedoch auch den Bebauungsgrad (Tab. 4.2).

Mit dem Einsetzen der wirtschaftlichen und städtischen Entwicklung ab Ende der Fünfziger Jahre - nach Abschluß des Staatsvertrages von 1955 - wird noch stärker als bisher deutlich, in welch starkem Maße die Stadt ihre spätgründerzeitliche Struktur erhalten hat: an die Verwaltungs- und Geschäftscity innerhalb des Rings schließen sich im Bereich der alten gewerblichen Vorstädte zwischen Ring- und Gürtelstraße eine ausgedehnte Gewerbecity mit dichtgedrängter Hinterhofindustrie und stark verdichtete Wohngebiete an. Dieser ältere Kern aus City und Gewerbevorstädten ist umgeben von einem Kranz von Reihenmietshäusern mit Klein- und Kleinstwohnungen in den ehemaligen Vororten, an dessen lückenhaften Rändern sich eine Reihe von Industriegebieten befindet. Sowohl das gesamte Verkehrsnetz als auch der größte Teil der öffentlichen Einrichtungen stammt aus der Zeit vor 1918, blieb also während der Zwischenkriegszeit unverändert (BOBEK & LICHTENBERGER 1966:338f).

Tabelle 4.2: <u>Bauklassen, Geschoßzahl, Verbauungsgrad und Geschoßflächendichte nach der Bauordnungsnovelle von 1956</u>

Bauklasse	Geschoßzahl	Bebauungsgrad	Geschoßflächendichte
Offene Bebauung			
I	2 2/3	33 %	0,9
II	2 2/3	33 %	1,2
Geschlossene Bebauung			
I	2 2/3	60 %	1,6
II	3 2/3	60 %	2,1
III	4 2/3	51 %	2,4
IV	6 2/3	42 %	2,75
V	8 2/3	35 %	3,0
VI	neu eingeführt: Hochhäuser nur mit Sondergenehmigung		

<u>Quelle</u>: BOBEK & LICHTENBERGER 1966:176.

Die bedrohlich anwachsenden Verkehrsprobleme in der Innenstadt und ihre zunehmende Funktionsunfähigkeit, die Tendenz zur äußersten Verdichtung innerhalb des dichtbebauten Stadtgebietes, das Höherziehen von Gebäuden entsprechend der Bauhöhenverordnung sowie die ungünstige Mischung von Wohnungen und Betriebsstätten erfordert nun eine umfassende Stadtplanung, die über die bisherige Praxis des Sozialen Wohnungsbaus hinausgeht.

Im Auftrage der Gemeinde entwickelt der Stdtplaner R. RAINER ein "Grundkonzept für Wien", das 1962 vom Gemeinderat angenommen wird. Der Grundgedanke des Konzepts ist die <u>Dezentralisierung</u>: möglichst viele Funktionen sollen aus der Innenstadt heraus in Nebencitys verlegt werden, zu dicht bebaute Gebiete sollen aufgelockert und zu locker bebaute verdichtet sowie gemischt genutzte Wohngebiete entmischt werden. Das Konzept ist eine Reaktion auf die sich abzeichnenden Konzentrationsbewegungen und das damit verbundene Intensitätsgefälle zur Peripherie hin, das zu einer Unterversorgung der Randgebiete führen muß. Als generelles städtebauliches Gliederungsschema gedacht, soll das Grundkonzept die vorgegebene Entwicklung ordnen :

1. Auflockerung der zu dicht bebauten Gebiete und Herabzonung; Aufgabe der Gebäudehöhengliederung Altstadt-Vorstädte-Vororte von 1929.
2. Verdichtung der Randzone.
3. Entmischung in gemischt genutzten Wohngebieten.
4. Bildung städtebaulicher Zentren.
5. Ein relativ kleinzügiger Flächennutzungsplan legt die Flächenwidmungen fest: Geschäftszentren, Gewerbegebiete, Lagerflächen, öffentliche Gebäude. Für Teile der Industrie wird eine Dezentralisierung gefordert; früher ausgewiesenes Bauland wird z.T. zurückgenommen.
6. Verstärkung des ÖPNV durch Einrichtung neuer Buslinien; Ausbau einzelner "Unterpflasterbahn-Abschnitte".
7. Verbesserungen für den Individualverkehr; Schnellstraßennetz entlang der historischen Straßen.
8. Schutz des Stadtbildes: Stadt übernimmt vom Staat den Denkmalschutz; große Teile der Stadt sollen geschützt werden.
9. Landschaftsschutz, Schutz landwirtschaftlicher Interessen.
10. Grünflächenplanung.

Der 11. Punkt berührt das Verhältnis zu den Umlandgemeinden: Zusammenarbeit mit anderen Trägern der Planungshoheit in Wien, mit Niederösterreich und den Nachbargemeinden.
(MA18 1981:1; BOBEK & LICHTENBERGER 1966:342ff).

Mit dem Konzept wird versucht, anstelle der Gebäudehöhenvorgaben des klassischen Bauzonenplans den angemesseneren Begriff der Geschoßflächendichte (GFZ) einzuführen, der das Ausmaß der Bebauung eines Grundstücks besser kennzeichnen kann. Da jedoch eine Verankerung in den entsprechenden Detailplänen unterbleibt, kommt es zu keiner praktischen Wirksamkeit (BOBEK & LICHTENBERGER 1966:176).

Die Durchsetzung des Grundkonzeptes stößt auf personelle, organisatorische und finanzielle Probleme; dennoch wird an der Peripherie der Stadt seit 1965 zunehmend investiert. Es erfolgt die Gründung von Einkaufszentren (Donauzentrum, Shopping City Süd), der Bau der UNO-City im Osten der Donau, die Verlegung des Großmarktes an die südliche Peripherie, und die Neuansiedlung von Industriebetrieben in der süd-westlichen Bandstadt (LICHTENBERGER 1977:323) und vor allem eine ausgedehnte Wohnungsbautätigkeit am Rande des dichtbebauten Stadtgebiets sowie "auf der grünen Wiese".

Ebenso wie das Grundkonzept gehen zehn Jahre später die "Leitlinien für die Stadtentwicklung" (1972) und die "Stadtentwicklungs-Enquete" (1972/73) von optimistischen Wachstumsprognosen aus unter dem Eindruck eines starken gesamtösterreichischen Wirtschaftswachstums (KOTYZA 1978:1).

Die "Leitlinien für die Stadtentwicklung" enthalten allerdings kein räumliches Leitbild (STEW 1981:IV), sie sind eine "Mischung von allgemeinen Zielkategorien und Bestandsaufnahmen bestehender konkreter Planungen und Projekte" (KOTYZA 1982:113).

Die gegenüber den anderen, westlichen Landesteilen langsamere wirtschaftliche Entwicklung in Wien veranlaßt die Landesregierung, in den "Leitlinien für die Stadtentwicklung Wien" von 1972 die Ursachen und möglichen Maßnahmen zur Korrektur der für Wien ungünstigen Entwicklung zu benennen. Als Haupthindernis für einen größeren Anteil Wiens am relativ dynamischen landesweiten Wirtschaftswachstum wird das geringe Angebot an Arbeitskräften in Wien gesehen, das seine Ursache in der demographischen Entwicklung Wiens hat: Die Bevölkerungszahl Wiens ist rückläufig, und der hohe negative Bevölkerungssaldo aufgrund des hohen Anteils alter Menschen in Wien kann durch die Zuwanderungsraten nicht ausgeglichen werden. In den "Leitlinien für die Stadtentwicklung Wien" wird daher vorgesehen, das Arbeitskräfteangebot zu erhöhen. Die "Expansion des Arbeitskräftepotentials" soll durch folgende Maßnahmen erreicht werden (HANSELY & INDRAK 1978:3f):

- Durch die Eindämmung der Abwanderung und gleichzeitige Förderung der Zuwanderung soll das inländische Areitskräfteangebot erhöht werden. Dem gleichen Ziel dient der verstärkte Ausbau der Verkehrslinien ins Umland von Wien, mit dem der Einpendleranteil nach Wien erhöht werden soll.

- Verstärkte Anwerbung ausländischer Arbeitskräfte und

- bessere Erschließung des weiblichen Arbeitskräftepotentials.

Der letzte Punkt betrifft insbesondere die großen Wohnungs-Neubaugebiete im Nordosten der Stadt, für die eine intensive Betriebsansiedlungspolitik betrieben wird, allerdings vor allem für Betriebe des sekundären Sektors. Damit kann aber weder der rapide Rückgang der Beschäftigten im Sekundären Sektor entscheidend gebremst werden (vgl. Abb. 1.4) noch wird dadurch das hohe Verkehrsaufkommen von den Randgebieten in die inneren Bezirke verringert.

Auch die "Stadtentwicklungsenquete", an der rund 1300 Fachleute und fachlich interessierte Bürger beteiligt sind, um die Leitlinien zu überarbeiten und zu präzisieren, enthält lediglich "mehrfache Anregung zu einem räumlichen Leitbild" (STEW 1981:IV): Vorrang soll die Stadterneuerung haben, der öffentliche Verkehr soll gefördert, der Individualverkehr eingeschränkt werden; angestrebt wird eine "polyzentrische Stadtstruktur mit 'städtischer Eigenständigkeit und funktioneller Selbständigkeit der Stadtteile'" (KOTYZA 1982:113).

Als Planungsinstrumente werden Stadtentwicklungsprogramme, ein Generalplan sowie Stadtentwicklungspläne gefordert, ohne daß diese auch tatsächlich beschlossen werden.

Verstädterungs- und Randwanderungserscheinungen sowie zunehmende Flächenansprüche aller Nutzungen lenken das Interesse der Stadtplanung zum einen wieder auf die Innere Stadt (Denkmalschutz, Verkehrskonzepte) (LICHTENBERGER 1977:322f), zum anderen werden im Rahmen der überörtlichen Raumordnung die Probleme der internationalen und nationalen Randlage Wiens sowie die gegenseitige Abstimmung regionaler Raumordnungsmaßnahmen mit den benachbarten Bundesländern immer dringlicher (KOTYZA 1978:Vorwort).

Zum Denkmalsschutz: Österreich und speziell Wien haben eine lange Tradition des Denkmalsschutzes (vgl. Abb. 4.3). Nach LICHTENBERGER wirkt ein rigoros gehandhabter Denkmalsschutz beschränkend auf das Angebotsvolumen attraktiver Grundstücksflächen und führt so zu einer Versteinerung des Bodenmarktes und zur Abwanderung "aktiver Cityelemente". Damit übe der Denkmalsschutz "eine konservierende Wirkung auf die Wohnfunktion" aus (1977:292). Diese Erhaltung der Wohnfunktion entspricht durchaus partiell den Zielvorstellungen der Stadtplanung in Wien, die unter dem Schlagwort "Stadterneuerung" auch eine Verstärkung des Wohncharakters der Altstadt anstrebt (ebd.:324). Im Zuge einer fortschreitenden Restaurierung des alten Baubestandes, die im wesentlichen durch die öffentliche Hand finanziert wird, kommt es allerdings zur Verdrängung einkommensschwächerer und älterer Menschen durch jüngere, einkommensstärkere Gruppen.

Zur überörtlichen Raumordnung: Die abnehmende Zahl der Bevölkerung bei zunehmender Überalterung der verbleibenden Bevölkerung und gleichzeitiger Zunahme des Einpendleraufkommens rückt die überörtliche Raumordnung (RO) ins Blickfeld. Während die Bundesländer der Ostregion, Niederösterreich und Burgenland, überörtliche Entwicklungsziele sowie das Verfahren für die Erstellung der Landesentwicklungsprogramme, der Flächenwidmungs- und Bebauungspläne durch Raumordnungsgesetze festlegen, hält Wien als drittes Land der Ostregion an der 1976 novellierten Bauordnung von 1929 fest: neben Flächenwidmungsplan und Bebauungsplänen legt eine Fülle von Bestimmungen den Durchführungsrahmen für die anzustrebende Stadtentwicklung fest (KOTYZA 1978: 17).

Aufgrund bestehender Konflikte und der Konkurrenz zwischen Wien und den beiden anderen Bundesländern der Ostregion um Betriebe und Einwohner ist eine Einigung über die Entwicklungsziele der Ostregion bisher nicht möglich; es fehlt eine koordinierte Raumordnung (ebd.:10f). Zwar kommt es seit 1960 vereinzelt zu einer Zusammenarbeit zwischen Wien und Niederösterreich (Flughafen Wien-Schwechat, Erholungspark Laxenburg), aber dem

1967 gefaßten übereinstimmenden Grundsatzbeschluß beider Bundesländer, die "Planungsgemeinschaft Wien - Niederösterreich" zu gründen, folgt auf politischer und wirtschaftlicher Ebene kein entsprechender Handlungsrahmen. Nach wie vor fehlt ein politisches Beschlußgremium, so daß die formulierten Ziele der Planungsgemeinschaft vage und unverbindlich bleiben:
- Vertretung gemeinsamer Interessen der Länder gegenüber dem Bund
- Gegenseitige Abstimmung regionaler Raumordnungsmaßnahmen
- Lösung gemeinsamer Raumordnungsprobleme und aufeinander abgestimmte Erarbeitung von Entscheidungsgrundlagen (ebd.:26).

Abbildung 4.3: Unter Denkmalsschutz stehende Gebäude

Unter Denkmalschutz stehende Gebäude
▨▨▨▨ öffentliche Gebäude
■■■■ sonstige Gebäude

Quelle: LICHTENBERGER 1977a:257.

WIEN   470

Abbildung 4.4: Regionale Entwicklungsachsen im Umland von Wien (Planungsregion)

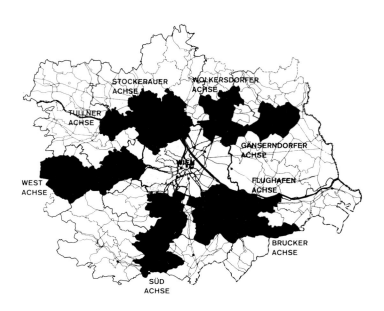

Quelle: KOTYZA 1978:26a.

Im Rahmen eines vom Bürgermeister der Stadt Wien Ende 1976 in Auftrag gegebenen "Stadtentwicklungsplans für Wien", auf den weiter unten noch einzugehen sein wird (vgl. Abschn. 5.1: "Planverfahren und Ordnungsvorstellungen"), werden folgende Konzepte als "Diskussionsgrundlage" vorgestellt (ebd.:36ff):

1. Die Ausrichtung des Ausbaus der Zentralörtlichen Funktionen Wiens soll geschehen in Hinblick auf die Erfordernisse der Region und des Umlandes. Es ist besonders auf die günstige Erreichbarkeit aus der Region zu achten.

2. Die Siedlungsentwicklung in der Wiener Stadtregion soll entlang regionaler Entwicklungsachsen erfolgen. Damit soll der Zersiedelung vorgebeugt werden, um so Erholungsflächen erhalten und neu schaffen zu können.
- Zum einen soll der Ausbau der Entwicklungsachsen dort gefördert wer-

den, wo bereits eine Konzentration von Verkehr und Bevölkerung besteht,
- zum anderen sollen regionale Entwicklungsachsen dort festgelegt werden, wo wenig entwickelte Räume mit geringer Bevölkerungszahl gute Siedlungseigenschaften besitzen.

3. Der Ausbau des Verkehrsnetzes soll beschleunigt werden und entsprechend dem Achsenkonzept erfolgen. Eine auf Wien ausgerichtete, radiale Verkehrsführung der Schnellbahnen soll den Arbeitskräftemarkt der Region für Wien erschließen.

Gegenwärtig bestehen acht regionale Entwicklungsachsen in der Planungsregion Wien - Umland, die sich entlang des bestehenden Hauptverkehrsnetzes radial auf Wien orientieren (vgl. Abb. 4.4). Innerhalb des Einzugsbereiches dieser Achsen leben rd. 300.000 Menschen; das entspricht rd. 64% der Bevölkerung der gesamten Planungsregion (KOTYZA 1978:23).

Mit der zunehmenden Bedeutung des ÖPNV für den Pendlerverkehr tritt eine "Wiederbelebung der Siedlungstätigkeit im Einzugsbereich der Eisenbahnlinien" ein (ebd.), die der Tendenz der flächenhaften Ausdehnung von Wien zugunsten einer achsialen Ausdehnung entgegenwirkt. Insgesamt entwickeln sich die Entwicklungsachsen stärker als die übrigen Gebiete des Umlandes innerhalb der Planungsregion (vgl. Tab. 4.3): zwischen 1961 und 1971 nimmt die Wohnbevölkerung in den Entwicklungsachsen um 9,5% zu (0,5%), die nichtlandwirtschaftliche Arbeitsbevölkerung um 13,3% (minus 3,3%); die Klammerwerte beziehen sich auf das Umland ohne Entwicklungsachsen (ebd.).

Anhand der Entwicklung der Pendlerzahlen in den Jahren 1961 bis 1971 lassen sich für die Verflechtung "Wien - Entwicklungsachsen" und "Wien - übrige Umlandgemeinden der Planungsregion" folgende Tendenzen feststellen:

a. Wien - Entwicklungsachsen: zwar pendeln 1971 dreimal soviel Personen aus den Entwicklungsachsen nach Wien (rd. 36.800) als in umgekehrter Richtung (rd. 12.300), doch belegen die Pendlerzahlen ein Stagnieren der Einpendler nach Wien und eine starke Zunahme der Auspendler von Wien in die Entwicklungsachsen (+55,5%) (vgl. Tab.4.3);

b. Wien - übrige Umlandgemeinde der Planungsregion: während die Zahl der Einpendler aus den Entwicklungsachsen nach Wien also stagniert, erhöht sich die Zahl der Einpendler aus den übrigen Umlandgemeinden um 23,3% auf rd. 13.300; die Zahl der Auspendler von Wien in diese Umlandgemeinden sinkt dagegen um 10,8% auf rd. 2.400 Personen (KOTYZA 1978:23).

Die aus der Tab. 4.3 ersichtlichen beträchtlichen Unterschiede in der Entwicklung der Achsen erklären sich aus dem unterschiedlichen Maß an bereits bestehender Verkehrsinfrastruktur und anderen Standortbedingungen. Insgesamt weist die Südachse die stärkste Entwicklungsdynamik auf, die auf die vorhandenen Standortvorteile des industrialisierten Wiener Beckens, der Verbindung zum obersteirischen Industrieraum sowie auf die hohe landschaftlich-klimatische Qualität der Gebirgsrandlage zurückgeführt werden kann (ebd.:24). Daneben haben "gezielte Förderungsmaßnahmen" in die Verkehrsinfrastruktur in der Südachse die Zentrenbildung begünstigt, während die "Errichtung attraktiver Nahverkehrsmittel" in der Stockerauer Achse und der Gänserndorfer Achse zu Wachstumsimpulsen geführt haben (ebd.24).

Tabelle 4.3: Veränderungen der Wohrbevölkerung, der nichtlandwirtschaftlichen Arbeitsbevölkerung und der Pendlerbeziehungen in den regionalen Entwicklungsachsen von 1961-1971 in Prozent.

	Wohnbevölkerung	Veränderung (%) der nichtlandwirtschftl. Arbeitsbevölkerung	Tagespendler nach Wien	Tagespendler aus Wien
Südachse	+ 13,0	+ 14,3	+ 3,2	+ 72,3
Westachse	+ 4,7	- 2,7	- 7,5	+ 2,9
Tullner Achse	+ 1,4	+ 4,3	- 13,7	+ 38,4
Stockerauer Achse	+ 12,4	+ 24,5	+ 6,2	+ 72,7
Wolkersdorfer Achse	+ 9,2	+ 30,5	+ 1,0	+ 18,5
Gänserndorfer Achse	+ 12,1	+ 13,5	+ 55,5	+ 3,9
Flughafen Achse	+ 11,7	+ 25,6	- 27,7	+ 32,8
Brucker Achse	+ 5,1	+ 0,4	+ 13,6	+ 53,2
Summe	+ 9,5	+ 13,3	-	+ 55,5

Quelle: KOTYZA 1978:24

Neben der von Wien angestrebten Funktion, ein wirtschaftlicher Motor für die randgelegene Ostregion zu sein, die gegenüber der mit Süddeutschland und Norditalien verbundenen Westregion (mit den wachsenden Städten Salzburg, Linz und Innsbruck) in wirtschaftlicher und bevölkerungsmäßiger Hinsicht immer mehr zurückbleibt, strebt der Magistrat der Stadt eine Stärkung der Hauptstadtfunktion Wiens für Österreich an, ebenfalls mit dem Ziel, dem wachsenden West-Ost-Gefälle auf nationaler Ebene entgegenzuwirken. Auf internationaler Ebene sollen die aus der westeuropäischen Randlage Wiens entstandenen Probleme durch eine Stärkung der Funktion als internationaler Konferenzort ("Vermittlerrolle zwischen Ost und West" sowie "zwischen Nord und Süd"; vgl. ebd.:32) und Sitz internationaler Organisationen (UNO) überwunden werden. Daneben soll der internationale Städtetourismus sowie die Ansiedlung internationaler Handelsorganisationen und internationaler Forschungsinstitutionen gefördert werden. Voraussetzung dafür ist die Verbesserung der internationalen Verkehrsverbindungen nach Wien und eine Ausrichtung des Kulturangebots auf das internationale Niveau (ebd.:32f).

4.2 Bevölkerung und Wohnungen (1936-1977)

Tabelle 4.4: Das Bevölkerungswachstum in Wien von 1951 - 1981
(Gebietsstand v. 1.9.1954)

Jahr	Einwohner
1934	1.935.610
1951	1.616.125
1961	1.627.566
1971	1.619.885[1]
1981	1.531.346

1) VZ 1971; zuzüglich der damals als "nur vorübergehend anwesend" und nicht zur Wohnbevölkerung gezählten ausländischen Arbeitskräfte, deren Ehepartner oder Kinder im Heimatland verblieben waren.

Quelle: StJbW 1980:22; VZ 1981

Zwischen 1934 und 1951 verringert sich die Bevölkerung von rd. 1,94 Mill. Einwohner auf rd. 1,62 Mill. Einwohner, im wesentlichen verursacht durch die Vernichtung und Vertreibung der in Wien lebenden Juden, durch die Kriegsverluste und durch Abwanderung von Bevölkerungsteilen in die westlichen Bundesländer während des Zweiten Weltkrieges (vgl. Abb. 4.5). Zwischen 1951 und 1961 erfolgt zwar eine geringe Bevölkerungszunahme von rd. 11.450 Personen, aber schon zehn Jahre später ist das Niveau von 1951 wieder erreicht, allerdings bei leichten Gewinnen bezogen auf das Gebiet der Stadtregion. Im Zeitraum 1951-71 wird die negative Geburtenbilanz durch eine positive Wanderungsbilanz ausgeglichen. Im Vergleich zu Wien weisen jedoch die anderen österreichischen Großstadtregionen (Graz, Linz, Salzburg, Innsbruck, Klagenfurt) für die Zeiträume 1951-61 und 1961-71 sowohl positive Geburtenbilanzen als auch wesentlich höhere durchschnittliche jährliche Wachstumsraten auf (zwischen 5 und 18%). Das Bevölkerungswachstum in Gesamtösterreich kommt damit vor allem den westlichen Regionen zugute.

Tabelle 4.5: Entwicklung des Wohnungsbestandes in Wien 1936-1959

Periode	Fertiggestellte Neu-, Zu- und Umbauten	Zuwachs an Wohnungen	Abbrüche	Abfall an Wohnungen
1936-1940	992	2.295	26	446
1941-1945	367[1]	522[1]	7[1]	208[1]
1946-1950	1.378	3.057	84	3.216
1951-1954	2.447	10.938	67[2]	1.090[2]
1955-1959	2.107	10.644	129[2]	938[2]

1) Durchschnitt aus 4 Jahren (ohne 1945).
2) Der Abgang an Wohnungen, die durch Kriegshandlungen unbewohnbar geworden sind, wird nach dem 1. Juni 1951 nicht mehr statistisch erfaßt.

Quelle: BECK 1962:71.

WIEN

Abbildung 4.5: Entwicklung der Einwohner, Haushalte und Wohnungen sowie der Wohnungszugänge und Abgänge 1869-1981 in Wien

Demographischer Übergang in Wien

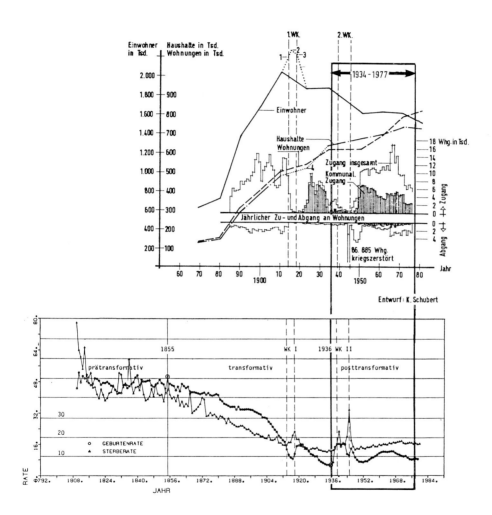

Quelle: Volkszählungsergebnisse 1869-1971, StJbW 1980:22; KAINRATH 1978:2f; VZ 1981, HWZ 1981

1) Schätzung, übern. v. BAUBÖCK 1979:17
2) u. 3) Schätzungen, übern. v. BOBEK & LICHTENBERGER 1966:31, 129
4) Schätzung, übern. v. BAUBÖCK 1979:19

Seit den Sechziger Jahren weisen die Wiener Umlandgemeinden überwiegend eine positive Wanderungsbilanz auf. Überdurchschnittliche Wegzugsraten in das Wiener Umland weisen vor allem die inneren Stadtbezirke auf sowie der 23. Bezirk im Südwesten, dessen räumliche Nähe und relativ gute Verkehrsanbindung an das Wiener Becken durch Schnellbahn und Südautobahn diese Tendenz begünstigen (vgl. Abb. 4.6 und 4.7).

Im Sozialen Wohnungsbau der Gemeinde zwischen 1945 und 1962 tritt gegenüber der Zwischenkriegszeit nur eine geringfügige Änderung in der räumlichen Verteilung ein: während die kommunalen Wohnungsbauten der Zwischenkriegszeit hauptsächlich am lückenhaften Rand der geschlossenen Bebauung im Anschluß an die Arbeiterbezirke der Gründerzeit entstanden, wird nun auch ein Teil der neuen Bautätigkeit mit der Sanierung von Gebieten im geschlossenen Stadtkern sowie von alten Ortskernen am Stadtrand verbunden. Die räumliche Verteilung des städtischen Grundbesitzes führt jedoch dazu, daß sich die Hauptneubautätigkeit auf die freien Flächen am Stadtrand konzentriert.

Von 1945 bis 1961 entstehen insgesamt 69.000 neue Gemeindewohnungen. Damit ist die Stadt Eigentümerin jeder fünften Wiener Wohnung (vgl. Abb. 4.5) (BOBEK & LICHTENBERGER 1966:179). Die Hauptbaugebiete sind, ebenso wie die Gemeindebauten der Zwischenkriegszeit, am Rand der geschlossenen Bebauung der Stadt. Oft werden die neuen Wohngebäude in unmittelbarer Nachbarschaft zu den Bauten aus den Zwanziger Jahren errichtet (vgl. KAINRATH 1978: Anhang Plan 7). So scheint der Kommunale Wohnungsbau zunächst an seine Tradition anzuschließen. Dabei wird nun auch im nordwestlichen "Nobel"-Bezirk Döbling (19.) gebaut. Auch werden bereits größere Wohnanlagen außerhalb dieses Rirges der Kommunalbauten gebaut, etwa an der Jedleseer Straße nordwestlich des alten Ortskerns von Floridsdorf im 21. Bezirk oder nördlich der Siemensstraße, ebenfalls im 21. Bezirk; im Westen bei Hütteldorf südlich der Linzer Straße im 14. Bezirk und vor allem im Süden die Per-Albin-Hansson-Siedlung (10. Bezirk), die Siedlung Hoffinger Gasse und Wohnanlagen bei Altmannsdorf (beide 12. Bezirk). Überhaupt wird im Süden (3., 5., 10., 12. und 23. Bezirk) zwischen 1945 und 1960 am meisten gebaut, wobei die neuen Wohnungen im 10., 12. und 23. Bezirk am weitesten von der Stadtmitte entfernt sind. Hier deutet

WIEN 477

Abbildung 4.6: Verteilung der Zuwanderer 1976 im Umland von Wien

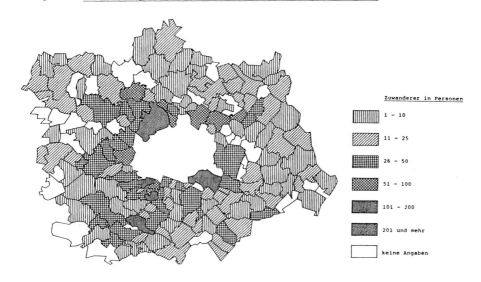

Abbildung 4.7: Verteilung der Abwanderer 1976 in Personen

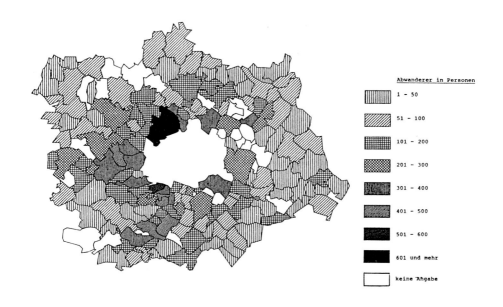

Quelle: HANSELY 1978a:12b

sich bereits die spätere Südachse an.

Gegen Ende der Fünfziger Jahre gerät der Soziale Wohnungsbau zunehmend in Widersprüche. Die Zuwanderer nach Wien werden stark benachteiligt durch hohe Mieten auch im Sozialen Wohnungsbau, während die Besitzer der älteren Sozialwohnungen geringe Mieten zahlen. Die Abschöpfung des "Mehrwerts" aufgrund der künstlich niedrigen Mieten geschieht durch private Ablösesummen und Aufgelder, die nicht in die Wohnungswirtschaft fließen (ebd.: 341).

Tabelle 4.6: _Zugang an Wohnungen 1954-1962 nach Bauträgern_

Bauträger	Insgesamt Zahl	%	Wiederaufbau Zahl	%	Neubau Zahl	%
Gemeinde	47.089	48,3	2.809	9,2	44.280	66,2
Öffentl.Körpersch., jurist. Personen	10.532	10,8	8.188	26,8	2.344	3,5
Genossenschaften	18.626	19,1	3.398	11,0	15.228	22,8
Private Personen	21.193	21,8	16.222	53,0	4.971	7,7
Gesamtzugang	97.440	100,0	30.617	100,0	66.823	100,0
Von der Gesamtzahl stehen im Wohnungseigentum	19.348	19,7	17.507	57,3	1.841	2,8

Quelle: BOBEK & LICHTENBERGER 1966:177.

Wohnungsbestand und -struktur: Insgesamt ist die Struktur des Wiener Wohnungsbestandes noch immer stark geprägt durch die gründerzeitliche Bausubstanz. Die wichtigsten Merkmale des Gesamtwohnbestandes sind ein hoher Anteil von Kleinwohnungen, sanitäre Ausstattungsmängel, ein hoher Anteil älterer Bausubstanz, z.T. sehr hohe Bebauungsdichten und ein geringer Anteil an Wohnungen mit individuellem Freiraum (Garten, Balkon usw.). Die Hälfte der rd. 800.000 Wohnungen stammt aus der Zeit vor dem Ersten Weltkrieg. Insbesondere die Wohnhäuser der Hochgründerzeit (1880-1900), oft in schlechter Bauqualität errichtet, weisen Strukturmängel auf. Der hohe Altbaubestand ist Folge der geringen Abbruchtätigkeit aufgrund der geringen wirtschaftlichen Dynamik seit dem Ersten Welkrieg. Die Erhaltung des Bestands und die Neubautätigkeit stehen seitdem im Vordergrund. Zwar werden im Zweiten Weltkrieg ca. 87.000 Wohnungen zerstört bzw. schwer beschädigt (das sind rd. 14,2% des Bestandes); aber 1951 ist der Wohnungsbestand von 1934 bereits wieder erreicht.

Zwischen 1961 und 1970 entstehen die großen Neubausiedlungen, bzw. es werden die bereits begonnenen fertiggestellt. Diese Siedlungen liegen jetzt deutlich vor dem Ring der Kommunalen Wohnbauten der Zwanziger Jahre in einer durchschnittlichen Entfernung von 6-7 km vom Stadtzentrum, so daß von einer deutlichen Randverschiebung der Neubautätigkeit gesprochen werden kann. Dabei konzentriert sich der Wohnungsbau auf den Nordosten (21. und 22. Bezirk) und auf den Süden (10., 11. und 23. Bezirk). Im Nordosten entsteht die Großfeld-Siedlung (21. Bezirk), Neukagran, Hirschstetten und Stadlau (22. Bezirk), im Süden werden die Per-Albin-Hansson-Siedlung und die Wienerfeld-Siedlung weiter ausgebaut (10. Bezirk); weitere große Neubaugebiete entstehen nördlich der Kaiser-Ebersdorfer Straße und südlich der Simmeringer Hauptstraße (11. Bezirk) sowie an der Altmannsdorfer Straße im 23. Bezirk (vgl. KAINRATH 1978: Anhang Plan 7).

Insgesamt erfolgt die stärkste Wohnungsneubautätigkeit nach dem Krieg in den nordöstlichen Stadtteilen, im 21. und 22. Bezirk. Dort verdoppelt sich die Wohnungszahl vom Kriegsende bis 1971 auf 90.000 Wohnungen. Seit Beginn der Siebziger Jahre nimmt jedoch die Wohnungsbautätigkeit ab, eine Verlangsamung des Wachstums am äußeren Rand der Stadt ist die Folge. Parallel zu dieser Entwicklung gewinnt die Stadterneuerung in Form vermehrter Bebauung im bereits dichtbebauten Stadtgebiet an Bedeutung. Gleichzeitig werden die Lücken in den aufgeschlossenen Erweiterungsgebieten bebaut.

Größere Wohnsiedlungen bzw. Ergänzungen bestehender Siedlungen entstehen nur noch im 10., 11., 21. und 22. Bezirk: Großjedlersdorf sowie Ergänzung der Großfeldsiedlung im 21. Bezirk, Wagramer Straße nördlich von Kagran sowie das Gebiet mit dem bezeichnenden Namen "Stadtrandsiedlung" im 22. Bezirk, zwei Siedlungen bei Kaiser-Ebersdorf nordöstlich des Zentralfriedhofs im 11. Bezirk sowie Ergänzungen der Per-Albin-Hansson-Siedlung im 10. Bezirk (ebd.).

Abbildung 4.8 zeigt, in welch starkem Maße sich das Wohnungswachstum auf die nordöstlichen (21. und 22.) und südlichen Bezirke (11. und 23.) konzentriert hat. Insgesamt haben die Randgebiete mit Ausnahme der Bezirke 14 bis 18 die größten Zuwächse, während die inneren Bezirke nur geringe Zuwächse bzw. sogar Abnahmen zu verzeichnen haben. Parallel dazu ergibt sich für die Bevölkerungsentwicklung insgesamt gesehen ein ähnliches Bild (vgl. Abb. 4.9): am stärksten sind die Zuwächse im 21. und 22. Bezirk im Nordosten und im 23. Bezirk im Süden, gefolgt von den Bezirken 10 und 11 im Süden. Noch geringe Zuwächse sind im 13. Bezirk im Westen sowie im 19. und 20. Bezirk im Nordwesten. Alle anderen Bezirke haben im Zeitraum zwischen 1961 und 1971 an Bevölkerung verloren, allen voran der 1. und 7. Bezirk, so daß von einer deutlichen Randverlagerung der Bevölkerung gesprochen werden kann.

Einen abschließenden Überblick über die quantitative Wohnungsentwicklung gibt die Tabelle 4.7, für die fünf Bezirke mit den extremsten Ausprägungen ausgewählt wurden. Die stärkste Veränderung im Wohnungsbestand findet zwischen 1961 und 1971 im Rahmen einer wirtschaftlichen Aufschwungphase statt: es entstehen die großen Neubausiedlungen am Stadtrand. Die Zuwächse im 21. bis 23. Bezirk liegen in dieser Periode zwischen 40,8 und 62,1%, in Gesamt-Wien bei 15,6%,. Im 7. Bezirk halten sich die Verluste in Grenzen (-1,9%), im 1. Bezirk ist sogar ein Zuwachs von 0,2% zu verzeichnen. Ganz anders zehn Jahre später: das Wachstum in den Randbezirken hat sich abgeschwächt (20,1% bis 35,3%), in der City und im westlich unmittelbar an die City angrenzenden 7. Bezirk hat sich die Zahl der Wohnungen deutlich verringert (-3,8% und -6,9%), ein Zeichen dafür, daß der Tertiärisierungsprozeß erst ab 1971 die Wohnnutzung aus dem Innenstadtbereich zu verdrängen beginnt.

Abbildung 4.8: Wohnungszuwachs 1951-1976

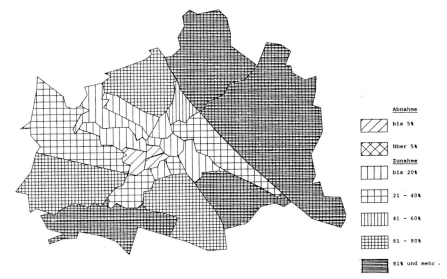

Quelle: KAINRATH 1978:4

Abbildung 4.9: Bevölkerungsentwicklung 1961-1971

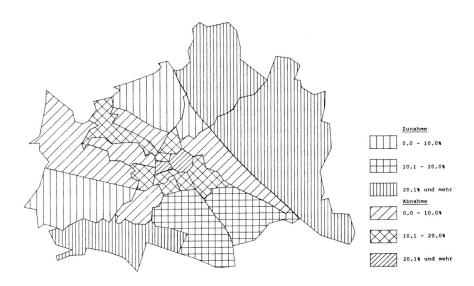

Quelle: VZ 1961 und VZ 1971

Tabelle 4.7: Entwicklung des Wohnungsbestandes 1951 bis 1981 in Wien und ausgewählten Bezirken (bewohnte und unbewohnte Wohnungen)

	1951	1961			1971			1981				
			Zuwachs s. 1951			Zuwachs s. 1961			Zuwachs s. 1971		Zuwachs s. 1951	
	abs.	abs.	abs.	%	abs.	abs.	%	abs.	abs.	%	abs.	%
Wien	614.078	675.774	+61.696	+10,0	781.511	+105.737	+15,6	821.175	+39.664	+ 5,1	+207.097	+ 33,7
1. Bezirk	11.470	12.654	+ 1.184	+10,3	12.675	+ 21	+ 0,2	11.562	- 1.113	- 8,8	+ 92	+ 0,8
7. Bezirk	19.840	19.257	- 583	- 2,9	18.900	- 357	- 1,9	17.603	- 1.297	- 6,9	-2.237	- 11,3
21. Bezirk	25.730	32.189	+ 6.459	+25,1	45.307	+ 13.118	+40,8	54.400	+ 9.093	+20,1	+28.670	+111,4
22. Bezirk	18.753	20.695	+ 1.942	+10,4	32.686	+ 11.991	+57,9	44.224	+11.538	+35,3	+25.471	+135,8
23. Bezirk	13.587	16.256	+ 2.669	+19,6	26.352	+ 10.096	+62,1	32.649	+ 6.297	+23,9	+19.062	+140,3

Quelle: HWZ 1951, 61, 71 und 81, eigene Berechnungen

Seit Beginn der Siebziger Jahre wird die Modernisierung von Wohnungen öffentlich gefördert. Das Ausmaß der Vergabe solcher öffentlichen Förderungsmittel steigt sprunghaft an mit dem Erfolg, daß zwischen 1951 und 1976 der Anteil gut ausgestatteter Wohnungen mit Bad um 14% auf 64% ansteigt. Gleichzeitig sinkt der Anteil der Wohnungen ohne WC von 59% auf 24% und ohne Wasseranschluß von 51% auf 8% (KAINRATH 1978:6). Allerdings haben 1976 erst 22% der Wohnungen Zentralheizung (KAINRATH 1978:9).

Verteilung der Wohnungen: Es gibt im wesentlichen drei Zonen, die sich hinsichtlich der Ausstattung und Größe der Wohnungen und der entsprechenden Miethöhe unterscheiden (vgl. Abb. 4.10 und 4.11 sowie Tab. 4.8):

1. Innere Stadt innerhalb der Ringstraße: große, gut ausgestattete, nicht überbelegte Wohnungen
2. Vorstädte zwischen Ring- und Gürtelstraße: ringförmig um die innere Stadt liegende gründerzeitliche Bebauung; von Modernisierungsmaßnahmen "durchsetzt", aber überwiegend kleine, schlecht ausgestattete, überbelegte Wohnungen
3. Vororte vor der Gürtelstraße: im Westen: überwiegend große, gut ausge-

Tabelle 4.8: Anteile der Zonen an Wohnungen nach der Zahl der Wohnräume (abs. und in Prozent)

	insgesamt		Anzahl der Wohnräume[3]								
			1		2		3		4 und mehr	
	1961	1971	1961	1971	1961	1971	1961	1971	1961	1971
Altstadt[1])	12.004	10.896	1.724	1.671	3.205	2.786	2.583	2.327	4.492	4.112
	1,83	1,53	0,78	0,73	1,31	1,08	2,28	1,62	5,94	5,14
Vorstädte[1])	242.986	245.152	64.806	68.000	97.314	96.205	45.603	48.809	35.263	32.138
	37,09	34,41	29,25	29,54	39,73	37,18	40,34	33,99	46,67	40,18
Vororte[1])	400.114	456.416[2])	155.030	160.497	144.416	159.753	64.863	92.441	35.805	43.731
	61,08	64,06	69,97	69,73	58,96	61,74	57,38	64,38	47,39	54,68
insgesamt:	655.104	712.464	221.560	230.168	244.935	258.744	113.049	143.577	75.560	79.981
	100	100	100	100	100	100	100	100	100	100

1) Altstadt: Bez. 1; Vorstädte: Bez. 2-9 u. 20, Vororte: Bez. 10-19, 21-23
2) Aus StJbW 1980 (S. 270) errechnen sich für die Vororte 457.422 Wohnungen. Diese Zahl ist offensichtlich falsch.
3) in bewohnten Wohnungen

Quelle: StJbW 1980:270; HWZ 1971; eigene Berechnungen

WIEN   484

stattete, nicht überbelegte Wohnungen, Villengegenden; im Nordosten und Südosten durchschnittliche und gemischte Wohnqualität = Kommunal- und Nachkriegswohnungsbau.

Abbildung 4.10: <u>Durchschnittliche Wohnungsnutzfläche pro Wohnung in Wien 1961 (nach Zählbezirken)</u>

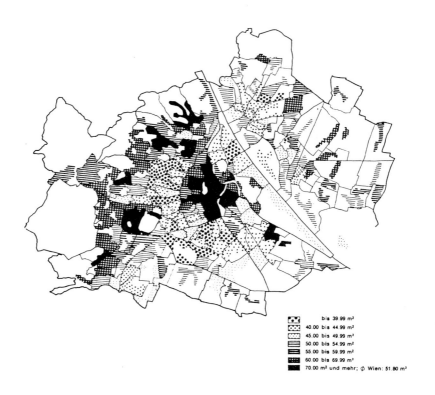

Quelle: GISSER & KAUFMANN 1972:260.

<u>Segregation</u>: Nach den Untersuchungen von SAUBERER & CSERJAN (1972) und GISSER & KAUFMANN (1972) ist die Wiener Bevölkerung 1961 eindeutig nach dem sozialen Status segregiert (vgl. Abb. 4.12). Die obere Mittel- und

die Oberschicht wohnen von den Arbeitern am stärksten voneinander getrennt, während die untere Angestellten- und Beamtenschicht mit der übrigen Bevölkerung gleichmäßig verteilt wohnen. 70% der Arbeiter und 80% der oberen Mittel- und Oberschicht wohnen voneinander getrennt in sozial völlig anders bestimmten Stadtteilen. Die räumliche Anordnung der sozial unterschiedlich dominierten Wohngebiete entspricht einem kombinierten Ring-Sektor-Modell, wobei die sektorale Komponente stärker ausgeprägt ist.

Abbildung 4.11: Durchschnittliche Wohnungsnutzfläche pro Bewohner in Wien 1961 (nach Zählbezirken)

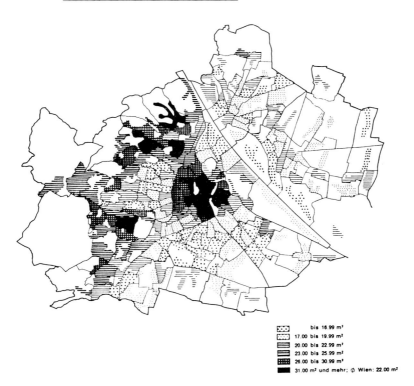

Quelle: GISSER & KAUFMANN 1972:261.

Abbildung 4.12: Berufsschichtung der Haushalte in Wien 1961
(nach Distrikten)

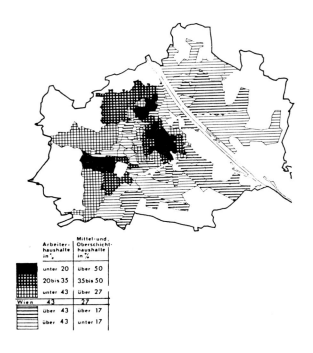

Quelle: GISSER & KAUFMANN 1972:270.

Um die zentralen Oberschichtswohngebiete (City, Diplomaten- und Ärzteviertel) liegt ein Ring von Mittelschichtsvierteln, woran sich der Ring der dicht bebauten Arbeiterviertel anschließt. Dieser Ring ist im Bereich der Währinger Straße, wo die zentralen Mittel- und Oberschichtsviertel mit den sektoral angeordneten des Westrandes zusammenhängen, nicht geschlossen. Die dichtbebauten Arbeiterwohngebiete (Vorstädte) werden im locker bebauten Westen (Vororte) gleichsam von der Mittel- und Oberschicht übersprungen; dagegen findet der hohe Arbeiteranteil des dichtbebauten Gebiets der ehemaligen Vorstädte im locker bebauten Süd-

Abbildung 4.13: Anteil der Personen im Alter von 60 und mehr Jahren und Anteil der Kinder unter 14 Jahren an der Gesamtbevölkerung in Wien 1961 (nach Zählbezirken)

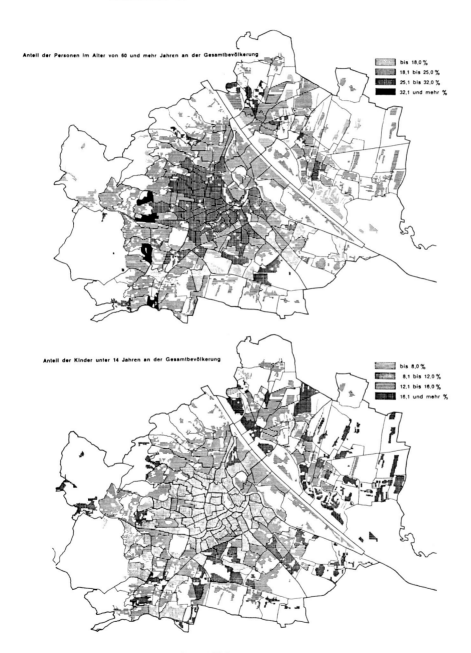

Quelle: GISSER & KAUFMANN 1972:250f.

und Nordostsektor der Vororte eine unmittelbare Fortsetzung. Die Arbeiteranteile sind in Wohngebieten mit Nähe zu Industriebetrieben (Süd- und Nordostsektor) hoch.

Auch nach dem Alter ist die Wiener Bevölkerung eindeutig segregiert (vgl. Abb. 4.13).

Einwohner im Alter von 60 und mehr Jahren und Kinder im Alter bis unter 14 Jahren sind sozialräumlich am stärksten voneinander getrennt. Die über sechzigjährigen Einwohner sind im westlichen gründerzeitlichen Bebauungsgürtel der ehemaligen Vorstädte und in einigen Gebieten westlich der Gürtelstraße konzentriert, sowie, mit stark wachsender Tendenz von 1961 bis 1971, im Gebiet der City. Der Anteil von Kindern im Alter bis einschließlich 14 Jahren an der Bevölkerung ist naturgemäß dort konzentriert, wo die großen Neubausiedlungen entstanden sind: im Süden und im Nordosten der Stadt.

Im westlichen gründerzeitlichen Bebauungsgürtel der ehemaligen Vorstädte liegen die Gebiete mit den kleinsten Haushalten; im Südosten und Nordosten von Wien liegen dagegen die Gebiete mit hoher und höchster durchschnittlicher Anzahl Personen je Haushalt (vgl. Abb. 4.14).

4.3 Beschäftigte und Arbeitsstätten (1936-1977)

Mit dem gewaltsamen Anschluß Österreichs an Deutschland im Jahre 1938 löst sich Österreich in reichsunmittelbare Gaue auf. Wien ist nun nicht mehr Bundesland, sondern erhält nur mehr den Status einer freien Stadt.

Mit dem Anschluß wird die österreichische Wirtschaft in die deutsche eingebunden und entsprechend organisiert. Fusionen mit reichsdeutschen Unternehmen finden statt, es erfolgen wieder Kapitalinvestitionen. Es kommt zu Industrieneugründungen in Floridsdorf, Stadlau, Erdberger Mais und Liesing.

Abbildung 4.14: Durchschnittliche Haushaltsgröße Wien 1961
(nach Distrikten)

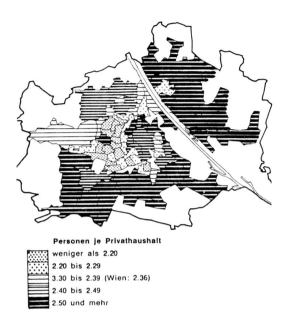

Quelle: GISSER & KAUFMANN 1972:258.

Mit Ausbruch des Krieges werden zahlreiche deutsche Betriebe nach Österreich und Wien verlagert. Der Krieg schließlich führt dazu, daß in Wien rd. 25% der Industrieanlagen zerstört werden (BOBEK & LICHTENBERGER 1966:165f).

Eine weitere Kriegsfolge ist die Aufteilung Wiens in Besatzungszonen. Dies ist für die räumliche Verteilung der Beschäftigten und Arbeitsstätten von Bedeutung, da in den russisch besetzten Teilen der Stadt keine Investitionen erfolgen bzw. Teile der vorhandenen Produktionsmittel als Kriegsbeutegut demontiert werden. Zur russischen Besatzungszone gehören der 20. und 21. Bezirk im Nordosten sowie der 4. und 10. Bezirk im Süden. Ebenso gehört das industrialisierte Wiener Becken zu den Gebieten, die russisch verwaltet werden.

Insgesamt gesehen wird der Wiederaufbau in Wien jedoch stark gefördert durch Wirtschaftshilfen vor allem aus den USA. Rund 1,6 Milliarden Dollar, das entspricht rd. 2 Milliarden Schilling, fließen an Wirtschaftshilfen nach Österreich, davon rd. 88% allein durch die USA. Die Wiener Industrie partizipiert insbesondere an den Wirtschaftshilfen: "Diese kompensierten nicht nur die nach Kriegsende erfolgten Verluste durch Demontagen und Zerstörungen, sondern gestatteten auch, viele Zweige der Industrie völlig zu erneuern" (BOBEK & LICHTENBERGER 1966:166).

Als zweite poitive Komponente für den wirtschaftlichen Wiederaufbau, neben den Wirtschaftshilfen, erweist sich die Große Koalition zwischen den Christlichsozialen und den Sozialdemokraten zu Beginn der zweiten Republik ab 1955. Hierdurch wird der für die Zwischenkriegszeit so prägende scharfe politische Gegensatz zwischen dem "roten Wien" und dem "schwarzen Österreich" abgeschwächt.

Die Steigerung des Sozialprodukts und die Vollbeschäftigung im Zusammenhang mit dem Staatsvertrag von 1955 geht einher mit der Umstrukturierung der Arbeitsstätten. Die Anzahl der Betriebe verringert sich zwischen 1934 (= 101.021 Betriebsstätten) und 1959 (= 89.646 Betriebsstätten) um 11.375 Betriebe oder 11,3% (BOBEK & LICHTENBERGER 1966:166f), und zwar besonders zu Lasten der alten Gewerbebetriebe. Diese alten Gewerbebetriebe, zu denen eine Vielzahl kleiner und kleinster Betriebe gehören, und die im gründerzeitlichen Wien noch ein "ubiquitäres Element" darstellen (LICHTENBERGER 1977a:274), haben sich im Jahre 1954 bereits um rund 30% gegenüber 1902 verringert, so daß nun von einer "Reliktstuation des Gewerbes", und darunter insbesondere des Bekleidungsgewerbes, gesprochen werden kann (ebd.).

Ebenso rückläufig ist die Zahl der für Wien so typischen kleinen Einzelhandelsgeschäfte des täglichen Bedarfs.

Insgesamt läßt sich die Zeit der Fünfziger Jahre als <u>Industrialisierungsphase</u> kennzeichnen: Am Stadtrand von Wien werden die Industrieanlagen erneuert und erweitert, und im Wiener Becken, südlich von Wien im Mödling und im Wiener Hendorf, kommt es zu einer regelrechten Industriegründungswelle.

Wenige Jahre nach Beginn des ersten wirklichen Aufschwungs seit dem Zusammenbruch der Monarchie, der von der Industrie getragen wird, beginnt in Wien der Tertiärisierungsprozeß: Zwischen 1961 und 1971 nimmt die Anzahl der im Tertiären Sektor Beschäftigten zu, während im Sekundären Sektor die Beschäftigtenzahlen abnehmen (vgl. Abb. 1.4). In zunehmendem Maße werden die Betriebe des Tertiären Sektors zum Motor der Stadtentwicklung.

In der City ist eine steigende Mobilität der Betriebsstätten zu verzeichnen, es finden Neugründungen von Betrieben statt (ebd.:277). Zu den expansiven City-Betrieben gehören
- Bürozentralen großer Unternehmen,
- Banken und Versicherungen
- Großhandelsbetriebe, insbesondere des Im- und Exports,
- Betriebe des Ost-West-Handels,
- Internationale Organisationen
- Bundes-, Landes- und Stadtregierung und -verwaltung,
- Angehörige freier Berufe.

Die wirtschaftliche Entwicklung verläuft in den folgenden Jahren allerdings nicht so kontinuierlich, wie dies nach den Kurven der sektoralen Umverteilung erscheinen mag.

Die konjunkturellen Schwankungen der Wirtschaftsentwicklung werden deutlich am langfristigen Verlauf des Stellenangebots in Wien (vgl. Abb. 4.15):

Es zeigt sich deutlich der relativ stabile Überhang an offenen Stellen bis 1966, der Rückgang während der Rezession 1966-68, der Anstieg mit dem neuerlichen Wirtschaftsaufschwung an offenen Stellen bis 1973.

Tabelle 4.15: <u>Offene Stellen und Arbeitslose in Wien 1961 bis 1971</u>

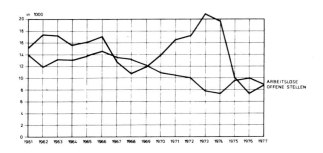

<u>Quelle:</u> HANSELY & INDRAK 1978:18.

Die Zahl der offenen Stellen wird in Wien zu einer Schlüsselgröße: Sie zeigt, wie wenig Reserven auf dem Arbeitsmarkt in Zeiten rascher konjunktureller Entwicklung in der Stadt vorhanden sind oder, anders formuliert, wie stark das vorhandene Arbeitskräftepotential bereits ausgeschöpft ist. Das hat folgende Ursachen:

- Zwischen 1961 und 1971 verliert Wien 0,8% seiner Bevölkerung, da die negative Geburtenbilanz durch die inländische Wanderung nicht ausgeglichen werden kann.

- Der gegenüber Österreich vergleichsweise geringe Anteil von Kindern und Jugendlichen, der hohe Anteil alter Menschen und der große Anteil von erwerbsfähigen Personen im Alter von 15 bis 65 Jahren bedingt eine ungünstige Altersstruktur.

- Der aufgrund der demographischen Situation ohnehin geringe Anteil Jugendlicher in Wien, die in das Erwerbsleben eintreten, wird noch dadurch verringert, daß ein großer Anteil der jüngeren Jahrgänge Mittel-

und Hochschulen besucht und damit längere Ausbildungszeiten durchläuft.

- Aufgrund der günstigen Leistungsansprüche in der Sozialversicherung scheiden ältere Personen früher aus dem Erwerbsleben aus (vgl. HANSELY & INDRAK 1978:7).

Tabelle 4.9: Wohnbevölkerung und Erwerbsstruktur in Wien und Österreich 1961 und 1971

	WIEN			ÖSTERREICH		
	1961	1971	Veränderung in %	1961	1971	Veränderung in %
Wohnbevölkerung	1.627.566	1.614.841	- 0,8	7.073.807	7.456.403	+ 5,4
Männer	707.763	712.579	+ 0,7	3.296.400	3.501.719	+ 6,2
Frauen	919.903	902.262	- 1,9	3.777.407	3.954.684	+ 4,7
Wohnbevölkerung im erwerbsfähigen Alter [1]	1.137.012	1.028.354	- 9,6	4.615.457	4.572.501	- 0,9
Anteil an der Wohnbevölkerung in %	69,9	63,7		65,2	61,3	
Männer	503.317	468.156	- 7,0	2.150.865	2.167.511	+ 0,8
Frauen	633.695	560.198	-11,2	2.464.592	2.404.990	- 2,4
Berufstätige [2]	820.597	719.538	-12,3	3.369.815	3.097.986	- 8,1
Männer	457.316	402.129	-12,1	2.009.929	1.898.331	- 5,6
Frauen	363.281	317.409	-12,6	1.359.886	1.199.655	-11,8
Auslastungsgrad [3]	72,2	70,0	- 3,0	73,0	67,8	- 7,1
Männer	90,9	85,9	- 5,5	93,4	87,6	- 6,2
Frauen	57,3	56,7	- 1,0	55,2	49,9	- 9,6
Erwerbsquote [4]	50,4	44,6	-11,5	47,6	41,6	-12,8
Männer	64,6	56,4	-12,7	61,0	54,2	-11,1
Frauen	39,5	35,2	-10,9	36,0	30,3	-15,8

1) Männer im Alter von 15 bis 65 Jahren, Frauen im Alter von 15 bis 60 Jahren
2) Wohnhafte Beschäftigte und Arbeitslose
3) Anteil der Berufstätigen an der erwerbsfähigen Bevölkerung
4) Anteil der Berufstätigen an der Wohnbevölkerung

Quelle: Ergebnisse der Volkszählung 1961 und 1971, ÖStZ; nach HANSELY & INDRAK 1978:8; eigene Berechnungen.

Die Veränderungen in der Erwerbsstruktur in Wien zwischen 1961 und 1971 im Vergleich zu Österreich zeigt die Tabelle 4.9. Danach nimmt die Wohnbevölkerung im erwerbsfähigen Alter in Wien erheblich stärker ab (-9,6%) als in Österreich (-0,9); 1961 beträgt ihr Anteil an der Wohnbevölkerung 69,9%, 1971 nur noch 63,7%. Dennoch liegt der Anteil in Österreich deutlich niedriger mit 65,2% bzw. 61,3%. Sowohl hinsichtlich des Auslastungsgrades (Anteil der Berufstätigen an der erwerbsfähigen Bevölkerung als auch hinsichtlich der Erwerbsquote (Anteil der Berufstätigen an der Wohnbevölkerung) weist Wien 1971 höhere Werte auf (70,0 bzw. 44,6) als Österreich (67,8 bzw. 41,6), insbesondere hinsichtlich des Auslastungsgrades und der Erwerbsquote bei den Frauen (Wien: 56,7 bzw. 35,2; Österreich: 49,9 bzw. 30,3), während bei den Männern der Auslastungsgrad in Wien (85,9) niedriger ist als in Österreich (87,6).

Die fehlenden und insbesondere gegenüber den westlichen Teilen Österreichs geringen Arbeitskraftreserven in Wien bewirken zwar einerseits die aus der Abbildung 4.15 ersichtlichen niedrigen Arbeitslosenzahlen, andererseits begrenzen sie aber auch die Wachstumspotentiale der Stadt.

Zugespitzt formuliert: In Zeiten geringer wirtschaftlicher Dynamik ist man in Wien froh über die niedrigen Arbeitslosenzahlen und stolz, einen "wesentlichen Beitrag zur Vollbeschäftigung in Österreich" (HANSELY & INDRAK 1978:7) zu leisten, in Zeiten rascher wirtschaftlicher Entwicklung dagegen möchte man in Wien am landesweiten Wachstum stärker, als dies nach den Arbeitsmarktbedingungen in Wien möglich ist, teilhaben und trachtet danach, die geringen Reserven auf dem Arbeitsmarkt durch die Anwerbung zusätzlicher Arbeitskräfte zu verstärken.

Wie entscheidend das Arbeitskräftereservoir für das Tempo der wirtschaftlichen Entwicklung ist, zeigt die ungleiche regionale Entwicklung in Österreich: die Landesteile der Westregion, in denen die Bevölkerung nicht, wie in der Ostregion, ab- sondern zunimmt, haben zwischen 1961 und 1971 auch einen wesentlich höheren Zuwachs an nicht-landwirtschaftlicher Arbeitsbevölkerung (vgl. Tab. 4.10) und schnellere wirtschaftliche Wachstumsraten. Das Arbeitskräftereservoir wird dabei vielfach zum "ausschlaggebenden Entscheidungsfaktor für die Wahl der Standorte von Betriebsgründungen bzw. für Betriebserweiterungen"(ÖROK 15/1978:14).

Tabelle 4.10: <u>Zu- bzw. Abnahme der Wohnbevölkerung, der Erwerbstätigen, der Personen im erwerbsfähigen Alter und der nichtlandwirtschaftlichen Arbeitsbevölkerung 1961-71 (in %)</u>

	Wien	Ostregion[2]	Westregion[3]	Österreich
Wohnbevölkerung	- 0,8	0,9	17,1	5,4
Erwerbstätige[1]	-12,3			- 8,1
Anzahl der Personen im erwerbsfähigen Alter	- 9,6			- 1,0
nichtlandwirtschaftliche Arbeitsbevölkerung	- 9,0	- 3,5	17,3	

1) Erwerbstätige= Berufstätige (Beschäftigte und Arbeitslose)
2) Ostregion= Wien, Niederösterreiche und Burgenland
3) Westregion= Salzburg, Tirol, Vorarlberg

<u>Quelle:</u> HANSELY & INDRAK 1978:5.

Insbesondere zu Beginn der günstigen wirtschaftlichen Entwicklung nach 1968, als die Arbeitskräfteknappheit als Folge der altersstrukturellen Gegebenheiten und der Tendenz zu längerer Ausbildung und vorzeitiger Pensionierung in Wien wieder spürbar wird, versucht man auf folgenden Ebenen, die Zahl der Erwerbstätigen in Wien zu erhöhen:

- Eindämmung der Abwanderung von und Förderung der Zuwanderung nach Wien,
- Erhöhung des Einpendleranteils nach Wien,
- weitere Erschließung westlicher Arbeitskräfte für den Wiener Arbeits-

markt,
- verstärkte Anwerbung ausländischer Arbeitskräfte (HANSELY & INDRAK 1978:3).

Berufspendelverkehr, Arbeitsbevölkerung und Arbeitsstätten. Zwischen 1961 und 1971 erhöht sich die Zahl der Einpendler nach Wien um 22.944 Personen, was einer prozentualen Zunahme von 28,5% entspricht (vgl. Tab. 4.11). Im gleichen Zeitraum nimmt aber auch die Anzahl der Auspendler aus Wien um 2.246(= 10,1%) zu, und inbesondere die Zahl der wohnhaft Beschäftigten verringert sich um 9,472 Personen, so daß die Zunahme der Einpendler lediglich die insgesamt starke Abnahme der Arbeitsbevölkerung etwas mildern kann: 1971 stehen dem Wiener Arbeitsmarkt 78,774 (= 9,1%) weniger Personen zur Verfügung als im Jahre 1961.

Tabelle 4.11: Arbeitsbevölkerung und Berufspendelverkehr in Wien 1961 und 1971

	1961	1971	Veränderung 1961 - 1971	
			absolut	in %
Wohnhaft Beschäftigte	806.926	707.454	-99.472	-12,3
Auspendler aus Wien	22.344	24.590	+ 2.246	+10,1
Einpendler nach Wien	80.401	103.345	+22.944	+28,5
Pendlersaldo	58.057	78.755	+20.698	+35,7
Arbeitsbevölkerung	864.983	786.209	-78.774	- 9,1

Quelle: Ergebnisse der Volkszählung 1961 und 1971; nach HANSELY & INDRAK 1978:9.

Von den Einpendlern kommen über 90% aus den Nachbarländern Wiens, aus dem Burgenland und aus Niederösterreich. Allerdings erhöht sich auch stark die Zahl der Einpendler aus den weiter entfernten, südlichen Bundesländern Steiermark und Kärnten (HANSELY & INDRAK 1978:10f).

Bemerkenswert erscheint, daß die Pendlertätigkeit in Wien zwar zunimmt, daß die Binnenpendlertätigkeit aber, also das Pendeln zwischen den Gemeindebezirken innerhalb Wiens, gegenüber 1961 um 12,7% abnimmt. Dies legt den Schluß nahe, daß die Zuordnung von Wohnorten und Arbeitsplätzen sich verbessert hat.

Eine Übersicht über das Verhältnis von Auspendlern nach Gemeindebezirken im Jahre 1971 geben die Abbildungen 4.16 und 4.17.

Der 1. Bezirk nimmt hinsichtlich der Einpendler sowohl aus den Gemeinden außerhalb Wiens als auch aus Gemeindebezirken von Wien eine herausragende Stellung ein: Über ein Sechstel aller von außerhalb Wiens Einpendelnden und fast ein Viertel aller Binnenpendler arbeiten im 1. Bezirk. In der City wohnen zwar nur 1,6% der in Wien wohnenden Beschäftigten, aber 16,1% der Arbeitsbevölkerung Wiens haben hier ihren Arbeitsplatz.

Ebenfalls hoch liegt der Einpendleranteil an der Arbeitsbevölkerung im 6. und 7. Bezirk, gefolgt vom 3. und 4. sowie 8. und 9. Bezirk. Der Donaukanal und die Gürtelstraße grenzen also die Bezirke mit einem Einpendlerüberschuß gegenüber den Bezirken mit einem Auspendlerüberschuß ab.

Bezieht man die Zahl der Einpendler in die einzelnen Bezirke auf die dort jeweils vorhandene Zahl der Arbeitsplätze (vgl. Abb. 4.17), so zeigt sich ebenfalls die große Bedeutung der City und der westlich angrenzenden Bezirke als Arbeitsstandort sowie die Bedeutung Wiens für das Umland insgesamt. In der City sowie in den Bezirken 4, 6, 7 und 9 kommen 1971 auf 1.000 Arbeitsplätze 801 und mehr Einpendler. Ebenfalls relativ hoch ist die Zahl der Einpendler, bezogen auf die Zahl der Arbeitsplätze, in allen anderen Bezirken (401-800 Einpendler/1.000 Arbeitsplätze). Eine Ausnahme bildet der 22. Bezirk, wo sich die großen Neubausiedlungen befinden. Hier beträgt der Wert nur 201 bis 400 je 1.000.

WIEN

Tabelle 4.12: <u>Wohnhaft Beschäftigte, Pendler und Arbeitsbevölkerung in Wien 1971</u>

Be-zirk	Wohnhaft Beschäftigte	Einpendler		Auspendler		Arbeits-bevölkerung
		aus Gemeinden außerhalb Wiens	aus Gemeinde-bezirken in Wien	nach Gemeinden außerhalb Wiens	nach Gemeinde-bezirken in Wien	
1	11.608	18.426	101.045	436	3.764	126.879
2	46.711	4.936	21.039	1.603	31.348	39.734
3	44.516	9.376	35.000	1.715	25.544	61.633
4	17.488	4.906	20.018	681	11.317	30.414
5	26.572	2.374	14.396	910	18.209	24.223
6	15.001	3.288	18.777	468	9.499	27.099
7	15.801	3.760	24.624	445	9.261	34.479
8	12.604	1.624	12.106	466	8.296	17.572
9	23.775	5.048	28.951	811	14.869	42.094
10	71.075	7.067	18.755	2.616	42.881	51.400
11	25.878	3.974	9.274	1.038	14.728	23.360
12	37.525	4.832	16.716	1.272	23.267	34.534
13	23.185	2.025	8.897	885	14.880	18.342
14	33.778	4.148	15.354	1.090	21.261	30.929
15	33.487	3.179	17.913	939	21.855	31.785
16	43.792	1.970	13.215	962	29.483	28.532
17	24.019	1.522	11.019	264	16.262	19.670
18	24.268	1.119	8.244	747	15.787	17.097
19	30.991	3.463	12.353	997	18.890	26.920
20	36.557	2.271	10.765	1.056	25.773	22.764
21	44.916	4.720	9.110	1.599	27.652	29.495
22	34.944	2.711	5.173	1.311	21.634	19.883
23	28.963	6.707	8.562	1.915	14.946	27.371
Wien	707.454	103.345	441.406	24.590	441.406	786.209

<u>Quelle</u>: Ergebnisse der Volkszählung 1971, n. HANSELY & INDRAK 1978:10

Die Abbildung 4.18 zeigt aber auch, daß Teile des Umlands von Wien ebenfalls relativ hohe Einpendlerzahlen aufweisen, ein Indiz dafür, wie weit die wirtschaftsräumlichen Verflechtungen zwischen Wien und dem Umland reichen.

Abbildung 4.16: Ein- und Auspendlerbezirke in Wien 1971

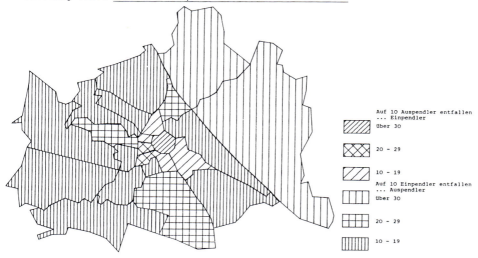

Quelle: StJbW 1980:25, eigene Berechnungen

Abbildung 4.17: Einpendler nach Wien und Arbeitsplätze 1971

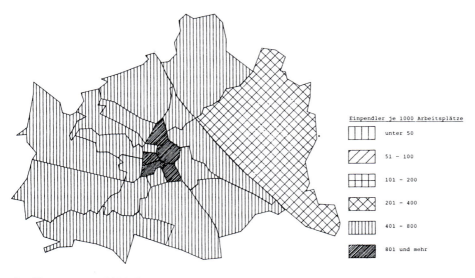

Quelle: INDRAK 1978:8a

Abbildung 4.18: Einpendler in das Umland von Wien und Arbeitsplätze 1971

Tabelle 4.13: Nichtlandwirtschaftliche Arbeitsbevölkerung und Pendlerbeziehungen der regionalen Entwicklungsachsen 1971 sowie Veränderungen seit 1961

regionale Entwicklungsachse	nichtlandwirtschaftliche Arbeitsbevölkerung		Tagespendler nach Wien		Tagespendler aus Wien	
	absolut	Veränderung in %	absolut	Veränd. in %	absolut	Veränd. in %
Südachse	52.887	+ 14,3	12.759	+ 3,2	5.473	+ 72,3
Westachse	6.590	- 2,7	3.740	- 7,5	520	+ 2,9
Tullner Achse	10.932	+ 4,3	5.516	- 13,7	876	+ 38,4
Stockeraner Achse	12.143	+ 24,5	4.098	+ 6,2	893	+ 72,7
Wolkersdorfer Achse	2.138	+ 30,5	1.840	+ 1,0	372	+ 18,5
Gänserndorfer Achse	5.138	+ 13,5	2.570	+ 55,5	539	+ 3,9
Flughafen Achse	12.341	+ 25,6	2.322	- 27,7	3.181	+ 32,8
Bruckner Achse	8.002	+ 0,4	3.948	+ 13,6	461	+ 53,2
Summe	110.171	+ 13,3	36.793	-	12.315	+ 55,5

Quelle: VZ 61 und 61; aus: KOTYZA 1978:24

Besonders ausgeprägt mit größtenteils über 400 Einpendlern je 1.000 Arbeitsplätze sind die Umlandgemeinden im Süden in Verlängerung des 23. Bezirks ("Südachse" in Richtung Baden bei Wien), im Nordosten ("Gänserndorfer Achse" und "Wolkersdorfer Achse"), im Westen ("Westachse" in Richtung Neulengbach) sowie im Nordwesten ("Tullner Achse"), weniger ausgeprägt als die vorgenannten Achsen (zum "Achsenkonzept" s. Abschn. 4.1: "Planverfahren und Ordnungsvorstellungen"), aber dennoch deutlich zu erkennen, ist die "Brucker Achse" im Südosten. Diese Achsen im Umland von Wien können im Zeitraum von 1961 bis 1971 hinsichtlich der Einpendler aus Wien zum Teil erhebliche Wachstumsraten aufweisen, wenngleich die Zahl der Auspendler aus diesen Achsen nach Wien, absolut gesehen, wesentlich größer ist (vgl. Tab. 4.13).

Die aber dennoch weiterhin vorhandene Konzentration von Arbeitsplätzen in den inneren Bezirken wird deutlich, wenn man die Anteile der Bezirke mit positivem Pendlersaldo an der Arbeitsbevölkerung addiert: hier arbeiten 1971 insgesamt 43,2% aller in Wien Beschäftigten. Noch deutlicher wird die Konzentration, wenn man die Anteile der zu den inneren Bezirken gehörenden, aber einen negativen Pendlersaldo aufweisenden Bezirke 2, 5 und 20 hinzuzählt: dann arbeiten in den inneren Bezirken 54,3% aller in Wien Beschäftigten.

Die hohe räumliche Konzentration der Wirtschaftsaktivitäten in Wien zeigt sich naturgemäß auch, wenn man die Verteilung der Arbeitsstätten betrachtet. Von den 1973 in Wien gezählten 66.958 Arbeitsstätten entfallen allein auf das zusammenhängend dichtbebaute Stadtgebiet, also die Bezirke 1 bis 9, 15, 20 sowie der City zugewandte Teile der Bezirke 10 bis 14 und 16 bis 19, bereits 55.386 Arbeitsstätten oder 82,7%. Davon befinden sich in der City, also im 1. Bezirk, bereits 7.656 Arbeitsstätten oder 13,8% (vgl. SATZINGER 1977:10).

Entsprechend dominiert in der City die Arbeitsbevölkerung gegenüber der Wohnbevölkerung; ebenfalls sehr hoch ist die Anzahl der Arbeitsplätze pro Einwohner in den Bezirken 4, 6, 7 und 9 (vgl. Abb. 4.19). Die gegenüber der Einwohnerzahl geringe Anzahl der Arbeitsplätze fällt dagegen in den westlichen Bezirken 13, in den nordwestlichen Bezirken 16, 18, 19 und 20 und in den beiden jenseits der Donau gelegenen Bezirken 21 und 22. Insgesamt läßt sich sagen, daß in den südlichen Bezirken die Arbeitsplatzversorgung am ausgeglichensten ist.

Ein Vergleich der Beschäftigtenzahlen in den Bezirken von 1971 mit denen von 1961 zeigt, daß die inneren Bezirke insgesamt an die Außenbezirke Anteile abgeben mußte: 1961 arbeiteten in den inneren Bezirken noch 56,3% aller in Wien Beschäftigten. Der Rückgang betrifft vor allem die City und den 5. bis 8. Bezirk, während die Bezirke 2 bis 4 und 9 ihren Anteil an der Arbeitsbevölkerung erhöhten (vgl. Tab. 4.20). Insbesondere haben aber die Bezirke ihren Anteil an der Arbeitsbevölkerung erhöhen können, in denen der Sekundäre Sektor dominiert oder doch sehr stark vertreten ist: im Süden die Bezirke 10 bis 12 und vor allem der 23. Bezirk sowie im Nordosten der 21. und 22. Bezirk.

Tabelle 4.14: <u>Wohnhaft Beschäftigte, Pendler und Arbeitsbevölkerung in Wien 1961</u>

Bezirk	Beschäftigte der Wohnbevölkerung	Einpendler aus anderen Bezirken	Einpendler aus Gemeinden außerhalb Wiens	Auspendler in andere Bezirke	Auspendler in Gemeinden außerhalb Wiens	Pendlersaldo[1]	Arbeitsbevölkerung[2]
1	16.808	123.302	14.335	5.398	586	+131.653	148.461
2	56.113	19.531	3.840	38.203	1.524	− 16.356	39.757
3	57.172	36.469	7.295	33.709	1.710	+ 8.345	65.517
4	23.152	21.058	3.816	15.015	826	+ 9.033	32.185
5	34.738	18.414	1.848	24.234	980	− 4.952	29.786
6	21.426	25.209	2.480	13.512	619	+ 13.558	34.984
7	23.432	32.950	2.925	13.969	638	+ 21.268	44.700
8	17.711	14.040	1.263	11.752	578	+ 2.973	20.684
9	33.109	31.296	3.927	21.224	994	+ 13.005	46.114
10	67.960	22.318	5.498	40.674	1.876	− 14.734	53.226
11	24.150	11.254	3.092	12.905	759	+ 682	24.832
12	44.463	18.889	3.759	28.778	1.141	− 7.271	37.192
13	24.725	9.274	1.575	15.953	761	− 5.865	18.860
14	40.126	15.989	3.227	25.718	1.032	− 7.534	32.592
15	46.727	21.276	2.473	30.834	1.006	− 8.091	38.636
16	55.887	16.339	1.533	37.875	1.052	− 21.055	34.832
17	31.751	12.270	1.184	21.253	668	− 8.467	23.284
18	30.763	9.499	871	20.640	1.068	− 11.338	19.425
19	32.170	12.809	2.694	20.145	862	− 5.504	26.666
20	38.512	12.745	1.767	27.399	768	− 13.655	24.857
21	38.482	9.265	3.672	21.313	938	− 9.314	29.168
22	27.018	5.021	2.109	15.886	815	− 9.571	17.447
23	20.531	6.158	5.218	8.986	1.143	+ 1.247	21.778
Wien	806.926	505.375	80.401	505.375	22.344	+ 58.057	864.983

Quelle: Ergebnisse der Volkszählung 1971, im StJbW 1980:25.

Abbildung 4.19: Verteilung der Beschäftigten und Arbeitsstätten 1973
(Wien: 47 Arbeitsplätze pro 100 Einwohner)

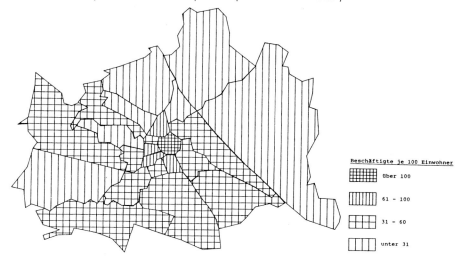

Quelle: AZ 1973

Abbildung 4.20: Arbeitsplätze in Prozent der Gesamtarbeitsplätze 1973

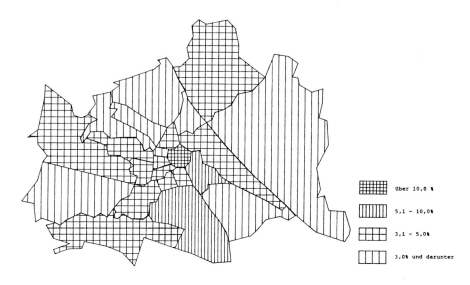

Quelle: AZ 1973

Tabelle 4.15: Anteil der wohnhaft Beschäftigten und Anteil der Arbeitsbevölkerung nach Gemeindebezirken in Wien 1961 und 1971

Bezirk	Anteil an den wohnhaft Beschäftigten in Wien in %		Anteil an der Arbeitsbevölkerung in Wien in %	
	1961	1971	1961	1971
1	2,1	1,6	17,2	26,1
2	7,0	6,6	4,6	5,1
3	7,1	6,3	7,6	7,8
4	2,9	2,5	3,7	3,9
5	4,3	3,8	3,4	3,1
6	2,7	2,1	4,0	3,4
7	2,9	2,2	5,2	4,4
8	2,2	1,8	2,4	2,2
9	4,1	3,4	5,3	5,4
10	8,4	10,0	6,2	6,5
11	3,0	3,7	2,9	3,0
12	5,5	5,3	4,3	4,4
13	3,1	3,3	2,2	2,3
14	5,0	4,8	3,8	3,9
15	5,8	4,7	4,5	4,0
16	6,9	6,2	4,0	3,6
17	3,9	3,4	2,7	2,5
18	3,8	3,4	2,2	2,2
19	4,0	4,4	3,1	3,4
20	4,8	5,2	2,9	2,9
21	4,8	6,3	3,4	3,8
22	3,3	4,9	2,0	2,5
23	2,5	4,1	2,5	3,5
Wien	100,0	100,0	100,0	100,0

Quelle: StJbW 1980:25; eigene Berechnungen

Noch deutlicher wird die räumliche Entwicklung der Arbeitsbevölkerung, wenn man die gebietsweise prozentuale Veränderung betrachtet (vgl. Abb. 4.22 und Tab. 4.16). Am höchsten ist der Rückgang in den alten Gewerbe-Vorstädten des 6. und 7. Bezirks (-22,5 bzw. -22,2%) und des 5. und 8. Bezirks (-18,7 bzw. -15,0%) sowie in den westlich daran anschließenden Bezirken 15 bis 18 (-17,7/-18,1/-15,5 und -12,0%) sowie in der City (-14,5%), so daß sich eine sehr deutliche sektorale Abnahme der Arbeitsbevölkerung zeigt.

Die sehr deutliche Zunahme der Arbeitsbevölkerung im nordöstlichen 22. Bezirk (+14%) und im südlichen 23. Bezirk (+25,7%) ist eine Folge der Betriebsansiedlung in diesem Bezirken, die allerdings vornehmlich Betriebe des Sekundären Sektors betrifft.

Ausländische Arbeitskräfte. Da die Erhöhung des positiven Pendlersaldos zwischen 1961 und 1971 nicht ausreicht, die in Wien aufgrund der demographischen und sozialen Gegebenheiten (vgl. Abb 4.21) vorhandene Arbeitskräfteknappheit wirklich zu mildern, wird eine verstärkte Anwerbung ausländischer Arbeitskräfte betrieben.

Abbildung 4.21: Unselbständig Beschäftigte in Wien 1961-1971, Inländer und Ausländer

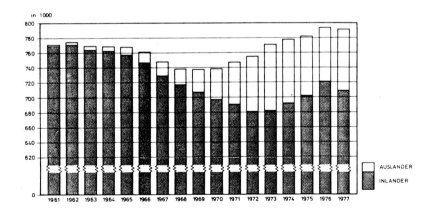

Quelle: HANSELY & INDRAK 1978:6.

WIEN

Abbildung 4.22: <u>Zu- bzw. Abnahmen der Arbeitsbevölkerung 1961-1971 in %</u>

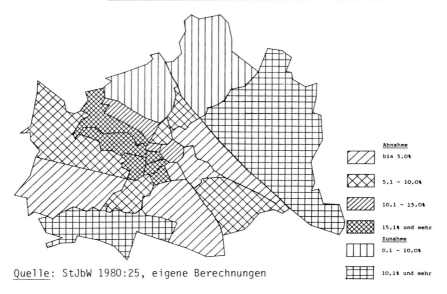

Quelle: StJbW 1980:25, eigene Berechnungen

Tabelle 4.16: <u>Zu- bzw. Abnahme der Arbeitsbevölkerung 1961-1971 nach Bezirken</u>

Bezirk	Arbeitsbevölkerung absolut		Zu- bzw. Abnahme
	1961	1971	in %
1	148.461	126.879	-14,5
2	39.757	39.734	- 0,1
3	65.517	61.633	- 1,4
4	32.185	30.414	- 5,5
5	29.786	24.223	-18,7
6	34.984	27.099	-22,5
7	44.700	34.479	-22,2
8	20.684	17.572	-15,0
9	46.114	42.094	- 8,7
10	52.226	51.400	- 3,4
11	24.832	23.360	- 5,9
12	37.192	34.534	- 7,1
13	18.860	18.342	- 2,7
14	32.592	30.929	- 5,1
15	38.636	31.785	-17,7
16	34.832	28.532	-18,1
17	23.284	19.670	-15,5
18	19.425	17.097	-12,0
19	26.666	26.920	1,0
20	24.857	22.764	- 8,4
21	29.168	29.495	1,1
22	17.447	19.883	14,0
23	21.778	27.371	25,7
Wien	864.983	786.209	- 9,1

Quelle: StJBW 1980:25; eigene Berechnungen

Insbesondere ab 1969 erhöht sich die Zahl der Gastarbeiter sehr stark und erreicht 1973 mit 88.983 Gastarbeitern einen Höchststand (vgl. Tab. 4.17).

Tabelle 4.17: Ausländische Arbeitskräfte in Wien und Österreich 1971 bis 1977

Jahres-durch-schnitt	Wien			Österreich			Anteil Wien an Österreich
	Ausländische Arbeitskräfte	Veränderung gegenüber dem Vorjahr		Ausländische Arbeitskräfte	Veränderung gegenüber dem Vorjahr		
		absolut	%		absolut	%	
1971	56.580	+ 15.356	+37,3	148.843	+ 53.544	+56,2	38,1
1972	74.098	+ 17.518	+31,0	186.465	+ 37.622	+25,3	39,7
1973	88.983	+ 14.885	+20,1	226.384	+ 39.919	+21,4	39,3
1974	87.827	- 1.156	- 1,3	218.340	- 8.044	- 3,4	40,2
1975	79.827	- 8.000	- 9,1	185.179	- 33.161	-15,2	43,1
1976	72.845	- 6.982	- 8,8	173.902	- 11.277	- 6,2	41,9
1977	83.131	+ 10.286	+14,1	188.863	+ 14.961	+ 8,6	44,0

Quelle: Statistik des Hauptverbandes der österreichischen Sozialversicherungsträger; n. HANSELY & INDRAK 1978:22.

1977 sind rund 28% der in Wien beschäftigten Gastarbeiter in Industrie und Gewerbe beschäftigt, 16% in der Bauwirtschaft und jeweils 10% im Handel und im Gastgewerbe. Überproportional hoch ist auch ihr Anteil an den Beschäftigten in der Textil- und Bekleidungserzeugung. Über 90% der ausländischen Arbeitskräfte sind in Wien als Arbeiter, nur rund 8% als Angestellte (HANSELY & INDRAK 1978:22f).

Nach Bezirken betrachtet weisen 1971 der 17. Bezirk (22%) am westlichen und der 23. Bezirk (20%) am südlichen Stadtrand die höchsten Anteile von

Gastarbeitern an den Berufstätigen auf, gefolgt von den innerstädtischen Bezirken 6, 7 und 9 und den daran anschließenden Bezirken 15 und 14. Ebenfalls hoch ist der Anteil im 22. Bezirk im Nordosten (ebd.).

Wirtschaftssektorale Verteilung. Zwischen 1971 und 1977 nimmt die Anzahl der unselbständig Beschäftigten in Wien um 42.845 (= +5,8%) Personen zu. Dieser Zuwachs findet zum einen im Primären Sektor, vor allem aber im für die Stadtentwicklung viel bedeutenderen Tertiären Sektor statt, wo der Zuwachs um rund 67.000 Personen (= +15,6%) zum großen Teil auf Kosten der unselbständig Beschäftigten im Sekundären Sekor um rd. 25.000 Personen (= -8,2%) stattfindet (vgl. Tab. 4.18). Der 1961 begonnene Tertiärisierungsprozeß in Wien hält damit unvermindert an.

Tabelle 4.18: Unselbständig Beschäftigte (USB) in Wien und Österreich 1971 und 1977 nach Wirtschaftssektoren

Wirtschafts-sektoren	Wien					Österreich				
	1971[1]		1977[1]		Ver-änderung in %	1971[1]		1977[1]		Ver-änderung in %
	absolut	in %	absolut	in %		absolut	in %	absolut	in %	
Primärer Sektor [2]	6.966	0,9	7.824	1,0	+ 12,3	123.149	5,0	106.731	3,9	- 13,3
Sekundärer Sektor [3]	304.102	40,9	279.170	35,5	- 8,2	1.162.322	46,8	1.196.318	43,3	+ 2,9
Tertiärer Sektor [4]	433.058	58,2	499.977	63,5	+ 15,6	1.200.423	48,2	1.460.232	52,8	+ 21,6
USB insgesamt	744.126	100,0	786.971	100,0	+ 5,8	2.485.894	100,0	2.763.281	100,0	+ 11,2

[1] Stichtag: Ende Juli
[2] Land- und Forstwirtschaft, Energie- und Wasserversorgung sowie Bergbau, Steine- und Erdengewinnung
[3] Verarbeitendes Gewerbe, Industrie und Bauwesen
[4] Handel, Lagerung, Gastgewerbe, Verkehr, Nachrichtenübermittlung, Geld- und Kreditwesen, Wirtschaftsdienste, persönliche, soziale und öffentliche Dienste

Quelle: Statistik des Hauptverbandes der österreichischen Sozialversicherungsträger; nach HANSELY & INDRAK 1978:6.

1967 gibt es in Wien zum erstenmal mehr unselbständig beschäftigte Angestellte als Arbeiter (vgl. Abb. 4.22a).

Abbildung 4.22a: <u>Entwicklung der unselbständig Beschäftigten 1961 bis 1977 nach Arbeitern und Angestellten in Wien</u>

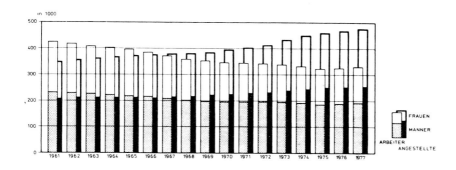

<u>Quelle:</u> HANSELY & INDRAK 1978:13.

Der Bedeutungsverlust des Sekundären Sektors, also hauptsächlich der Industrie, des verarbeitenden und produzierenden Gewerbes, wird auch sichtbar am sinkenden Anteil dieses Sektors am Bruttoregionalprodukt (BRP). Beträgt dieser 1964 noch 42,2%, sind es 1972 nur noch 37,7%. Im Tertiären Sektor dagegen steigt der Anteil am BRP im gleichen Zeitraum von 55,1% auf 60,0%. Innerhalb des Tertiären Sektors ist besonders stark der Handel und der öffentliche Dienst mit einem Anteil am BRP von rund 12% (INDRAK 1978:8f).

Die Tabelle 4.19 zeigt den Strukturwandel hinsichtlich der Betriebsgröße der Arbeitsstätten, der mit der sektoralen Umverteilung einhergeht. Generell gibt es zwischen 1964 und 1973 eine Verringerung der Zahl der Arbeitsstätten bei gleichzeitiger Tendenz der Vergrößerung der Betriebe: Der Anteil der Arbeitsstätten mit weniger als 20 unselbständig Beschäftigten nimmt ab, derjenige mit 20 und mehr unselbständig Beschäftigten dagegen zu (SATZINGER 1977:23). Insbesondere im verarbeitenden Gewerbe und in der Industrie sowie im Handel und der Lagerung, aber auch im Geld- und Kreditwesen sowie in den sozialen und öffentlichen Diensten nimmt die Betriebsgröße, also die Zahl der unselbständig Beschäftigten je Arbeitsstätte, zu.

Tabelle 4.19: <u>Vergleich der Arbeitsstätten 1964 und 1973 in Wien</u>

Jahr	\multicolumn{6}{c}{Arbeitsstätten nach ausgewählten Wirtschaftsabteilungen}
	Insgesamt	Verarbeitendes Gewerbe, Industrie	Bauwesen	Handel und Lagerung	Gastgewerbe	Verkehr und Nachrichtenübermittlung
1964	59.586	20.811	3.799	27.858	4.503	2.615
1973	49.066	13.412	3.109	26.029	3.992	2.524
Veränderung in %	- 17,7	- 35,6	- 18,2	- 6,6	- 11,3	- 3,5

<u>Quelle</u>: SATZINGER 1977:22.

Vom Rückgang der Beschäftigten im Sekundären Sektor sind besonders betroffen die Textilwaren- und Bekleidungserzeugung (Rückgang 1971-77: -32,9%) u. die Chemie-, Gummi- und Erdölerzeugung und -verarbeitung (-11,9%).

Im Tertiären Sektor haben die Geld- und Kreditinstitute und Versicherungen und sonstige Wirtschaftsdienste die höchsten Zuwächse (+29,7%), ebenfalls der Handel einschließlich Lagerung (+16,8%) sowie die persönlichen, sozialen und öffentlichen Dienste (+15,0%). Die Anzahl der unselbständig Beschäftigten wächst im Beherbergungsgewerbe und Gaststättenwesen um 9,0% (HANSELY & INDRAK 1978:14).

Die Zuwächse im Tertiären Sektor in Wien relativieren sich allerdings an denen auf Landesebene: Sowohl hinsichtlich des Zuwachses der Gesamtzahl der unselbständig Beschäftigten als auch der im Tertiären Sektor bleibt Wien hinter der Landesentwicklung zurück, wo insbesondere die westlichen Landesteile höhere Wachstumsraten aufweisen. Zwischen 1971 und 1977 verringert sich der Anteil Wiens an unselbständig Beschäftigten im Tertiären Sektor von 36% auf 34% an der Gesamtzahl Österreichs von 30% auf 28% (vgl. Tab. 4.20).

Tabelle 4.20: <u>Anteil Wiens an den unselbständig Beschäftigten (USB) in Österreich 1971 und 1977 nach Wirtschaftssektoren (in%)</u>

	1971	1977
Primärer Sektor	6	7
Sekundärer Sektor	26	23
Tertiärer Sektor	36	34

<u>Quelle:</u> HANSELY & INDRAK 1978:6; eigene Berechnungen.

Dennoch, das zeigt die Tabelle 4.20 auch, bleibt die dominierende Stellung Wiens in Österreich, seine Bedeutung als Bundeshauptstadt, als internationaler Handelsplatz sowie als wichtiger Gewerbe- und Industriestandort unangefochten, denn fast ein Viertel aller in Österreich im Sekundären Sektor und über ein Drittel aller im Tertiären Sektor unselbständig Beschäftigten sind auch 1977 noch in Wien tätig. Einen Überblick

WIEN

über die Verteilung aller Beschäftigten, also einschließlich der Selbständigen über die Wirtschaftsbereiche in Wien verschafft die Tabelle 4.21. Dabei zeigt sich, daß trotz Rückgang der Beschäftigten im Sekundären Sektor das verarbeitende Gewerbe und die Industrie immer noch 31% aller Beschäftigten aufnimmt und damit ein wichtiger Wirtschaftsfaktor in Wien bleibt.

Tabelle 4.21: Beschäftigte 1973 nach Wirtschaftsbereichen

Wirtschaftsbereich	Beschäftigte	
	absolut	in %
Verarbeitende Gewerbe und Industrie	238.097	31,0
Handel und Lagerung	152.782	19,9
persönliche, soziale und öffentliche Dienste	173.392	22,5
Geld- und Kreditwesen und Wirtschaftsdienste	60.210	7,8
Verkehr und Nachrichtenübermittlung	60.845	7,9
übrige Wirtschaftszweige	83.899	10,9
insgesamt	769.225	100,0

Quelle: SATZINGER 1977:13

Tabelle 4.22: Arbeitsstätten 1973 nach Wirtschaftsbereichen

Wirtschaftsbereich	Arbeitsstätten 1973 absolut	in %
Verarbeitendes Gewerbe und Industrie	13.412	20,0
Handel und Lagerung [1]	26.029	38,9
persönliche, soziale und öffentliche Dienste	12.428	18,6
Geld- und Kreditwesen und Wirtschaftsdienste	5.343	8,0
übrige Wirtschaftszweige	9.746	14,5
insgesamt	66.958	100,0

1) Darunter 18.262 (27,3 %) Arbeitsstätten des Einzelhandels.

Quelle: SATZINGER 1977:5

Räumliche Verteilung nach Wirtschaftssektoren:

Bei zunächst gröberer Betrachtung der räumlichen Verteilung der Beschäftigten nach Wirtschaftssektoren fällt die Dominanz des Tertiären Sektors in den inneren Bezirken, also im 1. Bezirk und in den an die City angrenzenden Bezirken 2 bis 9, sowie am Westrand im 13., 15., 16. und 18. bis 20. Bezirk auf, während der Sekundäre Sektor am Südrand in den Bezirken 10-12 und 23 sowie am Nordostrand im 21. und 22. Bezirk stark vertreten ist (vgl. Tab. 4.23 und Abb. 4.23). Vernachlässigt man zunächst diese schon sehr verallgemeinernde Aussage, die ja eine eindeutig sektorale Gliederung nach Wirtschaftssektoren beschreibt, dann kann man sagen, daß in Richtung City die Beschäftigten des Tertiären Sektors, in Richtung Stadtrand dagegen die Beschäftigten im Sekundären Sektor zunehmen. Das ist offensichtlich eine Folge neuerer Betriebsansiedlung von Betrieben des Sekundären Sektors am Stadtrand.

Tabelle 4.23: Unselbständig Beschäftigte in Wien nach Wirtschaftssektoren und Gemeindebezirken bzw. Bebauungszonen

Bebauungs-zonen, Gemeinde-bezirke	Unselbständig Beschäftigte			
	Insgesamt	nach Wirtschaftssektoren davon in %		
		Primär[1]	Sekundär[2]	Tertiär[3]
Wien	712.736	1,3	38,5	60,2
Stadtkern	578.317	1,3	35,3	63,4
Ostrand	41.529	2,4	57,2	40,4
Südrand	45.364	1,7	67,1	31,2
Westrand	47.526	0,2	33,7	66,1
1	136.675	1,0	11,7	87,3
2	34.333	1,0	23,5	75,5
3	55.563	0,4	41,4	58,2
4	24.852	0,0	37,8	62,2
5	22.558	0,0	48,2	51,8
6	24.738	2,4	48,1	49,5
7	32.436	0,0	48,0	52,0
8	15.432	4,1	32,1	63,8
9	35.155	9,9	20,3	69,8
10	44.522	0,1	52,3	47,6
11	21.173	4,7	59,5	35,8
12	29.355	0,4	53,9	45,7
13	15.141	0,1	19,4	80,5
14	29.264	0,1	54,5	45,4
15	27.059	0,3	36,5	63,2
16	24.736	0,0	46,9	53,1
17	15.649	0,0	53,5	46,5
18	12.176	-	38,2	61,8
19	18.946	0,8	47,3	51,9
20	20.680	0,7	46,6	52,7
21	26.628	1,3	58,9	39,8
22	14.901	4,3	54,2	41,5
23	30.764	0,3	66,3	33,4

1) Energie- und Wasserversogung, Bergbau, Steine- und Erdengewinnung; ohne Land- undforstwirtschaft
2) Verarbeitendes Gewerbe, Industrie und Bauwesen
3) Handel, Lagerung, Gastgewerbe, Verkehr, Nachrichtenübermittlung, Geld- und Kreditwesen, Wirtschaftsdienste, pers., soz. und öffentl. Dienste

Quelle: SATZINGER 1977:21.

Eine genauere Betrachtung der räumlichen Gliederung, die nicht nur die Zugehörigkeit nach Wirtschaftssektoren, sondern auch nach Zugehörigkeit zu den einzelnen Wirtschaftsbereichen differenziert, gibt Hinweise da-

Abbildung 4.23: Verteilung der unselbständig Beschäftigten nach Wirtschaftssektoren 1973

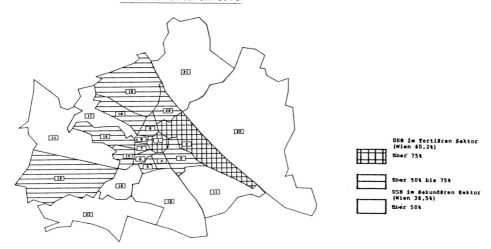

Quelle: AZ 1973

Abbildung 4.24: Räumliche Verteilung der unselbständig Beschäftigten im Geld- und Kreditwesen, in den Wirtschaftsdiensten sowie in den persönlichen, sozialen und öffentlichen Diensten 1973

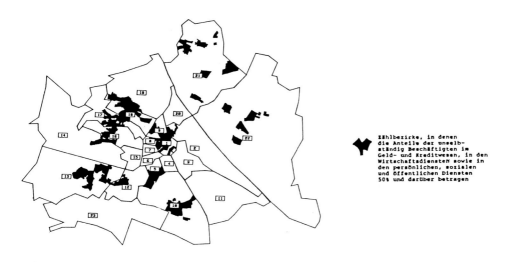

Quelle: SATZINGER 1977:18

rüber, wo die mehr expansiven, neueren Arbeitsstätten wie z.B. das Geld- und Kreditwesen, der Wirtschaftsdienste usw. angesiedelt sind, und in welchen Gebieten die eher rückläufigen Wirtschaftszweige wie z.B. kleinere Betriebe im Verarbeitenden Gewerbe und in der Industrie ihre Betriebsstätten haben.

In der City, in der 119.273 oder 27,8% aller tertiären Arbeitsplätze lokalisiert sind, dominiert ganz eindeutig das Geld- und Kreditwesen einschließlich der Wirtschaftsdienste mit 51,2% aller in Wien in diesem Wirtschaftsbereich unselbständig Beschäftigten. Ebenfalls sehr hoch liegt der Anteil der hier im öffentlichen Dienst Tätigen (51,6%). Dies ist zurückzuführen auf die Konzentration der Zentralstellen der öffentlichen Verwaltung, von Bahn und Post sowie zahlreicher anderer öffentlicher Institutionen. Dagegen ist der Anteil der im verarbeitenden Gewerbe und in der Industrie unselbständig Beschäftigten mit 5,2% erwartungsgemäß sehr niedrig (SATZINGER 1977:17). Innerhalb der City ist die Ballung von Tertiären Arbeitsplätzen entlang der Ringstraßen am höchsten (vgl. Abb. 4.24).

Außerhalb der City liegt der Anteil der im Geld- und Kreditwesen und in den Wirtschaftsdiensten sowie in den persönlichen, sozialen und öffentlichen Diensten unselbständig Beschäftigten zum einen in den citynahen Gebieten hoch, insbesondere im 2., 5., 8. und 9. Bezirk, zum anderen zeigt die Abbildung 4.24, daß der Westrand, neben der Inneren Stadt, ein bevorzugter Standort für Dienstleistungsbetriebe (Wirtschafts- und Rechtsdienste) ist. Die Dominanz der Dienstleistungsbetriebe im Zusammenhang mit dem hohen Anteil Selbständiger, insbesondere in den Bezirken 15 bis 18 (vgl. Abb. 4.25), die gleichzeitig zu den bevorzugten Wohnlagen gehören (vgl. Abschn. 4.2: "Bevölkerung und Wohnungen"), zeigt, daß hier ein bevorzugter Standort der Freien Berufe ist. Ebenfalls stark vertreten sind an dem von Ausläufern des Wienerwalds durchzogenen Westrand die Einrichtungen des Gesundheits- und Fürsorgewesens (Pflegeheime und Spitäler). Insgesamt sind am Westrand über 90% der in den persönlichen, sozialen und öffentlichen Diensten unselbständig Beschäftigen tätig. In einigen weiter nördlich gelegenen Teilen des Westrandes im 19. Bezirk, wie in Nußdorf und Grinzing, spielt dagegen das Gastgewerbe eine größere Rolle.

Abbildung 4.25: Selbständige in Prozent der Beschäftigten 1973

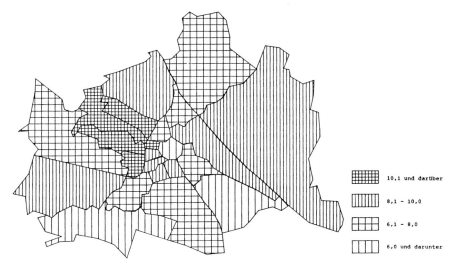

Quelle: SATZINGER 1977:16

Abbildung 4.26: Räumliche Verteilung der unselbständig Beschäftigten im Handel und in der Lagerung 1973

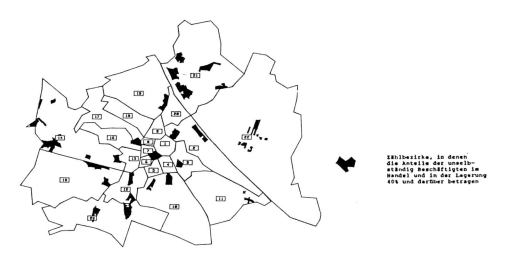

Quelle: SATZINGER 1977:19

Die stellenweise hohen Relativwerte der im Tertiären Sektor unselbständig Beschäftigten in den industriell geprägten südlichen und östlichen Randbereichen treten dagegen infolge geringer absoluter Beschäftigtenzahlen auf.

Der Handel einschließlich Lagerung beschäftigt in der City nur 16,5% der im 1. Bezirk Tätigen, dagegen steigt der Anteil der im Handel unselbständig Beschäftigten im 2. und 4. bis 7. Bezirk, den an die City angrenzenden Bezirken, auf über 20% (ebd.:21). Der Handel tritt naturgemäß dort am stärksten auf, wo der Einzelhandel entlang der Einkaufsstraßen konzentriert ist. Insofern gibt die Abbildung 4.26 im wesentlichen auch die größeren Einkaufszentren (s. "Zentrenhierarchie" in Abschnitt 5.1 "Planverfahren und Ordnungsvorstellungen") wieder: Mariahilfer Straße (6. und 7. Bezirk), Taberstraße (2. Bezirk), Favoritenstraße (10. Bezirk), Thaliastraße (16. Bezirk), Meidlinger Hauptstraße (16. Bezirk) und andere.

Wie bereits weiter oben angeführt, nimmt, sehr verallgemeinert, die Zahl der Beschäftigten in der Industrie sowie im verarbeitenden und produzierenden Gewerbe zum Stadtrand hin zu. Dies ist bereits zum Teil auf die jüngere Entwicklung der 60er und 70er Jahre zurückzuführen. Zunächst ist aus Tabelle 4.23 zu ersehen, daß auch in den inneren Bezirken, nämlich in Margareten (5. Bezirk), Mariahilf (6. Bezirk) und Neubau (7. Bezirk), der Anteil der im Sekundären Sektor unselbständig Beschäftigten mit rund 48% sehr hoch ist. Diese Bezirke gehören zu den von der Industrie und dem Gewerbe stark durchsetzten ehemaligen Vorstädten, die besonders im Bereich des südlichen und westlichen Gürtels eine der älteren, schon seit der Gründerzeit bestehenden Industrie- und Gewerbezonen Wiens bilden. Hier befinden sich die Nachfolgebetriebe der alten Hinterhofindustrien, weniger dagegen neue Industriebetriebe, so daß hier die Veränderungspotentiale größer als in anderen Bezirken sind. Dies wird auch deutlich an der Abbildung 4.27: Mit Ausnahme des 4. und 5. Bezirks haben im Zeitraum zwischen 1961 und 1971 die von der Industrie und dem Gewerbe genutzten Flächen in diesen ehemaligen Vorstädten, die gleichzeitig den größten Teil der Wohnbevölkerung aufnehmen und zu den traditionellen Arbeiterwohngebieten gehören, abgenommen.

Eine zweite, ebenfalls seit der Gründerzeit bestehende Industrie- und Gewerbezone befindet sich im Süden in den zentralen Teilen von Favoriten (10. Bezirk), Simmering (11. Bezirk) und Meidling (12. Bezirk) sowie im Westen in Penzing (14. Bezirk), Rudolfsheim-Fünfhaus (15. Bezirk), Ottakring (16. Bezirk) und Hernals (17. Bezirk). Diese Bezirke gehören zu den ehemaligen Vororten, in denen später als in den o.a. ehemaligen Vorstädten das industrielle Wachstum der Gründerzeit einsetzte, in denen aber 1971, mit Ausnahme des 15. und 16. Bezirks, der Anteil der in Industrie und Gewerbe unselbständig Beschäftigten über 50% beträgt (vgl. Abb. 4.23). Für diese äußere Industrie- und Gewerbezone entlang der Vorortelinie gilt zum Teil auch das, was für die innere alte Industrie- und Gewerbezone in den Vorstädten zutrifft: Nachfolgebetriebe haben sich auf der schwindenden Basis der alten Hinterhofindustrien etabliert.

Daß hier ebenfalls die Gewerbe- und Industrieflächen zwischen 1961 und 1971 abnehmen, zeigt die Abbildung 4.27. Allein im 11. Bezirk ist eine Zunahme zu verzeichnen. Besonders stark ist die Abnahme der Industrie- und Gewerbeflächen im 17. Bezirk, der zusammen mit den Bezirken 15, 16 und 18 zum dienstleistungsorientierten Westrand gehört. Hier am Westrand ist offensichtlich ein Veränderungsprozeß zugunsten des Tertiären Sektors eingeleitet.

Am südlichen Stadtrand hingegen, insbesondere im 23. Bezirk, von dem aus die sich stark entwickelnde Südachse in das Wiener Umland verläuft, sind hohe Zuwächse an Industrie- und Gewerbeflächen zwischen 1961 und 1971 zu verzeichnen (vgl. Abb. 4.27). Bei kleinräumiger Betrachtung auf Zählbezirksebene wird deutlich, wie stark die Südbahn, die den 12. und 23. Bezirk durchschneidet, als Trennungslinie zwischen dem vom Tertiären Sektor beherrschten westlichen Stadtrand und dem vom Sekundären Sektor beherrschten südlichen Stadtrand wirksam ist (vgl. Abb. 4.28).

Der Südrand mit dem 10., 11., 12. und vor allem dem 23. Bezirk sowie der Ostrand mit dem 21. und 22. Bezirk sind die <u>neuen Industrialisierungszonen</u>. Betriebsansiedlungsgebiete sind vornehmlich

WIEN 520

Abbildung 4.27: Veränderung der Gewerbe- und Industrieflächen 1961-1971 in %

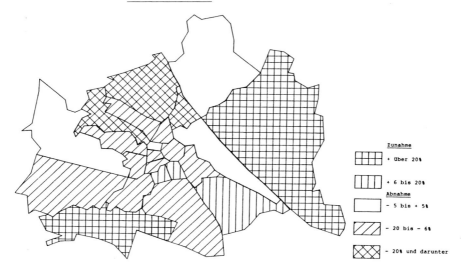

Quelle: INDRAK 1978:14

Abbildung 4.28: Räumliche Verteilung der unselbständig Beschäftigten im verarbeitenden Gewerbe und in der Industrie 1973

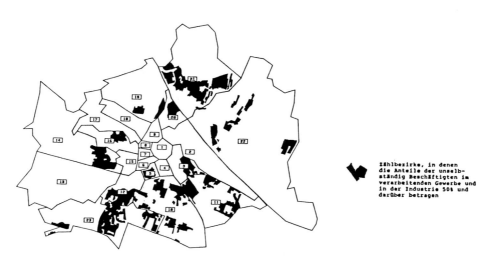

Quelle: SATZINGER 1977:20

die Nahbereiche der Bahnlinien. Im Süden, wo 1971 der überwiegende Teil der unselbständig Beschäftigten im verarbeitenden Gewerbe und in der Industrie beschäftigt ist (Südrand: 61,9%), wobei die industriellen Arbeitsplätze dominieren, konzentrieren sich die Industriegebiete längs der Süd-, Donaugelände- und Aspangbahn. Allein auf den Industriegeländen der Wiener Ziegelfabrik (10. Bezirk), dem Industriezentrum Liesing und dem Industriegebiet Breitenfurter Straße (beide 23. Bezirk) sind 1971 insgesamt 13.016 oder 42,7% der am Südrand in Gewerbe und Industrie Beschäftigten tätig (SATZINGER 1977:22).

4.4 Infrastruktur (1936-1977)

Auch nach dem Zweiten Weltkrieg besteht weiterhin das historisch gewachsene, durch ein ausgeprägtes Radial-Ring-System gekennzeichnete übergeordnete Straßennetz (vgl. Abb.5.14), in dem auch die Linien des öffentlichen Verkehrs (Straßenbahn und Bus) verlaufen. Für die Unterbringung des ruhenden Verkehrs im inneren Stadtraum steht zunächst noch genügend Platz zur Verfügung.

Mit zunehmender Motorisierung in den folgenden Jahren zeigt sich, daß in immer stärkerem Maße das Sekundärstraßennetz, das bis dahin ausnahmslos der inneren Erschließung dient, vom fließenden Verkehr beansprucht wird, so daß nun auch Sammel- und Anliegerstraßen zu dichtbefahrenen Verkehrsstraßen werden. Der Parkraum wird immer knapper, und die für den ruhenden Verkehr beanspruchten Flächen belasten den fließenden Verkehr immer stärker. In vielen Bereichen der Inneren Stadt beansprucht der ruhende Verkehr zu Beginn der Siebziger Jahre bereits über 50% der Straßenquerschnitte, in manchen sogar bis zu zwei Drittel (WÜNSCHMANN 1979:40).

Umfangreiche Straßenbaumaßnahmen im übergeordneten Straßennetz werden erforderlich. In den Jahren 1966 bis 1972 konzentriert sich der Ausbau vor allem auf die östlich der Donau gelegenen Gebiete und deren Anschluß an das übrige Stadtgebiet (Schnellstraße Donaustadtstraße-Praterbrücke-Prater Hochstraße; Breitenleerstraße) sowie auf die radialen Ausfallstraßen in den alten Stadtgebieten im Westen (Krottenbachstraße, Lerchenfelder Straße/Burggasse, Linke Wienzeile/Schönbrunner Straße, Triester Straße).

In den Jahren 1972 bis 1977 werden weitere wichtige Straßenbauten durchgeführt, die ebenfalls der besseren Erschließung der zunehmend stärker besiedelten neuen Wohngebiete im Osten und deren Anbindung an das alte Stadtgebiet dienen (Wagramer Straße entlang der UNO-City bis zur Reichsbrücke, Leopolder Straße, Groß-Enzersdorfer-Straße). Insbesondere in den südlichen Stadtgebieten entlang der entwicklungsstarken Südachse wird nun auch das übergeordnete Straßennetz ausgebaut, zum Teil als Autobahn (Gürtelautobahn-Südautobahn; WÜNSCHMANN 1979:36a; vgl. Abb. 5.14)

Das Verkehrsaufkommen in Wien gliedert sich 1970 an einem normalen Werktag wie folgt: 41,2% entfallen auf den Individualverkehr (ausgenommen Fußgänger), 30,6% entfallen auf den öffentlichen Verkehr sowie 28,2% auf den Fußgängerverkehr. Von den 41,2% entfallen wiederum die größten Anteile auf den Pkw-Verkehr und Lastenverkehr (ebd.:18). Andere Verkehrsmittel (z.B. Fahrrad) sind in Wien praktisch unbedeutend. Die nachfolgenden Tabellen 4.24 und 4.25 zeigen, daß die Entwicklung des Kraftfahrzeug-Bestandes in Wien sowie die Entwicklung des Motorisierungsgrades nicht kontinuierlich verläuft, sondern von der wirtschaftlichen Entwicklung abhängig ist. Deutlich sind die Einbrüche der Rezession 1967 und 1974 zu erkennen.

Tab. 4.24: Die Entwicklung des Kfz-Bestandes in Wien 1966-1977

Jahr	PKW und Kombi absolut	durchschnittl. jährl. Zunahme	LKW absolut	durchschnittl. jährl. Zunahme	PKW, Kombi u. LKW absolut	durchschnittl. jährl. Zunahme
1966	248.799		26.236		275.035	
		18.922		441		19.363
1969	305.564		27.559		333.123	
		19.988		1.254		21.242
1973	385.516		32.575		418.091	
		13.601		497		14.098
1977	439.922		34.561		474.483	
		9.903		1.437		11.340
1980	469.631		38.872		508.503	

Quelle: WÜNSCHMANN 1979:19, StJBW 1980:246, eigene Berechnungen.

Tabelle 4.25: Entwicklung des Motorisierungsgrades in Wien 1966-1977 (PKW, Kombis und Taxen je 1.000 Einwohner)

	Motorisierungs-grad	Zunahme gegenüber dem Vorjahr
1966	153	
1967	165	12
1968	179	14
1969	188	9
1970	197	9
1971	214	17
1972	231	17
1973	240	19
1974	250	10
1975	251	1
1976	265	4
1977	276	11
1978[1]	288	14
1979[1]	296	8
1980[1]	307	12

1) Berechnet nach der Einwohnerzahl gem. VZ 1981 (1.531.346 E.) und dem jeweiligen KFZ-Bestand

Quelle: WÜNSCHMANN 1979:19, StJBW 1980:246, eigene Berechnungen.

Nach der Verkehrserhebung von 1970 ergibt sich nach Aufschlüsselung des Fahrtzwecks folgende Verteilung:

1. Gesamtverkehr: 31,8% entfallen auf den Arbeitspendelverkehr, 31,4% auf den Wirtschaftsverkehr, 27,3% auf den Freizeitverkehr und 9,5% auf den Schülerverkehr.
2. Individualverkehr (ausgenommen Fußgänger): 32,3% entfallen auf den Arbeitspendelverkehr, 37,5% auf den Wirtschaftsverkehr, 26,7% auf den Freizeitverkehr und 3,5% auf den Schülerverkehr.

WIEN 524

3. Fußgängerverkehr: 19,5% entfallen auf den Arbeitspendelverkehr, 34,8% auf den Wirtschaftsverkehr, 28,8% auf den Freizeitverkehr und 16,9% auf den Schülerverkehr.

4. Öffentlicher Verkehr: 42,6% entfallen auf den Arbeitpendelverkehr, 19,8% auf den Wirtschaftsverkehr, 26,7% auf den Freizeitverkehr und 10,9% auf den Schülerverkehr. (WÜNSCHMANN 1979:18)

Wie bereits angeführt, werden über ein Viertel aller in Wien zurückgelegten Wege zu Fuß erledigt, ohne die Benutzer öffentlicher Verkehrsmittel hinzu zu rechnen, die von und zu den Haltestellen den restlichen Weg zu Fuß zurücklegen.

Der Fußgängerverkehr leidet erheblich unter dem stark zugenommenen Kraftfahrzeugverkehr. Diese Situation ist inbesondere für die City als Haupteinkaufszentrum Wiens von Bedeutung. Aus diesem Grunde werden hier Fußgängerzonen geschaffen. 1976 ist die Kärntner Straße, eine der Haupteinkaufsstraßen Wiens, bereits Fußgängerstraße, die über den Graben/Stephansplatz und Kohlmarkt/Tuchlauben fortgesetzt werden soll (Abb. 4.29).

Abbildung 4.29: Stand und Ausbauprogramm der Fußgängerzonen 1976

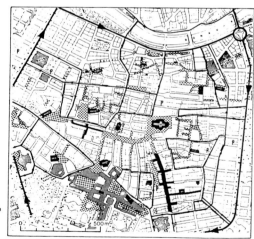

▬ bestehende Fußgängerzonen
▩ geplante oder in Bau befindliche Fußgängerzonen
➤ vorgesehenes Einbahnensystem
P bestehende Parkhäuser bzw. Tiefgaragen

Quelle: LICHTENBERGER 1977a:296.

Auch das Verkehrsnetz des ÖPNV wird ab 1960 ausgebaut, um die zunehmenden Pendler aufzunehmen. Zur Erschließung der sukzessive bebauten Gebiete an der Peripherie und im Umland wird der Autobusverkehr augebaut; dem steht auf der anderen Seite jedoch eine Reduzierung der Straßenbahnstrecken gegenüber. 1962 gewinnt die neu eingerichtete S-Bahn sofort erhebliche Bedeutung. Sie entsteht nach dem Prinzip der Bündelung regionaler Bahnlinien zur Erzielung dichter Zugfolge im Stadtbereich.

Die Probleme des stetig steigenden Individualverkehrs begünstigen eine Entwicklung, die dazu führt, dem Ausbau des öffentlichen Verkehrs zunehmend Priorität einzuräumen. Ziel der öffentlichen Investitionen ist die Hebung der Attraktivität der öffentlichen Verkehrsmittel, um so einen Teil der Pkw-Benutzer für den Bus, die Straßenbahn, die S- oder U-Bahn zu gewinnen.

Der Bau der U-Bahn seit 1969, der nach den Preisen von 1965 auf Kosten von insgesamt 6 bis 6,5 Milliarden Schilling veranschlagt wird, soll in erster Linie die Innenstadt für die Passanten erschließen, ohne den Verkehrsraum, der zukünftig von allen übrigen Verkehrsmitteln freigehalten werden soll, unnötig zu belasten. Das Grundnetz der U-Bahn umfaßt (Linien U1 bis U4) insgesamt 38 km. Allerdings erweist sich, daß die Entwicklung der Motorisierung dennoch nicht zum Stillstand kommt und auf die Gesamtentwicklung des öffentlichen Nahverkehrs insgesamt bremsend wirkt.

Statistisch kann anhand der zurückgehenden Beförderungsfälle der Wiener Verkehrsbetriebe und der Zunahme des Pkw-Bestands in den Jahren 1967 bis 1974 nachgewiesen werden, daß ein ursächlicher Zusammenhang zwischen dem Motorisierungsanstieg und der Abnahme der Beförderungsfälle besteht (WÜNSCHMANN 1979:24).

Dieser Trend hält auch 1977 noch an, obwohl verkehrspolitische Maßnahmen, wie z.B. die 1977 eingeführten Intervallverdichtungen im Tagesverkehr, erfolgreich sind.

5. PHASE V (1978 BIS HEUTE): TERTIÄRISIERUNG, DEZENTRALISIERUNG UND RANDWANDERUNG

Zur Übersicht wird zunächst die Tabelle 5.1 den nachfolgenden Abschnitten vorangestellt, die die wichtigsten Daten der jüngsten Entwicklung in Wien wiedergibt.

Faßt man die Tabelle 5.1 zusammen und betrachtet nur die Entwicklung der Gebäude, Arbeitsstätten und Wohnungen, so fällt auf, daß sich das Wachstum auf den Stadtrand konzentriert (vgl. Tab. 5.2). Insbesondere in den südlichen Randbezirken 11 und 23 sowie im jenseits der Donau gelegenen 22. Bezirk sind die höchsten Wachstumsraten hinsichtlich der Gebäude (+40,1%) der Arbeitsstätten (+26,1%) und der Wohnungen (+26,7%). Für die inneren Bezirke ist bezeichnend, daß trotz Rückgang der Arbeitsstätten und Wohnungen die Zahl der Gebäude zunimmt (1. Bezirk: +4,2%, 3.bis 9. Bezirk: +9,5%).

5.1 Planverfahren und Ordnungsvorstellungen

Das rasche wirtschaftliche Wachstum verlangsamt sich gegen Mitte der Siebziger Jahre, ohne daß es für die Wiener Stadtentwicklung ein längerfristiges räumliches Leitbild gibt. Weder die "Leitlinien für die Stadtentwicklung" von 1972 noch die nachfolgenden Ergebnisse der "Stadtentwicklungsenquete" 1972/73 enthalten ein solches Leitbild, so daß das "Planungskonzept Wien" von R. Rainer von 1961 das letzte generelle städtebauliche Gliederungsschema für Wien ist. Die gegenüber 1961 jedoch ganz andere Situation Wiens - absehbare ungünstige Entwicklung der Wirtschaft, des Arbeitsmarktes, der Gesamtbevölkerung und damit der finanziellen Rahmenbedingungen für öffentliche Investitionen - sowie die gegenüber 1961 veränderten Auffassungen der Inhalte einer Stadtplanung, die nicht mehr nur vorgegebene Entwicklungen ordnen, sondern auch auf die Entwicklung selbst Einfluß nehmen will ("Stadtentwicklungsplanung"), führt in der Verwaltung Wiens zu Bestrebungen, auf der Grundlage umfassender Bestandsaufnahmen einen Stadtentwicklungsplan auszuarbeiten, der

Tabelle 5.1: Entwicklung der Gebäude, Wohnungen, Haushalte, Personen und Arbeitsstätten zwischen 1971 und 1981

Bezirk	Gebäude 1971	Gebäude 1981	± %	Wohnungen 1971	Wohnungen 1981	± %	Haushalte[1] 1971	Haushalte[1] 1981	± %	Personen 1971[2]	Personen 1981	± %	Arbeitsstätten[3] 1973	Arbeitsstätten[3] 1981	± %	Arbeitsbevölk. 1971[4]	Arbeitsbevölk. 1981	± %
1	1.448	1.622	+12,0	12.675	11.562	- 8,8	11.632	9.793	-15,8	25.169	19.537	-22,4	7.656	6.994	- 8,7	126.880	121.370	- 4,3
2	2.513	4.516	+79,7	47.931	48.399	+ 1,0	46.305	44.786	- 3,3	102.730	95.892	- 6,7	3.933	3.968	+ 0,9	39.730	41.250	+ 3,8
3	3.042	3.728	+22,6	50.667	49.330	- 2,6	47.623	43.458	- 8,7	102.223	86.054	-15,8	4.484	4.619	+ 3,0	61.630	64.160	+ 4,1
4	1.325	1.479	+11,6	19.610	18.862	- 3,8	18.426	16.215	-12,0	39.619	31.800	-19,7	2.783	2.697	- 3,1	30.410	29.950	- 1,5
5	1.898	2.044	+ 7,7	32.541	31.738	- 2,5	29.945	27.490	- 8,2	60.529	52.436	-13,4	2.531	2.495	- 1,4	24.220	22.800	- 5,9
6	1.256	1.420	+13,1	17.021	16.763	- 1,5	16.117	14.626	- 9,3	33.633	28.771	-14,5	2.749	2.692	- 2,1	27.100	22.820	-15,8
7	1.596	1.679	+ 5,2	18.900	17.603	- 6,9	17.650	15.168	-14,1	36.255	29.490	-18,7	3.325	2.981	-10,4	34.480	28.100	-18,5
8	1.022	1.206	+18,0	14.990	14.522	- 3,1	14.080	12.495	-11,3	30.151	24.769	-17,9	2.132	2.058	- 3,5	17.570	17.230	- 1,9
9	1.691	2.016	+19,2	27.062	25.882	- 4,4	25.964	23.056	-11,2	54.788	45.314	-17,3	3.300	3.394	+ 2,9	42.090	45.100	+ 7,2
10	6.560	10.990	+67,5	72.785	78.820	+ 8,3	68.219	70.020	+ 2,6	153.695	147.101	- 4,3	3.793	4.267	+12,5	51.400	52.920	+ 3,0
11	3.721	5.327	+43,2	25.387	30.118	+18,6	23.859	27.947	+17,1	57.540	65.895	+14,5	1.309	1.596	+21,9	23.360	28.530	+22,1
12	4.373	6.342	+45,0	43.371	44.841	+ 3,4	40.703	39.575	- 2,8	85.500	79.408	- 7,1	2.922	2.936	+ 0,5	34.530	35.270	+ 2,1
13	7.419	9.282	+25,1	24.449	27.118	+10,9	22.758	23.590	+ 3,7	57.068	55.331	- 3,0	1.572	1.793	+14,1	18.340	22.190	+21,0
14	7.165	11.065	+54,4	39.145	43.954	+12,3	36.418	36.964	+ 1,5	81.310	78.996	- 2,8	2.367	2.516	+ 6,3	30.930	32.230	+ 4,2
15	2.731	3.076	+12,6	43.558	42.091	- 3,4	40.185	36.856	- 8,3	78.981	70.066	-11,3	3.450	3.484	+ 1,0	31.790	31.490	- 0,9
16	4.404	6.098	+38,5	54.750	52.686	- 3,8	50.723	46.284	- 8,8	101.017	88.587	-12,3	3.734	3.585	- 4,0	28.530	27.300	- 4,3
17	3.973	5.194	+30,7	29.795	29.484	- 1,0	27.401	25.086	- 8,4	55.532	49.337	-11,2	2.242	2.317	+ 3,4	19.670	17.880	- 9,1
18	3.477	4.443	+27,8	30.376	30.507	+ 0,4	28.482	26.045	- 8,6	59.237	52.548	-11,3	2.308	2.355	+ 2,0	17.100	15.640	- 8,5
19	5.012	7.567	+51,0	32.792	35.619	+ 8,6	31.355	31.525	+ 0,5	72.387	67.522	- 6,7	2.181	2.743	+25,8	26.950	25.950	- 3,6
20	1.637	2.255	+37,8	39.361	40.003	+ 1,6	37.093	36.257	- 2,3	81.647	73.696	- 9,7	2.186	2.178	- 0,4	22.770	21.920	- 3,7
21	8.629	13.663	+58,3	45.307	54.400	+20,1	42.475	49.390	+16,3	105.510	116.033	+10,0	2.273	2.680	+17,9	29.500	41.410	+40,4
22	13.172	17.349	+31,7	32.686	44.224	+35,3	30.379	39.220	+29,1	80.200	99.801	+24,4	1.582	2.118	+33,9	19.890	30.170	+51,7
23	8.145	11.960	+46,8	26.352	32.649	+23,9	25.358	30.097	+18,7	65.164	72.998	+12,0	2.146	2.639	+23,0	27.370	40.380	+47,5
Wien	96.209	134.321	+39,6	781.511	821.175	+ 5,1	733.150	725.943	- 1,0	1.619.885	1.531.346	- 5,5	66.958	69.105	+ 3,2	786.210	816.060	+ 3,8

1) Privat- und Anstaltshaushalte
2) Volkszählungsergebnis 1971 zuzüglich der damals als nur "vorübergehend anwesend", also nicht zur Wohnbevölkerung gezählten ausländischen Arbeitskräfte, deren Ehepartner oder Kinder im Heimatland verblieben waren. Angleichung wurde notwendig, um die Zahlen von 1971 mit denen der VZ von 1981 vergleichbar zu machen.
3) Bei der Arbeitsstättenzählung sind insbesondere Betriebe des tertiären Sektors unterfaßt. Dagegen geben die Zahlen zur "Arbeitsbevölkerung" ein genaueres Bild der Entwicklung.
4) Gegenüber den Angaben im StbW (1980:25; vgl. auch Tab. 4.16) gerundete Zahlen.

Quelle: VZ 1971 und 1981, HWZ 1971 und 1981, AZ 1973 und 1981

Ende 1976 beauftragt der Bürgermeister die "Geschäftsgruppe Stadtplanung" damit, einen "Stadtentwicklungsplan für Wien" auszuarbeiten. Die Organisation und Durchführung wird einem Arbeitskreis der Magistratsabteilung 18 (Stadtstrukturplanung) der Geschäftsgruppe Stadtplanung übertragen. Ziel ist es, für Wien "ein flexibles, mittelfristiges, zielorientiertes, kommunal- und regionalpolitisches Handlungsprogramm" zu entwickeln, das "ferner ein Koordinierungsinstrument für die Arbeit der Stadtverwaltung und ihrer Organe sowie ein Rahmen für die Bezirksentwicklungspläne und die städtebaulichen Rahmenpläne" ist (Zitate aus dem Vorwort des Sachkapitels "Bevölkerung" des Stadtentwicklungsplanes). Der hohe, gleichzeitig jedoch aufgrund der Einsicht in den vernetzten Charakter der Stadtentwicklung ("alles hängt mit allem zusammen") notwendige Anspruch, alle für die Stadtentwicklung wichtigen Bereiche zu erfassen, führt dazu, sämtliche Geschäftsgruppen der Verwaltung an der Arbeit zu beteiligen. Nicht nur inhaltliche, sondern auch organisatorische Aspekte lassen eine breite Beteiligung zweckmäßig erscheinen. KOTYZA (1982:114), Leiter des oben angeführten Arbeitskreises in der MA 18, schreibt dazu:

Tabelle 5.2: Zu- bzw. Abnahmen an Gebäuden, Arbeitsstätten und Wohnungen zwischen 1973 und 1981 nach Bezirken bzw. Bezirksgruppen

Bezirke	Gebäude 1971	1981	Arbeitsstätten 1973	1981	Wohnungen 1971	1981
1. (innerhalb des Rings)	1.448	1.622	7.656	6.994	12.675	11.562
71-81 in %		+ 4,2		- 8,7		- 8,8
3.-9. (außerhalb des Rings, aber innerhalb des Gürtels)	11.830	13.572	21.304	20.936	180.791	174.700
71-81 in %		+ 9,5		- 1,7		- 4,3
2.,10.,12.-21. (außerhalb des Gürtels)	57.893	84.491	32.961	34.822	503.620	527.922
71-81 in %		+45,9		+ 5,6		+ 4,8
11.,22. und 23. (außerhalb des Gürtels)	25.038	34.636	5.037	6.353	84.425	106.991
71-81 in %		+40,1		+26,1		+ 26,7
1.-23. (Gesamtstadt)	96.209	133.948	66.958	69.105	781.511	821.175
71-81 in %		+39,2		+ 3,2		+5,1

Quelle: HWZ 1971, VZ 1971, HWZ 1981, VZ 1981; AZ 1973, 1981; eigene Berechnungen.

"Da der Stadtentwicklungsplan nicht das Programm einer Geschäftsgruppe, sondern des gesamten Magistrates sein soll, wurde eine betont kooperative Vorgangsweise gewählt. Zur Abstimmung der Ergebnisse mit den Fachplanungen der einzelnen Geschäftsgruppen wurde ein Arbeitsausschuß unter Leitung der Magistratsdirektion eingerichtet, der sich aus Vertretern sämtlicher Geschäftsgruppen zusammensetzt. Für die Klärung bestimmter Sachfragen wurden Gutachten an Universitätsprofessoren und an Institute vergeben. Oberste Zielsetzung bei der Ausarbeitung und bei der organisatorischen Bewältigung war, einen zwischen sämtlichen Geschäftsgruppen abgestimmten Entwurf des Magistrates zu erhalten, mit dem sich daher auch sämtliche Geschäftsgruppen und Dienststellen auf Grund der ausführlichen Behandlung in den verschiedenen Abstimmungsphasen identifizieren können."

Für folgende Sachbereiche werden "Diskussionsgrundlagen" ausgearbeitet und veröffentlicht:

- Überörtliche Raumordnung
- Bevölkerung
- Wirtschaft und Finanzen
- Wohnungswesen
- Arbeitsmarkt
- Verkehr
- Technische Dienstleistungen
- Sozial- und Gesundheitswesen
- Stadterneuerung und Bodenordnung
- Bildung
- Natürliche Lebensgrundlagen
- Grünraum, Freizeit und Erholung
- Siedlungsstruktur.

Zur besseren Übersicht und auch im Sinne einer durchführbaren Beschlußfassung durch die Organe der Stadt Wien werden die wichtigsten Entwicklungstendenzen, Ziele und Maßnahmen in einem "Entwurf" des Stadtentwicklungsplanes zusammengefaßt und 1981 veröffentlicht (vgl. STEW 1981). Gegenüber den "Diskussionsgrundlagen", die aus den Problemen und Entwicklungstendenzen zunächst nur Entwicklungsziele ableiten, geht der STEW weiter, da dieser auch Maßnahmenvorschläge enthält (Untertitel des STEW: "Tendenzen, Ziele und Maßnahmen der Stadtentwicklung").

Angelegt als räumliches Leitbild für <u>Wien und das Umland</u> - die <u>räumlichen</u> Konsequenzen der in den einzelnen Sachgebieten analysierten Probleme und aufgestellten Ziele werden im Sachkapitel "Siedlungsstruktur" (vgl. MA 18:1981) behandelt - soll der STEW kein Katalog unverbindlicher Ziele, sondern ein Gesamtkonzept sein, das sich sowohl auf eine umfangreiche Bestandsaufnahme und Bewertung der gegenwärtigen Probleme und auf einen umfangreichen Zielkatalog stützt als auch einen - finanzierbaren - Maßnahmenkatalog bereithält.

Der Anspruch des STEW, ein Handlungsrahmen und Koordinierungsinstrument der Stadtentwicklung Wiens zu sein, wird sich im wesentlichen daran messen lassen müssen, inwieweit es gelingt diesen auch tatsächlich in konkrete Flächennutzungs-, Bebauungs- und Bezirkspläne zu überführen und auf diesen Detailstufen zu verwirklichen.

Drei Ebenen der Durchsetzung werden davon berührt:

- Die <u>Stadtverwaltung</u>: Wie oben angeführt, wird bereits in der Vorbeitungsphase des STEW ein intensiver Informationsaustausch aller beteiligten Fachdienststellen herbeigeführt, bei der fast zwangsläufig auch fachübergreifende Fragen diskutiert und entschieden werden müssen. Folgt man KOTYZA (1982:114), dann ist bereits 1982 abzusehen, daß der Meinungsbildungsprozeß positiv verläuft und die Integration der sonst in Einzelinteressen zersplitterten Fachdienststellen zu gelingen scheint.

- Im Verhältnis zu den <u>privaten Investoren</u> versucht man auszuloten, wo sich übergeordnete und private Interessen decken, da hier am ehesten Erfolge zu erwarten sind. Dem engen Zusammenhang zwischen räumlicher Planung und der Finanz- und Investitionsplanung trägt man insofern Rechnung, als schon im Vorfeld nicht nur eingehende Diskussionen mit den einzelnen Geschäftsgruppen, insbesondere auch der Finanzverwaltung, sondern auch mit der Arbeiterkammer, der Handelskammer und der Landwirtschaftskammer geführt werden.

- Es wird damit gerechnet, daß die <u>betroffene</u> Bevölkerung in Zukunft verstärkt von den in der Wiener Stadtverfassung verankerten Instrumenten der Volksabstimmung und Volksbefragung sowohl auf gesamtstädtischer als auch auf lokaler Ebene Gebrauch machen wird. Dem Problem, daß eine gesamtstädtische, zentralisierte Stadtentwicklungsplanung sehr leicht lokale Gegebenheiten und Probleme - und den potentiellen Widerstand nicht nur in Teilen der Bevölkerung, sondern auch in den lokalen Bezirksämtern - unterschätzt, versucht man mit den Mittln einer kompetenzmäßigen Aufwertung der Bezirksvertretungen sowie einer Dezentralisierung der Verwaltung zu begegnen (ebd.:115).

Zu den Inhalten des STEW:
Oberstes Ziel ist die "Schaffung einer ausgewogenen räumlichen Struktur als Voraussetzung für möglichst gleichwertige Lebensbedingungen in den einzelnen Stadtteilen unter Wahrung ihrer besonderen Eigenart" (ebd.:115).

Diese sehr allgemeine Aussage, die ebensogut dem "Grundkonzept" von 1961 entnommen sein könnte, wird folgendermaßen präzisiert:

Die vorhandene polyzentrische Struktur (vgl. Abb. 5.1a) soll erhalten und gefördert werden; die Förderung soll vor allem den kleineren und mittleren Zentren zugute kommen mit dem Ziel, deren Eigenständigkeit und funktionelle Selbständigkeit zu erreichen bzw. zu erhalten.

Für die Zentren der Innenstadtbereiche bedeutet das Vorrang für eine wirksame, umfassende und strukturverbessernde Stadterneuerung. Gegenüber dem Tertiärisierungsprozess der inneren Stadtteile wird die "Sicherung und Wiedergewinnung von Wohnraum in der Innenstadt und in den City-Erweiterungsgebieten" sowie die "Erhaltung, Ausgestaltung und Entwicklung überschaubarer, multifunktionaler Lebensbereiche, die den vielfältigen Bedürfnissen der Menschen genügen" (ebd.:114), angestrebt. Da dies auch die "möglichst kleinräumige Mischung der städtischen Funktionen und Nutzungen" einschließlich der engen Zuordnung von Arbeiten und Wohnen, soweit aufgrund von betrieblichen Immissionen möglich, mit einschließt, finden sich hier deutliche Unterschiede zu dem "Grundkonzept", das noch eine Entmischung von gemischt genutzten Wohngebieten vorsieht (vgl. Abschn. 4.1: "Planverfahren und Ordnungsvorstellungen").

WIEN 532

Abbildung 5.1: Stadtentwicklungsplan Wien, räumliches Entwicklungskonzept

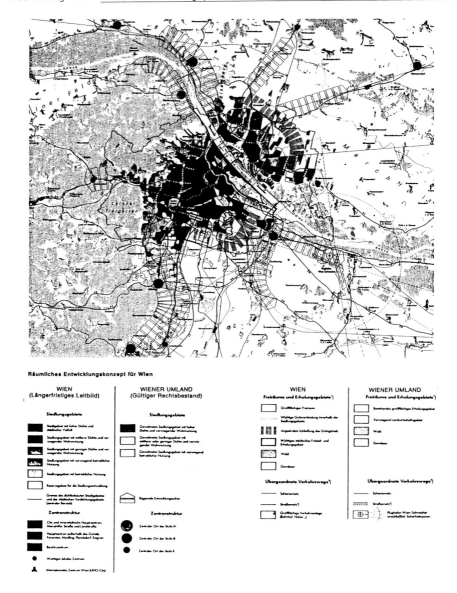

Quelle: ARBEITSKREIS STADTENTWICKLUNGSPLANUNG 1982:54

Abbildung 5.1a: Zentrenstruktur in Wien 1980

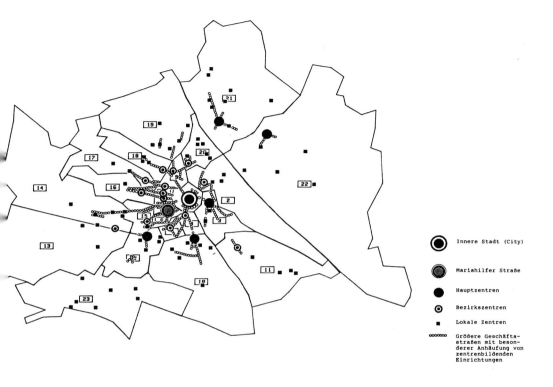

Quelle: PLANUNGSATLAS 1983. Entwurf: Schubert/Schierhorn.

Die engere Zuordnung von Arbeiten und Wohnen wird insbesondere für die neuen Wohngebiete am Stadtrand gefordert, die meist mit Arbeitsplätzen schlecht ausgestattet sind; zumindest fehlt in der Regel ein differenziertes Arbeitsplatzangebot. Andere Strukturmängel der Stadtrandsiedlungen sollen durch eine stärkere räumliche Dezentralisierung des sozialen Infrastrukturangebotes und durch eine Verbesserung der Versorgungsqualität und zentralen Einrichtungen behoben werden.

Soweit <u>Stadterweiterungen</u> stattfinden, sollen diese auf die <u>Achsen des öffentlichen Nahverkehrs</u> (vgl. Abb. 5.13) konzentriert werden. Andererseits sollen die Verkehrswege, auch die des Individualverkehrs (vgl. Abb. 5.14), auf die angestrebte polyzentrische Struktur ausgerichtet werden. Auch die Achsenkonzeption ist neu gegenüber dem Grundkonzept.

Die mit der Achsenkonzeption (vgl. Abschn. 4.1: "Planverfahren und Ordnungsvorstellungen") verbundenen Eingriffe in die vorhandenen Freiflächen sollen die Bedürfnisse der Bürger, die außerhalb des dichtbebauten Stadtgebiets <u>Erholung</u> suchen, berücksichtigen.

Hinsichtlich der <u>Stadtgestalt</u> sollen sowohl gesamtstädtische als auch in stärkerem Maße stadtteil- und bezirksbezogene Elemente in ihrer Eigenständigkeit und Originalität bewahrt werden. <u>Hochhäuser</u> sollen nur noch dann entstehen, "wenn die Funktion des Bauwerkes von überragender Bedeutung ist und der Standort in stadtstruktureller Hinsicht und in seiner Wirkung auf das Stadtbild eindeutig positiv zu bewerten ist" (ebd.:115), eine sicher angemessene Entscheidung für eine so von der Gründerzeit und dem Barock geprägte Stadt.

Hinsichtlich der weiteren Entwicklung der <u>Zentrenstruktur</u> wird auf der Ebene der Stadtentwicklungsplanung als Ziel eine möglichst gute Abstimmung zwischen dem "eigendynamisch-wirtschaftlichen Prozeß" der einzelnen Zentren und den "Versorgungsinteressen der Bevölkerung" angestrebt (Planungsatlas 1983: Zentrenstruktur und übergeordnetes Straßennetz).

Die "möglichst gute Abstimmung" als Anliegen der Planung verweist zugleich auf die Problemlage: einzelwirtschaftliche Interessen der Unternehmen, hier insbesondere des Einzelhandels, und gesamtwirtschaftliche Aspekte sowie soziales Anliegen der Landesregierung und Gemeindeverwaltung weisen hinsichtlich der Zentrenentwicklung nicht in die gleiche Richtung, so daß ein regelnder Eingriff der Gemeinde erforderlich erscheint. Neben veränderten Management- und Organisationsstrukturen im Einzelhandel und sich wandelndem Konsumverhalten verändern insbesondere die Bevölkerungsverlagerung von den inneren Bezirken in die Randbezirke sowie der Ausbau des Straßennetzes und der öffentlichen Verkehrsmittel, z.B. der U-Bahnbau (vgl. Abschn. 5.4: "Infrastruktur") die Bedingungen und die Bewertung von Standort und Einzugsbereich der einzelnen Zentren durch die Einzelhandelsbetriebe.

Abbildung 5.1   Schutzzonen in Wien

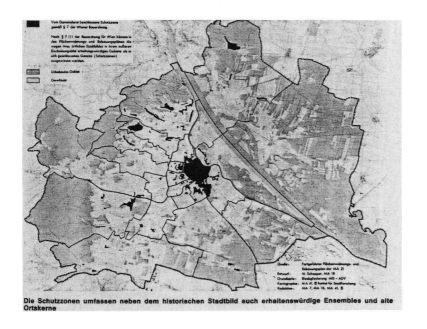

Die Schutzzonen umfassen neben dem historischen Stadtbild auch erhaltenswürdige Ensembles und alte Ortskerne

Quelle: INDRAK 1982:94.

Andererseits verändert sich mit der Entstehung neuer Zentren am Stadtrand auch die Bewertung der Größe und Ausstattung der alten Zentren in der inneren Stadt. Zwar sind weiterhin die wichtigsten Wiener Versorgungszentren im dichtbebauten Stadtgebiet konzentriert, allen voran die City als höchstrangiges und weitaus größtes Zentrum, aber ein großer Teil der älteren Zentren, in radialer Anordnung entlang der alten Ver-

WIEN 536

Abbildung 5.2: <u>Erneuerungs-, Auffüllungs- und Erweiterungsgebiete</u>

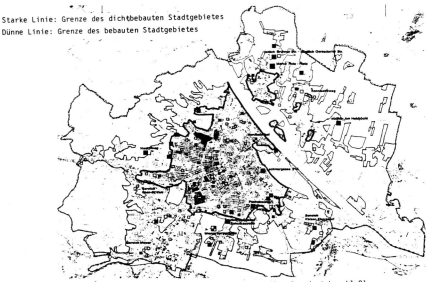

Starke Linie: Grenze des dichtbebauten Stadtgebietes
Dünne Linie: Grenze des bebauten Stadtgebietes

- ■ Kommunaler Wohnbau, Stichtag 1. Februar 1981 (lt. Grundsatzbeschluß)
- □ Liegenschaften, die sich am Stichtag 30.09.1979 laut Wohnbauerhebung 1979 im Besitz von Wohnbauunternehmen befanden und auf denen eine Neubebauung mit Wohnungen erfolgen soll
- ▣ Wohnbauvorhaben auf Grund von Wettbewerbsergebnissen
- 🖻 ≣ Wohnungen
- ■ Verordnungsgebiete laut Stadterneuerungsgesetz (Steg): Ottakring, Hernals Zentrum
- ■ Untersuchungsgebiete laut Steg in Bearbeitung (Himmelpfortgrund, Ulrichsberg, Gumpendorf, Storchengrund, Wilhelmsdorf, Stadtteilplanung Währing)
- ▢ Schwerpunkte der Revitalisierung (Spittelberg, Planquadrat im 4. Bezirk, Ottakring)

<u>Quelle:</u> KAINRATH 1982: 91

Abbildung 5.2a: <u>Untersuchungsgebiete gemäß Stadterneuerungsgesetz</u>

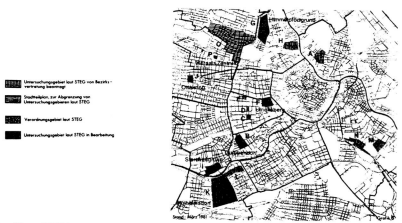

<u>Quelle:</u> KAINRATH 1982: 93

kehrswege, sind einer zunehmenden Konkurrenz ausgesetzt. Zum einen konkurrieren die Geschäfte in diesen schon früh entstandenen Haupt-, Bezirks- und Lokalzentren untereinander um die verbliebenen Käufer, die als Bewohner der inneren Bezirke noch nicht durch den Tertiärisierungsprozeß verdrängt wurden. Diese Konkurrenz wird in dem Maße zunehmen, wie die Tertiärisierung der inneren Bezirke zunimmt. Zum anderen wird der so erzeugte Nachfragerückgang in den inneren Bezirken dadurch beschleunigt, daß neue Zentren am Stadtrand mit Ladenketten und Supermärkten entstehen, wie z.B. das Shopping-Center-Süd, mit dem Auto schnell und bequem zu erreichen und ohne Parkplatznot zu benutzen.

Die Planung versucht, insbesondere durch Maßnahmen auf zwei Ebenen, eine weiterhin ungünstig verlaufende Zentrenentwicklung zu bremsen und einem Verlust der Infrastrukturvorteile der Innenstadtbezirke zu begegnen:

a) Die Verkehrsprobleme der alten Zentren und die zunehmende Motorisierung und Wichtigkeit des Autos für den Einkauf lassen für die Planung den Straßenbau, der zudem von der öffentlichen Hand beeinflußbar und steuerbar ist, als geeignetes Instrument erscheinen, die alten Zentren wieder attraktiver zu machen, durch bessere Erschließung für den Zielverkehr einerseits und eine größere Entlastung vom Durchgangsverkehr andererseits. Dabei dürfte es allerdings angesichts der radialen Anordnung der meisten älteren Zentren an den Hauptverkehrsstraßen und aufgrund der vorhandenen dichten Bebauung allerdings viele Probleme geben.

b) Durch Maßnahmen der Stadterneuerung soll die Randwanderung der Bevölkerung verringert werden.

5.2 Bevölkerung und Wohnungen

Der ab 1971 verstärkt einsetzende Bevölkerungsrückgang ist zunächst vor allem eine Folge der negativen Geburtenbilanz (vgl. Abb. 1.4).

Ab Ende der Siebziger Jahre wird die Bevölkerungszahl Wiens zudem verringert durch eine verstärkte Abwanderung von Wienern in die Umlandgemein-

den: Zwischen 1971 und 1981 nimmt die Bevölkerung in Wien um 6,1%
(99.000 E) ab, während im gleichen Zeitraum die Bevölkerung im Wiener Umland um 6,6% (32.000) zunimmt.

Abwanderungsziele sind die an Wien angrenzenden Gemeinden. Insbesondere die im Südwesten, Westen und Nordwesten gelegenen Gemeinden, deren natürliche Lagevorteile durch die Ausläufer des Wienerwaldes besonders hoch sind, weisen die höchsten positiven Wanderungssaldi auf (vgl. Abb. 5.3).

Abbildung 5.3: <u>Wanderungsbewegung 1978 bis 1980 von Wien in die Gemeinden der Planungsregion Wien Umland und des Gerichtsbezirkes Neulengbach</u>

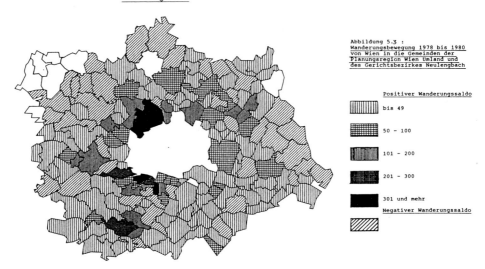

Quelle: HANSELY 1982:56.

Als <u>Abwanderunsgründe</u> werden genannt (HANSELY 1982:58):
- zunehmende Belastung der inneren Wohngebiete durch den Straßenverkehr,
- Konzentration von Betrieben des Tertiären Sektors in den inneren Bezirken einerseits, steigende Wohnflächenansprüche andererseits, die im

inneren Stadtbereich aufgrund der angespannten Wohnungsmarktsituation und der hohen Bodenpreise nicht realisiert werden können,
- verstärkter Wunsch nach Wohnungs- und Hauseigentum,
- zunehmendes Umweltbewußtsein (Wunsch nach einem "grünen Zuhause"),
- noch vorhandene Bindungen in den Umlandgemeinden: ein Teil der nach Wien aufgrund des Arbeitsplatzangebots Zugezogenen zieht wieder in die Herkunftsgemeinde im Umland zurück.

Diese Aufzählung der Abwanderungsgründe zeigt zumindest in den ersten beiden Punkten den Zusammenhang zwischen der Entwicklung des Tertiären Sektors und der damit verbundenen Folgeerscheinungen einerseits und der Bevölkerungsverteilung andererseits. Die Tertiärisierungsphase in Wien beginnt zwar bereits zu Beginn der Sechziger Jahre (vgl. Abb. 1.4), aber erst in den Siebziger Jahren ermöglicht die günstige wirtschaftliche Entwicklung Einkommensverbesserungen, die es einem größer werdenden Teil der Bevölkerung erlauben, vielleicht schon lange gehegte Wünsche nach einer größeren, besser ausgestatteten und in grüner Umgebung gelegenen Wohnung zu realisieren. Eine Analyse der tatsächlichen Einkommensverbesserungen und deren Effekte auf die Abwanderung wäre hier aufschlußreich. Dabei sollte aber im Auge behalten werden, daß die Wohnungsmarktsituation in Wien angespannt bleibt. Die Chancen, eine Altbauwohnung zu bekommen, die auch noch einigermaßen dem heutigen Wohnungsstandard angepaßt ist, sind gering. Am größten sind wohl die Chancen für eine Wohnung in einer der großen Neubausiedlungen am nordöstlichen Stadtrand - oder eben gleich im Umland.

Entsprechend beeinflußt vor allem das Wohnungsangebot und nicht das Arbeitsplatzangebot im Umland die Abwanderung: Zum einen behalten rund 70% der Abwanderer ihren Arbeitsplatz in Wien, zum anderen haben gerade die Umlandgemeinden die größten Zuwachsraten an Bevölkerung, deren Wohnungsangebot am stärksten gewachsen ist (HANSELY 1982:58; vgl. Abb. 5.4 und 5.5). Insgesamt steigt die Anzahl der Wohnungen im Umland von 1971 bis 1981 von 201.100 auf 240.200 (= 19,4%).

Neben diesen Abwanderungen, also Wohnsitzverlagerung, hat der "Trend nach draußen" noch einen zweiten Aspekt: immer mehr Wienern wird es mög-

WIEN

Abbildung 5.4: <u>Entwicklung der Wohnbevölkerung 1971-1981</u>

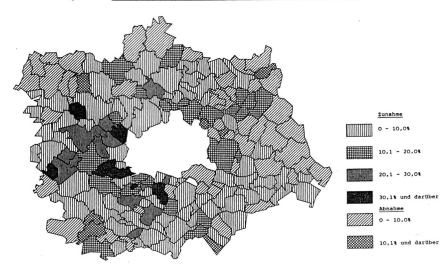

Quelle: HANSELY 1982:52

Abbildung 5.5: <u>Entwicklungen der Wohnungen 1971-1981 im Umland in %</u>

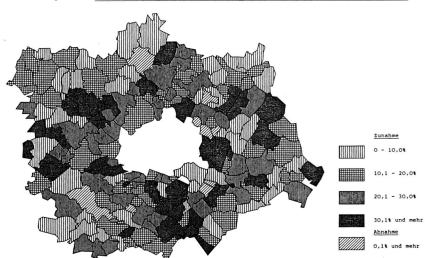

Quelle: HANSELY 1982:58

lich, sich eine Zweitwohnung im Umland zu mieten oder zu kaufen. Eine große Rolle spielt dabei das niedrige Mietenniveau in Wien für Altbauwohnungen aufgrund des Mieterschutzes und seiner Ergänzung durch den Kündigungsschutz. Durch die geringe Miete für die Erstwohnung - sofern man eine besitzt - wird es vielen Wienern möglich, sich eine Zweitwohnung im Umland zu leisten. Schätzungen zum Zeitpunkt der VZ 1981 gehen von ca. 30.000 Wiener Zweitwohnungsbesitzern im Umland aus. Das gegenüber der Bevölkerungszahl (1971-1981: +32.600) schnellere Ansteigen der Wohnungszahl (1971-1981: +39.100) im Umland kann dabei auch als ein Hinweis auf das rasche Anwachsen der Anzahl der Zweitwohnungsbesitzer gewertet werden (ebd.).

Neben dem Wohnungsangebot im Umland spielt für die Richtung der Wanderungen die Qualität des Verkehrsanschlusses an Wien eine Rolle. Gemeinden mit gutem Verkehrsanschluß (ÖPNV und Straßen) haben größere Zuwachsraten als Gemeinden mit schlechtem Verkehrsanschluß.

Auf der Ebene "Gesamtstadt innerhalb der administrativen Grenzen" ergibt sich für die Entwicklung der Bevölkerungszahl sowie für die Anzahl der Wohnungen und Haushalte folgendes Bild (vgl. Tab. 5.3a-c): Insgesamt steigt in Wien die Anzahl der Wohnungen zwischen 1971 und 1981 zwar um 4,5%, aber gleichzeitig steigt die Anzahl der Haushalte um 5,4%. Die damit verbundene Nachfrageerhöhung nach Wohnungen drückt sich im Quotienten Anzahl der Haushalte/Anzahl der Wohnungen aus. Dieser steigt von 0,94 auf 0,95 und beinhaltet insgesamt eine für Wohnungsuchende ungünstige Entwicklung. Dies, obwohl die Bevölkerung in Wien um 6,1% abnimmt. Hier macht sich offensichtlich in starkem Maße der steigende Anteil alter und alleinstehender Menschen bemerkbar. Dies wird auch deutlich in der Verringerung der Belegungsdichte (Personen/Wohnung 1971: 2,07, 1981: 1,86) und in der Verkleinerung der Haushaltsgrößen (Personen/Haushalt 1971: 2,20, 1981: 1,96) in Wien.

Innerhalb der administrativen Grenzen Wiens finden weiterhin Bevölkerungsverlagerungen statt. Bei der Betrachtung der Bevölkerungs-, Haushalts- und Wohnungsentwicklung lassen sich drei Gruppen von Teilgebieten deutlich voneinander unterscheiden (vgl. Abb. 5.6-5.9):

Tabelle 5.3a: Zu- bzw. Abnahmen an Wohnungen, Haushalten und Personen zwischen 1971 und 1981 nach Bezirken bzw. Bezirksgruppen: Gruppe I

Bezirke		Wohnungen 1971	Wohnungen 1981	Haushalte 1971	Haushalte 1981	Personen[4] 1971	Personen[4] 1981
1.[1]	abs.	12.675	11.562	11.632	9.793	25.169	19.537
Anteil an Wien in %		1,6	1,4	1,6	1,3	1,6	1,3
71-81 in %			-8,8		-15,8		-22,4
3.-9.[2]	abs.	180.791	174.700	169.805	152.508	357.198	298.634
Anteil an Wien in %		23,1	21,3	23,2	21,0	22,0	19,5
71-81 in %			-3,4		-10,2		-16,4
15.-17.[3]	abs.	128.103	124.261	118.309	108.226	235.530	207.990
Anteil an Wien in %		16,4	15,1	16,1	14,9	14,5	13,6
71-81 in %			-3,0		-8,5		-11,7
Gruppe I	abs.	321.569	310.523	299.746	270.527	617.897	526.161
Anteil an Wien in %		41,1	37,8	40,9	37,3	38,1	34,5
71-81 in %			-3,4		-9,7		-14,8
Wien	abs.	781.511	821.175	733.150	725.943	1.619.885	1.531.346
	%	100	100	100	100	100	100
71-81 in %			+5,1		-1,0		-5,5

1) innerhalb des Ringes

2) außerhalb des Ringes, aber innerhalb des Gürtels (ehem. Vorstädte)

3) außerhalb des Gürtels (ehem. Vororte)

4) VZ 1971 zuzüglich der damals als "nur vorübergehend anwesend", also nicht zur Wohnbevölkerung gezählten ausländischen Arbeitskräfte, deren Ehepartner oder Kinder im Heimatland verblieben waren. Die Angleichung wurde notwendig, um die VZ 1971 mit der VZ 1981 vergleichen zu können.

Quelle: HWZ 1971, VZ 1971, HWZ 1981 und VZ 1981; eigene Berechnungen

Tabelle 5.3b: Zu- bzw. Abnahmen an Wohnungen, Haushalten und Personen zwischen 1971 und 1981 nach Bezirken bzw. Bezirksgruppen: Gruppe II

Bezirk		Wohnungen 1971	1981	Haushalte 1971	1981	Personen[3] 1971	1981
10., 13. u. 14.[1]	abs.	136.379	149.892	127.395	130.574	292.073	281.428
Anteil an Wien in %		17,5	18,3	17,4	18,0	18,0	18,4
71-81 in %			+9,9		+2,5		-3,6
2., 19.	abs.	32.792	35.619	31.355	31.525	72.387	67.522
Anteil an Wien in %		4,2	4,3	4,3	4,3	4,5	4,4
71-81 in %			+8,6		+0,5		-6,7
Gruppe II	abs.	169.171	185.511	158.750	162.099	364.460	348.950
Anteil an Wien in %		21,6	22,6	21,6	22,3	22,5	22,8
71-81 in %			+9,7		+2,1		-4,3
Wien	abs.	781.511	821.175	733.150	725.943	1.619.885	1.531.346
	%	100	100	100	100	100	100
71-81 in %			+5,1		-1,0		-5,5

1) vor dem Gürtel im Süden
2) nördlich des Gürtels bzw. Gebiete zwischen Donaukanal und Donau
3) siehe Fußnote 4 der Tabelle 5.3a
Quelle: s. Tab. 5.3a

Tabelle 5.3c: Zu- bzw. Abnahmen an Wohnungen, Haushalten und Personen zwischen 1971 und 1981 nach Bezirken bzw. Bezirksgruppen: Gruppe III

Bezirk		Wohnungen 1971	1981	Haushalte 1971	1981	Personen[3] 1971	1981
11. u. 23.[1]	abs.	51.739	62.767	49.217	58.044	122.704	138.893
Anteil an Wien in %		6,6	7,6	6,7	8,0	7,6	9,1
71-81 in %			+21,3		+17,9		+13,2
21. u. 22.[2]	abs.	77.933	98.624	72.854	88.610	185.710	215.834
Anteil an Wien in %		10,0	12,0	9,9	12,2	11,5	14,1
71-81 in %			+26,5		+21,6		+16,2
Gruppe III	abs.	129.732	161.391	122.071	146.654	308.414	354.737
Anteil an Wien in %		16,6	19,7	16,7	20,2	19,0	23,2
71-81 in %			+24,4		+20,1		+15,0
Wien	abs.	781.511	821.175	733.150	725.943	1.619.885	1.531.346
	%	100	100	100	100	100	100
71-81 in %			+5,1		-1,0		-5,5

1) südlicher Stadtrand   2) nördlicher Stadtrand   3) siehe Fußnote 4 der Tab. 5.3a
Quelle: s. Tab. 5.3a

Abbildung 5.6: Bevölkerungsentwicklung 1971-1981

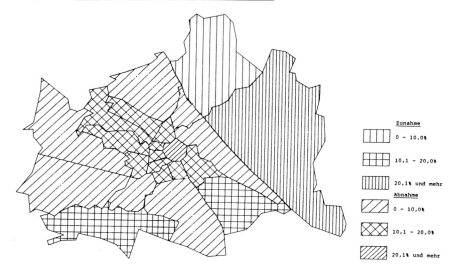

Quelle: VZ 1971 und VZ 1981

Abbildung 5.7: Entwicklung der Wohnungen 1971-1981 in %

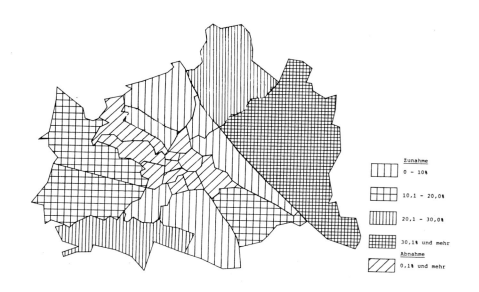

Quelle: HWZ 1971 und HWZ 1981

WIEN 545

Abbildung 5.8: Zu- bzw. Abnahme der Haushalte 1971-1981 in %

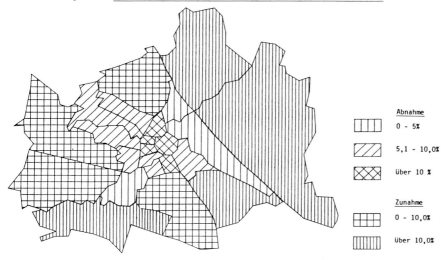

Quelle: VZ 1971 und VZ 1981

Abbildung 5.9: Veränderung der Bevölkerung, der Wohnungen und der Haushalte in Wien 1971-1981

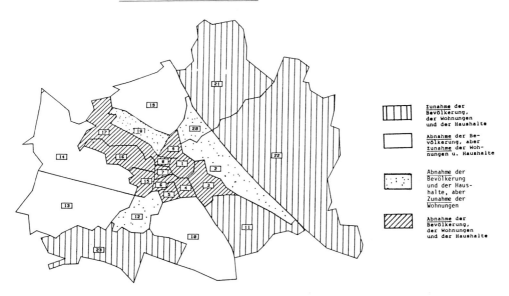

Gruppe I: Hier nehmen sowohl die Bevölkerungszahl als auch die der Wohnungen und Haushalte ab. Es sind dies die Bezirke 1, 3-9 und 15-17 (vgl. Tab. 5.3a). Hier leben 1971 noch 38,1% der Bevölkerung von Wien, 1981 jedoch nur noch 34,5%. Insgesamt wohnen in der City sowie in den angrenzenden Bezirken und den westlichen Vororten 1981 rund 92.000 weniger Personen als 1971, was einem auf diese Gruppe bezogenen Rückgang von 14,8% entspricht. Insbesondere im 1. Bezirk, in dem bereits 1971 nur noch 1,6% der Wiener Bevölkerung wohnen, verringert sich die Bewohneranzahl zwischen 1971 und 1981 um 22,4%. Ebenfalls stark ist der Rückgang der Bevölkerungszahl in den Bezirken 3-9, den ehemaligen Vorstädten (-16,4%). In den westlichen Vororten verringert sich die Bevölkerungszahl immerhin noch um 11,7%. Dem starken Bevölkerungsrückgang in dieser Gruppe von insgesamt 14,8% steht ein relativ geringer Rückgang an Wohnungen gegenüber (-3,4%), so daß sich rein rechnerisch eine geringere Belegungsdichte der Wohnungen ergibt. Kommen 1971 noch 1,92 Personen auf eine Wohnung, so sind es 1981 nur noch 1,86. Allerdings wird man bei der Beurteilung der Qualität der Wohnungsversorgung vor allem auch die Anzahl der Haushalte berücksichtigen müssen. Diese verringert sich in der Gruppe I zwischen 1971 und 1981 um 9,7%. Es verändert sich also vor allem die Haushaltsgröße. Statistisch gesehen beträgt die Haushaltsgröße 1971 2,06 Personen je Haushalt, 1981 dagegen nur noch 1,94. Die Verringerung der Haushaltsgröße hat ihre Ursache im überdurchschnittlich hohen Anteil verwitweter Personen, insbesondere in den westlichen Randbezirken 15 bis 18 (vgl. StJbW 1980:26), so daß hier in den nächsten Jahren naturgemäß eine Verjüngung der Bevölkerung sowie ein Wiederansteigen der Haushaltsgröße wahrscheinlich ist.

Der 1. Bezirk wird aufgrund der traditionell großen und teuren Wohnungen (vgl. Tab. 4.8) der Oberschicht vorbehalten bleiben sowie den Angehörigen solcher Berufe des Tertiären Sektors, die Wohnung und Arbeitsplatz in der gleichen Wohnung kombinieren können. In den Bezirken 3 bis 9 hingegen herrscht eine ganz andere Bevölkerungsgruppe vor. Hier, in den ehemaligen Vorstädten, die sich ringförmig um die City anschließen, ist der Ausländeranteil besonders hoch.

Trotz Einwanderungsbeschränkungen aufgrund des geringeren Wirtschaftswachstums beträgt der Ausländeranteil hier sowie im 15. Bezirk und in den der Inneren Stadt zugewandten Teilen der Bezirke 15 bis 19 bis zu

15% und mehr (PLANUNGSATLAS 1983: Ausländer in Wien 1981). Damit bleiben die Gebiete links und rechts der Gürtelstraße auch 1981 weiterhin die eigentlichen "Gastarbeitergebiete". Die Gürtelstraße als zweiter, äußerer Ring grenzt die ehemaligen Vorstädte von den weiter draußen gelegenen ehemaligen Vororten ab, die sich durch eine ausgesprochene Kleinstwohnungsstruktur, soweit es sich um dichtbebaute Viertel handelt, auszeichnen. Noch 1971 wirkt das gründerzeitliche Erbe nach, indem sich hier in den Arbeiterbezirken der Vororte fast 70% der Einzimmer-Wohnungen und über 60% der Zweizimmer-Wohnungen von Wien befinden (vgl. Tab. 4.8).

Gruppe II: Hier nimmt die Bevölkerungszahl zwar ebenfalls ab, aber die Anzahl der Wohnungen und der Haushalte nehmen zu (vgl. Tab. 5.3b). Es sind dies die südlich vor der Gürtelstraße liegenden und südwestlichen Randbezirke 10, 13 und 14 sowie der nördlich des Gürtels liegende 19. Bezirk am Stadtrand (vgl. Abb. 5.9).

In dieser Gruppe nimmt die Bevölkerungszahl zwar ab, aber insgesamt ist der Bevölkerungsrückgang mit -4,3% niedriger als der der Gesamtstadt (-5,5%). Der Bevölkerungsrückgang ist in dem längs der Donau liegenden Bezirk 19 (-6,7%) höher als in den südlichen und südwestlichen Bezirken 10, 13 und 14 (-3,6%), wo sich die Zahl der Wohnungen zwischen 1971 und 1981 überdurchschnittlich um 9,9% erhöht hat. Insgesamt dürften die Wachstumsimpulse im Süden der Stadt, insbesondere in den Bezirken 11 und 23 der Gruppe III, ausgestrahlt sein. Überhaupt verläuft die Entwicklung der südlichen und südwestlichen Bezirke günstiger als die der Gebiete längs der Donau: sowohl der Anteil der Wohnungen als auch der der Haushalte und Personen an der Gesamtstadt hat sich in den Bezirken 10, 13 und 14 zwischen 1971 und 1981 erhöht. Die Haushaltsgröße, die in dieser Gruppe generell größer ist als in der Gruppe I, nimmt auch hier zwischen 1971 (= 2,30 Personen/Haushalt) und 1981 (=2,15) ab.

Nach dem Alter der Bevölkerung klassifiziert, gehören die westlichen Bezirke 13 und 14 eigentlich der Gruppe I an, denn hier liegt der Anteil verwitweter Personen ähnlich überdurchschnittlich hoch wie in den ehemaligen Vorstädten und in den westlich daran anschließenden Bezirken 15 bis 18. Insofern kann bei der altersmäßigen Segregation sehr deutlich von einem räumlichen Sektor gesprochen werden, der, von der City ausgehend, den gesamten Westen der Stadt erfaßt bis hin zum Stadtrand. Sehr deutlich zeigt sich hier der Zusammenhang zwischen dem Alter der Bausubstanz und dem Alter der Bevölkerung.

Gruppe III: Hier nehmen sowohl die Bevölkerung als auch die Anzahl der Haushalte und die der Wohnungen zu (vgl. Tab. 5.3c). Es sind dies die Bezirke, wo noch große freie Flächen vorherrschen. Hier sind die großen Neubausiedlungen der Sechziger und Siebziger Jahre entstanden: im Süden der 11. und 23. Bezirk und im Nordosten, jenseits der Donau gelegen, der 21. und 22. Bezirk (vgl. Abb. 5.9). Die südlichen Bezirke Simmering (11.) und Liesing (23.) haben hohe Zuwachsraten an Wohnungen (+21,3%), Haushalten (+17,9%) und Personen (+13,2%). Die Dominanz der Südachse in der räumlichen Entwicklung wird hier deutlich. Besonders haben die nordöstlichen Bezirke Floridsdorf (21.) und Donaustadt (22.), gemessen an der Entwicklung der Gesamtstadt, beträchtliche Zuwächse zwischen 1971 und 1981. Alle vier Bezirke zeichnen sich durch einen hohen Anteil junger Familien und einen geringen Anteil alter und verwitweter Personen aus. Entsprechend liegt die Haushaltsgröße deutlich über derjenigen der anderen beiden Gruppen (1981: 2,42 Personen/Haushalt). Allerdings ist auch hier eine deutliche Verringerung in den zehn Jahren seit 1971 zu verzeichnen (1971: 2,53 Personen/Haushalt). Auch die Belegungsdichte (Personen/Wohnung) hat abgenommen. 1971 beträgt diese noch 2,38, im Jahre 1981 dagegen nur noch 2,20. Die Belegungsdichte bleibt damit in den südlichen und nordöstlichen Bezirken aber dennoch höher als in den anderen Bezirken, wobei allerdings im Auge behalten werden muß, daß hier, in den großen Neubaugebieten, die Wohnungen z.T. erheblich größer sind als in den anderen Bezirken - mit Ausnahme des 1. Bezirkes.

Die Abgrenzung einer weiteren Gruppe wäre hier möglich: In den Bezirken 2, 12, 18 und 20 nimmt die Anzahl der Personen und der Haushalte ab, die Anzahl der Wohnungen steigt (vgl. Tab. 5.1). Allerdings liegt es aus folgenden Überlegungen nahe, diese Bezirke den Gruppen I oder II zuzuordnen: Die Bezirke 2, 12 und 20 weisen nämlich gegenüber den Bezirken der Gruppe I einen deutlich niedrigeren Rückgang der Anzahl der Haushalte auf, so daß diese Bezirke der Gruppe II zugeordnet werden könnten. Der 18. Bezirk hingegen könnte der Gruppe I zugewiesen werden: Hier ist der Wohnungszuwachs zwischen 1971 und 1981 mit +0,4% zwar positiv, aber insgesamt doch gering, die Anzahl der Personen und der Haushalte ist rückläufig.

Generell läßt sich für die Gesamtstadt sagen, daß auch für die Bevölkerung und die Wohnungen, ähnlich wie bei den Beschäftigten und Arbeitsstätten, eine Tendenz zur Dezentralisierung besteht.

5.3 Beschäftigte und Arbeitsstätten

Ab 1974 treten auf Landesebene wirtschaftliche Veränderungen ein, die für Wien unmittelbar bedeutsam sind. Die einsetzende unsichere wirtschaftliche Entwicklung, die auf ein Nullwachstum hinauszulaufen scheint und die relativ starke Zunahme des Erwerbspotentials, haben nun eine Arbeitsplätzeknappheit zur Folge. Dies verursacht zum einen einen Abbau der Gastarbeiterzahlen, zum anderen treten durch das nun wieder ausreichende Arbeitskräfteangebot bei den Standortentscheidungen der Unternehmen die Agglomerationsvorteile der Ballungsräume wieder in den Vordergrund (ÖROK 15/1978:14), eine für Wien relativ günstige Entwicklung.

Die Tertiärisierung der Innenbezirke hält an, während in den Randgebieten, insbesondere im Nordosten und Süden der Stadt, die Industriebetriebe zunehmen. Zwei Probleme hinsichtlich der Beschäftigten und Arbeitsstätten treten in den Vordergrund, die von der Planung aufgegriffen werden (vgl. Abschn. 5.1 "Planverfahren und Ordnungsvorstellungen"):

- Die Tertiärisierung der Innenstadtbezirke und die Randwanderung der Bevölkerung bewirken im Zusammenhang mit der Errichtung von Ladenketten und Supermärkten am Stadtrand einen allmählichen Verlust der Infrastrukturvorteile der Innenstadtbezirke (HANSELY 1982:60) sowie einen verschärften Konkurrenzdruck für den Einzelhandel in den alten Zentren und Einkaufsstraßen der inneren Bezirke,

- Die Betriebsansiedlungspolitik kann für den Nordosten zwar Erfolge hinsichtlich der Anzahl der Arbeitsplätze verbuchen, aber die Struktur der Arbeitspläte ist vornehmlich durch den Sekundären Sektor bestimmt, während Arbeitsplätze im Tertiären Sektor weiterhin in der Inneren Stadt und am Westrand konzentriert sind. Dies führt zu starkem Berufsverkehr in die inneren Bezirke.

Im Zeitraum zwischen 1973 und 1981 verringert sich die Anzahl der Arbeitsplätze, die mit der Anzahl der Beschäftigen gleichzusetzen ist, in fast gleichem Maße wie die Bevölkerung: Werden bei der Arbeitsstättenzählung 1973 für Wien noch 769.225 Arbeitsplätze gezählt, sind es bei der Zählung 1981 nur noch 710.269.

Die Abnahme um 58.956 Arbeitsplätze (-7,7%) trifft nicht alle Gebiete gleichmäßig. Während in den innerstädtischen Gebieten und in den westlichen Randbereichen die Anzahl der Arbeitsplätze um bis zu 25% und mehr abnimmt, ist in den südlichen und jenseits der Donau gelegenen Stadtgebieten eine Zunahme von bis zu 40% und mehr zu verzeichnen (PLANUNGSATLAS 1983: Entwicklung der Arbeitsplätze).

In der City, in der auch 1981 noch mit über 100.000 Arbeitsplätzen mehr als ein Siebtel der Arbeitsplätze Wiens konzentriert sind, gibt es sowohl eine anhaltende Verdrängung von Wohnungen durch Citybetriebe als auch Verlagerungstendenzen von Betrieben in die Randgebiete der Stadt. Die Abnahme der Arbeitsplätze gegenüber 1971 um teilweise mehr als 25%, insbesondere in den südlichen Cityteilen, ist vor allem auf die Randwanderung arbeitsplatzintensiver Zentralverwaltungen verschiedener Großunternehmen aus dem Industrie- und Versicherungsbereich sowie von Großhandelsbetrieben zurückzuführen (ebd.).

Die räumliche Entwicklung der Arbeitsplätze, d.h. deren Abnahme in der City und in den westlichen Stadtteilen sowie die Zunahme in den nordöstlichen und südlichen Gebieten verbessert das Verhältnis Einwohner zu Arbeitsplätze in jenen Gebieten, in denen bisher ein ungünstiges diesbezügliches Verhältnis bestand. Hält diese Entwicklung an, wäre längerfristig eine ausgeglichenere Arbeitsplatzdichte über alle Teilgebiete der Sadt zu erwarten. Inwieweit allerdings damit tatsächlich eine Verringerung der Pendelwege der Beschäftigten verbunden ist, wird von der Entsprechung struktureller Merkmale sowohl des Wohnungs- als auch des Arbeitsplatzangebots in den einzelnen Teilgebieten abhängen.

Ein grober Überblick über die gegenwärtige Situation findet sich im PLANUNGSATLAS (1983: Einwohner, Berufstätige und Arbeitsplätze), wo die 23 Bezirke Wiens zu vier Bezirksgruppen zusammengefaßt werden (vgl.

Abb. 5.10). Danach unterscheidet sich die einwohnerstärkste Bezirksgruppe Mitte von den drei anderen Bezirksgruppen vor allem dadurch, daß hier die Anzahl der Arbeitsplätze die der Berufstätigen sehr deutlich übersteigt: Hier kommen auf 100 Berufstätige 180 Arbeitsplätze, so daß hier weiterhin die "typisch innerstädtische Konzentration von Arbeitsplätzen" vorliegt, die "zu einer hohen Pendlertätigkeit mit verstärktem Verkehrsaufkommen" führt (ebd.). In dieser Bezirksgruppe rechnet man für die nächsten Jahre zwar mit einem weiteren raschen Rückgang der Wohnbevölkerung, für die Anzahl sowohl der berufstätige Wohnbevölkerung als auch für die der Arbeitsplätze rechnet man dagegen nur mit einem relativ geringen Rückgang, so daß sich an der Relation Berufstätige/Arbeitsplätze in der Bezirksgruppe Mitte in den nächsten Jahren nichts ändern wird.

Abbildung 5.10: Zusammenfassung der 23 Bezirke Wiens zu vier Bezirksgruppen

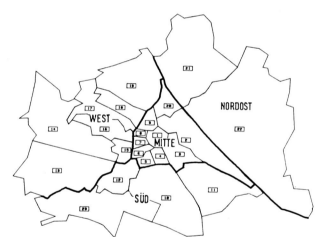

Auch in der Bezirksgruppe West nehmen die Arbeitsplätze seit 1971 in etwa gleichem Maße wie die Berufstätigen ab, allerdings gibt es hier deutlich weniger Arbeitsplätze als Berufstätige. An dem Verhältnis von 75 Arbeitsplätzen für 100 Berufstätige wird sich auch in den nächsten Jahren nichts ändern.

In der Bezirksgruppe Süd hat sich trotz nahezu gleichbleibender Bevölkerungszahl die Zahl der Berufstätigen seit 1971 durch den Zuzug jüngerer Bevölkerung erhöht. Parallel dazu haben die Betriebsansiedlungen der letzten Jahre in dieser Bezirksgruppe zu einer Erhöhung der Arbeitsplätzezahl geführt, so daß in dieser Bezirksgruppe das Verhältnis Arbeitsplätze/Berufstätige nahezu ausgeglichen ist. Mit einem weiteren Ausgleich wird in den kommenden Jahren gerechnet.

Am ungünstigsten ist die Arbeitsplatzversorgung in der Bezirksgruppe Nordost, in er sich die großen Neubausiedlungen befinden. Hier kommen derzeit rund 60 Arbeitsplätze auf 100 Berufstätige. Trotz verstärkter Betriebsansiedlung wird sich aufgrund des hohen Anteils junger Menschen in diesen Stadtteilen in den nächsten Jahren an diesem ungünstigen Verhältnis nichts ändern.

Betrachtet man die räumliche Verteilung der Arbeitsplätze nicht nur nach ihrer Zahl, sondern auch nach der Zugehörigkeit zum Sekundären bzw. Tertiären Sektor, so zeigen sich auch 1981 zwei (räumliche) Sektoren, in denen die Zahl der Arbeitsplätze im Sekundären Sektor über 50% beträgt: im Süden der Sektor des 12. u.13. Bezirks (zusammen mit dem 10. Bezirk die Bezirksgruppe Süd) und im Nordosten die Bezirke 21 und 22 (Bezirksgruppe Nordost). In allen anderen Bezirken dominiert der Tertiäre Sektor, am stärksten im 1. Bezirk (rd. 85%) sowie im nördlich an die City angrenzenden 9. Bezirk und östlich anschließenden 2. Bezirk. Ebenfalls sehr hoch ist der Anteil an Arbeitsplätzen des Tertiären Sektors im 13. Bezirk (rd. 85%) (Planungsatlas 1983: Arbeitsplätze 1981 nach Wirtschaftssektoren).

In der räumlichen Entwicklung der Arbeitsstätten zeichnet sich ein ähnlicher Trend ab wie bei den Arbeitsplätzen (vgl. Tab. 5.4). Zwischen 1973 und 1981 verliert die City (1. Bezirk) 8,7% ihrer Arbeitsstätten.

Dies ist insbesondere bemerkenswert, da für die Gesamtstadt die Anzahl der Arbeitsstätten in diesem Zeitraum um 3,2% (abs.=2.147) zunimmt. Insgesamt zeichnet sich eine sehr deutliche Randverlagerung der Arbeitsstätten ab. Drei Zonen lassen sich voneinander unterscheiden

Tabelle 5.4: **Entwicklung der Arbeitsstätten 1973-81 nach Bezirken**[1)]

Bezirk	1973 absolut	Anteil in %	1981 absolut	Anteil in %	Veränderung 73 - 81 in %
1	7.656	11,4	6.994	10,1	- 8,7
2	3.933	5,9	3.968	5,7	+ 0,9
3	4.484	6,7	4.619	6,7	+ 0,3
4	2.783	4,2	2.697	3,9	- 3,1
5	2.531	3,8	2.495	3,6	- 1,4
6	2.749	4,1	2.692	3,9	- 2,1
7	3.325	5,0	2.981	4,3	- 10,4
8	2.132	3,2	2.058	3,0	- 3,5
9	3.300	4,9	3.394	4,9	+ 2,9
10	3.793	5,7	4.267	6,2	+ 12,5
11	1.309	2,0	1.596	2,3	+ 21,9
12	2.922	4,4	2.936	4,2	+ 0,5
13	1.572	2,3	1.793	2,6	+ 14,1
14	2.367	3,5	2.516	3,6	+ 6,3
15	3.450	5,2	3.484	5,0	+ 1,0
16	3.734	5,6	3.585	5,2	- 4,0
17	2.242	3,3	2.317	3,4	+ 3,4
18	2.308	3,4	2.355	3,4	+ 2,0
19	2.181	3,3	2.743	4,0	+ 25,8
20	2.186	3,3	2.178	3,2	- 0,4
21	2.273	3,4	2.680	3,9	+ 17,9
22	1.582	2,4	2.118	3,1	+ 33,9
23	2.146	3,2	2.639	3,8	+ 23,0
Wien	66.958	100,0	69.105	100,0	+ 3,2

1) Insbesondere Betriebe des Tertiären Sektors sind untererfaßt (vgl. auch Tab. 5.1)

Quelle: AZ 1973 und 1981; eigene Berechnungen

Abbildung 5.11: Gewerbe- und Industriegebiete 1982

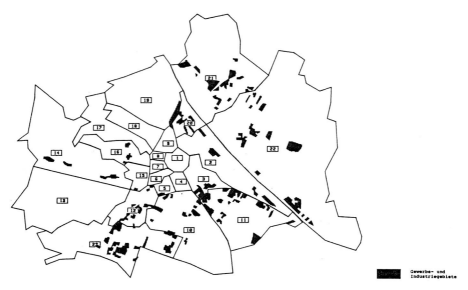

Quelle: PLANUNGSATLAS 1983

Abbildung 5.12: Zu- bzw. Abnahme der Arbeitsstätten 1973-1981 in %

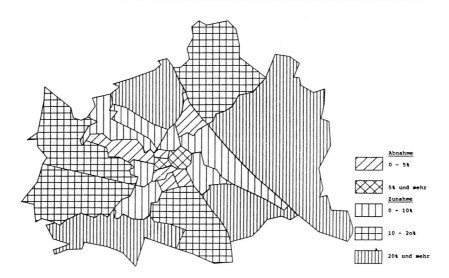

Quelle: AZ 1973 und AZ 1981

(vgl. Tab. 5.5 und Abb. 5.11 und 5.12).

- Zone I, die die City und den größten Teil der inneren Bezirke, die ehemaligen Vorstädte, und den 16. Bezirk umfaßt. Hier hat sich die Zahl der Arbeitsstätten deutlich verringert (-5,2%). An der Spitze liegen die City (-8,7%) und der 7. Bezirk (-10,4%).

- Zone II; dazu gehören Bezirke, die z.T. direkt an die City anschließen (2, 3 und 9) und z.T. bereits zu den ehemaligen Vororten vor dem Gürtel gehören (12, 15, 17 und 18). Hier hat die Zahl der Arbeitsstätten zwischen 1973 und 1981 leicht zugenommen (+1,9%), am stärksten in dem nordwestlich an die City anschließenden Sektor, der sich aus den Bezirken 9 (+2,9%), 7 (+3,4%) und 18 (+2,0%) bilden läßt.

- Zone III, ausnahmslos am Stadtrand gelegene Bezirke. Hier sind die höchsten Zuwachsraten an Arbeitsstätten (+18,2%). An der Spitze liegt der 22. Bezirk mit einem Zuwachs von +33,9%. Insgesamt haben die nordöstlichen und südlichen Randbezirke gegenüber dem westlichen eine größere Dynamik in der Ansiedlung neuer Arbeitsstätten.

Vergleicht man den jeweiligen Anteil der Zonen mit der Gesamtzahl aller Arbeitsstätten in Wien, so fällt auf, daß zwar die City und die alten Vorstädte noch immer das Übergewicht haben, daß aber insgesamt eine Nivellierung zwischen der Inneren Stadt, den ehemaligen Vororten und den Randgebieten stattfindet (vgl. Tab. 5.5):

Tabelle 5.5: <u>Entwicklung der Arbeitsstätten 1973-81 nach Zonen</u>

Zone/Bezirke	1973		1981		Veränderung 1973 - 81 in %
	absolut	Anteil an Gesamtstadt %	absolut	Anteil an Gesamtstadt %	
I./Bez. 1, 4-8, 16, 20	27.096	40,5	25.680	37,2	- 5,2
II./Bez. 2,3,9,12,15, 17,18	22.639	33,8	23.073	33,4	+ 1,9
III./Bez. 10, 11, 13, 14,19, 21-23	17.223	25,7	20.352	29,5	+ 18,2

<u>Quelle</u>: AZ 1973 und 1981; eigene Berechnungen

5.4 Infrastruktur

Die Zentrenstruktur bietet der Wiener Bevölkerung in weiten Teilen noch immer eine optimale Versorgung. Die Kartierung der Zonen unterschiedlicher Versorgungsqualität, bei der die gesamte Palette der für die Nahversorgung wichtigen Handels- und Dienstleistungssparten sowie deren fußläufige Erreichbarkeit vom Wohnstandort in 5 Minuten (max. 400m) für das dichtbebaute Stadtgebiet und bis zu 10 Minuten (max. 800m) für die locker bebauten Gebiete berücksichtigt wurde, zeigt, daß insbesondere die inneren Bezirke fast flächendeckend optimal versorgt sind (s. Planungsatlas 1983: Wirtschaftliche Nahversorgung). Dies trifft auch noch für die unmittelbar an den Gürtel anschließenden Teile der westlichen äußeren Bezirke (10., 12., 15.-19. Bezirk) sowie für das unmittelbare Einzugsgebiet der neueren Zentren auf dem Ostufer Floridsdorf (21. Bezirk) und Donauzentrum (22. Bezirk) zu.

Die Zone optimaler Versorgung umfaßt die gesamte Innere Stadt und reicht ringförmig weiter über die Gürtelstraße hinaus. Diese Zone hat einen Radius von ca. 4,5 km. Hieran schließt sich eine Zone mit guter Versorgungsqualität an, die auf der nach Westen verlaufenden Purkersdorfer Achse am weitesten in die Randgebiete hinausläuft. Die Zone mit nur teilweiser bzw. die mit nur minimaler oder keiner Versorgung umfaßt nur in den nordwestlichen "Nobel-Bezirken" Währing (18. Bezirk) und Döbling (19. Bezirk) sowie im südwestlichen Liesing (23. Bezirk) größere Gebiete.

Auffällig ist die von der City ausgehende konzentrische Struktur der Versorgungsqualität, die ihre Ursache in der historisch entstandenen, radialen Anordnung der Geschäftsstraßen hat. Es gibt so gut wie keine größere Radialstraße im alten Stadtgebiet, die nicht gleichzeitig eine große Geschäftsstraße mit besonderer Anhäufung von zentrenbildenden Einrichtungen bzw. zusammenhängenden Geschäftsfronten ist (vgl. Abb. 5.1a).

Erst in den "neuen Stadtteilen" im Südwesten (Liesing) und auf dem linken Donauufer im Nordosten (Floridsdorf und Donaustadt) zeichnen sich

WIEN

Abbildung 5.13: <u>Netz des öffentlichen Personennahverkehrs (ÖPNV) in Wien 1982</u>

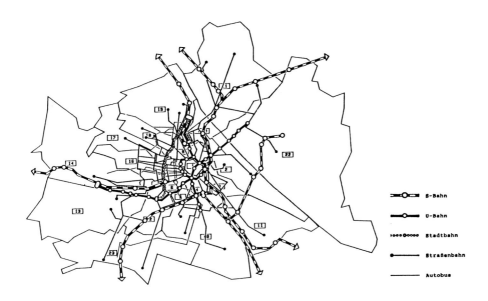

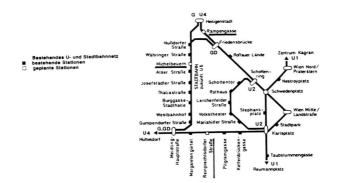

Quelle: PLANUNGSATLAS 1983; Entwurf: Schubert/Schierhorn; KÖBERL 1982:101

WIEN   558

Abbildung 5.14: Übergeordnetes Straßennetz in Wien 1980

Quelle: PLANUNGSATLAS 1983; Entwurf: Schubert/Schierhorn

eigene, von der City unabhängige konzentrische Muster der Nahversorgungsqualität ab (s. ebd.).

Einen Überblick über den vorhandenen Ausbau des ÖPNV-Netzes sowie über das übergeordnete Straßennetz geben die Abbildungen 5.13 und 5.14. Das Netz des ÖPNV zeigt deutlich den fertiggestellten inneren Ring der neuen U-Bahn, der ungefähr den 1. Bezirk umschließt, den äußeren, im Südwesten allerdings unterbrochenen Ring auf dem Gürtel, der durch S-Bahn und Stadtbahn gebildet wird, sowie die radiale Anordnung der in die Randgebiete und ins Umland führenden S- und U-Bahnlinien auf den Entwicklungsachsen. Die Achsenzwischenräume werden von Straßenbahn und Autobus bedient. Das übergeordnete Straßennetz zeigt 1980 ein sehr ähnliches ring-radiales Ordnungsschema wie das des ÖPNV-Netzes, wobei die Südachse insgesamt durch die Südautobahn am stärksten ausgeprägt ist.

6. PHASEN DER STADTENTWICKLUNG UND STADTPLANUNG

Generell scheinen die Kurven der ökonomischen Entwicklung genauere, unmittelbarere Aufschlüsse über die Stadtentwicklung zu geben als die der demographischen Entwicklung. Das liegt vor allem daran, daß die Veränderungen der Beschäftigten in den Wirtschaftssektoren sehr viel direkter raumwirksam sind als die Veränderungen in der Geburten- und Sterberate.

Eine Zunahme der Beschäftigten bedeutet - bisher - immer auch Zunahme an Fläche für Betriebe des Tertiären bzw. Sekundären Sektors. Eine Zunahme an Betrieben des Sekundären Sektors bedeutet in Wien in aller Regel auch eine Randwanderung dieser Betriebe, da an den alten Standorten eine Expansion der alten bzw. eine Ansiedlung neuer Betriebe unmöglich wird (Platzmangel, Bodenpreise usw.). Eine Zunahme von Betrieben des Tertiären Sektors dagegen bedeutet - bisher - immer auch eine Ausweitung der City und die Verdrängung der Wohnbevölkerung in die Randgebiete der Stadt.

Die demographische Entwicklung mit den Variablen Sterberate und Geburtenrate ist dagegen eher das Ergebnis der Stadtentwicklung als deren Voraussetzung. Verkürzt gesagt: ab einem bestimmten Grad an infrastruktureller Versorgung (Kanalisation, Trinkwasserversorgung, Markthallen, Krankenhäuser und Heilstätten, Naherholung usw.), Einkommensmöglichkeiten (Arbeitsplätze) und Wohnbedingungen (Wohnungsgröße, -ausstattung und Belegungsdichte) beginnt die Sterberate zu sinken. In Wien wird das sehr deutlich: Der Bau der Wasserleitungen in der Gründerzeit, die Donauregulierung, die Spitalbauten, die "Regulierungen" in den ältesten Teilen der Stadt, die Bauordnungen (vgl. Tab. 3.1), die Zunahme der Betriebsstätten, alles Dinge, die unmittelbar raumwirksam sind, wirken auf die Sterberate, die parallel mit dem zunehmenden Ausmaß der hier nur beispielhaft angeführten Einrichtungen ab Mitte des vorigen Jahrhunderts zu sinken beginnt (vgl. Abb. 1.4).

Der Verlauf der Sterberate kann insofern zwar als sehr globaler Indikator für den Grad der Versorgung mit lebenswichtigen Einrichtungen der in

Wien lebenden Bevölkerung verwendet werden, jedoch gibt die Sterberate wenig oder keine Hinweise darauf, welcher Druck der Ereignisse erforderlich ist (Epidemien, Unruhen usw.), damit die Stadtverwaltung die lebensverlängernden Maßnahmen einleitet. Dafür wäre die tatsächliche Bevölkerungszahl als zusätzliches Merkmal zur Phasenabgrenzung viel besser geeignet: erst als sich aufgrund des rasanten Bevölkerungswachstums die Probleme in Wien sehr stark zuspitzen, versucht die Stadtverwaltung, diese Probleme zu lösen oder wenigstens zu mildern. Daß mehr Menschen in einer Stadt unter relativ günstigen wirtschaftlichen Bedingungen, wie sie in Wien gegeben waren, auch mehr Geld für die Stadt bedeuten, das der Stadt natürlich nur dann für kommunale Ausgaben zur Verfügung steht, wenn sie auch das Recht hat, dieses einzuziehen, zu verwalten und auszugeben, ist das zweite Argument für eine zusätzliche Verwendung der Bevölkerungszahl als Merkmal zur Phasenabgrenzung. Zwar gibt auch die Differenz aus Sterberate und Geburtenrate, der Geburtenüberschuß, einen Hinweis auf das Bevölkerungswachstum, aber der Wanderungssaldo bleibt dabei unberücksichtigt. In Wien hat dieser langfristig gesehen jedoch den gleichen Anteil am Bevölkerungswachstum wie der Geburtenüberschuß, zeitweilig liegt der Wanderungssaldo sogar beträchtlich über den Zuwächsen aus dem Geburtenüberschuß (vgl. Abb. 3.6).

In Wien ist das sprunghafte Ansteigen der Bevölkerung von 1850 bis zum Ersten Weltkrieg eindeutig der Motor der Stadtentwicklung. Generalisierend läßt sich sagen: Wenn die Bevölkerungszahl in einer Stadt schnell anwächst, dann wachsen die Probleme (s.o.) mindestens genauso schnell. Nehmen diese Probleme ein für alle oder doch für die meisten Menschen in dieser Stadt bedrohliches Ausmaß an, dann werden von der Stadtverwaltung Maßnahmen eingeleitet. Diese Maßnahmen können sowohl regulativer Art sein (Bauordnungen, Festlegung maximal zulässiger Baudichten, Regulierungspläne, Zonierung usw.) oder direkt auf die räumliche Struktur der Stadt wirken (Straßenbau, Krankenhäuser usw.). Während der Gründerzeit stehen eindeutig technische Einzelfragen der Stadthygiene, der Ver- und Entsorgung sowie Erschließungsprobleme im Zusammenhang mit Stadterweiterungen im Vordergrund.

Kann der demographische Übergang - mit den oben angeführten starken Einschränkungen - für die Phase IIIa, also die Gründerzeit, noch Hinweise auf den Charakter der Stadtentwicklung geben, so gelingt es für die Zeit nach dem Ersten Weltkrieg bis zur Gegenwart nur schwer, eine Beziehung zwischen der Stadtentwicklung und dem demographischen Übergang herzustellen.

In der Phase IIIa von 1918-1936 ist es weder der negative natürliche Bevölkerungssaldo noch eine sinkende Bevölkerungszahl, die die Stadtentwicklung bestimmen, sondern vor allem die Zunahme der Haushalte - Folge der politischen, sozialen und wirtschaftlichen Veränderungen im Nachkriegs-Wien. Der kommunale Wohnungsbau der Zwanziger Jahre ist schlecht vorstellbar ohne die aus der Zunahme der Haushalte bedrohlich anwachsende Wohnungsnot, die wiederum politischen Druck ausübt auf die Stadtverwaltung, z.B. in Form der Siedlerbewegung. Die Anzahl der Haushalte ist demnach ein weiteres wichtiges Merkmal für die Phasenabgrenzung.

Für die Zeit nach dem Zweiten Weltkrieg gibt die Sterberate, d.h. ihr Wiederanstieg, zwar Hinweise auf die Altersstruktur (in Wien: hoher Anteil alter Menschen) und schließlich auch auf das Ausmaß der Zuwanderung junger Menschen (in Wien: gegenüber den westlichen Landesteilen relativ gering), beides Merkmale, die auf die Stadtentwicklung erheblichen Einfluß haben (Arbeitsmarkt, Wohnungsmarkt, Stadtfinanzen), aber dabei stellt sich wieder die Frage: warum diese Merkmale nicht direkt zur Phasenabgrenzung benutzen?

Ein Vorteil des verwendeten demographisch-ökonomischen Modells wurde in seiner geringen und damit überschaubaren Anzahl von Merkmalen und einer ebenso geringen Anzahl von unterschiedlichen Phasen gesehen. In der Überprüfung an Wien zeigt sich jedoch, daß die verwendeten Merkmale nicht ausreichen, um die bei genauerer Untersuchung relativ klar voneinander zu trennenden Stadtentwicklungsphasen zu erkennen.

Für die Phase III war der mit der überschaubaren Phasenabgrenzung erkaufte Nachteil der zu langen Phasen unmittelbar - sozusagen "auf den ersten Blick" - zu erkennen; die politischen Ereignisse nach 1918 sind so einschneidend, daß hier von vornherein eine starke Wirkung auf die Stadtentwicklung Wiens vorausgesetzt werden konnte und eine Unterteilung der Phase III in zwei Unterphasen nahelegte. Bei genauerer Untersuchung stellte sich jedoch heraus, daß diese "Unterphasen" zwei völlig unterschiedliche Stadtentwicklungsphasen sind.

Für die Phase IV (1936-1977) drängt sich ebenfalls eine weitere Unterteilung auf: bis zum Beginn des wirtschaftlichen Aufschwungs nach dem Staatsvertrag Mitte der Fünfziger Jahre ist die Stadtentwicklung derjenigen der Zwischenkriegszeit ähnlicher als der Stadtentwicklung ab 1955. Damit liegt der Schluß nahe, eine Stadtentwicklungsphase vorzuschlagen, die 1918 beginnt und 1955 endet.

Bei der Untersuchung zeigte sich, daß politische Ereignisse erheblichen Einfluß auf die Stadtentwicklung haben. Sicher ist Wien hier ein extremes Beispiel, soweit sich diese Feststellung auf die politischen Ereignisse von 1918 bezieht. Aber diese Feststellung bezieht sich auch auf andere Ereignisse. Der Machtverlust der Liberalen, der zunehmende Einfluß der Arbeiterschaft und schließlich die Gemeindepolitik der Christlichsozialen unter Lueger hat für den Ausbau der Infrastruktur erheblichen Einfluß gehabt, der heute noch wirksam ist. Ebenso hat die Wohnungspolitik und der Wohnungsbau im "roten Wien" die Stadtentwicklung erheblich beeinflußt, und zwar auf einem Gebiet, das vor 1918 fast völlig außerhalb des Gesichtskreises der Gemeindeverwaltung lag.

Welcher politische Druck von Problemen ausgehen muß, damit die Stadtverwaltung sich der Probleme annimmt, wurde bereits angedeutet.

Hier bietet sich an, weitere Merkmale zur Phasenabgrenzung aus dem Bereich der (Stadt-) Planung zu entwickeln bzw. zu übernehmen (vgl. ALBERS 1969, STORBECK 1973).

Nach einer Phase "wilden" Wachstums und passiver Einstellung der (liberalen) Stadtverwaltung gegenüber den Problemen der Stadtentwicklung beginnt eine Phase, in der die (christlichsoziale) Stadtverwaltung aktiv die Infrastruktur beeinflußt und Flächenvorsorge betreibt (bis 1918). Der Wohnungssektor bleibt aber fast völlig unbeeinflußt. Stadtplanung im

Sinne von übergeordneter Planung findet noch nicht statt. Die zunehmende Wohnungsnot und der starke politische Einfluß der Arbeitnehmerschaft rückt den Wohnungsbau und die Wohnungspolitik in den Mittelpunkt der (sozial-demokratischen) Planung. Ansätze zu städtebaulichen Ordnungsvorstellungen werden entwickelt und in zahlreichen Wohnbauten verwirklicht (1918-1934). Es handelt sich dabei aber eben um Städtebau und noch nicht um Stadt(entwicklungs)planung. Überhaupt beginnt erst in den Zwanziger Jahren die Unterscheidung zwischen den Begriffen "Städtebau" und "Stadtplanung".

Die zunehmende Verflechtung mit dem Umland wird zwar schon früh erkannt (1920), hat aber keine räumlichen Auswirkungen in administrativer Hinsicht aufgrund der politischen Kräfteverhältnisse. Erst unter nationalsozialistischer Herrschaft entsteht "Groß-Wien", was aber nach dem Zweiten Weltkrieg rückgängig gemacht wird.

Mit dem spürbaren Beginn wirtschaftlichen Wachstums Ende der Fünfziger Jahre entstehen Stadtplanungskonzepte, die die als vorgegeben hingenommenen Entwicklungen ordnen wollen ("Grundkonzept für Wien", 1961). Daraus entstehen in der Folgezeit Konzepte, die auf die Stadtentwicklung selbst Einfluß nehmen wollen, und zwar in allen wichtigen Bereichen ("Leitlinien zur Stadtentwicklung", 1972, "Stadtentwicklungsenquete", 1972/73, und schließlich "Stadtentwicklungsplan für Wien", 1981).

Aus der Gegenüberstellung der Phasen aus den jeweils veränderten "Planverfahren und Ordnungsvorstellungen" mit den Phasen des demographisch-ökonomischen Modells ergibt sich folgendes Bild:

WIEN

	Phasenabgrenzung nach Planungen	Phasenabgrenzung nach dem demographisch-ökonomischen Modell
Phase I	bis 1875	
Phase II	1875-1918	
Phase III	1918-1938	1855-1936
Phase IV	1938-1955	1936-1977
Phase V	1955-1975	1977 bis heute
Phase VI	1975 bis heute	

Es wird sichtbar, daß beide Phasenabgrenzungen gemeinsame Grenzen haben, ein wichtiger Hinweis auf die Richtigkeit einiger festgelegter Phasengrenzen (1936/38, 1975/77), daß aber die Phasen nach dem demographisch-ökonomischen Modell zu lang sind. Es wird daher vorgeschlagen, ähnlich wie schon oben für den Bereich "Bevölkerung und Wohnungen", zusätzliche Merkmale zur Phasenabgrenzung aus dem Bereich "Planung" zu verwenden.

Bei der Verwendung zusätzlicher Merkmale entsteht allerdings das Dilemma, daß mit Hilfe eines solchen komplexeren Modells die reale Stadtentwicklung zwar besser, d.h. genauer und angemessener beschrieben werden kann, daß aber gleichzeitig die Vergleichbarkeit zwischen Städten mit Hilfe eines solchen Modells aufgrund der höheren Anzahl der Merkmale und Phasen erschwert würde. Dieses Dilemma ist hier nicht zu lösen, gibt aber Hinweise auf die weitere, noch zu leistende Arbeit.

Dabei sollte überlegt werden, ob es nicht sinnvoll ist, aus dem in Band 1 entwickelten demographisch-ökonomischen Modell nur die ökonomische Komponente für ein neues Modell zu übernehmen. Neben dem bereits zu Beginn dieses Kapitels angeführten Argument sprechen zwei weitere Gründe dafür:

1. Der Verlauf der Beschäftigtenanteile nach Wirtschaftssektoren (vgl. Abb. 1.4) gibt relativ gut wichtige Voraussetzungen für die Stadtentwicklung wieder: die Industrialisierungsphase bis 1890, den Charakter und den Ausbau Wiens als Reichshaupt- und Residenzstadt durch die bereits in der Gründerzeit hohen und ab 1890 ansteigenden Anteile der Beschäftigtenzahlen im Tertiären Sektor, die Stagnation der Zwischenkriegszeit, die einen Eindruck von der trostlosen wirtschaftlichen Situation dieser Jahre vermittelt, die neuerliche Industrialisierungsphase nach dem Zweiten Weltkrieg und schließlich die intensive Tertiärisierungsphase seit Beginn der Sechziger Jahre.

2. Die Kurven des ökonomischen Übergangs haben einen differenzierteren Kurvenverlauf als die des demographischen Übergangs. Das demographische Modell kann nach dem vollzogenen Übergang - nach unserer Definition - nichts mehr anzeigen: ist erst der Zustand "Geburten- und Sterberate niedrig" erreicht, gibt es keine neuen Phasen mehr. Das in Band 1 entwickelte ökonomische Modell dagegen kann seine Zustände mehrfach wechseln, eine Eigenschaft, die dem Wesen der Stadtentwicklung zu entsprechen scheint.

LITERATURVERZEICHNIS

ABKÜRZUNGEN:

MStVW	Mitteilungen aus Statistik und Verwaltung der Stadt Wien
ÖZS	Österreichische Zeitschrift für Soziologie
ÖZP	Österreichische Zeitschrift für Politikwissenschaften
StHbÖ	Statistisches Handbuch für die Republik Österreich, Hg.: ÖStZ
StJBÖ	Statistisches Jahrbuch Österreich
StJGöSt	Statistisches Jahrbuch österreichischer Städte, Hg.: ÖStZ
StJbW	Statistisches Jahrbuch der Stadt Wien, Hg.: Magistrat der Stadt Wien - Geschäftsgruppe Stadtplanung - 1979
StTbW	Statistisches Taschenbuch der Stadt Wien, Hg.: Magistrat der Stadt Wien - Geschäftsgruppe Stadtplanung - 1978 - 1979

a) Allgemeine Literatur

ALBERS, G., 1967: Vom Fluchtlinienplan zum Stadtentwicklungsplan. In: Archiv für Kommunalwissenschaften, Jg. 6 (1967):192-211.

ALBERS, G., 1969: Über das Wesen der räumlichen Planung. In: Stadtbauwelt 21/1969:10-14.

ACHLEITNER, F., 1983: Wiener Architektur der Zwischenkriegszeit. Kontinuität, Irritation und Resignation. In: ARCH + 67, S. 50-58.

ARBEITSKREIS STADTENTWICKLUNGSPLAN, 1982: Das längerfristige räumliche Leitbild für Wien. In: der aufbau 2/3 1982:53-54.

BANIK-SCHWEITZER, R., 1982: Zur sozialräumlichen Gliederung Wiens 1869-1934. Wien: Institut für Stadtforschung.

BAUBÖCK, R., 1979: Wohnungspolitik im sozialdemokratischen Wien 1919 - 1934. Salzburg.

BAUER, H., PALECZNY, A. & SCHULMEISTER, A., 1977: Aufgaben der Gemeinden. Hg. Institut für Stadtforschung, Bd. 50. Wien.

BAUER, O., 1923: Die österreichische Revolution (1923). In: ders., Werksausgabe, Bd. 2, Wien 1976, S. 489-866.

BAUORDNUNG FÜR WIEN mit der einschlägigen Rechtsprechung der obersten Gerichtshöfe. (Bauordnungsnovelle 1976). Bearbeitet von F. Scheinecker und L. Bertha. 1980. Wien.

BAYER, I., 1981: Mieter beuten Mieter aus. In: DIE ZEIT Nr. 21 vom 15.5.1981, S. 27.

BAYER, I., 1981: Neue Wiener G'schichten. Steuer auf leerstehende Wohnungen. In: DIE ZEIT Nr. 46 vom 6.11.1981.

BECK, H., 1962: Zur Entwicklung des Wohnungswesens in Wien. In: Magistrat der Stadt Wien 1962, S. 69-75.

BENDA, P.H., 1960: Die Industrie- und Gewerbebetriebe in Wien. Wien: Ferdinand Berger. Geo (ges.) Öst 100-5.

BINDER, H., 1981: Räumliche Entwicklung der Betriebsnutzungen in Wien. In: der aufbau 8/1981:310-313.

BINDER, H., 1982: Räumliche Entwicklung der Arbeitsstätten. In: der aufbau 2/3 1982:84-87.

BINDER, H. & KAINRATH, W., 1982: Entwicklungsachsen für Wien. In: der aufbau 2/3 1982, S. 72-79.

BOBEK, H. & LICHTENBERGER, E., 1966: Wien. Bauliche Gestalt und Entwicklung seit der Mitte des 19. Jahrhunderts. Graz - Köln.

BREINBAUER, W., RIESER, H. & WOTTAWA, H.: Wohnwünsche der Wiener Bevölkerung. Hg. Institut für Stadtforschung, Bd. 31. Wien.

BREIT, R., 1973: Einordnung der Wiener Stadtentwicklungsenquete 1972-1973 in der Stadt- und Landesplanung. In: der aufbau 28/1973, Nr. 9/10, S. 310-312.

BREIT, R., 1974: Die Wiener Stadtentwicklungsenquete und Leitlinien für die Stadtentwicklung - ihre Stellung im Planungsprozeß. In: Bauforum 6 (1973) Nr. 36, S. 25-26.

BREIT, R., 1977: Zur Stadtentwicklung in Wien 1976. Planen und Bauen in Wien; ein Tätigkeitsbericht. In: der aufbau 32/1977:2/3.

BREIT, R., 1981: Bauchronik Wien 1980. In: der aufbau 4/1981, S. 121-154.

BREIT, R. et al., o.J.: Wien Innere Stadt. In: der aufbau, Monographie 3.

CHALOUPEK, G., 1975: Das städtische Bodenproblem und die Möglichkeit der Bodenpolitik. In: Wirtschaft und Gesellschaft 1975/1, S. 59-75.

CHALOUPEK, G., 1976: Wirtschaftsentwicklung, merkantilistische Wirtschaftspolitik und die Wiener Wirtschaft bis Joseph II. (1790). In: Wiener Geschichtsblätter 31/1, 1976, S. 14-31.

CHALOUPEK, G., 1978: Der unvollendete Boom. Die Entwicklung der Wiener Wirtschaft in der Ära des Liberalismus. In: CZEIKE, F. (Hg.) 1978 c: Wien in der liberalen Ära, Bd. 1, S. 31-43.

CONDITT, G. et al., 1974: Städtischer Bodenmarkt - Städtische Bodenpolitik. Empehlungen; wirtschaftliche, rechtliche und datentechnische Aspekte. Hg. Institut für Stadtforschung, Bd. 44. Wien.

CONDITT, G. & POTYKA, H., 1978: Instrumente der örtlichen Raumplanung. Teil 2. Bestimmungen über die Bodenordnung. (2 Bände). Hg. Institut für Stadtforschung Bd. 59. Wien.

CONDITT, G., 1978: Stadterneuerung und Stadterweiterung in den österreichischen Ballungsräumen. Expertengutachten für den Unterausschuß der Stellvertreterkommission der österreichischen Raumordnungskonferenz "Ballungsräume". In: ÖROK, Schriftenreihe Nr. 11. Wien.

CSERJAN, K. & SAUBERER, M., 1972: Sozialräumliche Gliederung Wien 1961. Ergebnisse einer Faktorenanalyse. In: der aufbau Heft 7/8, S. 284-306.

CZEIKE, F. & BRAUNEIS, W., 1977: Wien und Umgebung. Kunst, Kultur und Geschichte der Donaumetropole. Köln: Du Mont.

CZEIKE, F., 1978 a: Wien in der liberalen Ära. Forschungen und Beträge zur Wiener Stadtgeschichte Bd. 1, Sonderreihe der Wiener Geschichtsblätter vom Verein für Geschichte der Stadt Wien. Wien.

CZEIKE, F., 1978 b: Wachstumsprobleme in Wien im 19. Jahrhundert. In: H. Jäger (Hg.) 1978 S. 229-272

CZEIKE, F., CSENDES, P. & TSCHULK, H., 1980: Wien - Vienna. In: SAGVARI, A. & HARRACH, C.E., 1990, S. 319-331.

DANNEBERG, R., 1928: Die Geschichte des Mieterschutzes in Österreich. Wien.

DEMEL, J., 1981: Aufschließung von Betriebsbaugebieten. Technische Infrastruktur. In: der aufbau 8/1981:314-319.

EGLI, E., 1959: Geschichte des Städtebaus. Bd. 1, Erlenbach - Zürich/Stuttgart. E. Reutsch Verlag.

EGLI, E., 1962: Geschichte des Städtebaus. Bd. 2, Erlenbach - Zürich/Stuttgart. E. Reutsch Verlag.

EGLI, E., 1967: Geschichte des Städtebaus. Bd. 3, Erlenbach - Zürich/Stuttgart. E. Reutsch Verlag.

ENGELSBERGER, O., 1972: Sozialräumliche Gliederungen als Grundlage für die Stadtplanung in Wien. In: der aufbau 7/8/1972:241.

FELDBAUER, P., 1977: Stadtwachstum und Wohnungsnot. Determinanten unzureichender Wohnungsversorgung in Wien 1848 - 1914. München.

FELDBAUER, P., 1979: Wohnungsproduktion am Beispiel Wiens 1848 - 1934. In: NIETHAMMER, L. (Hg.), 1979: Wohnen im Wandel. Wuppertal: P. Hammer Verlag GmbH, S. 317-343.

FELDBAUER, P., 1980: Kinderelend in Wien. Von der Armenpflege zur Jugendfürsorge (17. - 19. Jahrhundert). Wien: Verlag für Gesellschaftskritik.

FREISITZER, K., 1976: Materialien zum Wohnwertausgleich im Sozialen Wohnungsbau. In: ÖZS 4/76, 46-50.

FRIEDRICHS, J., (Hg.), 1978: Stadtentwicklungen in kapitalistischen und sozialistischen Ländern. Reinbek bei Hamburg.

GÄLZER, R. & HANSELY, H.-J., 1980: Stadtentwicklungsplan für Wien: Grünraum, Freizeit und Erholung. Probleme, Entwicklungstendenzen, Ziele. Hg. vom Magistrat der Stadt Wien, Geschäftsgruppe Stadtplanung, Magistratsabteilung 18 - Stadtstrukturplanung. Wien.

GELINEK, O., 1941: Der Wohnungsbedarf in Wien. In: Monatsberichte des Wiener Instituts für Wirtschaftsforschung. 15. Jg., Nr. I 2 vom 4. April 1941, S. 100-105.

GELINEK, O., 1941: Das Wirtschaftsgefüge von Wien im Vergleich zu Hamburg und Berlin. In: Monatsberichte des Wiener Instituts für Wirtschaftsforschung. 15. Jg., Nr. I 2 vom 4. April 1941, S. 172-176.

GERETSEGGER, H. & PEINTNER, M., 1980: Otto Wagner 1841 - 1918. Unbegrenzte Großstadt. Beginn der modernen Architektur. München: dtv.

GESCHÄFTSGRUPPE STADTPLANUNG, 1981: Wien 2000. Katalog zur Ausstellung "Wien 2000. Der Stadtentwicklungsplan für Wien. Die städtebauliche Entwicklung Wiens von 1945 - 1981".

GISSER, R. & KAUFMANN, A., 1972: Sozialstruktur Wien 1961. In: der aufbau 7/8/1972, S. 242-284.

GISSER, R., 1979: Daten zur Bevölkerungsentwicklung der österreichischen Alpenländer 1819 - 1913. In: ÖStZ 1979: Geschichte und Ergebnisse der zentralen amtlichen Statistik in Österreich 1829 - 1979. (Beitr. zur österr. Statistik, H. 550: 403-424).

GRIEBEN, 1972: Grieben Reiseführer Wien. Bd. 68. Wien - München.

GULICK, Ch. A., 1948/1950: Österreich von Habsburg zu Hitler. Wien. Band 1 und 2.

HANSELY, H.-J., o.J.: Vergleich der Städte Hamburg - Wien - Budapest (in Zahlen). Unveröff. M., Wien.

HANSELY, H.-J., o.J.: Attraktivität von Wohnsituationen in Wien. In: der aufbau. Monographie 5: "Sozialwissenschaften in der Stadtplanung" S. 18-20.

HANSELY, H.-J., & INDRAK, O., 1978: Stadtentwicklungsplan für Wien: Arbeitsmarkt. Probleme, Entwicklungstendenzen, Ziele. Hg. v. Magistrat der Stadt Wien, Geschäftsgruppe Stadtplanung, Magistratsabteilung 18 - Stadtstrukturplanung. Wien.

HANSELY, H.-J., 1978: Stadtentwicklungsplan für Wien: Bevölkerung. Probleme Entwicklungstendenzen, Ziele. Hg. v. Magistrat der Stadt Wien, Geschäftsgruppe Stadtplanung, Magistratsabteilung 18 - Stadtstrukturplanung. Wien.

HANSELY, H.-J.: 1979: Wanderungsbewegung 1978. In: Mittelungen aus Statistik und Verwaltung der Stadt Wien 1979/1, S. 1-7.

HANSELY, H.-J., 1980: Wanderungsbewegungen im Wiener Raum 1979. In: Mitteilungen aus Statistik und Verwaltung der Stadt Wien 1980, S. 12-17.

HANSELY, H.-J., 1981: Wanderungsbewegung 1978 - 1980. In: Mitteilungen aus Statistik und Verwaltung der Stadt Wien 1981/1, S. 1-7.

HANSELY, H.-J., 1982: Ist "Stadtflucht" zu verhindern? In: der aufbau 2/3/1982, S. 55-60.

HARTOG, R., 1962: Stadterweiterungen im 19. Jahrhundert. Stuttgart: Kohlhammer.

HAUTMANN, H. & HAUTMANN, R., 1980: Die Gemeindebauten des roten Wien 1919 - 1934. Wien.

HELCZMANOVSZKI, H., 1973: Beiträge zur Bevölkerungs- und Sozialgeschichte Österreichs. München: R. Oldenbourg Verlag.

HELCZMANOVSZKI, H., 1973: Die Entwicklung der Bevölkerung Österreichs in den letzten hundert Jahren nach den wichtigsten demographischen Komponenten. In: HELCZMANOVSZKI (Hg.) 1973, S. 113-165.

HELCZMANOVSZKI, H., 1979: Die Bevölkerung Österreichs - Ungarns. In: ÖStZ 1979: Geschichte und Ergebnisse der zentralen amtlichen Statistik in Österreich 1829-1979 (Beitr. zur österr. Statistik, H. 550:369-402.)

HELMS, H.G. & JANSSEN, J., 1970: Kapitalistischer Städtebau. Neuwied/Berlin.

HOFFMANN, A., 1978: Versuch einer Typologie Wiens im Zeitalter der Stadtplanung des 19. Jahrhunderts. In: H. Jäger (Hg.) 1978, S. 220-228.

HORAK, W., 1962: Der Wiener im Spiegel der Statistik. In: Magistrat der Stadt Wien 1962, S. 59-68.

INDRAK, O., 1978: Stadtentwicklungsplan Wien: Wirtschaft und Finanzen. Probleme, Entwicklungstendenzen, Ziele. Hg. v. Magistrat der Stadt Wien, Geschäftsgruppe Stadtplanung, Magistratsabteilung 18 - Stadtstrukturplanung. Wien.

INDRAK, O., 1982: Bebauungsstruktur und Stadtgestaltung. In: der aufbau 2/3/1982: 94-98.

INSTITUT FÜR STADTFORSCHUNG, 1971: Der städtische Lebensraum in Österreich. Wien.

JÄGER, H., 1978: Probleme des Städtewesens im industriellen Zeitalter. Wien - Köln: Böhlau Verlag.

KAINRATH, W., 1978: Stadtentwicklungsplan für Wien: Wohnungswesen. Probleme, Entwicklungstendenzen, Ziele. Hg. v. Magistrat der Stadt Wien, Geschäftsgruppe Stadtplanung, Magistratsabteilung 18 - Stadtstrukturplanung. Wien.

KAINRATH, W., 1979: Stadtentwicklungsplan für Wien: Stadterneuerung und Bodenordnung. Probleme, Entwicklungstendenzen, Ziele. Hg. v. Magistrat der Stadt Wien, Geschäftsgruppe Stadtplanung, Magistratsabteilung 18 - Stadtstrukturplanung. Wien.

KAINRATH. W., 1982a: Der Einfluß der Stadt- und Bezirksgrenzen auf die Stadtentwicklung. In: der aufbau 2/3/1982, S. 107-112.

KAINRATH, W., 1982b: Stadterneuerung. In: der aufbau 2/3/1982, S. 88-93.

KAINRATH, W., 1982: Die politische Kultur in Österreich. In: Bauwelt 42/1982, S. 1730-1733.

KAUFMANN, A., 1972: Sozialstruktur Wien 1961. In: der aufbau 7/8/1972, S. 242-284.

KAUFMANN, A., 1978: Sozialräumliche Gliederung der österreichischen Großstadtregionen Wien, Graz, Linz. Salzburg, Innsbruck, Klagenfurt. (Hg.:IS). Wien.

KÖBERL, S., 1982: Einige Gesichtspunkte zum Stadtverkehr. In: der aufbau 2/3/1982 S. 99-101.

KOTYZA, G., 1978: Stadtentwicklungsplan für Wien: Überörtliche Raumordnung. Probleme, Entwicklungstendenzen, Ziele. Wien.

KOTYZA, G., 1982: Die Entstehung des Stadtentwicklungsplanes 1977 - 1981. In: der aufbau 2/3/1982, S. 113-115.

KRAUS, K. & SCHLANDT, J., 1970: Der Wiener Gemeindewohnungsbau - ein sozialdemokratisches Programm. In: HELMS, H.G. & JANSSEN, J. (Hg.) 1970: Kapitalistischer Städtebau. Neuwied-Berlin, S. 113 ff.

KREBS, N., 1928: Die Ostalpen und das heutige Österreich. Eine Länderkunde. Stuttgart.

LEITNER, H., 1979: Segregation und Assimilation jugoslawischer Gastarbeiter in Wien - eine empirische Analyse. Dissertationsbericht in: Geograph. Jahresbericht aus Österreich, 37, 1979, S. 59-64.

LICHTENBERGER, E. 1962: Wien - eine stadtgeographische Skizze. In: Geographische Rundschau, Wien 1962, Bd. 14, S. 236-246.

LICHTENBERGER, E., 1963: Die Geschäftsstraßen Wiens. Eine statistisch-physiognomische Analyse. In: Mitt. d. Österr. Geogr. Ges. 105, S. 463-504.

LICHTENBERGER, E., 1972 a: Die europäische Stadt - Wesen, Modelle, Probleme. In: Berichte zur Raumforschung und Raumplanung 16/1, S. 3-25. Wien.

LICHTENBERGER, E., 1972 a: Die Wiener City. Bauplan und jüngste Entwicklungstendenzen. In: Mitt. d. Österr. Ges., 114/1, S. 42-84.

LICHTENBERGER; E., 1972 c: Ökonomische und nichtökonomische Variablen kontinentaleuropäischer Citybildung. In: Die Erde Nr. 102, S. 216-262.

LICHTENBERGER, E., 1973 c: Die sozialökologische Gliederung Wiens - Aspekte eines Stufenmodells. In: Österreich in Geschichte und Literatur, mit Geographie. Hg.: Institut für Österreichkunde. 17. Jg. (1973), 1:25-49.

LICHTENBERGER, E., 1977 a: Die Wiener Altstadt. Von der mittelalterlichen Bürgerstadt zur City. Textband. Kartenband. Wien.

LICHTENBERGER, E., 1978 c: Wachstumsprobleme und Planungsstrategien von europäischen Millionenstädten in der zweiten Hälfte des 19. Jahrhunderts. Das Wiener Beispiel. In: JÄGER, H. (Hg.): Probleme des Städtewensens im industriellen Zeitalter (Städteforschung, Reihe A, Bd. 5) Köln-Wien 1978, S. 195-219.

LÖFFLER, S., 1981 a: Wiener Gigantomanie. In: Die Zeit vom 6.2.81.

MAGISTRAT DER STADT WIEN, 1962: 100 Jahre Statistisches Amt der Stadt Wien. Festschrift anläßlich der in der Gemeinderratssitzung vom 18. Februar 1862 beschlossenen Errichtung eines statistischen Bureaus der Stadt Wien. Wien: Magistrat der Stadt Wien.

MAGISTRAT DER STADT WIEN, GESCHÄFTSGRUPPE VI, PLANUNG, 1972: Stadtplanung Wien 1963-1969. Hg. Institut für Stadtforschung, Bd. 4. Wien.

MA 18 (Magistratsabteilung 18), 1980: Stadtentwicklungsplan für Wien: Verkehrskonzeption. Hg. v. Magistrat der Stadt Wien, Geschäftsgruppe Stadtplanung, Magistratsabteilung 18 - Stadtstrukturplanung. Wien.

MA 18 (Magistrationsabteilung 18), 1981: Siedlungsstruktur. (Sachkapitel für STEW 1981). Probleme, Entwicklungstendenzen, Ziele. Wien.

MANG, K. (Hg.), 1977: Kommunaler Wohnungsbau in Wien. Aufbruch - 1923 bis 1934 - Ausstrahlung. Wien.

MARSCHALCK, P., 1978: Zur Rolle der Stadt für den Industrialisierungsprozeß in Deutschland in der 2. Hälfte des 19. Jahrhunderts. In: REULECKE, J. (Hg.) 1978, S. 57-66.

MATUSCHKA, H., 1978a: Stadtentwicklungsplan für Wien. Technische Dienstleistungen. Probleme, Entwicklungstendenzen, Ziele. Hg. v. Magistrat der Stadt Wien. Geschäftsgruppe Stadtplanung. Magistratsabteilung 18 - Stadtstrukturplanung. Wien.

MATUSCHKA, H., 1978b: Stadtentwicklungsplan für die Stadt Wien. Sozial- und Gesundheitswesen. Probleme, Entwicklungstendenzen, Ziele. Hg. v. Magistrat der Stadt Wien. Geschäftsgruppe Stadtplanung. Magistratsabteilung 18 - Stadtstrukturplanung. Wien.

MATUSCHKA, H., 1978c: Stadtentwicklungsplan für Wien. Bildung. Probleme, Entwicklungstendenzen, Ziele. Hg. v. Magistrat der Stadt Wien. Geschäftsgruppe Stadtplanung. Magistratsabteilung 18 - Stadtstrukturplanung. Wien.

MATUSCHKA, H., 1982: Versorgung in Wien, Infrastruktur und Siedlungsentwicklung. In: der aufbau 2/3 1982, S. 61-67.

NOVY, K., 1979: Der Wiener Gemeindewohnungsbau: "Sozialisierung von unten". In: ARCH + 45, S. 9-25.

NOVY, K., 1981: Selbsthilfe als Reformbewegung. Der Kampf der Wiener Siedler nach dem 1. Weltkrieg. In: ARCH+ 55, S. 26-40.

NOVY, K. & UHLIG, G., 1981: Die Wiener Siedlerbewegung 1918-1934. Fotodokumentation zum konsequentesten Beispiel genossenschaftlicher Selbsthilfe im Wohnungskampf nach dem 1. Weltkrieg. ARCH+ Ausstellungskatalog.

ÖIR (Österreichisches Institut für Raumplanung) 1969: Die Zuwanderung nach Wien. Eine Untersuchung zur Situation der Bundeshauptstadt in der regionalen Bevölkerungsentwicklung. Bd. 34. Wien.

ÖIR 1974: Der Planungsspielraum der Gemeinden in der Raumordnung. Hg. Institut für Stadtforschung. Wien.

ÖROK (Österreichische Raumordnungskonferenz) (Hg.) 1978: Raumordnung in Österreich. Schriftenreihe Nr. 15. Hrsg. anläßlich der 4. Europäischen Raumordnungsministerkonferenz in Wien, Oktober 1978. Wien.

OTRUBA, G., & RUTSCHKA, L.S., 1957: Die Herkunft der Wiener Bevölkerung in den letzten hundertfünfzig Jahren. In: Jahrbuch des Vereins für Geschichte der Stadt Wien. Bd. 13. 1957/58.

OTRUBA, G., 1957: Wachstumsverschiebungen in den Wirtschaftssektoren Österreichs 1869-1961. In: Vierteljahresschrift für Sozial- und Wirtschaftsgeschichte, 62. Bd., H. 1 (1975), S. 40-61.

PLANUNGSATLAS 1983: Planungsatlas für Wien. Hg.: Magistrat der Stadt Wien - Geschäftsgruppe Stadtplanung, Amtsführender Stadtrat für Stadtplanung. Wien.

POHL, F. & SCHOPPER, M., 1978: Flächenwidmungsplan der Stadt Wien. Hg.: Magistrat der Stadt Wien, Geschäftsgruppe Stadtplanung. Wien.

POSCH, W., 1980: Die Gartenstadtbewegung in Wien. Persönlichkeiten, Ziele, Erfolge und Mißerfolge. In: Bauforum 13 (1980, H. 77/78).

POSCH, W., 1981: Die Wiener Gartenstadtbewegung. Reformversuch zwischen erster und zweiter Gründerzeit. Wien.

RAINER, R., 1962: Planungskonzept Wien. Wien.

REULECKE, J. (Hg.), 1978: Die deutsche Stadt im Industriezeitalter. Beiträge zur modernen deutschen Stadtgeschichte. Wuppertal.

SAGVARI, A. & HARPACH, C.E., 1980: The Capitals of Europe. München, New York, London, Paris.

SATZINGER, F., 1977: Struktur der Wiener Arbeitsstätten und Beschäftigten. Beiträge zur Stadtforschung, Stadtentwicklung und Stadtgestaltung, Heft 1, Hg.: Magistrat der Stadt Wien - Geschäftsgruppe Stadtplanung. Wien.

SAUBERER, M. & CSERJAN, C., 1972: Sozialräumliche Gliederung Wien 1961. Ergebnisse einer Faktorenanalyse. In: der aufbau 7/8, 1972, S. 284-306.

SCHÄFERS, B., 1973: Gesellschaftliche Planung. Materialien zur Planungsdiskussion in der BRD. Stuttgart.

SCHOPPER, M., 1982: Die historische Stadtentwicklung Wiens. In: der aufbau 2/3/ 1982, 47-52.

SLUPETZKY, W., 1974: Bevölkerungsentwicklung im Raum Wien 1951-1961-1971. Hg.: Institut für Stadtforschung. Wien.

STEW 1981: Stadtentwicklungsplan für Wien - Entwurf - Tendenzen, Ziele und Maßnahmen der Stadtentwicklung. Magistrat der Stadt Wien, Geschäftsgruppe Stadtplanung, Magistratsabteilung 18 - Stadtstrukturplanung. Wien.

STORBECK, P., 1973: Grundfragen und Entwicklung der Raumplanung in der Bundesrepublik Deutschland (BRD). In: SCHÄFERS, B., 1973: 253-282.

WÜNSCHMANN, P., 1979: Stadtentwicklungsplan für Wien. Verkehr. Probleme, Entwicklungstendenzen, Ziele. (Verkehrskonzeption für Wien, Teil A). Hg. v. Magistrat der Stadt Wien. Geschäftsgruppe Stadtplanung. Magistratsabteilung 18 - Stadtstrukturplanung. Wien.

WÜNSCHMANN, P., 1979: Stadtentwicklungsplan für Wien: Verkehr. Diskussionsgrundlage. Hg.: Magistrat der Stadt Wien, Geschäftsgruppe Stadtplanung, Magistratsabteilung 18 - Stadtstrukturplanung. Wien.

WÜNSCHMANN, P., 1982: Zentrenstruktur und Verkehrsinvestitionen. In: der aufbau 2/3 1982, S. 68-71.

b) Statistische Werke

BfStÖ (Bundesamt für Statistik), 1932/33: Gewerbliche Betriebszählung i.d. Rep. Österreich v. 14. Juni 1930.

BfStÖ (Bundesamt für Statistik): Statistisches Handbuch für die Republik Österreich 1924-1937.

BfStÖ (Bundesamt für Statistik): Statistische Nachrichten 1932-1938.

Kf AAW (Kammer für Arbeiter und Angestellte in Wien): Wirtschaftsstatistisches Jahrbuch 1924-35.

MAGISTRAT DER STADT WIEN: MStVW (Mitteilungen aus Statistik und Verwaltung der Stadt Wien), div. Jg.

MAGISTRAT DER STADT WIEN: Statistisches Jahrbuch der Stadt Wien (StJbW), div. Jg.

MAGISTRAT DER STADT WIEN: Statistisches Taschenbuch der Stadt Wien, div. Jg.

ÖStZ (Österreichisches Statistisches Zentralamt): Statistik der Kraftfahrzeuge in Österreich, div. Jg.

ÖStZ (Österreichisches Statistisches Zentralamt): Statistisches Handbuch für die Republik Österreich. 1950-1981.

ÖStZ (Österreichisches Statistisches Zentralamt): Statistisches Jahrbuch österreichischer Städte, 1950-1980.

ÖStZ (Österreichisches Statistisches Zentralamt), 1949, 1956, 1968: Gemeindeverzeichnis von Österreich.

ÖStZ (Österreichisches Statistisches Zentralamt), 1951: Vorläufige Hauptergebnisse der Volkszählung vom 1. Juni 1951 nach Gemeinden.

ÖStZ (Österreichisches Statistisches Zentralamt), 1952: Statistik der Kraftfahrzeuge in Österreich 1949-1952.

ÖStZ (Österreichisches Statistisches Zentralamt), 1953: Ergebnisse der Häuser- und Wohnungszählung vom 1. Juni 1951 nach Gemeinden.

ÖStZ (Österreichisches Statistisches Zentralamt), 1953: Ergebnisse der Volkszählung vom 1. Juni 1951 nach Gemeinden (4 Bde.).

ÖStZ (Österreichisches Statistisches Zentralamt) (Hg.), 1956: Österreichs Industrie in den Jahren 1954 und 1955. Wien.

ÖStZ (Österreichisches Statistisches Zentralamt), 1956: Österreichs Industrie in den Jahren 1954 und 1955

ÖStZ (Österreichisches Statistisches Zentralamt), 1957 ff.: Nichtlandwirtschaftlicht Betriebszählung vom 1. September 1954 (6. Bde)

ÖStZ (Österreichisches Statistisches Zentralamt), 1963: Ergebnisse der Häuser- und Wohnungszählung vom 21. März 1961.

Die WIENER BERUFSPENDELWANDERUNG, in: MStVW 1957, Sonderheft 2.

WIRTSCHAFTSSTATISTISCHES JAHRBUCH 1925-1935. Hg. KfAAW.

o.V., 1981: Entwicklung der Gebäude, Wohnungen, Haushalte, Personen und Arbeitsstätten zwischen 1971 und 1981. (Vorl. Auswertung der VZ und HWZ 1981). Unveröffentl. Manuskript. Wien.

Budapest

Klaus Kiehl

INHALT	575
1. EINLEITUNG	577
1.1 Räumliche Lage	577
1.2 Phasen der Stadtentwicklung	583
2. HISTORISCHE VORAUSSETZUNGEN	589
2.1 Römerzeit	589
2.2 Mittelalterlicher Stadtausbau	594
2.3 Türkische Besetzung	601
2.4 Stadtausbau von Buda, Óbuda und Pest	604
3. EXPANSION: VON KLEIN-BUDAPEST ZU GROSS-BUDAPEST	614
3.1 Planverfahren und Ordnungsvorstellungen	614
3.2 Bevölkerung und Wohnungen	621
3.2.1 Bevölkerungsentwicklung	621
3.2.2 Wohnungsbau	633
3.3 Erwerbsstruktur und Arbeitsstätten	642
3.3.1 Wirtschaftliche Rahmenbedingungen	647
3.3.2 Erwerbsstruktur	658
3.3.3 Arbeitsstätten	661
3.4 Bevölkerungs- und Wirtschaftsentwicklung	665
3.5 Infrastruktur	674
4. DEZENTRALISIERUNG UND MODERNISIERUNG: GROSS-BUDAPEST NACH DEM ZWEITEN WELTKRIEG	681
4.1 Planverfahren und Ordnungsvorstellungen	681
4.2 Bevölkerung und Wohnungen	696
4.2.1 Bevölkerungsentwicklung	696
4.2.2 Wohnungsbau	699

4.3 Erwerbstätige und Arbeitsstätten	712
4.3.1 Wirtschaftliche Rahmenbedingungen	712
4.3.2 Erwerbsstruktur	716
4.3.3 Arbeitsstätten	723
4.4 Infrastruktur	734
5. ZUSAMMENFASSUNG: PHASEN DER STADTENTWICKLUNG	739
LITERATURVERZEICHNIS	745

I. EINLEITUNG

1.1 Räumliche Lage

Budapest liegt in Mitteleuropa im Karpatenbecken 47° 28' nördlicher Breite und 19° 08' östlicher Länge. Die Stadt erstreckt sich beiderseits der Donau. Am rechten Ufer werden die Berge von Buda durch eine tiefe Furche in einen Nord- und einen Südteil getrennt. Die geologische Bruchlinie zwischen den Budaer Bergen und der Tiefebene auf der Pester Seite, etwa entlang der Donau, ist die Ursache für eine große Zahl von Thermalquellen. In den heute dicht bebauten donaunahen Bereichen von Buda gibt es alleine über 100 Warmwasserquellen. Die höheren Berge befinden sich im Westen und Norden der Stadt. Es sind der Jánoshegy (Johannisberg) mit 529 m und der Hármashatárhegy (Dreihotterberg) mit 497 m. Die niedrigen Berge im südlichen Teil gehen in die Dolomitplatte über. Auf der - östlich der Donau gelegenen - Pester Seite steigt das Land nach Osten terrassenförmig leicht an, um in eine Hügellandschaft überzugehen. Im Südosten schließt sich die Tiefebene an.

Abbildung 1.1: Fläche und Grenzlänge Ungarns

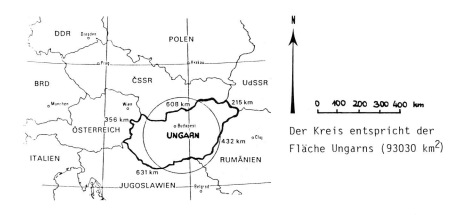

Der Kreis entspricht der Fläche Ungarns (93030 km²)

Quelle: MARKOS 1971:9

BUDAPEST

Abbildung 1.2: Bezirke von Klein-Budapest 1872-1930

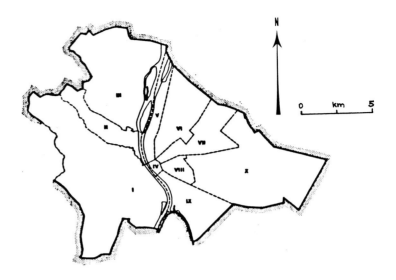

Bezirke von Klein-Budapest 1930-1949 mit der Gebietserweiterung von 1941

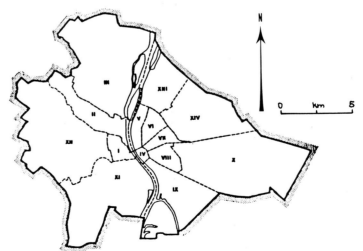

Quelle: BERNÁT & VISZKEI 1972:230

Abbildung 1.3: <u>Bezirke von Groß-Budapest 1950</u>

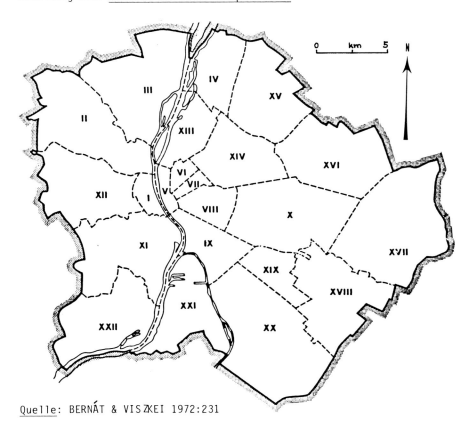

Quelle: BERNÁT & VISZKEI 1972:231

Aus der Fusion von Óbuda, Buda und Pest im Jahre 1872 entstand (Klein-) Budapest mit einer Fläche von 186,9 qkm. Das Stadtgebiet von Klein-Budapest war ursprünglich in 10 Bezirke eingeteilt. Bei der Reform der Organisation der Bezirksvorstellungen im Jahre 1893 wurden an den ursprünglichen Bezirksgrenzen einige kleinere Modifikationen vorgenommen. Anläßlich der Verwaltungsreform im Jahre 1930 wurde das Stadtgebiet in 14 Bezirke eingeteilt. 1941 sind zwei kleinere Gemarkungen in der Größe von insgesamt 11,6 qkm eingemeindet worden. Es sind der im Besitz der Hauptstadt befindliche Waldteil von Budakeszi und das Territorium des damaligen Kgl. ung. staatlichen Freihafens in Csepel. An der Einteilung der 14 Bezirke zwischen 1930 und 1950 änderte sich nichts. Am 1. Januar 1950 ist Groß-Budapest entstanden. Es ist verwaltungsrechtlich in 22 Bezirke eingeteilt und 525,1 qkm groß. Die Bezirke IV und XV bis XXII sind als Randgebiete dazugekommen.

Die einzelnen Bezirke von Groß-Budapest haben folgende Größen:

Bezirk		qkm
I.	Vár, Tabán, Krisztinaváros, Viziváros déli része	3,41
II.	Viziváros északi része, Hegyvidék, Pesthidegkút	36,34
III.	Óbuda, Békásmegyer	39,69
IV.	Újpest	18,83
V.	Belváros, Lipótváros (belső)	2,59
VI.	Terézváros	2,38
VII.	Erzsébetváros	2,09
VIII.	Józsefváros	6,83
IX.	Ferencváros	12,53
X.	Kőbánya	32,50
XI.	Lágymányos, Kelenföld, Albertfalva	33,47
XII.	Hegyvidék	26,67
XIII.	Angyalföld, Lipótváros (külső)	13,44
XIV.	Zugló	18,15
XV.	Rákospalota, Pestújhely	26,88
XVI.	Cinkota, Mátyásföld, Rákosszentmihály, Sashalom	33,52
XVII.	Rákoscsaba, Rákoshegy, Rákoskeresztúr, Rákosliget	54,83
XVIII.	Szentlőrinc, Pestimre	38,61
XIX.	Kispest	9,38
XX.	Pesterzsébet, Soroksár	52,96
XXI.	Csepel	25,75
XXII.	Budafok, Budatétény, Nagytétény	34,15
	Budapest gesamt	525,00

Quelle: BERNÁT & VISZKEI 1972:233

Die Bezirke I - III, XI und XII liegen auf dem rechten (Budaer) Donauufer, der XXI. Bezirk an der Nordspitze der Csepel-Insel, die übrigen auf dem linken (Pester) Donauufer.

Abbildung 1.4: Administrative Gliederung Ungarns ab 1950

Quelle: MARKOS 1971:49.

Verwaltungsrechtlich ist Ungarn in 19 Komitate (Bezirke) eingeteilt. Ausser der Hauptstadt Budapest - die 1980 2,06 Millionen Einwohner besaß - haben nur vier andere Städte den Komitatsstatus, d.h. sie sind nur teilweise den Komitatsräten, in anderen Belangen unmittelbar dem Ministerialrat unterstellt. Es sind die Städte Miskolc mit 210.000 Einwohnern, Debrecen mit 195.000 Einwohnern, Szeged mit 175.000 Einwohnern und Pécs mit 170.000 Einwohnern. Der Komitat, der die Hauptstadt umschließt, heißt Pest.

Die 19 Komitate, geleitet von den Komitatsräten, sind in Städten und Landgemeinden gegliedert. Die Kreise als administrative Einheiten wurden 1983 abgeschafft.

Budapest, die Hauptstadt Ungarns, ist das wichtigste Handels- und Wirtschaftszentrum. Es liegt am Schnittpunkt alter Handelswege und ist der kulturelle Mittelpunkt Ungarns. Mehrere Universitäten, Technische Hochschulen, Musik- und Kunsthochschulen, die Akademie der Wissenschaften und zahlreiche Theater bestimmen das kulturelle Leben der Stadt.

Die Tabelle 1.1 zeigt die Einwohnerzahlen von zehn ungarischen Städten von 1949 bis 1983. Dabei wird deutlich, daß der Abstand zwischen Budapest und den in der Tabelle aufgeführten Städten sehr beträchtlich ist.

Tabelle 1.1: Einwohnerzahlen von zehn ungarischen Städten 1949-1983 (in Tausend)

Städte	1949	1960	1970	1980	1983
Groß-Budapest	1.590,3	1.804,6	2.000,1	2.060,0	2.064,3
Miskolc	109,1	143,4	181,0	210,0	210,0
Debrecen	111,0	129,7	162,0	195,0	198,0
Szeged	86,0	99,0	152,0	175,0	174,0
Pécs	88,3	114,7	150,0	170,0	173,0
Győr	57,5	70,8	103,0	125,0	127,0
Nyiregyháza	48,4	56,9	82,0	107,0	113,0
Székesfehérvár	41,5	55,9	79,0	102,0	108,0
Kecskemét	57,3	66,8	80,0	93,0	96,0
Szombathely	47,2	54,5	65,0	82,0	86,0

Quelle: SZU 1979:39, SZU 1980:39,40; SZU 1982:16,17; SZU 1983:15.

1.2 Phasen der Stadtentwicklung

Die Entwicklung von Budapest wird in der Literatur in unterschiedlichen Zeitabschnitten dargestellt. Dafür sollen drei Beispiele angeführt werden: So legt BUDAPEST TÖRTÉNETE (1975, 1978, 1980) (Die Stadtgeschichte von Budapest) u.a. drei Zeiträume fest, die die Stadtgeschichte bis 1945 grob gliedern sollen:

- Von der Vertreibung der Türken (1686) bis zur Märzrevolution (1848)
- Von der Märzrevolution (1848) bis zur Herbstrevolution (1918)
- Vom Zeitalter der Revolutionen (1918) bis zur Befreiung (1945)

SÁGVÁRI (1974) teilt zur Beschreibung der Entwicklung von Budapest sieben Zeitabschnitte ein:

- Die mittelalterlichen Schwesterstädte (1244-1540)
- Pest-Buda (1686 bis 1849)
- Budapests Weg zur Großstadt (1849-1919)
- Budapest zwischen den beiden Weltkriegen (1919-1945)
- Von der Befreiung des Landes bis zur Schaffung Groß-Budapests (1945-1950)
- Budapest während der ersten zwei Jahrzehnte des Systems der lokalen Räte (1950-1970)
- Das Budapest von morgen (1970-...)

Die Stadtbaugeschichte von PREISICH (1960, 1964, 1969) kommt zu folgenden Abgrenzungen der Entwicklung von Budapest:

- Von der Wiedereroberung (1686) bis zum Ausgleich (1867)
- Vom Ausgleich (1867) bis zur Räterepublik (1919)
- Von 1919 bis 1969

Diese drei Beispiele zeigen, daß die Kriterien zur Abgrenzung ganz überwiegend politische Ereignisse sind. Es ist sicherlich richtig, daß Veränderungen der politischen Verhältnisse mit Einfluß nehmen können z.B. auf die Bevölkerungs- und Wirtschaftsentwicklung.

Wir sind allerdings der Auffassung, daß nur extreme Ereignisse eine vollständige und kurzfristige Änderung der Entwicklungsrichtung mit sich bringen können. Bei langfristigen Betrachtungsweisen wird man aber gerade bei Stadtentwicklungen auf Effekte von Persistenz stoßen. So sind in Budapest die während des Zweiten Weltkrieges zerstörten Gebäude zum Teil auf demselben Stadtgrundriß wiederaufgebaut worden, obwohl Alternativen möglich gewesen wären.

In Teil I haben wir Vorschläge entwickelt, wie Phasen der Stadtentwicklung und der Landesentwicklung abzugrenzen sind. Diese Entwicklungsphasen (I bis IV) werden gebildet durch die Kombination von Zeitabschnitten in demographischen und ökonomischen Modellverläufen. Die beiden Modellverläufe werden jeweils durch Schwellenwerte in eine prätransformative, transformative und posttransformative Phase unterteilt. Nach der in Teil I entwickelten Klassifikation befindet sich Budapest

bis zum Jahre 1876 in den Entwicklungsphasen I und II,
von 1876 bis 1962 in Entwicklungsphase III und
von 1962 bis 1984 in Entwicklungsphase IV.

Wir fassen dabei die festgelegten Schwellenwerte als Vorschläge auf, die die langfristige Stadtentwicklung gliedern sollen. Die von uns erarbeitete Klassifikation ist nicht in der Lage, kurzfristige Entwicklungen zu analysieren.

Die transformative Phase der Stadtwirtschaft haben wir zusätzlich in drei Wirtschaftsprozesse unterteilt: den tertiären, den industriellen und den stationären. Der tertiäre Prozeß ist durch einen Anstieg des Anteils der Beschäftigten in den Berufsgruppen Handel, Dienstleistung, Transport, Verkehr und städtische Beschäftigte gegenüber dem sekundären Sektor gekennzeichnet. Der industrielle Prozeß ist durch einen Anstieg des Anteils der Beschäftigten in den Berufsgruppen produzierendes Gewerbe und Bauindustrie gegenüber dem tertiären Sektor markiert. Während des stationären Prozesses verlaufen die Entwicklungen des Beschäftigtenanteils von tertiärem Sektor und sekundärem Sektor etwa parallel. Wir haben in Teil I folgende Wirtschaftsprozesse in Budapest festgestellt:

1869-1880 Tertiärisierungsprozeß
1880-1910 Industrialisierungsprozeß
1910-1920 Tertiärisierungsprozeß
1920-1963 Industrialisierungsprozeß

Wir gehen bei der Beschreibung der Stadtentwicklung von Budapest von der Annahme aus, daß innerhalb der jeweiligen Phase Merkmale aus den Bereichen

1. Planverfahren und Ordnungsvorstellungen,
2. Bevölkerung und Wohnen,
3. Erwerbstätige und Arbeitsstätten und
4. Infrastruktur

kovariieren. Die Auswahl dieser Merkmale ist bereits in einer früheren Veröffentlichung begründet worden (FRIEDRICHS 1977). Wir gehen weiter davon aus, daß für die Stadtentwicklung besonders auch räumliche Aspekte von Bedeutung sind. Das bedeutet z.B., daß nicht nur die Veränderungen in der Bevölkerungsentwicklung zu beschreiben sind, sondern auch das verfügbare Wohnungsangebot und die Wohnstandorte. Das bedeutet, daß nicht nur Veränderungen der Erwerbsstruktur zu beschreiben sind, sondern auch die Verteilung der Arbeitsstätten. In einem zweiten Schritt können mögliche Zusammenhänge zwischen den Bereichen beschrieben werden. Exemplarisch sollen mögliche Zusammenhänge zwischen Bevölkerungsverteilung und der Wirtschaftsentwicklung in der Entwicklungsphase III dargestellt werden.

Für die vorliegende Monographie über Budapest ist es wichtig zu wissen, wie sich die Phasen von Landes- und Stadtentwicklung zueinander verhalten, werden so doch Entwicklungsprozesse der Stadt verständlich, deren Ursachen auf der Landesebene liegen. In diesem Zusammenhang ist die Arbeit von JEFFERSON (1939) "The Law of the Primate City" wichtig. JEFFERSON schlägt vor, daß "die herausragende Bedeutung der großen Stadt nicht nur in ihrer Ausdehnung, sondern auch in ihrer nationalen Einflußnahme zu gewichten sei." Aus diesem Grund werden gleichzeitig die Phasen der Landesentwicklung und die Phasen der Stadtentwicklung beschrieben. Die Abbildungen 1.5a und 1.5b zeigen diese Phasen.

BUDAPEST 586

Abbildung 1.5a: Phasen der Stadtentwicklung in Groß-Budapest

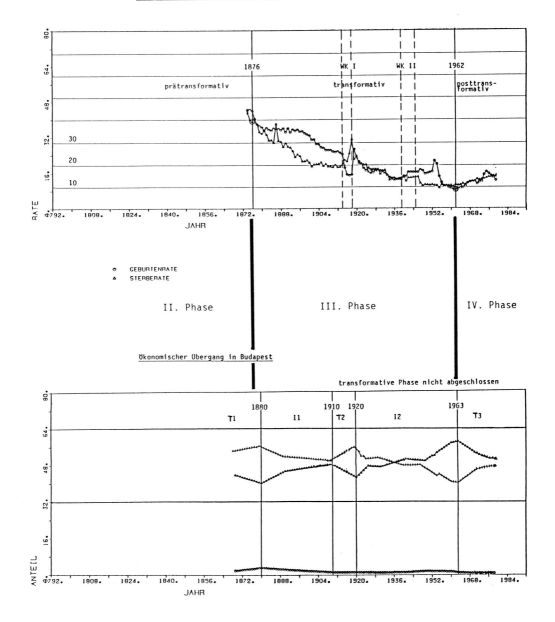

BUDAPEST

Abbildung 1.5b: <u>Phasen der Landesentwicklung in Ungarn</u>

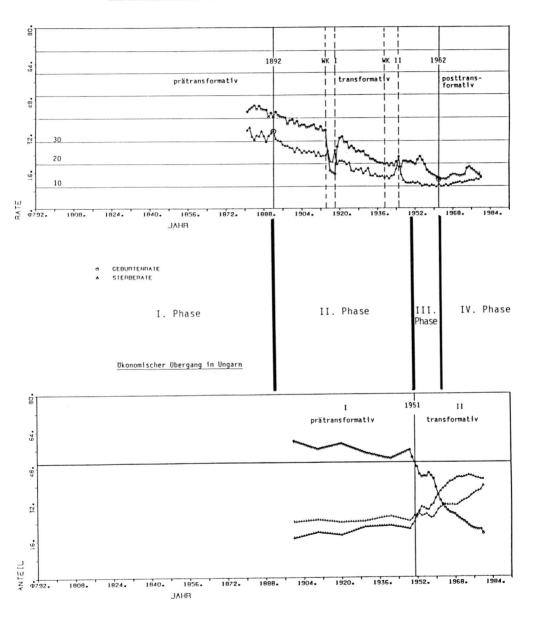

Der räumliche Bezug der Daten soll dadurch erkennbar werden, daß die jeweiligen Gebietseinheiten definiert werden. Wenn von Ungarn die Rede ist, dann wird unterschieden zwischen den Gebietsständen von vor 1920 und dem gegenwärtigen Staatsgebiet von 93.030 qkm. Im Falle von Budapest werden folgende Gebietseinheiten unterschieden:

1. Der Zentrale Geschäfts- und Verwaltungsbezirk (Central Business District, CBD), d.h. der V. Bezirk in der Bezirkseinteilung von Groß-Budapest;

2. die Innere Stadt, d.h. I. bis III. und V. bis XIV. Bezirk in der Bezirkseinteilung von Groß-Budapest - etwa identisch mit Klein-Budapest;

3. die Äußere Stadt, d.h. der IV. und XV. bis XXII. Bezirk in der Bezirkseinteilung von Groß-Budapest - identisch mit den Randgebieten, die 1950 eingemeindet worden sind;

4. Groß-Budapest - identisch mit den Bezirken I bis XXII nach der Bezirkseinteilung von 1950;

5. die 43 Umlandgemeinden;

6. die Budapester Agglomeration, d.h. Groß-Budapest einschließlich der 43 Umlandgemeinden.

Bei den Daten ist in allererster Linie auf die jeweiligen Volkszählungen zurückgegriffen worden. Für die Zeiträume, die dazwischen liegen, sind Mikrozensusdaten bzw. fortgeschriebene Daten verarbeitet. Allerdings ließ es sich gerade bei lange zurückreichenden Zeiträumen nicht vermeiden, auf sekundäre Quellen zurückzugreifen, da die Originalquellen nicht zugänglich waren.

2. HISTORISCHE VORAUSSETZUNGEN

Die historischen Voraussetzungen beinhalten nach der in Teil I entwickelten Klassifikation die Phasen I und II der Stadtentwicklung. Aufgrund der Datenlage sind hier keine entsprechenden eindeutigen zeitlichen Abgrenzungen möglich. Es lassen sich jedoch grob vier Zeitperioden unterscheiden:

- Die Zeit der Römer; sie geht etwa bis 450 n.Chr.
- Die Zeit des mittelalterlichen Stadtausbaus nach der ursprünglichen Landnahme um 900; sie endet mit der Türkenzeit.
- Die Zeit der türkischen Besetzung von 1541-1686.
- Die Zeit des Stadtausbaus von Buda, Óbuda und Pest, die bis zur Stadtgründung von Budapest im Jahre 1872 dauert.

Abbildung 2.1 zeigt die historische Entwicklung von Budapest.

2.1 Römerzeit

In den Jahren 12 bis 9 vor Christi nahm Rom Transdanubien in Besitz und gliederte es als die Provinz Pannonia in das Römische Reich ein. Die Provinz Pannonia wurde zu jener Zeit begrenzt durch zwei Flüsse, die Donau und die Save und durch das Gebirge der Ostalpen. Die Donau war zugleich ein Teil der Nord-Ost-Grenze des Römischen Imperiums. Zwischen 81 und 96 ließ Kaiser Domitian diese Grenze durch einen Wall bzw. eine Mauer befestigen. Diese Befestigung - der Limes - reichte zur Zeit der größten Ausdehnung vom Mittelrhein bis zur oberen Donau. Um den Schutz des Limes sicherzustellen, wurden zahlreiche Grenzgarnisonsstädte gegründet. In Pannonia entstanden u.a. Carnuntum = Mosonmagyaróvár (Deutschaltenburg), Arrabona = Győr, Brigetio = Szöny bei Komárom, Aelia Solva = Esztergom (Gran), Ulcisa Castra = Szentendre, Aquincum = Óbuda, Intercisa = Dunaujváros.

Untereinander waren die Städte durch befestigte und gut ausgebaute Strassen verbunden. So lag Aquincum an einer wichtigen Straßenkreuzung. Es wurde einmal von der Donaustraße berührt, die von Brigantium (Bregenz)

BUDAPEST

Abbildung 2.1: <u>Historische Entwicklung Budapests</u>

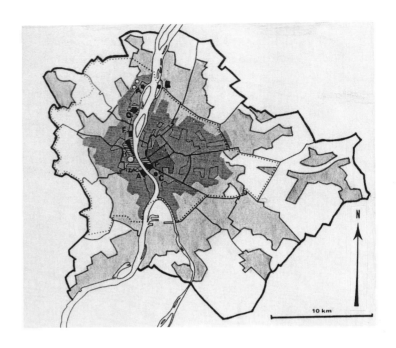

O Keltische Siedlungen

● Römische Siedlungen
   A:Aquincum
   C:Contraaquincum

■ 12.-13.Jahrhundert
   O:Buda-Alt Buda (Óbuda)
   F:Felhéviz
   B:Burg von Buda
   P:Pest
   A:Alhéviz

≡ Städte:Buda,Pest
   und Óbuda um 1700

Bebautes Gebiet

▓ um 1800

▒ um 1872

≡ um 1930

░ um 1970

── Grenzen der gegenwärtigen Bezirk

···· Stadtgrenze 1872-1950

── Stadtgrenze 1950

Quelle: MARKOS 1971:86

bis nach Singudunum (Belgrad) führte. Zum anderen war Aquincum Endpunkt einer weiteren Fernhandelsstraße, deren Verlauf heute durch die Nationalstraße Nr. 7 bestimmt wird. Die Ausstattung der römischen Städte mit Infrastruktur war für die damalige Zeit hervorragend. Es waren Wasserleitungen, Abwasserkanalisation, Wasserklosetts, Fernheizungen, Bäder und Erholungsanlagen bekannt. Zwar waren nicht alle römischen Stadtgründungen mit gleichem Komfort ausgestattet, in Aquincum - der späteren Hauptstadt einer Teilprovinz Pannoniens - lassen sich aber alle aufgeführten Einrichtungen durch spätere Ausgrabungen nachweisen.

Auf dem heutigen Gebiet des Budapester Stadtteils Tában (Raitzenstadt) im I. Bezirk hatten vor der römischen Landnahme die Eravisker, ein Stamm der Kelten, am Budaer Ufer der Donau die Hauptsiedlung mit dem Namen "Ak-ink" gegründet. Der Name Ak-ink kommt aus dem Keltischen und bedeutet soviel wie reiches und vieles Wasser. Diese Wortwahl weist auf das Vorhandensein von Thermalquellen hin, die noch heute die Bäder des dort zwischen 1911 und 1928 erbauten Gellérthotels versorgen. Daß zwischen Buda und Pest verschiedene, durch die Täler der westlichen Hügelketten leicht zugängliche Furten durch die Donau führten, begünstigte die Ansiedlung.

Tabelle 2.1: <u>Bevölkerung von 90-280 in Aquincum</u>

Jahr n.Chr.	Militärstadt	Bürgerstadt	Contra-Aquincum	Gesamt
90	6.000	-	-	6.000
194	6.000	12-15.000	1.000	ca. 19-22.000
280	ca. 38-48.000		2.000	ca. 40-50.000

<u>Quelle</u>: MIKLOS o.J.: 4ff.

Aquincum, das spätere Óbuda, sollte sich bis zum Ende des 3. Jahrhunderts zu einer Stadt entwickeln, in der schätzungsweise 40-50.000 Menschen lebten (vgl. Tab. 2.1). (In dieser Zahl sind die Einwohner der drei Siedlungsschwerpunkte und der zum Verwaltungsgebiet der Stadt zählenden Siedlungen mitenthalten). Durch Ausgrabungen im 18. Jahrhundert lassen sich drei Siedlungsschwerpunkte von Aquincum ausmachen: Die Soldatenstadt, die ihr Zentrum am heutigen Flórián tér in Óbuda im III. Bezirk hatte und ca. 90 n.Ch. erbaut wurde, die Bürgerstadt, die ca. drei Kilometer flußaufwärts etwa zwanzig Jahre später gebaut wurde und das eigentliche Zentrum von Aquincum werden sollte und ein kleines Soldatenlager, Contra-Aquincum, das sich in Höhe des heutigen Pester Brückenkopfs der Erzsébet hid (Elisabethbrücke) befunden hat und um 294 n.Ch. errichtet wurde.

Die Soldatenstadt (canabae) wurde in den Rang einer ständigen Lagerstadt der II. römischen Hilfslegion (legio II adiutrix) erhoben. Das Castrum, das mit Festungsmauern und Wassergraben umgebene Zentrum der Soldatenstadt, war auf einer Grundfläche von 520 x 480 m angelegt und bot Unterkunft für ca. 6.000 Militärpersonen. Neben den Kelten siedelten in unmittelbarer Nähe der Soldatenstadt Angehörige des Militärpersonals, Handwerker und Händler, die das Militärlager mit Dienstleistungen versorgten. Die Legionäre wurden neben ihrer Hauptaufgabe, den militärischen Schutz des Limes zu gewährleisten, zum Straßenbau, zum Bau der Wasserver- und -entsorgung und zum Aufbau der zukünftigen Bürgerstadt eingesetzt.

Im Jahre 106 n. Chr. wird Aquincum von Kaiser Trajan zur vorläufigen Hauptstadt der unterpannonischen Provinz (Pannonia inferior) ernannt. Mit der Einsetzung als politische Hauptstadt verbindet sich zugleich die Notwendigkeit, eine Bürgerstadt zu errichten, da nach römischem Recht unterschiedliche Rechtsordnungen für Bürger- und Soldatenstädte galten. Kaiser Trajan erhob die Bürgerstadt von Aquincum im Jahre 124 offiziell zum "municipium", d.h. die Bürgerstadt darf sich mit einer Mauer umgeben. Im Jahre 194 erhält die Bürgerstadt durch Kaiser Septimius Servus die höchste Rechtsstellung einer "colonia". Das mit Stadtmauern umzogene Areal der Bürgerstadt beträgt ca. 50 Hektar, auf dem im Jahre 200 etwa 12-15.000 Einwohner leben. Mit zum Wachstum der Einwohnerzahl der Bürgerstadt trägt besonders eine Erweiterung der römischen Bürgerrechte durch Kaiser Caracalla bei (die Constitutio Antoniniana, d.h. die Verleihung des römischen Bürgerrechts an alle freien Reichsbewohner): Diejenigen freien Bewohner von Pannonien erhalten die römischen Bürgerrechte, die innerhalb der Stadtmauern einer Colonia ihren Wohnsitz haben. Deshalb erwarben ein großer Teil der keltischen Aristokratie, fremde Kaufleute, die den Fernhandel betreiben, die Landbesitzer aus der Umgebung, ehemalige entlassene Legionäre und andere Bevölkerungsgruppen vom Stadtrat die Wohnerlaubnis innerhalb der Bürgerstadt, um in den Besitz der römischen Bürgerrechte zu gelangen. Im 3. Jahrhundert begannen sich die juristischen Unterschiede zwischen der Bürgerstadt und der Soldatenstadt zu verwischen. Die beiden Siedlungsschwerpunkte wuchsen zusammen. Gleichzeitig wuchs die wirtschaftliche Bedeutung von Aquincum. Neben der zentralen Rolle als Lager- und Handelsplatz für die Provinz Pannonien, speziell für Getreide, Salz und Wein wurde in Aquincum ein umfangreicher Fernhandel betrieben, der teils auf der Donau, teils über die römischen Fernstraßen abgewickelt wurde. Es lassen sich Handelsbeziehungen mit Gallien, Germanien, Raetia (Schweiz), Noricum (Österreich) und Moesia (Jugoslavien) nachweisen. Darüberhinaus entwickelte sich das Töpfergewerbe in beträchtlichem Umfang.

Anfang des 5. Jahrhunderts wird Aquincum durch die Hunnen erobert. Zwar gelingt es für einige Jahrzehnte, das 294 erbaute Soldatenlager Contra-Aquincum und das Castrum der Soldatenstadt gegen die Reiternomaden Attilas zu verteidigen, aber als zwischen 420 und 452 die gesamte Provinz Pannonien eingenommen wird, müssen auch diese Stadtteile von den Römern aufgegeben werden. Da den Eroberern als Nomaden städtisches Leben fremd war, benutzten sie die Städte kaum, d.h. den Siegern war die Funktion der vorhandenen Gebäude und Anlagen teilweise nicht bekannt. Die vorhandene Infrastruktur verfiel oder wurde zerstört. In den ehemaligen römischen Städten ging die Einwohnerzahl drastisch zurück bzw. die Städte wurden ganz aufgegeben.

Mit der Verödung bzw. der Aufgabe der römischen Städte im 5. Jahrhundert ging zugleich ein Standard an Stadtentwicklung in technischer Sicht unter, der von vielen europäischen Großstädten auch im 19. Jahrhundert noch nicht wieder erreicht wurde. So schreibt BRENNER (1968:51): "Obwohl anstelle der alten Römerstädte Pannoniens fast ausnahmslos auch gegenwärtig Städte anzutreffen sind ... ist die Kontinuität des städtischen Lebens nach dem Untergang der Römerherrschaft nicht zu erweisen."

2.2 Mittelalterlicher Stadtausbau

Bis zum Ende der Völkerwanderungen, gegen Ende des 9. Jahrhunderts, wurde die römische Stadt Aquincum vollständig vernichtet. In der Zwischenzeit waren Jazygen, Gepiden, Alanen, Hunnen, Goten und Awaren durch die Ruinenfelder von Aquincum gezogen. Kaiser Karl der Große zerschlug das Reich der Awaren. Und vom Norden und Süden her eindringend siedelten sich im 9. Jahrhundert auf dem heutigen Gebiet von Budapest verschiedene slawische Stämme an, die sich mit der Landwirtschaft befaßten. Kleinere Siedlungen entstanden in der Gegend des römischen Castrum und der ehemaligen Keltensiedlung "Ak-ink" auf der Budaer Seite und in den Ruinen von Contra-Aquincum auf der Pester Seite.

Gegen Ende des 9. Jahrhunderts nahmen die von Osten kommenden ungarischen Stämme das Land in Besitz. Im Zeitraum von 896-907 siedelten sich sieben magyarische Stämme an der Theiß und an der mittleren Donau an. Stephan I. (997-1038) christianisierte Ungarn gewaltsam und erwarb damit die Königskrone. Diese Krönung gilt als die Geburtsstunde des ungarischen Staates. Die Königskrone, die spätere Stephanskrone, wurde Stephan I. vom Papst Silvester II. übersandt. Nach dem Zweiten Weltkrieg gelangte sie über Österreich in die USA, von wo sie 1978 nach Ungarn zurückgeführt wurde. Hier wurde die Stephanskrone vom Parlamentspräsidenten im Namen des ungarischen Volkes feierlich in Empfang genommen. Für die Angliederung des ungarischen Volkes an die westliche Christenheit durch die Begründung von zehn Bistümern und zwei Erzbistümern, u.a. des Erzbistums Gran (Esztergom), wurde Stephan I. 1083 kanonisiert. 1222 wurde König Andreas II. vom Adel gezwungen, die Goldene Bulle zu verkünden. Sie gewährte dem hohen Adel Steuerfreiheit und Begrenzung der Heerfolgepflicht. Durch Erb- und freies Verfügungsrecht über die Dienstgüter des niederen Adels und durch die Verleihung der Stadtrechte an emporstrebende bürgerliche Gemeinwesen versucht die Krone ein Gegengewicht zu den Magnaten zu schaffen. Darüberhinaus muß die Krone allen Adligen Sicherheit vor Verhaftungen, Besteuerung und Güterkonfiskation zugestehen und zugleich das Recht der jährlichen Landesversammlung mit einem Beschwerde- und einem Widerstandsrecht einräumen.

1148 wurde in der Gegend des ehemaligen römischen Castrums die Königspfalz Buda, das heutige Óbuda, gegründet. Es entstand daneben ein Kollegialkapitel, eine kirchliche Verwaltungsbehörde, das den Namen St. Peter trägt. Zum späteren Domkapitel gehörte die Gemeinde Felhéviz (oberes Heißwasser) mit der bestehenden Fährstation Gézavásár und Alhéviz (unteres Heißwasser) - etwa im heutigen II. und III. bzw. I. Bezirk; in Alhéviz hatte sich vorher die Siedlung Kisebb-Pest entwickelt. Dem Domkapitel werden in einem Donationsbrief zahlreiche Pfründe der Umgebung vermacht: "... ferner der Marktzoll von Gézavásár, weiterhin der Zoll der Pester Fähre bzw. der Zoll der Schiffe, die mit Wein und Salz flußabwärts oder mit anderen Waren flußaufärts fahren ... weiterhin der Fischfang von der Megyerer Fähre bis zur Großen Insel des Königs. ...". (DIE ZWEITAUSEND JAHRE VON BUDAPEST o.J.:16) In Gézavásár - ab 1148 zur Gemeinde Felhéviz geschlagen - befindet sich der erste Marktplatz in Buda, der urkundlich erwähnt wird. Durch den erwähnten Donationsbrief übt zwar das Domkapitel eine starke wirtschaftliche Macht aus, verhindert aber gleichzeitig, daß die untergebenen Gemeinden sich wirtschaftlich selbst weiter entwickeln können. So bleibt das spätere Óbuda bis ins 18. Jahrhundert relativ unbedeutend dadurch, daß Teile noch immer zum Domkapitel gehören und von einer "normalen" wirtschaftlichen Entwicklung abgeschnitten sind. Erst als in der Mitte des 18. Jahrhunderts die aus Pest und Buda ausgetriebenen Juden in Óbuda bereitwillig aufgenommen werden, verändert sich die wirtschaftliche Situation.

Auf der Pester Seite wird in den Ruinen von Contra-Aquincum die Marienkapelle des Dominikanerordens gebaut. Um die Kapelle werden zahlreiche deutsche, wallonische und französische Kaufleute und Handwerker angesiedelt, die davon profitieren, daß das ehemalige Contra-Aquincum nicht mehr Endpunkt der Fernstraßenverbindung in Richtung Italien ist; sondern daß dieser bedeutende Handelsweg weiter bis nach Kiew benutzbar ist. Hauptsächlich deutsche Händler sorgen dafür, daß die russischen Rauchwaren über Pest in süddeutsche Gerbereien weitertransportiert werden. Auf dem Rückweg werden Tuche herangeschafft.

Bis zum Wiederaufbau nach dem Mongoleneinfall im Jahre 1241 spielen Buda und Pest in Ungarn nur eine untergeordnete Rolle; denn Königsstädte waren Székesfehérvár (Stuhlweissenburg) und Esztergom (Gran), deren Bedeutung zusätzlich durch Bischofssitze gesteigert wurde. Königsresidenz war bis 1322 Temesvár und bis 1350 Visegrád. Dagegen waren Buda und Pest lediglich Domkapitel bzw. unbefestigte Handelssiedlungen. 1241 wurde von den Mongolen zuerst Pest zerstört. Der Großteil der Bevölkerung rettete sich nach Buda, doch im Winter 1241/42 fror die Donau zu, und die Mongolen konnten den Fluß überqueren und brannten Buda nieder. Der Einfall der Mongolen hatte die Entvölkerung und die Verwüstung des Landes zur Folge. Der König, Béla IV., reagierte auf die Niederlage mit der Schaffung "fester Orte", d.h. dem Ausbau von Städten und Burgen. Sie sollten gegen einen neuerlichen Mongoleneinfall Schutz bieten. Der so notwendig gewordene Markt brauchte zunehmend zeitlich und räumlich dauerhafte Standorte vorwiegend neben Königs- und Bischofssitzen, wodurch größere und differenziertere Siedlungen als Dörfer, nämlich Städte, entstanden. Darüberhinaus konnte in der Landwirtschaft eine erhöhte Produktivität erzielt werden. Gleichzeitig wurde der Rechtsstatus der Städte kodifiziert. Die Stadtrechte umfaßten im allgemeinen: 1. Das Recht auf Befestigung, 2. das Recht auf einen Markt, 3. das Recht auf ein eigenes Gericht, 4. das Recht auf Selbstverwaltung. Mit den Stadtrechten verbunden war auch die persönliche Freiheit der Bürger. Wer eine bestimmte Zeit (häufig ein Jahr) in den Mauern der Stadt gelebt und gearbeitet hatte, war befreit von der grundherrlichen Abhängigkeit. Allerdings gab es zahlreiche Differenzierungen der Stadtrechte. So fiel Óbuda unter das Magdeburger Stadtrecht. In Pest dagegen herrschte das Süddeutsche Stadtrecht.

König Béla IV. verlieh 28 Städten die Stadtrechte, darunter auch Pest im Jahre 1244. In der erhaltenen Urkunde wird festgelegt, daß Pest von der grundherrlichen Macht befreit wird und die Stadtrechte erhält.

Unter Béla IV. entstand ein starker Ständestaat mit schwacher königlicher Zentralgewalt. Durch rechtliche Mittel wie z.B. durch entsprechende Stadtverfassungen wurde das aufblühende Städtewesen mit seinem privilegierten Bürgertum Träger des wirtschaftlichen Lebens. Die Zentralgewalt des Königs war auf das Wohlwollen der Städte angewiesen. Hinzu kam, daß die städtischen Bürger teilweise "hospites", d.h. ausländischer Herkunft waren. Sie erhielten die sog. Hospesrechte einen Status, der ihnen die Respektierung ihrer sprachlichen und kulturellen Eigenständigkeit sicherte. Diese Rechte waren in wesentlichen Umrissen schon von Stefan I. kodifiziert worden. Sie sollten in erster Linie die Einwanderungen aus den westlichen Teilen Europas, vorwiegend aus Gebieten des deutschen Sprachraumes, fördern. Später folgten dann italienische Einwanderer, die als

"Hospes", d.h. Gäste, bezeichnet wurden; sie bildeten im mittelalterlichen Ungarn im Laufe der Zeit neben ständisch geordneten Handwerkerzünften eine geschlossene Patrizierschicht. Dokumente berichten von 79 unterschiedlichen Handwerkerzünften in Pest, die sich hauptsächlich mit der Verarbeitung von Bekleidung, Metall und Lebensmitteln beschäftigten. In Pest gelangten durch die erwähnten Hospesrechte Teile der ausländischen Einwanderer zu beträchtlichem Reichtum und Einfluß. Besonders die Patrizierfamilien Preussel und Greif aus Wien stellten lange Zeit die Bürgervorsteher. Von den 12 Mitgliedern des Stadtrates wurden während dieser Zeit zehn von den ausländischen Einwanderern gestellt.

Es wird vermutet, daß aus der zugewanderten, vornehmlich deutsch sprechenden Patrizierschicht auch der Anstoß zum Bau einer neuen Stadt gekommen ist, um besser vor neuerlichen Mongolenüberfällen geschützt zu sein, oder wie andere Literaturquellen vermerken, "einen würdigen Rahmen zur Selbstdarstellung" ihrer wirtschaftlichen Macht zu erhalten. Da die historischen Quellen verloren sind, läßt sich kein eindeutiges Bild zeigen. Neben dem Wiederaufbau des zerstörten Pest wird nach dem Mongoleneinfall die Errichtung einer neuen Stadt beschlossen.

Unter dem Namen "Pesti-Újhegy" (Pester-Neuberg) war die Errichtung einer neuen Stadt auf dem Budaer Berg vorgesehen. Sie wurde ab 1247 gebaut und erhielt dann den Namen Ofen = Buda. Der Name Ofen wurde der neu entstehenden Stadt von den deutschen Siedlern gegeben. Auch das ursprüngliche slawische Wort Pest bedeutet Ofen. Wahrscheinlich wurde der Name von den Öfen der hier betriebenen Ziegel- und Kalkbrennereien auf die Stadt übertragen. Die ältere Siedlung nördlich von Buda, die bis dahin Buda genannt worden war, hieß nun Óbuda (altes Buda = Altofen). Im Jahre 1255 erhielt die neue Siedlung Markt- und Zollrechte. 1335 bekam Buda das Stapelrecht verliehen. Es bedeutete, daß Kaufleute, woher sie auch kamen, verpflichtet waren, in der Stadt Station zu machen und ihre Waren zum Verkauf anzubieten. Nur bei mangelnder lokaler Nachfrage durften die Waren die Stadt wieder verlassen. Die Stadt - zunächst als Burg ausgebaut - bewachte die zwei wichtigen Verkehrswege, nämlich die Ost-West-Linie, die hier die Donau überquert, sowie die Nord-Süd-Linie entlang des Donauufers. Buda hatte verschiedene Funktionen. Neben dem Schutz der Verkehrswege und der Aufsicht über den Handelsplatz Pest wurde sie ab 1347 Königssitz. Die Stadtquartiere von Buda waren nach Pfarreien gegliedert

Abbildung 2.2: <u>Buda und Pest vor der Zerstörung durch die Türken 1525</u>

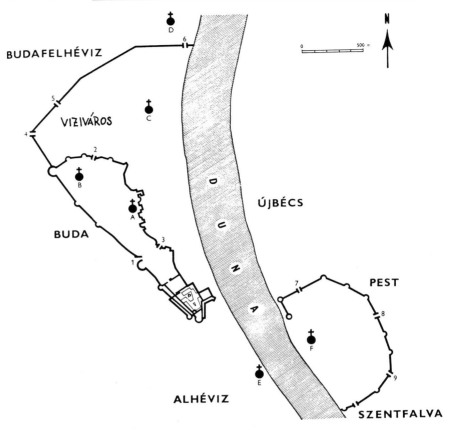

Kirchengemeinden

A Maria
B Maria Magdalena
C St. Petrus
D Heilige Dreieinigkeit
E St. Gellért
F Maria

Quelle: SÁGVÁRI 1974:165, 169

Stadttore

1 Fehérvári
2 Szombat
3 Szent János
4 Tótfalusi
5 Taschental
6 Szent Péteri
7 Váci
8 Hatvani
9 Kecskeméti

(vgl. Abb. 2.2). Innerhalb der Stadtmauern des Burgviertels entstand 1247-55 neben dem königlichen Palast die Pfarrei der Maria-Magdalenenkirche (Pfarrkirche der Ungarn) und die Pfarrei der Maria, die spätere Matthiaskirche (Pfarrkirche der Deutschen). Zur gleichen Zeit wurde mit der Bebauung der Vorstadt - dem Gelände, das zwischen dem Burgberg und der Donau liegt - begonnen. In der zweiten Hälfte des 14. Jahrhunderts wurde diese Vorstadt - das heutige Viziváros (Wasserstadt) - mit einer Stadtmauer befestigt. Sie erhielt ihre Quartiersnamen nach den dortigen Kirchen St. Petrus und St. Stephan. Die Stadtmauer erstreckte sich entlang der heutigen Mártirok útja. Neben der Pfarrei von St. Petrus und St. Stephan bildeten sich im Laufe der Zeit zwei weitere Vorstadtquartiere innerhalb der Mauer aus: Tótfalu - das Quartier der slawischen Bewohner - und Taschental - das Quartier der deutschen Bewohner.

Der von 1458 bis 1490 lebende König Matthias Corvinus ließ den Burgpalast im Renaissancestil umbauen und berief zahlreiche ausländische Gelehrte, Literaten und Künstler an seinen Hof. Buda wurde während dieser Zeit ein Zentrum der europäischen Kultur. Unter Matthias wurde 1472 von András Hess die erste Buchdruckerei Ungarns in Buda aufgebaut. Der größte Staatsverlag Ungarns trägt heute den Namen Corvina.

Vor den Toren entstand im 15. Jahrhundert eine weitere Vorstadt, die aber nicht unter die hoheitliche Gewalt von Buda fiel. Sie erhielt den Namen der ehemaligen Gemeinde Felhéviz. In St. Petrus und St. Stephan siedelten sich in erster Linie Handwerker an. Besonders genannt werden muß das Müllerhandwerk in Felhéviz. Die dritte Vorstadt - Alhéviz, früher Kisebb Pest, war das Viertel der Weinbauern, Fischer und Fährleute und war unbefestigt. Sie befand sich im heutigen Tabán (Raitzenstadt). Im Burgviertel wohnten in erster Linie Aristokraten und höfische Bedienstete, die nach und nach die Kaufleute aus Pest verdrängten. Lediglich im nördlichen Teil des Burgviertels konnte sich ein Quartier mit jüdischen Kaufleuten halten. Im Laufe der Zeit wurde die verfügbare Fläche des Burgviertels fast vollständig mit mehrstöckigen Häusern überbaut, so daß immer mehr Menschen der wachsenden Bevölkerung - besonders höfische Bedienstete - in die Vorstädte ziehen mußten. Es wird geschätzt, daß vor der Türkenzeit - sie beginnt 1541- mindestens zwei Drittel, d.h. etwa 10.000 Bürger, in den drei erwähnten Vorstädten von Buda gelebt haben.

Tabelle 2.2: <u>Bevölkerung von 1300-1686 in Óbuda, Buda und Pest</u>

Jahr n.Chr.	Óbuda	Buda	Pest	Gesamt
13oo	-	-	1.500	-
1541	1-2.000	15.000	12-15.000	ca. 30.000
1686	-	6oo	3oo	9oo

Quelle: KUBINYI 1974:11ff

Óbuda - entstanden aus dem Domkapitel St. Peter - wurde zwar ab 1343 Besitz der Königin, erreichte aber nie die Bedeutung von Buda oder Pest. 1355 werden die Ländereien Felhéviz und Alhéviz zwischen König und Königin einerseits und Domkapitel andererseits aufgeteilt. Lediglich ein kleiner Teil von Felhéviz verblieb beim Domkapitel; es umfaßt die Fläche der bis 1873 bestehenden Stadt Óbuda. Die Einwohnerzahl wird vor der Türkenzeit auf 1.000 bis 2.000 geschätzt.

Pest entwickelte sich bis zur Türkenzeit eindeutig zur Handelsstadt, und zwar in einer doppelten Bedeutung. Einmal wurde Pest der lokale Handelsplatz für Óbuda und Buda, der die Versorgung besonders mit Vieh und Wein organisierte. Der ehemalige Markt von Gézavásár wurde 1253 nach Pest verlegt. Zum anderen konnte Pest seine internationale Stellung als Handelsplatz behaupten. Der internationale Handel lag fast ausschließlich in den Händen von ausländischen Händlern, die direkt nach der Stadtgründung zwar im Budaer Burgviertel wohnten, nach und nach aber von der Aristokratie verdrängt wurden und sich im wiederaufgebauten Pest ansiedelten.

Von 1244-1541 ist Pest zweimal vergrößert worden. Lag vor dem Mongolensturm das Zentrum noch innerhalb der Ruinen von Contra-Aquincum, so wurde Anfang des 14. Jahrhunderts die Stadtmauer in Höhe der heutigen Petőfi Sándor utca, Károlyi Mihály utca und Kecskeméti utca errichtet. Man schätzt, daß zu jener Zeit etwa 1.500 Menschen in Pest wohnten.

Anfang des 15. Jahrhunderts wurde eine neue Stadtmauer in Höhe des heutigen Tanács körút, Múzeum körút und Tolbukin körút erbaut. Diese Begrenzung ist für die weitere Stadtentwicklung von Pest von großer Bedeutung, stellt sie doch heute die Grenzen der Belváros, des älteren Teils der heutigen Innenstadt, dar. Darüberhinaus wurden Anfang des 15. Jahrhunderts die Trassen der ins Umland führenden Radialen der Váci út, Kerepesi út, Üllői út und Soroksári út angelegt, die heute neben den Ringstraßen das Rückgrat des Straßennetzes von Pest bilden. Zu dieser Zeit wird auch die Tabáner Fähre durch eine Schiffbrücke ersetzt. Vor den Mauern von Pest bildeten sich zwei Vorstädte: Újbécs (Neu-Wien), gelegen an der heutigen Váci út - der Chaussee nach Wien - und Szentfalva, gelegen an der heutigen Soroksári út - der Chaussee nach Soroksár, dem heutigen XX. Bezirk von Budapest. Man schätzt, daß Anfang des 15. Jahrhunderts etwa 10.000 Menschen innerhalb der Mauern von Pest gewohnt haben; über die Wohnbevölkerung vor den Mauern liegen keine Angaben vor. Weitere Schätzungen besagen, daß vor der Türkenzeit der geringere Teil der Einwohnerschaft aller drei Städte - also zwischen 12.000 und 15.000 Personen - Ungarn gewesen sind und der überwiegende Teil sich aus anderen Nationalitäten, in der Hauptsache jedoch deutschsprachigen, zusammengesetzt hat.

2.3 Türkische Besetzung

Bevor 1541 Óbuda, Buda und Pest von den Türken erobert wurden, floh der königliche Hof, die Geistlichkeit und die gesamte wohlhabende Patrizierschicht. Während der türkischen Besetzung - sie dauerte bis 1686 - trat ein starker Rückgang der wirtschaftlichen Aktivitäten ein. Die Bevölkerungszahl ging rapide zurück, insbesondere die deutsche Bevölkerung hatte die Stadt fast vollständig verlassen. Die bauliche Tätigkeit der Türken bestand in der Verstärkung der Stadtmauern, im Bau von Moscheen - teilweise durch Umbau der christlichen Kirchen - und in den noch heute erhaltenen Bädern. Der mittelalterliche Grundriß wurde von den Türken nicht verändert. Drei Jahre nach der Niederlage vor Wien wurden die Türken 1686 auch aus Ungarn vertrieben. Dabei wurden die drei Städte Óbuda, Buda und Pest vollständig zerstört. Nur etwa 1.000 Einwohner überlebten.

Die 145 Jahre der Besetzung durch die Türken hatten für das Königreich
Ungarn überwiegend negative Folgen. Von 64 ungarischen Städten des heutigen Staatsgebietes fielen 45 in türkische Hände, von den restlichen 19
wurden sieben Grenzfestungen und somit zum Schauplatz ständiger Kampfhandlungen (vgl. Abb. 2.3). Etwa die Hälfte der früheren Bevölkerung war
ausgerottet, vertrieben oder zum Teil versklavt worden. Lebten vor der
Türkenzeit ca. 4,5-5,0 Mio. Menschen innerhalb der Grenzen des Königreichs Ungarn, waren es nach der Türkenzeit noch 2,0-2,5 Mio. Menschen.
Noch heute weisen Teile der von den Türken besetzt gewesenen Landesteile
eine im Verhältnis zum Landesdurchschnitt niedrigere Bevölkerungsdichte
auf. Hierin liegt eine der Ursachen für die Entwicklung des Tanyensystems, einer ungarischen Siedlungsform.

Während der türkischen Besetzung veränderte sich jedoch auch der rechtliche Status Ungarns. Begonnen haben diese Veränderungen allerdings
schon früher. Die Heirat der Tochter Sigismunds von Ungarn und Böhmen
1437 mit Herzog Albrecht von Österreich machte das Haus Habsburg zum Erbanwärter der ungarischen und böhmischen Krone. Im Frieden von Preßburg
1491 erkannte Wladislaw II., ab 1490 jagiellonischer König von Ungarn,
für den Fall des Aussterbens seiner Linie das habsburgische Nachfolgerecht an. Auf dem Wiener Fürstentag wurde 1515 zwischen Maximilian I.
und Wladislaw II. das Anerkenntnis zu einem Heirats- und Erbvertrag ausgebaut. Es fand eine doppelte eheliche Absprache statt: Ferdinand I. heiratete 1521 die Tochter Wladislaws, Anna, und Ferdinands Schwester Maria
von Ungarn heiratete 1522 Ludwig II., König von Ungarn und Böhmen. Die
Heiraten waren mit dem Kalkül auf ein Anerbe des Ungarnreiches geschlossen worden. In der Schlacht von Mohács 1526 gegen die Türken kam Ludwig
II., König von Ungarn und Böhmen, um. Wie vertraglich vorgesehen, fielen
über dessen Frau Maria Ungarn und Böhmen an das Haus Habsburg.

1697 wurden die Türken in der Schlacht bei Zenta am Unterlauf der Theiß
von einem Heer, das unter dem Oberkommando des Prinzen Eugen von Savoyen
kämpfte, entscheidend geschlagen. Im Frieden von Karolowitz (1699) wurde
der türkische Sultan Mustafa II. gezwungen, Ungarn (außer Temeswar im
heutigen rumänischen Banat), Siebenbürgen, Slawonien und Kroatien an das
Haus Habsburg abzutreten.

Abbildung 2.3: Ungarn zur Türkenzeit

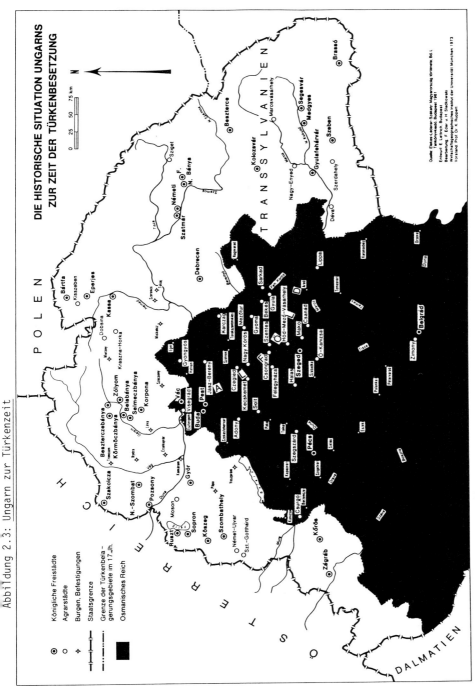

Quelle: LETTRICH 1975:82

2.4 Stadtausbau von Buda, Óbuda und Pest

Österreichische Beamte bekleideten direkt nach der Türkenbefreiung im ehemaligen besetzten Gebiet Ungarns in den größeren Städten, wie z.B. in Buda, alle wichtigen Positionen. Gleichzeitig mit der Übernahme der Verwaltung wurden neue Steuerverordnungen und Zolltarife erlassen. Damit griff die Habsburger Verwaltung in die Vorrechte des ungarischen Adels ein.

Erste Spannungen zwischen dem Hause Habsburg und Ungarn traten durch die Reformation auf. Die Mehrzahl der Einwohner Ungarns bekannte sich im 17. Jahrhundert zum Protestantismus. Unter Leopold I. (1658-1705) wird auch in Ungarn eine absolutistische Innenpolitik betrieben. So wird in allen Landesteilen die Gegenreformation gewaltsam durchgesetzt; zusätzlich wird Ungarn noch mit den Kosten für die Türkenbefreiung belastet. Dies führt zur allgemeinen Unzufriedenheit, die in die Freiheitsbewegung unter Rákóczi mündet, 1711 aber niedergeschlagen wird.

Durch das 1689 gegründete "Einrichtungswerk" schafft der Hof in Wien die Voraussetzung zur Besiedlung der durch die Türkenherrschaft entvölkerten Donaugebiete. Doch erst nach dem Siebenjährigen Krieg mit Preußen wird die Ostkolonisation durch Maria Theresia und Joseph II. im großen Stil vom Staat betrieben. Während zweier Siedlungsperioden werden zwischen 1763-1770 und 1782-1788 etwa 90.000 "Schwaben", d.h. Deutsche in den durch die Türkenherrschaft entvölkerten Donaugebieten angesiedelt. Eine weitere staatliche Förderungsmaßnahme ist das sog. Toleranzpatent (1781), das auch die Niederlassung von Protestanten zuläßt. Dadurch werden in großem Maße auch Handwerker angelockt, die aufgrund der geschlossenen ständischen Zunftordnungen in ihrer Heimat sich in Ungarn bessere Chancen ausrechnen. Neben der "Ansetzung" von Siedlern durch die Kameralverwaltung in Preßburg wird von "großen" Grundherren auch eine Privatkolonisation betrieben, die hauptsächlich besitzlose österreichische Landeskinder auf dem Lande ansiedelt. Auf diese Weise gelangen etwa 40.000 Menschen nach Ungarn. Es sind z.B die Fürsten Károlyi und Esterházy, die so die Ausstattung ihrer riesigen Latifundien mit Arbeitskräften organisieren.

Die Entwicklung von Óbuda, Buda und Pest während dieser Zeit unterscheidet sich wesentlich von der vergleichbarer Städte. So waren z.B. am Ende des Mittelalters Paris oder London die jeweils größten Städte ihres Landes mit entwickelter höfischer Verwaltung und ausgebautem Wirtschafts- und Handelsleben mit Einwohnerzahlen zwischen 60.000 und 80.000. Buda und Pest starteten vom Nullpunkt. Es mußten zunächst Einwohner angeworben werden, die bereit waren, die zerstörten Siedlungsschwerpunkte mit aufzubauen. So lockte der Kommissar der kaiserlich-österreichischen Militärregierung durch das "Einrichtungswerk" Siedler in die zerstörten Städte, indem er ihnen Vergünstigungen wie kostenloses Bauland und eine befristete Befreiung von Abgaben versprach. Voraussetzung war bis zum Erlaß des Toleranzpatents allerdings, daß die Zuwanderer aus den Habsburger Stammlanden kamen, der katholischen Konfession angehörten und in der Lage waren, eigenes Kapital zu investieren. Buda wurde zu jener Zeit fast ausschließlich von deutsch Sprechenden, Pest dagegen je zur Hälfte von deutsch Sprechenden und Ungarn bewohnt.

Im Jahre 1703 gewährte Leopold I. Buda und Pest die Rechte von königlichen Freistädten, nachdem die Bürger der beiden Siedlungen unter erheblichen finanziellen Opfern ihrem Begehren beim Provinzstatthalter in Pozsony (Preßburg, heute Bratislava, CSSR) und beim Hof in Wien Nachdruck verschafft hatten. Der Wiederaufbau von Pest, Óbuda und Buda findet unter Beibehaltung der mittelalterlichen Stadtgrundrisse statt.

Zusammen mit den Siedlern schickte der Hof in Wien nach Absprache mit dem Papst verschiedene katholische Orden ins Land: Jesuiten, Franziskaner, Kapuziner, Karmeliter, Trinitarier, Klarissen und Serviten. Der Bautätigkeit dieser Orden verdankt Ungarn die ersten größeren Gebäude im Barockstil. In Buda und Pest sind von diesen Orden zahlreiche Klöster und Kirchen errichtet worden (so kann man aus dieser Zeit heute die Kirche und das Kloster der Franziskaner im II. Bezirk Mártirok utja 23 besichtigen, erbaut auf den Grundmauern der zerstörten St. Stephans Kirche in Viziváros).

Nachdem die bebaubaren Flächen innerhalb des Burgviertels in Buda und innerhalb der Stadtmauern von Pest besiedelt waren, entstehen Vorstädte. In Buda werden die Flächen der ehemaligen Quartiere der Pfarreien St. Petrus und St. Stephan bebaut. Es entsteht hier Viziváros (Wasserstadt). Vor den Toren von Viziváros entstehen die Vorstädte Országút (Landstraße) und Ujlak (Neustift). Im Westen des Burgviertels beginnt der Ausbau von Krisztinaváros (Christinenstadt) und im Süden entsteht Tabán (Raitzenstadt). Auf der Pester Seite der Donau ist etwa 1730 das Gebiet innerhalb der Stadtmauern vollständig aufgesiedelt. Mit dem Bau des grossen Invalidenhauses, dem heutigen Rathaus (1727-1735), wurde zum ersten Mal in nordöstlicher Richtung die mittelalterliche Stadtmauer durchbrochen. Mit seiner 190 m langen Barockfront und seinen drei Stockwerken überragte es alle anderen Wohngebäude seiner Zeit. Es entsteht die Vorstadt Ujváros (Neustadt), 1790 zur Thronbesteigung Leopolds II. in Lipótváros (Leopoldstadt) umbenannt. Zwischen 1793 und 1796 wird in Lipótváros das Ujépület, ein Kasernenkomplex, errichtet. In seinen Ausmaßen übertraf es noch das Invalidenhaus. Vor der alten Stadtmauer von Pest waren große Viehmarktplätze - besonders für Pferde, Schweine und Rinder - entstanden.

Um diese Marktplätze herum begannen sich im Laufe der Zeit die Pester Vorstädte zu bilden. Zwischen 1730 und 1780 entstehen nach und nach Terézváros (Theresienstadt), 1872 geteilt in Terézváros und Erzsébetváros (Elisabethstadt), Jozsefváros (Josefstadt) und Ferencváros (Franzstadt) als Kranz von Vorstädten um die Pester Altstadt, der Belváros. 1780 leben in den Pester Vorstädten schon mehr Bewohner als in der Altstadt. Die Vorstädte sowohl auf der Budaer als auch auf der Pester Seite der Donau weisen aber noch eine lockere dörfliche Bebauung auf. Im Jahre 1767 wird auf der Linie der heutigen Türr István útca und Fátyol útca eine Schiffbrücke gebaut, die 1781 auf die Linie der heutigen Deák Ferenc útca und Fogas útca verlegt wird. Ende des 18. Jh. erlangte Pest im Gegensatz zu Buda die größere wirtschaftliche Bedeutung. In Pest war ein florierender Wein- und Tiermarkt entstanden, zusätzlich ein wichtiger Leder-, Woll- und Tabakhandel, also eine auf die agrarischen Erzeugnisse des Großen Tieflandes ausgerichtete Wirtschaftsstruktur. Viermal jährlich fanden in Pest Landesmärkte statt, wichige Sammel- und Tauschplätze sowohl für Landesprodukte als auch für ausländische Gewerbeerzeugnisse. Zum Ende des 18. Jahrhunderts bestand die Bevölkerung zum größeren Teil aus Tagelöhnern und Weinbauern. Der Anteil von Handwerkern und Händlern, die das Bürgerrecht besitzen, wird als geringer beschrieben. Die Ursache liegt in den mittelalterlichen Zugangsbeschränkungen der Zünfte.

Zum Ende des 18. Jh. wurde Buda zum Verwaltungszentrum des Königreiches Ungarn bestimmt. Die höchsten Verwaltungs- und Finanzbehörden, der Statthalterrat und die königliche Kammer wurden von Pressburg nach Budapest umgesiedelt. Zur gleichen Zeit wurde auch die einzige Universität des Landes von Nagyszombat (Tirnau, heute Trnova, CSSR) zuerst nach Buda und dann nach Pest umgesiedelt. Buda entwickelt sich in dieser Zeit zu einer Stadt der Verwaltungsämter und des Militärs. In Pest werden die Geschäfte gemacht; es ist die Stadt der Tagelöhner, Handwerker und Kaufleute. Nimmt man 1799 die Einwohnerzahlen von Buda und Pest zusammen, so steht diese Bevölkerungskonzentration an der Spitze der ungarischen Städte. Ein weiterer Blick auf die Bevölkerungsentwicklung zeigt, daß 1688 knapp 1.000 Einwohner die beiden Städte zusammen bewohnten. 125 Jahre später waren es zusammen schon über 70.000 (vgl. Tab. 2.3). 1799 wohnen in Pest zum erstenmal in der Geschichte mehr Einwohner als in Buda. Unterbrochen wurde die rasche Zunahme der Bevölkerung in den Pestjahren 1738-1742. Schätzungen besagen, daß zwischen fünf und zehn Prozent der Bevölkerung umgekommen sind. Im Juli 1886 erreicht die Choleraepidemie Buda. Auch hier liegen die Schätzungen der Toten bei etwa zehn Prozent der Bevölkerung.

Der enorme Zuwachs an Bevölkerung führte besonders in den Vorstädten zu einer regen Bautätigkeit. Das Wohnhaus wohlhabender Schichten, die das Bürgerrecht besaßen, war einstöckig und besaß häufig eine große Toreinfahrt, damit bespannte Pferdewagen in den Innenhof einfahren und wenden konnten. Hinter dem Haus schloß sich ein bewirtschaftetes Grundstück an. Darüberhinaus begann die ungarische Aristokratie neben Buda auch in Pest ihre Stadtresidenzen zu errichten. Hervorragende Baumeisterfamilien wie Hild, Pollack, Zitterbarth und Kasselik bauten Anfang des 19. Jh. Hunderte von neoklassizistischen Adelspalästen in beiden Städten.

Die allgemeine Bautätigkeit wurde staatlicherseits schon sehr früh reglementiert. Die Genehmigung von Baumaßnahmen ging auf einen Erlaß von Maria Theresia (1740-1780) zurück. Danach mußten Privatleute beim Städtischen Amt eine Baugenehmigung einholen und eine Bauzeichnung vorlegen. Die eigenen Bebauungspläne der Städte wurden einschließlich eines Kostenplans vom Amt des Generalstatthalters genehmigt. Darüberhinaus entstanden im Laufe der Zeit aber noch eine Reihe weiterer Vorschriften, deren Ziel die Reglementierung des Bauens war. Die ersten feuerpolizeilichen

Tabelle 2.3: Zivilbevölkerung von Óbuda, Buda und Pest, 1688-1869*

Jahr	Buda	Vár	Vizi város	Tabán	Krisz-tina-város	Ország-út	Újlak	Pest	Bel-város	Lipót-város	Teréz-város	József-város	Ferenc-város	Óbuda	Gesamt
1688	-	-	-	-	-	-	-	-	-	-	-	-	-	-	1.300
1716	10.900	1.900	3.880	1.520	860	1.110	1.880	3.400	k.A.	k.A.	k.A.	k.A.	k.A.	k.A.	14.300
1728	13.330	1.800	4.960	3.240	340	3.242	3.492	6.000	12.295	4.066	13.696	9.113	2.809	k.A.	19.330
1813	23.766	3.815	8.747	5.913	2.059	3.475	4.227	41.979	17.562	5.879	21.328	11.751	4.953	6.798	72.543
1827	28.748	3.832	9.058	5.656	2.500	3.490	2.882	61.473	15.602	8.525	21.963	13.482	5.654	7.535	97.756
1838	29.527	743	10.232	5.650	3.530	3.531	3.789	65.226	20.762	14.381	38.096	18.086	9.182	7.712	102.465
1842	32.351	4.703	10.630	5.784	4.136	4.286	4.219	73.303	13.665	10.578	33.751	17.554	8.280	7.593	113.247
1847	36.384	4.440	11.414	7.728	5.485	k.A.	k.A.	100.507	22.026	16.291	51.751	25.226	11.831	7.690	144.501
1851	37.953	3.828	11.359	9.495	4.766	5.885	5.844	83.828	24.952	21.760	73.760	41.831	20.188	12.174	133.955
1857	k.A.	k.A.	k.A.	k.A.	k.A.	k.A.	k.A.	k.A.	k.A.	k.A.	k.A.	k.A.	k.A.	k.A.	132.651
1869	53.998	k.A.	k.A.	k.A.	k.A.	k.A.	k.A.	200.477	k.A.	k.A.	k.A.	k.A.	k.A.	16.002	270.476

* Die Gebietseinheiten der drei Städte sind nicht mit der Fläche von Klein-Budapest identisch.

Quelle: BUDAPEST TÖRTÉNETE 1975:373 ff.

Vorschriften wurden in Buda und Pest am Anfang des letzten Jahrzehnts im 18. Jh. erlassen. Es folgten weitere Bauauflagen über Firsthöhe und Gebäudeabstände, Anordnungen über die Straßenpflasterung, Abwasserbeseitigung und Landvermessung. Um diese Aufgaben sinnvoll koordinieren zu können, wurde noch im selben Jahrzehnt in Buda und in Pest ein Stadtingenieuramt eingerichtet. Allerdings waren diese Ämter nicht frei in ihrer Entscheidung.

Erzherzog Joseph, der Generalstatthalter des Wiener Hofes und Palatin des Königreiches Ungarn, versuchte während seiner Amtszeit die Stadtentwicklung von Buda zu behindern und die von Pest zu bevorzugen. Es wird vermutet, daß er durch diese einseitige Einflußnahme für Pest ein Gegengewicht zu Buda schaffen wollte, um den Einfluß der sich dort versammelnden national gesinnten Ungarn zu reduzieren.

1795 wurde mit dem Abriß der Stadtmauer von Pest begonnen, da Platz für den Stadtausbau benötigt wurde. Gleichzeitig begann man Überlegungen anzustellen, den nördlichen Teil des heutigen V. Bezirks - den Stadtteil Lipótváros in Pest - zu bebauen. Aufgrund des Regulierungsplanes für das gesamte Gebiet von Pest, der 1805 durch János Hild entworfen wurde und auf die Initiative von Erzherzog Joseph zurückging, arbeitete eine "Verschönerungs-Kommission" im Jahre 1808 genaue Pläne für Lipótváros aus. Von den Gesamtplanungen für den Pester Stadtausbau wurde nur dieser Teil realisiert. Die damaligen Detailplanungen für Lipótváros lassen sich heute noch an den Linienführungen der Straßen nachweisen. Die Nebenstraßen kreuzen die parallel zur Donau verlaufenden Hauptstraßen rechtwinklig. Begrünte Plätze wurden nicht geplant, da nach den damaligen Vorstellungen "der Baum nicht in die Straße paßt". Einen einzigen Platz ließ man als Marktplatz bestehen, den heutigen Engels tér. Die jetzt vorhandenen Plätze des Stadtteils sind infolge von späteren Abrißarbeiten und aufgrund des darauffolgenden Baus von öffentlichen Gebäuden entstanden. Lipótváros sollte das erste Stadtquartier in Pest werden, das durchgängig mit mehrstöckigen Gebäuden bebaut wurde.

Der Regulierungsplan von János Hild sah vor, durch den Stadtausbau ein einheitliches Stadtbild von Pest zu schaffen. Danach sollten alle geplanten privaten und öffentlichen Gebäude in Pest in einem einheitlichen Stil errichtet werden. Während der Existenz der "Verschönerungs-Kommission", von 1808-1845, wurden der größere Teil der neuerrichteten öffentlichen Gebäude, der Stadtresidenzen des Adels und die Häuser des wohlhabenden Bürgertums in der von János Hild vorgeschlagenen Stilrichtung erbaut. 1838 wurden die Planungen, Pest auszubauen, durch eine verheerende Überschwemmungskatastrophe unterbrochen. 2.281 der 4.225 Gebäude von Pest wurden zerstört. In Buda und Óbuda waren die Zerstörungen aufgrund der geographischen Lage geringer. Ca. 50.000 Menschen wurden in Buda und Pest obdachlos. Der Grund für die hohen Verluste an Gebäuden lag vor allem an dem schlechten Material, das verbaut worden war. Es bestand aus zu dünnen luftgetrockneten Lehmziegeln und - wenn überhaupt - aus zu schwachen Holzträgern. Durch strenge Auflagen des Erzherzogs Joseph wurde den Bauherren während des auf die Überschwemmungskatastrophe folgenden Baubooms in Pest vorgeschrieben, welcher Qualität das Baumaterial zu sein hätte. Außerdem waren Wandstärken, Mindestabstände der Häuser und die Einrichtung von Sanitäranlagen vorgesehen.

Für Buda fehlten entsprechende Auflagen des Erzherzogs. Auch gelang es nicht, entsprechende langfristige Stadtentwicklungsplanungen für Buda in der ersten Hälfte des 19. Jh. aufzustellen - im Gegenteil, das Stadtingenieuramt für Buda mußte große Anstrengungen unternehmen, damit seine Existenz dem Erzherzog genehm war. Zwar wurde auch für Buda 1810 eine Verschönerungs-Kommission gegründet; sie konnte jedoch ihre Pläne gegen die ablehnende Haltung des Erzherzogs Joseph nicht durchsetzen.

Die Getreidekonjunktur der napoleonischen Kriege verursachte eine sprunghafte Belebung der Wirtschaft. 1830 verkehrt das erste Dampfschiff auf der Donau. Dadurch wird der Mühlenindustrie in der Doppelstadt durch die Möglichkeit des Massengutverkehrs auf der Donau ein zusätzlicher Impuls gegeben. Besondere Bedeutung sollte das Entstehen der großen Getreidemühlen haben, die später die Träger der frühen Industrialisierung in Budapest werden sollten. 1840 wird ein Gesetz erlassen, das die freie Anstellung von angelernten Fabrikarbeitern gestattet; damit wird die bis dahin vorhandene Zunftordnung faktisch aufgehoben. 1846 wird die erste Eisenbahnstrecke zwischen Pest und Vác (Waitzen) eröffnet. Das entstehende Eisenbahnnetz im Königreich Ungarn wird mit Pest als Mittelpunkt konzipiert, eine Maßnahme, die zum Übergewicht der sich 1872 vereinigenden Städte Buda und Pest als dem dominierenden Industriezentrum in Ungarn führen sollte. Im Jahre 1831 wurde durch den Bau der Handelshalle, der späteren Börse, den Handelsgeschäften ein fester Standort zugewiesen. Die Kreditgesetze von 1840/41 gaben den gesetzlichen Rahmen vor. Zu dieser Zeit gab es die ersten Fabrikgründungen, überwiegend auf der Pester Seite. Aber auch außerhalb der Doppelstadt, wie in Kispest (Kleinpest), Soroksár und Palota, entwickelten sich Fabrikansiedlungen. 1847 erreichte Pest 100.507 Einwohner und war damit die größte Stadt Ungarns. Buda erreichte zur selben Zeit 36.384 Einwohner und belegte den dritten Platz unter Ungarns Städten. Die städtische Bevölkerung wuchs und gleichzeitig veränderten sich die Berufsgruppen. Um 1840 setzte sich die Einwohnerschaft von Buda und Pest etwa zu zwei Dritteln aus Tagelöhnern, Weinbauern, Lohnarbeitern, Handwerksgesellen und Dienstboten zusammen. Ein Drittel der Bevölkerung waren Beamte, Juristen, Angestellte und Universitätsangehörige.

Zum Ende der ersten Hälfte des 19. Jh. wurde neben Buda aber auch Pest immer mehr ein zweites geistiges Zentrum Ungarns. Es wurde ein Treffpunkt von Literaten, Wissenschaftlern und Künstlern, die in dieser "Reformepoche" die Idee einer Erneuerung der ungarischen Nation vorantrieben. Gleichzeitig artikulierten sich Widerstände gegen die feudalen Zustände, die die Entwicklung des Bürgertums hemmten. An die Spitze dieser Bewegung stellte sich der liberal denkende Adel, dessen Vorbild die französische Revolution war. Es gründeten sich sowohl in Pest als auch in Buda nach dem Vorbild der englischen Debattierclubs eine Reihe von nationalgesinnten Kreisen, Zirkeln und Gesellschaften, z.B. der Nationalkreis, der Pester Kreis, der Oppositionskreis. Die Vereinigung von Buda und Pest zur ungarischen Hauptstadt wurde von diesen Kreisen als ein Ausdruck der nationalen Erneuerung gefordert. Graf István Széchenyi, ein führender Kopf dieser Bewegung, stritt für die Idee, Buda und Pest mit einer festen Brücke zu verbinden. Die verkehrstechnische Verbindung wurde bis zu diesem Zeitpunkt durch die Donau behindert, da sie bis dahin nur mit Pontonbrücken und Fähren zu überbrücken war. Während des winterlichen Eistreibens waren Buda und Pest häufig völlig voneinander getrennt. Die Kettenbrücke, das Sinnbild der nationalen Identität, wurde unter Leitung des englischen Ingenieurs A. Clark in den Jahren 1839-49 erbaut. Graf István Széchenyi war es auch, der zuerst den Namen für die zu gründende Hauptstadt vorschlug: Budapest.

Als ein weiteres wichtiges Ziel dieser Reformepoche können die Bestrebungen angesehen werden, eine verstärkte Verbreitung der ungarischen Sprache zu erreichen. Diese "Spracherneuerung" hatte den Austausch der Wörter fremder Abstammung (z.B. deutsch, latein) durch zum Teil neu konstruierte ungarische Wörter zum Inhalt. Sieht man sich die Ausbreitung der deutschen Sprache in Ungarn bzw. Budapest an, so begreift man schnell die Bedeutung dieser Bewegung für die ungarische Nation (vgl. Tab. 2.4 und 2.5).

Tabelle 2.4: Bevölkerungsanteil mit deutscher Muttersprache in Ungarn 1880-1941

	Gesamtbevölkerung Ungarns	davon deutsche Muttersprache	Prozent der Gesamtbevölkerung
1880	5.329.191	607.131	11,7
1890	6.009.351	622.836	10,4
1900	6.854.415	605.783	8,8
1910	7.612.114	554.526	7,3
1920	7.986.875	551.624	6,9
1930	8.685.109	478.630	5,5
1941	9.316.074	490.449	5,2

Quelle: a) für die Spalte "Gesamtbevölkerung" - "GAZDASÁGSTATISZTIKAI TÁJEKOZTATÓ", Jg.3, 1949, Nr. 3:186-189
b) für die Spalte "Deutsche Muttersprache" - SACHSE 1942 und "Recensement Général de la Population de 1930", redigié et publié par L´Office Royal Hongrois de Statistique, Budapest 1933. In: BUDAG 1941.

Von 1848-49 kam es zunächst in Buda und Pest zu einem sich dann landesweit ausdehnenden national gesinnten Aufstand gegen die Wiener Zentralgewalt. Am 11. Juli 1849 wurde dieser Aufstand von kaiserlichen und zaristischen Truppen endgültig niedergeschlagen. Eine der letzten Verfügungen der ungarischen Revolutionsregierung war die am 24. Juni 1849 beschlossene Zusammenlegung von Buda, Pest und Óbuda, die dann wieder rückgängig gemacht wurde. Der Kapitulation folgten verstärkte Repressalien der Sieger. Die im Juli 1850 eingesetzte "Provisorische Zivilregierung" wurde 1853 bestätigt. Ihr Ziel bestand darin, die nationale Unabhängigkeit Ungarns zu reduzieren. Es kam zu einer verstärkten Germanisierung Ungarns. Deutsch wurde Amtssprache sowie Unterrichtssprache an al-

Tabelle 2.5: Bevölkerungsanteil mit deutscher Muttersprache in Klein-Budapest 1880-1941

	1880	1890	1900	1910	1920	1930	1941
Klein-Budapest Gesamtbevölkerung	370.800	506.400	732.000	880.400	929.000	1.006.200	1.165.000
Deutsche	123.458	117.902	104.520	78.882	60.502	38.460	22.659
%	33,3	23,3	14,2	9,9	6,5	3,8	1,6
Madjaren	204.648	326.395	578.458	756.070	837.858	838.457	1.130.343
%	55,2	64,4	79,0	85,9	90,2	83,5	97,0

Quelle: siehe Tabelle 2.4

len höheren Schulen. Die ungarische Führungsschicht drängte zum Teil auf einen Kompromiß mit dem Hause Habsburg. Nach der 1859 bei Solferino erlittenen Niederlage erkannte auch Franz Joseph I. die Notwendigkeit einer Versöhnung mit Ungarn. Die Wiener Zentralgewalt reagierte endgültig auf die starken nationalen Bestrebungen, nachdem 1866 Österreich gegen Preußen in der Schlacht von Königgrätz eine folgenreiche Niederlage erlitten hatte, mit dem Ausgleich von 1867. Inhalt dieses Ausgleichs mit Ungarn war folgendes: Die in Personalunion verbundenen beiden selbständigen konstitutionellen Monarchien Zisleithanien, d.h. Österreich mit den im Reichsrat vertretenen Königreichen und Ländern und Transleithanien, d.h. Ungarn mit den Ländern der ungarischen Krone, mit je einem eigenen Reichstag, haben nur ein Heer, die auswärtige Politik und die Finanzierung von Herrscher, Heer und auswärtiger Politik gemeinsam. Danach gibt es nur drei gemeinsame kaiserliche und königliche ("k.u.k.") Ministerien. Zur Beschlußfassung über die gemeinsamen Angelegenheiten treten jährlich abwechselnd in Wien und in Budapest getrennt tagende Delegationen aus beiden Reichsparlamenten zusammen (der österreichische Reichsrat und der ungarische Reichstag). Die Kosten für gemeinsame Angelegenheiten werden auf die beiden Reichshälften nach einer für Ungarn günstigen Quote verteilt (70:30, dann 63,6:36,4). Alle zehn Jahre finden neue Ausgleichsverhandlungen statt. Jede der beiden Reichshälften hat für ihre eigenen Angelegenheiten (kaiserlich königlich bzw. königlich) eine eigene Regierung mit eigenen Ressortministern. Auf der 1867 geschaffenen Grundlage besteht die Verfassung der Habsburger Monarchie bis zu ihrem Ende 1918.

3. EXPANSION: VON KLEIN-BUDAPEST ZU GROSS-BUDAPEST

3.1 Planverfahren und Ordnungsvorstellungen

In der Phase III der Stadtentwicklung (sie dauert nach unserer Klassifikation von 1876 bis 1962) hat die städtische Planung das Anwachsen der Bevölkerung um das viereinhalbfache zu bewältigen. Budapest entwickelt sich während dieser Zeit von der soeben gegründeten Hauptstadt einer Reichshälfte über die alles dominierende Metropole in einem Land, das 2/3 seiner Fläche verloren hat, zu einer modernen Großstadt in einer sozialistischen Gesellschaft. Während dieser Zeit hat es zwei verabschiedete Generalbebauungspläne für Budapest gegeben (1872-83 und 1960). Im ersten Plan wurden die Grundlagen der räumlichen Stadtentwicklung von Budapest gelegt. Die Konsequenz aus dieser Planung wurde jedoch erst 1950 gezogen, als Groß-Budapest geschaffen wurde. Bis dahin war aufgrund politischer Einflüsse Groß-Budapest nicht entstanden, weil die Herrschenden u.a. die politische Manifestation der sozialdemokratisch orientierten Arbeiterschaft der Randgemeinden zu verhindern suchten.

Bis 1950 bestand das Instrumentarium der Stadtplanung neben einem Bauzonenplan, der Verbesserung der Stadthygiene, der Stadttechnik und der Grünflächenausstattung vor allem in der Neugestaltung des Straßenverlaufs. Während dieser Zeit sind die wirtschaftlichen Prozesse der Industrialisierung und Tertiärisierung und die sie begleitende Bauspekulation die treibenden Kräfte der Stadtentwicklung.

Der zweite Generalbebauungsplan in der III. Entwicklungsphase von 1960 sieht zum ersten Mal die eindeutige Zuordnung von Flächen zu bestimmten Funktionen vor. Gleichzeitig werden erste Dezentralisierungsmaßnahmen geplant. Die Realisierung fällt aber schon in die IV. Phase der Stadtentwicklung in Budapest.

Nach dem Ausgleich von 1867 schuf das Ungarische Parlament den Fővárosi Közmunkák Tanácsa (Rat für öffentliche Arbeiten) nach dem Vorbild des Londoner Metropolitan Board of Work durch Gesetz (Art. X/1870). Die Aufgaben des Rates bestanden einmal darin, den zentralstaatlichen Einfluß auf die entstehende Hauptstadt abzusichern. Neben dem Rat für öffentliche Arbeiten, einer staatlichen Institution, gab es noch das Stadtplanungsamt, eine städtische Verwaltungsstelle. Bis zum 31. Dezember 1948 gab es diese geteilte Planungshoheit. Erst mit dem Gesetz-Art. XLIV aus dem Jahre 1948 wurde der Rat für öffentliche Arbeiten mit dem dazugehörigen Budapester Fonds aufgehoben. Wichtig ist aber festzuhalten, daß die Ausführung der für die Region bedeutenden Verkehrs- und Wasserbauten sowie der Energieversorgung auch innerhalb des Stadtgebietes von Budapest noch 1984 in den Hoheitsbereich des Staates fallen. Bei der Gründung wurde der Rat für öffentliche Arbeiten von der ungarischen Regierung mit einem Budapest-Fonds in Höhe von 24 Mio. Goldkronen ausgestattet. Davon sollen folgende Aufgaben sofort in Angriff genommen werden: Die endgültige Bezahlung der 1849 eröffneten Kettenbrücke, der Neubau von zwei oder wenn nötig drei weiteren festen Brücken über die Donau, der Bau von Donaukais, um die bisherigen Überschwemmungen zu verhindern, und die Ausschreibung eines internationalen Wettbewerbs für einen Stadtentwicklungsplan, der die drei Städte Óbuda, Buda und Pest vereinen soll. Für weitere Aufgaben der Stadtentwicklung ist folgende Finanzierung vorgesehen: Bis zur Jahrhundertwende sollen die drei Städte mindestens 50% ihrer jährlichen Einnahmen in den Budapest-Fonds zahlen, keinesfalls aber niedrigere Beträge als die, die im Jahre 1869 jeweils von den Städten für Stadtentwicklungsmaßnahmen ausgegeben wurden.

Aufgrund des hohen Finanzbedarfs für den Stadtausbau befindet sich die Stadtverwaltung von Budapest während der Gründerzeit ständig im Defizit. Im Jahre 1893 ist die Verwaltung gezwungen, einen Kredit in Höhe von 25 Millionen Kronen aufzunehmen. Hauptsächlich während der ungarischen Gründerzeit (1867-1894) entstehen Baugesellschaften, die durch vermutete oder ausgewiesene stadtplanerische Absichten große Areale sowohl städtischen als auch privaten Landes aufkaufen, um damit spekulative Gewinne zu erzielen. Die Abbildung 3.1 zeigt die bebaute Fläche von Klein-Budapest 1873. Die Bauspekulation findet besonders in den Gebieten mit lockerer Bebauung statt. Innerhalb von 20 Jahren verdichten sich diese Gebiete zu Flächen mit mehrstöckiger Mietshausbebauung. Dieser Prozeß wird folgendermaßen beschrieben:

"Von großem Interesse ist dabei schließlich die hohe Anzahl neugegründeter Baugesellschaften. Hierbei kommt die Tatsache zum Ausdruck, daß der Wohnungsbau, genauer der Bau von Miethäusern in Großstädten, immer mehr zur Angelegenheit einer kapitalistisch-spekulativen Industrie wurde (....). Das geschah in einer Zeit, in der das Abwandern nach den Groß-

BUDAPEST   616

städten zum Charakteristikum der sozialen Geschichte des Kapitalismus wurde (....). Der Bevölkerungszuwachs in den Großstädten war gleichbedeutend mit steigender Wohnungsnot, die wiederum Spekulanten, Hausbesitzern und Bauunternehmungen vielfältige Möglichkeiten zur eigenen Bereicherung, insbesondere in Form von Mietwucher, Bau- und Bodenspekulation, bot." (MOTTECK u.a. 1969:158).

Abbildung 3.1: Bebaute Fläche von Klein-Budapest und Umgebung 1873

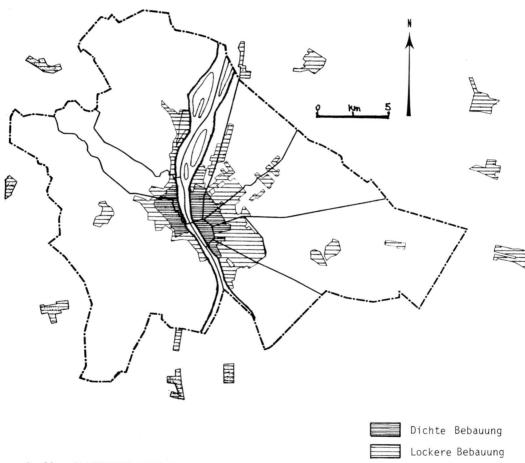

Quelle: ILLYEFALVI 1933:103

1871 wurde vom Rat für öffentliche Arbeiten ein internationaler Wettbewerb ausgeschrieben, dessen Ziel es sein sollte, eine gemeinsame Entwicklungsplanung für die Städte Óbuda, Buda und Pest zu formulieren. Es gab drei Preisgewinner: Lajos Lechner und Frigyes Feszl, beide aus Ungarn, und Fraser S. Klein aus England. Aus diesen drei Vorschlägen entwickelte der Rat für öffentliche Arbeiten seine eigenen Vorstellungen: 1872 für Pest, 1876 für Buda und 1883 für Óbuda.

Diese Planungen sind für die Stadtentwicklung von Budapest bis heute von entscheidender Bedeutung gewesen. Es sind im wesentlichen Maßnahmen vorgesehen, die den planmäßigen Ausbau des Verkehrssystems vorsehen.

Der Rat für öffentliche Arbeiten geht dabei von einer Wechselwirkung zwischen Verkehr und Stadtentwicklung aus. "Einerseits wird die Entwicklung der Siedlungsstruktur stark vom Verkehrsnetz beeinflußt, andererseits hängt die Entwicklung des Verkehrsnetzes wesentlich von der Siedlungsstruktur ab." (BERCZIK 1980:27).

Für Pest sind im wesentlichen folgende Maßnahmen vorgesehen:

- Ausbau der vorhandenen Radialstraßen. Dabei wird auf die Trassen aus der Römerzeit bzw. auf die mittelalterlichen Handelswege zurückgegriffen (vgl. Abb. 3.2).

- Ausbau oder Neubau von drei Ringstraßen. Der Kleine Ring umschließt die Belváros (die alte Innenstadt) zwischen Deák tér und Kálvin tér in Höhe der ab 1795 niedergelegten Stadtmauer. Die 4,8 km lange Große Ringstraße auf der Pester Seite führt entlang der Linie eines ausgetrockneten Donauzweiges. Ihrer Planung ging ein Vorschlag zur Errichtung eines Schiffahrtkanals voran, der aber nicht verwirklicht wurde. Der Ausbau der Straße erfolgte von 1872 bis 1886. Die Große Ringstraße ist eines der wichtigsten Glieder des Straßensystems von Budapest. Sie verbindet die inneren Stadtteile miteinander, überquert sämtliche Pester Radialstraßen und bestimmt die Lage zweier Donaubrücken. Die Linienführung des Hungaria-Rings, der dritten Ringstraße, wurde 1872 festgelegt. Der Ausbau dauerte bis in dieses Jahrhundert hinein.

Abbildung 3.2: <u>Historische Trassen der Hauptverkehrsstraßen</u> in Groß-Budapest

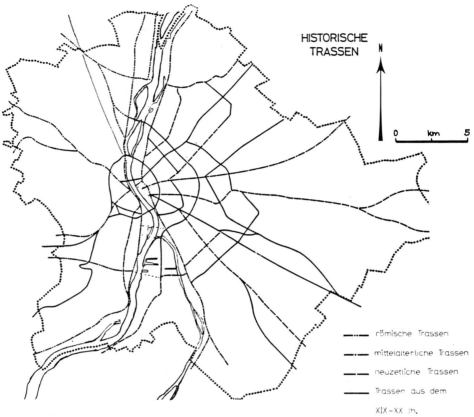

Quelle: Entwurf A. BERCZIK

- Neubau von drei Brücken: Der Margaretenbrücke (1876), der Franz-Josephs-Brücke (heute Szabadság hid) (1896) und der Elisabethbrücke (1903).

- Neubau der Prachtstraße und zugleich Radiale: Sugár út (heute Népköztársaság útja). Diese Straße verbindet mit einer Länge von 2,32 km das Zentrum von Pest mit dem Park Kleiner Stadtwald. Sie wurde zwischen 1872 und 1885 gebaut und hat noch heute eine große Bedeutung. An der Straße liegt eine große Zahl von Repräsentativbauten in einem einheitlichen Baustil, von denen der imposanteste die Staatsoper ist. Die Straße besitzt eine bedeutsame kulturelle Funktion: Von den 25 Budapester Theatern und Opern liegen an oder in unmittelbarer Nähe der Straße allein neun. Weiterhin befinden sich an der Straße mehrere Hochschulgebäude, Ausstellungsräume und andere kulturelle Einrichtungen. Weiter spielt eine große Rolle die umfangreiche Zahl der Geschäfte in dieser Straße. Zum nördlichen Ende hin werden die großen Baublöcke durch große repräsentative Villen abgelöst, die heute als Sitz von vielen Verbänden, Firmen und Botschaften genutzt werden. Das Ende der alleeartig angelegten Népköztársaság útja bildet der Hősök tere (Heldenplatz) mit Museen und Ausstellungsgebäuden.

- Anlegung des Szabadság tér (Freiheitsplatz) an der Stelle des ehemaligen Ujépület, eines Kasernenkomplexes in Lipótváros.

Im Jahre 1893 wurde anläßlich der Reform der Bezirksvorstehungen durch den Rat für öffentliche Arbeiten ein Bauzonenplan verabschiedet. Der Bauzonenplan besaß nur Gültigkeit für neu zu errichtende Gebäude und war in 548 Paragraphen niedergelegt. Er teilt das Gebiet der Stadt Budapest in vier Zonen unterschiedlicher Baudichte ein. So waren Belváros und Lipótváros die Gebiete mit der höchsten Baudichte; Gebiete im Hügelland von Buda besaßen eine relativ niedrige Baudichte. 1914 wurden die vier Zonen differenziert in acht Zonen (vgl. Abb. 3.3). Die bisherige Zone III wurde in zwei, die bisherige Zone IV in vier Zonen unterteilt. Hinzu kam die Flächenkategorie Parkanlagen und Friedhöfe. Bis auf eine Änderung sollte dieser Bauzonenplan bis zur Schaffung von Groß-Budapest im Jahre 1949 bestehen bleiben. Diese Änderung bestand darin, daß im Hügelland von Buda für das Gelände um den Rosenhügel eine höhere Baudichte ausgewiesen wurde. Die Bauzone IV wurde auf dem Rosenhügel in die Bauzone III umgewidmet.

Neben dem erwähnten Stadtentwicklungsplan des Rates für öffentliche Arbeiten hat es in der Zwischenkriegszeit ein Stadtentwicklungskonzept gegeben, das als eine moderne Konzeption der Stadtentwicklung begriffen werden kann. Diese Konzeption sah eine eindeutige Zuordnung von einzelnen Stadtgebieten zu bestimmten Funktionen wie Wohngebiet, Arbeitsgebiet usw. vor. Darüberhinaus waren Lösungen vorgeschlagen, die das Verkehrsproblem und das Pendlerproblem lösen sollten. Dieses Konzept ist 1937 von F. Harrer erstellt worden. Aufgrund dieser Vorarbeiten ist es in der

BUDAPEST

Abbildung 3.3: Bauzonen in Klein-Budapest von 1914-1949

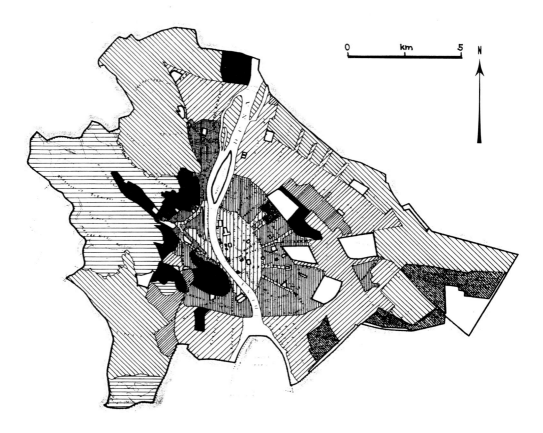

Blockbebauung von 85% der Grundfläche, wenn die Hoffläche mindestens 6 * 6 m ausmacht und allseitig bebaut ist mit 5 Stockwerken und einer Gesamthöhe von 25 m, wenn die Straßenbreite mindestens 25 m beträgt

Blockbebauung von 85% der Grundfläche, wenn die Hoffläche mindestens 6 * 6 m ausmacht und allseitig bebaut ist mit 4 Stockwerken und einer Gesamthöhe von 21 m, wenn die Straßenbreite mindestens 10 m beträgt, oder mit 3 Stockwerken und einer Gesamthöhe von 16 m überall

Bebauung mit maximal 600 qm verbauter Grundstücksfläche bei Beachtung geltender Abstandsvorschriften

Bebauung wie III, mit maximal 300 qm verbauter Grundstücksfläche bei Beachtung geltender Abstandsvorschriften

Mischgebiete

Villengebiete

Industriegebiete

Einfamilienhausgebiete ohne Beschränkung

Parkanlagen, Friedhöfe

Quelle: ILLYEFALVI 1933:105

Nachkriegszeit zwischen 1945 und 1948 zu Skizzen zu einem neuen Generalbebauungsplan gekommen, der im Jahre 1951 fertiggestellt wurde. Dieser Plan ist aber nie in Kraft getreten. Die Vorarbeiten, die bis in die Zwischenkriegszeit zurückgingen, waren Grundlage des verabschiedeten Generalbebauungsplanes für Budapest aus dem Jahre 1960.

3.2 Bevölkerung und Wohnungen

3.2.1 Bevölkerungsentwicklung

Die Bevölkerungsentwicklung in Ungarn und in Budapest soll mit Hilfe des Modells des demographischen Übergangs beschrieben werden. Für die frühe Entwicklung - etwa von 1200 bis 1800 - liegen uns zumindest für die Landesebene keine exakten Angaben vor. Es kann dennoch vermutet werden, daß die frühe Phase des Modells des demographischen Übergangs - die prätransformative Phase der Demographie - in der Lage ist, die Entwicklung zu beschreiben.

Die Raten der Sterblichkeit und der Geburten befinden sich zu Beginn der Betrachtung - etwa ab 1200 - auf einem hohen Niveau, die absolute Zahl der Bevölkerung auf einem niedrigen Niveau. Obwohl Geburtsraten und Sterberaten Schwankungen unterliegen, kann man davon ausgehen, daß in dieser Phase die größten Veränderungen auf die Sterberaten zurückzuführen sind, die sich aus Hungersnöten, Kriegen und Seuchen herleiten; z.B. die Bevölkerungsabnahme in Ungarn während des Rákóczi-Freiheitskampfes oder die Verluste während der Pestjahre 1738-1742 und der Choleraepidemie 1886. So war die natürliche Bevölkerungsentwicklung 1886 in Klein-Budapest negativ. Die Sterberate betrug 37,7 pro 1.000 Einwohner und lag damit um 2,5 über der Geburtenrate (vgl. Tab. 3.1 und Abb. 3.4). Da die Bevölkerungsgewinne aus den Zeiten mit niedriger Sterblichkeit durch Bevölkerungsverluste aus Zeiten mit hoher Sterblichkeit ausgeglichen werden, bleibt die Bevölkerungszahl lange Zeit auf einem niedrigen Niveau. Die extremen Verluste während der türkischen Besetzung bewirkten allerdings, daß sich die Bevölkerungszahl über 150 Jahre lang absolut verminderte, von ca. 4,5-5,0 Mio. auf 2,0-2,5 Mio. Einwohner in Ungarn.

Die beschriebene Entwicklung ändert sich erst in der Mitte bzw. am Ende

BUDAPEST

Tabelle 3.1: Natürliche Bevölkerungsveränderung in Groß-Budapest und Ungarn 1869-1983

	Geburtenrate Ungarn / Budapest pro 1.000 Einwohner		Sterberate Ungarn / Budapest pro 1.000 Einwohner		Saldo Ungarn / Budapest pro 1.000 Einwohner	
1880	42,9	36,3	33,5	–	–	2,8
81	43,9	35,0	34,6	–	8,1	0,4
82	44,7	36,0	33,0	34,8	8,0	3,0
83	44,5	35,2	30,5	35,9	12,7	4,7
84	44,0	34,9	30,6	32,0	14,8	4,3
85	44,0	35,8	29,4	30,7	11,5	6,4
86	45,3	35,2	37,7	32,5	–	2,5
87	44,0	35,6	30,3	32,1	9,7	5,3
88	43,7	35,1	30,3	34,3	11,5	8,2
89	43,6	35,8	29,8	32,2	13,9	5,0
1890	40,5	34,2	27,6	29,2	8,2	5,0
91	42,3	35,8	29,2	32,3	9,1	8,1
92	40,3	34,1	27,7	33,2	8,1	6,8
93	44,1	35,3	27,3	34,4	5,9	9,6
94	42,7	34,8	25,7	34,0	11,8	10,0
95	41,0	34,4	23,1	30,9	10,8	11,7
96	40,6	34,4	24,2	29,9	10,7	10,0
97	40,4	34,4	23,5	28,4	12,0	10,9
98	40,1	33,7	21,2	27,7	12,2	13,3
99	37,5	33,1	21,2	27,9	9,6	12,5
1900	38,9	32,6	21,6	27,1	11,8	11,5
01	39,2	30,8	20,2	26,3	12,3	12,4
02	37,6	30,4	18,8	25,1	12,5	12,0
03	38,6	28,3	19,4	27,0	11,6	11,0
04	36,5	27,9	19,4	26,1	10,4	8,9
05	37,0	26,6	19,5	24,8	12,2	6,6
06	36,0	26,2	20,0	25,7	11,3	7,7
07	35,1	25,6	18,5	24,9	11,1	6,1
08	36,7	25,6	19,5	25,6	10,6	7,1
09	37,1	25,8	18,6	25,0	11,7	7,2
1910	35,4	25,4	18,5	25,4	12,0	6,9
11	35,0	25,4	19,5	25,0	10,0	5,9
12	36,3	23,0	18,7	23,3	13,0	7,2
13	34,5	25,5	19,1	23,5	11,1	6,4
14	34,7	25,0	18,6	23,5	1,6	6,4
15	23,8	18,9	19,2	25,7	– 1,6	0,3
16	16,8	15,2	18,8	20,9	– 4,1	– 3,0
17	16,0	14,9	17,4	20,7	– 4,7	– 5,8
18	15,4	15,2	22,0	25,9	– 10,4	– 10,4
19	27,4	20,4	18,2	19,6	6,4	– 1,5
1920	31,2	22,5	19,9	21,2	7,6	1,0
21	31,8	21,0	16,8	21,2	10,6	4,2
22	29,4	19,9	16,7	20,8	8,6	2,7
23	29,4	18,1	16,1	19,6	9,8	2,0
24	26,8	17,1	16,2	20,3	6,5	0,9
25	27,7	18,1	13,1	16,5	10,8	5,0
26	26,7	17,4	12,8	17,6	10,2	4,6
27	25,2	16,3	13,5	17,1	7,6	2,8
28	25,6	17,5	16,7	17,1	8,5	0,8
29	25,1	16,9	17,6	17,8	7,3	– 0,7

	Geburtenrate Ungarn / Budapest pro 1.000 Einwohner		Sterberate Ungarn / Budapest pro 1.000 Einwohner		Saldo Ungarn / Budapest pro 1.000 Einwohner	
1930	25,4	16,9	15,5	15,4	9,9	1,5
31	23,7	16,3	16,6	16,4	7,1	– 0,1
32	23,4	15,7	17,9	17,1	5,5	– 1,4
33	22,0	14,8	14,7	15,1	7,3	– 0,3
34	21,2	14,9	14,5	13,9	7,4	1,0
35	21,2	14,7	15,3	14,7	5,9	0,0
36	20,4	15,3	14,2	14,5	6,1	0,8
37	20,2	15,1	14,4	15,2	6,0	– 0,1
38	20,1	15,2	14,4	15,0	5,7	0,6
39	19,6	16,1	13,7	15,2	5,9	0,9
1940	20,0	k.A.	14,3	k.A.	5,7	k.A.
41	18,9	k.A.	13,2	k.A.	5,7	k.A.
42	k.A.	k.A.	k.A.	k.A.	k.A.	k.A.
43	k.A.	k.A.	k.A.	k.A.	k.A.	k.A.
44	k.A.	k.A.	k.A.	k.A.	k.A.	k.A.
45	k.A.	k.A.	k.A.	k.A.	k.A.	k.A.
46	k.A.	k.A.	k.A.	k.A.	k.A.	k.A.
47	k.A.	15,3	k.A.	9,9	k.A.	5,4
48	21,0	14,1	11,6	10,4	9,4	3,7
49	20,6	15,7	11,4	10,4	9,2	5,3
1950	20,9	16,1	11,7	10,3	9,2	5,8
51	20,2	16,4	11,7	10,5	8,5	5,9
52	19,6	21,2	11,7	10,2	8,3	11,0
53	21,6	19,8	11,7	10,1	9,9	9,7
54	23,0	14,2	11,0	9,0	12,0	5,2
55	21,4	11,5	10,0	10,4	11,4	1,1
56	19,5	10,0	10,5	10,1	9,0	– 0,1
57	17,0	10,0	10,6	10,1	6,1	– 0,1
58	16,0	9,2	9,9	9,9	6,7	– 0,8
59	15,2	8,4	10,5	10,1	4,5	– 1,2
1960	14,0	8,1	10,2	9,7	4,4	– 1,2
61	12,9	8,6	10,8	10,5	2,1	– 2,3
62	13,1	9,0	9,9	10,3	3,2	– 1,6
63	13,1	9,3	10,7	10,4	3,1	– 1,3
64	13,6	11,3	10,7	11,0	2,4	– 1,5
65	14,6	11,3	10,7	10,6	3,6	0,5
66	15,1	11,8	11,2	11,3	3,9	0,1
67	15,0	12,0	11,6	11,9	3,6	0,2
68	14,7	12,0	11,9	12,3	3,1	– 0,2
1969	14,5	11,0	11,6	13,1	2,6	– 2,0
1970	14,7	11,8	11,4	12,7	3,2	– 0,7
71	14,5	12,0	11,8	13,2	3,2	– 0,8
72	14,7	15,1	12,4	13,6	5,8	1,9
73	15,0	15,5	12,5	14,0	6,0	2,7
74	17,8	14,6	12,4	14,0	5,0	1,5
75	18,4	13,7	13,1	14,5	4,3	0,8
76	17,5	12,5	12,8	14,3	2,7	– 1,8
77	16,7	11,1	13,6	14,9	0,3	– 3,6
78	15,0	10,2	13,5	14,8	– 0,2	– 3,8
1980	13,9	9,4	13,8	14,7	– 1,0	– 4,6
81	13,5	k.A.	k.A.	k.A.	k.A.	– 5,3
82						
83						

Quelle: BUDAG 1941, KOVACICS 1963, SZK 1983, KSH 1981g, KSH 1984a

des 19. Jahrhunderts. Ungarn bzw. Budapest folgen damit einem allgemeinen Trend. "Die Bevölkerungsentwicklung aller europäischen Völker mündet vom 18. Jahrhundert ab aus in eine gruppenweise oder ähnliche Entwicklung mit gewissen zeitlichen Verschiebungen" (MACKENROTH 1953:122). Die neue Entwicklung besteht in dem demographischen Übergang von der prätransformativen zur transformativen Phase. Der Beginn des demographischen Übergangs wird in Ungarn auf das Jahr 1892 gelegt. Hier liegen die Geburten- und die Sterberaten bereits weit auseinander. Die Frage, ob die von uns getroffene Entscheidung realistisch ist, daß in Ungarn zu Beginn des Übergangs zuerst die Geburtenraten und dann erst die Sterberaten ihren Verlauf ändern, kann bei der gegebenen Datenlage nicht abschließend beantwortet werden. Für Groß-Budapest liegen keine Daten vor, die so weit zurückreichen, daß der Zeitpunkt des Beginns des demographischen Übergangs festgelegt werden könnte. Trotz dieser Einschränkungen sind wir der Auffassung, daß das Modell des demographischen Übergangs sowohl für Groß-Budapest als auch für Ungarn angemessen ist.

Die transformative Phase wird im Modell zunächst durch anhaltend hohe Geburtenraten und durch den Abfall der Sterberaten beschrieben. In Groß-Budapest reduzieren sich die Geburtenraten pro 1.000 Einwohner von 1880 bis 1902 langsam von 36,3 auf 30,4, in Ungarn von 1898 von 37,5 auf 34,7 im Jahre 1914 (vgl. Tab. 3.1). Die Abb. 1.5 und 3.4 zeigen, daß die Sterberaten früher zu sinken beginnen.

Das Absinken der Sterberaten wird u.a. erklärt durch Fortschritte in der Medizin und in der Hygiene. Es ist zu vermuten, daß die erwähnten Fortschritte sich in den großen Städten, besonders in Budapest, schneller durchsetzten als auf dem Lande. Für diese Vermutung spricht, daß durchgängig die Sterberaten für Ungarn ein höheres Niveau hatten als die in Budapest. Dieses gilt durchgängig bis zum Ende der transformativen Phase. In diesem Zusammenhang muß bei der Entwicklung in Budapest besonders auf Ignác Semmelweis hingewiesen werden, der 1818 in Buda geboren wurde. Er entdeckte, daß durch Händedesinfektion der Geburtshelfer dem Kindbettfieber vorgebeugt werden kann. Im übrigen konnte sich die medizinische Versorgung in Budapest durchaus mit der in Wien vergleichen.

Das Absinken der Sterberaten wird weiter erklärt durch Produktionssteigerungen der Wirtschaft und einen veränderten rechtlichen Rahmen für wirt-

Abbildung 3.4: <u>Bevölkerungsentwicklung in Klein-Budapest 1880-1930</u> *

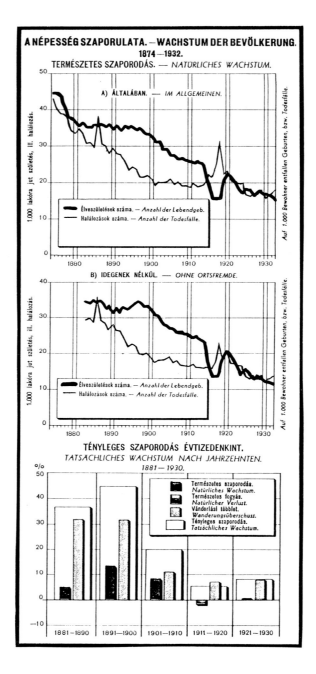

* Die Kurven der demographischen Maßzahlen für Klein-Budapest weichen nur geringfügig von denen von Groß-Budapest ab (vgl. Abb. 1.

Quelle: ILLYEFALVI 1933:78

schaftliche Aktivitäten. Auf den Aspekt der Produktionssteigerung wird in Abschn. 3.3.1 genauer eingegangen werden. Es kann jedoch schon an dieser Stelle darauf hingewiesen werden, daß die Produktionssteigerungen besonders in der Landwirtschaft lange Zeit nicht in der Lage waren, große Teile der ländlichen Bevölkerung ausreichend zu versorgen. Wichtig in diesem Zusammenhang ist jedoch der rechtliche Rahmen für wirtschaftliche Aktivitäten. Durch die Bauernbefreiung von 1848 wurden zwar Teile der ländlichen Bevölkerung aus der Grundherrschaft entlassen, d.h. die Lebenschancen verbesserten sich zunächst. Da die Ländereien dieser Kleinbauern im Durchschnitt nur fünf bis fünfzehn ha groß waren und durch Realteilung im Erbschaftsfalle laufend verkleinert wurden, reichten die Flächen zur Versorgung für die nächsten Generationen bald nicht mehr aus. Für die städtische Bevölkerung war es wichtig, daß 1840 schon die Zugangsbeschränkungen zu den Zünften aufgehoben wurden. So wurden mit die Voraussetzungen geschaffen, daß wenigstens in Budapest Produktionssteigerungen im Handwerk und später in der Industrie möglich wurden.

Sowohl auf der Landes- als auch auf der Hauptstadtebene gibt es von 1914 bis 1920 eine negative natürliche Bevölkerungsentwicklung, ein Sachverhalt, der sich durch die Folgen des Ersten Weltkrieges erklären läßt.

Als generelle Begründung für das Sinken der Geburtenraten werden verbesserte allgemeine Lebensbedingungen genannt, die es z.B. nicht mehr notwendig erscheinen lassen, daß die eigene Versorgung während des Alters nur durch eine entsprechend große Zahl eigener Kinder möglich ist, verbunden mit einer freiwilligen Geburtenkontrolle, die aber in den einzelnen Regionen Ungarns zu verschiedenen Zeiten einsetzt.

Über die Gewichtungen und das genaue zeitliche Auftreten der einzelnen Erklärungen sowohl für die Veränderung der Geburtenraten als auch für die Veränderung der Sterberaten gibt es in der Literatur allerdings sehr unterschiedliche Auffassungen. Fest steht aber, daß der Rückgang der Sterberaten dem Absinken der Geburtenraten um mehrere Jahrzehnte vorausgeht. Die Folge ist ein rascher Anstieg der Bevölkerung (vgl. Tab. 3.2). Verbunden mit der allgemeinen wirtschaftlichen Situation liegt hierin eine der Ursachen für die einsetzende Binnenwanderung bzw. Auswanderung.

Während für die österreichischen Länder keine Auswanderungsgesetzgebung bestand, erließ Ungarn 1903 ein Auswanderungsgesetz. Es besteht eine grundsätzliche Auswanderungsfreiheit, eingeschränkt wird diese nur durch die Wehrpflicht und für die Peronen, die der Strafpflege unterworfen sind oder die unmündig sind. Staatlich konzessionierte Agenturen verschiffen die Überseewanderer hauptsächlich über Hamburg, Bremen und Antwerpen. Nur ein geringer Teil der Auswanderer reist über Triest und die italienischen Häfen. Von 1900 bis 1918 sind etwa 1,3 Mio. Ungarn gezwungen auszuwandern, da sie nicht in der Lage waren, sich in Ungarn eine Existenzgrundlage zu schaffen. Nach dem Jahre 1918 verweigerten fast alle Überseeländer die Aufnahme von Einwanderern aus Südosteuropa. Dieser Aufnahmestopp bestand bis zur Völkerbunddeklaration von 1926, die verbunden mit einem Minderheitenschutz den freien Grenzverkehr erreichen wollte.

Tabelle 3.2: Bevölkerungsentwicklung in Ungarn 1784-1980

Daten der Volkszählung	Bevölkerung in Tausend *)	Absolute Veränderung zwischen den Dekaden in Tsd.	Auswanderung zwischen den Dekaden in Tausend	Einwanderung zwischen den Dekaden in Tausend	Natürlicher Bevölkerungssaldo als Dekadendurchschnitt pro 1.000 Einw.	
1784-87	2.682	-	-	90	-	
31.12.1869	5.011	-	-	40	-	
31.12.1880	5.329	318	16	20	-	
31.12.1890	6.009	680	180	-	11,5	
31.12.1900	6.854	845	160	-	10,2	
31.12.1910	7.612	758	522	-	11,5	
31.12.1920	7.987	375	960	400	11,4 / - 5,4	1910-14 / 1915-19
31.12.1930	8.685	698	74	-	8,8	
31.12.1941	9.316	631	110	-	6,7	
01.01.1949	9.205	- 111	250	-	k.A.	
01.01.1960	9.961	756	175	50	8,6	
01.01.1970	10.322	361	-	-	3,5	
01.01.1980	10.710	388	-	-	3,8	

Die Daten beziehen sich auf das gegenwärtige Staatsgebiet Ungarns (93.030 km

*) Von 1784-87 beziehen sich die Daten auf die faktische Bevölkerung, d.h. zvile Bevölkerung plus Militärpersonen.
Von 1869-1970 beziehen sich die Daten auf die zivile Bevölkerung.

Ab 1970 Wechsel der Berechnungsmethode von Jelenlvö népesség (anwesende Bevölkerung) in Lakónepesség (gemeldete Wohnbevölkerung).

Quelle: KOVACSICS 1963:221ff; SZU 1981

Über das Ausmaß der stattgefundenen Binnenwanderung gibt Tab. 3.3 indirekt Auskunft. Diese Tabelle läßt sich in der Weise interpretieren, wie es LETTRICH (1975:3) in einer Arbeit über den Urbanisierungsprozeß in Ungarn vorgeschlagen hat: Von 1900 bis 1949 findet die frühe Periode der Urbanisierung statt, d.h. die absolute Einwohnerzahl von Budapest bezogen auf die Gesamtbevölkerung Ungarns wächst während dieser Zeit schneller als die der übrigen Städte und gleich schnell wie die der Gemeinden.

Den Zeitraum von 1950 bis 1960 hat LETTRICH als die Entfaltung der Urbanisierung bezeichnet. Während dieser Zeit überholen die übrigen Städte das Wachstumstempo von Budapest, um sich im Zeitraum danach (1960 bis 1984) an die Spitze des Wachstumstempos zu stellen. Die Einwohnerzahl der Gemeinden beginnt ab 1960 zu fallen.

Tabelle 3.3: <u>Bevölkerungsentwicklung in Ungarn, in Groß-Budapest, in den Städten und in den Gemeinden 1900-1984</u>

Datum	Ungarn		Groß-Budapest		Städte		Gemeinden	
	absolut	%	absolut	%	absolut	%	absolut	%
31.12.1900	6.854.415	100	861.434	12,6	1.317.529	19,2	4.657.452	68,2
31.12.1910	7.612.114	100	1.110.439	14,6	1.478.751	19,5	5.013.924	65,9
31.12.1920	7.986.875	100	1.232.008	15,4	1.588.386	19,9	5.166.481	64,7
31.12.1930	8.685.109	100	1.441.601	16,6	1.701.545	19,6	5.541.963	63,8
31.01.1941	9.316.074	100	1.712.791	18,4	1.851.928	19,9	5.751.695	61,7
01.01.1949	9.204.799	100	1.590.316	17,3	1.773.916	19,2	5.840.567	63,5
01.01.1960	9.961.044	100	1.804.606	18,1	2.155.362	21,6	6.013.869	60,3
01.01.1970	10.322.000	100	1.940.212	18,8	2.654.721	25,7	5.720.664	55,5
01.01.1980	10.710.000	100	2.060.000	19,2	3.629.000	36,9	5.021.000	46,9
01.01.1984	10.700.000	100	2.067.000	19,3	3.738.000	34,9	4.895.000	45,8

Die Daten beziehen sich auf das gegenwärtige Staatsgebiet Ungarns.

<u>Quelle</u>: SZU 1980, SZU 1981, SZU 1982, SZU 1983, SZU 1984.

Wie hat sich in der transformativen Phase die Bevölkerung in Budapest entwickelt? Die letzte Volkszählung 1869 in den drei Städten vor der Vereinigung von Óbuda, Buda und Pest ergab insgesamt eine Einwohnerzahl von 280.349. Hierzu kamen noch 22.000 Bewohner der Randgebiete, die aber erst ab 1950 eingemeindet wurden (vgl. Tab. 3.4). In den 43 Umlandgemeinden lebten 1869 67.000 Menschen, so daß in der Agglomeration 369.000 Einwohner gezählt wurden.

Ungarn hatte zu dieser Zeit, legt man das heutige Staatsgebiet zugrunde, fünf Mio. Einwohner. Davon lebten 6,1% in der Hauptstadt Budapest. 1900 waren es schon über 12%. Nach dem 1. Weltkrieg beschleunigte sich diese Bevölkerungsentwicklung noch. Budapest war das einzige wirtschaftliche Zentrum Ungarns. Zwischen 1869 und 1880 stieg die Zahl der Bewohner von Groß-Budapest um mehr als 100.000, um nach weiteren 20 Jahren 862.000 erreicht zu haben. Besonders hoch war der Zuwachs am Ende des 19. Jahrhunderts. In den letzten 10 Jahren des 19. Jahrhunderts stieg die Einwohnerzahl um 100%.

Zur Jahrhundertwende lebten auf der Fläche des heutigen Budapest 862.000 Menschen, davon 733.000 auf der Fläche von Klein-Budapest. Zehn Jahre später wurden weitere 255.000 Neubewohner registriert. Im Falle Budapest ist wie in anderen Großstädten auch zu beobachten, daß die Entwicklung der Einwohnerzahlen zur Jahrhundertwende in den Randgebieten viel schneller voranging als in Klein-Budapest. So wuchs zwischen 1890 und 1910 die Einwohnerzahl in den Randgebieten um ca. 812%, in Klein-Budapest um 134% (vgl. Tab. 3.4).

Zwischen 1900 und 1920 stieg die Einwohnerzahl von Groß-Budapest um 370.000, davon waren mehr als 250.000 Zuwanderer (vgl. Tab. 3.5). Durch die ständige Zuwanderung jüngerer Leute und einen positiven Saldo der natürlichen Bevölkerungsentwicklung verteilten sich in Klein-Budapest die Altersgruppen zur Jahrhundertwende noch folgendermaßen: 37,6% der Bevölkerung waren unter 20 Jahre alt und nur 5% waren über 60 Jahre alt. Schon ab 1901 ist zu beobachten, daß der natürliche Zuwachs deutlich abnahm und das Durchschnittsalter sich erhöhte. Die Zahl der jüngeren Zuwanderer glich den sinkenden natürlichen Bevölkerungszuwachs nicht aus.

Die erste Volkszählung nach dem 1. Weltkrieg im Jahre 1920 ergab, daß auf dem Gebiet von Klein-Budapest 929.000 Menschen lebten. In den Randgebieten kamen noch weitere 303.000 Menschen hinzu. Von der Verwaltung wurde Klein-Budapest 1930 zur Millionenstadt erklärt. Bei der Volkszählung während des 2. Weltkrieges im Jahre 1941 hatte Groß-Budapest mehr als 1,7 Mio. Einwohner und besaß so 18,4% der Gesamtbevölkerung Ungarns. Die Einwohnerzahl im März 1944 betrug in Klein-Budapest 1,4 Mio. und in den Randgebieten ca. 600.000. So erreichte das heutige Budapest die 2-Mio.-Grenze. Zwischen den beiden Weltkriegen wuchs Budapest beinahe nur durch Zuwanderung. Auf dem Gebiet von Groß-Budapest stieg die Bevölkerungszahl zwischen 1920 und 1941 um 450.000. Zu dieser Zeit waren nur 28.000 durch natürlichen Zuwachs hinzugekommen. Zwischen 1931 und 1941 überstieg die Zahl der Geburten die Zahl der Todesfälle nur um 10.000. Dieser niedrige Geburtenüberschuß hatte zur Folge, daß sich das Durchschnittsalter erhöhte. Der Prozentsatz der unter 20jährigen erreichte im Jahre 1930 24,7% und fiel im Jahre 1941 auf 21,8%. Dagegen stieg die Zahl der über 60jährigen von 8,4% im Jahre 1930 auf 10,0% im Jahre 1941. Die Zahl der Geburten betrug 1924 17,1 auf 1.000 Personen und fiel im Jahre 1938 auf 15,6 je 1.000 Personen.

Bei Weltkriegsende im März 1945 lebten im heutigen Budapest kaum mehr als 1,4 Mio. Menschen. Durch die Kriegsfolgen sank die Bevölkerungszahl um 600.000. Nach der Volkszählung im Jahre 1949 hatte das spätere Groß-Budapest 1,59 Mio. Einwohner. Am 1. Januar 1950 wurde Groß-Budapest geschaffen, d.h. durch Eingemeindung der Randgebiete wuchs die Bevölkerungszahl um ca. 520.000 Einwohner an. In den 43 Umlandgemeinden leben 1949 309.000 Menschen, so daß in der Agglomeration 1,8 Mio. Menschen leben. Nach dem Zweiten Weltkrieg gab es ein sprunghaftes Ansteigen der Geburtenraten in Budapest, besonders in den Jahren 1951 mit 16,1, 1952 mit 16,4, 1953 mit 21,2 und 1954 mit 19,8 Geburten auf 1.000 Einwohner (vgl. Tab. 3.1). Auf einem höheren Niveau, zeitlich aber etwas verschoben, ist derselbe Trend auf der Landesebene zu beobachten. Das kurzfristige Ansteigen der Geburtenraten nach dem Zweiten Weltkrieg ist ein allgemeines Phänomen, das sich fast überall in Europa beobachten läßt; in Ungarn wurde allerdings versucht, durch staatliche Maßnahmen das Ansteigen der Geburtenraten zu beschleunigen. 1955 erreichte die Geburtenrate in Budapest mit 14,2 etwa wieder das Niveau von 1933. Bis zum Ende der transformativen Phase der Demographie im Jahre 1962 fällt die Geburtenrate auf 8,1 Geburten pro 1.000 Einwohner. Die Kinder, die während der

BUDAPEST

Jahre 1952 und 1953 in Ungarn geboren wurden, werden als Rákosi-Kinder bezeichnet, nach dem ungarischen Ministerpräsidenten von 1952-1953. Während dieser Zeit waren z.B. Abtreibungen und empfängnisverhütende Mittel verboten.

Tabelle 3.4: Bevölkerungsentwicklung in Budapest 1869-1983 (in Tausend)

Jahr	Klein-Budapest absolut	%	Randgebiete absolut	%	Groß-Budapest absolut	%	43 Umlandgem. absolut	%	Agglomeration absolut	%
1869 *)	280,4	100,0	21,7	100,0	302,1	100,0	66,8	100,0	368,9	100,0
1880	370,8	132,4	31,9	139,1	402,7	133,3	-	-	-	-
1890	506,4	180,6	53,7	246,1	560,1	185,4	82,5	123,5	642,6	174,2
1900	733,4	261,8	128,8	591,0	862,2	285,4	-	-	-	-
1910	880,4	314,3	230,1	1.058,2	1.110,5	367,6	126,3	189,1	1.236,8	335,3
1920	929,0	353,1	303,0	1.389,9	1.232,0	407,8	-	-	-	-
1930	1.006,2	358,4	435,8	2.009,6	1.442,0	477,3	173,5	259,7	1.615,5	437,9
1941	1.165,0	415,5	547,8	2.512,8	1.712,8	566,9	-	-	-	-
1944	1.380,0	449,2	600,0	2.752,3	1.980,0	655,4	-	-	-	-
1949	1.062,8	379,0	527,5	2.419,7	1.590,3	526,4	206,2	308,7	1.796,5	486,9
1960	1.200,3	428,1	604,3	2.772,0	1.804,6	597,4	259,5	388,5	2.064,1	559,5
1970**)	1.398,2	498,7	601,9	2.508,7	2.000,1	662,1	338,0	505,9	2.338,1	633,8
1980	1.438,8	513,1	620,7	2.847,3	2.059,5	681,7	423,5	633,9	2.483,0	673,1
1983	1.410,4	502,9	653,9	2.999,5	2.064,3	683,3	432,0	646,7	2.496,3	676,7

*) 1869-1970 zivile Bevölkerung plus Militärpersonen

**) ab 1970 Wechsel der Berechnungsmethoden von Jelenlvö népesség (anwesende Bevölkerung) in Lakónepesség (gemeldete Wohnbevölkerung)

Quelle: KOMMUNALSTATISTISCHES AMT BUDAPEST 1936; KSH 1981c; SZU 1983.

Wie läßt sich die Bevölkerungsentwicklung interpretieren? Für die Veränderung der Bevölkerung gibt es zwei Komponenten:

1. Die natürliche Bevölkerungsentwicklung, meßbar durch die Geburtenrate und die Sterberate und
2. die Migrationen, meßbar durch Zu- und Abwanderungen.

Bereits nach der Stadtgründung Budapests 1872 war die Zahl des natürlichen Bevölkerungszuwachses, ausgedrückt durch die Geburtenrate, geringer als die der Zuwanderung (vgl. Tab. 3.5). In der weiteren Entwicklung Budapests überwog dann die Zahl der Zuwanderungen deutlich. Die Phase des demographischen Übergangs dauert nach unseren Berechnungen 86 Jahre. In dieser Zeit wächst die Bevölkerung von Groß-Budapest von 402.706 (1880) auf 1.804.600 (1960). Davon stammt etwa ein Viertel aus dem natürlichen Bevölkerungssaldo, drei Viertel sind Wanderungsgewinne (vgl. Tab. 3.5). Es ist schon darauf hingewiesen worden, daß die Migrationsmotive stark _ökonomisch_ geprägt sind. Sowohl vor als auch nach dem Ersten Weltkrieg sind die wirtschaftlichen Aussichten in den Städten ungleich besser als auf dem Lande. Da die Agrarwirtschaft stark vernachlässigt wurde, strömten viele verarmte Bewohner des Landes in die Städte mit der Hoffnung auf bessere Verdienstmöglichkeiten. Das gilt besonders für Budapest.

Die wirtschaftspolitische Entwicklung hatte aber auch nach dem 2. Weltkrieg großen Einfluß auf den Bevölkerungszuwachs. In den ersten zehn Jahren nach dem 2. Weltkrieg zwischen 1945 und 1955 betrug der durchschnittliche Zuwachs jährlich 40.000 Menschen, es waren überwiegend Zuwanderer vom Lande. Hierzu ist zu bemerken, daß während der frühen Industrialisierungswellen, z.B. in den Jahren 1890 bis 1900 und zwischen 1930 und 1941 jährlich ca. 20.000 Menschen nach Budapest zogen. Die Jahre zwischen 1945 und 1955 gelten als die Periode mit dem stärksten Bevölkerungswachstum und dem schnellsten Strukturwandel in der Wirtschaft. Die Wiederherstellung der Produktion und der Strukturwandel der Wirtschaft besonders in der Landeshauptstadt erforderten Arbeitskräfte, für die die vorhandenen Einwohner Budapests nicht ausreichten. Der Bedarf nach Arbeitskräften in der Hauptstadt war durch das Programm des 1. Dreijahresplanes bzw. durch das des 1. Fünfjahresplanes determiniert, die eindeutig das Gewicht auf den Ausbau der Schwerindustrie bzw. eine extensive Wirtschaftsentwicklung legten. Verstärkt wurde diese Binnenwanderung noch durch den Strukturwechsel in der Landwirtschaft.

Tabelle 3.5: Komponenten der Bevölkerungsentwicklung in Groß-Budapest 1869-1980

Jahr	Bevölkerung	Absolute Veränderung zwischen den Dekaden	Absolute natürliche Bevölkerungsveränderung zwischen den Dekaden	in Prozent der absoluten Veränderung	Natürlicher Bevölkerungssaldo als Dekadendurchschnitt per 1.000 Einw.	Absolute Veränderungen aufgrund von Wanderungen zwischen den Dekaden	in Prozent der absoluten Veränderung
1869	302.100	-	-	-	-	-	-
1880	402.706	100.606	12.727	12,7	2,3	87.879	87,3
1890	560.079	157.373	17.859	11,3	3,8	139.514	88,7
1900	861.434	301.355	80.240	26,6	9,9	221.115	77,4
1910	1.110.453	249.019	86.368	34,7	8,7	162.651	65,3
1920	1.232.026	121.573	25.533	21,0	6,5** −4,2***	96.040	78,9
1930	1.442.869	210.843	18.736	8,9	2,1	192.107	91,1
1941	1.712.791	269.922	9.957	3,7	5,7	259.965	96,7
1949	1.590.316	- 122.475	35.673	29,1	k.A.	k.A.	k.A.
1960	1.804.606	214.290	84.785	39,6	4,3	129.505	60,4
1970	1.945.083	140.477	- 17.727	- 12,6	- 0,9	158.204	112,6
1970*	2.001.100						
1980	2.060.000	58.900	- 1.230	2,1	- 0,5	57.670	97,9

* ab 1970 Wechsel der Berechnungsmethode von Jelenlevö népesség (anwesende Bevölkerung) in Lakónépesség (gemeldete Wohnbevölkerung)

** 1910-1914

*** 1915-1919

Quelle: eigene Berechnungen nach BUDAG 1941, KOVACICS 1963, SZU 1983, KSH 1981a, KSH 1984a

3.2.2 Wohnungsbau

Für den Hausbau in Klein-Budapest in der Mitte des 19. Jahrhunderts waren überwiegend Ziegelkonstruktionen mit Holzbinder oder Ziegelgewölbe charakteristisch. Gußeisen wurde vorerst nur für Brückenkonstruktionen verwendet, z.B. beim Bau der Kettenbrücke 1848. Erst in der zweiten Hälfte des 19. Jahrhunderts wurden in Budapest die ersten Eisenträger im Hochbau eingesetzt, und zwar bei den Hallenbauten des Westbahnhofes (1874) und der zentralen Markthalle (1889-1896). Stahlbeton wurde in Budapest zum erstenmal beim Bau der dreischiffigen Werkhalle der Fabrik Ganz im Jahre 1904 benutzt, Beton war schon seit 1885 bekannt - er wurde bei den Fundamentierung für das Parlamentsgebäude benötigt.

Die Gebäudefassaden der Miethäuser des Späthistorizismus waren gewöhnlich mit Stein verkleidet, Rohziegelfassaden sind in dieser Zeit in Budapest ziemlich selten. Die späteren Jugendstilbauten setzten verschiedene Stilelemente ein. Eine Besonderheit in Budapest sind die farbigen und glasierten Fassaden aus Majolika- und Pyrogranit.

Während der Gründerzeit entstehen im wesentlichen zwei neue Haustypen in Klein-Budapest: Zum einen die meist zum Hof orientierten einstöckigen Einfamilienhäuser mit Zeltdach (häufig nur mit einem Zimmer). Sie sind von sehr geringem Komfort und für die große Masse der in die Stadt strömenden ersten Generation der Arbeiterschaft oft die einzige Wohnmöglichkeit. Diese Häuser sind überwiegend in den planlos besiedelten Randgebieten in Eigeninitiative errichtet. Zum anderen die Wohnungen in den bis zu fünfgeschossigen Wohnhäusern auf dem Gebiet von Klein-Budapest. Diese Wohnblocks wurden im allgemeinen mit einer schmalen Fassade zur Straße erbaut: im ersten Stockwerk wohnte der Hausbesitzer und in den weiteren Stockwerken - mit den Fenstern nach der Straße - wurden ebenfalls große, zumeist elegante Wohnungen mit Badezimmer und Gesindestube gebaut. Dieser Teil machte etwa ein Viertel des Hauses aus. Im übrigen größeren Teil des Hauses befanden sich Hofwohnungen. Sie konnte man nur über lange offene Gänge erreichen. Es waren meistens Wohnungen mit nur einem Zimmer, die in langen Reihen dicht beieinander lagen.

Aufgrund der geschilderten Struktur ergab sich zwangsläufig eine Absonderung der Bewohner der großen Wohnungen von den Bewohnern der Hofwohnungen. Im Vorderhaus waren häufig Geschäftsleute, Beamte und Angestellte zu Hause, das Resthaus wurde von Arbeitern und Tagelöhnern bewohnt. Die überragend große Bedeutung der Kleinstwohnungen für Klein-Budapest zeigt die Tabelle 3.6. Der Anteil der Einzimmerwohnungen reduziert sich zwischen 1880 und 1941 lediglich von 62% auf 54%. Einen typischen Grundriß des beschriebenen Mietshaustyps zeigt die Abbildung 3.5. In den Randgebieten, die später eingemeindet werden, ist der Anteil der Einzimmerwohnungen aufgrund der "wilden Siedlungen" noch höher.

Abbildung 3.5: Grundriß des Eckhauses Majakovszkij-Straße Nr. 91 und Izabella-Straße. Erbaut 1881, Architekt Ferenc Pfaff

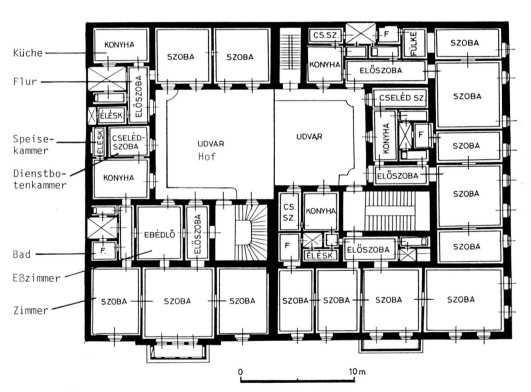

Quelle: BUDAPEST TÖRTÉNETE 1978:449.

Vor dem 1. Weltkrieg, zwischen 1880 und 1898 bzw. 1906 und 1912, und danach von 1925 bis 1932 nahm der Wohnungsbau stark zu (vgl. Abb. 3.6). Zwischen 1880 und 1900 wurden in Budapest über 70.000 Wohnungen gebaut (vgl. Tab. 3.6). Gegenüber den in früheren Jahren häufig gebauten einfachen Parterrehäusern entstanden nun mehrstöckige Häuser. Durch den Ausbau von Straßen und Vorortbahnen wurde es möglich, in mehreren Teilen Budapests mehrgeschossige Wohnsiedlungen zu errichten. So wurden innerhalb Pests etliche Hauptstraßen während dieser Zeit ausgebaut, z.B. Kerepesi, Üllői und Soroksári. In dem nördlichen Teil Budapests stieg durch die Anzahl der Betriebe auch der Wohnungsbau besonders an. Die industrielle Entwicklung führte dazu, daß über die Grenzen der Hauptstadt hinaus gebaut wurde. Die Bauhöhen innerhalb der Hauptstadt waren sehr unterschiedlich. Der Stadtteil Lipótváros zeigte großstädtischen Charakter durch die mehrgeschossige Blockbebauung. In den Stadtteilen Kőbánya und Óbuda betrug dagegen die Zahl der Flachbauten 90% der Gesamtzahl der Häuser, wobei im Stadtteil Óbuda die Häuser überwiegend aus Lehm gebaut wurden. Von 1914 bis 1920 kam die Bautätigkeit fast vollständig zum Erliegen.

Der Ausbau der Hauptstadt ging erst vom Jahr 1920 an mit verstärktem Tempo weiter, aber die schlechte Wohnungsversorgung blieb bestehen. Mehrstöckige Bauten entstanden jetzt auch in den Stadtteilen Óbuda, Kőbánya, Lágymányos und Ferencváros. Stadtteile, die bisher nur mit freistehenden einzelnen Häusern bebaut waren, wurden zugebaut. Die Zahl der Wohnhäuser stieg im Jahre 1930 auf 23.000 und die Zahl der Wohnungen auf 244.000 an. In der Inneren Stadt hatten 53% und in der Äußeren Stadt 72% der Wohnungen nur ein Zimmer. Bedeutend war auch die Zahl der Wohnungen, die nur aus einer Küche bestanden. Stadtteile wie Angyalföld, Kőbánya, Ferencváros, Óbuda bestanden teilweise nur aus solchen Wohnungen. Wohnungen mit drei und mehr Zimmern wurden überwiegend in den Budaer Bergen gebaut. Auf der Pester Seite war es hauptsächlich der Bezirk Lipótváros, der große Wohnungen aufwies.

In den Bezirken Lipótváros und Belváros hatten ab 1920 ein Drittel der Häuser vier und noch mehr Stockwerke. In den Bezirken VI, VII und VIII wurde gleichfalls überwiegend mehrstöckig gebaut. Etwa ein Drittel der Wohnhäuser hatte hier drei und mehr Stockwerke. Auf der Seite von Pest war die Entwicklung im Wohnungsbau in den Stadtteilen Kőbánya und Fe-

Tabelle 3.6: Wohnungsverhältnisse in Klein-Budapest 1880-1941

Jahr		Anzahl der Wohngebäude	Anzahl der Wohnungen	davon 1-Zimmer-Wohnungen	Wohnräume	Gesamtzahl der Bewohner	davon -Teilmieter -Aftermieter -Bettmieter	ø Wohnungsbelegung***	Einw. pro Raum	gebaute Wohnungen zwischen den Dekaden
1880	*	-	68.535	42.508	118.326	342.426	50.940	5,06	2,89	5.030
	**	10.291	71.638	-	143.354					
1890	*	-	-	58.207	-	468.759	69.384	4,97	2,47	24.481
	**	12.277	100.949	-	189.763					
1900	*	-	-	84.757	-	694.107	85.846	4,82	2,48	70.557
	**	15.103	155.114	-	279.016					
1910	*	-	168.558	92.825	306.173	803.828	127.626	4,76	2,60	30.027
	**	16.431	174.256	-	331.373					
1920	*	-	203.993	107.483	410.801	858.369	101.363	4,21	2,33	29.879
	**	17.625	206.467	-	-					
1930	*	-	239.508	129.208	429.765	915.615	106.057	3,83	2,13	31.343
	**	23.096	244.073	-	474.374					
1941	*	-	283.025	155.323	-	1.041.287	164.983	3,62	2,12	46.038
	**	30.630	288.100	-	-					

* bewohnt
** bewohnt und unbewohnt
*** bezogen auf die Faktische Bevölkerung

Quelle: KOMMUNALSTATISTISCHES AMT BUDAPEST 1927, 1934; SZÉKESFŐVÁROS STATISZTIKAI HIVATALA 1944.

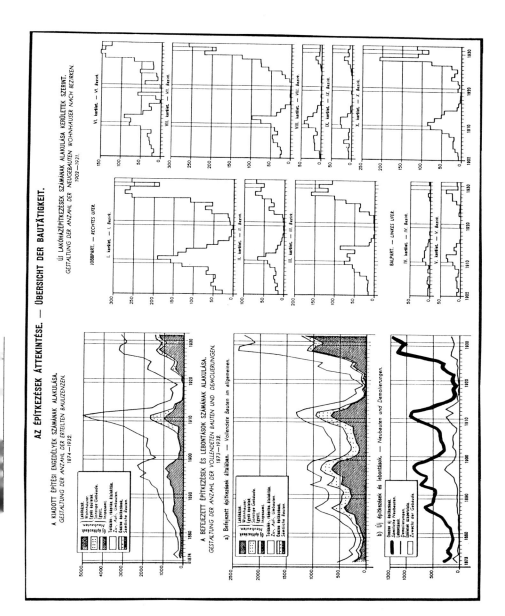

Quelle: ILLYEFALVI 1933:106

rencváros etwas langsamer. In Buda und besonders in Óbuda wurden weiter nur Erdgeschoßhäuser gebaut. 1920 war in Klein-Budapest in den Bezirken I und II ein Drittel der Gesamtbauten ein- oder mehrstöckig, und nur 11-13% hatten drei oder mehr Stockwerke.

Wie verteilte sich die Bevölkerung auf die vorhandenen Wohnungen? 1880 wohnten 80% in einem Haus mit weniger als 20 Bewohnern, und nur 5-6% der Einwohner wohnten in Häusern mit mehr als 100 Bewohnern. Die durchschnittliche Wohnungsbelegung betrug im Jahre 1880 5,06 Personen, bzw. auf ein Zimmer kamen 2,89 Personen. Die Masse der Bevölkerung lebte in solchen Wohnungen. Das langsame Wachstum der Wohnungsfläche führte dazu, daß der obengenannte Durchschnittswert pro Wohnung und pro Zimmer langsam geringer wurde. 1900 wohnten durchschnittlich 2,48 Personen in einem Zimmer. Zwischen 1900 und 1910 stieg die Bewohnerzahl von Wohnungen bzw. Zimmern wieder an und erreichte pro Zimmer 2,6 Einwohner. Danach ging die Belegungsdichte wieder zurück und erreichte 1920 2,33 Einwohner je Zimmer.

Parallel mit der steigenden Zahl der mehrstöckigen Häuser wuchs auch die durchschnittliche Einwohnerzahl je Gebäude. Bis zum Jahre 1920 stieg die Einwohnerzahl pro Gebäude auf 46 Personen. In den Bezirken V und VIII überstieg sie 70 Personen pro Haus. Die durchschnittliche Zahl der Bewohner eines Zimmers sank zwar, wie schon berichtet, von 2,6 im Jahre 1910 auf 2,33 Personen 1920. Es war aber zu beobachten, daß große Abweichungen von diesen Durchschnittswerten bei den 1-Zimmerwohnungen auftraten. 1920 war die Belegungsdichte in den 1-Zimmerwohnungen 3,75 Personen und dies war das eineinhalbfache des Durchschnitts. Die Wohnungsdichte im Bereich der 2- oder 3-Zimmerwohnungen bewegte sich im unteren Durchschnitt; es waren 2,18 bzw. 1,61 Personen. Zwischen 1880 und 1920 stieg die Zahl der 2- bis 3-Zimmerwohnungen im Vergleich mit den 1-Zimmerwohnungen am meisten an, wobei nach dem 1. Weltkrieg der größte Teil dieser Wohnungen aufgeteilt wurde. Die Hausbesitzer schlugen so aus der Wohnungsnot zusätzliches Kapital. 1880 wohnten 192.000 Personen gleich 56% und 1920 404.000 gleich 47% in 1-Zimmerwohnungen. Der Teil, der in zwei Zimmern wohnte, betrug 22 bzw. 27%, und jener, der in 2-, 3-, oder 4-Zimmerwohnungen wohnte, betrug 1880 37%, im Jahre 1920 48%.

Eine Sondererhebung zur Wohnsituation in Budapest im Jahre 1930 ergab folgendes Bild:

54% der Bevölkerung von Budapest lebten in 1-Zimmerwohnungen; davon waren 70% Arbeiter, 17% Privatangestellte und 13% Beamte. Rund 50.000 Menschen "bewohnen" Keller, Dachböden, Werkstätten, Lagerräume und Stallungen. Die Wohnungsdichte (Einwohner je Zimmer über 6 qm) verändert sich zwischen 1920 und 1930 kaum.

Etwa 50% aller neuerrichteten Wohnungen in den Jahren 1930 bis 1941 bestehen aus 1-Zimmerwohnungen.

Der Wohnungsbau konnte nicht Schritt halten mit dem Bevölkerungszuwachs. Die steigende Wohnungsnot führte zu einer weiteren Überbelegung der Wohnungen. 1941 wohnten in einem Zimmer zwar durchschnittlich 2,12 Personen, aber der große Teil der 1-Zimmerwohnungen wurde von Arbeiterfamilien bewohnt. Hier wohnten in einer Wohnung durchschnittlich 3,32 Personen. Mehrere 10.000 Personen wohnten in Gebäuden, die nicht zu Wohnzwecken gebaut worden waren. Etwa dieselbe Anzahl wohnte in Verhältnissen, die auf keinen Fall ein normales Wohnen ermöglichten. Hierzu zählten Erdhöhlen, Laubhütten, alte Eisenbahnwaggons und Flußschiffe.

Ab 1944 verließen Budapest zwar 600.000 Einwohner, sie kehrten aber überwiegend nach Kriegsende wieder zurück. Dieses führte aber nicht zu einer Entspannung auf dem Wohnungsmarkt, da etwa ein Viertel aller Gebäude im Krieg zerstört oder beschädigt wurde. Bis 1960 erhöht sich die Zahl der Wohnungen zwar um 74.000, gleichzeitig aber erhöht sich die Bewohnerzahl um 210.000. Darüberhinaus werden, ähnlich wie nach dem Ersten Weltkrieg, große Wohnungen in kleinere aufgeteilt, so daß von keiner Verbesserung der Situation gesprochen werden kann. Bis zum Ende der 50er Jahre werden von Seiten der Behörden in nur sehr begrenztem Maße Neubauprojekte in Angriff genommen.

Welche Interpretationen gibt es für die dargestellte Wohnungsversorgung in Budapest?

1. Während der Gründerzeit ist das Hauptmotiv des Wohnungsbaus die Spekulation (vgl. auch Abschn. 3.1). Die Bauspekulation wird zum Teil noch durch staatliche Maßnahmen ausdrücklich begünstigt. So werden staat-

liche Steuerbegünstigungen für Hausbesitzer bis 1920 aus städtebaulichen Gründen für bestimmte Gebiete der Stadt gewährt. Sie umfassen auf der Pester Seite die alten Vorstädte: Leopoldstadt, Theresienstadt, Josephstadt, Franzstadt und die Alte Stadt. Auf der Budaer Seite sind es Ofen und Altofen. Diese Gebiete sind der Bauzone I und II zugeordnet, d.h. es müssen die Bedingungen des Bauzonenplans hinsichtlich der Stockwerkanzahl und der Ausnutzung des Grundstücks erfüllt sein (vgl. Abb. 3.3).

2. Während der Zwischenkriegszeit verschärft sich die Wohnungsnot aus zwei Gründen: Zum einen wird der Wohnungsbau für die Kapitalanleger teilweise uninteressant, weil die Errichtung von Arbeiterwohnungen für das private Kapital nicht rentabel ist. Es werden aber weiterhin in großem Maße Wohnungen für den Personenkreis gebaut, der die entsprechenden Mieten aufbringen kann. Unter Arbeiterwohnungen sind überwiegend 1-Zimmerwohnungen im Geschoßbau zu verstehen. Zwar hat von 1920 bis 1930 die Zahl der 1-Zimmerwohnungen von ca. 107.000 auf 129.000 zugenommen, 1941 sind 155.000 1-Zimmerwohnungen vorhanden, die geforderten Mieten sind jedoch von einem durchschnittlichen Arbeiterhaushalt kaum aufzubringen. Bei den 1930 geltenden Bauarbeiterlöhnen und einer Kapitalrendite von 5% beträgt die geforderte Monatsmiete für eine 1-Zimmerwohnungen 70 bis 80 Pengő. Der reale durchschnittliche Tagesverdienst eines Arbeiters liegt im Jahre 1930 knapp unter 5 Pengő. Das Problem wird zwar von den Behörden gesehen, die Maßnahmen, die sie ergreifen, reichen aber nicht aus. So ist eine Konsequenz aus der sich verschärfenden Wohnungsnot in der Zwischenkriegszeit der mißlungene Versuch der Behörden, in den Wohnungsmarkt einzugreifen. Es werden kleinere Siedlungen in den industriell geprägten Außengebieten von der Kommune errichtet. Allerdings wegen ihrer verstreuten Lage und ihres kleinen Bauvolumens erreichen sie keine wesentliche Veränderung der herrschenden Wohnungsnot in der Stadt. Etwa 9.000 Wohnungen werden auf diese Weise gebaut. Daneben wird von seiten der Behörden ein Programm des Notwohnungsbaus aufgelegt, allerdings ebenfalls mit geringem Erfolg. Große Konzerne gehen dazu über, für ihre Belegschaften in unmittelbarer Nähe der Fabrikationsstätten kleine Kolonien zu errichten. Aber auch diese so errichtete Anzahl von Wohnungen ist viel zu gering, um grundsätzliche Abhilfe zu schaffen. Der wachsende Bedarf der bürgerlichen Mittel- und Oberschichten an eigengenutzten Wohnungen bringt allerdings in der Wohnungspolitik der Verwaltung eine Änderung. Im Gebiet des Rosenhügels wird durch eine Veränderung der Bauzo-

nenverordnung der Hausbau in verdichteter Weise möglich. Erst 1942 werden im Mai von der Regierung erneut Maßnahmen ergriffen, um die Wohnungsnot zu lindern. Allerdings mißlingen die Maßnahmen, ebenso wie die der 30er Jahre, da ihr Volumen viel zu gering ist. Folgendes war geplant:

"Die Landes-Gesellschafts-Versicherungsanstalten gewähren den Unternehmen für Arbeiterwohnungsbauten Obligationsdarlehen bis zur Höhe von 50% der Gesamtkosten. die Darlehen werden zu einem Kurs von 95% ausgezahlt und sind in zwanzig Jahren zurückzuzahlen. Zur Aufbringung der Darlehen gibt die Kreditgesellschaft jährlich Obligationen in Höhe von 7,5 Mio. Pengö heraus, die teils vom Landes-Sozialversicherungsinstitut, teils von Privatversicherungsgesellschaften übernommen werden. Der Staat sichert den Bauherren Steuer- und Gebührenfreiheit zu, wenn die Bauten bestimmten Anforderungen genügen und bis spätestens zum 1. November 1945 beziehbar sind. Die Steuerfreiheit wird auf 30 Jahre gewährt und erstreckt sich auf die Kommunalzuschläge. Außerdem zahlt der Staat durch 20 Jahre an die Unternehmer einen jährlichen Zuschuß in Höhe von 1% der Baukosten und des Baugrundwertes. Die aufgrund dieser Vorschriften errichteten Häuser können von den Arbeitern zu Vorzugspreisen als Eigentum erworben werden, doch behalten die Unternehmungen ein Vorkaufsrecht. Der Staat leistet in diesem Falle an die Arbeiter Unterstützungsdarlehen.

Arbeiter, die über ein entsprechendes Grundstück verfügen, können jedoch auch unabhängig vom Unternehmer ein staatliches Hausbaudarlehen in Höhe von 70% der Baukosten bei 25jähriger Abzahlung erhalten. Bis 1945/46 können auf diese Weise 3.000 bis 4.000 Arbeiterwohnungen entstehen."
(MONATSBERICHTE DES WIENER INSTITUTS FÜR WIRTSCHAFTSFORSCHUNG 1943, 16. Jg., Nr. 7:116)

3. Nach Ende des 2. Weltkrieges gibt es eine spürbare Verschlechterung auf dem Wohnungsmarkt. Der Status der inneren Stadtteile sinkt infolge von Wohnungsteilungen und der Belegung von Wohnungen durch zwei und mehr Haushalte erheblich.

Die räumliche Verteilung der bebauten Flächen wurde von 1873 bis 1970 wie folgt beeinflußt (vgl. Abb. 3.7): Einerseits durch die politisch motivierte Entwicklungsstrategie der Regierung, Budapest als Gegenpol zur anderen Hauptstadt der Habsburger Monarchie, Wien, aufzubauen und andererseits durch den Boom der Gründerzeit und der Zwischenkriegszeit, durch welchen eine Bautätigkeit von bisher nie dagewesenem Ausmaß ausgelöst wurde. Dieses führte auf der im Zentrum der industriellen Entwicklung und der Urbanisierung liegenden Pester Seite zu einem starken Expansionsprozeß. Parallel zum Anstieg der Grundstückspreise verändern sich die Funktionen der einzelnen Gebietseinheiten. Im bis dahin sämtliche städtische Funktionen in sich vereinigenden historischen Stadtzentrum von

Pest beginnt der Prozeß der CBD-Bildung (vgl. Abb. 3.8). Zugleich verschiebt sich das finanzielle und politische Zentrum immer mehr nach Norden in die Lipótváros. Die städtischen Wohnungsgebiete schieben sich schon 1896 bis an die Grenze des Großen Rings. Die Landwirtschaft wird zunehmend aus dem Stadtgebiet verdrängt. Die sich neu herausbildenden Elemente der Stadtstruktur sind der CBD, die großstädtisch bebaute innere Wohngebietszone und die sektoralen Industrieflächen in den Randgebieten mit angelagerten "wilden Siedlungen". Bei der Lenkung der großangelegten privat-kapitalistischen Wohnungsbautätigkeit besteht der Einfluß der Stadtplanung nur aus mittelbaren Eingriffsmöglichkeiten, die das Baurecht, der Bauzonenplan und die Grundstückspolitik hergeben.

In den Randgebieten folgen die planlos gebauten Einfamilienhäuser häufig in Form von "wilden Siedlungen" den Fabrikgründungen. Schon zum Beginn der Entwicklung treten neben Dörfern noch ohne tatsächliche Verbindung zur Stadt solche Zentren auf wie das historische Óbuda und die traditionellen Industriezentren Ujpest und Köbánya sowie sich früh entwickelnde Randsiedlungen wie Palota, Kispest und Csepel. Die außerhalb der damaligen Stadtgrenzen liegenden Siedlungen wachsen jedoch später etwa ab 1930 zusammen.

Die zu geringen Renditeerwartungen des privaten Kapitals für den Arbeiterwohnungsbau bzw. der Mangel an Kommunalkapital, verbunden mit einer nur sehr geringen Zahlungsfähigkeit der Nachfrager, führen bei steigender Wohnungsnachfrage zum Entstehen von immer neuen Stadtrandsiedlungen außerhalb der Stadtgrenze von Klein-Budapest. Für dieses Gebiet findet so gut wie keine Stadtplanung statt, d.h. es fehlt jegliche Infrastruktur. Die Siedlungen außerhalb der Stadt entstehen infolge dieser Entwicklung während eines unkoordinierten Agglomerationsprozesses.

3.3 Erwerbsstruktur und Arbeitsstätten

Die Veränderungen in der Erwerbstruktur sollen mit Hilfe des Modells des ökonomischen Übergangs beschrieben werden (vgl. Teil I). Für die Veränderung der Erwerbsstruktur in den Städten haben wir folgende Abgrenzungen vorgeschlagen: Der Wechsel von der transformativen zur posttransformativen Phase einer Stadtwirtschaft findet dann statt, wenn der Anteil der

Abbildung 3.7: <u>Bebaute Flächen von Groß-Budapest 1896-1970</u>

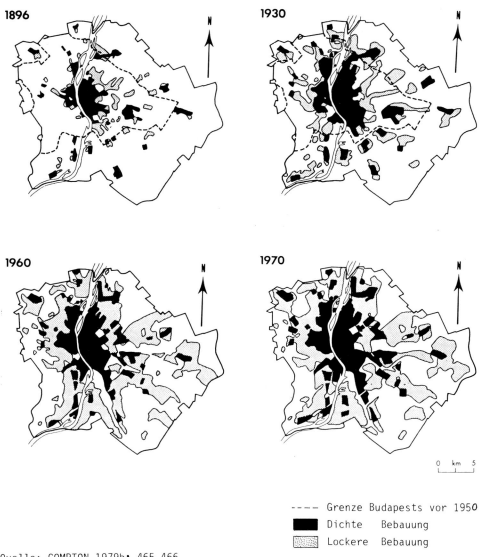

Quelle: COMPTON 1979b: 465,466

BUDAPEST   644

Abbildung 3.8: <u>Innenstadt von Klein-Budapest 1925</u>

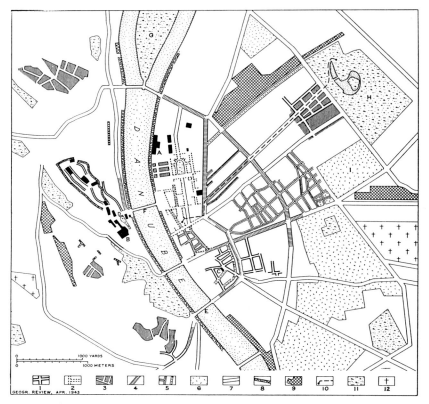

Distribution of certain functional areas in Budapest. Key: 1, residences of titled nobles; 2, banks, financial institutions, and industrial corporations; 3, high-class residential areas; 4, better-class shopping district; 5, vice areas (official, unofficial); 6, slums; 7, notable streets; 8, promenades; 9, railway stations; 10, subway; 11, parks; 12, cemeteries. A, House of Parliament; B, Royal Palace; C, University; D, cable line; E, Ferenc Jószef bridge; F, Suspension bridge; G, Margitsziget Park; H, Városliget Park; I, "Chicago."

<u>Quelle</u>: BEYNON 1961:365

Erwerbstätigen im sekundären Sektor 32% unterschreitet und der Anteil der Beschäftigten im tertiären Sektor 64% überschreitet. Da in Budapest von der Gründung bis 1984 dieser Schwellenwert nicht überschritten wurde, befindet sich die Stadt in der transformativen Phase. Auf der Landesebene endet die prätransformative Phase des ökonomischen Übergangs erst 1951. Für die transformative Phase in Ungarn, sie beginnt nach unseren Berechnungen 1951, läßt sich 1984 ebenfalls noch kein Endpunkt bestimmen.

Bei der statistischen Definition der jährlichen sektoralen Verteilung der Erwerbstätigen tauchen zunächst allgemeine Probleme auf, die in Teil I diskutiert werden. Darüberhinaus gibt es folgende spezielle Probleme:

- Die Kategorie der Tagelöhner, der Privatiers und der Sonstigen läßt sich vor 1941 nicht eindeutig einem der drei Sektoren zuordnen. Aus diesem Grund sind bei der Festsetzung der Prozentzahlen vor 1941 diese drei Kategorien nicht berücksichtigt worden. Von 1949 an werden die Kategorien Tagelöhner und Privatiers nicht mehr geführt.

- Zwischen 1941 und 1949 ändert sich das Kategorienschema der Brancheneinteilungen. Zwar hat das Statistische Zentralamt mit der heute gültigen Klassifikation die Daten zurückgerechnet, aber der inhaltliche Umrechnungsschlüssel liegt nicht vor. Aus diesem Grunde lassen sich nur die absoluten Angaben ab 1949 in den entsprechenden Tabellen direkt mit den Prozentberechnungen vergleichen.

- Der räumliche Bezug der Daten hat sich sowohl in Ungarn als auch in Budapest geändert. Die Prozentberechnungen der sektoralen Verteilung der Erwerbstätigen beziehen sich auf das Gebiet von Groß-Budapest und auf das heutige Staatsterritorium von Ungarn. Wie die Tabelle 3.7 beispielhaft zeigt, wird beim Vergleich von Klein- mit Groß-Budapest der sekundäre bzw. der tertiäre Sektor unter- bzw. überschätzt. In Tabelle 3.7 sind nur die Prozentberechnungen aufgrund der Zensusangaben wiedergegeben. Die Prozentberechnungen der sektoralen Verteilung der Erwerbstätigen sind im übrigen jährlich vorgenommen worden.

Tabelle 3.7: Sektorale Verteilung der Erwerbstätigen von 1900 bis 1980 in Prozent *)

Jahr	Klein-Budapest			Groß-Budapest			Ungarn		
	I	II	III	I	II	III	I	II	III
1900	1,5	36,7	61,8	1,7	47,2	51,1	59,4	16,8	23,8
1910	1,2	41,7	57,1	1,2	48,6	50,2	55,8	19,4	24,8
1920	1,2	38,4	60,4	1,2	42,8	56,0	58,2	18,1	23,7
1930	1,0	41,0	58,0	1,1	47,5	51,4	54,2	21,7	24,1
1941	1,1	41,7	52,2	1,2	50,8	48,0	51,6	22,2	26,2
1949	-	-	-	4,7	46,0	49,3	55,2	20,7	24,1
1960	-	-	-	1,5	54,5	44,0	38,7	34,0	27,3
1970	-	-	-	1,9	54,8	43,3	25,2	43,2	31,6
1980	-	-	-	3,6	45,2	51,2	20,4	41,7	37,9

I - primärer Sektor, II - sekundärer Sektor, III - tertiärer Sektor

*) vgl. auch Abb. 1.5

Quelle: Eigene Berechnungen nach BUDAG 1941, KOVACICS 1963, KSH 1980a, SZU 1981, KSH 1981a.

Die Erwerbsstatistik in Ungarn vor 1949 ist mit der heute noch gültigen Klassifikation z.B. der Bundesrepublik vergleichbar. Die Erwerbstätigenstatistik der VR Ungarn unterscheidet zwischen aktiven und inaktiven Erwerbspersonen sowie unterhaltenen Personen. Zu den aktiven Erwerbspersonen gehören ständige und zeitweilig Beschäftigte. Zu den inaktiven Erwerbspersonen gehören z.B. Rentner oder für die Kinderpflege vom Arbeitsleben befreite Frauen. Zu den unterhaltenen Personen gehören z.B. Schüler, Fachschüler, Studenten, Lehrlinge und nicht arbeitende Familienmitglieder.

Die sektorale Verteilung der Erwerbstätigen nach der heute in Ungarn gültigen Klassifikation:

- Der primäre Sektor setzt sich zusammen aus:
Mezőgazdaság és erdőgazdálkodás (Land- und Forstwirtschaft).

- Der sekundäre Sektor setzt sich zusammen aus:
Ipar (Industrie) und Építőipar (Bauwirtschaft).

- Der tertiäre Sektor setzt sich zusammen aus:
Szállitás és hirközlés (Verkehrs- und Nachrichtenwesen),
Vizgazdálkodás (Wasserwirtschaft) und
Kereskedelem (Handel).

Nicht materiell Beschäftigte (Nem anyagi ágak) werden in der ungarischen Statistik unter "übrige Wirtschaftsbereiche" ausgewiesen.

Bei der Berechnung des ökonomischen Übergangs (vgl. Teil I) sind die nicht materiell Beschäftigten und die Erwerbstätigen des tertiären Sektors zu einer Kategorie vereinigt worden. Die nicht materiell aktiv Beschäftigten werden unterschieden in Személyi és gazdasági Szolgáltatás (persönliche und wirtschaftliche Dienstleistungen), Egészségügyi, szociális és kulturális szolgáltatás (Gesundheits-, soziale und kulturelle Dienstleistungen), Közösségi, közigazgatási és egyéb szolgáltatások (öffentliche Dienste, Verwaltung und Sonstige).

Bei der Beschreibung der Erwerbsstruktur und der Arbeitsstätten in Budapest gilt im besonderen, daß die Entwicklung in diesen Bereichen nicht isoliert von den allgemeinen wirtschaftlichen Rahmenbedingungen, der Landesentwicklung, möglich ist. Aus diesem Grunde soll hierauf näher eingegangen werden.

3.3.1 Wirtschaftliche Rahmenbedingungen

In Abschnitt 3.3.1 sollen sowohl die prätransformative als auch der Beginn der transformativen Phase des ökonomischen Übergangs in Ungarn beschrieben werden. Der 1867 erzielte politische Ausgleich zwischen Österreich und Ungarn hat Ungarn größere wirtschaftliche Souveränität zugestanden. Die Wirtschaft in Ungarn erlebte eine Boomphase, die sich durchaus mit der späteren Gründerzeit im Deutschen Reich vergleichen läßt. Die Ungarische Gründerzeit begann mit zahlreichen Bankgründungen in Pest. Noch im Jahre 1867 gründete das österreichische Haus Rothschild die Ungarische Allgemeine Kreditbank mit einem Grundkapital von 15 Mio. Kronen. Ein Jahr später gründete eine englische Bankgruppe die Englisch-Ungarische Bank. Es folgten die Discont- und Wechselbank (1869), die Französisch-Ungarische Bank (1869) und die Ungarische Hypotheken-Bank (1870). Die Folge des Ausgleichs war auch ein Zoll- und Handelsabkommen zwischen den beiden Reichshälften der Habsburger Monarchie Österreich und Ungarn. Schon 1849 war durch die Aufhebung der sogenannten Zwischenzollinie ein einheitliches Wirtschaftsgebiet geschaffen worden, das aber weder durch ein gemeinsames Wirtschaftsministerium noch durch ein gemeinsames Außenhandelsministerium verwaltet wurde. Stattdessen wurden für zehn Jahre zwischen den beiden Reichshälften Zoll- und Handelsabkommen abgeschlossen, die dann immer wieder verlängert wurden. Nach dem vertraglichen Ausgleich nahm die Wirtschaftsentwicklung in den beiden Reichshälften eine unterschiedliche Entwicklung an. Waren weite Gebiete der österreichischen Reichshälfte auf einem höheren Stand der Entwicklung, d.h. hier waren vor allem Manufakturen und erste Anfänge einer Industrialisierung vertreten, zeichnete sich das Gebiet der ungarischen Reichshälfte durch überwiegende agrarische Produktion aus.

Trotz dieser unterschiedlichen strukturellen Bedingungen entwickelte sich die ungarische Reichshälfte wirtschaftlich in einem größeren Tempo. Als Beispiel können die Zuwachsraten des Volkseinkommens angesehen werden, die FINK (1969) für den Zeitraum von 1867 bis 1880 errechnet hat. Sie betragen für Ungarn durchschnittlich 7,5% und für Österreich durchschnittlich 6,9%. Berücksichtigt werden muß dabei, daß bei einem bereits vorhandenen höheren Niveau wie in Österreich eine weitere Steigerung schwieriger ist als bei einem niedrigeren Ausgangsniveau wie im Falle Ungarn. Unterbrochen wurde diese Entwicklung durch den Börsenkrach von 1873. Nicht zu verkennen ist auch, daß es besonders zwei Vorteile der Wirtschaftsgemeinschaft mit Österreich waren, die es Ungarn erst ermöglichten, diesen Aufschwung zu erzielen. An erster Stelle können hier die gemeinsamen, durch keine Zollschranken unterbrochenen Binnenmärkte genannt werden. Der zweite Vorteil besteht in der Währungs- und Bankgemeinschaft. Was die Währungs- und Bankgemeinschaft betrifft, so bedeutete dies nicht nur, daß alle in Südosteuropa gelegenen Gebiete der Doppelmonarchie zum Währungsbereich der goldgedeckten Krone gehörten, sondern vor allem auch, daß die ungarische Reichshälfte auf österreichisches Kapital und Kredite zurückgreifen konnte, um über diesen Weg einen Ausbau der eigenen Wirtschaft zu erreichen. Da in ganz Südost-Europa in der Industrialisierungsperiode des 19. Jh. der Mangel an Eigenkapital eine grundlegende Schwierigkeit war, kann dieser Vorteil für die Reichshälfte Ungarn nicht hoch genug veranschlagt werden. So waren es zwischen 1867 und 1873 60%, zwischen 1873 und 1900 45% und zwischen 1900 und 1914 25% der gesamten Investitionen in Ungarn, die nur durch ausländisches Kapital möglich wurden. In Budapest war dieser Anteil noch höher.

Nicht minder wichtig war auch der gemeinsame Binnenmarkt speziell für die ungarische Landwirtschaft. Vom Jahre 1881 hat sich die ungarische Reichshälfte bemüht, die nur spärlich vorhandenen Ansätze des Manufakturwesens auf eine breite Grundlage zu stellen, d.h. eine Fabrikwirtschaft zu entwickeln. Durch eine Reihe staatlicher Industrieförderungsgesetze 1881, 1890, 1899 und 1907 wurde von seiten des Staates versucht, eine massive Hilfestellung zu gewähren. Diese Hilfestellungen bestanden in Steuerfreiheit für neu zu gründende Betriebe, Kredite und Tarifermäßigungen im Eisenbahn- und Schiffsverkehr. Im Zeitalter des frühen Liberalismus war diese Form der Wirtschaftsförderung durch staatliche Institutionen gänzlich neu. Von Seiten der österreichischen Unternehmer wurde über diese Wettbewerbsverzerrung laut Klage geführt. So wurden z.B. die ungarischen Mühlenindustrien massiv aus staatlicher Kasse subventioniert, so daß die österreichische Mühlenindustrie aufgrund der ungleichen Wettbewerbssituation ausgesprochen notleidend wurde.

Auf der anderen Seite hatte die sprunghaft ansteigende industrielle Produktion Ungarns vom Beginn des 19. Jahrhunderts an auf zahlreiche Handwerksbetriebe keinen negativen Effekt gehabt. Das Handwerk wurde von der Industrialisierung nicht ausgeschlossen. Es war sogar in der Lage, bis zum 1. Weltkrieg zu expandieren. Die Anzahl der Handwerker ist während dieser Zeit schneller angestiegen als die Anzahl der Beschäftigten in den großen Industriewerken (vgl. BEREND & RÁNKI 1979:141ff). Die industrielle Entwicklung in Ungarn hatte noch nicht jenes Stadium erreicht, das notwendig gewesen wäre, um die große Masse der unter dem Existenzminimum lebenden Landarbeiter zu übernehmen. Zusammenfassend kann man sagen, daß der Fortschritt auf dem industriellen Sektor in der ungarischen Reichshälfte etwa vom Beginn der Manufakturperiode bis zum 1. Weltkrieg zwar unverkennbar ist, aber nicht ausreicht, um den Wohlstand breiter Bevölkerungsschichten zu erhöhen. In der Spätzeit der Doppelmonarchie waren die Zuwachsraten der industriellen Produktion in Ungarn fast doppelt so hoch wie im Restreich.

Was die Besitzstruktur der Landwirtschaft im südosteuropäischen Teil der Doppelmonarchie angeht, so findet man folgendes Bild vor: Es gibt einen unverhältnismäßig großen Anteil von Großgrundbesitz an der Gesamtfläche des landwirtschaftlich nutzbaren Landes in Ungarn (vgl. Tab. 3.8). Die Maßnahmen Maria Theresias II. versuchten zwar, durch die sog. "urbariale Neuordnung" eine Verbesserung des rechtlichen Zustands der besitzlosen ländlichen Bevölkerung herzustellen, sie bewirkten aber insgesamt keine Veränderungen. Erst die Maßnahmen von 1848 zur Bauernbefreiung veränderten deren rechtliche Stellung.

Weiter muß erwähnt werden, daß die Verkehrspolitik in Österreich und in Ungarn von unterschiedlichen Konzepten ausgegangen ist. Österreich baute seine Bahnen teilweise um das ungarische Gebiet herum, während die ungarische Reichshälfte eindeutig das Verkehrssystem auf die spätere Hauptstadt Budapest und hier besonders auf Pest konzentrierte. Die ungarische Industrie deckte zur Jahrhundertwende etwa 68% des Landesbedarfs an Industriewaren und erarbeitete etwa 25% des Nationaleinkommens. Das ungarische Volkseinkommen war von 3,2 Mrd. Kronen im Jahre 1901 auf 6,7 Mrd. Kronen im Jahre 1913 gestiegen. Das bedeutete nach Bereinigungen von Preissteigerungen auf das Jahr umgerechnet ein reales Wachstum von etwa 7,5%. Das Pro-Kopfeinkommen erhöhte sich im gleichen Zeitraum von jährlich 185 Kronen auf 325 Kronen. Im Vergleich dazu betrug das Pro-Kopf-Einkommen in Österreich 433 Kronen und in Deutschland 600 Mark.

Aufgrund des Vertrages von Trianon von 1920 verlor Ungarn über zwei Drittel seines Territoriums und fast zwei Drittel seiner Bevölkerung (vgl. Abb. 3.9). Die Nachbarstaaten des kleinen Rumpf-Ungarns umgaben sich mit hohen Zollmauern, so daß der ungarischen Wirtschaft kaum wirkliche Exportchancen gewährt wurden. Die meisten Rohstoff- und Energiequellen, ein Großteil der landwirtschaftlichen und industriellen Produktionsstätten sowie wesentliche Abnehmergebiete befanden sich jenseits dieser Zollmauern. Von der ehemaligen Industrie waren 47% der Betriebe mit 55% des Vorkriegs-Produktionswerts in Rumpf-Ungarn geblieben. Es fehlten beispielsweise etwa 50% der Eisenwerke, 18% der Maschinenfabriken, 60% der Spinnereien und Webereien. Eine der Folgen dieser Verluse bestand darin, daß in Ungarn neue Industrien aufgebaut werden mußten; und dieses geschah zum überwiegenden Teil in Budapest.

Abbildung 3.9: Ungarns Gebietsverluste aufgrund der Beschlüsse von Trianon 1920

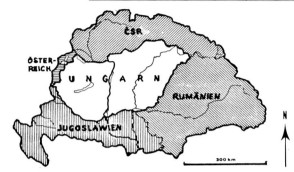

Quelle: MARKOS 1971:32

Eine mögliche Konsequenz der Gebietsabtrennungen hätte darin bestehen können, eine den neuen Gegebenheiten angepaßte Wirtschafts- und Sozialpolitik einzuleiten. Zwar hatte Ungarn die allgemeine Sozialversicherung als drittes Land in Europa schon sieben Jahre nach ihrer Verwirklichung in Deutschland (1883) eingeführt; sie beschränkte sich aber weitgehend auf die Krankenversicherung. Eine Arbeitslosenunterstützung war durch staatliche Kassen nicht vorgesehen. Erst im Jahr 1928 wurde die Zwangsversicherung der gewerblichen Arbeitnehmer und der Privatangestellten für die Alters-, Invaliden, Witwen- und Waisenversorgung eingeführt. Die führenden Gesellschaftsschichten waren jedoch nicht in der Lage oder willens, einen weiteren Ausbau der Sozialversicherung in Angriff zu nehmen. Zwar waren die Beschäftigten einiger ausgewählter Großbetriebe sozial besser abgesichert, diese Maßnahmen erreichten jedoch nicht die Masse der Beschäftigten und entsprangen mehr einem paternalistischen Gesellschaftsbild.

Zwischen den beiden Weltkriegen wurde in Ungarn dank der politischen Machtstellung der Großgrundbesitzer keine Agrarreform durchgeführt, abgesehen von zwei kaum nennenswerten kleineren Ansätzen. Mehr als ein Viertel des landwirtschaftlichen Bodens gehörte auch weiterhin zum Großgrundbesitz, während über die Hälfte der landwirtschaftlichen Bevölkerung weniger als 2,9 ha besaß (vgl. Tab. 3.8). (Diese Kleinstparzellen wurden im Volksmund als "Hosenriemenparzellen" bezeichnet). Dieser Sachverhalt hatte mehrere Folgen. Dadurch, daß die Ackerfläche relativ zur Bevölkerungszahl konstant geblieben war und gleichzeitig eine einseitige Produktorientierung des Großgrundbesitzes zum Getreideanbau forciert wurde, war diese Monokultur starken Schwankungen des Weltmarktes ausgesetzt. In der Zwischenkriegszeit wurde in großen Mengen billiges Überseegetreide in Europa eingeführt. Die ha-Erträge des Weizenanbaus in Ungarn stagnierten, was zunächst dazu führte, daß die vorhandenen Kapazitäten der Mühlenindustrie nur zum geringen Teil ausgelastet wurden. Die weitere Konsequenz bestand in Betriebsstillegungen von großen Gütern, die sich einseitig auf den Getreideanbau spezialisiert hatten. Da ca. ein Drittel der ländlichen Bevölkerung sich knapp oberhalb, ein Drittel unterhalb des Existenzminimums bewegten, war die heimische Industrie nicht in der Lage, einen stabilen Binnenmarkt für ihre Konsumgüter aufzubauen. Da die Möglichkeit der Überseeauswanderung von 1918 bis 1926 versperrt war, gab es für die ländliche Bevölkerung nur den Weg in die Städte, um ihre wirtschaftliche Situation zu verbessern. So reduzierte sich der Anteil des primären Sektors auf der Landesebene von 58,2% (1920) auf 51,6% (1940). Auf den inländischen Konsum schlug sich außerdem nieder, daß aufgrund der Einkommensverhältnisse auch die Masse der Industriearbeiter die Nachfrage nach Konsumgütern nicht erhöhen konnte.

Tabelle 3.8: <u>Besitzstruktur der ungarischen Landwirtschaft 1895, 1935 und 1946</u>

Besitzkategorie (in ha)	1895 absolute Anzahl	% der Eigentümer	% der Fläche	1935 absolute Anzahl	% der Eigentümer	% der Fläche	1946 absolute Anzahl	% der Eigentümer	% der Fläche
0 - 2,9	1.279.718	53,6	5,8	1.042.520	68,7	8,8	1.406.325	68,1	17,9
2,9 - 5,7	458.535	19,2	9,0	198.645	13,1	8,9	388.179	18,8	21,1
5,7 - 11,5	385.381	16,1	14,6	160.339	10,5	14,1	175.428	8,5	17,3
11,5 - 57,5	241.213	10,1	22,9	102.791	6,8	22,8	86.028	4,1	22,8
57,5 - 115,1	10.275	0,4	3,8	5.866	0,4	5,1	5.525	0,3	4,4
115,1 - 575,5	9.592	0,4	11,6	5.490	0,4	14,7	4.034	0,2	8,4
> 575,5	3.768	0,2	32,3	1.517	0,1	25,6	595	-	8,1
S u m m e	2.388.482	100,0	100,0	1.517.168	100,1	100,0	2.066.114	100,0	100,0

<u>Quelle</u>: FISCHER 1984b:199, 200.

Das Rohstoffproblem und die Absatzschwierigkeiten im In- und Ausland brachten es mit sich, daß Teile der aufstrebenden Industrien, wie z.B. die Textil-, Chemie- und Maschinenbauindustrie, geringere Zuwachsraten erzielten als in Österreich. Nach FINK (1969) betrug die Zunahme der industriellen Produktion in der Periode von 1900 bis 1910 noch 33,7%, in der Periode von 1920 bis 1930 dagegen nur 16,6%. Die Folgen der Abtrennung berücksichtigend, errechnete FINK (1969) für die Zeit von 1898 bis 1930 eine jährliche Zunahme der Bruttoleistung der ungarischen Industrie von 8%, für den Zeitraum von 1913 bis 1937 nur eine jährliche Zunahme von etwa 1%. Der Unterschied kann u.U. den Sachverhalt erklären, daß es nicht möglich war, das Problem der landwirtschaftlichen Überbevölkerung durch rasche Eingliederung in den Industrialisierungsprozeß zu lösen. Trotzdem erhöhte sich der Anteil des sekundären Sektors zwischen 1920 und 1941 von 18,1 auf 22,2% auf der Landesebene. In Groß-Budapest erhöht sich der Anteil des sekundären Sektors im gleichen Zeitraum von 42,8 auf 50,8%. Die nach der Erstellung eines autonomen Zolltarifs im Jahre 1925 durch Ungarn abgeschlossenen Meistbegünstigungsverträge mit den meisten europäischen Staaten waren ein erster Schritt auf dem Wege aus der Isolierung. Die Meistbegünstigungsverträge sahen eine gegenseitige Reduzierung der Zollsätze vor. Das nationalsozialistische Deutschland wurde Großabnehmer ungarischer landwirtschaftlicher Produkte. Die langfristigen deutschen Abnahmegarantien für ungarische Produkte und die langfristigen Lieferabmachungen für deutsche Maschinen und andere Kapitalgüter nach Ungarn, beides zu günstigen Bedingungen, kamen den Wirtschaftsproblemen Ungarns entgegen. Bis zum Ende des 2. Weltkrieges änderte sich aber an der prekären Wirschaftssituation Ungarns grundlegend nichts. Ungarn blieb ein weitgehend agrarisch geprägtes Land. Tabelle 3.9 zeigt die Veränderung der Erwerbstätigen zwischen 1900 und 1941 in Ungarn.

Um 1951 beginnt nach unseren Berechnungen die transformative Phase der ökonomischen Landesentwicklung in Ungarn. Bis zu diesem Zeitpunkt ist die sektorale Verteilung der Erwerbstätigen in den drei Sektoren über fast 70 Jahre relativ konstant geblieben. Erst mit der Einsetzung der sozialistischen Gesellschaftsverfassung beginnen sich die Anteile der Erwerbstätigen in den drei Sektoren zu verändern. Die Volksrepublik Ungarn verändert sich von einem Agrarland zu einer zunehmend industriell geprägten Volkswirtschaft. In den frühen fünfziger Jahren wurden große Teile des Volkseinkommens einseitig in den Bereich der Schwerindustrie investiert. Dieses führte zur Vernachlässigung in anderen Sektoren.

Tabelle 3.9: Erwerbstätige in Ungarn *) von 1900-1941

	1900	1910	1920	1930	1941
Landwirtschaft	1.734.868	1.685.345	2.128.008	2.030.844	2.164.975
Industrie und Gewerbe	466.277	630.928	639.588	825.984	1.005.348
Dienstleistungen und sonstige	775.272	915.527	987.577	1.141.011	1.332.500
Gesamt	2.976.417	3.231.806	3.755.173	3.997.839	4.502.823
unterhaltene Personen	3.877.998	4.380.308	4.231.702	4.687.270	4.813.251
Bevölkerung	6.854.415	7.612.114	7.986.875	8.685.109	9.316.074
Erwerbsquote	43,4	42,5	47,0	46,0	48,3

*) Die Daten beziehen sich auf das gegenwärtige Staatsgebiet Ungarns.

Quelle: LETTRICH 1975:4

Am 1.2.1946 wurde die Volksrepublik Ungarn von der Nationalversammlung ausgerufen. Bereits am 15.3.1945 war eine Bodenreform erfolgt. Von der Bodenreform, die eine Verteilung von Land an Private vorsah, wurden praktisch alle Güter mit einer Größe über 1.000 Katastraljoch (575,5 ha) betroffen. Rd. 2.500 landwirtschaftliche Güter wurden gegen Entschädigung enteignet und kamen in den Besitz des Staates. Bei den Besitzungen zwischen 100 und 1.000 Katastraljoch durfte der Besitzer 100 Katastraljoch behalten. Landwirte, die den Boden selber bearbeiteten, brauchten jedoch 200 Katastraljoch nicht abzugeben. Von den dadurch in staatlichen Besitz gelangten 3,2 Mio. ha wurden etwa 1,9 Mio. ha parzelliert in Flurstücke von rd. 3 ha und an etwa 642.000 landarme Bauern und landlose Landarbeiter verteilt (vgl. MARKOS 1971:53). Der Rest verblieb im Staatsbesitz und wurde überwiegend zur Neuerrichtung bzw. Erweiterung von Staatsgütern verwandt. Durch die Enteignung und Neuverteilung entstand eine starke Zersplitterung der landwirtschaftlichen Nutzflächen, da die Zuteilung pro Person 15 Katastraljoch nicht überschreiten durfte. Schon ab 1948 wurden durch die Kollektivierung die Kleinbetriebe zu genossenschaftlichen Großbetrieben zusammengefaßt. Diese Umorganisierung der Landwirtschaft dauerte etwa bis 1960, einem Zeitpunkt, zu dem etwa 6% der landwirtschaftlichen Nutzfläche sich noch in Privatbesitz befanden. Die Umorganisation der Landwirtschaft nach dem 2. Weltkrieg setzte zwischen 1950 und 1980 ca. 1,1 Mio. der landwirtschaftlichen Arbeitskräfte frei. Hier liegt eine der Ursachen für den Umfang der Bevölkerungsmobilität in Ungarn nach dem 2. Weltkrieg, verbunden mit der Entwicklung einer räumlich stark in Städten konzentrierten Industrie, die auch höhere Löhne zahlte. Abbildung 3.10 zeigt das unterschiedliche Lohnniveau in Städten und Gemeinden.

Abbildung 3.10: Durchschnittliches Haushaltseinkommen in den Städten und den ländlichen Gemeinden Ungarns 1959

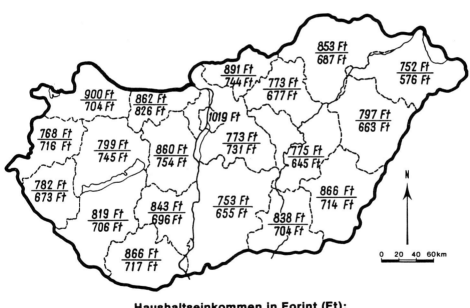

Quelle: LETTRICH 1975:15

Die Ausprägung dieser Bevölkerungsmobilität sind die Binnenwanderung und der Pendelverkehr. Zwischen 1949 und 1960 wechselten jährlich rund 300.000 Personen ihren Wohnsitz. Die Zahl der Tages- und Wochenendpendler in Ungarn betrug 1960 ca. 350.000, davon pendelten allein nach Budapest 140.000. Ende des 2. Weltkrieges zählte etwa ein Fünftel aller Erwerbstätigen in Ungarn zum sekundären Sektor. Nahezu die Hälfte davon war in kleinen oder Handwerksbetrieben tätig. Am stärksten entwickelt waren Bergbau und arbeitsintensive Zweige wie Nahrungs-, Genußmittel- und Leichtindustrie. Die Kriegseinwirkungen zusammen mit den Demontagen führten zum Ausfall etwa der Hälfte der industriellen Kapazität, so daß die Produktion 1946 nur etwa ein Drittel des Vorkriegsstandes erreichen konnte. Im selben Jahr wurde mit der Verstaatlichung des Kohlebergbaus einschließlich der zugehörigen Kraftwerke begonnen. Die Betriebe der Schwerindustrie folgten. Am 25.3.1948 wurden alle Betriebe mit mehr als 100 Beschäftigten verstaatlicht. Lediglich die unter sowjetischer Führung stehenden sowjetisch-ungarischen Gesellschaften sowie die Unternehmungen mit mehr als 50% ausländischer Kapitalbeteiligung blieben ausgenommen. Mit dem Dekret des Präsidialrates vom 28.9.1949 wurden alle Betriebe mit mehr als zehn Beschäftigten sowie eine Reihe ausländischer Unternehmungen zum Staatseigentum erklärt. Die Verstaatlichung beschränkte sich jedoch nicht nur auf die Industrie; sie umfaßte auch die übrigen Zweige der Volkswirtschaft, wie z.B. den Handel und das Groß- und Kleingewerbe. Zu Beginn der 50er Jahre schlossen sich auch die Handwerker in zunehmendem Maße zu Genossenschaften zusammen, der Anteil der privaten Handwerker fiel auf ein unbedeutendes Maß zurück. Die Verstaatlichung der Banken erfolgte im Dezember 1947.

Die wirtschaftliche Entwicklung der ungarischen Volksrepublik läßt sich am besten anhand der Wirtschaftspläne verfolgen:

1. Drei-Jahres-Plan von 1947 bis 1949,
1. Fünf-Jahres-Plan von 1950-54,   } Stadtentwicklungsphase III
   Planabbruch von 1955-57,

2. Drei-Jahres-Plan von 1958-60,
2. Fünf-Jahres-Plan von 1961-65
3. Fünf-Jahres-Plan von 1966-70,   } Stadtentwicklungsphase IV
4. Fünf-Jahres-Plan von 1971-75,
5. Fünf-Jahres-Plan von 1976 bis 1980.

Die Laufzeit des ersten Drei-Jahres-Plans begann am 1.8.1947. Er wurde mit einem Gesamtinvestitionsbetrag von 6,5 Milliarden Forint gestartet, davon sollten 30,4% auf die Landwirtschaft, 26,5% auf Bergbau und Industrie, 25,4% auf Verkehr und Nachrichtenwesen und 17% auf sonstige kommunale Vorhaben fallen. In die Zeit dieses Plans fallen die schon erwähnten Verstaatlichungen der Banken und die Verstaatlichung der Industrie und die Machtübernahme durch die kommunistische Partei. Die Erfüllung des Drei-Jahres-Plans zeigte im Endeffekt jedoch erhebliche Abweichungen von den ursprünglichen Planungsansätzen, da die Wiederaufbauphase eine besondere Schwerpunktsetzung erforderlich machte. Die Investitionssumme erreichte statt der vorgesehenen 6,5 Milliarden Forint 10,4 Milliarden Forint. Die Industrie erhielt davon 32%, die Landwirtschaft 17%, der Verkehr 20% und auf die kommunalen Vorhaben entfielen 27%. Die restlichen 4% verteilen sich auf Handel und Sonstiges.

Die Gesetzesvorlage für den 1. Fünf-Jahres-Plan, die im Dezember 1949 dem Parlament vorgelegt wurde, sah eine Investitionssumme von 51 Milliarden Forint vor; bereits Ende 1951 wurde diese Summe auf 85 Milliarden Forint aufgestockt. Tatsächlich wurden jedoch in dieser Planperiode 67,4 Milliarden investiert. Es entfielen auf die Industrie rd. 48%, auf die Landwirtschaft 13% und auf die Bauwirtschaft 3,5%. Die Beschäftigungszahl im sekundären Sektor erhöhte sich von 22,5% (1950) auf 30,3% (1954). Das Volkseinkommen wuchs während der Planungsperiode um 36%. Dagegen sank der private Konsum insbesondere in den Städten, da die Verschuldung der ungarischen Volksrepublik gegenüber dem westlichen Ausland stark anstieg und die Lücken in der Materialversorgung der Konsumgüterindustrie zu ernsten Versorgungsstörungen führten. Zugunsten eines forcierten Ausbaus der Schwerindustrie wurden Leicht- und Lebensmittelindustrie bei der Verteilung der Investitionsmittel ebenso benachteiligt wie die Landwirtschaft und die Bauindustrie. Die aus der ungleichen Entwicklungspolitik resultierenden Mängel waren Jahre danach noch spürbar. Die Folgen führten mit zu den politischen Ereignissen im Jahre 1956.

In der Interimsphase 1955 bis 1957 sind kaum Aussagen über die wirtschaftliche Entwicklung zu machen, da aufgrund der Einflüsse des Jahres 1956 fast die gesamte Produktion ausfiel. Der Plan wurde abgebrochen. Im 2. Drei-Jahres-Plan von 1958-60 wurde eine Stabilisierung der gesamtwirtschaftlichen Entwicklung deutlich. Bei leicht steigendem Wachstum beliefen sich die Zuwachsraten des Nationaleinkommens für 1958 auf 6%, für 1959 auf 7% und für 1960 auf 9%. Ebenso gleichmäßig, wenn auch auf niedrigerem Niveau als der 2. Drei-Jahres-Plan, schien der 2. Fünf-Jahres-Plan abzulaufen. Das Nationaleinkommen erhöhte sich in der Planungsperiode um insgesamt 4,1%, obwohl im letzten Planjahr ein Wachstum von nur 1% erreicht werden konnte. Die starken Wachstumsschwankungen des landwirtschaftlichen Sektors setzten sich fort.

3.3.2 Erwerbsstruktur

Welche Veränderungen hat es im Zeitraum von 1880 bis 1941 in der sektoralen Verteilung der Erwerbstätigen in Klein-Budapest gegeben? Zwischen 1880 und 1910 wurde die berufliche Zusammensetzung der Bevölkerung durch die schnelle Industrialisierung am meisten verändert. Im Jahre 1880 arbeiteten in der Industrie ca. 60.000, 30 Jahre später waren es bereits 218.000 Menschen. Das rapide Wachstum der Bevölkerung verbunden mit wirtschaftlichem Wachstum vergrößerte auch die Anforderungen an den Staat. Aufgrund dieser zwei Faktoren stieg die Beschäftigungszahl der Staatsangestellten einschließlich der freien Berufe von 1880 bis 1920 von 15.000 auf 43.000. Der Anteil der Beschäftigten aus den Branchen Handel und Kredit erhöhte sich von 1880 bis 1910 von 15.000 auf 82.000. Mit dieser Entwicklung endete 1920 die erste Periode des Aufbaus von Klein-Budapest, wobei von den 490.000 Erwerbstätigen über 60,4% im tertiären Sektor arbeiteten (vgl. Tab. 3.7 und 3.10).

Die Erwerbsstruktur in der Zwischenkriegszeit veränderte sich in Klein-Budapest folgendermaßen: Im sekundären Sektor waren 1920 38,4% beschäftigt. 1941 waren es 41,7%. Die Kriegskonjunktur zeigte hier nach der Weltwirtschaftskrise ihre ersten Spuren. Im tertiären Sektor fiel die Zahl der Beschäftigten von 60,4% auf 52,2%. 1937 war zum ersten Mal in dem von uns betrachteten Zeitraum in Budapest der Anteil des tertiären Sektors geringer als der des sekundären Sektors. Während des 2. Weltkrieges veränderte sich die Struktur der Erwerbstätigen durch die Einberufungen. Die Steigerung des Anteils im Sekundärsektor nahm weiter zu. Die Zahl der Privatiers stieg von 3.600 im Jahre 1880 auf 50.191 im Jahre 1941. Am Ende des 2. Weltkrieges waren zwar große Teile der Industrean-

BUDAPEST

	1880	1890	1900	1910	1920	1930	1941
Land- und Forstwirtschaft	4.559	5.616	5.660	5.294	5.202	5.334	7.013
Bergwerke	16	87	240	389	713	523	847
Industrie	59.239	104.966	161.039	218.068	187.864	234.720	294.080
Handel, Kredit	15.709	28.196	46.731	64.881	82.859	90.973	102.717
Verkehr	5.129	16.102	22.863	30.462	31.824	27.073	34.054
Öffentliche Dienste, freie Berufe	15.375	18.182	31.240	43.753	63.357	65.765	81.839
Streitkräfte	10.216	14.147	16.484	16.636	16.846	7.406	-
Tagelöhner	36.205	35.908	19.195	11.485	5.502	10.411	13.861
Privatiers	3.639	10.287	12.756	15.795	24.616	40.915	50.191
Haushaltsangestellte	36.373	43.053	57.204	70.117	52.175	63.294	60.508
Sonstige	4.546	9.470	12.929	16.095	18.588	26.747	59.744
Gesamt	191.006	286.014	386.341	492.975	489.546	573.161	704.852
unterhaltene Personen	179.761	220.370	347.017	387.396	439.450	433.023	460.111
Bevölkerung	370.767	506.384	733.358	880.371	928.996	1.006.184	1.164.963
Erwerbsquote	51,5	56,5	52,7	56,0	52,7	57,0	60,5

Quelle: SÁGVÁRI 1974:168

lagen beschädigt, insgesamt hatte aber der industrielle Sektor die größte Ausdehnung seit der Stadtgründung erreicht.

Die Volkszählung in Groß-Budapest im Jahre 1949 zeigte bei verschiedenen Berufszweigen starke Veränderungen. Die Zahl der Tagelöhner verschwand 1949 fast ganz und die Zahl der Haushaltsangestellten fiel von 70.000 im Jahre 1910 und 60.500 im Jahre 1941 auf eine unbedeutende Zahl von ca. 800. Als neue Kategorie wurde die Branche der Wasserwirtschaft eingeführt. Die Kategorie der Privatiers wurde aufgelöst. Die bisherige Kategorie öffentliche Dienste und freie Berufe wurde neu gegliedert. Der Anteil der Erwerbstätigen Groß-Budapests im sekundären Sektor stieg von 46,0% 1949 auf 54,5% 1960. Auf die Schwerpunktsetzung der Wirtschaftspolitik in den Anfangsjahren der Volksrepublik Ungarn ist schon hingewiesen worden. In absoluten Zahlen veränderte sich die Erwerbsstruktur in Groß-Budapest im sekundären Sektor folgendermaßen: Die Zahl der in der Industrie Beschäftigten wuchs von 320.000 1949 auf 468.000 1960, die in der Bauindustrie von 24.000 auf 68.000. Die Steigerungen im Handel und in der Transportbranche erreichen diese Höhe nicht. Insgesamt reduziert sich der Anteil der Beschäftigten im tertiären Sektor von 1949 bis 1960 von 49,3% auf 44,0%.

Die Entwicklung der Erwerbsstruktur während der Phase III der Stadtentwicklung in Budapest wird vor allem durch folgende Faktoren verursacht:

- Der Ausgleich seit 1867 läßt die Bedeutung von Klein-Budapest als Hauptstadt wachsen, in der der gesamte Staatsapparat aufgebaut und konzentriert wird. Dadurch wird mit erklärlich, daß bis 1880 in Klein-Budapest ein Tertiärisierungsprozeß zu beobachten ist. Diese Entwicklung wiederholt sich 40 Jahre später, als das Staatsgebiet um zwei Drittel verkleinert wurde und Angehörige des Staatsapparates aus den verlorengegangenen und abgetrennten Gebieten in die Hauptstadt strömten. So ist von 1918 bis 1920 wiederum eine deutliche Tertiärisierungstendenz zu beobachten.

- Das Bevölkerungswachstum macht Klein-Budapest zum größten Konsumentenzentrum des Landes und sichert zugleich ein permanentes Reservoir an Arbeitskräften für die wachsende Industrie. Von 1920 bis 1941 nimmt der Anteil der Erwerbstätigen in Klein-Budapest von 38,4 auf 41,7% zu.

- Zunehmend investieren ungarische Großgrundbesitzer Kapital in die Industrie, während zugleich ausländisches, insbesondere österreichisches Kapital eindringt. Die Menge des Kapitals reicht jedoch nicht aus - gehemmt durch den agrarischen Charaker von Ungarn -, einen weiteren bedeutenden Industrieschwerpunkt außer Klein-Budapest zu bilden. Von 1880 bis 1910 und von 1920 bis 1945 weist jeweils der sekundäre Sektor die größten Zuwachsraten an Erwerbstätigen auf. Es gibt Hinweise, die das Anwachsen des sekundären Sektors mit den jeweils beginnenden Kriegskonjunkturen in Verbindung bringen (vgl. BEREND & RÁNKI 1979).

- Nach dem Zweiten Weltkrieg wird die langfristige Wirtschaftsplanung der entscheidende Faktor zur Beeinflussung der Erwerbsstruktur. Die einseitige Forcierung der Schwerindustrie führt in Groß-Budapest unmittelbar nach 1950 zu einem deutlichen Anstieg des Anteils der Erwerbstätigen im sekundären Sektor.

3.3.3 Arbeitsstätten

Zu den ältesten Manufakturen in Budapest gehörten die Ziegelbrennereien, die den hier vorkommenden Ton verarbeiteten. So bedeutet der Name "Pest" zu deutsch "Ofen" oder "Kalkofen". Die Industrialisierung von Budapest begann zunächst entlang der Donau, wobei der Fluß als Verkehrsweg und als Wasserlieferant ausgenutzt wurde. Besonders Mühlen siedelten sich entlang der Donau an. Der Mühlenindustrie folgten verschiedene Zweige der Lebensmittelindustrie, die die Produkte der ungarischen Landwirtschaft verarbeiteten. Damit zeigt Budapest ein von den westeuropäischen Städten abweichendes Muster. In westeuropäischen Städten begann die Industrialisierung überwiegend mit der Textilindustrie, einer Branche, die in Budapest seit dem 19. Jh. eine Bedeutung hatte, aber erst nach dem 1. Weltkrieg Auftrieb erhielt. Mit dem Bau der Eisenbahnlinien (Mitte 19. Jh.) setzte eine Eisenbahnorientierung der Fabriken ein. Die neuen Industrien, hauptsächlich metallverarbeitende Industrie, Maschinenbau, Gummiverarbeitung, Lederfabriken, siedelten sich in Pest in enger Verflechtung mit den danach entstehenden Wohngebieten entlang dreier Verkehrswege an:

- in nördlicher Richtung entlang der Váci ut, im Gebiet zwischen Donau

und der ältesten Eisenbahnlinie Ungarns (Budapest - Vác, 1846)
- in östlich/südöstlicher Richtung, dem Lauf der Eisenbahnlinien Budapest - Cegléd und Budapest - Hatvan folgend
- in südlicher Richtung, entlang der Soroksári út, parallel zur Eisenbahnlinie Budapest - Szabadka.

Diese drei historischen Industrieansiedlungslinien bestimmen bis heute die Lage der klassischen Industriegebiete in Budapest. In der damaligen Zeit (2. Hälfte 19. Jh.) wurden auch die noch heute bestehenden Großbetriebe wie MÁVAG und Ganz-Vagon gegründet. Die Abbildung 3.11 zeigt die Lage der Industriegebiete in Groß-Budapest im Jahre 1960.

Andere Industriegebiete in Budapest entwickelten sich wesentlich später; zu Beginn des 20. Jh. siedelte sich die viel Raum beanspruchende Schwerindustrie auf Csepel an, zur gleichen Zeit entstand auch das Industriegebiet in Kelenföld und Budafok. Nach dem 1. Weltkrieg ließen sich die neuen Industriebetriebe, vor allem der Textilindustrie, in den bereits bestehenden Industriegebieten unter Ausnützung alter Gebäude der Lebensmittel- und Rüstungsindustrie nieder. Die Ergebnisse des 1. Weltkrieges (verkleinertes Territorium, Verlust von Rohstoffen, Wegfall der Konkurrenz von Böhmen und Österreich) verursachten eine Neuausrichtung der Industrie, indem sich neue Branchen vor allem in der Leichtindustrie wie Chemie-, Textil-, Holzverarbeitungs-, Papierindustrie und Werkzeugbau entwickelten und andere Branchen wie die Mühlen- und Zuckerindustrie an Bedeutung verloren.

Erst nach dem 2. Weltkrieg kamen durch die Eingemeindung weitere Industriegebiete zu Budapest. Als Hauptaufgabe stellte sich die Wiederherstellung der Produktionskapazität der Industrie. Sehr viele Kleinbetriebe wurden aufgelöst, insbesondere solche, die in den Wohngebieten lagen, oder aber mit größeren Fabriken verschmolzen. Dadurch wurde die Fläche der Industriegebiete in Budapest vergrößert. Die Disparitäten im Entwicklungsstand zwischen Budapest und dem Land konnten jedoch nicht beseitigt werden, sie vergrößerten sich noch während der Nachkriegszeit.

Die Industrie hat sich bis 1960 innerhalb von Budapest in einem erheblichen Umfange konzentriert. In vier Bezirken (IV., X., XIII., XXI. = Újpest, Kőbánya, Angyalföld, Csepel) sind nahezu 50% aller Industriearbeiter beschäftigt, in weiteren vier Bezirken (XI., VIII., IX., III. = Ke-

Abbildung 3.11: Räumliche Lage der Industriegebiete in Groß-Budapest 1960

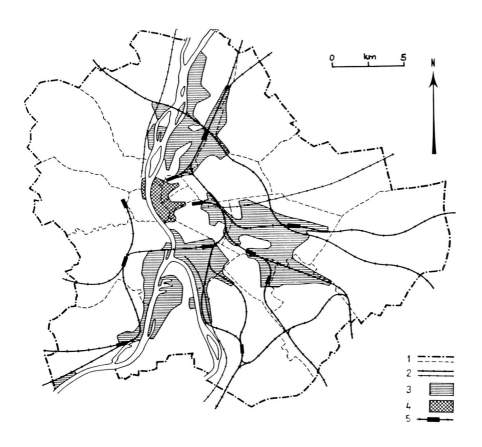

1   Bezirksgrenzen
2, 5 Eisenbahnlinien und -stationen
3   Industriegebiete
4   CBD

Quelle: TAJTI 1972:109

lenföld, Józsefváros, Ferencváros, Óbuda) ca. 30%. Der Rest verteilt sich auf die übrigen 14 Bezirke.

In praktisch allen Industriegebieten ist im Jahre 1960 die Industrie linear angeordnet entlang der Verkehrswege Straße, Schiene und Wasser. Besonders entlang der Donau konzentriert sich die Industrie, entlang einem 1 km breiten Streifen haben etwa zwei Fünftel aller Industriebeschäftigten ihren Arbeitsplatz.

Die Entwicklung der Arbeitsstätten während der Phase III der Stadtentwicklung in Budapest kann folgendermaßen zusammengefaßt werden:

Die günstige geographische Lage wird verstärkt durch den Bau eines zentralistischen Straßen- und Eisenbahnnetzes mit Budapest als Verkehrsmittelpunkt. Die wirtschaftlichen Beziehungen mit anderen Regionen des Landes und mit dem Ausland können dadurch expandieren und machen Budapest zum Mittelpunkt für den gesamten Im- und Export.

Die zur Industrialisierung notwendigen Rohstoffe liegen in großer Nähe: Holz in den umliegenden Wäldern der Mittelgebirge, Kohle in den Gebieten von Salgótarján, Tata und Dorog, Lehm und Steine aus den Budaer Bergen.

Aufgrund des akkumulierten Kapitals war es auch während der Zwischenkriegszeit möglich, nur das eine Industriezentrum zu bilden und zu unterhalten, nämlich Budapest. Die neuen Landesgrenzen nach dem 1. Weltkrieg ließen die Bedeutung dieses Zentrums wachsen: Budapest wurde Mittelpunkt des wissenschaftlichen Lebens und Verwaltungszentrum. Es bildete damit zwangsläufig einen Anziehungspunkt für alle Zuwanderer. Nach dem 2. Weltkrieg wurde die Entwicklung dieses Zentrums durch die sozialistischen Investitionspläne weiter in einem entscheidenden Maße begünstigt.

Bereits im 1. Fünf-Jahres-Plan 1950/54 wurde Budapest bevorzugt, was das Übergewicht der Stadt weiter wachsen ließ. Insbesondere während des später abgebrochenen Plans für 1955 wurde eine Industrialisierungspolitik um jeden Preis betrieben. Der 2. Drei-Jahres-Plan 1958/60 hatte sich die Rekonstruktion der bestehenden Einrichtungen zum Ziele gesetzt. Eine höhere Effektivität wollte man nicht durch neue Bauten und Anlagen erreichen, sondern durch bessere Ausnutzung des bestehenden Raumes, durch neue Maschinen, bessere Organisation und durch Renovierung. Damit wurde wieder Budapest begünstigt, denn gerade hier befand sich die rekonstruierbare Industrie, so daß nach Budapest 32% der gesamten Landesinvestition und allein 29% der Industrie-, 72% der Bauindustrie- und 82% der Verkehrsinvestitionen flossen (vgl. Tab. 4.9).

3.4 Bevölkerungs- und Wirtschaftsentwicklung

Es ist schon darauf hingewiesen worden, daß zwischen Bevölkerungswachstum und Wirtschaftsentwicklung Beziehungen bestehen. Wir haben in Groß-Budapest folgende Wirtschaftsprozesse festgestellt, die im folgenden Abschnitt noch näher betrachtet werden:

1869 - 1880	Tertiärisierungsprozeß
1880 - 1910	Industrialisierungsprozeß
1910 - 1920	Tertiärisierungsprozeß
1920 - 1963	Industrialisierungsprozeß
1963 - 1980	Tertiärisierungsprozeß

Für diese Zeiträume soll nachfolgend die Verteilung der Wohnbevölkerung in Groß-Budapest auf der Grundlage der heutigen 22 Bezirke untersucht werden.

Bis zum Jahre 1880 hatten die inneren Stadtteile (Bezirke V bis VIII) und in der äußeren Stadt der Bezirk IV (der Dorfkern von Újpest) die höchsten Dichtewerte, ausgedrückt in Einwohner pro Hektar, aufzuweisen. Die Grenzen zwischen der Stadt - sie umfaßt bis 1950 nur das Gebiet von Klein-Budapest - und den Randgemeinden lassen sich 1880 noch klar erkennen. Weiter ist zu erkennen, daß die Pester Seite insgesamt eine stärkere Bevölkerungskonzentration aufweist als auf der Budaer Seite. In dieser Zeit haben wir einen Tertiärisierungsprozeß festgestellt, d.h. in Budapest wird der Staatsapparat konzentriert, gleichzeitig konzentriert sich die zuziehende Bevölkerung in den inneren Bezirken (vgl. Abb. 3.12).

Abbildung 3.12: E/ha in Groß-Budapest 1880

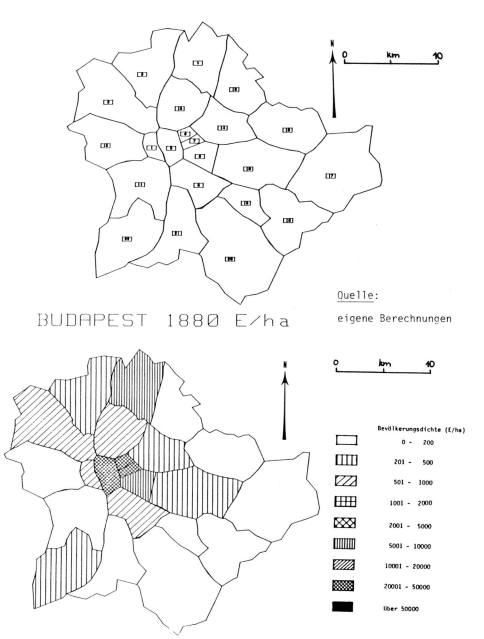

In den Jahren zwischen 1880 und 1910 hat sich die Einwohnerzahl in Groß-Budapest mehr als verdoppelt. Während dieser Zeit werden die Grundlagen des Stadtausbaus in Klein-Budapest geschaffen. Die Gebiete der Inneren Stadt werden fast vollkommen mehrstöckig bebaut. Die Bezirke VI, VII und VIII erreichen im Jahre 1910 die höchsten Dichtewerte in der bisherigen Geschichte Budapests. Im VII. Bezirk wird im ersten Jahrzehnt dieses Jahrhunderts mit 729,45 Einwohnern pro Hektar der Spitzenwert festgestellt. Gleichzeitig beginnt aber auch die Bevölkerung in den Randgemeinden zu wachsen. 1880 wohnten hier 32.000 Menschen, 1910 sind es schon 230.000. Die Randgebiete bestehen aus den erst 1950 eingemeindeten Bezirken IV, XV-XXII von Groß-Budapest. Es ist schon darauf hingewiesen worden, daß in diesen Gebieten vielfach "wilde" Siedlungen in Form von selbstgebauten Einfamilienhäusern entstanden, die die Masse der nach Budapest hineinströmenden Arbeiter aufnahmen. Diese Siedlungen lagen häufig in der Nachbarschaft von Produktionsstätten. Die Zeitspanne von 1880 bis 1910 ist von uns als Industrialisierungsprozeß beschrieben worden. Diese Zeitspanne gilt allgemein als die erste Industrialisierungswelle, die in Budapest stattfindet. Träger dieser ersten Industrialisierungswelle ist, abweichend vom westeuropäischen Muster, die Lebensmittelindustrie, die ihre Werke im Südosten errichtete. Diese Lage wurde durch die weiterführenden Verkehrswege in das Alföld begünstigt.

Von 1910 bis 1920 haben wir insgesamt einen Tertiärisierungsprozeß unterstellt, eine Aussage, die möglicherweise ein Artefakt ist. Diese Periode steht stark unter dem Einfluß des 1. Weltkrieges. Aus den Regionen, die von Ungarn abgetrennt werden, strömen nach 1918 die Staatsbediensteten nach Budapest. Die Wirtschaft stagniert während dieser Zeit. Die Dichtewerte erhöhen sich hauptsächlich auf der Budaer Seite, während die absoluten Dichtewerte der Bezirke der Innenstadt (Bezirke V-VIII) leicht zurückgehen. Die Bevölkerung in Budapest wächst während dieser Zeit nur um 11% (vgl. Abb. 3.13 und 3.14).

BUDAPEST

Abbildung 3.13: E/ha in Groß-Budapest 1890 und 1900

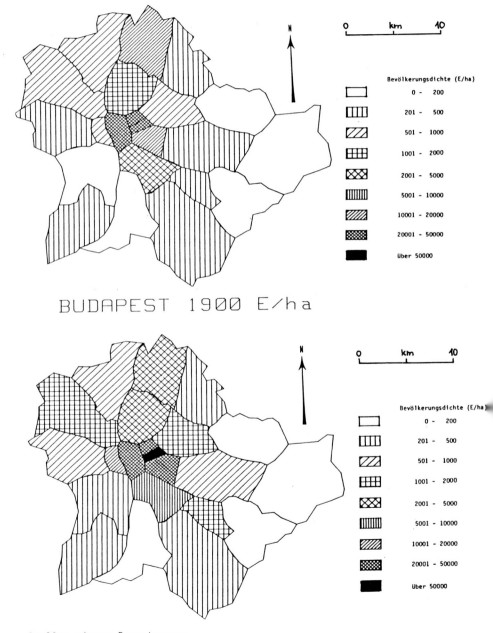

Quelle: eigene Berechnungen

Abbildung 3.14: E/ha in Groß-Budapest 1910 und 1920

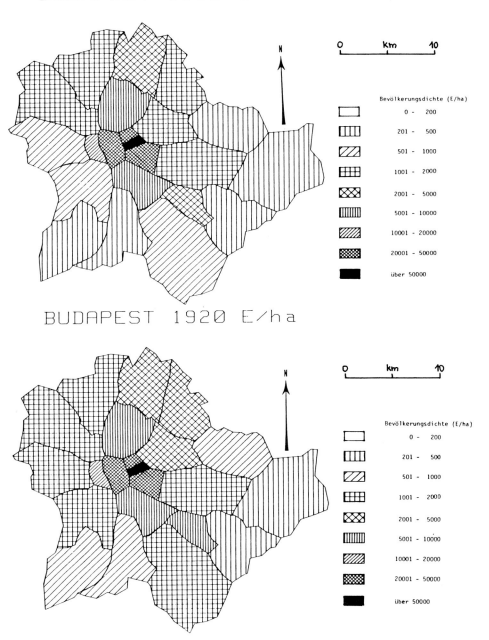

Quelle: eigene Berechnungen

Von 1920 bis 1963 haben wir wieder einen Industrialisierungsprozeß unterstellt. Nach Beendigung der Weltwirtschaftskrise erlebt Budapest einen neuen Boom, von dem hauptsächlich die Industrie betroffen ist. Da Ungarn seit 1918 ein eigenständiger Wirtschaftskörper ist, besteht die Notwendigkeit, die durch die Gebietsabtrennungen verlorenen Industrien wiederaufzubauen. Soweit dies möglich ist, siedeln sich die neuen Industrien hauptsächlich in Budapest an. Verstärkt wird dieser Trend durch die ca. ab 1935 beginnende Kriegskonjunktur. Scheinbar knüpft, trotz des 2. Weltkrieges, die Entwicklung des sekundären Sektors ab 1945 an die Vorkriegszeit an. Allerdings unterscheiden sich nicht nur die wirtschaftspolitischen Intentionen sehr deutlich von der Vorkriegszeit, sondern es hat sich ein neues Gesellschaftssystem etabliert. Die Muster der Dichteverteilungen verändern sich auf der Ebene der 22 Bezirke zwischen 1930 und 1960 nur geringfügig. Nur der X., der XIV., der XXI. und der XXII. Bezirk zeigen Veränderungen. Trotzdem ist während dieser Zeit die Bevölkerung in Groß-Budapest um ca. 600.000 Personen gewachsen.

Wir vermuten, daß um 1940 eine Ausbaustufe von Klein-Budapest erreicht wurde, an der sich, unterbrochen durch den 2. Weltkrieg, 20 Jahre lang nichts verändert hat. Der Bevölkerungszuwachs hat sich über die vorhandene Bebauung verteilt, so daß zwar die Dichtewerte in den einzelnen Gebieten anwachsen, insgesamt aber das Muster der Verteilung in der Zeit stabil blieb. Allerdings werden hier auch die Grenzen der Darstellungsweise von Dichtewerten mit den gewählten Klasseneinteilungen auf der Ebene der 22 Bezirke deutlich. Ein Zusammenhang zwischen Bevölkerungsverteilung und Wirtschaftsentwicklung läßt sich in dieser Zeitspanne für diese Ebene nur grob skizzieren. Die Industrie in Budapest benötigte Arbeitskräfte. Die Wohnungen dieser Arbeitskräfte mußten in den schon vorhandenen ausgebauten Gebieten von Groß-Budapest geschaffen werden oder die Arbeitskräfte waren gezwungen, einzupendeln. Die Folge war ein starkes Anwachsen der Bevölkerung in den 43 Umlandgemeinden von 260.000 1930 auf 388.000 1960 (vgl. Abb. 3.15).

In der Zeit von 1970 bis 1980 zeigt sich zum ersten Mal, daß sieben der 13 Bezirke der Inneren Stadt Einwohner verlieren, während sechs der acht Bezirke der Äußeren Stadt weiter wachsen. Hier entsteht der zweite Wohnbaugürtel. Dieser Zeitraum wird ausführlich in der Phase IV der Stadtentwicklung von Budapest behandelt (vgl. Abb. 3.16).

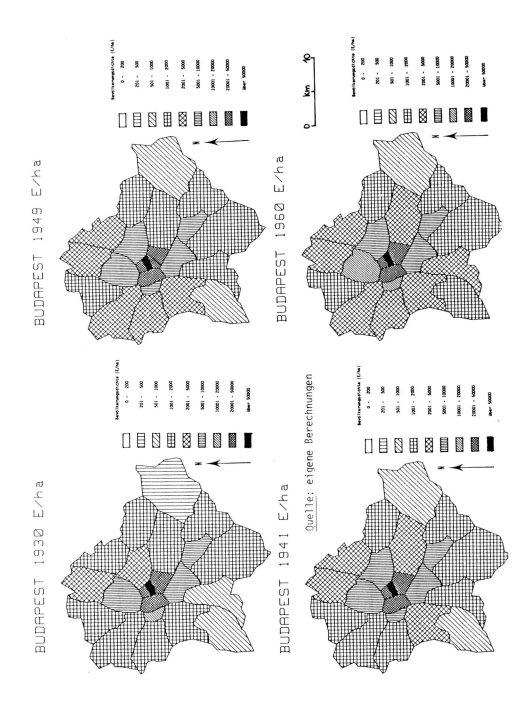

BUDAPEST 672

Abbildung 3.16: E/ha in Groß-Budapest 1970 und 1980

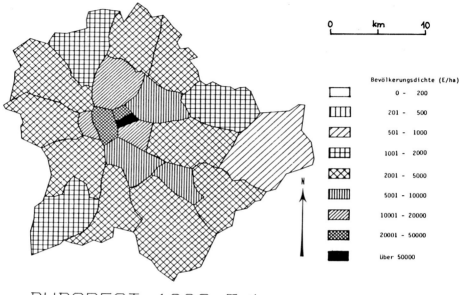

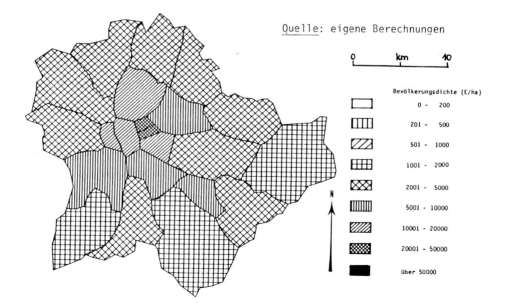

Quelle: eigene Berechnungen

Abbildung 3.17: <u>Wachstum der Wohnbevölkerung in Groß-Budapest von 1869 bis 1960 in den 22 Bezirken</u>

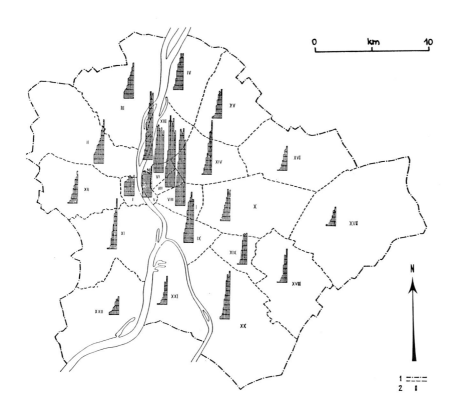

1. Bezirks- und Stadtgrenzen von Groß-Budapest
2. 10.000 Personen der Wohnbevölkerung

<u>Quelle</u>: TAJTI 1972:119

Bei der Diskussion der räumlichen Verteilung der Wohnbevölkerung ist es nicht sinnvoll, etwa im Sinne der klassischen Sozialökologie nach ringförmigen Mustern zu suchen, da die Entwicklung der Pester Seite sich grundlegend von der der Budaer Seite unterscheidet. Dafür gibt es folgende Gründe:

- An der Westseite der Donau befindet sich Hügelland und niedriges Mittelgebirge, während die östliche Seite eben ist.

- Das Relief hat auf der Budaer Seite die ungestörte Entfaltung des Vorstadtgürtels - mit Ausnahme des Donautals und einiger Seitentäler - verhindert. Auf der Pester Seite konnte sich die Stadt ungestört ausbreiten.

- Die Verkehrsverhältnisse sind östlich der Donau - gestützt, auf Bus, Straßenbahn, Metro und Vorortbahn - wesentlich besser als westlich des Flusses.

In der Abbildung 3.17 ist das Wachstum der Wohnbevölkerung in Groß-Budapest von 1869 bis 1960 dargestellt.

3.5 Infrastruktur

Unter Infrastruktur soll hier die technische Infrastruktur verstanden werden. Es sind vor allen Dingen die Bereiche des öffentlichen Nahverkehrs und des Straßennetzes, auf die hier eingegangen werden soll.

Durch das Wachstum der Bevölkerung und die Ansiedlung von Teilen der Industrie schon ab 1850 in die äußeren Gebiete von Klein-Budapest, wie z.B. Lipótváros (Külső) und Angyalföld, entstand häufig eine Trennung des Wohnortes vom Arbeitsplatz. Die Modernisierung des öffentlichen Nahverkehrs war die Folge. 1866 gab es die erste Pferdebahn in Budapest, die ab 1870 mit Dampf betrieben wurde. 1880 wurde die Hauptstadt durch Lokalbahnen mit den Vorstädten verbunden. 1887 fuhr die erste Straßenbahn. Wie in anderen europäischen Staaten auch, bestimmten vorhandene und geplante Linienführungen der Straßenbahnen mit die Expansionsrichtung der Stadt. Abbildung 3.18 zeigt die Entwicklung des Verkehrsnetzes in Klein-Budapest zwischen 1873 und 1930.

1873 läßt sich der öffentliche Nahverkehr in Klein-Budapest folgendermaßen beschreiben (vgl. BUDAPESTER VERKEHRSBETRIEBE o.J.): In den

BUDAPEST 675

Abbildung 3.18: Verkehrsnetz in Klein-Budapest 1873 und 1930

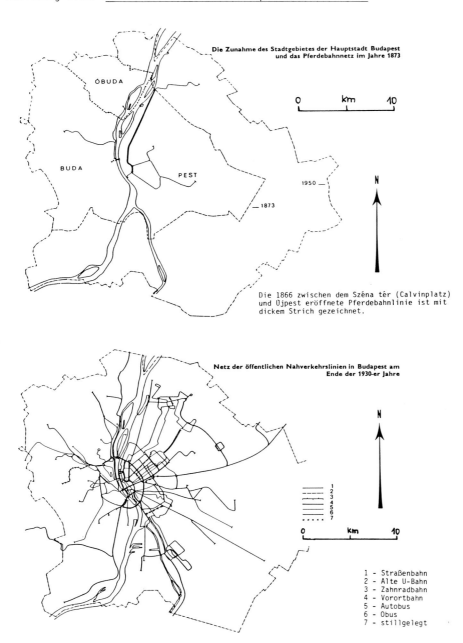

Quelle: BUDAPESTER VERKEHRSBETRIEBE o.J.: 8, 9

Straßen von Klein-Budapest standen 400 "Komfortable" (Einspänner) und 400 "Fiaker" (Zweispänner) zur Verfügung. Die Anzahl der Pferdeomnibusse betrug etwa 70. Auf dem 24 km langen Pferdebahnnetz wurden die Fahrgäste in 168 Wagen mit 586 Pferden befördert. Diese Wagen rollten im Laufe eines Jahres 2.542.000 km. Dieser Verkehr wurde von ca. 500 Bediensteten der Pferdebahn abgewickelt. Die jährliche Anzahl der mit der Pferdebahn beförderten Personen betrug 8.445.000, dazu kamen noch die 420 Passagiere der Seilbahn und die 3.068.000 Fahrgäste der lokalen Schiffahrt. Das bedeutete, daß im Verlauf von 1873 etwa 12 Mio. Fahrgäste mit den öffentlichen Verkehrsmitteln befördert wurden; jeder Einwohner benutzte etwa mit 40 Fahrten jährlich dieses Transportsystem.

100 Jahre später läßt sich die Situation des öffentlichen Nahverkehrs in Groß-Budapest folgendermaßen beschreiben (vgl. BUDAPESTER VERKEHRSBETRIEBE o.J.): 1972 beträgt das Straßennetz 204 km, das Autobusnetz 578 km, die Länge der alten Untergrundbahn 3,7 km. Das Obusnetz hat eine Länge von 34 km, die Metro befährt 1972 eine Strecke von 10,1 km. Die Netzlänge der Vorortbahn (HÉV) beträgt 112 km. Die Anzahl der Straßenbahntriebwagen einschließlich der Beiwagen macht 1.560 Waggons aus. 1.578 Busse und 185 Obusse befahren die Straßen. Die jährliche Laufleistung der Straßenbahn umfaßt 120.866.000 km, die der Obusse 9.787.000 und die der Busse 105.373.000 km. Die Fahrzeuge der Metro fuhren 5.894.000 km und die Personenwagen der Vorortbahnen 25.977.000 km. 1972 wurden für alle Verkehrsträger 1.657.705.000 Beförderungsfälle ermittelt. Das bedeutet, daß im Verlauf des Jahres 1972 jeder Bewohner etwa 820 Fahrten unternahm.

Der Vollständigkeit halber sei noch erwähnt, daß mit den 1700 Taxis 1972 etwa 40 Mio. Fahrgäste befördert wurden.

Von besonderer Bedeutung für das Straßensystem von Budapest war der Ausbau des Ringstraßensystems (vgl. Abb. 3.19). Die große Ringstraße in Budapest entstand auf der Basis eines internationalen Wettbewerbs im Jahre 1871, dessen Zweck ein Stadtregulierungsplan war. Der Regulierungsplan für die Pester Seite der Stadt wurde in zwei, der für die Budaer Seite in drei weiteren Jahren ausgearbeitet. Diese Pläne legten die Linienführung des aus mehreren Ringen bestehenden Ringstraßensystems und die Trassen der neuen Radialstraßen fest. Der Rat für öffentliche Arbeiten wurde mit der Ausarbeitung dieser städtebaulichen Maßnahme beauftragt. Er verfügte gleichzeitig über einen hauptstädtischen Geldfonds. Das Terrain für die beiden neuen Hauptstraßen, für die Radialstraßen, für die große Ringstraße und für den Durchbruch der kleinen Ringstraße zur Donau mußte enteignet werden und durch Abbruch von existierenden Bauten freigelegt werden. Der Ausbau der großen Ringstraße in Budapest wurde vor allen Dingen mit der Notwendigkeit der Sanierung veralteter Stadtteile begründet. Im Bericht des Rates für öffentliche Arbeiten von 1871 hieß es, "daß nur durch eine breite, die ganze Stadt durchquerende Straße die Entwicklung

Abbildung 3.19: <u>Ring- und Radialstraßen in Klein-Budapest 1895</u>

Quelle: Entwurf J. BRENNER jun.

dieser Stadtteile gefördert, ein entsprechender Hauptkanal gebaut und die notwendige Verdichtung der Stadt erzielt werden kann." Der Ankauf bzw. die Enteignung von Grund und Boden für die große Ringstraße von Budapest belastete die finanziellen Möglichkeiten des Landes schwer. Es mußte ein eigenes Landesgesetz erlassen werden, das den Rat für öffentliche Arbeiten zur Finanzierung dieser Arbeiten bevollmächtigte und für die am Ring zu erbauenden Häuser eine Steuerfreiheit sicherte. Die Ausgaben konnten nur teilweise durch den Verkauf fast sämtlicher die Straße begrenzender Grundstücke gedeckt werden.

Das Budapester Ringstraßennetz besteht aus mehreren Halbringen an der Pester Seite, die von der Donau zur Donau reichen und über Donaubrücken weiterführen. In Buda umgeht der Ring den Burgberg bzw. den Gelleertberg und ergänzt dann weiter das Ringstraßensystem. Die kleine Ringstraße in Pest umschließt mit ihrer Verlängerung den V. Bezirk. Dieser Stadtteil kann als das eigentliche Zentrum, die City von Budapest, betrachtet werden. Mit seiner etwa 2 qkm großen Fläche und 600 bis 800 m Breite bildet er eine längliche Form, die vom Hauptstraßenverkehrssystem begrenzt ist. Dadurch können die öffentlichen Bauten dieses Gebiets leicht erreicht werden. Die kleine Ringstraße, deren mittlerer Teil längs der ehemaligen Stadtmauern führt, hat für den Hauptstadtverkehr eine doppelte Bedeutung. Einerseits dient sie in ihrer Länge von 2,7 km der Verteilung des Verkehrs für den Stadtteil, andererseits verbindet sie zwei Radialstrassen und wird so zu einer wichtigen Nord-Süd-Verkehrsachse.

Die 4,1 km lange große Ringstraße an der Pester Seite führt entlang der Linie eines ausgetrockneten Donauzweiges. Ihrer Planung ging ein Vorschlag zur Errichtung eines Schiffahrtskanals voran. Z.Zt. des Wettbewerbs von 1871 war ihre Linienführung schon festgelegt. Der Ausbau erfolgte von 1872 bis zur Jahrhundertwende. Die überwiegende Mehrheit ihrer Bauten fällt jedoch in die Jahre von 1886 bis 1897.

Die große Ringstraße ist eines der wichtigsten Glieder des Straßensystems von Budapest. Sie verbindet die innere Stadt, überquert sämtliche Radialstraßen und führt über zwei Donaubrücken weiter auf die andere Seite. Seitdem ihre Fortsetzung durch Buda vor einigen Jahren zeitgemäß ausgebaut wurde, wuchs die Verkehrsbedeutung der großen Ringstraße weiter. Sie bildet heute einen geschlossenen Ring rund um die inneren Stadtteile.

Die Hungaria-Ringstraße, der dritte Ring, hat vor allen Dingen für den Verkehr der aus verschiedenen Richtungen zur Stadt führenden Hauptverkehrsstraßen eine entscheidende Bedeutung. Ihre Linienführung wurde zuerst 1872 festgelegt.

Budapest besitzt also zusammenfassend ein Ringstraßennetz, das an der Pester Seite drei von der Donau bis zur Donau reichende Straßenzüge enthält. An der Budaer Seite finden wir außer der Fortsetzung der großen Ringstraße noch eine weitere den Burgberg umgehende Straße, die zu den Brückenköpfen der Nord- Süd-Verbindung führt.

Die Beziehung zwischen der Anzahl der Fahrgäste der Massenverkehrsmittel und der Anzahl der Personenkraftwagen zeigt die Abbildung 3.20. 1960 gibt es ca. 15.000 PKW in Groß-Budapest, d.h. es kommen 8,3 PKW auf 1.000 Einwohner. Zum Endpunkt der Stadtentwicklungsphase III (1962) spielt der Individualverkehr in Groß-Budapest noch nicht die Rolle wie in Westeuropa.

Abbildung 3.20: Entwicklung des Verkehrs von 1870 bis 1970 in Groß-Budapest

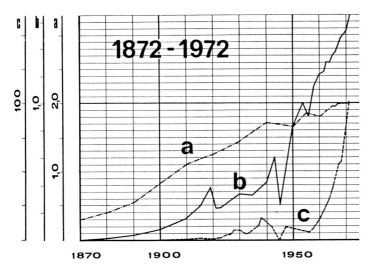

a Bevölkerung, Millionen

b Anzahl der Fahrgäste der Massenverkehrsmittel, Milliarden

c Anzahl der Personenkraftwagen in Tausenden

Quelle: BUDAPESTER VERKEHRSBETRIEBE o.J.: 13

Neben dem Ausbau des städtischen Transportsystems wurden ab 1873 ebenfalls das Telefonnetz und das Telegraphennetz ausgebaut. 1910 betrug die Anzahl der Fernsprechabonnements 18.000 Teilnehmer. 1932 waren es schon 41.860. 1970 betrug die Zahl der Fernsprechhauptanschlüsse in Groß-Budapest 243.451. Zur Sicherstellung der Lebensmittelversorgung unterer Schichten ließ der Rat für öffentliche Arbeiten insgesamt sieben Markthallen errichten. Die Gemeindebrotfabrik wurde 1909 errichtet, die Organisation der Gemeindelebensmittelverkaufsstellen 1911. Parallel wurde gleichzeitig die weitere technische Infrastruktur ausgebaut (ab 1873 das Sielnetz, ab 1878 die Wasserversorgung, ab 1880 die Gasversorgung und ab 1873 das Elektrizitätsnetz). Von diesen Vorleistungen profitierte die Stadt noch bis in die 50er Jahre.

Im gesamten Bereich der sozialen Infrastruktur sind während der Zeit von 1950 bis 1960 in Budapest keine wesentlichen Erneuerungen vorgenommen worden. Die Konsequenzen dieser Unterlassungen machen sich noch 1984 sehr stark bemerkbar. Die Stadt ist in einen sehr starken Rückstand gegenüber vergleichbaren Stadtentwicklungen im westlichen Ausland geraten. So wurde z.B. erst in der Mitte der 60er Jahre der erste Krankenhausneubau in Budapest erstellt, wobei die bis dahin bestehenden Einrichtungen einem sehr hohen Auslastungsgrad unterworfen waren.

4. DEZENTRALISIERUNG UND MODERNISIERUNG: GROSS-BUDAPEST NACH DEM 2. WELTKRIEG

4.1 Planverfahren und Ordnungsvorstellungen

In der Entwicklungsphase IV der Stadtentwicklung von Groß-Budapest (1962 bis 1984) wird zum ersten Male versucht, Dezentralisierungsvorstellungen zu verwirklichen. Dabei ist in den Rahmenplänen vorgesehen, daß die sektoralen Wirtschaftsplanungen den räumlichen Planungsvorstellungen übergeordnet sind (vgl. PALOTÁS 1965:203). Erste Grundlagen der räumlichen Stadtentwicklung nach dem 2. Weltkrieg sind in dem 1960 verabschiedeten zweiten Generalbebauungsplan für Groß-Budapest festgelegt.

Die Stadtentwicklungspolitik nach 1960 zielte darauf ab, das Wachstum von Budapest zu begrenzen. Ab 1960 gab es für die 43 Umlandgemeinden ein "generelles" und für Groß-Budapest ein "allgemeines" Industrieansiedlungsverbot. Als weitere Planungsmaßnahme war bereits ab 1950 vorgesehen, daß man für mindestens fünf Jahre einen Arbeitsplatz in Budapest nachweisen muß, bevor man berechtigt ist, eine Wohnung zu erlangen. Außerdem wurde eine Begrenzung der Wohnbevölkerung indirekt dadurch erreicht, daß die Zahl der gebauten Wohnungen durch die Beschränkung der vorhandenen Ressourcen limitiert war. Da das Industrieansiedlungsverbot nicht durchgehalten wurde, war die Folge dieser Stadtentwicklungspolitik ein Ansteigen der Pendlerströme, sowohl absolut als auch hinsichtlich der Distanzen. Bis 1965 wurde Budapest bei den Investitionen bevorzugt. Mit dem 3. Fünf-Jahres-Plan ab 1966 kann man Dezentralisierungstendenzen für die geplanten Investitionen ausmachen. Ab 1976 scheint Budapest aber wieder bevorzugt zu werden (vgl. Tab. 4.2).

Der 3. Generalbebauungsplan von Budapest wurde vom Ministerialrat im Jahre 1971 angenommen. Die Grundlinien des 3. Generalbebauungsplanes sind sowohl die Modernisierung der vorhandenen Strukturen von Groß-Budapest als auch die Durchsetzung von Dezentralisierungsvorstellungen. Da dieser Plan die Basis sowohl für die Entwicklung von Groß-Budapest als auch der 43 Randgemeinden bis zur Jahrhundertwende darstellt, soll näher auf ihn eingegangen werden. Grundlage ist die Veröffentlichung von PREISICH 1973 über den 3. Generalbebauungsplan.

BUDAPEST

Die ungarische Hauptstadt gehört zu den Großstädten, in denen die Bevölkerungskonzentration in Relation zur restlichen Landesbevölkerung besonders groß ist. 1970 lebten 18,8% der Bevölkerung Ungarns in der Hauptstadt. Die Zunahme der Bewohner von Groß-Budapest betrug zwischen 1960 und 1970 jährlich nicht mehr als 14.000 Menschen. Zwischen 1970 und 1980 waren es jährlich nicht mehr als 5.000 Menschen. Gemessen an den Zuwachsraten früherer Jahrzehnte sind dies geringe Zahlen. Die Annahmen für die Bevölkerungsprognosen gehen davon aus, daß sich in Zukunft keine gravierenden Veränderungen der Migrationsströme in Ungarn ergeben werden.

Begründet wird diese Annahme durch die Absicht, unterentwickelte Landesteile stärker zu bevorzugen und zugleich in den schon entwickelten Landesteilen durch den Einsatz von neuer Technik "eine Dekonzentration" der Arbeitskräfte einzuleiten. Die Bevölkerungsprognose geht von weiteren Annahmen aus. In Groß-Budapest hat sich von 1960 bis 1970 die Zahl der Beschäftigten in der Industrie von 540.000 auf 600.000 erhöht. Auch hier ist, gemessen an den früheren Raten, eine Verminderung des Wachstumstempos festzustellen. Das Wachstumstempo des tertiären Sektors ist mit 44,0% 1960 im Vergleich zu 43,3% 1970 leicht zurückgegangen, wird sich aber in der nächsten Dekade verstärken. Die außerordentlich hohe Zahl von Pendlern - 204.000 im Jahre 1970 - kann aber nur teilweise den gesamten Bedarf an Arbeitskräften (1970) in Groß-Budapest ausgleichen. Im weiteren Verlauf wird davon ausgegangen, daß der Bedarf an Arbeitskräften in Groß-Budapest zurückgeht.

Unter Berücksichtigung der obigen Annahmen schätzt die Bevölkerungsprognose, daß bis 1985 etwa 2.150.000 und bis zur Jahreswende 2.250.000 Menschen in Groß-Budapest leben werden. (1984 leben tatsächlich 2,064 Mio. Einwohner in Groß-Budapest). In den 43 Umlandgemeinden steigt zwischen 1960 und 1970 die Einwohnerzahl von 260.000 auf 338.000. Der 3. Generalbebauungsplan vermutet, daß die Migranten in den Umlandgemeinden eine vergleichbare Situation vorfinden wie in ihren Herkunftsgemeinden, und deshalb dort siedeln. Diese Annahme ist jedoch zu bezweifeln, da die Möglichkeit, in Groß-Budapest eine Wohnung zu erhalten, sehr schlecht ist. Der Plan sagt hierzu. "Der heutige Wohnungsmangel (1970) übt auch eine indirekte Wirkung auf die Bevölkerungszunahme der Umgebung aus."

Die Bevölkerungsprognose kommt 1971 zu den in Tabelle 4.1 dargestellten

Ergebnissen. Sie geht davon aus, daß die Zunahme der Wohnbevölkerung in Groß-Budapest und den Umlandgemeinden in der Periode 1970 bis 1985 langsam abnimmt und von 1985 bis 2000 eine weitere Verlangsamung eintritt.

Tabelle 4.1: <u>Bevölkerungsentwicklung 1869-1983, Bevölkerungsprognosen des 3. Generalbebauungsplanes von Groß-Budapest und der 43 Umlandgemeinden 1985-2000 (in Tausend)</u>

Gebiet	1879	1890	1910	1930	1949	1960	1970	1980	1893	1985	2000
	real	real	real	real	real	real	real	real	real	Prognose	Prognose
Ungarn	5.011,0	6.009,0	7.612,0	8.685,0	9.205,0	9.961,0	10.322,0	10.710,0	10.700,0	11.030,0	11.700,0
Groß-Budapest	302,1	560,1	1.110,5	1.442,0	1.590,3	1.804,6	1.945,1	2.059,5	2.064,3	2.150,0	2.250,0
43 Umlandgemeinden von Groß-Budapest	66,8	82,5	126,3	173,5	206,2	259,5	338,0	423,5	432,0	430,0	500,0
Agglomeration von Groß-Budapest	368,9	642,6	1.236,8	1.615,5	1.796,5	2.064,1	2.283,1	2.483,0	2.496,3	2.580,0	2.750,0

Quelle: PREISICH 1973:29; SZU 1984

Ein Teilproblem der Bevölkerungsprognosen ist die zu erwartende Veränderung der Struktur der Haushaltungen. Der Trend zur Kleinfamilie mit einem Kind, maximal zwei Kindern, zeigt sich ebenfalls in Ungarn. Man hofft jedoch von der gegenwärtigen durchschnittlichen Kinderzahl von 1,8 je Familie bei einem jährlichen Zuwachs der Geburtenzahlen von ca. 160.000 bis 170.000 auf 2,2 im Jahre 2000 zu gelangen. Von diesem landesweiten Trend wird jedoch Budapest abweichen. Hier ist mit einem größeren Anteil älterer, kinderloser Haushalte bzw. Ein-Personenhaushaltungen zu rechnen.

BUDAPEST 684

Die Veränderungen in der Struktur der Haushaltungen sind eine wichtige Größe, um den Wohnungsbedarf zu decken. Hierbei geht der Generalbebauungsplan von drei Größen aus:

1. Es muß der zur Zeit bestehende Wohnungsmangel beseitigt werden.
2. Es muß für die erwartete Bevölkerungszunahme der notwendige Wohnraum geschaffen werden.
3. Die baufällig gewordenen Wohnungen müssen ersetzt werden.

Ein generelles Ziel des Generalbebauungsplanes besteht darin, bis zum Jahr 2000 für jeden Haushalt eine entsprechende Wohnung anzubieten.

Die Prognose des Wohnungsbedarfs des 3. Generalbebauungsplanes kommt zu den in Tabelle 4.2 dargestellten Ergebnissen.

Tabelle 4.2: Wohnungssituation 1960-1980 und Prognose des Wohnungsbedarfs des 3. Generalbebauungsplans 1985-2000 (in Tausend)

	1960	1970	1980	1985	2000
	real	real	real	Prognose	Prognose
Zahl der Haushalte					
in Groß-Budapest	659	748	807	840	860
in 43 Umlandgemeinden	86	110	132	156	168
Zahl der Wohnungen					
in Groß-Budapest	535	640	727	-	860
Wohnungsbau in Groß-Budapest					
von 1949 bis 1960	56	-	-	-	-
von 1960 bis 1970	-	100	-	-	-
von 1970 bis 1980	-	-	162	-	-
von 1970 bis 2000	-	-	-	-	410
Sanierung bzw. Abriß in Groß-Budapest					
von 1960 bis 1970	k.A.	11	-	-	-
von 1970 bis 1980	-	-	36	-	-
von 1970 bis 2000	-	-	-	-	150
Wohnungsfehlbedarf in Groß-Budapest	154	108	96	75	10

Quelle: PREISICH 1973:34, 46; SZU 1984:4 sowie eigene Berechnungen

Bis zum Jahr 2000 sollen in Groß-Budapest vom Stand 1960 aus ca. 300.000 Wohnungen neu gebaut bzw. saniert werden. Diese 300.000 Wohnungen verteilen sich wie folgt:

100.000 Wohnungen sollen in räumlicher Konzentration auf freien oder spärlich bebauten Flächen neu errichtet werden. Diese Gebäude liegen teilweise fern von der Stadtmitte in der Nähe der Stadtgrenze. 100.000 Wohnungen sollen saniert werden. Dabei handelt es sich überwiegend um die dichtbebauten Gebiete der Inneren Stadt (vgl. Abb. 4.1). 100.000 Wohnungen sollen durch den Umbau der Außenbezirke in Bezirkszentren entstehen. Von den insgesamt 300.000 geplanten Wohnungen bis zum Jahr 2000 sollen etwa 100.000 durch private Initiative errichtet werden. Nach den Vorstellungen des 3. Generalbebauungsplanes werden im Jahre 2000 fast die Hälfte aller Einwohner in Häusern leben, die nach 1970 errichtet wurden.

Abbildung 4.1: Geplante Sanierungsmaßnahmen und Neubaugebiete in Groß-Budapest 1971

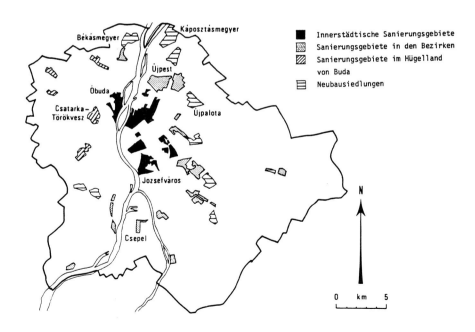

Quelle: PREISICH 1973:36

Der historische Stadtkern von Budapest beteht aus zwei Teilen, die auf beiden Seiten der Donau liegen. Die ehemalige Pester Innenstadt, der heutige V. Bezirk, ist im Laufe der Zeit zum Verwaltungszentrum von Ungarn geworden. Unter den 78 Baublöcken dieses Bezirks haben 1970 45 einen eindeutigen administrativen Charakter mit landesweiter Bedeutung. Der V. Bezirk ist ca. 195 ha groß, 2,5 km lang und durchschnittlich 700 m breit. In diesem Gebiet wohnten 1983 46.208 Einwohner, 1970 waren es noch 61.421, 1960 65.867.

Außerhalb des V. Bezirks sind 1970 kaum Geschäfts- und Verwaltungskonzentrationen anzutreffen, die von sich aus in der Lage wären, das historische Zentrum zu entlasten. Von daher wird die Stadt als monozentrisch gegliedert bezeichnet. Der 3. Generalbebauungsplan sieht folgende Lösungsmöglichkeit vor: Der CBD-Bereich soll sektoral in das Gebiet zwischen kleinem und großem Ring ausgedehnt werden. Das eigentliche Zentrum soll umgebaut und erneuert werden. Hier sind besonders Maßnahmen der Verkehrsinfrastruktur vorgesehen, d.h. Schaffung von Fußgängerzonen, kreuzungsfreien Straßenführungen und ein erweitertes Parkangebot. Große Bedeutung wird auch dem geplanten Straßentunnel unter der Donau beigemessen. Darüberhinaus soll das Stadtgebiet einschließlich der 43 Umlandgemeinden durch ein System unterschiedlicher Zentren polyzentrisch gegliedert werden (Abb. 4.2 zeigt die geplanten Zentren).

Abbildung 4.2: <u>Geplante Zentrenhierarchie in Groß-Budapest und der Agglomeration Budapest 1971</u>

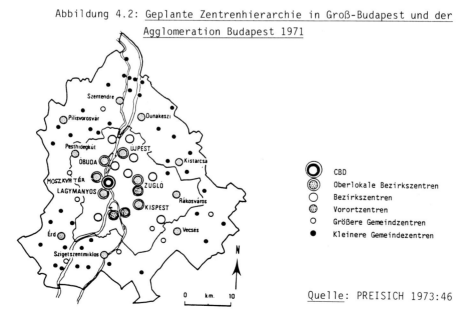

Quelle: PREISICH 1973:46

Die grundlegenden Elemente des Budapester Straßennetzes sind die durch die historische Entwicklung entstandenen Radialstraßen und die aufgrund städtebaulicher Konzeptionen errichteten Ringstraßen. Dieses Straßennetz war bis in die 50er Jahre für die Abwicklung des Verkehrs bis auf die Engpässe der Donaubrücken ausreichend. Die Zunahme des PKW-Verkehrs machte jedoch den Aus- und Umbau des 1970 bestehenden Straßennetzes notwendig. 1970 gibt es in Ungarn 238.563 PKW, 1980 sind es schon 1.013.412, d.h. 1970 gab es auf 1.000 Bewohner 41,8 und 1980 105,7 PKW. Der 3. Generalbebauungsplan geht davon aus, daß im Jahre 2000 350 PKW/1.000 Einwohner möglich sein werden. Der 3. Generalbebauungsplan schlägt eine Arbeitsteilung der unterschiedlichen Verkehrsansprüche vor. Im Hauptverkehrsnetz sollen Autobahnen, städtische Autobahnen, Hauptverkehrsstraßen und Verkehrsstraßen voneinander unterschieden werden. Die kreuzungsfreien Autobahnen erreichen die Hauptstadt aus sechs Richtungen. Sie sollen in eine Autobahn münden, die auf dem bestehenden Hungaria-Ring ausgebaut werden soll. Der größte Teil des städtischen Verkehrs wird jedoch weiterhin durch die Hauptverkehrsstraßen und Verkehrsstraßen abgewickelt werden. Gerade hier sind aber umfangreiche Um- und Ausbaumaßnahmen notwendig. Dieses ist aber Aufgabe von Detailplänen, die nicht im 3. Generalbebauungsplan ausgewiesen sind.

Der Generalbebauungsplan von Budapest und der damit verbundene Verkehrsentwicklungsplan begreifen die Stadtschnellbahnlinien (U-Bahn), die zur Schnellbahn zu entwickelnden Vorortbahnen und die auf den Linien der Staatseisenbahnen zu errichtenden Vorortschnellbahnen (S-Bahn) als eine verkehrstechnische Einheit. Die Planungen sehen drei die Stadt im Durchmesser kreuzenden U-Bahn-Linien vor. Die Ost-West-Linie wurde in ihrer ganzen Länge 1972 eröffnet. Der Bau der Nord-Süd-Linie ist ebenfalls schon weit vorangetrieben worden. Die dritte U-Bahn-Linie befindet sich noch im Planungsstadium, wobei alternative Linienführungen diskutiert werden (vgl. Abb. 4.3). Für die Verlängerung des U-Bahnnetzes in die Region sorgen drei Vorortschnellbahnlinien. Der Hauptträger des regionalen Vorortverkehrs ist jedoch die Staatseisenbahn. Hier sind noch erhebliche Anstrengungen notwendig, um die 140.000 Menschen, die die Staatseisenbahn täglich (1970) benutzen, zu befördern. Die Entwicklung der Donauschiffahrt hängt eng mit dem Ausbau der Donaukanalisation zusammen. Der 3. Generalbebauungsplan rechnet mit der Erweiterung des auf der westlichen Seite der Csepelinsel-Spitze sich befindenden Freihafens, außerdem ist an den Bau einer modernen Schiffsanlegebrücke in Höhe des Batthyány-Platzes gedacht.

Abbildung 4.3: <u>Nahverkehrslinien in Groß-Budapest 1980</u>

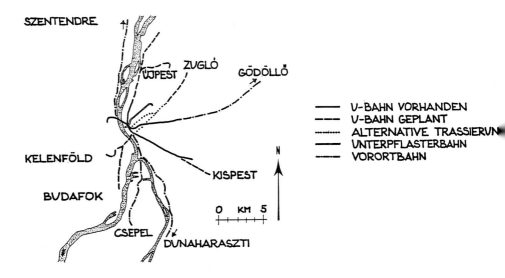

Quelle: Entwurf J. BRENNER jun.

Bei der kommunalen Infrastruktur beschreibt der Generalbebauungsplan folgende Situation:

1970 verfügen von den 633.000 Wohnungen 84% über einen Anschluß an öffentliche Trinkwasserleitungen. Bis zum Jahre 2000 soll diese Quote auf 95% erhöht werden. In den 43 Siedlungen der Umgebung werden 1970 nur ca. 50% aller Haushalte mit öffentlichem Trinkwasser versorgt. Hier sind noch erhebliche Ausbauleistungen notwendig. Generell stellen sich bei der Trinkwasserversorgung folgende Probleme:

- die veralteten Rohrleitungen müssen erneuert werden,
- in den großen Sanierungsgebieten der inneren Stadt müssen die alten, engen Leitungsquerschnitte durch größere ersetzt werden,
- die bisher unversorgten Gebiete müssen an das städtische Leitungsnetz angeschlossen werden,

- die Neubaugebiete müssen plangemäß erschlossen werden.

Von 1950 bis 1970 ist die Entwicklung der Schmutzwasserbeseitigung hinter der Trinkwasserversorgung zurückgeblieben. Nur ca. 62% der mit Trinkwasser versorgten Wohnungen verfügten 1970 auch über einen Anschluß an das öffentliche Schmutzwassernetz. Dieses ca. 100 Jahre alte Leitungsnetz trennt nicht zwischen Regen- und Schmutzwasser - eine zusätzliche Aufgabe für die Zukunft. 1970 wurden von der anfallenden Million Kubikmetern Schmutzwasser nur ewa 5% geklärt. 95% des ungereinigten Schmutzwassers wurde in die Stromlinie der Donau gespült. Hier liegt für die Stadtentwässerung die größte Aufgabe. Bis zum Jahre 2000 sind fünf Großkläranlagen geplant.

In Groß-Budapest arbeiteten 1970 34,3% aller Industriebeschäftigten im sozialistischen Sektor in Ungarn, d.h. hier befindet sich die größte Konzentration der Industriebeschäftigten. Damit sich diese disparitäre Entwicklung nicht fortsetzt, sieht der 3. Generalbebauungsplan zusammen mit den langfristigen Wirtschaftsplänen eine Dezentralisierung von Teilen der Industrie vor. In Budapest eignen sich nach Voruntersuchungen aus dem Jahre 1960 nur etwa 18% aller Betriebe zur Dezentralisierung (vgl. PERÉNYI 1970: 4. Kapitel, Anmerkung 14). Die dezentralisierte Industrie soll so angesiedelt werden, daß sie effizient ist und gleichzeitig mithilft, die landesweiten Disparitäten abzubauen. Da Budapest wertmäßig 40% der gesamten Landesproduktion erstellt, wird jedoch vorausgesetzt, daß hier auch in Zukunft eine wesentliche Vorbedingung für die industrielle Entwicklung von Ungarn erhalten bleibt und ausgebaut wird. In den 50er Jahren sollte die Budapester Industrie "extensiv" entwickelt werden. Der Generalbebauungsplan von 1971 spricht von einer "intensiven" bzw. "selektiven" Entwicklung. "Extensive" Entwicklung bedeutete eine einseitige Bevorzugung der Schwerindustrie. "Intensive" Entwicklung bedeutet, daß die Erhöhung der Quantität und der Qualität der Produktion ohne eine Zunahme der Zahl der Beschäftigten im sekundären Sektor vor sich geht. "Selektive" Entwicklung meint, daß in Budapest diejenigen Industriezweige entwickelt werden sollen, die durch ihre Verpflichtung an die Arbeitskräftebasis Budapests stark lokal gebunden sind.

Der Generalbebauungsplan von 1971 sieht in Budapest eine ziemliche Vergrößerung der für die Industrie vorgesehenen Flächen vor. Folgende Gründe werden dafür angeführt:

- Der Hauptgrund ist die Überfüllung der vorhandenen Industrieareale in der Inneren Stadt.
- Ein weiterer Grund besteht in den wachsenden Flächenansprüchen moderner Produktionsverfahren.
- Die Gebäude für die Warenlager müssen in Zukunft rationeller und verkehrsgünstiger angeordnet werden. Dieses führt auch zu erheblichen Konsequenzen bei den Flächenansprüchen.

(Abb. 4.4 zeigt die Verteilung der vorhandenen und geplanten Industriegebiete)

Abbildung 4.4: <u>Vorhandene und geplante Industriegebiete in Groß-Budapest 1971</u>

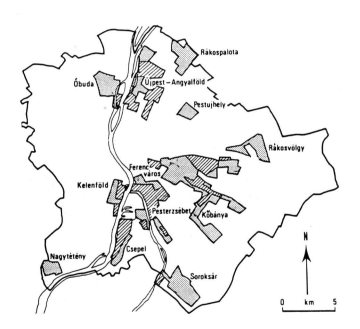

Quelle: PREISICH 1973:104

▨ vorhandene Industriegebiete

▦ geplante Industriegebiete

Im Generalbebauungsplan von 1971 werden zwar 4.700 ha Industriegelände ausgewiesen, die genaue rechtliche Bezeichnung lautet aber "für die Industrie gesichert". Die Inanspruchnahme dieser Gebiete soll jeweils nach den bestehenden Notwendigkeiten erfolgen. In verschiedenen Gebieten von Budapest können in Zukunft Industrieareale entstehen, die "untereinander kooperieren und eine geeignete Verbindung zur Reststadt haben." 1960 war ein "generelles" Industrieansiedlungsverbot für die 43 Umlandgemeinden ausgesprochen worden, für Groß-Budapest bestand ein "allgemeines" Industrieansiedlungsverbot.

Trotz dieser Verbote war die Zahl der Beschäftigten im industriellen Bereich in Groß-Budapest von 1960 bis 1970 von 54,5 auf 54,8% und in den 43 Umlandgemeinden sogar von 32,8 auf 54,9% gestiegen. Der 3. Generalbebauungsplan von Budapest sieht vor, daß Industrieansiedlungen in den Umlandgemeinden und in Groß-Budapest nicht zu verbieten sind, sondern daß es gilt, geeignetes Gelände vorzuschlagen.

Der 3. Generalbebauungsplan von Budapest wurde vom Ministerialrat im Jahre 1971 angenommen. Dieser Plan setzt für die nächsten drei Jahrzehnte die Lage der Wohngebiete, Industriegebiete und Grünflächen fest sowie das System der Haupt- und Nebenzentren, das Verkehrsnetz und Einrichtungen der kommunalen Infrastruktur.

1970 zählte Groß-Budapest zwei Mio. Einwohner - zuzüglich 340.000 Menschen in den 43 Umlandgemeinden. Das weitere Wachstum Groß-Budapests soll durch geeignete Maßnahmen gesteuert werden. Dabei sollen sich die Maßnahmen auf die gesamte Budapester Agglomeration beziehen. Diese Agglomeration kann folgendermaßen beschrieben werden: Der großstädtisch bebaute innere Kern wird umschlossen durch ungeordnete Siedlungsschwerpunkte und ausgedehnte Gebiete mit Einfamilienhäuserbestand, dem schließen sich in den Umlandgemeinden einzelne ursprünglich agrarisch geprägte Siedlungsschwerpunkte an, die zu Subzentren ausgebaut werden sollen.

Das historisch entstandene Straßennetz hat sich an den geologischen Gegebenheiten orientiert. Charakteristisch für die Ausdehnung der Besiedlung sind die Baulagen entlang der Donau von Norden nach Süden. Auf der flachen Pester Seite dehnt sich die Stadt nach Osten aus. Die Bebauung der Budaer Seite wird bestimmt durch die zur Donau führenden Täler. Ziel des

3. Generalbebauungsplanes ist es, einen Rahmen zu schaffen, in dem Groß-Budapest ca. 2.250.000 und die Umlandgemeinden ca. 500.000 Einwohner haben sollen. Dieser Zeitpunkt soll im Jahr 2000 erreicht sein.

Die zusammenfassende Darstellung des 3. Generalbebauungsplanes zeigt die Abbildung 4.5.

Abbildung 4.5: <u>Entwicklungsplan der Budapester Agglomeration 1971</u>

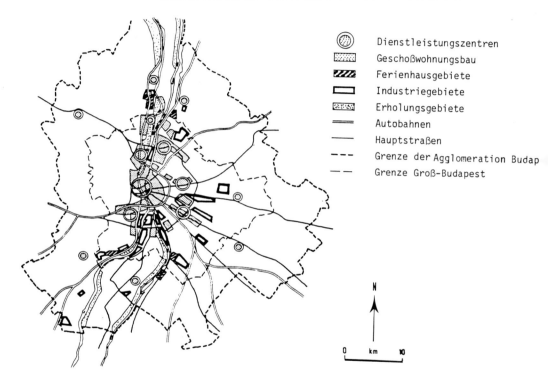

Quelle: PREISICH 1973:14

Damit die planerischen Absichten des 3. Generalbebauungsplanes von 1971 und deren Verwirklichung besser beurteilt werden können, ist die Flächenbilanz von 1976 der Flächenbilanz von 1980 gegenübergestellt - ein leider recht kurzer Zeitraum (vgl. Tab. 4.3).

Bei der Entwicklung eines Raumordnungsplans für die Budapester Agglomera-

Tabelle 4.3: Flächenbilanz von Groß-Budapest 1976/1980

Zonen-Nr.	Zone	1976 Fläche/ha	%	1980 Fläche/ha	%
01	dicht städtisch geschlossen	372,3	0,71	500,5	0,95
02	locker städtisch geschlossen	319,1	0,61	319,1	0,61
03	locker städtisch freistehend	1.648,6	3,14	1.648,6	3,14
04	locker städtisch freistehend im Bergland	1.276,4	2,43	1,276,4	2,43
05	Einfamilienhäuser, Wohnen	9.732,4	18,53	9,709,3	18,49
06	Einfamilienhäuser, Erholung	531,8	1,01	531,8	1,01
01-06	traditionelles Wohngebiet gesamt	13.880,6	26,44	13.985,7	26,63
11	dichte städtische innere Wohnsiedlungen	425,5	0,81	425,5	0,81
12	dichte städtische äußere Wohnsiedlungen	1.967,7	3,75	1.799,0	3,43
13	lockere städtische Wohnsiedlungen im Bergland	1.489,1	2,84	1.342,0	2,56
11-13	Wohnsiedlungen gesamt	3.882,3	7,93	3.566,5	6,80
01-13	Wohngebiet gesamt	17.762,9	33,83	17.552,2	33,43
21	Erholungsgebiet an der Donau	319,1	0,61	223,2	0,43
22	Erholungsgebiet im Bergland	106,4	0,20	98,7	0,19
21-22	Erholungsgebiet gesamt	425,5	0,81	321,9	0,62

BUDAPEST

Zonen-Nr.	Zone	1976 Fläche/ha	%	1980 Fläche/ha	%
31	Gebiet von besonderem historischen oder Stadtbildwert	53,2	0,10	53,2	0,10
32	Stadtzentrum	319,1	0,61	197,1	0,38
33	Stadtteilzentrum	265,9	0,51	265,9	0,51
31-33	Stadtzentrum gesamt	638,2	1,22	516,2	0,99
01-13 + 31-33	Wohngebiet und Stadtzentrum zusammen	18.401,1	35,05	18.068,4	34,42
34	Gemeindebedarfseinrichtungen	425,4	0,81	425,4	0,81
35	Gemeindebedarfseinrichtungen mit Grünflächenanteil	957,3	1,82	816,5	1,56
35	Sportflächen	780,2	1,49	741,3	1,41
35	Friedhofsflächen	549,4	1,05	509,6	0,97
34-35	Gemeinbedarfsgebiet insgesamt	2.712,3	5,17	2.492,8	4,75
41	Industriegebiet (Schutzabstand kleiner 300 m)	1.861,4	3,55	1.770,1	3,37
42	Industriegebiet (Schutzabstand kleiner 50 m)	2.340,0	4,46	1.913,5	3,64
43	Lagergebiet	478,6	0,91	402,6	0,77
44	Bergbaugebiet	53,2	0,10	215,3	0,41
41-44	Industriegebiet gesamt	4.733,2	9,02	4.301,5	8,19
51	Stadttechnische Versorgung	212,7	0,41	212,7	0,41
52	Grünflächenanteil	319,1	0,61	246,1	0,47
51-52	Gebiet der stadttechnischen Versorgung gesamt	531,8	1,02	458,8	0,88

BUDAPEST

Zonen-Nr.	Zone	1976 Fläche/ha	%	1980 Fläche/ha	%
61	Straßen	1.600,0	3,05	1.600,0	3,05
62	Kraftfahrzeugdepots	212,7	0,40	196,8	0,37
63	Eisenbahnflächen	1.170,0	2,23	1.063,4	2,03
64	Wasserverkehrsflächen	212,7	0,40	212,7	0,40
65	Flughafen	1.168,8	2,13	914,6	1,74
61-65	Verkehrsgebiet gesamt	4.312,2	8,21	3.987,5	7,59
71	Öffentlicher Park	2.020,9	3,85	1.325,9	2,53
71	öffentlicher Park (bebauter Anteil kleiner 5%)	478,6	0,91	330,0	0,63
72	Erholungswald	8.509,2	16,21	5.221,1	9,95
73	Schutz (Abschirm)-Wald	638,3	1,22	407,2	7,76
71-73	Grün- und Waldgebiet	11.647,0	22,18	7.284,2	13,87
81	Weinberge und Obstbau	1.595,5	3,04	1.780,5	3,39
82	landwirtschaftliche Großbetriebe	6.541,4	12,46	12.204,4	23,25
81-82	Landwirtschaftsgebiet gesamt	8.136,9	15,50	13.984,9	26,64
Donau		1.600,0	3,04	1.600,0	3,04
Insgesamt		52.500,0	100,00	52.500,0	100,00

Quelle: ARBEITSPAPIER DES BUVÁTI 1980

tion standen drei Alternativen zur Diskussion (vgl. PERÉNYI 1970:146f):

1. Sanierung der bebauten Flächen von Klein-Budapest auf der Pester Seite durch Entmischung der Funktionen und Verringerung der Bevölkerung, sowie Schaffung und Ausbau eines Systems von Zentren in der Peripherie.

2. Dezentralisierung durch Bau von neuen Wohnvierteln im Abstand von 5-10 km von den bisher bebauten Flächen, sowie durch Auslagerung von Industrieanlagen um 20-30 km vom bisherigen Standort.

3. Bau eines neuen großen Wohnviertels im Norden von Budapest auf einer oder beiden Seiten der Donau, das so dimensioniert sein müßte, daß es die Funktion eines Gegenpols "Neu-Budapest" übernehmen könnte.

Aus Gründen der knappen finanziellen Mittel entschied man sich 1971 für die erste Alternative.

4.2 Bevölkerung und Wohnen

4.2.1 Bevölkerungsentwicklung

Im Jahre 1984 betrug die Bevölkerungszahl in der Volksrepublik Ungarn rund 10,7 Mio. Menschen. Davon waren rund 95% Ungarn. Den größten Anteil der nationalen Minoritäten hatten die Deutschen mit rund 215.000 bis 220.000. Eine weitere nationale Minderheit sind Slowaken in der Größenordnung von 100.000 bis 110.000, Serben und Kroaten zwischen 80.000 und 100.000 und Rumänen in einer Größenordnung von 25.000 Menschen. Ein besonderes Problem bilden die auf etwa 200.000 Personen geschätzten Zigeuner, die zwar vorwiegend ungarisch als Muttersprache haben, aufgrund ihres Festhaltens an traditionellen Bräuchen jedoch nur sehr schwer in die ungarische Gesellschaft integriert werden können. So wird geschätzt, daß nur etwa ein Drittel von ihnen seßhaft ist. Die Volkszählung des Jahres 1980 zählt insgesamt zwar nur 103.448 Nicht-Ungarn auf. Man schätzt allerdings, daß der Anteil der Minderheiten bei etwa 5% der Gesamtbevölkerung, d.h. etwa bei 500.000 Personen, liegt. Ungarische Minderheiten leben besonders in Jugoslawien mit etwa 500.000, in Rumänien zwischen 1,6 und 2 Mio. und in der Tschechoslowakei in einer Größenordnung von

400.000-500.000 Personen. Schätzungsweise 1,3 Mio. Ungarn leben im übrigen Ausland, nicht zuletzt infolge der Ereignisse des Jahres 1956.

In Ungarn sind Kirche und Staat getrennt. Die Religionsfreiheit ist in der Verfassung verankert. 1980 waren in der Volksrepublik Ungarn ca. 5,25 Mio. Angehörige des römisch-katholischen Glaubens. 2,25 Mio. gehörten in diesem Jahr der evangelischen Kirche des Augsburger Bekenntnisses und rd. 2 Mio. der reformierten Kirche an. Die Angaben über die Angehörigen des jüdischen Glaubens nach dem 2. Weltkrieg schwanken zwischen 40.000 und 100.000 Personen.

1984 betrug die Bevölkerungsdichte in Ungarn je qkm 115 Personen. Von der Gesamtbevölkerung von 10,7 Mio. sind 5.523.000 Frauen, 54,2% aller Einwohner wohnen in Städten, 45,8% auf dem Lande. Die überstarke Ausrichtung auf die Hauptstadt Budapest zeigt sich daran, daß dort 19,3% der Gesamtbevölkerung leben. In allen fünf Städten mit Komitatsrechten wohnen hingegen nur 8,1%. Daraus wird ersichtlich, daß es außer der Budapester keine größeren städtischen Agglomerationen gibt. Die nächst größere Stadt nach Budapest mit 2,06 Mio. Einwohnern im Jahre 1983 ist Miskolc mit 210.000 Einwohnern. Es folgen Debrecen mit 198.000, Szeged mit 174.000, Pécs mit 173.000, Györ mit 127.000, Nyiregyháza mit 113.000 und Székesfehérvár mit 108.000 Einwohnern. Die Einwohnerzahlen der übrigen 91 Städte liegen unter 100.000. In dieser Gruppe hat die überwiegende Mehrheit durchschnittlich 40.000 Einwohner. Bei diesen Städten zeigt sich, worauf in Abschn. 3.2.1 hingewiesen wurde, daß zwar Budapest immer noch ein übergroßes Gewicht hat, die übrigen Städte aber das Wachstum der Hauptstadt überholt haben (vgl. Tab. 3.3).

Seit 1960 hat sich die Bevölkerung Ungarns bis 1984 nur um etwa 830.000 Menschen erhöht, was einer durchschnittlichen jährlichen Steigerungsrate von nur 0,4% entspricht. Geburtenstarke Jahrgänge zu Beginn der 50er Jahre sind durch niedrige Geburtenzahlen der 60er Jahre abgelöst worden. Seit 1960 werden Abtreibungen und Antikonzeptionsmittel in Ungarn gesetzlich erlaubt. Seit 1966 ist allerdings wieder ein Aufwärtstrend der Geburtenraten festzustellen, sie haben sich von 1968 bis 1979 auf über 15,0 Geburten pro 1.000 Einwohner eingependelt, ein Sachverhalt, der kurzfristig auf bevölkerungspolitische Maßnahmen der Regierung zurückgeführt wird. In den ersten vier Monaten nach der Geburt eines Kindes erhält die Ungarin vollen Lohnausgleich, anschließend einen Betrag, der ein Viertel bis ein Drittel des üblichen Arbeitslohns ausmacht; für die Dauer der Zeit, in der sie sich ganz dem Kind widmen möchte (bis zu drei Jahren), wird ihr zudem noch Kündigungsschutz gewährt und sie darf, auch wenn sie Geld vom Staat erhält, sogar noch halbtags dazuverdienen. Wird sie während des Mutterschaftsurlaubs erneut schwanger, verfallen ihre Ansprüche nicht, sondern summieren sich. Von 1980 an sinken die Geburtenraten bis 1982 allerdings wieder auf 12,5 Geburten pro 1.000 Einwohner.

Der Trend zur Kleinfamilie mit einem, maximal zwei Kindern, wie er in anderen Industrieländern auch feststellbar ist, zeigt sich ebenfalls in Ungarn. Man hofft jedoch von seiten des Staates von der gegenwärtigen durchschnittlichen Kinderzahl von 1,8 je Familie bei einem jährlichen Zuwachs der Geburtenzahlen zwischen 160.000 und 170.000 auf eine durchschnittliche Kinderzahl von 2,2 je Familie im Jahre 2000 zu gelangen. Aufgrund der bestehenden Altersstruktur wird es Verschiebungen zu Gunsten der älteren Jahrgänge geben. Am ausgeprägtesten wird die Zahl der über 60-jährigen ansteigen, aber auch die Zahl der Bevölkerung im Alter zwischen 45 und 50 Jahren wird sich vergrößern. Die ungünstige altersmäßige Zusammensetzung der Bevölkerung hat negative Auswirkungen auf die Beschäftigungsstruktur, so daß Arbeitskräfteprobleme dauernde Begleiterscheinungen der ungarischen Wirtschaftsentwicklung sein werden. Die durchschnittliche Lebenserwartung lag Mitte der 70er Jahre für Männer bei 66,6 Jahre und für Frauen bei 72,4 Jahren.

Die beschriebenen Trends auf der Landesebene hatten auf der Stadtebene in Budapest folgendes Aussehen: Die posttransformative Phase des demographischen Übergangs in Budapest beginnt 1962. Dies ist derselbe Zeitpunkt wie auf der Landesebene. Die posttransformative Phase der Bevölkerungsentwicklung in Budapest wird gekennzeichnet durch einen negativen Saldo der natürlichen Bevölkerungsentwicklung sowie durch langsam wirkende Maßnahmen, die Bevölkerungswanderung nach Budapest zu vermindern. Allerdings ist zwischen 1967 und 1969 und zwischen 1974 und 1977 eine geringe positive natürliche Bevölkerungsentwicklung festzustellen. Von 1978 bis 1984 sinkt die Rate des natürlichen Bevölkerungszuwachses von -0,8 bis auf -5,3 pro 1.000 Einwohner (vgl. Tab. 3.1). Zwischen 1960 und 1970 wuchs Budapest um 158.000 Personen durch Wanderungsgewinne und nahm ab um 17.000 Personen durch einen negativen natürlichen Bevölkerungssaldo (vgl. Tab. 3.5). Zwischen 1970 und 1980 wuchs die Bevölkerung nur noch um 57.000 Personen, nahm aber um 1.000 Personen durch einen negativen natürlichen Bevölkerungssaldo ab.

Für die Interpretation der Bevölkerungsentwicklung bietet sich die Wirtschaftsentwicklung an. Aufgrund der sich nach dem 2. Weltkrieg sehr schnell entwickelnden Industrie, die viele Arbeitsplätze bot, und durch die Veränderung der Struktur der Agrarwirtschaft war Budapest bis Mitte der 60er Jahre der begehrteste Zuzugsort. Dies zeigt sich darin, daß 1960 noch 42.000 Menschen nach Budapest kamen. Zehn Jahre später wurden nach der Verlangsamung der Entwicklung der Arbeitsplätze in Budapest und durch die Verbesserung der agrarpolitischen Struktur in Ungarn nur noch 10.000 Zuwanderer registriert.

Die im Jahre 1968 eingeführten wirtschaftlichen Maßnahmen des neuen Wirtschaftsmechanismus förderten den Ausbau der Wirtschaft. Dies führte aber auch dazu, daß kurzfristig unerwartet viele Arbeitsplätze benötigt wurden. So kam es, daß erneut viele Menschen nach Budapest zogen, so wurden 1967 18.000 und im Jahre 1968 20.000 Zuwanderer registriert. Von 1970 an ist ein deutliches Absinken der Zuwanderung zu verzeichnen. Dieses kann als ein Hinweis interpretiert werden, daß sich die allgemeine wirtschaftliche Situation auf dem Lande gebessert hat. Die natürliche Bevölkerungsentwicklung hat sich kurzfristig durch bevölkerungspolitische Maßnahmen der Regierung in eine positive Richtung verändert. Dieser Trend ist aber seit 1978 wieder stark rückläufig, obwohl der Maßnahmenkatalog der bevölkerungspolitischen Maßnahmen noch ausgedehnt worden ist. 1982 ergaben sich folgende Werte: -1,0 pro 1.000 Einwohner in Ungarn und -4,6 pro 1.000 Einwohner in Groß-Budapest für den Saldo der natürlichen Bevölkerungsentwicklung.

4.2.2 Wohnungsbau

Nach dem 2. Weltkrieg war etwa ein Viertel des vorhandenen Wohnungsbestandes beschädigt. Es sollte etwa fünf Jahre dauern, bis die gröbsten Kriegsfolgen beseitigt waren. Durch die Eingemeindungen der Randgebiete 1950 vergrößerte sich zwar der Wohnungsbestand auf 462.000 Wohnungen, die Wohnungen in den Randgebieten waren aber in stärkerem Maße überbe-

legt als in Klein-Budapest. Im Jahre 1949 betrug die Zahl der Einwohner pro Raum auf der Fläche von Klein-Budapest 2,05, in den Randgebieten aber 2,49, so daß in Groß-Budapest insgesamt 2,18 Einwohner pro Raum gezählt wurden.

Das schnelle wirtschaftliche Wachstum der Hauptstadt führte in den Nachkriegsjahren zu massenhaften Zuwanderungen. Verbunden mit einer rigiden Bevölkerungspolitik, die die Zahl der Geburten nach oben trieb, wuchs die Zahl der Wohnungssuchenden in Groß-Budapest. Aber nicht nur diese neuen Bürger suchten eine Wohnung, auf Wohnungssuche waren ebenfalls Personen, die zwar schon länger in Budapest wohnten, deren Wohnsituation aber nicht ausreichend war. Es waren überwiegend jung Verheiratete oder Personen, die in geteilten Wohnungen lebten bzw. Untermieter. Zwischen 1949 und 1960 wurden im Durchschnitt jährlich 6.700 Wohnungen gebaut. Die Bevölkerung wuchs jährlich um ca. 20.000 Menschen. Erst ab 1960 beginnt die Zahl der Neubauten stärker zu steigen. Für die gesamte Nachkriegszeit gilt aber, daß die Zahl der zur Verfügung stehenden Wohnungen nicht ausreicht, um den Wohnungsbedarf zu decken.

Den Wohnungsbau von 1950 bis 1955 trug überwiegend der Staat. Ab 1955 besteht die Möglichkeit, privates Wohnungseigentum durch staatliche Unterstützung zu erwerben. Die OTP (staatliche Sparkasse) macht durch langfristige private Kredite den Bau von Familienhäusern bzw. den Kauf von Eigentumswohnungen möglich.

Die Wohnungsstatistik 1980 unterscheidet beim Wohnungsneubau nach der Art der Finanzquelle.

Da sind einmal die _privaten_ Wohnungen. Darunter sind zu verstehen
1. Wohnungen, die direkt durch die Landessparkassen (OTP) finanziert wurden;
2. Wohnungen, die mit staatlichen Darlehen der OTP finanziert wurden;
3. Wohnungen ohne staatliche Darlehen.

Die zweite Gruppe sind die _staatlichen_ Wohnungen. Es sind:
1. Mietwohnungen in Verwaltung der Räte;
2. Mietwohnungen, die durch die Räte verkauft wurden;
3. sonstige staatliche Wohnungen.

Die wirtschaftliche Lage machte es möglich, daß von 1949 bis 1960 über 56.000 Wohnungen gebaut wurden, davon 26.000 private. Zwischen 1960 und 1970 wurden fast 100.000 neue Wohnungen errichtet, davon 47.000 private, und zwischen 1970 und 1980 waren es 160.000 Wohnungsneubauten, davon 55.000 private (vgl. Tab. 4.4). Dazu bemerkt BRENNER (1983:36): "Die (Neubau-)Wohnungen erreichten international vergleichbaren Standard an Ausrüstung (z.B. Fernheizung), nicht aber an Flächenwerten."

Trotz dieser beachtlichen Leistung, in den letzten 30 Jahren über 300.000 Neubauwohnungen zu errichten, reicht die Zahl nicht aus. Dazu kommt, daß es erhebliche Probleme mit dem Altbaubestand gibt.

Nach dem 2. Weltkrieg wurden die alten Mietshäuser verstaatlicht, der Staat verfügte jedoch wegen der niedrigen Mieten nicht über die Geldmittel zur notwendigen Renovierung des Hausbestandes. Erst in den letzten Jahren konnte die Zahl der renovierten Wohnungen gesteigert werden. Seit 1983 ist der Staat dazu übergegangen, die Renovierungskosten für Altbauten teilweise auf Privatleute dadurch abzuwälzen, daß Altbauten aus dem staatlichen Besitz zum Verkauf angeboten werden. Der Verkauf von Mehrfamilienhäusern ist jedoch nur möglich, wenn alle Mietparteien zustimmen.

In den inneren Bezirken der Stadt sind schätzungsweise 40% des gesamten Wohnungsbestandes in einem sehr schlechten Zustand, 20% in einem durchschnittlichen Zustand und 40% in einem guten Zustand. Etwa 10% bis 20% des gesamten Wohnungsbestandes von Budapest müssen aus statischen Gründen bis zum Jahr 2000 dringend erneuert werden, d.h. es müssen zwischen 70.000 und 150.000 Wohnungen saniert oder abgebrochen werden.

Die Verteilung der Wohngebäude nach dem Baualter ist in Groß-Budapest ebenfalls sehr ungünstig; 1970 waren 13% der Bauten vor 1900 hergestellt, 72% zwischen 1900 und 1949 und nur 15% nach 1944. Die älteren Wohngebäude entsprechen komfortmäßig nicht den heutigen Wünschen; so haben nur 42% dieser Wohnungen ein Badezimmer. 52% der Wohnungen haben eine Gasleitung, 90% der Wohnungen sind an das Wasserleitungsnetz angeschlossen. In der Inneren Stadt beträgt die Zahl der vor 1910 gebauten Wohnungen 70-80%. Diese Wohngebäude sind zu 40% stark sanierungsbedürftig. Durch die Erhöhung der Mieten wurde eine finanzielle Basis für die

Tabelle 4.4: Wohnungsbestand und Veränderung in Groß-Budapest 1949-1982

	Anzahl der Wohngebäude	Anzahl der Wohnungen	davon bewohnte 1-Zimmerwohnungen	Wohnungen mit Untermietern	Bewohner	Ø Wohnungsbelegung	Einwohner pro Raum	neuerbaute Wohnungen in der Dekade	davon private in der Dekade	sanierte und abgerissene Wohnungen ***)
1949	123.265	457.586*) 465.955**)	k.A. -	32.000 -	1.517.262	3,32	2,18	k.A.	k.A.	k.A.
1960	148.301	532.568*) 547.225**)	278.000 -	34.000 -	1.728.697	3,25	2,00	56.367	26.098	21.310
1970	160.610	619.414*) 633.452**)	303.156 -	36.000 -	1.883.999	3,04	1,82	99.938	47.392	13.588
1980	161.062	709.429*) 730.471**)	247.258 -	48.000 -	1.957.950	2,79	1,78	154.216	55.782	36.687
1982	k.A.	-*) 766.455**)	- k.A.	-	k.A.	2,69	1,72	33.786	15.270	5.887

*) bewohnt; **) bewohnt und unbewohnt

***) ab 1970 geänderte Berechnungsgrundlage

Quellen: KSH 1981a:55; KSH 1983a:54

Wohnungssanierung geschaffen. Es ist bezeichnend für den Altwohnungsbestand von ca. 280.000 im Jahre 1980, daß 30.000 Wohnungen nicht mehr zu renovieren waren. Der Abriß dieser Gebäude ist im Bezirk Óbuda und im VIII. Bezirk schon beendet.

86% der Wohngebäude innerhalb Groß-Budapests sind Flachbauten in der traditionellen Bauform. Es sind überwiegend Einfamilienhäuser in der Äußeren Stadt. In diesen Häusern wohnen 40% der Gesamtbevölkerung von Budapest. Diese Flachbauten sind in der Inneren Stadt überaltert; dagegen sind sie in den Randgebieten sehr gut erhalten, da sie hier überwiegend in Privatbesitz sind. Insgesamt sind etwa zwei Fünftel aller Wohnungen 1980 in Privatbesitz (vgl. Tab. 4.5).

Tabelle 4.5: <u>Wohnungsbesitzstand in Groß-Budapest 1980</u>

	Bewohner	Wohnungen staatliche	private	gesamt
Neubaugebiete nach 1949 erbaut	552.000	105.000	75.000	180.000
Flachbauten, d.h. Einfamilienhausgebiete	783.000	k.A.	k.A.	270.000
Altbauten vor 1949 erbaut*)	623.000	k.A.	k.A.	280.000
Groß-Budapest	1.958.000	440.000	290.000	730.000

*) einschließlich mehrstöckiger Villengebäude der Budaer Seite

<u>Quelle</u>: eigene Berechnungen nach KSH 1981b

Aufgrund des permanenten Wohnungsmangels in Budapest erhält die Errichtung von Neubausiedlungen ein besonderes Gewicht. Zwischen 1949 und 1980 sind insgesamt 96 Neubausiedlungen für 550.000 Menschen mit 180.000 Wohnungen errichtet worden. Die größte Siedlung bisher ist Ujpalota im XV.

BUDAPEST

Tabelle 4.6: Neubaugebiete mit über 2.000 Einwohnern 1980 in Groß-Budapest
(die Nummern entsprechen Abbildung 4.6)

Nr.	Bez.	Siedlung	Bewohner	Erwerbstätige in der Industrie u. Bauindustrie absolut	%	Wohnungen	Finanzquellen private	Finanzquellen staatliche	Baualter der Wohnungen vor 1960	Baualter der Wohnungen 1960-1969	Baualter der Wohnungen 1970-1979
1	III	Békásmegyer	23.526	5.442	46,3	7.694	3.783	3.911	-	-	7.694
2	III	Hévizi ut	47.442	10.229	41,7	15.329	5.891	9.438	2.470	1.125	11.684
3	IV	Szérüskert-vetés u.	3.685	1.749	80,9	1.195	1.191	4	16	214	965
4	IV	Ujpest-városközp.I.ü.	29.087	7.126	49,4	9.442	3.199	6.243	76	1.011	8.355
5	IX	József Attila ltp.	21.279	4.781	41,8	8.198	1.151	7.047	285	6.826	1.087
6	X	Bihari ut	4.114	1.131	51,4	1.317	932	385	387	2	928
7	X	Harmat utcai	5.067	1.337	48,4	1.582	348	1.234	45	1.212	325
8	X	Kerepesi uti ltp.	6.971	1.508	43,3	2.072	838	1.324	357	1	1.714
9	X	Köbánya-városközpont	5.985	1.436	47,8	1.858	595	1.263	127	632	1.099
10	X	Köbánya-Ujhegy	24.237	5.431	46,2	6.402	2.288	4.114	36	14	6.352
11	X	Körösi-Csoma S.u.ltp.	5.529	2.043	58,9	1.428	657	771	449	840	139
12	X	Üllöi uti ltp.	3.359	728	43,7	1.350	3	1.347	1.350	-	-
13	XI	Csorbai uti ltp.	2.308	592	48,1	709	695	14	57	51	601
14	XI	Fehérvári uti ltp.	14.751	3.441	42,2	4.406	1.716	2.690	117	16	4.273
15	XI	Hengermalom uti ltp.	3.133	742	43,7	1.127	713	414	286	327	514
16	XI	Kelenföldi ltp.	27.150	6.170	41,8	8.836	3.273	5.563	106	6.513	2.217
17	XI	Lágymányosi ltp.	9.142	1.988	39,6	3.692	1.185	2.507	1.437	2.252	3
18	XI	Mezökövesd utcai ltp.	2.352	655	51,3	947	-	947	922	24	1
19	XI	Ürmezö	6.866	1.432	37,8	2.279	2.229	50	70	3	2.206
20	XIII	Árpád hidfö	6.847	2.002	47,7	2.466	2.143	323	302	2.152	12
21	XIII	Csángó	6.043	1.624	46,8	1.773	3	1.770	33	-	1.740
22	XIII	Thalmann utcai ltp.	9.030	2.205	47,1	3.677	99	3.578	3.230	446	1
23	XIII	Ujlipótváros	3.544	673	38,7	1.249	899	350	8	3	1.238
24	XIII	Váci ut-Gyöngyösi ut	2.158	765	66,3	1.417	556	861	351	36	1.030
25	XIII	Visegrádi utcai ltp.	2.605	558	38,9	994	509	485	123	606	265
26	XIII	Csáktornya park	4.479	895	32,6	1.323	1.313	10	65	677	581
27	XIV	Egressy téri ltp.	2.404	481	39,2	780	16	764	-	758	22
28	XIV	Füredi uti lakótelep	34.978	8.212	42,5	11.610	5.759	5.851	143	527	10.940
29	XIV	Kacsóh Pongrác uti ltp.	5.453	1.258	46,0	1.964	42	1.922	59	1.902	3
30	XIV	Kerepesi uti ltp.	13.957	3.205	42,7	5.279	217	5.062	4.502	742	35
31	XIV	Nagy Lajos Király ut	2.495	576	42,6	694	368	326	25	-	669
32	XIV	Pillangó utcai ltp.	3.578	884	42,9	1.255	1.119	136	-	742	513
33	XIV	Ujvidék téri ltp.	3.219	754	40,0	1.158	874	284	94	952	112
34	XV	Énekes utcai ltp.	4.355	1.013	40,8	1.395	5	1.390	494	119	782
35	XV	Ujpalota	57.042	14.349	47,3	15.736	3.732	12.004	19	154	15.563
36	XVI	Centenárium I-II.ltp.	3.156	800	47,5	1.050	1.050	-	9	3	1.038
37	XVI	Széchenyi ut-Jókai u.	4.625	1.054	44,7	1.286	/877	409	-	-	1.286
38	XVIII	Állami lakótelep	6.030	1.152	45,7	2.380	534	1.846	1	2	2.377
39	XVIII	Baross utcai ltp.	6.456	1.787	48,0	2.156	2.134	22	87	886	1.183
40	XVIII	Lakatos utcai ltp.	9.062	2.717	49,0	3.074	2.386	688	67	2.882	125
41	XIX	Kispest vkp.	9.080	2.003	45,7	2.922	1.895	1.027	2	-	2.920
42	XX	Pesterzsébet vkp.	15.206	4.127	50,7	4.669	2.660	2.009	114	1.249	3.306
43	XX	Vécsey uti	3.872	972	46,0	1.182	1.125	57	12	-	1.170
44	XXI	Csepel	12.796	4.156	57,1	4.153	1.868	2.285	197	864	3.092
45	XXI	Csillagtelep	6.852	2.686	64,4	2.186	220	1.966	1.122	1.000	64
46	XXI	Királymajor	4.387	1.116	54,2	1.420	512	908	55	10	1.355
47	XXI	Szentmiklósi uti ltp.	3.504	1.277	69,6	969	876	93	2	-	967
48	XXI	Táncsics M. utcai ltp.	2.398	1.026	74,3	725	705	20	1	59	665
49	XXII	Bartók B. ut.	3.483	962	50,7	1.092	1.065	27	31	9	1.052
50	XXII	Leányka utcai ltp.	5.343	1.305	46,6	1.626	644	982	275	4	1.347

Quelle: KSH 1983c

Bezirk. Sie ist für 57.000 Bewohner mit 15.000 Wohnungen zwischen 1970 und 1980 gebaut worden (vgl. Tab. 4.6).

Diese enorme Neubautätigkeit hatte zugleich Einfluß auf die Entwicklung der Bevölkerungsverteilung in Groß-Budapest. Tab. 4.7 zeigt die Veränderung der Bevölkerung pro Bezirk in Groß-Budapest von 1930 bis 1980.

Bei der Vergabe von Grundstücken für Einzelhäuser hat sich ein regelrechter Markt herausgebildet. Für die halb-marktwirtschaftlich finanzierten Einfamilienhäuser ist ein Markt entstanden, dessen Preise je nach Lage zwischen 500 und 4.000 Ft. pro Quadratmeter im Jahre 1983 schwanken. Die räumliche Verteilung dieser Grundstücke streut über die gesamte Stadt, die noch nicht dicht bebaut ist. Die höchsten Preise werden aber auf der Budaer Seite verlangt.

Für die Erlangung einer privaten Neubauwohnung bestehen folgende finanzielle Voraussetzungen: 1983 wurden als Gestehungskosten für einen Neubau ca. 14.000 Ft. pro Quadratmeter gerechnet. Die Mietbelastung in den staatlichen Neubauwohnungen beträgt ca. 18 Ft. pro Quadratmeter einschließlich Nebenkosten. Die Mietbelastung in den staatlichen Altbauwohnungen beträgt ca. vier bis acht Ft. pro Quadratmeter einschließlich Nebenkosten. Ein privater Bauherr mußte 1983 einschließlich Grundstückskosten ca. 750.000 Ft. für eine eigene Neubauwohnung anlegen. Ca. 500.000 Ft. kann der private Bauherr durch Vorzugskredite finanzieren. Neben preiswerten Bankkrediten in Höhe von 360.000 Ft. gibt es verbilligte Kredite der Betriebe. Darüberhinaus werden für zwei geborene Kinder maximal 60.000 Ft. pro Wohnung erlassen. Die Restsumme muß der private Bauherr durch Eigenmittel finanzieren, oft durch teure Kredite oder die sehr lukrative Möglichkeit der Untervermietung.

In der letzten Dekade von 1970 bis 1980 ist der nichtstaatliche Wohnungsmarkt ausgeweitet worden. Den größeren Zuwachs verzeichnete allerdings der staatliche Wohnungsbau. Der private Wohnungsbau kann z.B. in Form einer Baugemeinschaft im juristischen Sinne einer Genossenschaft vonstatten gehen und ist auf eine geringe Anzahl von Wohnungen pro Gebäude begrenzt. Die Kredite werden von einer staatlichen Sparkasse für einen Zeitraum von 30 bis 35 Jahren zur Verfügung gestellt und sind mit 2% zu verzinsen; sie haben eine Maximalhöhe von 360.000 Ft.

BUDAPEST

Tabelle 4.7: Bevölkerungsentwicklung in den 22 Bezirken von Groß-Budapest 1930 bis 1980

JAHR	43 Gemeinden Ungarn	Gesamt stadt	I	II	III	IV	V	VI	VII	VIII	IX	X	XI	XII	XIII	XIV	XV	XVI	XVII	XVIII	XIX	XX	XXI	XXII
	o/oo																								
1930	173.500	1.442.869	41.630	57.472	58.929	69.475	56.335	90.131	135.565	154.485	98.861	52.500	52.337		38.653	121.961	67.309	52.239	34.597	23.049	39.223	65.122	82.294	23.805	26.897
31	8742886																								
32	8783919																								
33	8840527																								
34	8896367	1.066.431																							
35	8943533																								
36	8991179																								
37	9038189																								
38	9082377																								
39	9256000																								
1940		1.585.678	41.436	72.659	68.698	78.434	60.650	96.052	145.604	165.058	109.817	69.897	76.668		51.966	144.717	91.554	58.336	44.310	34.876	59.219	65.889	95.773	47.812	31.366
41	9316000	1.712.791																							
42	-																								
43		1.980.000																							
44																									
45																									
46																									
47																									
48	9158000																								
49	9205000	1.590.316	32.478	79.474	66.365	70.407	52.782	82.359	115.495	139.673	93.575	63.407	86.804		55.943	130.551	92.125	56.496	45.694	35.753	58.722	63.118	89.434	46.621	33.050
1950	9293000																								
51	9383000																								
52	9463000																								
53	9545000																								
54	9645000																								
55	9760000																								
56	9833000																								
57	9829000																								
58	9850000																								
59	9911000																								
1960	9961000	1.804.606	44.086	94.722	77.566	78.250	65.067	90.448	120.052	142.783	94.717	68.797	109.124		68.372	142.137	115.566	61.558	53.314	41.969	69.621	65.157	101.875	59.963	38.662
61	10007000	1.843.943																							
62	10052000	1.874.947																							
63	10074000	1.899.746																							
64	10108000	1.919.746																							
65	10140000	1.930.100																							
66	10166000	1.946.100																							
67	10203000	1.964.100																							
68	10244000	1.985.100																							
69	10294000	2.001.100																							
1970	10322000	1.945.083	45.159	103.064	78.025	80.394	61.421	86.984	115.220	134.306	107.223	73.842	151.828		77.642	147.977	135.042	60.963	61.014	49.673	90.220	65.106	107.574	71.693	40.623
71	10352000	1.945.000																							
72	10378000	2.008.800																							
73	10411000	2.013.000																							
74	10442000	2.017.300																							
75	10501000	2.025.500																							
76	10563000	2.037.600																							
77	10615000	2.090.000																							
78	10660000	2.054.400																							
79	10698000	2.056.800																							
1980	10710000	2.069.347	71.097	107.413	122.423	82.513	50.128	71.204	92.350	110.532	90.095	104.656	178.960	83.382	135.889	168.020	112.810	72.758	56.279	90.617	58.732	102.006	76.692	50.791
81																									
82																									
83																									
84																									
85																									

Quelle: KSH 1981c

Trotz dieser staatlichen Beihilfen ist es für einen Durchschnittsverdiener finanziell außerordentlich schwierig, privaten Wohnungsbesitz zu erlangen. Das Durchschnittseinkommen im sozialistischen Sektor der Industrie beträgt 1983 in Ungarn bei den Löhnen 4.396 Ft. und bei den Verdiensten (Gehälter) 4.624 Ft. im Monat. Man muß dazu wissen, daß der Anteil der Frauen an der Gesamtzahl der Erwerbstätigen sehr hoch ist - 1983 lag er in Budapest bei 53,4%.

Für die Vergabe der staatlichen Neubauwohnungen nach 1949 hat sich ein recht komplizierter Mechanismus herausgebildet, der im folgenden kurz beschrieben werden soll: Seit dem 2. Weltkrieg, aber auch schon früher, konnte der Wohnungsbau in Budapest mit der Zunahme der Bevölkerung nicht Schritt halten. Das hat nach dem 2. Weltkrieg dazu geführt, daß zwischen den beiden Bereichen des auch im juristischen Sinne gespaltenen Wohnungsmarktes infolge des wachsenden Lebensstandards (und der zahlungsfähigen Nachfrage) sowie des beschränkten staatlichen und privaten Wohnungsbaus ein Polarisierungsprozeß eingesetzt hat, den man wie folgt zusammenfassen kann: In der Ausgangslage (etwa Ende der 50er Jahre) hat sich wegen des Wohnungsmangels und des hinter dem Bedarf wesentlich zurückbleibenden Wohnungsbaus auf dem Wohnungsmarkt eine dauerhafte Mangelsituation entwickelt. Die Geldeinkommen im Wirtschaftskreislauf übertrafen den Wert des ihnen gegenüberstehenden Warenangebots (die sich auf die Gesamtwirtschaft erstreckende Inflation wurde durch administrative Preiskontrollen beschränkt), parallel dazu wuchsen partiell die privaten Ersparnisse und erreichten ein hohes Niveau. Dadurch stand dem Wohnungsbedarf in größerem Ausmaß auch eine zahlungsfähige Nachfrage gegenüber. Die zahlungsfähige Nachfrage kann jedoch allein für sich nicht ein Wachstum des staatlichen Wohnungsbauvolumens auslösen. Auch die Flexibilität des Privatmarktes stößt auf erhebliche Schranken durch die Begrenztheit von Baustoffen, Kapazitäten und Grundstücken. Dadurch wachsen auf dem Privatmarkt die Preise in solchen Bereichen, in denen die staatliche Kontrolle nicht eingreifen kann (z.B. Grundstücke, Arbeitslöhne), in einem relativ schnellen Tempo. Die Preise der staatlichen Bauindustrie folgen jedoch den Preisen des Privatmarktes kaum oder nur begrenzt. Es beginnt der Prozeß der Trennung der Wohnungslosen (Unter-, Bettmieter und zusammenlebende Haushalte) von den Wohnungsinhabern. Dieser Prozeß wird durch den gespaltenen Wohnungsmarkt noch verstärkt.

Im Wohnraumzuteilungssystem der 60er Jahre war die Verteilung der hochsubventionierten staatlichen Wohnungen nicht eindeutig geregelt. Die verschiedenen Verteilungsgesichtspunkte wurden vermischt. In dieser Periode bezogen Angehörige der Schichten mit höherem Einkommen in einem höheren Anteil staatliche Wohnungen, als es ihrem Anteil an der Bevölkerung entsprochen hätte. Bei Wohnungstransaktionen ohne unmittelbare staatliche Kontrolle mischten sich Markt- und Verteilungselemente. Infolge der Veränderung der Einkommensverteilung wuchs die Chance zur Erlangung einer Wohnung bei jenen sozialen Gruppen, die über die nötigen Geldmittel verfügten. Am Ende der 60er Jahre wurde die Situation nicht besser. Die Zahl der Wohnungslosen wuchs, durch die allgemeinen Preiserhöhungen wurde ihre Lage noch verschlechtert.

Die Reform des Wohnungsvergabesystems im Jahre 1971 strebt die Lösung dieser Probleme an, indem sie bei der Subventionsverteilung ein gegenüber früher mehr Stufen umfassendes System herausbildet, das bei der Verteilung sozialpolitische Prinzipien mit zur Geltung bringt. Es gelang jedoch nicht, ein Wohnungsbauvolumen zu erreichen, welches die dauerhafte Mangelsituation am Wohnungsmarkt entscheidend entschärft hätte; so konnten auch die Polarisierungsprozesse nicht wirksam eingegrenzt werden. Die Chancen der Arbeiter und der Familien mit mehreren Kindern und niedrigem Einkommen wuchsen zwar in der staatlichen Wohnungsverteilung. Der größere Teil der innerhalb der Grenzen liegenden Bewerber hat trotz prinzipieller Berechtigung jedoch in absehbarer Zeit keine reelle Chance, eine Wohnung zu bekommen. Ein erheblicher Teil der sozialen Gruppen knapp oberhalb der festgelegten Grenzen kann wiederum nicht in den Privatwohnungsbau einsteigen, da ihm die nötigen finanziellen Mittel fehlen.

Die Wohnsiedlungen der 60er Jahre in der Inneren Stadt waren infolge ihrer vergleichsweise günstigen Lage sowie der hohen Subventionen bevorzugtes Ziel von Schichten mit mittlerem bis höherem Einkommen. Diese Schichten waren nach dem damaligen Wohnungsverteilungssystem von den Zuteilungschancen solcher Wohnungen nicht ausgeschlossen.

In den 70er Jahren modifiziert sich die Wohnungsverteilung gegenüber der in den 60er Jahren. Die räumliche Lage der Neubauten wird ungünstiger (Äußere Stadt). Die Schichten mit höherem Einkommen werden infolge der veränderten Einkommens- und Vermögensgrenzen beim Zugang zu diesen Wohnungen chancenlos. Daher ist für die Schichten mit höherem Einkommen der Bau von halb-marktwirtschaftlich finanzierten Mehrfamilienhäusern häufig die alleinige Alternative. Ein Teil der Schicht mit niedrigem Einkommen erhält jetzt Zugang zu den Wohnsiedlungen in der Äußeren Stadt, die entweder als endgültige Lösung oder auch als Zwischenstufe der möglichen Mobilität in Richtung auf das Wunscheigenheim angesehen werden. Die Wirkung der zwei Wohnsiedlungsringe auf die räumlich-soziale Struktur der Stadt ist bedeutsam: der staatliche Wohnungsbau hat zu Segregationstendenzen geführt, indem sich in den 70er Jahren zunehmend die Schichten mit unterschiedlichen Einkommen räumlich getrennt voneinander auf die jeweiligen Wohnsiedlungsringe verteilen. Die Bewohner der Äußeren Stadt sind "doppelt" benachteiligt: Einmal durch die geringere Höhe ihres Einkommens und zum anderen durch die ungünstigere Lage ihrer Wohnung.

Diese Segregationstendenzen sind in den Arbeiten von SZABADY 1962, SZELÉNYI 1974 und PROBÁLD 1974 belegt worden. So kommt PROBÁLD (1974:107) zu folgenden Segregationsindizes nach DUNCAN & DUNCAN (1955) der Erwerbstätigen in Groß-Budapest zwischen "white-collar and blue-collar workers" von 1949, 1960 und 1970:

(Dissimilarity Index)	1949	1960	1970
22 Bezirke	16,8	16,2	17,2
Planungsbezirke*)	-	19,7	20,7

*) Die Planungsbezirke haben sich von 59 im Jahre 1960 auf 86 im Jahre 1970 erhöht.

Die Klassifikation in "white-collar and blue-collar workers", die PROBÁLD 1974 vornimmt, ist allerdings nicht ohne weiteres in die der vorliegenden Monographie zugrunde liegende Klassifikation der Erwerbstätigen in den primären, sekundären und tertiären Sektor zu übertragen. Die folgende Tabelle 4.8 zeigt, daß der Anteil der Erwerbstätigen in den Neubausiedlungen in der Inneren Stadt des sekundären Sektors 44,8% und in der Äußeren Stadt 50,6% beträgt. Von den ca. 70.000 staatlichen Wohnungen, die zwischen 1970 und 1979 in der Inneren Stadt gebaut wurden, ist der größere Teil - Schätzungen sprechen von ca. 40.000 - an Schichten mit höherem Einkommen verkauft worden.

Die Errichtung von Neubaugebieten hat aber auch das Gesicht von Budapest verändert. Die unverwechselbare Architektur der Gründerzeit ist durch eine uniforme Gestaltung abgelöst worden, die Budapest kaum von anderen Großstädten mit entsprechenden Neubaugebieten unterscheidet.

Tabelle 4.8: Wohnungsbestand und Wohnungsneubau in Groß-Budapest 1980

Neubaugebiete	Bezirke	Bewohner	Erwerbstätige in Industrie u. Bauwirtschaft absolut	%	Wohnungen	Finanzquellen private	staatliche	Baualter der Wohnungen vor 1960	1960-1969	1970-1979
Innere Stadt	I - III, V - XIV	374.112	88.989	44,8	125.653	49.394	76.259	21.005	33.284	71.364
Äußere Stadt	IV, XV - XXII	178.239	48.361	50,6	55.714	25.921	29.793	4.366	9.141	42.207
Neubaugebiete in Groß-Budapest	I - XXII	552.351	137.350	46,7	181.367	75.315	106.052	25.371	42.425	113.571
Wohnungsbestand in Groß-Budapest	I - XXII	1.958.000	467.707	45,2	730.000	290.000	440.000	k.A.	k.A.	k.A.

Quelle: KSH 1983d:366-370; KSH 1983b

Die staatlichen Neubauten des Wohnungsbaus werden in zunehmendem Maße als mehrstöckige Häuser gebaut. Die Anfang der 60er Jahre errichteten Häuser waren zu 80% nur 3-stöckig. Ende des Jahrzehnts waren schon 60% 4-stöckig und mehr als 11% erreichten sieben Etagen. In der zweiten Hälfte der 60er Jahre wurden Fabriken für Fertigbauten errichtet. Die erste dieser Fabriken wurde 1966 in Betrieb genommen, die zweite 1968 und die dritte 1970. Durch diesen konzentrierten Massenwohnungsbau wurde die Gesamtfläche der Hauptstadt schneller bebaut als vorgesehen. Es entstanden gegenüber den früheren Zeiten, wo die Blockbauten sich nur auf die inneren Stadtteile beschränkten, neue Wohngebiete am Stadtrand wie Békásmegyer und Ujpalota. Auch Stadtteile, die bis jetzt nur sehr locker bebaut waren, z.B. in den Bergen von Buda, wurden neu bebaut. Die folgende Abbildung 4.6 zeigt die Verteilung der Neubaugebiete in Groß-Budapest. Die Ziffern in der Abbildung beziehen sich auf Tabelle 4.6.

Trotz Fortschritten in der Wohnungsversorgung stellt sich 1980 folgendes Bild dar: In 17% der Haushalte teilen sich zwei Personen ein Zimmer,

BUDAPEST 711

Abbildung 4.6: <u>Neubaugebiete in Groß-Budapest mit über 2.000 Einwohnern 1980</u>

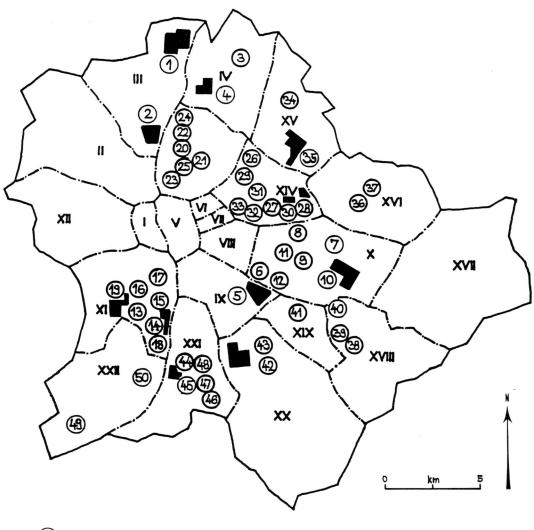

◯ Neubaugebiete mit über 2.000 Einwohnern
■ Neubaugebiete mit über 10.000 Einwohnern

Bezeichnungen siehe Tab. 4.6

<u>Quelle</u>: Entwurf J. BRENNER jun.

140.000 Personen leben in Wohnschlafzimmern, etwa 80.000 Beschäftigte (andere Angaben sprechen nur von ca. 30.000) wohnen in sogenannten Arbeiterhotels. Die Anzahl der Wohnungen, in denen Untermieter leben, erhöhte sich von 1949 (32.000), 1960 (34.000), 1970 (36.000) auf 48.000 im Jahre 1980. Die Zahl der 1-Zimmerwohnungen fiel zwar insgesamt im Jahre 1980 in Groß-Budapest auf 34%, in den 96 Neubaugebieten bestehen aber von den nach 1949 erbauten Wohnungen noch 15% aus 1-Zimmerwohnungen. Der Wohnungsbestand beträgt 1980 730.471 Wohnungen; bei einem angemeldeten Bedarf von 96.000 Wohnungen konnten im gleichen Jahr nur 16.908 Wohnungen fertiggestellt werden. Dies bedeutet bei gleichem Bautempo eine Wartezeit von ca. sechs Jahren. Man schätzt, daß in Budapest in den nächsten 20 Jahren etwa 300.000 neue Wohnungen benötigt werden, etwa ein Drittel als Ersatz für abbruchreife Häuser, ein Drittel als Neubauten besonders in der Äußeren Stadt und ein Drittel als Verdichtungsmaßnahme zur Subzentrenbildung. Generelle Absicht der nationalen Wohnungsbaupolitik in Ungarn ist es, daß jede Familie eine eigene Wohnung hat und jedes Familienmitglied ein eigenes Zimmer.

4.3 Erwerbstätige und Arbeitsstätten

4.3.1 Wirtschaftliche Rahmenbedingungen

Sowohl für die Entwicklung der Erwerbs- bzw. Beschäftigungsstruktur als auch für die der Arbeitsstätten sind die wirtschaftlichen Drei- bzw. Fünfjahrespläne von entscheidender Bedeutung.

In der Phase IV der Stadtentwicklung in Budapest wird während des 2. Fünf-Jahresplans auf dem Gebiet der Ökonomie zum ersten Mal versucht, das überstarke Gewicht der Landeshauptstadt durch gezielte Dezentralisierungsmaßnahmen zu vermindern (vgl. Tab. 4.9). Dabei wird in erster Linie an eine Verminderung des Budapester Anteils an den gesamten Investitionen Ungarns gedacht. Während des 3. Fünf-Jahresplanes lag für die gesamte Volksrepublik Ungarns das durchschnittliche Wachstum bei 7% und damit beträchtlich höher als in den vorhergegangenen Wirtschaftsperioden, in denen das Wachstum durchschnittlich nur 4,5% betrug. Die Entwicklung verlief zwar nicht kontinuierlich, doch waren die Schwankungen nicht mehr so stark wie zuvor. Hierbei dürften die Übergangsschwierigkeiten zum neuen Wirtschaftsmechanismus eine wichtige Rolle gespielt haben. Die Investitionen erreichten in ganz Ungarn mit 290 Milliarden Forint 14% mehr als vorgesehen. Davon kamen 26% nach Budapest. Die sektorale Verteilung der Anlageninvestitionen wich jedoch nur geringfügig von den Planziffern ab. Der Budapester Anteil an den Gesamtinvestitionen betrug für das produzierende Gewerbe 21,9%, die Bauwirtschaft 42,2%, Land-, Forst- und Wasserwirtschaft 3,3%, Verkehr und Nachrichtenwesen 51,2% und Handel 40,4%. Der 3. Fünf-Jahres-Plan 1966/70 wird für Budapest offiziell als Rekonstruktionsphase bezeichnet, durch die Verringerung der Investitionen in allen Bereichen wurde aber der Anteil von Budapest gegenüber dem Land geschwächt. Der 4. Fünf-Jahres-Plan von 1971-75 unterschied sich von den vorhergehenden Plänen durch den erstmaligen Einsatz der sogenannten indirekten Wirtschaftslenkung. Im Mittelpunkt des Plans standen die Modernisierung der technischen Ausstattung, die beschleunigte Steigerung der Arbeitsproduktivität, die Verbesserung der betrieblichen Rentabilität und die Intensivierung der internationalen Arbeitsteilung. Damit trat neben das Dezentralisierungsziel das Ziel der Modernisierung, d.h. durch technischen Fortschritt eine optimale Ressourcenallokation zu erreichen. Das reale Nationaleinkommen erhöhte sich in Ungarn im Planungszeitraum um durchschnittlich 6,2% je Jahr. Das gesamtwirtschaftliche Preisniveau erhöhte sich im Durchschnitt um 1,3%.

Im 4. Fünf-Jahres-Plan 1971/75 ist der Anteil Budapests an den gesamten Landesinvestitionen von 26% auf 22% gesunken.

Der 5. Fünf-Jahresplan beinhaltet die nachstehend genannten Hauptaufgaben für Budapest:

- Weitere Stärkung der intensiven Entwicklung;
- Steigerung des Modernisierungstempos, bessere Ausnutzung der Produktionsmittel und der Arbeitskräfte durch Hebung des technischen Niveaus;
- Konzentration von bestimmten Industriezweigen und Aussiedlung von Betrieben, die auf relativ einfachem und niedrigem Niveau stehen;
- stärkere Kapazitätssteigerung der Bauindstrie und des Kommunal- und Wohnungsbaus als im Landesdurchschnitt;
- schneller Ausbau des Massenverkehrs, vor allem der Metro;
- Modernisierung des Wagenparks des Oberflächenverkehrs und Modernisierung des Straßennetzes;
- Verbesserung der Kinderversorgung und des Unterrichtswesens.

Tabelle 4.9: Sektorale Aufteilung der realisierten Investitionen in Groß-Budapest und der Landesanteile in den langfristigen Wirtschaftsplänen der Volksrepublik Ungarn 1950-1980*)

	1950 - 54 1. Fünfjahresplan		1958 - 60 2. Dreijahresplan		1961 - 65 2. Fünfjahresplan		1966 - 70 3. Fünfjahresplan		1971 - 75 4. Fünfjahresplan		1976 - 80 **) 5. Fünfjahresplan	
	% der Inv.	%-Anteil v. Budap. an Ungarn	% der Inv.	%-Anteil v. Budap. an Ungarn	% der Inv.	%-Anteil v. Budap. an Ungarn	% der Inv.	%-Anteil v. Budap. an Ungarn	% der Inv.	%-Anteil v. Budap. an Ungarn	% der Inv.	%-Anteil v. Budap. an Ungarn
Land- und Forstwirtschaft	2,5	-	1,3	-	2,9	-	4,5	3,3	0,9	1,6	0,8	1,4
Industrie	39,2	21,0	38,8	29,0	33,7	24,0	30,8	21,9	27,5	21,0	31,3	19,3
Bauindustrie	7,3	72,0	4,5	72,0	5,2	68,0	4,0	42,2	4,6	47,0	5,4	46,2
Kommunal- und Wohnungsbau	24,6	-	21,5	29,0	20,5	-	26,1	19,5	29,7	26,0	28,4	24,5
Handel	5,1	50,0	5,3	47,0	4,6	40,0	5,4	40,4	7,1	41,0	6,5	38,2
Transport	21,3	41,0	28,6	82,0	33,1	76,0	29,2	51,2	26,7	54,0	23,4	49,0
Summe	100	-	100	32	100	28	100	26	100	22	100	27,5

*) Über den 1. Dreijahresplan von 1947 - 49 und über die abgebrochene Planungsperiode von 1955 - 57 liegen keine Angaben vor.

**) Vorläufige Zahlen.

Quelle: KSH 1981 c

Der 5. Fünf-Jahres-Plan wurde am 18.12.1975 zum Gesetz erhoben und hatte für ganz Ungarn folgende Zielvorstellungen: Wiederherstellung des Gleichgewichts der Wirtschaft, geringe Wachstumsraten und beschleunigter Fortschritt auf dem Gebiet langfristiger wirtschaftlicher Aufgaben. Die vorläufigen Zahlen des 5. Fünf-Jahresplans für Budapest zeigen, daß sich der Anteil der Hauptstadt an den Landesinvestitionen wahrscheinlich wieder erhöhen wird.

4.3.2 Erwerbsstruktur

Die Erwerbstätigenstatistik der VR Ungarn unterscheidet zwischen "Aktiven" und "In-Aktiven" Erwerbspersonen und kennt noch "unterhaltene Personen". Zu den aktiven Erwerbspersonen gehören ständig und zeitweilig Beschäftigte, zu den inaktiven Erwerbspersonen Rentner und für die Kinderpflege befreite Frauen. Zu den unterhaltenen Personen zählen insbesondere Schüler, Fachschüler, Studenten, Lehrlinge und nicht arbeitende Familienmitglieder. 1980 gab es 5.083.000 aktive Erwerbstätige innerhalb Ungarns. Zu den Erwerbspersonen gehören alle Männer zwischen 14 und 59 Jahren und alle Frauen zwischen 14 und 54 Jahren, die tatsächlich berufstätig sind, sowie alle aktiven Erwerbstätigen, die über das Rentenalter von 60 bzw. 55 Jahren hinaus arbeiten. Von den aktiven Erwerbstätigen sind 1980 ca. 4,8 Mio. (96%) im sozialistischen Sektor der Volkswirtschaft beschäftigt, der Rest im privaten. Rund 100.000 Personen sind selbständig.

Seit 1968 wurde schrittweise die 44-Stunden-Woche eingeführt. Gleichzeitig ist der starke Rückgang der unterhaltenen Personen zwischen 1970 und 1980 auffällig; dieses läßt auf ein stärkeres Ausschöpfen der Arbeitskräftereserven schließen. Andererseits verdoppelte sich im selben Zeitraum der Anteil der inaktiven Erwerbspersonen, was in starkem Maße durch die Einführung der sogenannten Babyjahre für junge Mütter zurückzuführen ist. Die Zunahme der Erwerbstätigen in den Jahren 1970-80 ist überwiegend durch neu ins Erwerbsleben eingetretene Frauen zu erklären. 1970 waren 41,7% aller Frauen erwerbstätig, 1980 waren es 44,9%. Da die Zahl der aktiven Erwerbstätigen im gleichen Zeitraum nur um 1,9% zugenommen hat, ist die Steigerung des Anteils weiblicher Arbeitskraft umso bemerkenswerter. Die Beseitigung des Arbeitskräftemangels scheint eine wichtige Aufgabe der Volkswirtschaft Ungarns zu sein. Von 1980 bis 1983 nahm die Zahl der Erwerbstätigen um 80.000 ab. Staatliche Maßnahmen sorgten dafür, daß von 1949 bis 1967 die Arbeitskräfte praktisch an den jeweiligen Betrieb auf Dauer gebunden waren. Uneingeschränkte Arbeitsplatzwahl war erst seit 1967 möglich. Die 1968 eingeleitete Wirtschaftsreform räumte jedermann die freie Wahl des Arbeitsplatzes ein. Damit wurde eine Entwicklung eingeleitet, die stark zu einer hohen internen Migration in Ungarn beitrug. Etwa ein Fünftel aller ungarischen Arbeitnehmer wechselte allein im Jahre 1968/69 den Arbeitsplatz. Erst seit 1972 gelang es, diese Fluktuation etwas zurückzudrängen.

Seit Mitte der 60er Jahre zeigten sich in der ungarischen Volkswirtschaft erste Anzeichen der Veränderung der Erwerbsstruktur. Für die Industrie wurde es immer schwieriger, Arbeitnehmer zu rekrutieren. Die Erwerbsstruktur zeigt von 1970-1980 folgendes Bild (vgl. Tab. 4.10): Der Industrieanteil der Beschäftigten sinkt leicht weiter. Die Verringerung des Anteils der Agrarbeschäftigten ist 1980 zum Stillstand gekommen, eine deutliche Zunahme gibt es nur in den Dienstleistungsbereichen. Hierzu gehören die Branchen Verkehr und Nachrichtenwesen, der Handel und die Sammelkategorie der sonstigen Bereiche, d.h. der nichtmateriell aktiv Beschäftigten.

Im Jahre 1960 waren 58,8% der Gesamtbevölkerung von Budapest beschäftigt, davon arbeiteten 1,5% im primären Sektor, 54,5% im sekundären Sektor und 44,0% im tertiären Sektor.

Zehn Jahre später waren es 1,9% im primären Sektor, 54,8% im sekundären und 43,5% im tertiären Sektor. Die Tabelle 4.10 zeigt die absoluten Zahlen.

1980 waren von den 2.060.000 Einwohnern Budapests 1.029.263 (50%) aktiv tätig, 579.506 (28%) inaktiv (Rentner etc.) und 451.231 (22%) Unterhaltene (Kinder etc.) 3.6% arbeiteten im primären, 45,2% im sekundären und 51,2% im tertiären Sektor (vgl. Tab. 4.11).

Eine genauere Beschreibung der sektoralen Veränderungen der Erwerbsstruktur in Groß-Budapest in Phase IV kann möglicherweise ein falsches Bild

Tabelle 4.10: Erwerbstätige in Ungarn 1949-1982 (in Tausend)

Erwerbstätige	1949	1960	1970	1980	1981	1982
Landwirtschaft	2.195,9	1.784,1	1.193,7	987,0	1.000,8	1.004,0
Forstwirtschaft	-	47,7	60,1	51,0	52,0	48,8
Industrie	792,9	1.346,1	1.789,2	1.709,0	1.620,4	1.620,4
Bauindustrie	91,1	265,0	361,5	408,0	382,5	382,5
Handel	214,8	312,6	400,9	490,0	491,7	491,5
Transport	180,5	212,0	359,2	410,0	394,7	394,7
Wasserwirtschaft	4,4	10,8	59,5	78,0	77,3	77,3
nichtmaterielle Bereiche	605,3	676,7	756,1	950,0	982,7	982,7
Aktive	4.084,9	4.735,0	4.980,2	5.083,0	5.001,9	5.001,9
Inaktive und Unterhaltene	5.119,9	5.226,0	5.341,9	5.627,0	5.709,0	5.320,1
Bevölkerung	9.204,8	9.961,0	10.322,0	10.710,0	10.710,9	10.322,0
Erwerbsquote	44,7	47,5	48,3	47,5	46,7	48,5

Quelle: SZU 1980, SZU 1983

Tabelle 4.11: Erwerbstätige in Groß-Budapest 1930-1980 (in Tausend)

Erwerbstätige	1930	1949	1960	1970	1980
Land- und Forstwirtschaft	12.673	12.396	14.061	21.146	37.142
Industrie	268.801	322.847	468.341	504.169	358.045
Bauindustrie	22.362	24.688	68.081	102.872	106.662
Handel	113.201	98.701	112.372	95.607	131.604
Transport	47.088	61.858	82.414	133.349	104.689
Wasserwirtschaft	2.632	2.577	4.088	7.700	8.194
persönliche und wirtschaftliche Dienstleistungen	117.819	71.341	56.286	57.135	61.766
Gesundheit, Soziales, Kultur	45.346	61.221	96.569	114.334	147.519
Öffentlicher Dienst, Verwaltung, Sonstiges	62.671	110.472	81.685	74.357	73.642
Aktive	695.593	766.101	983.897	1.110.669	1.029.263
Inaktive und Unterhaltene	747.276	824.215	820.709	890.431	1.030.737
Bevölkerung	1.442.869	1.590.316	1.804.606	2.001.100	2.060.000
Allgemeine Erwerbsquote	48,2	48,2	54,5	55,5	49,9
erwerbstätige Frauen	772.243	862.915	970.036	1.054.253	1.092.747
Erwerbsquote der Frauen	53,5	54,3	53,8	52,7	53,1

Quelle: KSH 1981c:32

liefern, da Groß-Budapest einen erheblichen Einpendleranteil aufzuweisen hat. Es sind 1960 ca. 140.000, 1970 ca. 204.000 und 1980 ca. 205.000 Personen, die nach Groß-Budapest einpendeln. Der Anteil der Auspendler hält sich in den betrachteten Jahren etwa bei 25.000. Aus diesem Grund müßte versucht werden, den Erwerbstätigen die Beschäftigten gegenüberzustellen, was jedoch nur sehr begrenzt möglich ist, weil dabei erhebliche Schwierigkeiten auftreten. Die erste Schwierigkeit besteht darin, daß über den gesamten Zeitraum keine Differenzierungen der Einpendlerzahlen von Erwerbstätigen bzw. von Beschäftigten für einzelne Branchen vorliegen. Zum anderen ist diese Differenzierung während der III. Phase der Stadtentwicklung nicht vorgenommen worden; von daher müßte das Kriterium der Vergleichbarkeit aufgegeben werden. Wir meinen jedoch, daß die ausgewählte Gebietseinheit - nämlich Groß-Budapest - schon während der III. Phase der Stadtentwicklung den größeren Teil jener Gebiete umfaßt, aus denen der größere Teil der täglichen Pendler nach Klein-Budapest geströmt war. So betrug 1930 die Anzahl aller Pendler in Ungarn 140.000 Personen. Über 80.000 Personen pendelten davon aus den Randgebieten nach Klein-Budapest ein (vgl. SÁRFALVI 1967). Daß bei diesem Vorgehen eine Restgröße vernachlässigt wird, nehmen wir in Kauf. Es gibt in der Literatur Hinweise, daß das Wachstum, besonders der Umlandgemeinden, erst nach 1930 richtig eingesetzt hat (vgl. TAJTI 1972:149; BERÉNYI 1979:103). Die Abgrenzung der Umlandgemeinden ist ein weiteres Problem. Der 3. Generalbebauungsplan bezeichnet als Umlandgemeinden 43 Gebietskörperschaften (vgl. Abb. 4.10). Zwei Autoren kommen zu anderen Abgrenzungen, so beschreibt z.B. TAJTI (1972:132) eine "zone of labour attraction" oder SÁRFALVI 1979: "the agglomeration belt"; alles Gebietseinheiten, die über die vorgeschlagenen 43 Gebietskörperschaften hinausgehen. Von daher ist hier eine eigene Abgrenzung der Agglomeration von Groß-Budapest nicht versucht worden. Eine weitere Schwierigkeit liegt in der Differenzierung des tertiären Sektors bei den Beschäftigten. Da aufgrund der bedeutenden Restgröße der "nicht materiell Beschäftigten" eine weitere Differenzierung hier nicht möglich ist, muß der Vergleich von Erwerbstätigen und Beschäftigten unterbleiben.

Die Zahl der im primären Sektor Erwerbstätigen ist 1980 in Groß-Budapest von 1,9 auf 3,6% angestiegen. Dieser Anstieg ist aber ein statistisches Artefakt. In den letzten Jahren ist verstärkt zu beobachten, daß landwirtschaftliche Erwerbstätige zwar in Groß-Budapest wohnen, ihre Arbeit aber in anderen Gemeinden oder anderen Branchen ausüben. So werden z.B. 1980 von einem landwirtschaftlichen Betrieb im Komitat Pest 36 Blumengeschäfte in Budapest betrieben. Mit zu dieser Entwicklung hat sicherlich auch das Angleichen des Lohnniveaus zwischen Land und Stadt beigetragen.

Eine Gegenüberstellung von Beschäftigten und Erwerbstätigen in Groß-Budapest ist hier nur für den Bereich der Industrie bzw. der sozialistischen Industrie (ohne Bauindustrie) möglich. Die Privatindustrie wird nicht berücksichtigt. In Tabelle 4.11 sind u.a. die Erwerbstätigen in der Industrie erfaßt worden. Von 1970 bis 1980 fallen die Zahlen von 504.169 auf 358.045 Erwerbstätige. Die Zahl der Beschäftigten in der staatlichen und der genossenschaftlichen, d.h. der sozialistischen Industrie, zeigt die Tabelle 4.12. Um ein genaues Bild zu zeichnen, müßte noch die Privatindustrie berücksichtigt werden. 1980 waren es 13.583 Personen, die hier ihre Beschäftigung fanden. Darauf wird verzichtet.

1970 waren in den staatlichen und genossenschaftlichen Industrien in Groß-Budapest 602.312 Beschäftigte angestellt. 1980 hat sich diese Zahl um fast 200.000 Personen auf 413.895 vermindert (vgl. Tab. 4.12). Von der Abnahme war am stärksten die Schwerindustrie mit ca. 100.000 Personen betroffen. Einen großen Bereich der Schwerindustrie in Budapest umfaßt die metallverarbeitende Industrie. Die Tabelle 4.13 zeigt, daß der Beschäftigungsanteil in diesem Bereich sich teilweise weiter langsam reduziert.

Neben der Metallindustrie reduzierte sich der Anteil der Beschäftigten in der Chemischen Industrie von 46.135 im Jahre 1970 auf 36.284 im Jahre 1980. Budapest war bereits vor dem Weltkrieg das Zentrum der chemischen Industrie. 1980 arbeiten hier 33,0% aller ungarischen Chemiewerker.

In der Textilindustrie arbeiteten 1980 fast 25.000 Personen weniger als 1970. Sie ist nach den metallverarbeitenden Industrien 1980 der zweitgrößte Industriezweig, gefolgt von der Lebensmittelindustrie.

Die Tabelle 4.14 soll die Bedeutung der Industriebeschäftigten von Groß-Budapest in Relation zu Ungarn zeigen. Aus ihr geht deutlich hervor, daß der Budapester Anteil der Beschäftigten in der sozialistischen Industrie Ungarns sinkt: von 34,3% 1970 auf 24,5% 1982. In absoluten Zahlen vermin-

Tabelle 4.12: Beschäftigte in der staatlichen und genossenschaftlichen Industrie in Groß-Budapest 1970 und 1980

	1970	%	1980	%
Schwerindustrie, davon u.a.	370.363	61,7	266.979	64,5
Hüttenwerke	25.810	4,3	19.485	4,7
Maschinenbau	57.594	9,6	38.014	9,2
Fahrzeugbau	58.294	9,7	37.736	9,1
Fernmelde- und Vakuumtechnik	51.072	8,5	38.827	9,4
Chemie	46.135	7,7	36.284	8,8
Gerätebau	k.A.	k.A.	30.444	7,4
Elektromaschinen	k.A.	k.A.	24.412	5,9
Leichtindustrie, davon u.a.	172.571	28,8	130.644	31,6
Textil	59.702	10,0	35.062	8,5
Handwerk und Heimindustrie	31.086	5,2	16.689	4,0
Leder	20.565	3,4	10.269	2,5
Bekleidung	21.384	3,5	13.058	3,2
Lebensmittel	38.321	6,4	30.320	7,3
Sonstige	k.A.	k.A.	16.272	3,9
Gesamtzahl der Beschäftigten	602.312	100,0	413.895	100,0

Quelle: KSH 1979b; KSH 1982b

Tabelle 4.13: Verteilung der Beschäftigten der metallverarbeitenden Industrie in Groß-Budapest, 1978-1982 (in Prozent)

Branche	1978	1979	1981	1982
Maschinenbau	20,6	20,3	20,4	21,1
Fahrzeugbau	20,5	20,8	20,4	20,4
Elektromaschinen	12,9	13,0	13,0	12,8
Fernmelde- und Vakuumtechnik	22,5	22,5	20,4	20,2
Präzisionsgeräte	14,4	16,4	16,7	16,6
Eisen- und Metallmassenproduktion	9,1	9,0	9,1	8,9
	100,0	100,0	100,0	100,0

Quelle: KSH 1983b

dert sich die Beschäftigtenzahl in Budapest im gleichen Zeitraum um ca. 200.000 Menschen, die Zahl der Erwerbstätigen um ca. 150.000. Die Tabelle 4.15 zeigt, daß 1970 ca. die Hälfte aller Einpendler nach Budapest in der Industrie arbeiten, 1980 ist es ca. ein Viertel. Da sich der wertmäßige Ausstoß der (gesamten) Budapester Industrie von 1970 bis 1980 - ausgedrückt als Gesamtlandesanteil - von 41% auf 44% erhöht hat und gleichzeitig die Zahl der Beschäftigten um 200.000 zurückging, ist - bei Vernachlässigung der relativ geringen Zahl, die durch die Arbeitsplatzdezentralisierung zustande kommt - festzustellen, daß im sekundären Sektor in Budapest zwischen 1970 und 1980 ca. 190.000 Arbeitsplätze durch technischen Fortschritt ersetzt wurden.

Tabelle 4.14: Groß-Budapests Anteil an den Beschäftigten in der sozialistischen Industrie Ungarns 1949-1982

Jahr	staatliche Industrie %	genossenschaftliche Industrie %	sozialistische Industriebeschäftigte in Groß-Budapest insgesamt	
			%	absolut
1949	51,0	46,0	45,0	297.000
1960	44,0	41,0	43,0	542.900
1970	34,8	31,3	34,3	602.312
1975	30,4	25,1	29,6	516.000
1976	29,4	23,9	28,7	k.A.
1977	28,6	22,9	27,8	k.A.
1978	27,7	22,4	26,9	454.000
1979	27,0	22,1	26,3	437.000
1980	26,2	21,8	25,6	413.895
1981	25,5	21,4	25,0	385.100
1982	25,1	20,8	24,5	378.000

Quelle: KSH 1981b, KSH 1983b

Tabelle 4.15: Beschäftigte der sozialistischen Industrie und Erwerbstätige in der Industrie in Groß-Budapest 1960-1980

Jahr	1960	1970	1980
Beschäftigte	542.900	602.300	413.895
Erwerbstätige	468.300	504.100	358.045
Differenz	74.600	98.200	55.850
Alle Einpendler	139.402	204.315	205.062
Alle Auspendler	k.A.	20.786	26.789
Verlagerung von Arbeitsstätten durch Dezentralisierung der sozialistischen Industrien zwischen den Dekaden	k.A.	25.000	k.A.

Quelle: KSH 1981b; KSH 1983d; eigene Berechnungen

4.3.3 Arbeitsstätten

Die Arbeitsstätten in Groß-Budapest sollen an Hand der folgenden räumlichen Gliederung beschrieben werden (vgl. SÁRFALVI 1981):

- der zentrale Geschäftsbereich (CBD), d.h. Bezirk V
- die Innere Stadt, d.h. Bezirke I - III und VI - XIV
- die Äußere Stadt, d.h. Bezirke IV, XV - XXII
- die 43 Umlandgemeinden

Bei der Beschreibung soll besonders auf die Pendlerströme hingewiesen werden, sind sie doch mit eine der Folgen des unzureichenden Wohnungsangebots.

Im V. Bezirk gibt es 1980 ca. 120.000 Arbeitsplätze. Im Gegensatz zu einigen anderen Hauptstädten ist hier die Wohnbevölkerung bis 1960 noch angewachsen. 1949 wohnten hier 52.000 Menschen, 1960 waren es 65.000 und 1980 50.000. Die Erwerbsquote der Wohnbevölkerung im V. Bezirk ist mit

68% hoch. Von den 28.000 Erwerbstätigen des CBD arbeiteten 6.000 auch hier. 22.000 verließen täglich ihren Bezirk, um in einem anderen zu arbeiten. Dafür pendelten aus anderen Gebieten täglich 100.000 Menschen zur Arbeit ein. Im gesamten V. Bezirk gehören 1980 etwa neun Zehntel aller Arbeitsplätze zum tertiären Sektor. Die 120.000 Beschäftigten arbeiteten in ca. 16.000 Büros und 2.000 Geschäften. Darüberhinaus wird der CBD täglich von ca. 250.000 Passanten, Besuchern und Käufern aufgesucht.

Das eigentliche Gebiet des CBD befindet sich auf der Pester Seite und wird durch folgende Straßen eingegrenzt: den kleinen Ring, die Bajcsi Zsilinsky ut und Szent Istvan Körút (vgl. Abb. 4.7). Innerhalb dieses Gebietes befinden sich im südlichen Teil die Geschäfte, im nördlichen die Verwaltungsbauten. Die meisten Geschäfte sind in Budapest in staatlichem Besitz, ca. 6.000 im Jahre 1982. Es gibt aber auch einen wachsenden Anteil privater Eigner. Er betrug 1982 ca. 2.000 in ganz Budapest. Auf der anderen Donauseite in Buda befand sich vor dem 2. Weltkrieg im Burgviertel ein Quartier mit ausländischen Botschaften und Ministerien. Nach der Zerstörung und dem Wiederaufbau nach dem 2. Weltkrieg hat das Burgviertel der Stadt touristische Funktionen übernommen, gekoppelt mit Unterhaltungs- und kulturellen Angeboten. Die zentralen Regierungsstellen, Behörden, Banken, große Handelsunternehmen sowie zentrale wissenschaftliche und kulturelle Institutionen haben sich nach dem 2. Weltkrieg im V. Bezirk angesiedelt.

Der Bereich der Inneren Stadt stellt sich 1980 so dar: Etwa 720.000 Erwerbstätige wohnen hier, gleichzeitig gibt es etwa 739.000 Arbeitsplätze. 470.000 Menschen pendeln täglich aus, 490.000 Menschen pendeln täglich in die Innere Stadt. Die Erwerbsquote der Wohnbevölkeung liegt bei 55%.

Das gesamte Gebiet der Inneren Stadt setzt sich aus sehr unterschiedlichen Teilen zusammen. Das Gebiet zwischen der Nagy körút und dem CBD ist zum Ende des letzten Jahrhunderts bebaut worden und weist heute eine gemischte Nutzung auf (Wohnen, Dienstleistungen und kleinere Fabriken). In diesem Gebiet befindet sich auch eine größere Anzahl von kleineren Handwerker- und Speziallüden. Der Bereich östlich der Nagy körút ist zu Anfang dieses Jahrhunderts bebaut worden. Insgesamt herrscht hier eine Bebauung von sehr schlechter Qualität vor, die dringend sanierungsbedürf-

BUDAPEST

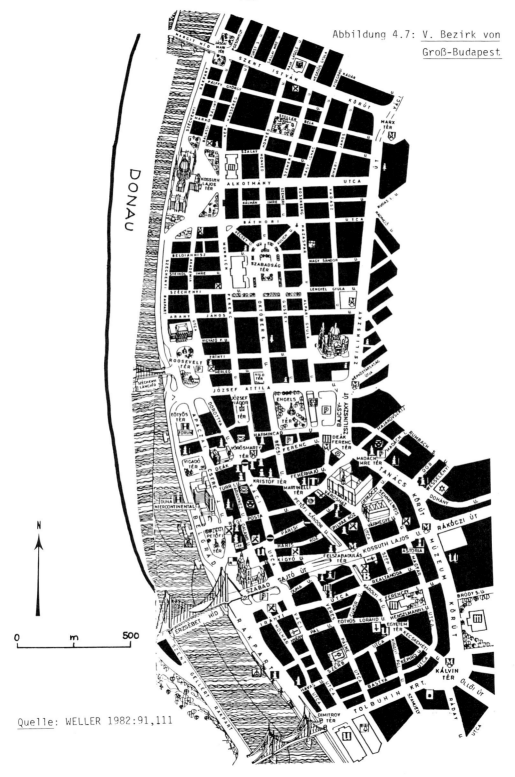

Abbildung 4.7: V. Bezirk von Groß-Budapest

Quelle: WELLER 1982:91,111

tig ist. Im Bereich der Népköztársaság utja in Richtung auf das kleine Stadtwäldchen hin befinden sich repräsentative Gebäude, die heute teilweise als Botschaften benutzt werden.

Um den V. Bezirk liegt auf der Pester Seite eine Zone mit einer sehr hohen Bevölkerungsdichte und Tertiärnutzung. Es sind die Bezirke XIII, VI, VII, VIII und IX. Nach den Bereichen mit Wohnnutzung, Büronutzung, Warenhäusern und anderen Dienstleistungen schließen sich zwei Industriezonen an. Diese Industriezonen können in eine innere und eine äußere Industriezone unterschieden werden.

Die innere Industriezone liegt im III., XIII., X., IX. und XI. Bezirk. Sie befindet sich innerhalb der Grenzen von Klein-Budapest. Die innere Industriezone speziell im XIII. Bezirk zeichnet sich durch alte und kleine Fabriken aus. Die Industrieansiedlungen im X. Bezirk sind moderner. Ein Teil der gewerblich Beschäftigten in diesen Betrieben hat in der Nähe der Fabrikationsstätten auch seinen Wohnstandort. So wohnten 1970 z.B. 58% der Industriearbeiter von Köbánya auch in diesem Bezirk. Die überwiegende Anzahl der Angestellten, die in dieser inneren Industriezone arbeiten, haben ihre Wohnungen verteilt über den inneren Bereich der Stadt. Die Abbildung 4.8 zeigt die Innere Industriezone von Groß-Budapest.

Die äußere Industriezone liegt in der Äußeren Stadt und ist zum überwiegenden Teil während der Zwischenkriegszeit entstanden. Sie umfaßt gleichzeitig Gebiete, in denen ein hoher Anteil von Einfamilienhäusern vorhanden ist. 80% dieser Wohnungen befinden sich in privater Hand. In die äußere Stadt pendeln täglich 90.000 Personen ein, aber 215.000 Personen verlassen dieses Gebiet. Von den 230.000 vorhandenen Arbeitsplätzen entfällt etwa die Hälfte auf Großbetriebe, etwa ein Drittel aller Budapester Fabriken befindet sich hier. Die Erwerbsquote der Wohnbevölkerung liegt bei 50%. Die Äußere Stadt ist überwiegend Wohngebiet. Die weitere Anlage von Industriezonen ist teilweise erst geplant (vgl. Abb. 4.9).

In den Budapester Umlandgemeinden hat nach 1930 und insbesondere nach dem 2. Weltkrieg eine starke Bautätigkeit stattgefunden (vgl. Abb. 4.10). Die Bevölkerungsentwicklung zeigt Tabelle 3.4. Die Agglomeration in der Gebietsabgrenzung des 3. Generalbebauungsplanes umfaßt 1983 mit

BUDAPEST

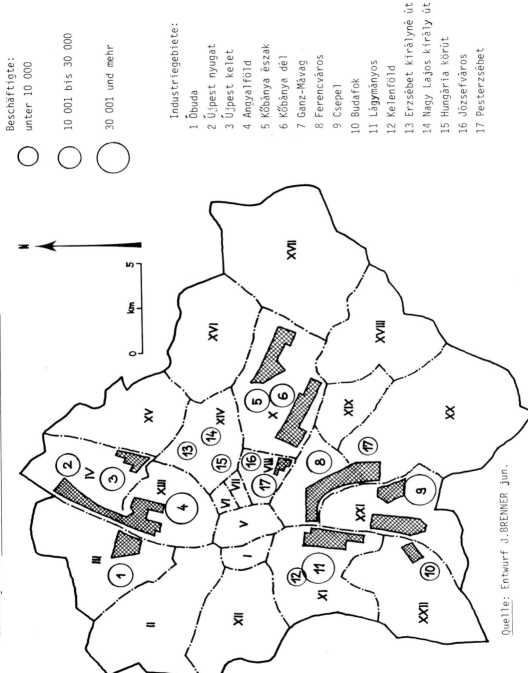

Beschäftigte:
- ○ unter 10 000
- ○ 10 001 bis 30 000
- ○ 30 001 und mehr

Industriegebiete:
1 Óbuda
2 Újpest nyugat
3 Újpest kelet
4 Angyalföld
5 Kőbánya észak
6 Kőbánya dél
7 Ganz-Mávag
8 Ferencváros
9 Csepel
10 Budafok
11 Lágymányos
12 Kelenföld
13 Erzsébet királyné út
14 Nagy Lajos király út
15 Hungária körút
16 Józsefváros
17 Pesterzsébet

Quelle: Entwurf J. BRENNER jun.

Abbildung 4.9: Vorhandene und geplante Industriegebiete in Groß-Budapest 1980

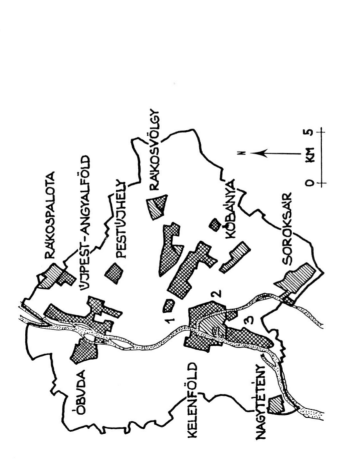

Quelle: Entwurf J. BRENNER jun.

Budapest 44 Gemeinden, sie hat eine Gesamtbevölkerung von 2,496 Millionen Menschen und eine Fläche von 1673 qkm. Damit leben in der Agglomeration ca. 23,3% der ungarischen Bevölkerung und ca. 45% der Bevölkerung des Komitates Pest.

Von 1970 bis 1980 gibt es in diesen 43 Gemeinden ein Bevölkerungswachstum von nahezu 25%. Die höchsten Wachstumsraten lassen sich in den Siedlungen entlang der wichtigen Eisenbahnlinien feststellen. Der Anteil der Agglomeration an den gesamten ungarischen Erwerbstätigen ist mit 26% noch grösser als sein Bevölkerungsanteil. Die Herausbildung der Budapester Agglomeration hängt eng zusammen mit dem Arbeitskräftebedarf von Budapest. In dem Maße, in dem die Attraktivität des Arbeitsplatzes Budapest zunahm und es immer schwieriger wurde, in Klein- bzw. Groß-Budapest eine Wohnung zu finden, wuchs die Bevölkerungszahl in den 43 Umlandgemeinden. 1960 waren es 260.000, 1970 338.000 und 1983 432.000 Menschen, die hier wohnten.

1960 pendelten etwa 140.000 Menschen in die Hauptstadt. Ungarn hatte 1970 10,3 Millionen Einwohner, davon rund fünf Millionen aktive Erwerbstätige. Etwa jeder fünfte arbeitete außerhalb seines Wohnortes, pendelte also. Etwa 20% dieser Pendler - 204.000 Erwerbstätige - arbeiten 1970 in Budapest. Die Anzahl der Auspendler ist in Budapest sehr gering, sie beträgt 1970 20.780 Personen, weniger als 2% der in Budapest wohnenden aktiv Ewerbstätigen. 1970 pendelten 204.315 Menschen nach Budapest, davon kamen ca. 80.000 aus den 43 Umlandgemeinden. Zehn Jahre später hat es bei den Pendlerzahlen nur geringe Veränderungen gegeben. Es pendelten 1980 205.062 Menschen nach Budapest ein und 26.789 Menschen aus. Aus den 43 Umlandgemeinden kommen 1980 etwa drei Fünftel der Pendler nach Budapest.

Entlang der Ausfallstraßen und Eisenbahnlinien reicht der Einpendlerbereich bis zu 70 km in das Alföld hinein. Insgesamt pendeln 40% aller Erwerbstätigen des Komitates Pest nach Budapest. Etwa 55% aller Einpendler benutzen 1980 die Eisenbahn, ca. 10% die HÉV, 28% den Autobus und 7% fahren im eigenen Auto.

Die ursprünglichen Siedlungskerne in den Umlandgemeinden hatten einen agrarischen Charakter. Ihre Umwandlung in Schlafstädte verlief parallel

Abbildung 4.10: <u>Zunahme der bebauten Fläche in den 43 Umlandgemeinden von 1935 bis 1970</u>

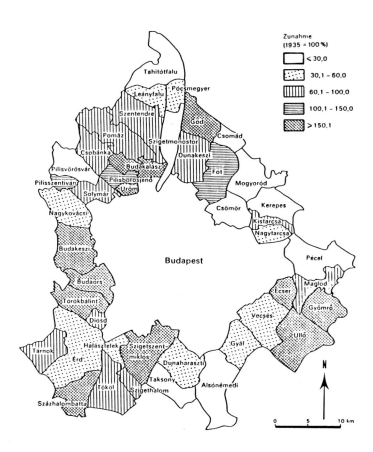

Quelle: BERÉNYI 1979:103

mit dem Rückgang der Erwerbstätigkeit ihrer Bewohner im primären Sektor und mit der Zuwanderung von Arbeitskräften, die in Budapest einen Arbeitsplatz suchten, und später einsetzend mit der Dezentralisierung der Budapester Industrie.

Es ist jedoch für die Budapester 43 Umlandgemeinden wichtig zu wissen, daß - bis 1984 - abweichend von nordamerikanischen und westeuropäischen Suburbanisierungsprozessen das Bevölkerungswachstum nicht aus der Kernstadt Groß-Budapest stammt, sondern aus den Agrargebieten des Landes (vgl. SÁRFALVI 1981:148).

In den Budapester Umlandgemeinden arbeiten 1980 ca. 11% der Erwerbstätigen im primären Sektor. Die Landwirtschaft in diesen Gebieten hat eine immer stärkere Versorgungsrolle für Groß-Budapest übernommen. Der Anteil der Erwerbstätigen im sekundären Sektor beträgt 1960 52,6% und 1980 61,4%.

Abbildung 4.11 zeigt die Konzentration der Arbeitsplätze in der Budapester Agglomeration 1975.

Bereits bei der Beschreibung der Phase III der ökonomischen Entwicklung wurden die Gründe behandelt, die zu der enormen Konzentration der Arbeitsstätten in Budapest führten. Diese Gründe lassen sich innerhalb der Phase IV in drei Gruppen einteilen:

a) geographische Faktoren: Bedeutung der Donau (Transportweg, Wasserlieferant, gute Überquerungsmöglichkeit); Nähe der Kohlebecken; Nähe des Alfölds,

b) historische Faktoren: Streben nach staatlicher Erneuerung Ungarns, und damit verbunden der Wille der ungarischen Bourgeoisie und Aristokratie, ein politisches, wirtschaftliches und kulturelles Zentrum ähnlich wie Wien zu schaffen,

c) sozioökonomische Faktoren: Budapest ist der wichtigste und größte Arbeitsmarkt in Ungarn mit einer starken Konzentration von Facharbeitern; das konzentrierte Vorhandensein der leitenden administrativen und Finanzkörperschaften wie Ministerien, Banken, Börse, Außenhan-

BUDAPEST 732

Abbildung 4.11: Konzentration der Arbeitsplätze in der Budapester Agglomeration 1975

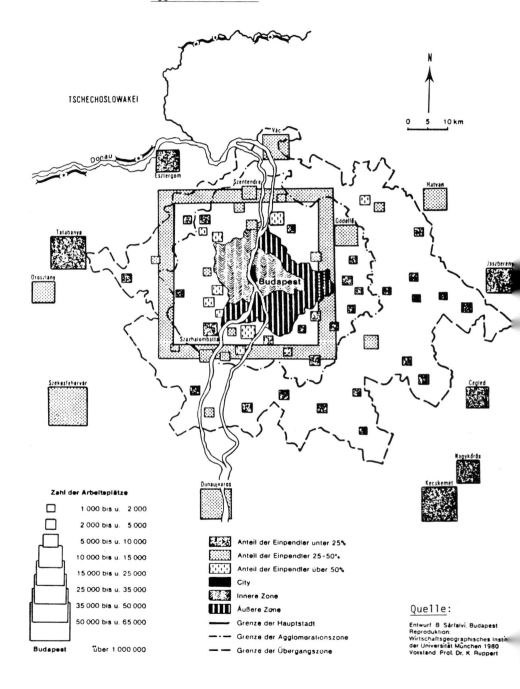

delsfirmen; die Bevölkerungskonzentration; die Konstruktion des Verkehrsnetzes.

Schon während des 2. Fünf-Jahresplanes wurde versucht, den überproportionalen Anteil der Budapester Arbeitsstätten an der gesamten Industrie Ungarns zu reduzieren. Während der Planperiode 1960-65 gelang es etwa 30 Betriebe, die insgesamt 6-7.000 Beschäftigte hatten, auszusiedeln. Der Erfolg weiterer Dezentralisierungsbestrebungen wird aber durch eine Vielzahl von Gründen erschwert:

- Eine Industriekonzentration ist im allgemeinen kostensparend durch die Nähe der Arbeitskräfte zu den Arbeitsplätzen und durch die Nähe der Betriebe zueinander, vor allem der Komplementär- und Zulieferbetriebe.

- Es eignen sich nicht alle Betriebe gleichartig zur Aussiedlung; selbst dort, wo die Möglichkeiten zur Dezentralisierung bestehen, ergeben sich Probleme. Die Zubehörherstellung und die Halbfertigung könnte z.B. aus Budapest ausgelagert werden, dem steht aber entgegen, daß die Belegschaften zum größten Teil nicht mit ausgesiedelt werden wollen.

- Das ungarische Verkehrsnetz ist - historisch bedingt - auf Budapest ausgerichtet.

- Bis zum Anfang der 60er Jahre waren die Einkommensmöglichkeiten in Budapest besser als in anderen Landesteilen.

- Die Betriebsformen privat, genossenschaftlich und staatlich reagieren auf die Dezentralisierungsmaßnahmen unterschiedlich.

- Der psychologische Faktor, daß in Ungarn Budapest als die einzig wirkliche Stadt empfunden wird, d.h. alle streben aus der Provinz nach Budapest und alle, insbesondere die hochqualifizierten Fachkräfte, wollen in Budapest bleiben.

- Der chronische Kapitalmangel in Ungarn bedingt, daß eine Produktionserhöhung bei Beibehaltung der räumlichen Strukturen in erster Linie durch neue Maschinen und modernere Technik angestrebt wird.

Der Geldmangel ist der wichtigste Faktor, weshalb die Industriedezentralisierung bis jetzt noch nicht den erwünschten Erfolg gezeigt hat. In den Jahren 1968 bis 1971 wurden nur 18 - 20.000 Arbeitsplätze von den geplanten 70.000 umgesiedelt. Für den Zeitraum von 1971-1980 liegen keine Zahlen vor. In Zukunft wird sich die industrielle Bedeutung von Budapest kaum schmälern, wenn auch die Zahl der Arbeitsplätze reduziert werden wird. Die Ansiedlung der dezentralisierten Industrie fand zwischen 1960 und 1970 teilweise in einem Bereich statt, der etwa 60 km von Groß-Budapest entfernt liegt, eine Lage, die jenseits der Agglomerationsgrenze liegt (vgl. Abb. 4.11). Zwar haben die hier liegenden Mittelstädte die zur Industrieansiedlung notwendige Infrastruktur, aber die Entfernung von Groß-Budapest ist immer noch zu gering, um wirksam der Verdichtung im Großraum der Hauptstadt begegnen zu können. Eine ausbalancierte Verteilung der Produktionskapazität zwischen Budapest und den anderen Industriezonen des Landes kann wirtschaftlich und erfolgreich nur in einem langen Zeitraum erreicht werden. Über die Möglichkeit der Dezentralisierung von Betrieben des tertiären Sektors liegen keine Angaben vor.

4.4 Infrastruktur

Analog zu Abschnitt 3.5 soll hier kurz auf die Bereiche des öffentlichen Personennahverkehrs und des Individualverkehrs eingegangen werden. Über den Zustand der kommunalen Infrastruktur ist schon in Abschn. 4.1 berichtet worden. Für die Versorgungslage der Bevölkerung spielen aber auch Dezentralisierungsbemühungen eine Rolle.

Um eine ausgeglichene Versorgung der Bevölkerung in der Stadt und im Umland zu gewährleisten und gleichzeitig das historische Zentrum der Stadt zu entlasten, sind eine Reihe von Stadtteil- und Bezirkszentren im Ausbau bzw. in der Entwicklung. Von den größeren Nebenzentren sind sechs annähernd fertig, drei befinden sich gegenwärtig im Bau und zwei sind erst im Planungsstadium. Von den kleineren sind drei fertig, drei im Ausbau. Das System der Zentren wurde mit dem Schnellbahnverkehrsnetz abgestimmt, so daß alle Stadtteil- und Bezirkszentren am Vorort- bzw. U-Bahn-Netz liegen.

Trotz eines beträchtlichen Ansteigens der individuellen Motorisierung wird die Hauptlast des Personennahverkehrs von den öffentlichen Personennahverkehrseinrichtungen getragen. Von 1.587 Mio. beförderten Fahrgästen im Jahre 1983 benutzten 526 Mio. Straßenbahnen und O-Busse, 634 Mio. normale Busse, 100 Mio. Vorortbahnen und 326 Mio. die U-Bahn. Der stärkste Vorortverkehr ist dort, wo er zur Zeit nur mit Bussen bedient werden kann. Daher ist es ein wichtiges Ziel der Planung, die Vorortgemeinden zu fördern, die schon an die HÉV angeschlossen sind. Diese Linien können nämlich noch mit einem annehmbaren Aufwand zu Vorortschnellbahnen weiterentwickelt werden. Alle Kopfbahnhöfe und die im Pendelverkehr wichtigen Stationen der Staatsbahn werden mit einem direkten U-Bahn-Anschluß bedient. An den in den Außenbezirken liegenden Umsteigeknotenpunkten von der Staatsbahn in die U-Bahn sind Wendestationen im Bau. Für die Stadtstruktur ist das Netz des Personennahverkehrs von besonderer Bedeutung. Während die Vorort- bzw. U-Bahnlinien Achsen der Siedlungsentwicklung, d.h. Achsen einer verdichteten Bebauung sind, werden die Schnellverkehrsstraßen nur als trennende und gliedernde Faktoren der Siedlungsstruktur aufgefaßt werden.

Infolge des erst etwa zu zwei Dritteln fertiggestellten U-Bahnnetzes ist der öffentliche Verkehr im bedeutenden Umfange noch auf Strassenbahn, O-Bus und Autobus angewiesen, die ein beträchtliches Streckennetz aufweisen. Mit der Fertigstellung des gesamten U-Bahnnetzes wird eine Entlastung des Oberflächenverkehrs erwartet.

Eine Entlastung des Oberflächenverkehrs wurde bereits durch die Verlängerung der Metrolinie Fehér út - Deák tér bis zum Déli pu. (Südbahnhof) und durch den Neubau einer Nord-Süd-Linie erreicht. Die Verlängerug der Metro ist im Dezember 1972 fertig geworden, sie verbindet Pest mit Buda und entlastet die Brücken und den Oberflächenverkehr vor allem auf der Kossuth Lajos út und der Rákóczi út. Auf diesen Straßen ist inzwischen der Straßenbahnverkehr eingestellt worden.

Die Tabelle 4.16 zeigt die Entwicklung des öffentlichen Personennahverkehrs in Groß-Budapest, die Abbildung 4.12 das Verkehrsnetz im Jahre 1972.

Der Individualverkehr spielt in Budapest 1980 noch nicht die Rolle wie in westeuropäischen Großstädten. Die Anzahl der PKW ist zwar in den letzten Jahren enorm gestiegen. Etwa 82.000 Kraftfahrzeuge gab es 1970 in Bu-

Abbildung 4.12: <u>Verkehrsnetz in Groß-Budapest 1972</u>

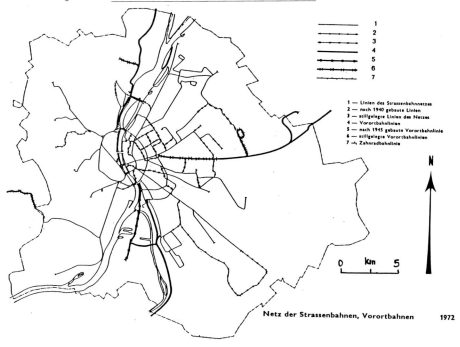

1 — Linien des Strassenbahnnetzes
2 — nach 1940 gebaute Linien
3 — stillgelegte Linien des Netzes
4 — Vorortbahnlinien
5 — nach 1945 gebaute Vorortbahnlinie
6 — stillgelegte Vorortbahnlinien
7 — Zahnradbahnlinie

Netz der Strassenbahnen, Vorortbahnen 1972

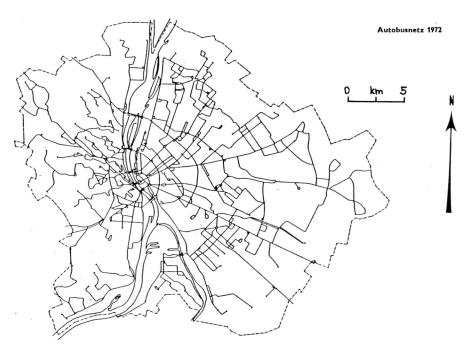

Autobusnetz 1972

<u>Quelle</u>: BUDAPESTER VERKEHRSBETRIEBE o.J.: 10

dapest. 1980 lag diese Zahl bereits bei 274.331. Das Straßennetz ist aber 1980 bereits für diese Menge nicht mehr ausreichend. Insbesondere die Ringstraßen und die häufig nur zweispurigen Ausfallstrassen, auf denen der Verkehr zudem durch eine große Anzahl von schienengleichen Übergängen behindert wird, sind total überlastet. Eine Verkehrsspitze liegt in der Zeit von 10 bis 12 Uhr. Sie ist bedingt durch den im Vergleich zum Individualverkehr wesentlich größeren Geschäftsverkehr und die um diese Zeit vom Lande eintreffenden Fahrzeuge. Eine zweite Verkehrsspitze liegt nachmittags zur Zeit des Berufsverkehrs.

Tabelle 4.16: <u>Entwicklung des öffentlichen Personennahverkehrs in Groß-Budapest 1970-1983</u>

	Streckennetz in km			Fahrgäste in Millionen		
	1970	1980	1983	1970	1980	1983
Straßenbahn	212,2	177,9	177,1	894	572	526
O-Bus	33,9	55,3	63,2			
Bus	558,1	635,0	660,2	549	615	634
U-Bahn	6,5	21,5	24,2	67	303	326
Vorortbahn	117,2	109,2	109,2	129	102	100
				1.639	1.592	1.586

<u>Quelle</u>: SZU 1983:159

Weitere Verkehrsengpässe sind die Donaubrücken. Nicht nur daß sie den innerstädtischen Verkehr allein kaum bewältigen können; sie werden zusätzlich auch durch den donauüberschreitenden Verkehr des Komitates Pest belastet. Die nächsten möglichen Donauübergänge liegen zu weit von Budapest entfernt, als daß sie eine wirksame Entlastung des innerstädtischen Durchgangsverkehrs bewirken könnten. Ein weiteres Problem wird erst in den 90er Jahren eine größere Rolle für Groß-Budapest spielen, nämlich das Problem ausreichender Parkflächen für die steigende Anzahl der Kraftfahrzeuge zur Verfügung zu stellen. Die Straßenflächen, auf denen geparkt werden kann, lassen insgesamt im Jahre 1980 360.000 Autos zu, wobei es zur Zeit nur ein einziges Parkhochhaus im V. Bezirk gibt. Die Tabelle 4.17 zeigt den Pkw-Bestand in Ungarn und Groß-Budapest in den Jahren 1960 bis 1982.

Tabelle 4.17: <u>PKW-Bestand in Ungarn und Groß-Budapest 1960-1982</u>

Jahr	Ungarn Bestand	pro 1.000 Einw.	Budapest Bestand	pro 1.000 Einw.
1960	31.268	3,6	15.000	8,3
1970	238.563	23,1	82.529	42,5
1975	580.000	55,2	172.969	76,9
1980	1.013.412	94,6	274.331	133,2
1982	1.146.539	107,0	281.571	136,4

<u>Quelle</u>: SZU 1979:116; SZU 1983:159

5. ZUSAMMENFASSUNG: PHASEN DER STADTENTWICKLUNG

Bei der vorliegenden Monographie stellt sich die Frage, ob die vorgeschlagene Phasenabgrenzung ein fruchtbarer Ansatz ist, die Stadtentwicklung in Budapest zu beschreiben. In Teil I sind wir davon ausgegangen, daß die Stadtentwicklung nur durch den Vergleich mit der Landesentwicklung verständlich ist. Diese grundlegende Annahme wird dahingehend präzisiert, daß die Stadtentwicklung der Landesentwicklung zeitlich vorangeht.

Der zu beschreibende Zeitraum sowohl der Stadtentwicklung als auch der Landesentwicklung ist mit Hilfe modellhafter Verläufe aus den Bereichen Demographie und Ökonomie durch die Festsetzung von Schwellenwerten in einzelne zeitliche Phasen gegliedert worden. Die Stadtentwicklung ist durch die vier Dimensionen "Planverfahren und Ordnungsvorstellungen", "Bevölkerung und Wohnungen", "Erwerbstätige und Arbeitsstätten" und "Infrastruktur" definiert worden. Der Grund für die Phasenabgrenzung besteht darin, zu untersuchen, ob innerhalb der Phasen andere Merkmale mit den Dimensionen kovariieren. Diese Untersuchung bewegt sich allerdings auf der Ebene von Beschreibungen. Aufgrund der Vorarbeiten in Teil I sind wir für Budapest zu folgenden Ergebnissen gekommen:

Bis zum Jahre 1876 lassen sich für Budapest aufgrund fehlender Datenreihen keine eindeutigen Abgrenzungen für die Phase I und die Phase II der Stadtentwicklung angeben. Allerdings haben wir unsere Aufgabe auch nicht darin gesehen, die gesamte historische Entwicklung mit unserem Klassifikationsvorschlag durchgehend beschreiben zu wollen, sondern haben unser Hauptinteresse mit dem Einsetzen der Industrialisierung beginnen lassen.

Dennoch ist zu prüfen, ob eine Abgrenzung für die frühen Phasen der Stadtentwicklung möglich und sinnvoll ist. Voraussetzung wäre eine gelungene Operationalisierung ausgewählter Merkmale für die entsprechenden Zeiträume. Aufgrund der sehr großen Schwierigkeiten, die das historische Quellenmaterial bietet, war uns eine Operationalisierung nicht möglich.

Gelänge aber dieser Versuch, dann ließe sich z.B. auch die Frage klären, ob schon die römische Stadtkultur eine Phase der Stadtentwicklung erreichte, die von europäischen Städten erst im 19. Jahrhundert wieder erreicht wurde.

Für die glanzvolle Entwicklung von Óbuda, Buda und Pest im Mittelalter war die türkische Besetzung ein gravierender Einschnitt, da vergleichbare europäische Städte in ihrer Entwicklung selten so lange auf ein so niedriges Niveau zurückgeworfen wurden.

Der Stadtausbau von Óbuda, Buda und Pest ab 1700 wird getragen von dem Willen, eine Hauptstadt zu schaffen, die zugleich ein Gegengewicht zu Wien darstellen soll. Mit dem Ausgleich von 1868 und der Vereinigung von Óbuda, Buda und Pest 1873 wird diese Entwicklung beschleunigt.

Die Phase III der Stadtentwicklung dauert in Budapest von 1870 bis 1962. Im Jahre 1869 beginnt die Zeitreihe der demographischen Daten, im Jahre 1880 die der ökonomischen. Zu diesen Zeitpunkten kann die jeweilige Entwicklung bereits als transformativ beschrieben werden. Von daher können wir über den "eigentlichen" Beginn der Phase III nichts sagen. Wir vermuten aber, daß dieser Zeitpunkt indirekt mitbeeinflußt wird durch den Ausgleich von 1868, der die Basis für die wirtschaftliche Entwicklung von Ungarn schuf. Über den Zusammenhang von wirtschaftlicher Entwicklung und natürlicher Bevölkerungsentwicklung ist berichtet worden. Die fünf Jahre später stattfindende Gründung von Budapest schafft die Voraussetzungen sowohl für größte Bevölkerungskonzentration als auch für die größte Arbeitsstättenkonzentration in Ungarn.

Betrachtet man die Dimension Bevölkerungsentwicklung in Budapest, so wird deutlich, daß der Zuwachs in weit stärkerem Maße von der Migration beeinflußt worden ist als von der natürlichen Bevölkerungsentwicklung. Das Verhältnis der natürlichen Bevölkerungsentwicklung zur Migration beträgt während der gesamten Phase III etwa ein Viertel zu drei Viertel. Die Ursachen dieser Entwicklung liegen eindeutig auf wirtschaftlichem Gebiet. Durch die unzureichende Ernährungslage sowohl vor dem 1. Weltkrieg als auch in der Zwischenkriegszeit waren auf dem Lande Hunderttausende zur Abwanderung gezwungen. Sie wanderten entweder in die ungarischen Städte oder nach Übersee. Aber auch nach dem 2. Weltkrieg ließ der Zustrom vom Lande in die Städte nicht nach. Die Ursachen sind ebenfalls wirtschaftlicher Natur. Durch die Bodenreform war zwar das Land an Besitzlose verteilt worden, die Flächen waren aber viel zu klein für Vollerwerbsstellen. Darüberhinaus waren die Verdienstmöglichkeiten in der Industrie weit besser. 1956 setzte die letzte große Auswanderungswelle ein.

Die natürliche Bevölkerungsentwicklung sowohl in Ungarn als auch in Budapest folgt der Annahme des demographischen Übergangs. Die Veränderungen der Geburten- und Sterberaten in der Hauptstadt erfolgt auf einem niedrigeren Niveau als auf dem Lande. Die Stadtentwicklung geht der Landesentwicklung voraus. Zwar lassen sich die Geburtsraten nach dem 2. Weltkrieg durch bevölkerungspolitische Maßnahmen kurzfristig steigern, dieser Trend ist aber mittelfristig nicht stabil.

Während der gesamten Phase III der Stadtentwicklung in Budapest herrscht eine extreme Mangelsituation an Wohnungen. Zwar werden während der Gründerzeit und in der Zwischenkriegszeit in erheblichem Maße Wohnungen gebaut, die Zahl reicht jedoch nicht aus, um große Teile der Bevölkerung unterzubringen, da diese nicht in der Lage waren, die geforderten Mieten aufzubringen. Die Folge waren "wilde Siedlungen" außerhalb der Stadtgrenzen von Klein-Budapest. Diese wurden erst 1950 eingemeindet. Etwa von 1930 an beginnen auch die Gebiete sich zu füllen, die außerhalb der heutigen Stadtgrenzen liegen. In diesem Zusammenhang ist es wichtig darauf hinzuweisen, daß die Suburbanisierungsprozesse in der Budapester Agglomeration nicht aus einer Kernstadt-Umlandgemeinde-Wanderung bestehen, sondern die Zuzüge immer noch aus dem gesamten Land in Richtung Budapester Agglomeration verlaufen.

Die Verstaatlichung der Mietshäuser nach dem 2. Weltkrieg erreichte keine Verbesserung der Wohnungsversorgung. Erst ab 1957 wird in Budapest in verstärktem Maße mit der Errichtung von Neubauten begonnen. Bis zum Jahr 2000 sollen noch ca. 300.000 Wohnungen gebaut werden, um die Wohnungsnachfrage zu befriedigen. Von diesen geplanten 300.000 Wohnungen sind ca. 100.000 als Ersatz für Altbauten vorgesehen.

Die ökonomische Dimension zeigt deutlich, daß Ungarn bis 1945 eine landwirtschaftlich orientierte Volkswirtschaft gehabt hat. Erst nach der Einsetzung der neuen Gesellschaftsordnung verschieben sich hier die Gewichte. Innerhalb von 11 Jahren von 1951 bis 1962 versucht die Volksrepublik

Ungarn in der Landesphase III nach unseren Berechnungen, die strukturelle Veränderung von einem Agrar- zu einem Industriestaat voranzutreiben. Die Entwicklung von Budapest verläuft nicht so dramatisch. In der Dimension Ökonomie lassen sich für die III. Phase der Stadtentwicklung aufgrund der vorliegenden Daten weder Anfangs- noch Endzeitpunkt bestimmen; darüberhinaus sind die Anteile des sekundären und des tertiären Sektors ziemlichen Schwankungen unterworfen. Wir haben versucht, diese Schwankungen durch die Darstellung wirtschaftlicher Prozesse zu beschreiben. Dabei zeigte sich nach dem 1. Weltkrieg ein Anwachsen des tertiären Sektors, insbesondere der öffentlichen Dienste, ein Sachverhalt, den wir auf die Rückkehr von Angehörigen des öffentlichen Dienstes aus den abgetrennten Gebieten in die Hauptstadt zurückführen. Von 1920 bis 1960 ist in Budapest ein Anwachsen der Erwerbstätigen im sekundären Sektor zu beobachten. Möglicherweise böte sich 1945 als zusätzlicher Abgrenzungszeitpunkt an.

Die Zunahme der Erwerbstätigen des sekundären Sektors gewinnt nach 1945 deutlich an Intensität. Da Budapest die größte Industriekonzentration von Ungarn ist, zeigt sich auch hier deutlich die Schwerpunktsetzung der Wirtschaftspolitik, die auf Kosten des Dienstleistungssektors geht. So reduziert sich in Budapest von 1949 bis 1960 die Anzahl der Erwerbstätigen in den persönlichen und wirtschaftlichen Dienstleistungen von 71.341 auf 56.286.

Das Ziel der Phasenabgrenzung war es, zu untersuchen, ob innerhalb der Phasen Merkmale mit den ausgewählten Dimensionen kovariieren. Den Zeitpunkt, zu dem die III. Phase der Stadtentwicklung von der IV. Phase abgelöst wird, haben wir auf 1962 gelegt. Es ist schon darauf hingewiesen worden, daß die zeitlich festgelegten Schwellenwerte Vorschläge sind, die langfristige Stadtentwicklung zu beschreiben und nicht in der Lage sind, kurzfristige Entwicklungen zu analysieren. Von daher ist der Zeitpunkt 1962 als Vorschlag zu begreifen und nicht als starre Trennungslinie aufzufassen. Welche Merkmale haben vor oder nach dem Phasenwechsel ihren Trend geändert?

Für die Binnenwanderungen in der VR Ungarn stellt das Jahr 1960 eine Zäsur dar, weil die Städte in Ungarn sich an die Spitze des Bevölkerungswachstums stellen und die Landgemeinden beginnen, Einwohner zu verlieren. Budapest wird im Wachstum von den anderen ungarischen Städten überholt. Bei der Zuwanderung in die Budapester Agglomeration steigen die Einwohnerzahlen in den Umlandgemeinden stärker als in der Inneren und in der Äußeren Stadt.

Von 1970 an beginnen die historisch bebauten Gebiete der Inneren Stadt Bevölkerung zu verlieren, lediglich in den Neubaugebieten (III., X., XI. und XIV. Bezirk) der Inneren Stadt steigt die Bevölkerungszahl noch an. In der Äußeren Stadt wächst die Bevölkerungszahl langsam, mit Ausnahme des XV. Bezirk, ebenfalls ein Neubaugebiet. Hier wächst die Bevölkerung von 61.558 im Jahre 1960 auf 112.810 im Jahre 1980.

Für die wirtschaftliche Entwicklung ist das Jahr 1968 ein besonderer Einschnitt, das Jahr, in dem die ungarische Wirtschaftsreform verabschiedet wurde. Schon vor diesem Datum, nämlich mit dem 2. Fünf-Jahresplan für Budapest 1961-65, verändert sich die Relation der Investitionen zu ungunsten der Landeshauptstadt. Zum ersten Mal in der Nachkriegszeit geht der Anteil von Budapest an den gesamten Landesinvestitionen zurück. Mit dem 5. Fünf-Jahresplan (1976 bis 1980) scheint der Anteil von Budapest wieder zu steigen. Ziel der Wirtschaftsreform ist eine Dezentralisierung von Entscheidungsstrukturen und der rationelle Einsatz der Ressourcen.

In den 70er Jahren beginnt sich das bis dahin bestehende unterschiedliche Lohnniveau zwischen Stadt und Land langsam anzugleichen. Damit werden die Voraussetzungen geschaffen, um mittelfristig paritätische Lebensbedingungen sowohl auf dem Lande als auch in den Städten zu schaffen.

In Budapest beginnen in den 60er Jahren verstärkte Bemühungen, die Industrie zu dekonzentrieren. Zunächst wird mit Ansiedlungsverboten in Budapest und in der Region gearbeitet. Die Ansiedlungsverbote sind jedoch nicht sehr wirkungsvoll. Bis 1970 wächst die Zahl der Industriebeschäftigten weiter, um dann bis 1980 auf ca. 200.000 zurückzugehen. Diese Abnahme ist aber weniger auf Dezentralisierungsmaßnahmen zurückzuführen; sie ist vielmehr das Ergebnis des Ersetzens von Arbeitskräften durch technischen Fortschritt.

Im Dienstleistungsbereich weist die Abteilung Gesundheit, Soziales und Kultur in Budapest von 1960 bis 1980 mit über 50.000 zusätzlichen Stellen die größte Steigerungsrate zwischen den Dekaden auf. Damit folgt Budapest westlichen Entwicklungen, die teilweise schon zehn Jahre früher eingesetzt hatten.

Der Bereich der technischen Infrastruktur ist bis 1960 nur auf dem Gebiet des öffentlichen Personennahverkehrs dem Bedarf angepaßt worden. Dazu muß man wissen, daß 1960 nur ca. 25.000 Personenkraftwagen über Budapester Straßen rollten. Erst in den 70er Jahren wird der Autoverkehr zum Problem für Budapest. Der Bereich der kommunalen Infrastruktur ist kaum über den Vorkriegsstandard hinausgelangt, so werden 1970 in Budapest noch 96% aller Abwässer ungeklärt in die Donau eingeleitet. In der Nachkriegszeit findet bis 1960 im gesamten Bereich der sozialen Infrastruktur kein wesentlicher Ausbau statt. Der erste Krankenhausneubau in Budapest nach dem 2. Weltkrieg wird 1962 eröffnet.

Die beschriebenen Trendänderungen sollen zeigen, daß in den 60er Jahren eine neue Richtung der Stadtentwicklung in Budapest begonnen hat. Diese neue Phase der Stadtentwicklung ist gekennzeichnet durch den langsamen Rückgang des Bevölkerungswachstums und eine Umstrukturierung der Wirtschaft. Die Behörden von Budapest versuchen, den Nachholbedarf in einigen zentralen Bereichen der Stadtentwicklung mittelfristig zu erfüllen, so z.B. beim Wohnungsbau; gleichzeitig verfolgen sie in verstärktem Maße ein Dezentralisierungskonzept. Die monozentrische Stadtstruktur von Budapest soll sich in eine polyzentrische verwandeln.

LITERATURVERZEICHNIS

a) Allgemeine Literatur

ACSAY, I., 1972: Der Budapester Verkehr. Budapest.

ALTHAMMER, W. (Hg.), 1969: Die wirtschaftliche und soziale Entwicklung Südosteuropas im 19. und 20. Jahrhundert. Südosteuropa-Jahrbuch, Bd.9. München.

ANDORKA, R. & ZAGÓRSKI, N., 1979: Társadalomstatisztikai Közlemények. A társadalmi mobilitás Magyarországon és Lengyelországban. Az 1972. és 1973. évi adatfelvétel összehasonlító elemzése (Die soziale Mobilität in Ungarn und Polen. Eine vergleichende Analyse der Erfassungen von 1972 und 1973). In: Statisztikai Időszaki Közlemények. 440. kötet, S. 102-141. Budapest.

ANDORKA, R. & FALUSSY, B., 1980: The Way of Life of the Hungarian Society on the Basis of the Time-budget Survey of 1976-1977. In: Statisztisztikai Szemle. Vol. 58, S.8-9 and Vol. 10, S. 828-842 and S. 959-971. Budapest.

ANTAL, E., 1978: Grundlagen und reformpolitische Einordnung des ungarischen Wirtschaftssystems. Berlin.

ARBEITSPAPIER DES BUVÁTI 1980. Budapest.

AUBIN, H. & ZORN, W. (Hg.) 1971, 1976: Handbuch der deutschen Wirtschafts- und Sozialgeschichte. 2 Bd. Stuttgart.

AZ ORSZÁGOS TERÜLETRENDEZÉSI TERV KONCEPCIÓJA (AZ), o.J. (Konzeption des Raumordnungsplans für Gesamtungarn; erarbeitet von VATI). Budapest.

BACHE-DIETRICH, B., 1966: Der Lebensstandard in Ungarn. In: Vierteljahreshefte zur Wirtschaftsforschung, 24. Jg., S. 41-83. Wien.

BALLA, B. (Hg.), 1974: Soziologie und Gesellschaft in Ungarn. Aus dem Ertrag des ersten Jahrzehnts der neueren ungarischen Soziologie Bd. 1-4. Stuttgart.

BALLA, B., 1974: Einleitung. In: BALLA (Hg.): Soziologie und Gesellschaft. Bd. 1. Stuttgart.

BARTA, G., 1981: Industrialisierung des ländlichen Raumes in Ungarn. In: RUPPERT & HAAS (Hg.): Industrialisierung und Urbanisierung in sozialistischen Staaten Südeuropas. In: Münchner Studien zur Sozial- und Wirtschaftsgeographie (MSSW). Bd. 21, S. 81-86. Kallmünz, Regensburg.

BENCZE, I., 1963: A budapesti gyáripar területi elhelyezkedése (Die räumliche Verteilung der Budapester Industrie). In: Földrajzi Közlemények 11, S. 101-129. Budapest.

BENCZE, I. & TAJTI, E., 1972: Budapest. An Industrial-Geographical Approach. In: Studies in Geography in Hungary. 10. Budapest.

BENCZE, I., 1970: Industry in Budapest after World War II. Budapest (mimeo.).

BERCZIK, A., 1980: Verkehr und Stadtstruktur - Beispiel Budapest. In: Raumplanung und Raumordnung, Heft 1, S. 27-35. Wien.

BERCZIK, A., 1970: Eisenbahn, Stadtschnellbahn, Hafen, Flughafen. Die Zukunft in Budapest. Hauptabteilung für Städtebau beim Rat der Stadt Budapest. Budapest.

BERCZIK, A., BRENNER, J. & PREISICH, G., 1963: Budapest városrendezési problémai (Städtebauliche Probleme von Budapest). Budapest.

BEREND, I.T. & RÁNKI, GY., 1982: The European Periphery and Industrialization 1780-1914. Budapest.

BEREND, I.T. & RÁNKI, Gy., 1979: Underdevelopment and Economic Growth. Budapest.

BEREND, I.T. & RÁNKI, Gy., 1961: A Budapest környéki ipari övezet kialakulásának és fejlödésének kérdéséhez (Zur Frage der Entstehung und Entwicklung des Industriegürtels um Budapest). Budapest.

BERENKI, I., 1981: Abgrenzung der Zonen des Ballungsgebietes Budapest auf Grund der Flächennutzungsstruktur. In: Petermanns Geographische Mitteilungen, Heft 2, S. 103-106. Gotha, Leipzig.

BERENKI, I. & SIMÓ, T., 1981: Umwandlung der Gesellschaft des ungarischen Dorfes Tard. In: RUPPERT & HAAS (Hg.): Industrialisierung und Urbanisierung in sozialistischen Staaten Südeuropas. In: MSSW Bd. 21, S. 97-114. Kallmünz, Regensburg.

BERÉNYI, J., 1981: Einige Gedanken zur Landnutzung in einem Budapester Naherholungsgebiet. In: RUPPERT & HAAS (Hg.): Industrialisierung und Urbanisierung in sozialistischen Staaten Südosteuropas. In: MSSW Bd. 21, S. 87-96. Kallmünz, Regensburg.

BERÉNYI, J., 1974: Lohnsystem und Lohnstruktur in Österreich und Ungarn. Studien über Wirtschafts- und Systemvergleiche. Bd. 6. Wien/New York.

BERNÁT, T. (Hg.), 1972: Magyarország gazdaságföldrajza (Wirtschaftsgeographie von Ungarn). Budapest.

BERNÁT, T. & VISZKEI, M. (Hg.), 1972: Budapest társadalmának és gazdaságának száz éve 1872/73-1972 (Hundert Jahre Gesellschaft und Wirtschaft in Budapest 1872/73-1972). Budapest.

BERNÁT, T., BORA, G. & FODOR, L., 1972: Budapest társadalmának és gazdaságának száz éve 1872/3-1972 (Hundert Jahre Gesellschaft und Wirtschaft in Budapest). Budapest.

BERNÁT, T., BORA, G. & FODOR, L., 1973: Világvárosok, nagyvárosok (Weltstädte, Großstädte). Budapest.

BERRY, B.J.L., SIMMONS, J.W. & TENNANT, R.J., 1963: Urban Population Densities: Structure and Change. In: Geographical Review 53, S. 389-405.

BERRY, B.J.L., 1973: The Human Consequences of Urbanization. London.

BERRY, B.J.L. & DAHMANN, D.K., 1977: Population Redistribution in the United States in the 1970s. In: Population and Development Review 3, S. 443-71.

BEYNON, E.D., 1961: Budapest: An Ecological Study. In: Theodorson, G.A. (ed.): Studies in Human Ecology. New York.

BLOTEVOGEL, H.H., 1983: Untersuchungen zur Entwicklung des deutschen Städtesystems im Industriezeitalter, Polarisierung und Dezentralisierung in der Entwicklung der höherrangigen Zentren und ausgewählter kultureller Stadtfunktionen. In: Städteforschung Reihe A, Bd. 15. Münster/Westfalen, i.V.

BOBECK, H., 1968: Erwerbstätigenstruktur und Dienstquote als Mittel zur quantitativen Erfassung regionaler Unterschiede der sozial-wirtschaftlichen und kulturellen Entwicklung. In: Münchner Studien zur Sozial- und Wirtschaftsgeographie. (MSSW). Bd. 4, S. 119-131. Kallmünz, Regensburg.

BOGNÁR, J., 1969: A nem termelő ágazatok fejlődésének főbb vonásai a budapesti agglomerációban (Die Hauptentwicklungszüge der nicht produzierenden Zweige in der Budapester Agglomeration). Hg. vom Országos Tervhivatal Tervgazdasági Intézete (Institut für Planwirtschaft des staatlichen Planungsamtes). Budapest.

BOGUSZENSKI, J. & WAGENER, H.J., 1977: Zur Industriestatistik der Bundesrepublik Deutschland, Österreichs, Polens und Ungarns: Ein Vergleich. In: Jahrbuch der Wirtschaft Osteuropas. Bd. 7, S. 64-102. München, Wien.

BORA, G., 1976: Regional Industrial Structure and the Development of Urban Systems in Hungary. In: Papers, Regional Science Association 36, S. 133-145.

BORSOS, B., SÓDOR, A., ZADOR, M. 1959: Budapest épitészettörténete, városképei és műemlékei (Architekturgeschichte Stadtbilder und Denkmäler von Budapest). Budapest.

BRENNER, J., PREISICH, G. & SÓS, A., 1954a: Budapest történeti kialakulása (Die geschichtliche Entstehung von Budapest). Budapest.

BRENNER, J., PREISICH, G. & SÓS, A., 1954b: Budapest városépitészeti kerdései. Az 1953 évben tartott ankét anyaga (Städtebauliche Fragen von Budapest. Materialien der Enquête 1953). Budapest.

BRENNER, J., 1968: Stadtgeschichte, Regionalplanung und Bevölkerungsentwicklung in Ungarn. In: AfK, Vol. 7, 1, S. 51-72.

BRENNER, J., 1983: Städtebau Ungarns im 20. Jahrhundert als Teil der Architektur: In: bauforum 12, S. 34-37.

BUDAPEST ENCIKLOPÉDIA, 1981. Budapest.

BUDAPEST - EXKURSIONSFÜHRER, 1971. Hg. von der Internationalen Geographischen Union - Europäische Regionalkonferenz. Budapest.

BUDAPEST ÉS KÖRNYÉKE ÁLTALÁNOS VÁROSRENDEZÉSI TERVE, 1970: Készitette: Budapesti Városépitési Tervező Vállalat. Budapest Főváros Tanácsa (Generalbebauungsplan von Budapest und Umgebung, bearbeitet vom Städtebaulichen Planungsbüro Budapest. Rat der Hauptstadt Budapest). Budapest.

BUDAPEST ÉS KÖRNYÉKE ÁLTALÁNOS VÁROSRENDEZÉSI TERVE VÁROSÉPITÉSI KONCEPCIÓJAVASLATA, 1980: Budapesti Városépitési Tervező Vállalat (Konzeptionsvorschlag für den Generalbebauungsplan von Budapest und Umgebung. Städtebauliches Planungsbüro Budapest). Budapest.

BUDAPEST FŐVÁROS TANÁCSA V.B. KÖZLEKEDÉSI FŐIGAZGATÓSÁGA, 1972: Budapest és környéke közlekedésfejlesztési tervének összefoglalása (Zusammenfassung des Verkehrsentwicklungsplans für Budapest und sein Umland. Generaldirektion Verkehr des Rates der Hauptstadt Budapest). Budapest.

BUDAPEST FŐVÁROS TANÁCSA V.B. KÖZLEKEDÉSI FŐIGAZGATÓSÁGA, 1972: Budapest közlekedése (Der Budapester Verkehr). Budapest.

BUDAPEST FŐVÁROS TANÁCSA V.B. KÖZLEKEDÉSI FŐIGAZGATÓSÁGA, 1978: Budapesti Fogelomfelvétel 1974-1975 (Budapest - Verkehrserhebung 1974-1975). Hg. von der Generaldirektion Verkehr des Rates der Hauptstadt Budapest. Budapest.

BUDAPEST FŐVÁROS TANÁCSA V.B. KÖZLEKEDÉSI FŐIGAZGATÓSÁGA 1980: A budapesti agglomeráció távlati közlekedésfejlesztési terv koncepciója (összefoglalás) (Planungskonzept der langfristigen Verkehrsentwicklung für die Budapester Agglomeration) (Zusammenfassung). Budapest.

BUDAPEST FŐVÁROS TANÁCSA V.B. KÖZLEKEDÉSI OSZTÁLY, 1968: Budapest közlekedésfejlesztési Terve (Verkehrsabteilung des Rates der Hauptstadt), Verkehrsentwicklungsplan von Budapest. Budapest.

BUDAPEST TÖRTÉNETE, 1975: A török kiüzésétől a márciusi forradalomig (Geschichte von Budapest: Von der Vertreibung der Türken bis zur Märzrevolution). Bd. III. Budapest

BUDAPEST TÖRTÉNETE, 1978: A márciusi forradalomtól az őszirózsas forradalomig (Von der Märzrevolution bis zur Herbstrevolution). Bd. V. Budapest.

BUDAPEST TÖRTÉNETE, 1980: A forradalmak korátol, a felszabadulásig (Vom Zeitalter der Revolutionen bis zur Befreiung), Bd. V. Budapest.

BUDAPESTER VERKEHRSBETRIEBE BKV o.J.: Die Geschichte des öffentlichen Nahverkehrs der 100jährigen Hauptstadt Budapest 1873-1973. Budapest.

CAROL, H., 1968: Das geplante Einkaufszentrum im funktionalen Gefüge der Metropole. In: Münchner Studien zur Sozial- und Wirtschaftsgeographie. (MSSW). Bd. 4, S. 83-90. Kallmünz, Regensburg.

COMPTON, P.A., 1970: A Stochastic Model for Inter-Territorial Migration in Hungary. In: SÁRFALVI, B. (ed.): Recent Population Movements in the East European Countries, S. 43-53. Budapest.

COMPTON, P.A., 1979a: Population Change and Population Policy in Hungary. In: KOSINSKI, L.A. (ed.): Demographic Developments in Eastern Europe, S. 43-53. Boulder/Colorado.

COMPTON, P.A., 1979b: Planning and Spatial Change in Budapest. In: French, R.A. & Hamilton, F.E. (ed.): The Socialist City, S. 461-491. Chichester.

CSANÁDI; G. & LADÁNYI, J., 1982: Some Comments on Urban Models Based on Principles of Classical Ecology. Example of Budapest. Paper presented at the Meeting of the Research Committee on Regional and Urban Development, at the Xth World Congress of Sociology. Mexico City.

CSANÁDI, G. & LADÁNYI, J, 1984: Schulsystem und Gesellschaftsstruktur in Ungarn. In: Österreichische Zeitschrift für Soziologie, 9. Jg., Heft 3, S. 108-119.

CSANÁDI, G. & LADÁNYI, J., 1985: Der erste Generalbebauungsplan von Budapest. In Vorbereitung.

CZURJAK, L., 1968: Hungarian Investment, 1938 and 1949-1965: Trends in Fixed Capitals, Inventories and Net Foreign Investment, Occasional Papers of the Research Project on National Income in East Central Europe. New York.

CZOK, K., 1969: Die Stadt. Ihre Stellung in der deutschen Geschichte. Leipzig.

DANIEL, Zs., 1977: Lakáspolitika, lakbér, lakáshiány (Wohnungspolitik, Miete, Wohnungsmangel). In: Valóság 12, S. 12-22. Budapest.

DUNCAN, K.D. & DUNCAN, B., 1955: Residential Distribution and Occupational Stratification. In: American Journal of Sociology 60, S.493-503.

DEMKO, G.L. & FUCHS, R.J., 1977: Demography and Urban and Regional Planning in Northeastern Europe. In: KOSTANICK (ed.): Population and Migration Trends in Eastern Europe, S. 47-80. Boulder/Colorado.

DICKINSON, R., 1961: The West European City. London.

DIENES, L., 1973: The Budapest Agglomeration and Hungarian Industry: A Dilemma. In: Geographical Review 63, S. 356-377.

DOOR, R., 1981: Neueste Geschichte Ungarns. Berlin (Ost).

EGLI, E., 1959: Geschichte des Städtebaus. Bd. I: Die Alte Welt. Zürich.

EGLI, E., 1962: Geschichte des Städtebaus, Bd. II: Das Mittelalter. Zürich.

EGLI, E., 1967: Geschichte des Städtebaus, Bd. III: Die neue Welt. Zürich.

EHBRECHT, W. (Hg.), 1979: Voraussetzungen und Methoden geschichtlicher Städteforschung. Münster/Westfalen.

ENYEDI, Gy., 1972: A társadalom és földrajzi környezete (Gesellschaft und ihre geographische Umwelt). In: Földrajzi Közleméyek, 4, 293ff. Budapest.

ENYEDI, Gy., 1976: Hungary. An Economic Geography. Boulder/Colorado.

ENYEDI, Gy. (ed.), 1978: Urban Development in the USA and Hungary, Studies in Geography in Hungary, 14. Budapest.

ENYEDI, Gy., 1979: Economic Policy and Regional Development in Hungary. In: Acta Oeconomica, Vol. 22, No. 1/2, S. 113-125. Budapest.

ENYEDI, Gy., 1981: Industrie in ungarischen landwirtschaftlichen Großbetrieben. In: RUPPERT & HAAS (Hg.): Industrialisierung und Urbanisierung in sozialistischen Staaten Südosteuropas. In: MSSW, Bd. 21, S. 67-80. Kallmünz, Regensburg.

ENYEDI, Gy. & MÉSZÁROS, J. (ed.), 1980: Development of Settlement Systems, Studies in Geography in Hungary, 15. Budapest.

FELHÖ, F. & HARRACH, E.C., 1980: Budapest. In: SÁGVÁRI, A. (ed.): The Capitals of Europe, S. 113-124. Budapest.

FERGE, Zs., 1977: Die Schichtung unserer Gesellschaft. In: BALLA, B. (Hg.): Soziologie und Gesellschaft in Ungarn. Bd. I. Historische Entwicklung und sozialer Wandel, S. 77-87. Stuttgart.

FERGE, Zs., 1977a: Soziale Mobilität und die Offenheit der Gesellschaft. In: BALLA, B. (Hg.): Soziologie und Gesellschaft in Ungarn. Bd. I. Historische Entwicklung und sozialer Wandel, S. 59-75. Stuttgart.

FIELD, M.G. (ed.), 1976: Social Consequences of Modernization in Communist Societies. Baltimore, London.

FINK, K., 1969: Spezielle Aspekte der Wirtschafts- und Sozialentwicklung seit der Jahrhundertwende in Ungarn. In: ALTHAMMER (Hg.): Die wirtschaftliche und soziale Entwicklung Südosteuropas im 19. und 20.Jahrhundert. Südosteuropa-Jahrbuch Bd. 9, S. 123-133. München.

FISCHER, H., 1982: Politik und Geschichtswissenschaft in Ungarn. München.

FISCHER, H. (Hg.), 1984a: Ungarn-Exkursion 31.8.83-17.9.83. Hamburg.

FISCHER, H., 1984b: Landwirtschaft. In: FISCHER, H. (Hg.): Ungarn-Exkursion 31.8.83-17.9.83, S.196-221. Hamburg.

FISCHER, H., 1984c: Stadtgeographie von Budapest. In: FISCHER, H. (Hg.): Ungarn-Exkursion 31.8.83-17.9.83, S. 436-471. Hamburg.

FODOR, L. & ILLÉS, J., 1968: Metropolitan Industrial Agglomeration. In:

Regional Science Association Papers, 24, S. 133-145.

FODOR, L., 1971: A budapesti agglomerációhoz tartozó települések fejlesztési problémai (Entwicklungsprobleme der Siedlungen in der Agglomeration Budapest). In: Városépités 6. sz., S. 12-24. Budapest.

FODOR, L. (Hg.), 1971: Kutatási zárójelentés a "Budapesti agglomeráció közgazdasági problémái" c. témáról (Forschungsbericht über das Thema "Wirtschaftliche Probleme der Budapester Agglomeration"). Budapest.

FODOR, C., 1978: Growth Model of the Agglomeration of Budapest. In: ENYEDI, Gy. (Hg.), 1976: Urban Development in the USA and Hungary. S. 14-36. Budapest.

FRENCH, R.A. & HAMILTON, F.E. (ed.), 1979: The Socialist City. Chichester.

FRIEDRICHS, J., 1977: Stadtanalyse. Reinbek.

FRIEDRICHS, J., 1984: Phasen der Stadtentwicklung in kapitalistischen und sozialistischen Ländern. Manuskript im Rahmen der Kulturtage der Bundesrepublik Deutschland in Budapest (23.1.-30.1.1984). Unveröff.

FRIEDRICHS, J. & KIEHL, K., 1985: Ökonomische Phasen der Stadtentwicklung. In: KZfSS 37. Jg. 1. S.96-115

FRISS, I., 1973: Objective Conditions of the Economy and the Extent of Centralization and Decentralization. In: Acta Oeconomica, Vol. 10 (3-4), S. 303-314. Budapest.

GÁCS, E. & MAGYAR, Zs., 1971: Changes in the Living Conditions of the Population from 1971 to 1975. In: Acta Oeconomica, Vol. 6 (3). 185-200. Budapest.

GÁTI, C., 1976: The Politics of Modernization in Eastern Europe. Testing the Soviet Model. New York, Washington, London.

GRANASZTÓI, P., 1972: Az urbanizációval kapcsolatos társadalomtudományi kutatások és társadalmi igények problémai, jelenetőségük a városépités számára (Die Probleme der mit der Urbanisierung zusammenhängenden gesellschaftlichen Forschungen und gesellschaftliche Ansprüche, ihre Bedeutung für den Städtebau). In: MAGYAR TUDOMÁNYOS AKADÉMIA, Filozófiai és Történettudományi Osztályának Közleményei 3 (Ungarische Akademie der Wissenschaften, Mitteilungen der Philosophischen und Geschichtswissenschaftlichen Abteilung), S. 259ff. Budapest.

GROTHUSEN, K.-D., 1969: Die wirtschaftliche und soziale Entwicklung Südosteuropas im Bereich Österreich-Ungarns. In: ALTHAMMER, W. (Hg.): Die wirtschaftliche und soziale Entwicklung Südosteuropas im 19. und 20. Jahrhundert. Südosteuropa-Jahrbuch. Bd. 9, S. 15-34. München.

GYŐRI, M., 1973: Zur sozialistischen Entwicklung von Budapest. In: Zeitschrift für den Erdkundeunterricht 25, S. 26-37.

HALÁSZ, Z. (Hg.), 1960: Ungarn. Geographie, Geschichte. Die staatliche und gesellschaftliche Ordnung. Wirtschaftsleben, Lebensstandard, Kultur. Budapest.

HALL, P. & HAY, D., 1980: Growth Centers in the European Urban System. London.

HAMM, B. (Hg.), 1979: Lebensraum Stadt, Beiträge zur Sozialökologie deutscher Städte, Frankfurt a.M.

HARCSA, I., 1978: Development of the Social Mobility According to the Main Types of Settlements and Regions. In: A társadalmi mobilitás alakulása településtipusok és régiók szerint (Die Entwicklung der sozialen Mobilität nach Siedlungstypen und Regionen). Statisztikai Szemle. No. 12, S.1195-1219. Budapest.

HARCSA, I., 1981: Migration and Intergenerational Social Mobility. Translation of an article published in: Statisztikai Szemle, No. 2, S. 1-54. Vándorlás és nemzedékek közötti mobilitás. Budapest.

HARTOG, R., 1962: Stadterweiterungen im 19. Jahrhundert. Stuttgart.

HEGYI, K., 1976: Der städtische Verkehr in Budapest - seine bisherige Entwicklung und Perspektive. In: Internationale Transportannalen, S. 7-9, Prag.

HEGEDÜS, A., 1966: Das Strukturmodell der sozialistischen Gesellschaft und die soziale Schichtung. In: Soziale Welt 17.

HEGEDÜS, A., 1974: Welt im Wandel. In: BALLA, B. (Hg.): Soziologie und Gesellschaft in Ungarn. Bd. 4. Vom Agrarland zur Industriegesellschaft, S. 214-261. Stuttgart.

HEGEDÜS, M., 1974: Az urbanizáció társadalmi - gazdasági szerepe. Die sozioökonomische Rolle der Urbanisierung. In: Gazdaság, S. 12-17. Budapest.

HEGEDÜS, M., 1974a: A hazai urbanizációt alakitó néhány tényező (Einige Einflußfaktoren der Urbanisation Ungarns). In: Gazdaság, S.11-22. Budapest.

HEGEDÜS, M., 1974b: Some Factors Influencing Urban Development in Hungary. In: Acta Oeconomica, Vol. 12 (2), S.34-38. Budapest.

HEGEDÜS, M., BRENNER, J. & SZÜCS, I., 1980: A városépités alkalmazott társadalmi - gazdasági modellének elméleti és módszertani kérdései (Theoretische und methodische Fragen des angewandten Sozioökonomischen Modells des Städtebaus). Budapest.

HELLER, Á., 1974: Wie ist der Ungar jetzt? In: Historische Entwicklung und sozialer Wandel. In: Balla, B. (Hg.): Soziologie und Gesellschaft in Ungarn. Bd. 1. Historische Entwicklung und sozialer Wandel, S. 19-32. Stuttgart.

HOFMEISTER, B., 1980: Die Stadtstruktur. Darmstadt.

HOFMEISTER, B., 1982: Die Stadtstruktur im interkulturellen Vergleich.

In: Geographische Rundschau 34, Heft 11, S. 482-488.

HOJTÁS, Ö., 1909: Budapest székesfőváros új lakásbérletei (Das neue Wohnungsmietenstatut der Haupt- und Residenzstadt Budapest). Budapest.

HUSZÁR, T., 1979: Contemporary Hungarian Society. 2. Auflage. Budapest.

ILLYEFALVI, L. (Hg.), 1930: Die sozialen und wirtschaftlichen Verhältnisse der Arbeiter in Budapest. Budapest.

ILLYEFALVI, L. (Hg.), 1933: Graphische Bilder aus der Vergangenheit und Gegenwart der Haupt- und Residenzstadt Budapest. Budapest.

ILLYEFALVI, L. (Hg.), 1935: Die sozialen und wirtschaftlichen Verhältnisse der bürgerlichen Bevölkerung in Budapest. Budapest.

ILLYEFALVI, L. (Hg.), 1940: Die Bedeutung der Hauptstadt Budapest im wirtschaftlichen und geistigen Leben Ungarns. Budapest.

INFORMATIONEN ÜBER UNGARN. 1980: Hrsg. vom ungarischen Informationsdienst für Fremdenverkehr. Budapest.

JÄGER, H. (Hg.), 1978: Probleme des Städtewesens im industriellen Zeitalter. Münster/Westfalen.

JEFFERSON, M., 1939: The Law of the Primate City. In: Geographical Review 29, S. 227-232.

JOSSE, R., 1969: Budapest. Étude de population urbaine. In: Annales de Géographie 78, S. 543-568. Budapest.

KACSENYÁK, F., 1965: Lakâsviszonyaink alakulása 1920-tól napjainkig (Entwicklung unserer Wohnungsverhältnisse von 1920 bis heute). Budapest.

KÁDAS, S., 1981: Verkehrsprognosen für Großstädte. In: Vorträge und Studien aus dem Institut für Verkehrswissenschaft an der Universität Münster. Hg. v. SEIDENFUS, St., Heft 21. Göttingen.

KAHN, J. (Hg.), 1896: Budapest zur Zeit des Millenniums. Budapest.

KARGER, A. & WERNER, F., 1982: Die sozialistische Stadt. In: Geographische Rundschau 34, Heft 11, S. 519-528.

KELLER, J., 1977: Relationship between the Population´s Savings and Income in Hungary. In: Acta Oeconomica. Vol. 19 (2). S. 165-175. Budapest.

KEMÉNY, I., 1974: A magyarországi cigány lakosság (Die Zigeunerbevölkerung Ungarns). In: Valóság 1974, 1, 63ff. Budapest.

KEMÉNY, I., 1975: A budapesti cigányokról (Über die Zigeuner in Budapest). In: Valóság 1975, 5, S.30-32. Budapest

KIEHL, K., 1984: Die Stadtentwicklung von Budapest vor und nach den Weltkriegen. Manuskript im Rahmen der Kulturtage der Bundesrepublik

Deutschland in Budapest (23.1.-30.1.1984). Unveröff.

KIRSCHENMANN, J. & MUSCHALEK, Ch., 1977: Quartiere zum Wohnen. Bauliche und sozialräumliche Entwicklung des Wohnens. Stuttgart.

KLÖSZ, G., o.J.: Budapest Anno ..., Lichtbildaufnahmen im Atelier und außer Haus. Budapest.

KOMLÓS, J., 1981: Economic Growth and Industrialization in Hungary 1830-1913. In: The Journal of European Economic History 10, Nr. 1, S. 5-46.

KONRÁD, G. & SZELÉNYI, I., 1968: Új lakótelepek szociológiai vizsgálata (Die soziologische Untersuchung neuer Wohnsiedlungen). In: Valóság, V., 2, S. 34-52. Budapest.

KONRÁD, G. & SZELÉNYI, I., 1969: A lakáselosztás szociológiai kérdései (Soziologische Fragen der Wohnungsverteilung). In: Valóság, V., 8, S. 28-42. Budapest.

KONRÁD, G. & SZELÉNYI, I., 1971: A késleltetett városfejlődés társadalmi konfliktusai (Die sozialen Konflikte der verzögerten Stadtentwicklung). In: Valóság, 12, S. 19-35. Budapest.

KONRÁD, G. & SZELÉNYI, I., 1976: Social Conflicts of Underurbanization: The Hungarian Case. In: FIELD, M.G., (ed.): Social Consequences of Modernization in Communist Societies, S. 162-178. Baltimore, London.

KÖPECZI, B., 1978: Kulturrevolution in Ungarn. Budapest.

KÓRÓDI, J., & MARTON, G., 1968: A magyar ipar területi kérdesei (Räumliche Fragen der ungarischen Industrie). Budapest.

KOSTANICK, H.L. (ed.), 1977: Population and Migration Trends in Eastern Europe. Boulder/Colorado.

KOSINSKI, L.A., 1977: Demographic characteristics and Trends in Northeastern Europe: German Democratic Republic, Poland, Czechoslovakia and Hungary. In: KOSTANICK (ed.): Population and Migration Trends in Eastern Europe, S. 27-31. Boulder/Colorado.

KOSINSKI, L.A., 1979: Demographic Development in Eastern Europe. Boulder/Colorado.

KŐSZEGFALVI, Gy., 1964: Einige Probleme der künftigen Entwicklung des Siedlungsnetzes in der ungarischen Volksrepublik. In: Deutsche Architektur Nr. 10, S. 27-31.

KŐSZEGFALVI, Gy., 1978: Die Veränderung des Netzes der zentralen Orte in Ungarn. Sonderdruck aus: Mitteilungen der österreichischen Geographischen Gesellschaft, Band 12, II, S. 304-316. Wien.

KUBINYI, A., 1974: Die mittelalterlichen Schwesterstädte. In: SAGVARI, A.: Budapest. Die Geschichte einer Hauptstadt, S. 11-26. Budapest.

KULCSÁR, K., 1974: Vergangenheit und Gegenwart der ungarischen Soziologen. In: BALLA, B. (Hg.): Soziologie und Gesellschaft in Ungarn. Bd. I. Historische Entwicklung und sozialer Wandel, S.11-39. Stuttgart.

LACKÓ, M., 1976: Lakossági megtakaritás és ellátási helyzet (Ersparnisse und Versorgungslage der Bevölkerung). Közgazdasági Szemle 1976/5, S. 51-76. Budapest.

LEXIKONREDAKTION VEB, 1981: Ungarn. Leipzig.

LETTRICH, E., 1975: Urbanisierungsprozesse in Ungarn. In: MSSW, Bd. 13, S. 1-53. Kallmünz, Regensburg.

LETTRICH, E., 1981: Beträge zum sozialgeographischen Wandel in der Gemeinde Tihany. In: RUPPERT & HAAS (Hg.): Industrialisierung und Urbanisierung in sozialistischen Staaten Südosteuropas. In: MSSW, Bd. 21, S.54-75. Kallmünz, Regensburg.

MACKENROTH, G., 1953: Bevölkerungslehre. Berlin, Göttingen, Heidelberg.

MARKOS, G., 1971: Ungarn. Land, Volk, Wirtschaft in Stichworten. Wien.

MIHÁLYI, P., 1978: A Typical Waste of a Centrally Planned Economy. Unsatisfactory Maintenance of Council Houses in Budapest. In: Economics of Planning. Vol. 14, No. 2, S. 81-95.

MIKLÓS, H., o.J.: Römerzeit. In: DIE ZWEITAUSEND JAHRE VON BUDAPEST. Budapest.

MONATSBERICHTE DES WIENER INSTITUTS FÜR WIRTSCHAFTSFORSCHUNG (Hg.), 1943: Probleme der ungarischen Sozialpolitik. 16. Jg., Nr. 7/8/9, S. 100-118. Wien.

MONATSBERICHTE DES WIENER INSTITUTS FÜR WIRTSCHAFTSFORSCHUNG (Hg.), 1941: Das neue Ungarn, 15. Jg., Nr. 12, S.1-22. Wien.

MORAVÁNSZKY, Á., 1983: Die Architektur der Jahrhundertwende in Ungarn und ihre Bedeutung in der Wiener Architektur der Zeit, Wien. Diss.

MOTTECK, H., BECKER, W., & SCHRÖTER, A., 1969: Wirtschaftsgeschichte Deutschlands. Bd. III. Berlin (Ost).

MUSEUM FÜR UNGARISCHE ARBEITERBEWEGUNG, o.J., Budapest, Prospekt des Palais der Burg in Buda Gebäude "A", ohne Ort.

NEMES, F. & SZELÉNYI, I., 1967: A lakóhely mint közösség (Der Wohnort als Gemeinschaft). Budapest.

OLAJOS, Á., 1977: Changing Expectations of the Working Population towards Work in Hungary. In: Acta Oeconomica, Vol. 19 (2). 191-200. Budapest.

PALOTÁS, Z., 1965: Der Raumordnungsplan Ungarns. In: Informationen, Jg. 10, Nr. 6, S.203-206.

PÁLOS, I. & ARÁNYI, E., 1980: Szolgáltatások Magyarországon (Dienstleistungen in Ungarn). Budapest.

PÉCSI, M. (Hg.), 1959: Budapest természeti földrajza (Naturgeographie von Budapest). Budapest

PÉCSI, M. & SÁRFALVI, B., 1962: Die Geographie Ungarns. Budapest.

PERÉNYI, J., HEIM E., PREISICH, G., BRENNER, J. & BERCZIK, A., 1960: Budapest és környéke általános rendezési terve. 1960. (Generalbebauungsplan von Budapest und Umland von 1960). Budapest.

PERÉNYI, J., 1970: Die moderne Stadt. Budapest.

PERÉNYI, J., 1973: Town Centers. Planning and Renewal. Budapest.

PERÉNYI, J., 1974: Die Entwicklung des Städtebaus in Budapest in den Jahren 1873 bis 1973. In: Berichte zur Raumforschung und Raumplanung 18. Nr. 3. 9-19. Wien.

PERCZEL, K., 1961: A mai városhálózat kialakulása (Die Entwicklung des gegenwärtigen Städtenetzes). In: Vidéki városaink. 83. Budapest.

PIVOVAROV, Y., 1970: Commuting as an Aspect of Population Geography in the Socialist Countries. In: SÁRFALVI, B. (ed.): Recent Population Movements in the East European Countries, S. 73-76. Budapest.

PÓCZY, K., o.J.: Römerzeit. In: DIE ZWEITAUSEND JAHRE VON BUDAPEST, S. 2-14.

PREISICH, A., 1970: Wohnungssoziologische Untersuchungen in fabrikmäßig hergestellten Wohnungen in Budapest. Manuskript. Budapest.

PREISICH, G., 1960a: Budapest városépitésének története. Buda visszavételétől a kiegyezésig (Die Stadtbaugeschichte von Budapest. Von der Wiedereroberung Budas bis zum Ausgleich). Budapest.

PREISICH, G., 1960b: A budapesti régió tervezésének néhány problémája. Településtudományi közlemények. 12. (Einige Planungsprobleme der Budapester Region. Siedlungswissenschaftliche Mitteilungen 12). Budapest.

PREISICH, G., 1964: Budapest városépitésének története. A kiegyezéstől a tanácsköztársaságig (Die Stadtbaugeschichte von Budapest. Vom Ausgleich bis zur Räterepublik). Budapest.

PREISICH, G., 1969: Budapest városépitésének története 1919-1969 (Die Stadtbaugeschichte von Budapest 1919-1969). Budapest.

PREISICH, G., 1971: Stadtsoziologische Untersuchungen in Ungarn. In: AfK. Jg. 10. Vol. II. 325-331. Berlin.

PREISICH, G., 1972: Siedlungssoziologie und Städtebau in der Volksrepublik Ungarn. In: Deutsche Architektur 21, 1, S. 22-24.

PREISICH, G., 1973: Budapest jövője (Die Zukunft von Budapest). Budapest.

PREISICH, G., 1974: Die Budapester Agglomeration. In: Berichte zur Raumforschung und Raumordnung. Heft 4, 14-24. Wien.

PREISICH, G., 1978: Die Bedeutung von Ringstraßen für Wien und Budapest. In: Berichte zur Raumforschung und Raumplanung. Heft 6, S. 32-35. Wien.

PRINZ, G., RUSZKAI, M. & SZÜCS, I., 1967: A népesség mozgásának és a településhálózat alakulásának kölcsönhatása. A budapesti népesség alakulása (Die Wechselwirkung von Bevölkerungsmobilität und Ausbildung des Siedlungsnetzes. Die Entwicklung der Budapester Bevölkerung). Budapest.

PROBÁLD, F., 1974: A Study of Residential Segregation in Budapest. In: Annales Universitatis Scientiarum Budapestensis de Rolando Eötvös Nominatae, Sectio Geographica, S. 103-112. Budapest.

RADÓ, S., 1966: Städteentwicklung in der Ungarischen Volksrepublik. In: LEHMAN, E., (Hg.): Wissenschaftliche Veröffentlichungen des Deutschen Instituts für Länderkunde. Neue Folge 23/24. 191-196. Leipzig.

RADÓ, S., 1970: Lenin und die Geographie. In: Petermanns Geographische Mitteilungen, Heft 1, S. 1-13. Gotha, Leipzig.

REX, J.A., 1973: Az átmeneti övezet szociológiája (Soziologie der Übergangszone). In: Várossszociológia, S. 13-18. Budapest.

RIKKINEN, K., & PROBÁLD, F., 1969: Bevölkerungsveränderungen im Bereich von Budapest in den Jahren 1869-1966. In: Helsinki (Publicationes Instituti Geographici Universitatis Helsinggiensis, Serie A, Nr. 75. Helsinki.

ROHONYI, K. & MARÓT, M., 1970: Budapest. Budapest.

RUPP, K., 1973: Társadalmi mobilitás és településszerkezet (Soziale Mobilität und Siedlungsstruktur). In: Szociológia IV, 2, S. 23ff. Budapest.

RUPPERT, K. & HAAS, H.-D. (Hg.), 1981: Industrialisierung und Urbanisierung in sozialistischen Staaten Südosteuropas. In: Münchner Studien zur Sozial- und Wirtschaftsgeographie (MSSW) Bd. 21. Kallmünz, Regensburg.

RUPPERT, K., 1981: Urbanisierung und Industrialisierung - räumliche Struktur und Prozeßmuster in den Ländern Südosteuropas. In: RUPPERT & HAAS (Hg.): Industrialisierung und Urbanisierung in sozialistischen Staaten Südosteuropas. In: MSSW Bd. 21,S. 9-18. Kallmünz, Regensburg.

RUSSIG, V., 1979: Siedlungsstruktur in Stadt-Umland. Theoretische Grundlagen und empirische Tests. In: Schriften zur angewandten Wirtschaftsforschung. Tübingen.

SABOV, Z., 1980: Das Verhältnis Staat - Staatsbetrieb in Ungarn. In: Osteuropa - Wirtschaft. Jg. 25, Heft 1.3. 54-3.

SACHSE, H., 1943: Die Verluste des ungarischen Deutschtums im Spiegel der Statistik. Berlin.

SÁGVÁRI, A. (Hg.), 1974: Budapest. Die Geschichte einer Hauptstadt. Budapest.

SÁGVÁRI, A. (ed.), 1975: Budapest. The History of a Capital. Budapest.

SÁRFALVI, B., 1967: Die Landflucht in Ungarn. In: Geographische Rundschau. Heft 6. 218-220.

SÁRFALVI, B., 1969: Various Mechanisms of Internal Migration in Hungary. In: SÁRFALVI, B. (ed.): Research Problems in Hungarian Applied Geography, Studies in Geography in Hungaria 6, S. 19-28. Budapest.

SÁRFALVI, B. (ed.), 1970: Recent Population Movements in the East European Countries, Studies in Geography in Hungaria 7, Budapest.

SÁRFALVI, B. (ed.), 1975: Urbanization in Europe. Budapest.

SÁRFALVI, B., 1979: The Budapest Agglomeration. In: Annales Universitatis Scientiarum Budapestensis de Rolando Eötvös Nominatae, Sectio Geographica, S. 39-53. Budapest.

SÁRFALVI, B., 1981: Die Agglomeration von Budapest. In: RUPPERT & HAAS (Hg.): Industrialisierung und Urbanisierung in sozialistischen Staaten Südeuropas. In: MSSW Bd. 21, S. 141-152. Kallmünz, Regensburg.

SÁRKÖZY, T., 1980: Die Theorie des gesellschaftlichen Eigentumsrechts im Verlauf der sozialistischen Wirtschaftsreformen. Budapest.

SCHAFARZIK, F., VENDL, A. & PAPP, F., 1964: Geológiai kirándulások Budapest környékén (Geologische Ausflüge in der Umgebung von Budapest). 3. erw. Aufl. Budapest.

SCHÖLLER, P. (Hg.), 1969: Allgemeine Stadtgeographie. Darmstadt.

SCHOLZ, D. & ROSIN, D., 1979: Grundzüge der Siedlungsstruktur im Ballungsgebiet Halle/Leipzig. In: Petermanns Geographische Mitteilungen, Heft 2, S. 163-176. Gotha, Leipzig.

SCHUBERT, D. (Hg.), 1981: Krise der Stadt. Hamburg.

SIKLÓS, A., 1979: Ungarn 1918. Ereignisse, Bilder, Dokumente. Budapest.

SIKLÓSSY, L., 1931: Wie wurde Budapest gebaut? 1870-1930. Geschichte des Rates für Öffentliche Arbeiten der Hauptstadt. Rat für Öffentliche Arbeiten der Hauptstadt 1931.

SOMLY, J., 1929: Wohnungsbauten und Wohnungsbedarf in der Hauptstadt Budapest. Wirtschafts-Jahrbuch 1929. 328. Wien.

STADELBAUER, J., 1984: Regionalforschung über sozialistische Länder. Darmstadt.

STEWIG, R., 1983: Die Stadt in Industrie- und Entwicklungsländern. Paderborn, München.

SZABADY, E., 1962: A Budapesti városrészek népsűrűsege, foglalkozási és kulturális összetélele (Bevölkerungsdichte, Erwerbstätigkeit und Bildungsstruktur der Budapester Bezirke). In: Statisztikai Szemle, Vol. 11, S. 1112-1130.

SZABADY, E., 1974a: The Population of Hungary. Budapest: Demographic Research Institute, Central Statistical Office. Budapest.

SZABADY, E., 1974b: Hungary. In: Country Profiles. New York.

SZELÉNYI, I., 1974: Wohnungssystem und Gesellschaftsstruktr. In: BALLA, B. (Hg.): Soziologie und Gesellschaft in Ungarn, Bd. IV. Vom Agrarland zur Industriegesellschaft, S. 110-146. Stuttgart.

SZELÉNYI, I. & KONRAD, G., 1974: Soziologische Probleme der neuen Wohnsiedlungen. In: BALLA, B. (Hg.): Soziologie und Gesellschaft in Ungarn. Bd. IV. Vom Agrarland zur Industriegesellschaft, S. 98-109. Stuttgart.

SZELÉNYI, I. & VIDOR, F., 1964: A városszociológia és városépitészet (Stadtsoziologie und Städtebau). In: Valóság, 9, S.15-22. Budapest.

SZÉPLAKI, L., 1974: Die Rolle des Staatshaushalts in der Makro-Planung: Der Fall Ungarn. In: Annalen der Gemeinwirtschaft, 43. Jg., Heft 1, S. 13-23. Lüttich.

SZIKSZAY, B., 1976: Living Standard Policy and Price Policy in Hungary. In: Acta Oeconomica. Vol. 4 (1-2), S. 81-94. Budapest.

SZIRKA, K. & FALUS, M., 1980: On High Personal Incomes in Hungary. In: Acta Oeconomica. Vol. 24 (1-2), S. 81-94. Budapest.

SZÜCS, I., o.J.: Reaktionen der Einwohner auf den Wandel der Stadt - Grundlegende Überlegungen zur Anwendung der Siedlungssoziologie in der Stadtplanung. In: der aufbau. Monographie 5, S. 2-9. Wien.

SZÜCS, I., 1969: Soziologische Untersuchungen der Wohnwünsche in einem Budapester Wohnbezirk. In: Soziale Welt, Jg. XX, S. 462-475.

SZÜCS, I., 1970: A budapesti településszociológiai kutatómunkáról. (Über die siedlungssoziologische Forschungsarbeit in Budapest). Budapest.

SZÜCS, I., 1976: A budapesti lakásépités fejlesztésének társadalmi céljai (Gesellschaftliche Zielstellung des Budapester Wohnungsbaus). Társadalmi Szemle 1979/6, S. 32-39.

SZÜCS, I. & TÓTH, F., 1971: A Sociological Programme for Town Planning. In: The New Atlantis 2, 2, S. 81ff, 1971.

TAJTI, E., 1962: Budapest munkaerővonzása (Die Arbeitskräfteanziehung von Budapest). In: Földrajzi Közlemények 10, S. 255-278.

TAJTI, E., 1972: The Labour Attraction of Budapest. In: BENCZE & TAJTI: Budapest an industrial-geographical Approach, S. 99-167.

TAJTI; E., 1971: A munkahely és lakóhely közötti térbeli kapcsolat alakulásának tendenciái a budapesti agglomerációban (Entwicklungstendenzen der räumlichen Beziehung zwischen Arbeitsplätzen und

Wohnstandorten in der Budapester Agglomeration). In: Földrajzi Értesitő, S. 2-42.

TEUTEBERG, H.J. (Hg.), 1983: Urbanisierung im 19. und 20. Jahrhundert. Historische und geographische Aspekte. In: Städteforschung, Reihe A, Bd. 16.

THEODORSON, G.A. (ed.), 1961: Studies in Human Ecology. New York.

THIRRING, G., 1925: Budapest félszázados fejlődése 1873-1923 (Die fünfzigjährige Entwicklung Budapests 1873-1923). Budapest.

TÓTH, A.N., 1972: Ózd, Kazincbarcika, Miskolc cigánylakosságának helyzete (Die Lage der Zigeunerbevölkerung der Städte Ózd, Kazincbarcika und Miskolc). In: Népmüvelési Értesitő 1972, 4, S. 367-391.

UDVARHELYI, K. (Hg.), 1968: Magyarország természeti és gazdasági földrajza (Natur- und Wirtschaftsgeographie von Ungarn). Budapest.

UNESCO (Hg.) 1980: The Capitals of Europe, Budapest.

URBÁN, L., 1980: Links between, and standards of, public and private transport in Hungary. In: Transport Policy and Decision Making. Martinus Nijhoff Publishers bv, The Hague. Vol. 1, No. 2/3, 1980. 195-208.

VÁMOS, F., 1926: Die Umwandlung des Stadtbildes von Budapest, von der Epoche Palatins Joseph bis heute. Monatsheft des Anzeigers des Vereines Ungarischer Ingenieure und Architekten. 1926. Sonderdruck No. 9-12. 4. Königliche ung. Universitätsdruckerei. Budapest.

VARGA, W., 1978: Struktur und Strukturwandel in der Industrie der BRD, Österreichs, Polens und Ungarns und ihr Einfluß auf die Produktivität 1960-1972. Wien.

VILÁGHY, E., 1969: Die Sozialstruktur der ungarischen Industrie. Diss. Göttingen.

VISZKEI, M., 1972: A Budapesti agglomeráció kialakulása, helyzete és fejlesztési problémái (Die Entstehung, Lage und Entwicklungsprobleme des Ballungsraumes Budapest). In: Területi Statisztika, S. 515-522. Budapest.

WEBER, E. & BENTHIN, B., 1979: Einführung in die Bevölkerungs- und Siedlungsgeographie. Gotha, Leipzig.

WELLER, J., 1982: Budapest, Budapest.

DIE ZWEITAUSEND JAHRE VON BUDAPEST, o.J.: Die Geschichte von Budapest vom 1. Jahrhundert u. Z. bis zum 9. Mai 1945. Budapester Historisches Museum (Hg.). Budapest.

ZOLTÁN, L., 1968: Hungary, Country Monographs. In: Economic Commission for Europe Committee on Housing, Building and Planning, S. 84-102. Geneva.

b) Statistiken
(nach Reihen und Erscheinungsjahr geordnet)

KÖNIGLICH-UNGARISCHES STATISTISCHES ZENTRALAMT, 1898: Ungarisches Statistisches Jahrbuch, Neue Folge VI. Budapest.

THIRRING, G. (Hg.), 1912: Statistisches Jahrbuch der ungarischen Städte, Jg. 1. Budapest.

KOMMUNALSTATISTISCHES AMT BUDAPEST, 1925: Statistisch-Administratives Jahrbuch der Haupt- und Residenzstadt Budapest 1921-24. Budapest.

KOMMUNALSTATISTISCHES AMT BUDAPEST, 1927: Statistisch-Administratives Jahrbuch der Haupt- und Residenzstadt Budapest 1927. Budapest.

KOMMUNALSTATISTISCHES AMT BUDAPEST, 1934: Vergangenheit und Gegenwart der Haupt- und Residenzstadt Budapest in Zahlen. Budapest.

KOMMUNALSTATISTISCHES AMT BUDAPEST, 1936: Statistisches Jahrbuch der Haupt- und Residenzstadt Budapest 1936. Budapest.

BUDAG, L. (Hg.), 1941: Journal de la Société Hongroise de Statistique, Jg. 1903-1907, 1940-1941. Budapest.

SZÉKESFŐVÁROS STATISZTIKAI HIVATALA, 1944: Statistisches Jahrbuch der Haupt- und Residenzstadt Budapest 1944. Budapest.

SZÉKESFŐVÁROS STATISZTIKAI HIVATALA, 1948: Statistisches Jahrbuch der Haupt- und Residenzstadt Budapest 1948. Budapest.

GAZDASÁGSTATISZTIKAI TÁJEKOZTATÓ, 1949, Jg. 3.

KOVACSICS, J., 1963: Historische Demographie Ungarns. Budapest.

STATISTISCHES ZENTRALAMT UNGARN (im weiteren SZU), 1979: Statistisches Taschenbuch Ungarns 1979. Budapest.

SZU 1980: Statistisches Taschenbuch Ungarns 1980. Budapest.

SZU 1981: Statistisches Taschenbuch Ungarns 1981. Budapest.

SZU 1982: Statistisches Taschenbuch Ungarns 1982. Budapest.

SZU 1983: Statistisches Taschenbuch Ungarns 1983. Budapest.

SZU 1984: Statistisches Taschenbuch Ungarns 1984. Budapest.

KÖZPONTI STATISZTIKAI HIVATAL (im weiteren KSH), 1961a: Budapest Statisztikai Zsebköny e 1960 (Statistisches Taschenbuch von Budapest 1960). Budapest.

KSH 1979a: Budapest Statisztikai Zsebkönyve 1979. (Statistisches Taschenbuch von Budapest 1979). Budapest.

KSH 1980a: Budapest Statisztikai Zsebkönyve 1970-1980.
(Statistisches Taschenbuch von Budapest 1970-1980). Budapest.

KSH 1981a: Budapest Statisztikai Zsebkönyve 1980.
(Statistisches Taschenbuch von Budapest 1980). Budapest.

KSH 1982a: Budapest Statisztikai Zsebkönyve 1981.
(Statistisches Taschenbuch von Budapest 1981). Budapest.

KSH 1983a: Budapest Statisztikai Zsebkönyve 1982.
(Statistisches Taschenbuch von Budapest 1982). Budapest.

KSH 1984a: Budapest Statisztikai Zsebkönyve 1983.
(Statistisches Taschenbuch von Budapest 1983. Budapest.

KSH 1961b: Budapest Statisztikai Évkönyve 1960.
(Statistisches Jahrbuch von Budapest 1960). Budapest.

KSH 1979b: Budapest Statisztikai Évkönyve 1979.
(Statistisches Jahrbuch von Budapest 1979). Budapest.

KSH 1980b: Budapest Statisztikai Évkönyve 1980.
(Statistisches Jahrbuch von Budapest 1980). Budapest.

KSH 1981b: Budapest Statisztikai Évkönyve 1981.
(Statistisches Jahrbuch von Budapest 1981). Budapest.

KSH 1982b: Budapest Statisztikai Évkönyve 1982.
(Statistisches Jahrbuch von Budapest 1982). Budapest.

KSH 1983b: Budapest Statisztikai Évkönyve 1983.
(Statistisches Jahrbuch von Budapest 1983). Budapest.

KSH 1961a: 1960 évi Nepszámlálas. Budapest szémélyi és családi adatai (1960 Volkszählung. Personen- und familienbezogene Daten von Budapest). Budapest.

KSH 1981c: 1980 évi népszámlálás 1. Budapest adatai I. (Volkszählung 1980, Bd. 1, Daten von Budapest I). Budapest.

KSH 1981d: 1980 évi népszámlálás 1. Budapest adatai II. (Volkszählung 1980, Bd. 1, Daten von Budapest II). Budapest.

KSH 1983c: 1980 évi népszámlálás, 3. A lakótelepek Föbb Adatai. (Volkszählung 1980, Bd. 35. Die wichtigsten Daten der Wohnsiedlungen). Budapest.

KSH 1983d: 1980 évi népszámlálás, 33. Az aktîv keresök munkahelye és lakóhelye. A naponta ingázók adatai. (Volkszählung 1980, Bd. 33. Arbeitsplätze und Wohnorte der aktiv Erwerbstätigen. Daten der Tagespendler). Budapest.

Warschau

Jens Dangschat

INHALT	763
1. EINLEITUNG	765
1.1 Lage und Bedeutung der Stadt	765
1.2 Abgrenzung der Phasen der Stadtentwicklung	768
2. HISTORISCHE VORAUSSETZUNGEN	774
3. 1918-1945: KAPITALISTISCHER WILDWUCHS, ERSTE VERSUCHE, DIE ENTWICKLUNG DER STADT UND DER REGION ZU STEUERN UND DIE TOTALE ZERSTÖRUNG	783
3.1 Planverfahren und Ordnungsvorstellungen	783
3.2 Bevölkerung und Wohnungen	788
3.3 Beschäftigte und Arbeitsstätten	793
3.4 Infrastruktur	795
3.5 Kriegszerstörungen	796
4. 1945-1965: WIEDERAUFBAU UND KOORDINATIONSPROBLEME	799
4.1 Planverfahren und Ordnungsvorstellungen	799
4.1.1 Exkurs: Planungshierarchie in der VR Polen	800
4.1.2 Planverfahren und Ordnungsvorstellungen für Warschau und sein Umland	806
4.2 Bevölkerung und Wohnungen	821
4.3 Beschäftigte und Arbeitsstätten	849
4.4 Infrastruktur	860

5. 1965 BIS HEUTE: ANHALTENDES WACHSTUM UND MANGELNDE WOHNRAUMVERSORGUNG   865

   5.1 Planverfahren und Ordnungsvorstellungen   865
       5.1.1 Die Planung für die Region Warschau   866
       5.1.2 Die Planung für Warschau   877
   5.2 Bevölkerung und Wohnungen   884
   5.3 Beschäftigte und Arbeitsstätten   920
   5.4 Infrastruktur   931

6. ZUSAMMENFASSUNG   940

   6.1 Phasen der Stadtentwicklung   941
   6.2 Probleme der Stadtentwicklung   941
   6.3 Weitergehende Analysen   944

LITERATURVERZEICHNIS   947

WARSCHAU   765

1. EINLEITUNG[1]

1.1 Lage und Bedeutung der Stadt

Warschau (Warszawa) liegt rund 260 km von der Ostseeküste entfernt im mittelpolnischen Tiefland am östlichen Ende des Warschau-Berliner Urstromtals beiderseits der Weichsel (Wisła).

Abbildung 1.1: Volksrepublik Polen

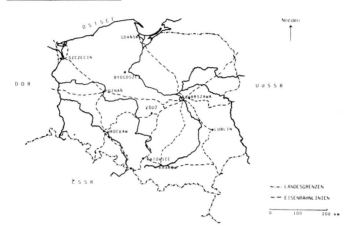

Am 31.12.1983 leben in Warschau etwa 1.641.400 Menschen auf einer Fläche von 485,3 qkm (GUS 1984:25). Damit ist Warschau die größte Stadt der Volksrepublik Polen (im folgenden: VR Polen) und hat annähernd doppelt so viele Einwohner wie die zweitgrößte Stadt Łódź mit 848.600 Einwohnern (GUS 1984:27). Warschau hat aber mit 3.382 E/qkm eine Einwohnerdichte, die deutlich unter der von Łódź (3.933 E/qkm), aber dennoch in der Spitze der polnischen Großstädte liegt.

---

1) Mein besonderer Dank gilt der Polnischen Akademie der Wissenschaften (PAN), die mir einen Studienaufenthalt in Warschau ermöglichte, und den Kollegen am Geographischen und Soziologischen Institut. Zwei von ihnen gilt mein besonderer Dank: Dr. Grzegorz Węcławowicz, der mich bei meinen Aufenthalten in Warschau hilfreich unterstützte und Dr. Maria Ciechocińska, die in ungewöhnlich sorgfältiger Art die Endfassung redigierte und mir wertvolle Hinweise gab. Selbstverständlich gehen mögliche Fehler bei der Wiedergabe und Interpretation zu meinem Lasten.

Warschau ist in sieben Stadtbezirke gegliedert, von denen zwei, Praga-Północ (Praga-Nord) und Praga-Południe (Praga-Süd), östlich der Weichsel liegen (vgl. Abb. 5.6).

Warschau ist mit nur wenigen kurzen Unterbrechungen seit 1596 die Hauptstadt Polens und seit 1945 der Regierungssitz der VR Polen. Außerdem ist Warschau das wichtigste Verwaltungszentrum, denn ihren Sitz haben hier

- sämtliche obersten Organe der staatlichen Ministerien, Verwaltungs- und Planungsbehörden;
- die Regierungs- und Verwaltungsorgane der Hauptstädtischen Woiwodschaft Warschau (stołezcne warszawskie; im folgenden: HW Warschau);
- die Regierungs- und Verwaltungsorgane der Stadt Warschau;
- die obersten Gremien und Verwaltungen der regierenden Vereinigten Polnischen Arbeiterpartei (PZPR), der anderen Parteien und der Gewerkschaften;
- die Verwaltungen der meisten Wirtschaftszweige.

Zusätzlich ist Warschau das größte wissenschaftliche (80.000 Studenten an 13 Universitäten und Technischen Hochschulen), kulturelle (32 Museen, 20 Theater, eine Oper und eine Philharmonie, 50 Kinos) und Kommunikationszentrum (Sitz des staatlichen Fernsehens und Rundfunks, der polnischen Presseagentur PAP und der führenden Tageszeitungen und Verlage des Landes; LESZCZYCKI & LIJEWSKI 1977:125 und RUTKOWSKA 1982:9, 12). In Warschau sind - bei einem Bevölkerungsanteil von etwa 5% - etwa 25% aller privater Telefonanschlüsse der VR Polen installiert und 13% aller privater PKWs zugelassen. Jeder fünfte Hochschulabsolvent hat in Warschau studiert. Etwa 65% aller polnischen Bücher und über 50% aller Zeitschriften und Zeitungen erscheinen in Warschau (vgl. HAGER 1978:464).

Die Stadt ist neben dem oberschlesischen Industriegebiet um Kattowitz (Katowice) das größte industrielle Zentrum: Stahlerzeugung, Maschinenbau, Baustoffindustrie, chemische und polygraphische Industrie, Kraftfahrzeugproduktion, elektronische und elektrotechnische Industrie, Präzisionsindustrie, Kraft- und Heizwerke, Textil- und Nahrungsmittelindustrie. Außerdem ist Warschau Personenverkehrsknotenpunkt (wichtigster Flughafen, Kreuzung von Wasserwegen und der Europastraßen E7, E8, E12, E81 und E82).

Abbildung 1.2: Flächennutzung in Warschaus Innenstadt

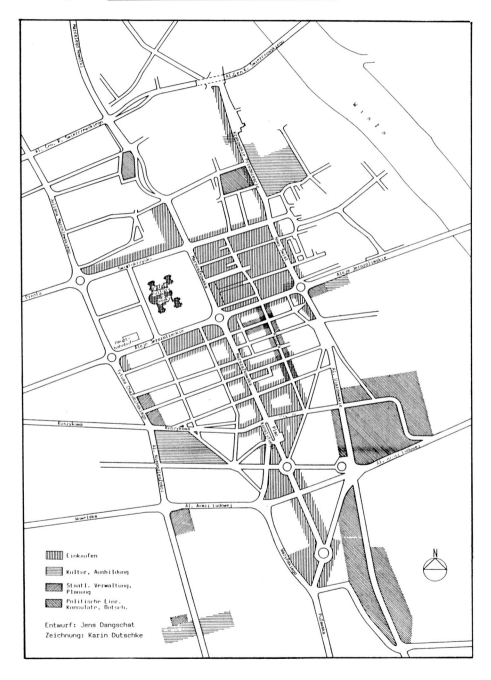

Warschau ist nicht nur Hauptstadt der VR Polen, sondern auch der Hauptstädtischen Woiwodschaft Warschau. Diese weist eine Fläche von 3.787,8 qkm auf (1,2% der Fläche der VR Polen); auf ihr leben am 31.12.1983 2,3821 Mio. Einwohner (6,5% der Einwohner der VR Polen; GUS 1984:XLIX). Die HW Warschau entspricht damit der Region Warschau und die um Warschau reduzierte HW Warschau dem Umland bzw. der suburbanen Zone Warschaus (vgl. Abb. 5.2).

1.2 Abgrenzung der Phasen der Stadtentwicklung

In der Folge soll die Entwicklung Warschaus beschrieben werden. Die Entwicklung der Hauptstadt Polens nahm durch Kriege, Aufstände, Besetzungen, wirtschaftliche Depressionen und politische Entscheidungen einen sehr unterschiedlichen Verlauf. Für die letzten etwa 100 Jahre soll schließlich versucht werden, mittels der oben eingeführten Phasen der Stadtentwicklung einen regelhaften Ablauf zu beschreiben. Solche Versuche, die bis hin zu "Lebenszyklen von Städten" gehen, sind zahlreich, aber bisher wenig befriedigend.

Die Kritik an den bisherigen Ansätzen richtet sich auf:

- die Eindimensionalität; es wird versucht, die Stadtentwicklung mit der Veränderung der Ausprägungen nur eines Indikators zu beschreiben - eine solche Reduktion scheint nicht angemessen - und
- die geringe Persistenz der verwendeten Indikatoren; es wird eine komplexe Entwicklung - z.B. die Entwicklung der Verkehrstechnologie - mit einer Abfolge unterschiedlicher Indikatoren beschrieben ("Einrichten der ersten Eisenbahnlinie", "Anteil der Pkw/1.000 Einwohner", "Anzahl der Fahrten im ÖPNV/Tag").

Wir haben oben nun versucht, eine etwas komplexere Abfolge von Stadtentwicklungsphasen zu ermitteln, gleichzeitig aber konstante Indikatoren über einen längeren Zeitraum zu verwenden. Diesen Ansatz haben wir als "Theorie des doppelten Übergangs" bezeichnet.

Mit dieser Theorie wird versucht, zumindest für zwei Probleme Lösungen anzubieten:

1. Einen theoretischen Ansatz zu finden, der sowohl die Entwicklung eines Landes als auch dessen Hauptstadt beschreiben kann, und
2. die Entwicklung in zwei Dimensionen derart miteinander in Einklang bringt, daß die Kombination aus der Entwicklung beider Dimensionen
    a) zu wohldefinierten Phasen führt (Problem der Kongruenz),
    b) alle Städte die einzelnen Phasen der Entwicklung auch erreichen können,
    c) die Abfolge der Phasen in allen Städten gleich ist.

Die Theorie des doppelten Übergangs bezieht sich auf die beiden Dimensionen "Bevölkerung" und "Wirtschaft". Dabei wird bewußt eine Nähe zum Konzept des ökologischen Komplexes gesucht: die Dimension "Organisation" drückt sich gerade im betrachteten Gegenstand, nämlich der Veränderung der Organisation der Stadt über die Zeit (= Stadtentwicklung) aus; für die Dimension "Technologie" erschien es uns unmöglich, über einen so langen Zeitraum durchgängige Indikatoren zur Beschreibung des technologischen Wandels zu finden.

Für die Dimension "Bevölkerung" haben wir den Ansatz des demographischen Übergangs gewählt, eine in der Demographie anerkannte Betrachtung des Verlaufs von Geburts- und Sterberaten. Ihm liegt zugrunde, daß in entwickelten Ländern sich anfangs beide Raten auf hohem Niveau befinden (prä-transformative Phase). Aufgrund von Prozessen parallel zu oder ausgelöst durch die Industrialisierung sinkt dann erst die Sterberate, anschließend auch die Geburtenrate (transformative Phase). Aus diesem time-lag resultiert der starke Anstieg der Bevölkerungszahlen im letzten Jahrhundert. Dieser Ansatz nimmt schließlich an, daß sich beide Raten auf niedrigem Niveau einpendeln und nahezu parallel verlaufen werden (post-transformative Phase).

Für die Dimension "Wirtschaft" haben wir ein Modell entwickelt, das sich an den Vorstellungen von CLARK und FOURASTIE orientiert. Beide betrachten die Relation der Beschäftigten in den drei Wirtschaftssektoren (primär, sekundär, tertiär). FOURASTIE geht dabei davon aus, daß in der ersten Phase der Anteil der Beschäftigten im primären Sektor sehr hoch sei, die der übrigen Sektoren dagegen niedrig (prä-transformative Phase). Der Übergang wird dann durch ein Sinken der Beschäftigten im primären Sektor, ein Ansteigen der Beschäftigtenzahlen im sekundären Sektor

WARSCHAU

Abbildung 1.3 a: Verlauf der Geburten- und Sterberate für Warschau, 1815 bis 1981

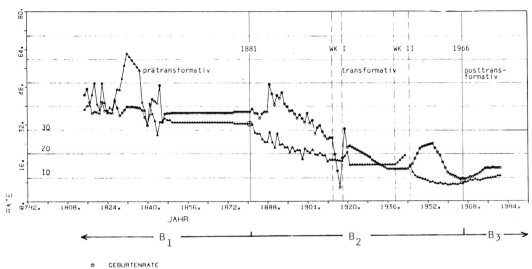

o GEBURTENRATE
▲ STERBERATE

Abbildung 1.3 b: Verlauf der Anteile der Beschäftigten nach Sektoren (seit 1945: ... Sektoren im sozialisierten Sektor) für Warschau, 1828 bis 1981

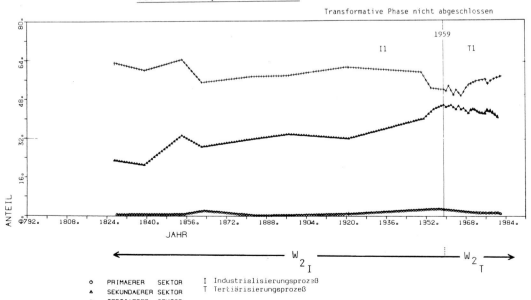

o PRIMAERER SEKTOR   I Industrialisierungsprozeß
▲ SEKUNDAERER SEKTOR T Tertiärisierungsprozeß
+ TERTIAERER SEKTOR

bis zu einem Maximum und dann ein geringeres Gefälle und einen kontinuierlichen Anstieg der Beschäftigtenzahlen im tertiären Sektor bestimmt (transformative Phase). Die dritte Phase ist schließlich durch ein Vorherrschen des tertiären Sektors, wenigen Beschäftigten im sekundären Sektor und nahezu unbedeutend wenigen Beschäftigten im primären Sektor bestimmt (post-transformative Phase).

Der Verlauf dieser fünf Indikatoren aus diesen zwei Dimensionen wurde sowohl für Polen als auch für Warschau empirisch überprüft. Dabei stellte sich heraus, daß die - ursprünglich nur für die Landesebene gedachten - Annahmen FOURASTIEs für Städte konkretisiert und überarbeitet werden mußten. Eine prä-transformative Phase ist aufgrund der stadttypisch geringen Beschäftigtenzahlen im primären Sektor nicht abgrenzbar, d.h. es läßt sich kein Beginn der transformativen Phase festlegen. Dazu dauert die Übergangsphase sehr lang (ihr Ende wurde von uns durch das Erreichen der 64%-Marke des Anteils der Beschäftigten im tertiären Sektor definiert) und das Maximum des - idealiter in der Mitte der Phase angenommenen - Beschäftigtenanteils des sekundären Sektors liegt am äußersten Phasenende. Wegen dieser langen Phase wurde - entgegen FOURASTIE, der in Start-, Ausdehnungs- und Endperiode unterscheidet - diese Phase versucht nach der diesem wirtschaftlichen Wachstum zugrundeliegenden Entwicklung zu differenzieren. Nimmt der Anteil der Beschäftigten im tertiären Sektor relativ zu denen im sekundären zu, handelt es sich um eine Tertiärisierung, im umgekehrten Fall um eine Industrialisierung. Gibt es keinen eindeutigen Trend, dann haben wir diesen Zustand Stationarität genannt.

In Abbildung 1.3 sind die Ergebnisse des empirischen Tests dargestellt. Unsere Untersuchung (die im ersten Schritt in einer Eingrenzung möglicher Phasenendpunkte durch Augenschein, im zweiten Schritt für den demographischen Übergang in einer Überprüfung der Zeitpunkte innerhalb des vorgegebenen Zeitintervalls auf Strukturbrüche mittels einer Zeitreihenanalyse bestand) ergab folgende Zeitpunkte:

- Für den demographischen Übergang wird das Ende der prä-transformativen Phase auf das Jahr 1881 festgelegt, das Ende der transformativen Phase auf das Jahr 1966.
- Für den wirtschaftlichen Übergang ließ sich kein Beginn der transformativen Phase feststellen (vor 1827), ebenso kein Ende, weil der Anteil der Beschäftigten im tertiären Sektor noch keine 64% erreicht

hat. Innerhalb dieser nach beiden Seiten offenen Übergangsphase können auch nur zwei Prozesse ausgemacht werden: bis 1959 ein Industrialisierungsprozeß, danach ein Tertiärisierungsprozeß.

Bei der Betrachtung der Kurven des demographischen Übergangs fällt zweierlei auf: die lange Phase des Übergangs, was sicherlich auf die beiden Weltkriege mit ihren Bevölkerungsverlusten und den nachfolgenden Anstiegen der Geburtenrate zurückzuführen ist, und die auch in der post-transformativen Phase hohen Überschüsse des natürlichen Bevölkerungssaldos.

Die lange Phase des ökonomischen Übergangs ohne eindeutige Begrenzungspunkte bringt Schwierigkeiten für eine Abgrenzung der Phasen des doppelten Überganges. Wir haben uns daher entschlossen, die Phasen der Stadtentwicklung wie folgt abzugrenzen:

Phase I (Bevölkerung: prä-transformativ; Wirtschaft: prä-transformativ): nicht definiert.
Phase II (Bevölkerung: prä-transformativ; Wirtschaft: transformativ): Beginn nicht definiert; Ende 1881.
Phase III (Bevölkerung transformativ; Wirtschaft: transformativ): 1881-1966.
Phase IV (Bevölkerung: post-transformativ; Wirtschaft: transformativ): 1966 bis heute.
Phase V (Bevölkerung: post-transformativ; Wirtschaft: post-transformativ): nicht definiert.

Im Vergleich mit Polen weist Warschau eine etwa gleiche transformative Phase des demographischen Überganges auf - von der zeitlichen Lage her (in Warschau beginnt sie neun Jahre früher und endet ein Jahr früher) und von der Intensität her (in Warschau wegen der etwas längeren Dauer schwach geringer).

Erhebliche Unterschiede gibt es jedoch zwischen den Übergangsphasen der ökonomischen Übergänge; Warschau befindet sich bereits zu Beginn der statistischen Darstellungen in dieser Phase, während sie in Polen erst 1957 einsetzt.

Für die vorliegende Monographie weiche ich jedoch in zwei Punkten von dieser Phaseneinteilung ab; beide beziehen sich auf die Phase III, die Phase des "doppelten Übergangs". Wegen der langen Dauer (85 Jahre) einerseits und wegen der Zerstörung Warschaus und des Wiederaufbaus in einer veränderten Gesellschaftsordnung andererseits unterteile ich diese Phase im Jahr 1945, so daß die Phase IIIa von 1881 bis 1945 reicht (vgl. Kap. 3): Das Ende der Phase IIIb verlege ich um ein Jahr nach vorn, weil damit die Grenze zwischen zwei wirtschaftlichen Fünf-Jahres-Plänen der VR Polen getroffen wird, die unter unterschiedlichen planerischen Zielvorstellungen standen (vgl. Kap. 4). Die Phase IV reicht dann von 1965 bis heute (vgl. Kap. 5). Die Phase II wird im Kapitel 2 beschrieben, nachdem zuvor der historische Ablauf bis zum Beginn der Industrialisierung dargestellt wird.

Neben der Beschreibung wird in den einzelnen Kapiteln geprüft werden, inwieweit die Entwicklung in den Bereichen

- Planverfahren und Ordnungsvorstellungen,
- Bevölkerung und Wohnungen,
- Beschäftigte und Arbeitsstätten und
- Infrastruktur

entsprechend der Phasenenteilung variiert.

2. HISTORISCHE VORAUSSETZUNGEN

Bereits im 10. bis 11. Jahrhundert gibt es eine Wehrburg in Alt-Bródno (KOSIŃSKI 1965:259 und RUTKOWSKA 1982:13; vgl. Abb. 2.1). Im Jahr 1207 wird Warschau erstmals als einer der Wohnsitze der Herzöge von Masovien erwähnt. 1294 wird der ehemalige Holzbau vom Herzog Konrad II. zu einem Schloß ausgebaut und mit einem Schutzwall versehen. An der Nordseite des Walls bildet sich auf einer Fläche von rund 0,12 qkm die erste slawische Stadt (an der Stelle der heutigen Altstadt, Stare Miasto, auf dem hohen Weichselufer; vgl. Abb. 2.1). Daneben gibt es zwei weitere Siedlungen: ein Fischerdorf und einen Salzhandelsplatz. 1379 wird um die jetzt 0,1 qkm große Stadt eine Mauer gezogen, ohne daß jedoch das Weichselufer befestigt wird. Die Stadt am Flußübergang, 30 Meter hoch auf einem Felsen über dem Wasserspiegel gelegen, wird 1413 zur Hauptstadt des Herzogtums Masovien (vorher war es Czersk) und erhält infolge des großen Einflusses deutscher Kolonisten das "Kulmer Stadtrecht" (HAGER 1934:69)[1].

Abbildung 2.1: <u>Historische Siedlungskerne auf dem heutigen Gebiet von Warschau</u>

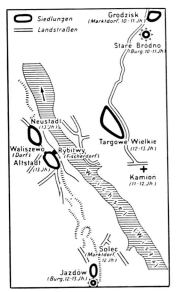

Quelle: KOSIŃSKI 1965: 259

---

1) KOSIŃSKI (1965:259) schreibt dieses Recht Warschau schon für 1339 zu.

Aufgrund der guten Handelsbeziehungen verläuft die Bevölkerungs- und Wirtschaftsentwicklung derart rasch, daß die alte Stadt bald überbevölkert ist und vor den Toren Neusiedlungen für Kaufleute und Handwerker gegründet werden (Nowa Warszawa, auf dem Gebiet der heutigen Nowe Miasto im Norden ist 1408 die erste, eine weitere ist die Krakauer Vorstadt im Süden, nach der die heutige Straße (Krakowskie Przedmieście) bezeichnet ist; KOSIŃSKI 1965:260; vgl. Abb. 1.2 und 2.1).

1526 wird die Entwicklung vorübergehend gebremst, denn das Herzogtum Masovien geht in Polen auf, Warschau verliert vorübergehend seine hauptstädtische Funktion. Doch bereits um 1550 setzt erneut ein Aufschwung ein. Die Bevölkerungszahl steigt auf rund 14.000 Einwohner (EGLI 1967: 175). Warschau liegt nun im Zentrum des neuen polnischen Staates, gewinnt eine dominierende Stellung im Handel und übernimmt wieder hauptstädtische Funktionen (seit 1569 tagt die Vollversammlung des polnisch-litauischen Sejm in Warschau). Zwischen 1568 und 1573 wird die erste Weichselbrücke am Nordrand der Altstadt errichtet; sie hält jedoch - ähnlich wie alle Nachfolger bis 1775 - nur etwa 30 Jahre.

Zwischen 1596 und 1611 gehen alle hauptstädtischen Funktionen des damaligen polnischen Staates von Krakau auf Warschau über. Die Stadt erfährt einen enormen Bevölkerungszuwachs und dehnt sich nach Westen und Süden aus. Dabei handelt es sich meist um "jurydyki" - selbständige Magnatenstädtchen. Das Stadtbild wird erstmals geprägt durch Residenzen, Paläste, Kirchen und Adelssitze; drei Viertel der Stadtfläche geht in den Besitz der neuen Führungselite über. 1624 werden die Vorstadtsiedlungen vor allem im Westen eingemeindet. In Warschau leben jetzt 14.000 Einwohner auf 1,25 qkm Fläche (RUTKOWSKA 1982:14; vgl. auch BARBAG & BEREZOWSKI 1956:157). Um dieses Gebiet wird - als Verteidigung gegen einfallende Türken - im Jahr 1650 ein Erdwall gezogen.

Doch im Jahr 1655 werden erhebliche Teile der Stadt im Verlauf des Schwedisch-Polnischen Krieges (1655-1657) zerstört. Insgesamt 60% der Gebäude werden zerstört, die Alt- und Neustadt niedergebrannt. Die Bevölkerung wird vertrieben oder umgebracht und reduziert sich von 18.000 auf 6.000 Einwohner im Jahr 1659 (EGLI 1967:176 und MUZEUM o.J.). Der Wiederaufbau ist 1670 vorerst beendet. Die Entwicklung der Stadt erfährt jedoch einen erneuten Rückschlag durch den Krieg gegen die Sachsen (1704-1712), einen

Pestschlag und eine Brandkatastrophe. Der darauf folgende Wiederaufbau ist zu Beginn des 18. Jahrhunderts durch den barocken Baustil der sächsischen Könige geprägt. Unter der Fremdherrschaft Augusts des Starken errichtet sich der Adel zwischen 1713 und 1724 im heutigen Straßenzug Krakowskie Przedmieście und Nowy Swiat und auf den südlichen Weichselhügeln (dem heutigen bevorzugten Standort ausländischer Vertretungen, vgl. Abb. 1.2) kleine Residenzen (Oś Saska, d.h. Sächsische Achse) - die erste umfangreiche Auflockerung des auch für damalige Verhältnisse eng bebauten Weichbildes der Stadt. Zwischen den Repräsentativbauten und der Stadt erstreckt sich - ein Novum für polnische Verhältnisse - ein Quartier der Privilegierten mit Parks, Reithallen, Kasernen, Lust- und Badehäusern (vgl. HAGER 1934:71).

Zwischen 1724 und 1756 wird die Pflasterung und Beleuchtung der Hauptstraßen - zum Wohl der Privilegierten, aber auch des Handels - durchgeführt; 1775 wird eine erste stabile Pontonbrücke erbaut (vgl. DICKINSON 1951:211). Nach einer Phase gemäßigter Bevölkerungsentwicklung nimmt die Bevölkerungszahl infolge von sich ausbreitenden Manufakturen rasch zu:

1754	23.000 Einwohner
1770	40.000 Einwohner
1792	115.000 Einwohner (EGLI 1967:176).

Unter der Herrschaft Stanisław August Ponatowskis expandiert die Wirtschaft der Hauptstadt und mit ihr die Bevölkerungszahl zum zweiten Mal innerhalb kurzer Zeit. Mit der Eingemeindung Pragas 1787 ("Städtegesetz" vgl. Abb. 2.2) dehnt sich Warschau auch auf das rechte Weichselufer aus, die Einwohnerzahl steigt auf 120.000 (RUTKOWSKA 1982:15). Doch damit endet vorerst erneut die gleichmäßige Entwicklung der Stadt; Warschau erleidet als Hauptstadt Polens aufgrund von Kriegen erneut erhebliche Rückschläge in seiner Entwicklung.

Die Auswirkungen der drei Teilungen Polens (1772, 1793 und 1795) treffen besonders Warschau - seit dem Ende des 18. Jahrhunderts das Zentrum des Widerstandes (Gründung des Jakobinerclubs 1794). Der Aufstand unter T. Kościuszko gegen die preußischen und russischen Besetzer führt zu Straßenkämpfen, die blutig unterdrückt werden. Brände, Zerstörungen und Metzeleien, aber auch der Verlust hauptstädtischer Funktionen aufgrund der preußischen Okkupation Warschaus reduzieren die Einwohnerzahl um die Jahrhundertwende auf 63.000 (KOSIŃSKI 1965:261).

Abbildung 2.2: <u>Entwicklung des Stadtgebietes und der Bevölkerungszahl Warschaus, 1786 - 1963</u>

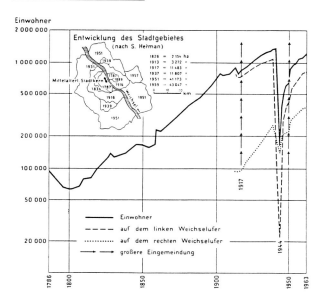

Quelle: KOSIŃSKI 1965: 263

Aufgrund des Einmarsches französischer Truppen (1806) wird Warschau Herzogtum und bekommt von Napoleon eine der französischen angepaßte Verfassung (Friede von Tilsit). Auf dem Wiener Kongreß wird Warschau 1815 zur Hauptstadt des unter russischer Herrschaft stehenden Königreichs Polen (Kongreß-Polen) gemacht.

Warschau wird daraufhin zu einem Militärstandort ausgebaut; fünf große Kasernenanlagen bilden einen Halbkreis um die westliche Stadt. Wirtschaft und Handel erhalten einen Auftrieb durch die Einrichtung von Bankhäusern und von Messen (vgl. DICKINSON 1951:213).

Im Jahr 1820 erreicht die Stadt wieder 100.000 Einwohner (BARBAG & BEREZOWSKI 1956:157). 1826 bedeckt die Stadt eine Fläche von 21,54 qkm und hat 130.000 Einwohner (rund 6.000 E/qkm) (RUTKOWSKA 1982:15), 1829 sind es bereits 140.000 Einwohner. Warschau war damals eindeutig die bedeutendste Stadt Polens, denn alle anderen polnischen Städte verloren im Verlauf des 18. Jahrhunderts an Bedeutung.

Mit der Gründung der Universität (1818), der Polytechnischen Schule (1825) und der Patriotischen Gesellschaft (1830) wird Warschau zunehmend zum geistigen und kulturellen Zentrum. Hier findet die politische Opposition, basierend auf französischen Freiheitsidealen, ein Sammelbecken freiheitlicher Gesinnung. Mit dem Anwachsen des Proletariats haben die Oppositionellen die Masse zur Verfügung, sich immer wieder gegen preußische und danach gut hundert Jahre lang gegen russische Assimilationsversuche zur Wehr zu setzen (vor allem Novemberaufstand 1830, Polnisch-Russischer Krieg 1830/31).

Die Besetzung Warschaus durch zaristische Truppen beendet den Bestand Kongreß-Polens. Die Zitadelle (nördlich der Nowe Miasto) wird zur Kontrolle der Aufständischen gebaut (1832). Durch den Bau der Zitadelle und das Bauverbot im Umkreis wird die Stactentwicklung im Norden beeinträchtigt. Das Wachstum verlagert sich nach Süden, damit verschiebt sich auch das Zentrum Warschaus südwärts.

Mit der Besetzung Warschaus durch die Russen setzt eine Phase intensiver Russifizierung ein (Bildungswesen, Ausrichtung des Handels), die gut 80 Jahre anhält (vgl. HAGER 1934:68). Gleichzeitig setzt jedoch - mit der beginnenden Industrialisierung und cem Bevölkerungszuwachs - eine lange Phase ein, in der kaum Einflüsse der Planung auf die Stadtentwicklung einwirken.

Die sich allmählich entwickelnde Industrie (Metallurgie, Textil- und Nahrungsmittelindustrie) siedelt sich in der zwischen Terassenrand und Weichsel gelegenen Flußniederung an (in Powiśle, vgl. Abb. 2.3). Die zuwandernde Bevölkerung erhält ebenfalls dort ihre Unterkünfte, wobei Mietskasernen und wahllos plazierte Behelfshäuser das bis dahin von Barockbauten geprägte Stadtbild an dieser Stelle stark beeinträchtigen.

Von 1845 bis 1848 wird die erste Eisenbahnlinie nach Wien gebaut, die die Industrialisierung in zweifacher Hinsicht fördert. Zum einen wird eine bessere Versorgung mit Rohstoffen aus Oberschlesien erreicht, zum anderen steigt die Erreichbarkeit der Stadt. 1862 folgt eine Bahnlinie nach Petersburg, kurz danach eine nach Moskau. Die beiden letzten Bahnlinien und die zwischen 1859 und 1864 gebaute erste Eisenbahnbrücke über die Weichsel begünstigt die Handelsbeziehungen. Warschau wird zur Drehscheibe der Handelsbeziehungen zwischen Westeuropa und Rußland, sowie zwischen Österreich und Rußland, zumal das Gebiet nördlich Warschaus (Prywislenski Kraj) einen Zoll-Sonderstatus erhält.

Abbildung 2.3: <u>Territoriale Entwicklung Warschaus seit dem 17. Jahrhundert</u>

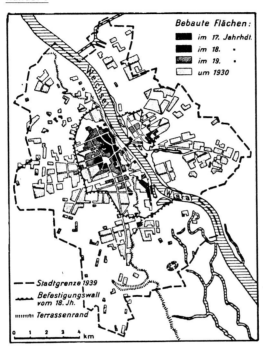

Quelle: KOSIŃSKI 1965: 261

Die Eisenbahnbrücke ermöglicht zudem eine Verbindung der vielen kleinen Provinzbahnhöfe untereinander und verbessert die Verkehrsmöglichkeiten für die Einpendler. Warschau dehnt sich vor allem entlang der Bahnlinie nach Westen aus (Wola). In der Innenstadt werden Wasserleitungen und eine Gasbeleuchtung gebaut (1853 bis 1857). Die Bevölkerungsdichte in der Innenstadt ist sehr hoch. Wohnhäuser, die so eng stehen, daß in das "System schmaler Straßen ... niemals die Sonne dringt" (MUZEUM o.J.)

sind die Regel. Seuchen sind die Folge, die erste Kanalisation in der Innenstadt (1859-1864; vgl. BARBAG & BEREZOWSKI 1956:39) muß erweitert werden. Zum Ende des 19. Jahrhunderts wird die Stadt elektrifiziert, das Gasnetz erweitert, ein Telefonnetz installiert, die hygienischen Bedingungen verbessert - die Sterblichkeitsziffer fällt deutlich. 1908 fährt die erste Straßenbahn.

Tabelle 2.1: <u>Bevölkerungsentwicklung Warschaus, 1786 - 1917</u>

Jahr	Anzahl der Bewohner	Quelle
1786	96.100	WUSW 1974:Tab.3/23
1799	63.400	WUSW 1974:Tab.3/23
1809	77.700	WUSW 1974:Tab.3/23
1810	77.727	SZCZYPIORSKI 1979:59
1819	100.300	WUSW 1974:Tab.3/23
1820	100.000	BARBAG & BEREZOWSKI 1956:157;RHODE 1950:164
1825	131.148	WASĄŹNIK 1968:101
1826	130.000	RUTKOWSKA 1982:15
1831	126.800	WUSW 1974:Tab.3/23
1839	139.600	WUSW 1974:Tab.3/23
1840	139.000	RHODE 1950:164
1849	163.600	WUSW 1974:Tab.3/23
1858	158.000	RHODE 1950:164
1859	162.800	WUSW 1974:Tab.3/23
1860	230.200 (!!)	WUSW 1974:Tab.3/23
1870	269.200	WUSW 1974:Tab.3/23
	275.999	WASĄŹNIK 1968:101
1880	383.000	BARBAG & BEREZOWSKI 1956:39
1882	382.964	SZCZYPIORSKI 1979:62
	385.000	RHODE 1950:164
1889	445.800	WUSW 1974:Tab.3/23
1894	524.000	RHODE 1950:164
1897	594.000	STATISTISCHES BUNDESAMT 1973:64
	597.000	RHODE 1950:164
	601.400	CIECHOCIŃSKA 1975:43
	624.189	SZCZYPIORSKI 1979:64
	643.000	KOSIŃSKI 1965:262[+)]
	683.692	WASĄŹNIK 1968:101
1900	690.000	RUTKOWSKA 1982:17
1903	771.400	WUSW 1974:Tab.3/23
1909	781.200	WUSW 1974:Tab.3/23
1910	764.054	WASĄŹNIK 1968:101
	781.000	BARBAG & BEREZOWSKI 1956:39
	845.100	CIECHOCIŃSKA 1975:43
1914	884.000	MUZEUM (o.J.)
1917	837.200	WUSW 1974:Tab.3/23

[+)] Nach russischer Volkszählung, allerdings mit Vorstädten

1863 finden wieder Aufstände gegen die zaristischen Herrscher statt (Januar-Aufstand), die ebenso wie die vorigen blutig unterdrückt werden. Bei der Zitadelle werden die Aufständischen der "Diktatur" (1864) und die Parteigründer der "Proletariat" (1886) hingerichtet.

Dessenungeachtet verstärkt sich die Industrialisierung und in ihrem Sog die Bevölkerungszahl. Nach 1860 verdoppelt sich die Bevölkerungszahl Warschaus in etwa 20 Jahren; nach 1880 findet innerhalb von 30 Jahren erneut eine Bevölkerungsverdopplung statt (vgl. Tab. 2.1). Dabei entwickelt sich Warschau von der siebzehntgrößten Stadt Europas (1850) zu der achtgrößten (1914) (vgl. GRIME & WECŁAWOWICZ 1981:259).

Parallel dazu vollzieht sich ein ähnlich starkes industrielles Wachstum, bezogen auf die Zahl der Fabriken, der dort Beschäftigten und anfangs auch auf die Betriebsgröße:

1892	374 Fabriken mit 17.000 Beschäftigten;
1904	452 Fabriken mit 32.000 Beschäftigten;
1913	595 Fabriken mit 42.000 Beschäftigten.

Hinzu kommen 1913 ca. 20.000 Handwerker und 21.000 Handelsunternehmen (KOSIŃSKI 1965: 262).

Mit der zunehmenden Industrialisierung geht auch eine fundamentale räumliche Neuordnung einher. Besteht 1882 für nur 37% aller Beschäftigten in Industrie und Handwerk eine räumliche Trennung zwischen Arbeitsplatz und Wohnung, so gilt dieses 1919 bereits für etwa 88%. 80% aller industriellen Arbeitsplätze und derer des Handels liegen in der Innenstadt, 5,6% in Praga und 3,8% in den Vororten (DICKINSON 1951:220). Diese Arbeitsplätze verdrängen zunehmend die Wohnbevölkerung, so daß der Wohnring um die Innenstadt doppelt so dicht besiedelt ist wie die Innenstadt selbst.

Mit der ringförmigen Stadterweiterung Ende 1916 auf 114,83 qkm (vgl. Abb. 2.2) werden gering bebaute Flächen (etwa 5% der Dichte in Warschau) eingemeindet; dennoch erhöht sich dadurch die Einwohnerzahl um ein Siebtel, nämlich um 109.500 Menschen (DICKINSON 1951: 219). Zwischen 1914 und 1918 wird die bebaute Fläche Warschaus von 32,72 qkm auf 82,1 qkm erweitert (DICKINSON 1951:219; vgl. Abb. 2.2). 1918 beträgt die Einwohnerdichte 6.600 E/qkm; es leben dort 758.000 Einwohner (RUTKOWSKA 1982: 17). Die neuen Stadtteile Bielany, Koło, Mokotów, Ochota, Saska Kępa und Żoliborz (vgl. Abb. 5.6) werden jedoch in den 20er Jahren schnell bebaut. Die Grundstückspreise ziehen stark an, die Mieten steigen und werden für die armen Zuwanderer rasch unerschwinglich. Der teure Wohnraum innerhalb Warschaus ist total überbelegt. So entsteht eine wachsende Vorortzone - insbesondere entlang der Bahnlinie nach Wien. Hier werden neue Schnellbahn-Stationen und drei Nahverkehrslinien eingerichtet, um die Arbeiter in die Fabriken zu bringen. Erst später siedelt sich hier auch die Industrie an (Ursus) und verdrängt die ärmliche Wohnnutzung (vgl. KACZOROWSKI 1965:63f).

Auch die Bedeutung der jenseits des Flusses gelegenen Stadtteile nimmt zu. In Praga, der neuen Unter- und Arbeiterstadt, werden vornehmlich die Zuwanderer in unmittelbarer Nähe zu den Gebieten der entstehenden Schwerindustrie angesiedelt. Neben der fortschreitenden Industrialisierung werden aber auch die Verwaltungsfunktionen Warschaus ausgedehnt.

Um die Jahrhundertwende sind nur etwa die Hälfte der in Warschau Lebenden auch dort geboren, 1918 beträgt der Anteil der nichtpolnischen Bevölkerung (zumeist Russen) rund 30% (vgl. HAGER 1934:68). Nachdem die maximale Bebauungsdichte der zur Bebauung freigegebenen Flächen innerhalb der Stadtgrenzen erreicht ist, wird die Baubeschränkung im Bereich des früheren Befestigungsgürtels zum Teil aufgehoben. Die höchsten Dichten finden sich entlang der Straßenzüge al. Jerozolimskie (Jerusalemer Allee) in Ost-West-Richtung und der ul. Marszałkowska (Marschalkowska-Straße) in Nord-Süd-Richtung, also exakt an der Stelle des heutigen Zentrums (vgl. Abb. 1.2).

Die bisher beschriebenen Zuwachsraten der Bevölkerung und der Industrialisierung - so intensiv sie auch gewesen sind - hätten sogar größer sein können, denn Warschau war bis zum Ende des Ersten Weltkriegs die Hauptstadt eines seit einem Jahrhundert nicht mehr existierenden Staates.

Die neue nationale Identität wurde dann auch mit großer Euphorie begrüßt, zog jedoch einen kapitalistischen Wildwuchs in der Kapitale nach sich.

3. 1918-1945: KAPITALISTISCHER WILDWUCHS, ERSTE VERSUCHE, DIE ENTWICKLUNG DER STADT UND DER REGION ZU STEUERN UND DIE TOTALE ZERSTÖRUNG

Diese Phase des doppelten Übergangs (Phase III) ist aufgrund der Kriege, der Demontage der Produktionsanlagen und der dadurch verstärkten ökonomischen Stagnation zum Ende der 20er Jahre sehr lang (1881 bis 1965). Durch die immensen Kriegszerstörungen nach dem Zweiten Weltkrieg war nahezu die ganze Stadt zerstört, die Entwicklung der Stadt erhält eine scharfe Zäsur. Nach dieser Zäur entsteht ein zusätzlicher Bruch in der Entwicklung durch den Wiederaufbau in einer nun sozialistischen Gesellschaft, die im Aufbau ihrer alten und neuen Hauptstadt ein wichtiges politisches und gesellschaftliches Ziel hatte.

Daher scheint es mir vertretbar, die totale Zerstörung der Stadt zur Unterteilung der Phase III der Stadtentwicklung zu nutzen.

Gekennzeichnet ist die erste Hälfte (Phase IIIa) durch einen starken Rückgang der Sterbe- und später auch der Geburtenraten. Die "eigentliche" Entwicklung wird durch die Kriegseinflüsse - steiler Anstieg der Sterberaten, anschließend ein ebenso starker Abfall; "Kompensationsberg" der Geburtenraten in der Nachkriegszeit - überlagert. Die wirtschaftliche Entwicklung ist durch eine Industrialisierung gekennzeichnet, die ebenfalls durch die Kriege verlängert wird. In die Phase der ersten Industrialisierung fällt der Erste Weltkrieg und die Vorbereitung des zweiten Weltkrieges. Die Zunahme der Beschäftigten in der Produktion, die sich vor allem aus ledigen männlichen Zuwanderern rekrutiert, wird durch die Tatsache relativiert, daß Warschau wieder Hauptstadt eines unabhängigen Polens wird. Entsprechend steigt der Bedarf an Beschäftigten in Verwaltungsberufen; später wird das Spekulations- und Finanzwesen stark ausgebaut.

3.1 Planverfahren und Ordnungsvorstellungen

Im November 1918 wird Warschau Hauptstadt des Polnischen Staates und damit Sitz der zentralen Verwaltungsbehörden (Land, Woiwodschaft und Stadt), der Wirtschaftsbetriebe, von wissenschaftlichen, kulturellen und sozialen Institutionen.

Die Zuwanderungsprozesse werden dadurch beschleunigt. Gleichzeitig steigt die Notwendigkeit, die wildwuchernde Agglomeration in den Griff zu bekommen, ihre Entwicklung zu steuern. Die Probleme bestehen vor allem darin, die ungeordnete Verschachtelung unterschiedlicher Nutzungen bei gleichzeitig intensivster Bodennutzung zu entflechten. Die Größe Warschaus, die hohe Bevölkerungsdichte und die daraus entstehenden Probleme machen eine generelle Planung der Stadtentwicklung notwendig. Die ersten Entwürfe einer räumlichen Planung reichen ins Jahr 1916 zurück. Ein Architektenkreis (Koło Architektów) um T. TOŁWIŃSKI, A. JAWORNICKI und J. JANKOWSKI legt den ersten Plan zur Modernisierung der Innenstadt vor. Er sieht vor allem eine Verbesserung der Verkehrsführung vor: eine unterirdische Eisenbahnlinie unter der al. Jerozolimskie (wie sie heute existiert), zwei neue Weichselbrücken, zwei neue Weichselhäfen und ein Ausbau des Straßennetzes. Daneben gibt es für einzelne Stadtteile weitere Entwicklungspläne (für Żoliborz vgl. HEYMAN 1976:43ff).

Diese ersten Entwürfe bildeten die Grundlagen für die Pläne von 1920, 1923 und 1928/29, doch erst 1931 wird eine Planungsgrundlage vom zuständigen Ministerium (Ministerstwo Robót Publicznych) akzeptiert. Dabei gehen die Planer vom Städtischen Stadtplanungsbüro von folgender Bevölkerungsentwicklung in der Agglomeration aus:

1930	2,35 Mio. Einwohner
1941	2,80 Mio. Einwohner
1980	4,10 Mio. Einwohner

Dabei sollen 1980 in Warschau selbst 3 Mio. Menschen leben. Das Ministerium reduziert jedoch die Plandaten, da "solch eine große Konzentration auf relativ kleiner Fläche unweigerlich negative Auswirkungen in den Bereichen Verkehr, Gesundheitsvorsorge und sozialer Wohlfahrt hervorbringen würden" (ROŻAŃSKI 1935:247[1]; nach KACZOROWSKI 1965: 101).

Der erste Masterplan ("Regulierungsplan") sieht darüberhinaus eine Nutzungsverteilung über die gesamte Stadt vor. Er unterteilt die Innenstadt in Bereiche für Handel, Banken- und Büronutzung und sieht für die Wohnbauflächen zehn unterschiedliche Zonen vor (nach Gebäudehöhe und Grad der Überbauung). Dabei geht man von hohen Dichten aus; der Plan erlaubt Grundflächenzahlen zwischen 0,75 und 1,0 (ROMERO 1979:416). Die

---
1) S. ROŻAŃSKI 1935: Zagadnienia rozwoju Warszawy i jej regionu, t.1: Zagadnienia gospodarki samorzadu warszawy (Probleme der Entwicklung Warschaus und der Region Warschau, Band 1: Administrative Probleme der Verwaltung Warschaus), Warszawa 1935.

Durchsetzungsmöglichkeiten sind jedoch nur gering, denn Polen befindet sich in einer tiefen Wirtschaftskrise und nur 20% des Bodens sind im Besitz der Stadt (GRIME & WĘCŁAWOWICZ 1981:262). Die Planung vollzieht praktisch die unter Marktmechanismen ablaufenden Entwicklungsprozesse nach und sanktioniert sie.

Weitere, häufig diskutierte Planziele sind:
- Errichtung eines neuen City-Zentrums auf den Mokotów-Feldern - eine Fläche, die 1932 durch die Verlagerung des Flugplatzes an den heutigen Standort (Okęcie) frei wird, bis heute jedoch nur gering bebaut ist.
- Ein U-Bahn-System, das jedoch erst an den hohen technologischen Anforderungen (es sollte - wie in Moskau - ein "tiefes" System gewählt werden, Fließsände machen das jedoch in der damaligen Zeit unmöglich), später an finanziellen Engpässen scheitert. 1983 schließlich wird man mit dem Bau beginnen (vgl. Abschn. 5.4).

Die unvermindert anhaltende Zuwanderung macht zudem die Planung und Errichtung neuer geschlossener Wohngebiete am Rande der bebauten Fläche notwendig. In der Diskussion der Planer sind Ansätze der "neighbourhood units" (PERRY), das Konzept der "Minimalwohnung" (GROPIUS), der "sozial notwendigen Wohnung" (SYRKUS) und russische "mikro-rayons" (BARANOW, BARAŃSKI) (vgl. GOLDZAMT 1974:227ff). In Żoliborz ergibt sich die Möglichkeit, eine solche Mustersiedlung zu errichten. Der Boden ist im Besitz der Stadt, mit der WSM (Warszawska Spółdzielnia Mieszkaniowa) steht ein großer und leistungsfähiger Bauträger zur Verfügung - die erste Nachbarschaftseinheit Polens wird geplant und gebaut. Das Gebiet nordwestlich des pl. Komuny Paryskiej wird von 1925 bis in die 40er Jahre hinein schrittweise in Nachbarschaftseinheiten bebaut (vgl. HEYMAN 1976:238f). Es hat eigene Läden, Schulen, Kindergärten, Spielplätze, Wäschereien und eine zentrale Heizungsversorgung und wird Vorbild für weitere Siedlungen in Warschau (z.B. Wierzbno in Mokotów; vgl. Abb. 5.6) und anderen Städten in Polen.

Mit dem neuen Staat Polen ergibt sich aber auch die Notwendigkeit, das Land administrativ neu zu gliedern - zu unterschiedlich entwickelt waren die Landesteile, die von den drei Besatzungsmächte Preußen, Rußland und Österreich annektiert waren. Aufgrund dieser Notwendigkeit, aber auch aufgrund des Ausuferns der Städte in das Umland bildete sich als neuer

WARSCHAU 786

Zweig der Planung die Regionalplanung aus. Für Warschau erlangt der Plan des Regionalplaners J. CHMIELEWSKI unc des Stadtplaners S. SYRKUS eine große Bekanntheit. Der Plan "Funktiorelles Warschau" (Warszawa funkcjonalna) von 1934 sieht die funktionale Gliederung Warschaus und seines Umlandes vor. Hier wird erstmals in Polen der Begriff der "Agglomeration" angewendet. Entgegen der bisherigen Entwicklung zu einer hochverdichteten Stadt sieht dieses Modell vier Entwicklungsachsen in das Umland entlang der Eisenbahnlinien nach W und NO und entlang der Weichsel nach SO und NW vor (vgl. Abb. 3.1 und 4.11). Mit der Agglomeration soll ein Versuch gemacht werden, die administrative Einheit der funktionalen (wirtschaftlichen) Einheit anzupassen, was jedoch erst mit der administrativen Reform 1975 eingelöst werden wird. Das Modell findet auf mehreren Kongressen des internationalen Architektenverbandes C.I.A.M. viel Anerkennung und wird als richtungsweisend eingestuft.

Abbildung 3.1: Der Plan Warszawa funkcjonalna von J. CHMIELEWSKI und S. SYRKUS (1934)

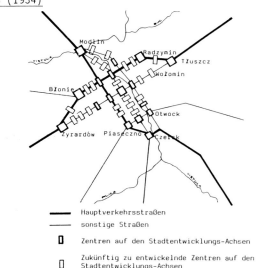

Quelle: MALISZ 1966:60

Der Plan wird jedoch von der damaligen Regierung nicht aufgegriffen. Die Vertreter der konservativen Republik vertreten die Ansicht, daß er sozialistische Tendenzen fördere. Andererseits werden solche Dezentralisierungs-Tendenzen Warschaus von den Vertretern anderer polnischer Städte (hier insbesondere von Kraków) durchaus unterstützt, da damit die Bedeutung der Hauptstadt selbst sinkt.

Der Entwurf von CHMIELEWSKI & SYRKUS bewirkt jedoch eine Diskussion um die Abgrenzung der Stadtregion (WZM = Warszawski Zespół Miejski). Vor allem die Konzeptionen von S. RYCHLIŃSKI (1935), der eine größere Fläche wählte (vergleichbar mit der Sub Warschau) und von J. STRZELECKI (1935), dessen Fläche deutlich die Kleinste war (ca. 3.100 qkm, vergleichbar mit der HW Warschau) wurden diskutiert (vgl. BEREZOWSKI 1972: 10ff und Abb. 4.5). Als "Kompromiß" ging man zuerst von einer "Metropolitanen Region" als Stadtregion aus, wie sie KACZOROWSKI (1965) dargestellt hat (vgl. Abb. 3.2).

Abbildung 3.2: <u>Die Stadtregion Warschau (WZM)</u>

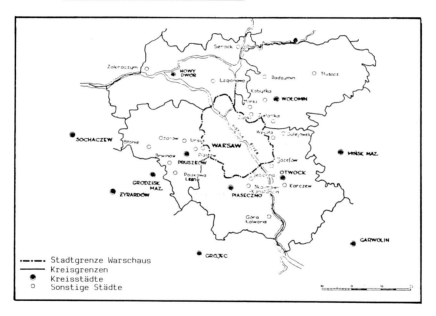

Quelle: KACZOROWSKI 1965:95

Die Entwicklungsdynamik der Hauptstadt entzieht den anderen polnischen Großstädten nahezu die gesamte wirtschaftliche (Ausnahme: das Oberschlesische Industrierevier) und gesellschaftliche Bedeutung. Warschau ist auf dem Wege, sich zu einer bedeutenden Metropole zu entwickeln; letztlich auch der Verdienst des letzten Präsidenten des Vorkriegswarschaus, Stefan Starzyński.

3.2 Bevölkerung und Wohnungen

Diese Phase der Stadtentwicklung ist durch ein unkontrolliertes Bevölkerungswachstum gekennzeichnet. Für das Erreichen der Millionengrenze werden unterschiedliche Zeitpunkte angegeben[1].

Tabelle 3.1: Bevölkerungsentwicklung in Warschau, im Umland und in der Stadtregion WZM, 1921 - 1939

	Bevölkerungszahl				
	1921[1]		1931[1]		1939
	(in 1000)	(in %)	(in 1000)	(in %)	(in 1000)
Warschau	972	82,5	1.277	79,8	1.310
Umland	206	17,5	323	20,2	-
Stadtregion	1.178	100,0	1.600	100,0	-

1) CIECHOCIŃSKA (1975: 43) gibt für das Jahr 1921 in Warschau nur 936.700 Einwohner an; für das Jahr 1931 dieselbe und SZCZYPIORSKI (1979: 72) nur 1,172 Mio. Einwohner.

Quelle: KOSIŃSKI 1965: 267

Zwischen 1919 und 1923 nimmt die Bevölkerungszahl um 121.300 zu (WĘCŁAWOWICZ 1979:392), zwischen den Volkszählungen 1921 und 1931 steigt sie in Warschau um 305.000, die im Umland um 117.000 (vgl. KACZOROWSKI 1965:94 und Tab. 3.1). Damit nimmt die absolute Zahl der Stadtbewohner stärker zu als im Umland, relativ gesehen wächst die Zahl der Bewohner im Umland jedoch doppelt so schnell wie in Warschau (57% Zuwachs gegenüber 31% in Warschau, bezogen auf 1921).[2] 1921 wohnen 17% der Bewohner der Agglomeration im Umland; 1931 sind es bereits 20% (vgl. auch KACZOROWSKI 1965:96).

---

1) 1920 (KARGER 1934:73, der die Einwohnerzahl sogar noch auf die Fläche von 21 qkm bzieht), "noch vor 1924" (KOSIŃSKI 1965:262), während BARBAG & BEREZOWSKI für 1921 noch 937.000 Einwohner angeben (1956:39; ebenso STATISTISCHES BUNDESAMT 1973: 64), 1924 (RUTKOWSKA 1982:17) und 1925 (DICKINSON 1951:214).

2) Nach GRIME & WĘCŁAWOWICZ (1981: 261) beträgt der Zuwachs in Warschau 25,8% und im Umland sogar 80%, nach CIECHOCIŃSKA (1975:43) sind es 25,1% und 79,5%. Völlig andere Angaben macht DICKINSON (1951:219), danach nimmt zwischen 1920 und 1930 die Bevölkerung Warschaus nur um 4%, die des Umlandes nur um 28% zu. Diese Unterschiede beruhen zu einem Teil darauf, daß die Abgrenzung der Agglomeration von Autor zu Autor, aber auch über die Zeit schwanken. Auf dieses Problem wird im Abschn. 4.1.2 näher eingegangen.

Tabelle 3.2: Die Entwicklung der Städte in der Stadtregion WZM

	Bewohner								
	1825	1845/57	1869/71	1880	1897	1910	1921/25	1931/33	1939
Warschau	131.148		275.999	383.000[2]	683.692	764.054	936.	1.178.914	1.289.000
W-Achse									
Pruszków[1]	147				1.709	15.994	15.132	23.703	28.000
Brwinów[1]							2.451	5.582	
Milanówek[1]							2.193	4.748	
Grodzisk Maz.	655			1.928	2.814	3.542	11.254	15.678	19.500
S-Achse									
Piaseczno	1.026		1.328		2.760	3.758	5.604	7.074	8.100
SO-Achse									
Otwock[1]							8.560	14.979	19.900
Karczew	1.023				2.861	3.125	3.266	4.551	
NO-Achse									
Wołomin[1]		91					6.248	13.114	15.000
Radzymin[1]	1.054	2.389	3.232	3.718	4.172	4.082	4.201	6.780	8.600
N-Achse									
Nowy Dwór	950				7.302		7.829	9.386	10.500

1) Diese Gemeinden erhielten erst aufgrund des Bevölkerungszuwachses im Umland ihr Stadtrecht in den 50er Jahren
2) BARBAG & BEREZOWSKI 1956: 39

<u>Quelle:</u> WASĄZNIK 1968: 101

Die Tabelle 3.2 zeigt, in welchen Städten der Stadtregion WZM dieser Zuwachs besonders hoch ist: absolut in Pruszków (8.571 Einwohner), relativ in Brwinów (gut 130%), Milanówek (knapp 120%) und Wołomin (110%). Die ersten drei liegen auf der westlichen Achse, Wołomin auf der nordöstlichen (s. Abb. 3.2).

Mit der stark wachsenden Bevölkerung nimmt auch die Bevölkerungsdichte in Warschau zu:

    1921   7.741 E/qkm   (zum Vergleich: Berlin 1925   4.554 E/qkm)
    1931   9.375 E/qkm   (zum Vergleich: Berlin 1933   4.801 E/qkm
                                                   Hamburg 1933 2.935 E/qkm)

In einzelnen Stadtvierteln der Innenstadt beträgt die Dichte bis zu 21.810 E/qkm, in Żoliborz bis zu 14.945 E/qkm (RHODE 1950:164).

Bis zum Beginn des Zweiten Weltkrieges dehnt sich Warschau insbesondere entlang der Bahnlinie nach Oberschlesien aus (Włochy - 1951 in Warschau eingemeindet -, Ursus, Piastów, Pruszków; vgl. Abb. 3.2). Die Bevölkerungszahl in der Innenstadt nimmt nach 1921 ab, die Bewohner siedeln an der Peripherie oder im Umland (vgl. Abb. 3.3).

Abbildung 3.3: Bevölkerungsveränderung in Warschau, 1921-1931 und 1931-1938

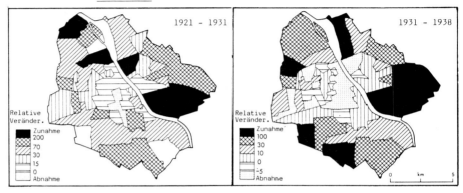

Quelle: WĘCŁAWOWICZ 1977:398

Damit entsteht zunehmend eine soziale Segregierung. Die dicht besiedelte Innenstadt wird 1931 vorwiegend von Inhabern höherer Berufsränge bewohnt (vgl. Abb. 3.4a), eine weitere Konzentration liegt in Żoliborz - beide Standorte sind auch heute wieder die Konzentrationen der Intelligentsia. Die einwandernden Arbeiter siedeln an der Peripherie, vor allem in Wola und in Praga (vgl. Abb. 3.4b).

Abbildung 3.4: Sozioökonomische Segregation in Warschau, 1931

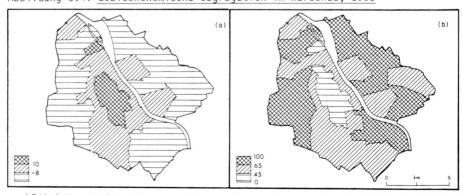

a) Faktorladungen des Faktors "ökonomischer Status"   b) Verteilung der Arbeiteranteile (in % der Beschäftigten)

Quelle: WĘCŁAWOWICZ 1979: 397; vgl. auch ders. 1977: 208

Innerhalb Warschaus nimmt die Bedeutung Pragas (östlich der Weichsel) zu. Hier ist das Stadtgebiet noch nicht so dicht bebaut. Die neuen Wohnungen entstehen jedoch in enger Nachbarschaft mit den neuen Industriebetrieben und mit der sich ausdehnenden Eisenbahn. Zwischen 1918 und 1939 nimmt hier die Bevölkerung auf knapp das Vierfache zu: von 80.000 auf 300.000 Einwohner (DICKINSON 1951:219; vgl. auch Abb. 3.3).

Die Wohnverhältnisse sind zu Beginn der zwanziger Jahre extrem schlecht; 1921 fehlen mindestens 60.000 Wohnungen in Warschau (vgl. HEYMAN 1976: 238). Das Stadtzentrum ist total überbaut, es existieren keine Frei- und Grünflächen, den Häusern fehlt selbst ein kleiner Vorgartenstreifen. Die Bebauung ist kompakt; es herrscht neungeschossige Bauweise vor (inklusive ausgebautem Keller- und Dachgeschoß). Oft sind mehrere Gebäude hintereinandergestaffelt, nur durch winzige, lichtlose Hinterhöfe getrennt und über die Seitenflügel erschlossen. Es gibt damals noch kein Gesetz, das die zulässige Gebäudehöhe und die überbaubare Fläche der Grundstücke festlegt (vgl. MALISZ 1966a:58). Daraus entwickelt sich eine starke Spekulation, die die Wohndisparitäten rasch verstärkt.

> So schreibt der Stadtpräsident von Warschau Słomiński 1929: "Die Wohnungsfrage sieht in Warschau einfach fatal aus. Die Mehrzahl der Räumlichkeiten, nämlich 42%, sind Einzimmerwohnungen, und es gibt nur 12,7% Wohnungen, die annähernd den Bedingungen moderner Zivilisation entsprechen; außerdem ist eine ganze Reihe von Wohnungen - ungefähr 3.300 - so beschaffen, daß die Zahl der Fenster kleiner ist als die Zahl der Zimmer ... Die Überbevölkerung nähert sich in Warschau einem Stand, der in der Welt einmalig ist, denn auf einen Wohnraum entfallen 3,93 Personen, und für 288.000 Familien haben wir nur 200.000 Wohnungen." (nach GIEŁZYŃSKI 1973:34f).

Verglichen mit anderen Städten Europas ist die Wohnsituation in Warschau schlecht: Etwa ein Drittel der Wohnfläche entspricht nicht den damaligen Standards, ein Drittel der Bevölkerung lebt in Einzimmerwohnungen (vgl. KARGER 1978:467); 80% der Arbeiterfamilien in Ein- oder Zwei-Zimmer-Wohnungen (vgl. HEYMAN 1976:238). Trotz der Tatsache, daß bis zum Ende der 30er Jahre etwa 20.000 Wohnräume jährlich entstehen (KOSIŃSKI 1965: 262), wird die Wohnversorgung immer schlechter. Dies trifft die sozialen Schichten unterschiedlich hart, denn bis "1939 hatte sich die Lage nur wenig und in den Armenvierteln überhaupt nicht gebessert" (GIEŁZYŃSKI 1973:35). Neue Wohnviertel entstehen: Mokotów im Süden, Ochota im Südwesten, Koło im Nordwesten, Żoliborz und Bielany im Norden (vgl. Abb. 5.6). Einfamilienhäuser gibt es nicht - sieht man von den wenigen Villen aus der Zeit der "Sachsen-Ära" ab.

Die Belegungsdichte steigt in Einzimmerwohnungen (1939:43% aller Wohnungen) bis zum Zweiten Weltkrieg auf 3,8 Personen, während sie in Dreizimmerwohnungen von 1,8 auf 1,6 fällt (KOSIŃSKI 1965:262). Die Wohndichte Warschaus ist um das 5,5-fache höher als im suburbanen Gebiet (vgl. DAWSON 1971: 107f). Die Ungleichheit in der Wohnungsversorgung der sozialen Schichten nimmt zu.

Die Bevölkerungsverteilung und die gleichzeitige Konzentration von Arbeitsstätten und Einkaufsmöglichkeiten in der Innenstadt Warschaus (vgl. Abb.3.5) erhöhen das Pendleraufkommen beträchtlich (nach DAWSON 1971:109 75.000 bis 120.000 täglich).

Diese Phase des kapitalistischen Wildwuchses im ganzen Land führt zu einer starken Differenzierung der Gesellschaft. Es gibt kein parlamentarisch-demokratisches System, die Masse der Bauern, Arbeiter und der städtischen Kleinbürger nimmt am politischen Entscheidungsprozeß nicht teil. Die politische Macht liegt in der Hand der kleinen Aristokratie, und die orientiert sich an überkommenen Leitbildern.

Die Hauptstadt Warschau ist ein Zerrspiegel dieser zerrissenen Gesellschaft. Sozialer Aufstieg ist hier zwar leichter möglich als im übrigen Land, doch die weitaus meisten bleiben stecken in der Klasse des Industrie-Proletariats. Und so stehen innerhalb Warschaus im Gegensatz: die Villen der Sachsen-Achse und die grauen, engen Mietskasernen, die noch ärmlicher, überfüllter und ausweglose waren als die Berlins. Im Umland stehen sich Villenvororte (heute wieder Wohnort für die Geld-Oberschicht und für Sanatorien) vor allem in der N- und SO-Achse (Michalin, Józefów und Otwock) und lange Reihen trister Holzbaracken entlang der Bahnlinien vor allem in der W-Achse gegenüber (Włochy, Ursus, Piastów, Pruszków; vgl. KARGER 1978:467 und Abb. 3.2). Denn obwohl in der suburbanen Zone in den 30er Jahren auch viergeschossige Wohnbauten errichtet werden, ist das Umland das Wohngebiet der Ärmsten und Kinderreichsten. Sie ähneln osteuropäischen Dörfern: flache Holzbauten, meist ohne Wasser, Kanalisation, Gas und Elektrizität, gelegen an unbefestigten Strassen, die bei Regen im Matsch versinken.

Die Urbanisierung Polens verläuft, gemessen an anderen Ländern, erst spät, dafür aber überdurchschnittlich schnell (wie auch die der UdSSR):

1897 hat Polen 25,1 Mio. Einwohner, davon leben in Städten 5,0 Mio. (19,9%), Anfang der 30er Jahre sind es 32,1 Mio., davon in Städten 8,8 Mio. (27,4%) (BERRY & HORTON 1970:76). Der Anteil Warschaus an der städtischen Bevölkerung Polens steigt in diesem Zeitraum von 12% auf 16% (etwa 1922) und fällt in den 30er Jahren auf 13% (1.172.000 Einwohner; BARBAG & BEREZOWSKI 1956:39) ab. Die Land-Stadt-Wanderung hält an und beschleunigt den Urbanisierungsprozeß. Dadurch werden die Probleme in den Städten weiter verschärft, zumal Polen - auch in den Städten - einen hohen natürlichen Bevölkerungszuwachs aufweist: zwischen 1926 und 1930 durchschnittlich um 1,6% pro Jahr (GIEŁZYŃSKI 1973:268).

Während des Krieges erreicht Warschau unter deutscher Besetzung mit 1,35 Mio. Einwohnern (KOSIŃSKI 1965:263) 1941 vorläufig die höchste Einwohnerzahl und -dichte (rund 10.022 E/qkm).

3.3 Beschäftigte und Arbeitsstätten

Von den nahezu 1,3 Mio. Einwohnern Warschaus ist etwa die Hälfte erwerbstätig. Von den "etwa 650.000 Beschäftigten waren 1938 mehr als die Hälfte ungelernte Arbeiter, je 20% qualifizierte Arbeiter oder kleine Gewerbetreibende und Geschäftsleute ohne fremde Arbeitskraft" (KARGER 1978:47). In der Industrie sind 1937 etwa 100.000 Menschen beschäftigt (KOSIŃSKI 1965:266).

Betrachtet man die Beschäftigten nach Sektoren, fällt der relativ hohe Anteil der im öffentlichen Dienst Beschäftigten und als privates Dienstpersonal Beschäftigten auf (vgl. DICKINSON 1951:214):

sekundärer Sektor	ca.	30 %
tertiärer Sektor	ca.	60 %
davon - Handel und Verkehr		19 %
- öffentlicher Dienst		14 %
- Hausangestellte		25 %

Der Beschäftigtenanteil im öffentlichen Dienst drückt die Hauptstadtfunktion Warschaus aus, die der Hausangestellten zeigt an, daß sich in Warschau ein großer Teil der polnischen Oberschicht konzentriert.

Abbildung 3.5: Standorte der Industrie und der Einkaufsgelegenheiten in Warschau, 1937

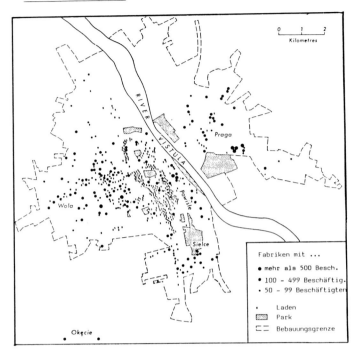

Quelle: DAWSON 1971:108

In der Innenstadt beginnt sich - aufgrund besserer Durchsetzungsmöglichkeiten bei der Grundstücksnachfrage, aber auch unterstützt von der einsetzenden Stadtentwicklungsplanung - ein Geschäftszentrum herauszubilden (vgl. GRIME & WĘCŁAWOWICZ 1981:262). Diese Entwicklung kommt auch in Abb. 3.5 zum Ausdruck. Deutlich ist der Innenstadtbereich (CBD) (hier dokumentiert durch Einkaufsgelegenheiter) zwischen dem Sächsischen Garten und dem heutigen Łazienki-Park zu erkennen; ebenso die alten Industriestandorte zwischen dem CBD und Wola. Im CBD sind zudem die meisten Büros konzentriert, es finden sich aber auch kleinere Fabriken der Druck-, Bekleidungs- und Maschinenbauindustrie.

WARSCHAU 795

3.4 Infrastruktur

Voraussetzung für die schnelle Entwicklung Warschaus - sei es, bezogen auf das Bevölkerungswachstum, sei es, bezogen auf die rasche Industrialisierung - ist der Ausbau eines Nahverkehrssystems. 1927 werden die ersten elektrischen Nahverkehrslinien eröffnet (westwärts in Richtung Grodzisk Maz., ostwärts in Richtung Wołomin - beide 1936 bis zu diesen Orten fertiggestellt und südwärts in Richtung Otwock; vgl. Abb. 3.2). Zwei Eisenbahn- und drei Straßenbrücken über die Weichsel verbessern den innerstädtischen und den Pendelverkehr (vgl. Abb. 3.6).

Abbildung 3.6: Flächennutzung in Warschau, 1939

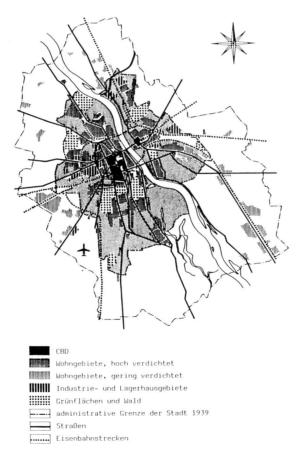

CBD
Wohngebiete, hoch verdichtet
Wohngebiete, gering verdichtet
Industrie- und Lagerhausgebiete
Grünflächen und Wald
administrative Grenze der Stadt 1939
Straßen
Eisenbahnstrecken

Quelle: PRAESIDIUM 1971:14

Wird aufgrund der verbesserten Erreichbarkeit die Besiedlung des Umlandes durch Proletarier der Warschauer Industriebetriebe möglich, so bleibt doch die Versorgung der Wohnungen und der Wohnbevölkerung stark zurück. Es mangelt an Wasserleitungen, Gas- und Stromversorgung, es fehlen weitgehend befestigte Straßen. Das gilt umso mehr für die Bereiche zwischen den schnell wachsenden Entwicklungsachsen (vgl. DICKINSON 1951: 214, GRIME & WĘCŁAWOWICZ 1981:261f, KACZOROWSKI 1965:96 und KOSIŃSKI 1965:262).

3.5 Kriegszerstörungen

Die Zwischenkriegszeit ist zu kurz und die Probleme des neuen Staates sind zu groß - nach über 100 Jahren der Nicht-Existenz muß das Staatswesen neu organisiert werden, seine neue Form finden. Das wirtschaftliche Niveau des Landes ist sehr niedrig, die Industrialisierung, die landesweit erst nach dem Ersten Weltkrieg deutlich zunimmt, gerät schon bald in die weltweite Wirtschaftskrise, es überlagern sich zwei Wanderungsströme der Bevölkerung, von Ost nach West und vom Land in die Stadt. Warschaus Bevölkerungszunahme ist jenseits aller Kontrolle - als daß die Entwicklung der Hauptstadt hin zu einer großzügigen Metropole durchgeführt werden könnte.

Am 1.9.1939 fällt Hitlers Wehrmacht in Polen ein, bereits am 28.9.1939 müssen die Polen in Warschau kapitulieren. Nach der Kapitulation wird Kraków demonstrativ zur Hauptstadt des Polnischen Generalgouvernments erklärt. Warschau bleibt jedoch geistiges Zentrum und Zentrum des Widerstandes gegen die Naziherrschaft. Nicht zuletzt deshalb wird von den deutschen Besatzern geplant, die Stadt Warschau auszulöschen und als unbedeutende deutsche Provinzstadt mit zugeordnetem polnischen Arbeitslager aufzubauen (Pabst-Plan vom 6.2.1940). In drei Wellen - 1939 bei der Belagerung, 1943 durch das Niederbrennen der nördlichen Innenstadt und das Schleifen des Ghettos und 1944 nach dem niedergeschlagenen Aufstand - wird die Bevölkerung ermordet und verschleppt, die Gebäude niedergebrannt, zerbombt und gesprengt. Diese Verwüstungen betreffen vor allem den Westteil der Stadt; Praga wird schon am 14.8.1944 von sowjetischen Soldaten besetzt. Aber erst am 17.1.1945 überqueren diese die Weichsel als die deutschen Besatzungstruppen abrücken und stoppen damit die weitere Zerstörung der Stadt.

Abbildung 3.7: <u>Ausmaß der Kriegszerstörungen, 1939 - 1945</u>

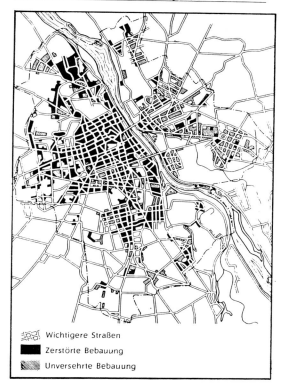

Quelle: MISZTAL 1971: 272

Nach Abzug der deutschen Truppen leben in der Stadt nur noch etwa 160.000 Menschen, d.h. nur noch 15% der Bewohner von 1939 (RHODE 1950: 164) - auf dem linken Weichselufer noch 22.000 von ehemals einer Million, also nur 2,2%. 72% der Wohnungen, 90% der Industriegebäude, 90% der Krankenhäuser, 95% der Theater und Kinos, 80% der historischen Gebäude, 70% der Schulen und der wissenschaftlichen Institutionen, 46% der Gas-, 50% der Elektrizitäts-, 30% des Wasserleitungs- und Kanalisationsnetzes, 85% der Straßenbahnlinien, 30% der Straßendecken und sämtliche Bahnhöfe und Weichselbrücken sind zerstört (KACZOROWSKI 1965:96; KARGER 1978:467; KOSIŃSKI 1965:264, GUS SR 1969: XXVII und MISZTAL 1971:271; vgl. Abb. 3.7). Die Zerstörungen betreffen nahezu den gesamten Westteil der Stadt, lediglich die dünn besiedelten Außenbezirke und Praga bleiben von der Zerstörung weitgehend verschont. 85% des Grundvermögens der Stadt ist durch diese Ereignisse verloren. Bevor es an den Wiederaufbau der Stadt gehen kann, müssen 20 Mio. Kubikmeter Schutt beseitigt werden; es gibt kein Wasser, keine Elektrizität und kaum Transportmöglichkeiten (vgl. KACZOROWSKI 1965:96).

Das Hereintragen der Kriegsereignisse in den jungen Staat durch die deutschen Truppen unterbricht alle Entwicklungen. Die Zerstörungen und das Verschieben des Staatsgebietes westwärts um 200 km als Kriegsfolgen bewirkt einen fatalen Rückschlag, sodaß der Vorkriegsentwicklungsstand Warschaus erst Ende der 50er, Anfang der 60er Jahre erreicht wird. So dauert diese dynamischste Phase der Stadtentwicklung (Phase III mit sowohl dem demographischen wie dem ökonomischen Übergang) ungewöhnlich lange.

4. 1945-1965: WIEDERAUFBAU UND KOORDINATIONSPROBLEME

Die Phase IIIb ist durch eine zweite Industrialisierung Warschaus gekennzeichnet. Diese wird durch zwei Faktoren bestimmt: Erstens ist die Industrie der VR Polen und insbesondere Warschaus durch die Kriegseinwirkungen total zerstört oder demontiert; zweitens setzen die Ziele einer sozialistischen Gesellschaft gerade in der Hauptstadt eines sozialistischen Staates einen hohen Anteil an Beschäftigten in der Produktion voraus. Beides führt zu einer intensiven Industrialisierung Warschaus, die dann zum Ende dieser Phase jedoch im Mittelpunkt der Kritik stehen wird. Der relative Zuwachs der Beschäftigten im sekundären Sektor wird zusätzlich durch eine Reduzierung der Beschäftigtenzahlen in Verwaltungsberufen - eingeleitet durch eine Verlagerung von Verwaltungsfunktionen - erzielt.

Die Bevölkerungszahlen steigen nach dem Krieg sprunghaft an. Die Zuwächse sind vor allem auf Rückwanderungen und landesweite Umschichtungen, dann aber auch auf eine Land-Stadt-Wanderung zurückzuführen. Diesem wird durch administrative Maßnahmen (Zuzugsstopp 1954) ein Riegel vorgeschoben. Zusätzlich sind die ersten zehn bis 15 Jahre dieser Phase von einem hohen natürlichen Bevölkerungssaldo aufgrund der für eine Stadt sehr hohen Geburtenraten bestimmt. Erst zum Ende beginnt sich diese Relation zu normalisieren.

4.1 Planverfahren und Ordnungsvorstellungen

Am 1.2.1945 - noch während des Krieges - wird die politische Entscheidung getroffen, Warschau wieder aufzubauen und zur Hauptstadt der neuen VR Polen zu machen (vgl. MISZTAL 1971:273). Ohne Kenntnis der langen Geschichte Polens unter wechselnder Fremdherrschaft, ohne Kenntnis des großen Nationalbewußtseins seiner Bevölkerung und ohne Kenntnis des Symbolwertes von Warschau für eine nationale Identität und Einheit sind die Prioritäten des Wiederaufbaus der Hauptstadt schwer zu verstehen. Das mittlerweile sozialistisch ausgerichtete Land investiert Geldmengen in den originalgetreuen Wiederaufbau historischer Baudenkmäler (z.T. nach Canalettos Gemälden und nach Plänen von Architektur-Studenten, die auch in der Untergrundzeit zu Übungszwecken Grundrisse historischer Gebäude anfertigen mußten), obwohl die großen Städte im Westteil und die Hauptstadt der VR Polen in Trümmern liegen. Die immense Wohnungsnot wird durch umfangreiche Umsiedlungen in den Westteil des Landes verschärft, zumal die Land-Stadt-Wanderung sehr schnell wieder einsetzt. Die Industrie ist zum größten Teil zerstört oder demontiert, in der Landwirtschaft fehlen die nötigsten Maschinen, ein motorisierter Straßenverkehr findet kaum statt, der Handel ist weitgehend zum Erliegen gekommen. Mit dem Wiederaufbau Warschaus werden aber nicht nur Wohnhäuser, Fabriken und Verkehrswege neu gebaut, es wird mit Warschau auch ein Symbol dafür errichtet, allen Demütigungen zum Trotz eine stolze Nation zu sein. Die landesweite Unterstützung findet dabei u.a. ihren Niederschlag in der Tatsache, daß der Wiederaufbau Warschaus hinter der Industrialisierung des Landes die zweite Priorität erhält. 52% des Etats für administrative Bauten und 53% des Etats für öffentliche Anlagen gehen 1949 nach Warschau (RHODE 1950:166). Millionen von Ziegeln aus den Trümmern von Wrocław (Breslau) werden als "Gabe an die Hauptstadt" nach Warschau geschickt.

Am 19.1.1947 findet die erste Wahl zum gesetzgebenden Sejm (Parlament) statt. Bereits ein Jahr zuvor werden die wichtigsten Zweige der Volkswirtschaft verstaatlicht (vgl. BARBAG & BEREZOWSKI 1965:44). Die VR Polen wird administrativ neu gegliedert. Mit der Annahme der Verfassung (22.7.1952) wird das 312.677 qkm große Gebiet in 17 Woiwodschaften und fünf diesen gleichgeordnete Städte - Warschau, Kraków, Łódź, Poznań (Posen), Wrocław (Breslau) eingeteilt (vgl. Abb. 1.1). Darunter entsteht eine Hierarchie von Stadt- und Landkreisen (Powiaty), die ihrerseits wieder in Gemeinden (Gromady) - Stadtgemeinden, Stadt-Land-Gemeinden, Landgemeinden und Stadtbezirke (Dzielnice) der Woiwodschaftsstädte - unterteilt sind. Die Anzahl der untergeordneten administrativen Einheiten ist starken Schwankungen unterworfen, was auf Planungsschwierigkeiten hindeutet (vgl. PAP 1967:3).

4.1.1 Exkurs: Planungshierarchie in der VR Polen

Es soll hier kurz auf die Planungshierarchie und deren Entwicklung in der VR Polen eingegangen werden, zumal Warschau und in zunehmender Weise auch das Umland - als Hauptstadt unmittelbar betroffen ist. Nahezu alle Veränderungen im Planungshandeln finden zuerst in der Hauptstadt statt.

Die Planung ist in einen räumlichen und einen ökonomischen Bereich unterteilt. Die räumliche Planung orientiert sich an Eckwerten der ökonomischen Planung. Sie wird unter der Oberaufsicht der Staatlichen Planungskommission des Ministerrats von Planungsabteilungen der Woiwodschaftsregierungen bzw. der Stadtregierungen der woiwodschaftsgleichen Städte oder aber - auf unterster Ebene - von Bezirksbehörden durchgeführt. Es gibt also drei Ebenen:

  a) Nationale Ebene (VR Polen)
  b) Provinziale Ebene (Woiwodschaften und fünf Städte) und
  c) Bezirks- und örtliche Ebene (Städte und ländliches Gebiet).

Der ökonomische Bereich ist stärker zentralisiert und betrifft die nationale und provinziale Ebene. Die ökonomische Planung auf der Bezirksebene ist in ihrem Umfang derart reduziert, daß sie seit 1953 dem Komitee für Bauen, Stadtplanung und Architektur unterstellt ist.

In der Koordinierung beider Planungsbereiche treten ständig Probleme auf. Der räumliche Bereich - hierarchisch stark differenziert - hat traditionell einen zeitlichen Planungshorizont von rund 15 Jahren. Er ist durch die Vorgabe von Randbedingungen des ökonomischen Bereichs von diesem stark abhängig. Der ökonomische Bereich - zentralisiert im Zentralen Wirtschaftsplanungsbüro - geht von kürzeren Planungsphasen aus. So ist der erste Wirtschaftsplan in der VR Polen ein Dreijahresplan (Plan des wirtschaftlichen Wiederaufbaus; 1947-1949), gefolgt von einem Sechs- (Plan der wirtschaftlichen Entwicklung und der Errichtung der Grundlagen des Sozialismus; 1950-1955) und zwei weiteren Fünfjahresplänen (1956-1960 und 1961-1965) (vgl. BEREZOWSKI 1965:196). Die Pläne haben Gesetzescharakter, "ihre Erfüllung ist Pflicht der staatlichen Organe" (BARBAG & BEREZOWSKI 1956:50). Durch die Einschränkung der räumlichen Planung über enggesteckte Haushalte (im finanziellen Volumen und in der Dauer) sind weitreichende Entwicklungsmodelle nicht durchführbar.

In den meisten Gebieten der VR Polen - mit Ausnahme Warschaus und der Hauptzentren des oberschlesischen Industriegebiets - ist die Stadtplanung eine reine Verkehrsplanung. Es werden meist nur Zonen unterschiedlicher Nutzungsintensität ausgewiesen - entlang der Hauptverkehrsachsen die intensivste, zur Peripherie hin und mit zunehmender Entfernung von den Hauptverkehrsachsen weniger intensiv. Auf nationaler Ebene wird in einem ersten Ansatz der Nachkriegszeit versucht, über die Berechnung von Verkehrsdichten und Verkehrsverbindungen und die Bestimmung der Verkehrstechnologie ein Netz hierarchischer Zentren zu legen. Man beruft sich hierbei ausdrücklich auf die Arbeit von CHRISTALLER (1933).

Mit der Verabschiedung des Sechsjahresplans 1950-1955 wird die Stadtplanung endgültig an die ökonomische Planung gekoppelt. Wachstumsprognosen werden aufgrund des von dem ökonomischen Planungsbereich vorgegebenen Zuwachses an Beschäftigten im sekundären Sektor und einer Schätzung der Auswirkung auf den dadurch bewirkten Zuwachs an Beschäftigten im tertiären Sektor gestellt. Diese Überlegungen entsprechen den Ansätzen der economic-base-Theorie, die in westlichen Ländern innerhalb der Regionalplanung angewendet wird (vgl. z.B. CHAPIN 1965 und HEUER 1977). Die Funktion der Städte als Produktionszentren (neben der Funktion als Verwaltungs- und Handelszentren) wird insbesondere durch den Sechs-Jahres-Plan festgelegt. Analog zu den bestehenden wirtschaftlichen Fünf-Jahres-Plänen werden ab 1955 räumliche Etappenpläne mit fünfjähriger Laufzeit eingeführt. Sie sollen sich an den ökonomischen Vorgaben und an den langfristigen Stadtentwicklungskonzepten orientieren. Tatsächlich gab und gibt es hier wiederholt Diskrepanzen, die zu umfangreichen Erörterungen führten.
Bei der Prognose der Entwicklung der Beschäftigtenstruktur und der Prognose der jeweiligen Anteile der Wirtschaftsbereiche und Sektoren orientieren sich die Planer ebenso wie bei der räumlichen und der quantitativen Festlegung von Nutzungen an Vorkriegswerten.

Vorerst wird lediglich die Geschoßzahl als Kriterium der jeweils zulässigen spezifischen Nutzungsintensität festgelegt. Die Dichteverteilung lehnt sich nach wie vor an das Verkehrsmodell an, auch der sekundäre Sektor erhält seinen Standort an Hauptverkehrsstraßen. Der Standort der Wohnbebauung wird nach dem Modell von MILUTIN (1930) bestimmt. Milutin legte in der UdSSR als erster Siedlungsplanungen vor, bei denen die Arbeitsplätze in bestimmten maximalen fußläufigen Entfernungen von den Wohnungen liegen. In idealisierter Form konzipierte er eine Bandstadt für Stalingrad bzw. Gorki, die aus einem Wohn- und einem Arbeitsstättenstreifen besteht, die durch Grün-, Verkehrs- und Versorgungsstreifen voneinander getrennt sind (vgl. GOLDZAMT 1974:157; MALISZ 1966a:63). Aus dieser Zeit stammt auch das städtebauliche Leitbild der "Kompakten Stadt" mit hohen Konzentrationen der Wohnbevölkerung in der Innenstadt.

Die Stadtplanung gerät zunehmend in ökonomische Abhängigkeiten und Sachzwänge. Da die Ver- und Entsorgungsleitungen Warschaus den Krieg verhältnismäßig unzerstört überstanden haben und die Kosten für eine Neueinrichtung bei der Erschließung größerer Flächen sehr hoch sind, führt dies zu einer hohen Konzentration von Nutzungen - speziell von Wohnnutzung - in der Innenstadt. Dadurch wird es notwendig, Kriterien zur Standortbestimmung einzelner Nutzungen zu entwickeln. Die Verteilung von Nutzungen innerhalb der Stadt wird nicht über einen "Bodenmarkt", sondern vielmehr über ökonomische Größen im Sinne einer volkswirtschaftlichen Nutzenoptimierung bestimmt. Demzufolge wird die Verteilung von Nutzungen durch drei Größen bestimmt:

a) Kosten für die Vorbereitung des Bodens[1]
b) Kosten der Umnutzung (d.h. Kosten des Abrisses der alten und Wiederaufbau der neuen Nutzung),
c) Kosten der Ver- und Entsorgung.

Über dieses wenig rationale Optimierungsverfahren soll es möglich sein, die hohe Konzentration administrativer Funktionen im CBD zu erklären. Der Faktor "Erreichbarkeit" - für einige Nutzungsarten in kapitalistischen Ländern ein Hauptgrund, zentrale Standorte trotz hoher finanzieller Belastungen auszuwählen -, geht anscheinend nur über den Ausbau der Verkehrswege in die Berechnung ein.

Tatsächlich wird jedoch häufig die unter Ausschaltung der sonstigen Kosten billigste Lösung gewählt. In diesem Zusammenhang spielt für den staatlichen Bauträger der Bodenpreis nur eine untergeordnete Rolle. So bleibt die volkswirtschaftliche Optimierung zweifelhaft, zumal man sich um Folgekosten der Allokationsentscheidungen oft wenig kümmerte.

Neben einer Bestimmung der Verteilung von Nutzungen ist damit auch die Notwendigkeit der Festlegung bestimmter Richtwerte gegeben, die 1951 als

---

1) In Warschau treten ähnlich wie in Hamburg (Billwerder-Allermöhe) oder London (Thamesmead) in einigen Gebieten der Stadt, bedingt durch Bodenformationen geringer Tragfähigkeit, Bebauungsprobleme auf. Vgl. hierzu GROCHOLSKA (1974), die eine empirische Analyse u.a. der Beschaffenheit des Bodens in kleinräumigen Teileinheiten der Stadt gibt.

"Stadtplanungsrichtwerte" vorübergehend Gültigkeit erlangen: Die Richtwerte sollen nur auf zu erschließendes Gebiet angewendet werden, d.h. bei der Planung neuer Städte oder der Stadterweiterung; sie haben aber zumindest im Wohnungsbau entscheidenden Einfluß. Für bereits bebautes Gebiet gelten gesonderte Kriterien, die sich an den Richtwerten orientieren.[1]

Es existieren Richtwerte für den Wohnbereich, für Schulen, Kulturelle und künstlerische Einrichtungen, für den Gesundheitsdienst, für Administration, Sozialfürsorge, Handel und Verkehr, Straßenflächen und Flächen für ruhenden Verkehr, Grünflächen, Ver- und Entsorgungsleitungen, Handwerk, gewerbliche Industrie und gastronomische Versorgung. Stellvertretend - weil in seiner Auswirkung am wichtigsten - sei der Bereich Wohnen angeführt:

Richtwerte gelten nur für Bereiche einer hochverdichteten Bebauung: 9 qm Nettowohnfläche pro Bewohner (ein ausdrücklich als langfristig festgelegter Schwellenwert), was bei dem Baustil Anfang der 60er Jahre einer Bruttogeschoßfläche (BGF) von rund 20 qm entspricht (MALISZ 1966b:228). Vorübergehend ist jedoch ein Nettowohnflächenwert von 7 qm pro Bewohner anzustreben (= 15,5 qm BGF). Der Übergang zwischen den Richtwerten soll nicht über die Veränderung der Wohnungsgrößen, sondern über die Veränderung der Belegungsdichte erreicht werden (d.h. diesen Überlegungen liegen abnehmende Haushaltsgrößen und/oder abnehmende Anteile an Mehrfamilienhaushalten zugrunde).

Die Koordinationsschwierigkeiten zwischen ökonomischer und räumlicher Planung, deren negative Folgen um 1957/58 immer offensichtlicher werden, werden seit Ende der 50er Jahre begonnen abzubauen. Am 31.1.1961 wird das Raumplanungsgesetz genehmigt, und es tritt ein halbes Jahr später in Kraft. Mit diesem Gesetz besteht die Möglichkeit, Teile administrativer Gebiete isoliert oder aber zusammen mit Teilen anderer administrativer Gebiete zu betrachten. Für solche Gebiete, die durch "räumliche Beziehungen der Produktions- und Dienstleistungseinrichtungen" gekennzeichnet sind, besteht die Möglichkeit, gesonderte Planungskommissionen zu berufen (vgl. FISHER 1966:213). Damit ist eine administrative Basis für die Regionalplanung und die Planung von Agglomerationen gegeben. Dieses ist insbesondere für die Planung der Entwicklung Warschaus wichtig.

---

1) Die Indizes haben den Nachteil, auf Blockbasis und nicht auf Basis einer Nachbarschaftseinheit bezogen zu sein. Für Neubebauung besteht keine Notwendigkeit der Blockeinteilung; angewandt auf bestehende Bebauung, würden so willkürlich bestehende Strukturen zerstört (vgl. MALISZ 1966a: 66).

Um in den Regionen noch effizienter planen zu können, wird gleichzeitig der Planungshorizont der beiden Bereiche modifiziert. Im Bereich der ökonomischen Planung werden in Zukunft die Nationalen Fünfjahrespläne durch langfristige nationale Perspektivpläne (Planungshorizont 15 Jahre) ergänzt.

National- und Regionalplan (Laufzeit 15-25 Jahre) werden unter Aufsicht einer Planungskommission des Ministerrates (Komisja Planowania przy Radzie Ministrów), die örtliche Planung bis 1963 durch das Komitee für Bauen, Stadtplanung und Architektur (Komitet Budownictwa, Urbanistyki i Architektury) durchgeführt (FISHER 1966:214). Nach 1963 wird die örtliche Planung dem Bauministerium unterstellt, nachdem man das Komitee aufgrund dieses Gesetzes erst erheblich erweitert hatte (vgl. MALISZ 1966a:57f und HAMILTON 1979b:203). Die praktische Ausführung der Regionalplanung (auf Woiwodschafts- bzw. Regionsebene) liegt bei Raumplanungsbehörden, die dem Präsidenten des entsprechenden Volksrates (Prezydia Rad Narodowych) unterstellt sind. Diese Behörden führen eigene wissenschaftliche Erhebungen durch.

Aufgabe des Regionalplans ist es u.a., Trends der allgemeinen ökonomischen und sozialen Entwicklung eines Gebiets zu beschreiben, den räumlichen Standort für Produktions- und Dienstleistungseinrichtungen festzulegen und die Besiedlungsstruktur und die Bevölkerungsverteilung zu bestimmen. Er hat in der Regel eine Laufzeit von 15 Jahren unter besonderer Beachtung der Richtwerte aus dem laufenden Fünfjahresplan. Ein genereller Regionalplan ist für jede Woiwodschaft zu erstellen. Für die den Woiwodschaften gleichgestellten Städte und ihr Umland ist über deren Grenzen hinweg - ebenso wie in ausgewählten Regionen einer Woiwodschaft - ein detaillierter Regionalplan zu erarbeiten. Bei einer woiwodschafts-übergreifenden Planung ist eine gemischte Kommission zu bilden, die den beteiligten Volksratspräsidenten unterstellt ist.

Die Ortsplanung besteht aus einem Flächennutzungsplan (15 Jahre Laufzeit für die gesamte Stadt; Maßstab: 1:10.000) und einem Bebauungsplan (6-9 Jahre für Teilgebiete wie Neubau-, Modernisierungs- und Sanierungsgebiete; Maßstab: 1:5.000; vgl. HAMILTON 1979b:203). Nach der Ausarbeitung müssen diese zwei Wochen öffentlich ausgelegt werden, bevor sie vom Präsidium des Volksrates angenommen werden können.

Bei der Formulierung neuer, langfristiger Regionalpläne, die erst ab etwa 1965 wirksam werden, wird deutlich, wie unterschiedlich gut einzelne Gebiete entwickelt sind. Dies ist ein Problem, das die Regionalplanung bis heute beschäftigt. In der Woiwodschaft Warschau gibt es erhebliche regionale Unterschiede der bestehenden Verhältnisse und der Entwicklungen. Durch den Einfluß Warschaus entwickeln sich die Teile der Kreise, die in der suburbanen Zone der Stadt liegen, überdurchschnittlich gut und rasch, während im Nordosten der Woiwodschaft die Entwicklung stagniert, ja z.B. in der Bevölkerungsentwicklung rückläufig ist. Das führt zur Schaffung neuer, nicht administrativer Planungsbereiche, der Wirtschaftsregionen.[1] Die großen Städte erfüllen in diesem Konzept zentralörtliche Funktionen bezüglich flächendeckender Infrastruktureinrichtungen (Verkehr, ÖPNV, Nachrichtenübermittlung, Ver- und Entsorgung, Verwaltung) bzw. als Zentren spezialisierter Einrichtungen (Arbeitsplätze des tertiären Sektors, Kunst, Kultur, Gesundheitswesen).

Die Regionen haben, je nach Größe der Kernstadt, eine Fläche von rund 10.000 qkm. Mit einer Dezentralisierung der Verwaltung und einer Kompetenzverschiebung zugunsten unterer Verwaltungsstufen gewinnen Einteilungen in Woiwodschaften bzw. in Wirtschaftsregionen einen immer stärkeren Einfluß.

4.1.2 Planverfahren und Ordnungsvorstellungen für Warschau und sein Umland

Nach dem Krieg leben in Warschau zur Zeit der ersten Zählung (1946) bereits wieder 600.000 Menschen (GUS SR 1980: 2[2]). Am 15.5.1951 wird Warschau administrativ neu geordnet. Die Stadtfläche wird um gut das Dreifache auf 424,5 qkm erweitert (vgl. Abb. 4.1).

---

1) Wirtschaftsregionen = df. "objektiv bestehende Einheiten von Wirtschaftsgebieten, in denen sich Produktions- und Konsumtionskomplexe ausgebildet haben, die sich gegenseitig bedingen" (BEREZOWSKI 1965: 194).

2) Die Angaben schwanken hier jedoch stark, was nicht nur an der für statistische Erhebungen schwierigen Situation liegen kann:
      538.000 (PRAESIDIUM 1971:63),
      481.000 (RUTKOWSKA 1982:20),
      478.000 (RHODE 1950:167),
      473.600 (SZCZYPIORSKI 1979:85).
Möglicherweise verwenden nicht alle Quellen die Census-Daten, sondern Fortschreibungs-Daten vom Beginn oder Ende des Jahres.

Abbildung 4.1: Die Entwicklung der Stadtfläche Warschaus, 1914-1957

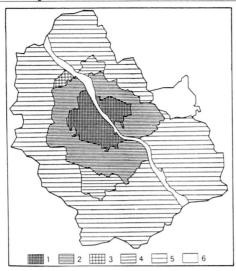

1 Fläche im Jahr 1914
2 Eingemeindete Fläche bis 1916
3 Eingemeindete Fläche bis 1931
4 Eingemeindete Fläche bis 1939
5 Eingemeindete Fläche bis 1951
6 Eingemeindete Fläche bis 1957

Quelle: MIROWSKI 1968:47

Das Stadtgebiet ist in elf Bezirke unterteilt (BARBAG & BEREZOWSKI 1956: 155; vgl. Abb. 4.2). Eine erneute Eingemeindung (1957) vergrößert die Fläche der Stadt auf 446 qkm, was 0,14% der Fläche der VR Polen und 1,52% der Fläche der Woiwodschaft Warschau (im folgende: W Warschau) entspricht. 1959 wird die Unterteilung in Bezirke erneut revidiert. Es sind seither sieben: Śródmieście (Innenstadt) und darum sektoral gruppiert Mokotów, Ochota, Wola, Żoliborz, Praga-Północ (-Nord) und Praga-Południe (-Süd) (vgl. Abb. 4.2).

Schon im Oktober 1945 wird der Beschluß gefaßt, die in Privatbesitz befindlichen Grundstücke innerhalb Warschaus in den Grenzen von 1939 zu enteignen, die Häuser blieben jedoch in Privatbesitz. Zusätzlich fallen auch alle Grundstücke, deren Besitzer während des Krieges getötet oder emigriert sind, dem neuen Staat zu - damit verbleibt der größte Flächenanteil Zentral- und Ostpolens, sowie Teile der Außenbezirke des heutigen Warschaus in Privathand. Zusätzlich werden die Mieten auf den Stand von

1939 festgeschrieben, um Spekulationen zu verhindern. In unterbelegte private Wohnungen konnten zusätzlich weitere Personen eingewiesen werden (vgl. GRIME & WĘCŁAWOWICZ 1981:264).

Abbildung 4.2: <u>Administrative Einteilung Warschaus in Stadtbezirke, 1945-1977</u>

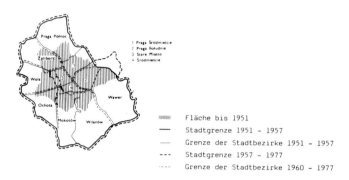

Quelle: MUSW 1974:25

Die weitgehende Enteignung privaten Bodens in Warschau schafft neue Möglichkeiten der staatlichen Planung. Die Verfügung über zu überplanende Gebiete wird nicht mehr in zeitraubendem und kostenintensivem Interessenausgleich zwischen individuellen und kollektiven Interessen erreicht. Die Entscheidung für eine jeweilige Nutzung soll auf (möglichst hoher) administrativer Ebene im Sinne "kollektiver Wünschbarkeit" und volkswirtschaftlichen Nutzens gefällt werden. Ansatzweise wird dabei der Bodenwert einkakuliert (z.B. die Kosten für Erschließung und/oder Umwidmung konkurrierender Nutzungen).

Damit werden Standortentscheidungen durch das Stadtplanungsamt vorbereitet und durch den Warschauer Volksrat als politischer Instanz festgelegt. Gesetzesgrundlage ist dabei der Etappenplan (fünfjähriger Planungszeitraum), der eingepaßt ist in den gleichlangen Wirtschaftsplan und die langfristige (ca. 15 Jahre) räumliche Planung (seit 1956; vgl. HAMILTON 1979b:203 und ROMERO 1979:421) Die angestrebte Nutzung ist dabei in einem Plan im Maßstab 1:5.000) für Teilgebiete festgelegt. Die Bindung betrifft vor allem die Investoren - sei es gewerbliche, sei es im Bereich des Wohnungsbaus z.B. die zunehmende Zahl der Wohnungsgenossenschaften.

Durch die Planung Warschaus und seines Umlandes zieht sich bis heute als bedeutender Eckwert die zu erwartende bzw. anzustrebende Bevölkerungszahl. Strebt man 1952 in der ersten Modifizierung des Wiederaufbauplans noch 2 Mio. Einwohner für 1970 an - vor allem aus ideologischen Gründen will man eine hochverdichtete Stadt mit Wohnungen und einer entsprechenden Zahl an Arbeitsplätzen erreichen, daß das tägliche Einpendeln beendet werde - so sieht man sehr rasch ein, daß eine solche Konzeption nicht finanzierbar ist. Bedingt durch die Problematik des Wiederaufbaus ist unter der gegebenen Knappheit der Mittel kaum mehr als die Verwaltung des Mangels möglich. Daher wird 1954 ein Zuzugsstopp nach Warschau von der Verwaltung beschlossen. Da diese Begrenzung jedoch nur für die Stadt selbst und nicht ihr Umland gilt, verringert sich der Zuwanderungsdruck auf die Agglomeration nicht. Die Wohnbedingungen im Umland verschlechterten sich dadurch deutlich und das Pendleraufkommen nach Warschau nimmt zu. Beides fördert die nun illegale Zuwanderung in die Stadt (vgl. MISZTAL 1971:275).

In der Folge der weiteren Pläne wird die angestrebte Bevölkerungszahl stetig reduziert. Geht der Plan von 1957/58 für das Jahr 1980 noch von 2 Mio. E in Warschau (2,6 Mio. in der Region Warschau) aus, so reduziert sich die geplante Einwohnerzahl im 60er-Plan auf 1,6 Mio. für 1985 (2,7 Mio. E in der Region), dieser Richtwert wird allerdings später erneut auf 1,7 Mio. E angehoben. Dabei soll nach den zuletzt in dieser betrachteten Phase bestehenden Plänen 1980 die 1,5 Mio. Einwohner-Grenze überschritten werden (vgl. KACZOROWSKI 1965:101). Die Planung unterstellt damit, daß das Wachstum der Hauptstadt deutlich langsamer verlaufen solle als der angestrebte landesweite Urbanisierungsprozeß (Wachstum um 40% zwischen 1960 und 1980 in Warschau gegenüber 56% der Stadtbevölkerung in der VR Polen).

Regionalplanung. Um die Stadt erstreckt sich die W Warschau auf einer Fläche von rund 29.370 qkm^1, was 9,38% der Fläche der VR Polen entspricht (vgl. Abb. 4.3). Die Provinz besteht aus 33 Kreisen und fünf den Kreisen gleichgeordneten Städten (Węgrów, Wołomin, Wyszków, Zuromin

---

1) Die Angaben differieren zwischen 29.040 qkm für 1961 (GUS 1962:14) und 29.487 qkm für 1973 (GUS 1974:41). Diese Schwankungen beruhen auf ständigen Gebietsänderungen aufgrund breiter Diskussionen der Regionalwissenschaftler und Planungsbehörden. Bei Berechnungen geht der Autor für den gesamten Zeitraum von der obigen Zahl aus.

und Zyrardów; vgl. Abb. 4.4), 56 weiteren Städten, 13 Siedlungen und zwischen 500 und 600 Gemeinden (vgl. GUS 1962: 11 und 15). Warschau selbst gehört nicht zum administrativen Gebiet der Woiwodschaft, was sich in der Planung als nachteilig herausstellen wird. Die Stadt wird in der Provinz als "Loch" aufgefaßt, während sie doch ganz erhebliche Wirkungen auf ihr Umland innerhalb der Woiwodschaft hat. Auch dieses Faktum ist wiederholt Gegenstand wissenschaftlicher und planungspraktischer Diskussionen (vgl. BEREZOWSKI 1971, 1972; GLISZCZYŃSKI 1967; MALISZ 1966a, 1979). Hinzu kommt, daß die Investitionsentscheidungen des Staates der gesellschaftlichen Ideologie entgegenstehen. Denn anstelle einer gleichmäßigen Entwicklung des Landes werden die Städte bevorzugt, zumal dann, wenn sie in wachsenden Woiwodschaften liegen und dort neue Industrien angesiedelt werden. So hat die Stadt Warschau die am stärksten privilegierte Stellung, die W Warschau zählt zu den wirtschaftlich ärmsten und rückständigsten. Sie wird zusätzlich durch das Wachstum des Umlandes von Warschau ausgezehrt; das suburbane Gebiet bleibt in seiner Entwicklung aber dennoch deutlich hinter der der Hauptstadt zurück (vgl. GLISZCZYŃSKI 1967:169). So hatten in der Regel Planungsentscheidungen, die in den jeweiligen Administrationen (Stadt vs. Woiwodschaft) getroffen wurden, häufig gegensätzliche Zielrichtungen.

Abbildung 4.3: Region Warschau, Subregion Warschau, Stadtregion WZM, Woiwodschaft Warschau und Warschau

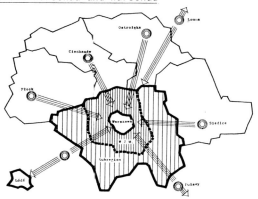

Region Warschau	29.845 qkm	W Warschau + Warschau
Subregion Warschau	10.056 qkm	
Stadtregion WZM	4.496 qkm	
Woiwodschaft Warschau	29.370 qkm	
Warschau	446 qkm	

Deswegen wird als Planungseinheit die Region Warschau (im folgenden: R Warschau) gebildet. Mit ihrer Fläche von 29.845 qkm (BEREZOWSKI 1965: 200; entsprechend einem Kreis mit einem Radius von knapp 100 km) umfaßt sie die Stadt Warschau und die W Warschau (vgl. Abb. 4.3).

Abbildung 4.4: Region Warschau, Subregionen der W Warschau und Warschau

Quelle: BEREZOWSKI 1965:198

Wegen des stark unterschiedlichen Entwicklungsstandes der einzelnen Teile der Woiwodschaft (die nördlichen und die östlichen Teile verfügen über wenig ertragreiche Böden, sind schwach industrialisiert, weisen eine schlechte Infrastrukturausstattung auf und entvölkern sich beständig) wird die W Warschau zu Planungszwecken in die Subregionen Warschau, Siedlce, Płock, Ostrołęka und Ciechanów eingeteilt. Aber auch bei diesen kleineren Planungseinheiten überfordert die flächenmäßige Ausdehnung die Planungsinstitutionen. Die Anzahl der Subregionen schwankt (fünf; vgl. Abb. 4.3 bzw. vier; vgl. Abb. 4.4; vgl. zur Diskussion BEREZOWSKI 1972: 10ff), was auf diese Probleme hindeutet.[1]

---

1) Fußnote s. S. 812.

WARSCHAU

Die Hauptstädtische Subregion Warschau (im folgenden: Sub Warschau) nimmt mit 10.056 qkm rund 34% der Fläche der R Warschau ein (entsprechend einem Kreis mit einem Radius von knapp 60 km), hier lebt aber die Hälfte der Einwohner der R Warschau (nach BEREZOWSKI 1965:198f sind es sogar 65% der Einwohner). Erst die Zugehörigkeit der Stadt zur Subregion macht eine einheitliche Betrachtung der Entwicklung der Hauptstadt und seiner suburbanen Zone möglich.

Abbildung 4.5: <u>Abgrenzungskonzeptioner der Stadtregion Warschau (WZM)</u>

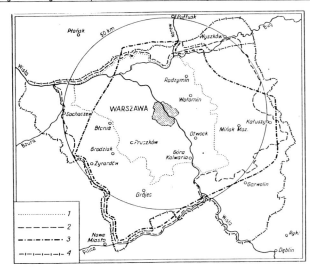

1 nach J. STRZELECKI 1935
2 nach S. RYCHLINSKI 1935
3 nach Główny Urząd Planowania Przestrzennego (GUPP) 1947
4 nach der Regionalplanung 1968

Quelle: BEREZOWSKI 1972:12

---

1) Die Diskussion um die Abgrenzung des Umlandes der Stadt und der Region ist vielfältig. Sie wird zusätzlich dadurch verkompliziert, daß es eine Fülle unterschiedlicher Abgrenzungen und Bezeichnungen gibt. Diese Unterschiede beruhen auf variierender Abgrenzungsmerkmalen und Schwellenwerten, die von Autor zu Autor schwanken und die aufgrund der Entwicklungen über die Zeit neu definiert werden müssen. Der Verfasser stützt sich hier vor allem auf die administrativen und planerischen Grenzziehungen (R Warschau, W Warschau, HW Warschau), legt darüberhinaus jedoch auch Wert auf die Abgrenzungskonzeptionen der Stadtregion WZM, weil diese sich nach einer 40 Jahre andauernden Diskussion nach der Regionalreform im Jahr 1975 durchsetzt.

Die Abgrenzung der Ausdehnung des Einflußbereiches der Hauptstadt ist seit den 30er Jahren umstritten: Diskussionen der Stadtregion WZM (Warszawski Zespół Miejski), der Konzeption der Subregion und unterschiedlicher Agglomerationsabgrenzungen. Die Teileinheit WZM weist mit 3.174 qkm etwa ein Drittel der Fläche, aber 85% der Bewohner der Sub Warschau auf (vgl. BEREZOWSKI 1972:38).

Die Abgrenzung bei GLISZCZYŃSKI (1967) der Stadtregion ("Städtische Region") entspricht weitgehend dem Zwischenkriegsansatz von STRZELECKI (1935). Sie bezieht jedoch stärker die mittlerweile entwickelten Teile des Umlandes mit ein (Serock, Zakroczym und Nowy Dwór Maz. im Norden und Grodzisk Maz. und Milanówek im Westen) oder berücksichtigt stärker die Pendelverflechtungen (im Nordwesten um Tłuszcz) (vgl. Abb. 4.6). Eine ähnliche Abgrenzung von Pendelverflechtungen nimmt WASĄZNIK vor (nach: BEREZOWSKI 1965:186ff).

Abbildung 4.6: Die administrativen Grenzen der Städtischen Region Warschau (Stand: 1.1.1962)

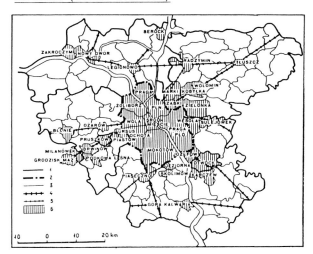

1 Kreisgrenzen
2 Grenze Warschaus
3 Grenzen von Städten, Siedlungen und Gemeinden
4 Haupt-Eisenbahnlinien
5 Zubringer-Eisenbahnlinien
6 Städte und Siedlungen

Quelle: GLISZCZYŃSKI 1967:16

WARSCHAU   814

Flächenmäßig näher an der administrativen Einheit der Sub Warschau sind
die Abgrenzung der Agglomeration Warschau. Auch hier gibt es sowohl Un-
terscheidungen nach Autoren (vgl. Abb. 4.7), als auch über die Zeit, je
nach Maß und Entwicklung der Interdependenzen zwischen der Kernstadt und
dem Umland (vgl. Abb. 4.8).

Abbildung 4.7: Abgrenzung der Agglomeration Warschau nach unterschied-
               lichen Autoren, 1960

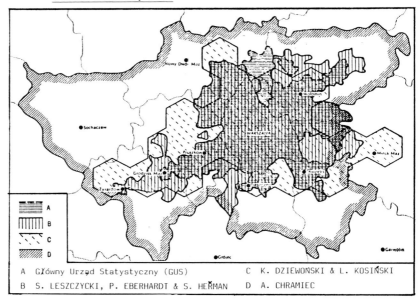

A Główny Urząd Statystyczny (GUS)   C K. DZIEWOŃSKI & L. KOSIŃSKI
B S. LESZCZYCKI, P. EBERHARDT & S. HERMAN D A. CHRAMIEC

Quelle: CIECHOCIŃSKA 1975:31

Da auch in der Sub Warschau starke Ungleichgewichte bestehen und es sich
als sehr problematisch erweist, Teile der Industriebetriebe aus Warschau
auszulagern, beschließt man, auch hier ein Industrieansiedlungsprogramm
auszuarbeiten. Warschau und die Vororte Legionowo, Wołomin und Piaseczno
sollen von der weiteren Industrialisierung ausgenommen werden, dafür
wird geplant, Nowy Dwór Maz. im Norden und Góra Kalwaria im Süden als
neue Entwicklungszentren auszubauen (vgl. KOSIŃSKI 1965: 268 und LIER
1962: 70).

Abbildung 4.8: Abgrenzung der Agglomeration Warschau nach der wirtschaftlichen Verflechtung, 1960-1970

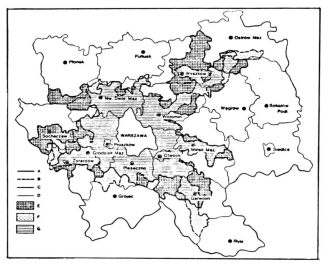

A Grenze der Agglomeration 1970
B Grenze der Agglomeration 1960
C Grenze der W Warschau
D Kreisgrenzen
E Zuwachs des Agglomerationsgebietes zwischen 1960 und 1970
F Abnahme des Agglomerationsgebietes zwischen 1960 und 1970
G Agglomerationsgebiet 1960 und 1970

Quelle: CIECHOCIŃSKA 1975:35

Nach 1965 sollen die Grenzen der R Warschau neu gezogen werden. Sie sind dann nicht mehr mit denen der Woiwodschaft identisch. Deren Fläche erhöht sich auf 36.380 qkm (entsprechend einem Kreis mit einem Radius von 108 km), die Fläche der Hauptstädtischen Subregion geht schon vorher auf 9.532 qkm (entsprechend einem Kreis mit einem Radius von 55 km) zurück (BEREZOWSKI 1965:200f).

Stadtentwicklungsplanung. Aufgrund der unklaren und anfangs auch wechselnden Prioritäten in der Stadtentwicklungsplanung verliert die Planung an Effizienz (vgl. KOSIŃSKI 1965:266). Zudem verfügt die Planung kaum über variable Geldmengen, denn die Haushalte sind knapp und ein großer Teil ist für den Wiederaufbau der historischen Altstadt und für den Wohnungsbau festgeschrieben.

Abbildung 4.9: <u>Flächennutzungsplan für Warschau, 1950 - 1955</u>

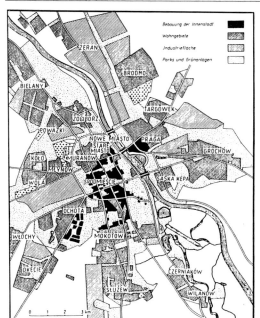

<u>Quelle</u>: BEREZOWSKI 1956: 162

Da die gesamte Stadtplanung während des Krieges im Untergrund weiterbetrieben wurde, konnte der erste Generalbebauungsplan bereits 1945 vorgelegt und Ende 1947 verabschiedet werden (vgl. MISZTAL 1971:273).

Doch die Planung gerät zusätzlich zwischen die sich gerade erst bildenden Fronten des Gesellschaftsverständnisses und dessen räumliche Ausprägung resp. Darstellung. So fordert der neue Staatspräsident, Bołeslaw Bierut, daß Warschau nach dem Krieg eine völlig neue, der neuen Gesellschaftsform adäquate Struktur erhalten solle. Die Stadt soll insofern funktional sein, als sie eine unmittelbare, aber störungsfreie Zuordnung der Wohn- und Arbeitsstandorte gewährleisten soll.

"Das neue Warschau ... darf nicht einzig und allein eine verbesserte Auflage des Sammelbeckens privater Interessen der kapitalistischen Gesellschaft aus der Vorkriegszeit sein, es darf keine Widerspiegelung der Widersprüche sein, die diese Gesellschaft zerfleischen, und es darf nicht mehr zum Schauplatz und zur Grundlage der Ausbeutung menschlicher Arbeitskraft und des Anwachsens der Privilegien der besitzenden Schichten werden" (Bierut im Juni 1949, zit. nach BARBAG & BEREZOWSKI 156:160f).

Abbildung 4.10: Die konkurrierenden Planungsansätze in der Nachkriegszeit

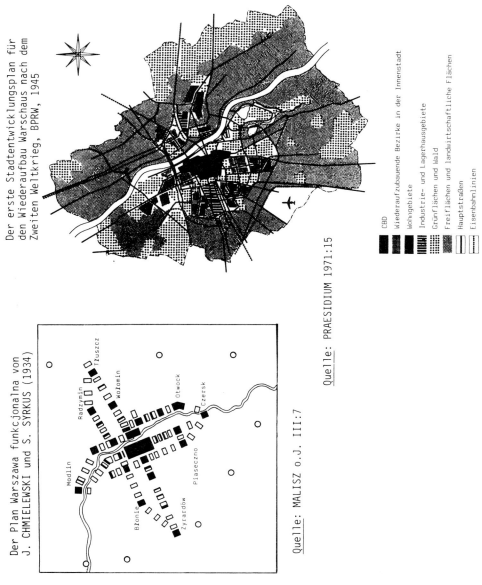

Der erste Stadtentwicklungsplan für den Wiederaufbau Warschaus nach dem Zweiten Weltkrieg, BPRW, 1945

Quelle: PRAESIDIUM 1971:15

Der Plan Warszawa funkcjonalna von J. CHMIELEWSKI und S. SYRKUS (1934)

Quelle: MALISZ o.J. III:7

Auf der anderen Seite spielt im Selbstverständnis der Planer gerade jetzt der alte Vorschlag des Regionalplaners J. CHMIELEWSKI und des Stadtplaners S. SYRKUS zur funktionalen Gliederung Warschaus und des Umlandes (Warszawa funkcjonalna) wieder eine Rolle (vgl. Abb. 4.11). Unter der jetzt sozialistischen Regierung trifft dieses Modell der Vorwurf einer impliziten kapitalistischen Ideologie.

Obwohl Syrkus - zusammen mit seiner Frau - die ersten Neubaugebiete plant und deren Durchführung maßgeblich überwacht, haben sich diese Planer vorerst nicht durchsetzen können. Erst Mitte der 60er Jahre werden die Ideen von Chmielewski und Syrkus auch in der praktischen Regionalplanung umgesetzt.

Die neu errichteten Wohngebiete erhalten eine hierarchische Gliederung:

- Das Grundelement (1.500 bis 2.000 E) ist die "Wohnkolonie", versehen mit Kinderhort, Kindergarten, Spielplatz.
- Eine "Siedlung" besteht aus vier oder fünf der beschriebenen Wohnkolonien, hat also 8.000 bis 10.000 Einwohner. Im Zentrum befinden sich zwei Volksschulen, ein Gesellschaftshaus, ein Gesundheitsamt, Grünanlagen und Sportstätten (z.B. Praga II).
- Ein "Bezirk" besteht wiederum aus vier bis fünf Siedlungen, d.h. hier wohnen 40.000 bis 50.000 Einwohner. Er ist mit einem Rathaus, einer höheren Schule, einem Gemeinschaftshaus, einer Kirche, einer Bibliothek, einem Kino und Vergnügungsstätten versehen. Dieser Bezirk ist als niedrigste kommunale Einheit vorgesehen (vgl. RHODE 1950:165).

Als Planziele stehen sich damit gegenüber:

- administrative Neuordnung,
- dreistufige Gliederung der neu zu errichtenden peripheren Wohngebiete,
- Auflockerung der Stadt und Segregation der Nutzungen,
- Nutzung der Innenstadt durch Behörden, Kultur- und Planungsinstitutionen, Repräsentativbauten,
- hohe Verkehrsdurchlässigkeit der Innenstadt (vgl. RHODE 1950:166).

Die Anhänger der "Neuen sozialistischen Stadt" hatten folgende Ziele:

- Starke Mischung von Nutzungen und Funktionen,
- neue Wohnviertel citynah und hochverdichtet,
- durch Funktionsmischung kurze Pendelstrecken (fußläufige Entfernungen),
- autonome Versorgung der Neubaugebiete (vgl. BARBAG & BEREZOWSKI 1956: 163).

Tatsächlich hat dann der eingeschlagene Planungsweg die folgenden Ziele:

- funktionale Trennung von Wohnen und Arbeiten,

- Arbeitsplätze liegen mit ihrem Schwergewicht in der Innenstadt (Verwaltungs- und Dienstleistungszentrum mit Institutionen und Einrichtungen aufgrund der Hauptstadtfunktion), in Industriekonzentrationen und in direktem Bezug zu den Neubaugebieten, jedoch durch Grünstreifen von diesen getrennt.

- Wohnungsbau in gesonderten Wohnbezirken, gut verkehrstechnisch angebunden an Arbeitsplätze und die Innenstadt. Dezentrale Versorgung mit Bildungsstätten, Kulturzentren, Geschäften und Einrichtungen des Gesundheitswesens, kleine Industriebetriebe (für Frauen-Arbeitsplätze). In der Innenstadt Kombination mit Verwaltungs- und Dienstleistungsgebäuden.

- Breite Durchfahrtsstraßen in N-S- und in O-W-Richtung und eine Konzeption von Ringstraßen. Verbindung der Eisenbahnlinien und Ausbau einer elektrifizierten Vorortbahn, Bau einer U-Bahn.

- Erholungs- und Freizeitflächen werden in peripherer Lage, orientiert an bestehenden Waldflächen und Flußläufen ausgewiesen (vgl. MISZTAL 1971:273ff).

Darauf aufbauend zeichnet sich Ende der 50er Jahre eine im Wohnungsbau einheitliche Konzeption der sozialräumlichen Organisation des Siedlungsgebietes ab (vgl. GOLDZAMT 1974:225). Darin werden die Ideen der "neighbourhood-unit", der deutschen und polnischen Sozialsiedlungen der 40er Jahre (SYRKUS) und der in der UdSSR in den 30er Jahren entwickelten "gesellschaftlichen Organisation des täglichen Lebens" verschmolzen (vgl. GOLDZAMT 1974:225f). Darunter wird in erster Linie eine unmittelbare Zuordnung der Arbeitsplätze zu Wohnstandorten und gesellschaftspolitisch eine soziale Einheit im Wohn-, Arbeits- und Freizeitbereich verstanden.

Für den zweiten Fünfjahresplan (1961-1965) werden die Stadtplanungsstandards durch die "15 Vorschriften" des Präsidenten des Komitees für Bauen, Stadtplanung und Architektur modifiziert und ergänzt. Damit wird ein Planungsvorgang, der seit 1956 in Warschau praktiziert wird, bindend für alle anderen Städte der VR Polen. Die Stadtplanung hat nun drei Zeithorizonte: Einen Fünf-Jahresplan, einen Perspektiv-Plan (15 Jahre) und einen Langzeit-Plan (ohne Begrenzung) (vgl. GRIME & WĘCŁAWOWICZ 1981: 277f). Für Wohnsiedlungen muß - basierend auf einem Flächennutzungsplan (Maßstab 1:20.000) - ein Bebauungsplan (Maßstab 1:5.000) (DZIEWUSLKI 1965:

89) und, damit verbunden, ein Programmplan erstellt werden (vgl. MALISZ 1965b: 231). Die Vorschriften sollen in allen Neubaugebieten mit Mehrfamilienhausbebauung gelten; für erneuerte Gebiete gelten sie als Richtlinien.

Mit dieser Planung soll eine Nachbarschaftseinheit definiert und deren Struktur festgelegt werden. Die Größe liegt bei etwa 10.000 Bewohnern und soll auf eine Grundschuleinheit bezogen sein. Einbezogen in die Planung sollen sein: Netto-Wohnbauland, Einheiten der Versorgung mit dem Basisbedarf, öffentliche Grünflächen (Gärten), Flächen für kommunale Dienstleistungen und interne Erschließungsstraßen und Fußwege. Auch damit werden hierarchische Organisationsformen im Siedlungssystem der Hauptstadt landesweit eingeführt.

Daneben existieren Berechnungsmethoden für Bewohnerzahl über Netto-Geschoßflächen: Pro Person gelten 15,1 qm Wohnfläche, die sich aus 14,7 qm Netto-Wohnfläche (living space) und 0,4 qm Nutzfläche (service space) zusammensetzt (vgl. MALISZ 1965b:233).

Für die Versorgung mit grundlegendem Bedarf gibt es Angaben zu Krippen, Kindergärten, Grundschulen, Läden des täglichen Bedarfs, Handwerksbetriebe, Restauration, Gesundheitsdienst, Flächen des ruhenden Verkehrs, Zentralheizungsversorgung, örtliche Verwaltungsämter, öffentliche Freiflächen.

Der örtliche Plan Warschaus für die Zeit des zweiten Fünfjahresplans (1961 bis 1965) wird zwar noch vom Präsidenten der Volkskammer der Stadt Warschau gebilligt, dessen Nachfolger aber wird schon in der Entwurfsphase abgelehnt, die Phase der kurzfristigen Planung ist beendet, das Raumordnungsgesetz wirkt sich auf die folgende Planung aus.

WARSCHAU

4.2 Bevölkerung und Wohnungen

Bevölkerung. Im Januar 1945 wohnen in Warschau ca. 160.000 Menschen - davon allein 140.000 auf dem rechten Weichselufer in Praga (RIETDORF 1975:152). Damit ist Warschau vorübergehend (bis 1947) hinter Łódź die zweitgrößte Stadt der VR Polen (vgl. BARBAG & BEREZOWSKI 1956:158 und Tab. 4.10). Die Bevölkerung Warschaus wächst jedoch sehr schnell: Im Mai 1945 hat die Stadt schon wieder 378.000 Einwohner[1] (MISZTAL 1971:275); im Jahr 1955 wird Warschau wieder Millionenstadt, der Vorkriegshöchststand wird jedoch erst zu Beginn der 70er Jahre erreicht.

Abbildung 4.11: Bevölkerungsentwicklung in Warschau (in 1.000), 1785 - 1981

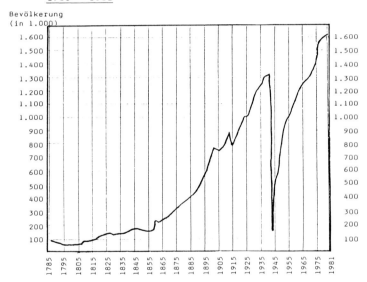

Neben der großen Eingemeindung 1951 ist die Zunahme der Bevölkerungszahl vor allem auf Wanderungen zurückzuführen, die bis zum Beginn der 60er Jahre unvermindert anhalten (trotz Zuzugsbegrenzungen, die 1954 erlassen werden). Zum Zeitpunkt der Volkszählung im Jahr 1950 sind von den 804.000 Einwohnern 77% ehemalige Warschauer, die aufgrund der Kriegsereignisse geflohen oder vertrieben worden sind, knapp 10% sind Zuwanderer aus der W Warschau (KOSIŃSKI 1965:266). Die großen Umsiedlungsaktionen

---
[1] KOSIŃSKI (1965:265) gibt für den 10.2.1945 bereits 380.000 Einwohner in Warschau an.

Tabelle 4.1: <u>Die Bevölkerungsentwicklung in Warschau, 1945 - 1983</u>

	Einwohner[+] (in 1.000)	Veränderung (in 1.000)	Veränderungs-Index 1945=100 1965=100		Fläche (in qkm)	Bevölkerungsdichte (in E/qkm)
1945	473,6	-	100		141,0	3.359
1946	538,5	64,9	114			3.819
1947	576,0	37,5	122			4.085
1948	604,9	28,9	128			4.290
1949	638,0	33,1	135			4.525
1950	819,0	181,0	175		424,5	1.929
1951	864,9	45,9	183			2.037
1952	913,4	48,5	193			2.152
1953	958,5	45,1	202			2.258
1954	981,4	22,9	207			2.312
1955	1.001,0	19,6	211			2.358
1956	1.030,2	29,2	218			2.427
1957	1.077,0	46,8	227		446,2	2.414
1958	1.095,6	18,6	231			2.455
1959	1.116,8	21,2	236			2.503
1960	1.157,4	40,4	244			2.594
1961	1.171,4	14,0	247			2.625
1962	1.189,6	18,2	251			2.666
1963	1.221,9	32,2	258			2,738
1964	1.241,0	19,1	262			2.781
1965	1.252,6	11,6	264	100		2.807
1966	1.267,8	12,2	268	101		2.841
1967	1.266,7	- 1,1	267	101		2.839
1968	1.278,8	12,1	270	102		2.866
1969	1.288,4	9,6	272	103		2.887
1970	1.315,6	27,2	278	105	445,7	2.952
1971	1.333,4	17,8	282	106	445,9	2.990
1972	1.356,9	23,5	287	108		3.043
1973	1.387,8	30,9	293	111		3.112
1974	1.410,4	22,6	298	113		3.163
1975	1.436,1	25,7	303	115		3.221
1976	1.463,4	27,3	309	117		3.282
1977	1.532,1	68,7	324	122	485,3	3.157
1978	1.556,8	24,7	329	124		3.208
1979	1 576,6	19,8	333	126		3.249
1980	1.596,1	19,5	337	127		3.289
1981	1.611,6	15,5	340	129		3.321
1982	1.628,9	17,4	344	130		3.356
1983	1.641,4	12,5	347	131		3.382

+ Fortschreibungsdaten jeweils zum 31.12.

++ Nach einer Konvention wird die vergrößerte Fläche der Stadt bereits auf das Jahr 1950 bezogen, obwohl die Eingemeindung erst 1951 war.

Quellen: 1945 - 1969 WUSW 1974: Tab. 3/2
1970 - 1982 WUSW 1983: XLVIII f
1983 GUS 1984: 25

aufgrund der Verschiebung der Fläche des Staates um ca. 200 km nach Westen bewirken in der VR Polen eine sehr hohe Zahl von Wanderungen, die bis weit in die 50er Jahre hineinreichen. Zusätzlich profitieren durch die starke Industrialisierung in den 50er Jahren die entstehenden und sich erweiternden Industriezentren von diesen Wanderungen. Aufgrund des hohen Arbeitsplatzangebots der Hauptstadt zieht diese überdurchschnittlich viele Umsiedler, aber auch Bewohner der W Warschau - hier insbesondere aus dem strukturschwachen Nordosten - an. So beträgt der Wanderungssaldo Warschaus gegenüber der W Warschau zwischen 1950 und 1960 42.500 Menschen (35.900 Wegzüge gegenüber 78.400 Zuzügen; STOKOWSKI 1970:68).

Tabelle 4.2: Zu- und Abwanderungen in Warschau und in der W Warschau, 1954 - 1956 und 1965 - 1973 (nach der amtlichen Statistik)

	1954[1]	1955[2]	1956[3]	1965[4]	1967[5]	1968[6]	1969[7]	1970[8]	1971[9]	1972[9]	1973[8]
Warschau Zu	32.000	12.800	16.800	17.800	17.000	15.200	14.900	15.483			22.100
Ab	37.000	21.800	17.300	5.100	2.900	2.600	2.800	2.463			3.200
Saldo	-5.000	-9.000	-500	12.700	14.100	12.600	12.100	13.020	16.358	19.726	18.900
W Warschau Zu	101.000	95.700	102.700	72.300	61.000	66.300	67.500	63.100			
Ab	102.000	91.000	99.500	76.400	68.400	71.000	72.000	70.100			
Saldo	-1.000	4.700	3.200	-4.400	-7.400	-4.700	-4.500	-7.000			

1) GUS 1955: 61
2) GUS 1956: 73
3) GUS 1957: 50
4) GUS 1966: 59
5) GUS 1968: 62
6) GUS 1969: 99
7) GUS 1970: 57
8) GUS 1975: 250
9) WUSW 1981: XL f.

Während die Zuwanderungen knapp die Hälfte des Bevölkerungszuwachses bis in die 60er Jahre bewirkten (vgl. Tab. 4.8), zeigt Tab. 4.2 die auftretenden Schwankungen durch den Zuzugsstopp. Der Wanderungssaldo Warschaus wird negativ, da die Wegzüge zuerst anhalten. Erst später werden die Wegzüge geringer. Vermutlich spielt der Faktor eine Rolle, daß man nach einem Wegzug nur schwer wieder nach Warschau zurückkehren kann - ein negativer Effekt des Zuzugsstopps. Die auf der amtlichen Statistik basierenden Angaben (Tab. 4.2) weisen geringere Zuzugs- und Saldowerte auf als z.B. die von MIROWSKI (1968). In einer speziellen Arbeit zur Wanderungsproblematik setzt er sich auch mit der Wirksamkeit des Zuzugsstopps auseinander. Danach ist diese nicht so ausgeprägt wie offiziell dokumentiert.

Tabelle 4.3: Zu- und Abwanderungen Warschau, 1952 - 1964

	Zuwanderung	Abwanderung	Saldo
1952	56.300	28.600	27.700
1953	57.100	32.000	25.100
1954	34.200	31.700	2.500
1955	18.200	10.800	7.400
1956	20.600	7.000	13.600
1957	20.800	9.700	11.100
1958	18.100	9.300	8.800
1959	18.300	10.700	7.600
1960	21.500	7.700	13.800
1961	21.000	6.100	14.900
1962	18.900	4.800	14.100
1963	22.200	4.300	17.900
1964	21.100	5.000	16.100

Quelle: MIROWSKI 1968:69

Die W Warschau, vor allem das Umland Warschaus, "profitiert" so von den überregionalen Wanderungen in der zweiten Hälfte der 50er Jahre. Diese Zuwanderungen erweisen sich allerdings als sehr nachteilig für die Wohnraumversorgung (s.u.). Sie bedeuten nämlich, daß sich mit den Zuwanderern die Probleme vor allem der Wohnraumversorgung von der Hauptstadt in das Umland verlagern.

Bei den Wanderungen innerhalb der und in die W Warschau überlagern sich zwei Prozesse: die unverminderte Entleerung der landwirtschaftlich ausgerichteten Teile der W Warschau (vor allem der Nordosten) und die rasche Auffüllung des Umlandes Warschaus (vgl. Tab. 4.4 und 4.9), die durch den Zuzugsstopp nach Warschau begünstigt wird. Diese Auffüllung ist damit nicht als Ergebnis des Wachstums der Kernstadt aufzufassen, sondern auf administrative Entscheidungen zurückzuführen (vgl. GLISZCZYŃSKI 1967: 161 f).

Die Tabelle 4.4 macht die unterschiedlichen Wachstumsraten in der W Warschau deutlich. Über die räumlichen Unterschiede der Bevölkerungszuwächse in den Städten des Umlandes informiert Abb. 4.12. Das Wachstum findet in den 50er Jahren in den Entwicklungsachsen statt, wobei die Intensität mit zuehmender Distanz von der Kernstadt abnimmt. Zum Ende dieser Stadtentwicklungsphase liegen die ausgeprägtesten Wachstumsraten in Ursus, Nowy Dwór Maz., Ząbki, Kobyłka, Piaseczno und Zielonka.

Tabelle 4.4: Bevölkerungszahl und -veränderung in der VR Polen, der
W Warschau, dem Umland und Warschau, Volkszählungen
1946, 1950, 1960, 1970

	Bevölkerung (in 1.000)			
	1946	1950	1960	1970
VR Polen[1]	23.626	24.613	29.361	32.589
W Warschau[1]	2.209,7	2.042,5	2.314,8	2.513,9
Umland Warschau[1]	326,8	242,7	571,0	667,9
Warschau	600,1[2]	804,0[3]	1.157,3[3]	1.315,6[4]

	Ø Veränderung pro Jahr[5]					
	1946-50		1950-60		1960-70	
	abs.	in %	abs.	in %	abs.	in %
VR Polen	197,4	0,8	474,8	1,9	322,8	1,0
W Warschau	-33,4	-1,5	27,2	1,3	19,9	0,8
Umland Warschau	-16,8	-5,1	32,8	13,5	9,7	1,5
Warschau	51,0	8,5	35,3	4,4	15,8	1,4
Śródmieście	23,2	21,9	0,7	0,4	-0,2	-0,1
sonst.Stadtbez.	27,8	5,6	34,7	5,7	16,0	1,7

1) CIECHOCIŃSKA 1975a: 43 3) CIECHOCIŃSKA 1975a: 73 5) eigene
2) GUS SP 1976a: 7 4) WUSW 1976: 62 Berechnung

Abbildung 4.12: Veränderung der Bevölkerungszahl im Umland Warschaus,
1950 - 1970

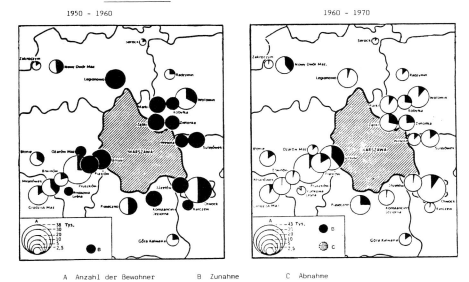

A Anzahl der Bewohner   B Zunahme   C Abnahme

* Offensichtlich liegt bei der Quelle eine Vertauschung der Graphiken vor, die hier berichtigt ist.

Quelle: CIECHOCIŃSKA 1975:112 f

WARSCHAU

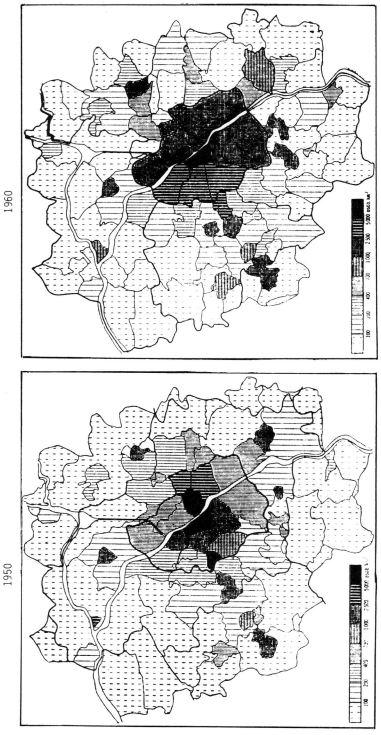

Abbildung 4.13: Bevölkerungsdichte in der Agglomeration Warschau (E/qkm), 1950, 1960

Quelle: CIECHOCIŃSKA 1975:87
Quelle: CIECHOCIŃSKA 1975:88

Mit den unterschiedlichen Zuwachsraten verstärken sich in der W Warschau die ungleichen Besiedlungsdichten: 1955 leben im Umland durchschnittlich 150 E/qkm, in der gesamten W Warschau nur die Hälfte (77,7 E/qkm), da im Nordosten nur etwa 50 E auf einem qkm leben (vgl. BARBAG & BEREZOWSKI 1956:165). Die unterschiedliche Dichte in der Agglomeration für 1950 und 1960 ist aus der Abb. 4.13 ersichtlich, die Veränderungsrate aus Abb. 4.14:

Abbildung 4.14: <u>Veränderung der Bevölkerungsdichte in der Agglomeration Warschau, in %, 1950 - 1960</u>

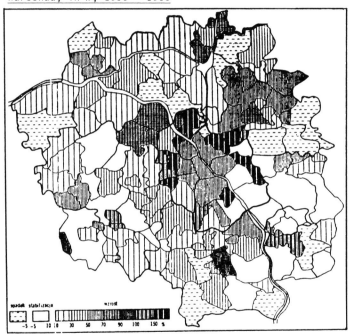

spadek = Abnahme
stabilizacja = keine oder nur geringe Veränderung
wzrost = Zunahme

<u>Quelle</u>: CIECHOCIŃSKA 1975:91

Die Arbeit von GLISZCZYŃSKI (1967) macht deutlich, daß in der Stadtregion die Zuwächse vor allem in der S-W- und der N-O-Achse, sowie in der S-O-Achse und in einzelnen Städten stark sind (s. Abb. 4.15):

Abbildung 4.15: Bevölkerungsveränderung in der "Städtischen Region" Warschau (Abgrenzung vom 1.1.1962), 1950 - 1960

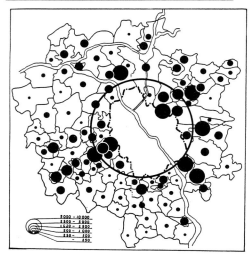

Quelle: GLISZCZYŃSKI 1967:26

Die Dichte-Werte für 1960 deuten bereits die entwickelten Gebiete an, die später Grundlage des regionalen Entwicklungskonzepts entlang der Entwicklungsbänder werden (s. Abb. 4.16).

Abbildung 4.16: Bevölkerungsdichte (in E/ha) in der "Städtischen Region" Warschau, 1960

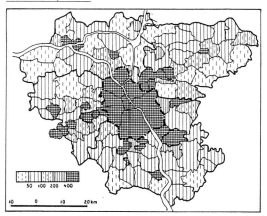

Quelle: GLISZCZYŃSKI 1967:21

Zwischen 1946 und 1950 verliert das Umland absolut nur halb so viele Bewohner wie die gesamte W Warschau (da war Warschau noch "offen") - nach KOSIŃSKI (1965:267) nimmt die Bevölkerungszahl im Umland in der Zeit jedoch um 50.000 Einwohner zu. In den 50er Jahren ist der absolute Zuwachs im Umland höher als in der W Warschau. Die Zuwächse im Umland sind jedoch nicht gleichmäßig. Wie sie sich auf die Teilgebiete verteilen, wird in Tab. 4.5 wiedergegeben:

Tabelle 4.5: Bevölkerungszahl und -veränderung in Teilgebieten der Agglomeration Warschau, 1946 - 1970

Teilgebiet[+]	Bevölkerungszahl (in 1.000)				Jährl. Veränderung (in 1.000)		
	1946	1950	1960	1970	1946-50	1950-60	1960-70
Nowy Dwór	72,6	84,7	90,4	107,7	2,4	0,6	1,7
Otwock	60,8	90,0	100,8	112,2	5,8	1,1	1,1
Piaseczno	72,6	78,4	83,7	98,8	1,2	0,5	1,6
Pruszków	135,9	150,6	203,1	231,7	2,9	5,3	2,9
Wołomin	52,0	67,2	95,8	117,4	3,0	2,9	2,2
Aggl. Warsch.	393,9	470,9	573,8	667,8	15,4	10,3	9,4

[+] Zur Abgrenzung der Teilgebiete vgl. Abb. 4.8

Quelle: CIECHOCIŃSKA 1975:120 [1]

Die VR Polen hat traditionell eine hohe Geburtenrate und damit verbunden einen hohen natürlichen Bevölkerungssaldo. Dementsprechend hoch ist dieser Saldo auch für Warschau. 1955, im Jahr des höchsten Wertes, lag der Saldo mit 16,3% nur knapp unter dem der VR Polen. Seitdem fällt die Rate innerhalb der betrachteten Phase jedoch deutlich. Den genauen Verlauf gibt. Tab. 4.6 wieder.

Der relativ niedrige Saldo in Warschau beruht vor allem auf einer niedrigen Geburtenrate, denn bis zum Ende der betrachteten Phase ist die Sterberate in der VR Polen höher als in Warschau (die W Warschau erreicht ein vergleichbar niedriges Niveau erst 1968). Dennoch ist für eine

---

1) Obwohl die Daten aus einer Quelle stammen (CIECHOCIŃSKA 1975) wird die Unterscheidung zwischen "Umland" und "Agglomeration" nicht klar; sind die Angaben der Bevölkerungszahl für 1960 und 1970 etwa gleich, so differieren sie für 1946 und insbesondere 1950 erheblich. Auch die Tatsache, daß die Abgrenzung der Agglomeration im Laufe der Zeit - entsprechend der Ausdehnung der Besiedlung - verändert wurde, gibt hier keine Erklärung, da die Angaben für die Agglomeration höher liegen. Auch die Abgrenzung des "Umlandes" bei KOSIŃSKI (1965) ist nicht eindeutig, sie weicht zudem von den räumlichen Einheiten bei CIECHOCIŃSKA ab.

Stadt nach dem 2. Weltkrieg auch die Geburtenrate Warschaus hoch. Den höchsten Wert erreicht die Stadt 1955 mit 23.700 Geburten (= 23,9% ; GUS 1957:36f). Über den Verlauf beider Raten informiert Abb. 1.3.

Abbildung 4.6 : Natürlicher Bevölkerungssaldo in der VR Polen, der W Warschau, der Stadt Warschau und den äußeren und dem zentralen Bezirk der Stadt, in ‰, 1946 - 1981

	VR Polen	W Warschau	Warschau insgesamt	Warschau äußere Bezirke*	zentraler Bezirk**
1946	16,0[1]		6,1[2]		
1947	17,8[1]				
1948	18,2[1]				
1949	17,8[1]				
1950	19,1[1]	16,8[3]	12,5[3]		
1951	18,6[1]				
1952	19,1[1]		13,4[2]		
1953	19,5[1]	18,4[4]	15,4[4]		
1954	18,8[1]	17,3[4]	15,5[4]		
1955[5]	19,5	18,1	16,3	-	-
1956[5]	19,1	17,8	14,6	15,1	15,5
1957[5]	18,1	16,6	12,7	12,7	12,9
1958[5]	17,9	15,9	11,8	11,8	11,6
1959[5]	16,1	14,4	9,0	9,6	7,7
1960[5]	15,0	14,1	7,2	7,2	6,1
1961[5]	13,3	12,2	5,2	5,4	3,8
1962[5]	11,9	10,8	3,9	4,1	3,1
1963[5]	11,7	10,8	3,6	3,9	2,2
1964[5]	10,5	9,7	3,3	3,6	1,6
1965[5]	10,0	8,9	2,2	2,6	0,7
1966[5]	9,4	9,0	1,9	2,4	0,1
1967[5]	8,5	8,6	1,0	1,2	- 0,2
1968[5]	8,6	8,5	1,1	1,3	- 0,6
1969[5]	8,2	8,0	0,6	0,7	- 1,7
1970[5]	8,5[6]	8,1[7]	1,4[8]	1,5	- 1,3
1971	8,1[6]	8,1[7]	0,9[8]		
1972	9,4[6]	8,9[7]	2,0[8]		
1973	9,6[6]	9,5[9]	2,5[8]		
1974	10,2[6]	9,7[9]	2,8[8]		- 1,0[14]
1975	10,2[6]		3,4[8]		- 0,1[14]
1976	10,7[10]		4,1[8]		0,7[15]
1977	10,1[10]		4,1[8]		0,8[16]
1978	9,7[11]		3,7[8]		1,2[17]
1979	10,3[11]		4,0[8]		- 0,1[18]
1980	9,6[12]		3,2[8]		- 1,4[19]
1981	9,7[13]		3,2[8]		- 0,1[20]

*) Die Bezirke Mokotów, Ochota, Praga-Południe, Praga-Północ, Wola und Żoliborz.

**) Der Bezirk Śródmieście (Innenstadt).

1) GUS 1968:48
2) MIROWSKI 1968:71
3) GUS 1970:43 f
4) GUS 1955:52 f
5) CIECHOCIŃSKA 1975:158 f
6) GUS 1976:43
7) GUS 1974:19
8) WUSW 1982:L f
9) GUS 1974:95
10) GUS 1978:34
11) GUS 1980:44
12) GUS 1981:54
13) GUS BS 1982:40
14) WUSW 1976:73
15) WUSW 1977:47
16) WUSW 1978:41
17) WUSW 1979:43
18) WUSW 1980:53
19) WUSW 1981:20
20) WUSW 1982:LX

Die Anteile des Stadtwachstums aufgrund natürlichen Bevölkerungswachstums und von Migrationen geben Tab. 4.7 und Abb. 4.17 wieder. Auch hier ist deutlich der Einschnitt 1954 durch die administrativen Maßnahmen festzustellen. Erst zu Beginn der 60er Jahre stellen sich die alten Relationen wieder ein.

Tabelle 4.7: Bevölkerungsveränderungen aufgrund von Wanderungen und natürlicher Veränderung in Warschau, 1952-1964

	Insgesamt		Nat.Bev.Saldo		Wanderungen	
	abs.	in %	abs.	in %	abs.	in %
1952	41.100	100,0	13.400	32,6	27.700	67,4
1953	39.600	100,0	14.500	36,6	25.100	63,4
1954	17.300	100,0	14.800	85,5	2.500	14,5
1955	23.500	100,0	16.100	68,5	7.400	31,4
1956	28.400	100,0	14.800	52,1	13.600	47,9
1957*	24.800	100,0	13.700	54,8	11.100	45,2
1958	21.700	100,0	12.900	59,4	8.800	40,6
1959	17.300	100,0	9.700	56,1	7.600	43,9
1960	21.900	100,0	8.100	37,0	13.800	63,0
1961	20.900	100,0	6.000	28,7	14.900	71,3
1962	18.700	100,0	4.600	24,6	14.100	75,4
1963	22.300	100,0	4.400	19,7	17.900	80,3
1964	19.100	100,0	4.000	21,0	15.100	79,0

* Ohne die Eingemeindung von Rembertów (1957)

Quelle: MIROWSKI 1968:71

Abbildung 4.17: Veränderung der Wohnbevölkerung Warschaus aufgrund natürlicher Veränderung und Wanderungen, 1946 - 1964

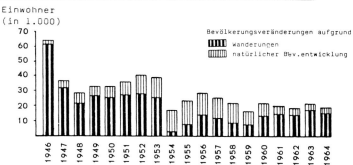

Quelle: MIROWSKI 1968:60

Betrachtet man nun auch Eingemeindungen und damit alle drei Arten der Bevölkerungsveränderung, ergeben sich die folgenden Relationen (vgl. auch Tab. 5.12):

Tabelle 4.8: Relative Veränderungen der Bevölkerungszahl Warschaus durch natürliches Bevölkerungswachstum, Wanderungen und Eingemeindungen, 1946 - 1980

	Bevölkerungs-zuwachs (in 1.000)	Veränderungen (in %) durch...		
		natürliches Wachstum	Wanderungen	Eingemeindungen
1946 - 1950	345,4	8,8	43,5	45,2
1951 - 1960	353,0	37,7	45,6	7,3
1961 - 1970	158,3	16,8	83,2	-
1971 - 1980	280,5	16,2	64,6	15,1

Quelle: CIECHOCIŃSKA 1981:72

Die Zuwächse der Bevölkerungszahl im Umland Warschaus beruhen vor allem auf dem natürlichen Wachstum. Erst zum Ende der 50er Jahre wird die Bedeutung der Zuwanderung gleich hoch - sicherlich eine Auswirkung des Zuwanderungsstopps, denn für Warschau sinkt zur gleichen Zeit die Bedeutung der Zuwanderung unter den Umland-Wert, ja sogar unter die Bedeutung des natürlichen Wachstums (vgl. Tab. 4.9).

Tabelle 4.9: Bevölkerungsveränderungen in der Stadtregion Warschau, in Warschau und im Umland, nach natürlichem und Wanderungssaldo, 1951 - 1960

	Veränderung gesamt			Natürlicher Saldo			Wanderungssaldo		
	1951-1960	1951-1955	1956-1960	1951-1960	1951-1955	1956-1960	1951-1960	1951-1955	1956-1960
Absolut (in 1.000)									
Stadtregion Warsch.	468	270	198	209	109	100	259	161	98
Warschau	318	202	116	128	69	59	190	133	57
Umland Warschau	150	68	82	81	40	41	69	28	41
Relativ (pro 1.000 E)									
Stadtregion Warsch.	31	38	24	14	15	12	17	23	12
Warschau	32	44	21	13	15	11	19	29	10
Umland Warschau	27	27	28	15	16	14	12	11	14

Quelle: GLISZCZYŃSKI 1976:25

Vergleicht man den Bevölkerungszuwachs Warschaus mit dem der zehn größten Städte der VR Polen, fällt die starke Zunahme in der Hauptstadt auf; sie ist zwischen 1950 und 1960 mehr als doppelt so hoch wie die der am zweitstärksten wachsenden Stadt (Kraków). Der Zuzugsstopp wirkte sich also bestenfalls verlangsamend, nicht jedoch verhindernd für die Zuwanderungen aus.

Tabelle 4.10: Die zehn größten Städte Polens nach ihrer Einwohnerzahl, 1900-1980

	Einwohner (in 1.000)										Zuwachs (in 1.000)[e]		
	1900[1]	1910[1]	1921[1]	1931[1]	1939[1]	1946[2]	1950[3]	1960[3]	1970[3]	1980[4]	1982[5]	50-60	60-70	70-80
Warszawa	594[a]	781	937	1.172	1.289	479	822	1.139	1.315	1.596	1.629	317	176	281
Łódź	253[a]	408	452	605	672	497	620	710	762	836	846	90	52	73
Kraków	85	143	184	219	259	299	361	502	611	716	731	141	109	105
Wrocław	417	506	528[b]	625[c]	621	171	314	438	533	618	627	124	95	84
Poznań	110	150	169	245	272	268	322	410	474	553	563	88	64	79
Gdańsk	134	162	195	256[d]	250	118	207	296	376	457	463	89	80	81
Szczecin	207	232	233[b]	271	268	73	181	271	340	388	391	90	69	48
Katowice	32	43	50	126	134	128	235	285	322	355	366	50	37	33
Bydgoszcz	47	53	88	117	141	135	168	238	290	349	357	70	52	58
Lublin	40[a]	66	94	112	122	99	129	183	240	304	315	54	57	64

a) im Jahr 1897
b) im Jahr 1919
c) im Jahr 1933
d) im Jahr 1929

e) die Differenzen können von den Zahlenangaben in der Tabelle abweichen, da zur Berechnung genauere Werte verwendet wurden

1) CIECHOCIŃSKA 1975:24
2) GUS 1947:15 ff.
3) GUS SP 1976a:7 ff.
4) GUS 1981:31 ff.
5) GUS 1983:39 ff.

<u>Wohnungen.</u> 1945 sind nahezu ein Viertel des Wohnungsbestands der Vorkriegszeit zerstört. Ein großer Teil der 1946 verbliebenen 86.700 Wohnungen mit rund 234.000 Räumen (PRAESIDIUM 1971:63) befindet sich in einem schlechten Zustand und kann nur behelfsmäßig und vorübergehend genutzt werden.

Die Zahl der nutzbaren Wohnungen steigt in der Folge rasch an, der Bestand wird vorerst (1945-1948) jedoch vor allem durch Reparaturen, teilweisen Wiederaufbau und die historische Rekonstruktion erhöht. Es wurden aber zum Ende der 40er Jahre schon wieder die ersten kleinen Siedlungen in der Tradition der Nachbarschafts-Einheiten gebaut (z.B. in Koło, Żoli-

borz, Muranów, Młynów, Mirów und Mariensztat; vgl. GRIME & WĘCŁA-
WOWICZ 1981: 265 und PIECHOTKA & PIECHOTKA 1966:124). Die Entwürfe hierzu stammten noch aus der Zwischenkriegszeit (z.B. SYRKUS).

Die Gültigkeitsdauer des Sechs-Jahres-Planes (zweite Periode; 1949-1955)
steht unter dem sowjetischen Einfluß auf die Siedlungs-Ideologie und die
Architektur (sozialistischer Realismus). Im Gegensatz zu Vorkriegspräfe-
renzen wird der Standort für die Wohnbebauung nicht mehr über den Bodenmarkt, sondern über die angeführte Nutzen-Kosten-Berechnung bestimmt.
Eine Schichtensegregation soll nicht mehr auftreten, der Zuammenhalt innerhalb eines Wohngebiets soll größer werden. Das wird zusätzlich verstärkt durch die Zuordnung von Wohnurg und Arbeitsplatz (z.B. in Bielany
bei der Huta Warszawa). Beispiele für die neue Architektur sind das MDM-
Quartier um den Plac Konstytucji (das damalige Stadtzentrum), Praga II
und Muranów II (entlang der Marcelego Nowotki nach Norden; vgl. Abb.
1.2). Im gleichen Baustil sind die nationalen Verwaltungsgebäude zwischen dem damaligen und dem heutigen Stadtzentrum (Krucza, Marszałkowska, al. Jerozolimskie) gestaltet; diese Periode findet ihren Abschluß
mit der Fertigstellung des Kulturpalastes (Geschenk der UdSSR an die Bewohner Warschaus, 1955) beim heutigen Zentrum.

Die dritte Periode (1956-1960) ist gekennzeichnet durch die Diskussion
um die Art und Menge des weiteren Wohnungsbaus. Die übermächtigen Bevölkerungsprobleme machen den Schritt zum Bau von Großsiedlungen notwendig
(Beispiele s. Abb. 4.22). Die Wohnungszuteilung sollte nach sozialer Bedürftigkeit ausgerichtet werden. Normiertes Bauen, aber auch Bevölkerungsprobleme bei gleichzeitiger Ideologie einer gleichartigen Wohnraumversorgung machen Wohnungsstandards möglich und notwendig. Die Dichte
(Bebauungshöhe, Bauabstände und Belegungsdichte) und die Ausstattung
sind Standards unterworfen, die der aktuellen ökonomischen Situation angepaßt sind. Trotz der Tatsache, daß sie sehr niedrig angesetzt sind
(vgl. Abschn. 4.1), können sie nicht erreicht werden. Das macht ein Um-
denken in der Wohnungsbaupolitik notwendig.

Die beginnenden 60er Jahre (Periode IV; vgl. PIECHOTKA & PIECHOTKA 1966:
125) sind daher auch von der zunehmenden Bedeutung der Wohnungsbau-Genossenschaften gekennzeichnet. Mit ihn werden die Ideen der lokalen Selbst-
versorgung und -verwaltung aus der UdSSR auf polnische Verhältnisse über-

tragen, zum anderen haben sie den Vorteil, daß Privatkapital für den Wohnungsbau eingespannt wird. Staatliches Kapital wird so für die Investitionen in die Industrialisierung des Landes frei. Nur so ist - bei der Priorität der intensiven Industrialisierung - der drohenden Wohnungsnot entgegenzutreten.

Der Wohnungsbau Warschaus wird entscheidend von der 1948 gegründeten (staatlichen) Anstalt für Arbeitersiedlungen ZOR (Zakład Osiedli Robotniczych) bestimmt. Sie ist für die Planung und Investitionslenkung von Neubaugebieten zuständig. Unter der Leitung der ZOR werden bis 1968 147.000 Wohnungen gebaut, d.h. 40% aller Warschauer leben 1968 in Wohnungen, die die ZOR betreut hat (vgl. RIETDORF 1975:153).

Tabelle 4.11: Fertiggestellter Wohnraum in Warschau, 1955 - 1982

	Wohnungen	Räume	Wohnfläche in 1.000 qm	Räume pro Whg.[+]	Fläche pro Whg.[+]	Fläche pro Raum[+]
1955[1]	8.600	24.400		2,84		
1956[2]	8.577	21.697	389	2,53	45,4	17,9
1957[2]	11.338	28.478	538	2,51	47,5	18,9
1958[2]	12.020	30.365	565	2,53	47,0	18,6
1959[2]	11.422	30.752	556	2,69	48,7	18,1
1960[2]	12.962	36.071	605	2,78	46,7	16,8
1961[2]	12.729	35.195	595	2,76	46,7	16,9
1962[2]	13.230	33.690	576	2,55	43,5	17,1
1963[2]	13.904	34.070	586	2,45	42,1	17,2
1964[2]	14.662	34.813	602	2,37	41,1	17,3
1965[3]	16.889	37.940	655	2,25	38,8	17,3
1966[4]	16.994	41.344	656	2,43	38,6	15,9
1967[4]	17.472	40.529	669	2,32	38,3	16,5
1968[5]	16.457	40.625	656	2,47	39,9	16,1
1969[5]	14.910	42.234	649	2,83	43,5	15,4
1970[6]	14.421	42.867	637	2,97	44,2	14,9
1971[7]	11.600	37.000		3,19		
1972[7]	14.700	46.700		3,18		
1973[6]	18.663	60.008	820	3,22	43,9	13,7
1974[8]	20.098	66.177	940	3,29	46,8	14,2
1975[9]	20.267	69.106	1.026,1	3,41	50,6	14,8
1976[10]	15.162	53.152	831,1	3,51	54,8	15,6
1977[11]	12.850	45.773	711,0	3,56	55,3	15,5
1978[12]	15.600	55.803	873,5	3,58	56,0	15,7
1979[13]	13.300	44.771	731,5	3,37	55,0	16,3
1980[14]	7.898	28.738	458,4	3,64	58,0	16,0
1981[15]	8.940	31.017	478,4	3,47	53,5	15,4
1982[16]	8.502	31.591	501,0	3,72	58,9	15,9

[+] Eigene Berechnungen

1) GUS SR 1969:XXXII
2) GUS 1965:205; vgl. auch DZIEWOŃSKI 1965:12 und 15
3) GUS 1971:441; vgl. auch GUS SR 1969:XXXII und 19 und PRAESIDIUM 1971:63
4) GUS 1968:398
5) GUS 1970:385
6) GUS 1974:486
7) WUSW 1981:XLVI f
8) GUS 1975:413
9) WUSW 1976:248
10) WUSW 1977:286 f
11) WUSW 1978:270 f
12) WUSW 1979:297
13) WUSW 1980:316
14) WUSW 1981:LXVII
15) WUSW 1982:189
16) WUSW 1983:234

Betrachtet man die Entwicklung des Neubaus (vgl. Tab. 4.11), steigt zwar
- mit leichten Schwankungen zwischen 1959 und 1961 - die Zahl der fertiggestellten Wohnungen von Jahr zu Jahr an, doch die Wohnungen werden seit
1960 immer kleiner (bezogen auf die Zahl der Räume und die Wohnfläche);
in der vierten Periode sind die Räume im Mittel zudem kleiner als in der
dritten, d.h. der quantitative Zuwachs geht zu Lasten des qualitativen.
Aufgrund auch schlechter werdender Ausstattung entsteht eine wachsende
Kritik an der Wohnungsbaupolitik (vgl. PIECHOTKA & PIECHOTKA 1966:125)

1960 werden zwar 134 Wohnungen auf 100 Eheschließungen fertiggestellt
(WUSW 1978:XXXII), doch wird dieser Wert aufgrund der Wohnungsabgänge in
diesem Jahre relativiert (dafür war jedoch keine statistische Zahl erreichbar, d.Verf.). Selbst wenn man unterstellt, der Saldo läge noch
über der Zahl der Eheschließungen (d.h. der Notwendigkeit, eine eigene
Wohnung zu haben), so reicht diese angenommene Überschreitung sicherlich
kaum aus, den Fehlbestand abzutragen.

Die Stadtplanungsrichtwerte (von 1951), die einen Raum pro Person und
eine mittlere Raumgröße von vorerst 15,5 qm BGF (später 20 qm BGF) vorsehen, können kaum erreicht werden, wenn die mittlere Raumgröße der fertiggestellten Wohnungen kaum darüberliegt. Betrachtet man den Wohnungsbestand, so wird deutlich, daß die Belegungsdichte zum Ende der betrachteten Phase noch lange nicht erreicht ist (vgl. Tab. 4.12). Dennoch sinkt
diese in Warschau relativ rasch. Lebten 1946 im Mittel noch 2,2 Personen
in einem Wohnraum (GUS 1947:33), so sind es 1963 nur noch 1,56 Personen
(KACZOROWSKI 1965:98). Zu wesentlich ungünstigeren Werten kommt ROMERO
(1979:422); danach leben Mitte der 70er Jahre noch fast zwei Personen in
einem Raum, der eine statistische Größe von 8 qm aufweist.

Vergleicht man nun den Wohnungsbestand mit der Zahl der Haushalte, ergibt sich in Warschau 1950 ein Defizit von 103.300 Wohnungen (gemessen
an dem Planziel, daß jeder Haushalt seine eigene Wohnung haben soll),
1960 ist die Zahl auf 88.600 zurückgegangen (vgl. CIECHOCIŃSKA 1975:
208). Dabei ist insbesondere die Innenstadt betroffen; hier fehlen 1960
etwa 21.600 Wohnungen (vgl. CIECHOCIŃSKA 1975:213).

In der VR Polen sind die Defizite höher - landesweit steigt sogar die Belegungsziffer im Gegensatz zu Warschau und der HW Warschau von 1950 bis
1960 an, was an den wachsenden Haushaltsgrößen liegt.

Tabelle 4.12: Wohnungsbestand 1950, 1960, 1970, 1974 in Grenzen von 1974

		G Wohngebäude	W Wohnungen	R Wohnräume	∅ Belegungsdichte E/W	∅ E/R	∅ Wohnungsgröße R/W	∅ Hausgröße W/G	∅ Wohndichte G/qkm	E/qkm
VR Polen 312.677,5 qkm	1950 1960 1970 1974	3.419.220 3.836.448 4.155.759	5.848.132 7.025.619 8.081.054 9.074.148	13.671.531 17.265.175 23.212.761 26.638.754	4,20 4,24 4,04 3,73	1,61 1,72 1,41 1,27	2,34 2,46 2,87 2,94	1,71 1,83 1,94	10,94 12,27 13,29	79,98 95,23 104,40 108,24
HW Warschau 3.793,8 qkm	1950 1960 1970 1974	97.130 128.319 147.275	313.572 58.203 558.673 675.873	640.340 1.019.519 1.503.374 1.792.928	4,03 3,77 3,39 3,13	1,97 1,69 1,33 1,18	2,04 2,23 2,55 2,65	3,23 3,57 4,00	25,60 33,82 38,82	333,33 454,95 526,58 558,19
- davon in Städten 966,3 qkm	1950 1960 1970 1974	63.985 85.668 95.649	269.156 401.041 523.000 604.784	558.423 899.617 1.334.345 1.604.883	4,00 3,72 3,31 3,07	1,93 1,66 1,30 1,16	2,07 2,24 2,55 2,65	4,21 4,68 5,47	66,22 88,66 98,98	1115,41 1544,93 1791,48 1918,64
- davon in Gemeinden 2.827,5 qkm	1950 1960 1970 1974	33.145 42.651 51.626	44.416 57.162 65.673 71.089	81.917 119.902 169.029 188.045	4,20 4,08 4,06 3,71	2,28 1,94 1,58 1,40	1,84 2,10 2,57 2,65	1,34 1,34 1,27	11,72 15,08 8,26	66,05 82,45 94,29 93,26
Umland[1] 3.347,9 qkm	1950 1960 1970 1974	60.708 82.097 99.463	114.526 150.723 180.710 199.407	224.961 323.485 467.789 530.798	3,86 3,89 3,78 3,55	1,97 1,81 1,46 1,33	1,96 2,15 2,59 2,66	1,89 1,84 1,82	18,13 24,52 29,71	132,05 175,27 203,96 211,26
Warschau 445,9 qkm	1950 1960 1970 1974	36.422 46.222 47.812	199.046 307.480 407.963 476.466	415.379 696.034 1.035.585 1.262.130	4,13 3,70 3,22 2,96	1,98 1,64 1,27 1,12	2,09 2,26 2,54 2,65	5,46 6,65 8,53	81,68 103,66 107,23	1844,57 2554,81 2948,85 3163,01
Mokotów 116,0 qkm	1950 1960 1970 1974	5.806 8.105 9.022	26.334 48.456 66.908 86.090	58.028 117.141 180.467 243.035	4,21 3,84 3,34 2,98	1,91 1,59 1,24 1,06	2,20 2,42 2,70 2,82	4,54 5,98 7,62	50,05 69,87 77,78	956,50 1604,02 1927,37 2210,76
Ochota 38,2 qkm	1950 1960 1970 1974	3.926 4.935 4.773	19.885 32.724 46.334 51.631	41.704 74.106 117.264 133.681	4,14 3,80 3,28 2,98	1,97 1,68 1,30 1,15	2,10 2,26 2,53 2,59	5,06 6,63 9,71	102,77 129,19 124,95	2155,29 3257,04 3977,07 4022,64
Praga- Południe 111,5 qkm	1950 1960 1970 1974	10.424 13.769 15.581	38.695 53.561 68.297 74.585	78.174 121.309 179.687 202.324	3,79 3,56 3,23 3,06	1,88 1,57 1,23 1,13	2,02 2,26 2,63 2,71	3,71 3,89 4,38	93,49 123,49 139,74	1315,99 1710,02 1976,23 2044,40
Praga- Północ 79,6 qkm	1950 1960 1970 1974	6.436 8.308 7.467	41.978 49.915 50.513 65.787	74.187 97.587 117.344 166.831	3,84 3,42 3,09 2,73	2,17 1,75 1,33 1,07	1,77 1,96 2,32 2,54	6,52 6,01 6,76	80,85 104,37 93,81	2023,17 2145,67 1960,16 2252,84
Śród- mieście 15,5 qkm	1950 1960 1970 1974	2.531 2.251 2.113	32.126 54.053 66.245 68.021	80.002 131.917 165.959 172.781	4,63 3,74 3,07 2,91	1,86 1,53 1,23 1,15	2,49 2,44 2,51 2,54	12,69 24,01 31,35	163,29 145,23 136,32	9588,71 13032,77 13136,84 12786,65
Wola 44,5 qkm	1950 1960 1970 1974	3.664 4.012 3.930	25.199 41.914 60.957 69.079	48.226 89.200 148.322 176.221	4,25 3,88 3,26 3,02	2,22 1,82 1,34 1,18	1,91 2,13 2,43 2,55	6,88 10,45 15,51	82,34 90,16 88,11	2404,63 3657,53 4468,18 4683,64
Żoliborz 40,6 qkm	1950 1960 1970 1974	3.635 4.842 4.926	14.829 26.857 48.709 61.273	35.058 64.774 126.545 167.257	4,43 3,82 3,30 3,04	1,88 1,59 1,27 1,11	2,36 2,41 2,60 2,73	4,08 5,55 9,89	89,53 119,26 121,33	1620,67 2530,57 3954,66 4590,69

1) Umland = df. HW Warschau minus Warschau   (Quelle: GUS SP 1976 a: 1, 7 f.)

Bereits Anfang der 50er Jahre (d.h. in der zweiten Periode nach PIECHOTKA & PIECHOTKA 1966) entwickelt sich - entgegen der angestrebten gleichen Wohnbedingungen - mit dem Bau von unterschiedlich ausgestatteten Wohnungen eine Schichtensegregation in Warschau. Im Innenstadt-Bezirk werden Repräsentativbauten mit guter Wohnausstattung (Ist-Zustand über den Standards), guter Infrastrukturausstattung und guter Erreichbarkeit errichtet (z.B. der MDM-Bezirk um den Plac Konstytucji (1952) oder der Wohnbezirk an der Ostseite der Marszałkowska bis hin zum Sächsischen

Park (1959)), während am Rand der damaligen Bebauung Wohnungen errichtet werden, die gerade denen zur Bauzeit gültigen Normen entsprechen (z.B. in Mokotów und in Żoliborz). Sie dienen zur Befriedigung des ärgsten Wohnraummangels, haben nur die nötigsten Versorgungseinrichtungen und sind meist schlechter erreichbar. In der dritten Periode entstehen dann auch in der Innenstadt Wohnungen mit niedrigen Standards (z.B. Za Żelazną Bramą gegenüber dem Sächsischen Park. In die 16-stöckigen Gebäude werden die Haushalte mit der größten Bedürftigkeit nach Wohnraum eingewiesen.

Über die Wohnraumbewirtschaftung (d.h. vor allem Zuteilung der staatlichen Wohnungen) war aber auch schon vorher eine Schicht-Segregation vorbestimmt. Bevorzugt erhielten Akademiker aus den höheren Verwaltungsbehörden und Wissenschaftler in den 50er Jahren eine Wohnung in guten Innenstadtlagen, ebenso auch "bestimmte Beschäftigtenkategorien" (vgl. GOLDZAMT 1974:225), d.h. Träger leitender Funktionen von Betrieben aus in Warschau benötigten Wirtschaftsbranchen. Damit wird der Faktor "Schulbildung", resp. "berufliche Stellung" zum Segregationskriterium, weniger das Einkommen oder das Vermögen. Selbst die als heterogen erstbelegte Altstadt und der Straßenzug Krakowskie Przedmieście/Nowy Swiat entmischen sich. Weniger Gebildete ziehen an den Stadtrand, Intellektuelle und Künstler bleiben oder ziehen nach (vgl. ROMERO 1979:440).

Die Mieten im staatlichen Wohnungsbau sind sehr niedrig und unterscheiden sich untereinander nicht stark. Sie sollen sich orientieren an den Ausstattungsstandards[1], den Erstellungskosten und dem Baualter. Nach KACZOROWSKI (1965:99) sind die Mieten aber so niedrig, daß die Investitionskosten nicht abgedeckt werden können, ja sie reichen noch nicht einmal, um die laufenden Kosten und die Reparaturen bezahlen zu können - ein Faktor, der sich auf die Lebensdauer des Bestandes als sehr nachteilig auswirkt. Da die Ausstattungsstandards weitgehend bis zum Ende der 50er Jahre von dem Baualter abhängen, bleibt als einziger Faktor, der tatsächlich die Miete beeinflußt, das Baualter der Wohnung.

Das ändert sich mit dem Ausbau von Wohnungsbau-Genossenschaften. Bestanden nach dem Krieg - basierend auf den Ideen des Arbeiterwohnungsbaus in

---

1) Die Mieten differieren nach der Ausstattung im Jahr 1965:
    Ausstattung mit Elektrizität - Index 100
    - zusätzlich Wasser - Index 102
    - zusätzlich WC - Index 108
    - zusätzlich Gas und Bad - Index 132
    - zusätzlich Zentralheizung - Index 188 (PRZECISZEWSKI 1967:167)

Deutschland - bereits einige (z.B. Koło Sowinskiego und Żoliborz), die jedoch aufgrund staatlicher Maßnahmen schnell aufgelöst wurden (vgl. GRIME & WĘCŁAWOWICZ 1981:264), so gewinnen sie von 1955 an Bedeutung: erst langsam, dann - verstärkt durch gesetzliche Maßnahmen 1957 und 1958 - schneller; ihre volle Bedeutung erreichen sie jedoch erst in der nächsten Stadtentwicklungsphase (nach 1965). So steigerte sich der Anteil der Genossenschafts-Wohnungen an den Fertigstellungen von 16,9% (1959) auf 27,7% (1963) (GLISZCZYŃSKI 1967:89). Die Anteile der einzelnen Bauträger über die Zeit gibt Abb. 4.18 wieder.

Abbildung 4.18: <u>Anzahl der fertiggestellten Wohnräume in Warschau nach Trägern, 1950 - 1973</u>

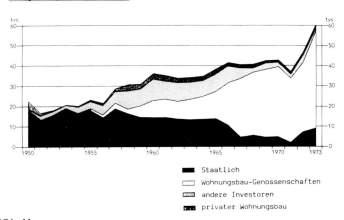

Quelle: MUSW 1974:41

Der genossenschaftliche Wohnungsbau ist zwar ebenfalls an den bestehenden Standards orientiert, läßt aber über höheren finanziellen Aufwand der Mieter und/oder Besitzer Modifikationen zu. Besser verdienenden Bevölkerungsgruppen wird so die Möglichkeit gegeben, die Ausstattung der Wohnung zu bestimmen. Die Mieten sind etwa 1,5- bis 2-mal höher als im staatlichen Wohnungsbau. Die damit verbundenen Mietpreiserhöhung soll gleichzeitig mithelfen, den Zuwanderungsdruck auf die Hauptstadt zu reduzieren. Da die Genossenschaften häufig auch räumlich sehr eng begrenzt arbeiten, wird mit der Mitgliedschaft auch die Lage der Wohnung bestimmt (diese Möglichkeiten haben sich vor allem in Sady Żoliborskie und in den weichselnahen Teilen von Żoliborz, aber auch in Saska Kępa ausgewirkt).

Die Verschiebung vom staatlichen Wohnungsbau hin zum genossenschaftlichen in der vierten Periode hat innerhalb Warschaus so auch eine räumliche Auswirkung; die Anteile der jeweiligen Träger zwischen den Stadtbezirken schwanken. In den Stadtbezirken mit hoher Belegungsdichte ist der staatliche Wohnungsbau intensiver (Ochota, Praga-Północ) (vgl. Tab. 4.13).

Tabelle 4.13: Fertiggestellte Wohnräume in den einzelnen Stadtbezirken, nach Trägern, 1961 - 1965

	zusammen		Staat		Genossenschaft	
Warschau	184.000	100%	127.500	69,3%	56.500	30,7%
Mokotów	21.500	100%	12.000	55,8%	9.500	44,2%
Ochota	35.000	100%	31.000	88,6%	4.000	11,4%
Praga-Południe	32.000	100%	17.500	54,7%	14.500	45,3%
Praga-Północ	8.000	100%	7.000	87,5%	1.000	12,5%
Śródmieście	29.000	100%	20.000	69,0%	9.000	31,0%
Wola	28.500	100%	18.000	63,2%	10.500	36,8%
Żoliborz	30.000	100%	22.000	73,3%	8.000	26,7%

Quelle: PREZYDIUM 1965:72

Bei der Wohnraumerstellung erreichen die Genossenschaften im weitgehend ländlich strukturierten Südteil von Praga schon fast die staatlichen Einrichtungen; doch mit 4% am Wohnungsbestand ist der Anteil der Genossenschaften in Warschau 1965 noch gering (DZIEWOŃSKI 1965:15).

Neben der sich entwickelnden Disparität der Wohnungsversorgung über die Trägerschaft besteht weiterhin diejenige über die zur Verfügung stehende Wohnfläche. Zwar verringern sich die Disparitäten, doch sind sie keineswegs aufgehoben: Ein-Zimmer-Wohnungen sind fast doppelt so stark belegt wie große Wohnungen.

Tabelle 4.14: Durchschnittliche Anzahl der Personen pro Wohnraum in Warschau, nach Wohnungsgröße, 1939 - 1960

	Insgesamt	in Wohnungen mit ... Zimmern					
		1	2	3	4	5	6 und mehr
1939	2,1	3,8	2,2	1,6	1,3	1,4	0,9
1945	2,2	3,2	2,1	1,9	1,8	1,7	1,6
1950	1,9	3,0	1,9	1,5	1,6	1,7	1,8
1960	1,6	2,5	1,6	1,4	1,3	1,3	1,4

Quelle: KOSIŃSKI 1965:267

Bei der Neubautätigkeit überlagern sich beide Prozesse, denn die Genossenschaften bauen deutlich größere Wohnungen als die staatlichen Träger. So sind 1963 57,9% aller staatlich gebauten Wohnungen 1- oder 2-Zimmer-Wohnungen (Genossenschaften: 7,8%); dafür haben 92,2% aller Genossenschafts-Wohnungen von 1963 mindestens drei Zimmer (staatlich: 42,1%) (DZIEWOŃSKI 1965: 15). Das führt zu einer ungleichen Verteilung der Wohnungsgrößen innerhalb Warschaus und in der Region (vgl. Abb. 4.19).

Abbildung 4.19: <u>Anzahl der Zimmer pro Wohnung in der "Städtischen Region" Warschau, 1962</u>

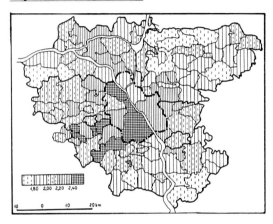

Quelle: GLISZCZYŃSKI 1967:46

Damit sind die fertiggestellten genossenschaftlichen Wohnungen etwa gleich groß wie die fertiggestellten privaten Wohnbauten. Deren Anzahl ist allerdings in Warschau sehr gering (mit vorerst abnehmender Tendenz nach dieser Stadtentwicklungsphase; vgl. Tab. 4.15) und wegen der Enteignung auf die Außenbezirke begrenzt (vgl. Abb. 4.20).

Die Tabelle 4.15 zeigt deutlich die geringe Bedeutung des privaten Wohnungsbaus in Warschau - verglichen vor allem mit der W Warschau - zeigt aber auch, daß die Privatwohnungen in Warschau im Mittel deutlich größer sind als diejenigen im Landesschnitt oder gar in der W Warschau. Diese Tatsache kann als Konzentration höherer Einkommens- oder Kapitalgruppen in der Hauptstadt aufgefaßt werden.

Tabelle 4.15: Fertiggestellter Wohnraum nach Größe und Träger, VR Polen, W Warschau und Warschau, 1956 - 1977

	Anzahl Whg. staatl. genoss.	privat	1-Zi.-Whg. g.+s.	1-Zi.-Whg. priv.	2-Zi.-Whg. g.+s.	2-Zi.-Whg. priv.	3-Zi.-Whg. g.+s.	3-Zi.-Whg. priv.	4-Zi.-Whg. g.+s.	4-Zi.-Whg. priv.
VR Polen										
1956[1]	52.272	34.769	7,3	5,1	31,9	32,6	50,7	32,9	10,1	29,4
1957[2]	69.452	47.301	6,7	7,6	33,5	33,8	50,1	34,2	9,7	24,4
1958[2]	66.657	56.967	6,4	7,1	29,7	29,7	52,2	34,7	11,4	28,5
1959[3]	70.886	61.511	6,3	6,1	29,6	26,7	48,9	33,9	15,2	33,3
1960[1]	77.370	59.105	6,2	4,7	29,1	24,6	48,3	33,9	16,4	36,8
1965[1]	123.937	44.390	10,2	2,9	25,2	13,6	46,5	34,1	18,1	49,6
1966[1]	127.888	46.548	11,4	3,0	24,7	12,4	45,4	32,7	18,5	51,9
1967[1]	134.332	49.752	11,2	2,3	25,9	11,3	44,4	31,4	18,5	55,0
1970[4]	139.131	55.631	7,5	1,9	19,2	7,7	45,3	24,3	28,0	66,1
1971[4]	133.811	54.214	5,4	1,7	15,4	6,4	46,5	22,1	32,7	69,8
1972[4]	151.213	51.817	6,0	1,3	13,6	5,6	46,1	19,1	34,3	74,0
1973[4]	168.894	55.649	3,6	1,1	12,2	3,9	45,0	16,0	39,2	79,0
1974[4]	192.606	37.239	3,2	1,0	12,2	3,4	40,6	14,6	44,0	81,0
1975[5]	206.047	57.993	2,9	0,9	11,2	3,0	38,9	11,9	47,0	84,2
1976[5]	209.675	63.483	2,6	1,1	10,8	3,0	37,1	11,2	49,5	84,7
1977[5]	202.345	73.573	2,1	0,9	10,3	2,9	36,0	9,8	51,6	86,4
W Warschau										
1957[2]	2.441	6.551	6,0	1,8	30,4	37,4	53,6	29,3	10,0	21,5
1958[2]	2.060	8.049	5,6	9,2	32,7	32,2	50,3	32,5	11,4	26,1
1959[3]	2.093	8.539	7,5	6,2	30,1	30,1	47,3	33,4	9,4	30,0
1967[1]	6.142	6.198	6,0	3,3	31,0	17,1	38,0	27,5	25,0	52,1
1973[6]	6.305	7.084	3,1	0,7	17,2	5,7	34,3	17,2	45,4	76,2
Warschau										
1957[2]	10.887	414	11,5	10,9	39,6	22,9	39,4	18,4	9,5	47,8
1958[2]	11.144	853	9,9	11,5	40,8	20,4	41,3	22,7	8,0	45,4
1959[3]	10.779	615	9,9	10,1	34,6	13,3	39,9	14,8	15,6	61,8
1967[1]	17-093	414	23,3	2,2	43,2	5,5	17,1	11,4	16,4	80,9
1973[6]	18.425	238	6,5	0,4	10,7	3,4	44,5	9,2	38,3	87,0

1) GUS 1968:401   2) GUS 1959:161   3) GUS 1960:177   4) GUS 1975:414
5) GUS 1978:346   6) GUS 1974:488

Die Abb. 4.20 macht die Lage der Konzentrationen von Privatwohnungen deutlich; dieses ist jedoch nur für zentrale Standorte ein Indikator für soziale Segregation nach Einkommensgruppen: Ein Teil dieser Konzentrationen befindet sich an der Stelle, an der auch Konzentrationen des genossenschaftlichen Wohnungsbaus zu finden sind (z.B. im Norden Żoliborz, im Süden Mokotów und im Weichselbogen Saska Kępa). In den Außenbezirken wohnt in den Privatwohnungen oft eher schlecht ausgebildete landwirtschaftliche Bevölkerung oder aber die Privathäuser stellen private Reaktionen oft großer Familien auf die Wohnungsnot in Warschau dar (vgl. DANGSCHAT 1984:130ff).

Abbildung 4.20: Verteilung der Anteile der Privatwohnungen an allen Wohnungen, Warschau, 1970

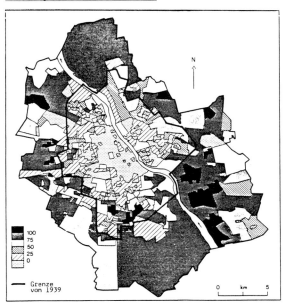

Quelle: HAMILTON 1979b:211 (ohne Grenzen von 1939); dort ohne Quellenangabe übernommen aus WĘCŁAWOWICZ 1975:84; vgl. auch ROMERO 1979:419

Eine Bestätigung von Statusunterschieden der Wohnbevölkerung gibt PRZECISZEWSKI (1967:166): 1965 stehen in einer Arbeiterfamilie jedem Mitglied im Durchschnitt 10,2 qm Wohnfläche zur Verfügung, in der Familie eines Gewerbelehrers 13,2 qm. Die sozialen Ungleichheiten wirken sich jedoch so lange nicht auf eine deutliche sozial-räumliche Segregation aus, so lange das Mietgefälle relativ niedrig ist und so lange die Wohnungssituation nicht mehr ist als eine Verwaltung des Notstandes. Dennoch konstatieren erste sozialräumliche Untersuchungen bereits deutliche Unterschiede der Konzentration der "Intelligentsia" in Genossenschafts-Wohnungen (Mokotów) gegenüber staatlichen Wohnungen (Bielany II) (KORSZYŃSKI 1966:130).

Die Unterschiede der Wohnraumversorgung (nach Quantität und Qualität) sind zwischen der Hauptstadt und ihrem Umland jedoch wesentlich größer - sie nehmen darüberhinaus weiter zu (vgl. GLISZCZYŃSKI 1967: 168ff).

In der ersten Periode ist die Wohnsituation im Umland besser als in Warschau - das aber liegt an den schlechten Bedingungen in der zerstörten Stadt, auf der ein hoher Zuwanderungsdruck lastet.

In der zweiten Periode (1950-1956) gerät das Umland hoffnungslos ins Hintertreffen gegenüber der Hauptstadt. Die eindeutige Priorität der Industrialisierung läßt im Umland kaum Investitionen in den Wohnungsbau zu. 1955 werden in Warschau fast 6.000 Wohnräume mehr als in der gesamten W Warschau erstellt. Die Schwerpunkte in der W Warschau sind dabei mit Zyrardów, Płock, Ostrołęka und Siedlce die Schwerpunkte der regionalen und industriellen Entwicklungsplanung (vgl. BARBAG & BEREZOWSKI 1956: 171) - alles Städte außerhalb des Umlandes. Gleichzeitig erhöht sich aber aufgrund der Zuzugssperre für Warschau die Zuwanderung, insbesondere in die ländlichen Gebiete des Umlandes.

Erst die dritte Periode (1956-1960) bringt eine spürbare Senkung der Belegungsdichte im Umland: Vergleicht man in Tab. 4.12 die HW Warschau mit der Hauptstadt, ergeben sich hier kaum Unterschiede, betrachtet man jedoch das Umland (als Differenz zwischen der HW Warschau und der Stadt) oder gar die Landgemeinden der HW Warschau, dann werden die Unterschiede sichtbar. Für 1960 ermittelt GLISZCZYŃSKI (1967:170) folgende Belegungsdichten (E/R): Warschau - 1,58, Städte und Gemeinden des Umlandes - 1,69 und Landgemeinden - 1,99. Vergleichbar hierzu sind die Angaben für die größere W Warschau (die Woiwodschaft ohne Warschau):

- in Städten   1,83 E/R (1950) - 1,72 E/R (1960)
- im ländlichen Gebiet 2,29 E/R (1950) - 2,01 E/R (1960)
               (STATISTISCHES BUNDESAMT 1973:105).

Die Unterschiede bezüglich der Belegungsdichte innerhalb Warschaus, innerhalb des Umlandes und zwischen beiden ist in Abb. 4.21 für das Jahr 1960 wiedergegeben:

Abbildung 4.21: Belegungsdichte (E/R) in der "Städtischen Region" Warschau, 1960

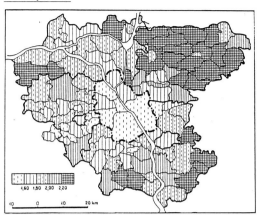

Quelle: GLISZCZYŃSKI 1967:45

Wie Tab. 4.15 zeigt, bestehen erhebliche Unterschiede zwischen Warschau und W Warschau bezüglich des Bauträgers. Bauen die staatlichen Wohnungsbauunternehmen 1955 in Warschau nahezu dreimal so viele Wohnräume wie in der W Warschau, so ist das Verhältnis bei der ZOR (sie baut nur in den Städten der W Warschau) 5,5:1, bei Genossenschaften 1,5:1. Im privaten Wohnungsbau werden in Warschau lediglich 150 Räume erstellt, dem stehen 11.017 Räume in der W Warschau - insbesondere im ländlichen Gebiet - gegenüber. Der private Wohnungsbau ist jedoch häufig nicht das Ergebnis einer freiwilligen Entscheidung (im Sinne einer bundesdeutschen Eigenheimideologie), sondern die Reaktion darauf, nicht nach Warschau ziehen zu können (aber dort zu arbeiten), gleichzeitig im Umland aber keine Wohnung zur Verfügung gestellt zu bekommen. Das Ergebnis sind daher Schlichtwohnungen mit oft nur ein oder zwei Zimmern (Zwergwohnungen) (vgl. GLISZCZYŃSKI 1967:172).

1960 sind die Wohnungen in Warschau zudem deutlich besser ausgestattet (was vor allem auch daran liegt, daß der Anteil der Nachkriegsbauten sehr hoch ist) als in der VR Polen oder gar in der W Warschau. So ist in der Hauptstadt der Anteil der Wohnungen mit Wasseranschluß viermal so hoch wie in der Woiwodschaft (vgl. GLISZCZYŃSKI 1967:56); gleiches gilt für die Ausstattung mit Bad und WC. Bei Zentralheizungen ist der Unterschied zwischen der W Warschau und der Hauptstadt neunmal größer, Gasanschlüsse gibt es in der W Warschau kaum. Die schlechte Ausstattung der W Warschau wird erst dann deutlich, wenn man sich in Erinnerung ruft, daß die peripheren Gebiete (insbesondere im Nordosten) gegenüber der suburbanen Zone Warschaus deutlich schlechter ausgestattet sind; d.h. diese entlegenen Gebiete weisen deutlich schlechtere Ausstattungswerte auf, als der Mittelwert der W Warschau aussagt.

Wegen unterschiedlich organisierter Verwaltungen und wegen einer höheren Subvention der Mieten in Warschau zahlen die Umlandbewohner für ihre im Mittel schlechter ausgestatteten Wohnungen oft eine höhere Miete als die Warschauer (GLISZCZYŃSKI 1965[1] und 1967:170) - ein zusätzlicher Faktor, der die Wanderung vom Umland nach Warschau verstärkt.

So wirkt sich der Zuzugsstopp sehr unterschiedlich aus. Warschau hat eine hohe Attraktivität, einen hohen Wohnwert und einen hohen Arbeitskräftebedarf. Der daraus resultierenden Wanderungsbewegung wird versucht, durch den Zuzugsstopp, das praktische Verbot des Ein-Familienhausbaus und durch gelenkte Wohnungsbaupolitik gegenzusteuern. Das führt aber sehr schnell zu deutlich schlechteren Wohnbedingungen im Umland, was wieder den Zuzug von dort nach Warschau verstärkt. Gleichzeitig sinkt bei den Warschauern der Fortzugswunsch, weiß man doch nicht, ob es möglich ist, eines Tages wieder zurückzukehren.

Das Ende der betrachteten Phase der Stadtentwicklung bringt den vollständigen Umschwung der Wohnungsbaupolitik. Mit großen Neubausiedlungen an der Peripherie der Stadt sollen die notwendigen Wohnungen errichtet werden, um der drohenden Wohnraumkrise Herr zu werden. Ausstattungsstandards (Wohnungsgröße, Ausstattung mit Gasleitungen[2]) werden vorübergehend zurückgenommen, der Anteil privater Mittel im Wohnungsbau wird er-

---

1) F. GLISZCZYŃSKI, 1965: Przestrzenne zróznicowanie budownictwa i sytuacji mieszkaniowej w regionie warszawskim (Räumliche Differenzierung der Gebäude und Wohnungssituation in der Warschauer Region), Warszawa 1965; nach: KACZOROWSKI (1965:99).

2) Das auf die Grenzen der Stadt von 1939 ausgelegte Gasnetz behindert lange die geographische Ausdehnung der Stadt. Eine Reihe von Planungsalternativen (meist unterschieden nach Zahl und Lage der Entwicklungsbänder) berücksichtigt explizit die Investitionskosten in ein erweitertes Netz. Die vorübergehende Ausstattung der Wohnungen der peripheren Neubaugebiete mit Propangas ist eine Übergangslösung, bevor der Ausbau des Gasnetzes Ende der 60er Jahre schließlich betrieben wurde.

Abbildung 4.22: Lage ausgewählter Neubausiedlungen in Warschau

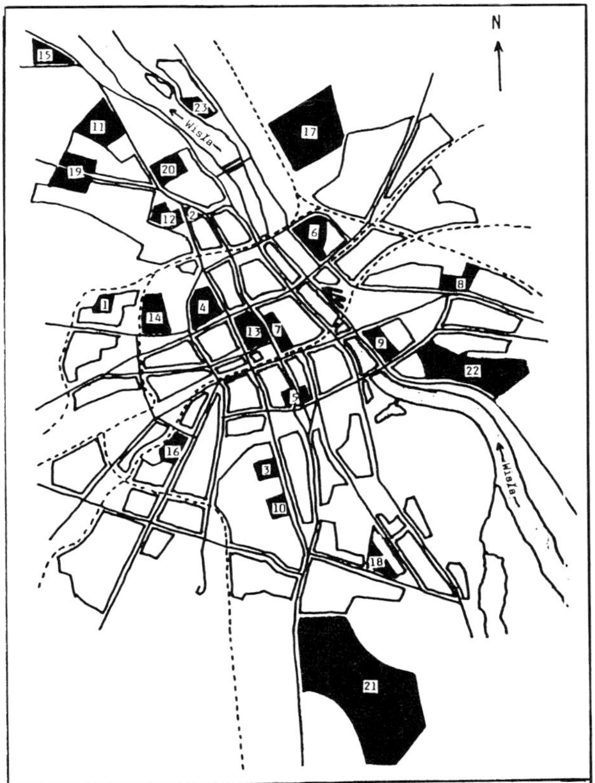

Siedlung	Bewohner (in 1.000)	Bev.-Dichte (in E/ha)	Bauzeit
1 Koło Sowinskiego	16.400	420,5	1947-1950
2 Żoliborz	-	-	nach 1947
3 Mokotów	10.000		1947-1952
4 Muranów	60.000	402,7	50er-60er
5 Marszałkowska-Wohnbezirk (MDM)	22.000	275,0	bis 1952
6 Praga II und III	28.000	451,6	Mitte 50er
7 Ostseite Marszałkowska	3.500	777,8	Ende 50er
8 Grochów-Kinowa	13.000	520,0	Ende 50er
9 Saska-Kępa	22.000	523,8	Ende 50er
10 Wierzbno	24.800	442,9	Ende 50er
11 Bielany I, II,...	47.800	238,4	Anf. 60er
12 Sady Żoliborski	14.000	388,9	1960-1968
13 Za Żelasna Brama	27.000	391,3	Ende 60er
14 Młynów	15.500	516,7	Ende 60er
15 Mlociny	34.000	425,0	Ende 60er
16 Szoza Krakowska	25.000	416,7	Ende 60er
17 Bródno I - IX	80.000	216,2	1965-1978
18 Stegny	36.000	545,0	1973-1976
19 Wawrzyszew-Chomiczówka	53.000	212,9	1976-1978
20 Marymont-Dolny	22.500		1975-heute
21 Ursynów-Natolin	120.000	120,0	1979-heute
22 Praga-Południe	60.000		1980-heute
23 Tarchomin			

Quellen: GOLDZAMT 1974:233ff, PRAESIDIUM 1971:65, RIETDORF 1975:152ff, ROMERO 1979:453 und mündliche Informationen des BPRW

höht. Neue Fabriken für vorgefertigte Bauteile im Umland Warschaus ermöglichen den Einsatz genormter Großplattenserien (was S. SYRKUS bereits in den 20er Jahren forderte und 1949 in Koło mit seiner Frau zusammen durchführte). Die maximale Geschoßzahl wird erhöht. Wurden in Warschau 1959 nur 15% aller Wohnungen in elfgeschossigen Häusern gebaut, so beträgt dieser Anteil 1969 bereits fast 75% (RIETDORF 1975:149).

Doch die Konzeption geschlossener Neubausiedlungen kommt gesellschaftlichen Vorstellungen nahe, sollen sie doch - über die Ausstattung mit und die Anordnung der Gelegenheiten eine starke Identifikation mit dem Gebiet erreichen (vgl. MALISZ 1966:81f). Neben der Bereitstellung von Wohnungen für die Bevölkerung haben nach KORSZYŃSKI (1966:102) Neubaugebiete sechs weitere Funktionen:

- Möglichkeit der Fürsorge für Vorschulkinder,
- Grundschulen,
- Versorgung mit Lebensmitteln und mit Gütern des täglichen Bedarfs,
- Gesundheitsfürsorge (außer Krankenhäusern),
- Naherholung,
- sozio-kulturelle Kontakte in der Nachbarschaft.

Tatsächlich werden jedoch zunehmend die Wohnfolgeeinrichtungen vernachlässigt, oft werden nur die Reserveflächen frei gehalten. So entstehen zum Ende dieser Phase Mengen von Hochhäusern in Großplattenbauweise - es leidet die Ästhetik, zusätzlich ist die Belichtung und Belüftung durch ungünstige Gebäudetiefen unzureichend (vgl. RIETDORF 1975:149). Die Forderung nach realistischen Vorstellungen der Entwicklung im Wohnungsbau und der Befriedigung der Bedürfnisse nehmen zu (vgl. PIECHOTKA & PIECHOTKA 1966:126).

Die Einsicht setzt sich in der VR Polen durch, daß im Wohnungsbau große volkswirtschaftliche Mittel gebunden oder aber verschwendet werden. Dennoch ist die Wohnungssituation in Warschau gegenüber der in anderen Städten der VR Polen oder gar dem Landesdurchschnitt deutlich besser, denn der Wohnungszustand Polens ist nach wie vor auf einem armseligen Niveau (vgl. STRZECHA-KOWALCZYK 1971:122).

4.3 Beschäftigte und Arbeitsstätten

Beschäftigte. Die Nachkriegsentwicklung Warschaus wird entscheidend durch das Ausmaß des Wachstums der Beschäftigtenzahlen bestimmt. Die Nachfrage nach Arbeitsplätzen ist bis zum Ende der Phase sowohl im sekundären als auch im tertiären Sektor so groß, daß nicht für alle Beschäftigten ein von der Qualität, aber eben auch von der Quantität her ausreichender Wohnraum geschaffen werden kann (s.o.). Dieses führt zu hohen täglichen Einpendlerquoten, was den Einfluß der Hauptstadt auf sein Umland (hier sogar eine Fläche mit einem Radius von über 100 km aufgrund der Pendeldistanzen) vergrößert.

Die Entwicklung des Arbeitsplatzangebotes und damit der Entwicklung der Hauptstadt ist aus mehreren Gründen vehement. Da nach dem Krieg die Industrie Warschaus zu 75% zerstört ist (GUS SR 1969:XXVII), gleichzeitig aber der Industriearbeiter als der wesentliche Faktor der sozialistischen Gesellschaftsordnung gilt, und dieser eben gerade auch in der Hauptstadt stark vertreten sein sollte, setzt eine erneute Industrialisierung der Stadt ein. Damit wird in der Nachkriegszeit die Industrialisierung eindeutig zum wichtigsten Faktor der Stadtentwicklung (vgl. DAWSON 1979:362). Zusätzlich wird durch den großen Fehlbestand an Wohnungen die Bauwirtschaft - sieht man vom relativen Rückgang Anfang der 50er Jahre ab - zumindest bis 1965 überproportional gefördert. In den 60er Jahren wird bereits ein Großteil der Baumaterialien in Fabriken vorgefertigt.

Außerdem hat die Hauptstadt als Regierungs-, Verwaltungs- und Handelszentrum einen hohen Bedarf an Beschäftigten des tertiären Sektors. So läuft nach dem Kriege zuerst eine kurze und intensive Tertiärisierung (als beschlossen wurde, nicht Kraków oder Łódz, sondern Warschau trotz der starken Zerstörung wieder zur Hauptstadt zu machen), dann mit dem ersten Sechs-Jahresplan (1950-1955) eine intensive Industrialisierung ab. In der Folge verstärken sich Industrialisierung und Tertiärisierung in ihrer Wirkung aufeinander. Einen Überblick über die Entwicklung der Beschäftigtenzahlen in der sozialisierten Wirtschaft gibt Tab. 4.16.

Tabelle 4.16: Beschäftigte nach Sektoren der sozialisierten Wirtschaft in Warschau (in 1.000 und %), 1951 - 1969

	1951[1]		1955[2]		1959[3]		1960[4]		1962[1]		1964[5]		1965[4]		1967[6]		1969[7]	
Landwirtschaft und Forstwesen					0,1	0,0					1,8	0,3			3,8	0,5	3,2	0,4
Primärer Sektor[a]					0,2	0,0					1,8	0,3			3,8	0,5	3,2	0,4
Industrie	84,0	20,7	133,4	26,6	161,8	30,0	171,9	29,6	202,0	31,3	213,3	31,1	221,5	32,7	226,6	32,6	234,7	32,1
Bauwesen	80,0	19,7	89,3	17,8	86,3	16,0	90,8	15,6	95,0	14,7	90,2	13,2	86,9	12,8	84,1	12,1	77,4	10,6
Sekundärer Sektor[a]	164,0	40,4	222,7	44,3	248,1	46,1	262,7	45,2	297,0	46,0	303,5	44,3	308,4	45,6	310,7	44,7	312,1	42,7
Transport	34,0	8,4	37,2	7,4	45,5	8,4	46,2	7,9	50,0	7,7	54,2	7,9	54,5	8,1	54,4	7,8	55,7	7,6
Handel	57,0	14,0	59,2	11,8	65,4	12,1	68,4	11,8	77,0	11,9	76,8	11,2	82,1	12,1	84,6	12,1	88,5	12,1
Wohnungs- und Kommunalwesen	16,0	3,9			30,9	5,7	34,1	5,9	39,0	6,0	41,4	6,0	44,1	6,5	45,6	6,6	48,2	6,6
Wissenschaft Erziehung und Ausbildung Kunst und Kultur	44,8	10,8							80,0	12,4	84,5	12,3			95,4	13,7	114,8	15,7
Gesundheits- und Sozialfürsorge					92,0	17,1			34,0	5,3	37,2	5,4			33,7	4,9	40,9	5,6
Finanz- und Versicherungswesen					6,7	1,2			9,0	1,4							10,2	1,4
Staatliche Administration und Rechtsprechung	69,0	17,0			42,1	7,8			49,0	12,9	49,6	7,2			32,6	4,7	30,2	4,1
Tertiärer Sektor[a]	220,0	54,1			282,6	52,5			338,0	52,3	343,7	50,2			356,3	49,8	388,5	53,2
Beschäftigte insgesamt	407,0	100	502,2	100	538,7	100	581,3	100	646,0	100	684,8	100	676,4	100	694,8	100	730,2	100

a) Addition der aufgeführten Sektoren

1) KOSINSKI 1965: 267
2) GUS SR 1969: XXIV
3) GUS 1960: 50
4) GUS SR 1969: XXIV, 14
5) GUS 1965: 61
6) GUS 1968: 66; GUS SR 1969: XXIV, 14
7) GUS 1970: 63

Bemerkenswert ist der hohe Anteil Beschäftigter im tertiären Sektor bereits 1951. Dieser ist aufgrund des großen Verwaltungsbedarfs der entstehenden sozialistischen Wirtschaftsform kurz nach dem Krieg rasch aufgebaut worden. Die Verwaltung des Landes, der Woiwodschaft und der Stadt sind in Warschau konzentriert. Zudem verlangt der Wiederaufbau des Landes und der Stadt zentralistische Maßnahmen, die sämtlich von Warschau aus gesteuert werden. Doch bereits 1955 hat sich das Bild verändert (vgl. Abb. 4.23) - der Abstand zwischen dem sekundären und dem tertiären Sektor hat sich um etwa zehn Prozentpunkte nahezu halbiert.

Der Rückgang der Beschäftigten im tertiären Sektor ist auf eine Umorganisation der staatlichen Verwaltung zurückzuführen. Ein Teil der Planungskompetenz wird auf eine niedrigere Entscheidungsebene verlagert und damit räumlich dezentralisiert - entsprechend werden Beschäftigte in der Verwaltung freigesetzt. Dieser Rückgang kann durch den Zuwachs in anderen Branchen des tertiären Sektors nur bedingt aufgefangen werden. Gleichzeitig ist die erste Hälfte der 50er Jahre durch eine intensive Industrialisierung der VR Polen bestimmt. Ziel des Sechs-Jahres-Plans ist, die wirtschaftliche Autarkie des Landes einzuleiten und die gesellschaftliche Struktur von einer landwirtschaftlichen zu einer industriellen umzuwandeln. Das führt zu einer Industrialisierung der landwirtschaftlichen Räume und kleinerer Städte, vor allem aber auch ein Ausbau der bestehenden Industrieanlagen (dieses ist kostengünstiger) (vgl. DAWSON 1979:363). Gerade Warschau profitiert von diesen Investitionen in den Anlagenbereich, zumal in der Hauptstadt eine breite Schicht industriellen Proletariats angesiedelt werden sollte (Hütte Warschau, Automobilfabrik FSO).

Abbildung 4.23: Beschäftigte nach Sektoren der sozialisierten Wirtschaft, Warschau 1950, 1955, 1960, 1965, 1970, 1974

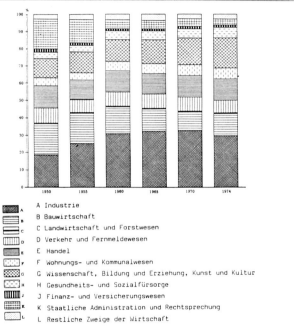

A Industrie
B Bauwirtschaft
C Landwirtschaft und Forstwesen
D Verkehr und Fernmeldewesen
E Handel
F Wohnungs- und Kommunalwesen
G Wissenschaft, Bildung und Erziehung, Kunst und Kultur
H Gesundheits- und Sozialfürsorge
J Finanz- und Versicherungswesen
K Staatliche Administration und Rechtsprechung
L Restliche Zweige der Wirtschaft

Quelle: CIECHOCIŃSKA 1977b:513

Aber auch im weiteren Verlauf nimmt die Zahl der im öffentlichen Dienst Beschäftigten ab: KACZOROWSKI (1965:102) ermittelte eine Reduzierung dieser Beschäftigten zwischen 1955 und 1960 um 38% (von 68.000 auf 41.900) - einen Wert, der allerdings etwas hoch erscheint. Eine Veränderung der Anteile der Beschäftigten in Zehn-Jahresschritten dokumentiert Tab. 4.17. Hieraus sieht man, daß die Zahl der Beschäftigten in der staatlichen Verwaltung bis zum Ende der 50er Jahre deutlich zurückgeht, danach etwa konstant bleibt. Das bedeutet aber, daß ihr Anteil an der Zahl der Beschäftigten insgesamt zurückgeht.

Tabelle 4.17: Veränderung der Beschäftigten nach Sektoren der sozialisierten Wirtschaft in Warschau (in 1.000), 1951 - 1980

	1951-1960	1961-1970	1971-1980
Landwirtschaft und Forstwesen	1,2	1,8	0,5
Primärer Sektor	1,2	1,8	0,5
Industrie	108,8	53,6	12,8
Bauwesen	22,7	- 14,2	26,2
Sekundärer Sektor	131,5	39,4	39,0
Transport	14,0	8,8	3,8
Handel	21,4	16,3	9,6
Wohnungswesen und Kommunalwesen	16,5	13,7	8,0
Wissenschaft	8,8	15,6	17,3
Erziehung und Ausbildung	9,2	15,3	9,2
Kultur und Kunst	12,5	4,9	- 10,6
Gesundheits- und Sozialfürsorge	17,1	9,0	2,7
Finanz- und Versicherungswesen	0,9	2,6	1,6
Staatliche Administration und Rechtsprechung	- 35,6	- 0,6	- 2,8
Restliche Zweige der nationalen Wirtschaft	6,7	2,4	30,7
Tertiärer Sektor	71,5	88,0	69,5
Gesamt	204,2	129,2	109,0

Quelle: CIECHOCIŃSKA 1981:54

Die Tab. 4.17 zeigt auch den Rückgang der Beschäftigten im Bauwesen zum Ende der betrachteten Phase (daß er schon 1955 einsetzt zeigt Abb. 4.23). Das führt zu erheblichen Problemen im Wohnungsbau. Die Tabelle zeigt weiter, daß mehr als die Hälfte des Zuwachses der Beschäftigten aufgrund der Zunahme der Zahl der Industriearbeiter zustande kommt. Die Ausweitung der Industrie setzt sich dabei durch die gesamte betrachtete Phase hin fort. Dabei nimmt zwischen 1946 und 1965 die Zahl der in der Industrie Beschäftigten in Warschau um rund 680% zu - im Vergleich dazu sind es in der W Warschau lediglich 324%, in der VR Polen gar nur 217% (GUS SP 1970a:10f). Dem kann man entgegenhalten, daß 1946 in Warschau praktisch kaum mehr Industrie bestand und die W Warschau landwirtschaftlich strukturiert ist - aber auch ein Überblick über die Zunahme der industriell Beschäftigten pro 1.000 Einwohner gibt ein mit diesen Zuwächsen vergleichbares Bild (GUS SP 1970a:171):

	1950	1960	1965
VR Polen	78	99	109
W Warschau	25	39	50
Warschau	94	147	164

Die Übersicht gibt einen Hinweis auf die geringe Industrialisierung der W Warschau. Hier hat die Stadtbevölkerung einen Anteil von 26% an der Gesamtbevölkerung - gleichzeitig arbeiten aber 41% der Beschäftigten außerhalb der Landwirtschaft. Diese Differenz stellt ein hohes Pendlerpotential dar; der Überhang besteht hier vor allem im Umland Warschaus. Die Veränderung der Beschäftigtenzahl in den einzelnen Sektoren der sozialisierte Wirtschaft in der W Warschau und in der Sub Warschau zeigt Tab. 4.18. Die Unterschiede zwischen den beiden räumlichen Einheiten bestehen weniger im Umfang und der Zusammensetzung des tertiären Sektors, sondern vielmehr in den Anteilen der in der Industrie Beschäftigten.

Mitte der 50er Jahre sind allein in der Sub Warschau 69% aller in der W Warschau beschäftigten Arbeiter konzentriert, auf die anderen Subregionen entfallen 20% (Płock), 7% (Siedlce) und 4% (Ostrołeka) (vgl. BARBAG & BEREZOWSKI 1956:167f). 1958 sind im Umland Warschaus 71% aller in der Industrie Beschäftigten der W Warschau konzentriert. Rechnet man Warschau selbst hinzu, sind in der Agglomeration 90% aller industriellen Arbeitsplätze der R Warschau (W Warschau plus Stadt) lokalisiert (BEREZOWSKI 1965:199).

Das Gefälle zwischen der Stadt und dem Umland verstärkt sowohl die Bevölkerungszuwanderung als auch den Pendlerstrom nach Warschau. Während durch den Zuzugsstopp ersteres zumindest vorübergehend verringert wird, verstärkt dieser Zuzugsstopp die Pendelströme: 1955 sind es bereits 100.000 Erwerbstätige, die täglich nach Warschau einpendeln. Von der Zuwanderung ist vor allem das suburbane Gebiet Warschaus betroffen, was hier zu erheblichen Versorgungsschwierigkeiten führt.

Tabelle 4.18: Beschäftigte nach Sektoren der sozialisierten Wirtschaft in der W Warschau und der Sub Warschau, 1950 und 1960

	Woiwodschaft Warschau			Subregion Warschau		
	1950	1960	Index 1950=100	1950	1960	Index 1950=100
Industrie	10,2	15,5	152	15,5	23,1	149
Bauwesen	6,2	6,7	108	10,3	9,7	94
Landwirtschaft und Forstwesen	63,4	55,4	87	48,9	39,9	82
Transport und Nachrichtenwesen	4,4	6,1	139	5,4	6,6	122
Güterumschlag	4,2	4,6	110	5,2	5,4	104
Kommunalwesen	0,6	1,1	183	0,9	1,8	200
Bildung, Wissenschaft und Kultur	1,9	2,5	132	2,5	3,3	132
Gesundheitsfürsorge	1,0	1,6	160	1,4	2,3	164
Verwaltung	4,7	2,2	47	6,2	2,6	42
Sonstige	3,4	4,3	126	3,7	5,3	143
Gesamt	100,0	100,0		100,0	100,0	

Quelle: STOKOWSKI 1970:91

Tabelle 4.19: Arbeitspendler und pendelnde Industriearbeiter nach Warschau, 1960 - 1973

	Arbeitspendler			
	Gesamt		davon Industriearbeiter	
	absolut	Index 1960=100	absolut	Index 1960=100
1960	112.366	100,0	33.237	100,0
1961	122.777	109,3	39.622	119,2
1964	121.032	107,7	42.176	126,9
1968	142.467	126,8	54.684	164,5
1973	168.820	150,2	61.779	185,9

Quelle: CIECHOCIŃSKA 1978a:604

Die Priorität Warschaus gegenüber dem Umland bleibt auch in der Folge deutlich: Um 1960 arbeiten 80% der Erwerbstätigen des Umlandes für die Versorgung Warschaus. 60% von ihnen (über 110.000) sind Pendler in die Hauptstadt, was etwa 20% der Beschäftigten Warschaus ausmacht (BEREZOWSKI 1965:199).[1]

1) Fußnote s. S. 855.

Zwischen 1960 und 1965 hat zwar die W Warschau gegenüber der Stadt einen höheren relativen Zuwachs industriell Beschäftigter, doch beruht dieser vorwiegend auf überproportionalen Zuwächsen im Umland der Stadt. Dennoch steigt die Zahl der pendelnden Industriearbeiter nach Warschau stärker an als die der Pendler insgesamt. Eine Tendenz, die sich trotz der Deglomeration Mitte der 60er Jahre fortsetzt (vgl. auch Abb. 4.24).

Abbildung 4.24: <u>Beschäftigte in der Industrie Warschaus nach Wohnort, (Warschau vs. Umland), 1960 - 1973</u>

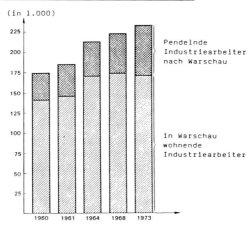

Quelle: CIECHOCIŃSKA 1978a:605

Unter den Pendlern ist der Anteil der Fernpendler relativ hoch: 41% von ihnen legen Entfernungen bis 15 km zurück, 24% haben eine Distanz von 15 bis 25 km zu überbrücken und 25% fahren weiter als 25 km pro Strecke täglich (vgl. LIJEWSKI 1967). Zum Teil kommen die Fernpendler aus Gebieten außerhalb der W Warschau (z.B. Lublin, etwa 130 km südöstlich). Die hohen Anzahlen und die hohen Distanzen geben einen Hinweis auf bestehende Arbeitsplatz-Disparitäten innerhalb der W Warschau. Die hohen Kosten der Ansiedlung in Warschau einerseits, aber auch diese Disparitäten haben

---

1) Zu ähnlichen Ergebnissen kommt auch CIECHOCIŃSKA (1978a: 604; vgl. Tab. 4.19) mit 112.000 Pendlern; bei GLISZCZYŃSKI (1967:32) liegen diese Angaben für 1960 mit 118.000 Pendlern geringfügig höher. KACZOROWSKI (1965:102) und KOSIŃSKI (1965:269) geben dagegen für 1963 140.000 und für 1964 rund 150.000 Pendler an, deutlich mehr als in Tab. 4.19. Es ist anzunehmen, daß bei den letzten beiden Autoren die Berufsschüler mitberücksichtigt wurden, da das Zentralamt für Statistik (GUS) zwischenzeitlich diese in die Zählung einbezog. In Tab. 4.19 sind diese durchgängig nicht berücksichtigt worden.

schließlich zur Deglomeration Warschaus geführt, d.h. zu einer planmäßigen Auslagerung von Produktionsbereichen bestehender Industriebetriebe bzw. einer gezielten Neuansiedlung von Industriebetrieben im Umkreis von 60 bis 100 km um Warschau, also außerhalb des Umlandes.

Der umgekehrte Pendelstrom von Warschau ins Umland beträgt Mitte der 60er Jahre knapp 7% des Zustroms, nämlich ca. 10.000 Beschäftigte (BEREZOWSKI 1965:200).

Arbeitsstätten. Warschau wird nach dem Krieg bewußt zum Schwerpunkt für die Ansiedlung von Industrie bestimmt, unter anderem, um ein Gegengewicht zum oberschlesischen Revier (Bergbau und Schwerindustrie) und Łódź (Textilindustrie) zu schaffen. Bei der Ansiedlung handelt es sich um spezialisierte Industrie, die einen hohen Ausbildungsstand der Beschäftigten verlangt. Dennoch wird auch Schwerindustrie (Stahlhütte Warschau 1952-1957) und Energieerzeugung nach Warschau geholt.

Der Zeitraum des Dreijahresplanes 1947-1949 ist durch den Wiederaufbau gekennzeichnet, der des Sechsjahresplanes 1950-1955 wird von der Schaffung einer wirtschaftlichen Produktionsbasis bestimmt. Eines der wichtigsten neuen Werke ist die zwischen 1949 und 1951 erstellte Automobilfabrik FSO in Żerań, dazu kommen Betriebe der Präzisionsindustrie, der elektronischen, chemischen und polygraphischen Industrie, der Baustoff-, der Textil- und der Nahrungsmittelindustrie. Die Standorte der "neuen" Industrie liegen in den Außenbezirken: In Służewiec und Żoliborz Lebensmittel- und Baumaterialienindustrie, in Praga Metall-, elektrotechnische und Leichtindustrie und in Wola Metall-, elektrotechnische, Bekleidungs-, Leder- und Lebensmittelindustrie (BARBAG & BEREZOWSKI 1956:160). Im Zeitraum zwischen 1955 und 1958 wird die gesamte Industrie überdurchschnittlich schnell ausgebaut. Bis zum Ende der betrachteten Phase werden insbesondere die Glas-, Porzellan-, Chemie-, Elektromaschinen-, Eisen-, Baustoff-, Gummi-, Holzverarbeitungs- und Bekleidungsindustrie ausgedehnt. Zusätzlich wird das Know-how durch verstärkte ökonomische Analysen verstärkt (vgl. JUREK-STĘPIEŃ 1971: 128).

Die Industrieanlagen werden dabei oft der Wohnnutzung direkt zugeordnet. Diese Nutzungsmischung beeinträchtigt jedoch stark die Wohnqualität (Wola, Praga). Auch die vorgesehenen Grünstreifen trennen die Nutzungen nicht ausreichend (Młociny und Praga). Dennoch wird eine derart starke Vermischung der Nutzungen wie vor dem Krieg beim Wiederaufbau vermieden (speziell in Powiśle und Sielce, wo die Industrie kaum noch Standorte erhält; vgl. DAWSON 1979:373 und Abb. 4.25).

Da die Kapazitäten der Bauindustrie nicht ausreichen, ein genügendes Volumen an Wohnraum zur Verfügung zu stellen, die bestehende Industrie aber weitere Produktionsstätten als Zulieferbetriebe anzieht und darüberhinaus die Tertiärisierung zusätzlich fördert, werden am Ende dieser Phase Überlegungen getroffen, die Entwicklung der Stadt von zusätzlicher Belastung zu befreien und bestehende Ungleichgewichte innerhalb der W Warschau auszugleichen. Man plant, standortunabhängige Industrien zu verlagern.

Abbildung 4.25: Lage der Industriebetriebe in Warschau, 1965

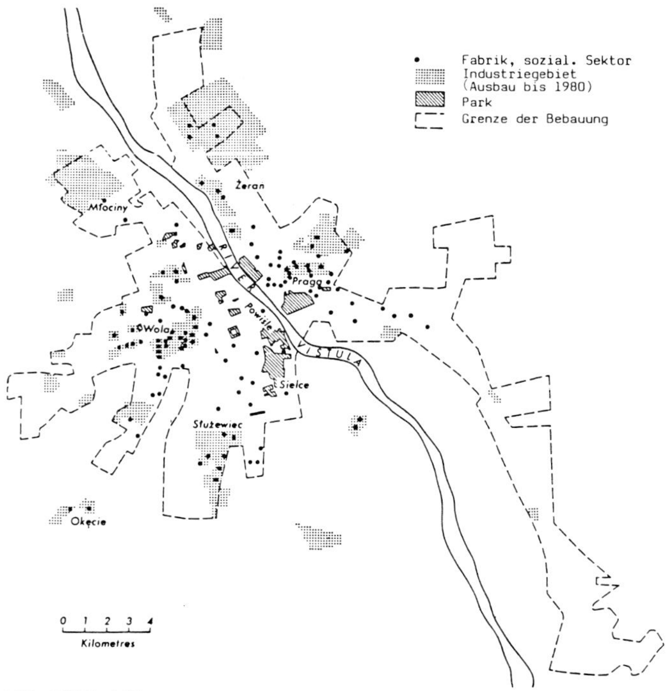

Quelle: DAWSON 1971:110

Dennoch werden Anfang der 60er Jahre weitere große Industriegebiete ausgewiesen oder bestehende erweitert: Młociny im Nordwesten (Edelstahlwerke), Zerań im Norden (Kraftfahrzeugproduktion (Fiat-Polski und Polonez) und -reparatur, Zulieferbetriebe, Wärmekraftwerk, Wohnungsbau-Fabrik, pharmazeutische Industrie), Targówek im Osten (Radio- und Fernseher-Produktion), Służewiec im Süden (Elektronische Industrie). Daneben werden die alten Industriegebiete Wola im Westen (elektrotechnische Metall-, Feinmechanik und graphische Industrie) und Kamionek im Zentrum Pragas (Bekleidungs-, Nahrungsmittel-, optische, elektrotechnische und Kraftfahrzeugindustrie) aufgefüllt (vgl. Abb. 4.25 und DAWSON 1979:374, KOSIŃSKI 1965:267 und MISZTAL 1971:203). Die Ansiedelung dieser Industriebetriebe und diejenige im Umland Warschaus entsprechen dem Mehrkern-Modell von HARRIS & ULLMAN (1945) (vgl. DAWSON 1979:375).

Abbildung 4.26: Anzahl der industriellen Arbeitsstätten nach Branchen der sozialisierten Wirtschaft und Stadtbezirken (in den Grenzen von 1965), 1938 und 1965

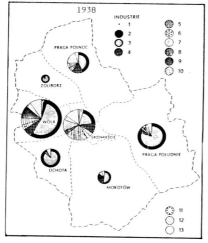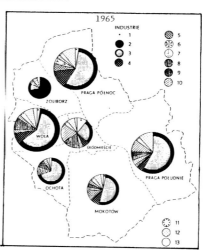

1 Energieerzeugung
2 Hüttenwesen
3 Maschinen- und Metallwarenindustrie, Elektrotechnik und Fahrzeugbau
4 Chemische Industrie
5 Bauindustrie
6 Holzindustrie
7 Papierindustrie
8 Polygraphische Industrie
9 Textilindustrie
10 Bekleidungsindustrie
11 Leder- und Schuhindustrie
12 Nahrungsmittelindustrie
13 Sonstige Industriezweige

Quelle: MISZTAL 1971:278f

Vergleicht man dabei die Funktion der einzelnen Stadtbezirke als Industriestandort 1965 mit der Vorkriegssituation (vgl. Abb. 4.26), stellt man in der Innenstadt (Śródmieście) und in Wola kaum Veränderungen in der Zahl und der Zusammensetzung industrieller Arbeitsstätten fest; in Mokotów erhöht sich die Anzahl der Arbeitsstätten deutlich, wobei die relative Bedeutung der chemischen und der Textilindustrie zurückgeht. Auch in Żoliborz nimmt die Zahl der Arbeitsstätten deutlich zu. Während die Maschinen- und Metallwarenindustrie absolut etwa konstant bleibt, kommen Betriebe der Bau-, Bekleidungs- und Lebensmittelindustrie hinzu. Zwei Drittel der Arbeitsplätze jedoch stellt allein die Huta Warszawa, deren Standort - ursprünglich für das Umland Warschaus geplant (vgl. DAWSON 1979:37) - hier sehr umstritten ist (Immissionsbelastung der direkt angrenzenden Wohnbezirke und der in Bródno in Praga-Północ; vgl. KRAWIEC 1966, die die Standortentscheidung sowohl aufgrund stadtplanerischer, als auch ökonomischer Gründe kritisiert). Auch die Industrie Ochotas diversifiziert zusätzlich, dennoch bleiben hier die Maschinen- und Metallwarenindustrie dominierend. Die beiden Stadtteile auf dem rechten Weichselufer entwickeln sich industriell am stärksten; sie erreichen von ihrer quantitativen Bedeutung bereits den traditionellen Industriestandort Wola. Die Veränderung in ihrer Zusammensetzung ist aus der Abb. 4.26 ersichtlich.

Einzelne Standortentscheidungen innerhalb Warschaus, aber vor allem die starken Unterschiede zwischen der Stadt und der Woiwodschaft, werden zu Beginn der 60er Jahre kritisiert. Daher beginnen zum Ende dieser Phase die ersten Auslagerungen, um dieses Ungleichgewicht abzubauen. DAWSON (1971:111) vergleicht diese Maßnahmen von ihrer Intention und Wirksamkeit mit den Auslagerungen in die New Towns und die Entwicklungsgebiete in Großbritannien[1], die tatsächliche Durchführung dieser Auslagerungen bleibt jedoch weit hinter den Erwartungen zurück. Die Diskussion in der nächsten Phase wird dieses zeigen.

---

1) Dieser Vergleich ist insofern unzutreffend, als es sich bei der Deglomeration ausschließlich um den Ausbau schon bestehender Städte handelt.

4.4 Infrastruktur

Verkehr. Die Verkehrsverbindungen auf dem linken Weichselufer sind durch die Kriegseinwirkungen nahezu zerstört. Beim Wiederaufbau geht man davon aus, daß die schachbrettartige Struktur innerhalb der Innenstadt erhalten bleiben und daß insbesondere im historischen Teil (Stare Miasto und Nowe Miasto) der Stadtplan nicht entscheidend geändert werden soll. Andererseits soll die Verkehrsdurchlässigkeit der Innenstadt erhöht werden. Deshalb baut man die neuen Trassen an gleicher Stelle wie die alten. Für die Verkehrslage sind die Brücken über die Weichsel - im Krieg völlig zerstört - zur Anbindung der Bezirke Praga-Południe und Praga-Północ wichtig. Eine der ersten Baumaßnahmen ist daher 1949 die Śląsko-Dąbrowski-Brücke (Schlesische Brücke), deren westliche Auffahrt (al. Gen. K. Swierczewskiego) in einen Tunnel geführt wird, damit die Altstadt nicht durch diese breite Straße von der Innenstadt abgeschnitten wird (vgl. Abb. 1.2). Diese Untertunnelung wurde bereits 1943 von J. CHMIELEWSKI geplant (vgl. KOTARBIŃSKI 1979:38f). 1959 wird die Verbindung zwischen beiden Teilen der Stadt mit Hilfe der nördlichen Gdański-Brücke (Danziger Brücke) - als doppelstöckige Straßen- und Straßenbahnbrücke kombiniert mit einer Eisenbahnbrücke - verbessert.

Infolge des erhöhten Verkehrsaufkommens und eines starken Anteils an Durchgangsverkehr wird ein Straßenring um die Innenstadt (CBD, Altstadt, Neustadt, Westteil Pragas) gelegt, der im Süden eine dritte Straßenbrücke (Poniatowskiego in Verlängerung der al. Jerozolimskie) erforderlich macht. Der Innenstadtbereich weist innerhalb des Rings zwei Hauptdurchgangsstraßen in Nordsüdrichtung (Marchlewskiego/al. Niepodległości und Nowotki/Marszałkowska) und zwei in Ost-West-Richtung (al. Gen. K. Swierczewskiego und Świętokrzyska) auf (vgl. Abb. 1.2). Von dieser Ringstraße führen strahlenförmig Straßen in die peripheren Stadtgebiete und in das Umland. In größerer Entfernung zum CBD werden die ersten Teilstücke eines zweiten, peripheren Straßenrings ausgebaut.

Die Aufwendungen für den Straßenausbau sind verhältnismäßig hoch, obwohl die individuelle Motorisierung in der VR Polen noch am Anfang steht:[1]

---

1) Angaben nach LESZCZYCKI & LIJEWSKI (1977:10). Nach GIELZYŃSKI (1973) gibt es 1960 in Warschau 15.700 Pkw, was einen Motorisierungsgrad von etwa 12,5 Pkw auf 1.000 Einwohner ergäbe.

1945: 0,4 Pkw auf 1.000 E   1960: 3,9 Pkw auf 1.000 E
1950: 1,3 Pkw auf 1.000 E   1965: 7,8 Pkw auf 1.000 E.

Hauptgewicht im Verkehrsausbau erhält der ÖPNV, der mit Bussen, später auch verstärkt mit Straßenbahnen durchgeführt wird. Die Linien der Stadt reichen weit in das Umland hinein, das Pendelaufkommen ist - wie gezeigt - sehr groß, die indiviuelle Motorisierung recht gering. 1952 wurden mit ÖPNV 571 Mio. Fahrgäste transportiert - mehr als doppelt so viele wie 1938 (vgl. BARBAG & BEREZOWSKI 1956:163).

Zum Ende der Phase werden erneut Überlegungen in die Verkehrsplanung aufgenommen, den schienen- oder leitungsgebundenen Oberflächenverkehr (Straßenbahn und Trolleybus) zugunsten von Bussen und einer zu errichtenden Schnellbahn zu verringern. Die staatliche Eisenbahn dient zusätzlich der verkehrsmäßigen Anbindung des Umlandes. Die Hauptverbindung - über die südliche der beiden Eisenbahnbrücken - wird im Innenstadtbereich zwischen den Stationen Ochota und Powiśle unterirdisch geführt.

Dienstleistungen. Von der Zerstörung der ehemaligen Innenstadt ist auch das frühere Hauptgeschäftszentrum betroffen; lediglich das Zentrum Pragas ist erhalten geblieben, es hatte vor dem Krieg jedoch nur eine untergeordnete Funktion. Aufgrund der veränderten Wirtschafts- und Gesellschaftsform werden Produktion und Verteilung der Waren nicht mehr dem Marktmechanismus überlassen, der Dienstleistungs- und Handelsbereich entwickelt sich daher nur schwach (vgl. KOSIŃSKI 1965:269). Die Innenstadt ist zuerst eher eine Konzentration politischer, administrativer, sozialer, wissenschaftlicher, kultureller und Handelseinrichtungen (vgl. KACZOROWSKI 1965:97). Lange wird daher mit dem Bau des Zentrums gezögert. Zuerst entwickelt sich ein Einkaufszentrum am Plac Konstytucji (1952). Erst in den 60er Jahren wird das Zentrum an die heutige Stelle verlegt (Kreuzung Marszałkowska/Jerozolimskie; vgl. Abb. 1.2). Damit entsteht an alter Stelle wieder das Hauptdienstleistungszentrum zur Deckung des längerfristigen Bedarfs, sowie ein Zentrum für Administration und kulturelle Einrichtungen. Im Zuge der Einführung der erwähnten städtebaulichen Konzeption werden Dienstleistungseinrichtungen den Wohnbereichen unmittelbar zugeordnet.

Durch diesen niedrigen Konzentrationsgrad des Handels und der Dienstleistungen wird lediglich der Bedarf der unmittelbar Anwohnenden befriedigt. Die Zentren unterliegen bis zum Bau größerer Siedlungseinheiten keiner hierarchischen Ordnung.

Über Ausdehnung, Strukturierung oder gar Nutzung der Dienstleistungseinrichtungen liegen keine Daten vor. Lediglich die Entwicklung der Zahl der Einzelhandelsgeschäfte, die, isoliert betrachtet, wenig Aussagekraft hat, liegt vor. Bemerkenswert ist jedoch, daß die Anzahl der Einzelhandelsgeschäfte zwar variiert, 1955 jedoch schon annähernd genauso viele Geschäfte wie 1965 existieren (vgl. GUS SR 1969:XXXIIf).

Zum Haupteinkaufsbereich entwickelt sich die Ostseite der Marszałkowska (vgl. Abb. 1.2), wo die meisten der 7 (1960) bzw. 16 (1965) Warenhäuser (GUS SR 1969:18) liegen. Hier entstehen mehrgeschossige Ladenflächen. Von der Rückseite, auf der ein Wohngebiet liegt, werden die Gebäude zusätzlich über Fußgänger-Einkaufsstraßen erschlossen. Der Unterschied im Angebot und in der flächenmäßigen Ausdehnung zwischen dem Hauptzentrum einerseits und dem Zentrum Pragas und den kleineren Siedlungszentren andererseits wird immer größer.

1955 wird der Wiederaufbau der Philharmonie beendet und der Kulturpalast - ein Geschenk der UdSSR - fertiggestellt. Das 33stöckige Hochhaus im Stil des sozialistischen Realismus stellt eine enorme Konzentration kultureller Einrichtungen, aber auch von Freizeiteinrichtungen, dar (vgl. Abb. 1.2; PAŁAC o.J.). 1965 wird der Wiederaufbau der Oper und des Ballett-Theaters beendet.

<u>Ver- und Entsorgung</u>. Entscheidenden Einfluß auf die Planung der Ausdehnung der Stadt hat nach dem Krieg neben dem Verkehrssystem das Netz der Ver- und Entsorgungsleitungen. Es ist weitgehend intakt geblieben, denn es wurden lediglich 30% des Wasserleitungs- und Kanalisationsnetzes, 46% des Gas- und 50% des Elektrizitätsnetzes zerstört (GUS SR 1969:XXVII). Der Verlauf dieser Leitungen liefert so ein Argument für einen Wiederaufbau nach altem Muster, da ein Neubau der Leitungen allzu kostspielig wäre.

Trotz der umfangreichen Neubautätigkeit erhöht sich die Länge der Leitungsnetze bis zum Ende dieser Stadtentwicklungsphase kaum (mit Ausnahme des Wasser- und des Fernheizungsnetzes), wohl aber die Zahl der Wohnbauanschlüsse. Mitte der 60er Jahre sind jedoch die Netzkapazitäten ausgelastet und der bestehende Einzugsbereich bebaut, so daß kostspielige Erweiterungen notwendig werden. Die Gasversorgung peripher gelegener Wohnungen erfolgt deshalb vorerst über Flüssiggas, bis diese künftig an das städtische Versorgungsnetz angeschlossen werden können.

Die Unterschiede zwischen Warschau und der W Warschau werden im Bereich der Versorgung besonders deutlich. 1955 sind erst 24 von 58 Städten der W Warschau mit einer Wasserleitung oder Kanalisation ausgestattet, eine Gasversorgung gibt es noch nirgends (GUS 1957:249ff). Das Wasserleitungsnetz Warschaus (683 km) ist 4,5mal so lang wie das der gesamten Woiwodschaft (153 km), und der Stromverbrauch pro Haushalt beträgt 119,7 kWh gegenüber 31,5 kWh (ebd.). Dennoch hat die W Warschau ein Energiedefizit (1960: -160 Mio. kWh), das durch eine Überproduktion in Warschau (+510 Mio. kWh) ausgeglichen wird (BEREZOWSKI 1965:196).

Die Anzahl der Telefonanschlüsse - Indikator der Zentralität - steigt in Warschau von 75.117 (= 66 pro 1.000 E; 1960) über 128.347 (= 103; 1965) auf 152.700 (= 119; 1967) (GUS SR 1969:15).

Abbildung 4.27: Entwicklungstendenzen der Teilgebiete Warschaus von 1937 bis 1965

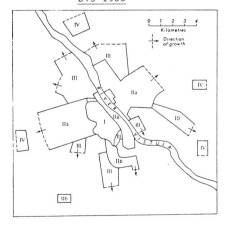

I. Einkaufs- und Verwaltungszentrum

II. Industriegebiete mit hoch verdichteter, schlecht ausgestatteter Wohnbebauung
   a. aus dem 19. Jahrhundert
   b. aus der Zeit zwischen 1900 und 1937

III. Wohngebiete, vorwiegend gering verdichtet mit besserer Ausstattung als in II.

IV. Isolierte Gebiete, niedrig verdichtet, mit örtlichem Kleingewerbe und Dienstleistungen - Quellgebiet für Pendler

Quelle: DAWSON 1971:111

Die Abb. 4.27 zeigt, wie sich gegenüber der Vorkriegssituation ausgewählte Funktionen entwickelt haben. Dabei wird deutlich, daß der CBD (I) nur nach Südwesten eine Ausdehnungsmöglichkeit besitzt, wenn er nicht angrenzende Nutzungen verdrängen soll. Tatsächlich ist die Nutzungsintensität innerhalb des Gebiets gegenüber den Zuwachsraten der City-Funktionen so gering, daß eine Expansion in dieser Phase noch nicht stattfindet.

5. 1965 BIS HEUTE: ANHALTENDES WACHSTUM UND MANGELNDE WOHNRAUMVERSORGUNG

Die Phase IV wird durch die post-transformative Phase des Demographischen Übergangs gekennzeichnet: die Sterbe- und die Geburtenrate sind nahezu konstant - auf einem für Warschau niedrigen, für vergleichbare Großstädte jedoch hohen Niveau. Mitte der 70er Jahre steigt aufgrund des Altersaufbaus die Geburtenrate sogar gegenüber der Sterberate (die geburtenstarken Jahrgänge kommen in die Lebensphase der Familiengründung und es "fehlen" die Abgänge der Generationen, die bereits im Krieg hohe Verluste hinnehmen mußten); der natürliche Bevölkerungssaldo nimmt also wieder zu.

Die wirtschaftliche Entwicklung ist nach wie vor in der Übergangsphase; das Maximum der in der Produktion Beschäftigten wird jedoch zu Beginn dieser Phase überschritten. Ein Ende der Übergangsphase ist jedoch noch nicht abzusehen, denn der Anteil der in dem tertiären Sektor Beschäftigten nimmt in den 70er Jahren nur schwach zu. Der relative Rückgang der in dem sekundären Sektor Beschäftigten bewirkt jedoch, daß der wirtschaftliche Fortschritt jetzt von einer Tertiärisierung getragen wird.

5.1 Planverfahren und Ordnungsvorstellungen

Trotz verschiedener planerischer Eingriffe nehmen die Schwierigkeiten im Verlauf der bisher betrachteten Stadtentwicklungsphasen in der Hauptstadt Warschau weiter zu. Die Planvorgabe der Wohnversorgung und Infrastruktur kann nicht erfüllt werden. Warschau vergrößert wegen des umfangreichen Arbeitsplatzangebots seinen Einzugsbereich und zieht immer mehr Menschen an. Dies bedeutet einerseits für einen großen Teil der Beschäftigten immer weitere Pendelwege - obwohl ursprünglich fußläufige Erreichbarkeit gefordert war -, andererseits eine weitere Verknappung des ohnehin nicht ausreichenden Wohnraumangebots. Es werden große Anstrengungen zur Beseitigung des Wohnraummangels unternommen, dennoch kann das Wohnungsdefizit nicht abgebaut werden. Seit dem Ende der 70er Jahre verschlechtert sich sogar die Wohnungssituation in Warschau dramatisch. Auch die Infrastrukturversorgung hält nicht mit der Bevölkerungszunahme Schritt. Das Gefälle der Versorgung mit Wohnraum und Dienstleistungen sowie unterschiedliche Einkommen innerhalb der R Warschau verstärken sich weiter. Diese Situation ist der Anstoß für die Erkenntnis, daß eine völlig neue, umfassende Planungskonzeption für die Kernstadt und ihr unmittelbares Umland erforderlich ist und die Fortschreibung kleiner Planungsschritte beendet werden muß. Doch auch danach können die Planungsziele - vor allem im Wohnungsbau - nicht erreicht werden, was im Wesentlichen auf die landesweite ökonomische Krise Ende der 70er Jahre zurückzuführen ist.

5.1.1 Die Planung für die Region Warschau

Am 17. September 1965 verabschiedet das Politbüro des Zentralkomitees der PZPR eine Resolution, in der gefordert wird, die Zunahme der Zahl der Beschäftigten in Warschau einzuschränken. Gleichzeitig wird das Präsidium des ZK aufgefordert, für die Entwicklung der Stadtregion Warschau - bestehend aus dem administrativen Gebiet der Stadt und dem Umland mit einer Fläche von insgesamt 4.496 qkm - einen Plan zu erarbeiten. Ein Postulat für die Erarbeitung dieses Plans ist die Berücksichtigung der vorhandenen Verkehrslinien. Die Planung soll alle möglichen Entwicklungen bis 1985 berücksichtigen oder beinhalten (PRAESIDIUM 1971:20). Damit setzt sich die regionale Abgrenzung Warschaus und des Umlandes endgültig durch, die bereits in den 30er Jahren diskutiert wurden: Warszawa funkcjonalna und WZM (vgl. SYRKUS 1979:124).

Ab Mai 1968 wird die neu vorgelegte Planung diskutiert und Mitte 1969 vom Bauminister in Kraft gesetzt. Neben der Berücksichtigung der bisherigen Verkehrslinien wird erneut eine Begrenzung des Bevölkerungswachstums hervorgehoben. Für die Einwohner der Stadtregion Warschau soll eine ausreichende Versorgung in allen Bereichen des Lebens sichergestellt sein. Das Gefälle des Lebensstandards zwischen Warschau und dem Umland soll abgebaut werden. Außerdem soll durch die Erweiterung der City eine Verbesserung der Dienstleistungsversorgung sichergestellt sein. Auch die Freizeitmöglichkeiten für die Bewohner der Stadt Warschau sollen wesentlich verbessert werden. All diese Planungsvorstellungen sollen unter Berücksichtigung von klimatischen und ökologischen Aspekten verwirklicht werden, um in der Stadt ein urbanes Leben zu ermöglichen (vgl. PRAESIDIUM 1971:21).

Die Planungsvorgaben spiegeln deutlich die bisherige Unterversorgung der Bevölkerung Warschaus, insbesondere mit Wohnraum, wider. Die Planungsvorgaben bis 1985 können jedoch trotz intensiver Bemühungen nicht eingehalten werden. Bereits ein knappes Jahrzehnt später erweisen sich die Eckdaten der Planung als überholt. Die Idee der "Stadtregion Warschau" setzt sich jedoch durch. Im Zuge der Gemeinde- und Verwaltungsreformen werden die Größen der Woiwodschaften 1975 nach unten korrigiert; die neue HW Warschau entspricht weitgehend der Stadtregion WZM.

Bevölkerung. Der Generalplan sieht zunächst vor, daß die Einwohnerzahl der Stadtregion Warschau bis 1985 auf 2,35 Mio. anwächst. Hierbei soll das Wachstum innerhalb der Stadt Warschau auf 1,55 bis 1,6 Mio. Einwohner begrenzt sein. Die Entwicklung zeigt aber, daß diese Planvorgabe kaum einzuhalten ist, denn 1965 liegt die Einwohnerzahl der Stadt Warschau bei 1,253 Mio. und steigert sich bis zum Jahre 1975 bereits auf 1,436 Mio. E (vgl. Tab. 4.1 und 5.1).

Die Steuerung der Bevölkerungszahlen erfolgt über die Ausweisung von (industriellen) Arbeitsplätzen und einen diesen entsprechenden Wohnungsbau.

Arbeitsstätten. Als Steuerungsmechanismus für gebremstes Bevölkerungswachstum wird die Verlagerung von Arbeitsplätzen angewendet (Deglomeration). Dazu sollen im Umkreis von über 60 km um die Hauptstadt die bestehenden Industrieansiedlungen ausgebaut oder neue errichtet werden. Diese Deglomeration würde den Expansionsdruck in Warschau (und alle Folgekosten) verringern und würde das Gefälle zwischen der Agglomeration und insbesondere den nördlichen und östlichen Teilen der R Warschau verringern (dies entspräche zudem der Idee einer sozialistischen Raumplanung).

Ciechanów   Erhöhung der Bewohnerzahl von 20.000 um 100% auf 40.000, mit über 4.000 industriellen Arbeitsplätzen;

Ostrołeka   Erhöhung der Bewohnerzahl von 15.000 um 300% auf 60.000, mit 11.000 industriellen Arbeitsplätzen (Papierindustrie, Energie);

Siedlce   Erhöhung der Bewohnerzahl von 33.000 um 111% auf 70.000, mit 11.000 industriellen Arbeitsplätzen (Metall- und Bekleidungsindustrie);

Płock   Erhöhung der Bewohnerzahl von 43.000 um 190% auf 120.000, mit 19.000 industriellen Arbeitsplätzen (Petrochemische Industrie) (vgl. Abb. 5.1).

Aber auch innerhalb der Stadtregion Warschau sollen Verlagerungen der Industrie vorgenommen werden: neue und expandierende Anlagen der Industrie Warschaus sollen in das Umland verlegt werden. Hierdurch wird eine Dezentralisierung von industriellen Arbeitsplätzen weiter gefördert. Dies bedingt, daß neue Metall- und Energieindustrie, aber auch elektrotechnische und elektronische Produktionsstätten verlagert bzw. neu in der Stadtregion Warschau, aber außerhalb der Stadt Warschau, errichtet werden.

Abbildung 5.1: Abgrenzungen der unterschiedlichen Regions-Konzepte

a) Sub Warschau und R Warschau, 1967

b) W Warschau (bis 1975) und HW Warschau (nach 1975)

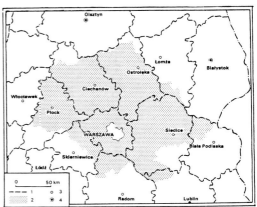

1 Grenzen der Woiwodschaften
2 Grenzen der Subregionen
3 Grenze der Subregion Ciechanów
4 Grenze der Subregion (Sub) Warschau
5 Grenze der VR Polen
6 Hauptstädte der Subregionen
7 Hauptstadt der geplanten Subregion Ciechanów
8 Relation zwischen dem Flächenanteil (X) und dem Einwohneranteil (Y) der Region (R) Warschau

1 Woiwodschaftsgrenzen nach 1975
2 Woiwodschaftsgrenzen vor der Reform von 1975
3 Hauptstädte der neuen Woiwodschaften
4 Hauptstädte der alten Woiwodschaften

Quelle: BEREZOWSKI 1972:11

Quelle: BEREZOWSKI 1981:16

Die Planung der Entwicklung der Zahl der fertigzustellenden Wohnungen und damit der Bevölkerungsentwicklung der Stadtregion Warschau basiert auf vier Zonen:

A: Der CBD Warschau;
B: Die Zone der Subzentren im Umland Warschaus;
C: Entwicklungsgebiete in Warschau, vor allem aber in ausgewählten Städten der Stadtregion (s.o.) und
D: Zone beschränkter Entwicklung zur Sicherung der Landwirtschaft und von Naherholungsgebieten.

Die Planvorgaben sehen vor, daß nach 1970 rund 90% aller Mehrfamilienhäuser in den Zonen B und C erstellt werden.

Dienstleistungen. Die Versorgung der Bevölkerung mit Dienstleistungen soll durch ein System von hierarchisch gegliederten Zentren sichergestellt werden. Die Dienstleistungszentren gliedern sich wie folgt:

1. Stufe: Dienstleistungsbetriebe in unmittelbarer Nähe zur Wohnung. Sie sollen in fußläufiger Entfernung (max. 200 m) liegen und dienen zur Deckung des täglichen Bedarfs. Diese kleinen Zentren haben die Aufgabe, Wohngebiete zwischen 5.000 und 10.000 Einwohnern zu versorgen. Diese Pla-

nungsvorgabe bedeutet eine Bebauungsdichte zwischen 416 und 833 E/ha und stellt gegenüber den vorher geschilderten Planungsvorgaben eine nicht zu vertretende Dichte dar.

2. Stufe: Diese Zentren werden seltener aufgesucht, liegen in einer fußläufigen Entfernung bis zu 600 m und sind für die Versorgung von Wohnquartieren von 20.000 bis 50.000 Einwohnern geplant. Hier liegt die Dichte zwischen 176 und 442 E/ha.

3. Stufe: Dienstleistungen mit größerem Einzugsbereich. Sie sind mit öffentlichen Verkehrsmitteln oder aber auch mit individuellen Verkehrsmitteln zu erreichen und bieten neben Handel und Handwerk auch Unterhaltungs- und Kultureinrichtungen sowie Administration, Gastronomie, Krankenhäuser und Sportplätze. Diese Zentren sind für bis zu 200.000 Einwohner konzipiert.

4. Stufe: Dieses Dienstleistungszentrum versorgt als CBD die gesamte Agglomeration und beinhaltet zusätzlich Verwaltungseinrichtungen für die VR Polen (Regierung, Partei, Gewerkschaft); es hat zugleich internationale Bedeutung durch die Ansiedlung von Regierung und diplomatischen Vertretungen.

Verkehrssystem. Der Generalplan geht davon aus, daß eine außerordentlich große Zunahme von privatem Pkw-Besitz erfolgt. So soll der Pkw-Bestand 1985 auf 200/1.000 E anwachsen. Die Langzeitstudie bis 2.000 geht von einem Pkw-Bestand von 330/1.000 E bzw. einem Auto je Haushalt aus (PRAESIDIUM 1971:23). Bei der Entwicklung des gesamten Transportsystems soll jedoch dem öffentlichen Nahverkehr der Vorzug vor dem Individualverkehr gegeben werden. Den Hauptverkehr soll in Zukunft ein Schnellbahnsystem aufnehmen. Straßenbahn und Busse sollen auf den Hauptverkehrslinien abgeschafft werden. Das Schnellbahnsystem soll mit einer Nord-Süd-Linie beginnen. Weitere Linien sollen folgen.

Das Straßensystem soll hierarchisch wie folgt gegliedert sein:

1. Schnellverkehrsnetz: Autobahnen mit internationalen Verbindungen, die zudem Warschau mit überregionalen Zentren verbinden.
2. Straßen für beschleunigten Verkehr (Stadtautobahnen). Rückgrat der Verkehrsverbindungen innerhalb der Region.
3. Nahverkehr: Netzwerk für Transporte innerhalb städtischer und ländlicher Gebiete. Dabei soll die maximale Fahrzeit 45 Min. betragen, um von einem beliebigen Punkt der Stadtregion in den CBD Warschaus zu gelangen.

Durch die Planungsvorgabe für das Anwachsen des privaten Pkw-Bestandes sind die Straßen und Stadtautobahnen heute sehr stark überdimensioniert, und es erscheint zumindest fraglich, ob bis 1985 der erwartete Pkw-Bestand vorhanden sein wird.

Der Generalplan für Warschau und die Stadtregion tritt 1969 in Kraft. Doch bereits Anfang der 70er Jahre setzt sich in der VR Polen die Erkenntnis durch, daß das gesamte administrative Gebiet neu zu ordnen sei. Es wird die generelle Notwendigkeit erkannt, neben der isolierten Stadtplanung auch eine Planung für Kernstädte und ihr jeweiliges Umland zu betreiben, was mit der Planung für die Stadtregion Warschau bereits praktiziert wird. Zum anderen wird deutlich, daß auf der Ebene der Woiwodschaften für zu große Gebiete geplant werden muß. Dieses führt zu einer Gemeinde- und Verwaltungsreform.

Die Planung für die Stadtregion Warschau und ihre Kernstadt ist damit jedoch nicht hinfällig, da sich die neue Woiwodschaft an den alten Grenzen der Stadtregion Warschau orientiert. Die Erfahrung bei der Planung der hauptstädtischen Region wirkt sich damit auf die administrative Neugliederung und damit auf die weitere Entwicklung der gesamten VR Polen aus.

Abbildung 5.2: Administrative Abgrenzung der HW Warschau in Städte und Landgemeinden und Warschaus in Stadtbezirke (Stand: 1.7.1977)

— Grenze der HW Warschau
— Grenzen der Landgemeinden
--- Grenze Warschaus
— Grenze der Stadtbezirke
▨ Fläche der Stadt Warschau
☐ Fläche der sonst. Städte der HW Warschau

Quelle: WUSW 1981:1

Die großräumige regionale Planung wird durch die Gemeinde- und Verwaltungsreform vom 1.6.1975 beendet. Nach der administrativen Neuordnung wird die VR Polen statt in bisher 17 Woiwodschaften in 49 Woiwodschaften, davon drei Stadt-Woiwodschaften (Warschau, Łódź und Kraków) aufgeteilt. Unterhalb der Woiwodschaftsebene wird jede Region in Landgemeinden (zu Beginn 2327) und in Städte (zu Beginn 810; vgl. LESZCYCKI & LIJEWSKI 1977:58) eingeteilt, deren Zahl jedoch schwankt.

Das Umland der Hauptstadt und die Stadt Warschau werden danach zur Hauptstädtischen Woiwodschaft Warschau (im folgenden: HW Warschau) zusammengefaßt. Die HW Warschau hat eine Fläche von 3.788 qkm (=12,9% der damaligen W Warschau und 1,2% der Fläche der VR Polen), was einem Kreis mit einem Radius von 34,8 km entspricht, die Zahl der Städte geht 1977 durch die Eingemeindung von Ursus nach Warschau von 28 auf 27 zurück, die Zahl der Landgemeinden bleibt mit 32 bis heute konstant.

Abbildung 5.3: Abgrenzungen unterschiedlicher Stadtregionen Warschaus

a) W Warschau, WZM, Sub Warschau, HW Warschau

b) HW Warschau und WZM

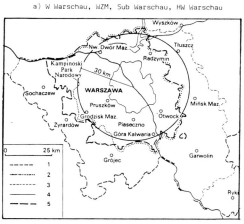
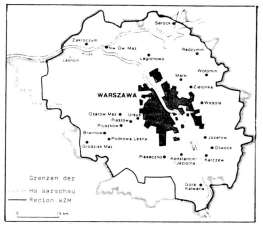

1 Äußerste südliche Ausdehnung der damaligen W Warschau
2 Grenze der Region WZM
3 Grenze der Sub Warschau
4 Grenze der Stadt Warschau
5 Grenze der HW Warschau (nach 1975)

Fläche der Region WZM (1970): 3.455,5 qkm

Quelle: BEREZOWSKI 1981:17

Quelle: KLIMASZEWSKA-BUDZYNOWSKA 1977:482

Die HW Warschau ist von der Größe her mit der Stadtregion Warschau vergleichbar, ist jedoch um rund 700 qkm kleiner (vgl. Abb. 5.3b). Sie entspricht damit etwa der Abgrenzungskonzeption WZM von STRZELECKI (1935) (vgl. Abb. 4.5). Die HW Warschau ist jedoch kleiner als der Einflußbereich der Stadt, was von Regionalplanern kritisiert wird (vgl. z.B. BEREZOWSKI 1981). Nicht berücksichtigt werden Teile im Osten, die schlechter ausgestattet sind. So ist diese Entscheidung über die Abgrenzung nur politisch zu verstehen. Die räumliche Größe des Planungsbereiches für die Agglomeration ist also erneut nach unten korrigiert worden.

Wirtschaftlich werden die neuen Woiwodschaften in sieben Wirtschaftsregionen zusammengefaßt (vgl. LESZCZYCKI & LIJEWSKI 1977:60f). Die HW Warschau gehört danach zur Zentralregion.

Der Landesraumordnungsplan - seit 1973 in Arbeit und mit der Reform in Kraft getreten - sieht für die Regionen Entwicklungspläne und für die Städte und Landgemeinden Bebauungs- und Nutzungspläne vor.

Mit der Gemeinde- und Verwaltungsreform erhält die kleinräumige Planung mehr Gewicht. Auf ministerieller Ebene (Planungskommission beim Ministerrat) findet neben der Wirtschaftsplanung die nationale räumliche Planung und die räumliche Planung der Wirtschaftsregionen statt. Diese geben jeweils die Rahmenbedingungen für die Planung auf den folgenden untergeordneten Planungsstufen vor.

Die regionalen Entwicklungspläne, die Flächennutzungspläne für Städte und Landgemeinden und die Bebauungspläne innerhalb der Gemeinden für Wohngebiete, Industriegebiete, Dienstleistungs- und Erholungsbereiche werden von den Planungsämtern der Gemeinden erstellt und dem Ministerium für die Verwaltung der Bodenwirtschaft und Umweltschutz (heute: Ministerium für Verwaltung und Raumwirtschaft) zur Koordinierung und Bewilligung vorgelegt.

Die neuen Pläne zur regionalen Entwicklung Warschaus (vgl. Abb. 5.4) bauen auf den alten Plänen der Stadtregion auf (vgl. MALISZ 1979:102ff und PRAESIDIUM 1971: 19ff). Es dauert jedoch bis zum Mai 1978, bis das Stadtparlament die mittelfristige Regionalplanung (bis 1990) verabschieden kann.

Für die Entscheidung über die Entwicklungskonzeption wurden vier Entwürfe vorgelegt (vgl. Abb. 5.4). Interessant sind vor allem die Alternativen I und II (vgl. Abb. 5.4). Alternative I - erstellt vom Stadtplanungsbüro unter J. WILSKI - orientiert sich am ehesten an der Realität: Es soll hierbei eine moderate Deglomeration bei gleichzeitiger Neustruktu-

Abbildung 5.4: <u>Alternative Entwürfe zur Entwicklung der Stadtregion Warschaus, Anfang der 70er Jahre</u>

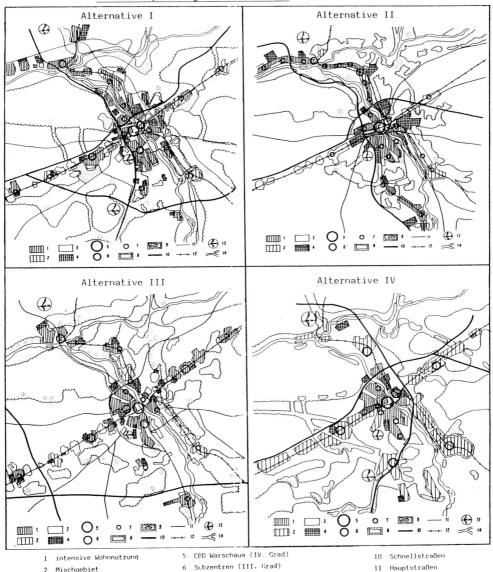

1 intensive Wohnnutzung	5 CBD Warschaus (IV. Grad)
2 Mischgebiet	6 Subzentren (III. Grad)
3 extensive Wohnnutzung	7 Dienstleistungs-Zentren (II. Grad)
4 Industriegebiet	8 Erholungsgebiete
	9 Parks
10 Schnellstraßen	
11 Hauptstraßen	
12 Haupt-Eisenbahnlinien	
13 Flughäfen	
14 Wasserflächen	

Quelle: MALISZ o.J. III:18, 22, 23, 26; vgl. auch MALISZ 1979:102, 104 105, 107

rierung bestehender Gebiete erreicht werden. Die hauptsächliche Entwicklung ist in Praga-Północ und im nördlichen Entwicklungsband vorgesehen. Alternative II - entwickelt von einem jungen Architektenteam unter A. KOWALEWSKI, dem jetzigen Leiter des Stadtplanungsbüros - sieht zwei durchgehende Entwicklungsbänder im Norden und - auf der anderen Weichselseite - im Süden vor. Dieser Entwurf weicht am stärksten von den konventionellen Vorschlägen ab und wird am stärksten kritisiert (vgl. MALISZ 1979:112).

Abbildung 5.5: <u>Regionalentwicklungsplan für die Hauptstädtische Woiwodschaft Warschau, 1990</u>

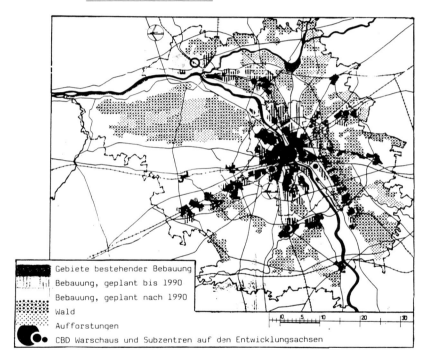

<u>Quelle</u>: CHIEF ARCHITECT 1980:2

Die tatsächlich (unter A. KOWALEWSKI) eingeleitete Planung stellt einen Kompromiß zwischen beiden Alternativen dar (vgl. Abb. 5.5). Im Mittelpunkt steht dabei der Ausbau des nördlichen Entwicklungsbandes, vor allem der Städte Legionowo und Nowy Dwór Maz. Hier befindet sich ein suburbanes City-Entlastungszentrum im Aufbau. Überdurchschnittliche Bevölkerungs- und Arbeitsstätten-Zuwächse und eine überdurchschnittliche Infrastrukturausstattung sollen ein Schwergewicht gegenüber dem sich in Eigendynamik entwickelnden Süden und vor allem Westen der Agglomeration bilden. Es war geplant, noch in den 80er Jahren nördlich von Zakroczym den neuen internationalen Flughafen Warschaus zu bauen. In den neuesten Annahmen ist dieses Ziel jedoch zurückgestellt.

Dem Regionalplan liegen folgende Daten und Prognosen zugrunde:

Bevölkerung: Die Planung geht von einem verlangsamten Wachstum der Hauptstadt aus und einer nahezu ausgeglichenen Bevölkerungsbilanz in den ländlichen Gebieten. Die Entwicklungsbänder dagegen sollen sich stark entwickeln; man nimmt an, daß die Bevölkerungszahl hier innerhalb von 15 Jahren um rund 55% zunimmt. Steuerungsinstrument ist neben dem Wohnungsbau vor allem die Anzahl der Arbeitsstätten. Entsprechend geht man davon aus, daß die Zahl der Arbeitsstätten in Warschau nur schwach steigt, in ländlichen Gemeinden minimal, aber doch positiv im Gegensatz zur Bevölkerungszahl. Der Hauptzuwachs von rund 48% gegenüber 1975 soll auch hier in den Entwicklungsbändern stattfinden.

Tabelle 5.1: Regionale Entwicklung der Bevölkerung und der Arbeitsstätten, Plan 1990

	Ist 1975			Plan 1990		
	Bevölkerung	Arbeitsst.	A/B	Bevölkerung	Arbeitsst.	A/B
Warschau	1.455.000	870.000	.60	1.650.000	980.000	.59
Entwicklungsbänder	470.000	230.000	.49	730.000	340.000	.47
Ländliche Gebiete	230.000	70.000	.30	220.000	80.000	.36
HW Warschau	2.155.000	1.170.000	.54	2.600.000	1.400.000	.54

Arbeitsstätten pro Einwohner (A/B): eigene Berechnung.

Quelle: CHIEF ARCHITECT 1980:3

An den geringen Veränderungen der Relation zwischen Anzahl der Arbeitsstätten und der Bevölkerungszahl ist zu ersehen, daß das ohnehin hohe Pendleraufkommen beibehalten werden muß. Der Zuwachs dieser Relation in den ländlichen Gebieten könnte durch eine geringere Pendlerzahl, wahrscheinlich jedoch durch ein verändertes Erwerbsverhalten, entstehen.

Als oberstes Planungsziel steht nach wie vor die Verringerung der Unterschiede im Lebensstandard zwischen der Hauptstadt und den peripheren Gebieten (vor allem im Norden und Osten) unter Beibehaltung und gleichmäßiger Entwicklung der Wirtschaftskraft der Region und der Funktionen der Hauptstadt (CHIEF ARCHITECT 1980:3).

Räumliche Verteilung funktioneller Strukturen: Um diesem Ziel besser gerecht zu werden, wird die HW Warschau in sieben Sektoren unterteilt, in denen die Zuwächse der Bevölkerung jeweils reglementiert sind:

1. Der zentrale Sektor: Warschau innerhalb seiner administrativen Grenzen; Probleme sind Wohnungsbau (um die Disparität zwischen der Zahl an Wohnungen und Arbeitsplätzen abzubauen) und Dienstleistungszentren; Bevölkerungszuwachs 195.000 Einwohner 1975 bis 1990.

2. Der Nordsektor: Nördlicher Teil der HW Warschau mit schlechten landwirtschaftlichen Böden, schlechter Infrastrukturausstattung und guten Entwicklungsmöglichkeiten; Problem: Ausbau zum hauptsächlichen Entwicklungsbereich der Agglomeration; Bevölkerungszuwachs 95.000 Einwohner.

3. Der Westsektor: Der Bereich um das westliche Entwicklungsband; Probleme sind die Modernisierung und Erneuerung bestehender Ansiedlungen und Industrien sowie die Ergänzung durch neue Investitionen; Bevölkerungszuwachs 60.000 Einwohner.

4. Der Ostsektor: Der Bereich um das nordöstliche Entwicklungsband; die Probleme sind die gleichen wie im Westsektor; gravierende Probleme sind dadurch ausgeblendet worden, daß im Osten die Ausdehnung der HW Warschau geringer ist als es der wirtschaftlichen Verflechtung entspräche; Bevölkerungszuwachs 55.000 Einwohner.

5. Der Süd-West-Sektor: Der Bereich zwischen dem westlichen und dem südlichen Entwicklungsband; Probleme sind der Erhalt der Frei- und Reserveflächen für Naherholung und Landwirtschaft; Bevölkerungszuwachs 30.000 Einwohner (vor allem in das südliche Entwicklungsband).

6. Der Süd-Ost-Sektor: Der Bereich östlich der Weichsel; die Probleme sind die gleichen wie im Süd-West-Sektor; Bevölkerungszuwachs 10.000 Einwohner.

7. Der Nord-West-Sektor: Er umfaßt den Nationalpark Kampinos und soll von Besiedlung freigehalten werden; kein Bevölkerungszuwachs.

Wohngebiete: In Wohngebieten sind Nachbarschaftseinheiten von 5.000 bis 10.000 Einwohnern geplant, denen jeweils ein Ladenzentrum für den Grundbedarf zugeordnet werden soll. Auf der nächsthöheren Dienstleistungsstufe sollen Dienstleistungen höheren Grades, organisiert in einem lokalen Dienstleistungszentrum für 20.000 bis 40.000 Einwohner angeboten werden. Große Subzentren für etwa 100.000 bis 300.000 Einwohner (in Warschau) sollen mit öffentlichen Verkehrsmitteln gut erreichbar sein und die Innenstadt entlasten. Damit hat sich an der geplanten Zentrenhierarchie nur wenig geändert, d.h. die bereits oben formulierten Kritikpunkte an der notwendigen Bevölkerungsdichte bleiben bestehen. Auffällig ist jedoch, daß der Einzugsbereich der City-Entlastungszentren um 100.000 Einwohner angehoben wurde. Das bedeutet, daß man mit weniger Subzentren auszukommen hofft; in der Tat eine Reaktion darauf, daß es besonders an Zentren dieser Stufe fehlt. Die Planung geht von fünf bis acht solcher Zentren aus; tatsächlich gibt es aber bisher nur drei: in Moktów, Praga und Grochów.

Die Wohnungsstandards sehen vor, daß jedem Bewohner der HW Warschau im Jahre 1990 20 qm Wohnfläche im Mittel zusteht, eine Steigerung um 6 qm pro Kopf. Dazu müssen innerhalb des betrachteten Zeitraumes etwa 400.000 Wohnungen, d.h. 20.600 pro Jahr, fertiggestellt werden. Hauptsächlicher Bauträger werden dabei die Genossenschaften sein.

5.1.2 Die Planung für Warschau

Diese Stadtentwicklungsphase ist gekennzeichnet durch die Tatsache, daß die Planung für die Stadt Warschau in die der Region integriert wird. Ist dieses zu Anfang lediglich ein Experiment, so wird diese Vorgehensweise spätestens durch die Gemeindereform 1975 landesweit üblich.

Die Stadt Warschau hat 1975 1.436.100 Einwohner auf einer Fläche von 445,9 qkm (= einer Dichte von 3.221 Einwohner/qkm). 1977 wird die Stadt Ursus (bis dahin knapp 38.000 Einwohner) und eine vorwiegend landwirtschaftlich genutzte Fläche im Norden Warschaus eingemeindet (vgl. Abb. 5.6); die Stadtfläche erhöht sich dadurch auf 485,3 qkm (vgl. WUSW 1978: 3). Durch diese Eingemeindung erhöht sich auch die Fläche der beiden Bezirke Ochota (von 38,2 auf 47,5 qkm) und Praga Północ (von 79,6 auf 109,6 qkm; vgl. WUSW 1977:37 und WUSW 1978:31).

Die Planung für die Stadt Warschau ist durch die Gemeinde- und Verwaltungsreform weniger berührt (vgl. z.B. die Abb. 5.7 und 5.8). Die mittelfristige Planung Ende der 60er Jahre (Planungshorizont bis 1985) sieht eine Trennung von Industrie- und Wohnflächen (unterschieden nach "hoch" bzw. "niedrig" verdichtet) und Naherholungsflächen vor. Zusätzlich werden die Zentren der Stufen 3 und 4 räumlich ausgewiesen.

Obwohl die Veränderung durch die Gemeindereform Warschau kaum betrifft, werden die Entscheidungsträger im Amt für Stadtplanung ausgetauscht, und ein neuer Stadtentwicklungsplan bis 1979 ausgearbeitet und im folgenden Jahr vom Stadtparlament genehmigt. Die stärker modifzierte Regionalplanung gibt dabei die Rahmenbedingungen vor.

Grundlage der Planung ist der Flächennutzungsplan (Maßstab 1:10.000), der in vier Nutzungskategorien unterteilt (vgl. CHIEF ARCHITECT 1980: 7f):

- Zentraler Bezirk; multifunktionaler CBD, der sowohl die Hauptstadtfunktionen (Verwaltung, Handel, Kultur, internationale Beziehungen), aber auch Wohnungen und Naherholung umfaßt.
- Mischgebiet; Wohngebiete durchmischt mit Dienstleistungseinrichtungen und zugeordnetem Handwerk und Gewerbe, sowie Leichtindustrie. Davon

WARSCHAU

Abbildung 5.6: Administrative Grenzen der Stadt- und Planungsbezirke Warschaus (in den Grenzen seit 1977)

Planungsbezirke

Mokotów

101 Mokotów Stary
102 Sielce
103 Siekierki
104 Wierzbno
105 Czerniaków Wilanów
106 Powsin
107 PDPS
108 Służew
109 Ursynów-Natolin
110 Pyry

Ochota

201 Ursus-Gołąbki   seit 1977
202 Włochy
203 Szosa Krakowska
204 Ochota-Centrum
205 Pole Mokotowskie
206 Ursus-Skorosze   seit 1977
207 Opacz
208 Okęcie Przemysłowe
209 Okęcie Nowe
210 Okęcie Lotnisko

Praga-Południe

301 Kamionek
302 Postojowa
303 Kawęczyn
304n Rembertów   seit 1978
304s Park Sobieski   zusammen
305 Saska Kępa
306 Grochów-Północ
307 Grochów-Południe
308 Lotnisko
309 Gocławek
310 Pas Nadwiślański
311 Wawer
312 Falenica

Praga-Północ

401 Nowodwory
402 Choszczówka
403 Marki-Brzeziny   seit 1977
404 Tarchomin
405 Henryków
406 Białołęka Dworska
407 Żerań Zachodni
408 Żerań Wschodni
409 Bródno
410 Zacisze
411 Praga-Centrum
412 Praga II i III
413 Nowa Praga
414 Targówek Mieszkaniowy
415 Szmulowizna
416 Targówek Przemysłowy
417 - ohne Bezeichnung -   seit 1977

Śródmieście

501 Muranów Wschodni
502 Stare i Nowe Miasto
503 Centrum Północ
504 Powiśle Północ
505 Centrum Południe
506 Powiśle Południe

● Stadtzentrum

Wola

601 Babice
602 Bemowo Północ   seit 1978
603 Bemowo Południe   zusammen
604 Górce
605 Koło Północ
606 Młynów
607 Muranów Zachodni
608 Chrzanów
609 Jelonki
610 Koło Południe
611 Czyste
612 Śródmieście Zachodnie
613 Odolany
614 Odolany (PKP Wola)

Żoliborz

701 Młociny Las
702 Wólka Radiowo
703 Młociny
704 Huta Warszawa
705 Lasek Bielański
706 Brzeziny
707 Wawrzyszew
708 Bielany
709 Marymont
710 Piaski
711 Żoliborz Zachodni
712 Żoliborz Przemysłowy
713 Żoliborz Centralny

1) Die Gebiete 201 und 206 (Ursus) und 403 und 417 sind erst 1977 nach Warschau eingemeindet worden. Die Kartierungen von 1970 berücksichtigen jedoch diese Gebiete bereits, obwohl sie damals noch nicht zur Stadt gehörten.

sollen fünf auf der West-Seite und vier auf der Praga-Seite liegen; in der Karte sind es jedoch zehn solcher Mischgebiete mit einem jeweiligen Subzentrum; vgl. Abb. 5.8).

- Technische und industrielle Gebiete; Konzentration der Produktionsbetriebe und Lagerhäuser; isolierte Lage zu den Wohngebieten.

- Freiflächen; Naherholungsgebiete, Sportflächen, Wälder, Grün- und landwirtschaftliche Flächen, Flughäfen.

Zur Organisierung der Struktur von Wohngebieten, der räumlichen Verteilung der Dienstleistungszentren, der Lage der Naherholungsgebiete und des Ausbaus mit technischer Infrastruktur wird die vierstufige Zentrenhierarchie fortgeschrieben (vgl. die Planung für die Stadtregion bis 1975 und die der HW Warschau nach 1975). Die Einzugsbereiche werden jedoch korrigiert sowohl nach der Ausdehnung wie nach der Zahl der zu versorgenden Einwohner (vgl. CHIEF ARCHITECT 1980:8).

Stufe	Einzugsbereich Fläche	Personen	Bemerkungen
1	0,785 qkm; Kreisdurchmesser 500 m	5.000 bis 10.000	Angebot des täglichen Bedarfs für eine Nachbarschaftseinheit
2	2,011 qkm; Kreisdurchmesser 800 m	20.000 bis 50.000	Angebot des täglichen und des mittelfristigen Bedarfs für ein Wohngebiet. Einige von ihnen in (geplanten) Zentren; mehrfach in der Woche aufgesucht.
3	Stadtbezirk 40 - 110 qkm	100.000 bis 250.000	Angebot des mittel- und langfristigen Bedarfs. Geplant an Orten hoher Erreichbarkeit (über öffentlichen und privaten Transport) als Zentren oder Wohngebiet gestreut.
4	Vor allem die Agglomeration, aber auch die HW Warschau (ca. 3790 qkm) bzw. die VR Polen	über 2,6 Mio.	Hochgradig spezialisiertes Angebot, aber auch das der nachfolgenden Stufen. Versorgt über die Stadt hinaus die Bewohner des Umlandes (Pendler) der HW Warschau, schließlich sogar des ganzen Landes. Vorwiegend konzentriert im CBD.

Diese Planungsvorgaben setzen erneut hohe Einwohnerdichten voraus. Für die erste Stufe schwanken diese je nach Einzugsbereich zwischen 6.370 Einwohnern/qkm und 12.740 Einwohnern/qkm, für die zweite Stufe sogar zwischen knapp 10.000 Einwohnern/qkm und 25.000 Einwohnern/qkm. Diese werden jedoch in Wohnsiedlungen oft deutlich überschritten.

WARSCHAU 880

Abbildung 5.8: Flächennutzungsplan für Warschau, 1990

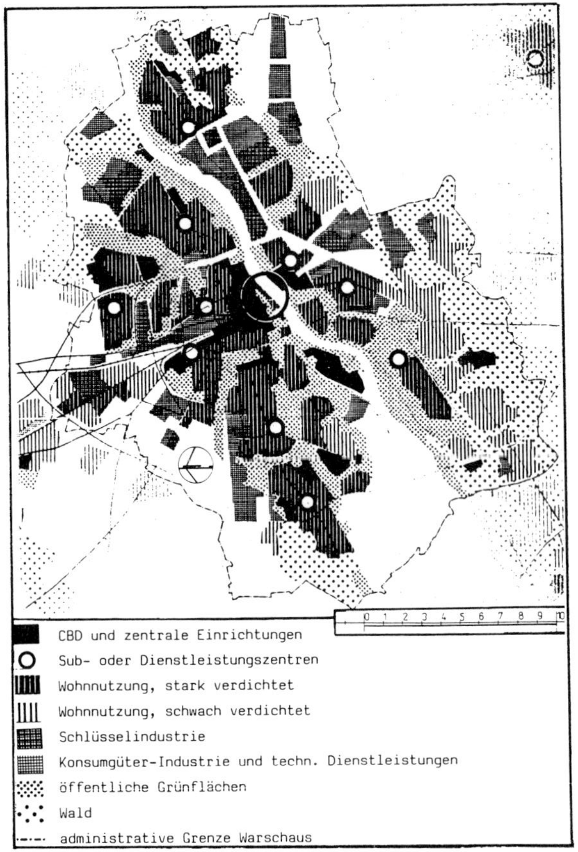

- CBD und zentrale Einrichtungen
- Sub- oder Dienstleistungszentren
- Wohnnutzung, stark verdichtet
- Wohnnutzung, schwach verdichtet
- Schlüsselindustrie
- Konsumgüter-Industrie und techn. Dienstleistungen
- öffentliche Grünflächen
- Wald
- administrative Grenze Warschaus

Quelle: CHIEF ARCHITECT 1980:8

Abbildung 5.7: Flächennutzungsplan für Warschau, 1985

- CBD und Dienstleistungszentren
- Wohngebiete, hoch verdichtet
- Wohngebiete, gering verdichtet
- Industrie- und Lagerhausgebiete
- öffentliche Grünflächen und Wald

Quelle: PRAESIDIUM 1971: 34

Die Entwicklungslinien bis 1990 sind nach wie vor bestimmt über die Bevölkerungszahl als abhängige Größe sowohl der Wohnbautätigkeit als auch der Verteilung der Arbeitsplätze innerhalb der Region und der Infrastruktur.

Aufgrund der Rahmenbedingungen durch den Regionalentwicklungsplan soll die Bevölkerungszahl Warschaus bis 1990 auf 1,65 Mio. Einwohner ansteigen. Das bedeutet gegenüber der abgelösten Planung bis 1985 einen Zuwachs um 100.000 Einwohner für einen fünf Jahre längeren Zeitraum. Dieser Zuwachs entspricht einer momentanen Steigerungsrate von ca. 12.000 Einwohnern pro Jahr, wenn man die Eingemeindung von 1977 berücksichtigt. Da aber die damaligen Planvorgaben zu niedrig angesetzt waren, werden es die neuen ebenfalls sein; vermutlich wird diese Bevölkerungszahl bereits 1985 erreicht sein.

Da die Bevölkerungszahl bestimmt wird durch die Kapazitäten im Wohnungsbau dürfte es auch für das Erreichen der Wohnungsstandards Probleme geben. Es ist geplant, bis 1990 eine durchschnittliche Wohnfläche von 19,5 qkm zu erreichen, d.h. bei bestehender Wohnungsbaukapazität (die aufgrund der Wirtschaftskrise zum Ende der 70er Jahre deutlich geringer ist) werden die Belegungsdichten wohl eher höher sein. Zwischen 1975 und 1990 sollen 210.000 Wohnungen mit einer durchschnittlichen Fläche von 55 qm fertiggestellt werden. So soll garantiert sein, daß jede Familie über eine eigene Wohnung von durchschnittlich 50 qm verfügt, die dann nach den Vorgaben von durchschnittlich 2,5 Personen bewohnt wird.

Bis zum Ende des Planungszeitraums soll es in der Stadt etwa 1 Mio. Arbeitsplätze geben. Das bedeutet - bei einem geplanten Anwachsen der Erwerbstätigkeit auf 52 bis 54% der Bevölkerung - daß die Zahl der Pendler nach wie vor zwischen 150.000 und 200.000 schwankt (vgl. CHIEF ARCHITECT 1980:8).

Für die Verteilung der Arbeitsstätten gibt es grobe Annahmen: zu 35% im CBD, zu 37% in Wohngebieten und Dienstleistungszentren und zu 28% in Industrie- und Gewerbegebieten. In die räumliche Verteilung der Arbeitsstandorte gehen Überlegungen zur Art der Beschäftigung ein und Annahmen über die Entwicklung der Wirtschaftssektoren (vgl. CHIEF ARCHITECT 1980:9).

	Primärer Sektor	Sekundärer Sektor	Tertiärer Sektor
Ist 1975	1,4%	44,6%	54,0%
Plan 1990	1,0%	39,0%	60,0%

Die Verteilung der Arbeitsstätten hat neben dem Ausbau der Infrastruktur einen wesentlichen Einfluß auf die Flächenbilanz der Nutzung. Danach sollen sich die Nutzungen wie folgt verändern (CHIEF ARCHITECT 1980:9):

	Bebaute Flächen*	Verkehrsflächen	Wald- und Grünflächen	Freiflächen Flugplätze
Ist 1975	25,3%	6,9%	18,0%	49,8%
Plan 1990	38,9%	13,4%	24,7%	23,0%

* CBD, Wohngebiete, Dienstleistungen, Gewerbe und Industrie

Da der Grad der individuellen Motorisierung in der VR Polen noch sehr gering ist, muß der Verkehr weitgehend vom ÖPNV-System bestritten werden. Dazu soll ab 1990 ein Metro-System die Hauptlast des Verkehrs bewältigen - ein Projekt, das in jeder Planung als notwendig und als unmittelbar bevorstehend bezeichnet wird und das auch endlich 1983 begonnen wird (im Nordteil von Ursynów-Natolin). Der flächendeckende Verkehr soll durch eine abnehmende Zahl von Straßenbahnen und Bussen bestritten werden. Ziel der Planung ist, daß die maximale Dauer eines Arbeitsweges auf 30 Minuten begrenzt wird, der in die Innenstadt auf 45 Minuten. Dazu soll jeder Warschauer in einer Entfernung bis zu 500 m (in Wohngebieten) bzw. bis zu 300 m (in zentralen Gebieten) eine Haltestelle vorfinden. Das Parkplatzangbot im CBD wird auf 10% der dort Erwerbstätigen plus 20% der anderen Nutzer des CBD begrenzt (vgl. CHIEF ARCHITECT 1980:9).

Bezüglich der Stadtplanungsstandards orientiert sich die Planung an den vom Ministerium für Verwaltung, Bodenbewirtschaftung und Umweltschutz festgelegten Standards, die sich wiederum am nationalen Plan zur Entwicklung der Volkswirtschaft orientieren.

Eine besondere Bedeutung kommt dabei der maximalen Bevölkerungsdichte zu, aus der dann die Versorgung mit Wohnfolgeeinrichtungen abgeleitet wird. So sieht der Plan bis 1990 eine Bevölkerungsdichte auf reinem Wohnbauland von 25.000 bis 55.000 E/qkm vor, was einer Brutto-Wohndichte (also unter Berücksichtigung von Schulen, Läden, Grünflächen, Parkplätzen etc.) von 15.000 bis 23.000 E/ha entspricht. Bei den Standards für die Wohnfolgeeinrichtungen (Kindergärten, Bücherhallen, Gesundheitskliniken und Krankenhäuser, Läden, Grün- und Sportflächen, Wälder und Parks) fällt insbesondere die Steigerung der Ladenflächen von 270 qm pro 1.000 Einwohner (1975) auf 700 bis 1.000 qm pro 1.000 Einwohner (Plan 1990) auf (vgl. CHIEF ARCHITECT 1980:10).

Die Planvorstellungen für das Ende der 70er und den Anfang der 80er Jahre müssen jedoch in allen Bereichen stark reduziert werden. Das Verfehlen der Soll-Zahlen am Ende des 5-Jahres-Plans 1976-1980 und die politischen Unruhen führen dazu, daß ein entsprechender 5-Jahres-Plan für die 80er Jahre nicht aufgestellt werden kann. Erst Ende 1983 will man versuchen, die weitere Entwicklung durch einen 3-Jahres-Plan zu steuern.

Die Schwierigkeiten der zentralistisch organisierten Planung werden über die objektiven Schwierigkeiten hinaus zusätzlich größer. Die Dezentralisierung von Teilbereichen ist - neben der politischen Forderung - eine reine Notwendigkeit.

Die sinkende Arbeitsproduktivität führt in allen Bereichen zu enormen Schwierigkeiten. Lediglich ein Aspekt - nämlich die Produktions- und Verteilungskrise von Lebensmitteln und Bekleidung - ist im westlichen Ausland bekannt geworden. Ein für die Stadtentwicklung insbesondere Warschaus sehr wichtiger Aspekt jedoch - die Versorgung mit Wohnraum - hat eine ebenso dramatische Entwicklung genommen. Die Produktion ist auf das Niveau der 50er Jahre gesunken, was zu einem Hochschnellen der ohnehin langen Wartezeiten auf eine Wohnung geführt hat. Als die Wartezeit auf eine genossenschaftliche Wohnung die 20-Jahre-Marke erreicht, werden die offiziellen Wartelisten kurzerhand abgeschafft, d.h. die Verteilung dieses knappen Gutes dem Markt überlassen, was nichts anderes bedeutet als eine Unterstützung unvorstellbarer Korruption und immenser Steigerungsraten der Kosten. Die Aufhebung des Zuzugsstopps Ende 1983 dürfte diese Situation jedoch durch einen erhöhten Zuzug noch verschärfen.

5.2 Bevölkerung und Wohnungen

Bevölkerung. Die Anfang der 60er Jahre eingetretene Verringerung der Zuwachsrate der Bevölkerung setzt sich bis 1966 fort. 1967 sinkt sogar die absolute Bevölkerungszahl, danach steigt die Zuwachsrate erneut steil an. Erst im Laufe des Jahres 1972 erreicht die Bevölkerungszahl wieder den Vorkriegshöchststand (1.350 Mio.), jedoch auf größerer Fläche.[1]

Bis zur vorläufig letzten Eingemeindung im Jahre 1977 - gut 40.000 Einwohner, davon knapp 40.000 durch Ursus (vgl. Abb. 5.6: Bezirke 201 und 206) und etwa 2.000 Einwohner im Nordosten (Mańki-Brzeziny und der Bezirk 417) - nimmt die Wohnbevölkerung um über 25.000 Einwohner pro Jahr zu. Von 1978 an fällt die jährliche Zuwachsrate von knapp 25.000 auf etwa 15.000 Einwohner (vgl. Tab. 4.1).

Die Planvorgaben - alter Plan: 1,55 bis 1,6 Mio. Einwohner 1985 (PRAESIDIUM 1971:64); neuer Plan: 1,65 Mio. Einwohner 1990 (CHIEF ARCHITECT 1980:8) - dürften bei einer jährlichen Steigerungsrate von 15.000 Einwohnern nicht eingehalten werden können. Wenn man beim alten Plan bedenkt, daß bei der Festlegung die Eingemeindung nicht mit berücksichtigt werden konnte, so wäre bereits Ende 1983 die 1,6 Mio-Grenze erreicht gewesen, also zwei Jahre früher als geplant. Bei der neuen Planung war die Eingemeindung bereits vollzogen, hier kann also von der aktuellen Bevölkerungszahl ausgegangen werden. Bei konstanten Zuwächsen dürften 1,65 Mio. Einwohner etwa Mitte 1984 erreicht sein, sechs Jahre früher als geplant. Anders ausgedrückt, werden bei anhaltendem Trend 1990 etwa 65.000 bis 70.000 Einwohner mehr in Warschau wohnen als von der Planung berücksichtigt.

Diese Fortschreibung ist stark abhängig von der Anzahl in Warschau fertiggestellter Wohnungen (worauf unten eingegangen wird). Es erscheint jedoch zynisch, wenn aufgrund des immensen Rückganges in der Wohnungsbauproduktion die Zuwachsraten derart gedämpft werden, daß die Planer von einem Einhalten der Pläne sprächen.

Wenn man nun bereits zur Zeit bzw. in naher Zukunft mit einer zu hohen Zahl von Bewohnern rechnen muß, ist es interessant zu betrachten, in welchen Bezirken diese Überschüsse auftreten.

---

[1] 1969 wohnten innerhalb der Vorkriegs-Grenzen etwa 1,1 Mio. Menschen, d.h. etwa 200.000 weniger als 1939 (MISZTAL 1971:276).

Tabelle 5.2: Bevölkerung nach Stadtbezirken in den jeweiligen Grenzen, 1946 - 1982

	Warschau	Mokotów	Ochota	Praga-Południe	Praga-Północ	Śródmieście	Wola	Żoliborz
	Einwohner (in 1.000)							
1946[1]	600,1	69,3	59,1	110,5	148,9	106,1	60,4	45,7
1950[2]	804,0	112,3	80,7	124,7	161,8	198,3	62,2	63,5
1955[2]	1.001,0	155,8	99,4	150,0	173,3	245,3	91,6	85,6
1960[2]	1.157,3	188,9	126,5	193,6	173,6	205,3	165,3	104,1
1965[2]	1.252,6	204,1	141,1	213,7	167,0	210,8	193,7	122,2
1968[3]	1.278,8	204,0	150,3	221,4	149,4	209,2	195,7	148,8
1969[4]	1.288,4	207,3	150,4	219,4	151,7	206,6	197,3	155,7
1970[5]	1.315,6	224,2	151,9	220,3	156,5	203,2	198,6	161,0
1971[5]	1.333,4	230,0	155,0	220,9	161,1	201,6	198,4	166,4
1972[5]	1.356,9	234,8	157,3	223,1	164,9	201,6	197,6	177,5
1973[5]	1.387,8	245,7	156,5	227,2	171,6	200,8	202,0	184,0
1974[5]	1.410,4	256,4	153,7	228,0	179,3	198,2	208,4	186,4
1975[5]	1.436,1	267,9	152,5	227,4	189,1	194,3	215,4	189,1
1976[6]	1.463,4	280,6	151,0	224,4	202,3	192,0	217,6	195,5
1977[7]	1.532,1	292,5	189,6	222,9	217,1	190,1	221,2	198,6
1978[7]	1.552,4	305,0	191,4	225,8	221,9	183,8	223,1	201,4
1979[8]	1.576,6	318,6	190,5	229,7	223,0	181,4	229,6	203,8
1980[9]	1.596,1	329,1	188,2	232,6	226,3	178,4	234,6	206,8
1981[10]	1.611,6	337,9	184,7	238,0	228,2	176,1	237,4	209,2
1982[11]	1.628,9	345,8	182,5	243,5	231,4	173,9	242,4	209,4
	Veränderungen (in 1.000)							
1946-50[12]	426,0	69,2	69,6	26,5	69,9	112,4	42,2	36,2
1950-55	197,0	43,5	18,7	25,3	11,5	46,6	29,4	22,1
1955-60	156,3	33,1	27,1	43,6	0,3	-40,0	73,7	18,5
1960-65	95,3	15,2	14,6	20,1	- 6,6	5,5	28,4	18,1
1965-70	63,0	20,1	10,8	6,6	10,5	- 7,6	4,9	38,8
1970-75	120,5	43,7	1,0	7,1	32,6	- 8,9	16,8	28,1
1975-80	160,0	61,2	35,3	5,2	37,2	-15,9	19,2	17,7
1975-76	27,3	12,7	- 1,9	- 3,0	13,2	- 2,3	2,2	6,4
1976-77	68,7	11,9	38,6	- 1,5	14,8	- 1,9	3,6	3,1
1977-78	20,3	12,5	1,8	2,9	4,8	- 6,3	1,9	2,8
1978-79	24,2	13,6	- 0,9	3,9	1,1	- 2,4	6,5	2,4
1979-80	19,5	10,5	- 2,3	2,9	3,3	- 3,0	5,0	3,0
1980-81	15,5	8,8	- 3,5	5,4	1,9	- 2,3	2,8	2,4
1981-82	17,3	7,9	- 2,2	5,5	3,2	- 2,2	5,0	0,2

Gewinne durch Eingemeindung 1977:

- Warschau: 40.000
- Ochota: 38.000 (Ursus)
- Praga-Północ: 2.000 (ländl. Bev.)

1) GUS SP 1976 a: 1, 7 f
2) CIECHOCIŃSKA 1975: 73
3) GUS 1969: 26
4) GUS 1970: 23
5) WUSW 1976: 62 f
6) WUSW 1977: 36 f
7) WUSW 1979: 33
8) WUSW 1980: 34
9) WUSW 1981: 18
10) WUSW 1982: 21
11) GUS 1983: 39
12) CIECHOCIŃSKA 1981: 57

Seit Beginn dieser Stadtentwicklungsphase sinkt die Bevölkerungszahl im Innenstadtbereich (Śródmieście), seit 1975 auch in Ochota (sieht man von der Eingemeindung von Ursus 1977 und der daraus resultierenden geringen Zunahme auch 1978 ab); Praga-Północ, Wola und Żoliborz haben mit Zuwächsen zwischen 2.000 und 3.000 Einwohnern pro Jahr einen Durchschnittswert erreicht.

Unterstellt man, daß der alte Plan noch zutrifft - im neuen Plan von 1980 sind keine Plandaten für einzelne Stadtbezirke vorgesehen (vgl. CHIEF ARCHITECT 1980) - ergeben sich folgende Differenzen zwischen der Situation am 31.12.1982 und dem Planziel 1985 (bezogen auf 1,55 Mio. Einwohner insgesamt und unter Nicht-Berücksichtigung der Eingemeindung 1977):

Tabelle 5.3: <u>Differenz der Bevölkerungszahl zwischen 1982 und den Planaussagen für 1985 (in 1.000)</u>

	Warschau	Mokotów	Ochota	Praga-Południe	Praga-Północ	Sródmieście	Wola	Żoliborz
1982[1]	1.586,9	345,8	142,5	243,5	229,4	173,9	242,4	209,4
1985[2]	1.550,0	371,7	141,5	244,7	200,5	170,5	225,8	195,3
Differenz 1982-1985	36,9	-25,9	1,0	-1,2	28,9	3,4	16,4	14,1

1) GUS 1983: 39 - gegenüber den Angaben in Tab. 5.2 ist wegen der Eingemeindung 1977 die Bevölkerungszahl für Warschau um 42.000, der für Ochota um 40.000 und der für Praga-Północ um 2.000 reduziert.
2) PRAESIDIUM 1971: 64.

Die Differenz zeigt, daß die Bevölkerungszahl 1982 ohne die Eingemeindungen von 1977 bereits um 36.900 über der ursprünglichen Planung für 1985 von 1,55 Mio. Einwohnern liegt. Dabei können nur noch in zwei Bezirken - Praga-Południe und vor allem Mokotów - die Bevölkerungszahlen zunehmen, in allen anderen wohnen 1982 mehr Menschen als für 1985 geplant. Wie Tabelle 5.2 zeigt, sinken jedoch bis 1982 in nur zwei der fünf Bezirke die Bevölkerungszahlen, und zwar in einem Maße, daß man davon ausgehen kann, daß die angestrebten Werte Ende 1984 bereits erreicht (Sródmieście) oder bereits unterschritten sind (in Ochota).

In Praga-Północ werden dagegen 1985 etwa 35.000 bis 40.000 Einwohner mehr wohnen als geplant (hier dürften die Zuwächse zudem ansteigen, seitdem die Entwicklungsachse nach Nowy Dwór Maz. bevorzugt ausgebaut wird), in Wola werden es 15.000 bis 20.000 Einwohner sein, in Żoliborz 15.000 und in Praga-Południe wird die Zahl um 10.000 Einwohner überschritten sein. Diese Tendenz wird sich kaum nennenswert ändern, da mit dem Rückgang in der Wohnungsbau-Produktion kaum alte Wohnungen aufgegeben werden können.

Tabelle: 5.4: <u>Bevölkerungsdichte (E/qkm) für VR Polen, HW Warschau, Umland Warschau, Warschau und die Stadtbezirke, 1946, 1950, 1960, 1968 - 1982</u>

	1946[1]	1950[1]	1960[1]	1968[2]	1969[3]	1970[1]	1971[4]	1972[4]	1973[4]	1974[1]	1975[4]	1976[5]	1977[6]	1978[5]	1979[5]	1980[7]	1981[8]	1982[11]
VR Polen	77	80	95[9]	104[9]	104[9]	104[9]	105[9]	106[9]	107[9]	108[9]	109[9]	110[10]	111[10]	112[10]	113[10]	114[10]	115[10]	116[10]
HW Warschau	258	333	455			527	533	540	550	558	568	578	588	597	606	612	618	624
Umland Warschau	113	132	175			204	205	206	209	211	215	218	210	215	217	219	221	223
Warschau	1208	1837	2596	2866	2889	2950	2990	3043	3112	3163	3221	3282	3157	3208	3249	3289	3321	3356
Mokotów	597	957	1604	1759	1787	1932	1983	2024	2118	2210	2309	2419	2522	2647	2747	2837	2913	2981
Ochota	1548	2155	3257	3935	3937	3976	4058	4118	4097	4024	4003	3953	3992	4048	4011	3962	3888	3842
Praga-Południe	991	1316	1710	1986	1968	1976	1981	2001	2038	2045	2039	2013	1999	2024	2060	2086	2135	2184
Praga-Północ	1871	2023	2144	1877	1906	1966	2024	2072	2156	2253	2376	2541	1981	2029	2035	2064	2082	2111
Śródmieście	6803	9589	12949	13410	13205	13026	12923	12923	12872	12705	12455	12308	12186	11795	11628	11438	11288	11147
Wola	1358	2405	3652	4398	4434	4463	4458	4440	4539	4683	4840	4890	4980	5027	5160	5273	5335	5447
Żoliborz	1128	1621	2536	3665	3844	3975	4109	4383	4543	4602	4669	4827	4892	4963	5020	5094	5153	5158

Flächen:

			1946-76	1977-82
VR Polen: 312.683 qkm		Warschau	445,9	485,3
Region Warschau (HW Warschau)		- Mokotów	116,0	116,0
1946 - 1976 3.793,8 qkm		- Ochota	38,2	47,5
1977 - 1982 3.787,8 qkm		- Praga-Płd.	111,5	111,5
		- Praga-Płn.	79,6	109,6
Umland Warschau (HW Warschau minus Warschau)		- Śródmieście	15,6	15,6
		- Wola	44,5	44,5
1946 - 1976 3.347,9 qkm		- Żoliborz	40,5	40,6
1977 - 1982 3.302,5 qkm				

Die zugrundeliegenden Daten sind Fortschreibungsdaten (jeweils vom 31.12.).

1) GUS SP 1976a: 1 und 7 f
2) GUS 1969: 26
3) GUS 1970: 23
4) WUSW 1976: 62 f
5) WUSW 1977: 34
6) WUSW 1978: 31
7) WUSW 1981: 15
8) WUSW 1982: 18, 21
9) GUS 1975: 26
10) GUS 1982: 36
11) GUS 1983: 32, 39

Ein Blick auf die Tabelle 5.4 verdeutlicht, warum die Planung von einer Verringerung der Bevölkerungszahl vor allem im Innenstadtbezirk, in Wola und in Żoliborz ausgeht- hier sind die Bevölkerungsdichten deutlich höher als im Durchschnitt der Stadt. WĘCŁAWOWICZ (1979) hat auf der Basis von ausgewählten und aggregierten Zählbezirken mit den Volkszählungsdaten von 1970 eine genauere Analyse vorgenommen (vgl.Abb. 5.9). Sie zeigt die hohen Bevölkerungsdichten im Innenstadtbezirk und den angrenzenden Wohngebieten und darauf aufbauend ein sternförmiges Muster hoher Bevölkerungsdichten (vgl. auch KLIMASZEWSKA-BUDZYNOWSKA 1977:499f).

Abbildung 5.9: <u>Bevölkerungsdichte (E/ha) in Warschau, 1970</u>

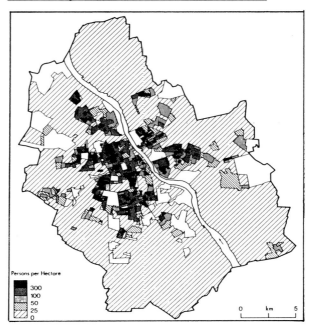

Quelle: WĘCŁAWOWICZ 1979:408

Diese Tendenz wird auch für die Volkszählung 1978 deutlich (vgl. Abb. 5.10). Die hier als räumliche Teileinheiten verwendeten Planungsbezirke sind jedoch deutlich größer als die über 5.000 Zählbezirke in Abbildung 5.9. Deswegen habe ich versucht, aus dem Datenmaterial die Wohndichten zu berechnen (d.h. die Wohnbevölkerung wurde nur auf das Wohnbauland bezogen) (vgl. Abb. 5.11).

Diese Betrachtung spiegelt eher die Ergebnisse von WĘCŁAWOWICZ wider (vgl. Abb. 5.9), denn die nördliche und südliche Innenstadt (Bezirk 503 und 505; vgl. Abb. 5.6) und das nördliche Powiśle (504) sowie Młynów in Wola (606) und Krakauer Chaussee (203) in Ochota erhalten höhere Dichtewerte.

Betrachtet man Tabelle 5.5 und kommt man zurück zur Tabelle 5.4, werden die starken Unterschiede in der Bevölkerungszahl und -dichte zwischen Warschau und seinem Umland, das nach wie vor von kleineren Städten und

Abbildung 5.10: <u>Bevölkerungsdichte (E/qkm), Warschau, 1978</u>

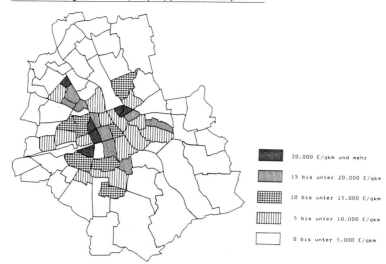

Quelle: Eigene Berechnung der VZ-Daten, 1978

Abbildung 5.11: <u>Wohndichte (E/qkm Wohnbauland), Warschau, 1978</u>

Quelle: Eigene Berechnung der VZ-Daten, 1978

vor allem landwirtschaftlich genutzten Flächen bestimmt wird, deutlich (vgl. Abb. 5.12 und 5.13d).

Abbildung 5.12: Bevölkerungsdichte in der Agglomeration Warschau (E/qkm), 1970

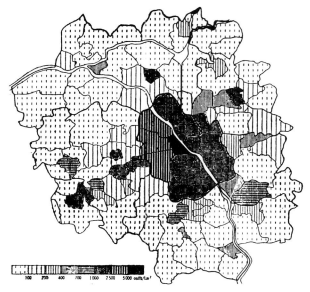

Quelle: CIECHOCIŃSKA 1975:92

Zwischen 1950 und 1974, dem Jahr des Entstehens der HW Warschau, hat im Umland die Stadt Ursus (1977 in Warschau eingemeindet) die Bevölkerungszahl relativ am stärksten vergrößert (Bezirk 135 in Abb. 5.13 a; vgl. Abb. 5.13 b) vor Ząbki (112), Zielonka (113), Nowy Dwór Maz. (155), Ożarów Maz. (147) und Podkowa Leśna (133). Zwischen 1975 und 1981, also seit Bestehen der HW Warschau und einer gemeinsamen Entwicklungsplanung, hat im Umland Podkowa Leśna (Bezirk 133 in Abb. 5.13 a; vgl. Abb. 5.13 c) relativ erneut stark zugenommen nach Legionowo (161). Weitere Städte mit starkem relativem Wachstum sind erneut Nowy Dwór Maz. (155) und Zielonka (110) - der Rest der relativ stark wachsenden Gebietseinheiten in diesem Zeitraum sind ländliche Gemeinden (vgl. Abb. 5.13 c).

Innerhalb der HW Warschau haben zwischen 1950 und 1980 vor allem die äusseren Bezirke der Stadt an Wohnbevölkerung zugenommen. CIECHOCIŃSKA (1984:18) ermittelte die höchsten Wachstumsraten für die Zone II (110%;

Abbildung 5.13a: Kreise der HW Warschau und Stadtbezirke Warschaus[1]

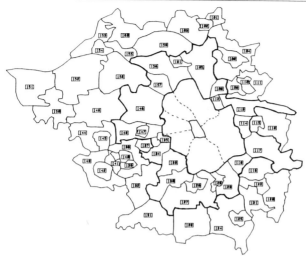

1) Zusätzlich eine Einteilung der Zonen nach CIECHOCIŃSKA (1984:3):
   Zone I   - Sródmieście (Innenstadt-Bezirk),
   Zone II   - die sechs weiteren Stadtbezirke Warschaus,
   Zone III - die an Warschau angrenzenden Städte und Kreise und
   Zone IV   - die sonstigen Städte und Kreise der HW Warschau.

Abbildung 5.13b: Bevölkerungsentwicklung in der HW Warschau, 1950 - 1974

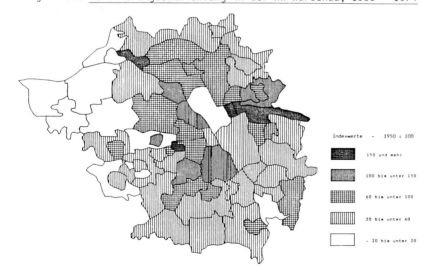

Eigene Kartierung nach Daten aus GUS SP 1977a:7ff (1950) und GUS SP 1975: 12f (1974).

Abbildung 5.13c: <u>Bevölkerungsentwicklung in der HW Warschau, 1975 - 1981</u>

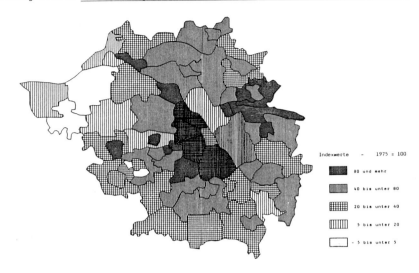

Eigene Kartierung nach Daten aus WUSW 1976:42 (1975) und WUSW 1982:XCII (1981)

Abbildung 5.13d: <u>Bevölkerungsdichte in der HW Warschau</u>

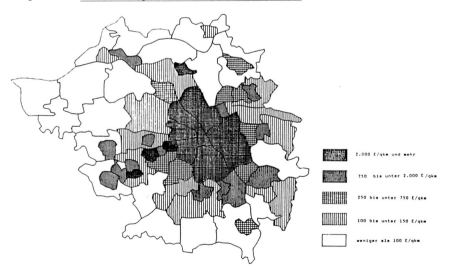

Eigene Kartierung nach Daten aus WUSW 1982:XCII

s. Abb. 5.13a), gefolgt von dem näheren Umland (Zone III; 86%), dem entfernteren Umland (Zone IV; 51%) und der Innenstadt Warschaus (Zone I; 20%). Bei diesen erheblichen Verschiebungen haben sich jedoch die Relationen zwischen der Kernstadt und dem Umland nur unmerklich zu Gunsten Warschaus verschoben (1950: 65% zu 35%; 1980: 69% zu 31%).

Da die absoluten Zuwächse auch in jüngster Zeit in den ländlichen Gemeinden und in einer Reihe vor allem kleinerer Städte der HW Warschau noch sehr gering sind, soll jetzt die Bevölkerungsentwicklung Warschaus mit der der Städte der HW Warschau verglichen werden. Dabei fällt die Entwicklungsdynamik der Hauptstadt deutlich auf (vgl. Tab. 5.5). In den 35 Jahren seit 1946 erhöht sich die Zahl in der Hauptstadt um rund 1 Mio. Einwohner, alle übrigen Städte der HW Warschau erreichen in dieser Zeit gerade einen Zuwachs von 260.000 Einwohnern. Damit hat sich die Bevölkerungszahl in Warschau knapp verdreifacht, die in den Städten der HW Warschau gut verdoppelt.

Die Majorisierung der HW Warschau durch die Hauptstadt kommt auch in der absoluten Größe zum Ausdruck. Im Jahr 1981 ist Warschau etwa 30 mal so groß wie die zweitgrößte Stadt der HW Warschau (Pruszków mit gut 50.000 Einwohnern; Bezirk 137 in Abb. 5.13 a). Sie liegt, wie auch die am dichtesten besiedelte Stadt Piastów (unmittelbar östlich davon, ohne Nummer), im unmittelbaren Einzugsbereich der Hauptstadt in der W-Achse.

Eine bemerkenswerte Entwicklung hat auch Legionowo (Bezirk 161, nach der Bevölkerungsdichte an zweiter Stelle aller Städte der HW Warschau) insbesondere in den letzten Jahren genommen; die Stadt verdoppelte ihre Einwohnerzahl in den letzten sieben Jahren auf 43.000 Einwohner (vgl. Abb. 5.13 c). Damit fand nach 1975 allein hier über die Hälfte der städtischen Entwicklung (gemessen an der Einwohnerzahl) der Städte der HW Warschau (außer Warschau) statt (vgl. Tab. 5.6).

Mit der Entwicklung der Stadt Legionowo ist gleichzeitig die Entwicklungsachse nach Norden am stärksten von der Bevölkerungszunahme betroffen (seit 1970, verstärkt seit 1975). Daneben gewinnt die historisch älteste Entwicklungsachse (W-Achse) in den letzten Jahren wieder deutlich an Bedeutung. Die größten Zuwachsraten hatte bis zur Eingemeindung Ursus. Zwei Jahre nach der Eingemeindung geht der Bevölkerungszuwachs deutlich über Ursus hinaus in die neuen angrenzenden Gemeinden Piastów und Pruszków (hier sind daher die nächsten Eingemeindungen zu erwarten).

Tabelle 5.5: Bevölkerungszahl und -dichte in den Städten der HW Warschau, nach Entwicklungsachsen, 1946 - 1981

	1946[1]	1950[1]	1960[1]	1970[1]	1974[1]	1975[2]	1976[2]	1977[2]	1978[2]	1979[3]	1980[4]	1981[5]	Dichte (E/qkm)[4] 1981
HW Warschau	978.710	1.264.580	1.725.989	1.997.724	2.117.664	2.154.700	2.191.600	2.225.900	2.266.200	2.294.900	2.319.100	2.341.800	618
Warschau[a]	600.083	822.493	1.139.189	1.314.892	1.410.387	1.436.122	1.463.403	1.532.070	1.552.363	1.576.608	1.596.073	1.611.565	3.321
Ursus[a]	7.496	9.898	18.707	30.398	35.037	36.548	37.687		(42.038)				
W-Achse	77.634	88.875	115.348	128.051	134.975	137.193	139.523	139.896	139.391	140.747	141.942	144.492	
Piastów	8.145	10.220	14.470	17.537	19.158	19.475	19.751	19.677	18.963	19.576	20.441	22.088	3.868
Pruszków	27.642	30.718	38.016	43.270	46.371	47.217	47.829	47.664	48.460	48.969	49.343	50.293	2.647
Brwinów	6.518	8.171	10.295	10.895	10.874	10.977	11.036	11.067	11.067	11.144	11.117	11.019	1.091
Podkowa Leśna	2.622	3.310	3.886	3.391	3.291	3.260	3.306	3.268	3.267	3.255	3.279	3.309	328
Milanówek	9.609	10.906	14.323	14.465	14.642	14.895	14.935	14.978	14.576	14.544	14.416	14.313	1.101
Grodzisk Maz.	14.610	15.960	18.946	20.470	21.767	22.135	22.995	23.137	23.242	23.345	23.340	23.606	1.723
Ożarów Maz.	2.291	2.938	5.738	6.516	6.807	6.869	6.952	6.950	6.954	7.053	7.180	7.169	1.236
Błonie	6.197	6.652	9.674	11.567	12.125	12.365	12.719	12.915	12.862	12.861	12.826	12.696	1.395
S-Achse	9.967	12.068	15.402	20.623	21.892	22.562	22.845	23.314	22.869	23.077	23.641	23.330	
Piaseczno	9.967	12.068	15.402	20.623	21.892	22.562	22.845	23.314	22.869	23.077	23.641	23.330	1.431
SSO-Achse	13.951	17.023	20.534	22.072	23.572	23.952	24.038	26.728	26.366	26.278	25.812	25.513	
Konstancin-Jez.	9.350	11.456	13.383	13.727	14.095	14.255	14.121	16.670	15.692	15.796	15.615	15.463	904
Góra Kalwaria	4.601	5.567	7.151	8.345	9.477	9.697	9.917	10.058	10.674	10.482	10.197	10.050	734
SO-Achse	25.243	41.906	56.766	61.411	63.401	64.086	64.590	65.133	68.267	68.750	68.666	68.604	
Józefów	3.582	9.160	14.132	14.747	14.550	14.645	14.732	14.662	14.560	14.660	14.597	14.516	667
Otwock	17.503	27.664	36.307	40.180	42.365	42.916	43.333	44.012	47.091	47.411	47.353	47.362	1.001
Karczew	4.158	5.074	6.327	6.484	6.486	6.525	6.525	6.459	6.556	6.679	6.716	6.726	237
O-Achse	8.783	13.307	20.133	22.790	24.350	25.073	25.480	25.768	24.397	24.728	24.740	24.961	
Wesoła	3.199	5.100	7.378	8.371	8.458	8.799	9.004	9.100	8.913	9.050	9.049	9.179	406
Sulejówek	5.584	8.207	12.755	14.419	15.892	16.274	16.476	16.668	15.484	15.678	15.691	15.782	809
NO-Achse	32.514	46.366	70.514	86.437	92.869	95.970	98.116	99.288	96.129	97.795	98.487	98.694	
Ząbki	4.189	5.973	11.505	16.238	17.838	18.577	18.847	18.951	17.064	17.355	17.253	17.386	1.566
Zielonka	3.191	5.389	9.590	12.663	14.066	14.555	14.807	14.992	14.002	14.464	14.487	14.486	185
Marki	8.333	9.559	13.417	14.866	15.447	15.690	15.935	15.999	15.496	15.433	15.853	15.822	616
Kobyłka	3.521	5.190	7.963	10.972	10.904	11.459	11.658	11.939	11.846	12.185	12.235	12.198	663
Wołomin	8.951	15.189	21.432	24.183	26.642	27.678	28.839	29.353	29.951	30.568	30.887	31.071	1.796
Radzymin	4.452	5.066	6.607	7.575	7.932	8.011	8.030	8.054	7.770	7.790	7.772	7.737	332
N-Achse	21.856	25.884	36.276	44.432	47.502	49.232	51.252	54.590	62.341	65.551	68.262	71.967	
Legionowo	8.884	13.220	19.835	20.862	21.633	22.722	24.200	27.027	34.586	37.169	39.663	43.149	3.508
Serock	2.123	1.987	2.527	2.774	2.775	2.790	2.774	2.730	2.755	2.772	2.780	2.739	236
Nowy Dwór Maz.	7.427	7.498	10.354	17.079	19.466	20.105	20.619	21.169	21.425	22.039	22.296	22.603	923
Zakroczym	3.422	3.179	3.560	3.717	3.628	3.615	3.659	3.664	3.575	3.571	3.523	3.476	178
Städte der HW Warschau													
- ohne Warschau[a]	197.567 (190.071)	255.327 (245.429)	353.680 (334.973)	416.214 (385.816)	443.598 (408.561)	454.556 (418.008)	463.531 (425.844)	434.657	439.640	446.926	450.950	457.562	
- mit Warschau[a]	797.650	1.077.820	1.492.869	1.731.106	1.853.985	1.890.678	1.926.934	1.966.727	1.992.003	2.023.534	2.047.023	2.069.127	

[a] 1977 wurde Ursus in Warschau eingemeindet. Die Angaben in Klammern ermöglichen den Vergleich über die Zeit, da hier Ursus nicht mit berücksichtigt wurde.

1) GUS SP 1976a: 1, 7 ff
2) WUSW 1978: 31 f
3) WUSW 1980: 34
4) WUSW 1981: LII
5) WUSW 1982: LXX

WARSCHAU 895

Tabelle 5.6: Bevölkerungsveränderungen in Städten der HW Warschau, nach Entwicklungsachsen, 1950 - 1981

	1950-1960 absolut / in %		1960-1970 absolut / in %		1970-1980 absolut / in %		1975-1980 absolut / in %		1975-1976 absolut / in %		1976-1977 absolut / in %		1977-1978 absolut / in %		1978-1979 absolut / in %		1979-1980 absolut / in %		1980-1981 absolut / in %	
HW Warschau	461.409	-	271.735	-	321.376	-	164.400	-	36.900	-	34.300	-	40.300	-	28.700	-	24.200	-	22.700	-
Warschau	316.696	76,3	175.703	73,8	281.181	81,2	159.951 (123.403)	102,3 (78,9)	27.281	75,2	68.667	172,6 (77,9)	26.293	80,3	24.245	76,9	19.465	82,9	15.492	7o,1
Ursus*	8.809	9,0	11.689	18,7	-	4,9	-	-	1.139	12,7	2.176	6,7	2.176	6,7	-	-	-	-	-	-
W-Achse	26.473	26,9	12.703	20,3	13.891	21,3	4.749	14,4	2.330	26 o,5	373	4,2 -2,0	-505	-10,2 -2,0	1.356	18,4 4,3	1.195	29,7 5,1	2.551	38,6 11,6
Płastów	4.250	4,3	3.067	4,9	2.964	4,5	966	2,9	276	3,1	-74	-0,8	-714	-14,3 -2,8	613	8,4	865	21,5 3,7	1.647	24,9 7,5
Pruszków	7.298	7,4 1,8	5.254	8,4 2,2	6.073	9,3 1,8	2.126	6,5 1,4	612	6,8	35	0,4	596	12,0	509	7,0	374	9,3	950	14,4
Brwinów	2.124	2,2	600	1,0	222	0,3	140	0,4	59	0,7	31	0,4	0	0,0	77	1,1	-27	-0,7	-98	-1,5
Podkowa Leśna	576	0,6	-495	-0,8	-112	-0,2	19	0,1	46	0,5	2	0,0	-41	-0,8	-12	-0,4	24	0,6	30	0,5
Milanówek	3.417	3,5	142	0,2	-49	-0,1	-479	-1,5	40	0,4	43	0,5	-402	-8,1	-32	-0,4	-128	-3,2	-103	-1,6
Grodzisk Maz.	2.986	3,0	1.524	2,5	2.870	4,4	1.205	3,7 o,8	860	9,6 2,4	142	1,6 0,4	105	2,1	103	1,4	-5	-0,1	266	4,0
Ożarów Maz.	2.800	2,8	778	1,2	664	1,0	311	0,9	83	0,9	-2	-0,0	4	0,1	99	1,4	127	3,2	-11	-0,2
Błonie	3.022	3,1	1.833	2,9	1.319	2,0	461	1,4	354	3,9	196	2,2	-53	-1,1	-1	-0,0	-35	-0,9	-130	-2,0
S-Achse	3.334	3,4 0,8	5.221	8,3 2,2	2.418	3,7 o,7	539	1,6 0,3	343	3,8 0,9	469	5,3 1,2	-505	-10,1 -2,0	268	3,7 o,8	-36	-0,9 -0,2	289	4,4 1,3
Piaseczno	3.334	3,4	5.221	8,3	2.418	3,7	539	1,6	343	3,8	469	5,3	-505		268	3,7	-36	-0,9	289	4,4
SSO-Achse	3.511	3,6 0,8	1.538	2,5 0,6	3.740	5,6 1,1	1.860	5,6 1,2	86	1,0 0,2	2.690	3o,5 6,8	-362	-7,3 -1,4	-88	-1,2 -0,3	-466	-11,6 -2,0	-299	-4,5 -1,4
Konstancin-Jez.	1.927	2,0	344	0,6	1.888	2,9	1.360	4,1 0,9	-134	-1,5 -0,4	2.549	28,9 6,4	-978	-19,6 -3,9	104	1,4	-181	-4,5	-152	-2,3
Góra Kalwaria	1.584	1,6	1.194	1,9	1.852	2,8	500	1,5	220	2,5	141	1,6	616	12,4	-192	-2,6	-285	-7,1	-147	-2,2
SO-Achse	14.360	15,1 3,6	4.645	7,4 1,9	7.255	11,1 2,1	4.580	13,9 2,9	504	5,6 1,4	543	6,2 1,4	3.074	61,7 12,2	543	7,5 1,7	-84	-2,1 -0,4	-62	-0,9 -0,3
Józefów	4.964	5,0	615	1,0	-150	-0,2	-48	-0,1	87	1,0	-70	-0,8	-102	-2,0	100	1,4	-63	-1,6	-81	-1,2
Otwock	8.643	8,8 2,1	3.873	6,2 1,6	7.173	11,0 2,1	4.437	13,5 2,8	417	4,6 1,2	679	7,7 1,7	3.079	61,8 12,2	320	4,4	-58	-1,4	9	0,1
Karczew	1.253	1,3	157	0,3	232	0,4	191	0,6	0	0,0	-66	-0,7	97	1,9	123	2,7	37	0,9	10	0,2
O-Achse	6.826	6,9 1,6	2.657	4,2 1,1	1.950	3,0 0,6	-333	-1,0 -0,2	467	4,5 1,1	228	2,6 0,6	-1.311	-26,3 -5,2	331	4,5 1,0	12	0,3 o,1	221	3,3 1,0
Wesoła	2.278	2,3	993	1,6	678	1,0	250	0,8	205	2,3	96	1,1	-187	-3,8	137	1,9	-1	-0,0	130	2,0
Sulejówek	4.548	4,6	1.664	2,7	1.272	2,0	-583	-1,8	262	2,3	132	1,5	-1.124	-22,6	194	2,7	13	0,3	91	1,4
NO-Achse	24.148	24,6 5,8	15.923	25,5 6,7	12.050	18,5 3,5	2.517	7,6 1,6	2.146	23,9 5,9	1.172	13,3 2,9	-3.159	-63,4 -12,5	1.666	22,9 5,3	692	17,2 2,9	267	3,1 0,9
Ząbki	5.532	5,6	4.733	7,6	1.015	1,6	-1.324	-4,0 -0,8	270	3,0	104	1,2	-1.887	-37,9	291	4,0	-102	-2,5	127	1,9
Zielonka	4.201	4,3	3.073	4,9	1.824	2,8	-68	-0,2	252	2,8	185	2,1	-990	-19,9	462	6,3	23	0,6	-1	-0,0
Marki	3.858	3,9	1.389	2,2	1.047	1,6	163	0,5	245	2,7	64	0,7	-503	-10,1	-63	-0,9	420	10,4 1,8	-31	-0,5
Kobyłka	2.773	2,8	3.009	4,8	1.263	1,9	776	2,4	199	2,2	281	3,2	-93	-1,9	339	4,7	50	1,2	-37	-0,6
Wołomin	6.243	6,3 1,5	2.751	4,4	6.704	10,3 1,9	3.209	9,7 2,1	1.161	12,9 3,2	514	5,8 1,3	598	12,0 2,4	617	8,5 2,0	319	7,9	184	2,8
Radzymin	1.541	1,6	968	1,5	197	0,3	-239	-0,7	24	0,3	24	0,3	-284	-5,7	20	0,3	-48	-0,4	-35	-0,5
N-Achse	10.392	10,6 2,5	8.156	13,0 3,4	23.830	36,6 6,9	19.033	57,8 12,2	2.020	22,5 5,6	3.338	37,9 8,4	7.651	153,5 30,3	3.210	44,1 10,2	2.711	67,4 11,5	3.705	56,0 16,8
Legionowo	6.615	6,7 1,6	1.027	1,6	18.801	28,9 5,4	16.941	51,4 10,8	1.478	16,5 4,1	2.827	32,1 7,1	7.559	151,7 29,9	2.583	35,5 8,2	2.494	62,0 10,6	3.486	52,7 15,8
Serock	540	0,5	247	0,9	6	0,0	-10	-0,0	-16	-0,2	-44	-0,5	25	0,5	17	0,2	8	0,2	-41	-0,6
Nowy Dwór Maz.	2.856	2,9	6.725	10,8 2,8	5.217	8,0	2.191	6,7	514	5,7	550	6,2	256	5,1	614	8,4	257	6,4	307	4,6
Zakroczym	381	0,4	157	0,3	-194	-0,3	-92	-0,3	44	0,5	5	0,1	-89	-1,8	-4	-0,1	-48	-1,2	-47	-0,7
Städte der HW Warschau																				
- ohne Warschau	98.353	100,0 23,7	62.534	100,0 26,2	65.134	100,0 18,8	32.942	100,0 21,1	8.975 (7.336)	100,0 24,8	8.813	100,0 22,1	4.983	100,0 19,7	7.286	100,0 23,1	4.024	100,0 17,1	6.612	100,0 29,9
- mit Warschau	415.049	100,0	238.237	100,0	346.315	100,0	156.345 (123.403)	100,0	36.256	100,0	39.793	100,0	25.276	100,0	31.531	100,0	23.489	100,0	22.104	100,0

* Eingemeindung von Ursus in Warschau

Berechnung aufgrund des Wertes für 1978 (VZ) als gemittelter Jahreswert

Betrachtet man zusätzlich die Entwicklung in Piaseczno (Bezirk 129 in Abb. 5.13 a), Grodzisk Maz. (142) und Nowy Dwór Maz. (155; vgl. auch Abb. 5.2), so ist die Entwicklungsdynamik in den großen Städten, in den unmittelbar an Warschau angrenzenden Städten und den Endpunkten der Entwicklungsachsen am stärksten - verdeutlicht zudem durch die Krise seit 1980.

Die Betrachtung der Bevölkerungsveränderungen wird jedoch erst dann aussagekräftig, wenn man die Ursache dieser Veränderungen kennt. Der wichtigste Faktor für die Bevölkerungsentwicklung Warschaus war - trotz des weiter bestehenden Zuzugsstopps - der stark positive Wanderungssaldo: Von der Bevölkerungszunahme Warschaus zwischen 1945 und Ende 1969 (1,126 Mio. Einwohner) entfallen 67% (= 758.000) auf Wanderungsgewinne, 17% (= 187.000) auf Geburtenüberschüsse und 16% (= 181.000) auf Eingemeindungen (vgl. MISZTAL 1971:276; vgl. auch Tab. 4.7 und 4.8).

Betrachten wir zuerst wieder die Wanderungen, so wird deutlich, daß der jährliche Wanderungsgewinn von 13.000 bis 15.000 zum Ende der vorangegangenen Stadtentwicklungsphase etwa bis zum Ende der 60er Jahre beibehalten wird, danach steigt die Rate auf etwa 19.000 pro Jahr an (vgl. Tab. 4.2). Ihren Höhepunkt erreicht sie mit knapp 22.000 im Jahre 1977, reduziert sich im folgenden Jahr deutlich, um sich bis heute auf das Niveau der 60er Jahre erneut einzupendeln (vgl. Tab. 5.7).[1]

Betrachtet man nun die einzelnen Stadtbezirke Warschaus, so fällt viererlei auf:
- alle Bezirke, auch die Innenstadt, weisen einen positiven Wanderungssaldo auf (eine Ausnahme bildet evtl. das Jahr 1974),
- zwei Bezirke weisen über den betrachteten Zeitraum überdurchschnittliche Zuwächse der Wanderungssalden auf (Mokotów und Praga-Południe),
- in zwei Bezirken verringern sich deutlich von 1975 bis 1981 die Zuwachsraten des Wanderungssaldos (Wola und Praga-Północ, das 1978 von dem südlichen Praga in der Bedeutung abgelöst wird),

---

1) Die Wanderungsstatistiken weisen große interne Inkonsistenzen auf. Wenn man z.B. innerhalb einer Quelle Bevölkerungsveränderungen auf Wanderungen und natürliche Bevölkerungsentwicklung zurückführen möchte, bleibt oft eine unerklärbare Restkategorie. Zusätzlich lassen sich unterschiedliche Quellen in der Regel nicht vereinheitlichen (vgl. z.B. Tab. 5.8 und 5.9); die Brüche beim Zusammenfügen mehrerer unterschiedlicher Quellen sind so eher als statistische Artefakte als inhaltlich zu interpretieren.

- die Abwanderungen sind absolut in allen Bezirken nahezu gleich groß (Ausnahmen: Mokotów und seit 1977 Ochota).

Tabelle 5.7: <u>Wanderungen, Warschau und Stadtbezirke, 1974 - 1981</u>

		1974[1]	1975[2]	1976[3]	1977[4]	1978[5]	1979[6]	1980[7]	1981[8]
Warschau	Zu	22.368	25.728	26.067	26.434	21.878	18.984	20.269	20.107
	Ab	3.081	4.844	4.780	4.631	5.826	5.425	5.816	6.663
	Saldo	19.287	20.884	21.287	21.803	16.052	13.559	14.453	13.444
Mokotów	Zu		5.223	6.096	5.772	5.450	5.205	5.929	5.333
	Ab		1.069	1.175	1.053	1.162	1.333	1.289	1.277
	Saldo	10.348	4.154	4.921	4.719	4.288	3.872	4.640	4.056
Ochota	Zu		1.997	1.835	4.393	2.921	1.787	1.787	1.729
	Ab		568	600	926	1.046	1.048	1.064	1.174
	Saldo	-1.173	1.429	1.235	3.467	1.875	869	723	555
Praga-Południe	Zu		3.244	2.714	2.558	3.547	3.249	3.033	3.948
	Ab		717	703	574	780	661	708	899
	Saldo	-1.207	2.527	2.011	1.984	2.767	2.588	2.253	3.049
Praga-Północ	Zu		5.809	6.148	5.430	2.763	2.237	2.999	2.891
	Ab		411	349	386	688	528	663	771
	Saldo	8.807	5.398	5.799	5.044	2.075	1.709	2.336	2.120
Śródmieście	Zu		2.519	2.675	2.383	1.935	1.459	1.505	1.806
	Ab		918	829	629	725	740	722	786
	Saldo	-3.857	1.601	1.846	1.754	1.210	719	783	1.020
Wola	Zu		4.533	3.567	3.601	3.394	3.328	3.157	2.611
	Ab		563	560	558	837	553	647	831
	Saldo	6.006	3.970	3.007	3.048	2.557	2.775	2.510	1.780
Żoliborz	Zu		2.403	3.032	2.297	1.868	1.589	1.859	1.789
	Ab		598	564	505	588	562	651	925
	Saldo	1.896	1.805	2.468	1.792	1.280	1.027	1.208	864

1) GUS 1975: 250   2) WUSW 1976: 88   3) WUSW 1977: 68   4) WUSW 1978: 60
5) WUSW 1979: 64   6) WUSW 1980: 74   7) WUSW 1981: 34   8) WUSW 1982: LX

Die HW Warschau profitiert von den innerpolnischen Wanderungen. Zwischen 1973 und 1981 ist der Wanderungssaldo stets deutlich positiv (zwischen knapp 14.000 1980 und knapp 27.000 1975). Die Zuzugsrate springt dabei zwischen 1974 und 1975 um 7.500 nach oben (wohl auch wegen der Gemeindereform) und sackt zwischen 1978 und 1979 ebenso abrupt um 9.000, die Wegzugsrate steigt dagegen bis 1978, erhält 1979 einen Einbruch und steigt seitdem wieder.[1] Das führt bei der Betrachtung des Saldos zu einer Abwärtsbewegung seit 1975, die sich bei knapp 14.000 Einwohnern zu konsolidieren scheint.

---
1) In der Zwischenzeit versuchten die Umland-Gemeinden sich mehr oder weniger erfolgreich gegen den Zuwanderungsdruck zu wehren, indem sie die Neuansiedlung von Einwohnern behinderten. Diese Maßnahmen haben u.a. dazu geführt, daß ein Teil der auf die HW Warschau und insbesondere auf die Hauptstadt gerichteten Investitionen (Arbeitsplätze, Wohnungen, Infrastruktur) in die der HW Warschau angrenzenden Woiwodschaften gelenkt wird.

Tabelle 5.8: Wanderungen, HW Warschau, 1973 - 1978

	Zuzug	Wegzug	Saldo
1973[1)	45.799	25.557	20.242
1974[1)	46.574	25.701	20.873
1975[1)	54.006	27.125	26.881
1976[1)	53.384	29.046	24.338
1977[1)	52.332	29.793	22.539
1978[1)	51.089	32.312	18.786
1979[2)	42.292	26.083	16.209
1980[3)	41.285	27.638	13.647
1981[4)	43.414	29.448	13.966
1973-77	252.095	137.222	114.873

1) GUS SP 1979:150f   3) WUSW 1981:36
2) WUSW 1980:80   4) WUSW 1982:39

Interessant ist die Betrachtung, welche Teile der Agglomeration Warschau von diesen Wanderungsgewinnen insbesondere profitieren.[1] Tabelle 5.9 zeigt, daß die beiden äußeren Gebiete der Agglomeration zwischen 1973 und 1977 verloren haben. Es findet also innerhalb der Agglomeration bis Ende 1977 noch eine Konzentration statt. Selbst das suburbane Gebiet gibt an den Zentralbezirk Einwohner ab, kann diesen Verlust jedoch durch Zuwanderungen von außen gerade noch kompensieren.

Tabelle 5.9: Wanderungen, intern und über die Grenzen der Agglomeration Warschau, (Stand: 1977), 1973 - 1977

	Zuzug			Wegzug			Saldo		
	gesamt	intern	von außen	gesamt	intern	nach außen	gesamt	intern	mit außen
1	286.216	153.876	132.340	160.122	127.655	32.467	126.094	26.221	99.873
2	16.731	6.929	9.784	16.445	10.769	5.676	268	-3.840	4.108
3	10.075	3.326	6.748	16.078	8.653	7.425	-6.003	-5.327	-677
4	27.522	10.810	16.712	45.505	25.488	20.017	-17.983	-14.678	-3.305
Aggl.	340.526	174.941	165.585	238.150	172.565	65.585	102.376	2.376	100.000

Die Agglomeration Warschau besteht aus:
1 Zentralbezirk   - 2.040.500 E in 24 Städten und 6 Gemeinden
2 Suburbanes Gebiet   - 69.600 E in 7 Städten und 6 Gemeinden
3 besiedeltes Gebiet   - 87.600 E in 10 Gemeinden
4 offenes Gebiet   - 230.500 E in 1 Stadt und 32 Gemeinden
Die Gebiete 1, 2 und 3 entsprechen grob der HW Warschau.

Quelle: GUS SP 1979: 138 f

---

1) Diese Agglomeration ist deutlich größer als die HW Warschau. Der Zentralbezirk (Zone 1) umfaßt bereits mehr Städte, aber weniger Gemeinden als die HW Warschau. Die vier Zonen sind keinesfalls zu verwechseln mit denen von CIECHOCIŃSKA (1984; s. Abb. 5.13a).

Das Ergebnis aus Tabelle 5.9 wird auch für die Zeit zwischen 1975 und 1981 - jetzt bezogen auf die HW Warschau - bestätigt (vgl. Tab. 5.10): Warschau profitiert bei seinen Wanderungsgewinnen nicht nur von den Zuwächsen aus anderen Woiwodschaften (ca. 60%), sondern auch von denen aus dem Umland (ca. 40%). Dabei gehen zwar die Zuwachsraten zurück (vgl. Tab. 5.7; auch hier treten gegenüber Tab. 5.10 unterschiedliche Angaben für Warschau auf), haben sich jedoch seit drei Jahren bei 14.000 eingependelt. Die Wanderungsverluste des Umlandes an Warschau gehen zwar ebenfalls zurück; dennoch kann die Wanderungsbilanz des Umlandes erstmals 1980 nicht durch die Zuwanderungen von außerhalb kompensiert werden. Die scheinbar verbesserte Situation 1981 ist auf die Zunahme der Wegzüge aus Warschau ins Umland zu erklären (Zunahme um 35%), die jedoch auf die Krisensituation im Wohnungsbau (und die damit verbundene Notwendigkeit des privaten Wohnungsbaus, der innerhalb Warschaus kaum möglich ist) zurückzuführen sein dürfte.

Tabelle 5.10: Wanderungen, intern und über die Grenzen der HW Warschau, nach der HW Warschau, dem Umland und Warschau (ohne Auswanderungen aus der VR Polen), 1975 - 1981

		Zuzug			Wegzug			Saldo		
		gesamt	intern	von außen	gesamt	intern	nach außen	gesamt	intern	mit außen
1975[1]	HW Warschau	54.006	19.925	34.081	27.125	19.925	7.200	26.881	-	26.881
	Umland	28.617	9.188	19.429	23.895	18.664	5.231	4.722	-9.476	14.198
	Warschau	25.389	10.737	14.652	3.230	1.261	1.969	22.159	9.476	12.683
1976[2]	HW Warschau	53.384	20.330	33.054	29.046	20.330	8.716	24.338	-	24.338
	Umland	27.645	9.815	17.830	25.375	19.011	6.364	2.270	-9.196	11.466
	Warschau	25.739	10.515	15.224	3.671	1.319	2.352	22.265	9.196	12.872
1977[3]	HW Warschau	52.332	20.889	31.443	29.793	20.889	8.904	22.539	-	22.539
	Umland	26.176	9.916	16.260	25.902	19.552	6.350	274	-9.636	9.910
	Warschau	26.156	10.973	15.183	3.891	1.337	2.554	22.265	9.636	12.629
1978[4]	HW Warschau	51.098	21.937	29.161	32.312	21.937	10.375	18.786	-	18.786
	Umland	29.476	13.090	16.386	27.290	19.985	7.305	2.186	-6.895	9.081
	Warschau	21.622	8.847	12.775	5.022	1.952	3.070	16.600	6.895	9.705
1979[5]	HW Warschau	42.292	16.565	25.787	26.083	16.505	9.578	16.209	-	16.209
	Umland	23.605	9.132	14.473	21.369	14.682	6.687	2.236	-5.550	7.786
	Warschau	18.687	7.373	11.314	4.714	1.823	2.891	13.973	5.550	8.423
1980[6]	HW Warschau	41.285	17.737	23.548	27.638	17.737	9.901	13.647	-	13.647
	Umland	21.311	9.340	11.971	22.643	15.849	6.794	-1.332	-6.509	5.177
	Warschau	19.974	8.397	11.577	4.995	1.888	3.107	14.979	6.509	8.470
1981[7]	HW Warschau	43.414	20.148	23.266	29.448	20.148	9.300	13.966	-	13.966
	Umland	23.543	11.704	11.839	23.629	17.331	6.298	-86	-5.627	5.541
	Warschau	19.871	8.444	11.427	5.819	2.817	3.002	14.052	5.627	8.425

1) WUSW 1976: 91   2) WUSW 1977: 72   3) WUSW 1978: 64
4) WUSW 1979: 70   5) WUSW 1980: 80   6) WUSW 1981: 36
7) WUSW 1982: 39

Außer den quantitativen Auswirkungen bewirken Wanderungen auch qualitative Veränderungen. Da die Vororte eine Art Durchgangsstation für die Einwanderung nach Warschau darstellen - 70% aller Personen, die vom Umland nach Warschau ziehen, sind dort nicht geboren (POLESZAK & RAKOWSKI 1980: 182) - haben die beiden Autoren die Sozialstruktur der Zuwanderer in die Vororte Warschaus untersucht. Die Zuwanderer waren vor allem junge Erwachsene (aber auch die Gruppe über 50 Jahre war überdurchschnittlich stark), zu 37% ledig, eher Männer, hatten gute Schulausbildung, häufig mit Hochschulabschluß, die Familien sind eher klein. Als Grund für die Zuwanderung wird vor allem die Heirat angegeben (25%), aber auch Wohnungs-Bedingungen (20%) und der Beginn einer neuen Arbeit - meist in Warschau (17%)(vgl. POLESZAK & RAKOWSKI 1980:181f).

Die Tabelle 4.6 zeigte den deutlicher Rückgang des natürlichen Bevölkerungssaldos in Warschau. Dieser Rückgarg setzte früher und intensiver als im Umland oder in der VR Polen ein. Auch in der Stadtentwicklungsphase nach 1965 setzt sich bis zum Ende der 60er Jahre dieser Rückgang fort. Die 70er Jahre sind wieder von einem Anstieg des natürlichen Bevölkerungssaldos gekennzeichnet, der sich nicht auf ein verändertes generatives Verhalten, sondern auf ein Hereinwachsen der geburtenstarken Nachkriegsjahrgänge in die Lebensphase der Familiengründung zurückführen läßt. Mit der erhöhten Geburtenrate steigt bei etwa konstanter Sterberate der natürliche Bevölkerungssaldo an; seit 1979 ist diese Tendenz wieder rückläufig. Einen ähnlichen Verlauf nehmen die Kurven auch für die HW Warschau - hier liegt die Geburtenrate und damit der natürliche Bevölkerungssaldo lediglich auf einem um etwa 2% höheren Niveau (vgl. Tab. 5.11).

Auch in dieser Stadtentwicklungsphase ist der Beitrag zum Bevölkerungszuwachs durch Migrationen am stärksten (73,0%) vor dem natürlichen Wachstum aufgrund des Geburtenüberschusses (15,5%) und den Eingemeindungen (11,5%) (vgl. Tab. 5.12). Damit werden die Relationen zwischen den zwei demographischen Faktoren gegenüber der vorangegangenen Phase etwa gewahrt (vgl. die Angabe für die Zeit zwischen 1945 und 1969 bei MISZTAL 1971:276), der Anteil der Eingemeindungen unterliegt dagegen keinen regelhaften Prozessen, sondern eher administrativen Einzelentscheidungen.

Tabelle 5.11: Natürlicher Bevölkerungssaldo für die VR Polen, HW Warschau und Warschau, 1965 - 1981

	VR Polen			HW Warschau			Warschau		
	Geburtenrate	Sterberate	nat.Bev.-Saldo	Geburtenrate	Sterberate	nat.-Bev.-Saldo	Geburtenrate	Sterberate	nat.-Bev.-Saldo
1970 1) 11)	16,6	8,1	8,5				10,1	8,7	1,4
1971 1) 12)	17,1	8,6	8,5				10,1	9,2	0,9
1972 1) 12)	17,4	8,0	9,4				10,8	8,8	2,0
1973 1) 12)	17,9	8,3	9,6				11,2	8,7	2,5
1974 1) 13)	18,4	8,2	10,2	13,7	9,0	4,7	11,9	9,1	2,8
1975 1) 13)	18,9	8,7	10,2	14,7	9,3	5,4	12,8	9,4	3,4
1976 2) 14)	19,5	8,8	10,7	15,6	9,5	6,1	13,7	9,6	4,1
1977 2) 6)15)	19,1	9,0	10,1	15,5	9,7	5,8	13,8	9,7	4,1
1978 3) 7)16)	19,0	9,3	9,7	15,3	9,8	5,5	13,6	9,9	3,7
1979 3) 8)17)	19,5	9,2	10,3	15,6	10,0	5,6	14,0	10,0	4,0
1980 4) 9)18)	19,5	9,9	9,6	15,4	10,6	4,8	13,8	10,6	3,2
1981 5)10)19)	18,9	9,2	9,7	14,9	10,1	4,8	13,4	10,2	3,2

Für VR Polen: 1) GUS 1976: 43
2) GUS 1978: 34
3) GUS 1980: 44
4) GUS 1981: 54
5) GUS BS 1982: 40

Für HW Warschau: 6) WUSW 1978: 41
7) WUSW 1979: 43
8) WUSW 1980: 53
9) WUSW 1981: 20
10) WUSW 1982: 23

Für Warschau: 11) GUS 1974: 95
12) WUSW 1981: XL f
13) WUSW 1976: 73
14) WUSW 1977: 47
15) WUSW 1978: 41
16) WUSW 1979: 43
17) WUSW 1980: 53
18) WUSW 1981: 20
19) WUSW 1982: 23

Betrachtet man jedoch die Entwicklung der Relationen der beiden demographischen Faktoren innerhalb dieser Phase, stellt man eine Veränderung des Bedeutungsüberschusses der Migrationen fest. Zu Beginn dieser Stadtentwicklungsphase (1965-1970) betrug der Wanderungsgewinn das 7,5fache des Geburtenüberschusses - zwischen 1975 und 1980 war er nur 3,4 mal so groß.

Tabelle 5.12: Stadtwachstum aufgrund unterschiedlicher Faktoren und Bevölkerungsdichte 1950 - 1980

	Einwohner	Fläche in qkm	Dichte E/qkm	ø jährl. Bev.zuwachs			Eingemeindung
				gesamt	nat.Bev.	Migrat.	
1950	819.000	141,0	5808,5	36.400	13.820[1]	19.900[1]	156.200 (1951)[1]
1955	1.001.000	424,5	2358,1	31.267	11.720[1]	10.960[1]	24.700 (1957)[1]
1960	1.157.334	446,2	2.593,8	19.053	4.420[1]	14.860[1]	
1965	1.252.600	446,2	2.807,3	12.610	1.560[1]	11.760[1]	
1970	1.315.648	445,9	2.948,6	24.095	3.250[2]	20.937[3]	
1975	1.436.122	445,9	3.220,7	31.990	5.858[4]	17.431[5]	40.000 (1977)
1980	1.596.073	485,3	3.288,8				

1) SZCZYPIORSKI 1979:85
2) SZCZYPIORSKI 1979:85
   WUS 1976:73
3) SZCZYPIORSKI 1979:85
   WUSW 1976:88
4) WUSW 1977:47
   WUSW 1978:41
   WUSW 1979:43
   WUSW 1980:53
   WUSW 1981:20
5) WUSW 1977:68
   WUSW 1978:60
   WUSW 1979:64
   WUSW 1980:74
   WUSW 1981:34

Wohnungen. Die Schwierigkeiten der Wohnungsversorgung setzen sich auch zu Beginn dieser Phase fort, obwohl man seit dem Beginn der 60er Jahre versucht, ihnen durch die Ausweitung des Wohnungsbausektors zu begegnen. Unter der Anstrengung, eine möglichst große Menge Wohnungen fertigzustellen, leiden sowohl die Ausstattung als auch die Größe der Wohnungen und der Räume, die Ästhetik der Gebäude und die Ausstattung des Wohnumfeldes. Man ist dazu übergegangen, in Hochhäusern (bis 13 Stockwerken) massenhaft gleiche Wohnungen in Fertigteilbauweise zu erstellen. Es entstehen gesichtslose Siedlungen, deren Anonymität erschreckend, deren Ausstattung unzureichend ist.

In den 70er Jahren wird der Wohnungsbau erneut forciert. Die Zahl fertiggestellter Wohnungen soll in der VR Polen zwischen 1971 und 1975 (vierter Fünfjahresplan) gegenüber seinem Vorläufer um 25% erhöht werden. Zusätzlich sollen die Wohnungen wieder entsprechend den Standards ausgestattet werden. Voraussetzung für diese Ausweitung ist in der VR Polen der Neubau von 22 Häuserfabriken zwischen 1971 und 1973. Dominierender Bauträger sollen die Genossenschaften werden, auch der private Wohnungsbau soll gefördert werden. Damit soll ein gesellschaftlicher Fortschritt erreicht werden; denn auf diese Weise wird die Möglichkeit für den Nutzer erhöht, auf die Wohnungsausstattung Einfluß zu nehmen. Auf der anderen Seite werden öffentliche Mittel eingespart, und ein Teil des vorhandenen Privatkapitals wird aktiviert.[1]

Zwischen 1971 und 1975 sollen nach den Planvorgaben in Warschau 90.000 Wohnungen mit einer durchschnittlichen Fläche von 45 qm errichtet werden, davon 1975 allein 22.000 (RIETDORF 1975:153). Tatsächlich werden zwischen 1971 und 1975 nur 85.328 Wohnungen errichtet, davon 1975 nur 20.267 Wohnungen mit 69.106 Räumen. Die durchschnittliche Wohnungsgröße beträgt 3,41 Räume (vgl. Tab. 4.11; nach der Statistik der Stadt Warschau liegt die Zahl der fertiggestellten Wohnungen sogar noch niedriger - vgl. MUSW 1974:40).

In der VR Polen sollen aufgrund des Beschlusses des VI. Parteitages der PZPR 70% des Wohnungsbaus in Städten von Genossenschaften übernommen wer-

---

1) In Polen entstehen seit dem Ende der 60er Jahre immer wieder Unruhen, weil kein dem vorhandenen Privatkapital entsprechendes Konsumgüterangebot besteht. Durch das Einsparen öffentlicher Mittel im Wohnungsbau werden für andere Aufgaben (Subvention der Basisgüter, Infrastruktur- und Industrieinvestitionen) zusätzliche Mittel freigestellt.

den. Entsprechend steigt in Warschau der Anteil der genossenschaftichen Wohnungen: Wurden 1965 noch 13.900 Wohnräume staatlich und 13.200 durch Genossenschaften zugeteilt, so teilen 1968 die Volkskammern nur noch 5.400 Wohnräume zu, die Genossenschaften aber 31.200 (PRAESIDIUM 1971: 63). Zwischen 1970 und 1975 bauen staatliche und städtische Wohnungsbaugesellschaften nur 19% aller Wohnungen; zwischen 1975 und 1980 geht dieser Anteil sogar auf 9% zurück (vgl. Tab. 5.13).

Die Situation 1975 stellt jedoch vorerst das Optimum der Wohnungsversorgung in Warschau dar, denn nach 1975 sinken die Fertigstellungen dramatisch. Schon im ersten Fünf-Jahres-Plan dieser Stadtentwicklungsphase geht die Rate der Fertigstellungen zurück (nach einer vorübergehenden Höchstmarke von ca. 17.500 fertiggestellten Wohnungen 1967; vgl. Tab. 4.11). Der Wohnungsbestand sinkt sogar zwischen 1969 und 1970 um rund 2.400 WE auf 410.030 (KULESZA 1974:40f; PRAESIDIUM 1971:63 - immer noch 2.067 WE mehr als in GUS SP 1976a angegeben; vgl. Tab. 4.12). Bis dahin waren seit 1945 740.000 Wohnungen neu gebaut (MISZTAL 1971: 280), resp. waren 1969 59% aller Wohnungen nach 1950 gebaut worden (KULESZA 1974: 30).

Die Tabelle 5.13 gibt die Fertigstellungen innerhalb der wirtschaftlichen 5-Jahres-Pläne für Warschau, das Umland und die VR Polen nach dem jeweiligen Bauträger wieder. Man ersieht aus ihr, daß der Rückgang in der Wohnungsbau-Produktion nach 1975 sich landesweit nur auf den staatlichen Wohnungsbau bezieht, der durch die genossenschaftliche Mehrproduktion um etwa das 2,5fache kompensiert wird. Auch der private Wohnungsbau nimmt deutlich zu.

Anders ist das Bild in der HW Warschau, hier sinkt die Wohnungsbau-Produktion nach 1975 sichtbar. Wenn man aber die Fertigstellungen in Warschau herausrechnet, nimmt der staatliche und der genossenschaftliche Wohnungsbau zusammen auch nach 1975 noch zu. Also sind nur in der Hauptstadt die Produktionsziffern rückläufig, insbesondere im staatlichen Wohnungsbau, der nach einem Rückgang auf ein Drittel (auf 5.780 WE in fünf Jahren) nahezu zum Erliegen gekommen ist. Auch die Wohnungsbau-Genossenschaften haben in Warschau nach 1975 weniger produziert - im jährlichen Durchschnitt knapp 2.000 WE weniger. Zwischen 1976 und 1980 werden nur noch 64.915 WE fertiggestellt (vgl. Tab. 5.13), was einer jährlichen

Tabelle 5.13: Fertiggestellter Wohnraum in Wohngebäuden, nach Trägern, VR Polen, W Warschau, HW Warschau, Umland und Warschau, 1956 - 1980

	Wohnungen (W)		Wohnräume (R)			Wohnfläche (in 1000 qm)			Räume pro Wohnung*			Fläche pro Wohnung*			Fläche pro Raum*		
	staatl.	genoss.	privat	staatl.	genoss.	privat	staatl.	genoss.	privat	staatl.	genoss.	privat	staatl.	genoss.	privat	staatl.	genoss.	privat
VR Polen																		
1956-60[1]	362.217		259.653	980.224		780.746	17.590		17.059		2.71	3.01	48.6		65.7	17.9		21.8
1961-65[1]	519.157		235.071	1.443.153		792.368	22.666		16.336		2.78	3.37	43.7		69.5	15.7		20.6
1966-70[2]	275.300	416.600	252.300	773.100	1.163.000	945.854	11.993	17.155	19.679	2.81	2.79	3.75	43.6	41.2	78.0	15.5	14.8	20.8
1971-75[3]	320.700	523.400	276.700	1.035.600	1.704.800	1.199.400	14.927	23.596	24.326	3.23	3.26	4.33	46.5	45.1	87.9	14.4	13.8	20.3
1976-80[4]	245.500	723.100	339.100	834.200	2.531.200	1.601.000	12.557	36.494	31.939	3.40	3.50	4.72	51.1	50.5	94.2	15.1	14.4	19.9
W Warschau																		
1956-60[5]	13.909		36.605	37.178		102.620	635		2.225		2.67	2.88	45.7		62.5	17.1		21.7
1961-65[1]	23.132		26.622	64.967		85.407	1.001		1.715		2.81	3.21	43.3		64.4	15.4		20.1
1966-70[6]	31.812		31.205	90.077		110.431	1.341		2.222		2.83	3.54	42.2		71.5	14.9		20.2
HW Warschau																		
1971-75[7]	97.876		8.869	316.609		38.168	4.449,1		737,2		3.23	4.30	45.5		83.1	14.1		19.3
1976-80[8]	80.543		9.693	278.266		48.027	4.611,4		935,4		3.45	4.95	57.3		96.5	16.6		19.5
Umland Warschau																		
1971-75[9]	14.728		7.650	43.225		32.536	-		-		2.93	4.25	-		-	-		-
1976-80[9]	17.385		7.936	58.298		39.658	1.168,8		772,5		3.35	5.00	67.2		97.3	20.0		19.5
Warschau																		
1956-60[1]	53.388		2.931	137.301		10.062	2.448		205		2.57	3.43	45.9		69.9	17.8		20.4
1961-65[1]	68.508		2.906	163.791		11.917	2.777		237		2.39	4.10	40.5		-	15.7		-
1966-70[10]	78.475		1.734	200.117		7.482	3.121		146		2.55	4.31	39.8		84.2	15.6		19.5
1971-75[11]	16.300	66.848	1.219	51.900	221.494	5.632	-	-	-	3.18	3.31	4.62	-	-	-	-	-	-
1976-80[8]	5.780	57.378	1.757	20.460	119.508	8.369	3.442,6		162,9	3.54	3.48	4.76	54.5		92.7	15.7		19.5

* Eigene Berechnung

1) GUS 1966:213f
2) GUS 1974:485; GUS 1981:489
3) GUS 1981:489
4) GUS 1981:489; GUS BS 1982:21f
5) GUS 1959:163; GUS 1960:176
6) GUS 1968:399; GUS 1970:385; GUS 1974:486
7) WUSW 1976:250
8) WUSW 1977:290; WUSW 1978:275; WUSW 1979:297; WUSW 1980:316; WUSW 1981:179
9) Differenz aus den Angaben für HW Warschau und Warschau; eigene Berechnung
10) GUS 1968:398; GUS 1970:385; GUS 1974:486
11) WUSW 1976:32f

Zahl von knapp 13.000 WE entspricht - zwischen 1971 und 1975 waren es noch 84.367, also etwa 17.000 pro Jahr. Geplant waren jedoch gut 20.000 WE pro Jahr, d.h. die Defizite zeigen, daß man in zunehmendem Maße die vorgegebenen Plandaten nicht erreicht.

Betrachtet man die Wohnungsgröße (R/W und qm/W) und die durchschnittliche Größe der fertiggestellten Räume (qm/R), schneidet Warschau keineswegs schlechter als die VR Polen und nur knapp schlechter als die HW Warschau ab (insbesondere bei den Flächen liegt die HW Warschau besser). Besonders im staatlichen Wohnungsbau werden größere Wohnungen fertiggestellt.

Der private Wohnungsbau - seit Mitte der 70er Jahre in seiner Bedeutung wieder steigend - ist nach wie vor in Warschau nahezu unbedeutend. Die Wohnungen sind jedoch deutlich größer: sie haben ein bis 1,5 Zimer mehr, die im Mittel fast 4 qm größer sind, so daß die Fläche einer Wohnung, die im privaten Wohnungsbau nach 1975 fertiggestellt wird, um ca. 35% größer ist.

Die Gleichzeitigkeit des Rückgangs der Wohnbautätigkeit mit dem Hereinwachsen der geburtenstarken Nachkriegsjahrgänge in den Lebensabschnitt der Familiengründung läßt eine erhöhte Nachfrage auf ein verringertes Angebot treffen. Da in der polnischen Gesellschaft ein Zusammenleben ohne Heirat noch stark diskriminiert wird und daher praktisch nicht vorkommt, ist als Indikator für den Bedarf an neu fertiggestellten Wohnungen der Quotient aus der Anzahl der fertiggestellten Wohnungen und der Zahl an Eheschließungen (W/100 Ehen) sicherlich sehr brauchbar (obwohl hier zusätzlich der Abgang alter Wohnungen mit berücksichtigt werden müßte). Wenn man gleichzeitig mit berücksichtigt, daß die Wohnungssituation in Warschau nach dem Kriege immer eine war, die durch z.T. extremen Mangel gekennzeichnet war (vgl. Tab. 5.16), müßte diese Quote etwa einen Wert von 115 erreichen, um die bestehende Situation zu bewahren und etwa einen Wert von 140, um sie merklich zu verbessern.

Der Abbildung 5.14 ist der Rückgang der Wohnungsbau-Produktion nach 1975 deutlich zu entnehmen; 1976 ist der Wert schon unter der Marke, die den Bestand sichern würde, 1977 bereits unter 100 (seither wird dieser Quotient in der amtlichen Statistik auch nicht mehr ausgewiesen).

Abbildung 5.14: Anzahl fertiggestellter Wohnungen pro 100 Ehen
(W/1000 Ehen), Warschau, 1960, 1970 - 1981

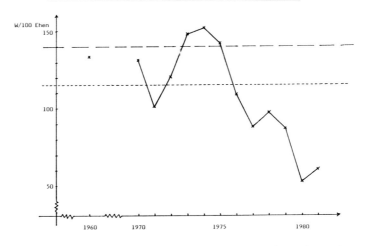

(Quellen: 1960, 1970 - 1977: WUSW 1978: XL f.
1978: WUSW 1979: 43 und Tab. 4.11
1979: WUSW 1980: 53 und Tab. 4.11
1980: WUSW 1981: 20 und Tab. 4.11
1981: WUSW 1982: 23 und Tab. 4.11)

Nicht ganz so drastisch wirkt sich der Rückgang der Wohnungsbau-Produktion auf die Wohnflächen, die Anzahl der Räume, die Größe der Wohnungen nach Fläche und Raumzahl und die Größe der einzelnen Räume aus. Bis 1978 nimmt noch die durchschnittliche Größer aller fertiggestellten Wohnungen zu (nach Fläche und Anzahl der Räume), (vgl. Tab. 4.11), die durchschnittliche Größe der einzelnen Räume steigt bis 1979. Das Jahr 1980 bringt die niedrigste Produktionsrate fertiggestellter Wohnungen (unter dem Niveau der Mitte der 50er Jahre), die Wohnungen sind allerdings etwas größer. 1981 werden wieder gut 1.000 WE mehr fertiggestellt, die Wohnungen sind durchschnittlich aber wieder so klein wie im Jahr 1976 (vgl. Tab. 4.11).

1966 gibt es in Warschau 369.000 Wohnungen mit durchschnittlich 2,4 Räumen pro Wohnung. Damit leben durchschnittlich 3,33 Warschauer in einer Wohnung; dies entspricht einer Belegung von 1,37 Bewohnern pro Raum (STATISTISCHES BUNDESAMT 1973:105; GUS SR 1969:19).

Die Sonderauswertung des Hauptamtes für Statistik aus dem Jahre 1976 (vgl. Tab. 4.12) gibt für Warschau 1970 knapp 408.000 Wohnungen und für 1974 gut 476.000 Wohnungen als Bestand an. Damit sinkt die mittlere Belegungsdichte auf 1,12 Einwohner pro Raum und weniger als drei Personen pro Wohnung. Gleichzeitig werden die Wohnungen größer (im Durchschnitt 2,65 Räume pro Wohnung) und die durchschnittliche Wohnungszahl pro Wohngebäude steigt deutlich (auf 8,5 Wohnungen pro Wohngebäude 1970).

1975 gibt es in Warschau - nach zwei Jahren hoher Raten der Fertigstellung - 493.700 Wohnungen mit einer durchschnittlichen Größe von 2,68 Räumen und einer durchschnittlichen Fläche von 44,2 qm. Die durchschnittliche Raumgröße beträgt 16,4 qm Bruttowohnfläche. Damit stehen jedem Warschauer im Schnitt 15,2 qm Bruttowohnfläche zur Verfügung; es leben in jedem Raum durchschnittlich 1,06 Einwohner (GUS SP 1976:XXXIVf).

Die Wohnverhältnisse Warschaus gegenüber der Agglomeration, der W Warschau und der VR Polen (letztere unterteilt in Städte und ländliche Gemeinden) zeigt Tab. 5.14 für 1970.

Tabelle 5.14: <u>Wohnungsversorgung 1970</u>

	R/W	E/W	E/R	F/W	F/R	F/E
VR Polen Stadt	2,77	3,66	1,32	46,8	16,9	12,8
Land	3,00	4,32	1,44	55,7	18,6	12,9
W Warschau Stadt	2,68	3,75[2]	1,40	42,0	16,2	11,6
Land	2,69	4,31[2]	1,60	49,1	18,6	11,6
Aggl. Warschau[1]	2,59	3,39	1,31	42,8	16,5	13,3
Warschau	2,59	3,19[2]	1,24	42,0	17,1	13,8

R = Anzahl der Räume E = Anzahl der Bewohner
W = Anzahl der Wohnungen F = Fläche (in qm)

1) Agglomeration nach LESZCZYCKI, EBERHARD & HERMAN. Sie ist eine von zwölf innerhalb der VR Polen. In ihr leben 1970 auf einer Fläche von 805 qkm (entsprechend einem Kreis mit einem Radius von 16 km) 1.743.200 E. Die Angaben in der Tab. stammen von BOBIŃSKI (1974: 47, 54, 59).

2) KULESZA 1974: 27

alle anderen Angaben aus KULESZA (1974: 40 f.).

Die Belegungsziffern sind in Warschau deutlich geringer als in den Städten der anderen räumlichen Einheiten. Das liegt weniger an den Wohnungsgrößen als vielmehr an den deutlich niedrigeren Haushaltsgrößen. Die niedrige Belegungsziffer wird nicht nur in der Relation Einwohner/Raum zum Ausdruck gebracht, jedem Warschauer steht auch deutlich mehr Brutto-Wohnfläche zur Verfügung.

Die Warschauer haben 1974 im Durchschnitt genauso große Wohnungen wie die Bewohner der HW Warschau, jedoch geringfügig weniger Räume pro Wohnung als im Landesdurchschnitt (vgl. Tab. 4.12). Die Belegungsdichte (E/R) ist jedoch geringer als in der HW Warschau oder im Landesdurchschnitt; im Umland Warschaus ist diese sogar höher als im Landesdurchschnitt. Die Haushaltsgrößen (E/W) liegen in Warschau ebenfalls deutlich unter den Durchschnittswerten der HW Warschau, des Umlandes bzw. der VR Polen.

Der Wohnungsbestand wurde zuletzt anläßlich der vorgezogenen Volkszählung 1978 ermittelt (vgl. Tab. 5.15).

Tabelle 5.15: Wohnungsbestand in Wohngebäuden in Warschau und in der HW Warschau, 1978[1]

	W Wohnungen	R Wohnräume	qm Wohnfläche (in 1.000 qm)	E/W	E/R	R/W	qm/W	qm/E
Warschau	513.501	1.441.275	22.925,5	2,94	1,05	2,81	44,6	15,2
HW Warschau	706.594	2.021.997	32.475,8	3,12	1,09	2,86	46,0	14,8
- Städte	638.286	1.812.974	28.827,3	3,03	1,07	2,84	45,2	14,9
- Landgemeinden	68.308	209.023	3.648,5	3,88	1,27	3,06	53,4	13,8
- staatlich u. genossensch.	526.421	1.447.209	22.573,8	2,96	1,08	2,75	42,9	14,5
- privat	180.173	574.788	9.902,0	3,57	1,12	3,19	55,0	15,4

Quelle: WUSW 1980:302f

Die Wohnungen in Warschau sind 1978 im Mittel nach der Zahl der Räume und nach der Fläche kleiner als in der HW Warschau und auch kleiner als im Mittel aller Städte in der HW Warschau. Das liegt an dem niedrigen Anteil des privaten Wohnungsbaus in Warschau, der deutlich größere Wohnungen produziert als staatliche oder genossenschaftliche Einrichtungen. Dennoch bleibt die Wohnsituation des durchschnittlichen Warschauers besser: Ihm steht mehr Wohnfläche zur Verfügung (weil der durchschnittliche Wohnraum größer ist), und er verfügt eher über ein eigenes Zimmer. Beides liegt eben auch daran, daß die Haushalte in Warschau im Durchschnitt kleiner sind als in den anderen Gebietseinheiten. Gleichzeitig zeigt Tabelle 5.15, daß im privaten Wohnungsbau die Haushalte deutlich größer sind. Entweder sind große Haushalte eher darauf angewiesen, eine Wohnung

---

[1] Vergleicht man die Tabellen 5.15 und 4.12, muß berücksichtigt werden, daß in obiger Tabelle nur Wohnungen in Wohngebäuden berücksichtigt werden (insgesamt liegt die Zahl der Wohnungen in der HW Warschau um etwa 4.000 höher; vgl. WUSW 1979:293 - es liegen jedoch über die Gesamtzahl aller Wohnungen keine detaillierten Statistiken vor).

selbst zu bauen oder aber Familien entschließen sich - wenn sie erst einmal eine eigene Wohnung haben - eher dazu, weitere Kinder zu bekommen. Dazu ist in privat errichteten Wohnungen (meist als Ein-Familien-Häuser) ein Drei-Generationen-Haushalt wahrscheinlicher.

Trotz der relativ besseren Wohnungsversorgung ist die Wohnsituation in Warschau dennoch angespannt. CIECHOCIŃSKA (1975:208) ermittelt aus der Gegenüberstellung von Wohnungsbestand und der Zahl der Haushalte ein rechnerisches Defizit von knapp 59.000 Wohnungen für 1970 (vgl. Tab. 5.14) - das tatsächliche Defizit dürfte jedoch größer sein, denn viele Ehepaare leben voneinander getrennt im Haushalt ihrer Eltern, weil sie noch keine eigene Wohnung nachgewiesen bekommen haben.

Tabelle 5.16: Wohnungsdefizit in Warschau, 1950, 1960 und 1970

		1950[1]	1960[1]	1970[1]	1978[2]
Warschau	Anzahl Haushalte	302.300	396.100	466.800	593.906
	Anzahl Wohnungen	199.046	307.480	407.963	513.501
	Wohnungsdefizit	103.254	88.620	58.837	80.405
Śródmieście	Anzahl Haushalte		75.700	79.600	
	Anzahl Wohnungen		54.053	66.245	
	Wohnungsdefizit		21.647	13.535	
sonstige Stadtbezirke	Anzahl Haushalte		320.400	387.200	
	Anzahl Wohnungen		253.427	341.718	
	Wohnungsdefizit		66.973	45.482	

1) CIECHOCIŃSKA 1975: 208, 213
2) GUS SP 1981: 350

Weiter zeigt die Tabelle 5.16 zweierlei: Das Defizit an Wohnungen hat sich in den 60er Jahren doppelt so rasch vermindert wie in den 50er Jahren, und in den Außenbezirken verringert sich dieses Defizit in den 60er Jahren etwas schneller als in der Innenstadt.

Betrachtet man nun die Entwicklung innerhalb der einzelnen Stadtbezirke (vgl. Tab. 4.12), so ist die Entwicklung der Belegungsdichten überall ähnlich, die Entwicklungsdynamik jedoch unterschiedlich. Die Unterschiede in der Belegungsdichte haben sich bis 1974 angeglichen. Wola weist zwar immer noch den letzten Rangplatz unter den Stadtbezirken auf, doch ist der Abstand zum besten Stadtbezirk von 1950 (0,36 E/R gegenüber Śródmieście) auf 1974 (0,12 E/R gegenüber Mokotów) deutlich verringert worden. Noch größere Fortschritte bei der Verringerung machte Praga-Północ (von 2,17 E/R 1950 auf 1,07 E/R 1974). Die geringfügigste Veränderung machte der Innenstadt-Bezirk durch.

Das hat mehrere Gründe: Erstens wurde im Innenstadt-Bezirk in den letzten Jahren, in denen die fertiggestellten Wohnungen größer wurden, weniger gebaut. Zweitens war die Wohnsituation durch den Bau repräsentativer Wohnungen in den 50er und 60er Jahren in der Innenstadt schon damals günstig. Drittens ist der Anteil an Mehrfamilienhaushalten aufgrund der Wohnungs- und Altersstruktur in der Innenstadt besonders hoch (vgl. DANGSCHAT 1984:160ff, 238ff). Dennoch geht die mittlere Zahl der Bewohner pro Wohnung zurück (von 4,63 E/W 1950 auf 2,91 E/W 1974). Auch in Praga-Północ wird die mittlere Belegungsdichte über eine Verringerung der mittleren Haushaltsgrößen, weniger durch den Zubau deutlich größerer Wohnungen erreicht (das Neubaugebiet Bródno für 80.000 Menschen weist z.B. zu kleine Wohnungen auf; vgl. Abb. 5.16). Auf der Ebene der Planungsbezirke sind jedoch die Unterschiede der Belegungsdichten deutlich nachweisbar (vgl. DANGSCHAT 1984:154ff, 236ff).

Obwohl die Wohnsituation in Warschau deutlich besser ist als im Landesdurchschnitt (vgl. z.B. LESZCZYCKI & LIJEWSKI 1977:49), ist man dennoch dem Planziel für 1985 in Warschau nur zum Teil nahegekommen. So soll 1985 im Durchschnitt pro Person ein Wohnraum vorhanden sein. Dieser soll jedoch eine Größe von durchschnittlich 18 qm Nettowohnfläche aufweisen, ein Wert, von dem man noch weit entfernt ist und den zu erreichen insofern schwierig ist, da dafür die Räume in den Neubauten wesentlich größer sein müßten.

Ein wichtiger Faktor für die Beurteilung der Wohnungs-Situation ist die Ausstattung der Wohnungen resp. die Ausstattung des Wohnumfeldes mit Wohnfolgeeinrichtungen. Zum Beginn dieser Stadtentwicklungsphase (1968) sind die Wohnungen in Warschau zu folgenden Anteilen ausgestattet mit

- Wasseranschluß 86%
- Anschluß an das Kanalisationsnetz 76%
- Gasanschluß 71%
- einem Badezimmer 70%
- einer Zentralheizung 67% (MISZTAL 1971:280).

Das Fernheiznetz versorgt Mitte der 70er Jahre etwa die Hälfte aller Wohnungen, vor allem in zentralen Standorten oder in den neuen Groß-Siedlungen. Bis 1985 soll allen Wohnungen alternativ zum Gasnetz ein Fernheiz-Anschluß zur Verfügung stehen. Diese Vorgabe wird jedoch nicht einzuhalten sein, denn gerade an der Peripherie und in niedriger konzentrierten Wohngebieten gibt es weder einen Gas- noch einen Fernheiz-Anschluß. Diese Haushalte sind auf eine Versorgung mit Flüssiggas angewiesen.

Die Ausstattung der Wohnungen ist in Warschau, verglichen mit dem Umland und insbesondere hier den ländlichen Regionen, sehr günstig (vgl. Tab. 5.17). In der W Warschau sind 1970 nur 47,9% aller städtischen Wohnungen an das Wasserleitungsnetz angeschlossen, auf dem Land sind es kärgliche 6,6%. Nur 36,1% aller städtischen Wohnungen in der W Warschau haben ein eigenes Bad (KULESZA 1974:32, 38).

Tabelle 5.17: Ausstattung der Wohnungen in der HW Warschau und in Warschau, 1978 und 1981

		Wohnungen	Wasser	Abwasser	Bad	Gas	Zentralheizg.
Warschau	1978	513.501	95,3	91,6	86,3	86,7	84,4
	1981	544.406	95,7	92,4	87,5	87,8	85,7
HW Warschau	1978	706.594	84,1	79,9	76,0	67,9	73,3
	1981	748.099	85,2	81,2	77,6	69,5	75,0
- Städte	1978	638.286	88,9	85,0	80,5	74,3	77,7
	1981	676.560	89,8	86,5	82,0	75,9	79,4
- ländliche Gemeinden	1978	68.308	38,4	32,3	34,0	8,1	32,0
	1981	71.539	41,2	34,5	36,2	8,7	34,3

(davon in % mit ...)

Quelle: WUSW 1982:187

Die Tabelle 5.17 zeigt die großen Unterschiede zwischen den städtischen und den ländlichen Gebieten innerhalb der HW Warschau. Die Unterschiede zwischen den Städten und Warschau sind de facto größer, da Warschau in die Kategorie der Städte der HW Warschau miteinbezogen ist. Obwohl im Durchschnitt aller Städte zwischen 1978 und 1981 die Ausstattung der Wohnungen sich schnell verbessert, bleiben sichtbare Unterschiede zur Hauptstadt.

Neben dem Einbruch bei der Wohnungs-Fertigstellung verschlechtert sich die Ausstattung mit Wohnfolgeeinrichtungen. Werden bis Mitte der 70er

Jahre in den wachsenden Großsiedlungen noch Kindergärten, Schulen, Einkaufsmöglichkeiten und auch Arbeitsplätze (insbesondere für Frauen in gewerblichen und leichtindustriellen Berufen) geschaffen (z.B. in Bródno und in Stegny; vgl. Abb. 4.22), so werden in den Neubaugebieten der späten 70er Jahre hierfür nur noch Reserveflächen bereitgehalten (z.B. in Ursynów-Natolin), was letztlich zu großen Verkehrs- und Versorgungsproblemen und in ihrer Folge zu hohen Fluktuationen und psychischen Problemen bei den Bewohnern geführt hat.

Über die internen Unterschiede der Wohnungsversorgung innerhalb Warschaus macht die offizielle Statistik keine Angaben. Das Stadtplanungsbüro Warschaus (Biuro Planowania Rozwoju Warszawy; BPRW) hat für seinen internen Gebrauch eine Sonderauswertung der Volkszählungsdaten 1978 zu unterschiedlichen Lebensbedingungen in Warschau erstellt. Die folgende Analyse bezieht sich auf dieses Material.

Eine Subdimension dieser Analyse ist der Bereich "Wohnen", der wiederum in drei Bereiche untergliedert ist: die Wohnungsgröße, die Ausstattung der Wohnungen und die Wohnungsstruktur.

Das BPRW stellte fest, daß 1978 40,2% aller Warschauer in Wohnverhältnissen leben, die unter dem Standard liegen (38,5% über dem Standard). Die räumliche Verteilung und die Stärke der Abweichung vom Standard wird in Abb. 5.15 wiedergegeben:

Danach sind die Wohnverhältnisse am schlechtesten in Praga-Centrum (der Bezirk 411 in Abb. 5.6), in Neu-Praga (413) und in Włochy (202). In Praga-Centrum liegt die schlechte Situation vor allem an zu kleinen Wohnungen (wie im gesamten Praga, das schon vor dem 2. Weltkrieg bebaut wurde, aber relativ unzerstört geblieben ist; vgl. Abb. 5.16) und an schlechter Wohnungsausstattung (vgl. Abb. 5.17), weniger am hohen Anteil von Untermiet-Haushalten (vgl. Abb. 5.18). In Neu-Praga sind es vor allem die zu kleinen Wohnungen, während in Włochy die Wohnungen ausreichend groß, aber sehr schlecht ausgestattet sind und der Wohnungsbestand der bestehenden Haushaltsstruktur schlecht angepaßt ist.

Die beste Wohnungssituation besteht in Wawrzyszew (hier liegt das Neubaugebiet Bielany aus den späten 60er Jahren, aber auch unmittelbar nordwestlich die Huta Warszawa, der größte Umweltbelaster Warschaus). Ebenfalls eine gute Wohnungsversorgung besteht in Saska Kępa, dem kleineren Diplomaten-Viertel (Bezirk 305 in Abb. 5.6), Jelonki (609), Czerniaków Wilanów (105) und Ursynów-Natolin (109), wo seit 1975 das größte Neubaugebiet Warschaus entsteht.

Abbildung 5.15: <u>Räumliche Verteilung der Indexausprägungen "Wohnen", Warschau, 1978</u>

Quelle: Eigene Kartierungen nach VZ-Daten des BPRW

Nach den Berechnungen des BPRW wohnen 44,8% aller Warschauer in Wohnungen, die kleiner sind, als sie nach dem geltenden Standard sein sollten, bei 31,9% liegt die Wohnungsgröße über dem Standard. Die Abweichung von diesen Standards und deren räumliche Verteilung auf der Ebene der 81 Planungsbezirke und deren räumliche Verteilung zeigt Abbildung 5.16.

Da sich fertiggestellte Wohnungen in der Regel an geltenden oder mittelfristig zu erreichenden Standards ausrichten, sind ältere Wohnungen tendenziell kleiner. Das gilt nicht für privat errichtete Wohnungen und solche, die bewußt größer als die Standards gebaut wurden (beides z.B. im südlichen Innenstadt-Bezirk und im alten Żoliborz). Die schlechtesten Indexausprägungen sind in den Bezirken Praga und Wola zu finden: In Praga-Centrum (Bezirk 411 in Abb. 5.6), Praga II und III, einer 50er-Jahre-Siedlung (412), in Neu-Praga (413), in Szmulowizna (415), in Kamionek (301), in Nord- und Süd-Grochów (306, 307), d.h. entlang der verbliebenen Bebauung der ersten beiden Jahrzehnte dieses Jahrhunderts, in der Wohnnutzung und alte Industrie stark vermischt ist; aber auch im Neubaugebiet Bródno, das zwischen 1968 und 1975 gebaut wurde (409). In Wola sind es Nord- und Süd-Koło, beides Gebiete, die ebenfalls stark mit Industrie durchmischt sind (605, 610), Młynów (606), West-Muranów auf dem Gelände des ehemaligen jüdischen Gettos (607), Czyste (611) und die westliche Innenstadt (612). In Ochota sind es Krakauer Chaussee (203) und Neu-Okęcie (209); in Mokotów Sielce (102) und in Żoliborz Brzeziny (706) und West-Żoliborz (711), wo die ersten Genossenschafts-Siedlungen aus den 30er Jahren liegen.

Abbildung 5.16: <u>Räumliche Verteilung der Indexausprägungen "Wohnungsgröße", Warschau, 1978</u>

<u>Quelle</u>: Eigene Kartierung nach VZ-Daten 1978 des BPRW

Über den Standards liegen die Wohngebiete entlang der Weichsel - Marymont, ein neueres Wohngebiet (Bezirk 709 in Abb. 5.6), Żoliborz-Zentrum, ein traditionelles Wohngebiet der oberen sozialen Schichten mit hohem Anteil an Wohnungen im Privatbesitz (713), Nord- und Süd-Powiśle mit dem Regierungs- und dem Diplomatenviertel (504, 506) und Saska Kępa, dem kleineren Diplomatenviertel (305) -, südlich der Innenstadt - Mokotówer Feld (205), Südliches Zentrum (505) und Alt-Mokotów (101), auch hier sind viele Wohnungen in Privatbesitz -, in Neubaugebieten - Czerniaków Wilanów (105), Ursynów-Natolin (109), Górce (604), Jelonki (609) und Wawrzyszew (707) - und periphere Gebiete, in denen privater Ein-Familienhaus-Bau stark vertreten ist - Zacisze (410), Wawer (311), Falenica (312) und sicherlich der größte Teil der peripheren Planungsbezirke, der aufgrund deren geringen Bevölkerungszahl nicht in die Berechnung einbezogen wurde.

Abbildung 5.17: <u>Räumliche Verteilung der Indexausprägung "Ausstattung der Wohnung", Warschau, 1978</u>

<u>Quelle</u>: Eigene Kartierung nach VZ-Daten 1978 des BPRW

Die Ausstattung der Wohnungen mit Gasleitungen, fließend warmem Wasser, mit Badezimmern und Zentralheizung weist von den drei Unter-Bereichen die geringsten Defizite auf: nur 14,4% der Warschauer sind nicht dem Standard entsprechend versorgt, 59,4% liegen, wenn auch nur knapp - darüber.

Aus der Abbildung 5.17 lassen sich die geringeren Unterschiede und deren räumliche Verteilung innerhalb Warschaus ablesen. Am schlechtesten sind die Wohnungen in Włochy (Bezirk 202 in Abb. 5.6) und in Rembertow (304) ausgestattet. Wegen ihrer peripheren Lage - Włochy lag bis zur Eingemeindung von Ursus 1977 am Stadtrand - dürfte diese negative Einstufung vor allem auf das Fehlen einer Gasversorgung zurückzuführen sein, zumal in der nächstschlechteren Kategorie weiter vorwiegend periphere Bezirke zu finden sind: Zacisze (410), Wawer (311) und Falenica (312). In Praga-Zentrum (411) ist dagegen das Fehlen von Bädern, Zentralheizungen und fließend warmem Wasser ausschlaggebend.

Abbildung 5.18: <u>Räumliche Verteilung der Indexausprägungen "Wohnungsstruktur", Warschau, 1978</u>

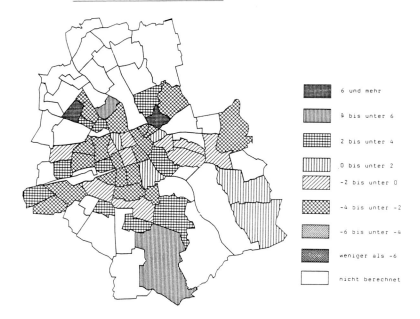

Quelle: Eigene Kartierung nach VZ-Daten 1978 des BPRW

Nach der Analyse des BPRW wohnen 42,7% aller Warschauer in Planungsbezirken, die im Verhältnis zu den vorhandenen Drei- oder Vier-Personen-Haushalten zu wenige Vier-Zimmer-Wohnungen aufweisen bzw. in denen überdurchschnittlich viele Untermieter-Haushalte leben. Im umgekehrten Fall sind es 24,9%.

Trotz des hohen Anteils unterdurchschnittlich ausgestatteter Gebiete ragt keines besonders negativ heraus. Interessant ist die positive Abweichung von vier Planungs-Bezirken: Wawrzyszew (Bezirk 707 in Abb. 5.6) und überraschend auch das Targówek-Wohngebiet (414) in der ersten Gruppe und Marymont (709) und Ursynów-Natolin (109) - beides ganz junge Wohngebiete - in der zweiten Gruppe.(vgl. Abb. 5.18).

Zum Ende der Darstellung der Wohnungsituation zur Zeit der Volkszählung 1978 möchte ich zumindest einen Hinweis geben auf die Arbeit von SOKOŁOWSKA et al. (1978). Sie haben die höchste Konzentration von Randgruppen für 1970 exakt in den Planungsbezirken festgestellt, in denen das BPRW für 1978 die Wohnungssituation am schlechtesten bewertete - Praga-Zentrum (411), Neu-Praga (413), Praga II und III (412) und Szmulowizna (415). Für einen Teil der von SOKOŁOWSKA et al. identifizierten Planungs-Bezirke kann dieser Vergleich nicht vorgenommen werden, da das BPRW hier keine Angaben macht, im Wohnbezirk Targówek (144) trifft dieses nicht zu. Für einen Zusammenhang der positiven Wohnsituation mit Schichtkriterien, wie sie WĘCŁAWOWICZ (1979) ebenfalls für 1970 festgestellt hat, gibt es nicht so eindeutige Hinweise. Es gibt vermutlich solche Zusammenhänge in Marymont (709), Czerniaków Wilanów (105), Saska Kępa (305), Wawer (311) und Falenica (312); nach der Wohnungssituation dürfte es aber in der Innenstadt keine solch hohen Konzentrationen geben, wie sie WĘCŁAWOWICZ ermittelt hat - hier sind wohl Erreichbarkeit und Zentralität die entscheidenden positiven Standortmerkmale.

In einer umfangreichen sozialräumlichen Analyse Warschaus (DANGSCHAT 1984) konnte ich diese Ergebnisse bestätigen: Es gibt auf der Ebene der Planungsbezirke sowohl deutliche Unterschiede der Wohnraumversorgung als auch der Sozialstruktur der Bevölkerung (nach Schulbildung, Alter, Haushaltsgröße). Diese Disparitäten führen zu deutlich nachweisbarer Segregation sozialer Gruppen auf der Ebene von Zählbezirken.

Für die Zeit nach 1981 liegen mir bisher keine Statistiken vor. Nach einem Zeitungsartikel in der ZYCIE WARSZAWY[1] sollen in der HW Warschau 1983 44.000 Wohnungen fertiggestellt und bezogen werden (tatsächliche Fertigstellungen 1981: 14.395; 1980: 11.950; 1975: 21.598; WUSW 1982:XXXVIf) - also eine unter den herrschenden ökonomischen Bedingungen unvorstellbar hohe Zahl. Es werden aber immer noch 200.000 Wohnungen sofort benötigt. Auf der Warteliste der Genossenschaften sind 418.000 Genossenschaftler notiert, von denen 64.400 in den letzten drei Jahren (von 1980 bis 1983) eine Wohnung hätten bekommen müssen, wenn eine vorhanden gewesen wäre. Trotzdem nimmt die Warteliste um ca. 20.000 pro Jahr zu.

Die Planung für die HW Warschau sieht jedoch zwischen 1983 und 1985 lediglich eine Fertigstellung von 27.000 Wohnungen vor; zwischen 1986 und 1990 sollen es 70.000 werden. Benötigt würden nach polnischen Berechnungen für diesen Fünf-Jahres-Zeitraum aber 200.000 Wohnungen.

Die Wohnungssituation in Warschau ist - verglichen mit anderen polnischen Städten - noch relativ gut. Nach einer Meldung der Polnischen Presseagentur PAP[1] fehlten 1982 landesweit für junge Erwachsene 2 Mio. Wohnungen, d.h. nur 18% aller Ehepaare finden nach ihrer Trauung eine Wohnung. Um diesen Bedarf abzubauen, müßte man zehn Jahre lang etwa 500.000 Wohnungen pro Jahr neu errichten - möglich sind jedoch nur 300.000. So hat man kurzerhand beschlossen, die Wartelisten für eine genossenschaftliche Wohnung abzuschaffen. Auf diese Weise wird der Illegalität und der Schieberei auf dem Wohnungsmarkt Tür und Tor geöffnet - mithin eine Vorgehensweise sanktioniert, die sich in Städten in den letzten Jahren zunehmend einbürgerte.

Die Ursachen für diese Misere, aus der praktisch niemand einen Ausweg weiß, faßt J. BACZYŃSKI in der Zeitung POLYTIKA[1] zusammen:

- Die Bauindustrie. Mitte der 60er Jahre setzte die Regierung auf Fertigbau durch Häuserfabriken. Dabei wurden 62% des bestehenden mittelständischen Bauhandwerks zerstört. Z.Zt. sind nur etwa 40% der industriellen Kapazität augelastet. Die Ursachen hierfür sind:
- Die Relation aus Gestehungskosten und Erwerbs- bzw. Mietkosten. Der Baupreis für 1 qm beträgt etwa 25.000 Zł. (das durchschnittliche zwei-

---

1) ZYCIE WARSZAWY, Nr. 146 vom 22.6.1983, S. 5; PAP-Meldung von 1982; J. BACZYŃSKI in POLYTIKA, Nr. 34/83 vom 20.8.1983 - diese Hinweise verdanke ich M. CIECHOCIŃSKA.

fache Monatseinkommen eines polnischen Erwerbstätigen). Die Miete in einer staatlichen Wohnung beträgt aber nur etwa 5% des durchschnittlichen Einkommens (= 600 Zł.; d.h. bei einer Wohnungsgröße von 50 qm beträgt die qm-Miete 12 Zł.); in einer Wohnung einer Mieter-Genossenschaft beträgt die Miete etwa 9% eines Durchschnittseinkommens (= 1.080 Zł.; qm-Miete ca. 22 Zł.). Die Mieten wurden zuletzt etwa verdoppelt, nachdem sie seit 1965 konstant geblieben sind (in der Zeit verfünffachte sich das Durchschnittseinkommen). Diese Mieten sind also so niedrig, daß weder Kapitalkosten noch Rückstellungen gedeckt werden können, sie reichen nicht einmal aus, um die nötigen Instandhaltungs-Reparaturen durchzuführen (ein Faktor, der bei der Prognose der Bestandsentwicklung kaum berücksichtigt wird). Die Eigentümer-Genossenschaften haben darauf reagiert, indem sie die Anspargebühr von 225.000 Zł. auf 450.000 Zł. verdoppelten. Die Umstellung auf eine industrielle Fertigung hat jedoch die Gestehungskosten überproportional erhöht. Der Neubau setzt einen hohen Aufwand für Investitionsgüter voraus, die oft nur gegen teure Devisen im Ausland beschafft werden konnten (Fabriken, Transporteinrichtungen, Kräne).

- Ein weiterer Faktor ist die Verteilungsproblematik. Industrielle Fertigung ist nur sinnvoll, wenn hohe Stückzahlen erreicht werden können. Das bedeutet jedoch ein funktionierendes System von Zulieferungen und Erstellung der Wohneinheiten vor Ort. An beidem hapert es. Auf diese Weise entstehen hohe Schäden bei der Lagerung in der Fabrik, beim Transport kompletter Wohnungsteile oder -zellen (Installationen oder Fenster) oder am Bau selbst.[1]

Abbildung 5.19: <u>Karikatur zur Wohnungsversorgung, 1983</u>

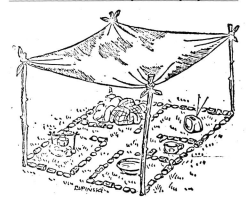

Quelle: POLITYKA, Nr. 34 (20.8.) 1983:3

---

1) Z.B. befindet sich seit 1975 gegenüber dem Rathaus von Warschau ein Hochhaus im Bau (am pl. F. Dzierzyńskiego; vgl. DONAJSKI 1982), das seit etlichen Jahren im Rohbau vollendet ist; bisher konnte über die Verwendung keine Entscheidung getroffen werden, da die ursprünglich vorgesehen Verwaltungs-Nutzung nicht benötigt wird und ein Hotel zu hohe Übernachtungspreise fordern müßte, so daß es leerstünde. Ein zweites Beispiel ist ein Haus einer Landwirtschafts-Kooperative, das in Grochów nun schon im zweiten Winter im Rohbau steht, nur weil sich die Kooperative und die Stadt nicht über die Kosten für den Bau einer etwa 300m langen Ver- und Entsorgungsleitung haben einigen können (diesen Hinweis verdanke ich G. WĘCŁAWOWICZ).

5.3 Beschäftigte und Arbeitsstätten

Beschäftigte. Die Zunahme der Zahl der Beschäftigten in Warschau setzt sich bis 1977 weiter fort (sieht man von Rückschritten gegenüber dem jeweiligen Vorjahr 1965, 1970 und 1976 ab; vgl. Tab. 4.16 und 5.19). Im Jahr 1977 wird das vorerst höchste Niveau bei knapp 830.000 Beschäftigten im sozialisierten Sektor erreicht (WUSW 1979:79) und im folgenden Jahr auch knapp gehalten; das entspricht 54 Beschäftigte pro 100 Einwohner. Von 1978 an sinkt die Zahl bis 1980 rasch auf das Niveau von 1975.

Die politische und ökonomische Krise wirkt sich insbesondere auf die Arbeitsplätze in Warschau nachteilig aus[1]: Zwischen 1980 und 1981 verliert die Hauptstadt fast 27.000 Beschäftigte in der sozialisierten Wirtschaft und erreicht das Beschäftigtenniveau von 1973 (vgl. Tab. 5.19); jetzt ist nur noch jeder zweite Einwohner erwerbstätig. Im sozialisierten Sektor Warschaus waren 1969 ca. 94% aller Beschäftigten gemeldet (vgl. MISZTAL 1971:276), 1981 sind es in der HW Warschau ebenfalls ca. 96% (WUSW 1982:44).

Bevor die Entwicklung in der Hauptstadt mit der des Umlandes verglichen und eine nach Sektoren und Wirtschaftsbereichen differenzierte Betrachtung vorgenommen wird, soll noch auf die Entwicklung innerhalb der einzelnen Stadtbezirke eingegangen werden, zu der nach Sektoren differenzierte Daten leider nicht vorliegen. Wie die Tabelle 5.18 zeigt, sind 1974 mit 29,1% aller Beschäftigten Warschaus im Innenstadtbezirk (Śródmieście) die höchsten Beschäftigten-Anteile, gefolgt von Wola (15,6%); die geringsten Aneile liegen vor für Żoliborz - hier sind es nur 6,0%. Doch nach 1974 ist die Entwicklung innerhalb der Stadtbezirke sehr unterschiedlich. Während bis 1981 im Jahresdurchschnitt Praga-Południe und Żoliborz Beschäftigte hinzugewinnen, verlieren der alte Industriebezirk Wola und die Innenstadt deutlich an Beschäftigten (letztere "trägt" etwa 70% des Gesamtverlustes[2]).

---
1) Auf der Landesebene macht sich der Rückgang erst 1980 bemerkbar: Zwischen 1979 und 1980 sinkt die Zahl der Beschäftigten in der sozialisierten Wirtschaft der VR Polen um 18.900 (von 12.224.100 auf 12.205.200; GUS SP 1981:2), während der private Sektor in dieser Zeit noch um 13.200 Beschäftigte zulegt (auf 213.200 im Jahre 1980; GUS SP 1981:3).
2) Diese Angabe kann nur grob gemacht werden, da die Gewinne und Verluste für den Zeitraum 1974 bis 1981 wegen der Eingemeindung von Ursus 1977 sich in der Tab. 5.20 nicht zu dem Gesamtwert Warschaus aufaddieren lassen. Die 70% beziehen sich auf die Summe aller Stadtbezirke außer Ochota: -5.333.

Tabelle 5.18: **Beschäftigte in der sozialisierten Wirtschaft in der HW Warschau, Warschau und den Stadtbezirken, 1974 - 1981**

	1974[1]	1975[1]	1976[2]	1977[3]	1978[2]	1979[2]	1980[5]	1981[5]	Ø Differenz 1974-1981	Ø Differenz 1977-1981
HW Warschau	991.463	1.003.841	1.000.438	1.004.080	1.003.270	995.057	988.128	958.900	- 4.652	- 11.295
Warschau	804.546	814.005	809.118	829.933[a]	829.776	821.711	815.037	788.500	- 7.410[b]	- 10.358
Mokotów	116.333	113.139	117.173	120.356	119.018	119.237	-	112.700	- 519	- 1.914
Ochota	77.123	80.025	79.501	101.065[a]	102.038	102.283	-	98.400	- 97[b]	- 666
Praga-Południe	86.241	88.038	93.278	91.963	93.047	91.185	-	89.100	408	- 716
Praga-Północ	116.885	116.877	113.731	116.479	115.268	115.038	-	114.200	- 384	- 570
Śródmieście	234.482	239.891	228.583	226.518	226.218	223.136	-	208.400	- 3.726	- 4.530
Wola	125.445	125.072	126.586	123.413	122.470	120.012	-	115.500	- 1.421	- 1.978
Żoliborz	48.037	50.963	50.266	50.139	51.717	50.820	-	50.200	309	- 15

a) Mit der Eingemeindung von Ursus.
   Warschau hatte mit Ursus 1975 832.959 (1976: 829.212)
   Erwerbstätige gehabt. Ochota 98.979 (1976: 99.595).
   Damit hatte Ursus 1975 18.954 (1976: 20.094) Erwerbstätige.
b) Hier wurde die durchschnittliche Differenz (1975-1981)
   unter Einbeziehung von Ursus gebildet.

1) WUSW 1976: 106
2) WUSW 1980: 100
3) WUSW 1978: 78
4) WUSW 1981: 42 f.
5) WUSW 1982: XXVII, LX

Der Rückgang der Zahl der Beschäftigten fällt zusammen mit dem Einsetzen der wirtschaftlichen Krise im Jahr 1977. Im jährlichen Durchschnitt entfällt auf den Innenstadtbezirk mit 4.530 Beschäftigten 43,7% aller Beschäftigtenverluste Warschaus, gefolgt von Wola (-1.978 = 19,1%) und Mokotów (-1.914 = 18,5%). Der Anteil aller Beschäftigten Warschaus sinkt damit im Innenstadt-Bezirk auf 26,4%, in Wola auf 14,6%, während der in Żoliborz auf 6,4% ansteigt.

Auch für die HW Warschau liegt die vorerst höchste Zahl an Beschäftigten im Jahr 1977 (1.004.080; WUSW 1979:77), nachdem bereits 1975 ein vergleichbar hoher Wert erreicht wurde, der aber im folgenden Jahr deutlich nicht gehalten werden konnte (1975: 1.003.841 und 1976: 1.000.438; WUSW 1978:70). Nach 1977 nehmen auch hier die Beschäftigtenzahlen deutlich ab, allein zwischen 1980 und 1981 beträgt der Verlust gut 29.000 Beschäftigte (vgl. Tab. 5.19).

Betrachtet man die regionalen Unterschiede dieser Rückgänge, wird deutlich, daß die jüngsten Verluste vor allem auf diejenigen der Hauptstadt zurückzuführen sind - das Umland selbst verliert nur knapp 3.000 Beschäftigte im letzten betrachteten Jahr (vgl. Tab. 5.18). Dennoch stellt Warschau deutlich das Übergewicht der Beschäftigten in der sozialisierten Wirtschaft. 1970 beträgt der Anteil der Hauptstadt an der Beschäftigtenzahl der HW Warschau 81,5%; 1981 liegt er trotz der überproportionalen Verluste immer noch über 82% aller Beschäftigten.

Um die Bedeutung dieser Veränderungen in der Zahl der Beschäftigten für die Entwicklung Warschaus und seines Umlandes besser einschätzen zu können, sollen jetzt die absoluten und die relativen Veränderungen innerhalb der drei Sektoren bzw. der einzelnen Wirtschaftsbereiche betrachtet werden (vgl. Tab. 5.19)).

Tabelle 5.19: Beschäftigte nach Sektoren der sozialisierten Wirtschaft in Warschau (in 1.000 und %), 1970 - 1981

	1970[1]		1971[1]	1972[1]	1973[1]	1974[1]	1975[1]		1976[2]	1977[2]	1978[2]	1979[3]	1980[3]		1981[4]	
	(1.000)	(%)	(1.000)	(1.000)	(1.000)	(1.000)	(1.000)	(%)	(1.000)	(1.000)	(1.000)	(1.000)	(1.000)	(%)	(1.000)	(%)
Landwirtschaft	2.814	0,4	2.871	2.761	2.869	3.304	3.512	0,4	3.503	3.490	3.474	3.327	3.302	0,4	3.006	0,4
Forstwesen	495	0,1	530	622	680	690	538	0,1	503	520	503	495	502	0,1	463	0,1
Primärer Sektor[a]	3.309	0,5	3.401	3.383	3.549	3.994	4.050	0,5	4.006	4.010	3.977	3.822	3.804	0,5	3.469	0,4
Industrie	232.412	32,9	238.710	240.535	239.830	243.481	240.745	29,6	242.494	256.274	251.501	248.509	245.246	30,1	238.153	30,2
Bauwesen	75.538	10,6	81.361	91.116	100.754	105.096	110.342	13,6	105.404	107.941	108.483	105.347	101.696	12,5	92.018	11,7
Sekundärer Sektor[a]	307.950	43,6	320.071	331.651	340.584	348.577	351.087	43,1	347.898	364.215	359.984	353.856	346.942	42,6	330.171	41,9
Transport und Nachrichtenwesen	55.646	7,9	56.929	57.753	57.806	58.704	60.027	7,4	58.428	58.200	58.855	58.533	59.390	7,2	57.094	7,2
Handel	85.877	12,2	88.671	90.743	94.722	99.274	99.383	12,2	99.518	98.867	99.218	96.170	95.470	11,7	93.153	11,8
Wohnungs- und Kommunalwesen	46.670	6,6	46.675	49.004	51.721	52.201	56.222	6,9	52.181	53.184	53.064	54.112	54.735	6,7	54.735	6,7
Wissenschaft	35.822	5,1	39.223	45.759	52.264	54.713	56.200	6,9	54.896	55.532	56.041	53.787	53.096	6,5	50.381	6,4
Ausbildung und Erziehung	44.088	6,2	45.493	47.757	48.930	49.233	50.741	6,2	51.856	51.927	51.994	52.319	53.277	6,5	54.548	6,9
Kultur und Kunst	29.023	4,1	29.780	30.627	31.870	32.425	33.382	4,1	17.858	17.776	18.306	18.842	18.454	2,3	18.109	2,3
Gesundheits- und Sozialfürsorge	38.556	5,5	39.651	40.380	41.018	43.912	42.965	5,3	48.242	51.528	52.747	53.897	54.491	6,7	56.391	7,2
Finanz- und Versicherungswesen	10.067	1,4	10.307	11.095	11.263	10.611	10.732	1,3	10.970	11.134	11.266	11.445	11.699	1,4	12.114	1,5
Staatl. Administration u.Rechtsprechg.	29.371	4,2	29.008	29.537	29.751	29.135	27.857	3,4	27.638	27.408	27.305	27.353	26.580	3,3	24.884	3,2
Sonstiges[b]	19.589	2,8	21.435	21.137	21.057	21.747	21.359	2,6	35.627	36.152	37.019	37.577	37.099	4,6	33.469	4,2
Tertiärer Sektor[a]	394.709	55,9	407.172	423.792	440.402	451.975	458.868	56,4	457.214	461.708	465.815	464.033	464.291	57,0	454.878	57,7
Beschäftigte insg.	705.968	100,0	730.644	758.826	784.535	804.546	814.005	100,0	809.118	829.933	829.776	821.711	815.037	100,0	788.518	100,0

a) Addition der aufgeführten Sektoren
b) Restkategorien der materiellen und nicht-materiellen Produktion, politische Organisation, Berufsverbände und anderes.

1) WUSW 1976:102 f
2) WUSW 1979:79
3) WUSW 1981:43
4) WUSW 1982:46

Der primäre Sektor (hier: Landwirtschaft und Forstwesen) hat in einer Großstadt wie Warschau keine Bedeutung - knapp 0,5% aller Beschäftigten entfallen auf diesen Sektor, der Höchststand wird 1975 mit gut 4.000 Beschäftigten erreicht (vgl. Tab. 5.19).

Die Zahl der Beschäftigten im sekundären Sektor (hier: Industrie und Bauwesen) verläuft ähnlich wie die Zahl der Gesamt-Beschäftigten, erreicht also 1975 einen relativ hohen Wert und 1977 den vorläufig höchsten Wert (364.215; WUSW 1979: 79), um dann bis 1981 um etwa 34.000 abzunehmen (vgl. Tab. 5.18). Relativ sinkt diese Zahl seit dem Beginn dieser Stadtentwicklungsphase, nachdem sich der Anteil während der anfänglichen 60er Jahre nahezu hat konstant halten können, von 45,6% 1965 (GUS SR 1969: XXIV) auf 41,9% 1981 (WUSW 1982:46) - mit vorübergehenden Anstiegen 1970, 1971 und 1977 (vgl. Tab. 4.16 und 5.19).

Innerhalb des sekundären Sektors treten jedoch erhebliche Schwankungen auf. Die Zahl der Industrie-Beschäftigten steigt bis 1977 (256.274; WUSW 1979:79 - seit 1970 mit Schwankungen), um bis 1981 auf den Wert von 1971 abzusinken (238.153; WUSW 1982:46). Dieser Verlauf antspricht dem aller Beschäftigten innerhalb des sozialisierten Sektors. Damit beruht der Verlust der Beschäftigten zwischen 1977 und 1981 in Warschau fast zur Hälfte auf dem Rückgang in der Industrie - ein deutliches Zeichen der Auswirkung der Wirtschaftskrise in Warschau, denn die Verluste aufgrund von Rationalisierungen und Produktivitätszuwächsen dürften sehr gering sein. Der relative Anteil der Industrie-Beschäftigten verändert sich nicht stark: seit Mitte der 70er Jahre hat sich dieser bei 30% eingependelt (dem Niveau von 1959) und hat 1970 seinen maximalen Wert mit 32,9% aller Beschäftigten in der sozialisierten Wirtschaft erreicht (WUSW 1976: 103).[1]

Einen total anderen Verlauf nimmt die Zahl der Beschäftigten in der Bauindustrie. Seit 1962 sinkt die Zahl (vgl. Tab. 4.16) bis 1970 auf einen vorübergehenden Tiefststand von 75.538 Beschäftigten, steigt dann bis 1975 (auf 110.342; WUSW 1976:103), um dann nach Schwankungen seit 1978 wieder abzusinken (auf 92.018 1981; WUSW 1982:46). Einen ähnlichen Verlauf nimmt die Kurve der Fertigstellungen von Wohnraum in Warschau (vgl.

---
1) Nach MISZTAL (1971:276) waren 1969 in der Industrie Warschaus ca. 250.000 Menschen beschäftigt (= 35,5%) - was etwa doppelt so viel ist wie der Stand von 1938.

Tab. 4.11); die Fertigstellungen gehen jedoch aufgrund von Produktivitätszuwächsen erst nach 1967 zurück. Die Anteile der Beschäftigten verringern sich jedoch schon seit dem Ende der 50er Jahre (vgl. Tab. 4.16); seit 1970 (10,7%) steigen sie bis 1975 (13,6%) und fallen nach einer konstanten Phase seit 1978 wieder (vgl. Tab. 5.19).

Die Beschäftigtenzahlen im tertiären Sektor der Hauptstadt nehmen länger als in allen anderen Sektoren zu. Der vorläufige Höchststand der Beschäftigten des tertiären Sektors in der sozialisierten Wirtschaft wird 1978 erreicht (465.815; WUSW 1979:79), doch kann dieses Niveau bis 1980 gehalten werden, bevor der tertiäre Sektor innerhalb eines Jahres fast 10.000 Beschäftigte verliert (vgl. Tab. 5.18). Einen beständigeren Verlauf nehmen die Anteile der Beschäftigten. Nachdem 1967 vorübergehend die 50%-Marke unterschritten wird (49,8%; GUS 1968:66) nimmt der Anteil mit leichten Schwankungen (1971, 1973 und 1977; vgl. Tab. 5.19) bis 1981 zu (auf einen Wert von 57,7%; WUSW 1982:46).

Die Veränderungen innerhalb der einzelnen Wirtschaftsbranchen nehmen einen unterschiedlichen Verlauf:
- stetig steigend (Erziehung und Ausbildung und Gesundheits- und Sozialfürsorge),
- ansteigend, konstant hoch und dann abfallend (Transport- und Nachrichtenwesen - ansteigend bis 1975, fallend seit 1980; Handel und Wissenschaft - ansteigend bis 1975, fallend seit 1978),
- steigend bis 1975, dann schroff abfallend und von 1976 an wieder steigend (Wohnungs- und Kommunalwesen, Kultur und Kunst - mit starkem Einschnitt - und Finanz- und Versicherungswesen - mit starkem Anstieg nach 1976),
- wechselnd bis 1973, dann abfallend (staatliche Administration und Rechtsprechung),
- wechselnder Verlauf (der Bereich der "Sonstigen").

Einen starken absoluten Anstieg zwischen 1970 und 1981 weisen die Gesundheits- und Sozialfürsorge (17.835), die Wissenschaft (14.559) und der Bereich der "Sonstigen" (13.880) auf; die Rückgänge sind in der Kultur und Kunst (-10.914, mit einem Rückgang zwischen 1975 und 1976 um -15.524 - vermutlich aufgrund administrativer Neuordnung dieses Bereichs) und in der staatlichen Administration und Rechtsprechung (-4.487) am größten.[1]

---

1) Vgl. auch die Ergebnisse bei CIECHOCIŃSKA 1981:54 - Tab. 4.17 - sie rechnet offensichtlich einen Teil aus der Gesundheits- und Sozialfürsorge in den Bereich des "Sonstigen".

Tabelle 5.20: Beschäftigte nach Sektoren der sozialisierten Wirtschaft in Warschau und im Umland Warschaus (in %), 1970, 1975, 1980 und 1981

	HW Warschau					Umland[c]					Warschau
	1970[1]	1975[1]	1980[2]	1981[3]	Index 1980 1970=100	1970[4]	1975[4]	1980[5]	1981[6]	Index 1980 1970=100	Index 1980 1970=100
Landwirtschaft	1,2	1,4	1,5	1,6	125	4,7	5,3	6,9	7,1	147	117
Forstwesen	0,2	0,2	0,1	0,1	50	0,7	0,5	0,4	0,4	57	101
Primärer Sektor[a]	1,4	1,5	1,7	1,7	121	5,5	5,8	7,4	7,5	135	115
Industrie	35,1	31,6	31,1	31,1	89	44,8	40,3	35,8	35,2	80	105
Bauwesen	10,8	13,2	12,2	11,4	113	11,2	11,4	11,1	10,1	99	135
Sekundärer Sektor[a]	45,9	44,8	43,3	42,5	94	56,0	51,8	46,9	45,3	84	113
Transport und Nachrichtenwesen	7,7	7,2	7,3	7,3	95	7,0	6,7	7,3	7,8	104	107
Handel	11,2	11,3	11,0	11,2	98	6,8	7,6	7,9	8,3	122	111
Wohnungs- und Kommunalwesen	5,9	6,2	6,2	6,4	105	2,6	3,4	3,9	4,0	150	117
Wissenschaft	4,7	6,7	6,4	6,3	136	2,9	5,7	6,1	6,0	210	148
Ausbildung und Erziehung	6,3	6,3	6,6	7,0	111	6,8	6,5	7,1	7,6	104	121
Kultur und Kunst	3,4	3,6	2,1	2,1	62	0,5	1,3	1,1	1,1	220	64
Gesundheits- und Sozialfürsorge	5,9	5,7	7,1	7,5	120	8,0	7,5	8,8	9,1	110	141
Finanz- und Versicherungswesen	1,2	1,2	1,3	1,4	108	0,4	0,6	0,7	0,7	175	116
Staatl. Administr. u. Rechtsprechung	3,7	3,0	2,9	2,8	78	1,6	1,1	1,2	1,2	75	90
Sonstiges[b]	2,6	2,5	4,0	3,7	154	1,8	2,0	1,7	1,3	94	189
Tertiärer Sektor[a]	52,7	53,7	55,0	55,8	104	38,6	42,4	45,7	47,2	118	115
Beschäftigte ins. (in 1.000)=100,0 %	866.031	1.003.841	988.128	958.862	114	160.063	198.830	173.091	170.344	108	112

a) Addition der aufgeführten Sektoren
b) Restkategorien der materiellen und nicht-materiellen Produktion, politische Organisation, Berufsverbände und anderes.
c) Umland = HW Warschau minus Warschau

1) WUSW 101 f.
2) WUSW 1981: 42
3) WUSW 1982: 45
4) WUSW 1976: 101 ff.
5) WUSW 1981: 42 f.
6) WUSW 1982: 45 f.

eigene Berechnung

Relativ gesehen hat 1981 der Handel die größte Bedeutung innerhalb des tertiären Sektors, gefolgt vom Transport- und Nachrichtenwesen, dem mit der Gesundheits- und Sozialfürsorge ein gleichrangiger Konkurrent erwachsen ist. Der ebenfalls ausgeweitete Ausbildungsbereich verdrängt das Wohnungs- und Kommunalwesen vom dritten Rangplatz (1970) auf den fünften (1981).

Vergleicht man nun die Entwicklung nach Sektoren in Warschau mit der im Umland (vgl. Tab. 5.20), stellt man fest, daß in Warschau alle drei Sektoren zwischen 1970 und 1980 relativ gesehen etwa gleich schnell gewachsen sind; im Umland wächst der Anteil des primären Sektors deutlich überproportional, der tertiäre etwa durchschnittlich, während der sekundäre stark rückläufig ist. In absoluten Zahlen ausgedrückt nimmt der primäre Sektor zwischen 1970 und 1980 um 4.023, der tertiäre Sektor um 17.455 Beschäftigte zu, während im sekundären Sektor die Zahl um 8.450 rückläufig ist (WUSW 1976:102f und WUSW 1981:43). Dieses ist auch auf die Beendigung der Deglomeration Anfang der 70er Jahre zurückzuführen.

Innerhalb des tertiären Sektors fallen die unterschiedlich hohen Steigerungsraten auf: So haben sich die Beschäftigtenzahlen in Kunst und Kultur und in der Wissenschaft zwischen 1970 und 1980 mehr als verdoppelt, im Finanz- und Versicherungswesen fast verdoppelt; innerhalb der staatlichen Administration und Rechtsprechung sind die deutlichsten Rückgänge. Die absolut größten Zuwächse gab es in der Wissenschaft: dort gab es schon 1975 6.153 Beschäftigte mehr als 1970 (WUSW 1976:101f).

Arbeitsstätten. Der Beginn dieser Stadtentwicklungsphase ist von einer intensiven Diskussion um die Intensität und die Art der Deglomeration von Warschauer Arbeitsplätzen in das Umland bzw. in die umliegenden Woiwodschaften gekennzeichnet[1].

Diese Deglomeration wurde nach 1965 beschlossen und sollte in erster Linie eine Verlagerung der Industriebetriebe aus bzw. eine starke Einschränkung ihrer Ansiedlung innerhalb Warschaus bewirken. Die Zuwächse sollten stattdessen zunächst in den Außenbezirken der W Warschau - also außer-

---

1) Vgl. SGPiS 1966 - hier insbesondere KRAWIEC 1966, JUREK-STĘPIEŃ 1968 LEHR-SPAŁAWIŃSKI 1969, LIER 1962, MISZTAL 1965 und SGPiS 1968; später auch CIECHOCIŃSKA 1973, 1978a, DZIEWOŃSKI 1976, JUREK-STĘPIEŃ 1971, PINKOWSKI 1970, POTRYKOWSKA 1970b und WRÓBEL 1980).

halb der noch zu bildenden HW Warschau - und vorerst nur in Ausnahmefällen im Umland Warschaus eintreten. Doch bereits Anfang der 70er Jahre wurden diese Maßnahmen beendet, da sich diese Maßnahmen als sehr teuer erwiesen. Stattdessen wurde später versucht das Umland Warschaus stärker zu industrialisieren. Seit dem Ende der 70er Jahre profitieren auch die umliegenden Woiwodschaften von Industrieansiedlungen.

Tatsächlich beträgt der Zuwachs der Beschäftigten in der Industrie Warschaus innerhalb der 70er Jahre nur noch ein Neuntel des Wertes der 50er Jahre (vgl. Tab. 4.17), obwohl 1980 knapp 6.000 mehr Menschen als 1970 innerhalb der Warschauer Industrie beschäftigt sind (vgl. Tab. 5.19).

Im Umland Warschaus ist die Zahl der Beschäftigten in der Industrie innerhalb der 70er Jahre deutlich rückläufig (vgl. Tab. 5.20). Sah die Planung Ende der 60er Jahre vor, daß die Zuwachsrate der Beschäftigten in der Industrie bis ins Jahr 2000 im Umland um 465%, in Warschau aber nur um 156% gesteigert werden sollte (PRAESIDIUM 1971:45), so ist die Entwicklung in den 70er Jahren eher umgekehrt. Inwieweit in einzelnen Teilgebieten des Umlandes Warschaus (z.B. in Städten oder Entwicklungsachsen) die angestrebten Steigerungsraten dennoch eingehalten werden konnten, ist aufgrund des vorliegenden statistischen Materials nicht überprüfbar. Betrachtet man die Bevölkerungsentwicklung, die ja durch die gezielte Industrialisierung initiiert werden sollte, dann sind die größten Zuwächse jedoch in den geplanten industriellen Zentren am stärksten (vgl. Tab. 5.6).

Einen brauchbaren Indikator für den Erfolg der Deglomerationsbemühungen würde die Zahl der Arbeitspendler ergeben. Diese Angaben liegen jedoch in der amtlichen Statistik nicht vor; die wenigen sekundären Quellen weisen jedoch deutliche Unterschiede auf. Ich habe jedoch keine Möglichkeit, die Vergleichbarkeit der unterschiedlichen Quellen einzuschätzen. Nach KAMIŃSKI (1974:153) erhöht sich seit 1964 die Zahl der Pendler jährlich um etwa 17%, CIECHOCIŃSKA (1978a:604) ermittelt jedoch zwischen 1964 und 1968 nur einen Zuwachs von insgesamt 18% (vgl. Tab. 4.19) - nach KAMIŃSKI pendeln 1968 allein mit Vorortzügen schon ca. 45.000 Erwerbstätige mehr nach Warschau (196.000) als in den Angaben bei CIECHOCIŃSKA. FOX (1976:28) gibt an, daß 1970 etwa 20% der in Warschau Beschäftigten nach dort pendeln, d.h. es sind ca. 145.000 - seine Angaben lassen sich also mit denen von CIECHOCIŃSKA gut vereinbaren: 1973 pendeln schon 168.820 Erwerbspersonen täglich nach Warschau (CIECHOCIŃSKA 1978a:604; vgl. Tab. 4.19), 1976 sind es aus der suburbanen Zone rund 180.000 (LESZCZYCKI & LIJEWSKI 1977:128), das wären bereits gut 21% der in Warschau Beschäftigten (vgl. WUSW 1977:86).

Die Abbildung 4.27 kann einen Hinweis geben auf den tendenziellen Mißerfolg der Deglomeration der Industrie. In ihrer Analyse ermittelt CIECHOCIŃSKA (1978a), daß die Zahl der in Warschau wohnenden und arbeitenden Industriearbeiter zwischen 1964 und 1968 nur noch schwach steigt und bis 1973 wieder auf das alte Niveau fällt. Die Zahl der industriellen Arbeitsplätze nimmt in diesem Zeitraum jedoch beständig zu, d.h. die Zahl und der Anteil einpendelnder Industriearbeiter hat sich nach 1968 deutlich erhöht.

Abbildung 5.20: Arbeitspendler nach Warschau aus den umliegenden Woiwodschaften (in den Grenzen nach dem 1.6.1975), 1973

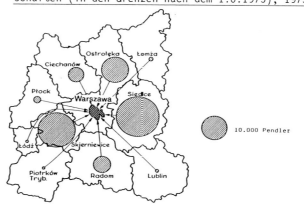

Quelle: CIECHOCIŃSKA 1978a:608

CIECHOCIŃSKA hat auch die Herkunft der Arbeitspendler von außerhalb der HW Warschau untersucht. Deutlich die stärksten Einpendlerströme kommen aus der Woiwodschaft Siedlce[1], der Woiwodschaft Ostrołęka (zwei struktur-

---

[1] Die räumliche Abgrenzung der HW Warschau wird häufig kritisiert. Nimmt man als Kriterium die Perdelverflechtung, wird deutlich, daß das gewählte Gebiet zu klein ist. Diese Entscheidung für die jetzige Abgrenzung ist eine politische Entscheidung, die nicht zuletzt deshalb so getroffen wurde, weil sonst zusätzliche, sehr schlecht ausgestattete und versorgte Gebiete östlich der aktuellen Grenzen zu dem ohnehin unterdurchschnittlichen Umland Warschaus hinzugekommen wären.

schwachen Gebieten und der Woiwodschaft Skierniewice (hier überschneiden sich die Einzugsgebiete von Warschau und Łódź (vgl. Abb. 5.20). Dabei werden erhebliche Distanzen zurückgelegt (bis zu 150 km täglich). Den Haupteinzugsbereich der Einpendler nach Warschau zum Ende der 60er Jahre hat BUJDENS in einer Arbeit über den Einzugsbereich großer Städte[1] untersucht. Danach ist die größte Pendeldistanz etwa 100 km (vgl. auch BEREZOWSKI 1981:26). Für 1973 ermittelte POTRYKOWSKA (1984:27), daß 48,2% aller Pendler nach Warschau eine Entfernung bis zu 20 km zurücklegen, weitere 38,5% eine bis zu 50 km, weitere 12,0% bis 100 km und daß nur 0,3% der Einpendler weiter als 100 km fahren müssen. Der Anteil dieser Fernpendler ist insbesondere aus den östlich gelegenen Woiwodschaften größer (vgl. auch BEREZOWSKI 1981:26). Zusätzlich hat POTRYKOWSKA den Anteil aller Pendler nach Warschau an den Personen im erwerbsfähigen Alter ermittelt. Deren räumliche Verteilung wird in Abb. 5.21 wiedergegeben.

Abbildung 5.21: <u>Anteil der Arbeitspendler nach Warschau an der Zahl der Bevölkerung im erwerbsfähigen Alter</u>

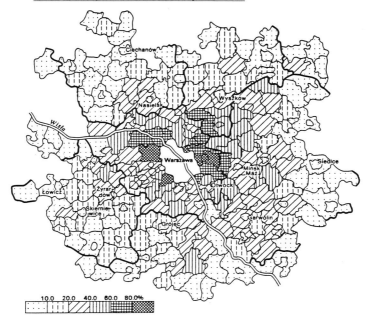

Quelle: POTRYKOWSKA 1984:26

---

1) BUJDENS, E. (Hg.), 1973: Strefy wpływów dużych miast w świetle dojazdów do pracy (Einflußbereich verschiedener Städte auf die allgemeinen Fahrten zur Arbeit). In: GUS (Hg.): Statystyka regionalna, Nr. 35 - nach: BEREZOWSKI (1981:25f).

Innerhalb Warschaus treten ebenfalls unterschiedliche Pendeldistanzen und -intensitäten in den einzelnen Planungsbezirken auf. Das Warschauer Stadtplanungsbüro hat in seiner Analyse der VZ-Daten von 1978 einen Index gebildet, in den die Fahrtdauer zum Arbeitsplatz, die Arbeitsplatzdichte (als Anzahl der Arbeitsstätten, die mit einer halbstündigen Fahrt erreicht werden) und die Erreichbarkeit des CBD und der Bezirkszentren der 3. Stufe eingehen. Dieser "Pendler" genannte Index indiziert deutlich ein konzentrisches Muster (vgl. Abb. 5.22): Sämtliche Planungsbezirke der Innenstadt (Bezirke 501 bis 506 in Abb. 5.6); Alt-Mokotów (101); in Ochota Krakauer Chaussee (203), Ochota-Zentrum (204) und die Mokotówer Felder (205); in Süd-Praga Kamionek (301), Saska Kępa (305) und Süd-Grochów (307); in Nord-Praga Praga-Zentrum (411), Praga II und III (412) und Neu-Praga (413); in Wola Nord- und Süd-Koło (605 und 610), Młynów (606), Muranów (607), Czyste (611) und die westliche Innenstadt (612) und in Żoliborz das westliche (711) und das zentrale Żoliborz (713) weisen überdurchschnittliche Werte auf.

Abbildung 5.22: <u>Räumliche Verteilung der Indexausprägungen "Pendler", Warschau, 1978</u>

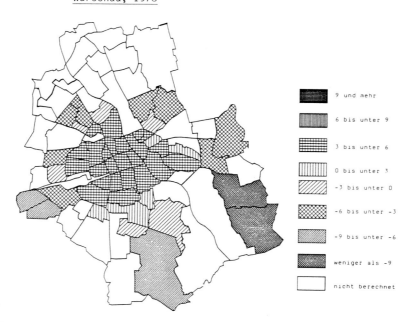

<u>Quelle</u>: Eigene Kartierung nach VZ-Daten 1978 des BPRW

Die in Abbildung 5.22 als Gebiete, von denen sich sowohl Arbeitsplätze, als auch die Innenstadt und die Bezirkszentren gut erreichen lassen, ausgewiesenen Planungsbezirke bilden so einen Ring mit einem Radius von ca. 5 km um das Stadtzentrum (an der Kreuzung al. Jerozolimskie/Marszałkowska) - etwas schlechter in dieser Entfernungszone erreichbar sind Sielce (Bezirk 102 in Abb. 5.6), Wierzbno (104), Szmulowizna (415) und Nord-Grochów (306).

Die deutlich schlechtesten Indexausprägungen weisen Wawer (311) und Falenica (312) auf, gefolgt von beiden Teilen des eingemeindeten Ursus: Ursus-Gołąbki (201) und Ursus-Skorosze (206) und dem Gebiet, in dem das größte Neubaugebiet Warschaus im Bau ist: Ursynów-Natolin (109).

Durch die hohe Konzentration von Wohnungen in der Innenstadt wohnen über die Hälfte der Warschauer (52,4%) in Gebieten, in denen die Index-Ausprägung positiv ist; gut ein Drittel (34,4%) wohnt dagegen in Gebieten schlechterer Erreichbarkeit, dieser Anteil wird sich bis heute jedoch erhöht haben, da die Neubaugebiete peripher liegen und verkehrstechnisch schlecht angebunden sind.

5.4 Infrastruktur

Verkehr. Auch nach 1965 wird das Straßensystem ausgebaut. Es entsteht auch die autobahnähnliche Trasa Łazienkowska (1974), eine Art "Mittlerer Ring", der allerdings eher U-förmig ist, da er auf dem rechten Weichselufer nicht in Tangentialstraßen fortgesetzt wird. Weiter wird die Innenstadt vom durchfließenden Nord-Süd-Verkehr durch die ebenfalls vierspurige Weichselufer-Straße (Wisłostrada; 1975) entlastet. Im Norden (auf der Höhe von Bielany) wird 1982 schließlich die fünfte Straßenbrücke über die Weichsel fertiggestellt, eine sechste im Süden ist geplant. Im weiteren Umland ist ein Autobahn-Ring bereits begonnen worden. Er soll Warschau vom überregionalen Transitverkehr über die Europastraßen (E 7, E 8, E 12, E 81 und E 82) entlasten.

Auch der ÖPNV wird weiter ausgebaut. Da die Hauptlast der Beförderung der Pendler durch elektrifizierte Vorortzüge getragen wird, werden ein unterirdischer Bahnhof für Nahverkehrszüge (Warszawa-Śródmieście; 1963) und 1972 in unmittelbarer Nachbarschaft der unterirdische Hauptbahnhof (Warszawa-Centralna) gebaut. Der öffentliche Personenverkehr innerhalb Warschaus ist jedoch weiter auf ein System von Straßenbahnen, Bussen und Schnellbussen ausgelegt. Das Verkehrsnetz in der Innenstadt ist stark gebündelt. In N-S-Richtung liegen die Trassen in den Straßenzügen Marchlewskiego/al. Niepodległości, Marszałkowska und Krakowskie Przedmieście/Nowy Świat/al. Ujazdowskie, in der O-W-Richtung auf der Trasa Łazienkowska, al. Jerozolimskie, Świętokrzyska und al. Gen. K. Swierczewskiego (vgl. Abb. 1.2). Dadurch entstehen an den Umsteigestationen an den jeweiligen Schnittpunkten und innerhalb der verstopften Trassen in der Hauptverkehrszeit enorme Verkehrsprobleme. Bis zu zehn Linien verkehren über eine längere Strecke auf derselben Trasse; zehn bis zwölf Straßenbahnzüge unmittelbar hintereinander sind dann keine Seltenheit. Auf der anderen Seite entstehen massive Probleme in den Außenbezirken, wo die neuen Wohngebiete entstanden sind. Z.B. leben z.Zt. etwa 100.000 Einwohner in Ursynów-Natolin, das direkt nur von zwei Buslinien bedient wird (drei weiterführende tangieren das Gebiet). Da aufgrund der unzureichenden Versorgung des Gebiets mit Arbeitsstätten, Einzelhandelsgeschäften, Dienstleistungsbetrieben, Kindergärten und Schulen der größte Teil der Erwerbs-, Ausbildungs- und Einkaufsfahrten in die Innenstadt getätigt werden, erhöht sich das Verkehrsaufkommen zusätzlich.

1983 ist daher endlich begonnen worden, die seit Jahrzehnten in der Diskussion befindliche U-Bahn zu bauen. Mit starker finanzieller Hilfe der UdSSR beginnt man am Nordrand von Ursynów-Natolin mit einer Strecke in die Innenstadt, die dann nach Norden auf dem anderen Weichselufer fortgesetzt werden soll. Damit soll das Rückgrat für die Entwicklung der nördlichen Achse ausgebildet werden.

Das Stadtplanungsbüro Warschaus (BPRW) hat auch die Census-Angaben zum Verkehr analysiert. Die Planer haben auf relativ hoch aggregiertem Niveau die Ausprägungen des Index "Verkehr" berechnet. In ihn gehen der Index "Pendler" (vgl. Abb. 5.22), aber auch die Dichte des Straßennetzes (bezogen auf die Fläche und die Wohnbevölkerung) und die Parkmöglichkeiten ein. Die Verteilung über die Planungsbezirke ist in Abb. 5.23 wiedergegeben:

Abbildung 5.23: Räumliche Verteilung der Indexausprägungen "Verkehr", Warschau, 1978

Quelle: Eigene Kartierung nach VZ-Daten 1978 des BPRW

Am besten schneiden dabei die der Innenstadt unmittelbar angrenzenden Bezirke ab (wegen des Faktors "Parken" erhält vermutlich der CBD schlechtere Werte): Im Norden Żoliborz-Zentrum (Bezirk 713 in Abb. 5.6), Muranów-Ost (501) und Alt- und Neustadt (502); im Westen Czyste (611); im Südwesten die Mokotówer Felder (205) und im Südosten das Diplomatenviertel Süd-Powiśle (506). Mit Abstand am schlechtesten schneidet Brzeziny (706) in Żoliborz ab; insgesamt wohnen knapp ein Drittel der Einwohner Warschaus in Gebieten, die verkehrsmäßig schlecht versorgt sind.

In einer Studie über die Entwicklung des ÖPNV innerhalb Warschaus kommt SARNA (1974:50) zu der Vermutung, daß 1985 23% des öffentlichen Verkehrsaufkommens durch Schnellbahnen bestritten werden, 57% durch Busse und 20% durch Straßenbahnen. Durch den immer wieder verzögerten Beginn des U-Bahn-Baus wird sich diese Relation tatsächlich wohl zugunsten vor allem der Straßenbahnen und zu Lasten der Schnellbahnen verschieben.

Der Motorisierungsgrad hat sich seit 1975 stark entwickelt: Zwischen 1975 und 1981 hat sich die Rate in Warschau fast verdoppelt, in der HW Warschau gut verdoppelt, im Umland verdreifacht und landesweit gut verfünffacht (vgl. Tab. 5.21). Doch das Ausgangsniveau war 1975 sehr unterschiedlich: 84 von 1.000 Warschauern verfügten im Durchschnitt über ein eigenes Auto, in der HW Warschau waren es 67,2, im Umland 33,5 und landesweit gar nur 13,4 (WUSW 1976:23). Heute liegt der Motorisierungsgrad in der VR Polen bei 73,4 Pkw/1.000 Einwohner (WUSW 1982:XLV).

Tabelle 5.21: <u>Motorisierungsgrad in Warschau, der HW Warschau und im Umland, 1975-1981</u>

	Warschau[1]		HW Warschau[2]		Umland[a]	
	Pkw	Pkw/1.000 E	Pkw	Pkw/1.000 E	Pkw	Pkw/1.000 E
1970	60.393	45,9				
1971	69.051	51,8				
1972	77.589	57,2				
1973	85.230	66,2				
1974	98.596	69,9				
1975	120.621	84,0	144.700	67,2	24.079	33,5
1976	145.676	99,5	174.500	79,6	28.824	39,6
1977	171.080	111,7	200.800	90,2	29.720	42,8
1978	200.253	129,0	232.000	102,7	31.747	44,5
1979	227.624	144,4	264.900	115,4	37.275	51,9
1980	250.599	157,0	309.200	133,3	58.601	81,1
1981	264.142	163,9	329.900	140,9	65.758	96,7

a) Umland = df. HW Warschau minus Warschau
1) WUSW 1982: LII f.
2) WUSW 1982: XXXII f., XLV

<u>Dienstleistungen</u>. Versorgungsschwierigkeiten mit Konsumgütern führen im ganzen Land seit dem Beginn dieser Stadtentwicklungsphase zu Unruhen (wenn man von den Unruhen 1960 absieht). Die Unruhen treten in immer kürzeren Abständen auf und werden immer heftiger. Auf der städtischen Ebene will man ihnen durch ein System von hierarchisch abgestuften Zentren begegnen, die eine bessere Verteilung der Güter gewährleisten sollen.

Zwei Arbeiten haben sich mit der Situation 1970 befaßt, als die Innenstadt sich im weiteren Ausbau befindet, das erhaltene historische Praga seine lokale Funktion auf dem rechten Weichselufer entwickelt hat und im nördlichen Mokotów sich ein kleineres Bezirkszentrum herausgebildet hat (um den Supersam-Laden): SOKOŁOWSKA et al. (1978) und CHUDZYŃSKA (1981).

SOKOŁOWSKA und ihre Mitarbeiter ermitteln mit einer Faktorenanalyse einen Faktor, der Innenstadt-Funktionen messen soll.[1] Die räumliche Verteilung der hohen Faktorladungen gibt jedoch kein einheitliches Bild (vgl. Abb. 5.24). Mit Ausnahme des fast ausschließlich durch Wohnnutzung geprägten Ost-Muranów (Bezirk 501 in Abb. 5.6) und des Diplomatenviertels Süd-Powiśle (506), liegen die übrigen Innenstadt-Bezirke in der Gruppe der Teileinheiten mit den höchsten Ladungen. Dazu kommen West-Muranów (607) und die westliche Innenstadt (612), Ochota-Zentrum (204), Alt-Mokotów (101) und Wierzbno (104), sowie Neu-Praga (413), Szmulowizna (415), Kamionek (301) und Saska Kępa (305). Die beiden letztgenannten Konzentrationen entsprechen den sich langsam entwickelnden Subzentren, die anderen Bezirke sind ältere Wohnquartiere, die eine überdurchschnittliche Infrastruktur ausgebildet haben.

Abbildung 5.24: <u>Verteilung der Konzentration von Innenstadt-Funktionen, Warschau, 1970</u>

Quelle: Kartierung nach SOKOŁOWSKA et al. 1978: 47

1) Fußnote s. S. 937.

WARSCHAU

Die andere Studie von CHUDZYŃSKA (1981) konzentriert sich ausschließlich auf den Einzelhandelsbereich. Durch eine Begehung hat sie die Ausstattung von 127 Verkehrs-Mikroregionen mit unterschiedlichen Einzelhandelsgeschäften ermittelt. Mit einer Clusteranalyse kommt sie dann zu einer Typologie von Kombinationen von Einzelhandelsgeschäften. CHUDZYŃSKA analysiert so einen relativ kleinen CBD (die beiden Blöcke nordöstlich und südöstlich der Hauptkreuzung Jerozolimskie/Marszałkowska) (Cluster VII), ein CBD-Erweiterungsgebiet (Cluster IV), zwei ausgebildete Subzentren (Cluster V und VI) und eine Reihe von Gebieten, in denen sich eine Konzentration abzuzeichnen beginnt (Cluster III).

Abbildung 5.25: <u>Die räumliche Konzentration des Einzelhandels in Warschau, 1970</u>

1 Gebiete mit relativ diffuser Einzelhandelsstruktur (Cluster Ia und Ib) oder Zählbezirke ohne Einzelhandel.
2 wie 1
3 Gebiete mit niedriger Einzelhandels-Konzentration (Cluster II)
4 Gebiete mit höherer Einzelhandels-Konzentration (Cluster III)
5 Gebiete mit hohem Anteil des Handels (Cluster IV)
6 Gebiete mit spezieller interner Struktur (Cluster V und VI)
7 Zentraler Einkaufsbezirk (Cluster VII)
8 Grenzen der Zählbezirke (Verkehrssektoren)
9 Grenzen der Zählregionen (Verkehrsbezirke)
10 Grenzen der Verkehrs-Mikroregionen

Quelle: CHUDZYŃSKA 1981 b:209

Bei einer Begehung der Innenstadt Warschaus trifft man auf große Unterschiede der Nutzungsart und -intensität in unmittelbarer Nachbarschaft.

- Es lassen sich zusammenhängende Einkaufsbezirke ausmachen entlang der Marszałkowska (Grenze im Norden: der Sächsische Park; Grenze im Süden: die Kreuzung Goworka), der al. Jerozolimskie (Grenze im Westen: der Hauptbahnhof; Grenze im Osten: die Kreuzung Nowy Swiat), des Straßenzuges Nowy Swiat/Krakowskie Przedmieście (Grenze im Norden: die Altstadt; Grenze im Süden: der pl. Trzech Krzyzy), die Swiętokrzyska (Grenze im Westen: der Pałac Kultury i Nauki; Grenze im Osten: die Kreuzung Nowy Swiat), der darin einbezogene Block, sowie entlang des Südteils der Straße Krucza.
- Verwaltungskonzentrationen liegen im Pałac Kultury i Nauki, entlang der T. Chałubińskiego/al. Niepodległości und im Nordteil der Krucza mit den Nebenstraßen Nowogrodzka und Zurawia.
- Regierungs- und Diplomatenkonzentrationen in der Krucza mit den erwähnten Nebenstraßen, der Südteil der Nowy Swiat/al. Ujazdowskie.
- Ausbildungskonzentrationen im Pałac Kultury i Nauki, Universität, Polytechnikum und Hochschule für Planung und Statistik (vgl. Abb. 1.2).

Dazwischen eingestreut, in den inneren Blöcken, herrscht Wohnbebauung vor, so daß der CBD keine mehr oder weniger große Fläche abdeckt, sondern eher ein gitterartiges Muster bildet. Lediglich die beiden Blöcke, die CHUDZYŃSKA als CBD ausmacht, haben eine nahezu durchgängige CBD-Nutzung.

Bis 1985 soll um die Innenstadt und Praga ein Ring größerer Dienstleistungszentren mit abgestuftem Diversifikationsgrad entstehen (durch Neubau bzw. den Ausbau bestehender Siedlungszentren). Zusätzlich sollen in den Schwerpunkten der Entwicklungsachsen in der HW Warschau solche regionalen Subzentren ausgebaut werden (vgl. Abb. 5.7).

1978 sieht die Situation jedoch nicht besser aus als acht Jahre zuvor. Das BPRW hat aufgrund der Census-Daten einen Index der "sonstigen Dienstleistungen" errechnet (hierein gehören Flächenanteile von Handel und Versorgung, Gastronomie, Bibliotheken, Clubs, Treffpunkte, Freizeitflächen, der Grad der Ausstattung mit Kfz-Handwerk, die Anzahl der Telefone und der Postschalter - jeweils bezogen auf die Wohnbevölkerung).

---

1) Auf diesem Faktor laden positiv am höchsten: Die Anzahl von Postämtern, die Anzahl der Wohnbevölkerung pro Bezirk, der Anteil an weiterführenden Schulen, der Anteil an Wohnungen mit fließendem Wasser, die Anzahl der Büchereien, die Anzahl der Kinos, die Bevölkerungsdichte und der Anteil der nicht-agrarischen Personen (SOKOŁOWSKA et al. 1978: 45).

Die räumliche Verteilung der Indexausprägungen läßt zweierlei erkennen: Erstens ist die Situation in diesem Bereich für die Warschauer sehr schlecht - fast drei Fünftel der untersuchten Bezirke liegen im negativen Bereich (59,4% der Bewohner), die wenigen positiven erreichen maximal nur die zweithöchste Gruppe. Zweitens läßt sich keine Innenstadt-Konzentration mehr feststellen, denn mit Zentral-Zoliborz (Bezirk 713 in Abb. 5.6) und Süd-Powiśle (506) haben zwei gesuchte Wohngebiete hier die beste Ausstattung. Eine Ursache hierfür liegt sicherlich in der Tatsache, daß die Flächen von Sportplätzen und die Freifläche in Relation zur Wohnbevölkerung mit einberechnet wurde, ein Faktor, der eher dezentrale Standorte begünstigt. Das zeigt aber andererseits, daß die Ausstattungsunterschiede mit den Dienstleistungen und mit den kulturellen Gelegenheiten nicht so disparitär sein können, wenn dieser Faktor so stark durchschlägt.

Abbildung 5.26: Räumliche Verteilung der Indexausprägungen "sonstige Dienstleistungen", Warschau, 1978

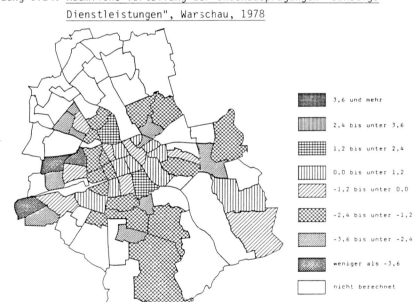

Quelle: Eigene Kartierung nach VZ-Daten des BPRW

Auffallend ist, daß die am schlechtesten ausgestatteten Gebiete im Westen der Stadt liegen: Ursus-Gołabki (hier liegt das für seinen Widerstand gegen Versorgungsmängel bekannte Traktorenwerk), Górce (604) und Nord-Koło (605). Deutlich im negativen Bereich liegen auch die großen Neubaugebiete Ursynów-Natolin (109), Bródno (409) und Süd-Grochów (307). Im letzteren Gebiet dürfte sich die Situation mit Beendigung des ersten großen geplanten Subzentrums (fertiggestellt 1982) verbessert haben.

Auch in dem CBD ist eine Erweiterung geplant, die seit 1979 langsam umgesetzt wird: die City-Erweiterung "Westliche Innenstadt". Beim Hauptbahnhof baut man seit 1978 zwei Büro-Hochhäuser (eins ist fertiggestellt und wird seit 1982 vorwiegend von der Außenhandels-Bank genutzt). Nordwärts davon ist auf bestehenden Freiflächen ein Einzelhandels-Komplex geplant (entlang der J. Marchlewskiego) in bewußter Konkurrenz zum Kaufhauskomplex nördlich vom bestehenden Zentrum (Marszałkowska-Ostwand, fertiggestellt 1969). Damit ist eine erneute Verlagerug des hauptsächlichen Einkaufszentrums vorgesehen. Es ist aber aufgrund des dramatischen Rückgangs in der Bauindustrie - der langsame Baufortschritt der beiden Hochhäuser am Eingang des geplanten Projekts ist hier symptomatisch - kaum zu erwarten, daß dieses Vorhaben in absehbarer Zeit durchgeführt werden kann. Es fehlen zum einen die nötigen Mittel und Rohstoffe, zum anderen scheint zum gegenwärtigen Zeitpunkt auch kaum eine ausreichend große Nachfrage nach solchen Flächen in der Innenstadt Warschaus zu bestehen.

Die knappen Mittel werden eher in den weiteren Ausbau der Bezirks-Zentren gesteckt werden müssen, um die Lücke zwischen der relativ hohen Konzentration im CBD und der spärlichen Versorgung in den jeweiligen Wohngebieten wenigstens tendenziell zu schließen. Geht man davon aus, daß von den neun oder zehn geplanten Zentren 3. Grades erst drei bestehen, die des 2. Grades auch sehr unzureichend sind, bleibt hier genügend zu tun. Eine räumliche Verteilung der Käuferströme würde zudem dazu beitragen den Druck auf das ÖPNV-System zu verringern.

Große Anstrengungen werden auch nötig sein - und vermutlich den Umständen entsprechend auch umgesetzt - beim Ausbau der Entwicklungsachse nach Norden (Legionowo und Nowy Dwór Maz.; vgl. Abb. 5.5).

6. ZUSAMMENFASSUNG

6.1 Phasen der Stadtentwicklung

Die Beschreibung der Stadtentwicklung analog der Phasen über die Dimensionen

- Planverfahren und Ordnungsvorstellungen,
- Bevölkerung und Wohnungen,
- Beschäftigte und Arbeitsstätten und
- Infrastruktur

hat gezeigt, daß die Phasen zu lang sind, weil innerhalb der Phasen Verläufe mit unterschiedlichen Trends ablesbar sind. Die Phasen würden kürzer sein, wenn zusätzliche Merkmale zur Abgrenzung hinzugezogen würden. Das wiederum läßt jedoch befürchten, daß dann eine eindeutige Phasenabgrenzung - zumal im europäischen Vergleich - nicht mehr möglich ist.

Zum anderen wird deutlich, daß die vorherrschende Bevölkerungsentwicklung nicht der natürliche Bevölkerungssaldo, sondern der Migrationssaldo ist. Diese Auswahl ist jedoch ein Zugeständnis an den Ansatz, ein gemeinsames Beschreibungsmodell für die Entwicklung einer Stadt und eines Landes zu entwickeln (Teil I). Die Geburten- und Sterberate ist z.B. eine Folge einer nach Altersgruppen selektiven Zuwanderung in eine Stadt. Für diese feineren Analysen fehlte jedoch im Falle Warschaus die Datenbasis.[1]

Wie bewährt sind denn nun die vorgeschlagenen Phasenendpunkte? Über das Datum 1881 läßt sich nichts genaues sagen. Unter Berücksichtigung der vorliegenden Quantität und Qualität der Daten und Ergebnisse wissenschaftlicher Untersuchungen erscheint aus heutiger Sicht dieses Datum als willkürlich. 1965/66 erscheint dagegen ein sinnvoller Schnittpunkt zu sein. Die Relation der Beschäftigten nach Sektoren ist zum Ende dieser Phase Gegenstand der Diskussion geworden - mit Hilfe einer Deglomeration von Industriebetrieben sollten die ideologisch motivierten Fehler der ersten 50er Jahre ausgeglichen werden; diese Kritik hatte unmittelba-

---

[1] Solche Untersuchungen sind von M. LATUCH und S. STRZELECKI durchgeführt worden, waren mir jedoch nicht zugänglich (mündl. Information von M. CIECHOCIŃSKA).

ren Einfluß auf die Planvorgabe des Fünf-Jahres-Plans 1965 bis 1970. Zusätzlich war die Kompensation der Kriegsverluste durch eine höhere Geburtenziffer Mitte der 60er Jahre abgebaut; der natürliche Bevölkerungssaldo ist auf seinem Tiefpunkt. Die Zäsur 1945, die die Stadtentwicklungsphase III zweiteilt, ist sicherlich plausibel; nahezu alle betrachteten Entwicklungen erhalten hier eine Zäsur, zudem ändern sich die Randbedingungen der Planung völlig.

Betrachtet man nun die Entwicklung unter sozialistischen Wertvorstellungen, wäre eine kurzfristigere Phaseneinteilung unter Hinzuziehen weiterer Kriterien (neben den fünf der Phasenabgrenzung) möglich. Generell gilt, daß mögliche weitere Phasengrenzen an den Übergangsstellen zwischen jeweils zwei wirtschaftlichen Rahmenplänen liegen müßten. Wenn es an diesen Schnittstellen zu Veränderungen kommt, dann deswegen, weil mit den Wirtschaftsplänen die Rahmenbedingungen der Stadtentwicklung gegeben sind. Auch wenn die Übergänge fließend sind - weil z.B. Kritik an Zielsetzungen und Stadtentwicklungen schon vor Inkrafttreten veränderter Pläne laut wurde oder weil in Warschau aufgrund der Vorreiterrolle der Hauptstadt bestimmte Veränderungen schon "unterwegs" vorgenommen werden konnten - der gesetzliche und finanzielle Rahmen für verändertes Handeln wurde mit den Wirtschaftsplänen festgelegt.

Danach bieten sich als weitere Unterteilung der Phasen IIIb und IV an:
1955: Ende der ersten Industrialisierungswelle; Zuzugsstopp wird wirksam; Planung großer, in sich geschlossener Wohnsiedlungen,
1970: Tiefpunkt des Wohnungsbaus und daraus folgend verstärkte Bemühungen in der Wohnungsbau-Produktion; Niedergang der Industrie; gesellschaftliche Krise - mit der Regierung Gierek Betonung der Konsumgüterindustrie (Standorte in Warschau) und Planung der Verteilung (Zentrenhierarchie),
1975: Regionalreform wird wirksam; Planung für Warschau als die Kernstadt einer (vernachlässigten) Region; Ende der expansiven Wohnungsbaupolitik; Beginn der jüngsten und tiefgreifendsten ökonomischen Krise.

6.2 Probleme der Stadtentwicklung

Erstes Problem der Stadtentwicklung - und das während der gesamten Nachkriegszeit in unterschiedlicher Intensität - ist die Kontrolle des Bevölkerungswachstums der Stadt. Weder Zuzugsstopp (1954), noch Deglomeration

(Mitte der 60er Jahre) oder Verwaltungsreform (1975) mit ihrer gezielten Entwicklungsplanung der räumlichen Ausdehnung der Stadt in das Umland und der Entwicklung des Umlandes selbst, haben hier einen auch nur mittelfristigen Erfolg gehabt: Die Stadt wächst schneller, als es die Planung vorsieht. Daher war es folgerichtig, die Deglomeration bereits zu Beginn der 70er Jahre aus Kostengründen zu beenden bzw. zu modifizieren und den Zuzugsstopp 1983 aufzuheben, da er kein geeignetes Mittel war, den Zuzug unter Kontrolle zu halten, er im Gegenteil sogar die Wegzüge aus Warschau verringerte.

Das Wachstum der Bevölkerungszahl würde sich nicht negativ auswirken, wenn die Versorgung der Bevölkerung mit ihm Schritt halten könnte. In mindestens drei Bereichen treten hier jedoch Probleme auf:

- in der Versorgung mit Wohnraum,
- in der Versorgung mit Konsumgütern,
- in der Versorgung mit Transportkapazitäten.

Das massivste Problem stellt die Wohnsituation dar. Die Zahl der fertiggestellten Wohnungen, die Größe, die Ausstattung erreichen selten die durch die Planung vorgegebenen Richtwerte - und seit der wirtschaftlichen Krise Ende der 70er Jahre verschärft sich dieses Problem dramatisch Zusätzlich wird der Bestand vernachlässigt. Schlechte Bauqualität und geringe Rentabilität durch die Vermietung lassen die Bausubstanz schnell baufällig werden. Die fast vollständige Vernichtung des Wohnungsbestandes durch die Kriegseinwirkungen kann man aus heutiger Sicht nur positiv bewerten, denn auf diese Weise ist das Sanierungsproblem nicht so stark. Dieses soll nicht zynisch gemeint sein; man muß sich nur einmal die verbliebenen Wohnhäuser aus der Gründerzeit in der westlichen Innenstadt (nördlich des Pałac Kultury und westlich der Marszałkowska), in Wola oder gar in Praga ansehen. Aufgrund der Probleme, die nur wenigen Wohnungen einigermaßen zufriedenstellend auszustatten, wurde vom Stadtplanungsamt (BPRW) beschlossen, keine neuen Wohngebiete mehr auszuweisen, nachdem die drei letzten (Ursynów-Natolin, Praga-Południe und Marymont) fertiggestellt sind. Das Aufheben des Zuzugsstopps wird jedoch die Zuzüge vorerst erhöhen, bevor durch die Wegzüge sich der Wanderungssaldo wieder stabilisiert - bis etwa 1987 wird sich also das Wohnungsproblem zusätzlich verschärfen.

Begründet wird diese Problemlösung mit der Resignation, die beiden anderen angeführten Probleme mittelfristig bei steigender Bevölkerungszahl lösen zu können. Denn seit Mitte der 70er Jahre ist man aus finanziellen Gründen dazu übergegangen, die immer geringere Zahl an Wohnungen auch schlechter auszustatten. An Wohnfolgeeinrichtungen wird nur noch das im "realen Sozialismus" unbedingt nötige errichtet, für den Rest fehlt es an Geld, es werden lediglich Freiflächen vorgesehen.

Sieht man einmal vom Konsumgüterangebot in den einzelnen Läden ab (das sich seit 1982 aufgrund der Regelung über den Preis verbessert hat), ist für die Stadtentwicklung die Allokation des Angebots wichtig. Es gibt zwar seit etwa 15 Jahren Vorstellungen von Zentrenhierarchien, die ein flächendeckendes Angebot in der Stadt (später auch in der HW Warschau) gewährleisten sollen, doch der Ausbau eines solchen Zentrensystems hat sich immens verzögert. In den Siedlungen (Stufe I; in Großsiedlungen auch Stufe II) sind die Läden unterdimensioniert, auch private Händler (meist Kleinbauern) aus dem Umland, die neben dem kleinen Supermarkt ihre Produkte anbieten, können dieses strukturelle Manko nicht beseitigen. Bezirkszentren (geplant sind neun oder zehn, gebaut sind drei - davon die beiden ausgebauten, schon bestehenden Zentren Praga und Mokotów) können den Nachfrageüberhang aus den Siedlungen, den peripheren Wohnstandorten und dem Umland nicht auffangen - eine Fahrt in die Innenstadt ist die Folge.

Ein Nachfrageüberhang nach Arbeitsplätzen im Umland und in angrenzenden Woiwodschaften führt zu einem hohen Berufspendleraufkommen. Dazu kommen die praktisch auf ein Zentrum gerichteten Einkaufsfahrten und die Ausbildungspendler (Warschau hat etwa 80.000 Studienplätze) - das alles überlastet den ÖPNV, denn der Motorisierungsgrad ist nicht sehr hoch und es gibt noch kein innerstädtisches Schnellbahnsystem.

Betrachtet man die Fülle der Probleme, die es in Warschau zu lösen gilt, dann muß man sehr skeptisch in der Beurteilung der zukünftigen Entwicklung der Stadt sein. Auch wenn man weiß, daß Polen wahre Lebenskünstler sind und man aus der langen und leidvollen Geschichte des Staates und insbesondere seiner Hauptstadt gelernt hat, daß Warschau sich immer wieder erhebt - die jüngste Entwicklung der Stadt und ihre mittelfristigen Zukunftsaussichten müssen den Betrachter traurig stimmen.

6.3 Weitergehende Analysen

In einem weiteren Bearbeitungsschritt ist vorgesehen, die Gültigkeit wissenschaftlich ermittelter Modelle zu Teilaspekten der Stadtentwicklung empirisch zu überprüfen. Dabei soll die Gültigkeit dieser theoretischen Annahmen (die vorwiegend in nordamerikanischen und westeuropäischen Städten überprüft wurde) auch in Hauptstädten Osteuropas empirisch überprüft werden. Da solche Modelle (z.B. Dichtemodelle, Segregationsmuster) abhängig sind von der Entwicklungsstufe einer Stadt, soll die Einteilung in Phasen der Stadtentwicklung einen heuristischen Rahmen für eine solche Testung liefern. So kann man in einer Längsschnitt-Analyse die Abfolge unterschiedlicher Verteilungsmuster zeigen, andererseits kann innerhalb eines Vergleichs über mehrere Städte die allgemeine Gültigkeit solcher Verteilungsmuster nachgewiesen werden. Solche Vergleiche werden oft zu einem gleichen Zeitpunkt vorgenommen (z.B. für die Zeitpunkte von Zensus-Erhebungen). Dieses Vorgehen erscheint uns aber aus unserer bisherigen Arbeit nicht sinnvoll. Es ist vielmehr schnell einsichtig, die Verteilungsmuster auf Gleichheit/Verschiedenheit zu gleichen Stadien der Stadtentwicklung zu testen. Auf diese Weise erhalten die von uns vorgeschlagenen Phasen - bzw. eine feinere Unterteilung - eine zusätzliche Bedeutung. Erst der Nachweis, daß Städte in einer gleichen Phase ihrer Entwicklung (und nicht beide z.B. im Jahr 1970) ein z.B. ähnliches Segregationsmuster nach dem sozialen Status aufweisen, lassen auf die Allgemeingültigkeit der zugrundeliegenden Hypothesen schließen.

Im folgenden werden annäherungsweise solche Aussagen für den aktuellen Stand der Stadtentwicklung Warschaus gegeben: Die Kurve der <u>Bevölkerungsdichte</u> zeigt eine monozentrische Struktur mit einem eindeutigen Maximum im Zentrum. Eine solche Dichtekurve entspricht einer Stadt bei einsetzender Industrialisierung. Dieser "rückständige" Verlauf ist nur z.T. durch die erreichte Phase der Stadtentwicklung erklärbar. Hier muß vielmehr der Wiederaufbau der zerstörten Stadt unter sozialistischen städtebaulichen Leitbildern ("kompakte Stadt") genannt werden, die zum ausdrücklichen Ziel eine intensive Wohnbebauung der Innenstadt hatten. Erst seit 1965 geht die Zahl der Bewohner im Innenstadt-Bezirk zurück. Weiter gibt es innerhalb der einzelnen Entfernungszonen erhebliche Schwankungen der

Bevölkerungsdichte, die auf die achsiale Anordnung der Verkehrswege zurückzuführen sind.

Der Rückgang der Wohnbevölkerung ist jedoch kaum auf einen <u>Verdrängungsprozeß der Wohnfunktion durch CBD-Funktionen</u> zurückzuführen. Dazu fehlt es am Expansionsdruck des im CBD stationierten tertiären Sektors, denn die vorhandenen Flächen für Dienstleistungen und Verwaltung reichen offensichtlich für den vorhandenen Bedarf aus; außerdem dürfte durch die wirtschaftliche Krise ein Expansiondruck verzögert werden. Anderseits hat die Wohnnutzung ein hohes Beharrungsvermögen. Das liegt zum einen daran, daß die Wohnnutzung im Zentrum gesellschaftlich erwünscht ist und sich nicht über Preiskonkurrenz am Bodenmarkt an seinem Standort behaupten muß, zum anderen stellen die nach dem Krieg gebauten Wohnungen eine gewaltige Investition dar. Die Ausdehnung des CBD - der sich eher gitterförmig entlang der Haupt-Durchfahrtsstraßen ausdehnt - wird sich weniger spektakulär auf eine intensivere Nutzung der vom Gitterwerk noch ausgesparten Flächen richten. Hier sind noch Reste einer transitorischen Zone mit schlechter Wohnbebauung, kleinen Läden und Handwerksbetrieben (insbesondere südlich des Pałac Kultury und westlich der Marszałkowska).

Das <u>Stadtentwicklungsmodell von BURGESS</u> hat demzufolge nur eine bedingte Gültigkeit: Es fehlt der Expansionsdruck des CBD und damit der Motor der Entwicklung; es gibt allenfalls Reste einer transitorischen Zone (diese potentielle wurde von den Nazitruppen systematisch vernichtet); die anschließenden Arbeiterwohngebiete - durchmischt mit alter Industrie - liegen im nächsten Gürtel, vorwiegend in Wola und in Praga, z.T. auch in Ochota; darum liegt ein unterschiedlich breiter Gürtel der Neubaugebiete der 60er und 70er Jahre; noch innerhalb Warschaus - verstärkt im Südosten, Norden und Süden - liegt die vorwiegend agrarisch strukturierte Einpendlerzone.

Eine <u>Segregation nach dem Alter</u> läßt sich zeigen: Im Zentrum Pragas, dem von Żoliborz, der Innenstadt (hier Altstadt/Neustadt), Straßenzug entlang der Sächsischen Achse bis hin zur Marszałkowska-Ostwand) und der Norden von Mokotów eher überaltert ist; junge Familien mit Kindern und Jugendliche wohnen in den Neubaugebieten, wobei die Altersstruktur der des Baualters entspricht - also in den Gebieten der 60er Jahre wohnen eher ältere Familien mit Jugendlichen, in denen der 70er Jahre jüngere

Familien mit Kindern. Dieses ist eine unmittelbare Folge der Wohnungsknappheit, die eine innerstädtische Mobilität einschränkt.

Eine Segregation nach dem sozialen Status sollte aufgrund von zwei Faktoren weniger stark ausgeprägt sein: Erstens gibt es innerhalb einer sozialistischen Gesellschaft nicht so große Statusunterschiede bzw. größere Statusinkonsistenzen als in westlichen Gesellschaften, zweitens ist aufgrund des Wohnraummangels und der Wohnungsbewirtschaftung die Fluktuation sehr gering; beides sind Faktoren, die den räumlichen Entmischungsprozeß hemmen. Aufgrund der Wohnraumbewirtschaftung und - durch den Wiederaufbau in Siedlungseinheiten bedingt - sehr homogenen Zählbezirken sind jedoch die Indexwerte der Segregation tatsächlich sehr hoch. Zusätzlich wird durch die Ausweitung der Zahl der Genossenschafts-Wohnungen die Auswahl- und Wohnungswechsel-Möglichkeit für ausgewählte Berufsgruppen höher, was ebenfalls die Segregation nach Berufsgruppen verstärkt. Es lassen sich daher Wohngebiete mit höherem Status der Bewohner feststellen (z.B. Saska Kępa und Anin in Praga-Południe; Żoliborz-Zentrum, im Norden bis Marymont, im Osten bis zur Weichsel; südlich des Zentrums von Mokotów und im Innenstadtbezirk die Alt- und Neustadt und das Gebiet zwischen Nowy Świat/Krakowskie Przedmieście im Osten bis hinter die Marszałkowska-Ostwand im Westen.

LITERATURVERZEICHNIS

A. Allgemeine Literatur

ABKÜRZUNGEN:

GP   Geographia Polonica
GR   Geographische Rundschau
PG   Przegląd Geograficzny

ALLARDT, E. & WESOŁOWSKI, W. (eds.), 1980: Social Structure and Change. Finland and Poland. Comparative Perspective. Warszawa.

ANDORKA, R. & ZAGÓRSKI, K., 1980: Socio-occupational Mobility in Hungary and Poland. Budapest & Warszawa.

ANDRZEJEWSKI, A., 1965: Housing Situation. In: Polish Perspectives, Vol. 8 (1965), No. 6: 11-20.

ANDRZEJEWSKI, A., 1966: Postwar Housing Development in Poland. In: FISHER, J.C. (ed.) 1966: 153-182.

ANDRZEJEWSKI, A., 1967: Housing Policy and Housing-System Models in some Socialist Countries. In: NEVITT, A.A. (ed.) 1967: 161-175.

ANDRZEJEWSKI, A., 1974: Ogólne kierunki rozwoju infrastruktury mieszkaniowej w Polsce w latach 1945-2000 (Allgemeine Entwicklungstendenzen in der Wohnungs-Infrastruktur in Polen in den Jahren 1945 bis 2000). In: KPZK PAN 1974 b: 11-24.

ANDRZEJEWSKI, A., 1978: The Housing Development in Poland (1918-1974). In: Oeconomica Polona 1978, No. 4: 505-529.

ANDRZEJEWSKI, A., 1980: Predicted Changes in Dwelling Standard versus Trends in Housing Policy. In: Towards Poland "2000", Warzawa: 261 - 281.

ANDRZEJEWSKI, A., 1981: Bilans osiągnięć i trudności odbudowy Warszawy - warunki życia mieszkańków. (Erfolgsbilanz und Schwierigkeiten beim Wiederaufbau Warschaus - Lebensbedingungen der Bewohner). In: Warszawa Współczesna, 1981: 328-347.

BACZYŃSKI, J. & DUNIN-WĄSOWICZ, M., 1980: Zakłady przemysłowe Warszawy. (Industriebetriebe Warschaus). Warszawa.

BARBAG, J. & BEREZOWSKI, S., 1956: Ökonomische Geographie der Volksrepublik Polen. Berlin (Ost).

BEREZOWSKI, S., 1965: Die Binnenregionalisierung der Warschauer Wirtschaftsregion. In: Festschrift Leopold G. Seidel zum 60. Geburtstag. Wien: 194-207.

BEREZOWSKI, S., 1971: Geografické Problémy Plánovania Metropolnej Oblasti Varšavy. (Geographische Probleme der Planung der metropolitanen Region Warschau). In: Geografický Časopis, Vol. 23 (1971), H. 2: 104-108.

BEREZOWSKI, S., 1972: Koncepcja i struktura przestrzenna podregionu Warszawy. (Das Konzept der räumlichen Struktur der Subregion Warschau). In: Rocznik Mazowiecki, Vol. 4 (1972): 9-39.

BEREZOWSKI, S., 1981: O współczesnej Tozsamości terytorialnej Mazowsza. (Über die gegenwärtige Identität des Gebietes Masowien). In: Kronika Warszawy, 1/45 (1981): 7-30.

BERRY, B.J.L. & HORTON, F.E. (eds.) 1970: Geographic Perspection on Urban Systems. Engelwood Cliffs, N.J.

BOBIŃSKI, J., 1974: Warunki i mieszkaniowe w aglomeracjach miejsko-przemysłowych w 1970 roku (Wohnbedingungen in städtisch-industriellen Agglomerationen im Jahr 1970). In: KPZK PAN 1974 b: 45-64.

BPRW o.J. (Biuro Planowania Rozwoju Warszawy)(Hg.): Karten zur Strukturprognose der Agglomeration Warschau 1990. Warszawa.

BRNSW. 1972 (Biuro Rady Narodowej Miasta Stołecznego Warszawy)(Hg.): Warszawa Biuletyn, 20-21. Warszawa.

BROWN, A.A. & NEUBERGER, E. (eds.), 1977: Internal Migration. A Comparative Perspective. New York et al.

BRUSZEWSKI, A., 1981: Strömungen in der Architektur Polens. In: Der Baumeister, Jg. 6 (1981): 581-595.

BUDREWICZ, O. & STYCZYŃSKI, J., o.J.: Stadtführer. Das ist Warszawa. Warszawa.

BURGER, T., 1978: Społeczna i demograficzna ewolucja osiedla "Za Żelasną Bramą". (Räumliche und demographische Entwicklung der Siedlung "Za Żelasna Brama"). In: CZSBM 1978: 148-163.

CHAPIN, F. S., 1965: Urban Land Use Planning. Urbana. 2. Aufl.

CHIEF ARCHITECT 1980 (Chief Architect of Warsaw & Warsaw Town Planning Office)(ed.): Planning for Warsaw Agglomeration. Warszawa.

CHMIELEWSKI, J. & SYRKUS, S., 1934: Warszawa funkcjonalna (Das Funktionale Warschau). In: IUPP 1981: 6-38.

CHMIELEWSKI, S., 1980: Zmiany środowiska geograficznego w strefie oddziaływania wielkiego miasta. Na przykładzie północno-wschodniej części Warszawskiego Zespołu Miejskiego. (Veränderungen in der geographischen Umgebung innerhalb des Einflußbereichs einer Großstadt. Eine Fallstudie des Nord-Ost-Teils der Agglomeration Warschau). In: IGiPZ PAN (Hrsg.) 1980: Dokumentacja Geograficzna 1. Warszawa.

CHOJNICKI, Z., 1975: The Concept and Assumptions on Socio-economic Space Anaysis. In: GP, Vol. 32 (1975): 23-26.

CHOJNICKI, Z., 1977: Foundations of the Model of Spatial Systems of Towns. In: GP, Vol. 37 (1977): 101-108.

CHOŁAJ, H., 1969: Cena ziemi jako kategoria ekonomiczna w socjalizmie. (Der Bodenpreis als eine ökonomische Kategorie im Sozialismus). In: SGPiS 1969: 9-36.

CHRISTALLER, W., 1933: Die zentralen Orte in Süddeutschland. Jena.

CHUDZYŃSKA, I. 1981 a: Locational Specialization of Retail Trade Functions in Warsaw. In: Environment and Planning A, Vol. 13 (1981): 929-942.

CHUDZYŃSKA, I., 1981 b: Spatial Structure of Retail Trade in Warsaw. In: GP, Vol. 44 (1981): 201-210.

CIBOROWSKI, A., 1964: Städtebauliche Probleme am Beispiel des Wiederaufbaus von Warschau. Rede anläßlich der Verleihung der Auszeichnung der Fritz-Schumacher-Stiftung. Hamburg.

CIBOROWSKI, A., 1980 a: Notes on Urban Development in the Post-war Europe. In: IUDPP 1980: 3-48.

CIBOROWSKI, A., 1980 b: Environmental and Ecological Considerations in Physical Development Planning for Metropolitan Regions. In: IUDPP 1980: 49-110.

CIBOROWSKI, A., 1980 c: Warszawa na tle stolic świata (impresje urbanistyczne). (Warschau im Vergleich mit den Hauptstädten der Welt. Urbanistische Impressionen). In: Państwowe Wydawnictwo Naukowe (Hg.): Warszawa stolica Polski (Warschau, die polnische Hauptstadt). Warszawa 1980: 177-239.

CIBOROWSKI, A., 1982: Stolica u progru lat osiemdziesiątych. (Die Hauptstadt im Programm der 80er Jahre). In: BRNSW 1982: 17-32.

CIECHOCIŃSKA, M., 1973: Deglomeracja Warszawy 1965-1970 (Die Deglomeration Warschaus 1965-1970). KPZK PAN, Biuletyn 80. Warszawa.

CIECHOCIŃSKA, M., 1975 a: Problemy ludnościowe aglomeracji warszawskiej. (Bevölkerungsprobleme in der Agglomeration Warschau). Warszawa.

CIECHOCIŃSKA, M., 1975 b: Dynamika zmian w przestrzennym zróżnicowaniu warunków bytu ludności w latach 1960-1970. (Räumlich differenzierte Betrachtung der Veränderungsdynamik der Lebensbedingungen der Bevölkerung zwischen 1960 und 1970). In: KPZK PAN 1975: 185-224.

CIECHOCIŃSKA, M., 1976: Regional Sociology in Poland against a World Background. A Survey of the Problem. In: KUKLIŃSKI, A. (ed.) 1977: 38-83. Zuerst auf polnisch in: Studia Socjologiczne, Vol. 4 (1969): 197-226.

CIECHOCIŃSKA, M., 1977 a: Charakterystyka przemian demograficznych w aglomeracji warszawskiej (1945-1975). (Eigenschaften des demographischen Wandels in der Agglomeration Warschau, 1945 bis 1975). In: Społeczeństwo Warszawy w rozwoju historycznym, 1977: 337-359.

CIECHOCIŃSKA, M., 1977 b: Pracownicy umysłowi w strukturze zatrudnienia w Warszawie (1945-1975). (Geistige Arbeiter in der Beschäftigungsstruktur in Warschau 1945-1975). In: Społeczeństwo Warszawy w rozwoju historycznym. Warszawa 1977: 506-525.

CIECHOCIŃSKA, M., 1978 a: Wpływ wielkich zakładów przemysłowych na rozwój aglomeracji Warszawskiej w latach 1945-1975. (Einfluß grosser Industriebetriebe auf die Entwicklung der Agglomeration Warschau in der Zeit zwischen 1945 und 1975). In: Wielke zakłady przemysłowe warszawy w rozwoju historycznym. Warszawa 1978: 583-617.

CIECHOCIŃSKA, M., 1978 b: Stołeczne województwo warszawskie jako aglomeracja wielkomiejska. (Die Hauptstädtische Woiwodschaft Warschau als großstädtische Agglomeration). In: Miasto, Vol. 28 (1978), Heft 10: 1-8.

CIECHOCIŃSKA, M., 1981: Bilans demograficzny Warszawy (1944-1980). (Demographische Bilanz Warschaus zwischen 1944 und 1980). In Warszawa Współczesna, 1981: 45-73.

CIECHOCIŃSKA, M., 1982: Niektóre problemy demograficzno-społeczne funkcjonalnego makroregionu Warszawy na przykładzie stołecznego województwa Warszawskiego. (Verschiedene demographisch-soziale Probleme der Makroregion Warschau am Beispiel der Hauptstädtischen Woiwodschaft Warschau). In: Zespół Koordynacyjny Problemu Międzyresortowego "Podstawy Przestrzennego Zagospodarowania Kraju" (Hg.): Biuletyn Informacyjny 1982, 38: 107-131.

CIECHOCIŃSKA, M., 1983: Charakterystyka struktura zatrudnienia na obszarze stołecznego woj. Warszawskiego - Proby typologii Zróznicowań przestrzennych. (Beschäftigtenstruktur in Teilgebieten der Hauptstädtischen Woiwodschaft Warschau - Versuch einer Typologie räumlicher Differenzierung). IGiPZ PAN (Hrsg.): Biuletyn Informacyjny, 43: 79-118.

CIECHOCIŃSKA, M, 1984: The Urban Core, the Central City and the Suburbs in the Light of Endeavors to Control Development (the Warsaw Region). Vortrag beim Internationalen Symposium "Die Krise der Kernstadt und das Take-off von Suburbia". München & Wien, 2.-5.9.1984.

CZECZERDA, W., 1974: Indywidualne potrzeby mieszkaniowe oraz potrzeby specjalnych grup ludności. (Individueller Wohnungsbedarf und der Wohnungsbedarf besonderer Bevölkerungsgruppen). In: KPZK PAN 1974 b: 121-132.

CZERWIŃSKI, M., 1981: Elements of the Urban Population's Style of Life General Aspects and Specific Differentiation. In: Sisyphus, Vol. 1 (1981): 133-158.

CZSBM 1978 (Centralnego Związku Spółdzielni Budownictwa Mieszkaniowego)(Hg.): Studia nad osiedlami (Studien über Siedlungen). Warszawa.

DANGSCHAT, J., 1984: Zur Sozialräumlichen Analyse Warschaus. Anwendung der Sozialökologie af eine Großstadt eines sozialistischen Landes in Ost-Europa. Unveröff. Diss. Universität Hamburg.

DANGSCHAT, J. & WENDL, N., 1978: Warschau. In: FRIEDRICHS, J. (Hrsg.) 1978: 184-245.

DAWSON, A.H., 1971: Warsaw. An Example of City Structure in Free Market and Planned Socialist Environments. In: Tijdschrift voor Economische en Sociologische Geografie, Vol. 62 (1971), Heft 2: 104-113.

DAWSON, A.H., 1979: Factories and Cities in Poland: In: FRENCH, R.A. & HAMILTON, F.E.I. (eds.) 1979: 349-385.

DEMKO, G.J. & FUCHS, R.J., 1977: Demography and Urban and Regional Planning in Northeastern Europe. In: KOSTANICK, H.L. (ed.) 1977: 49-80.

DICKINSON, R.E., 1951: The West European City, London, 3. Aufl., 1963.

DOBROWOLSKA, D., 1978: Social Change in Suburban Villages. In: TUROWSKI, J. & SZWENGRUB, L.M. (eds.) 1976: Rural Social Change in Poland. 4. World Congress for Rural Sociology, Toruń, 9.-13.8.1976. Warszawa 1976: 89-107.

DOBROWOLSKA, M. & RAJMAN, J., 1965: Socio-economic Structure and Dynamics of the Suburban Zone. In: GP, Vol. 7 (1965): 115-132.

DONAJSKI, M., 1982: Wieżowiec na placu F. Dzierzyńskiego. Biurowiec czy hotel. (Das Hochhaus am F.-Dzierzynski-Platz. Büronutzung oder Hotel). In: BRNSW 1982: 46-52.

DREWNOWSKI, J., 1974: The Central Planning Office on Trial: An Account of the Beginnings of Stalinism in Poland. Zuerst auf poln. in: Zeszyty Historyczne, Vol. 28 (1974). In: Soviet Studies, Vol. 31 (1979), No. 1: 23-42.

DROZDOWSKI, A., LISOWSKI, A. & OCHOCKI, A., 1978: Procesy i struktury demograficzne w osiedlu mieszkaniowym. Na przykładzie warszawskiego osiedla "Wierzbno". (Demographische Prozesse und Strukturen in einem Wohnquartier am Beispiel von Wierzbno in Warschau). In: IGS Biuletyn, Vol. 21 (1978), No. 4: 6-95.

DROZDOWSKI, A., LATUCH, M. & LISOWSKI, A, 1980: Społeczno-demograficzne uwarunkowania emigracji osób w starszym wieku z warszawy w latach 1974-1978. (Sozio-demographische Bedingungen der Abwanderung älterer Menschen aus Warschau zwischen 1974 und 1978).In: IGS Biuletyn, Vol. 23 (1980), No. 4: 31-53.

DROZDOWSKI, A., GINSBERT-GEBERT, A. & LISOWSKI, A., 1981: Przemiany demograficzne i społeczne jako przyczyna zmian w programie usług - na podstawie badań w wybranych osiedlach mieszkaniowych w Warszawie. (Demographischer und gesellschaftlicher Wandel als Ursache der Veränderung im Dienstleistungsbereich - zur Grundlage der Untersuchung in ausgewählten Wohnsiedlungen in Warschau). In: IGS Biuletyn, Vol. 24 (1981), No. 3/4: 177-187.

DUDEK, I., 1976: Problemy statystyki regionalnej pracach Głownego Urzędu Statystycznego w Polsce. (Probleme der Regionalstatistik in der Arbeit des Hauptamtes für Statistik (GUS) in Polen). In: KPZK PAN 1976: 105-112.

DZIENO, K. & GOŁACKA, M., 1974: Population Problems in Spatial Planning. In: SECOMSKI, K. (ed.) 1974: 105-118.

DZIEWOŃSKI, K., 1974: Theories of Settlement Networks: A Survey. In: SECOMSKI, K. (ed.) 1974: 155-174.

DZIEWOŃSKI, K., 1975 a: The Place of Urban Agglomerations in the Settlement System of Poland. In: GP, Vol. 30 (1975): 9-19.

DZIEWOŃSKI, K., 1975 b: Research for Physical Planning in Poland 1944-1974. In: GP, Vol. 32 (1975): 5-22.

DZIEWOŃSKI, K., 1976: Changes in the Processes of Industrialization and Urbanization. In: GP, Vol. 33 (1976): 39-58.

DZIEWOŃSKI, K., 1977: Population Problems in Polish Regional Planning. In: KOSTANICK, H.L.(ed.) 1977: 81-97.

DZIEWOŃSKI, K., 1980: Systems of Main Urban Centres (Functioning within the National Settlement Systems). In: IGiPZ PAN 1980: 103-120.

DZIEWOŃSKI, K. & KORCELLI, P., 1981 a: Migracje w Polsce: przemiany i polityka. (Wanderungen in Polen: Dynamik und Politik). In: IGiPZ PAN 1981: 10-90.

DZIEWOŃSKI, K. & KORCELLI, P., 1981 b: Migration and Settlement: 11. Poland. Laxenburg.

DZIEWOŃSKI, K. & LESZCZYCKI, S., 1966: Postwar Changes in the Polish Economic and Social Structure. In: FISHER, J.C.(ed.) 1966: 243-270.

DZIEWOŃSKI, K. & MALISZ, B., 1978: Przekształcenia przestrzenno-gospodarczej struktury kraju. (Die Veränderungen der räumlich-ökonomischen Struktur des Landes). KPZK PAN (Hg.), Studia 62. Warszawa.

DZIEWOŃSKI, K. & WRÓBEL, A., 1964: Regional Structure and Economic Regions of Poland. In: GP, Vol. 4 (1964): 47-58.

DZIEWULSKI, S., 1966: Development of the General Plan of Warsaw. In: FISHER, J.C. (ed.) 1966: 85-110.

DZIEWULSKI, S., 1981: Próba kształtowania sieci ośrodków usługowych na obszarze województwa. (Gestaltungsmuster des Dienstleistungsnetzes auf der Ebene der Wojwodschaften). In: KPZK PAN 1981: 5-34.

EBERHARDT, P., 1975: Przestrzenne zróżnicowanie wzrostu liczby ludności Polski i przemian jej struktury zawodowej w latach 1960-1970. (Räumliche Differenzierung des Bevölkerungswachstums Polens und Veränderungen in der Berufsstruktur in den Jahren 1960-1970). In: KPZK PAN 1975: 9-40.

EGLI, E., 1967: Geschichte des Städtebaues. Erlenbach-Zürich & Stuttgart.

FABER, B.L. (ed.), 1976: The Social Structure of Eastern Europe. Transition and Process in Czechoslowakia, Hungary, Poland, Romania and Yugoslawia. New York et al.

FAJFEREK, A., 1973: Ekonometryczne prognozy regionalne na tle porównawczym. (Ökonometrische Regionalprognosen im Vergleich.) In: KPZK PAN 1973: 51-54.

FALLENBUCHL, Z.M., 1977: Internal Migration and Economic Development under Socialism: The Case of Poland. In: BROWN, A.A. & NEUBERGER, E. (eds.) 1977: 305-328.

FISHER, J.C. (ed.), 1966: City and Regional Planning in Poland. New York.

FISHER, J.C., 1966 a: The Spatial Planning Act, 1961. In: FISHER, J.C. (ed.) 1966: 213-226.

FISHER, J.C. & MORAWSKI, W., 1966 a: City Planning: Commentary and Orientation. In: FISHER, J.C. (ed.) 1966: 3-8.

FISHER, J.C. & MORAWSKI, W., 1966 b: Regional Planning: Commentary and Orientation. In: FISHER, J.C. (ed.) 1966: 237-242.

FISHER, J.C. & MORAWSKI, W., 1966 c: National Economic Planning: Commentary and Orientation. In: FISHER, J.C. (ed.) 1966: 409-410.

FISZMAN, J.R., 1976: Education and Social Mobility in People´s Poland. In: FABER, B.L.(ed.) 1976: 83-109.

FOX, U., 1976: Beschäftigungsstruktur und Arbeitskräftepolitik in Polen: In: Berichte des Bundesinstituts für ostwissenschaftliche und internationale Studien, Heft 3, 1976.

FRENCH, R.A. & HAMILTON, F.E.I.(eds.), 1979: The Socialist City. Spatial Structure and Urban Policy. Chichester et al.

FRIEDRICHS, J. (Hrsg.), 1978: Stadtentwicklungen in kapitalistischen und sozialistischen Ländern. Reinbek.

GATZ, W., BUSSE, H.J., DEISMANN, G., HARTOG, A., HAUBOLD, D., & LILL,D.: 1972: VR Polen. Land. Volk. Wirtschaft. Schriften des Ausschusses für Wirtschaftsforschung. Bremen.

GAWRYSZEWSKI, A., 1977: The Role of Permanent Migration and Commuting in Urban Growth. In: GP, Vol. 37 (1977): 47-60.

GAWRYSZEWSKI, A. & POTRYKOWSKA, A., 1980: Rozkłady odległości dojazdów do pracy do wybranych miast w latach 1959-1973. (Verteilung der Pendeldistanzen zur Arbeit in ausgewählten Städten 1959-1973). In: PG, Vol. 53 (1980), H. 4: 789-807.

GIEŁŻYŃSKI, W., 1973: Polen heute. Düsseldorf.

GLISZCZYŃSKI, F., 1967: Problematyka przestrzenna sytuacji mieszkaniowej i budownictwa mieszkaniowego Warszawy i jej strefy podmiejskiej. (Die räumliche Struktur und die Entwicklungstrends der Wohnbedingungen in der Vorortzone Warschaus). KPZK PAN (Hg.) Studia 21, Warszawa.

GOLCZEWSKI, F. & RESCHKA, W. (Hrsg.), 1982: Gegenwartsgesellschaften: Polen. Stuttgart.

GOLDZAMT, E., 1966: Losy koncepcji osiedlowych (Hipotezy badawcze). (Die Entwicklung der Konzeptionen über Neubaugbiete. Hypothesentests). In: MSW 1966: 3-50.

GOLDZAMT, E., 1974: Städtebau sozialistischer Länder. Berlin (Ost).

GRIME, K. & WĘCŁAWOWICZ, G., 1981: Warsaw. In: PACIONE, M. (ed.) 1981: Urban Problems and Planing in the Developed World. London: 258-291.

GROCHOLSKA, J., 1974: Czynniki wpływające na użytkowanie ziemi Warszawie. (Einflußfaktoren der Bodennutzung in Warschau). KPZK PAN (Hg.): Studia 46, Warszawa.

GROCHOLSKA, J., 1975 a: Possibilities of Determining the Factors that Effect Urban Land Use. Case-study of Warsaw. In: GP, Vol. 31 (1975): 53-64.

GROCHOLSKA, J., 1975 b: The Influence of Urbanization on Transformation of Rural Areas with Special Regard to the Role of Warsaw. In: KOSTROWICKI, J. & TYSZKIEWICZ, W. (eds.): Transformation of Rural Areas. Proceedings of the 1st Polish-Yugoslav Geograph Seminar: 24-34. Warszawa.

HAGER, K., 1934: Die polnischen Städte. Grundlagen und Ergebnisse ihrer städtebaulichen Entwicklung. In: Stuttgarter Geographische Studien, Heft 43 (1934): 68-77.

HAMILTON, F.E.I., 1979 a: Urbanization in Socialist Eastern Europe: The Macro-Environment of Internal City Structure. In: FRENCH, R.A. & HAMILTON, F.E.I.(eds.) 1979: 167-194.

HAMILTON, F.E.I., 1979 b: Spatial Structure in East European Cities. In: FRENCH, R.A. & HAMILTON, F.E.I.(eds.) 1979: 195-261.

HAMILTON, F.E.I. & BURNETT, A.D., 1979: Social Processes and Residential Structure. In: FRENCH, R.A. & HAMILTON, F.E.I.(eds.) 1979: 263-304.

HARRIS, C.D. & ULLMAN, E.L., 1945: The Nature of the Cities. In: HATT, P.K. & REISS, A.J.(eds.): Cities and Society. New York.

HERMAN, S., o.J.: Der Raumplan Polens bis zum Jahre 1990. Mimeo. Warszawa.

HEUER, H., 1977: Sozioökonomische Bestimmungsfaktoren der Stadtentwicklung. DIFU, Band 50. Stuttgart (2. Aufl.).

HEYMAN, Ł., 1976: Nowy Żoliborz 1918-1939 (Das neue Żoliborz 1918 - 1939). Warszawa.

HOFF, T., 1966: Zróżnicowanie przestrzenne wybranych środków i usług łączności regionie Warszawskim. (Räumliche Disparitäten der Kommunikationseinrichtungen und der Dienstleistungen in der Region Warschau). In: SGPiS 1966: 111-139.

HOLZER, J., 1964: Urodzenia i zgony a struktura ludności Polski: 1950 - 2000. (Geburten, Sterbefälle und Bevölkerungsstruktur Polens zwischen 1950 und 2000). Warszawa.

IGiPZ PAN 1980 (Instytut Geografii i Przestrzennego Zagospodarowania PAN)(ed.): The National Settlement Systems. Vol. III, Warszawa.

IGiPZ PAN 1981 (Instytut Geografii i Przestrzennego Zagospodarowania PAN)(Hg.): Studia nad migracjami i przesnianami systemu osadniczego w Polsce (Studien über Migrationen und Veränderungen des Siedlungssystems in Polen). In: Prace Geograficzne, Nr. 140. Warszawa.

INP 1969:Institute of National Planning)(ed.): Seminar on Long Term Planning. Cairo, 18.-25.2.1969.

IPPPW 1976 (Instytut Planowania Przestrzennego Politechniki Warszawskiej) (Hg.): Prace podyplomowego studium urbanistyki wydziału architektury Politechniki Warszawskiej 1971-1973. (Postgraduelle Arbeiten zur Urbanistik am Architekturinstitut der Polytechnischen Universität Warschau zwischen 1971 und 1973). Warszawa.

ITA 1974: Internationale Transport Annalen. Berlin (Ost).

IUDPP 1980 (Institut of Urban Design and Physical Planning - Dept. of Architecture. Warsaw Technical University)(Hg.): Urban Design and Physical Planning Reader. Warszawa.

IUPP 1981 (Instytut Urbanistyki i Planowania Przestrzennego wydział Architektury Politechniki Warszawskiej - identisch mit IUDPP)(Hg.): Żródła do studiów nad rozwojem przestrzennym Warszawy. (Quellen des Studiums der räumlichen Entwicklung Warschaus). Warszawa.

IWANICKA-LYRA, E., 1970: Typy miast i osiedli tworzących aglomeracje wielkomiejskie. (Migrationstypen von Städten und Gemeinden in Agglomerationen). In: PG, Vol. 17 (1970), Bd. 2: 359-366.

JANKOWSKI, S. & CIBOROWSKI, A., 1980: Warschau - 1945, heute und morgen. Warszawa.

JERCZYŃSKI, M., 1970: Zagadnienia zróżnicowania struktury społeczno-gospodarczej większych miast w Polsce. (Probleme der Differenzierung der sozial-räumlichen Struktur in größeren polnischen Städten). In: PG, Vol. 42 (1970), Heft 2: 283-290.

JERCZYŃSKI, M., 1972: The Role of Functional Specialization of Cities in the Formation of a Settlement Network. In: GP, Vol. 24 (1972): 31-44.

JERCZYŃSKI, M., 1981: Development of the National Systems of Cities as Related to Migration. In: GP, Vol. 44 (1981): 97-109.

JERCZYŃSKI, M. & BANDMAN, M.K. (eds.), 1976: Economic Models in Regional Development and Planning. Polish Academy of Sciences Committee for Space Economy and Regional Planning (KPZK PAN) & Siberian Branch of the Academy of Sciences of the USSR, Inst. of Economics and the Organization of Industrial Production. Warszawa.

JERCZYŃSKI, M., CHAVES, L.F. & SIEMEK, Z., 1973: Studia nad strukturą funkcjonalną miast. (Studien zur funktionalen Struktur der Stadt). Warszawa.

JĘDRASZKO, A., 1977: General Principles of the Perspective Development of Urban Agglomerations in Poland. In: GP, Vol. 37 (1977): 177-192.

JUREK-STĘPIEŃ, S., 1966: Struktura gałęziowa przemysłu Warszawy w latach 1956-1965. (Die Branchenstruktur der Industrie Warschaus 1956-1965). In: SGiPS 1966:33-49.

JUREK-STĘPIEŃ, S., 1968: Przyczynek do oceny posunięć deglomeracyjnych w przemyśle. Na przykładzie przemyłu m. st. Warszawy. (Ein Beitrag zur Entwicklung von Deglomerationsschritten der Industrie. Mit besonderer Berücksichtigung der Industrie Warschaus). In: SGPiS 1968: 77 - 84.

JUREK-STĘPIEŃ, S., 1971: Przemysł warszawski na tle przemysłu krajowego w latach 1950-1968. (Die Entwicklung der Industrie in Warschau im Vergleich zu der Entwicklung der Industrie in Polen 1950-1968). In: SGPiS 1971: 123-143.

KACZOROWSKI, M., 1965: The Warsaw Metropolitan Region. In: Papers of the Regional Science Association, Vol. 16 (1965): 93-103.

KAiU 1979 (Komitet Architektury i Urbanistyki PAN): Początki planowania przestrzennego w Polsce. (Die ersten Raumpläne in Polen). In: Studia i marteriały do teorii i historii architektury i urbanistyki, 15. Warszawa.

KALTENBERG-KWIATKOWSKA, E., 1981: Społeczno-przestrzenne problemy rozwoju Warszawy. (Die sozialen und räumlichen Probleme bei der Entwicklung Warschaus). In: Kronika Warszawy, Vol. 45(1981), No. 1: 51-53.

KALTENBERG-KWIATKOWSKA, E., KRYCZKA, P. & MIROWSKI, W., 1983: Teorie sociologii miasta i problemy społeczne miast polskich. (Stadtsoziologische Theorie und gesellschaftliche Probleme polnischer Städte). Warszawa.

KAMIŃSKI, M., 1974: Auslastung des Netzes der polnischen Staatsbahnen im städtischen Verkehr Warschaus. Ir: ITA 1974: 143-162.

KARGER, A., 1978: Warschau. Vom Geist einer Stadt. In: GR, Vol. 30 (1978), Heft 12: 464-469.

KASPRZYCKI, J., 1980: Warszawa-Praga. Warszawa.

KEEFE, E.K., BERNIER, D.W., BRENNEMAN, L.E., GILOANE, W., MOORE, J.M. & WALPOLE, N.A., 1973: Area Handbook for Poland. Washington, D.C.

KHALATBARI, P., 1978: Wybrane metodologicne i teoretyczne problemy przejścia demograficznego. (Ausgewählte methodische und theoretische Probleme des demographischen Übergangs). In: IGS Biuletyn, Vol. 21 (1978), No. 4: 7-34.

KLIMASZEWSKA-BUDZYNOWSKA, O., 1977: Modele rozkładu gęstości zaludnienia Warszawskiego Zespołu Miejskiego w latach 1879-1970. (Modelle der Verteilung der Bevölkerungsdichte in der Stadtregion WZM zwischen 1879 und 1970). In: PG, Vol. 49 (1977), Heft 3: 481-506.

KLONOWSKI, A., 1966: Rozwój gazyfikacji Warszawy w okresie powojennym. (Die Entwicklung der Gas-Versorgung in Warschau in der Nachkriegs-Periode). In: SGPiS 1966: 97-110.

KOLIPIŃSKI, J., 1976: Problemy dyskusyjne w badaniach rozwoju regionalnego. (Problemdiskussion in der Regionalentwicklungs-Forschung). In: KPZK PAN 1976 b: 113-156.

KORBOŃSKI, A., & WITTICH, C., 1968: Indexes of Polish Housing, Service, and Gouvernment Sectors, 1937 and 1946-1965. Occasional Papers of the Research Project on Nation-Income in East Central Europe. Columbia University. New York.

KORCELLI, P., 1972: Urban Spatial Growth: A Wave-like Approach. In: GP, Vol. 24 (1972): 45-55.

KORCELLI, P., 1973: Urban Growth: Some Models and Generalizations. In: GP, Vol. 27 (1973): 133-141.

KORCELLI, P., 1975: Theory of Intra-urban Structure: Review and Synthesis. A Cross-Cultural Perspective. In: GP, Vol. 31 (1975): 99-131.

KORCELLI, P., 1977: On Modelling and Planning the Development of Urban Agglomeration. In: GP, Vol. 37 (1977): 151-158.

KORCELLI, P., & POTRYKOWSKA, A., 1979: Rozwój funkcji usługowych a hierarchia administracyjna miast w Polsce. (Die Entwicklung tertiärer Funktionen und der Verwaltungshierarchie der polnischen Städte). In: PG, Vol. 51 (1979): 209-233.

KORCELLI, P., POTRYKOWSKA, A. & BODZAK, D., 1981: Układ przestrzenny i współzależności ośrodków dojazdów do pracy. (Räumliche Muster und Beziehungen zwischen Arbeitspendler-Zentren). In: IGiPZ PAN 1981: 213-233.

KORSZYŃSKI, J.Z., 1966: Z badań nad sąsiedztwem przestrzennym i sąsiedztwem społecznym na przykładzie osiedli mieszkaniowych "Mokotów" i "Bielany II" w Warszawie. (Über soziale und räumliche Aspekte der Nachbarschaft am Beispiel zweier Wohngebiete in Warschau: "Mokotów" und "Bielany II"). In: MSW 1966: 99-117.

KOSIŃSKI, L.A., 1965: Warschau. In: GR, Jg. 17(1965),Heft 7: 259-269.

KOSIŃSKI, L.A., 1970: The Internal Migration of Population in Poland, 1961-1965. In: GP, Vol. 18 (1970): 75-84.

KOSIŃSKI, L.A., 1977: Demographic Characteristics and Trends in Northeastern Europe: German Democratic Republic, Poland, Czechoslovakia and Hungary. In: KOSTANICK, H.L.(ed.) 1977: 23-48.

KOSTANICK, H.L. (ed.), 1977: Population and Migration Trends in Eastern Europe. Boulder, Col.

KOSTRUBIEC, S. & KOWALSKA, G., 1981: Warszawska inteligencka rodzina wielodzietna. (Kinderreiche Familien der Warschauer Intelligentsia). In: IGS Biuletyn, Vol. 24 (1981), Nr. 3/4: 151-157.

KOTARBIŃSKI, A., 1979: Jan Chmielewski - sylwetka twórcy i zarys
    działalności. (Jan Chmielewski - Abriß über den Autor und Darstel-
    lung seines Werkes). In: KAiU 1979: 13-72.

KOWALSKA, G., 1981: Warszawska rodzina wielodzienta w latach 1970-1976.
    (Kinderreiche Familien in Warschau in der Zeit von 1970 bis 1976).
    In: IGS Biuletyn, Vol. 24 (1981), No. 3/4: 132-143.

KOWALSKA, G. & KOSTRUBIEC, S., 1980: Warszawska inteligencka rodzina
    wielodzietna. (Kinderreiche Familien der Warschauer Intelligentsia).
    In: IGS Biuletyn, Vol. 23 (1980), Nr. 4: 120-140.

KOZIŃSKA, D., 1974: Rozwój demograficzny i jego specyfika regionalna
    jako czynnik kształtowania potrzeb mieszkaniowych w latach 1970 -
    2000. (Die demographische Entwicklung und der jeweilige Raumbezug als
    spezifischer Gestaltungsfaktor der Wohnbedürfnisse in der Zeit zwi-
    schen 1970 und 2000). In: KPZK PAN 1974 b: 87-100.

KPZK PAN 1970 (Komitet Przestrzennego Zagospodarowania Kraju PAN)(Hg.):
    Proceedings of the Second Poland-Norden Regional Science Seminar.
    Studies Vol. 33, Warszawa.

KPZK PAN 1974 a (Komitet Przestrzennego Zagospodarowania Kraju PAN)(Hg.):
    Plan przestrzennego zagospodarowania kraju do roku 1990. (Der räum-
    liche Wirtschaftsplan des Landes bis zum Jahr 1990). Biuletyn 85.
    Warszawa.

KPZK PAN 1974 b (Komitet Przestrzennego Zagospodarowania Kraju PAN)(Hg.):
    Infrastruktura mieszkaniowa i jej zróżnicowanie regionalne. (Wohn-
    Infrastruktur und ihre regionale Differenzierung).Studia 48.Warszawa.

KPZK PAN 1975 (Komitet Przestrzennego Zagospodarowania Kraju PAN)(Hg.):
    Przemiany struktury przestrzennej Polski w latach 1960-1970. (Raum-
    struktureller Wandel Polens zwischen 1960 und 1970). Biuletyn 87.
    Warszawa.

KPZK PAN 1976 a (Komitet Przestrzennego Zagospodarowania Kraju PAN)(Hg.):
    Regionalne zróznicowanie rozwoju społeczno-gospodarczego Polski.
    (Regionele Differenzierung der polnischen sozio-ökonomischen Entwick-
    lung). Biuletyn 89. Warszawa.

KPZK PAN 1976 b (Komitet Przestrzennego Zagospodarowania Kraju PAN)(Hg.):
    Gospodarka przestrzenna i informacja regionalna. (Raumbewirtschaftung
    und regionale Informationen). Biuletyn 90. Warszawa.

KPZK PAN 1981 (Komitet Przestrzennego Zagospodarowania Kraju PAN)(Hg.):
    Ośrodki usługowe. (Dienstleistungszentren). Biuletyn 112.
    Warszawa.

KRAWIEC, F., 1966: Czynniki wzrostu wydajności pracy w warszawskich
    przedsiębiorstwach przemysłu odzieżoweco w latach 1956-1965. (Die
    Faktoren des Zuwachses der Arbeitsproduktivität in den Betrieben der
    Textilindustrie Warschaus 1956-1965). In: SGPiS 1966: 67-95.

KRAWIEC, S., 1966: Próba ekonomicznej oceny lokalizacji huty "Warszawa"
    (Die ökonomische Entwicklung der und die Standortentscheidung für die
    Hütte "Warschau"). In: SGPiS 1966: 51-66.

KRELLE, W. & SHORROCKS, A.F. (eds.) 1978: Personal Income Distribution. Proceedings of a Conference held by the Intern. Economic Association, Nordwijk aan Zee. Amsterdam et al.

KRUSZE, N., 1958: Podmiejska gospodarka warzywna. Stan i perspektywa rozwoju w okręgu Warszawskim. (Wirtschaft der Vororte Warschaus. Stand und Ausblick der Entwicklung im Warschauer Raum).In: PWRiL(Hg.) Seria prac społeczno-gospodarczych, Vol. 5. Warszawa.

KUCZYŃSKI, W., 1979: Planning and Economic Reforms under Socialism. In: Soviet Studies, Vol. 31 (1979), 4: 505-522.

KUKLIŃSKI, A., 1964: Progress and Change in the Industrialization of Poland. In: BEAVER, L.S. & KOSIŃSKI, L.A. (eds.) 1964: 57-70.

KUKLIŃSKI, A., 1967: Changes in Regional Structure of Industry in Peoples Poland. In: GP, Vol. 11 (1967): 97-109.

KUKLIŃSKI, A., 1973: Regionale Entwicklung und Regionalplanung in Polen. In: AMR Forum, Band 1. Wien.

KUKLIŃSKI, A. (ed.), 1977: Regional Studies in Polad. Polish Academy of Sciences (PAN) - Committee for Space Economy and Regional Planning. Bulletin-Special Issue. Warszawa.

KUKLIŃSKI, A. 1977 a: Space, Policy and Planning. In: KUKLIŃSKI (ed.) 1977: 167-174.

KULESZA, H., 1974: Przestrzenne zróżnicowanie zasobów i warunków mieszkanowych w Polsce w 1970 r. (Der Grad der räumlichen Differenzierung der Wohnungsverhältnisse Polens im Jahr 1970). In: KPZK PAN (Hg.) 1974 b: 25-44.

KULESZA, H., 1982: Geografia nie zaspokojonych potrzeb mieszkaniowych. (Geographische Verteilung der Nicht-Befriedigung der Wohnbedürfnisse) In: KPZK PAN (Hg.), Biuletyn 118: 84- 127. Warszawa.

KUMINEK, E., 1967: Changes in the Output of the Building Industry as a Factor in the Development of Home-Building. In: NEVITT, A.A. (ed.) 1976: 228-235.

KUMINEK, E., 1974: Formy zabudowy mieszkaniowej i standard budownictwa mieszkaniowego. (Wohnungsbauformen und Standards des Wohnungsbauwesens). In: KPZK PAN 1974 b: 133-142.

KUSIŃSKI, W., 1973: Demographic and Social Aspects of Urbanization in Poland. In: GP, Vol. 27 (1973): 63-72.

LEHR-SPŁAWIŃSKI, J., 1969: Problemy rozwoju miast w woj. Warszawskim. (Probleme der städtischen Entwicklung in der Woiwodschaft Warschau). In: Rocznik Mazowiecki, Vol. 2 (1969): 65-100.

LENTZ, P.A., 1975: A Model of Residential Structure in a Socialist City. A Case Study of Warsaw. In: GP, Vol. 31 (1975): 65-98.

LESZCZYCKI, S., 1965: Problems of Post-war Industrial Concentration and Decentralization in Poland. In: GP, Vol. 7 (1965): 29-47.

LESZCZYCKI, S., 1972: Das Verhältnis zwischen Regionalplanung und Zentralplanung in sozialistischen Ländern. In: Aufgabe Zukunft. Qualität des Lebens. Band 6. Regionalentwicklung. Frankfurt/M. 1972.

LESZCZYCKI, S., 1974: The Factor of Space and its Role in Todays Economics. In: SECOMSKI, K. (ed.) 1974:; 29-46.

LESZCZYCKI, S. & LIJEWSKI, T., 1977: Polen. Land. Volk. Wirtschaft. In Stichworten. Wien.

LESZCZYŃSKI, K., 1969: Metody określania i wykorzystania ceny ziemi w rachunku ekonomicznym w socjalizmie. (Die Methoden der Bestimmung des Bodenpreises und deren Anwendung in ökonomischen Kalkulationen im Sozialismus). In: SGPiS 1969: 37-128.

LIER, K., 1962: Perspektywy rozwoju regionu stołecznego. (Zukünftige Entwicklung der hauptstädtischen Region). In: Gospodarka Planowa, Vol. 17 (1962), Heft 9/10: 66-71.

LIJEWSKI, T., 1964: Influence of Transport Lines on Concentration of Population and Increased Commuting in Warsaw Region. In: GP, Vol. 2 (1964): 215-220.

LIJEWSKI, T., 1967: Dojazdy do pracy w Polsce. (Fahrten zur Arbeit in Polen). Warszawa.

LIJEWSKI, T. (ed.), 1970: Proceedings of the Second Poland-Norden Regional Science Seminar. Committee for Space Economy and Regional Planning of the Polish Academy of Sciences (KPZK PAN) Studies, Vol. 33. Warszawa.

LIJEWSKI, T., 1976: Tendencies in the Location of New Industrial Plants in Poland in the Years 1945-1970. In: GP, Vol. 33 (1976): 157-169.

LIJEWSKI, T., 1977: Die Gestaltung des Netzes des öffentlichen Personenverkehrs in Polen. In: Studien zur allgemeinen und regionalen Geographie. Josef Maznetter zum 60. Geburtstag. Frankfurter Wirtschafts- und Sozialgeographische Schriften, Heft 26. Frankfurt/M.

LITTERER-MARWEGE, W., 1967: Metoda wskaźnikowej oceny standardu mieszkaniowego i przykład jej stosowania. (Eine Methode zur Messung des Wohnungstandards und ein Beispiel ihrer Anwendung). In: Studia Demograficzne, Vol. 12 (1967): 51-64.

ŁĘTOWSKI, J., 1977: The Problem of the Territorial Division of Poland in the Light of the Reforms of Administration of 1972-1973. In: Polish Association of Political Sciences (Hg.): Polish Round Table. Yearbook 1976/77: 57-67.

MAJCHRZAK, M., 1977: Wohnraumwirtschaft und kommunale Wirtschaft. In: POLEN 1977: 344-352.

MALISZ, B., o.J.: Land Use Management in Poland. Mimeo. Warszawa.

MALISZ, B., 1966 a: Urban Planning Theory: Methods and Results. In: FISHER, J.C.(ed.) 1966: 5-84.

MALISZ, B., 1966 b: Appendices to Part I (The Spatial Planning Act,1966) and to Part II (Town Planning Standards). In: FISHER, J.C.(ed.) 1966: 213-236.

MALISZ, B., 1971: The Band-model of the Countryś Settlement Network. In: Gospodarka Planowa, No. 5, 1971: 292-300.

MALISZ, B., 1974: Spatial Planning on the National Level. In: SECOMSKI, K.(ed.) 1974: 195-206.

MALISZ, B., 1979: W poszukiwaniu przyszłego kształtu Warszawy. (Auf der Suche nach der zukünftigen Gestalt Warschaus). In: KAiK 1979: 93-112.

MAŁEK, E. & WRÓBLEWSKA, E., 1981: Młoda rodzina w Warszawie i w Ostrowcu Świętokrzyskim. (Die jungen Familien in Warschau und in Ostrowiec Świętokrzyska). In: IGS Biuletyn, Vol. 24 (1981), Nr. 3/4: 104-112.

MILUTIN, N.A., 1930: Probleme des Aufbaus sozialistischer Städte. Moskau.

MIROWSKI, W., 1968: Migracje do Warszawy. Rola nadpływu ludności w procesach rozwoju ośrodka wielkomiejskiego; aktualny skład i czynniki selekcji migrantów. (Wanderungen nach Warschau. Die Bedeutung der Einwanderungen für die Entwicklungsprozesse großer städtischer Zentren; aktuelle Zusammensetzungen und Faktoren selektiver Wanderungen). IFiS PAN (Hg.). Wrocław et al.

MISZTAL, B.A. & MISZTAL, B., 1984: Urban Social Problems in Poland. The Macrosocial Determinants. In: Urban Affairs Quarterly, Vol. 19 (1984) No. 3: 315-328.

MISZTAL, S., 1965: Some Problems of Formation and Development of the Warsaw Industrial District. In: GP, Vol. 7 (1965): 57-67.

MISZTAL, S., 1971: Zum Wiederaufbau der polnischen Hauptstadt Warschau. In: Geographische Berichte, Vol. 61 (1971), Heft 4: 271-283.

MISZTAL, S., 1972: Studies on the Spatial Structure of Industry. In: GP, Vol. 22 (1972): 113-121.

MISZTAL, S. & KACZOROWSKI, W., 1980: Spatial Problems of Poland´s Postwar Industrialization, 1945-1975. In: GP, Vol. 43 (1980): 199-212.

MRZYGŁÓD, T., 1965: Development of Warsaw. In: Polish Perspectives, Vol. 8 (1965), No. 5: 18-26.

MRZYGŁÓD, T., 1969: Spatial Planning and Town Development. In: INP 1969: 1-24.

MSW 1966 (Ministerstwo Szkolnictwa Wyższego)(Hg.): Studia nad rozwojem mieszkalnictwa (Studien zur Entwicklung des Wohnens). Seria IV: Zagadnień społeczno-gospodarczych w planowaniu przestrzennym. Warszawa.

MUZEUM o.J. (Muzeum Historyczne m. st. Warszawy)(Hg.): Das Historische Museum der Stadt Warschau. Warszawa.

NAUMIENKO, K., 1982: Kronika miasta. (Stadtchronik). In: BRNSW 1982: 67-80.

NEVITT, A.A. (ed.) 1967: The Economic Problems of Housing. London et al.

PAJESTKA, J., 1966: Comments on Economic Planning in Poland. In: FISHER, J.C. (ed.) 1966: 411-432.

PAŁAC o.J.: Pałac Kultury i Nauki w Warszawie. (Der Palast der Kultur und der Wissenschaften von Warschau). Warszawa.

PAP 1967 (Polnische Presse-Agentur) (Hg.): Polen 1967. Warszawa 1967. Warszawa.

PIECHOTKA, M. & PIECHOTKA, K., 1966: Tendencje rozwojowe w kształtowania mieszkań w Polsce Ludowej. (Die Entwicklung der Wohnungsplanung in der VR Polen). In: MSW 1966: 51-98.

PIĘTAK, A., RZECHOWSKI, K., STRYGA, A. & WPYCH, W., 1976: Problemy rozwoju południowego pasma Warszawskiego Zespołu Miejskiego w związku z projektowaną lokalizacją lotniska międzynarodowego i międzykontynentalnego. (Die Entwicklungsprobleme der südlichen Warschauer Stadtregion (WZM) im Zusammenhang mit der geplanten Allokation des internationalen Interkontinental-Flughafens).In: IPPPW 1976: 58-69.

PIŃKOWSKI, J., 1969: Problemy społeczno-gospodarczego rozwoju województwa warszawskiego. (Sozio-ökonomische Probleme der Entwicklung der Woiwodschaft Warschau). In: Rocznik Mazowiecki, Vol. 2 (1969): 7-32.

PIŃKOWSKI, J., 1970: Podstawowe kierunki perspektywicznego rozwoju województwa warszawskiego. (Grundlegende Trends der zukünftigen Entwicklung der Woiwodschaft Warschau). In: Rocznik Mazowiecki, Vol. 3 (1970): 9-31.

PIÓRO, Z. (ed.), 1982: Przestrzeń i społeczenstwo z badań ekologii społecznej. (Raum und Gesellschaft. Über sozialökologische Forschung). Warszawa.

PLEWCYŃSKI, M. & WAGNER, M., 1980: Województwo stołeczne Warszawskie. (Hauptstädtische Woiwodschaft Warschau). Warszawa.

POLARCZYK, K., 1976: The Distribution of Service Centres within Large Urban Areas. A Market Accessibility Model. In: GP, Vol. 33 (1976): 143-155.

POLEN, 1964: Polen 1944 - 1964. Warszawa.

POLEN, 1976: Die wesentlichsten Angaben über die sozialökonomische Entwicklung der VR Polen. In: POLEN 1977: Anhang.

POLEN, 1977: Polen. Warszawa.

POLEN, 1980: Polen. Daten - Bilder - Perspektiven. Luzern & Frankfurt/M.

POLESZAK, E. & RAKOWSKI, W., 1980: Niektóre prawidłowości wystęnpjące w zakresie przemieszczeń ludności w strefie podmiejskiej Warszawy. (Einige Regelhaftigkeiten der Einwanderung von Wohnbevölkerung in die Vororte Warschaus). In: IGS Biuletyn, Vol. 23 (1980), No. 2: 64-77.

POTRYKOWSKA, A., 1979 a: The Warsaw Urban Region: An Analysis of its Links and Structure. mimeo. Warszawa.

POTRYKOWSKA, A., 1979 b: The Warsaw Urban Region: An Analysis of the Interdependences between the Socio-economic Links and Structures of Places of Work and Places of Residence. mimeo. Warszawa.

POTRYKOWSKA, A., 1979 c: Interdependences between Commuting to Work and the Social and Demographic Structure of the Warsaw Urban Region, 1950 1973. mimeo. Warszawa.

POTRYKOWSKA, A., 1982: Le regione urbana di Varsavia: Un´ analisi delle sue relazioni e delle sue strutture. (Die Stadtregion Warschau: Eine Analyse ihrer Verflechtungen und Struktur). In: Rivista Geografica Italiana, Vol. 89 (1982), Fasc. 3: 403-419.

POTRYKOWSKA, A., 1984: The Warsaw Urba Region: Interdependences between Places of Work and Places of Residence. In: GP, Vol. 50 (1984): 25-39.

PRAESIDIUM, 1971 (Praesidium of the Peoples´s Council of the Capital City of Warsaw; Chief Architect of Warsaw; Warsaw Town Planning Office)(ed.): Warsaw 1970 - 1985. Warszawa.

PREZYDIUM, 1965 (Prezydium Rady Narodowej Miasta Stołeczno Warszawy. Rada Główna Społeczno Funduszu Odbudowej Stolicy i Kraju)(Hg.): Plan Generalny Warszawy (Der Generalplan Warschaus). Warszawa.

PRZECISZEWSKI, I., 1967: The Place of Housing Expenditure in the Total Consumption of a Population. In: NEVITT, A.A.(ed.) 1967: 161-175.

REGULSKI, J. 1980: Rozwój miast w Polsce. Aktualne Problemy. (Städtische Entwicklung in Polen. Aktuelle Probleme). Warszawa.

REGULSKI, J. 1982: Ekonomika miasta. (Stadtökonomie). Warszawa.

RHODE, G., 1950: Der Wiederaufbau Warschaus. In: Zeitschrift für Raumforschung, Jg. 1950: 163-167.

RIETDORF, W., 1975: Neue Wohngebiete sozialistischer Länder. Berlin (Ost).

ROMERO, A., 1979: Zur strukturellen Planung der Stadt im Sozialismus - am Beispiel der Verteilungsmuster von Wohnfunktionen in Warschau. In: Urbs et regio. Kasseler Schriften zur Geographie und Planung. Sonderband Nr. 13, Kassel.

RUTKOWSKA, J., 1980: Warszawa i okolice (Warschau und Umgebung). Warszawa.

RUTKOWSKA, J., 1982: Reiseführer Warschau und Umgebung. Warszawa.

RYKIEL, Z. & ŻURKOWA, A., 1981: Migracje między miastami i systemy krajowe i regionalne. (Wanderungen zwischen den polnischen Städten, das Landessystem und die regionalen Systeme). In: IGiPZ PAN 1981: 138-188.

SARNA, S., 1974: Ökonomisch-technische Aspekte der Eignung von Verkehrsmitteln zur Bedienung städtischer Ballungsgebiete. In: ITA 1974: 43-64.

SECOMSKI, K., 1966: The Long-term Plan for Polish Expansion, 1961-1980. In: FISHER, J.C.(ed.) 1966: 441-460.

SECOMSKI, K., 1969: Perspective Planning in Poland. In: INP 1969: 1-27.

SECOMSKI, K. (ed.), 1974: Spatial Planning and Policy. Theoretical Foundations. Special Issue of the Polish Academy of Sciences. Committee for Space Economy and Regional Planning. Warszawa.

SGPiS 1966 (Szkoła Główna Planowania i Statystyki): Wybrane zagadnienia ekonomiczne i społeczne regionu Warszawy. (Ausgewählte ökonomische und gesellschaftliche Probleme der Region Warschau). Zeszyty Naukowe, Bd. 59. Warszawa.

SGPiS 1968 (Szkoła Główna Planowania i Statystyki): Rozwój, rozmieszczenie i usprawnienia w przemyśle. (Entwicklung, Verteilung und Modernisierung der Industrie). Zeszyty Naukowe, Bd. 66. Warszawa.

SGPiS 1969 (Szkoła Główna Planowania i Statystyki): Cena ziemi w rachunku ekonomiznym. (Bodenpreise in ökonomischen Berechnungen). Zeszyty Naukowe, Bd. 72. Warszawa.

SGPiS 1971 (Szkoła Główna Planowania i Statystyki): Niektóre zagadnienia gospodarczo-społeczne. (Einige sozio-ökonomische Probleme). Zeszyty Naukowe, Bd. 79. Warszawa.

SOBCZAK, L., 1979: Perspektywy rozwoju i funkcje aglomeracji warszawskiej do 1990 r. (Entwicklungsperspektiven und Funktion der Agglomeration Warschau bis 1990). In: miasto, Vol. 29 (1979), Heft 5: 12-19.

SOKOŁOWSKA, M., STEIN, Z., SUSSER, M. & WALD, I., 1978: Urban, School and SES Determinants of Mental Performance - Warsaw Study. In: M. SOKOŁOWSKA (ed.): Health and Society. Selected Research and Bibliography. Warszawa: 27-74.

SPRW 1981: Wnioski konferencji n.t. "Społeczne problemy rozwoju Warszawy" (na tle planu rozwoju Warszawy). (Die Folgerungen der Konferenz: "Die speziellen Probleme der Entwicklung Warschaus" (aufbauend auf den Plan der Entwicklung Warschaus)). In: Kronika Warszawy, Vol. 45 (1981), No. 1: 54-58.

STARZYŃSKI, S., 1938: Rozwój stolicy. (Die Entwicklung der Hauptstadt). In: IUPP 1981: 39-132.

STASIAK, A., 1981: Rozwój historyczny strefy podmiejskiej Warszawy (Die historische Entwicklung des Warschauer Umlandes). In: Kronika Warszawy, Vol. 45 (1981), No. 1: 31-50.

STOKOWSKI, F., 1970: Przemiany demograficzne w woj. warszawskim w okresie 25-lecia powojennego 1944-1968. (Demographische Veränderungen im 25-Jahres-Zeitraum zwischen 1944 und 1968 in der Woiwodschaft Warschau). In: Rocznik Mazowiecki, Vol. 3 (1970): 63-96.

STOLA, W., 1965: The Commune of Czersk in the Warsaw Suburban Zone. In: GP, Vol. 5 (1965): 87-123.

STOLA, W., 1984: An Attempt at a Functional Classification of Rural Areas in Poland. A Methodological Approach. In: GP, Vol. 50 (1984): 113-129.

STRASZEWICZ, L., 1969: Capitals of the Socialist Countries in Europe. In: GP, Vol. 16 (1969): 27-40.

STRZECHA-KOWALCZYK, L., 1971: Niektóre aspekty jakości budownictwa. (Einige Aspekte der Bauqualität). In: SGPiS 1971: 111-122.

SYRKUS, H., 1979: Losy Warszawy funkcjonalnej Jana Chmielewskiego i Szymona Syrkusa. (Das Schicksal des Planes "Funktionales Warschau" von Jan Chmielewski und Szymon Syrkus). In: KAIU 1979: 117-124.

SZCZYPIORSKI, A., 1979: Struktura ludności Warszawy w latach 1810-1974. (Bevölkerungszusammensetzung Warschaus zwischen 1810 und 1974). In: Studia Demograficzne, Vol. 55 (1979): 57-91.

SZUMIELEWICZ, T., 1977: Warschau der Zukunft.In: Polnische Perspektiven, Jg. 7 (1977), Nr. 9: 18-28.

SZUMIELEWICZ, T., 1980: Warsaw - the Past and the Prospects. Warszawa.

THOMAS, M. & STOTT, M., 1984: The Bleak Housing Standards that help to Bring the Poles together. In: Town & Country Planning, May 1984: 143-146.

TUROWSKI, J. o.J. a: Strukturlosigkeit in der modernen Stadt: Theorien und Wirklichkeit. Dilemma und Hauptprobleme der Sozialen Struktur. Unveröff. Manuskript. Lublin.

TUROWSKI, J., o.J. b: Die Sozialbeziehungen in neuen Wohnvierteln (Theorien und polnische Erfahrungen). Unveröff. Manuskript. Lublin.

TYSZKA, A., 1981: Studies of the Structure of Polish Society. Attempt at a Typology. In: The Polish Sociological Bulletin, No. 2 (1981): 5-14.

VIELROSE, E., 1978: Patterns of the Distribution of Earnings in Poland. In: KRELLE, W. & SHORROCKS, A.F (eds.) 1978: 229-240.

WALLIS, A., 1981: Społeczne problemy rozwoju Warszawy (na tle perspektywicznego planu zagospodarowania przestrzennego miasta i aglomeracji). (Die sozialen Probleme bei der Entwicklung Warschaus /aufbauend auf dem räumlichen Entwicklungsplan der Stadt und der Agglomeration/) In: Kronika Warszawy, Vol. 45 (1981), No. 1: 59-72.

WASĄŻNIK, H., 1965: Procesy urbanizacyjne w regione warszawy. (Urbanisierungsprozesse in der Region Warschau). In: SGPiS 1965: 183-203.

WASĄŻNIK, H., 1966: Przstrzenne zróżnicowanie społecznych warunków bytu ludności miejskiej w regionie warszawy. (Die räumlich differenzierten sozialen Lebensbedingungen der ansässigen Bevölkerung in der Region Warschau). In: SGPiS 1966: 13-32.

WERWICKI, A., 1970: The Internal Structure of Polish Towns. In: FRENCH, R.A. & HAMILTON, F.E.I. (eds.) 1979: 335-348.

WĘCŁAWOWICZ, G., 1975 a: Struktura przestrzeni społeczno-gospodarczej Warszawy w latach 1931 i 1970 w świetle analizy czynnikowej. (Die räumliche Verteilung sozio-ökonomischer Merkmale in Warschau 1931 und 1970 aus der Sicht einer Faktorenanalyse). In: Prace Geograficzne, Nr. 116. Warszawa.

WĘCŁAWOWICZ, G., 1975 b: The Structure of Socio-economic Space of Warsaw of 1931 and 1970 in the Light of Factor Analysis. Wrocław et al.

WĘCŁAWOWICZ, G., 1977: The Structure of Socio-economic Space of Warsaw in 1931 and 1970. In: GP, Vol. 37 (1977): 201-224.

WĘCŁAWOWICZ, G., 1979: The Structure of Socio-economic Space in Warsaw 1931 and 1970. A Study in Factorial Ecology. In. FRENCH, R.A. & HAMILTON, F.E.I. (eds.) 1979: 387-423.

WIATR, J.J., 1977: Bevölkerung. In. POLEN 1977: 144-165.

WIDMAŃSKI, A., 1982: Przegląd wbranych zagadnień gospodarki komunalnej stołecznego województwa warszawskiego. (Überblick über ausgewählte Probleme der Kommunalwirtschaft in der Hauptstädtischen Woiwodschaft Warschau). In: BRNSW 1982: 53-58.

WITKOWSKI, J., 1980: Migracje a zmiana sytuacji społeczno-zawodowej osób z wyższym wykształceniem. (Migrationen und Veränderungen in der Stellung nach dem Berufsrang der Personen mit höherer Schulbildung). In: IGS Biuletyn, Vol. 23 (1980), No. 3: 6-20.

WRÓBEL, A., 1964: Methods of Functional Analysis in Urban Studies in Poland. In: BEAVER, L.S. & KOSINSKI, L.A. (eds.) 1964: 119-124.

WRÓBEL, A., 1980: Industrialization as a Factor of Regional Development in Poland. In: GP, Vol. 43 (1980): 187-197.

ZALESKA, E., 1978: Zachowanie handlowe mieszkańców Sadów Żoliborskich. (Das Einkaufsverhalten der Bewohner der Siedlung Sady Żoliborski).In: CZSBM 1978: 139-147.

ZAWADZKI, S.M., 1970: Plan perspektywiczny - program rozwoju społeczno-gospodarczego a program przestrzenny. (Perspektivplan - sozioökonomisches Entwicklungsprogramm und Raumprogramm). In: KPZK PAN 1970: 21-40.

ZIÓŁKOWSKI, J., 1966: Sociological Implications of Urban Planning. In: FISHER, J.C. (ed.) 1966: 183-202.

ZUJEWICZ, W., 1977: Wohnkultur. In: Polnische Perspektiven, Jg. 7 (1977), Nr. 10: 33-38.

ŻARSKI, T., 1974: Prognozy potrzeb mieszkaniowych w Polsce w latach 1970 - 2000. (Prognosen des Wohnungsbedarfs in Polen im Zeitraum zwischen 1970 und 2000). In: KPZK PAN 1974 b: 65-86.

ŻURKOWA, A. & KSIĘŻAK, J., 1981: Spatial Structure of Internal Migration in Poland. In: GP, Vol. 44 (1981): 247-249.

B Statistiken

CSO 1947 (Central Statistical Office)(ed.): Statistical Year Book of Poland 1947. Warszawa.

CSO 1973 (Central Statistical Office)(ed.): Concise Statistical Yearbook of Poland 1973. Warszawa.

EY 1980: The Europe Yearbook. A World Survey. Poland. Vol. I: 991-1024. London.

GUS 1947, 1949, 1955 - 1983 (Główny Urząd Statystycny)(Hg.): Rocznik statystyczny 19.. (Statistisches Jahrbuch 19..). Warszawa.

GUS 1979 b (Główny Urząd Statystyczny)(Hg.): Poland. Statistical Data 1979. Warszawa.

GUS 1980 b (Główny Urząd Statystyczny)(Hg.): Polen. Statistische Daten 1980. Warszawa.

GUS 1981 b (Główny Urząd Statystyczny)(Hg.): Mały rocznik statystyczny 1981. (Kleines Statistisches Jahrbuch 1981). Warszawa.

GUS 1982 b (Główny Urząd Statystyczny)(Hg.): Polen. Statistische Daten 1982. Warszawa.

GUS PRL 1964 (Główny Urząd Statystyczny Polskiej Rzeczypospolitej Ludowej)(Hg.): Statystyka budownictwa mieszkaniowego, 1963 i 1964. (Statistik des Wohnungsbaus 1963 und 1964). Warszawa.

GUS RP 1930 (Główny Urząd Statystyczny Rzeczypospolitej Polskiej)(Hg.): Rocznik statystyki Rzeczypospolitej Polskiej 1930. (Statistisches Jahrbuch der Republik Polen). Warszawa.

GUS SP 1970, 1979 a (Główny Urząd Statystyczny)(Hg.): Rocznik statystyczny przemysłu 19.. (Statistisches Jahrbuch der Industrie 19..). Statystyka Polski, o. Nr., 114. Warszawa.

GUS SP 1973 (Główny Urząd Statystyczny)(Hg.): Rocznik statystyczny powiatów 1973. (Statistisches Jahrbuch der Kreise 1973). Statystyka Polski, 4. Warszawa.

GUS SP 1975, 1976 b, 1980 c (Główny Urząd Statystyczny)(Hg.): Rocznik demograficzny 19.. (Demographisches Jahrbuch 19..). Statystyka Polski 68, 79, 136. Warszawa.

GUS SP 1976 a (Główny Urząd Statystyczny)(Hg.): Ludność i zasoby mieszkaniowe w latach 1946 - 1974 według podziału administracynnego kraju z 1 czerwca 1975 r. (Bevölkerung und Wohnungen in den Jahren 1946 bis 1974 nach den administrativen Abgrenzungen des Landes, Stand: 1.5.1975). Statystyka Polski, 70. Warszawa.

GUS SP 1976 c, 1977, 1979 b (Główny Urząd Statystyczny)(Hg.): Rocznik statystyczny województw 19.. (Statistisches Jahrbuch der Woiwodschaften 19..). Statystyka Polski, 82, 93, 115. Warszawa.

GUS SP 1979 c (Główny Urząd Statystyczny)(Hg.): Wewnętrzne migracje ludności do miast i aglomeracji miejskich. (Binnenwanderung der Bevölkerung in Städten und in städtischen Agglomerationen). Statystyka Polski, 123. Warszawa.

GUS SP 1980 a, 1981 (Główny Urząd Statystyczny)(Hg.): Zatrudnienie w gospodarce narodowej 19.. (Beschäftigte in der Volkswirtschaft 19..). Statystyka Polski 126, Materialy Statystyczne 2, Warszawa.

GUS SP 1980 b (Główny Urząd Statystyczny)(Hg.): Narodowy spis powszechny z dnia 7 XII 1978 r. Ludność, gospodarstwa domowe i warunki mieszkaniowe. (Allgemeine nationale Zählung vom 7.12.1978. Bevölkerung, Haushalte und Wohnungen). Statystyka Polski, 128. Warszawa.

GUS SR 1969 (Główny Urząd Statystyczny)(Hg.): Warszawa na tle duzych miast świata. (Warschau im Vergleich mit Großstädten der Welt). Statystyka Regionalna, 16. Warszawa.

GUS SR 1972 a (Główny Urząd Statystyczny)(Hg.): Statystyka Układów regionalnych 1972. (Statistik nach Regionen 1972). Statystyka Regionalna, 33. Warszawa.

GUS SR 1972 b (Główny Urząd Statystyczny)(Hg.): Rocznik Statystyczny powiatów 1972. (Statistisches Jahrbuch der Kreise 1972). Statystyka Regionalna, 34. Warszawa.

GUS SR 1973 (Główny Urząd Statystyczny)(Hg.): Koncentracja przestrzenna ludności. Tempo i skala zmian w latach 1950-1970. (Räumliche Konzentration der Bevölkerung. Geschwindigkeit und Grad der Veränderungen zwischen 1950 und 1970). Statystyka Regionalna, 36. Warszawa.

GUS SR 1981 (Główny Urząd Statystyczny)(Hg.): Rocznik statystyczny miast 1980. (Statistisches Jahrbuch der Städte 1980). Statystyka Regionalna, 1 (neu). Warszawa.

MUSW 1974 (Miejski Urząd Statystyczny m. st. Warszawy)(Hg.): Warszawa XXX. (30 Jahre Warschau). Warszawa.

STATISTISCHES BUNDESAMT (Hg.) 1971, 1974: Allgemeine Statistik des Auslandes. Länderkurzberichte Polen 19.. Stuttgart & Mainz.

STATISTISCHES BUNDESAMT (Hg.) 1973: Algemeine Statistik des Auslandes. Länderberichte Polen 1973. Stuttgart & Mainz.

WALENDZIK, D., 1981: Wkładka statystyczna. (Statistischer Anhang). In: Kronika Warszawy, Vol. 45 (1981), No. 1: 233-235.

WUSW 1974 (Wojewódzki Urząd Statystyczny w m. st. Warszawie)(Hg.): Rocznik statystyczny Warszawy 1974. (Statistisches Jahrbuch Warschaus 1974). Warszawa.

WUSW 1976-1983 (Wojewódzki Urząd Statystyczny w m. st. Warszawie)(Hg.):
    Rocznik statystyczny województwa stol/ecznego Warszawskiego 19..
    (Statistisches Jahrbuch der Hauptstädtischen Woiwodschaft Warschau
    19..). Warszawa.

WUSW 1977 b (Wojewódzki Urząd Statystyczny w m. st. Warszawie)(Hg.):
    Województwo stoJeczne warszawskie na tle kraju w latach 1975-1976.
    (Die Hauptstädtische Woiwodschaft Warschau im Landesvergleich in den
    Jahren 1975 und 1976). Warszawa.

WUSW 1981 b (Wojewódzki Urząd Statystyczny w m. st. Warszawie)(Hg.):
    Województwo stoJeczne warszawskie na tle kraju w latach 1975 i 1980.
    (Die Hauptstädtische Woiwodschaft Warschau im Landesvergleich in den
    Jahren 1975 und 1980). Warszawa.

The Future of the Metropolis
Economic Aspects
Edited by Hans-Jürgen Ewers, Horst Matzerath, John B. Goddard

17 x 24 cm. Ca. 320 Seiten. 1986. Gebunden ca. DM 124,–
ISBN 3 11 010498 9

Das Sammelwerk basiert auf den Ergebnissen einer internationalen Konferenz, veranstaltet in der Technischen Universität Berlin im Herbst 1984.
Führende Historiker, Wirtschaftsexperten, Geographen und Soziologen analysieren mit Blick auf die Zukunft Struktur und Entwicklung der Großstädte in der westlichen Welt, vor allem in Großbritannien, den USA, Frankreich und der Bundesrepublik Deutschland. Speziell behandelt werden Probleme der ökonomischen, technologischen und politischen Veränderungen und ihre gegenseitigen Abhängigkeiten an den Beispielen New York, London, Paris und Berlin.

Quality of Urban Life
Social, Psychological and Physical Conditions
Edited by Dieter Frick

17 x 24 cm. Ca. 240 Seiten. 1986. Gebunden ca. DM 104,–
ISBN 3 11 010577 2

Das Buch faßt neueste grundlegende Untersuchungen international maßgeblicher Experten zu den sozialen, psychologischen und physisch-technischen Bedingungen städtischer Lebensqualität zusammen. Die Hauptaspekte werden vertieft behandelt am Beispiel der sozialen Beziehungsnetze, der sozialen und ethnischen Minoritäten und der Mensch-Umwelt-Beziehungen in der Stadt sowie durch Beschreibung und Analyse sozialer Handlungsstrategien in den Städten Turin, New York und Amsterdam. Das Werk ist erwachsen aus den Ergebnissen einer internationalen Konferenz in Berlin Ende 1984.

Winfried Moewes
Grundfragen der Lebensraumgestaltung
Raum und Mensch, Prognose, „offene Planung" und Leitbild

17 x 24 cm. XVI, 878 Seiten. Mit 144 Abbildungen und einer Karte. 1980. Gebunden DM 198,–
ISBN 3 11 007960 7

Eine interdisziplinär angelegte Untersuchung, in der vom Autor unterschiedlichste fachwissenschaftliche Aspekte unter Einbeziehung sowohl philosophischer und wissenschaftstheoretischer wie auch wirtschafts- und sozialwissenschaftlicher Überlegungen sowie historischer Erfahrungen praxisbezogen integriert werden. Auf der Basis eines wirklichkeitsgerechten Menschenbildes werden Möglichkeiten der Lebensraumgestaltung vorgestellt, die dem Wohlbefinden und Glücklichsein der Menschen dienlich sind.

Ergänzungsband
Stadt-Land-Verbund in der Planungspraxis
am Beispiel des städtebaulichen Rahmenplans Gießen-Wetzlar

17 x 24 cm. XV, 336 Seiten. Mit 61 Abbildungen und 11 Karten. 1981. Gebunden DM 136,–
ISBN 3 11 008477 5

Modell einer koordinierten Raumstruktur, das sowohl die gedeihliche Entwicklung der einzelnen Gemeinden wie auch des zusammenhängenden Gesamtraumes ermöglicht, und das den Spielraum aufzeigt, innerhalb dessen konkrete Bauleitplanungen vorgenommen werden können.

Ulrich Brösse
Raumordnungspolitik

2., völlig neu bearbeitete Auflage.
15,5 x 23 cm. 200 Seiten. Mit 3 Schaubildern, 2 Übersichten, 6 Tabellen. 1982. Kartoniert DM 48,–
ISBN 3 11 008896 7 (de Gruyter Lehrbuch)

Eine umfassende und grundlegende Darstellung des raumordnungspolitischen Instrumentariums und seiner Wirkungen.

Preisänderungen vorbehalten

WALTER DE GRUYTER · BERLIN · NEW YORK